老子道德经新论

（上卷） 庞朴题

董京泉　著

中国社会科学出版社

图书在版编目（CIP）数据

老子道德经新编（上、下卷）/董京泉著．—北京：
中国社会科学出版社，2008.10（2012.3 重印）
ISBN 978-7-5004-7259-9

Ⅰ．老… Ⅱ．董… Ⅲ．老子—注释 Ⅳ．B223.12

中国版本图书馆 CIP 数据核字（2008）第 151252 号

老子道德经新编（上、下卷）　　董京泉著

出 版 人　赵剑英

选题策划　黄燕生
责任编辑　广之　周慧敏
责任校对　韩天炜
封面制作　大鹏设计
技术编辑　戴　宽

出版发行　中国社会科学出版社
社　　址　北京鼓楼西大街甲 158 号　　邮　编　100720
电　　话　010 - 84039570（编辑）　64058741（宣传）　64070619（网站）
　　　　　010 - 64030272（批发）　64046282（团购）　84029450（零售）
网　　址　http：//www.csspw.cn（中文域名：中国社科网）
经　　销　新华书店
印　　刷　北京君升印刷有限公司　　装　订　廊坊市广阳区广增装订厂
版　　次　2012 年 3 月第 2 版　　　　印　次　2012 年 3 月第 2 次印刷
开　　本　710×1000　1/16
印　　张　56.5
字　　数　1018 千字
定　　价　168.00 元（上、下卷）

1992年9月作者摄于福建泉州

董京泉

　　1941年生，山东济南人，早年毕业于山东大学政治系，后为中国社会科学院研究生院第一届研究生，并取得哲学硕士学位。长期在中共中央宣传部理论局工作，曾任副局长，后任全国哲学社会科学规划办公室主任、研究员。现任中国社会科学院马克思主义研究院特聘研究员，国家社科基金项目评审专家，某些著名高校兼职教授。主要著作有：《中国特色社会主义简论》、《毛泽东思想邓小平理论研究》、《结合论》、《社科研究与理论创新》、《老子道德经新编》等。

钧深探玄

题老子道法经新编

庞朴

注：庞朴先生为本书的题词。庞朴先生为国学大师，中国社会科学院荣誉学部委员，联合国教科文组织《人类科学文化发展史》国际编委会中国代表。

京泉先生大鑒：

大著《老子还经新编》勝

利竣工，值得庆祝。

兹值经玄之又玄，素稱難解，

得阁下重構文本，奥義因之

洞開，快何如之。

尚此奉賀，順頌

文安！

庞朴拜啟

言之年六月十九

注：上为庞朴先生给作者的信。信的主要内容是："《道德经》
玄之又玄，素称难解，得阁下重构文本，奥义因之洞开，快何如之。"

国家社科基金后期资助项目

出 版 说 明

后期资助项目是国家社科基金设立的一类重要项目，旨在鼓励广大社科研究者潜心治学，扶持基础研究的优秀成果。它是经过严格评审，从接近完成的科研成果中遴选立项的。为扩大后期资助项目的影响，更好地推动学术发展，促进成果转化，全国哲学社会科学规划办公室按照"统一标识、统一版式、符合主题、封面各异"的总体要求，组织出版国家社科基金后期资助项目成果。

全国哲学社会科学规划办公室

总 目 录

序 ·· 方克立(1)

导言 ·· (1)

一、道论篇 ·· (1)

二、德论篇 ·· (207)

三、修身篇 ·· (287)

四、治国篇 ·· (455)

附录 ·· (671)

后记 ·· (862)

再版后记 ·· (870)

目　录

（上　卷）

序……………………………………………………… 方克立(1)

导言……………………………………………………………… (1)

一、道论篇

引言……………………………………………………………… (2)

一章(第一章)…………………………………………………… (7)

二章(第二十一章)……………………………………………… (22)

三章(第四章)…………………………………………………… (31)

四章(第五章)…………………………………………………… (37)

五章(第六章)…………………………………………………… (43)

六章(第十四章)………………………………………………… (48)

七章(第六十七章上)…………………………………………… (54)

八章(第三十七章)……………………………………………… (59)

九章(第二十五章)……………………………………………… (68)

十章(第三十四章)……………………………………………… (89)

十一章(第四十章上)…………………………………………… (93)

十二章(第四十章下)…………………………………………… (106)

十三章(第四十二章上)………………………………………… (116)

十四章(第七十三章)…………………………………………… (135)

十五章(第十一章)……………………………………………… (145)

十六章(第十六章)……………………………………………………(152)

十七章(第十章)………………………………………………………(165)

十八章(第四十八章)…………………………………………………(178)

十九章(第四十七章)…………………………………………………(187)

二十章(第五十二章)…………………………………………………(195)

二、德论篇

引言……………………………………………………………………(208)

二十一章(第三十八章)………………………………………………(211)

二十二章(第四十一章)………………………………………………(226)

二十三章(第五十一章)………………………………………………(234)

二十四章(第八章)……………………………………………………(247)

二十五章(第二十八章)………………………………………………(256)

二十六章(第四十五章)………………………………………………(264)

二十七章(第五十四章)………………………………………………(270)

二十八章(五十五章)…………………………………………………(277)

三、修身篇

引言……………………………………………………………………(288)

二十九章(第三十九章上)……………………………………………(289)

三十章(第三十二章)…………………………………………………(297)

三十一章(第六十二章)………………………………………………(304)

三十二章(第二十三章)………………………………………………(309)

三十三章(第十九章)…………………………………………………(315)

三十四章(第二章)……………………………………………………(323)

三十五章(第四十三章)………………………………………………(334)

三十六章(第二十六章)………………………………………………(338)

三十七章(第七十六章)………………………………………………(344)

三十八章(第七章)……………………………………………………(349)

三十九章（第四十六章下）……………………………………（356）

四十章（第十二章）……………………………………………（360）

四十一章（第四十四章）………………………………………（364）

四十二章（第九章）……………………………………………（369）

四十三章（第六十七章下）……………………………………（374）

四十四章（第二十七章）………………………………………（382）

四十五章（第二十四章）………………………………………（387）

四十六章（第二十二章）………………………………………（392）

四十七章（第三十三章）………………………………………（398）

四十八章（第三十九章下）……………………………………（405）

四十九章（第四十二章下）……………………………………（411）

五十章（第五十章下）…………………………………………（414）

五十一章（第七十七章）………………………………………（419）

五十二章（第七十九章）………………………………………（427）

五十三章（第七十一章）………………………………………（432）

五十四章（第十五章）…………………………………………（435）

五十五章（第二十章）…………………………………………（441）

五十六章（第七十章）…………………………………………（450）

序

　　几年前就知道董京泉同志正在做老子《道德经》新编的工作，最近才看到其结项研究成果。京泉同志要求我以"评审专家"的身份来审读这部书稿，我读后觉得收获很大，并且颇为作者对中华民族文化的挚爱、站在时代高度的学术创新精神和严谨求实的治学态度所打动，愿意在这里谈一点自己读后的感受，以求教于作者与学界同仁。

　　一、这项工作的意义首先是对《道德经》的章节次序进行了重新编排，或者说对其文本结构进行了一次"重构"，力图使新编本更全面准确地反映这一旷世经典的思想内涵和内在逻辑联系，为后人提供一种更容易理解老子哲学思想及其时代意义的新文本。

　　"重构"之所以必要和可能，首先在于通行本《老子》（王弼本）并非最早的古本，它是经后人加工整理甚至改造过的，分上、下两篇八十一章的篇章结构就是汉代人确定下来的。马王堆帛书本《老子》（甲、乙两种）是"德经"在前，"道经"在后，而且不分章节，其文本结构与通行本明显不同。马王堆帛书本是 1973 年出土的汉代文物，它还不一定是《老子》最早的古本。也就是说，通行本的篇章结构已经对古本作了变革和改造，它是否完全合理，是否能准确反映老子哲学的本来面目，已经是一个难以考证清楚的问题。通行本问世一千七百多年来，后人解老、注老的著作汗牛充栋，其中不乏见解深刻、考证精严之力作，对于正确解读老子哲学思想是有助益的；加之新出土的帛书本和竹简本等又提供了许多可资参证的材料，这就为综合前人的研究成果，在深刻理解老子思想体系和内在逻辑的基础上重构《老子》的文本结构，使其更加接近本真面貌、也使后人更容易理解提供了可能。本来一部中国古代思想史就是通过不断地注经解经、不断地诠释解读而向前发展的历史，文本结构是意义解读的前提，文本重构自然也是一种重要的重新解读的方法。但是，可能是由于受到旧的历史观和治学方法的限制，对于《老子》传世文本，过去似乎还没有人这样想过和做过。本书作者站在时代的高度，以中国历史文化和人类思想发展史的宏阔视野为背景，在反复研读、思考和扎实的文献考证的基础上，首次对《老子》通行本的篇章结构进行了大胆"重构"的尝试，经过多年努力，终于拿出了一个四篇八十八章的《道德经》新编文本（将通行本中内容不相属的七章"一分为二"，因此比通行本多了七章），这件事情的方法论意义不仅在中国老学史上，而且在整个中国古代哲学史、思想史、经典诠释史上都是不容忽视的。

董著《道德经》新编本共分四篇：一是"道论篇"，主要阐述道的实有性及其不可穷竭的作用，道的性状、基本特点和运行规律，道的本体义和宇宙生成义，如何认识和把握道等问题；二是"德论篇"，主要论述德的本质、特性及其与道的关系，修德的原则，修德有成者的标志和样态；三是"修身篇"，主要论述尊道贵德对于修身处世的意义，依道修身的基本守则和内容，依道修身有成者即"得道者"的样态；四是"治国篇"，主要论述尊道贵德对于治国用兵的意义，治国的基本原则，治国的策略，治国者应有的素质，治国的理想目标，战争观和军事思想等内容。这样的篇章结构，比通行本更清晰地呈现出了老子哲学作为"尊道贵德、内圣外王"之学的本来面貌，不仅突出了"道论"的形上哲学地位，而且将其落实到了指导"侯王"依道修身治国的人生哲学和政治哲学上，甚至《老子》是一部兵书"、"《老子》是一部养生宝典"之类的论断都能在其中找到适当的位置。从这个意义上说，新编本又是一部对于前人的老学研究成果的总结和集成性的著作。

二、董著认真比较研究了八十余种古今最有代表性的、影响较大的《老子》版本、注释本和研究性著作，在文字比勘、考释和意义解读方面下了很大的功夫，并且密切联系历史经验和社会现实问题，对老子哲学思想作了许多富有新意的创造性诠释，颇能自成一家之言，给人以厚重的历史感，也有现实的启迪意义。

"道"是老子哲学的最高范畴，也是老子整个思想体系的基础、核心和逻辑起点。如何准确地把握与界定"道"，是历来老学研究者面临的首要课题，也是人们认识分歧较大的一个问题。董著在相关章节的辨析中，特别是在附录《老子"道"的定义及实质之我见》一文中集中讨论了这个问题。作者给出的定义是："道"是既超越又内在于天地万物及社会人生的形而上的存在本体和价值本体，它的实质是矛盾法则或对立统一规律（对立面的协调和谐或转化是其落脚点，自然无为是道的根本特性，在价值观上道是超凡脱俗的精神境界）。这个定义包含了三层意思：（1）它否定了"道"是物质性实体的观点，同时又肯定它作为形上实体，体现了形上性与实有性的统一，超越性与内在性的统一。（2）老子对天地万物形上本体的追溯与他对社会人生的价值思考是结合在一起的，所以这个"道"又是形上本体与价值本体的统一。（3）作为形上本体和价值本体的"道"，之所以能够成为天地万物及社会人生得以生成和发展变化的根据，起决定作用的是内在于其中的矛盾法则或对立统一规律。这就是说，道体及其内在本性矛盾法则也是统一的。这个定义虽然仍属一家之言，但它力图克服半个多世纪以来在老子研究中过于强调唯物唯心之争所带来的某些认识偏颇，更加客观、理性、全面地揭示老子"道"论的实质内容；它虽然是用现代哲学语言表述出来的，却能更真实地反映老子哲学所达到的理论思维水平及其不可避免的局限性。

董著新编本在原文、注释、译文、述评之外特设"辨析"一栏，对各章的思想主旨和各个难点，特别是古今注家认识分歧较大的一些文字校诂和意义解读问题，一一详加分析考辨，对前人的研究成果择善而从，不赞成的也讲出自己的道理来，这是作者用力最大也是全书中最精彩、最富有创造性价值的部分。作者对"道"、"德"、"自然"、"无为"等概念、范畴思想内涵的分析，大到老子哲学主要是为理想的侯王即"得道明君"提供治国理政的政治智慧的论断，小到为什么将第八章（通行本第三十七章）"侯王若能守之，万物将自化"句中的"万物"理解为"万民"，为什么将第六十五章（通行本第五十九章）"治人、事天、莫若啬"句中的"啬"字解读为稼穑之"穑"，因而是重农而不是吝啬的意思，都在"辨析"中有详细的考释和论述。为了论证自己的观点，作者旁征博引，古今贯通，甚至引据今天现实生活中的实例来说明老子哲学命题所具有的普遍意义，比如第十四章（通行本第四十二章上段）就引证毛泽东的《论十大关系》和江泽民在《社会主义现代化建设中的若干重大关系问题》中讲的十二个关系，来说明"万物负阴而抱阳，冲气以为和"的辩证原理的普遍性。

为了全面准确地把握老子思想体系和章句文义，作者在反复研读和比较各种《老子》文本之同时，对同时期的先秦文献典籍和训诂校勘之学都下过很大的功夫，故能做到引申触类，六通四辟，把自己的观点建立在严格校诂的基础之上。但他认为首先应坚持"以老解老"的原则，相信从《老子》书中能找到解决主要难点的答案，对全书作出上下贯通、前后圆融的解释。我想这可能正是作者自信通过文本重构和章句、思想辨析能够再现一个更加接近真实的老子的理据之所在。

三、《老子》本来是一部哲理诗。"道之为物，惟恍惟惚。惚兮恍兮，其中有象；恍兮惚兮，其中有物；窈兮冥兮，其中有精；其精甚真，其中有信"。"五色令人目盲，五音令人耳聋，五味令人口爽。驰骋田猎，令人心发狂；难得之货，令人行妨。"这些文句读起来都琅琅上口，能给人以反复吟咏、深思和回味的无穷意境。为了便于今人特别是青少年学习和理解《老子》的思想内涵，近代以来开始出现了各种各样的今译本。但是除了诗人公木（张松如）先生《老子校读》中的译文基本押韵之外，多数今译本都是将《老子》章句译成了散文，因而未能再现出其哲理诗的本来风貌。董著新编本注意到了这个问题，作者除了在文本重构和思想辨析方面下了大功夫之外，还在译文的准确、简练、精美和符合现代汉语韵律方面反复用心，推敲琢磨，力图尽可能地保持《老子》作为一部哲理诗的风格，使它在后世流传中不减其诱人的魅力。我们知道，用典雅、规范的现代语言译出准确、优美的哲理诗来是很不容易的，作者有这种自觉意识并且努力这样做了就很值得称道。

　　拜读董京泉同志的大作对我来说也是一个重新学习老子哲学思想的过程，实际上对我的帮助也很大。在25年前出版的《中国哲学史上的知行观》一书中，我是把老子"不行而知"的知行观当作在知识来源问题上排斥实践和感觉经验的唯心主义先验论来批评的。读了董京泉同志对《老子》第十九章（通行本第四十七章）的"辨析"后，我觉得他把"不出户，知天下"的认识主体限定在"圣人"即得道明君身上也是有一定道理的。他指出，既然是真正得道并能依道治国的最理想、最圣明的君王，"这样的君王当然有条件掌握全国最权威、最全面的信息资源，也最有能力提炼加工这些信息，从而把握它的本质，况且在他身边还有三公六卿等高级官员和专管出谋划策的'谋主'可资利用，所以不一定非得以自己的耳目之知为知，以自己的区区之察为明不可。"这并不是一般地否定认识来源于实践，而是说要洞察"天下"事物的本质仅靠直接经验是不够的。《老子》书中的认识论思想，很重要一个方面的内容是讲如何得到对于作为形上本体和价值本体之"道"的认识，即如何"体"道、"悟"道，在它看来只能靠"玄览"即直觉、内省的认识方法。这并不是一般人所具有的认识能力，具有这种认识能力的认识主体也只能是理想的圣王。毋庸讳言，关于一般的人应通过什么途径来获得正确的认识，社会实践和感觉经验在认识过程中起什么作用，理性认识与感性认识是什么关系，得道明君的"玄览"即直觉方法需不需要有以往的知识经验作为基础，或者说对感性认识和理性认识有无依赖关系，这些问题在《老子》书中都找不到明确的答案，或许根本就不在作者考虑的范围之内。我认为如实地指出老子哲学思想的局限性也是很有必要的，京泉同志也提到他

"对感觉经验重视不够，有唯理论的倾向"，但我的感觉是，作者总体上还是同情地理解多而对老子思想中所包含的内在矛盾揭示不够，或者说批判地超越的眼光还有些不足。

以上是我初读董著《老子道德经新编》后的几点直接感受，还来不及细读，思考也不深入，写出来仅供作者和读者参考。我认为这部著作在中国老学史上有重要的解释学意义和方法论创新意义。一千年后人们还要重读《老子》，后人将不会忽略21世纪初年有这么一个新编本对于他们进入老子的思想世界曾经起过引路的作用；也许以后有人受其启发还会按照不同的思路来重编《老子》章句，那么它就是通行本问世一千七百多年以来的第一个重编本了，其文献价值同样不可忽视。重构《老子》文本是一件十分严肃也十分艰难的工作，做这件事情的目的是要使中华民族的这一哲学瑰宝放射出更加耀眼的光芒，烛照和开启人们智慧的心灵。董著新编本在多大程度上实现了这一目标，那就只有经过历史的检验后由后人去评说了。

方克立

2007 年 6 月 10 日

（方克立先生为著名学者、中国社会科学院学部委员、中国哲学史学会会长。方先生写的这篇序言曾在《文史哲》2008 年第 5 期上发表）

导　言

　　老子的《道德经》(《老子》) 是我国传统文化的重要源头，是一部博大精深、具有永久魅力的"文化元典"，是中国思想史和中国哲学史上一座彪炳千秋的历史丰碑，是源远流长的中华民族文化和民族精神的重要组成部分。全面正确地把握《道德经》的思想内涵，是深刻理解中华文化源流和民族精神的关键之一。因此，站在时代的高度，以马克思主义为指导，以宏观视野和战略眼光重新考证、校勘、反思和研究《道德经》，结合时代特点、时代精神和时代性问题对《道德经》进行创造性诠释，对于全面正确地把握它的思想内涵，显扬其本真意义和时代价值，对于批判地继承和弘扬中华民族的优秀文化，具有重大意义。同时，因为任何思想文化的新创造都是以往一切时代精神的升华，尤其是那些思想意蕴极为丰厚的"元典"，可以构成新的思想文化创造的强大背景或"支持意识"，所以结合新的实际，对《道德经》进行精深研究和创造性阐释，对于构建和阐扬中国特色社会主义文化，亦具有特殊的价值。我们还应看到，由于《道德经》所提出和关注的基本问题，往往是一些贯通古今中外、属于全人类都必须面临的问题，具有较大的普遍性和永久性价值，而老子对这些问题的探讨更是充满了深厚博大的东方智慧，因此站在时代的高度，对《道德经》进行精深研究和创造性阐释，对于思考和解决当今人类所面临的共同性问题无疑具有深刻的启示作用，对于丰富和发展世界文化宝库也是不可或缺的。对于这一点，一些世界文化名人似乎比我们有着更为清醒的认识。

　　但是，毋庸讳言，从《道德经》的思想内容和内在逻辑的视角看，其通行本 (指王弼《老子道德经注》中的经文，简称王弼本) 的章次编排不够得当，比如其上篇"道经"中多有论述当属下篇"德经"的内容 (如第三、八、九、十三、十七、十八、十九、二十七、二十八、二十九、三十、三十一、三十三章；本书以下凡引《老子》处，皆只注明通行本的章次，具体经文以校定文为准），而在"德经"中则多有论述当属上篇"道经"之内容（如第四十、四十二、四十七、五十二、七十七章）——郭店楚墓竹简本《老子》（分甲、乙、丙三组，其文字总量约为通行本的十分之四，其内容只对应于通行本的三十一个章节，学界多认为它是《老子》的节选本）姑且不论，其篇幅与通行本相当的马王堆汉墓帛书《老子》（含甲乙本）的情况亦基本如此，只是"德经"在前、"道经"在后而已①；各章之间的内在逻辑联系也不够紧密，比如第一章讲道本原本体论，第二章讲辩证方法论，第三章讲社会政治论，第四章又讲道本原本体论，内容跳跃性很大，似乎难以看出其内在的逻辑关系。造成这种状况的历史性原因很复杂，笔者在《〈道德经〉新编及其论证》之导言部分（见本书附录二）对此作了简要分析，其中一个原因是：根据《史记·老子韩非列传》的记载，《道德经》五千言是老子在行将出关之时被关令尹喜"逼"出来的，也就是说，它不是老子的从容之作，而是急就章。可以想见，老子当时很可能是想到哪里就写到哪里，不可能把他多年来的所思所想在上下五千言中一气呵成而又布局合理，逻辑严密，层层展开，无懈可击。况且裘锡圭先生这样说："司马迁认为'五千言'为老聃所亲著，这当然不大可能是事实。但从情理推

---

①　高亨先生说："从先秦古籍的有关记载来看，《老子》传本在战国期间，可能就已有两种：一种是《道经》在前，《德经》在后，这当是道家的传本。……另一种是《德经》在前，《道经》在后，这当是法家的传本"，并认为"《韩非子·解老》首先解《德经》第一章，解《道经》第一章的文字放在全篇的后部，便是明证。"（高亨、池曦朝：《试谈马王堆汉墓的帛书老子》，《文物》1974 年第 11 期）陈鼓应先生认为高亨的这种看法，在众多的观点中是较为可取的，并说："在我们对于帛书《四经》进行深入研究后，可以得出这样的结论，即：'道经'在'德经'前的《老子》通行本维持了《老子》的原貌，是老子道家的传本；而'德经'在'道经'前的帛书《老子》本，应该是黄老道家的传本。'道'的向社会性倾斜，是黄老学派对老子思想的一种发展，也是黄老道家的一大特点。《黄帝四经》《经法》在前、《道原》在后，恰与帛书《老子》《德经》在前、《道经》在后相一致，这乃是黄老学派落向现实社会的表现。而以老子道家为宗的《淮南子》，则将《原道》列于书首，这恰与《老子》通行本'道'在'德'前的次序相吻合，《淮南子》之重视《原道》，似可作为祖本《老子》顺序的一个佐证。"（陈鼓应：《黄帝四经今注今译》，商务印书馆 2007 年版，第 5—6 页。）有趣的是，严灵峰认为帛书本的底本原写在竹简上（非郭店简本），因此抄写中会有简序倒错现象。严灵峰推测可能是帛书本的抄写者从相反的方向依次抄写的结果。（参阅严灵峰《马王堆帛书老子试探》，台北：河洛图书出版社 1976 年版，第 11—12 页。）

测，'五千言'似应跟儒家的《论语》一样，为学派宗师的弟子或再传
弟子，总之是离宗师的时代不远的人所编成的。"① 如果实际情况像裴锡
圭所言，问题就更为明显了。我们看到，《论语》各章之间的内在联系并
不紧密，各篇的主题不明显，各篇之间的逻辑关系也不明显。显然，在这
种情况下写成或编成的著作不利于读者从中更好地把握其思想脉络和整个
思想理论体系。

　　《道德经》通行本问世一千七百多年来，相关校诂本、注译本和研究性
论著虽然汗牛充栋，不胜枚举，但鲜有学者对其全书的内在逻辑作过深度分
析，也未见有人在此基础上对它的章节次序作过重新编排（笔者仅见古棣的
《老子校诂》将《老子》分为上篇和下篇，但看不出其分篇的用意，作者对
如是分篇和章次编排也未作任何说明，因而不能算作严格意义上的重构或新
编；而且古棣将《老子》的许多章节拆散予以重新组合并删除了若干文句，
也似乎带有很大的随意性）。笔者认为，**文本结构是文本意义的直接存在方
式，它的变革影响着文本意义的内涵和彼此关联，故文本结构的研究，应是
意义解读的重要前提。因此，对于《道德经》而言，似乎应当用超越旧学的
文本结构之"重构法"作为新解的基础。**鉴于此，笔者不揣冒昧，以作为通
行本的王弼本为底本（诚如钱钟书先生在《管锥篇》中所言："王弼注本
《老子》词气畅舒，文理最胜，行世亦最广。"），参照郭店楚墓竹简本《老
子》（简称简本）、马王堆汉墓帛书本《老子》（简称帛书）、傅奕《道德经古
本篇》（简称傅奕本，该本主要是根据项羽妾墓出土的简本《老子》校订的，
因此其历史价值不应低估）及河上公《老子道德经章句》（简称河上公本）
等古本，以及历代校诂学者可取的见解，对《道德经》作了重新校订；在此
基础上，根据这一光辉著作的思想内容及其内在联系、本真意义和时代性要
求，对《道德经》的文本结构作了重新建构的尝试，在此基础上写出《老子
道德经新编》。

　　在笔者看来，老子作为哲学范畴的"道"，是宇宙万物的本原，更是既
超越又内在于宇宙万物及社会人生的形而上的存在本体和价值本体②，它的

---

　　① 裴锡圭：《郭店〈老子〉简初探》，《道家文化研究》第十七辑，生活·读书·新
知三联书店 1999 年版，第 29 页。

　　② 本体是西方哲学的名词，中国古代哲学称为"本根"，因而张岱年先生称老子
的本体论为"本根论"。

实质是宇宙万物最本质的共相，集中表现为矛盾法则或对立统一规律①。此为笔者为老子之道尝试性地下的一个定义。与此相关，还应补充说明的是：对立面的协调、和谐或转化是道的内在功能和落脚点，自然无为是道的根本特性，真善美的统一是道在价值观上的集中体现。对"道"的体悟，主要是对道的无限性和永恒性，对对立面的相互作用、统一和谐及转化的机制，自然无为的本质特性，超凡脱俗的精神境界和以自然天成为美的体悟。"道"是老子哲学的最高范畴，社会人生问题（含对社会人生问题的终极性追问和对社会人生的终极关怀）是老子关注和论述的中心，"推道明人"和"内圣外王"是老子重要的思维方式，亦是老子哲学思想体系的基本逻辑。"推道明人"是指以形上本体的"道"推论形而下的社会人生（这种思维方式的前提是把道、天、地、社会、人生视为一个整体，认为它们遵循着一个共同的法则，即"道"的法则）；老子揭示和推崇形上本体的道及其自然无为的本质特性，旨在为社会人生的合理的与理想的存在方式提供形而上的终极依据。②"内圣外王"是指以"尊道贵德"为前提，从依道修身到依道治国。老子及道家的"内圣外王"不同于孔孟及儒家所宣扬的"内圣外王"，因为后者是以格物致知、正心诚意为前提，从以仁义礼智信修身到以仁义礼制治国平天下。老子的整个思想体系可以说是以形而上的道为根本依据，以"道法自然"为根本宗旨，以自然无为为纲纪，以依道修身为中介，以治国安民、实现社会和谐和人生理想为归宿的理论大厦。道论、德论、修身论、治国论是构成老子哲学思想体系的基本内容，自然及无为是老子哲学的中心价值，亦是贯穿老子哲学思想体系的一条主线。因此，拙著《老子道德经新编》把通行本《道德经》的章序基本打乱，按其内容所是，分别编入道论篇、德论篇、修身篇和治国篇。《老子》中虽然有些章节论述人生问题或社会问题，但皆与修身问题或治国问题密切相关，故分别将其纳入修身篇或治

---

① 矛盾法则或对立统一规律之所以可以作为道的实质，是因为它具有三个方面的功能：一是事物发展变化的动力机制，生命创造力的源泉，创发力的动因，故为其"本根"；二是其内在的统一性可使事物中的各个要素实现协调与自然的和谐或融合；三是能导致事物的革故鼎新。正因为对立统一规律具有以上三个方面的功能，所以它能作为道的实质，从而能够作为天地万物及社会人生的形而上的存在本体和价值本体。

② 陈鼓应先生说，老子讲"道"，讲形而上学的意义，在于"企图突破个我的局限，将个我从现实世界的拘泥中超拔出来，将人的精神生命不断地向上推展，向前延伸，以与宇宙精神相契合。而后从宇宙的规模上来把握人的存在，来提升人的存在。"（陈鼓应：《老庄新论》，香港中华书局1991年版，第42页。）

国篇之中。道论篇包括通行本第一章等 20 章，德论篇包括通行本第三十八章等 8 章，修身篇包括通行本第三十九章等 28 章，治国篇包括通行本第六十章等 32 章。应当说明的是，《道德经》通行本共 81 章，因为其中有 7 章（第三十九、四十、四十二、四十六、五十、六十四、六十七章）上下两段的内容似不相属，故新编本将其一分为二，归属于不同的篇中。这样一来，新编本共 88 章，与通行本相重合的只有首章、末章、第十六章和第七十二章，后两章与通行本次序相同纯属巧合。

就其内容而言，道论篇主要回答了道的实有性，道的作用特点，道的基本特质和运行轨迹，道的本原和本体论意义，以及如何认识和把握道等问题；德论篇主要是揭示了德与道的关系，多方面阐释了"德"的特性，并回答了应如何修德，以及修德有成者的标志和样态等问题；修身篇主要是阐述了尊道贵德、依道修身的极端重要性，应从哪些方面依道修身，以及依道修身有成者的样态等问题；治国篇主要论述的是"尊道贵德"对于治国用兵的意义，它探讨和回答了关于治国的基本原则，治国的策略思想和策略原则，战争观和军事思想，治国者应有的素质，以及国家治理的理想目标等问题。老子是希望侯王等统治者能依照道、德的要求和所体现的特性来修身，在此基础上能像"圣人"那样依道治国平天下，这就是老子及道家"内圣外王"的基本思路。

"自然"和"无为"是老子哲学中仅次于道和德的重要范畴（在《老子》中，"自然"凡 5 见，"无为"凡 12 见，与自然、无为近义的概念则更多）。老子所说的"自然"并非近现代所说的的自然界或大自然，而是自己如此（以及本来如此、通常如此、势当如此），人及事物的天然本性，自己成就自己等意思，因而它与自在、自由、自主、自为、自立、自化、自成和社会自治相通。正因为老子的"自然"所涉及的皆是人类社会及其社会个体的事宜而与自然界无涉，因此刘笑敢先生称之为"人文自然"①。老子提出"自然"这一范畴，旨在强调社会个体的自由、自主与社会群体的自治，它所针对的主要是侯王等统治者对广大民众思想行为的横加干预和无端宰制，以及中国传统的宗法等级制度与旨在束缚人性的道德说教和礼仪文化。因此，"自然"的根本旨趣是社会个体的自由、自主与社会群体的自治（不是无政府主义），因为只有在这种情况下，个人和广大民众才会真正觉得活得"自然"了。

老子所说的"无为"并非"不为"或无所作为的意思，而是指人的这样

---

① 参阅刘笑敢《老子古今》，中国社会科学出版社 2006 年版，上卷第 46—66 页。

一种行为原则和行为方式：按照因循事物特别是人的自然本性及其发展趋势的基本要求，以公正无私的态度，以道所体现的柔弱的特点和方式加以辅助、引导或变革，使其向着既有利于实践主体又有利于客观事物的方向发展。从这种意义上说，"无为"也就是"无违"，即无违于自然。"无为"主要是对侯王等统治者提出的希望和要求，旨在要他们收敛个人权力欲的过度扩张，一切循道依理而行。

可以这样说，老子提出的"自然"主要是对人民及社会而言的，"无为"则主要是对统治者或治国者而言的。老子著书立说的最大动机和目的就在于发挥"自然无为"的思想，落实"自然无为"的理念，他的形上学也主要是基于发挥"自然无为"的思想和落实"自然无为"的理念而创设的。也就是说，老子是希望人民在获得自由的基础上能够实现自化、自成、自富、自朴，社会能够实现自然的安定与和谐，治国者能够顺应人民的自然本性和愿望要求而给予柔弱的引导和辅助，而对人民正常的生产生活不加干预和强制。

老子哲学是一种歌颂自然之性的自然主义哲学。老子哲学思想的基本特性和基本精神皆由此生发出来，因此"自然"是老子哲学的中心价值（老子哲学是一种以自然哲学为构架、以"自然之道"一以贯之的思想体系，它的本体论、人生观、政治哲学等无不以"道法自然"为指归，体现了鲜明的自然主义色彩），"无为"及"无为而治"是实现这种价值的手段和方法。在"无为"原则下的一切作为，都应按照"道法自然"的原则要求，不强行，不偏私，义所当为，理所应为，如行云流水，雁过长空，瓜熟蒂落，水到渠成。"无为"是《道德经》的思想重心之一，通过君王的"无为而治"以实现人民的自由、自主、自化、自成，是老子哲学论述的初衷和归宿。老子之所以提出"能辅万物之自然而弗能为"（六十四章，简本。本书正文括号中的章次皆为王弼本或通行本的章次，但其文字取附录十三校定文）的"无为而治"的思想和主张，旨在为臣民积极性、主动性和创造性的充分发挥提供良好的社会环境和条件。这是它的理论和实践价值之所在，也是老子思想现实意义的重要表现。

自然无为的思想是老子思想体系的中心、纲纪和基本宗旨，它体现在《老子》的道论、德论、修身论、治国论诸篇之中，因而自然无为的思想亦是贯穿老子思想体系的一条主线。

在道论篇中，老子说，"道法自然"（二十五章），"天之道，不争而善胜，不言而善应，不召而自来，坦然而善谋"（七十三章），"道常无为而无不为"（三十七章）。"道法自然"的意思是说，道以自己的自然本性为依归，以自己的存在为依据，以自己的内因决定了自身的存在及样态，亦即以"自成"为法则；就道对万物而言，"道法自然"是指"道"以听任万物依其自然本性而自生、自长、自化、自成为法则，亦即任凭万物按照"自己的样子"而存在和发展变化，不加干涉和主宰。这也就是道对天地万物包括社会人生所表现的"生而不有，为而不恃，长而不宰"的"玄德"之性（五十一章）。"天之道，不争而善胜，不言而善应，不召而自来，坦然而善谋"，说明天道的运作都不是有意识、有目的的，其胜、其应、其来、其谋都是本来如此，自然而然的。什么是"道常无为而无不为"，为什么说"道常无为而无不为"呢？道之无为是就道的自然性和无目的性而言的，是针对有意志、有目的的人格神的"天"（上帝）的传统观念而言的，是对后者的反动和批判。作为天地万物及社会人生之形而上的存在本体和价值本体的道，它的实质集中表现为矛盾法则或对立统一规律；而作为矛盾法则或对立统一规律的道，它不是游离于万物之外而是内在于万物之中的，又总是因任万物的自然本性及其发展变化的趋势而发挥自己作用的，因而这种作用方式是自然而然、不显形迹的，所以事物的产生、存在、发展、变化（含向自己的对立面转化）和消亡都表现为事物自己的行为，均不见道对它们的任何强制和干预。在这种意义上说，道是"无为"的。但是，事物的产生、存在、发展、变化（含向自己的对立面转化）和消亡又都离不开道的作用，都是内在于其中的对立统一规律使然，因而又都是道的作用之结果，道的这种作用是一种至上性的"为"。在这种意义上说，道又是"无不为"的。"道常无为而无不为"与"道法自然"一样，是"道"的具有总体性、根本性的法则，也是道的本体地位的体现。在这一法则中，作为道的作用特点或方式的"无为"更带有根本性，因此可以把道的这一根本法则归结为"无为"法则。

　　在德论篇中，老子说："道生之，德畜之，物形之，势成之，是以万物莫不尊道而贵德。道之尊，德之贵，夫莫之爵（帛书如是）而常自然。"（五十一章）这是说，道是万物借以产生的根本依据，德是万物得以养育的根本依据，物质成分使万物具有了各自的形态，各种内外条件使它们得以成长，所以万物（这里主要是指万民）莫不尊崇道而贵重德。道和德的地位之所以尊贵，并非因为有什么人授予它们爵位，而是因为它们总是因任万物的自然本性而自化自成。又说："知其荣，守其辱，为天下谷。为天下谷，常德乃足，复归于朴。"（二十八章）葛玄注："复归于朴，谓守自然也"，直接把"朴"解释为自然；王弼释朴为"真"，都有本然、自然而然和自然本性的意思。又说：“上德不德，是以有德；下德不失德，是以无德。上德无为而无以为，下德无为而有以为。”（三十八章）意思是说，上德是最高的德，最高的德不自以为有德，反而是真的有德；次一等的德故意炫耀自己的德性，惟恐失去德，倒是证明自己没有高尚的德行。具有上德品格的人（理想的君王）总是因任事物之自然本性及发展趋势而实行“无为而治”，所以这种作为是自然而然的；次一等的德虽然亦“无为”（否则就算不上是“德”了），但含有某种私图，所以其作为就不可能完全做到顺应万物之自然本性及运行法则。老子还说：“孔德之容，惟道是从。”（二十一章）因此与道一样，自然无为也是大德（上德）的根本特性和根本法则之一。

在修身篇中，老子强调要依道修身，而依道修身的核心就是要认真地体悟道的自然无为特性，要以道及德所体现的自然无为特性来修身，亦即要以道具有自然无为特性的思想武装自己的头脑。在这方面老子有许多论述。如说：“希言，自然。……故从事于道者同于道；德者同于德；失者同于失。”（二十三章）意思是说，只要统治者少发言教政令，民众就会自化、自成。所以，人如果像道那样因任事物之特性，自然无为，其所作所为就会与道相同，自己也会与道同体；像“上德”那样因任事物之特性，做到“无为而无以为”，其行为就会与“德”相同，自己也会与德同体；如果完全违背事物之自然本性而妄为，自己身上的道性和德性必将丧失殆尽。又说：“道常无名，朴。虽小，天下莫能臣。侯王若能守之，万物将自宾。”（三十二章）这是说，虽然道是幽微不见其形的，但侯王若能持守道的自然无为特性，万物（万民）就将自我化育，自己成就自己。又说：“圣人处无为之事，行不言之教，万物作焉而不辞，生而不有，为而不恃，功成而弗居。夫唯弗居，是以不去。”（二章）是说圣明的君王按“无为”的原则办事，实行“不言”的教化（将声教法令减少到最低限度），听任万民按照自己的意愿行事而不横加干预，生养万物而不据为己有，施惠于万民而不自恃有恩，事业成功了而不居功自矜。正因为圣人不以有功自居，所以他的功绩反而得以永存。又说：“我有三宝，持而宝之：一曰慈，二曰检，三曰不敢为天下先。慈，故能勇；检，故能广；不敢为天下先，故能为成器长。”（六十七章，帛书）“慈”、“检”、“不敢为天下先”这三种品格，一方面体现了对万物（万民）自然本性的充分尊重，另一方面体现了“无为”的行为方式，因而取得了“故能勇”、“故能广”和“故能为成器长”（“成器长”，即万民的首长）的积极效果。

老子哲学基本上是政治哲学，因此治国安民是老子哲学的根本目的。在治国篇中，老子强调要依照道的自然无为的特性和法则治国安民，亦即实行所谓"无为而治"。他说："圣人欲不欲，不贵难得之货；学不学，复众人之所过；是以圣人能辅万物之自然而弗能为。"（六十四章，简本）老子这里提出了要"辅万物之自然"的观点和主张。所谓"辅万物之自然"，就是要因循万物（主要指万民）的自然本性及发展趋势而给予积极的引导和辅助，而对他们的思想和行为绝不能横加干涉和任意宰制。老子认为只要持守道的自然无为原则，"若烹小鲜"（不折腾，举重若轻）似地"治大国"，就会取得"其鬼不神"和"德交归焉"（六十章）的神奇功效。又说："执大象，天下往。往而不害，安平泰。"（三十五章）意思是说，治国者只要执守大道的自然无为特性，天下人就会自觉自愿地来归顺。统治者对来归顺的民众的生产生活又不加干预和妨害，那么社会就会呈现国泰民安的局面。又说："将欲取天下而为之，吾见其弗得已！夫天下，神器也。不可为也，不可执也。为者败之，执者失之。"（二十九章）这是说，要想凝聚天下人，使其诚心归往（"取"，聚也；"取天下"，并非夺取天下，而是凝聚天下人），却又反其"道"而行之，我看是无法实现的。天下人是神圣的啊！对他们不可强行所为，也不能硬性宰制。强行所为的，必然失败；硬性宰制的，必将失去。也就是说，要想使天下人诚心归往，绝不能违反自然无为的原则。又说："天下多忌讳，而民弥叛；民多利器，国家滋昏；人多伎巧，奇物滋起；法物滋彰，盗贼多有。"（五十七章，简本）是说如果不依照自然无为的原则治国，就会出现天下大乱、民不聊生的局面。"故圣人云：'我无为而民自化，我好静而民自正，我无事而民自富，我无欲而民自朴。'"（同上）这里说的"好静"、"无事"、"无欲"（"欲"主要指侯王等统治者任意扩张的占有欲和权力欲）亦都是"无为"的意思，是说只要治国者持守自然无为的原则，对人民的思想行为不横加干预和强行宰制，人民就会自我化育，自我端正，自我富足，自我淳朴。

如前所述，自然是老子哲学的中心价值，自然法则是老子哲学的最高原则，君王的无为和无为而治是实现这种价值和原则的根本途径（这种认识的历史局限性姑且不论）。而自然的价值和原则完全实现之日，就是全社会实现和谐之时，因此全社会的和谐是老子哲学追求的最终目标，从这种意义上可以说老子哲学是和谐哲学。"道"是老子和谐思想的理论基础。老子认为道是天地万物及社会人生和谐的基本依据、动力和源泉。在老子看来，和谐是天地万物的常态，不和谐是暂时的；社会人生领域的不和谐以及人与天地万物关系的不和谐，主要是人的不当行为造成的，但从人类历史的长河看，这种现象不过是小插曲。世界上存在两种状态的"和"（一种是矛盾尚未充分暴露的混沌状态的"和"或原始的同一状态的"和"，另一种是矛盾的对立面经过交感激荡后所实现的和谐），应维护好，处理好。老子深刻地揭示了天地万物包括社会人生和谐的内在机制。老子说："万物负阴而抱阳，冲气以为和"（四十二章）。因此，和谐是一个对立统一的概念，但并非任何的对立统一关系都会造成和谐，和谐是矛盾双方相互关系的特殊形态。没有对立面的"冲气"（涌摇交荡）与"磨合"，就不能实现和谐，但这种"冲气"与"磨合"又必须是适度的。老子认为天地万物和谐的根本原因是"得道"，因此实现社会和谐的根本途径是"以道莅天下"（六十章）、"执大象"（三十五章），按照道所体现的自然无为原则办事。毫无疑义，全社会的和谐是以正确认识和处理人与自然的关系、人与人的关系、人与社会的关系，以及正确认识和处理社会个体的身心健康和安身立命问题为前提和基础的。关于如何正确认识和处理这些关系，老子都有许多重要的论述。

关于老子的道本体论、悟道认识论、辩证方法论、社会历史观、人生哲学观，以及老子思想的理论价值、现实意义等，已随文作了分析和阐述，在此不予赘述。应当看到，由于老子得天独厚的职位（他长期任周王朝的守藏室之史，这一职务相当于现在的国家图书馆馆长、国家档案馆馆长和中央文献研究室主任）和复杂的人生经历，使他具有丰厚的历史和理论知识，以及丰富的感性经验，又因为他善于深入观察和独立思考，所以他的著作（《老子》）中充满了深沉的智慧之言。借用德国哲学家尼采的话说，它就"像一个永不枯竭的井泉，满载宝藏，放下汲桶，唾手可得。"① 但是，老子的《道德经》毕竟距今已经 2500 多年了，当时的社会生产力还很落后，科学很不发达，文化积累也不够丰厚，社会处于奴隶制社会与封建地主社会交替时期，在这样的历史条件下所形成的老子思想，其历史局限性是不言而喻的。比如，他的"返本复初"思想，"循环往复"思想，以"天道"比附"人道"的思想等，都有很大的讨论和批评的余地——虽然他由此而引出的结论是积极的；至于他的历史观是英雄史观（把改天换地的希望寄托于"圣人"或依道治国的君王身上）或唯心史观，就更不足为怪了。

不过，这不能掩盖老子哲学思想积极的价值。我们今天研读《道德经》（《老子》），主要目的应是着力领会和把握其具有合理性的有价值的思想理论观点，为现实服务，而不应拘泥于其历史局限性的揭示和批判——况且上世

① 转引自陈鼓应《老子今注今译》，商务印书馆 2003 年版，第 68 页。

纪这种揭示和批判已经做得相当充分甚至有些过头。因此，本书旨在着力钩沉《道德经》的思想精华，并力求结合新的时代特点和新的实际，对其作比较准确而通俗的诠释——其实，对于我国传统文化的其他经典著作，我们似乎亦应取此种立场和态度。

一、道 论 篇

引　言

　　老子是中国思想史上第一位影响深远的思想家，也是中国哲学史上第一位名符其实的哲学家。老子撰写的《道德经》(《老子》)，不但是中国古代哲学的瑰宝和旷世经典，而且在世界哲学史上也占有重要地位。"道"是中华民族传统文化的核心范畴，道学是中华文明最重要的理论根基。"道"是老子哲学的最高范畴①，也是老子整个思想体系的基础、核心和逻辑起点。在这种情况下，对道的规定性和实质的把握，就必然成为正确理解老子及道家思想的关键性环节。因此，讲老子思想特别是阐释老子的道论，首先应当对"道"有个基本的说法。但是，古今中外的学者对"道"的诠释和概括，仁者见仁，智者见智，众说纷纭，莫衷一是。之所以发生这种情况，主要是因为老子未能对"道"的规定性作出集中的概括，从而下一个明确的定义。②

---

　　①　道是老子哲学的最高范畴，也是道家各派哲学的最高范畴，同时亦是中国古代哲学的最高范畴——虽然诸子百家"各道其道"，因而对"道"的理解和诠释上存在很大分歧，但在致力于修道、得道、行道和以道为最终目标上则是一致的，所以孔子说："朝闻道，夕死可矣。"(《论语·里仁》)

　　②　老子之所以没有对"道"下一个明确的定义，这可能与老子哲学的特点和"道"本身具有很大的模糊性和不确定性有关，与先秦哲学家常用模拟以及格言、比喻、寓言、答问等形式来表达他们的哲学思想，而不太注重以概念范畴来来构造哲学体系，因而不太讲究严格的概念界说、严格的逻辑演绎规范和形式化的推导系统有关，也可能与老子没有完全界定清楚道的内涵和外延有关。

虽然如此，我们应当看到，老子对道的样态、性质、特点、运行规律等还是作了诸多描述和揭示的。概而言之：一是说"无，名天地之始；有，名万物之母"（一章），"道"是"先天地生"的，"可以为天地母"（二十五章；以下正文中的引文的章次皆为通行本的，而文字皆为新编本的），就是说，道是宇宙万物的本原；二是说"天下万物生于有，有生于无"（四十章），这里的"无"是指道在时空上的无限性和永恒性，故可作为哲学上的终极本体，"有"说的是道的实有性，具有无限性的"有"，故能统摄万有；这是说"道"是实有的，但又是无限的，而作为终极本体的东西也必须是无限的；又说："道冲，而用之或不盈。渊兮，似万物之宗"（四章）；这也是说"道"是天地万物所依恃的宗主、根本即终极本体；三是说"道"是"惟恍惟惚"的，但"其中有象"，"其中有物"，"其中有精，其精甚真，其中有信"（二十一章），就是说，道虽然恍惚不定，但它是具有实质性内容的客观存在，而不仅仅是一种"境界"；四是说"道"是"视之不见"、"听之不闻"、"搏之不得"（十四章）的，即道是不可感知的，具有形而上的特质；五是说"道"是"独立而不改，周行而不殆"（二十五章）的，又说"大道氾兮，其可左右"（三十四章），这是说道是绝然独立、不生不化、不偏无滞、通乎一切、普及一切的；六是说"道"是"万物之奥"（六十二章），即道在物中，道是天地万物之中深藏的内核、内在本质或"玄机"，亦即是万物之所以为万物的原因和根据而存在于万物之中；七是说"道常无为而无不为"（三十七章），即道的作用方式是似无而实有的，但它的功能却是无比广大的；八是说"道生之，德畜之，长之育之，亭之毒之，养之覆之。生而不有，为而不恃，长而不宰，是谓'玄德'"（五十一章），"万物恃之以生而不辞"（三十四章），这是说"道"在价值观上是善的。余以为道的定义应当同时涵盖以上八个方面的性质和特点，否则就是不周延的，有缺陷的。

　　经过长期的研究，我对老子作为哲学范畴的"道"尝试性地下了这样一个定义，以就教于学界同仁："道"是宇宙万物的本原，更是既超越又内在于宇宙万物及社会人生的形而上的存在本体和价值本体，它的实质是宇宙万物最本质的共相，集中表现为矛盾法则或对立统一规律。这是笔者为老子之道尝试性地下的一个定义。与此相关，还应补充说明的是：对立面的协调、和谐或转化是道的内在功能和落脚点，自然无为是道的根本特性，真善美的统一是道在价值观上的集中体现。①

　　道论、德论、修身论、治国论是构成老子哲学思想体系的基本内容，自然无为是老子哲学的中心价值，也是贯穿老子哲学思想体系的一条主线。老子的道论是关于"道"以及道与天地万物和社会人生关系的理论，它是老子哲学思想体系的首要的理论基础，因为其德论以及修身论、治国论等都是以道论为基础和前提并由此展开的。道

① 董京泉：《老子"道"的定义及实质之我见》，《哲学研究》2005年第4期，见本书附录四。

论篇主要回答了道的实有性、道的地位、道的作用特点、道的基本特点和运行轨迹、道的本原和本体论意义，以及如何认识和把握道等问题。

一　章

道，可道，非常道①；名，可名，非常名②。

无，名天地之始；有，名万物之母③。

故常无，欲以观其妙；常有，欲以观其徼④。

此两者，同出而异名⑤，同谓之玄⑥。玄之又玄，众妙之门⑦。

（通行本第一章）

注　释

①道，可道，非常道：第一个"道"字是指现象界的事物运行和发展变化的法则、条理，即人们通常所说的"道"，如道路的道、道理的道、伦理道德的道（儒家所说的"道"基本是在这种意义以及政治学意义上讲的），以及具体的行为原则、方法等。第三个"道"字（常道），是指天地万物的本原和天地万物及社会人生的存在本体和价值本体，它是老子哲学的专有名词，也是老子及道家哲学的最高范畴。"常道"是说永恒存在的"道"。第二个"道"字是引导的意思。"道，可道"，是说通常意义的"道"也是可以引导人们的思想和行为的。详见【辨析】一。帛书"常"作"恒"，下同。

针对古今有些学者将"常道"释为"不可言"之道和"永恒不变之道"，朱谦之先生指出：

> 盖"道"者，变化之总名。与时迁移，应物变化，虽有变易，而有不易者在，此之为常。自昔解老者流，以道为不可言。高诱注《淮南子·泛论训》曰："常道，言深隐幽冥，不可道也。"伪关尹子推而广

之，谓"不可言即道"。实则《老子》一书，无之以为用，有之以为利，非不可言说也。曰"美言"，曰"言有君"，曰"正言若反"，曰"吾言甚易知，甚易行"，皆言也，皆可道可名也。自解老者偏于一面，以"常"为不变不易之谓，可道可名则有变有易，不可道不可名则无变无易（林希逸），于是可言之道，为不可言矣；可名之名，为不可名矣。不知老聃所谓道，乃变动不居，周流六虚，既无永久不变之道，亦无永久不变之名。故以此处世，则常无心，"以百姓之心为心"（四十九章）。以此应物，则"建之以常无有"（《庄子·天下篇》），言能常无、常有，不主故常也。不主故常，故曰非常。常有常无，故曰"复命曰常"（十六章），"知和曰常"（五十五章），常即非常也。夫旦明夜暗，死往生来，安时处顺，与时俱往，庄子所云："死生命也，其有夜旦之'常'，天也。"天地之道，恒久而不已，四时变化，而能久成。若不可变，不可易，则安有所谓常者？故曰"道，可道，非常道"也；"名，可名，非常名"也。[1]

程颐在《周易·程氏传》中释《易》之"恒卦"时指出："天下之理未有不动而能恒者也，动则终而复始，所以恒而不穷。凡天地所生之物，虽山岳之坚厚，未有能不变者也。故'恒'非'一定'之谓也，'一定'则不能恒矣。惟随时变易，乃常道也。"

朱谦之和程颐皆以随物随时变易来解释"常道"，当与老子的思想相吻合。

顺便指出，有些注家说，"恒"为本字，只是到了汉文帝之后，为避刘恒讳，随改"恒"为"常"。这种说法似值得商榷，因为傅奕的《道德经古本篇》主要是依据项羽妾墓出土的竹简本《老子》校订的，而在《道德经古本篇》中"恒"皆作"常"。常、恒义同，在此都是永久存在的意思。

②名，可名，非常名：第一个"名"字是指通常的事物之名；第三个"名"字（常名）为老子的"道"之名；第二个"名"字是动词，是命名的意思。

王弼注曰："可道之道，可名之名，指事造形，非其常也。""指事造形"指可识、可见的有形的具体事物，而凡具体的有限的事物，皆非永恒存在者。

<hr>

① 朱谦之：《老子校释》，中华书局1984年版，第4页。

蒋锡昌在《老子校诂》中说："《管子·心术》曰：'名者，圣人之所以纪万物也。'又《七发》注：'名者，所以命事也。'此名乃世人用于事物之名，其所含意义，常为一般普通心理所可了解，第一'名'字应从是解。第二'名'字用为动词。'常名'者，真常不易之名也，此乃老子自指其书中所用之名而言。老子书中所用之名，其含义与世人惯用者多不同。老子深恐后人各以当世所惯用之名来解《老子》，则将差之千里，故于开端即作此言以明之。"

有学者将"道可道"与"非常道"割裂开来，将"名可名"与"非常名"亦割裂开来，孤立地解读"道可道"和"名可名"的涵义，说老子主张"宇宙的本质或自然的法则、原理、规律等是可以解说和表述的，其形态也是可以说明的，它并不神秘，人类可以发现并掌握它。"① 老子有没有这种主张是一回事，而"道可道"、"名可名"能否作这种解读又是一回事。显然，"道可道，非常道"的重心在"非常道"上，"名可名，非常名"的重心在"非常名"上，故不应无视老子论断的重心，而把它们割裂开来予以解读。

"名可名，非常名"的意思是说"可名"之"名"，就不是永恒存在的"名"即"道"，换句话说，"道"是"不可名"的。为什么说"道"是"不可名"的呢？这是"因为有了名，就有了规定性，就会被限定住了，就成了具体的存在物，而'道'是无限的，是没有任何规定性的。通常我们用名来指称某一事物，某一事物在被命名之后，就不能再称为其他的东西了。由于'道'的无限性和无规定性，无法用语言文字来指称它，所以只能是'无名'的。可见，'道'的存在与任何具体事物的存在都有着本质的不同，这个本质的不同就在于'道'的形而上之特性，即'无形'、'无名'。具体事物都只是形器世界中的存在，都只是形而下者，形器世界中最大的存在物莫过于天和地，但在老子看来，天和地也是可以感知的、有生有灭的，同样也不能作为万物的最后根源（'可以为天地母'）。"② 既然"道"是"不可名"的，为什么还要给它起个名字叫作"道"呢？这是因为如果不起一个名字，就无法对它加以描述和论述，于是才不得已"强字之曰'道'"（二十五章），以适应对其描述和论述之需要。

③无，名天地之始；有，名万物之母：王弼本、河上公本、傅奕本如

---

① 邱飞廉：《老子生态哲学的逻辑体系》，《光明日报》2001 年 8 月 30 日。
② 陈鼓应、白奚：《老子评传》，南京大学出版社 2001 年版，第 110 页。

是，帛书甲乙本"天地"作"万物"，为"无，名万物之始也；有，名万物之母也"。

"无"和"有"在此都是指称"道"（有些注家以"无名"、"有名"断句，似不妥，其理由见下文）的。但"无"和"有"是一体之两面，"无"是突出道的隐蔽性（无形）与无限性，"有"是强调道的实有性。"无，名天地（万物）之始"，是说"道"是天地万物的始原，"有，名万物之母"，是说"道"是天地万物的母体。

帛书"无，名万物之始也；有，名万物之母也"其义要比传世本"无，名天地之始；有，名万物之母"为长，且不易引致歧义。这是因为：帛书的表述突出了"无"与"有"的主体同是万物，因而"无"与"有"的关系就更加明显是一事之相续，一体之两面，而不是把"天地"和"万物"分作两件事。因此，本章当不是从宇宙生成论的角度讲万物之"始"与"母"的，而是从认知的角度强调万物之本根乃有"无"与"有"之一体两面。

"无名天地之始，有名万物之母"，当从"无"和"有"之后断句。如果以"无名"、"有名"断句，那么同一意义的事物，为什么有的称为"无名"，而有的则称为"有名"呢？恐怕就不好解释。

明代王樵《老子解》曰："旧注'有名'、'无名'，犹无关文义；'无欲'、'有欲'恐有碍宗旨。老子言'无欲'、'有欲'则所未闻。"

古棣说，《老子》书中，凡言"无名"者都是说"道"本来没有名字的意思，而"在此章中如读作'无名'、'有名'就扞格不通了。'无名'怎么能成了万物（天地）的创始者？'有名'怎么成了万物的母亲？也不能说给它起个名叫'无名'，起个字叫'有名'，这与理难通。而说给万物（天地）的创始者、万物的母亲起个名字叫'无'（与形而下有形体的实物对比而言），又叫做'有'（就其恒常存在、永不消逝而言），则揭示了道的实质，于文于理都通顺无碍。"[①]

为了反驳在"名"字前断句的意见，张松辉举凡第二章中的"有无相生"句，说："把'有'和'无'都解释为'道'，那么'有无相生'就是'道与道相生'，换句话说，就是自身与自身相互生出，这在逻辑上显然是说不过去的。"[②] 事实上，第二章说的"有无相生"等六对矛盾关系，讲的都是物质世界中的具体矛盾，而不是从本体或本原意义上说的，因而与本章讲

① 古棣：《老子校诂》，吉林人民出版社1998年版，第4—5页。
② 张松辉：《老子研究》，人民出版社2006年版，第135—136页。

的"无"和"有"不是一码事。

"天地"，帛书作"万物"。《史记·日者列传》引作"无名者万物之始也。"王弼注曰："凡有皆始于无，故未形无名之时，则为万物之始。"可见王弼本经文原作"无名万物之始"，也可见上古即有一种传本作"无名万物之始"，不作"无名天地之始"。从老子说的"道生一，一生二，二生三，三生万物"（四十二章；本书以下凡引《老子》处，皆只注明通行本的章次，而其中的文字按附录十三的校定文）来看，老子并未把"生"天地和"生"万物作为两个不同的阶段，老子是把包括天地在内的一切形下之物通称为"万物"的。但通行本为"无，名天地之始"，遵照可动可不动者不动的原则，校定文不从帛书作"无，名万物之始。"

④故常无，欲以观其妙；常有，欲以观其徼：王弼本、河上公本、傅奕本如是，帛书作"故常无，欲以观其妙；常有，欲以观其所徼"，后多一"所"字。

句中的"其"字代指"道"；"观"是体悟、用心灵智慧观照的意思，而不是用眼睛去观察，因为作为天地万物始原和宇宙本体的道，是无法用眼睛观察的，眼睛可观察的只能是有形之物，而道则是"视之不见"的。老子所说的道既是"常无"，又是"常有"；说它"常无"，是就其永远不会变成形而下的物质实体而言；说它"常有"，是就其无生无灭、永恒存在而言。

其断句详见【辨析】二。

句谓：所以要从"常无"的角度欲体悟道之奥妙，从"常有"的角度想领悟道的诀窍。说解详见【辨析】三。

朱晓鹏先生赞同王博的看法，认为老子所说的"观"具有"视"和"示"两种相反的含义。他说："'常无，欲以观其妙；常有，欲以观其徼'中之'观'，就应当作'示'讲，因为这句话的主语不应像许多人认为的是人，而应是道，——此句所在第一章的上下文都是论述道自身的，不可能在中间突然插入一句以人为主语的话——而由于道不可自视，只能示人，所以这句话说的实是道以'有'、'无'两种形式显示自己的存在，而这又不过是作为客观对象的'道'在拆除各种遮蔽之后直接显示自身存在的本真形态。"① 这种诠释比较新颖，但难点似乎在"欲"（想）字上，因为道是不可能有什么想法的。故可备一说。

张岱年先生说："'故常无，欲以观其妙；常有，欲以观其徼。'（《上

---

① 　朱晓鹏：《老子哲学研究》，商务印书馆 2009 年版，第 187 页。

篇》，案妙借为秒，《说文》：'秒，禾芒也。'徼借作窍，《广雅释言》：'窍，孔也。'《说文》：'窍，空也'；段注：'空孔古今字。'秒者无穷小；窍者最小空。）秒是微有，徼是微无。常无以观其妙，即就无观无中之微有；常有以观其徼，即就有以观有中之微空，谓无中含有，有中含无。道实非有非无，似有似无。于无观有，于有观无，即所以不滞于有无之际，而为观道之方法。要之，道是超感觉的，非五官所能感到，但非无有。认道为有形或认道为无有，都是谬误。"① 张先生的校诂是有道理的，故可备一说。

　　⑤此两者，同出而异名：此两者指"无"、"有"和"常无"、"常有"；"同出"即同出于"道"，只是名称有别而已。

　　"无"和"有"及"常无"和"常有"，都是道的称谓。之所以加以区别，是就道的不同特点而说的。刘一明曰："道也者，至无而含至有，至虚而含至实，空而不空，不空而空。"② "一阴一阳之谓道，是就道之用言；无形无象，是就道之体言。"③ 刘一明之说虽然掺杂了一些佛学的成分，但其立论主旨，似与老子"道"的本义不悖。

　　王弼本的"此两者，同出而异名，同谓之玄"，帛书作"两者同出，异名同胃（谓）"。意思是说，"无"和"有"，"常无"和"常有"，出于一个来源，虽然是两个名词，但说的是一回事，都是指的"道"。因此，不能说"道"是有与无的统一，也不可以说有、无是"道"的两个方面。王弼本亦应作如是解，不过是"同谓之玄"，而"玄"在此也是"道"的代称。

　　⑥玄：幽昧不可测知之意，即"微妙玄通，深不可识"。

　　⑦众妙之门：一切变化的总门户，指"道"。

译　文

　　通常意义的"道"，也是可以引导人们的，
　　但它并非永恒存在的"道"；
　　一般的命名方式，是可以标示事物的，
　　但无法用以称谓永恒存在的道之"名"。

---

① 张岱年：《中国哲学大纲》，江苏教育出版社 2005 年版，第 48 页。
② 刘一明：《通关文·看空关》卷下。
③ 刘一明：《修真辨难》卷上。

"无"，是天地的本始；

"有"，是万物的母体。

所以要——

从"常无"的角度欲体悟道之奥妙，

从"常有"的角度想领悟道的诀窍。

"常无"和"常有"同出于"道"，

只是名称有别，都是极为幽深的。

幽深而又幽深啊，

它是一切奥妙产生的总门户。

辨　析

一、本章是《道德经》即《老子》通行本的首章，是《老子》的开宗明义，是全书的纲领。"道"是老子哲学的最高范畴，在本章中不仅提出了这一范畴，而且指出了道的基本规定性。

对本章首句"道，可道，非常道"中第二个"道"字，历代几乎所有注家皆释为"言说"，全句释为："可以用语言表述的道，就不是永恒存在的道。"言外之意，"常道"是不可言说、不可议论的。不可否认，与所有形而下的事物不同，"常道"或老子作为哲学范畴的道，它没有任何确定的规定性，它在空间上又是无限的，在时间上是永恒的，因而具有超越性和无限性，而且作为人类认识工具的语言本身具有内在的局限性，它不能真正地、完全地把握世界的本体存在，所以"常道"具有难以形容、难以把握、"不可道"的一面，但是，它毕竟还有"可道"的一面。我们看到，对于具有无限性的形上本体的道，老子并没有说"不"。他不仅没有说"不"，而且一说就是五千言，因为《道德经》不过是"道"、道论及其展开而已。否则，老子所"言"的"道"岂不是皆为"非常道"或"可道"之"道"了吗？这显然是说不通的。事实上，就其直接性而言，老子对道的样态、性质、特点、运行规律等也是作了诸多的描述和论说的；而且老子明明说："道之出言，淡乎其无味"（三十五章），他只是说"淡乎其无味"而已，并不是说就不能"出言"即不能用语言加以表述。之所以"淡乎其无味"，是因为道（常道）是"朴"，不是精心炮制的。《庄子·知北游》借"无始"之口说过"道不可言，言而非也"，当是就其"不可道"的一面说的。韩非子就说："圣人观其玄虚，用其周行，强字之曰'道'，然而可论。"（《韩非子·解老》）这是说，道虽然玄虚，但它是可道、可论的。事实上，《老子》全书讲的道主要是作为"天地之始"、"万物之宗"、"天地根"和"独立而不改，周行而不殆"（二十五章）的道。

　　由于在"可道"、"不可道"的解说上出现了歧见，于是有的学者转而寻求其他的出路。比如严敏先生将这句话译为："道，是可以知觉（知道）的，是用非常规的方法知觉到的。"① 显然，译文的后句是将"常"释为"常规的方法"，将"道"释为动词"知道"。这就带来两个问题：一是把"常"释为"常规的方法"，且不说这样做有增字解经之嫌，但这样一来何以解释帛书的"恒道"之"恒"字呢？二是作为动词的"知道"（知觉到），可以简称为"知"，但从未听说可以简称为"道"的。孙以楷先生则将这句话释为："道是可以认识并表述的，但对客体道的认识并非等同于客体道本身。"② 显然，孙先生旨在强调认识的过程性和相对性，但如此则有使问题复杂化之嫌，因为"非常道"的"非"字是全称性的，只应回答可以认识和表述的是不是"常道"，似无等同或不等同于"常道"之义。而且译文对"常"字之义似有所忽略，因为"客体道"即作为认识对象的道，并未包含"常"或"恒"之义。

　　笔者发现，"道"在先秦可通"导"，如《尚书·禹贡》："九河既道"；《左传·襄公三十一年》："不如小决使道"；又：

　　　　子曰："道之以政，齐之以刑，民免而无耻；道之以德，齐之以礼，有耻且格。"（《论语·为政》）朱熹注曰："道，音'导'，下同。道，犹引导，谓先之也。"③

据此，"可道"之"道"亦可作"引导"解。若此，于句意、章旨和老子的思想观点皆可贯通无阻。

　　顺便提及，南怀瑾先生说，把本章首句中的第二个"道"字解释为"说话"或"常言道"的意思，"其实，这是不大合理的。因为把说话或话说用'道'字来代表，那是唐宋之间的口头语。如客家话、粤语中便保留着。至

① 严敏：《〈老子〉辨析及启示》，巴蜀书社 2003 年版，第 6 页
② 孙以楷：《老子通论》，安徽大学出版社 2004 年版，第 277 页。
③ 朱熹：《四书章句集注》，中华书局 1983 年版，第 54 页。

于唐宋间的著作，在语录中经常出现有：'道来！道来！''速到！速到！'等句子。明人小说上，更多'某某道'或'某人说道'等用语。如果上溯到春秋战国时代，时隔几千年，口语完全与后世不同。那个时候表示说话的用字，都用'曰'字。如'子曰'、'孟子曰'等等，如此，《老子》原文'道可道'的第二个'道'字是否可作'说'字解释，诸位应可触类旁通，不待细说了。……假定我们要问，《老子》本书第一章首句中两个'道'字，应当作哪种解释才恰当？我只能说：只有亲见老子，来问个清楚。"①

事实果真如此吗？《诗经·墉风·墙有茨》："中冓之言，不可道也。所可道也，言之丑也。"《论语·季氏》："孔子曰：'益者三乐，损者三乐。乐节礼乐，乐道人之善，乐多贤友，益矣；乐骄乐，乐佚游，乐宴乐，损矣。'"《孟子·梁惠王上》："齐宣王问曰：'齐桓、晋文之事可得闻乎？'孟子对曰：'仲尼之徒无道齐桓、晋文之事者，是以后世无传焉。臣未之闻也，无以则王乎。'"《庄子·天下篇》："其数散于天下而设于中国者，百家之学时或称而道之。"《荀子·非相》："相人，古之人无有也，学者不道也。"以上五则先秦史例中的"道"字显然皆是言说或讲述的意思。又，司马迁《史记·报任安书》："然此可为智者道，难为俗人言也。"显然，这里的道、言二字可互文见义。因此，关于在先秦乃至唐代之前的"道"字无言说之义的看法是不当的。

二、对"故常无欲以观其妙；常有欲以观其徼"，历来有两种断句方法：一是在"欲"字之前断句：宋代的司马光、王安石、范应元、苏辙等，明代的陈景元、释德清、王樵等，清代的魏源、俞樾、易顺鼎、杨文会等，近人马叙伦、高亨、劳健、任继愈、陈鼓应、古棣等是也；二是在"欲"字之后断句：汉代的河上公、严遵等，魏晋的王弼等，唐代的唐玄宗等，元代丁易东等，明代的明太祖等，今人蒋锡昌、张松如、刘笑敢、许抗生、尹振环、张松辉等是也。后者（指蒋锡昌外的今人）断句的主要依据是马王堆汉墓出土的帛书（以下简称帛书）《老子》相应章节的原文，即"[故]恒无欲也以观其妙，恒有欲也以观其所敫（徼）。"因文中有两个"也"字，显然此抄本是从"也"（欲）字之后断句的。

虽然在"欲"字之后断句，以突出排除目的性以认识道的本身和保持目的性以观察道的作用，也是有道理的，但似乎不应这样做。其理由如次：第一，《庄子·天下》说老子"建立以常无有，主之以太一。"其中"常无有"，

---

① 南怀瑾：《老子他说》，复旦大学出版社 2002 年版，第 48—49 页。

即常无、常有。可见"常无"、"常有"是老子哲学的范畴，而"常无欲"、"常有欲"则不可能是哲学范畴。高亨说："'常无'连读，'常有'连读。'常无欲以观其妙'，犹云欲以常无观其妙也。'常有欲以观其徼'，犹云欲以常有观其徼也。因特重'常无'与'常有'，故提在句首。此类句法，古书中恒有之。"① 第二，"故常无，欲以观其妙；常有，欲以观其徼"，与上句"无，名天地之始；有，名万物之母"在逻辑和义理上是紧相连接的，这里强调了"无"和"有"的永恒性，否则无以体悟（"观"）道之奥妙和诀窍。而且在"常无欲以观其妙；常有欲以观其徼"的前面有一"故"字，更可以看出上下文之间的义理联系，而如果在"欲"字后断句，则不易于解释这种联系。第三，紧接下文是"此两者，同出而异名。同谓之玄，玄之又玄，众妙之门。"文中的"此两者"只能是指"常无"和"常有"，亦即指称"道"的。如果它是指"常无欲"和"常有欲"，那只是描述人的一种心理状态，怎么能说是同出而异的"名"呢？它们又怎能是"同谓之玄"呢？第四，依帛书固然应从"也"字处断句，但是否在任何情况下都应唯帛书是从呢？对此，古棣说：

> 帛书有若干地方是明显地抄错、抄漏了，明显衍"也"字的也不少。这一句多了两个"也"字，也没有什么奇怪。就是单纯以版本为据吧：主要依据项羽妾墓出土的《老子》校定的傅奕古本，就没有"也"字。有什么理由断定傅奕本一定为非、帛书一定为是呢？而且全章多了八个"也"字，不成其为诗了，《老子》故书必不如此。②

说"《老子》故书必不如此"，未免有些武断，因为《老子》并非所有的章句都是诗。但他讲的不能唯帛书是从则是对的。

三、"故常无，欲以观其妙；常有，欲以观其徼"中的"其"字指的是什么？对此，注家们有两种意见，一是认为代指"道"，一是认为代指物质世界（如古棣，相应的他把"妙"释为"原始"）。"其"字应是"道"的代词，因为前两句为"天地之始"、"万物之母"，故而这里的"其"字不可能是另有所指。对"徼"字，有的释为"边涯"（高亨），有的释为"边际"（古棣），有的释为"我的运行"（张松如），有的释为"端倪"（陈鼓应），如此等

① 高亨：《老子正诂》，开明书店 1943 年版，第 3 页。
② 古棣：《老子校诂》，吉林人民出版社 1998 年版，第 11—12 页。

等。因为作为宇宙本原本体的道在空间上和时间上都是无限的，所以并无边际或终极可言；因为老子的道是形而上的、无形的，所以人们可以从"常无"的角度去体悟（"观"）道的奥妙。但是，道又是实有的，因为老子说它"其中有象"，"其中有物"，"其中有精，其精甚真，其中有信。"（二十一章）可见道并不是"虚无"的，所以我们又可以从"常有"的角度去体悟或观照它。观照它的什么呢？观照它的"徼"。徼，通"窍"。黄茂材本此字即为"窍"。马叙伦说："徼当作窽。《说文》：'窽，空也。'"① 窽（简体字"窍"）的本义为孔穴，可引申为事情的关键、诀窍。道的诀窍或关键主要是指"道法自然"（二十五章），"道常无为而无不为"（三十七章），以及"反者道之动，弱者道之用"（四十章）等。笔者认为，老子之所以强调道的实有性以及它的"徼"，旨在希望人们把握道的要领，特别是防止将道虚无化。因为一旦把道看作子虚乌有的东西，那么一切就都无从谈起了。其实，后来的魏晋玄学就有这种倾向，比如何晏将道释为"无所有"（《无名论》），即佛经上的"空"；郭象在其《庄子注》中说道"无所不在，而所在皆无也"，又说："吾以至道为先之矣，而至道乃至无也。"在现代注家中也有将道释为"虚无"的，如刘坤生说："老子道乃本质虚无"，"唯有道才是真正的虚无。"② （对刘坤生之说的评论见本书二十三章"述评"二）显然，对"道"的这种解读是不当的。

有些注家将"徼"字释译为"边际"或"界限"。"徼"确有边际或界限的涵义，但放在此句中则似不当，因为"观其徼"就成了观照道的边际或适用界限，而作为本原和本体的道，它在时空上皆是无限的，有什么边际或界限可言呢？

也许有人会说，老子在第一章会讲这些吗？答曰：因为本章是《道德经》的总纲、总论，所以在总体上讲全书最根本的思想观点，是不足为奇、毋庸置疑的。

"道"这个字虽然在殷周以来就被广泛运用，不仅在"六经"中有，甚

---

① 馬叙伦：《老子校诂》，载《四部要籍注疏丛刊·老子》，中华书局1998年版，第1587页。

② 刘坤生：《老子解读》，上海古籍出版社2004年版，第252、28页。

至在甲骨文中就出现了，但其大都是在道路、道理等具体的意义上使用的。老子则不然，他首次在终极的形而上的层面上超越于天地万物，将"道"作为天地万物及社会人生的总根源、存在本体和价值本体，作为一个高度抽象的一元化、超越性的哲学范畴，其理论抽象和概括能力，在中国乃至世界哲学史上都达到了前所未有的水平。

在老子之前，就其唯物论支脉来说，是五行本原说①、八卦本原说以及气本原说统领着中国哲学界。顾颉刚先生说："五行，是中国人的思想律，是中国人对宇宙系统的信仰。"（顾颉刚：《五行说下的政治及历史》）但是，五行本原说、八卦本原说和气本原说都是用一种或数种带有局限性的具体有形的物质形态作为宇宙本原来解说无限丰富的大千世界，说明其概括性和抽象思维还处在比较低级的阶段，用它来反对先于天地万物而存在的上帝（天），其难度也是显而易见的。

在其他国家，在老子之前或同时代，关于世界的本原或本体基本有两种观点。一是物质元素说，如古印度的《吠陀本集》中有些颂歌宣称，世界是由水、火、风构成的；也有的认为，是由非存在（无）、原人、太一、气息、思维等创生的；后来的顺世论认为世界是由地、水、风、火"四大"元素构成的。古希腊哲学家泰利斯（约公元前624—前547年）提出了水本原说，阿那克西米尼（公元前585—前526年）提出了气本原说，赫拉克利特（约公元前540—前470年）提出了火本原说，认为世界的本原是不断变化的"永恒的活火"，伊奥尼亚学派提出了水、火、气综合本原说。这种物质元素说的局限性也是显然的（且不说他们并非纯粹的唯物论者，因为他们认为神、灵魂、智慧、精神等等也是水、气、火、以太等，因而有学者认为这是在世界观上"物质与精神互渗现象"的表现）。物质元素说比较高级的阶段是德谟克利特（约公元前460—前370年）的原子论和印度婆罗门教胜论（公元前3—前2世纪）的极微（原子）论以及阿那克萨戈拉（约公元前500—前428年）的"种子"说，但它们的提出都在老子之后。不仅如此，

---

① 《中国哲学史》一般是这样讲的，其实这种看法不很准确，因为《尚书大传》曰："水火者，百姓之所饮食也；金木者，百姓之所兴作也；土者，万物之所资生也；是为人用。"可见这五种物质成分在当时只是被视为人民生活所不可或缺的东西。但在老子时代确已有了水、土（地）等物为"万物本原"之说。例如《管子·水地》曰："地者，万物之本原，诸生之根菀也"，"水者何也？万物之本原也，诸生之宗室也，美恶、贤不肖之所产也。"对水与地的关系，它解释说："水者，地之血气，如筋脉之通流者也。"

而且他们提出的这些本原学说皆限于自然领域以及对自然界的认识，而老子的"道"不仅包括自然界，而且涵盖了社会人生领域，即亦是社会人生的存在本体和价值本体，从而为纠正人生歧途，矫正社会之弊，实现"内圣外王"提供了形而上的根本依据。

关于世界本原问题的另一种观点是属于二元论和客观唯心论的，如印度婆罗门教数论认为世界是由精神实体的"神我"与原初物质（自性）结合产生的；吠檀多派认为世界的最高主宰是"梵"，而"梵"是宇宙精神，是无限，它无所不在，永恒不灭，是世界各种现象产生、维持和毁灭的终极原因；古希腊的爱利亚学派把事物的客观性及数量关系抽象掉，得出一个最普遍、最一般的"存在"范畴，认为"存在"是单一的、有限的、不变的、不可分割的。这是从具体到抽象，并达到最高抽象的过程。但是，他们却认为"存在"是唯一真实的东西，而把千变万化的世界归之于虚幻的假相，从而走向了唯心论；在这种"存在"本原说的基础上，柏拉图（公元前427—前347年）提出"理念"本原说，属于客观唯心论。关于世界本原或本体，还有古希腊的阿那克西曼德（约公元前610—前546年）的"无限者"说，即认为万物的本原不是具有固定性质的东西，而是无固定界限、形式和性质的物质。它不像水或气那样是有限的，而是"唯一并且能动和无限"；印度原始佛教的"缘起"说，即把世界一切现象的原因归结为各种相互依存的关系或条件。显然，前者把比较具体的物质元素上升为比较抽象的物质性的概念，后者把一切现象归结为各种相互依存的关系，在对宇宙本原或本体的认识上有了明显的理论抽象性和概括性，但是，无论是"无限者"说，还是"缘起"说，都缺乏对其运动变化规律的揭示，因而与老子"反者道之动，弱者道之用"的思想不可同日而语，所以从正确性和深刻性的意义上说，它们还不足以作为天地万物及社会人生的形而上的存在本体和价值本体。

在老子之前，中国已经有了讲自然规律的"天之道"（《左传》凡九见，《国语》凡七见）。子产提出了"天道远，人道迩，非所及也，何以知之"（《左传·昭公十八年》）的思想。在晚出的《易传》中则同时提出了"天道"、"人道"、"地道"的概念，曰："《易》之为书也，广大悉备。有天道焉，有人道焉，有地道焉。兼三材而两之，故六。"（《周易·系辞下》）此时所讲的"人道"，是在逐渐摆脱传统天命观念的过程中，从西周"以德配天"的思想发展出的注重人事观念的反映，但还不是从人类社会的实质和社会发展规律的意义上讲的。从《道德经》看，老子也是在自然规律的意义上讲"天之道"的，而且从"天之道，损有余而补不足；人之道则不然，损不足以奉有余"（七十七章）来看，他所讲的"人之道"已经初步触及了私有制社会的本质，这也是比同时代的思想家和政治家高明的地方。

在老子哲学中，"无"是一个极度抽象的概念，是一个根本性的哲学范畴。任继愈先生说，老子"在中国哲学史上第一次提出作为万物之本的负概念——'无'的范畴，这都表明人类认识前进的重要里程碑。"[①] 年轻学者朱晓鹏说："能够认识到存在本体的否定性本质并用否定性的方法来描述这种存在本体，是人类认识发展史上的重要里程碑，它标志着人类已经能够从无限性、普遍性的抽象思维高度来把握存在本体。"[②] "无"是"道"的别名。"无"不同于佛教所说的"空"，并非空无所有，而只是"视之不见，听之不闻，搏之不得"而已。老子把这一负概念赋予积极肯定的内容。老子贵"无"而务"实"，不具有怀疑论的色彩。由"无"而发展出"无为"的范畴，而"无为"并非什么事也不干，而是人们的一种行为方式，即顺应事物的特性和发展趋势而为，这也体现了"柔弱"的特点。"无为"落实到治国上，进而形成了"无为而治"的原则，在历史上用于治国安民，取得了很好的效果。这是老子哲学的重大贡献。一个毋庸争辩的事实是，在老子之前，中国思想界尚未提出独立的作为哲学范畴的"道"及其本质特性的"自然"的概念。哲学作为研究物质世界最一般本质和最普遍规律的科学，决定了作为哲学最高范畴的宇宙本原和本体概念必须具有高度的抽象性和一般性。毫无疑问，老子提出的作为哲学范畴的"道"及其道论的创立，不仅超越了五行本原说、气本原说以及水本原说、火本原说、"无定形"本原说等等，而且是对"天之道"、"地之道"和"人之道"的共同本质的抽象和概括，因而其理论抽象性更高、思辩性更强、普遍性更大，它使中国哲学开始克服和超越了经验哲学的局限而提升和进入了一个崭新的阶段。正如张岱年先生所说的："中国古典哲学的最高范畴是'道'，而'道'的观念是老子首先提出的。"又说："老子在思想史上第一次提出天地起源的问题，……老子提出天地起源的问题，以'道'为天地万物的本体，这是理论思维的一次巨大的跃进。"张先生还说："中国传统哲学中影响最大的学派有二，一是儒家，一是道家。儒家的创始人是孔子，道家的创始人是老子。孔子奠定了中国传统伦

---

① 任继愈：《中国哲学发展史·先秦卷》，人民出版社 1983 年版，第 265 页。

② 朱晓鹏：《道家哲学精神及其价值境域》，中国社会科学出版社 2007 年版，第 39 页。

理道德的基础，老子开创了关于本体论的玄想。"① 同时，老子以具有自然无为特性的"道"的至上性和本原本体性否定和超越了上帝和天命的至上性，否定了上帝创造和主宰世界的传统观念，也超越了春秋时期的天道自然观（认为作为自然物的天是最高层次，天地是宇宙万物的本原和存在的终极依据），这在人类认识史上也是一个巨大的贡献。老子把"道"作为既超越又内在于天地万物及社会人生的形而上的存在本体和价值本体，作为对宇宙或天地万物之无限性、统一性及其根本性的内在依据的体认和把握，并且进而以道为基础、核心和逻辑起点，创立了包括宇宙论、本体论、人生论、认识论、方法论和社会历史观的完整的哲学思想体系（这与孔孟的缺乏宇宙视野和形上思维的伦理政治哲学显然是不同的；就其完备的哲学思想体系而言，老子哲学与西方主流哲学则颇为类似；但又与西方主流哲学的两个世界之说及主体与客体二分对立不同，老子哲学强调人与天地万物的关系是彼此相因、交摄互涵的和谐系统），它标志着老子哲学达到了同时代中国哲学的最高水平，也达到了同时代世界哲学很高的水平，因而在人类哲学发展史上具有划时代的意义。

---

① 转引自陈鼓应《道家在先秦哲学史上的主干地位》，载《道家文化研究》第十辑，三联书店 1999 年版，第 19 页。

二　章

孔德之容，惟道是从①。

道之为物，惟恍惟惚②。惚兮恍兮，其中有象③；恍兮惚兮，其中有物④。窈兮冥兮⑤，其中有精⑥；其精甚真⑦，其中有信⑧。

自今及古⑨，其名不去，以阅众父⑩。吾何以知众父之状哉？以此。

（通行本第二十一章）

注　释

①孔德之容，惟道是从：孔，甚也，大也。河上公注曰："孔，大也。"德，道的体现或显现，道之用。道因"德"而显现于天地万物和社会人生。这里的"容"字，有以下几种涵义：一是动，运作，动态。《礼记·月令》："有不戒其容止者。"郑玄注："容止，谓动静也。"《孟子·尽心上》："动容周旋中礼者，盛德之至也。"王弼释"惟道是从"，曰："动作从道。"亦以"动"释"容"。高亨说："容，疑借为'搈'。《广雅释诂》：'搈，动也。'"（《老子正诂》）二是用，作用。五十章："兵无所容其刃。"俞樾《诸子平议》："言兵无所用其刃。"《荀子·大略》："有分义，则容天下而治。"陶鸿庆《读诸子札记》："容，读为'庸'，用也。……谓用天下之民而治也。"三是法式，范式。如《周礼·考工记·函人》："凡为甲，必先为容。"《吕氏春秋》："此国士之容也。"有注家将"容"字释为"面貌"、"样态"，亦不为错，但这种样态主要是从动态、范式和功用上讲的。只有这样解释，才好与"惟道是从"相契合。就体用关系而言，道为体，德为用。道是不可

见的本体，德是可见的事功。句谓：大"德"发挥作用的方式和方向，完全以道的特性为准绳。

蒋锡昌训"容"为"镕"，《说文》："镕，冶器法也。"据此，古棣将"孔德之容，惟道是从"释译为："盛大之德镕造万物，是完全根据于道的。"可备一说。

②道之为物，惟恍惟惚：王弼本等古本如是，帛书甲乙本"道之为物"皆作"道之物"，无"为"字。"道之为物"不是说"道"是某种物质实体（否则就与道所具有的"绵绵若存，用之不勤"和"用之不可既"的特性相抵牾），也不是说"道"是物质一般，而是说"道"是既超越又内在于天地万物的东西，是形而上的存在本体，它是惟恍惟惚的。

对于"惟恍惟惚"，王博认为，"惚"具有暗、尽、忘、无等义，结合第十四章，可知"惚"实指"复归于无物"中的"无物"状态；而"恍"则具有明、有等义，与"惚"正好相反。① 严灵峰在引述《老子》第十四章、二十一章后说："我们看到这段文字，很可能发现老子用语的巧妙风格。他在上段用'恍惚'二字形容有物，在这里便有'惚恍'二字以形容'无物'、'无状'。两字颠倒一下，则意义全异。"② 从上述可见，老子以"惚恍"和"恍惚"来分别表示道的两种存在形式，即"惚恍"相当于无的状态，"恍惚"相当于有的状态。因此，"惟恍惟惚"是似有非有、似无非无、若有若无的状态。

杨柳桥将"道之为物"释为"道这个概念"（《老子译话》），不确，因为道虽然是一个概念，但它所指的对象却是实有的，因为它是天地万物的总根源和总根据。正如"人"虽然也是一个概念，但它所指的对象却是古今中外以及未来的一切实实在在、有血有肉的人，因此不能说"人"仅是一个概念。

古棣将"为"释为"生"，说"道之为物"是"道产生万物"的意思，他又把"道"解为"黑格尔的绝对观念之类"。如此一来，"道之为物"就成了"绝对观念之类"产生天地万物了，恐与老子之本义相距甚远。古棣还说："老子的道是形而上的，没有形状，当然也没有颜色，它是绝对精神，谈不上形状、颜色等等。因此据帛书校'道之为物'作'道之物'是不对

---

① 参见王博：《老子哲学中"道"和"有""无"的关系试探》，《哲学研究》1991年第 8 期。

② 严灵峰：《老列庄三子研究文集》，转引自上述王博文。

的，帛书明明抄漏了'为'字。"① 说作为不同时期抄本的帛书甲乙本皆抄漏了"为"字是没有根据的。古棣之所以这样说，旨在执意将"为"释为"生"。

③象：形象。

④其中有物：这里的"物"不应理解为具体的物，而应理解为客观实在性，是说不可感知的"道"具有客观实在性。这实际上是关于道是有无虚实相统一的一种说法，表示无中含有、虚中有实、虚能生物。

⑤窈兮冥兮：窈，微不可见；冥，深不可测。

⑥其中有精：精，精髓也。"其中有精"是说"道"中有最可宝贵的东西，含精华、生命力。

⑦其精甚真：这种最可宝贵的东西是很真实的。

⑧信：这里的"信"字通"伸"，因而似不是像有些注家所训释的信实、诚信的"信"，而是"张力"的意思。如《孟子·告子上》："今有无名之指，屈而不信。"

⑨自今及古：帛书如是。通行本作"自古及今"。因"古"与下句的"去"、"甫"为韵，当是《老子》之原貌，故校定文从帛书。

⑩以阅众父：王弼本为"以阅众甫"，帛书乙本为"以顺众父"。《集韵》谓"父"同"甫"，《释名》："父，甫也。"如：《诗经·大雅·大明》："惟师尚父，时惟鹰扬。"清马瑞辰《诗经通释》："'父'与'甫'同。"校定文从帛书乙本甫作"父"，理由详见【辨析】三。"众父"可释为"侯王"。"以阅众甫"即用道所体现的品德和方式方法来审视侯王的言行。

译　文

大"德"如何发挥自己的作用，
完全以"道"的特性为准绳。
"道"这个东西啊，
若隐若现，闪烁不定。
它是那样惚惚恍恍啊，
其中却有某种形象；

---

① 古棣：《老子校诂》，吉林人民出版社 1998 年版，第 46 页。

它是那样恍恍惚惚啊，

其中却有某种东西。

它是那样幽深高远啊，

其中却有某种精质；

这精质绝对真实啊，

而且富有张力！

从当今上溯至远古啊，

它的光辉从不消失，

可以用它来审视侯王们的言行举止。

我是怎么获悉侯王状况的呢？

就是从这里知道的。

辨　析

本章需要集中讨论的大问题是：什么是道？道是实有的，还是精神性的、预设的？

陈鼓应先生说："老子的哲学系统是由'道'开展的。老子认为这个'玄之又玄'、'惟恍惟惚'的'道'是真实存在的。现在我们毕竟要问：世界上果真有老子所说的如此这般的'道'吗？它究竟是实际的存在呢，或者只是概念上的存在？关于这个问题，我们可以直截了当的说，'道'只是概念上的存在而已。'道'所具有的一切特性的描写，都是老子所预设的。"[①]事实果真如此吗？

在本章中，老子对"道"的实有性作了集中的揭示和描述。谓道"其中有象"，"其中有物"，"其中有精，其精甚真，其中有信。"这说明道是实有的，它虽然叫做"无"（一章"无，名天地之始"），但不是空无所有，不是"虚无"，"无所有"，而是有着实质性内容的（所以又叫做"有"）。在笔者看来，这个实质性的内容就是道是宇宙万物的本原，更是既超越又内在于宇宙万物及社会人生的形而上的存在本体和价值本体，道的实质是宇宙万物的共相，其集中表现是作为宇宙万物的总法则、普遍规律的对立统一规律，而这是不依人的主观意志为转移的，至于叫什么名字并不重要，而且老子也说：

---

① 陈鼓应：《老子注译及评介》，人民出版社 1984 年版，第 42—43 页。

"吾不知其名，强字之曰'道'，强为之名曰'大'。"（二十五章）

张岱年先生说："此虚玄微妙有象无形的道，究竟为何？所谓道，实即究竟规律或究竟所以。道字的本义是路。人所走的路是道，引申而人、物存在变动所必经由的程途亦是道。物所必经由的程途，也即是物所遵循的规律。凡物有所动，皆系遵循一规律而不得不动；凡物之生，亦系遵循一规律而不得不生。然各物的规律并不是相离立而不相干的。此等规律实有其统一，为更根本的规律所统一。或者说，一切规律都根据于一个大规律。此大规律是究竟的、总一的规律；乃万物所共，一而不二，常而不易，可以说是普遍的规律。此普遍规律即所谓道。"①

可见张岱年认为道是人和物的普遍规律。他只是没有进一步指出这个普遍规律是什么规律而已。

韩非子谓道曰："道者，万物之所然也，万理之所稽也。理者，成物之文也；道者，万物之所以成也，故曰：'道，理之者也。'物有理不可以相薄；物有理不可以相薄，故理之为物之制。万物各异理。万物各异理，而道尽稽万物之理。"（《韩非子·解老》）张岱年为之疏曰："道是万理的统会，万理的根据。理即是规律。万物各循其理，理又根据于此根本之大理，也就是万物皆遵循此根本之大理。《解老》又谓道'万物得之以死，得之以生；万事得之以败，得之以成'，其意即谓万物的变化生灭都是遵循此根本的理。万物既有而后，固是遵循其大理而存在而变化。而万物中最先一物之始生，也必不是偶然的，也必系遵循此大理而不得不生。"② 就是说，韩非子认为"道尽稽万物之理"，即道是万物所必然遵循的"根本之大理"，亦即根本规律。

总之，无论是张岱年认为道是事物的普遍规律也好，还是韩非子认为道是万物的"根本之大理"也好，用今天的话说，皆认为道是自然界、人类社会及人的认识领域所必然遵循的普遍规律、总规律。

古棣说，道是无形体的，"'无形体'，也就是超空间，不占有空间，就是对它说不上大小、多少、长短、方圆、厚薄等等。……无形的东西是说不上细粗、大小、多少的。这样的东西当然是精神性的。例如'概念'，就说不上长的、方的、大的、小的。"③ 但是，能说凡是"无形的东西"，"当然

---

① 张岱年：《中国哲学大纲》，江苏教育出版社 2005 年版，第 48 页。
② 同上书，第 49 页。
③ 古棣：《老子通论》，吉林人民出版社 1991 年版，第 364 页

是精神性的"东西吗？"概念"固然是无形的，也是精神性的，但客观规律
虽然也是无形的，但它就不是精神性的，因为它的存在是不依人的主观意志
为转移的。古棣还说："《管子·心术上》说：'道在天地之间也，其大无外，
其小无内'，这是说：存在'天地之间'的道是'其大无外'的，又是'其
小无内'的；这是说一个东西是最大的、无外的，又是最小的、无内的，这
就有点神秘了，如果不是精神，而是一个物质实体，它怎么能既是最大的，
又是最小的呢？"①其实，"说一个东西是最大的、无外的，又是最小的、无
内的"，这并不"神秘"，也并非精神莫属：第一，它不可能是精神，因为精
神是无所谓大、小、内、外的；第二，它不是一个物质实体，因为任何一个
物质实体，不可能既是最大的，又是最小的。那么它只能是矛盾法则或对立
统一规律，因为作为内在于天地万物的东西，它存在于整个宇宙空间，在这
种意义上说，它是"其大无外"的；同时，它又内在于一切事物包括基本粒
子之中，在这种意义上说，它是'其小无内'的；舍此，在世界上找不到任
何一种东西符合上述条件。

恩格斯指出："全部哲学，特别是近代哲学的重大的基本问题，是思维
与存在的关系问题。"②作为天地万物及社会人生的形而上的存在本体和价
值本体的道，作为矛盾法则或对立统一规律的道，它不是某种物质性实体，
因而它是"视之不见"、"听之不闻"、"搏之不得"（十四章）的，但它确实
是某种客观的"存在"，作为客观的"存在"，它是不依人的主观意志为转移
的，并且在掌握大量感性材料的基础上是可以用理性或直觉来把握的。与之
类似的还有作为运动着的物质的存在形式的时间和空间，它们虽然都离不开
物质，但它们本身毕竟不是物质实体，因此不能认为不是物质实体就一定是
观念或黑格尔式的"绝对观念之类"（古棣语），就一定是唯心主义或客观唯
心主义。

在黑格尔哲学中，"绝对精神"（绝对观念）是其哲学本体，他的哲学体
系包括宇宙图景是由绝对精神"外化"而来的，绝对精神实际上是观念或概
念。而作为老子哲学本体的"道"虽然是"视之不见"、"听之不闻"、"搏之
不得"的，但它又是"其中有象"，"其中有物"，"其中有精，其精甚真，其
中有信"的，因而是具有客观实在性的，而且它周流万有，即有象又不滞于
象，既具体又抽象，既内在于万物之中，又超越于万物之上，在这些方面都

① 古棣：《老子通论》，吉林人民出版社1991年版，第984页。
② 《马克思恩格斯选集》第4卷，人民出版社1995年版，第233页。

不同于黑格尔哲学的绝对精神。因此老子的哲学本体论是具有中国特色的哲学本体论（张岱年称作"本根论"），它与西方哲学包括黑格尔哲学的本体论存在着重要差异。

张岱年先生在《论老子在哲学史上的地位》一文中论及老子的"道"，现抄录于后，以供参考。他说："老子所谓'道'，从其无形无状来说，没有可感性，在其没有可感性的意义上亦可谓没有物质性；从其有物有象来说，又具有客观实在性。从其无为、没有意志没有情感来说，可谓又不具有精神性。'道'是超越一切相对性的绝对，可谓之超越性的绝对。（十年以前拙文《老子哲学辨微》认为老子的道是'非物质性的绝对'，还不够准确。'道'也是非精神性的绝对，应称为超越性的绝对。）老子认为，这'道'是天地万物的存在根据。天地万物各自有其特殊性，但又具有统一的普遍的存在根据。四章：'道冲而用之或不盈，渊兮似万物之宗'。三十四章：'大道泛兮，其可左右，万物恃之而生而不辞。'这都表示，'道'是万物存在的依据。"①

本章需要辨析或讨论的具体问题有以下三个：

一、"其中有信"中的"信"字，古今学者们多作信实、信验解。若作此解，则与"其精甚真"的"真"字含义重复。信，古通伸展的"伸"。《集韵·真韵》："信，经典作伸。"《周易·系辞下》："往者屈也，来者信也。"陆德明《经典释文》："信，本又作伸……韦昭《汉书音义》云：古伸字。"《周易·系辞下》："尺蠖之屈，求其信也。"显然，这里的"信"即为"伸"的假借字。又，《说文》："伸，屈伸。"段玉裁注："伸，古经传皆作'信'。"朱骏声《说文通训定声》："信，假借为'伸'。"而且将"信"解读为"伸"，这与"大道泛兮，其可左右"（三十四章）之文义亦相契合。据此，笔者将"有信"译为"富有张力"。

二、"自今及古，其名不去"中的"名"字是什么意思？王弼注曰："至真之极不可得名，无名则是其名也。"②他是说"道"原来的名字叫"无名"，这与他对第一章"无名天地之始"断句为"无名，天地之始"有关。显然，"无名"不能称作名字。在现代注家中，高亨将"自今及古，其名不去"译为："我从今及古，称它为道，这个名称是不会消除的。"显然，高先生将"其名"释为道之名。而张松如、陈鼓应等皆将"其名"释为："它的名字"，似乎没有说这个"名"乃道之名，但联系上文，这个"它"显然指

———————————

① 《道家文化研究》第一辑，第80—81页。上海古籍出版社，1992年版。

② 王弼：《老子道德经注》，二十一章注。

的也是"道"。但是，在老子之前，作为宇宙本原本体的东西是没有名字的，而老子也是"强字之曰'道'，强为之名曰'大'"（二十五章）的。既然如此，"道"怎么会是"自今及古，其名不去"呢？高亨的译文是"我自今及古，称它为道"，似不当，因为老子怎么会在远古就给"道"起了名字呢？

原来，"名"可通"明"字。朱骏声《说文通训定声·鼎部》："名，假借为'明'。"《墨子·兼爱（下）》："分名乎天下，爱人而利人者，别与？兼与？"此文中的"名"即假借为明亮的"明"。据此，"自今及古，其名不去"，似可释译为："从现在追溯到上古，它的光辉是永不消失的。"或问：你这里说的"它"不也是指称"道"吗？答曰：可以是"道"（从老子开始），亦可以不叫做"道"，因为在老子之前还无人给他起名，但作为"天地之始"、"万物之母"和宇宙本体的东西是"自本自根，未有天地，自古以固存"（《庄子·大宗师》）的，是"独立而不改，周行而不殆"（二十五章）的，并没有因为没人给它命名就不存在或者就"去"了。

三、关于"以阅众甫"（王弼本）的"众甫"之含义，古今注家的释译亦有歧义，故也需予以辨析。王弼注："众甫，物之始也。"俞樾说："按'甫'与父通。'众甫'者，众父也。四十三章：'我将以为教父'。河上公注曰：'父，始也'。而此注亦曰：'甫，始也'。然则'众甫'即'众父'矣。"（《诸子平议·老子平议》）陈鼓应据此认为应将"以阅众甫"释为"以认识万物的本始。"许多现代注家的译文与陈的译文大同小异。其实，甫通"父"是有根据的，而且帛书乙本即为"众父"。问题是"众父"应作何解？依王弼、河上公、俞樾、陈鼓应等注家的看法，"众父（甫）"是"万物的本始"。"父"字固然可以释为"始"，但查遍辞书，"众"字只有两项涵义，一是"众多"，"许多"，二是"众人"，"许多人"，根本无"万物"或"物"的涵义。这样一来，"众父"就只能释为"许多的开始"或"众人的始初"。前者显然不成话，后者固然可以释为"众人的起源"，但老子似无追溯人类起源的思想，而且即使有，亦应将此表述为"人之父"或"人之始"，因为"众人"并不等于全称的"人"或"人类"。如果像某些注家那样，将"众父（甫）"释为"万物之始"，那么什么是"万物之始"呢？从第一章看，老子认为道就是"万物之始"（帛书）。张舜徽说："老子所云'众父'，以喻道也。言其为万事万物之本，故曰'众父'。以父喻道，犹言以母喻道耳。"（张舜徽：《周秦道论发微》）如此一来，"自今及古，其名不去，以阅众父（甫）"，就成了以道"阅"道了，显然有悖常理，恐与老子之本意不合。

笔者发现《庄子·天地》中有"众父"这个概念。尧问他的老师许由：

"啮缺可以配天乎？"就是说："啮缺这个人可以当天子吗？"为了回答尧的问题，许由对啮缺的优缺点作了一番评述，然后说："夫何足以配天乎？虽然，有族，有祖，可以为众父，而不可以为众父父。"啮缺为什么可以作"众父"呢？许由说："啮缺之为人也，聪明睿知，给数以敏，其性过人，而又乃以人受天"，而且他"有族，有祖"，因而具备了作"众父"的基本素质，虽然因其存在某些严重缺点（"彼审乎禁过，而不知过之所由生。……彼且乘人而无天，方且本身而异形，方且尊知而火驰，方且为绪使，方且为物绞，方且四顾而物应，方且应众宜，方且与物化而未始有恒。夫何足以配天乎？"）而不能"配天"以当"众父父"即君主，但当个"众父"之类的官员还是可以的。据此推知，《庄子·天地》中所说的"众父"绝不是"万物之始"，而是低于"配天"的君主的官员，包括诸侯国的国王即"侯王"之类。由此可知，"众父"是一个专用名词，而不是"众"与"父"两个名词的偏正组合。

对"众父"的涵义之所以作这种推断，还基于以下三点理由：第一，如果将"众父"权且释为"侯王"，那么"以阅众父"就可以译为："用道来审视侯王（的言行举止）。"显然，这是可以讲得通的。第二，从本章全文来看，其首句是"孔德之容，惟道是从。"高亨认为"容"通"动"。那么这句话可译为："大'德'怎样动作，是以道为准绳的。"对道的特性，老子紧接着作了一番描述，而且在"以阅众父"句下，是"吾何以知众父之状哉？以此。"即是说，我是怎样知道侯王的状况的呢？就是以道为准绳来审视的结果啊！这样一来，对"以阅众父"的此种释译，又可以与首句及全章的内容相呼应、相吻合了。第三，与庄子不同，老子的哲学是政治哲学。老子之所以揭示和阐发"道"及体道的圣人的品格，之所以揭示和阐发道的"法自然"和"无为"的特性及其可以转化为观察、分析和处理问题的立场与方法，其主要目的就是用以引导、劝诫和教育侯王，为他们正确地修身和治国提供形而上的根据，希望他们真正以体道的"圣人"为榜样，依道修身和治国。有学者说老子是"王者师"，此说是有道理的。众所周知，后来的汉文帝、汉景帝以及窦太后，他们对老子思想的学习是认真的，"文景之治"局面的出现，可以说是他们对黄老道家思想学习和践行的结果。因此，从老子思想体系及老子著书的主要动机来看，将"以阅众父"释译为："用道来审视侯王的言行举止"，是可以讲得通的。当然，由于阶级的和历史的局限性，在社会政治问题上，老子的历史观不可能不是英雄史观，所以他把救国救民的希望寄托于明王圣君，是毫不奇怪的。

三　章

道冲①而用之或不盈②。渊兮！始万物之宗③；湛兮④！始
或存。吾不知谁之子，象帝之先⑤。

（通行本第四章）

注　释

①道冲：王弼本、帛书等古本如是。傅奕本、范应元本"冲"作"盅"。
焦竑曰："古本冲作盅。"故"道盅"可能为古貌。《说文》："盅，器虚也。"
"道冲"是说"道"体是虚状的，而虚状的道体却能发挥无穷的作用。虚，
一言其大，二言其无形，三言其具有极大的包容性，四言其取之不尽，用之
不竭。

②或不盈：河上公本、王弼本如是。但王弼注曰："故冲而不用，又复
不盈，其为无穷，亦已极矣。"可见，王弼本原为"又不盈"。《淮南子·道
应训》引《老子》曰："道冲而用之，又弗盈也。"帛书乙本"或不盈"作
"有不盈"。可见"又不盈"或"有不盈"或"有弗盈"可能为古貌。但是，
在先秦，"或"通"又"、"有"。王引之《经传释词》三："或，犹'又'
也。"《广雅·释话》、《小尔雅》均曰："或，有也。"据此，校定文不动。不
盈，不穷竭之意。详见【辨析】一。

③始万物之宗：帛书甲本如是，今王弼本始为"似"。下句帛书乙本为
"湛兮！佁或存"（甲本缺文）《释文》释"佁"为"似"。但尹振环说："始，
非今本之'似'。'始'，始初，创始也。帛书乙本之'佁'即'始'，《说文》
之始、佁皆'台声'。因此'始'非'似'。"① 尹振环之说在理，故校定文

---

①　尹振环：《帛书老子释析》，贵州人民出版社1998年版，第270页。

从帛书甲本似作"始"。

在此句后，王弼本、帛书本、傅奕本等皆有"挫其锐，解其纷，和其光，同其尘。"此四句复见于王弼本第五十六章，谭献、易顺鼎、马叙伦等认为是错简，主张从本章中删去。陈柱说："'渊兮，似万物之宗'与'湛兮，似或存'相接。若间以'挫其锐'四句，文义颇为牵强。"（《老子八篇》）陈说是也，而去掉这四句，则上下文在文气上、义理上可以紧密相联。故校定文据之删。

④湛：湛，音沉（chen），隐晦之义，形容"道"的隐而无形。《战国策·魏策》："物之湛者，不可不察也。"

⑤象帝之先：好像是上帝的祖先。这里的"先"，不是先后之"先"，而是祖先的意思。高亨说：

> 象帝之先，犹言似天帝之祖也。古者祖先亦单称曰先。《礼记·曲礼》："士祭其先"。《中庸》："宗庙之礼，所以祀乎其先也。"《孝经》："修身慎行，恐辱先也。"皆其证。帝之先对谁之子而言，则先为祖先之先，明矣。有道然后有天帝，故曰："象帝之先。"①

在《老子注译》中，高亨又说：

> 老子没有否认上帝，但认为：上帝是宇宙本体所产生的物，不是宇宙的创作者。②

这里的"帝"是指上帝，即人们普遍认为的有意志的、作为造物主的、主宰宇宙万物及人的命运的"天"或"天帝"，民间俗称"老天爷"。如果只从字面上看，说"象帝之先"说明"老子没有否认上帝"，是可以理解的。但是，老子还说："谷神不死，是谓玄牝。玄牝之门，是谓天地根"（六章）；"有物混成，先天地生"（二十五章）；"昔之得'一'者：天得'一'以清，地得'一'以宁，……"（三十九章）；"渊兮，始万物之宗"等，这实际上已把"天"还原为无意志的自然之天，道是天地万物的本原。而且从学界普遍认为的老子的宇宙生成论的图式即"道生一，一生二，二生三，三生万

---

① 高亨：《老子正诂》，开明书店 1943 年版，第 12 页。

② 高亨：《老子注译》，河南人民出版社，1980 年版，第 28 页。

物"（四十二章）中根本就没有上帝的位置来看，说明在道之后和之外并没有上帝的位置，因而老子在实际上是不承认"帝"之存在的。总之，老子是用自然之"道"否定了人格之天或天"帝"的至高无上的地位，乃至根本否定了人格之天或作为万物和人类主宰的天"帝"的存在，从而说明老子是中国历史上第一位具有理性色彩的无神论者，特别是他提出的天道自然无为的思想是其后几千年的无神论者最重要的思想资源。

刘笑敢先生在本章的"析评引论"中分析了老子的道与西方所普遍信奉的上帝的相似与相异之处。他说："道和上帝是两种民族、两种传统中的根本性概念，因而有相似之处。这种相似性似乎是表层的，但是这种表层的相似却有着深刻的内在根源。上帝和道都是终极性的概念，都是一切事物的根本所系，却又与任何具体事物都不相同，所以二者必然表现出许多共同特征。然而并不是所有描述上帝的概念都可以用于描述道。……总之，就道与上帝的描述特征来说，就它们的解释功能来说，二者都有相似之处。作为世界的总根源和总根据，上帝的伟大之处，上帝的功能和作用与道都有相似之处，但一涉及人格问题、意志问题、目的问题、精神问题，上帝与道就毫无共性可言。我们似乎可以说，道是无意志、无目的、无情感的上帝，而上帝是有意志、有目的、有情感的道。如果此说大体成立，那么我们就可以进一步推论，如果上帝的人格色彩或精神色彩淡化了，上帝的概念与老子之道就没有重要区别了。我们或许可以简单地说，上帝是人格化的道，而道是非人格的上帝。"① 刘笑敢又说，老子之道与西方普遍信奉的上帝一样具有深刻的宗教意义，"老子之道也是宇宙万物存在的根据，是人类生命和万物存在之意义的根源，它是人类终极关怀的产物，也是人类终极关怀的物件。然而老子之道没有人格化特点所可能带来的困扰，它不如人格化的上帝那样容易理解和接受，但也不容易误解和歪曲；它所代表的人文之自然的价值既以人的生存状态为中心，又不以人为宇宙万物的主宰力量；它既以人际关系之和谐为理想，又不以道德原则为根本，不带有任何说教和强制。这些特点应该引起我们更高的重视，让它在现代生活中产生更积极、更富有建设性的影响。"②

---

①　刘笑敢：《老子古今》，中国社会科学出版社 2006 年版，第 124—125 页。
②　同上书，第 128 页。

译 文

道是那样的空虚无形，
它的作用却无尽无穷。
它是那样的渊深啊，
是创始万物的祖宗；
它是那样的隐晦啊，
自古就存在。
我不知它是谁的儿子，
它好像是上帝的祖先。

辨 析

一、关于"道冲而用之或不盈"中的"不盈"应作何解，笔者初读现代注家的几个注译本时颇感困惑，因为他们都把"不盈"释译为"不可尽"，而"盈"的本义明明是充满、盈满的意思，怎么能将"不盈"释为不可穷尽呢？这样释译不是与原义相悖吗？后读高亨《老子正诂》，方知其理。高亨说："既言冲，又言不盈，文义重复，疑'盈'当读为'逞'。"接着他从古籍中举了若干例子以证明"盈"、"逞"古通用，如《文选·思玄赋》，李善注引《字林》："逞，尽也。"故而"'道冲而用之或不盈'者，谓道虚而用之或不尽也。"① 这样解读，显然就可以顺理成章了。

二、"渊兮，始万物之宗；湛兮，始或存"，是帛书的文句，王弼本为"渊兮，似万物之宗；湛兮，似或存。"对此，尹振环作了如下的考证和辨析。他说：

今本《老子》四章谈道："道冲，而用之或不盈。渊兮，似万物之宗；湛兮，似或存。"这"似"、"或"二字，自然使人感到道的似有似无，捉摸不定，所以它被译为："好象万物的主宰"，"似亡似存"。其实老子对道是坚信不疑的。果然帛书《老子》为"始万物之宗"、"始或

---

① 高亨：《老子正诂》，开明书店 1943 年版，第 11 页。

存"。始者，创造也，它根本没有"似"的含义。而"或"字看来不是本字而是借字。第一，可能是"国"、"域"之借。《说文》："或，邦也。从口，以戈以守一，一地也。域，或又从土。"第二，可能是"有"之借。《尚书·五子之歌》："有一于此，未或不亡。"此"或"即"有"。《广雅·释诂一》："或，有也。"如此，"始万物之宗"，其意思是："创始万物的主宰。"而"始或存"，按"始域存"解，即创造疆域之前就已存在。按"始有存"解，即在创始"有"之前就已存在。无论哪种解释，都毫无模棱两可的味道，这正是老子对道极为肯定的观点。[①]

尹说在理，故校定文从之。

　　三，关于《老子》有无本体论思想的问题。在一个很长的历史时期内，国内外哲学界普遍认为本体论起源于古希腊哲学，兴盛于欧洲，而中国哲学从来就没有本体论。汤用彤先生率先指出，魏晋时期王弼提出的"以无为本"就是中国最早的本体论。汤先生这一观点影响很大。至于老子有无本体论的思想，学界则认识不一，将王弼本体论的主要根据即四十章的"天下万物生于有，有生于无"释为宇宙本原论的学者，就认为老子没有本体论思想。对此，张岱年说："老子谓道'先天地生'，于是有人认为道只是宇宙演化论的观念而不是本体观念。事实上，老子论道，不仅谓其'先天地生'，而且以道为天地万物的存在的依据。四章：'道冲而用之或不盈，渊兮似万物之宗。'三十四章：'大道泛兮，其可左右，万物恃之而生而不辞。'六十二章：'道者万物之奥，善人之宝，不善人之所保。'这都表示道是永恒的、普遍的，是万物的内在根荄。这足以证明，老子的道是一个本体论的观念，表示世界的本体。……而道家所谓道却不是太易、太初、太始一类的观念，在天地生成之后，道未消失，而继续作为天地万物的存在依据。道是中国古典哲学中第一个本体观念。老子是中国古典哲学本体论的创始人。到汉代，《易纬》和《淮南子》所讲都是宇宙演化论，唯扬雄《太玄》以'玄'为天地的根据，可谓一种本体论。三国时代，王弼祖述老子，以'无'为天地之本，又回到老子的学说。近人或谓

　　① 尹振环：《帛书老子释析》，贵州人民出版社 1998 年版，第 23 页。

中国哲学本体论始于王弼，那是对于老子、庄子以至王弼的学说的误解。"① 张岱年的分析对于消除在这个问题上的某些误解，对于我们认识老子的本体论思想具有重要参考价值。

---

　　① 张岱年：《道家玄旨论》,《道家文化研究》第四辑，三联书店 1994 年版，第3—4 页。

四　章

天地不仁①，以万物为刍狗②；圣人不仁③，以百姓为刍狗。

天地之间，其犹橐籥乎④？虚而不屈⑤，动而愈出。

多言数穷⑥，不如守中⑦。

（通行本第五章）

说　明

本章的内容看起来不是讲道的，那么为什么要将其归入道论篇呢？

此章在郭店简本中既无其上段（"天地不仁，以万物为刍狗；圣人不仁，以百姓为刍狗"），亦无其末段（"多言数穷，不如守中"）的文字，只有其中段即"天地之间，其犹橐籥乎？虚而不屈，动而愈出。"① 对这段文字，从注家们的释译文来看，多就其字面意义释为天地之间是一个虚空的状态，而它的作用却是不可穷尽的。而在简本中，此段文字属于甲本，而甲本分为两个主题，一是道论，一是治国论，② 从其简牍的序号看，它当属于道论。事实上，它的前一章是通行本的第二十五章，其下章为通行本的第十六章，而这两章恰恰是讲道的基本原理的，所以有理由认为这段话也是讲道的基本原理的，而且从其内容看，讲的是道的基本特性——当是以橐籥的特性和功能

---

①　裘锡圭说，如果简本中亦有此章这三段文字的话，那么似本为三章，因为它们彼此在文义上都没有明显的联系，所以它的中段应是独立的一章。——裘锡圭：《郭店〈老子〉简初探》，载《道家文化研究》第十七辑，三联书店1998年版，第36页。

②　王博如是说，裘锡圭复议。裘锡圭：《郭店〈老子〉简初探》，载《道家文化研究》第十七辑，三联书店1998年版，第28页。

为喻，旨在说明性"虚"的道体具有源源不断的强劲的生命力和巨大的创造力。鉴于此，本书将其归入"道论篇"。

注 释

①天地不仁：对此句，王弼注曰："天地任自然，无为、无造，万物自相治理，故不仁也。仁者必造立施化，有恩有为；造立施化，则物失其真；……无为于万物，而万物各适其所，用则莫不瞻矣"。"天地不仁"的意思是说：天地因任事物之自然本性，对万物和人类无所谓仁爱不仁爱。

②以万物为刍狗：对"刍狗"的释义，古今注家有两种意见：一是按《庄子·天运》的说法，"刍狗"是用草扎成的狗，作为祭祀之用。认为老子取其用后而弃之、无复顾惜之意；二是认为"刍狗"是草和狗两种东西，河上公即持此说。笔者对"刍狗"的释译取河上公之说，详见【辨析】。

③圣人不仁：圣人取法于天地之自然本性，对百姓"至仁"，无所偏爱，任凭百姓自我发展。

陈鼓应先生在解说"天地不仁"、"圣人不仁"时指出，老子认为"天地间的一切事物都依照自然的规律（'道'）运行发展，其间并没有人类所具有的好恶感情或目的性的意图存在着。在这里老子击破了主宰之说，更重要的，他强调了天地间万物自然生长的状况，并以这种状况来说明理想的治者效法自然的规律（'人道'法'天道'的基本精神就在这里），也是任凭百姓自我发展。这种自由论，企求消解外在的强制性与干预性，而使人的个别性、特殊性以及差异性获得充分的发展。"[①]

④天地之间，其犹橐籥（tuoyue）乎：橐籥，冶炼用的风箱，用之以吹风炽火。老子谓天地之间如同风箱，体内本空虚无物，然愈动而风愈出。老子这里是以"橐籥"喻道。参阅下一个注释。

庄子曰："以天地为大炉，以造化为大冶"（《庄子·大宗师》），与此相类；《管子·宙合》："天地万物之橐也，宙合有橐天地"之精气说，与此相关；《周易·系辞上》："夫乾，其静也专，其动也直，是以大生焉；夫坤，其静也翕，其动也辟，是以广生焉"、"阖户谓之坤，辟户谓之乾。一阖一辟谓之变，往来不穷谓之通"，可与此相发明；"道冲，而用之或不盈"（四

---

① 陈鼓应：《老子今注今译》，商务印书馆 2003 年版，第 97 页。

章），与此文的意思相同。

⑤虚而不屈，动而愈出：屈，音决（jue），竭尽。如《汉书·食货志》："生之有时而用之亡度，则物力必屈。"王弼注曰："故虚而不得穷屈。"穷屈亦即穷竭。连上句，此文当是对道体状态的形容。老子认为存在于天地间的"道"，就像是冶炼用的风箱，因其中空而不得穷竭，鼓之生风，故动而愈出。橐籥中的风之所以能够"动而愈出"，正是由于"虚而不屈"之故。这句话与四章的"道冲，而用之或不盈"及四十五章的"大盈若冲，其用不穷"的涵义是一致的，实际上是形容"虚"性的道具有永不衰竭的生命力和创造力。用以比喻社会人生，是说道及宇宙生命的"动而愈出"，赋予人类以生生不息的创造因子。司马谈《论六家要旨》说："虚者，道之常也。"又说道家是"以虚无为本，以因循为用。"虚为道之常，故道家以虚无为本，可见"虚"字在道家思想中地位之重要。

⑥多言数穷：王弼本等古本如是。数，通"术"，《广雅·释诂》："数，术也。"术，方略也。如《商君书·算地》："故为国之数，务在垦草。""多言"，意指统治者多施以繁苛的政教法令。句谓：政教法令繁苛，疲于应付，就会方略穷尽。

⑦不如守中：此句的关键是如何解读"中"字。蒋锡昌说："此'中'乃老子自谓其中正之道，即'无为'之道也。……'多言数穷，不如守中'，言人君'有为'则速穷，不如守清静之道之为愈也。"（《老子校诂》）张默生说："'不如守中'的'中'字，和儒家的说法不同：儒家说的'中'字，是不走极端，要合乎'中庸'的道理；老子则不然，他说的'中'字，是有'中空'的意思，好比橐籥没被人鼓动时的情状，正是象征着一个虚静无为的道体。"（《老子章句新释》）说"中"有"中空"的意思，喻虚静无为的道体是对的，但似乎不好说老子就没有反对极端化的思想，因为他在二十九章中明明说过："是以圣人去甚、去奢、去泰。"句谓：不如持守虚静之道，实行无为而治。

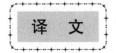

天地无所偏爱，
就像对待青草和小狗一样，
任凭万物自然生长；

圣人"至仁"，

也像对待青草和小狗一样，

对百姓无亲疏贵贱之分。

充斥于天地间的道体，

岂不像个冶炼用的大风箱吗？

虽然体内虚空，但风却不会竭尽，

越是鼓动起来，万物就越是生生不息。

政令繁苛，疲于应对，方略穷极，

不如持守虚静之道，实行无为而治。

辨　析

关于"天地不仁，以万物为刍狗；圣人不仁，以百姓为刍狗"的解读。

对这段话的解读，关键是要弄清"刍狗"何所指？古人对"刍狗"有两种说法，一是《庄子·天运》之说："夫刍狗之未陈也，盛以箧衍，巾以文绣，尸祝齐（斋）戒以将之。及其已陈也，行者践其首脊，苏者取而炊之而已。"意思是说，刍狗是用草扎成的作为祭品的狗。这种草狗在祭祀之前它乔装打扮一番，而在祭祀之后则弃之于路，任人践踏，最后用于烧水做饭。可见祭祀者在祭祀前和祭祀后对"刍狗"采取了截然相反的态度。另一种是河上公之说。河上公在注"天地不仁"一段话时曰："天施地化，不以仁恩，任自然也。天地生万物，人最为贵，天地视之如刍草、狗畜，不责望其报也。圣人爱养万民，不以仁恩，法天地任自然。圣人视百姓如刍草、狗畜，不责望其礼意。"①

从王弼《老子道德经注》的相关注释（"地不为兽生刍，而兽食刍；不为人生狗，而人食狗。无为于万物，而万物各适其所，用则莫不赡矣。若慧由己树，未足任也。圣人与天地合其德，以百姓比刍狗也。"）来看，王弼似乎倾向于河上公之说，但文意比较含混。自魏晋以来，古今注家对"刍狗"的注释皆以《庄子·天运》之说为据。但是，近代国学大师刘师培对《庄子·天运》之说的实质一语道破，曰："始用而旋弃。"（《老子斠补》）就是说，若按这种说法，那么天地对万物、圣人对百姓乃皆取实用主义的态度。

---

① 河上公：《老子道德经河上公章句》，王卡点校，中华书局1993年版，第18页。

但是，许多注家虽然取《庄子·天运》之说，却以"任凭万物自然生长"来解读"以万物为刍狗"，以"任凭百姓自己发展"来解读"以百姓为刍狗"。（陈鼓应）显然，如此释译此文十分牵强，甚至有曲为解说之嫌。

对这段话的解读上，似应取河上公对"刍狗"的解说，即把它释为青草和小狗。如此，《老子》的这段话就似可释为：天地无所偏爱，就像对待青草和小狗一样，任凭万物自然生长；圣人"至仁无亲"，法天地而任自然，亦像对待青草和小狗一样，对百姓无亲疏贵贱之分。

《庄子·庚桑楚》曰："至仁无亲。""圣人不仁"当是在"至仁无亲"即不分亲疏贵贱的意义上讲的，因为这与老子的观点也是一致的。老子说，对老百姓应当一视同仁，"故不可得而亲，不可得而疏；不可得而利，不可得而害；不可得而贵，不可得而贱。故为天下贵。"（五十六章）作为"至仁"的圣人，决不会像对待作为祭品的"刍狗"那样以实用主义的态度来对待百姓。如果把百姓视为"始用而旋弃"的刍狗，那么是否允许百姓"自己发展"，那就要看圣人高兴不高兴、对自己有利无利了，所以不可能无条件地"任凭百姓自己发展"。总之，如果把"刍狗"视为"始用而旋弃"的祭品，那么对《老子》这段话的诠释就难免与老子"自然无为"的思想相抵牾。

"圣人"这一概念在本书是首次出现（在通行本中首次出现于第二章），因为儒家也讲"圣人"，所以就有一个老子及道家所讲的"圣人"与儒家所说的"圣人"的异同问题。陈鼓应对二者作了区分。他说，圣人，"这是道家最高的理想人物，其人格形态不同于儒家。儒家的圣人是伦范化的道德人；道家的'圣人'则体认自然，拓展内在的生命世界，扬弃一切影响身心自由活动的束缚。道家的'圣人'和儒家的'圣人'，无论对政治、人生、宇宙的观点均不相同，两者不可混同看待。"[①] 陈鼓应的看法大体是对的，特别是"两者不可混同看待"的观点是值得称道的。但是，陈先生的看法似乎也有可商榷之处。就拿"仁"来说，它是儒家的核心范畴。老子似乎是不讲"仁"的，但他笔下的"圣人"在实际上却是最讲仁爱的。如"是以圣人常善救人，故无弃人；常善救物，故无弃物。"（二十七章）"圣人常无心，以百姓之心为心。善者，吾善之；不善者，吾亦善之。"（四十九章）"人之不善，何弃之有？"（六十二章）由此可以看出老子笔下的"圣人"虽然不把仁爱挂在口头上，但在这方面所表现出的思想境界最高，做得也最好、最彻底；而儒家所说的"圣人"虽然大讲特讲仁爱，但又说："亲亲，仁也"，

① 　陈鼓应：《老子注译及评介》，中华书局 1984 年版，第 82 页。

"亲亲为大"，因而是"爱有差等"的。老子说，对老百姓不应有亲疏贵贱之
分，而应一视同仁。显然，这也是道家"圣人"的行为原则，所以庄子将其
概括为"至仁无亲"。由此看来，道家和儒家在实际上都是讲仁爱的，区别
在于一个是"至仁"，一个是未达到"至仁"的境界而已。我们知道，仁爱
不仅是一个人生伦理概念，而且也是一个具有政治性的概念，因此陈鼓应关
于"道家的'圣人'和儒家的'圣人'，无论对政治、人生、宇宙的观点均
不相同"的看法似乎不太准确。

五　章

　　谷神不死①，是谓玄牝。玄牝之门，是谓天地根②。绵绵
若存③，用之不勤④。

（通行本第六章）

注　释

　　①谷神不死："谷"和"神"都是对道的写状；"不死"是说它永恒存
在。详见【辨析】。

　　司马光曰："中虚故曰'谷'，不测故曰'神'，天地有穷而道无穷，故
曰'不死'。"（《道德真经论》）严复说："以其虚，故曰'谷'；以其因应无
穷，故曰'神'；以其不屈愈出，故曰'不死'。三者皆道之德也。"（《老子
道德经评点》）

　　②是谓玄牝。玄牝之门，是谓天地根：玄牝，即幽深不测的母性，用于
形容"道"生化天地万物而无形无迹、微妙幽深和不可思议的生殖力。"玄
牝之门"，指这种玄妙莫测的雌性之物的生殖器。对"玄牝之门"，薛蕙释
曰："牝读若匕，与上句为韵，下'玄牝之门'，特衍其词，与下句相对耳，
非玄牝之中另有门也。"（《老子集解》）"天地根"指天地万物的总根源和总
根据，即道。

　　刘笑敢先生说："谷神字面意义是山谷之神，喻万物总根源之虚空而神
妙的作用。……谷神直接来源于山谷的形象，其特点是深邃、空寂。神虽有
鬼神之神的涵义，但在老子思想体系中，这种'神'的作用是受道的制约
的。……并没有神灵的实质性意义。神的另一种意义是神妙难测的作用，与
《易·系辞》'阴阳不测之为神'的神相同。"又说："'玄牝'就是玄妙莫测
的雌性之物，比谷神更为抽象，其特点是内部的空间和容受性；而'玄牝之

门'则进一步突出'玄牝'的中空、开放、吐纳的特性。这些特性也就是
'天地之根'的主要特点。天地之根是中国哲学对宇宙起源、万物基础的一
种比喻性概括，也就是老子所说的道或'本根'。'玄牝'、'天地之根'、'本
根'的比喻都是以现实世界之物比喻宇宙万物最后、最高的根源和根据。就
其最后、最高的意义来说，它们和西方的形而上学的概念有类似之处，但就
其与现实世界相贯通而非相隔绝的关系来说，则不能算是西方式形而上学的
概念。"①

　　庞朴先生对老子"玄"字的本义以及"玄牝之门，是谓天地根"等的涵
义作了一番考证，对于我们理解它们的涵义大有裨益，故录之于后。他在考
证了漩涡乃"玄"字的本义之后，说：

　　　　倒是玄的漩涡本义，它和水的血缘关系，未免愈远愈淡，乃至被人
　　遗忘。幸好水神的大名叫做玄冥，北方以属水故而曰玄天，还给我们保
　　留了一点蛛丝马迹，时时唤起人们的遐思。
　　　　当然最具学术意义的还是玄和道家的生死之交。
　　　　《老子》有"玄之又玄，众妙之门"、"玄牝之门，是谓天地根"的
　　说法。研究者一般都释这种玄字为形而上的本体；那是没有错的。只是
　　为什么本体要叫做玄，玄有什么资格充当本体，一般都不得其解而讳莫
　　如深。现在我们知道了玄即漩涡，不仅"门"字、"牝"字因其涡形而
　　不解自解，也清楚了玄的本体资格，以及道的"渊兮似万物之宗"，原
　　来来自尚水的楚俗。楚人老子在他的书中一再盛赞水德，强调柔弱胜刚
　　强，其谜底端在于此。
　　　　《老子》中还有"玄览"、"玄通"、"玄德"、"玄同"之类说法；研
　　究者一般都释这种玄字为微妙，亦或无不可。须知它的微妙不在别处，
　　就妙在进而反，反而返，如水之漩。譬如所谓的玄德，指"生而不有，
　　为而不恃，长而不宰"；生之者，本应该有，但必须不有，即以反待之，
　　最后反而能返回来，真正享有；如此等等。此之谓玄，也就是漩，或者
　　叫螺旋式地前进。这样的理解，只有当明白了玄的本义之后，方能透彻
　　起来。②

　　　①　刘笑敢：《老子古今》，中国社会科学出版社 2006 年版，第 136，137 页。
　　　②　庞朴：《谈"玄"》，载《当代学者自选文库·庞朴卷》，安徽教育出版社 1999 年
版，第 370—371 页。

③绵绵若存：河上公本、傅奕本、范应元本等古本如是。王弼本、帛书"绵"作"緜"。緜同绵，《玉篇·系部》："緜，新絮也，缠也，绵绵不绝。今作绵。"句谓：就象连绵不绝、若存若亡的存在物。

王弼注此句曰："欲言存邪，则不见其形；欲言亡邪，万物以之生，故緜緜若存也。"

④用之不勤：勤通"尽"。《淮南子·原道训》："布施而不既，用之而不勤。"这里的"勤"即读为"尽"。王弼注"用之不勤"曰："无物不成，用而不劳也，故曰用而不勤也。"

译　文

虚空而因应无穷的道啊，永世长存，
它就是天地万物玄妙的母亲！
玄妙的母性之门啊，
是生化天地之根。
它连绵不绝、若存若亡啊，
其作用却无穷无尽！

辨　析

对"谷神不死"特别是"谷神"的释义，注家们基本上有两种意见：一是将谷神二字连读，认为"谷神"是一个东西，是道的别名。高亨说："谷神者，生养之神。道能生天地养万物，故曰谷神。"[①] 又说："道能生养天地与万物，而没有形体，神妙难识，所以老子称道为谷神。此神字不是有人格的天神。"[②] 古棣说："'谷神'、'玄牝'都是道的别名。叫它为'谷神'，是突出其虚的特性即与具体的万物（实）对比而言；叫它'玄牝'，是突出其

①　高亨：《老子正诂》，开明书店 1943 年版，第 16 页。
②　高亨：《老子注译》，河南人民出版社 1980 年版，第 31 页。

为原始老祖母之意。"① 张松如将"谷神不死"译为"太空的元神不死而永生。"他说，蒋锡昌关于以《老》校《老》，仍当以"谷"字为当，不必强作它解（指"浴"、"穀"、"欲"）的看法是对的，"但蒋式认为，此'谷'字与他处诸'谷'字不同，乃用以象征吾人之腹，即道家所谓丹田，以腹亦空虚深藏为谷，则殊难想象；且更以腹中元神或元气解'神'字，谓此章言胎息导引之法，亦牵强。姑录之，聊备一说耳。"② 从张先生这段话来看，他是不同意蒋锡昌将"谷神"解读为"腹中元神"的，而他自己为什么却让"谷神"升入太空，成为具有神秘性的"太空的元神"，则未加说明，故不得而知。

第二种意见是将"谷神"分读为"谷"和"神"。司马光曰："中虚故曰'谷'，不测故曰'神'，天地有穷而道无穷，故曰'不死'。"（《道德真经论》）严复说："以其虚，故曰'谷'；以其因应无穷，故曰'神'；以其不屈愈出，故曰'不死'。"（《道德经评点》）朱谦之援引严复的话后强调说："是知'谷'、'神'二字连读者误。"孙以楷指出："此说甚是。不仅因为《老子》书中是以'谷'与'神'相对，如'神得一以灵，谷得一以盈'，而且更因为'谷'是对道的性状与功能的描述，而'神'则是道变化不测之称。'谷神不死'是说道及其不测之变化，是永存的。把'谷'、'神'连读，导致把道误作一种神。"③

笔者同意将谷、神二字分读的意见，即"谷"有虚空深藏之义，又可读为"穀"，有生养万物的功能之义；"神"是对道的"因应无穷"（严复语）特点的描述，道"不是有人格的天神"（高亨语），亦如侯外庐所说："'道'在孔、墨那里是附有宗教性的，而'道'在老子书中是义理性的，有一定的自然规律性的。《老子》书中也出现'神'字，如'谷神不死'之类，后来朱子还把这一点肿胀起来，然而'神'在老子书中是泛神一类的概念，完全义理化了。"④

这种看法是确当的。在老子及其道家看来，神或神明不是通常所理解的人格化的"神灵"的意思，而是讲的道或天地的难以测知的神妙功能。郭店楚简《太一生水》曰："太一生水，水反辅太一，是以成天。天反辅太一，

---

① 古棣：《老子校诂》，吉林人民出版社1998年版，第17页。

② 张松如：《老子校读》，吉林人民出版社1981年版，第38页。

③ 孙以楷：《老子通论》，安徽大学出版社2004年版，第296页。

④ 侯外庐：《中国思想通史》第一卷，第266页。

是以生地。天地复相辅也，是以成神明。神明复相辅也，是以成阴阳。"又说："神明者，天地之所生也。"可见，"神明"为天地所生，是"天地复相辅"的产物，而天地是可感知的物质存在。《淮南子·泰族训》："天设日月，列星辰，调阴阳，张四时，日以暴之，夜以息之，风以干之，雨露以濡之。其生物也，莫见其所养而物长；其杀物也，莫见其所丧而物亡，此之谓神明。"这里强调了神明的自然性和神妙作用。

　　"谷"、"神"二字不宜于连读，否则确实容易把道误作一种神，张松如的译文最为典型，他把"谷神不死"译为"太空的元神不死而永生"。高亨、古棣认为"谷神"是道的别名，似根据不足。"谷"和"神"都是道的写状，老子可能是用道的这两种性状寓"道"。"不死"是讲道的永恒性和"虚而不屈，动而愈出"的特性。从其与下句"是谓玄牝"联系起来看，"谷神不死"应是一个概念，即第一章所说的"常道"或"恒道"（帛书），并非有别于宇宙本原本体之道的另一种道，而是同一个"道"，叫它"常道"是为了突出道的永恒性。

六 章

视之不见，名曰"幾"；听之不闻，名曰"希"；搏之不得，名曰"微"①。此三者不可致诘，故混而为一②。其上不皦③，其下不昧④，绳绳兮⑤不可名，复归于无物⑥。是谓无状之状，无物之象⑦，是谓惚恍⑧。迎之不见其首，随之不见其后。

执古之道，以御今之有⑨。以知古始，是谓道纪⑩。

（通行本第十四章）

注 释

①"幾"①、"希"、"微"：这三个词都是用来形容幽而不显、为人所难以感知的道的。通行本"幾"作"夷"，帛书作"微"。据劳健、马叙伦考证，通行本"视之不见名曰'夷'"的"夷"字，古本当作"幾"。劳健说，范应元本注"幾"字，说："孙登、王弼同古本；傅奕云：'幾者，幽而无象也。'"知范应元所见傅奕本和王弼本必作"幾"。劳健还认为"夷"、"幾"二字草书与六朝别体形皆相近，其伪由来已久。（《老子古本考》）

马叙伦举凡两条理由证之：一是从义理上分析，《说文》："幾，微也"；《小尔雅·广诂一》："微，无也。"傅奕注"幾"为"幽而无象"，正与"视之不见"相应。作"夷"则与义不通。"夷"释作"平"，或释作"灭"，皆

---

① 幾，现在简化为"几"，但在古代"幾"和"几"是两个字，音同而义不同。《说文》："幾，微也。"段注引《系辞传》曰："幾者，动之微，吉凶之先见也。"又曰："颜氏之子，其殆庶幾乎。"虞曰："幾，神妙也。"可见，"幾"有微妙或神妙之意。本章的"幾"即有细微、隐约、微妙之意，而"几"则指案几，故本章当用"幾"字。

与"视之不见"不相应。二是从音韵上看，"幾"与下句的"希"、"微"押韵，三字皆入微部，"夷"则入脂部，与"希"、"微"不押韵。由此可证《老子》原本当不作"夷"，而作"幾"。校定文从范应元、劳健、马叙伦说。

陈荣捷说："'微'是道的重要角色，其重要性超过'显'。相反地，儒者却强调显，他们认为，莫显乎微，能认识自微之显的人，'可与入德'（《中庸》）。佛教徒和新儒家最后将它们综合起来，说道'显微无间'（程颐《易传序》）。"①

②此三者不可致诘，故混而为一："此三者"指"幾"、"希"、"微"，都是感官无法把握的特点，因此是无法盘根问底（"不可致诘"）的，所以只能把"幾"、"希"、"微"所描述的对象看作一个无法分辨、不可分析的混沌体。这是对道的特点的描绘。

蒋锡昌说："泰初时期，天地未辟，既无声色，亦无形质，此种境界不可致诘，亦不可思议。老子以为此即最高之道，无以名之，姑名之曰'一'也。"②

③皦：光明。

④昧：阴暗。

⑤绳绳兮：绵绵不绝。

⑥复归于无物：蒋锡昌等注家认为此处的"复归于无物"与十六章的"复归其根"的意思相近或相同，都是指复归（还原）于道。对此，刘笑敢说："关于'复归于无物'，蒋锡昌说其义与第十六章'夫物芸芸，各复归其根'相近，其说不确。'夫物芸芸'是万物，'复归其根'是万物回归于道。但这里却是就道本身来说的。道之'绳绳'而动，绵延不绝，似有物之形，但无可描摹，终归还是无物之象。这里的'复归于无物'不是物理世界中的运动，而是从性质上进行的归纳。"③ 笔者赞同刘笑敢的分析和观点。

⑦无物之象：王弼本、帛书乙本（甲本残缺）、傅奕本等如是。王弼注曰："欲言无耶，而物由以成；欲言有耶，而不见其形。故曰无状之状，无物之象也。"蒋锡昌、古棣据河上公古本及苏辙、董思靖、林希逸、吴澄等注本认为应作"无象之象"，以与"无状之状"一律，状与状、象与象为韵。但是，这种说法与二十一章的"其中有象"相抵牾，故不可取。

①　陈荣捷：《中国哲学文献选编》，江苏教育出版社 2006 年版，第 146 页。
②　蒋锡昌：《老子校诂》，商务印书馆 1937 年版，第 78 页。
③　刘笑敢：《老子古今》，中国社会科学出版社 2006 年版，第 186 页。

　　张岱年先生说:"值得注意的是:《老子》全篇说道是'无物之象','其中有象',却未说过道是'无象'的。三十五章:'执大象,天下往。'河上公注:'象,道也。'四十一章:'大象无形。'大象即指道而言。看来老子分别了形与象,而道是有象而无形的。道是'无状之状,无物之象',道是无形的,却有象。老子认为道无形而有象,这是老子'道'论的一个特点。历来关于老子道论的解释多认为老子所谓道是无形无象的,实乃是一种误解。"①

　　⑧惚恍:若有若无,闪烁不定。

　　⑨执古之道,以御今之有:通行本如是。帛书"古"字作"今",为"执今之道,以御今之有。"御通"驭"。高祥麟《说文字通》卷二:"御,古文作'驭',使马也。"《礼记·曲礼》:"长曰能御矣,幼曰未能御也。"孙希旦集解:"御,御车也。"《论语·子罕》:"吾何执? 执御乎? 执射乎?"御即"驭",驾车也。"御"可转义为"统领"。有,域也。刘师培说,"有"通作"或",而"或"即古"域"字。"有"即"域"之借字也。"有"即二十五章"域中有四大"之"域"。(《老子斠补》)句谓:持守着古已有之的道,就可以统领现今的各个领域。

　　高明、尹振环等主张据帛书将"执古之道"改为"执今之道"。而笔者认为,老子这里说的"古之道"是古已有之的道,并非古代的道,更非古代政治之道,因为道是无始无终、永恒存在的,并无古之道、今之道的分野,故校定文不从帛书作"执今之道"。详见【辨析】。

　　⑩以知古始,是谓道纪:帛书、河上公本如是,王弼本、傅奕本"以"作"能",为"能知古始,是谓道纪"。"能"作"以"于义为长,故校定文从帛书、河上公本作"以知古始,是谓道纪"。古始指"天地之始"。"纪",总要之名也(《乐记》郑玄注)。句谓:用之于知晓宇宙的起始,是道的真谛。有注家将"古始"释为"泰初无名之始,即无名之道",似不当,因为这与"是谓道纪"相连,就成为"无名之道是道的真谛"了,文义显然不通。

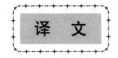

看它看不见呀,叫做"幾";

---

　　① 张岱年:《道家玄旨论》,载《道家文化研究》第四辑,三联书店1994年版,第3页。

听它听不到呀，叫做"希"；

摸它摸不着呀，叫做"微"。

这三者不可盘根问底，

所以浑然一体。

它的上面不见光亮呀，

下面也不见阴曀；

它绵延不绝不可名状，

复归于不见其模样。

这就是没有形状的形状，

没有物质实体的形象，

可以称之为"惚恍"。

迎着它，看不见它的头，

随着它，望不到它背后。

执守着古已有之的道啊，

就可以统领现今的各个领域；

用之于认识万物的本原啊，

可称之为道的纲纪。

辨　析

本章中"执古之道，以御今之有"，王弼本等古本如是。帛书甲、乙本"执古之道"作"执今之道"。高明、尹振环主张据帛书改"古"为"今"。高明说："'今'、'古'一字之差，则意义迥然有别。按：托古御今是儒家的思想，法家重视现实，反对托古。《史记·商君列传》：卫鞅曰：'治世不一道，便国不法古'。《荀子·非相》：'舍后王而道上古，譬之是犹舍己之君而事人之君也。故曰：欲观千岁，则数今日。'《太史公自序》言及道家则云：'有法无法，因时为业；有度无度，因物与合（按：应为"因物兴舍"）。故曰：圣人不朽，时变是守。'从而足证经文当从帛书甲、乙本作'执今之道，以御今之有'为是。"[①] 尹振环说："今本《老子》统统是'执古之道，以御今之有。'这样一来，老子就像一位厚古薄今、企图复古、逆历史潮流而动

---

① 　高明：《帛书老子校注》，中华书局 1996 年版，第 289 页。

的人了。但帛书《老子》甲、乙本皆为'执今之道，以御今之有。'一字之差，文义全然不同。究竟孰是孰非？"于是他援引了《鹖冠子》、《吕氏春秋》和《淮南子》中关于厚今薄古和察今以知古的某些文句，然后说："从这三部黄老著作看，帛书《老子》的文字是正确的。老子十分清楚事物是发展变化的，要从发展变化中把握今、察诸往。所以可以说，老子同样是'厚今'的。但是近十年出版的大批《老子》专著仍然对今本《老子》'执古之道，以御今之有'坚信不疑，似乎不承认帛书《老子》的文字，以为老子主张执奴隶社会之古（夏、商、周），亦能御封建社会之今（春秋）。"①

高明和尹振环援引法家、儒家（荀子）和黄老道家的著作以及司马谈《论六家要旨》中评论黄老道家的文句作为自己观点的佐证，这种做法恰当与否，姑且不论，但可从中看出二位先生皆是从政治学意义上或"法今"、"法古"的角度去肯定帛书《老子》而非议今本《老子》相关文句的。其实，老子这里所说的"执古之道"的道，指的是作为"天地之始"、"万物之母"即宇宙本原本体的道，而这个道，用庄子的话说就是"先天地生而不为久，长于上古而不为老"（《庄子·大宗师》）的，亦即无始终、无古今之别的。老子虽然也将"道"引入政治，如"道常无为而无不为，侯王若能守之，万物将自化"（三十七章），但那是就道的特性可以转化为治国的方式方法的意义上说的，并不是说道本身就是"政治之道"。在《老子》中，"道"字出现过几十次，但少有直接政治学意义上的道（可参阅下段之分析）。而且"执古之道"，并不是说"执古代的道"，而是说"执古已有之的道"，因为道是"常道"、"恒道"，它在时间上是永恒的，在空间上是无限的，所以并无"古之道"、"今之道"的分野。"执古之道，以御今之有"，是说只要执守古已有之的道，就可用以观察、分析和处理天地万物及社会人生各方面的问题，就可以用以统领自然界、人类社会的各个领域，特别是可用于治国平天下。老子之所以强调要执守古已有之的道用以观察、分析和处理各方面的问题，是因为他看到目之所见，耳之所闻，触之所及，心之所思，尽管很重要，但毕竟都是有局限性的，而只有把握和运用作为天地万物存在本体和价值本体的道，才能有效地统领和指导人类改造自然、改造社会和完善自身的各项实践活动。

据初步统计，在《老子》中，"道"字凡七十二见，其中宇宙本原本体意义上的"道"共出现四十三次，涉及 21 章。老子所讲的"有道者"、"为

---

① 尹振环：《帛书老子释析》，贵州人民出版社 1998 年版，第 301—302 页。

道者”、"从事于道者"、"同于道者"，以及"古之善为道者"等，共出现十次，而这些人所体悟和践行的"道"也都是宇宙本原本体意义上的"道"，以及由此转化的修身治国的方式方法。其他的"道"字，如"可道"、"大道甚夷"、"明道若昧"、"进道若退"中的"道"字，指的是通常意义的"道"，发明权不在老子。在《老子》中，直接政治学意义上的"道"，似乎仅见于三十章和四十六章，即"以道佐人主者，不以兵强天下"和"天下有道，却走马以粪；天下无道，戎马生于郊。"因此，在《老子》中，直接政治学意义上的道是不多见的。再说，从本章的主要内容看，在"执古之道，以御今之有"句前，一大段文字都是对自然之道的特性的描述，中间并无任何过渡性的文字，不可能在本章行将结束时忽而去讲政治学意义上的道。

刘笑敢先生也不同意高明先生关于"帛书作'执今之道'为是"的看法，他说："此说不合上下文义。如果是'执今之道，以御今之有'，那么下文'能知古始，是谓道纪'就唐突而不可解。既然'执今之道'可以'御今之有'，那么下文何必提到'能知古始'的意义？另外，老子常以古为据，并无厚今薄古的思想。……我们在《老子》原文中找不到以今为据的例句，相反的例证倒是'今舍其慈，且勇；……则死矣'，显然对'今'没有任何好感或肯定之意。从本章上下文和老子一贯思想来看，当以传世本'执古之道，以御今之有'为是。"①

---

①　刘笑敢：《老子古今》，中国社会科学出版社 2006 年版，第 187 页。

七 章

　　天下皆谓我："道大，似不肖"。①夫唯大，故似不肖②。若肖，久矣其细也夫。

（通行本第六十七章上）

说 明

　　之所以将通行本第六十七章分为两章，因为其上段是揭示"大"是道的一个特征，而下段讲的则是"吾有三宝"，上下段的文义似不相属。陈鼓应也说，上段"和下文的意义似不相应，疑是它章错简。"① 鉴于此，将下段纳入修身篇。

注 释

　　①天下皆谓我道大，似不肖：王弼本如是。严遵本、河上公本、傅奕本、范应元本同帛书，在"我"字之后均无"道"字；帛书乙本作"天下皆谓我大，大而不肖。"

　　②夫唯大，故似不肖：王弼本及多家注本如是。帛书乙本为"夫唯不肖，故能大。"

---

① 　陈鼓应：《老子今注今译》，商务印书馆 2003 年版，第 310 页。

译　文

天下人都对我说：

"（你说）道很大，但似乎不像那么回事。"

正因为"道"是无限的，

所以它反而不像是大的。

如果它像是大的，

那么它早就变得渺小了呀！

辨　析

对通行本本章第一段，注家们的解读历来分歧很大，这固然与所据版本不同有关，但即使对同一版本，在注译上也有重大分歧，因此存在着如何解读才比较符合经文原意的问题。现代注家对此段经文的释译所依据的主要是两种版本，一是作为通行本的王弼本，二是帛书（甲、乙本），河上公本、傅奕本、范应元本与帛书甲本基本一致。现举几位有代表性的当代注家对此段经文的释译并略作分析。

王弼本此段的经文是："天下皆谓我道大，似不肖。夫唯大，故似不肖。若肖，久矣其细也夫。"对此，高亨的译文是："天下人都说我的道是大的，但好像不美。正是因为它大，所以好像不美；如果美的话，那早就是细小的了。"[①] 高先生译文的问题是：第一，将"我道"译为"我的道"。但是，"道"就是"道"，难道还应区分为我的"道"、你的"道"、他的"道"吗？这里只能是"我（老子）所说的道"。第二，把"不肖"译为"不美"。高先生注曰："人不贤叫做不肖，道不美也叫做不肖。"把"肖"训释为"美"，似不见古文献之根据。朱谦之说："扬雄《方言》郭璞注：'肖者，似也'。《小尔雅·广训》：'不肖，不似也。'"据此，"似不肖"应是"好像不似"或"似乎不像那么回事。"第三，把"夫唯大，故似不肖。若肖，久矣其细也夫"译为上面的文字，似亦令人费解：为什么因为它大，就好象不美呢？为什么美就一定是细小的呢？比如壮丽的山河、蔚蓝的大海、满天星斗的夜

① 　高亨：《老子注译》，河南人民出版社 1980 年版，第 145 页。

空，大不大呢？能说它们不美吗？一个东西美不美难道与其大小有必然联系吗？

古棣把"不肖"释为"不善"。他说，"不肖"本义是子孙"骨肉"不似其"先"。后来一方面派生出了就父子关系而言的，凡不孝之子谓之"不肖"；一方面又派生出了"不善"之义。他由此断定《老子》此处的"不肖"即不善之义。而且根据他的校诂，把文中的两个"似"字都删去了，所以"似不肖"皆改为"不肖"。第一句译为："天下之人都说我的道大，不善。"下面他将"夫唯大，故'不肖'；若'肖'，久矣其细也夫"译为："正因为道大，所以'不善'；如果被认为是善的，老早它就变成渺小的了。"由此可见，古棣认为道是大而不善。这亦似无根据，因为作为"法自然"的道是无所谓善不善的。但是，在《老子》中，善于体道悟道并依道而行的圣人却是"常善救人"，"常善救物"（二十七章），"善者，吾善之；不善者，吾亦善之"（四十九章）的人，由此则不能断定道一定就是"不善"的。不善即为恶，为什么说"道"是恶的呢？而且道如果被人们看作是善的，它为什么"老早就变成渺小的了"呢？难道"道"的大小会因为人们对它看法的不同为转移吗？这似乎也难以讲得通。

陈鼓应的译文是："天下人都对我说：'道'广大，却不像任何具体的东西。正因为它的广大，所以不像任何具体的东西。如果它像的话，早就渺小了！"译文似有增字解经之嫌，因为原文之"似不肖"后面并没有宾语，而译文却加上了"任何具体的东西"。

帛书甲本此段的文字为："〔天下皆谓我大，大而不肖。夫唯大〕，故不宵（肖）。若宵（肖），久细矣。"（方括号中的文字，甲本残损，是译者根据乙本补的。）尹振环将此段经文译为："天下都说我伟大，这大你不像吧。正由于只有你伟大，所以不像。如果像的话，那它早就渺小了！"[1] 应当说明的是，尹先生认为这段经文是独立的一章。他说，此章是"谈不妄自尊大"的。他在"章旨"中说："伟大或强大，在世人并不称颂的时候，的确是伟大的、强大的。一当天下都齐声高呼时（'众所荣也'、'与我名也'），它的推动力是什么？其潜在的危险性是什么？这就值得思考了（'反类病也'）。如果陶醉于彼，那么将由伟大变为渺小，也许早就'逆天行也'。"[2] 因为帛书此段无"道"字，从尹振环的"章旨"看，他的解读还是有道理的。但从

---

① 尹振环：《帛书老子释析》，贵州人民出版社1998年版，第190—191页。

② 同上书，第190页。

其译文看，似乎也有几个问题：一是将"大而不肖"译为："这大你不像吧"，显得有点生硬；二是将"夫唯大，故不肖"译作："正由于只有你伟大，所以不像。"言外之意，如果还有人"伟大"，你才能像是"伟大"的；三是从其前两句译文及"章旨"看，此章讲的是"伟大"的人，但将"若肖，细久矣"译为："如果像的话，那它早就渺小了！"这样一来，"伟大"的人忽而变成"渺小"的物了。

帛书乙本此段的文字为："天下皆谓我大，大而不肖。夫唯不肖，故能大。若肖，久矣其细也夫。"张松如的译文是："天下人都称道我伟大，伟大而不像任何一物样子。正是由于不像任何一物样子，所以才能够伟大。若是像任何一物样子，早也么变得渺小了啊。"① 这段译文似乎存在三个问题：一是将"大而不肖"译为"伟大而不像任何一物样子。"其中"任何一物样子"为增字解经。二是从"伟大"看，显然是形容人的，同类事物方有可比性，这句译文却将人（况且是"伟人"）与"物"扯在一起相比较了。三是将"若肖，久矣其细也夫"译为："正是由于不像任何一物样子，所以才能够伟大。"其义理也不大通：难道能把是否"像任何一物样子"作为衡量一个人是否"伟大"的标准吗？

从通行本的这段文字看，它是讲"道"的，而非讲人的。这里是讲"道"的什么呢？是讲道之"大"的特性，即二十五章中"吾强为之名曰'大'"的"大"。因为老子所说的"道"是"视之不见"、"听之不闻"、"搏之不得"的，是非常抽象的存在本体，所以颇令那些缺乏抽象思维能力而局限于看待具体事物的"天下"人感到困惑，怀疑道是"大"的，因为在人们的心目中凡是"大"的东西都是有形的、具体的，为"视之"所见的，而且大不过天和地，如果说"道"比天还大，为什么看不见它呢？所以对老子之说深感疑惑。由此，原文第一句话似应这样断句："天下皆谓我：'道大，似不肖。'"译文作："天下人都对我说：'（你说）道很大，但似乎不像那么回事。'"下文"夫唯大，故似不肖。若肖，久矣其细也夫。"这是老子针对人们的疑惑所发表的议论或作出的回答。译文当为："正因为道是大（无限）的，所以它倒似乎不像是大的。如果像是大的，那么它早就渺小了。"这里的"道是大的"，是就作为抽象物的道的根本特征讲的，"似乎不像是大的"是指它"视之不见"而不为天下人所认识而言的。为什么说"如果像是大的，那么它早就渺小了"呢？因为在人们的

---

① 张松如：《老子校读》，吉林人民出版社 1981 年版，第 367 页。

心目中，最大莫过于天，但即使把道说得像天那么大，岂不也把它小看了吗？当然，老子的这种回答也难以使缺乏抽象思维能力的"天下"人所理解，因而不可能真正达到解疑释惑之目的，但老子当时似乎也不好对他们说的更多了。

八 章

道常无为而无不为^①。侯王若能守之，万物将自化^②。

化而欲作，将镇之以无名之朴^③。镇之以无名之朴^④，夫将不欲。不欲以静，天下将自定^⑤。

（通行本第三十七章）

注　释

①道常无为而无不为：王弼本、河上公本、傅奕本、范应元本如是。此句简本作"道恒无为"；帛书甲、乙本皆为"道恒无名"。帛书表述的思想在前几章中已多见，似无新意。而且侯王持守的应是道所体现的自然无为的特性，而不是它的"无名"。对此句的解读，详见【辨析】一。

②侯王若能守之，万物将自化：帛书、王弼本如此。简本为"侯王能守之，而万物自化"。

③将镇之以无名之朴：简本如是。帛书、王弼本及多家注本为"吾将镇之以无名之朴"，多一"吾"字。此处之"吾"似乎成了作者老子，但联系上下文，应是持守"道"的侯王，所以有"吾"字似不当，故校定文据简本删。

④镇之以无名之朴：帛书如是。此为重复加强句，意为造成顶真效果。王弼本作"无名之朴"，无"镇之以"三字，句义不明，故校定文从帛书。

⑤不欲以静，天下将自定：王弼本、河上公本如是。此句傅奕本、范应元本作"不欲以靖，天下将自正"，简本为"知足以静，万物将自定"，帛书甲、乙本为"不辱以静，天地将自正。"

译　文

道总是因任事物的自然本性而为，
所以无所不能为。
侯王若能持守道的自然无为法则，
万民将会自动归化。
归化之后如果有人贪欲复起，
那就用"无名之朴"予以制止。
用"无名之朴"予以制止，
人们就不会为过分的欲望所驱使。
不为过分的欲望所驱使，
人心就会归于平静，
天下的政治局面亦将自然安定。

辨　析

一、"道常无为而无不为"是什么意思？为什么说"道常无为而无不为"呢？道之无为是就道的自然性和无目的性而言的，是针对有意志、有目的的人格神的"天"（上帝）的传统观念而言的，是对后者的反动和批判。前面已经说过，笔者认为，作为天地万物及社会人生之形而上的存在本体和价值本体的道，它的实质是矛盾法则或对立统一规律。而作为矛盾法则或对立统一规律的道，它不是游离于万物之外而是内在于万物之中的，又总是因任事物的自然本性及其发展变化的趋势而发挥自己作用的，因而这种发挥作用的方式是自然而然、不显形迹的，所以事物的产生、存在、发展、变化（含向自己的对立面转化）和消亡都表现为事物自己的行为，均不见道对它们的任何强制和干预。在这种意义上说，道是"无为"的。但是，事物的产生、存在、发展、变化（含向自己的对立面转化）和消亡又都离不开道的作用，都是内在于其中的对立统一规律使然，因而都是道的作用之结果，道的这种作用是一种至上性的"为"。在这种意义上说，道又是"无不为"的。"无为"的理论根据是"道法自然"（二十五章）和"反者道之动，弱者道之用。"（四十章）"道法自然"的意思是说，道以"自成"为法则，没有也不可能有任何外力对其干预和强制，而它对天地万物的作用方式是顺其自然的。"反者道之动"的意思是说使事物向着相反的方向转化，是道的运动趋势，从而亦是事物发展变化的必然趋势。"弱者道之用"的意思是说柔弱是道对万物发挥作用的特点，就是说"道"对事物的作用完全是顺应而不是违逆事物的自然本性和发展趋势而进行的，所以表现为柔弱。"道常无为而无不为"是老子揭示的道的具有总体性、根本性的法则，也是道的本体地位的体现。在这一法则中，作为道的作用特点或方式的"无为"更带有根本性，因此可以把道的这一根本法则归结为"无为"法则。

老子之所以揭示道的这一根本法则，其目的是为侯王实行"无为而治"提供形而上的根本依据。老子告诫侯王等统治者要效法道的自然无为的特性，在为政治国中一定要因应人民的自然本性和意愿而为之，不可违逆人民的自然本性和意愿而强行所为，从而为个体自由和社会自治的实现创造良好的社会环境和条件。由此可见，老子所说的"无为"决不是一般地反对有为，决不是主张无所作为，而是"为"的一种方式，也就是要合乎事物自然规律的"为"，反对违背事物自然规律的盲动妄为，其目的是为了更好地"为"，因而表现了老子的目的性与规律性内在统一的思想，如此"为"的结果一定会大有作为，亦即"无不为"。老子关于"无为"的思想和政治主张是贯穿《老子》全书的一条红线，君王的"无为而治"和人民的自化、自正、自成是其落脚点或归宿。老子认为在此基础上就可以营造一个"无不治"（三章）和"天下将自定"的理想社会。

陈鼓应先生说："所谓'无为而无不为'的意思是说：'不妄为，就没有什么事情做不成的。''无为'乃是一种处事的态度和方法，'无不为'乃是指'无为'（不妄为）所产生的效果。这和《老子》第三章上所说的'为无为则无不治'的意义是相通的。'为无为则无不治'的意思是以'无为'的态度去处理世务，就没有不上轨道的。"就"道常无为而无不为"的原理落实到社会人生而言，陈鼓应的解说是确当的。陈鼓应又说："老子'自然无为'的观念，运用到政治上，是要让人民有最大的自主性，允许特殊性、差异性的发展。也就是说，允许个人人格和个人愿望的充分发展，但以不伸展到别人的活动范围为限。对于统治者来说，'无为'观念的提出，是要消解独断意志和专断行为的扩展，以阻止对于百姓权利的胁迫、并吞。"①

先秦的某些典籍对老子"无为而无不为"的思想作了较好的诠释和运

---

①　陈鼓应：《老子注译及评介》，中华书局1984年版，第34、35页。

用。如《文子》把"无为"看作修身安邦之常道,说:"无为者,治之常也","夫道,无为无形,内以修身,外以治人,功成事立,与天为邻,无为而无不为。"《管子·心术上》主张君王治国应坚持"无为"的态度,"毋先物动,以观其则",要采用"静因之道";《黄帝四经》则明确地把道看作"法"的本原根据,把"无为而无不为"与"法"联系起来,提出了"道生法"的思想,把它变成了"以法治国"的重要理论根据。

刘笑敢先生对"道常无为而无不为"也作了很好的诠释。他说:"道家之圣人能够'无为而无不为'的关键是创造万物自然发展的条件和环境,万物有了好的发展条件,能够健康发展,就自然达到了'无不为'的效果。总之,无为是圣人治理天下的方式,"无不为"是圣人辅万物之自然的效果。为百姓提供了安居乐业的条件,百姓能够安心生产,自然可以达到'功成事遂'的'无不为'的目的。"①

二、为了比较准确地解读本章之文意,有必要先扫清几个"拦路虎",因而需对其中的几个概念、概念的选择及其涵义加以辨析。

第一,"万物将自化"中的"万物"指的是什么?从陈鼓应的译文即"万物都会自生自长"看,"万物"似指包括人在内的形形色色的生物,因为非生物大概是不会"自生自长"的(个别的除外)。张松如将此句译为:"万物都将会自然变化",他所指的"万物"大概还包括非生物,因为非生物亦会"自然变化"。而笔者认为老子这里所说的"万物",并非指花鸟鱼虫、狮子老虎之类的生物,当然更不包括非生物,而是指的"万民"或人民群众。之所以作此种解读,一是因为从"侯王若能守之,万物将自化"来看,其前后句构成了因果关系,而侯王是治国者,亦即社会或"万民"的管理者,只有"万民"的"自化"才与侯王依道治国即持守"无为"原则具有必然联系,而一般的生物和非生物是否"自化"则与此无关;二是因为紧接下句是"化而欲作,(吾)将镇之以无名之朴"。显然,"以无名之朴"去"镇"的对象不会是一般的生物,更不会是非生物,因为山川河流之类皆无"欲"可言,狮子老虎之类虽然有"欲",但那是它们的自然本能,是"镇"也镇不住的。只有人的"欲"可以为理智所控制,亦是可以"镇"的;三是因为作为结论的末句是"天下将自定",这显然是指社会政治局面,而它与非生物及一般的生物关系甚微,而与万民及其统治者的情况如何,则关系莫大焉。

第二,"万物将自化"中的"自化"是什么意思?对此可作两解:一是

① 刘笑敢:《老子古今》,中国社会科学出版社 2006 年版,第 484 页。

自动归化或自愿归顺，二是自我化育或自我顺化。而究竟取何解，则与注家对本章的主旨是强调侯王治国还是强调万民自治的解读相关，容后分析。

第三，对"夫将不欲（无欲）"和"不欲（无欲）以静"句中的"不欲"（无欲），校定文是依河上公本、傅奕本、范应元本等古本作"不欲"好呢，还是仍依王弼本及帛书作"无欲"好呢？"不欲"似可释为"不猎取反自然之欲"，亦可简化为"不贪欲"；而"无欲"则是"没有欲望"（高亨语）的意思。笔者认为校定文应据河上公本等古本作"不欲"好，因为人作为有思想的血肉之躯，无论在物质生活方面还是在精神生活方面都不可能"没有欲望"（连作为儒家经典的《礼记·礼运》都说："饮食男女，人之大欲存焉。"），而只有"甚欲"（语出简本"罪莫厚乎甚欲"）与合乎自然之欲的分野。前者是指"反自然之欲"，如穷奢极欲，甚至为此而不惜采取情杀、仇杀、财杀、抢劫、强奸、贪污盗窃、贪赃枉法等极为卑劣的手段；后者则是指受理智控制的合乎自然的欲望。

第四，校定文是仍依王弼本作"天下将自定"好呢，还是据帛书及其他古本将"自定"改为"自正"好？张松如、陈鼓应、古棣、郭世铭、孙以楷等的注译本是改了的，古、陈二先生还力陈了自己的意见。而依笔者之见，则不必动。其一，从此句乃至全章之文意看，这里讲的是社会政治局面，而社会政治局面还是以稳定或安定为好；而对于描述社会政治局面而言，"自正"似不如"自定"更为明确。其二，"正"可训为"定"。《周礼·天官·宰夫》："岁终则令群吏正岁会。"郑玄注："正，犹'定'也。"《孟子·离娄上》："不以六律，不能正五音。"显然，这里的"正"亦是"定"之义。其三，作为通行本的王弼本已流传一千七百多年，为人们所熟知，其字句可动可不动的，还是以不动为好。

要准确地解读此章之文意，除扫清几个易于产生歧义的"拦路虎"外，还应明确几个必要的前提：一是"侯王若能守之"虽然是个假设句，但老子已假定这是一个"守道"并能依道治国的理想的侯王；二是"不欲以静"和"天下将自定"，是侯王依道治国包括"以无名之朴"对那些"化而欲作"的人"镇"的结果；三是释译的文字应当在逻辑上全线贯通。

据此，"万物将自化"当指在侯王依道治国的条件下，万民将自动归化。这不仅包括侯王所在国（诸侯国）的人民，而且包括从其他诸侯国欣然归往的民众。因为当时地广人稀，有大量荒地有待开垦，而周边有些诸侯国却因其侯王"无道"，战乱频仍，其局面是："师之所处，荆棘生焉；大军之后，必有凶年"（三十章），"田甚芜，仓甚虚"（五十三章）。在这种情况下，许多民众自动归化于"法道"的生活比较安定的诸侯国，是毫不奇怪的。这与三十二章的"侯王若能守之，万物将自宾"和三十五章的"执大象，天下往"的基本精神是一致的，可以互为印证。

但是，自动归化的"万民"的情况是复杂的，其中总有极少数人由于这样那样的原因会"化而欲作"。在这种情况下，"吾将镇之以无名之朴"。句中的"吾"指的是谁呢？注译本似皆未予以解读。这个"吾"是作者老子吗？老子既不是侯王又不是群众中的领袖人物，他何以用"无名之朴"去"镇"呢？显然只能是对道"能守之"的侯王。是这样的侯王"以无名之朴"把那些"化而欲作"即"甚欲"而为非作歹的极少数人"镇"伏了，亦即使其"不欲"了，当然就"天下将自定"了。直到今天，我们不也是为了"天下定"而"镇"那些"化而欲作"的犯罪分子吗？不过在老子看来，"法道"的侯王主要不是用强制的力量去"镇"这些人，而是用道的自然无为特性及由此转化的治国方式去教化和引导他们。

但是，既然是治国，既然要让"天下定"，就不可能只靠道的说教。之所以这样讲，其一，用以"镇"的武器虽然是"无名之朴"，但"镇"字本身的涵义（镇压、镇慑、镇服）是明确的，况且用以"镇"的"无名之朴"一定包括在"无名之朴"即道指导下制定的用以惩治"化而欲作"者和"为奇"者（七十四章）的刑法之类；其二，老子在七十四章说的"若使民常畏死，而为奇者，吾得执而杀之"中的"为奇者"，大概主要是指那些"化而欲作"的人，可引为佐证。如此解读本章，意味着作为治国手段的"无名之朴"似乎还内藏"杀机"，这定会使某些道学家大不以为然，甚至嗤之以鼻。事实上，"无名之朴"所体现出的自然无为的治国原则，无非是"以辅万物之自然"（六十四章），即因顺事物之自然本性而给予积极的辅助或治理，而"万物"首先是指国家治下的"万民"。要保证万民中的最大多数都能依其自然本性而生活，就不能不对严重危害万民和平生活的"为奇者"动杀戒，这亦是"以辅万物之自然"的题中应有之义。比如为历史学家倍加称道的"文景之治"，就是汉文帝、汉景帝及窦太后实施"无为而治"的结果。可以设想，彼时决不会关闭监狱，决不会废除死刑，决不会对少数"为奇者"不开杀戒。当然，作为封建帝王的汉文帝、汉景帝，他们所谓的"无为而治"有着很大的局限性。庄子曾借"无名人"之口说"无为"是"顺自然而无容私焉"，如此则"天下治矣"。（《庄子·应帝王》）显然，视"溥天之下，莫非王土；率土之滨，莫非王臣"（《诗·小雅·北山》）的封建帝王，决不会"无容私焉"，而且他们也只能在有限范围内和一定程度上"顺自然"而已。

所以他们心目中的"为奇者"或"化而欲作"者，肯定有一些是好人。

顺便指出，通行本及帛书"吾将镇之以无名之朴"中的"吾"字，应据简本删。删后虽然变成了无主句，但联系上下文，其蕴含的主语是自明的，而保留"吾"字反而易生歧义。

与笔者的上述解读不同，郭世铭认为"化而欲作"的是侯王，"以无名之朴"去"镇"的也是侯王。他说："归化的人口多了，君主的欲望就可能膨胀（化而欲作），如果发生这种情况，《老子》所提出的办法是'镇之以无名之朴'。"[①] 这样解读，起码存在四个问题：其一，"化而欲作"的前一句是"万物将自化"。按常规逻辑，"化而欲作"的显然是"万物"（万民）中的少数人，怎么成了君主或侯王呢？其二，说因为归化的人一多，君主的欲望就膨胀，就会"化而欲作"，那么他还是对道"若能守之"的侯王吗？这就把一个大前提给弄丢了。其三，说在侯王"化而欲作"的情况下，老子提出的办法就是"镇之以无名之朴"。那么由谁去"镇"呢？郭先生虽未明说，但依其逻辑，这个"吾"应是归化后的"新的移民"（郭先生语）。试问：这些"新的移民"怎样对侯王"镇之以无名之朴"呢？是搞武装暴动推翻"化而欲作"的侯王吗？不是。因为他说："'镇之以无名之朴'就是举朴示意使之镇定下来。举朴示意之后，侯王就可以镇定下来，也就不再有什么欲望了。"（同上）但没有回答是谁"举朴示意"。而且如果就像郭先生讲的那样简单，那么无论谁"镇"谁，都不过是轻而易举的了。岂非天方夜谭？其四，郭先生既然将"化"字释为"归化"，那么侯王的"化而欲作"中的"化"字按形式逻辑的同一律和矛盾律，亦应作"归化"解。那么试问：侯王在"欲作"之前是先向谁"归化"的呢？

与以侯王治国论来解读此章文意的做法不同，孙以楷似乎是以"万民自治论"来解读的。他说："侯王守无为的原则，万方万民可以实现自治，天下即达致太平。由持守无为原则，实现万民自我因性变化，进而实现万方万民的自治。"又说："你不用担心人民自主会生出乱子。"为此他认为"万物将自化"中的"化"字根本不能释为"归化"，而应象卢育三那样释为"顺化"，并说："'归化'违反自然无为，'顺化'符合自然无为。"[②]

"归化"就一定违反自然无为吗？不一定。那就要看"归"于谁、在谁的治下"化"了。如果是归于"无道"的侯王，当然谈不到"化"，即无法

　① 郭世铭：《〈老子〉究竟说什么》，华文出版社1999年版，第179页。
　② 孙以楷：《老子通论》，安徽大学出版社2004年版，第418—419页。

"自然无为"；而如果"归"于依道治国即实行"无为而治"的侯王，那么侯王就不仅会允许而且必将积极推动万民顺自然而"化"，亦即"顺化"。而老子讲的正是后者，因为"万物将自化"的大前提是"侯王若能守之"，这个"之"字即"道常无为而无不为"的代词。也就是说，老子非常明确地假定这种侯王是持守"无为而无不为"之道的，因而亦是依道治国的。我们知道，人虽然有自然性，是血肉之躯，有七情六欲，然而又是社会的产物，是社会性动物，只能在社会群体中生活，其自然性也受着社会性的制约。任何人要想离开社会群体而生活，"就像提着自己的头发要离开地球一样"（鲁迅语），痴心妄想而已。无政府主义当它仅限于"主义"时，虽然可以高谈阔论，亦能炮制鸿篇巨制，然而一旦付诸实施，这个社会就一天也别想维持下去。因此，万民总得有所"归"，没有"归"，无论怎样想"化"，都是"化"不成的。所谓"万方万民的自治"也只能是相对的，有条件的。在老子那个时代，万民不是"归"于"法道"的侯王及其治下的诸侯国（显然，对于老子来说，那只是一种理想的存在，所以用了"侯王若能守之"的假设句：对于要去归往的群众来说，也误以为那是一个理想的家园），就是"归"于"无道"的侯王及其诸侯国，其他别无选择。老子虽然也设想过田园牧歌式的"小国寡民"，但根据他的描述，说是"国"，其实不过是实行高度自治的村社而已。在这种村社中，人民确实"化"得很可以。至于村社中是否有首领，老子没有说。但既然是一个社会群体，总得有领导者，否则何以组织村民们的生产和生活呢？既然有领导者，村民们就自然要"归"，因为不"归"就不能"化"。一个自治村社的村民尚且如此，更何况是"万方万民"呢？由此看来，把"化"训为"归化"，把"自化"释为"自动归化"或"自愿归化"，"化"字姑且不说，单是把"归化"建立在"自动"或"自愿"的基础上，总还有些"自然"的成分吧？因此依笔者之见，对"自化"作这种训释，似乎亦无可厚非。

即使按孙以楷之见，把"化"训为"顺化"，把"自化"释为"自我因性变化"，而对于"万方万民"来说，要真正实现，也必须在"法道"的侯王或依道治国的执政者的治下才有现实的可能性，因而仍然要以"归"为前提。

为了论证自己的观点，孙以楷引证了张松如的一大段话，其中有这样一句："并且认为，理想的执政者应该是'不欲以静'，而让'天下将自正'。"联系引文中的前几句，这里的"并且认为"当是指老子。但从此章之全文看，"不欲以静"应是"若能守之"的侯王对那些"化而欲作"的人"镇之以无名之朴"后所出现的局面，故而"不欲以静"的主体并非"理想的执政者"即对道"若能守之"的侯王，因为侯王不属于"化而欲作"者，所以也不属于由"欲作"转化为"不欲"的一类。

此外，孙以楷还说："任（继愈）先生同许多先生一样，把'正'训释为'定'，'自正'成了'自定'，又进而演变为'稳定'。实际上，'正'通'政'，治也。'自正'即'自治'。"① 应当说，老子确有人民自治的思想，这从八十章（"小国寡民"）即可看出。但在那章中却不见侯王的影子，而在更多的地方老子讲的是"治大国"，而治大国则应"以正治国，以奇用兵，以无事取天下"（五十七章）和"以道莅天下"（六十章），从而取信于天下万民，而这都需要依道治国的侯王。如果没有这样的侯王，没有必要的国家机器（思想教育也是国家机器的职能之一）去"镇"伏那些"化而欲作"者，人们怎么会"不用担心人民自主会出乱子"呢？再说，"正"固然可以通"政"，但这里的"政"是政治、政事、政令之义，它是名词，说它又与作为动词的"治"字通，似缺乏文献根据。关于"正"完全可以训释为"定"，已如上述，无需赘言。

---

① 　孙以楷：《老子通论》，安徽大学出版社 2004 年版，第 418 页。

九 章

　　有状混成，先天地生①。寂兮寥兮，独立而不改②，周行而不殆，可以为天地母③。吾不知其名，强字之曰"道"④，强为之名曰"大"⑤。大曰逝，逝曰远，远曰反⑥。

　　故道大，天大，地大，人亦大⑦。域中⑧有四大，人居其一焉。

　　人法地地，法天天，法道⑨。道法自然⑩。

　　　　　　　　　　　　　　　　　　　（通行本第二十五章）

注 释

　　①有猵混成，先天地生：简本如是（唯地作"下"），王弼本、帛书等古本状作"物"。魏启鹏认为"猵"应读作"道"。① 裘锡圭说，如果此字读作"道"，下文讲"强字之曰'道'"就不通了。故裘先生认为"猵"应读为"状"，即十四章"无状之状"的"状"，并说此字作"状"比作"物"也要合理。② 刘笑敢说，"状"比"物"更有原初、原始的意味，"有状混成"比此后诸本的"有物混成"更能体现"道"的似有非有、似无非无、亦有亦无的特点，③ 状的意思与象接近，而与物有区别。简本的"有状混成"提醒人们更关注老子的道与象的关系。张岱年说："四十一章：'大象无形。'大象即指道而言。看来老子分别了形与象，而道是有象而无形的。道是'无状之

---

　　① 魏启鹏：《楚简老子柬释》，台北万卷楼出版社1999年版。
　　② 裘锡圭：《以郭店〈老子〉为例谈谈古文字》，载《中国哲学》第二十一集，辽宁教育出版社2000年版，第180—188页。
　　③ 刘笑敢：《老子古今》，中国社会科学出版社2006年版，第285页。

状，无物之象'，道是无形的，却有象。老子认为道无形而有象，这是老子道论的一个特点。历来关于老子道论的解释多认为老子所谓道是无形无象的，实乃是一种误解。"①鉴于以上的分析，校定文据裘锡圭之说从简本作"有状混成"。

"有状混成"指的是道。这里说的"状"，不应理解为某一种物质实体或某种物质实体的状态。因为道是一种客观实在，但不是某种物质实体，它是既超越又内在于天地万物及社会人生的形而上的存在本体和价值本体。

老子在这里称"道"为混成的"状"（简本）。值得注意的是，他的弟子列子及后学《庄子·知北游》的作者也不把"道"称为"物"。《列子·黄帝》曰："凡有貌象声色者，皆物也。物与物何以相远也？夫奚足以至乎先？是色而已。则物之造乎不形，而止乎无所化。"《庄子·知北游》说："有先天地者物邪？物物者非物，物出不得先物也。"

"有状混成，先天地生"，是说在"道"即矛盾法则或对立统一规律的作用下，天地万物才在自我运动中逐步形成，没有矛盾法则或对立统一规律就没有天地万物的形成，也没有它们的运动、变化、发展和消亡。老子所说的"道"固然是一个抽象概念，但它所反映的对象却是内在于天地万物中的矛盾法则或对立统一规律，因而它实际上不是老子头脑中的观念存在物，而是一种客观存在，所以不同于黑格尔的可以"外化"为物质世界的"绝对观念"，也不是古棣所说的"绝对观念之类"。所谓"先天地生"是在为天地万物提供藉以形成、变化、发展和消亡的总根据的意义上讲的，因此说它是天地万物形而上的存在本体。

②寂兮寥兮，独立而不改，周行而不殆：河上公本、王弼本等古本如是。对此，河上公注曰："寂者无音声，寥者空无形，独立者无匹双，不改者化有常。"司马光《道德真经论》释"不改"曰："变化终不失其常。"他们都是从"变"和"常"的统一来理解老子的"道"的。"周行而不殆"是说"道"处于永不停息的循环运动之中。河上公注曰："道通行天地，无所不入，在阳不焦，讬阴不腐，无不贯穿，而不危殆也。"林希逸《老子口义》亦曰："周行于万物之中，无不遍及而未尝穷匮，故曰不殆。"

此文简本为"寂寥，独立不改"，无"周行而不殆"句。"不改"，简本原为"不亥"，《释文》训"亥"为"改"。刘学智则认为"亥"为"垓"之

---

① 张岱年：《道家玄旨论》，《道家文化研究》第四辑，上海古籍出版社 1994 年版，第 3 页。

借；垓，界限也。此说正与《庄子》的"物物者与物无际"之义相合，是说道与物无界限。此可备一说。帛书乙本亦无"周行而不殆"句。寂，清虚寂静；寥，空旷无形。殆，训"已"。不殆，即不已、不止息。

对于简本和帛书在"独立不改"之后皆无"周行而不殆"句，许抗生说，通行本多了"周行而不殆"一句，可能是今本对道的理解有误而造成的。其实道本身是不可能作"周行"的，因为道既是至大无外，又是至小无内的，不可能在空间中作周行，所以竹简本与帛书皆无"周行而不殆"一句。① 刘笑敢说："'返者道之动'是道的运动特点，这是指事物发展会重复回到类似于原点的现象，'周行'的说法会导致（道作）机械性圆周运动的误解，传世本所加并不准确。"② 应当说，许抗生、刘笑敢的这种分析是有道理的，然而本章下段却有"大曰逝，逝曰远，远曰反"的文句，此文似可视为老子对"周行而不殆"的论述。如这种猜测不误，那么其上就应有"周行而不殆"的文句。鉴于此，校定文不从简本和帛书而删此句。

应怎样理解道的"周行而不殆"呢？胡孚琛说："道化生宇宙万物，宇宙万物又复归于道的'大循环'规律，是道'周行而不殆'的根本规律。"③ 这种解释在运动问题上有混同于万物与道之嫌，故可备一说。

道的"周行而不殆"，并不是说有一个脱离了万物（每一个具体事物）的莫名其妙的"道"在宇宙中"天马行空，独往独来"。根据笔者的理解，作为矛盾法则或对立统一规律的道，皆是存在于具体事物之中的（六十二章的"道者，万物之奥"可证），即道皆在物中，物外无道。规律皆是事物的规律，离开具体事物的规律在现实中是不存在的。而事物都有一个从无到有，从小到大，从弱到强的过程，而在大或强到极点之时，就会开始走下坡路，即从强到弱，从大到小，从有到无（即消亡）。这是一个周期。那么存在于此一事物之中的道也可以说完成了一次"周行"。在这个周期完成之后，此一事物就会在一定的条件下转化为另一事物，从而开始了一个新的周期，那么存在于此一事物之中的道也就开始了一次新的"周行"。万物的这种无穷无尽的转化的根本原因是由于道在其中。道在无穷无尽的事物及其转化中作"周行"，因而可视为道"周行而不殆"了。

③可以为天地母：帛书如此；世传各本除范应元本和司马光本作"可以

---

① 许抗生：《初读郭店竹简老子》，载《郭店楚简研究》，第93—102页。
② 刘笑敢：《老子古今》，中国社会科学出版社2006年版，第286页。
③ 胡孚琛：《道学通论》，社会科学文献出版社2009年版，第142页。

为天地母"外，皆作"可以为天下母"，简本亦如此；但是，范应元注曰："'天地母'，古本如此，一作'天下母'，宜从古本。"①可见范应元所见古本为"天地母"。因为道为"天地之始"（一章），"先天地生"，"天地"是指整个宇宙，而"天下"通常是指全社会或天下万物，那就不包括"天"了，所以"天地"比"天下"的表述准确、义长，故校定文从帛书、范应元本作"可以为天地母"。

④强字之曰"道"：王弼本和帛书皆无"强"字，范应元本有此字，并注曰："王弼同古本。"可见原王弼本及范所见古本有"强"字；《韩非子·解老》："圣人观其玄虚，用其周行，强字之曰'道'"；郭象《庄子注》在注《则阳篇》中引《老子》亦作"强字之曰'道'"。同时考虑到讲究文字的整齐美是《老子》的一大特点，与下句"强为之名曰'大'"一律，此句亦应有"强"字。鉴于上，校定文从范应元本及原王弼本作"强字之曰'道'"。

老子为什么说"吾不知其名，强字之曰'道'"呢？《管子·心术上》曰："物固有形，形固有名。"就是说，"名"是随"形"而来的。而"道"是一个无形无迹、无声无色、惟恍惟惚、若存若亡、时空无限的东西。对于这样的东西，从逻辑上来说，是不可以确指，也是无法命名的，否则将使它沦为一物，而不再是它自己。但是，一个不予指认之物，将无从进行思考、表达和论述，所以只好勉强为它起一个名字，那就是"道"。那么，为什么取"道"而不是别的什么作为它的名字呢？这是因为道的原始意义是道路，而道路是人的活力之所寄，是人们聚集的起点，散发的轨迹。正是在这种意义上，以道作为宇宙的本原和本体的存在，除了给人以动感外，还能强调万物之所必由（根据）和运动的规律性等。

⑤强为之名曰"大"：这里的"大"，是"道"的同质异名。叫它"大"，是借以形容"道"的无限性，并非说它比某种具体的东西大。《庄子·天下》说老子"建之以常无、有，主之以太一"。"太一"即"最大的一"。叫它"大"，说它是"一"（二十二章："是以圣人抱'一'为天下式"），都是强调道是独立无偶的，是唯一的无限的存在。

对"强为之名曰'大'"，张岱年先生说："（案：大读为太，前人皆直读为'大'字，实非。《庄子·天下篇》述老聃、关尹之学云：'建之以常无有，主之以太一'，昔人或以常无有三字分读，甚是，而太一二字亦应分读，

---

①　范应元：《老子道德经古本集注》，载《四部要籍注疏丛刊·老子》，中华书局1998年版，第610页。

谓太与一。一即'道生一'之一，太即此文大字。如此大字非太，何《天下篇》谓老子之学主以太一，而今《老子》中有一而无太？又《老子》下文云：'道大，天大，地大，人亦大'，是非独道为大，何得以大为道之名乎？）道之名是太，太者至极无以加乎其上之称，即最究竟者之义。太或道是先天地生的，乃天下之母。道独立不改：一切物皆相对待而道则与物无对；万物皆有迁变，而道则无有改易。道有周行不殆：一切物皆有方所而道则普遍于一切；万物皆有毁灭而道则永不消竭。"① 张岱年之见可备一说。

对于"我不知其名，（强）字之曰'道'，强为之名曰'大'"的涵义，李泽厚作了如下诠释：

　　道是总规律，是最高的真理，也是最真实的存在。这三者（规律、真理、存在）在《老子》中是混为一体不可区分的。正因为这样，便不可能用任何有限的概念、语言来界定"道"、表达"道"和说明"道"。一落言筌，便成有限，便不是那个无限整体和绝对真理了。所以说"我不知其名，强字之曰道，强为之名曰大"。《老子》强调的是不能用有限的语言、见闻、经验去限定、界说和规范"道"，而不是强调"道"是超感知超认识的实体。说"道"是"一"、是"朴"、是"惟恍惟惚"等等，也是这个意思。在古代思想家那里，经常可以看到规律、功能与实体、存在两个方面尚未明确分开的现象，这两者（功能与实体，规律与存在）对他们来说，乃是一种统一整体的直观把握。正因为实体与功能、存在与规律混为一体，于是就显出种种泛神论、物活论等超经验、超感性的神秘色彩。今日关于《老子》是唯物主义还是唯心主义的多余争论，原因之一恐怕是对古代哲学这一特征注意不够。②

王弼在《老子指略》中对"道"及其其它称谓的缘由作了诠释，他说：

　　夫"道"也者，取乎万物之所由也；"玄"也者，取乎幽冥之所出也；"深"也者，取乎探赜而不可究也；"大"也者，取乎弥纶而不可极

① 张岱年：《道家玄旨论》，《道家文化研究》第四辑，三联书店1994年版，第2页。

② 李泽厚：《中国古代思想史论》，天津社会科学院出版社2003年版，第84—85页。

也；"远"也者，取乎绵邈而不可及也；"微"也者，取乎幽微而不可睹也。然则道、玄、深、大、微、远之言，各有其义，未尽其极者也。然弥纶无极不可名细，微妙无形不可名大。是以篇云"字之曰道"，"谓之曰玄"，而不名也。

⑥大曰逝，逝曰远，远曰反：此"曰"字不应作"说"或"叫作"解，而为承转性连词"则"的意思。句谓：道广大无边，则运行不息；运行不息，则无远弗届；无远弗届，则返回本原。详见【辩析】一。

对"大曰逝，逝曰远，远曰反"，无名氏《道德真经解》释曰："惟其大也，故能涉天下之用，无所不往，穷四海之物，无所不至。无所不往，所以曰'逝'；无所不至，所以曰'远'；道至于远，故返以复初，而使终而有始，以周行焉，此所以'远曰反'也。"张岱年说："由太乃有逝，逝乃远，远乃反。太乃是逝之所以，亦即反之所以。"对四十章的"反者道之动"，张岱年说："道实无所动，道非有非无，如何有动？此所谓道之动，乃谓由道而有之动。反是由道而有之动，道乃反之所以。道是变之所以，反之所以，即道含蕴变与反。道是究竟规律，此究竟规律之中，包含变与反二基本规律。道之中，含蕴变之必然，反之必然。老子所谓道之主要内含，可以说即是变与反。道为反之所以，亦可以说，即待互转之所以。故道亦是有无之相反相生之所以。"① "大曰逝"的意思是说，作为"大"的道深藏于万物之中，其形隐匿而不见，似为"逝"。但是，深藏于万物之中的道，通过万物存在的无限多样性和运动的永恒性，将自己的本性和作用伸展到无限的远方，谓之"逝曰远"。"远曰反"突出了大道终而复始、循环往复的外在运动形式，是对大道的运动的直观描述。

⑦故道大，天大，地大，人亦大：简本、帛书甲乙本、王弼本、河上公本"人"皆作"王"，下句亦为"王居其一焉"。傅奕本、范应元本"王"作"人"。范应元注曰："'人'字，傅奕同古本。河上公本作'王'。"古棣《老子校诂》为此论证说，傅奕本名《道德经古本篇》，是唐初傅奕主要根据项羽妾墓出土本校订的，不失为校订《老子》的一个重要古本，应把它放在与帛书同等地位上。"人居其一焉"，今存傅奕本作"王居其一尊"，"王"字乃后人所改。范应元犹见傅奕原本。范应元《老子道德经古本集注》作"域中有四大，人居其一焉"，并注曰："人字，傅奕同"，可见傅奕本原作"人亦

---

① 张岱年：《中国哲学大纲》，江苏教育出版社 2005 年版，第 49 页。

大"和"人居其一焉"。此章论的是道，是讲宇宙论的，不是讲政治哲学的，所以不应为"王"字，而应为"人"字。"道大，天大，地大，人亦大"为古语是可信的。《老子》很注重整齐美，在每节中用字力求一律，下文既作"人法地"，则前文当作"人亦大"，"人居其一焉"。在"四大"的排列顺序上，惟简本为"天大，地大，道大，王亦大"，如此则"道"在天、地之后，显然与老子的思想不符，疑为后人妄改。妄改者可能是儒家，因为儒家并不把道视为"天地母"，"天命之为性，率性之谓道"（《中庸》）可证。

应当指出，在中国思想史上，老子是第一个突出人在宇宙中地位的哲学家。在上古，人类的思想长期为有神论所束缚，视"天"（天帝、上帝）为最高的神，人是被"天帝"所主宰的对象，是作为神意实现的对象和工具而存在的，从而泯灭了自己的独立地位。老子否定了有神论，将"天"还原为自然的天，将人从"天帝"的主宰下解放出来，并将人与道、天、地并列，皆为宇宙中的"四大"之一，从而空前地提高了人在宇宙中的地位；同时，人虽然为万物之一，但老子在"四大"中却不以"万物"代人，反而以人代万物，从而极大地凸显了人超出于"万物"之上的崇高地位和为"万物之灵"、富有创造性的独立品格。之所以如此，是因为人与一般的生物不同，不是被动地适应自然界，而是能凭借自己的智慧和能力在把握自然规律的基础上能动地改造客观世界，这就是《周易》所说的人能够"参天地，赞化育"，以弥补天地万物的自然状态不能满足人之需要的方面，并使世界变得更美好。佛教虽然也讲"四大"，但那是指地、水、火、风，见物不见人，因而与老子所说的"四大"殊异。中国渊源流长的历史文化，之所以最讲究"人道"，之所以人文精神最为浓厚，人道的价值最为看重，盖与老子空前突出人在宇宙中地位的思想关系莫大焉。

⑧域中：王弼本等多家古本如是，简本、帛书作"国中"。老子用"域"来形容空间的无限性，相当于如今所说的"宇宙"。

在中国古代，作为形容空间和时间无限性的哲学范畴，"宇宙"概念的提出有一个过程，首先是墨子提出了"宇"的概念，说："宇，冢东西南北。"（《墨子·经说》）战国末年的尸子第一个将"宇"、"宙"连起来给以界说，曰："上下四方曰宇，往古来今曰宙。"庄子也说："有时而无乎处者，宇也；有长而无本剽者，宙也。"（《庄子·庚桑楚》）《淮南子·天文训》将此二字直接连在一起，曰："虚霩生宇宙。"

⑨法道："法道"，首先是要效法道的自然无为之特性，其次是要效法道的无限博大的胸怀，从而提升人的精神境界；人法天地进而法道，便是人的

精神境界由天地精神进而提升到具有无限性的宇宙精神的进程。

⑩人法地地，法天天，法道。道法自然：此文简本、帛书未断句；古今注本大多数断为"人法地，地法天，天法道，道法自然。"上文为笔者对这段文字的断句，其理由见【辨析】二。文中"道法自然"的意思是说道以自己成就自己为法则，排除外在意志和外界力量的干扰。自然，自成也。详见【辨析】三。

译　文

有一种状态浑然天成，
先于天地而生。
它清虚寂静，空旷而无形！
它绝然独立，不因物而变迁，
可以作为天地之本原。
我不知道它的名字，
勉强给它取字叫作"道"，
又姑且名之为"大"。
道广大无边，则运行不息；
运行不息，则伸展遥远；
伸展遥远，则返回本原。
所以道大，天大，地大，人也大。
宇宙中有四种东西最大，
人是其中之一。
人要效法地之厚德载物，
效法天之公无私覆，
效法道之自然无为。
道则以自己成就自己为法则。

辨　析

一、对"大曰逝，逝曰远，远曰反"涵义的探讨。要正确解读"大曰逝，逝曰远，远曰反"的涵义，关键之一是正确释译其中的"曰"字。高亨、张松如、尹振环等注家是在对"逝"、"远"、"反"之义训释的基础上，将"曰"字按其通常涵义译为"说"或"叫作"的。高亨将此文译为："说它是大的，说它是运行的，说它是永远运行的，说它是循环运行的。"张松如译为："大又叫作逝，逝又叫作远，远又叫作反。"尹振环译为："大又叫运行不止，运行不止又叫广阔无边，广阔无边又叫循环往复。"

"说"或"叫作"虽然是"曰"字的涵义，而且是其第一义项，但此处的"曰"字能否释译为"说"或"叫作"呢？首先让我们分析一下这几位先生的译文。

先说高亨的译文。译文将"（强为之名）曰大，大曰逝"译为："说它是大的，说它是运行的"；将"逝曰远"译为："说它是永远运行的"；将"远曰反"译为："说它是循环运行的。"此译文存在的问题，是只译了"曰"字后面的词意，而把前面的给舍弃了（其理由见本段后文）。如果像高先生那样将"曰"译为"说"或"说它是"，又将其前面的经文也译出来，那么译文就似应变为："说它大，大是说它是运行的；运行的，说它是永远运行的；永远运行的，说它是循环运行的。"但这样一来，就不知所云了。高亨的译文之所以出现这样的问题，主要是因为他的译文是按照他在《老子正诂》及《老子注译》的"注释"中所提出的校订意见（即将"强为之名曰大，大曰逝，逝曰远，远曰反"校订为"强为之容曰大，曰逝，曰远，曰反"，并说："大、逝、远三字传写误重。"）[1] 译的。但是，在其《老子正诂》和《老子注译》中，此段的经文及其断句仍按传统文本，所以其译文就与经文及其断句不一致了。

再看张松如的译文。他将"大曰逝"译为："大又叫作逝"；将"逝曰远"译为："逝又叫作远"；将"远曰反"译为："远又叫作反"。"大"本是形容词，是老子借来"强为之名"而变为"道"的同质异名的。但张先生却把作为形容词的"远"和作为动词的"逝"及"反"，一律变为与"大"从而也与"道"相平列的名词了。这样一来，似乎又给"道"起了两个别名，显然是不当的。再者，"大"为什么又叫作"逝"呢？"逝"为什么又叫作"远"呢？"远"为什么又叫作"反"呢？张先生未予以说明，故不得而知。

尹振环的译文对"逝"、"远"、"反"作了简要释义，但对"大"为什么"又叫运行不止"等问题也没有回答，恐怕也难以回答。

---

① 高亨：《老子注译》，河南人民出版社 1980 年版，第 63 页。

　　由此可见，将此文中的"曰"字释译为"说"或"叫做"是不当的。

　　奚侗的译文是："既大矣，于是周流不息；既失矣，于是无远弗界；既
远矣，于是复反本根。"从奚侗的译文看，他是将此文中的"曰"字译为
"于是"的。古棣对此深表赞同，他说："奚侗解说甚好。这和'周行而不
殆'相应，特别突出了循环往复之意。"因此古棣的译文（"大，于是远行；
远行了，于是遥远；遥远了，于是返转本原"）也是将"曰"字译为"于是"
的。那么奚侗将"曰"字译为"于是"的根据是什么呢？奚侗说："'曰'训
'于'，此见《诗·园有桃》'子曰何其'郑《笺》。"① 笔者按奚侗提供的线
索打开《十三经注疏》，书中《毛诗正义》卷五载有《诗·魏风·园有桃》
的原文及其注疏，其中确有"郑《笺》"对"子曰何其"之"曰"字的注。
此注为"曰，於也。"显然，"於"是"于"的异体字。《毛诗正义》的作者
按郑《笺》对"曰"字的解读，将"子曰何其"释为"子於此忧之，何乎？"
（按：释文中之所以有"此忧"二字，是因为在"子曰何其"句前有"心之
忧矣，我歌且谣"的诗句。"其"为语助词，无义。）从其释文看，此处的
"於"字显然是"对于"的意思，而且也只有这样解读才符合文义；如将
"於"字解为"于是"，释文则不成话。由此可见，奚侗把郑《笺》对"曰"
字的注作为自己将"於"字解读为"于是"的根据，是难以站住脚的。先秦
文献中的"於"字似无"于是"的义项及例句，但有近于"于是"的义项，
如"往"、"到"、"及于"，然而却未发现它们有通"曰"的例证，因而不能
用于"大曰逝"等句中"曰"字的释译。

　　在先秦文献中，"曰"字具有承转性连词"则"的义项。如《诗经·小
雅·角弓》："雨雪瀌瀌，见晛曰消。……雨雪浮浮，见晛曰流。"（按：
"晛"，日光也。）又如《管子·任法篇》："故为人主者，不重爱人，不重恶
人。重爱曰失德，重恶曰失威。德威皆失，则主危矣。"余以为"大曰逝，
逝曰远，远曰反"中的几个"曰"字主要是在承转的意义上使用的，以说明
后者对前者具有承接转折的意义，总的是对道"周行而不殆"涵义的阐释。
"大曰逝，逝曰远，远曰反"中的"大"字，是道的代称，可释为"道广大
无边"；"逝"可释为"周流不息"；"远"可释为"无远弗界"；"反"可释为
"返转本原"。由此，此文似可译为："道广大无边，则运行不息；运行不息，
则伸展遥远；伸展遥远，则返回本原。"

　　在先秦，"曰"字还有判断词"是"或"为"的义项，如《书·洪范》：

---

① 奚侗：《老子集解》。

"一曰水，二曰火，三曰木，四曰金，五曰土"是也。余以为"大曰逝，逝曰远，远曰反"中的"曰"字，似亦可在这种意义上加以使用，故此义亦可在"曰"字的此种涵义上予以解读。这是基于以下的理由：

我们知道，老子所说的"道"，在空间上是无限的。《庄子·天道》："夫道，于大不终，于小不遗，故万物备。"《管子·心术上》："道在天地之间也，其大无外，其小无内。"惠施曰："其大无外，谓之大一；其小无内，谓之小一。"（《庄子·天下》）上引三条语录中，古棣认为第二条是黄老道家宋钘的话；第三条所引惠施之言，学者们多认为惠施所说的"大一"指的是道，"小一"是指隐于具体事物中的道。这三条都讲了道的无限性，即使在最微小的事物中亦有道之存在，所以说它"至小不遗，故万物备"。作为天地万物存在与发展之根本依据的道，它在时间上是无始无终的，因而也是无限的，故老子称之为"恒道"（帛书）、"常道"。道在运动所向及其对天地万物作用的发挥上又是无限的（稍后分析）。正因为如此，所以老子"强为之名曰'大'"。王弼说："大也者，取乎弥纶而不可极也。"①

显然，道在这三个方面的无限性，只是从不同角度"观"即体悟的结果；其实，道只有一种最根本的特性，就是无限性（当然，它还有"法自然"、"无为"等特性）。从这种角度去理解，这三个方面的无限性是彼此相通的，而且皆统一于道的无限性。所以在一定意义上说，其中任何一个无限性都可以包容其他两个无限性，否则此一无限性就会变成有限性。譬如说，道在空间上是无限的，那么它在时间上就必定也是无限的，因为如果它在时间上是有限的，就意味着在某个时候"道"就消失了，那么道在空间上的无限性也就不存在了，这显然是不可能的；既然道在时间和空间上都是无限的，它又是"周行而不殆"的，那么它的运动趋向就必然是全方位的，而不可能有任何"死角"；既然道的运动趋向是全方位的，那么道就是无所不及、无时不及的；而道之所"及"，必然要发挥它对万物的作用，因而它的功能的发挥就不可能是有限的。正因为道的三个无限性是相互包容的，可以以一代三的，三个无限其实就是一个无限，而老子所说的"大"、"逝"、"远"、"反"又皆是在无限性的意义上讲的（即老子用四个不同的概念来揭示道的无限性），因此它们是具有同一性的。正是在这种意义上说，"大"是指"逝"，"逝"可说是"远"，"远"必是"反"。不过这种思维方式或分析方法不能用于大到天地、小到微观世界的事物，因为它们不仅在空间上是有限

———————————

① 王弼：《老子指略》。

的，而且在时间上是有始有终的（恩格斯曾论证和预言太阳系终有一天也会毁灭），而人们却往往以看有限事物的眼光来看待"道"，因而对道的某些特性特别是其无限性总是感到困惑莫解。其实，无限只能靠理性和直觉（"悟"）加以把握，而眼睛是无能为力的。

"远曰反"的"反"，可读为"返"。对于道之"返"，笔者曾长期感到困惑，因为通常我们说某种东西或某人（包括群体）"返"，总得需要一定的空间，而道在空间上却是无限的，那么它在什么范围内"返"呢？怎能"返"得动呢？（比如一条鱼在湖中游，如果这条鱼和所在的湖泊一样大或更大，这条鱼怎么能游呢？）它又是从哪里向哪里"返"呢？在它还没有"返"的时候或没有"返"过的地方，有没有"道"的存在呢？如果不存在，道何以是无限的呢？诸如此类的问题，曾一度百思不得其解。后来发现，只有从三个无限性及其相互包容上，特别是从三个无限性其实就是道的无限性上予以解读，才能得到比较合理的回答。老子说："大道泛兮，其可左右，万物恃之以生而不辞。"（三十四章）这里讲的是道的无限性、流动性和功能性，因而"反"亦可读为"泛"，当然亦可读为"返"。说它"返"，恐怕主要是指任何事物或人都会在一定条件下向它的对立面转化，而在笔者看来，道的实质是矛盾法则或对立统一规律，而道在物中，是道即矛盾法则作用于物或人，使其"返"的。这样一来，物或人之"返"实际上亦可以说是道之"返"了。

从古今注释本特别是当代注译本来看，注家们对此"反"字的解读有两种意见，一是因为"反"通"返"，故解为往返的"返"，这与老子"夫物芸芸，各复归其根"（十六章）的思想也是一致的；二是解为对立相反的"反"。其实，前者是包容于后者的，因为没有对立面的斗争和统一，就没有动力，不要说"返"，即使是"往"，也是做不到的。

鉴于以上的论证，笔者认为亦可用判断词"是"、"为"或"可说是"来释译"大曰逝，逝曰远，远曰反"中的"曰"字。此文可译为："大"是指广大无边，运行不息；运行不息可说是伸展遥远；伸展遥远必将复返本原。

二、本章的最后几句，简本和帛书的文字是"人法地地法天天法道道法自然"，未断句；王弼本文字同，原亦未断句。在古本中，只有李约和寇才质的注本"人"作"王"，为"王法地地法天天法道道法自然"。后者究竟所据何古本，不得而知，但从上下文看，从主要义理看，应是"人法地地法天天法道道法自然"。注家们据前者大多断为"人法地，地法天，天法道，道法自然"。在古代，惟李约在《道德真经新注》中断作："王法地地，法天天，法道道，法自然"，并释之曰："道大，天大，地大，王亦大，是谓域中四大。盖王者，法地，法天，法道之三自然而理天下也。天下得之而安，故为之德。凡言人属者耳，其义云：'法地地'，如地之无私载；'法天天'，如天之无私覆；'法道道'，如道之无私生成而已。如君君、臣臣、父父、子子之例也。后之学者谬妄相传，皆云：人法地，地法天，天法道，道法自然。则域中有五大，非四大矣。岂王者只得法地而不得法天、法道乎？天地无心而亦可转相法乎？又况地法天、天法道、道法自然，是道为天地之父，自然之子，支离决裂，义理疏远矣。"① 高亨、张松如、古棣基本赞同李约之断句和释义。高亨《老子正诂》的断句为："人法地，法天、法道，法自然。"并说："地、天、道三字传抄误重。"张松如认为高亨这种说法"无据"。张先生的断句同李约，并说"人法地，地法天"等的断句，"读及虽然顺口，含义似忒纡曲，王、地、天、道、自然，五者迭相法，实义云何，终觉不甚明。莫若李约读法，义颖而莹也。"② 古棣除将"王"字改为"人"字外，其断句理由与李约及张松如同，但增加了一个"道"字，作"人法地地，法天天，法道道，道法自然。"并说，本来应是"法道道，道法自然"，"盖后人由于断句不清，义理不明，三个'道'字连在一起难解，而删一'道'字耳。"③ 显然，古棣的这种说法亦"无据"，仅为一推测耳。

　　笔者认为，学者们固然可以根据自己对经文义理的理解而断句，但除非有《老子》古本（特别是帛书和简本）作依据外，则不应对经文随意增字或减字。对这段经文，通常断为"人法地，地法天，天法道，道法自然"，固然符合文句的整齐美，但从义理上看，似有难解之处。因为"地"和"天"都不是认识主体，更不是实践主体，怎么知道"地"一定效法"天"，"天"又一定效法"道"呢？李约及其赞同者张松如的断句，突出了"法"的主体"王"（应作"人"），是合理的，但最后一句为"法自然"。这样一来，人们公认的《老子》的经典名句"道法自然"就被割裂、舍弃了。而"道法自然"这一命题却恰恰是老子哲学中最根本最深刻的命题，亦即最富有形而上本体论意义的命题。在这种意义上说，没有了"道法自然"，就等于取消了老子哲学之为老子哲学乃至道家哲学的最根本的东西。同时，阉割了"道法自然"，就等于取消了道之"法自然"的特性，从而使得"道常无为而无不

---

① 转引自焦竑：《老子翼》。
② 张松如：《老子校读》，吉林人民出版社1981年版，第149页。
③ 古棣：《老子校诂》，吉林人民出版社1998年版，第64页。

为"（三十七章）以及"法道"的圣人的"无为"及"无为而治"等等，皆失去了最根本的依据，因而是不妥的。

据此，笔者将这段经文断作："人法地地，法天天，法道。道法自然。"这样断句的好处是，一是保留了"道法自然"这一经典名句，二是强调了人要效法天、地之无私性和自然性，三是以"法道"即效法道的一切特性为归宿，四是对《老子》的这段经文亦无增字、减字之嫌。

孙以楷将"法"释为"统一"，由此将"地法天"释为"地与天统一"，将"天法道"释为"天与道统一"。虽然他没有直接把"道法自然"释为"道与自然统一"，但从下面的话中似不难看出此意。他说："'人法地，地法天，天法道，道法自然'表达的是地天统一、天道统一以及天地人统一于道、统一于自然的理念"。"自然"是不是高于人、地、天乃至道的一个层次？为了批评高亨、张松如、古棣赞成李约的断句，孙先生以肯定性的语气引证了黄瑞云的一大段话。黄说："按老子哲学，道至高无上，与自然则为一体，天地万物则为其所生。'王法地，地法天，天法道，道法自然'，四者为递进关系，道为天地所法，符合老子思想，而'法地地，法天天，法道道，法自然'，道与自然同天地平列，与老子哲学抵牾。"① 李约及其赞成者的断句是否恰当，姑且不论，单就黄瑞云的这段话看也有问题。他批评"道与自然同天地平列"的看法，言外之义是道和自然与天、地是不能平列的两个层次；而在这两个层次中，"自然"又是高于道的。但黄先生又说，按老子哲学，道"与自然则为一体"。这是说道即"自然"呢，还是说道与自然是对立的统一体？似也并不明确。既然孙先生认为"黄氏之说甚是"，那么孙先生是否也认为"自然"是高于道的一个层次呢？事实上，这里的"自然"根本不是一个层次，更非一个实体，因为《老子》中的"自然"与后来所说的"大自然"或"自然界"根本就不是一码事。

此外，孙以楷将此段经文中的"法"字释为"统一"，似亦无根据，因为《辞海》中"法"字的义项有十一条，但无一条有"统一"的涵义。

三、关于对"道法自然"的解读。首先，在我国古代，至少在先秦，"自然"并无近现代之自然界或大自然的涵义（历代的训诂学家包括汉代的郑玄，清代的王引之、俞樾，皆没有将古书上的"自然"解作自然界或大自然的），因此将老子所说的"自然"释为自然界或大自然是不妥的。

詹剑峰说："有人袭取熊十力之说，谓'自'是'自己'，'然'是'如

---

①　孙以楷：《老子通论》，安徽大学出版社 2004 年版，第 374，373 页。

此'，自然便是自己如此，而又加以曲解，谓《老子》书的自然是'不加造作'，是人为的对立词，并借此以否定老子之道意味着自然法则，否定老子之'自然'可指大自然。试问与'人为'相对立的不是大自然，是什么?"①

显然，詹剑峰认为老子之"自然"可释为"大自然"，并为此反问"与'人为'相对立的不是大自然，是什么?"我们也可以就此反问一句："与'人为'相对立的除了大自然，难道就没有别的什么了吗?"我们知道，作为黑格尔哲学体系基石的"绝对精神"（绝对观念），在黑格尔看来是先天地万物而存在的，而且天地万物或大自然是绝对精神的"外化"。显然，在黑格尔哲学中，"绝对精神"是先于人类而存在的，绝非"人为"的。我们之所以把黑格尔哲学称为客观唯心主义，其原因即在于此。当然，我们并不认为老子所说的道是"绝对观念之类"（古棣语）。

先秦尚无自然界或大自然这个概念，因而将"道法自然"释为"道效法大自然"是不当的；况且在老子哲学中，道是最高层次，不可能有比道更高的一个所谓"自然"的层次，否则"域中"就不是有"四大"，而成了有"五大"了。其实，河上公就注曰："'道'性自然，无所法也。"吴澄也说："'道'之所以大，以其自然，故曰'法自然'。非'道'之外别有'自然'也。"（《道德真经注》）有些注家将"自然"释为"自己的样子"，将"道法自然"译为"道效法自己的样子"。但一般而言，说"效法"，总是指效法他物或他人，而说"效法自己的样子"，似乎有违常理。陈鼓应说："所谓'道法自然'，就是说，道以自然为归；道的本性就是自然。'自然'这一观念是老子哲学的基本精神。"② 这种解说未能揭示"自然"的涵义，而且"道以自然为归"的意思似乎也并不明确。

要搞清"道法自然"中"自然"的涵义，首先应看看它的字义。《说文》："自，鼻也。象鼻形。凡自之属皆从自。"又"'皇'、'篆'下：'自，始也。'"古人认为人之胚胎，鼻先受形，故鼻为人之始。朱骏声《说文通训定声》："自，鼻也。……自之通训当为始，即本义之转注。"就是说，"自"的本义是"鼻"，引申义为本始、本初、本性。《广雅·释诂》："然，成也。"如《大戴礼·武王践阼篇》："毋曰胡残，其祸将然"，言其祸将成也。可见"自然"即自成，自己成就自己的意思。如《淮南子·泰族训》："天地正其通，而物自然。""物自然"是说物自成也。

①　詹剑峰：《老子其人其书及其道论》，湖北人民出版社 1982 年版，第 200 页。
②　陈鼓应：《老子注译及评介》，中华书局 1984 年版，第 170 页。

其次，需看看老子在其他有关章句中是在什么意义上使用"自然"这一概念的。在《老子》中，"自然"一词凡五见，除本章的"道法自然"外，还见于十七章、二十三章、五十一章和六十四章。十七章："犹兮，其贵言。功成事遂，百姓皆曰：'我自然'。"显然，"犹兮，其贵言"的行为主体是"太上"即实行无为而治的最理想的君王；而"功成事遂"的行为主体是百姓。是说百姓在对"太上""不知有之"的情况下，自己"功成事遂"的。"百姓皆曰：'我自然'"即百姓们都说"这是我（们）自己做成功的"。因此，这里的"自然"是"自己做成功的"亦即"自成"之义。二十三章的首句是"希言，自然。"意思是说，只要侯王等统治者少发声教法令，"处无为之事，行不言之教"（二章），人民就会自化、自成。五十一章："道之尊，德之贵，夫莫之爵而常自然。"意思是说，道和德的地位之所以尊贵，并不是因为有什么人授予它们爵位，而是因为它们对万物（万民）不强制，不主宰，而总是因任万物（万民）依其自然本性和发展趋势自化、自成。六十四章：圣人"以辅万物之自然而弗敢为也"。意思是说，圣人实行"无为而治"，只是辅助万民实现自化、自成，而对人民不加干涉和强制。可见以上四章中的"自然"皆是不借外力而自成之义。那么"道法自然"中的"自然"是否也是"自成"的意思呢？是的。这是因为，道是"独立而不改"（二十五章）的，就是说，道是绝然独立无二的，是"自本自根，自古以固存"（《庄子·大宗师》）的。道是最高的实体，而自然则是最高的实体所体现的最高的价值或原则。道不依赖于任何外力，也没有任何外力可以左右它，完全是自己成就自己的。这是道的最重要的特性之一。"道法自然"的意思是说道以自己的样态为依归，或以自己的存在为依据，以自己的内因决定了自身的存在及样态，亦即以"自成"为法则；就道对万物而言，"道法自然"是指道随顺万物的发展变化而不加干涉，以听任万物依其本性而自生、自长、自化、自成为法则，亦即任凭万物按照"自己那样"而存在和发展变化。这也就是道对天地万物包括社会人生所表现的"生而不有，为而不恃，长而不宰"的"玄德"之性（五十一章）。王弼说："道不违自然，乃得其性。法自然者，在方而法方，在圆而法圆，于自然无所违也。自然者，无称之言，穷极之词也。"所谓"无称之言，穷极之词"，是说推到"自然"也就推到了头，说到底，再没有更根本更重要的了。又说："天道任自然，无为无造，万物自相治理。"王充说："天动不欲以生物，而物自生，此则自然也；施气不欲为物，而物自为，此则无为也。"① 他们说的也是这个意思。

综上所述，老子所说的"自然"是表征宇宙万物的本然状态及其过程的范畴，它所强调的是人与物依据自身的性质和规律而存在和发展变化，亦即不受外在人为的干涉和宰制而独立自主，率性而为，自己成就自己。之所以强调"自然"是"事物的本然及其过程"，而不限于"事物的本然"，是因为自然的状态还包含着事物自身内在的发展趋势。比如一个人的婴儿时期是人的原始状态，是人的"本然"，但依其内在的发展趋势，他必将依次成长为少年、青年、壮年、老年，这虽然不是婴儿意义上的"本然"了，但仍然是人的"自然"状态，而后者就包括成长的过程。而其少年、青年、壮年、老年，亦是依其内在的发展趋势而自成的，而非他人宰制或他物干预的产物，因而表现为一个自然历史过程。因此不能说人的婴儿时期是"自然"，而人的少年、青年、壮年、老年时期就不是"自然"了。如果说"无为"是老子关于人类生存方式之根本主张的话，那么"自然"则是老子关于人生理想的根本主张。

有的注家说，按中国文字学的组合来解释，"自"是自己，"然"是如此，因此"自然"的本义是"自己如此"。这种释义与自成的释义也是基本一致的，因为"自己如此"就是在没有人为等外力强制作用下事物的本性真情，事物的本然状态，亦即"自己成为自己那样"或"自己成为现在的样子"；而"自己成为自己那样"即可简化为"自成"。既然是自成，当然是以自由、自为、自化为前提和基础的，因而自由、自为、自化是"自成"的题中应有之义。与自然（自己如此）相对立的是"使然"，使然是人为等外力使其如此。自然意味着对外来的一切干扰、操纵、控制和越俎代庖的否定。有的将"自然"释为事物自然而然的一种存在状态，说"道法自然"就是道效法自然而然，也通。

刘笑敢先生认为"老子之自然在本质上就是人文自然"。他说："人文自然就不是天地自然，不是物理自然，不是生物自然，不是野蛮状态，不是原始阶段，不是反文化、反文明的概念。一言以蔽之，老子之自然不是任何负面的状态或概念。……总起来说，老子之自然表达的是对人类群体内外生存状态的理想和追求，是对自然的和谐、自然的秩序的向往。这种价值取向在人类文明的各种价值体系中是相当独特的，是值得我们重视和开掘的，对现

---

① 王充：《论衡·自然篇》。

代社会的各种冲突来说，老子之自然更有可能是切中时弊的解毒剂。"① 刘
笑敢创造性地区分了老子之自然所隐含的三个层面，即最高的、总体的、终
极的层面，群体的中间的层面和基础的个体的层面，指出："人文自然的最
高目标是人类整体状态的自然和谐，是人类与宇宙的总体关系的和谐。人文
自然作为终极关切是人类整体向上提升的最高目标，也是个人灵魂向上升华
的动力和方向。这种终极关切会对生存个体提供道德上的制约和价值上的引
导，为法律的制定、竞争的方式、管理的策略、人生的追求提供根本性的指
导。人文自然作为最高的价值原则不会压制、限定任何生存个体的正常的、
与自然生态及人文环境相协调的发展，但是会通过生存个体的内在的价值判
断纠正破坏人类和谐秩序的行为。……人文自然要求实现人类社会秩序的自
然和谐。这种自然的和谐是指没有压迫、最少控制的和谐，而不是没有人类
文明或没有社会管理行为的原始状态或野蛮状态。这种自然和谐的背后假设
每个生存单位的平等的生存权利，要求每个生存个体的自尊以及对他者的尊
重。这是文明社会的基本要求。"② 刘笑敢用"人文自然"诠释老子所说的
"自然"，特别是站在时代的高度，鲜明地揭示了老子之自然的积极意义和现
代价值，把它释为人类整体状态（特别是现实的人类社会秩序）的自然和谐
和人类与宇宙的总体关系的和谐，具有强烈的时代感和深刻性，故有着很高
的参考价值。

　　老子最关注的是人的本性和万民的命运，他以人的天然本性与合理的生
存状态为"自然"，以对人的天然本性与合理的生存状态的无端干扰和宰制
为"反自然"。老子提出"自然"这一范畴，主要是针对统治者根据自己的
意志和利益对社会人生实施的强行干预和任意宰制，旨在促进人身自由、个
体的精神独立和社会自治的实现，强调统治者要因任人民的自然本性与合理
的生存状态实行"无为而治"，"以辅万物之自然"，从而为人民的自由、自
为、自化、自成创造良好的社会环境和条件。因此与自然相呼应的是无为。
"自然"是老子所推崇、所追求的最高价值，而"无为"则是实现这种价值
的一种行为方式或方法。

　　值得注意的是，张岱年先生在《论老子在哲学史上的地位》一文中将老
子的"自然"观念与其道论的唯物主义倾向联系起来加以评论。他说："老
子提出自然观念，是对于'天意'、'天命'观念的反驳，是对于上帝信仰的

---

　　①　刘笑敢：《老子古今》，中国社会科学出版社 2006 年版，第 49 页。
　　②　同上书，第 56—57 页。

排摈。四章：'道冲而用之或不盈，渊兮似万物之宗……吾不知谁之子，象帝之先'。道在上帝之先，实际上这是对于上帝主宰一切的否定。从老子反对信仰上帝来看，可以说老子的道论具有唯物主义的意义。老子的'自然'论可以说是中国古代唯物主义的一个重要形式。"①

再说，如果将《老子》中的"自然"释为自然界或大自然，也讲不通。比如，"功成事遂，百姓皆谓：'我自然。'"其中"我"是名词，自然界或大自然也是名词，如果"我自然"是两个名词相加，是什么意思呢？又比如，如果将"自然"释为自然界或大自然，"道法自然"，就成了道效法自然界或大自然，或者道以自然界或大自然为法则，而老子认为作为自然界或大自然的天地是为道所"生"的，反过来道又要效法它或以它为法则，显然也是说不通。又比如"夫莫之命而常自然"，如果其中的"自然"是大自然，就是名词，那么"常自然"就成了副词修饰名词，就如"常书本"、"快茶杯"一样句法不通。

在讲到"道法自然"问题时，张岱年先生说："万物皆根据此道，此道则更无所根据；万物皆遵循此道，此道则更无所遵循；此道是自己如此的。……所谓自然，皆系自己如尔之意，非一专名，此处当亦同，不得视为一名词。其意谓道更无所取法，道之法是其自己如此。"② 又说："这里讲的'人法地，地法天，天法道，道法自然'，意为人以地为法，地以天为法，天以道为法，而道之法是自己如此。河上注：'道性自然，无所法也。'这是正确的。'道法自然'，意谓道是最高最先的，是天地万物的究竟根本。"③ 他还说，《庄子·大宗师》中关于道的简要说明的一段话（"夫道有情有信，无为无形，可传而不可受，可得而不可见，自本自根，未有天地自古以固存……"），其中"'自本自根'一句最为深切，意谓以自己为本，以自己为根，即最根本者，更无为道之根本者。"④

陈鼓应先生从阐述道家人文精神的视角对"道法自然"的涵义作了全面而深刻的诠释。他说："'道法自然'，就是河上公注所说的'道性自然'。所谓道性自然，借庄子的观点来说，道是自本自根、自为自成的。以此，道性

---

① 《道家文化研究》第一辑，第81页。上海古籍出版社，1992年版。
② 张岱年：《中国哲学大纲》，江苏教育出版社2005年版，第47页。
③ 张岱年：《道家玄旨论》，《道家文化研究》第四辑，三联书店1994年版，第2页。
④ 同上书，第3页。

自然是彰显道的自主性、自为性,人法道的自然性,实即发挥人内在本有的自发性、自由性。因而道性自然以及人分有道的自然性,这学说有它这些特殊的意义:(1)伸张人的自由性:自人之法道而言,道性'自然'——自己如此,人法道即法其自性;道也者,自由国度,人法其自性,则人人处于自由自在的精神乐园。(2)顺任人的自然本性,自道之生物而言,道创生万物,即赋予各个生命以殊异性。《老子》曰:'道生之,德畜之,……道之尊,德之贵,夫莫之命而常自然。'(五十一章)道的精神之可贵处,就在于'莫之命而常自然'——不干涉人,让每个人顺任他们的本然性去塑造自己。(3)发挥人的创造意志并收敛占有的欲意;老子在通过道而畅述人的自主性、自发性的同时,也一再提示人们当发挥自己的创造意志并收敛一己占有的欲意。……《老子》一书,由形上之道统贯到人文世界时,反复告示人们要伸张'生而不有,为而不恃,长而不宰'的精神。'生而不有'、'为而不争'、'功成而弗居',这些名言所涵养的意义,可说是老子人生哲学最积极也最为现代生活所需要的文化遗产。"①

既然"道法自然"的涵义如此,那么"人法地地,法天天,法道。道法自然"的意思就是说,人要效法天之所以为天,地之所以为地,亦即效法地之无私载、天之无私覆②,效法道的各种特性。道则以自成(亦即自己如此)为法则。既然道以"自成"为法则,那么人(这里主要指人民群众)"法道",当然就应取法道的"自成"本性而努力实现自为、自化、自成、自富、自朴。对于侯王等统治者而言,他们"法道",主要就应取法道的"无为而无不为"(三十七章)的特性,实行"无为而治",像圣人那样积极辅助和引导人民实现自化、自成,而对人民正常的生产和生活不加强制和干预,亦即"能辅万物之自然而弗能为也"。(六十四章,简本)

需要补充说明的是,老子所说的"自然"虽然没有自然界或大自然之义,但不是说老子就没有关于自然界或大自然的思想和论述。事实上,在先秦乃至我国古代,用以表述自然界或大自然的词汇是"天"或天地。

在生态问题日益突出的今天,人们想到我国文化的源头寻求生态智慧,

---

① 陈鼓应:《道家的人文精神》,载《道家文化研究》第二十二辑,三联书店2007年版,第105—106页。

② 这里讲人要效法的是天和地的一个方面,主要是针对人们的狭隘性和自私性而言的。其实,人还应效法"天长地久"(七章),效法天清地宁(三十九章),效法天之高远和地之厚重(《庄子·田子方》),效法天之跃动流行与地之静定安稳(《庄子·天道》)等。

这是可以理解的。但是，有些人看到《老子》中多处讲到"自然"，就望文生义地依此为老子有生态思想的根据。老子确有生态思想，但不表现在这上面。老子说："人法地地，法天天，法道，道法自然"，是说人不仅效法地，而且效法天，效法道，效法道的自己如此或自己成就自己。既然人要效法天、地、道，就说明人与自然界为一体或"天人合一"的，这就是老子的生态智慧。而且老子还说："常善救物，故物无弃物"（傅奕本二十七章）。既然是"常善救物"，就是要保护和救助一切物，当然包括自然万物。

英国剑桥达尔文学院的研究员唐通（TongB. Tang）的《中国的科学和技术》，其中 2.4 节以同近代西方科学比较的角度谈论中国传统科学，说："中国的传统是很不同的，它不奋力征服自然，也不研究通过分析理解自然。目的在于与自然订立协议，实现并维护和谐。学者们瞄准这样一种智慧，它将主客体合而为一，指导人们与自然和谐。……中国的传统是整体论的和人文主义的，不允许科学同伦理学和美学分离，理性不应与善和美分离。"

上述作者论及的中国传统文化的特征在老子的哲学中体现得最清楚。以致当代著名的人文主义物理学家卡普拉说："在伟大的诸传统中，依我看，道家提供了最深刻并且最完善的生态智慧，他强调在自然的循环过程中，个人和社会的一切现象和潜在两者的基本一致。"①

《老子》中的"自然"虽然不是指自然界或大自然，但老子说的"自然"并非与自然界或大自然是毫不相干的。应当说自然界或大自然是最符合老子所说的"自然"的标准或条件的，因而是最"自然"的。只有从这种意义上理解，方可以说老子的"自然"也具有自然界或大自然的涵义，不过这已是它的引申义了。

---

① 转引自董光璧《道家思想的现代性和世界意义》，《道家文化研究》第一辑，上海古籍出版社 1992 年版，第 70—71 页。

十　章

大道氾兮，其可左右①。

万物恃之以生而不辞②，功成而不有③。衣被万物而不为主，可名于小④；万物归焉而不知主，可名于大⑤。以其终不自为大，故能成其大⑥。

（通行本第三十四章）

注　释

①大道氾兮，其可左右："大道氾兮"，通行本如是。帛书为"道氾呵"，无"大"字。氾，《广雅·释诂》："氾，博也。"《释言》："氾，普也。"高明说此句"言道泛滥无所不适，可左，可右，可上，可下，周而复始，则无所而不至；功成事就而不名己有。"①

此句应注意老子对"可"字的运用，是说可左，可右，可上，可下，不像势超万钧、摧枯拉朽的滔滔洪水，而是富有弹性或柔弱性。因而就其作用的空间上下左右即全方位而言，是形容道的普遍性和无限性的，但就其"可"而言，是讲道对天地万物作用的柔弱的特点和性质的。

《庄子·秋水》形容大道泛兮曰："泛泛乎其若四方之无穷，其无所畛域。"

《庄子·知北游》用"周"、"遍"、"咸"三个词形容道无所不在，曰："周、遍、咸三者，异名同实，其指一也。"

《淮南子·原道训》形容大道无所不在和无限性说："夫道者，覆天载

---

①　高明：《帛书老子校注》，中华书局 1996 年版，第 407 页。

地，廓四方，柝八极。高不可际，深不可测。包裹天地，禀授无形。植之而塞于天地，横之而弥于四海。舒之幎于六合，卷之不盈于一握。"

有些注家释"其可左右"为"大道左右一切"，"可以主宰一切"。恐不妥，因为"道"是"法自然"的，它对天地万物的作用是顺应其性而自然而然的，不可能主宰，"衣被万物而不为主"以及"长而不宰"（五十一章）是为证。

②万物恃之以生而不辞：傅奕本、景龙本、苏辙本、范应元本如是，王弼本、河上公本"以"作"而"，为"万物恃之而生而不辞"。校定文从傅奕等古本。帛书无此句，疑为抄漏。《说文》："恃，赖也。""万物恃之以生"的意思是说，万物依赖道才得以产生、存在和发展的。从这句话可知，物不离道，道不离物，物外无道，道外无物，"道之于物，犹水之于波"（詹剑峰语）。"不辞"之"辞"字，训为"司"，主宰的意思。"不辞"是说不为其主宰。详见【辨析】。

③功成而不有：王弼本为"功成不名有"。易顺鼎说："《辩命论》注引作'功成而不有'。按下又连引王注，则所引与王本无异。今王本'功成不名有'当作'功成不有'，'名'字衍。"（《读老札记》）蒋锡昌同其说，并作了论证。校定文据之删"名"字。

④衣被万物而不为主，可名于小：傅奕本、想尔注本、范应元本如是。范应元注曰："王弼同古本，'衣被'犹覆盖也。"可见王弼本原亦同傅奕本等古本。"衣被万物"，为万物提供衣被之意，即庇荫、庇护也。今王弼本"衣被"作"衣养"，疑后人所改，"衣养"于文义不通。帛书无此句。在此句下，通行本有"常无欲"，马叙伦、奚侗、古棣等认为不应有此三字，因无这几个字则文从、字顺、义通，有反而扞格不通。校定文据之删。又，此句后"可名于小"的"于"字训"为"。

⑤万物归焉而不知主，可名于大：傅奕本、范应元本如此。今王弼本"不知主"作"不为主"。王弼注曰："万物皆归之以生而力使不知其所由"，可见原王弼本亦作"不知主"。劳健说："衣被万物而不为主，是就施衣被者而言，故曰'不为主'；万物归焉而不知主，是就归之者而言，当曰'不知主'也。"校定文从傅奕本等古本作"万物归焉而不知主"。

对"可名于大"和"可名于小"，刘笑敢先生释之曰："就道之作用之重要、伟大来说，道可与世界上任何一种关于世界起源和根据的观念相媲美，其意义简直相当于上帝；道之谦柔和让，自然无为，却是没有任何概念可以相提并论的。其作用功能至巨至伟，故'可名为大'；其风格、姿

態或方式极为平凡，故'可名于小'。道之'大'在于万物归之，而并不
自认为是万物之主；道之'小'，在于没有占有欲，若有若无，与人无争。
道之'大'，在于万物自发的归向、承认；道之'小'，在于自己的表现、
态度。有了道之'大'，万物就有所依靠，有归属感，有安全感；有了道
之'小'，万物就没有约束感，没有奴役感，没有卑微感。道之'大'的
真正原因在于'道'实际是万物之根源和根据，而'道'自己又不宣称自
己是万物的依靠。所以，所谓'大'与'小'只是道的特性的不同侧面。
道之'大'名其功能、作用、贡献，道之'小'名其姿态、表现、特性。
道的这两方面的特点不是本章偶然提到的，而是贯穿于《老子》很多章
的。"① 老子的此一思想还见于二章、十章、五十一章、七十九章等，可见
是一以贯之的。

⑥以其终不自为大，故能成其大：王弼本如是。古河上公本、傅奕本在
句前有"是以圣人能成大也"，帛书基本相同。此章主要是讲道的特性和功
能的，而不是讲圣人的，所以校定文不从帛书等古本保留此句。

句谓：正因为道始终不自以为伟大，所以反而能成就自己的伟大。

译 文

大"道"广泛流行啊，
可以左之右之，无所不至。
万物依赖它而生化，它却不为其主；
它生化万物富有成就啊，但从不居功；
它庇荫万物却不做它们的主宰啊，
可以称它为"小"；
万物归往于它却不知谁是自己的主宰啊，
因此可称之为"大"。
正因为道始终不自以为伟大，
所以反而能成就自己的伟大。

---

① 刘笑敢：《老子古今》，中国社会科学出版社 2006 年版，第 355—356 页。

辨　析

对"万物恃之以生而不辞"中的"不辞",古今许多注家望文生义,将其释为"不辞谢"(河上公)、"不推辞"(张松如)、"未尝为说"(余樾、蒋锡昌)等。

于省吾据古籍将"辞"训释为"司"。他说:"'嗣','始',均'辞'之借字。'辞','嗣',金文同用。"(《老子新证》)《说文》亦曰:"嗣,籀文从司。"朱骏声《说文通训定声》:"嗣从冊从司会意,司亦声。""司",主管也。"司令"、"总司令"的"司"字即取其义。由此"不辞"可训为"不司",即不主管,不主宰。此与下句之"不为主"义同,而且两句在时序上亦是相衔接的:一是"生",一是"被"(庇荫),先"生"后"被",而无论是"生化"还是"庇荫",道都不为其主宰。因此,可将"万物恃之以生而不辞"译为"万物依赖它而生化,而道却不为其主。"

如果把"不辞"释为"不辞谢",就将施事的主体由道变为"万物"了,而此章自始至终都在讲道的特性、品格和作用,因而主体应是道而不是万物。如果是万物"不辞谢",即万物对道不推辞谢意,那么道为什么要感谢万物呢?如果将"辞"训为"说",那么万物对道就太不够意思了。将"不辞"释译为"未尝为说"亦不可取,因为它的意思是"不曾说",是万物"不曾说"呢,还是道"不曾说"?亦不明确。如果"万物恃之以生"而对道"不曾说",就是连个感谢的话也没有,未免不合乎情理;如果是道"不曾说",那么它不曾说什么呢?亦不得而知。故皆似不当。

十一章

反者，道之动①；弱者，道之用②。

（通行本第四十章上）

说　明

之所以将第四十章分为两章，是因为其上段讲的是“道”的运动规律和作用特点，而下段讲的则是道本体论问题。在帛书中此章之下段即“天下万物生于有，有生于无”，是与四十二章首句的“道生一，一生二，二生三，三生万物”紧相连接的，中间并没有插入“上士闻道”的通行本第四十一章的内容，亦说明它们之间的紧密联系。

注　释

①反者，道之动：王弼本等古本如是。对“反”字的涵义，注家历来有两种不同的解释，一是从对立的关系上说的，即相反的“反”；二是返回的“返”，循环往复之意。句谓：使事物向着相反的方向转化，是道的运动轨迹。详见【辨析】一。

此句帛书为“反也者，道之动也”；简本为“返也者，道动也。”

对于“反也者，道之动也”中的“反”是“反”还是“返”，刘笑敢先生作了如下分析：

> 本章第一句“反也者，道之动也”说明了“反”在道之运动中的根本性地位。道的运动的特点，或其功能、作用的特点就是“反”。

　　"反"究竟是反面之反还是返回之返？两者在《老子》中都能找到根据，似乎两种理解都对。然而，反面之反可以容纳返回之返，而返回之返却不可以容纳相反之反。就以"有无相生"来说，从无生有，是走向反面，从有到无也可以说是走向反面，什么方向都可以说反，因而意义更广泛。"返"则不同。"返"要求一个起点或原点，没有起点或原点，就无所谓"返"，如果原点是"无"，则从无生有就不是返，只有又从有到无才是返。反之，以"有"为起点，也只是回到起点的运动才能算"返"，从起点出发的运动则不能算"返"。所以，从《老子》思想的一般性来说，"反"更能反映《老子》的辩证思想。

　　"反也者，道之动也"，是哲人对宇宙、万物、社会、人生之观察结果的一种抽象和概括。这既是对道的特点的描述，也是对人之价值取向的提示或要求。这里的"反"不是反抗、反对之反，而是相反之反。如果我们通常的、世俗的或常识的价值取向称为"正"，那么整部《老子》都反映了与之不同的价值取向，即"反"的价值取向。

　　……

　　显而易见，老子的辩证法有一种与世俗、常规相反的倾向，有突出的价值色彩。老子的辩证法虽然有对自然现象的观察与概括，有对世界普遍规律的关怀，但重心或意向却在于一种与世俗或常规不同的价值和方法，因此与一般的辩证法理论有鲜明不同。老子哲学的深刻性与此有关，其遭人误解、批评的地方也与此有关。对老子这种智慧的理解需要大量的历史、社会和人生经验作背景，否则，单纯从语词、文本的角度是难以深刻地领会的。①

刘笑敢的分析和诠释是很有道理的，特别是说"对老子这种智慧的理解需要大量的历史、社会和人生经验作背景，否则，单纯从语词、文本的角度是难以深刻地领会的"，是很深刻的。唯有一点，笔者有不同的看法。刘笑敢说："反面之反可以容纳返回之返，而返回之返却不可以容纳相反之反。"实际情况可能与此相反，因为"返"是反之反，即从原点出发，经过否定之否定的路径，才能回到原点——当然，是"仿佛"回到原点，而不是与原点完全重合，因为它是螺旋式上升的。如果此一分析不误，那么"返"就应当容纳相反之反。如果没有第二个"反"，则不能达至"返"。

_____

① 刘笑敢：《老子古今》，中国社会科学出版社 2006 年版，第 421—422 页。

陈鼓应、白奚先生对"反"与"返"之包含关系是这样论述的：

> "反者，道之动"，在郭店楚墓竹简《老子》中作"返也者，道动也"，可知在最古早的《老子》的本子中，是用的"返"字。"反者道之动"和"返者道之动"，含义是不矛盾的。第一，在古汉语中，"返"本是"反"中之一义，古往今来对《老子》的注解，也都不离这样两种相关的意义。第二，"返者道之动"突出了大道终而复始、循环往复的外在运动形式，是对大道的运动的直观描述，似乎可以说，对于"道"运动，人们首先观察到的应是较为直观的"返"，而不是较为抽象的"反"。第三，"返"是相对于"往"而言的，先是有"往"，然后才会有与"往"对反的、相对于"往"为反向运动的"返"，因而"返"中原本也蕴涵了"反"之义，而这个含义更为抽象、更为丰富的"反"，正可以提取出来作为一种普遍的方法，"对反"、"用反"即由此而来。因而，由"返者道之动"到"反者道之动"，乃是一个合乎规律的推进和发展。①

"反者，道之动"中的"反"，一是揭示了事物发展变化的内在动因，这种动因即对立面的斗争与统一；二是表明了事物发展变化的一般规律。而事物的发展变化，首先是向它的对立面转化，其次是反而反，最终返回到其始基处或最初的状态，即所谓"返本复初"。当然，这是就这一命题的根本目的或实质而言的，因为就其字面而言，这里说的不是事物而是"道"。

对事物的"返本复初"或"归根"，河上公注曰："万物无不枯落，各复返其根而更生也。"对河上公的解读，陈鼓应、白奚深表赞同，他们说："河上公对此句的注解可以给我们一种合理的解释……原来万物之所以要返本归根，是为了从本根那里'更生'，即获得新的生命。万物回到本根处获得新的生命力后，重又聚集了能量，再次投入到新的一轮循环。这种终而复始的循环运动生生不已，永不止息，这就是宇宙大化的真谛。"② 这种解说听起来是很有道理的，但是，在老子那里，"万物"既指所有的物，又指每一个"物"。就每一个"物"而言，它的"返本复初"只是"仿佛"而已。比如：一个麦粒种在土里，从发芽到结成若干个新的麦穗，其中可能有几百个新的

① 陈鼓应、白奚：《老子评传》，南京大学出版社 2001 年版，第 172—173 页。
② 同上书，第 181 页。

麦粒，就其从麦粒到麦粒而言，可以说是"返本复初"了，但这些新的麦粒已经不是原来的那个麦粒了（姑且不说其数量上的重大变化）。而且就麦粒的"质"来说，如果一代一代地种下去，作为种子的麦粒也会发生些微的退变，所以需要不断地改良品种。再比如人的"返老还童"，这也可以说是"返本复初"的表现，但"返老还童"并非老人就真的变成了儿童，而只是说人到了晚年会呈现出儿童的某些特点。因此就人或动植物的"生生不已"而言，是就其群体或物种来说的，而不是就其生命个体而言的。就生命个体而言，在总体上是无法"生生不已"的，就群体而言，这种"返本复初"也只是"仿佛"而已。又比如月亮绕着地球转，它似乎天天都在"周而复始"或"返本复初"（老子可能主要从天体运行中总结出"返本复初"的规律的），但若仔细观察和研究，月亮的每一天也会发生微小的变化，从这种意义上可以说月亮每天都是新的。正因此，所以说事物的发展在总体上是螺旋式上升的。由于历史的局限性和科学的发展程度，老子可能还认识不到这一点。但由此就说老子坚持的是无视发展的循环论，恐怕也不确切，因为他说过："孰能浊以静之徐清，孰能安以动之徐生？保此道者不欲盈。夫唯不盈，故能蔽而新成。"（十五章）。"蔽而新成"即是旧事物在一定条件下（"不盈"）会出现新的局面或转化为新的事物。

其实，老子说"返本复初"、"各复其根"、"归根曰静"等等，旨在论证在某种程度上违"道"的人特别是统治者要复归于"道"及其自然本性。

"反者，道之动"的意思是说，使事物向着相反的方向转化，是道的运动趋势。

②弱者，道之用：王弼本等古本如是。此句的意思是说，"柔弱"是道发挥作用的特点，它是上句"反者，道之动"所体现出的相反相成和物极必反规律的实际应用。道依其"法自然"的本性，在作用于万物时，总是顺应万物的自然本性而任其化生和发展，对它们绝无强制和干预，因而表现出"柔弱"的特点。详见【辨析】二。

蒋锡昌说："《老子》的柔弱之道，盖从自然现象观察得来。第八章'上善若水，水善利万物而不争，处众人之所恶，故几于道。……夫唯不争，故无尤。'第六十六章：'江海之所以能为百谷王者，以其善下之，故能为百谷王。'第七十八章'天下莫柔弱于水，而攻坚强者莫之能胜。'此就水之现象观察也。第七十六章：'人之生也柔弱，其死也坚强；草木之生也柔脆，其死也枯槁。故坚强者死之徒，柔弱者生之徒。'此就生死现象观察也。以此道而用于人事，则主'不争'，'不以兵强天下'。《老子》曰：'柔弱胜刚强'，又曰'强梁者不得其死'，此所以戒人之深也。"①

此章简本为："返也者，道动也；弱也者，道之用也。"帛书为："反也者，道之动也；弱也者，道之用也。"

使事物向着相反的方向转化，
是道的运动轨迹。
柔弱，
是道对万物发挥作用的特点。

辨　析

一、从古今注译本来看，对"反者道之动"这句话的解读，大体有以下几种意见：

1. 将其中的"反"字直解为相反的"反"，并在此基础上释译这句话。王弼注曰："高以下为基，贵以贱为本，有以无为用，此其反也。动皆知其所无，则物通矣。故'反者道之动'也。"古棣说，因为老子哲学可归结为循环论，所以"反亦可训为返，但在这里应作相反解，与'玄德深矣，远矣，与物反矣'（六十五章）的'反'字同样用法。"古棣将这句话译为："事物必然走向自己的反面，这是道的作用。"

2. 张松如等把这句话译为："向着相反的方向变化，是道的运动。"

3. 将其中的"反"字明确地解读为"返"，并以此释译这句话。如高亨译为"往复循环，是道（宇宙本体）的运动"；陈鼓应译为"道的运动是循环的"；许抗生译为"向自身的回复，是道的运动"。另，林希逸注"反"字曰："反者，复也，静也。"

4. 在"物极必反"的意义上解读这句话。如《大百科全书·哲学卷》释曰："把事物都包含有向相反方向转化的规律，概括为'反者道之动'。通常所说'物极必反'就是对'反者道之动'的通俗表述。"

① 蒋锡昌：《老子校诂》，商务印书馆 1937 年版，第 268—269 页。

5. 郭世铭译为："使事物向相反的方向转化，是道的动作。"

下面谈谈笔者对以上几种解读意见所存在问题的看法：

车载说，"反"的两种含义"都能产生推动道的作用"（同上）。言外之义：道并非自己动，还需要"推"才能"动"。谁去"推"呢？"反"去"推"。"反"在哪里呢？似乎在道之中。那么道之中除了"反"（包括"返"）之外还有什么呢？不得而知。事实上，道的实质就是矛盾法则或对立统一规律，它是不需要"推"就"动"的。不仅如此，它还是一切事物之所以运动变化的根本动力。

第一种意见的问题是，只解读了"反"的第一种含义，这是不够的，因为它的第二种含义更为重要。古棣关于"反亦可训为返，但在这里应作相反解"的说法是不确的。

第二种意见的问题是：老子说，道是"独立而不改"（二十五章）的，就是说道是独立无偶的，其特性也是永远不会改变的。但此译文却把"反者道之动"译为："向着相反的方向变化，是道的运动。"那么道"向着相反的方向变化"是什么？是要走向自己的反面，变为非道吗？亦不得而知。

第三种意见突出"反"的第二种含义是对的，因为简本即为"返也者，道动也。"问题是许抗生将这句话译为："向自身的回复，是道的运动"。不知"道"在何时离开了"自身"？

第四种意见的问题是，将"反"的主体由"道"转移到"物"上去了，把"道极必反（返）"变成了"物极必反"。

第五种意见，即把这句话译为"使事物向相反的方向转化，是道的动作"。此译文所回答的是"事物向相反的方向转化"的动因问题，而不是道的运动轨迹问题，因此未能揭示"反者道之动"的内涵。

笔者认为，"使事物向相反的方向转化"，不是道的一般的"动作"，而是道的运动轨迹。所以，"反者，道之动"似应译为："使事物向着相反的方向转化，是道的运动轨迹。"句中"使"字很关键，因为有了它，"反"的施动者就不是"事物"而是"道"了。

"反者，道之动"这一命题的涵义有两个方面，一是揭示道的运动轨迹，此与二十五章所说的"周行而不殆"和"大曰逝，逝曰远，远曰反"义同；二是说明事物的对立面之相反对立的关系、从对立到统一的关系，以及向对立面转化的关系，是推动事物发展变化的内在的、根本的动力。换句话说，"反者，道之动"这一命题揭示出天地万物的运动、发展、变化乃是源于自身具有的否定性。而后者之所以成立，就是因为"道在物中"。

"道在物中"是老庄哲学的一个基本观点。老子说:"道者,万物之奥。"(六十二章)是说"道"是万物的玄机之所在。《庄子·天道》说:"夫道,于大不终,于小不遗,故万物备。"在《庄子·知北游》中,东郭子问庄子曰:"所谓道,恶乎在?"庄子曰:"无所不在。"庄子说的"无所不在"并非谓道脱离物而存在,而是存在于物包括最卑贱的"屎溺"之中。南宋胡宏也说:"道不能无物而自道,物不能无道而自物。……故离物求道者,妄而已矣。"(《知言》)陈北溪(淳)说:"道非是外事物有个空虚底,其实道不离乎物,若离物则无所谓道。"(《北溪字义》)

其实,包括人在内的万物,之所以产生、存在、发展、变化(含向其对立面转化)和消亡,其根本原因是"道"在它们之中,因此道是它们得以生化和灭亡(消亡)的最根本的依据。"物极必反"是铁的规律,但"物极"为什么"必反"?就是因为"道在物中",是道使万物各自向着自己相反的方向转化的,亦即"反(返)"的。

既然"道在物中",物又在作从无到有又从有到无的循环运动,而物之所以作循环运动,就是因为有内在于物的矛盾法则作用的结果,亦即"道在物中"的结果,因此道是物作循环运动的内在根据。由此看来,物作循环运动是"表",而"里"或本质是内在于物的道的运动,实际上是道在作循环运动。所谓道在作循环运动,是指作为矛盾法则的道依托于物而使自己逐步展开并发挥作用的过程。

在笔者看来,道在孕育和展开的过程中,依次经历了前矛盾状态(潜在的或处于萌芽状态的矛盾性差异)——矛盾形成阶段——对立面逐步激荡、激化阶段——矛盾解决(消亡)阶段。其最后阶段是对立面实现了转化,或者实现了对立面的协调、和谐或融合;亦有对立面因为斗争方式不当或斗争力度不当而使双方同归于尽的情况,如"鹬蚌相争,渔人得利"即是一例。这样一来,随着新的矛盾代替了旧的矛盾,道又以新的面目出现了,实际上是它又寓于新的事物之中而开始了循环运动的新的周期。对于比较复杂的事物(如人体)而言,这种从无到有又从有到无的循环(如细胞的新陈代谢)往往是多次甚至是无数次才能完成的,因而内在于其中的道势必同时作多次甚至于无数次的"周行"或"反(返)"。

既然一切事物及其内在于其中的"道"做从无到有又从有到无的循环运动是不可避免的,那么我们对那些正面的、有益的事物,就应采取必要的措施,积极促进其从无到有、从小到大、从弱到强的成长过程,并力求减缓其从有到无的过程;而对于那些消极的、有害的事物,则应采取有力措施,加速其从有到无的过程。这就是所谓因势利导、趋利避害，亦就是"以辅万物之自然而弗敢为也"（六十四章）的意思。

以上是对"反者，道之动"的一般涵义的所作的辨析和诠释。"反者，道之动"所体现的基本精神是在运动中相反相成的对立项相互转化。

现在对"反者，道之动"的特殊涵义略作阐述。老子看到并揭露了侯王等统治者严重违道的行为。如十二章"五色令人目盲，五音令人耳聋，五味令人口爽，驰骋田猎令人心发狂"；十八章"大道废，有仁义；智慧出，有大伪；六亲不合，有孝慈；国家昏乱，有忠臣"；三十八章"故失道而后德，失德而后仁，失仁而后义，失义而后礼。夫礼者，忠信之薄而乱之首"；四十六章"罪莫大于甚欲，咎莫大于欲得，祸莫大于不知足"；五十三章"大道甚夷，而人好径。朝甚除，田甚芜，仓甚虚；服文采，带利剑，厌饮食，财货有余：是谓盗夸。非道也哉"；五十八章"其政察察，其民缺缺"；七十四章"民不畏死，奈何以死惧之"；七十五章"民之饥，以其上食税之多，是以饥；民之不治，以其上之有为，是以不治；民之轻死，以其上求生生之厚，是以轻死。"凡此种种，说明了他们的所作所为已远远地脱离了道的自然无为与和谐统一的本性。出路何在呢？出路就在于"反"（返）！六十五章说："玄德深矣，远矣，与物反矣。"这里的"玄德"与道同义；而这里的"物"，主要是指人特别是指侯王等统治者。王弼注此句说："反其真也。"所谓"真"，即作为真朴的道。就是说，既然侯王等统治者的所作所为已经远远地脱离了道的自然无为与和谐统一的本性，那么他们就应按照道的本性从"有为"、"多言"返至"处无为之事，行不言之教"（二章），从"其政察察"，返至"其政闷闷"（五十八章），从多私"甚欲"返至"见素抱朴，少私而寡欲"（十九章），从实行义政、礼政（礼制）返至依道而实行"无为而治"，如此等等。总之，就是希望侯王等统治者的行动"反"（返）归于大道之正途，而侯王们的"反"（返）是表，道之"反"（返）是内在的动力和实质。余以为这就是老子讲的"反者，道之动"的特殊的或深层的涵义。

前面已对"道在物中"的观点作了简要论证，可能有人会问：物外有没有道的存在呢？答曰：在客观实在的意义上，物之外是没有道的；但作为观念形态的或作为哲学范畴的道是有的，但它不过是对内在于万物之中的道的抽象和概括而已。

但在这个问题上，有的学者提出不同的看法。比如程二行说："以'德'为中介，内化于'物'的'物之道'，与涵盖包容天地万物的'混然之道'有着本质的差异。内化于'物'的'物之道'，对于'物'具有规定与规范的性质，而涵盖包容天地万物的'混然之道'，对于'物'则是'生而弗有，为而弗恃，长而弗宰'。前者，对于'物'是'有所为'，而后者对于'物'则是'无所为'。这两种不同性质的'道'，在老子的思想中是有区别的。他把内化于'物'的'物之道'称为'朴'。老子曰：'道恒无名，朴。'（《帛》三十二）又曰：'朴散则为器。'（《帛》二十八）'朴散则为器'，即'道'内化为'器之道'，而形成'物之德'。'物'各有其'德'，也就是'物'各有不同的体和用。"①

程先生将"道"区分为"内化于'物'的'物之道'"和"涵盖包容天地万物的'混然之道'"，是不确的。其实，作为客观存在意义上的"道"，只能是在"物"中的道，或"内化于'物'的'物之道'"，此外并没有所谓"涵盖包容天地万物的'混然之道'"。世界上没有离开"物"而独立存在的道，也没有完全脱离"道"的"物"。程先生说："内化于'物'的'物之道'，对于'物'具有规定与规范的性质，而涵盖包容天地万物的'混然之道'，对于'物'则是'生而弗有，为而弗恃，长而弗宰'。前者，对于'物'是'有所为'，而后者对于'物'则是'无所为'。"其实，"内化于'物'的'物之道'"对于"物"虽然具有规定与规范的性质，但这种"规定或规范"亦表现为"生而弗有，为而弗恃，长而弗宰"，因而对于"物"也是自然无为或"无所为"的。程先生虽然把道分为两种，但他实际上只承认后一种即所谓"涵盖包容天地万物的'混然之道'"，因为他说："这种'物中之道'或曰'德'，只是'道'的体现，而非'道'之本身。"而事实上，所谓"涵盖包容天地万物的'混然之道'"，只是也只能是对于内化于天地万物的"物之道"的哲学抽象和概括的产物，因而是一种观念形态的存在。如果说离开万物还有一个"道"存在着，而它又是"视之不见"、"听之不闻"、"搏之不得"（十四章）的，却又在天地万物之上或之间"周行而不殆"（二十五章），是不可思议的东西，那它岂不成了神灵！或问：不是说万物为道所"生"吗？道不是"象帝之先"（四章）吗？说万物为道所"生"，那仅仅是从道为万物的生化提供根本依据的意义上讲的，因为没有矛盾法则，就没有事物，就没有一切。此可参阅拙作《老子道的定义及实质之我见》（见附录四）。至于说"道""象帝之先"，那是老子为了批判传统的天命论及上帝主宰论（这在当时仍有重大影响）而提供的一个理论根据，是一种形象的说法而已，并非老子真的相信有一个"上帝"存在于道与天地之间。

---

① 程二行：《时间·变化·对策》，《武汉大学学报·人文科学版》2004年第2期。

　　在这些问题上，还有两种观点值得商榷：一是古棣认为道根本不是一种客观实在，而是一个类似于黑格尔"绝对观念"的纯观念，而它却是天地万物的"老祖母"，所以老子是一个"地地道道的客观唯心主义者"，甚至是客观唯心主义者的"祖师爷"，因为他比黑格尔还要早两千多年；二是詹剑峰认为道即物、物即道，"道物不二"。在以上的正面分析中，对这两种观点已有所触及，但限于篇幅，在此不宜详述愚见，拟另文讨论。

　　二、对"弱者，道之用"的解读和释译。从注家们的译文来看，对此大体有三种意见：一是把这句话直译为："柔弱是道的作用。"如陈鼓应、许抗生等是也。二是对这句话作意译，如郭世铭译为："使事物的势头减弱，是道的作用。"古棣译为："柔弱胜刚强，是道的作用。"李先耕译为："保持着柔弱，是道的作用。"三是对"弱者，道之用"中的"用"字，在译为"作用"的基础上，对"作用"又稍加限定，如马恒君译为："柔弱是大道发挥作用的方法。"

　　对"弱者，道之用"作直译，当然亦无可厚非，但总有点意犹未尽之感。这是因为：说起"作用"，往往要涉及它的许多相关方面，首先是作用的实施者和作用的对象，其次是作用的地点、时间、条件，还有作用的方向、范围、方式、方法、特点、力度、时机等。比如，人们会问："你讲的是作用的条件呢，还是作用的范围？是作用的方式呢，还是作用的特点？"如果对这些相关的问题皆置之不顾，那么作用怎么发挥呢？甚至谈不到"作用"的问题了，它就会变为一个极为抽象的概念。就"弱者，道之用"来说，因为"弱"或"柔弱"是包括人和花草树木在内的一切生物的共同特性（虽说男子主"阳刚"，但比起僵尸来，仍是"柔弱"的），亦是道的重要特点，因为道是"法自然"的，故它对万物总是顺应其自然本性而任其自化、自成的。道的这种作用方式也叫做"无为"。道的作用对象是谁呢？显然是万物而不是道自身。

　　鉴于上述分析，对这里的"作用"似应有所限定或修饰。加以限定后，似可将这句话译为："柔弱，是道对万物发挥作用的特点。"

　　从前面列举的译文看，惟有马恒君先生对"作用"一词作了限定，他将这句话译为："柔弱，是大道发挥作用的方法。"对"作用"加以限定是必要的，但"柔弱"似乎不好说"是大道发挥作用的方法"，这主要是因为：道是无意识的存在物，它虽然无时无刻不对事物发挥作用，但它本身并不会选择发挥作用的方法，所以似不如译为："柔弱是道对事物发挥作用的特点。"

　　我们知道，老子是强调人要"法道"（二十五章）的，而人是认识主体和实践主体，那么人就应当效法道对事物发挥作用的柔弱特点而把"柔弱"
作为处理问题的方式方法，比如循循善诱、启发式、因势利导，以及军事上
的以退为进、以守为攻、诱敌深入，抗日战争中毛泽东制定的"防御中的进
攻"、"持久中的速决"、"内线中的外线"，民兵打的游击战、地雷战、地道
战等战略战术，皆属面对强敌所采用的柔弱的方法。善于体道悟道和依道而
行的圣人"能辅万物之自然而弗能为"（六十四章，简本）的做法，所体现
的亦是此种方法。即使自己的力量强大，亦应"知其雄，守其雌"（二十八
章），采取柔弱的姿态，决不能搞霸权主义和强权政治，因此老子强调"大
者宜为下"（六十一章）。之所以要采用柔弱的方式方法，是因为老子坚信
"柔弱胜刚强"（三十六章），坚信"天下之至柔，驰骋天下之至坚"（四十三
章），坚信"坚强者死之徒，柔弱者生之徒。"（七十六章）

　　顺便提及，张松如虽然在译文中将"弱者，道之用"中的"弱者"译为
"保持着柔弱的状态"，但他在本章的"说解"中却解读为通常意义上的"弱
者"。他说，"弱者，道之用"这个命题，"它使我们联想到历史上和现世中
的小国战胜大国，弱者打败强者的许多事例，也使我们联想到'农村包围城
市，并解放城市'的中国所经历的革命道路"，并说："他既然把立足点放在
'弱者'这一方面，便在一定限度内有见于从量变到质变的一些现象。"① 因
为"弱者，道之用"中的"弱者"的含义是特定的，对它无论怎么释译，关
系都不很大，唯独不能将其解读为通常意义的"弱者"。如果离开这个命题，
比如在"坚强者死之徒，柔弱者生之徒"的命题中去作这种"说解"，无疑
是十分必要和得当的，而在这里作如此"说解"，显然就不能说是适当的了。
但令人遗憾的是，张松如在上述这个命题所在的第七十六章的解读中却不见
类似的文字。由此笔者亦"联想"到，假如有的读者把"说解"中对"弱
者"的释义置入"弱者，道之用"中加以理解，那么这种理解与本命题的意
旨肯定会大相径庭，幸而译文并没有这样做。

　　魏源《老子本义·论〈老子〉三》中有一段话是诠释"反者道之动，弱
者道之用"的，有一定参考价值。他说："黄老静观万物之变，而得其阖辟
之枢，惟逆而忍之。静胜动，牝制牡，柔胜刚，欲上先下，知雄守雌，外其
身而身存，无私故能成其私，所谓'反者道之动，弱者道之用'也。后人以
急功利之心，求无欲之体不可得，而徒得其相反之机，以乘其心之过不及，
欲不偏不弊得乎？老子兢兢乎不敢先人，不忍伤人，而学者徒得其过高过

---

① 张松如：《老子校读》，吉林人民出版社1981年版，第240—241页。

激，乐其易简直捷，而内实决裂以从己，则所见之乖谬使然也。"①

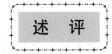

关于"弱者道之用"命题的意蕴和应用。

"弱者道之用"的意思是说柔弱是道对万物发挥作用的特点。为什么这样讲呢？

首先，就"道"的本质特点而言，"道法自然"（二十五章），"道常无为而无不为"（三十七章）。"自然"就是自然而然，"无为"就是顺万物之自然而为，因此，无论自然也好，无为也好，所体现的皆是柔弱的特点，就是说道对万物的作用是柔弱的，而非强行控制的。

其次，一切新生事物皆是柔弱的，具有强大生命力的，而"物壮则老"（三十章），即一切貌似强大的事物都是缺乏生命力的，必然要走向衰亡。在这种意义上，"柔弱胜刚强"（三十六章）是不可抗拒的铁的法则。

第三，凡是不能顺其自然而为（非柔弱）的行为，往往是要碰壁或失败的：如历史上的十字军东征，20世纪所发生的两次世界大战，发动战争的一方皆以失败而告终；美国出兵朝鲜、越南，入侵阿富汗、伊拉克，皆深陷泥潭，最后不得不撤兵；就我国而言，在第五次反"围剿"战役中，抛弃游击战和带游击性的运动战，采取与敌拼消耗的阵地战，"分兵把守，御敌于国门之外"，遭到失败，而在随后的人民革命战争和民族解放战争中，所采取的战略战术皆体现了柔弱的特点，结果取得伟大胜利；我们搞了几十年的强制性的单一的计划经济，效果不好，不得不转而顺应经济规律，实行宏观调控下的市场经济，出现了新局面，都说明了这个问题。因此，"弱者道之用"是一个具有普适性的法则，柔弱的方式方法，对于克敌（广义）制胜具有普遍的有效性。这都说明老子具有深邃的辩证睿智。

有些人会以为老子这种"柔弱"、"无为"的哲学太消极、太迂腐了，已经不适用于今日"优胜劣汰，适者生存"的激烈竞争、积极进取的时代。这是不明老子自然无为哲学的旨意和真谛的表现。其实，老子讲的贵柔守弱，是指要坚守住万事万物内在的原动力，而这种原动力蕴含着强大深厚的生命力，最终可以以"柔弱胜刚强"，这就是"天下莫柔弱于水，而攻坚强者莫

---

① 《四部要籍注疏丛刊·老子》，中华书局1998年版，第1421页。

之能胜"（七十八章）的道理。再者，根据"反者道之动"的法则，事物的强弱乃至人生的祸福穷达，在一定条件下都是可以转化的，表面上强的，实质未必强；此时强的，彼时未必强；日中则西偏，强大繁盛之时，往往是开始走向衰败之日。因此，老子教人要"致虚极，守静笃"（十六章），虚静自守、处变不惊、厚积薄发，实现以静制动，以虚应实，以退为进，以屈求伸，后发制人。可见老子的柔静之道并非消极的哲学，而是"正言若反"（六十五章）、"明道若昧，进道若退"（四十一章）的辩证哲学，充满了历史的和人生的智慧，具有境界高远、深沉超拔的丰富内涵；它开掘了生命和历史的深度，有利于培养人的深沉稳健的品格，增强人的韧性和灵活性，以便迎接各种艰难险阻的挑战。在历史上，老子哲学的这种基本精神形成了超越世俗、淡泊名利、胸怀博大的道家风度，成为中华民族战胜各种艰难险阻、走出困境的重要信念和精神力量。直到今天，它仍能为我们现代人谋求身心的平衡和心灵的安宁，提供抚平各种挫折、创伤、不幸的安慰剂和摒弃消极心理、奋然再起的精神动力，特别是为弘扬中华民族自我超越、深沉持重、胸怀博大的品格和自尊自信、百折不挠、开拓奋进的民族精神，继续发挥着巨大的影响。

十二章

天下万物生于有①，有生于无②。

（通行本第四十章下）

说　明

此章为通行本第四十章的下段。之所以将通行本第四十章分为两章，是因为其上段（"反者道之动，弱者道之用"）讲的是"道"的运动规律和作用特点，而下段则是讲的道本体论问题。在帛书中此章之下段即"天下万物生于有，有生于无"，是与四十二章首句的"道生一，一生二，二生三，三生万物"紧相连接的，中间并没有插入"上士闻道"的通行本第四十一章的内容，亦说明它们之间的紧密联系。

注　释

①天下万物生于有：这里的"有"，不是现象界的万有之"有"，而是超越于现象界的"有"。它是对一切形下之物的抽象，又是沟通作为"无"的"道"与现象界的中介。

②有生于无：这里的"无"及"有"与第一章的"无"和"有"有所不同，因为第一章的"无"与"有"是道的别名，而这里的"有"，则是作为"天下万物"（宇宙万物）的形而上的终极本体的"无"与"天下万物"的中介而存在的。不过，作为宇宙万物存在本体的"无"不是空无所有的"无"，而是指本体超言绝象，无名无形，时空无限，故号曰"无"；虽为"无"，却是万有群变的根本依据。

根据庞朴先生在《说无》① 一文中对"无"字历史演化的考证，古籍上曾有三个"无"字："亡"、"無"、"无"。它们的本义各有不同，出现的时序也有先后。最先出现的是"亡"，其含义为"先有而后无"，它同"有"直接对待而成立，是"有"的缺失或未完。其次出现的是"無"，其含义为"似无而实有"。"無"的本义是指原始初民通过舞蹈与他们认为的似无而实有的神灵相交通。后来，以舞事"無"就分工由专门的"巫"来担任。《说文》解"巫"说："祝也，女能事无形以舞降神者也。"这样，巫、無、舞，是一件事的三个方面，因而这三个字不仅发一个音，原来也是一个形。受这个巫术文化的影响，人们逐渐把那些无形无象、看不见、摸不着但又实有的神秘性、普遍性、超越性的存在物都视之为"無"了。而大概到了战国后期，人们才形成绝对空无的观念，并以"无"字表示。所以"无"字是最晚出的。那么老子所崇尚的"无"究竟应是三个无字中的哪一个呢？庞朴认为，"即使按最保守的估计，老子也应是战国中期人。其时，人们尚未达到'无'的认识，因此，老子中'有生于无'的'无'，便不可能是'无之而无'的'无'，而只能是'無'。"事实上，《老子》古代版本此字也皆是"無"字——虽然后来有了"无"字。

本章经文，除简本和帛书外，《老子》的其他古本皆为"天下万物生于有，有生于无"；而帛书为"天下之物生于有，有（生）于无"；简本为"天下之勿（物）生于又（有），生于亡（无）。"对帛书和简本此文的说明，详见【辨析】四。

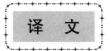

译 文

天下万物都以"有"作为自己存在和生化的直接依据，
"有"则以"无"作为自己存在和转化的根本依据。

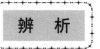

辨 析

一、要比较准确地把握本章的主旨，有三个关键性的词即"有"、"无"

---

① 见庞朴《稂莠集——中国文化与哲学论集》，上海古籍出版社 1988 年版。

和"生于"的涵义需要加以讨论。现在，首先简要地叙述注家们的意见，然后谈谈笔者的看法。

（一）这里的"有"的释义，注家们大体有三种意见：

1. 认为"有"是"物"。高亨说："有，指天地。天地由无形的道产生，而天地是有形体的，是万物之母。"蒋锡昌说："'有'即'有名'，'无'即'无名'。此言天下之物生于有名，而有名又生于无名也。天下之物生于有名，乃道动之向前进；有名生于无名，乃道动之向后返。二句文谊正与首句相应。"张松如说："蒋说是也。如果一定要使用'有物''无物'的概念，那便意味着'有名之物'与'无名之物'。因为'无名，天地之始'；'有名，万物之母。'这在《老子》书中开宗明义就提出过了。"① 严敏说得更明确，她说："这里的'有'是指实有，实存之物，是指构成万物的原材料，可以称为万物之母。即是老子在第21章里所说的'精'，现代物理学所说的基本粒子，它们能组成原子、分子、细胞、组织，从而能构成宏观世界的万物。"②

2. 认为"有"实际上是"绝对观念之类的东西"。古棣说："老子的作为宇宙万物总根源的道，不是客观规律（而是'客观的绝对观念之类的东西'）。这在《老子》书中是很明确的。就在这一章里也说：'天下之物（帛书）生于有，有生于无。''无'即是'道'，'有'即是道所产的'一'（或一、二、三）。总之，'天下之物'是从'无'产生出来的，'有'是由道到具体事物的中间环节。其客观唯心主义性质，不是很明显吗？"③ 从古棣的这段话可以看出，他把"有"亦看作"客观的绝对观念之类的东西"。

3. 认为"有"指的是"道"。陈鼓应、白奚说："在我们看来，在老子的哲学中，'有'和'无'都是指称'道'的，'道'既是'有'，又是'无'，或曰'有'和'无'都是'道'的别名。说它是'无'，是因为它无法感知和表述；说它是'有'，是因为它含藏着无限未显现的生机，蕴涵着无限之'有'。只有这样的理解，才不至于造成老子思想体系中的矛盾，才能使得老子对'道'的表述前后一致，因为在《老子》的第一章中有这样的表述"。④

---

① 张松如：《老子校读》，吉林人民出版社1981年版，第242—243页。
② 严敏：《〈老子〉辨析及启示》，巴蜀书社2003年版，第331页。
③ 古棣：《老子校诂》，吉林人民出版社1998年版，第31页。
④ 陈鼓应、白奚：《老子评传》，南京大学出版社2001年版，第113页。

（二）对"无"的释义，注家们大体有五种意见：

1．"无"是绝对观念。古棣说："'无'即是'道'"，而道"是客观的绝对观念之类的东西。"

2．"无"（道）是"无所有"。何晏曰："夫道者，惟无所有也。自天地以来皆有所有矣。然犹谓之道者，以其能复用无所有也。"（《无名论》）

3．"无"（道）是"自然"。夏侯玄曰："天地以自然运，圣人以自然用。自然者，道也。"（转引自《无名论》）孙以楷说："其实道就是自然。……人们天天生活在自然中，习以为常，很难发现它的丰富多彩，只觉得平淡无奇。人们生活于自然中却又像视而不见，听而不闻，但自然确实是人们取之不尽、用之不竭的富源。"①

4．严敏说："这个'无'即老子说的'一'，包含了能量、暗物质、信息（宇宙万物演化发展的规律机制）等。"又说："热大爆炸发生在180亿年前，这就是我们的宇宙、天地的开始。即时间、空间、物质（基本粒子）产生的开始。宇宙起源于不均匀的'无'。老子说的'无，名天地之始'，'天下有始，以为天下母'，也包含有空间、时间、物质从'无'产生的含义。二者是相符的。"②

5．"无"是"形上之'道'"，是万有的本体。陈鼓应说："本章的'无'是指超现象界的形上之'道'。"王弼说："天下之物皆以有为生，有之所始，以无为本；将欲全有，必反于无也。"（四十章注）他曾这样来说明作为本体的"无"："欲言无耶？而万物由以成。欲言有耶？而不见其形。"（十四章注）

（三）对文中的"生于"二字，笔者所见注译本除了古棣的译文以外，均未破解，古棣将它释为"从……产生出来"，亦即将"生"释为"产生"。

现在分别谈谈笔者的意见。

首先，笔者不同意将"有"解读为"物"，这是因为：如果把这里的"有"释为"物"，而这个"物"是否包括在"万物"之中呢？毫无疑问，老子所说的"万物"是包括天地在内的一切"物"。第一章的"无，名天地之始"，帛书即作"无，名万物之始"，可证。而且天地是物质存在，这也是人们的常识。严敏说"基本粒子"之类"是构成万物的原材料"，那么"基本粒子"是不是"物"？如果说它不是"物"，又是什么呢？难道是精神吗？是

---

① 孙以楷：《老子通论》，安徽大学出版社2004年版，第411—412页。

② 严敏：《〈老子〉辨析及启示》，巴蜀书社2003年版，第275、270页。

"物"，当然就包括在"万物"之中。再说，"天下万物生于有"这句话表明了"万物"为"有"所"生"，而如果以"物"或"万物"释"有"，岂不是等于说"物"或"万物"生"万物"了吗？那么"天下万物生于有"这句话还有什么意义呢？同时，笔者也不同意将"无"释为"物"，因为"有"为"无"所"生"，既然"有"已经是"物"，"无"又是"物"，那么等于三个层次都是"物"了，"天下万物生于有，有生于无"就成了"天下万物生于物，物生于物"，这个命题还有什么意思呢？而且作为道的原始物质一旦"散"了，那么"道"还有没有呢？本章中的"无"是"道"的别名，"有"是作为形上本体的"道"沟通"天下万物"的中介。

其次，笔者也不同意将"有"和"无"释为"绝对观念"、"无所有"、"自然"等，因为这些释义皆否定了道及"有"与"无"的实在性。具体说来，"绝对观念"是客观唯心主义的集大成者黑格尔的哲学体系的首要范畴，即认为整个物质世界是绝对观念的"外化"。古棣虽然在它的后面加上"之类"二字，其实并无质的区别；"无所有"就是"空"，所以后来成为佛经翻译中的中文译名；"自然"是道"法"的对象，亦是道的重要特性，它不是实体，因而不能与后世所说的"大自然"或"自然界"混为一谈。

笔者认为，老子说的"天下万物生于有，有生于无"中的"无"并非一无所有的意思，而是对"有"的进一步抽象，它内在地包含了"有"（大有，全有），正如"树叶"是对现实的以及以往的和未来的所有树叶的抽象，它内在地包含了所有树叶一样。作为概念的"树叶"相对于现实的以及以往的和未来的所有树叶而言，可以说是"无"，但这个"无"并非空无所有，而是具有极为丰富的内容，因为它内在地包含的树叶是无穷无尽的。二者的区别在于"无"对"有"的抽象程度要远远高于"树叶"这一概念对现实的以及以往的和未来的所有树叶的抽象程度，因为"有"是对宇宙中现实的以及以往的的一切事物的抽象（这种抽象仅仅是对一切形下之物之存在这一特性的肯定），而"无"又是对这种"有"的抽象。而这种对"有"的抽象之所以叫作"无"，主要是因为它内在地包含了作为对宇宙中现实的以及以往的的一切事物之抽象的"有"，而"有"又内在地包含了宇宙中现实的以及以往的和未来的的一切事物，因而这个"无"具有无限性，而"无"亦主要是在无限的意义上讲的，其次是在超言绝象、无名无形的意义上讲的。也正因为"无"是在这样的至高无上的层次上所作的抽象，所以"无"才能作为"有"的内在的根本的依据，才能作为天地万物包括社会人生的存在本体。也只是在这种意义上，老子才说"有生于无"。

　　此外，笔者也不同意将本章说的"有"与"无"与第一章的"有"与"无"混为一谈，即认为皆为"道"的别名。这是因为：第一，如果"有"和"无"皆为"道"的别名，而"道生万物"或"万物为道所生"是众所周知的老子的观点，那么老子在这里直说"天下万物生于'道'"岂不更为简捷，何必绕圈子而说"天下万物生于有，有生于无"呢？第二，既然不是这样，可见老子这里说的"有"和"无"就不是皆为"道"的别名。那么它们是什么呢？笔者以为就其抽象性而言，"有"和"无"不属于同一个层次，而是"无"的抽象程度要高于"有"，或者说"无"是对"有"进一步抽象的结果。既然如此，那么"无"中就内在地包涵了"有"。假若把"天下万物生于有，有生于无"视为宇宙生成论的命题，那么就只有"无"是"道"或"道"的别名，而"有"不过是"无"或"道"生"万物"过程中的中间环节。如果把"天下万物生于有，有生于无"视为本体论的命题（这是笔者的观点），那么"有"就是对"天下万物"抽象的产物，也是对"天下万物"向"无"或"道"抽象过程中的中介。笔者认为，只有对"天下万物生于有，有生于无"作这样的诠释，才能与"道生万物"相契合，而不是相抵牾。

　　二、现在总起来谈谈对本章主旨的看法。"天下万物生于有，有生于无"是宇宙生成论的命题，还是本体论的命题呢？古今大多数注家及研究者认为它讲的是宇宙生成论或宇宙论，而笔者认为它是在本体论的意义上讲的，或者说它是一个本体论的命题。这是因为：

　　从逻辑上说，只能是从无到有，从少到多；若没有"无"，便没有"有"和"万有"。而在现实中，并没有一个脱离了具体事物的纯粹的"有"，有的只能是具体的事物或万物，"有"不过是对某物、某些物或"天下万物"之存在的高度抽象，即把万物的一切非共有的性质都抽象掉了，只剩下一个规定性，那就是"有"或"存在"。我们知道，在历史上既没有一个纯粹的"无"（连"宇宙大爆炸说"所说的"奇点"和空间也没有）的时期，也不存在一个极端抽象的"有"的时期。而且，天地万物不可能从抽象的"有"中产生出来，同样，"有"也不可能从"无"中产生出来，否则就果真是所谓"无中生有"了。总之，"天下万物生于有，有生于无"这一判断性命题与历史和现实都没有关系，它只能是、也只是说明"有"是天下万物（万有）存在的形而上的依据。这里的"无"是"道"的代称（已如上述）。我们知道，在老子看来，作为"无"的"道"并非空无所有，因为它"其中有象"，"其中有物"，"其中有精，其精甚真，其中有信"（二十一章）。在笔者看来，

"道"是既超越又内在于天地万物及社会人生的形而上的存在本体和价值本体。因此，作为"无"的道是天地万物及其极为抽象的"有"藉以存在的形而上的根本依据或本体。"生于"不过是一种形象的说法，并非鸡生蛋或蛋生鸡的"生"。总之，老子关于"天下万物生于有，有生于无"这一判断性命题是在本体论的意义上讲的，而不可能是在宇宙生成论的意义上讲的。

三、笔者还想借题发挥，以一个门外汉的身份，谈点与本题并非完全无关的一个问题的看法，以就教于方家。说自己是个"门外汉"，是就现代宇宙学而言的。在笔者所见《老子》的研究性论著中，只有董光璧的《现代新道家》和严敏的《"老子"辨析及启示》是以现代宇宙学来解读《老子》的道论的。董光璧可能是现代宇宙学家，严敏对现代宇宙学也一定有研究。他们对2500多年前的老子关于道的论述竟然与现代宇宙学新成果惊人地一致而佩服有加（他们的这种看法，有些现代道家学者也深表赞同）读了两位先生的著作确也颇有启发，但也有些问题感到困惑。比如，老子所说的道是"恒道"（帛书）或"常道"，它在空间、时间和对天地万物的作用上都是无限的。（对此的论述，详见本书第九章【辨析】一）但是，宇宙大爆炸的理论告诉我们，宇宙的年龄是180亿年（一说是140亿年，一说是200亿年）以上，这就是说宇宙在时间上不是"恒"的，而是有限的；这一理论又告诉我们，宇宙大爆炸的余波（大概是指暗物质和暗能量）还在向外扩展，这意味着"余波"未到之处是否将比现有的宇宙大，也未可知，但按宇宙大爆炸的余波还在向外扩展的说法，可以肯定地说现有的宇宙是有限的。笔者虽然不通现代宇宙学，但还知道有限加有限仍然等于有限的道理，这样说来，宇宙终归是有限的。这似乎与道的无限性正好相悖了。二者怎样"惊人的一致"呢？再说，"大爆炸"尚未波及的地方是什么呢？也许会说，那里还没有"物质"，但有没有"空间"呢？如果说有空间，那么，空间算不算是不依人们的主观意志为转移的客观存在呢？如果说没有空间，那么"余波"又怎样向外扩展呢？

与此相关，严敏画了一张现代宇宙学的热大爆炸模型图[1]以说明它与老子讲的"大曰逝，逝曰远，远曰反""是相似的"：

奇点大爆炸———→剧烈膨胀———→膨胀———→收缩———→坍缩———→奇点
（天下有始）　　　（大曰逝）　　（逝曰远）　　　　　　（远曰反）

---

①　严敏：《〈老子〉辨析及启示》，巴蜀书社2003年版，第290页。

看了这张图，笔者想：姑且不说能否如此解读"大曰逝，逝曰远，远曰反"之涵义，单说"周行而不殆"（二十五章），就意味着宇宙将从"奇点"到"奇点"，从而宇宙"死了"或化为乌有了，然后又从"奇点大爆炸"重新开始：难道"道"就是这样地"周行而不殆"吗？老子关于"周行而不殆"的思想，很可能是从日月运行的周而复始和生命个体的从无到有又从有到无的观察中概括出来的，而道是在"物"中的，离开物的"道"不过是人们对普遍存在于物中的道的抽象和概括而已。似乎也只有这样理解老子道的特性及运行规律，道才能真正作为人们思想和行动的某种指导。

根据初步的分析，董光璧和严敏依据宇宙大爆炸理论所作出的宇宙在时间上和空间上是有限的结论，应是在现代宇宙学的意义上所讲的宇宙，而老子所说的"域"或宇宙是在哲学意义上所讲的宇宙，而后者则是在时间和空间上都是无限的。我们在此讲的是哲学，包括"道"也是作为哲学范畴的"道"，因而我们所说的宇宙或"道"与宇宙大爆炸理论基本无关，所以似乎不好将"道"与现代宇宙学的新成果相联系。

四、本章文字，简本作"天下之勿（物）生于又（有），生于亡（无）。"与帛书和通行本比较，简本此章有三点不同：一是简本为"天下之物"，不作"天下万物"；二是简本后句"生"字前无"有"字；三是后句简本作"生于亡"，而帛书和通行本为"有生于无"。第一点的区别不是本质性的，因为"天下之物"的"物"字是全称性的，况且从王弼本四十章注（"天下之物皆以有为生，有之所始，以无为本，将欲全有，必反于无也。"）来看，王弼本可能原为"天下之物"。第二点，按照帛书和通行本，"有"是介于"天下万物"和"无"之间的中间环节，而简本的"有"和"无"（亡）则是平行的或并列的，即是说，"天下之物"既生于有，又生于无。我们知道，在第一章中，从"无，名天地之始；有，名万物之母。故常无，欲以观其妙；常有，欲以观其徼。此两者，同出而异名，同谓之玄"来看，"无"与"有"以及"常无"与"常有"是"同出而异名"的，皆同出于"道"，皆是道的代称（别名）而已。而且从帛书"无，名天地之始"为"无，名万物之始"，以及五十二章"天下有始，以为天下母"（"始"与"母"的涵义一样）来看，也可将"有"与"无"视为同一层次上的哲学概念，都可在本体论的意义上加以诠释，即"无"和"有"都是"天下万物"的形而上的终极依据，因而与简本的"天下之物生于有，生于无"是一致的。但是，"天下万物生于有，有生于无"中的"无"与"有"就不是同一层次的范畴了，作为道的代称的"无"是天地万物的终极本体，而"有"则不能说是天地万物的存在本体了。关于第三点区别，"亡"通"无"。段玉裁《说文解字注》"亡"字下注："亦假借为有无之无，双声相借也。"按："亡"、"无"均为明母，然一在阳部，一在鱼部，阳鱼对转，音近通假。《周易·泰》："朋亡。"《诗经·唐风·葛生》："予美亡此。"汉·郑玄笺："亡，无也。"《论语·先进》："有颜回者好学，不幸短命死矣；今也则亡。"宋人邢昺疏："亡，无也。"

值得注意的是，王弼借助于"天下万物生于有，有生于无"，将老子此处作为道体与万有之中介的"有"下降为"万有"（万物）之"有"，同时将无、有两者的关系作为母与子、本与末、体与用的关系，进而提出万有皆"以无为本"（四十二章注）、"以无为体"（三十八章注）的"无"本体论学说。以此出发，王弼对《老子》作了以下两条相关的解说或注释，一曰："夫'道'也者，取乎万物之所由也；'玄'也者，取乎幽冥之所出也；'深'也者，取乎探赜而不可究也；'大'也者，取乎弥纶而不可及也；'微'也者，取乎幽微而不可睹也；'远'也者，取乎绵邈而不可及也。然则道、玄、深、大、微、远之言，各有其义，未尽其极也。"（《老子指略》）另一条为"道者，'无'之称也。"（同上）从以上两条注释来看，在王弼看来，相对于"无"而言，"道"与各自从某一个方面描绘宇宙本体特征的"玄"、"深"、"大"、"微"、"远"处在同一个层次上，它不过是从"万物之所由"的角度对作为宇宙本体的"无"的特征的概括而已。正确的理解应当是，老子哲学是道本体论，"道"是天地万物的终极依据或本体，而"无"（与"一"、"大"、"朴"等）不过是道的代称而已。王弼为了服务其"无"本体论（"贵无论"）而将这种关系弄颠倒了。与此相关，从王弼关于贵无而贱有、守母而存子的主张看，似乎"无"可以脱离"有"而独立存在（事实上，"无"是对"有"而言的，是对"有"的抽象，没有"有"，也就没有"无"），如此一来，"无"就沦为一种特殊的"有"了，从而不再是无限了，这也是其"贵无论"的欠缺之处。

对于本章简本与包括帛书在内的其他所有古本在文字上的重要区别，陈鼓应先生说："在有、无问题上，通行本第四十二章与郭店简本有不同的文义。郭店简本为'天下之物，生于有，生于无'，有、无乃共同指称道体，可能较接近祖本，且和第一章的有、无义涵相通。至于通行本'天下之物生于有，有生于无'之说，多一'有'字，可能为后人添益。然而通行本已流传两千余年，从魏晋至宋明已顺着通行本'有生于无'之说而不断作出阐释，等于是在有、无问题上，形成了一段漫长的误读的哲学史。若按通行本

'有生于无'之说，'有'近乎（恒先）所言的'有'，是无形之道向下落实到有形之物的中介。因此，'有'非万有之有。"① 陈鼓应关于简本的"有、无乃共同指称道体，可能较接近祖本"和通行本比简本"多一'有'字，可能为后人添益"的推测不是没有道理，但简本所提供的毕竟是孤证，因而陈鼓应的推测似缺乏足够的说服力，故笔者的校定文及其阐释仍从传世本；况且陈鼓应在这个问题上所取的态度和做法也是严肃的，因而在简本出版后所出的新著《老子今注今译》，其校定文及其阐释亦是仍从通行本的。

---

① 陈鼓应：《老庄新论》，商务印书馆 2008 年版，第 168 页。

十 三 章

道生一①，一生二②，二生三③，三生万物。

万物负阴而抱阳④，冲气以为和⑤。

（通行本第四十二章上）

说 明

之所以将通行本第四十二章分为两章，是因为此章之上段讲的是道的基本原理，是老子关于道本体论的思想，而下段则是讲侯王修身的道理，因而上下段之文义似不相属。为此，高亨、陈柱、严灵峰等疑此章下段是三十九章中文字之错简，主张移回或删除，陈鼓应之校定文就将这段话删去了。但帛书此章亦有下段，而且此章下段之文字与三十九章下段的文字亦多有差异，所以错简之说似根据不足，故仍保留之。鉴于此，将四十二章之上段归入道论篇，下段归入修身篇。

注 释

①道生一：在《道德经》中，虽然多处以"一"代"道"，但本章既然说"一"为道所"生"，则不可能与"道"等同。在本章中，笔者引入"无极"和"太极"的概念以解读老子说的"道生一"。"无极"一词出自二十八章："知其白，守其黑，为天下式。为天下式，常德不忒，复归于无极。"老子这里说的"无极"当指道。"太极"一词出自《易传·系辞上》和《庄子·大宗师》。前者说"易有太极，是生两翼，两翼生四象，四象生八卦"，后者说"夫道……在太极之先而不为高"。从庄子的这句话看，道的层次是高于太

极的。

郭店楚墓出土的《太一生水》篇中所说的"太一",与"太极"当是同义的。对《太一生水》篇的作者究竟是谁,学术界还有不同看法。有的认为它是《老子》(《道德经》)书的一部分,有的认为是老子所作的独立一篇,李学勤认为它是关尹学派的作品,郭沂则认为它是关尹本人之作。但是,《太一生水》为老子同时代的作品似无问题,因而与"太极"同义的"太一"概念的提出当为春秋末期。

北宋周敦颐《太极图说》云:"无极而太极。太极动而生阳,动极而静;静而生阴,静极复动。"又说:"太极本无极也。"可见他把"无极"视为高于"太极"的最高层次,天地万物的终极依据;而且从其字面看也含有这个道理:"太极"是最高极限的意思,这意味着仍有极限,而"无极"则是没有极限、没有终极或无限的意思。而作为天地万物之本体或本根的道,正是没有终极或无限的,所以庄子说:"夫道,未始有封。"(《庄子·齐物论》)

朱熹论述了"无极"与"太极"的关系问题,他说:"不言无极,则太极同于一物,而不足为万物之根;不言太极,则无极沦为空寂,而不能为万化之根。"(《朱文公文集·答陆子美》卷三十六)朱熹之所以这样说,"乃是推本周子之意,以为当时若不如此两下说破,则读者错认语意,必有偏见之病。闻人说有,即谓之实有;见人说无,即以为真无耳。"(同上)

文中借鉴他们的表述,将"道生一,一生二"中的"道"、"一"、"二"分别释为"无极"、"太极"、"纯阴、纯阳"。

②一生二:一生二即一分为二,亦即统一体之分为相互对立的两个方面。这里的"二",是指"一"(太极)所"生"的纯粹形态的阴阳即纯阴、纯阳,它们并非一些注家所指的具有实体意义的阴气、阳气。这里的"生"也并非鸡生蛋或女人生孩子意义上的"生",而是作为后者的形而上的根本依据意义上的"生"。

③二生三:这里的"三"是指相互对立的两个方面即纯阴、纯阳,以及纯阴和纯阳居间联系的环节即非阴非阳、亦阴亦阳的"中介",其和为三。有了这三种要素,就有了对立面之间的相互交感、相互激荡,最后实现对立面的协调、和谐或转化,亦即实现了对立基础上的统一。不过,作为关系或中介的第三种要素与阴和阳不同,它并非相对独立存在的"实体",因为没有阴和阳两个对立面也就没有这种关系或中介,所以它带有衍生或附属的性质。总之,有了这种对立统一的关系或机制,才有可能"生"出万物或每一种"物"来。当然,这三种要素及其关系,并非先于"物"而存在的,而是

从"物"中抽象出来的。这样说，似与"道生万物"之论相抵牾，而我是在"没有矛盾就没有世界"（毛泽东语）的意义上来解读"道生万物"的。显然，说"没有矛盾就没有世界"，并不意味着矛盾就存在于世界之先。因为"没有矛盾就没有世界"是就其根本依据或逻辑上讲的，而不是从时序上说的。

这是笔者对"三"及"三生万物"的诠释，此与《庄子》的"物物者非物"（《知北游》）之论似亦相符合。

笔者认为，"道生一，一生二，二生三，三生万物"中的"一"、"二"、"三"，是"道"在形而上范围内的展开，故在总体上仍属于"道"。余以为唯有作如此诠释，才能将"三生万物"与"道生万物"相契合，而不是相抵牾。

有的注家将"三"释为物质、能量和信息，更多的注家则释为阴气、阳气与"和气"。但是，无论是物质、能量和信息，还是阴气、阳气与"和气"，反正皆是"物"。然而，既然是"三生万物"，那么这些"物"就应皆为"三"所"生"，而如果将"三"亦释为"物"，就势必成为"物生物"或"万物生万物"了，那么老子的"三生万物"之论岂非画蛇添足了吗？而且他们的这种诠释也与庄子的"物物者非物"之论相左。

恩格斯在《自然辩证法》中说："相互作用是事物的真正的终极原因。我们不能比对这种相互作用的认识追溯得更远了，因为在这之后没有什么要认识的东西了。……只有从这种普遍的相互作用出发，我们才能达到现实的因果关系。"① 恩格斯的这段论述，似亦有助于我们对"三生万物"之涵义的理解。

《易·系辞上》说："数虽三，其实一也。"因此，"二生三"的"三"可以说也是"一"，不过它已不是"道生一"的"一"，不是浑沌的"一"，而是建立在"一分为二"基础上的明晰化了的"一"，是"合二而一"的"一"或作为整体的"一"。所以，完备意义上的道是一分为二基础上的合二而一，故道的实质是矛盾法则或对立统一规律。道依次所生的一、二、三都是"道"在形而上范围内的延伸或展开。正因为"三"亦是道的存在形式，是道化生万物的基本图式，是万物即包括人在内的每一个事物之所以产生、存在、发展和消亡的根本依据，所以接下去说"三生万物"，这与五十一章的"道生之"（其中的"之"字是万物的代词）即道生万物也是一致的。

---

① 《马克思恩格斯选集》第 4 卷，人民出版社 1995 年版，第 328 页。

对于"道生一，一生二，二生三，三生万物"中的"生"字，应如何解读，刘笑敢先生说："从古汉语的基本常识和老子的原文出发，'生'显然不是'母生子'之'生'，而是类似于'有无相生'或'戎马生于郊'之'生'，是演化出的意思。这不是'鸡生蛋'或'蛋生鸡'式的个体生命形式的转化，也不是细胞分裂或种子遍布而生的生长。不过，'道生一'的'生'虽然不是具体的一生多的生殖或分裂过程，但也不是毫无所生。道之生是从原初的模糊不定的状态氤氲演化式的生，是从无到有，从简到繁，逐步繁衍扩散式的生。总之，一方面我们不必把道生万物的过程具体化为某种阴阳之气或天地的产生过程，另一方面也不应该把它归结为牟氏的主观境界的观照或傅氏的完全没有生成关系的抽象在先。"① 刘笑敢对本章"生"字的解读，特别是对牟宗三的"主观境界观照"说和傅伟勋的"抽象在先"说的批评，具有重要参考价值，故抄录之。

④万物负阴而抱阳：指事物矛盾的两个对立面的相互依存和相互渗透。

⑤冲气以为和：此句中的"冲气"，是指事物的对立面之间的相互排斥、相互斗争、涌摇激荡，既对立又统一的机制，"冲气"不过是对此种机制的形象化的表述；"以为和"是说在此种机制的作用下，事物的对立面之间实现了某种程度的协调与和谐。"以为"一词，在古汉语中犹而为，而成。以，而，连词。汉扬雄《长杨赋》"杨巇辥而为戈，纡南山以为罝。"晋潘岳《西征赋》："野蒲变而成脯，苑鹿化以为马。"其中的"而为"与"以为"、"而成"与"以为"皆互文见义。

"冲气以为和"，王弼本、河上公本、傅奕本等古本如是，唯帛书甲本（乙本残）冲作"中"，为"中气以为和"。范应元说，"冲"，"古本作盅，器虚也。"② 从文义看，作"冲"较好，故校定文从王弼本作"冲"。

以上注释，皆详见【辨析】。

"一"（太极）以"道"（无极）为根本依据，

① 刘笑敢：《老子古今》，中国社会科学出版社 2006 年版，第 441—442 页。对牟、傅的批评详见第 440—441 页。

② 《四部要籍注疏丛刊·老子》，中华书局 1986 年版，第 628 页。

"二"（纯阴、纯阳）以"一"（太极）为根本依据，

"三"（纯阴、纯阳及其相互作用的机制）以"二"为根本依据，

万物（的化生）以"三"（对立面及其相互作用）为本体①。

万物内部皆包含着阴阳两个相互依存相互渗透的对立面，

对立面的相互交感激荡实现了某种程度的协调与和谐。

辨 析

一、关于对"道生一，一生二，二生三，三生万物"的解读。就笔者所见的注译本来看，注家们在本章主旨及文义的认定上所产生的争论和分歧，主要集中在对"道生一"之义的解读上。首先是被国学大师梁启超誉为"集道家学说之大成"的《淮南子》（《淮南鸿烈》）的诠释，其作者将"道生一"释为"道始于一"（原文为"道曰规始于一"。王念孙《读书杂志》云："'曰规'二字与上下文义不相属，此因上文'故曰规生矩杀'而误衍也。《宋书》《律志》作'道始于一'，无'曰规'二字。"），曰："道始于一，一而不生，故分而为阴阳，阴阳和而万物生，故曰'道生一，一生二，二生三，三生万物。'"② 显然，从此文看，释句中的"道始于一"对应"道生一"，"阴阳"对应"一生二"中的"二"，"阴阳和"对应"二生三"中的"三"，"万物生"对应"三生万物"中的"生万物"。

对"道始于一"之后的释文姑且不论，因为许多注家引此为据而诠释"道生一"，故先就《淮南子》能否将"道生一"释为"道始于一"作一分析。

从《淮南子·天文训》对此句的诠释看，作者显然是将"道生一"中的"生"字释为"始于"了。但从词义学和语法学的角度看，"道始于一"只能作两种解释：一是把"始"释为"开始"，那么此句就应释为"道开始于一"或"道从一开始"。乍一看，这句话好像与"道生一"即"一为道所生"的意思差不多。但是，按照形式逻辑的同一律，对其下的"一生二，二生三，

---

① 前面说过，"道"依次所"生"的"一"、"二"、"三"是道在形而上范围内的延伸，故它们在总体上仍属于道，因而这里的"三"实际上也是"道"，所以亦是万物的本体。

② 何宁：《淮南子集释》，中华书局1998年版，第244页。

三生万物"中的"生"字也应释为"始于"或"开始于"。这样一来，"一生
二"就只能释为"一从二开始"，"二生三"只能释为"二从三开始"，"三生
万物"只能释为"三从万物开始"，这样一来，问题就开始凸显了。不仅如
此，由此按形式逻辑尚能推导出下面的结论："一从万物开始，从而道也从
万物开始"。显然，这一结论就与"道生一"即"一为道所生"、从而万物也
为道所"生"的观点大相径庭了。

再看第二种解释，即把"始"字释为"始原"。仍然按照语法学的规则，
"道始于一"就应释为："道始原于一"，即"一是道的始原"或"道为一所
生"。那么"一生二，二生三，三生万物"就应依次释为："一为二所生，二
为三所生，三为万物所生。"同样，由此按逻辑规则也能推导出下面的结论：
"万物为一的始原，从而亦是道的始原"，或者说："一为万物所生，从而道
也为万物所生。"显然，这一结论与老子一再强调的道为"天地之始"、"万
物之母"的思想观点完全背道而驰。因此，对《淮南子》在道家学说中的地
位权且不论，单就其将"道生一"释为"道始于一"来说，则是不当的，甚
至是完全错误的，故不能引为对此章主旨解读的正面依据。由此可以证明
《淮南子》的"道始于一"是一个假命题。

蒋锡昌说："道始所生者一，一即道也。自其名而言之，谓之道；自其
数而言之，谓之一。"既然老子说"道生一"，那么就是"一"为道所"生"，
或者说"一"是道的产物，怎么能说"一即道也"呢？反过来说，"一即道
也"，何以解释"道生一"呢？如果老子认为"一即道也"，那么老子为何不
说"道即一"而说"道生一"呢？可见蒋锡昌之说不能成立。

高亨注释"道生一"说："一者，天地未分之元素，《说文》所谓'惟初
太始，道立于一，造分天地，化成万物'者也。《庄子·天下篇》述老聃之
术曰：'主之以太一'，太一即此一也。"[①]孙以楷认为"高亨说得好"。但
是，古棣评论高亨之见时说：

（一）说《老子》"道生一"之一即《说文》"道立于一"之一，是
可以的，但"道生一"却和"道立于一"截然不同。前者说，一是道所
生的，道是第一性的、原始的，一是第二性的，派生的；后者则相反，
认为一是第一性的、原始的。"惟初太始，道立于一"，这是唯物主义
的；而老子的"道生一，一生二，二生三，三生万物"则是唯心主义

---

①　高亨：《老子正诂》，开明书店 1943 年版，第 96 页。

的。高注未注意到这一点。（二）《庄子·天下篇》说老聃"建之以常无、有，主之以太一"……这"太一"是原始的，即老子的道，而不是"道生一"之"一"。"太一"即"道"，即"大"，是原始的、第一性的；而"道生一"之"一"则是派生的、第二性的。《天下篇》概括老子哲学说"主之以太一"，在"一"字之前加"太"字，大概正是为了与"道生一"之"一"相区别。①

古棣的这段评论，除了"'惟初太始，道立于一'，这是唯物主义的；而老子的'道生一，一生二，二生三，三生万物'则是唯心主义的"这两句话外，大体是对的。上引古棣的那两句话所以说是不对的，是因为判断是不是唯物主义，不在于"道生一"之"一"，而在于道本身是否具有客观实在性。

在对本章文义的解读中，孙以楷的观点与古棣的观点针锋相对，批评古棣的观点是孙以楷释文的一条主线，他基本上是在批评古棣观点的过程中阐述自己观点的。

孙以楷对本章文义的解读，一个显著特点是自始至终贯穿着"气论"，或者说他是以各种不同的"气"来诠释全章文义的。为了使孙以楷的观点不走样，先将他的有关论述抄录于此，然后加以分析。

什么是道呢？孙以楷在批驳古棣观点时作了回答，他说："道是物质（未成具体物形的气）有什么不可以？这种气产生了一，怎么就成了唯心主义？"这就是说，在孙先生看来，道是"未成具体物形的气"。它虽然还"未成具体物形"，但也是"物质"或"物"。孙先生在批评卢育三"否认'一'是元气"的观点时说："如果'一'不是元气或者不是混沌一体之气，那么'无中潜在着的有'又是什么？"由此可见，孙先生是将"道生一"中的"一"释为"元气"的。他说："什么是'二生三'？什么是'冲气以为和'？"他在援引了张松如对"和"的释义后，说："'二'指阴、阳两个方面；三是万物，指阴阳对立统一遂化生众多不同的物。冲气，即阴、阳二气涌摇交荡依一定数量、地位组合之气。和气中阴、阳两方的数量不同、地位不同，因而和气也呈现不同性质，这就形成了不同的事物。但所有的物都是由阴阳构成（负阴而抱阳）的和气，只是其中阴阳的数量、地位不同。"②

从这段论述中可见孙以楷在解读此章文义时贯穿着"气一元论"，他共

提出了六种"气",即"未成具体物形的气"、"元气"、"阴气"、"阳气"和莫名其妙的"冲气"、"和气"。说"道生一"中的道是"未成具体物形的气";"一"是"元气";"冲气"是"阴、阳二气涌摇交荡依一定数量、地位组合"而成的"气";"和气"是由"阴阳构成(负阴而抱阳)的"。他唯独没有用"气"来解读"二生三"。他说:"'二'指阴、阳两个方面;三是万物。"读了孙以楷的释文,顿生"眼花缭乱"和"雾里看花"之感,有许多问题感到困惑莫解:

(1) 孙以楷说,道是"未成具体物形的气","道生一"的"一"是"元气"。为什么这样讲,孙先生未加论证。"以老解老"应是一条基本的原则,那么这种论断在《老子》中能否找到证据呢?据统计,在《老子》中,"气"字凡三见,即:十章"专气致柔",四十章"冲气以为和",五十五章"心使气曰强"。显然,"专气致柔"的"专气",是"抟气",即凝聚气的意思,是讲养生的;"冲气以为和"的"冲气",孙先生已释为一种独立的气;"心使气曰强"的"气",是告诫人们不要动气变"强",以免"早已"。总之,皆与"未成具体物形的气"和"元气"没有什么关系,因而这两种"气"在《老子》中皆找不到任何根据。再说,作为道的"未成具体物形的气"在分化、"剖判"或转化为"元气"后,它是否还存在呢?如果不存在,那么道何以是"常道"或"恒道"呢?如果存在,那么它存在于何处呢?也未可知。

(2)"三生万物",显然是"万物由三所生"的意思,但既然孙说"三是万物",那就等于"万物生万物"了,"三"这个化生层次岂不成了多余的?而且"万物生万物"这句话还有什么意义呢?

(3) 将"冲气以为和"中的"冲气"释为一种"气",说它是由"阴、阳二气涌摇交荡依一定数量、地位组合(而成)之气";将"和"亦释为一种"气",叫做"和气",而"和气"是由阴、阳构成的。试问:这种构成"和气"的阴、阳是不是"阴气"和"阳气"呢?如果不是,那么它怎样能构成"和气"呢?如果是,那么它与"冲气"有什么区别呢?"冲气"与"和气"的关系又是什么呢?也未可知。

(4) 既然将"冲气以为和"中的"冲气"释为一种气,将"和"亦释为一种气,即"和气",那么"冲气以为和"这句话就应释为"冲气而为和气"或"冲气而成和气"。(关于"以为"的涵义,见注释⑤)这句话究竟是什么意思呢?不得而知。说"冲气"是由阴阳二气组合而成的,"和气"是由阴、阳构成的,二者的区别主要是在阴、阳之后有没有"气"字。这是否意味着在"冲气"而成"和气"之时，"气"就被蒸发掉了呢？

（5）说"所有的物都是由阴阳构成（负阴而抱阳）的和气"，也就是说，"物"是"和气"，那么"和气"是不是"物"呢？孙以楷没有说，但似乎亦是物，因为既然所有的物都是"和气"，那么这种"和气"就绝不会是某种"观念"，何况还是"气"呢！既然"和气"是"物"，而"冲气以为和"这句话就可释为"冲气而成物"。既然如此，那么"冲气"显然也是"物"。这样一来，"冲气以为和"这句话就可释为"物而成物"。显然，如果对"冲气以为和"作这种释义或解读，它就不是一个哲学命题了。

（6）孙以楷将"二生三"中的"三"释为"万物"，将"二"释为"阴阳两个方面"。显然，"万物"是指一切"物"，而单说"物"也是一个全称概念，就像"人"是全称概念一样，因而"万物"亦可简称为"物"。根据前面孙先生说的"冲气"这种"物"是由阴阳二气组合而成，那么我们由此也可顺理成章地推出作为"三"的"物"是由"二"即阴阳二气组合而成或"生"的，况且"阴阳"两个方面绝不会是"观念"之类的东西。由此，作为"二"的"阴阳两个方面"，也可以说是"阴阳二气"，况且他在讲"和气"时明明说过"阴、阳二气涌摇交荡依一定数量、地位组合"的话。

孙以楷的《老子通论》中没有《老子》的译文，故权且按照孙先生以"气一元论"对本章文义的诠释及笔者对此诠释的分析，将"道生一，一生二，二生三，三生万物。万物负阴而抱阳，冲气以为和"试译为："未成具体物形的气生元气，元气生阴阳二气，阴阳二气生万物，万物生万物。万物负阴气而抱阳气，'冲气'而成'和气'。"笔者认为这段译文是忠实于孙以楷对此段经文的诠释的，包括将其中的"三生万物"译为"万物生万物"，以及将"冲气以为和"译为"'冲气'而成'和气'"，也完全是照孙以楷的诠释而译出的。但这样一来，恐怕就令人难以弄通译文究竟是什么意思了。这说明以"气"（无论这种"气"是"未成具体物形的"还是已"成具体物形的"）来解读本章的句子及其文义，势必会带来一些难以讲通的问题。

胡孚琛释"道生一"的"一"为"元始先天一炁"，"是最初的宇宙蛋，是种子，是原型，是基因，是混沌，是宇宙中万事万物全息的'模本'"；"二"指阴阳二性，"三"为信息、能量、物质。[①] 那么"元始先天一炁"等等是不是一种物质呢？显然是物质。但是，老子说"三生万物"，也就是说在道生"一"、生"二"的阶段，"物"（"万物"是指每一种物）还没有

---

①　胡孚琛：《道学通论》，社会科学文献出版社 2009 年版，第 144—145 页。

"生"出来，怎么就先有了物质呢？似乎也难以自圆其说。故胡孚琛的诠释可聊备一说。

笔者认为，老子作为哲学范畴的"道"是既超越又内在于天地万物及社会人生的形而上的存在本体和价值本体，它的实质是宇宙万物的共相，集中表现为矛盾法则或对立统一规律，对立面的协调、和谐或转化是其落脚点。既然道的实质是矛盾法则或对立统一规律，而它又是内在于万物之中的，因此它是不依人们的主观意志为转移的客观存在，或者说它是具有客观性的存在本体。但是，道并不是"物"（二十一章"道之为物"应释为"道这个东西"）、"实物"或"气"之类的东西，所以它是"视之不见"、"听之不闻"、"搏之不得"（十四章）的。显然，"气"在它"未成具体物形"之时，固然亦是"视之不见"、"搏之不得"的，但当它已"成具体物形"之后，是否亦是"视之不见"的呢？如果仍是"视之不见"的，那么除了它至小至微或观者视力不佳外，则是不可思议的；如果它是"视之可见"的，那么隐于微观世界（如分子、原子、基本粒子、夸克等）中的作为道的"气"，即使是用高倍显微镜，就能"视之可见"吗？姑且不说微观世界，而只就中观世界之物比如金刚石来说，作为道的已成具体物形的"气"，能隐藏于其中吗？如果把一些分子密度极大的物体排除在外，那么岂不违背了老子说的"道者，万物之注"（帛书，六十二章）和"其小不遗，故万物备"（《庄子·天道》）的思想吗？而作为道的矛盾法则或对立统一规律则不然，它却是存在于一切事物包括金刚石、分子、原子、基本粒子等等之中的。

之所以说"道"是具有超越性的、形而上的，是就其作为对内在于万物之中的"道"的抽象和概括的产物而言的，或就其作为哲学范畴而言的，正如马克思主义哲学中的对立统一规律是一个哲学范畴一样。"道"之所以不同于黑格尔的"绝对观念"以及古棣说的"绝对观念之类"，是因为"道"或对立统一规律是内在于万物之中，不依人们的主观意志为转移的客观实在，而"绝对观念"却只是黑格尔头脑的产物，并说天地万物都是绝对观念的"外化"，这当然是客观唯心主义了。

之所以说"道"是天地万物的存在本体，是就它是天地万物赖以产生、存在、发展及消亡的根本依据的意义上说的。毛泽东指出："一切事物中包含的矛盾方面的相互依赖和相互斗争，决定一切事物的生命，推动一切事物的发展。没有什么事物是不包含矛盾的，没有矛盾就没有世界。"① 之所以

---

① 《毛泽东选集》第 1 卷，人民出版社 1991 年版，第 305 页。

说"道"为天地万物的存在本体，是在"没有矛盾就没有世界"的意义上说的——显然，说"没有矛盾就没有世界"，并非意味着"矛盾"就先于"世界"而存在；之所以又说它是天地万物及社会人生的价值本体，是就人类（万物中的一种）以道所体现的"法自然"、"无为"等特性作为自己改造自然、改造社会和完善自身的某种价值尺度的根本依据而言的。

依照笔者上述对道的诠释，可见"道生一，一生二，二生三，三生万物"中的"生"，既不是鸡生蛋那样的派生，亦不是蛋生鸡那样的化生，而是在为后者提供借以产生、存在、发展和消亡的根本依据的意义上的"生"。所以，在笔者看来，老子是把道作为天地万物及社会人生的形而上的存在本体及价值本体的，他在实际上并没有真正回答宇宙起源或宇宙生成论的问题。正如李泽厚所指出的："所谓'有物混成，先天地生'，'惚兮恍兮，其中有象；恍兮惚兮，其中有物'等等，也只是强调'道'对'象'、'物'、'天地'的优先地位。而这种所谓优先，并不一定是时间性的，《老子》并未有意于讲宇宙发生论，这正是先秦《老子》与汉代《淮南子》的差别所在。"① 否则，"天下万物生于有，有生于无"（四十章）的道理就不容易讲得通了，因为"无"怎么能化生或派生出"有"和万物来呢？那岂不是说老子真的相信"无中生有"了吗？那显然是不可能的。

在笔者看来，"道生一，一生二，二生三"中的"一"、"二"、"三"是道在形而上范围内的展开，它们在总体上仍为作为形上本体的"道"。其中的"一"是"道"所虚义转化的"太极"，"二"是指"太极"分化出的纯阴、纯阳，"三"是指纯阴、纯阳和它们居间联系的环节即亦阴亦阳、非阴非阳的"中介"。

在此需要对"一生二"的"二"的涵义略作阐释。《吕氏春秋·大乐》说："太一出两仪，两仪出阴阳。阴阳变化，一上一下，合而成章。"这里所说的"阴阳"，是出自"两仪"的阴阳，因而"两仪"是阴阳的生身父母，那么"两仪"就是纯阴、纯阳，就是"一生二"的"二"；如果说这里所说的"阴阳"是指自然界及社会人生的阴阳所藉以产生的阴阳的话，那么也说明它是纯阴、纯阳，即哲学意义上的元阴阳，亦即"一生二"的"二"。总之，"一生二"的"二"不是代指自然界及社会人生诸事物中的阴阳，更不是所谓阴气、阳气，而是"两仪"或纯阴纯阳、元阴阳。

对"道生一，一生二，二生三，三生万物"，大多数学者将其视为老子

① 李泽厚：《中国古代思想史论》，天津社会科学院出版社 2003 年版，第 85 页。

宇宙生成论的基本图式或"老子对世界万物生发演化过程所作的理论假说的抽象化、模式化表述"① 笔者并不同意这种看法，而认为它是老子宇宙本根论或本体论的表述；从其逆向来看，亦可视为老子追问和探寻事物矛盾关系之形上根据的抽象思维过程。这是一个从事物现象层面的矛盾关系一直到本根"道"的潜在矛盾关系的多层次的扬弃、蒸发和超越的过程。

再反过来看，从"道"到它依次所"生"的"一"、"二"、"三"，大体经历了三个发展阶段：一是"道"的此在阶段，是时其内部的差异或矛盾还是隐形的，因而总体上呈现的是"不可致诘"的混沌的和谐状态，是一种无差别境界；二是道由"一"生出"二"之后，对立面逐步展开而明朗化；三是它由"二""生"出"三"之后，对立面经过冲突、激荡而逐步进入相互协调、和谐或转化的阶段。这是道及其实质的矛盾法则在形而上范围内逐步展开的过程，是矛盾由隐到显、又由冲突到和谐或转化的过程，也是由混沌的和谐中经对立面的展开、激荡而达致明朗化的新的和谐统一或转化的过程，因而是一个否定之否定的过程。

对"道生一，一生二，二生三，三生万物"，笔者根据以上的分析和理解作了意译，是否准确，可以讨论。否则，如果像张松如先生那样，仅就其字面意义将其直译为："道产生一，一产生二，二产生三，三产生万物"②，虽然似乎不走样，但根本不触及"一"、"二"、"三"的涵义，总觉似乎不尽如人意。

二、关于对"万物负阴而抱阳，冲气以为和"的解读。

"万物负阴而抱阳"是说天地万物及社会人生都包含着阴与阳两个相互依存、相互渗透的对立面，概莫能外。正如《庄子·秋水》所指出的："盖师是而无非，师治而无乱乎？是未明天地之理，万物之情者也。是犹师天而无地，师阴而无阳，其不可行明矣。"意思是说，阴阳的对立统一乃是一切事物的固有性质或属性，以为有阴而无阳或有阳而无阴，就如同以为有天而无地或有地而无天一样，是不能成立的。"冲气以为和"中的"冲气"，并不

---

① 刘笑敢说："'道生一，一生二，二生三，三生万物'就是老子对世界万物生发演化过程所作的理论假说的抽象化、模式化表述，反映世界有一个共同的起始点，即共同的根源，这个共同的起始阶段或最初状态无法描述，也无法命名，只是勉强、姑且称之为道，从这个道所指代的那个阶段或状态逐步演化出宇宙最简单的存在形式，以后，从单一到繁多，从简朴到复杂，从混沌到具体，逐步出现了我们所能看到的大千世界。"（刘笑敢：《老子古今》，中国社会科学出版社 2006 年版，第 439 页。）

② 张松如：《老子校读》，吉林人民出版社 1981 年版，第 253 页。

是一种叫做"冲气"的"气"①，而是指统一物内部对立面之间的相互排斥、相互斗争、涌摇激荡、对立统一的机制，"冲气"不过是对此种机制的形象化的表述；"以为和"是说对立面的涌摇激荡或斗争作为一种机制而实现了事物对立面之间某种程度的协调与和谐。也可以说，这里的"和"，亦即《天问》"阴阳参合，何本何化"中的"参合"，《易传》"保合太和，乃利贞"中的"太和"，《庄子》"混芒之中……阴阳和静"中的"和"。总之，老子这里所讲的"和"，是以"负阴而抱阳"即差异、矛盾或事物的对立面的共同存在为前提，以"冲气"即对立面之间的相互排斥、相互斗争、涌摇激荡为基础、关键环节和必要条件的"和"。没有差异、矛盾、对立和必要的、适度的斗争，就没有对立面的协调与和谐，也不会有对立面的转化。

应当指出，中国哲学历来重视对立面之间"冲气"的机制或第三种要素。《逸周书·武顺》曰："人有中曰参，无中曰两。两争曰弱，参和曰强。"其中的"参"字在先秦是数字"三"之义（如《庄子·大宗师》："参日而后能外天下。"），所以应读作"三"。这是说，阴、阳两个对立面再加上"中"这个要素是为"三"。有了"三"，才有"和"与"强"的可能性。如果对立面根本没有发生相互关系，尚未"冲气"，证明它们之间还没有真正形成矛盾关系，那么何谈它们之间的协调与和谐呢？何谈它们构成一个明晰的矛盾统一体呢？在中国哲学中亦有与此相反的观点，比如同为道家的庄子就提出了"合两为一"、"合异以为同"（《庄子·则阳》）等概念和命题，显然带有取消差异和矛盾的意味，包括惠施的"合同异"理论，皆带有明显的相对主义倾向。

需要说明的是，"冲气以为和"的"冲气"虽然指的是对立面之间的相互排斥、相互斗争、涌摇激荡的机制，亦即对立面的斗争性，但老子强调这种斗争的柔弱性，所以他说"弱者道之用"（四十章），"柔弱胜刚强"（三十六章），力避采用激烈的或极端的手段解决问题；对军事或战争手段即使在"不得已而用之"的情况下，也要以"铦袭为上"（三十一章），即以精锐之师乘敌不备对敌实施突然袭击是为上策，目的是尽快结束战争，反对穷兵黩武。

因此，"冲气以为和"的"和"，并非无差别的、绝对的、僵死的同一，更不是许多注家所认为的"和气"。早于老子大约二百多年的史伯在回答郑

---

① 高亨说："冲气以为和者，言阴阳二气涌摇交荡以成和气也。"（《老子正诂》，开明书店 1943 年版，第 9 页。

桓公的问题时就说过：

> 夫和实生物，同则不继。以他平他谓之和，故能丰长而物归之；若以同裨同，尽乃弃矣。故先王以土与金木水火杂，以成百物。是以和五味以调口；刚四支以卫体；和六律以聪耳；正七体以役心；平八索以成人；建九纪以立纯德；合十数以训百体、出千品、具万方、计亿事、材兆物、收经入、行姟极。"（《国语·郑语》）

史伯说的"和"是建立在"以他平他"基础上的"和"，是不同事物之间或同一事物内部对立面之间经过某种程度的相互排斥、相互斗争而达到的某种程度的平衡、稳定、协调与和谐，因而是"和而不同"（孔子语），此与老子说的"冲气以为和"的"和"之义同。与此相反，"以同裨同"是指同一事物或因素的机械相加或简单重复，是无差别的绝对的同一。这种"同一"，因为否认矛盾，否认对立面的"冲气"，所以是没有内在动力的、僵死的，因而是难以为继（"不继"）的，必将"尽乃弃矣"。总之，"和"是一个对立统一的概念，是对立面的平衡、稳定、协调、和谐之义，"和"也包括对立面的转化，对立面的转化是"和"的一种特殊形式。总之，"和"不是无差异、无矛盾、无对立、无斗争的绝对的等同，而"同"则是形而上学的等同与单一。"和实生物，同则不继"是宇宙的普遍规律。

陶德麟先生在论述相关问题时，对"和谐"的涵义作了比较准确的阐释。他说：

> 和谐不是无矛盾，而是矛盾双方相互关系的特殊形态。这个概念的内涵不能泛化。首先，不能把矛盾双方共处于统一体中的状态都说成和谐。矛盾双方只要还没有破裂，就处于统一体中，即使是斗争非常激烈的对抗性矛盾也可以处在这种状态。这当然不能叫做和谐。其次，矛盾双方斗争比较缓和，统一体相对平衡的状态可以叫做稳定，但也还不能叫和谐。只有矛盾双方不仅相对稳定地处在统一体中，而且一方的发展对另一方的发展有利，即"相辅相成"、"共生共荣"、"互利双赢"的状态，才是哲学意义上的和谐。在阶级社会里，只要阶级对立的根源没有消除，这种和谐现象就不可能是社会的总体特征和本质属性，也不可能

长久地保持。"太平盛世"也好，"福利社会"也好，都不能叫做和谐社会。①

　　我们看到，毛泽东在《论十大关系》中所讲的除敌我关系之外的全部关系，江泽民根据毛泽东思想和邓小平理论以及社会主义现代化建设的现实经验而作的《社会主义现代化建设中的若干重大关系问题》中讲的十二个关系，所分析的都是社会主义条件下非对抗性矛盾的对立面如何实现协调与和谐的问题。胡锦涛提出的科学发展观和构建社会主义和谐社会等重大战略思想，所要解决的是在新的历史条件下如何实现自然、社会和人的持续而协调地发展，实现经济、政治、文化、社会之间以及经济、政治、文化、社会各自内部诸方面之间关系协调与和谐的问题。
　　我们也应当看到，在社会领域里，在共产主义社会实现之前，完全意义上的和谐只能在局部范围内实现，而在全社会范围内的和谐只具有相对的意义。这主要是因为各阶级阶层之间、人与人之间的利益、要求和愿望是不同的，有些甚至是完全相反的。即使矛盾双方在某种程度上是"相辅相成"、"共生共荣"、"互利双赢"的，也只是为实现完全的和谐提供了前提和基础，并不等于就是现实的整体的和谐。比如：在社会主义条件下，工农之间、城乡之间、脑力劳动者与体力劳动者之间，以及领导与群众之间，在总体上虽然是"相辅相成"、"共生共荣"、"互利双赢"的，但他们之间是否就是完全和谐的呢？非也。因为他们之间虽然在根本利益上是一致的，但还有某些局部利益或个人利益不一致，或者说，还有某些非对抗性的矛盾有待解决，或需要化解与"磨合"。回避这些矛盾，不积极主动地去解决这些矛盾，完全意义上的和谐也不过是一句空话。因此，要实现全社会的和谐，包括社会与自然的和谐，是一个以经济社会持续较快发展为前提和基础的不断发现和解决各种矛盾的过程，因而也是一个"冲气以为和"的过程。应当充分地估计构建社会主义和谐社会的长期性、艰巨性和复杂性，切不可轻言我们已经是社会主义和谐社会了。
　　李泽厚先生在论述老子关于"和"的思想时说：

　　　　由《老子》所突出提炼和净化了的矛盾普遍观念，以及"贵柔"、

----

　　①　陶德麟执笔：《以马克思主义为指导，建设社会主义核心价值体系》，《光明日报》2007 年 3 月 20 日。

"守雌"、"不为天下先"等对待矛盾的具体态度，都在形成和确定中国思维的历史河床中具有里程碑的意义。敬子、《易传》固然承接、吸收了《老子》，就是同时或稍早的 A 而非 A，（即限定 A，不使之过分发展到 A'）的中庸辩证形式，亦即是"度"的注意，以保持、维护整体生命的和谐稳定，避免矛盾的激化而导致对立项的易位，也与《老子》的"贵柔"、"守雌"有共同或相似处。① 尽管今日论者们可以斥责"贵柔"（老）和"中庸之道"（孔）为消极、保守、落后甚至反动，但这只是从矛盾斗争的近代抽象形式来评论本来具有具体经验内容的中国古代辩证法，因而它不一定是准确的。在现实生活特别是古代农业社会中，除军事斗争的特殊情况外，并非任何矛盾都必须激化或转化，特别是从一些生命有机体来看，以维护机体系统的和谐稳定为目的，强调对立项的依存渗透，中和互补，避免激剧的动荡、否定、毁灭、转化，在许多对象和许多情况下，有其重要的合理性。正由于中国辩证法主要源出于和应用于社会秩序、政治统治和人事经验，它之所以具有这种特性，便有其不可忽视的现实根源和生活依据。我们不能以某种一般形式标准来抽象地否定它。对《老子》哲学层的辩证法，亦然。②

李泽厚的论述特别是关于"在现实生活特别是古代农业社会中，除军事斗争的特殊情况外，并非任何矛盾都必须激化或转化，特别是从一些生命有机体来看，以维护机体系统的和谐稳定为目的，强调对立项的依存渗透，中和互补，避免激剧的动荡、否定、毁灭、转化，在许多对象和许多情况下，有其重要的合理性"的见解，在我国社会发展的现阶段仍具有参考价值。

此外，孙以楷先生说："庄子说老学'主之以太一'，显然'一'（指'道生一'的'一'——引者注）就是'太一'，这几乎是学者们的共识。"这种说法缺乏根据，古棣已有批评。孙先生还说："从文字学角度说，'生'

---

① 李泽厚自注：如著名的季扎观周乐后的赞颂："至矣哉！直而不倨，曲而不屈，迩而不逼，远而不携，迁而不淫，复而不厌，哀而不愁，乐而不荒，用而不匮，广而不宣，施而不费，取而不贪，处而不底，行而不流，……"（《左传·昭公元年》），说明这种思维方式已是当时（春秋）重要的理论成果，而它又正是从人事经验而非从自然观察上升为普遍意识的。（李泽厚：《中国古代思想史论》，天津社会科学院出版社 2003 年版，第 87 页。）

② 李泽厚：《中国古代思想史论》，天津社会科学院出版社 2003 年版，第 87—88 页。

通‘性’，‘道生一’亦可解作道的本性是一。"如果对"道生一"的"生"字作如此诠释还可说得过去的话，那么对"一生二，二生三，三生万物"中的"生"字能否作这种诠释呢？如果也作如此诠释，其译文只能是："一的本性是二，二的本性是三，三的本性是万物。"如果与前面"道的本性是一"联起来，并从逻辑上进行推导，则只能作出"道的本性是万物"这一完全有违老子思想的结论。如果"性"只能用于"道生一"中的"生"字的诠释，则违反了形式逻辑的同一律，显然也是不当的。以上所讲的道理，还可参阅本书十八章【辨析】一。

综上所述，笔者以唯物论而不是以客观唯心论对本章之文义作出了阐释，从这一点上来看，笔者与孙以楷并无二致；虽然本文对孙先生的某些看法提出了商榷和批评，但也是为了力求准确地把握本章的主旨和老子的思想，所以就争论的根本目的来看，笔者与孙先生是完全一致的。

对于道的性质，高亨说："老子所谓道，是他想象出来的，没有也不可能有科学根据，仍属于唯心论的范畴。"根据前面对"老子所谓道"的分析和阐述，可以证明高亨说这话似乎"没有也不可能有科学根据"，而且没有事实和文献之根据。

述　评

如前所述，"万物负阴而抱阳，冲气以为和"之中已具有对立面之间相互激荡、斗争和由此而达到对立面之间的某种平衡、稳定、协调、和谐的意思或思想。但是，从此文看，似乎"和"是对立面斗争的最终结果，并不包括对立面相互转化的思想，而后者也是非常重要的，因为没有对立面的转化就没有新事物的产生，就没有新局面的出现。这也许是老子此文的局限性之所在。当然，老子这里写的是哲理诗，而不是学术论文，所以不可能把一切有关思想都阐述清楚，因而是可以理解的，而且我们也不能苛求于古人。

那么老子是否有对立面转化的思想呢？有的。比如十五章"孰能浊以静之徐清？孰能安以动之徐生？保此道者不欲盈。夫唯不盈，故能蔽而新成。"在笔者看来，这里讲的是政治局面由"浊"（浑浊）到"清"（清澈）的转化和由"安"（死水一潭）到"生"（充满生机活力）的转化。又如五十八章"祸兮，福之所倚；福兮，祸之所伏。孰知其极？其无正邪？正复为奇，善复为妖。"这里讲的是祸福之间相互依存、相互渗透、相互转化的情况，也包括正与邪的相互转化的情况。这些论述，似可弥补前文之不足。不过，我们从老子说的"正复为奇，善复为妖"似乎可以依稀看出老子思想的历史的或阶级的局限性，因为老子所处的时代是一个社会大变革的时代，即从奴隶社会向地主封建社会转化的时代，若站在历史前进的潮头，则应当将其视为正处于"奇复为正，妖复为善"的转化中的时代，而老子却拘于社会的极度混乱而错误地认为这是"正复为奇，善复为妖"。

或问：对立面之间的激荡和斗争有没有导致一方"吃掉"另一方和双方同归于尽的情况呢？当然是有的，而这大概不是老子所企望的，也许老子认为前面所讲的是"和"的最重要的涵义，因此他没有对此作进一步的分析，这也是老子思想历史局限性的表现。一般说来，一方"吃掉"另一方往往是对抗性矛盾斗争的结果。"鹬蚌相争，渔人得利"的寓言故事，是矛盾双方（鹬和蚌）因"冲气"过分或斗争方式、斗争力度不当而导致"同归于尽"的事例。不过对于我们今天建设中国特色社会主义的大环境来说，这类问题毕竟是个别的。

参　考

庞朴先生在《说"参"》中对为什么"数成于三"作了阐释，也由此涉及对《老子》本章内容的诠释。这对我们理解"三生万物"具有重要参考价值，故抄录于后。

他在援引了司马迁说的"数始于一，终于十，成于三"（《史记·律书》），《太玄经》说的"诸一则始，诸三则终，二者得其中乎"（《太玄文》），龚自珍说的"万物之数括于三：初异终，中异终，终不异初"（《壬癸之际胎观第五》），以及古希腊毕达哥拉斯学派说的"一切的一切都是由三元决定的。因为全体的数有终点、中点和起点；这个数就是三元。我们称二为'双'不为'全'；说到三我们才说全"（据黑格尔《哲学史讲演录》第一卷，第233页）之后说：

　　　　为什么数"成于三"？为什么三是"全"是"元"？难道"一"不是更完整更具有"元"的资格么？人们当然曾经想到过，一切都是从一开始的。但是这个开始的"一"，为能开始下去，创生出或变化出"多"来，就必须具备一种动力。如果这个动力是从外面获得的，那么"一"

便不成其为开始的一，因为另有一个外力先它而在或与它同在。如果这个动力是从内部获得的，那么"一"便不是一个单纯的一，它的内部应是复杂的；在这种情况下，它又不会因其复杂而是"二"，因为二不可能谓之开始，开始者只能是一。这样，纯一不可能开其始，"二"不可能是开始，那么只有具备有二于自身之中的一，才有可能实现其开始并且真正成为开始，而这就是"三"。只是这是作为一的三，成为三的一；不是作为三的三。这就是三元。①

在由此涉及对《老子》本章的内容特别是"三生万物"涵义的理解时，庞先生说了下面一段话：

　　　万物都是阴阳之和，所以万物都是一个"三"；道生一生二生三，所以道也是一个"三"。道这个三，又能生万物，这叫做"三生万物"。就这样，无论是道还是万物，都可以说既是一也是三。

　　　可以看出，这种三一的思想或三元的思想，是关于对立统一规律的一种表述。尽管它有许多模糊不清之处，但的确说出了世界由矛盾组成的大致情景。这种思想，早期各派思想家都从各自不同的角度多少接触到了，唯以道家为最精。②

①　《当代学者自选文库·庞朴卷》，安徽教育出版社 1999 年版，第 388 页
②　同上书，第 389 页。

十四章

　　勇于敢则杀，勇于不敢则活①。此两者，或利或害②。天之所恶，孰知其故？③

　　天之道④，不争而善胜⑤，不言而善应，不召而自来，坦然而善谋⑥。天网恢恢，疏而不失⑦。

（通行本第七十三章）

注　释

　　①勇于敢则杀，勇于不敢则活：帛书甲本在两个“敢”字后都有“者”字，帛书乙本及王弼本皆无。考虑到这里讲的是两种相反的行为，行为固然有主体，但不言自明，故校定文不从帛书甲本。句谓：不顾客观规律而敢于蛮干的人，必定会受到严重惩罚；敢于排除一切干扰，按客观规律办事的人，一定会得到较好的生存和发展。详见【辨析】一。

　　②此两者，或利或害：或，在此不是“或者”之义，而是代词。如《孟子·梁惠王上》：“兵刃既接，弃甲曳兵而走。或百步而止，或五十步而止。”句谓：这两种做法（指“勇于敢”和“勇于不敢”），一种有利，一种有害。

　　③天之所恶，孰知其故：在此对“天”即天道作了拟人化的表述。天道之“所恶”是“勇于敢者”。王淮说：“世俗浅薄之见，每以‘勇于敢’为有利，‘勇于不敢’为有害，故多好刚强而恶柔弱。以道观之，其实不然。柔弱之胜刚强，其理深微。天道恶刚强而贵柔弱，非智慧明达固不足以知之，故曰：‘天之所恶，孰知其故’。”①

---

　　①　王淮：《老子探义》，台湾商务印书馆1972年版，第274—275页。

在"天之所恶，孰知其故"句后，王弼本尚有"是以圣人犹难之"。帛书及景龙碑、敦煌辛本、严遵本、李荣注本皆无此句。注家多认为此是第六十三章之文字重出，疑为错简。刘笑敢说："从内容看，这一句与上下文没有关系。去掉后则文通意顺。"① 校定文据之删。

④天之道：指自然界的规律。起码在先秦，尚无"自然界"或"大自然"这个概念，而是以"天"代之的。荀子释"天"曰："列星随旋，日月递炤，四时代御，阴阳大化，风雨博施，万物各得其和以生，各得其养以成，不见其事而见其功，夫是之为'神'。皆知其所以成，莫知其无形，夫是之谓'天'。"（《荀子·天论》）这里所说的"神"，不是指有人格的天神，而是讲的自然界的不测之性。

一般而言，可以将老子说的"天之道"诠释为自然界的规律，因为老子是把与此相对的"人之道"看作是"损不足以奉有余"（七十九章）的。其实，"损不足以奉有余"只是私有制社会里通行的做法或原则，这种做法或原则实际是剥削者和统治者的意志和利益的集中体现，而并非人类社会的发展规律，亦即不是完全意义上的"人之道"。就其人类社会的发展规律同样是不依人的主观意志为转移、不可违背而言，也可视为"天之道"。老子说的"天之道"想必也是就其不依人们的主观意志为转移的意义上说的，所以他才说它"不争而善胜，不言而善应，不召而自来"。

⑤不争而善胜：这里说的是天道的一种行为及其结果。显然，天道没有意识，因而没有任何自觉的行为，一切都是自然的，所以谈不到争不争的问题。但人们由此很容易想到人能否做到"不争而善胜"呢？在《老子》中，"不争"多次出现，情况各异，其涵义不能一概而论。在社会领域里，就其与对手（亦包括敌人）而言，也有"不争"的情况，这比较适合陈鼓应、白奚下面所言：

"老子的不争也并非放弃争，而是以不争为争，是争的一种特殊方式，是一种更有效、更深入的争，是不争于一时而争于久远，不争于表面而争于根本。在老子看来，常人之争先争强乃是不善于争的表现，是不懂得争的艺术，他们争得的只是表面的、一时的胜利。在人们只知从正面直截了当地争强争先的时代，老子独反其道而用之，提倡一种韬光养晦的迂回之争，避免与人正面交锋，力求出奇制胜，后发制人，取得最后的胜利，这在当时确实

---

① 刘笑敢：《老子古今》，中国社会科学出版社 2006 年版，第 690 页。

是一种高明的争，老子可谓古之善争者。"①

例如，在毛泽东和我们党领导的革命战争和民族解放战争中，从 1927 年创立井冈山革命根据地直到人民解放战争开始的长时期里，对中心城市和全国性政权，就采取"不争"的战略和策略，而是走农村包围城市的道路，目的是积蓄革命力量，就是为了"争于久远"、"争于根本"，因而这种"不争"并非放弃争，而是"以不争为争，是争的一种特殊方式"。这确实是一种高明的"争"。

⑥坦然而善谋：河上公本和今王弼本坦然作"繟然"。范应元《老子道德经古本集注》曰："河上公并开元御注本作'繟'，王弼、梁王尚、孙登、张嗣作'坦'。"可见王弼本原作"坦然"。校定文从原王弼本作"坦然"。日本大田晴轩说："'坦然'，平貌，言天道平易，似无谋者，而歘、张、与、夺，善谋而不失也。'坦然'或作'繟然'，舒缓貌，亦通。"② 傅奕本、范应元本坦然作"默然"。

⑦天网恢恢，疏而不失：恢恢，广大也。句谓：自然规律就像一张无边无际的大网，网眼虽然稀疏，但谁也不会漏失。

译 文

敢于违背客观规律而蛮干的，
必定会遭到客观规律的惩罚；
勇于排除干扰，不逆客观规律而动的，
生存和发展的希望必然增加。
这两种做法啊，
一种有利，一种有害。
自然规律对"勇于敢"者厌恶，
谁知道是什么缘故？
自然界的法则啊，
虽然不争，却善于取胜；
虽然不说，却善于应承；

---

① 陈鼓应、白奚：《老子评传》，南京大学出版社 2001 年版，第 190 页。
② 转引自古棣《老子校诂》，吉林人民出版社 1998 年版，第 546 页。

无须召请，却自动到来；

天道平易，似善于谋划；

自然规律之网啊，无边无际；

它的网眼虽然稀疏，

但谁也别想逃得过去！

辨　析

对《老子》的每一章，认清它的主旨是至关重要的，而恰恰在对本章主旨的解读上注家们的分歧很大，因此尤其需要加以讨论。在这个问题上，注家们大体有以下四种说法：

1．"人生说"。坚持此说的注家认为本章的主旨是讲的消极的人生观及价值观。高亨说："这一章是老子的人生论。主要论点是阐述贵柔的主张。刚强人胆大，对于事敢干。柔弱人胆小，对于事不敢干。老子认为：敢干是死亡的道路，不敢干是生存的道路。"① 文选德说："老子的人生哲学是片面的，从某种意义上来说，老子是在提倡听天由命的'活命哲学'。"② 郭世铭说："天所憎恶的东西自然不能长久，但是人并不总能知道天憎恶什么，喜欢什么"，"所以人所能做的只是自己小心谨慎，别去找死。"③

2．"批判说"。坚持此说的注家认为本章的主旨是激烈抨击"勇于敢"的行为。李先耕说："本章是对那些'勇敢分子'的抨击，他们是上天所厌恶的。"④ 古棣说："这一章，特别是第一段，主要是反对'武士道'精神的。这是了解这一段的关键。……这种'武士道'精神抽掉了阶级内容，抽掉了一切社会内容，而只剩下了不怕死，为了什么目的是不问的。老子所批判的就是类似这种'武士道'精神的东西。"⑤ 他对本章前两句，译为："勇于拼命则死，勇于不敢则活。"

3．"治国说"。坚持此说的注家认为本章的主旨是讲关于如何加强统治

① 高亨：《老子注译》，河南人民出版社1980年版，第154页。

② 文选德：《〈道德经〉诠释》，湖南人民出版社2003年版，第266页。

③ 郭世铭：《〈老子〉究竟说什么》，华文出版社1999年版，第311页。

④ 李先耕：《老子今析》，中国社会科学出版社2002年版，第296页。

⑤ 古棣：《老子校诂》，吉林人民出版社1998年版，第542—543页。

的道理。尹振环说:"封建统治需要软硬兼施、恩威并重、文武相济。"他把本章分为两章,说前一章是"论杀,谈硬的",后一章则是"谈软的,'软的'也是多方面的。这里只是其中之一,即借助神秘的'天'来恐吓众生。"① 马恒君说,本章的前两句是谈以法治国,"句谓:敢于大胆就会动用刑杀,敢于胆小就会放人生路而不杀。"他说:"胆大用刑杀有利也有害,'利'是惩治恶人,'害'是容易滥杀无辜;胆小容易放人同样有利也有害,'利'是不会滥杀无辜,'害'是放过了坏人。"他将"天网恢恢,疏而不失"译为"天网广大无边,网孔稀疏,但任何恶人都不会漏网"后,指出:"也就是说,用法治国比起用天道治国来要差得远。"②

4."自然规律说"。坚持此说的注家认为本章的主旨是讲自然规律问题的。张松如说:"这一章讲了两层意思,一是柔弱胜坚强,一是天道自然","以上两层意思,都是讲自然规律。顺之者昌,逆之者亡,这是不依人们的主观意志为转移的。所以令人觉得冥冥中如同有一张广大又广大的天网,虽然稀疏,而善恶福祸,未尝或爽也。"他又说:"老子是在宣扬退缩、胆小怕事的生活态度和命定论思想吗? 不是。在这里提倡的,不过是'犹兮其贵言哉! 功成事遂,百姓皆曰我自然'(十七章)。正如我以前所曾一再指出过的,这不过是处于软弱地位的小农思想罢了。"③ 对于最后一句话的思想,张松如在第三章的"说解"中指出:"农业小生产者的经济特点及其阶级利益,决定了《老子》书中所表现的哲学思想和社会学说。小生产者有自己一小部分私有财产,希望能安安静静地生活下去,统治者不要过多地干预他们。老子认为'天之道'本来就是听任万物自生自长,不干涉,不强制的"。④ 陈鼓应说:"老子以为自然的规律是柔弱不争的,人类的行为应取法于自然的规律而恶戒刚强好斗。'勇于敢',则逞强贪竞,无所畏惮;'勇于不敢',则柔弱哀慈,慎重行事。人类的行为应选取后者而遗弃前者。"⑤

笔者对"自然规律说"中两位先生的观点是基本赞同的。本章的主旨是讲"天之道"即宇宙根本规律之特点以及人们应当如何对待它的。《周易·说卦》把道分为天之道、地之道和人之道,说:"立天之道,曰阴与阳;立

①　尹振环:《帛书老子释析》,贵州人民出版社 1998 年版,第 217 页。

②　马恒君:《老子正宗》,华夏出版社 2006 年版,第 232—234 页。

③　张松如:《老子校读》,吉林人民出版社 1981 年版,第 396—397 页。

④　同上书,第 24 页。

⑤　陈鼓应:《老子注译及评介》,中华书局 1984 年版,第 336 页。

地之道，曰柔与刚；立人之道，曰仁与义。"不过，老子所说的道不同于《周易》所说的道，这不仅因为老子并未划分"地之道"，而且单就"人之道"而言，《周易》说的"人之道"仅仅停留在社会伦理的范围内，而老子说的"人之道"（"损不足以奉有余"）已经触及私有制社会的本质和规律；当然，更根本的区别是老子所说的道根本就不是人"立"的，而是"自本自根，未有天地，自古以固存"（《庄子·大宗师》）的。老子的"天之道"是包括"地之道"的，而且"天之道"是"道"的首要的组成部分。"天之道"主要是指自然界的根本规律。

前面说对张、陈的"自然规律说"的观点基本赞同，就是说笔者与他们的看法还有某些差异。其区别主要有以下几点：

（1）二位先生主要参照蒋锡昌的做法，将七十六章中的"坚强者死之徒，柔弱者生之徒"之义移来释译本章的前两句，把"敢"译作"坚强"，把"不敢"译作"柔弱"，似乎不很得当。因为"勇于敢则杀，勇于不敢则活"，与主张柔弱、反对坚强是两个不同的命题，各有自己的特定内涵，不宜于移花接木。

（2）"杀"字确有"死"的涵义，但对本章中的"杀"字是否一定解为"死"，值得再斟酌。因为既然认为本章的主旨是讲自然规律的，那么作为违反自然规律的"勇于敢"者，"死"是他们的唯一下场吗？不见得。"杀"字还有一种涵义，即衰败、衰微。如《仪礼·士冠礼》："德之杀也"，《吕氏春秋·长利》："是故地日削，子孙弥杀"，皆其例证。由此似可考虑将"杀"释译为"一定会遭到惩罚"（"死"为"惩罚"之最），亦可释译为"一定会遭到失败"。

（3）对"天网恢恢，疏而不失"句中的"天"字，所见注译本均未予以破解，张松如译为："天网广大又广大，虽然稀疏而什么也漏不了"；陈鼓应译为："自然的范围广大无边，稀疏而不会有一点漏失。"似乎皆未到位。《庄子·天道》中有一段尧与舜的对话，其中"尧曰：'子，天之合也；我，人之合也。'"（这里的"天"即"天道"或"天之道"）。这句话的意思是说：尧对舜说："你的盛德与天道相合，而我的用心仅符合人事。"由此似可将"天网恢恢，疏而不失"译为："自然规律之网无边无际，它的网眼虽然疏稀，但谁也别想逃得过去！"这样一来，与本章的主旨是否可以契合得更好一点呢？

（4）张松如说，包括本章在内的"《老子》书中所表现的哲学思想和社会学说"，都是由"农业小生产者的经济特点及其阶级利益"所决定的。这个观点似值得商榷。事实上，《老子》中的民本思想是很鲜明的。老子把"民之饥"、"民之不治"、"民之轻死"的原因统统归咎于"其上"（七十五章）即统治阶级及其代理人，而这些问题的原因往往是被"其上"反过来归罪于"民"的。仅从这一点就可看出老子是站在谁的立场上说话了。这里的"民"当然包括"农业小生产者"，但一定也包括除统治者外的士、农、工、商中的大多数人。这些人也被老子称之为"百姓"。而作为道之化身的"圣人"却是自己"常无心，以百姓之心为心"（四十九章）的。从《老子》对体道行道的圣人之品格的描述来看，他们的确是"博施于民而济于众"（《论语》）的。在张松如看来，老子之所以揭示和宣扬"道法自然"和"无为"以及本章关于"天之道"的道理，都是为希望"统治者不要过多地干预他们"的农业小生产者服务的，那么作为被统治或被管理的一切阶级、阶层及其个人，有谁希望他们的统治者或管理者"过多地干预他们"呢？既然老子的这些哲学思想仅是反映农业小生产者的特点和阶级利益的，那么在小生产行将被大生产所代替的今天和明天，老子的这些思想是否都要像"刍狗"那样"始用而旋弃"呢？

现在，返回来对前三"说"亦简要地谈谈自己的看法。

先谈"人生说"。余以为，坚持此种看法的学者主要是没有从是否遵循"天之道"即客观规律上去解读"勇于敢"和"勇于不敢"这两种截然相反的行为。庄子说："大勇不忮"，"勇忮而不成。"（《庄子·齐物论》）意思是说，大勇之人干事情并不表现为凶狠强悍，而勇于蛮干的则不会成功。坚持"人生说"的学者之所以把本章的主旨解读为宣扬消极的人生观，原因之一可能是对"不敢"前面的"勇于"二字有所忽视，而这两个字却至关重要。否则，"不敢"就是不敢，为什么老子还要冠之以"勇于"二字呢？从未听说"胆小鬼"还有什么"勇"可谈。这说明要坚持本章所说的"不敢"，需要有极大的勇气，这是因为需要勇于抵御世俗的潮流，而世俗的潮流往往真假难辨，善恶难分，而且在世俗潮流的掩盖下，有些有权有势的人或利益集团从中操纵和作祟，就可能有陷阱，有明枪暗箭。毛泽东说："为了判断正确的东西和错误的东西，常常需要有考验的时间。历史上新的正确的东西，在开始的时候常常得不到多数人承认，只能在斗争中曲折地发展。正确的东西，好的东西，人们一开始常常不承认它们是香花，反而把它们看作毒草。哥白尼关于太阳系的学说，达尔文的进化论，都曾经被看作是错误的东西，都曾经经历艰苦的斗争。"① 毛泽东在回顾中国革命的历程时曾经说，一种潮流来了，大家都跟着跑，只有少数人头脑清醒，无私无畏，能顶得住。由此他说"要敢于反潮流"，并且作出了"反潮流是马列主义的一个原则"的著名论断（这一论断后来被"四人帮"加以歪曲和利用，那又另当别论）。在错误思潮包括机会主义思潮泛滥之时，在有些人特别是其领导者置党、国家和群众的利益于不顾而胡作非为的个别部门或单位中，要做一个不趋炎附势而"勇于不敢"的人，谈何容易！有时要不惜冒极大的风险哩！所以毛泽东说，要坚持真理，要维护党的正确原则，就要有"五不怕"的精神，即不怕撤职，不怕开除党籍，不怕老婆离婚，不怕坐班房，不怕杀头。这看起来是"勇于敢"，但就其生怕违背（实则是勇于维护）真理和党的正确原则而言，就是"勇于不敢"的思想和行为。

由此笔者还联想到，在中国革命的历程中，从1927年的"八七"会议到被迫长征，在长达七年的大部分时间内，党内为"左"倾机会主义所左右，那些高居于党和红军领导岗位的"勇于敢者"，完全不懂中国革命及中国革命战争的客观规律，在敌我力量极为悬殊的情况下，在国民党统治区的工作中反对积蓄力量和隐蔽斗争与公开斗争相结合的正确做法，提出要搞"飞行集会"，举行"城市武装暴动"；在革命根据地的发展中，反对毛泽东主张和实行的游击战和带游击性的运动战（诬蔑为"游击主义"），提出要打"正规战"、阵地战，同敌人"拼消耗"，要"全线出击"、"两个拳头打人"；在红军反"围剿"斗争中，反对毛泽东制定的"分兵以发动群众，集中以应付敌人"、诱敌深入以及其他灵活机动的战略战术（毛泽东的这些战略战术体现了老子的"柔弱"和"无为"的思想），提出要"分兵防御"、"短促突击"、"御敌于国门之外"等等完全脱离客观实际的口号和做法，其结果是革命根据地丢了百分之九十，党在"白区"的地下组织几乎丧失殆尽，这难道不是"勇于敢"造成的恶果吗？反过来说，在"红区"和"白区"，如果没有分别以毛泽东和刘少奇为代表的那些"勇于不敢"的革命家，特别是如果没有遵义会议及此后全党的行动都转到"勇于不敢"的路线上来，中国革命能取得最后胜利吗？如此说来，在某些情况下，特别是在形势严峻的时候，"勇于敢"容易，"勇于不敢"难，因为前者只要不怕死、只顾蛮干就行了，而后者不仅需要具有无私无畏的品格，而且尤其需要冷静的头脑，卓越的智

---

① 毛泽东：《关于正确处理人民内部矛盾的问题》，载《毛泽东选集》第5卷，第388—389页。

慧，正确地分析判断斗争形势，采取恰当的方针和高超的斗争艺术。而所谓"需要冷静的头脑，卓越的智慧，正确地分析判断斗争形势，采取恰当的方针和高超的斗争艺术"，恰恰是老子"无为"思想的旨趣之所在，而以上的史例足以证明要坚持和实践老子的"无为"之道，没有足够的勇气是不行的，这就是"勇于不敢"。

再谈谈"批判说"。应当说，古棣用"武士道"精神来解读"勇于敢"的行为是有新意的，但他立足于批判"勇于敢"来解读章旨却未必正确。古棣在本章的校诂文中，起初对蒋锡昌释"天之道"时说的"盖老子之意，以为自然之道"还表示同意，但接着说"虽曰'天之道'，其实是'人之道'"；他又说："'天网恢恢，疏而不失'，照应前面说的'天之道'的必然性，不会或差；当然，这'天网'，其实也是指人事之网，即法网。"从这段话看，古棣虽然把"天之道"释为"人之道"，但还没有完全把"天网"释为"法网"，然而他在译文的"注"中却明白地写道："'法网'实际上是指的统治阶级颁布的法令、条规、法律。"这样一来，就把老子强调的作为"人事之道"和人间"法网"之根本依据的"天之道"和"天网"统统化为乌有了。

当然，我们说老子这里讲的是"天网"而非"法网"，并不是说不能借用引申为社会领域的"法网"，事实上我们现在说的"法网恢恢，疏而不漏"就是从"天网恢恢，疏而不失"点化而来的。已作为成语的"法网恢恢，疏而不漏"有两层含义，一是法网虽然稀疏，但犯罪分子一个也别想溜掉；二是法律、法令、制度等的条文在制定时当然要尽可能具体一些，但也要留有余地，有的就要规定得适当"疏"一些，即原则一些，抽象一点，不作具体规定，执行中具体情况具体分析，这看来不严密，反而没有遗漏；如果太具体，看来严密了，反而会有若干遗漏，因为客观情况千差万别，而任何法律条文都是不可能包罗万象的。

最后谈谈"治国说"。应当说，在《老子》中确有关于治国的许多论述，但在本章中却似乎没有。而且老子讲治国，都是强调要依道治国。他说，要"以正治国，以奇用兵，以无事取天下。"（五十七章）这里所说的"正"指的是道，"无事"是指无为；"取天下"并非指以武力"夺天下"，而是要凝聚天下人，使其众望所归：三十五章说的"执大象，天下往"即是此意。老子一再盛赞体道悟道、公而无私的圣人，也很好地表明了他自己的心声。如果按照尹振环的解读，不仅本章是讲治国的，而且老子好像成了一个死心塌地为那些封建专制统治者张目的人，这似乎与本章的主旨乃至老子的思想体系相差甚远。马恒君把本章的前两句释为"以法（特指"刑杀"）治国"，似乎亦缺乏根据；而把后段解读为"以道治国"，似乎早了点。再说，从马恒君将前两句译为："敢于大胆就会动用刑杀。敢于胆小就会放人生路"来看，行为的主体由"勇于敢者"和"勇于不敢者"（帛书甲本）忽而变成执掌"刑杀"的人了。这也有点问题。

　　鉴于以上分析，笔者认为老子在本章中讲的是自然规律的特点及其不可违背性，而不是讲的关于修身和治国的道理（不计其引申义），故将其纳入了"道论篇"。

十五章

三十辐①共一毂②，当其无，有车之用③；

埏埴④以为器，当其无，有器之用；

凿户牖⑤以为室，当其无，有室之用。

故有之以为利，无之以为用⑥。

（通行本第十一章）

说　明

老子在本章中所说的"有"与"无"与第一章的"有"与"无"是两类不同性质的"有"与"无"。前者是指现实界的，后者则是指本体界的。道之有无是作为本体的道的一体之两面，是两种性质的相反相依，而不同于可以相互转化的两种事物或概念，因而按理说不应将本章归入"道论篇"，但亦似不好归入其他篇之中，总得给它找个去处，故权且将其纳入"道论篇"，这实是无奈之举。

注　释

①三十辐：辐指车轮上连接轴心轮圈的木条。古时的车轮由三十根辐条所构成。王一清曰："古人制器尚象，车轮形圆象月，其辐三十，一月之数也。"（《道德经释辞》）

②毂：车轮中心的圆孔，即穿插车轴的空间。王一清说："毂者，虚中辖轴，运轮以行地也。"（《道德经释辞》）

③当其无，有车之用：有了车毂的中空，得以穿上车轴，车轮才能转动，才有了车的功用。河上公注曰："毂中空虚，车得去行；舆中空虚，人能载其上也。"王弼注曰："毂，所以能通三十辐者，无也。以其'无'能受物之故，故能以实统众也。"

④埏埴：用水调和粘土，用以造陶器之胚胎。

⑤凿户牖：户牖，指门窗。老子时代尚无砖瓦，建房子时一般是先用湿土筑墙，然后用铲子在墙上凿出门窗（当然尚需木料制作），最后用檩梁茅草之类搭起房顶。有的注家说，此处是指木匠用凿子加工门窗。这种说法不当。

⑥有之以为利，无之以为用：是说有了借以实现中空的东西，从而使"无"发挥供人利用的功能。老子强调人们常常忽视的"无"（这是老子哲学的重要特点），强调"无之以为用"，这并非否定"有之以为利"（因为没有"有之利"，也就不会有"无之用"），而是旨在纠正世俗之偏见，照亮人们的认识的盲点，使其观察思考更全面、更深刻。正如薛蕙所说的："章内虽互举有、无而言，顾其旨意，实所以即有而发明'无'之为贵也。盖有之为利，人莫不知，而'无'之为用，则皆忽而不察，故老子借数者而晓之。"①

有的学者将"有之以为利"译为"'有'给人便利"②，似不确，因为真正"给人便利"的是"无"即其中空的部分，而"有"在此只是"无"借以实现的条件，从而"无"才能发挥自己的功能——"给人便利"。因此，这里的"利"似不是"便利"的意思，而是"有利于"的意思，如：《吕氏春秋·当染》："此二士者，无爵位以显人，无赏禄以利人。"

刘笑敢先生在诠释和论证老子"有之以为利，无之以为用"时，联系实际作了充分的发挥，写了一大段文字，对于我们深刻理解老子此一思想大有裨益，故抄录之。他说：

"有之以为利，无之以为用"作为普遍的原则，在老子思想体系中，首先就体现在"无为"的概念上。所以，"无为"不是对"有为"的简单否定，而是辩证的否定、补充和提高。比如，我们制定法律，似乎是"有为"，似乎是对"无为"的否定，然而实际上，我们所享受的法律所

---

① 薛蕙：《老子集解》，载《四部要籍注疏丛刊·老子》，中华书局1986年版，第1190页。

② 陈鼓应：《老子今注今译》，商务印书馆2003年版，第117页。

带来的利益不是法律本身，而是法律所造成的整体的秩序与和谐，是无需终日在监督之下的自由，是政府得以在法律框架内"无为"的好处。法律是"有之以为利"，大多数人在大多数情况下不必担惊受怕则是"无之以为用"。法律之"利"带来的是保证自由空间之"用"，是"有为"之利带来的"无为"之用。法律之"有"本身不是法律的目的，法律所追求的是在法律之上、无需法律干预的自由空间。老子讲"有"、"无"的真意和深刻性正在于这更高更普遍的层次上，是砥砺人类之思维，充实人类之智慧的利器。①

译 文

三十根辐条环绕车毂构成了车轮，
正因为有了车毂的中空，
才有了车子的功用。
抟揉陶土烧制成器皿，
正因为有了陶器的中空，
才发挥了它盛物的功能。
建造房屋开凿门窗，
正因为有了四壁之间的中空，
才有了供人居住的功能。
所以，
"有"是"无"借以实现的条件，
"无"才能发挥自己的功能。

辨 析

在解读本章文意的过程中，首先遇到的一个问题，就是对其前三句应如何断句。在这个问题上，注家们的分歧很大。现今的注译本大多数是在"无"字后断句，但也有少数注译本是在"有"字后断句。后者可以以张松

---

① 刘笑敢：《老子古今》，中国社会科学出版社 2006 年版，第 169 页。

如的断句和解读为代表，因为他不仅以此释译了本章的文字，而且在其"校释"和"说解"中对如是断句作了充分的论证。在此先引他在本章"校释"中的一段话，然后试作评析。

以下是张松如引述的一段文字：

毕沅《考异》曰："本皆以'当其无'断句，按《考工记》'利转者以无有为用也。'是应以'有'字断句，下并同。"陶绍学校《老子》曰："毕说是也。"近人马、高、劳均从之，高曰："当犹在也。无谓轮之空处，有谓轮之实体，言车之用在其空处与实体也。"[①]

这段话中的《考异》指《老子道德经考异》，"马"指马叙伦，"高"指高亨，"劳"指劳健。应当说明，以上所引高亨的话出自1943年开明书店出版的高著《老子正诂》，那时高亨的确是在"有"字后断句的，但他于1980年3月由河南人民出版社出版的新著《老子注译》，就变为在"无"字后断句了。张松如的《老子校读》是1981年5月出版的，可能在他写书时未见到高的新著。不过应当指出，高亨虽然改为在"无"字后断句，但从其对"当其无，有车之用"的注释（"无，指车的空处。有，指车的实体。"）中，仍可看出他以往在"有"字后断句的痕迹。

从张松如关于主张在"有"字后断句的相关论述中，似可看出存在以下几个问题：

第一，他在"有"字后断句，比如将"埏埴以为器当其无有器之用也"（帛书）断为"埏埴以为器，当其无有，器之用也。"如此断句，那么"用"的是陶器的"无"即它的中空部分呢，还是连它的表皮一起用呢？毫无疑问，用的是它的中空部分，虽然此部分与其表皮是联体的。当然也有特例：如果某种陶器是文物而被当作博物馆里的展品，那么"用"的则是它的表皮，因为即使将它的中空部分用泥沙填满，仍然丝毫无损它的文物价值；作为展品的"车"和只供旅游者参观的名人的"室"，也是如此。但是，这恐怕不是老子的本意。

从本章的前三句与作为结论的末句即"故有之以为利，无之以为用"的联系来看，末句中的"无"字显然是与前三句中的"当其无"相对应的。而末句中的"无"是"以为用"的，那么与其相对应的前三句中的"当其无"也必然与"有 X 之用"相一致。同样，末句中的"有之"与前三句中的"有 X"是对应的，而末句中的"以为利"是与前三句中的"之用"也必然是相

①　张松如：《老子校读》，吉林人民出版社1981年版，第65页。

对应的。否则，"故"字就是无的放矢，或者是老子弄错了。显然，这是不可能的。

　　第二，对"故有之以为利，无之以为用"，张松如在批评蒋锡昌的观点时说："二'之'字，于此可视作语中助词，无义；作代词难通：'有此三者以为利，无此三者以为用'，意甚晦涩，非老义也。"之所以发生这种分歧，根子仍出在断句上。张松如在前三句的"有"字后断句，当然就会认为"二'之'字"皆"无义"，否则就确实"难通"了；而蒋锡昌在"有"字前断句，"二'之'字"就非得"作代词"不可，否则也必然"难通"。张松如说蒋锡昌的做法"意甚晦涩，非老义也"。这句话如被蒋锡昌得知，他很可能会以同样的话回敬之。

　　第三，张松如说："二章'有无相生'，正说明了'反者道之动'的道理；本章'有之以为利，无之以为用'，正说明了'弱者道之用'的道理。"① 对前一句姑且不论，后一句似乎判断得不当，因为本章讲的不是作为宇宙本体的道的道理，而是讲的形而下的具体事物中"有"与"无"的关系问题，二者根本就不是一码事。

　　对前三句应从"无"字后断句，理由已如上述。本章论述的主要是依托于"有"的"无"的功用，它的理论价值和现实意义都是不容低估的。从古至今，人们往往特别关注有形的实物及其价值，而对无形的东西比如空间、空气，以及精神领域里的思想、理想、道德、理论、路线、方针等等，则容易忽视，甚至认为"无用"，前些年影响较大的"理论无用论"就是如此。其实这些也是与人们的现实生活息息相关的。冯友兰认为老子把"无"看作"主要对立面，这就错了"；任继愈说："老子把'无'作为第一性的东西，把'有'看作第二性的，因而是错的。"② 这种批评似乎无的放矢，因为老子并未从谁为本原的意义上讲"无"与"有"的关系问题。老子在本章中虽然也讲了"无"与"有"的关系，但他所讲的是形而下的具体事物，与第一章所说的作为道的同质异名的"无"和"有"并非一回事。正如陈鼓应所指出的："本章所说的"'有''无'是就现象界而言的，第一章上所说的'有''无'是就超现象界、本体界而言，这是两个不同的层次。它们符号形式虽然相同，而意义内容却不一。"③

　　① 张松如：《老子校读》，吉林人民出版社1981年版，第67页。
　　② 任继愈：《老子新译》，上海古籍出版社1985年版，第82页。
　　③ 陈鼓应：《老子注译及评介》，中华书局1984年版，第105页。

有些注家和论者就是因为没有区别老子论形而下事物之"有"、"无"与形而上之道的"有"、"无"或"常有"、"常无"，以至于不能正确地或一贯地阐释老子哲学。在老子哲学体系里，"有"与"无"的对立统一指的是形而下的具体事物的矛盾关系，本章是如此，第二章所讲的"有无相生"也是如此，而且最具有概括性的是"万物负阴而抱阳，冲气以为和"（四十二章），具体事物中的"无"与"有"，只是"阴"与"阳"的表现形式而已，但老子所讲的作为道的同质异名的"有"和"无"则有其特定涵义，不能说二者是对立统一的关系。

应当说明，混淆二者的区别、把它们看作一回事的不独张松如，还有南怀瑾、马恒君、李先耕等。南怀瑾说，本章是"申述道在有无动静之间的说明"，是讲"无为而无不为的要妙。"[1] 马恒君说："老子通过以上所举三例，证明了实有的用处正在于它的空无处。说明大道就是在无形无象地发挥作用。"[2] 李先耕说："老子的道是有与无的统一，但是为了纠正世人的误解，老子特别谈到了'无之用'。"[3]

如此说来，本章讲的"有"与"无"，难道与"道"就没有任何关系了吗？关系是有的。前已说明，作为天地万物及社会人生之存在本体和价值本体的道，其实质是矛盾法则或对立统一规律，而道不是游离于万物之外而是存在于万物之中的，因而万物中的"阴"与"阳"及其表现形式的"有"与"无"等等，不过是道的具体体现和运用。但道的具体体现和运用不能混同于道本身，因为不能说道是"有"与"无"的统一体，"有"与"无"只是老子给道起的两个名字，即第一章说的"无，名天地之始；有，名万物之母。……此两者，同出而异名，同谓之玄。"

此外，还应指出，有些注家将前三句中具有特定涵义的"有"和"无"给转义了。例如：高亨将"当其无，有车之用"译为："在那车箱的空处才有车的功用。"陈鼓应将"有之以为利"译为："所以'有'给人便利。"这里的"有"是给人便利吗？非也。事实上，是"有"为"无"提供了借以实现的条件，从而将"无"（而不是"有"）"给人"用或给人以便利而已。

在本章中，老子第一次在哲学上肯定了现象界的"无"的大用，叫人注意事物对立面的相互依存关系，引导人们注重无用之用，要人们不要只以占

---

[1]　南怀瑾：《老子他说》，复旦大学出版社 2002 年版，第 194 页。

[2]　马恒君：《老子正宗》，华夏出版社 2006 年版，第 33 页。

[3]　李先耕：《老子今析》，中国社会科学出版社 2002 年版，第 55 页。

有"实"为目的，死盯着实有的东西不放，而要看到无为、无欲以及看似无用的东西的巨大功用。庄子很能体悟老子的旨意，他写了许多寓言，对老子此一思想作了淋漓尽致的发挥。比如《庄子·人间世》有这样一则寓言："南伯子綦游乎商之丘，见大木（即大树）焉，有异，结驷千乘，将隐芘其所藾。子綦曰：'此何木也哉？此必有异材夫？'仰而视其细枝，则拳曲而不可以为栋梁；俯而视其大根，则轴解而不可以为棺椁；咶其叶，则口烂而为伤；嗅之，则使人狂酲，三日而不已。子綦曰：'此果不材之木也，以至于此其大也。'"商之丘之树因不材而全其生，终成大树。此树因为不可以做栋梁、棺椁，人谓之无用，然而其高大异常，枝繁叶茂，遮天蔽日，可庇荫驷马千乘休息于其下，（在今天看来，此大树还可改善自然环境）这不是大用吗？庄子从有、无之辨引申出有用、无用之辨。老庄能透过正面，超越世俗之见，把握住事物的反面，从而开拓了理性思维的新天地，是值得称道的。

十六章

致虚极，守中笃①。万物方作，吾以观其复②。

天物云云，各归其根③。归根曰静，静曰复命。复命曰常，知常曰明④。不知常，妄作，凶。知常⑤容，容乃公，公乃王，王乃天⑥，天乃道，道乃久，没身不殆。

（通行本第十六章）

注 释

①致虚极，守中笃：此文王弼本等传世本作"致虚极，守静笃"，简本为"致虚，恒也；守中，笃也。"老子要持守和追求的是对立面分化之前的状态及对立面经"冲气"而实现协调与和谐的状态，这其实是一种"中"的状态。况且"致虚极"必然以"守静笃"为前提，因而"致虚极"中已内在地包含了"守静笃"的内容，故简本"守中笃"要比传世本"守静笃"的表述义胜。为使语句简练流畅，将此句校订为"致虚极，守中笃"。理由详见【辨析】一。

句谓：（排除一切干扰，）心境空灵清静要达到极致；持守大"道"，要坚定不移。

②万物方作，吾以观其复：傅奕本、河上公古本为"万物旁作，吾以观其复"；帛书为"万物旁作，吾以观其复也"；王弼今本为"万物并作，吾以观复"，句中无"其"字，但王弼注曰："以虚静观其反复"，可知王弼本原有"其"字；简本为"万物方作，居以须复也"。校定文根据简本等古本校订为"万物方作，吾以观其复。"详见【辨析】二。句谓："万物"刚刚发作，我就以虚静之道审视它们将如何复返其自然本性。

张岱年先生在《中国哲学大纲》中讲到中国古代哲学"反复"概念的基本涵义时说：

宇宙是动的，一切都在变化之中，但变化的规律为何？既承认变中有常，此变中之常为何？中国哲人所讲，变化的规律（即"常"），便是反复。认为一切都是依循反复的规律而变化。何谓反复？就是：事物在一方向上演变，达到极度，无可再进，则必一变而为其反面，如是不已。事物由无有而发生，既发生乃渐充盈，进展以至于极盛，乃衰萎堕退而终于消亡；而终则有始，又有新事物发生。凡事物由成长而剥落，谓之反；而剥落之极，终而又始，则谓之复。反即是否定。复亦即反之反，或否定之否定。（但西洋哲学中所谓否定之否定，有正反之综合之意；中国哲学所谓复，则主要是更新再始之义，无综合意思，故与西洋哲学中所谓否定之否定不尽同。）一反一复，是事物变化之规律。

『附注』今按：中国古代哲学中所谓"复"有两层意义：一为终则有始，更新再始；二为复返于初，回到原始。二义不同。但古代思想家往往将此二义混为一谈，以为更新再始即是复返于初，因而陷入于简单的循环论。①

陈鼓应先生说："万物并作而回归本根，本根是呈虚静状态的，在虚静中孕育着新生命的因子与机动，这称之为'复命'。老子的'复命'可以解释为回归本然、本根或本真、本性之意，也可解释为重新凝聚一种新动力、新生命。"②

③天物云云，各归其根：此句，王弼本作"夫物芸芸，各复归其根"；傅奕本、范应元本作"凡物芸芸，各归其根"；帛书甲本为"天物云云，各复归于其［根］"，帛书乙本为"天物耘耘，各复归于亓根"；简本是"天道员员，各复其堇（根）"。

廖名春说："'夫'当作'天'字之误，'物'或'凡物'疑后人涉上文'万物'改。'员员'或'圆圆'先秦和秦汉古书无例证，字当作'云云'，运动不停的样子。"③刘笑敢也说："作'云云'有'众盛意也'，又有'运'

① 张岱年：《中国哲学大纲》，江苏教育出版社2005年版，第115页。
② 胡道静：《十家论老》，上海人民出版社2006年版，第413页。
③ 廖名春：《郭店楚简老子校释》，清华大学出版社2003年版，第258页。

之意（《释名·释天》）。要而言之，作'云云'与其它各本内容较为一致，都有众多与运动之意，似乎与'天物'配合更好。"①

鉴于上，校定文从帛书甲本为"天物云云，各归其根"。详见【辨析】三。

在人类进入文明社会即私有制社会之后，人的自然本性发生了异化，矫饰仁义，滥用礼乐，卖弄智巧，如同骈拇枝指，附赘县疣，不合于自然之道。"各归其根"就是让万物都回复到其原始的自然状态，显示其本来的面貌，让人们复归并保持其质朴的天性。

值得注意的是，赵建伟据本章的简本文字，而提出了关于《老子》的"经"与"说"的猜想。他说："本章简文'笃'、'复'协觉部韵，'员'（运）、'堇'（根）协文部韵，文义已足。但在'各复其根'之下，帛书、今本更有'归根曰静，静曰复命，复命曰常，知常曰明，不知常，妄作，凶；知常容，容乃公，公乃全，全乃天，天乃道，道乃久，没身不殆'数语。这些文字，是简本略去了还是帛书、今本增出？这有两种可能：第一、简本多数章节的文字都较帛书、今本少，有可能是简本删去了'老子五千言'中重出的文字（反之，这些文字为后来所陆续增扩附衍为'五千言'的可能性也是存在的）。第二、'老子五千言'本为经说体（比如本章简本所存为'经'，而'归根曰静'等等为'说'），可能简本有些章节仅抄'经'而略去'说'（反之，我们所谓'说'的部分乃是后来所演绎出的可能也是有的）。"②

④归根曰静，静曰复命，复命曰常，知常曰明：王弼本、河上公本"静曰"作"是谓"，校定文据傅奕本、范应元本、景龙碑、敦煌本及诸古本改，以与上下文例合。

对这几句话，陈鼓应先生解释说："这一方面说我们从万物的蓬勃发展、纷纭活动中，探讨其自然的秩序、宇宙的法则；另一方面作为万物一分子的人的存在，在纷扰中透过静定的功夫，以储蓄生命的能量。所谓'归根'，就是凝聚内在的生命力；所谓'复命'，就是保持生命开端的那种活力。'复命'的'复'，是周而复始、更新再始，这个规律称之为'常'，可见'常'

① 刘笑敢：《老子古今》，中国社会科学出版社2006年版，第201页。
② 赵建伟：《郭店竹简〈老子〉校释》，《道家文化研究》第十七辑，三联书店1999年版，第268页。

并非静止恒定的概念，而是在变化中不断达到平衡、和谐的状态。"①

简要地说，"归根"、"复命"就是要复归其性命之本真、本性、本根，即那种作为存在的最根源处和终极形态的自然而然、无为自化的本然状态。而在老子看来，这种性命之本真或本然状态是清净圆满的，是一种静的状态或境界，所以谓之"归根曰静，静曰复命"。

⑤知常容：这里的"常"，是指事物运动变化的规律或法则，即荀子说的"天行有常"的"常"。"知常曰明"是说知晓事物运动变化的规律（并能进而用以指导自己的行动）的，才叫作聪明。"常"亦有常态的意思。"容"，并非"无所不包"的意思，而是"通也，圣也"。（高亨）

⑥容乃公，公乃王，王乃天：此文除道藏龙兴碑本"公乃王，王乃天"作"公乃生，生乃天"外，各种古本皆如是。但是，劳健认为"今本'王'字，当是'全'之坏字"，此文应作"容乃公，公乃全，全乃天"。王淮、陈鼓应、古棣等从其说。此文应仍从通行本作"容乃公，公乃王，王乃天"，说解详见【辨析】四。

译 文

心境空灵清静要达到极致，
持守大"道"要坚定不移。
天生之物刚刚发作，
我就用道审视他们如何复返本性。
天生之物经过周旋回转，
最后都将复归于自己的自然本性。
复归于自然本性，就会安静。
安静说明已复归于合道的状态之中。
复归于自然本性的规律叫做"常"，
认识了这种"常"就聪明。
不认识这种"常"而轻举妄动，
必将遭遇祸凶。

---

① 陈鼓应：《道家的和谐观》，载《道家文化研究》第十五辑，三联书店 1999 年版，第 46 页。

认识"常"，就能圣通；

能圣明通达，就能无私公正；

无私公正，就能使天下归往；

使天下归往，就是因为顺乎自然；

顺乎自然，就是顺乎"道"的特性；

顺乎"道"的特性，就能长治久安，

这样一来，就能终生免于祸患。

辨　析

一、关于"致虚极，守静笃"宜以简本为基础校订为"致虚极，守中笃"的讨论。此文王弼本等传世本作"致虚极，守静笃"；简本为"至虚，恒也；守中，笃也"。校定文以简本为基础，作"致虚极，守中笃"。理由如次：

此文王弼本为"致虚极，守静笃"。对于体悟大道而言，"守静笃"即要持守心境极度虚静的状态，这是完全必要的，因为它是体道悟道的必要前提。庄子把这种状态叫作"心斋"。他借仲尼（孔子）的话说："若一志，无听之以耳而听之以心，无听之以心而听之以气。耳止于听，心止于符。气也者，虚而待物者也。唯道集虚。虚者，心斋也。"（《庄子·人间世》）意思是说，要心志专一，不用耳去听而用心去体会；不用心去体会而用气去感应。耳的作用止于聆听外物，心的作用止于感应现象。气乃是空明而能容纳外物的。只要你到达空明的心境，道理自然与你相合。"虚"（空明的心境）就是"心斋"。《庄子·大宗师》中的女偊在向南伯子葵介绍悟"道"的过程时说："吾犹守而告之（疑为'告而守之'），参（三）日而后能外天下；已外天下矣，吾又守之，七日而后能外物；已外物矣，吾又守之，九日而后能外生；已外生矣，而后能朝彻；朝彻，而后能见独；见独，而后能无古今；无古今而后能入于不死不生。"这里说的"朝彻"，是说心境豁然开朗，思路融会贯通；"见独"，就是体悟到了独一无二的"道"。

南怀瑾借用禅宗黄龙南禅师的话（"如灵猫扑鼠，目睛不瞬，四足据地，诸根顺向，首尾直立，拟无不中"）来形容"守静笃"的意态。他又借用禅宗大师的"如鸡之孵卵，心无旁骛"来形容"守静笃"的意态。他说，孵卵的母鸡总是"闭着眼睛，迷迷糊糊，天塌下来都不管，你踢他一脚，它叫也不叫，理也不理，只是死心眼直守着那个心肝宝贝的鸡蛋。这样也是一种修定的功夫，也是形容虚到极点，静到极点"。①

但是，"守静笃"只是"致虚极"的必要前提，或者说"致虚极"必然要以"守静笃"为基础和前提，如不能"守静"，何以达到"致虚极"的空灵境界呢？因而"致虚极"中已内在地包含了"守静笃"的内容。"致虚极"也好，"守静笃"也好，本身不是目的，其目的是为了实现对道的把握；况且要真正地把握"道"，光靠"致虚极，守静笃"是远远不够的。所以不应把作为手段的"六字真言"强调到不适当的程度。

第二，老子要持守和追求的是对立面分化之前的状态及对立面经"冲气"而实现的协调与和谐的状态，这是合于道的状态。老子特别重视复归于对立面分化之前的状态，所谓"守母"、"抱一"、"归根"、"复命"都是在这种意义上讲的。就道而言，在"道生一，一生二，二生三"（四十二章）的图式中，老子所持守的，是还未"生一"、"生二"的道的初始状态及已"生三"的道的和谐状态；就事物而言，老子所持守的，是事物的对立面尚未分化的状态和对立面经"冲气"即涌摇激荡而实现的和谐状态。前者如五十五章讲的"精之至"、"和之至"的状态，后者如五十六章讲的"挫其锐，解其纷，和其光，同其尘"后的"玄同"状态。以上可以说皆是道及事物所呈现的一种"中"的状态。

第三、老子关于"守中"的论述不是孤立的。如五章"多言数穷，不如守中"；四章"道冲，而用之或不盈"，河上公注云："冲，中也。道匿名藏誉，其用在中。"还有二十九章的"去甚，去奢，去泰"，七十七章的"天之道，其犹张弓与？高者抑之，下者举之；有余者损之，不足者补之。天之道，损有余而补不足"等，都表明老子具有"守中"的思想和主张。

其他道家在这方面的论述则更多。如庄子说："托不得已以养中"（《庄子·人间世》）；"枢始得其环中，以应无穷"（《庄子·齐物论》）；《管子》的《内业》说："定心在中"，"正心在中"；《白心》则进而提出了"和以反中，形性相葆"的命题，以此比喻心境臻于圆满和谐之境（在这种心境下，形与性可互相滋养）。这种心境绝非只是"守静"就可以达到的；而持守这种心境恰恰是最适用于观照外物的。《文子·守朴》："守太浑之朴，立至精之中"；魏晋重玄学派更是把中道作为其核心范畴之一。

胡孚琛先生认为老子及道家所讲的"中"字，大体有四种涵义："一是

---

① 南怀瑾：《老子他说》，复旦大学出版社 2002 年版，第 231—232 页。

从事物之规律上讲，'中'即为'正'，即正道，为自然中正的必行之路，属于道之用；二是从事物之变化上讲，'中'即为'度'，要知止知足，不超过限度；三是从空间上讲，'中'即为'虚'，道以虚无为用，虚无中含有生机；四是从时间上讲，'中'即为'机'，要'动善时'，'不得已'而为之。"①

第四，王弼本"致虚极，守静笃"的下句即为"万物并作，吾以观其复"。"吾以观其复"必须以体道悟道和对道的把握为前提，如果只是处于对道的体悟状态，而没有对道的把握，何以"观其复"呢？而"守中笃"即包括对道的领悟及其基础上坚守道的最佳状态。

综上所述，余以为简本"守中，笃也"比通行本"守静笃"的表述义胜。为使语言简练流畅，并与通行本的语言风格一致，将简本"至虚，恒也；守中，笃也"校订为"致虚极，守中笃。""致虚极"是体道悟道所必须进入的精神状态，其目的是为了领悟和把握道；"守中笃"就是持守"道"的最佳状态，进而通过实践保持或促成事物的最佳状态。但是，古今注家皆把"致虚极，守静笃"只是释为某种精神状态，那么下文的"万物并作，吾以观其复"就只是以此种精神状态去"观"了，而缺乏"观其复"的思想工具；而如果在"致虚极"基础上"守中笃"即持守"道"，那么就会以道为思想工具去"观"物了。此外，如此解读，要比只把它释为某种精神状态更有助于揭示《老子》此文内在的思想含量。

此外，在对本章首句的"对勘"（不同版本的对比勘校）中，刘笑敢先生说："竹简本作'至虚，恒也；守中，笃也'。这是判断句，是说'至虚'可以达到恒常不变之境，'守中'可达笃定不虚之域。而傅奕本以后各本均删去'也'，于是判断句变成了简单的陈述句或祈使句，'极'变成了'虚'的补充成分，'笃'变为'静'的补充成分，句义有变化。帛书本两句末均有'也'字，故可按竹简本读为'至虚，恒也；守敬（中），笃也'。可见傅奕以后诸本删去虚词带来了意义的改变。查王弼之注文作'言至虚，物之极笃；守静，物之真正也。'似王弼即以判断句式读之，不同于现今之通行读法。"② 刘笑敢的辨析很有道理，但校定文依据可动可不动者不动的原则，暂且不动，刘先生的辨析文字姑且存之并供读者参考。

二、关于"万物并作，吾以观复"中的"万物并作"应从简本作"万物

---

① 胡孚琛、吕锡琛：《老学通论》，社会科学文献出版社 2003 年版，第 68 页。
② 刘笑敢：《老子古今》，中国社会科学出版社 2006 年版，第 200 页。

方作"的讨论。此句,傅奕本、河上公古本为"万物旁作,吾以观其复";帛书甲乙本皆作"万物旁作,吾以观其复也";王弼今本为"万物并作,吾以观复",句中无"其"字,但从王弼注("以虚静观其反复")可知王弼本原有"其"字;简本为"万物方作,居以须复也。"

校定文是仍从王弼本作"万物并作"好呢,还是从简本作"万物方作"好?或者据傅奕本、河上公本作"万物旁作"好呢?似应据简本作"万物方作"更好些。理由如次:

其一,"万物并作"是万物"一起作"(同时发作)的意思,这种情况并不多见,况且也不见得符合"观"者的希望和要求。

其二,"万物旁作"是万物"大作"的意思,这种局面恐怕更不是老子所期望的,因为"大作"之中难免泥沙俱下,有许多"妄作"的成分在。

其三,"万物方作"中的"方"是什么意思呢?《诗·秦风·小戎》:"方何为期?"朱熹《集传》释曰:"将于何时为期乎?"可见,此处的"方"是"将于"的意思;《说苑·奉使》:"晏子,贤人也。今方来,欲辱之,何以也?"显然,这里的"方"是"将要"的意思。此两例的"方"之义若置于"方作"中,是说"作"是必然的,但现在尚未"作"。《楚辞·九章·哀郢》:"民离散而相失兮,方仲春而冬迁。"《战国策·燕策二》:"蚌方出曝,鹬啄其肉。"显然,此两例中,前者的"方"是"正当"之意;后者的"方"是"正在"的意思。如果将其置入"方作"之中,就是"正当作"或"正在作"。我们知道,老子是主张"为之于未有,治之于未乱"(六十四章)的;毛泽东在联系宋玉的《风赋》谈当时的政治形势时说,在"风起于青萍之末"之时,就要采取措施,如果等到"盛怒于土囊之口",那就极为被动了。作为富有政治头脑的思想家的老子,他所说的"万物并作,吾以观其复"中的"万物",当不是指山川河流、花鸟鱼虫、狮子老虎之类,应主要是指"万民"的政治情绪特别是那些"化而欲作"(三十七章)者的政治动向;要"观"的也主要是这个。那么,对于"这个"来说,还是不要等到"并作"或"旁作"之时再去"观"为好。或者说,应当在"万物方作"即他们"将要作"或"刚刚开始作"的时候,就抓紧"观"(调查研究),并采取必要的措施,使其及早地复归于不"欲作"的自然本性。

鉴于以上分析,笔者认为此句应据简本作"万物方作"。

三、关于"夫物芸芸,各复归其根"应据帛书作"天物云云,各(复)归(于)其根"之辨析。"夫物芸芸,各复归其根",王弼本如是。"夫"为语助词,无义。一般释为"万物纷纷纭纭,各自返回到它的本根。"笔者所见注译本中，除尹振环《帛书老子释译》外，皆依王弼本释译。尹振环对此句校订为"天物芸芸，各复归于其根"，译作："天下万物纷繁众多，最后各自都要重新恢复到它的来源。"王弼本此句，傅奕本、范应元本作"凡物芸芸，各归其根"；帛书甲本为"天物云云，各复归于其［根］"；帛书乙本为"天物耘耘，各复归于亓（其）根"；简本是"天道员员，各复其堇（根）"。

首先谈谈"夫物（凡物，天道）"应作"天物"的理由：

其一，帛书甲、乙本皆为"天物"，两本出于不同时期，不可能都将"夫物"误抄作"天物"，疑帛书甲、乙本所据古本即为"天物"，况且简本"夫"亦作"天"，可以互证。

其二，"天物"者，天生之物也。《庄子·秋水》曰："河伯曰：'何谓天？何谓人？'北海若曰：'牛马四足，是谓天；落马首，穿牛鼻，是谓人。'故曰：'无以人灭天，无以故灭命，无以得殉名。'谨守而勿失，是谓反其真。"从这段话看，"天物"为天生的、未被人改造过的物。而在"天物"中，首先当然指的是生物，特别是人或"民"。

其三，从其下句"归根曰静，是谓复命"来看，这里所说的"天物"指的是人，因为只有人才有"复命"的问题，而且老子哲学的一个重要特点是首先关注和维护人特别是"民"的自然本性。

何谓"复命"？陈鼓应说："这里所说'归根''复命'，乃意指宇宙万有之生命，经历终则又始之活动过程。'复命'，即回归生命本根处储蓄能量而更新再始。归根复命说，在近年公布的上博战国楚简《恒先》中有新的提示。《恒先》提出'生其所欲'、'复其所欲'的观点，前者认为欲望为生命之原动力，后者强调生命动力的更新再始不竭地涌现。"① 徐梵澄说："秦汉以前，人多信天命。命，使也，令也。谓人受生于天，自有其使命当完成者。殷纣暴虐，亦自信有命在天。仲尼自谓'五十而知天命'。董仲舒曰：'命者，天之所以命生人也。'老子于此论'复命，'其所谓'命'，犹此义也。今言生命，其义亦不异。"② 因此，"复命"的本义是上复"天命"。《中庸》曰："天命之谓性"。不过，儒家言"性"重人道，道家言"性"、言"命"重自然。老子不信"天命"，因而他这里说的"复命"当指复归于人的自然本性。

---

① 陈鼓应：《道家的人文精神》，载《道家文化研究》第二十二辑，三联书店 2007 年版，第 101—102 页。

② 徐梵澄：《老子臆解》，中华书局 1988 年版，第 22 页。

　　综上所述，笔者认为"夫物"应作"天物"，而"天物"指"生物"，主要是指人，因为非生物乃至一般的生物无"复命"可言。

　　其次谈谈"芸芸"应作"云云"的理由：

　　其一，帛书甲本即作"云云"。

　　其二，《吕氏春秋》曰："云气西行，云云然，冬夏不辍。"显然，这里的"云云"是周旋回转之义。"天物云云，各（复）归其根"，是说生物特别是人，经过多次的"周旋回转"，最后才能各自复归于自己的本性。这就犹如吸烟或吸毒而成瘾的人一样，他们并非生来就是吸烟、吸毒者，但要彻底地戒掉烟或毒，回归于不吸烟或不吸毒的"自然本性"，往往需要多次地"痛下决心"并付诸实施才能奏效。马克思主义哲学所揭示的质量互变规律也是如此，是说事物的根本质变，必须经过一系列的部分质变才能实现。因此，如据帛书甲本作"天物云云，各复归其根"，就会与其前句"万物并（方）作，吾以观其复"正相呼应，而且将"并（方）作"之义进一步明确化、具体化了。而王弼本"夫物芸芸，各复归其根"，则只是说"万物纷纷纭纭，各自返回到自己的本根"，其义不仅没有比"并（方）作"前进一步，反而倒退了，老子当不会如此。总之，"夫物芸芸"应从帛书甲本作"天物云云"。

　　最后说说"各复归其根"应作"各归其根"的理由：

　　其一，傅奕本即如此；简本为"各归其堇"，"堇"读为"根"。高亨说："'复'字涉上下文而衍，傅本可据。此曰'各归其根'，下文曰'归根曰静'，正相承，故知此'复'字为衍文"。[①]况且此句承上句"吾以观其复"，故不会再重"复"字，简本、帛书亦无"复"字，故校定文据之删。

　　其二，此句的上下句皆四字一句，不可能于此忽增一字，况且少了"复"字也未损其义。

　　四、关于对"复"和"各归其根"的诠释。老子说："万物并作，吾以观其复"，又说："夫物芸芸，各归其根"（通行本）。这里的"复"和"归根"就是复归于道。问题是，万物包括社会人生为什么要"复归于道"？怎样才算"复归于道"？老子说："道者，万物之奥"（六十二章），即是说，道在物中。既然道内在于天地万物及社会人生之中，它（他）们在什么情况下会"失道"？如果说其行为违反了道的自然无为原则算"失道"而需要"复归"的话，那么万物都是天生的自然无为之物，它们不可能"失道"，为什

_____

　　①　高亨：《老子正诂》，开明书局 1943 年版，第 39 页。

么还要"复归于道"呢？

　　再说，"复归于道"，必然要涉及什么是道的问题，可是在这个问题上，道家学者们又是众说纷纭、莫衷一是的，比如胡孚琛就认为"得道就是求得大彻大悟圆满无碍的大智慧"①。如此说来，道就是"圆满无碍的大智慧"（此似同于牟宗三的道的"主观境界说"）了。如果人尚能通过修炼而获得这种"圆满无碍的大智慧"的话，那么作为天生就得道的万物来说，莫非皆已获得了"大彻大悟圆满无碍的大智慧"？况且与万物一样，人在修道之前天生就"得道"了呢！

　　"大彻大悟圆满无碍的大智慧"云云，或许取自《庄子·大宗师》中通过"离形去知"的修道功夫而达致"朝彻"、"见独"之说。

　　在2009年11月初在北京召开的"国际老子道学文化高层论坛"会议期间，我曾问过一位老道长：你是否见过"道"？他认真描述了自己"朝彻"和"见独"的情形：眼前一片光明，确实进入了无彼我、无古今、不生不死的境界，顿有大彻大悟之感。我说：当着这一阵子过后，你不是还得回到有彼我、有古今、有生死的现实中来吗？他沉默了。余认为如果说"得道"就是获得了"圆满无碍的大智慧"的话，那么就是深切地把握了事物发展变化的规律，吃透并能熟练地运用辩证法，就像毛泽东当年指挥"四渡赤水"和"三大战役"一样，达到了炉火纯青、出神入化的境界。而这种境界则不是虚幻的，而是现实的。而笔者对道及得道的这种诠释，与认为道的实质是矛盾法则或对立统一规律是一致的；而所谓万物天生就有内在的道，是说它们天生就有内在的矛盾法则，而不是有某种主观境界之类。笔者猜想，老子说的"万物复归于道"中的"万物"，或许主要指的是人及人类社会，他们应复归于自然和谐或革故鼎新的状态，而这是老子最为关注的；其次，说的是"物"，譬如大地在经过了地震、海啸、火山爆发之后恢复到自然和谐与宁静的状态——之所以列入"其次"，因为老子似乎对它们并不特别关注。如果说"道"是"无"的话，那么万物"复归于道"，就是万物皆会从"有"到"无"，亦即消亡而转化为"它物"。

　　五、关于对"知常容，容乃公，公乃王，王乃天，天乃道，道乃久"的校订和讨论。此文除道藏龙兴碑本"公乃王，王乃天"作"公乃生，生乃天"外，各种古本皆如是。但是，劳健认为"王"应作"全"。他说："'知常容，容乃公'，以'容'、'公'二字为韵。'天乃道，道乃久'，以'道'、

----

① 胡孚琛：《老子通论》，社会科学文献出版社2009年版，第143页。

'久'二字为韵。独'公乃王，王乃天'，二句韵相远。'王'字义本可疑，王弼注此二句曰：'荡然公平，则乃至于无所不周普也。无所不周普，则乃至于同乎天也。''周普'并非释'王'字。道藏龙兴碑本作'公能生，生能天'，'生'字更不可通。按《庄子·天地篇》云：'执道者德全，德全者形全，形全者神全，神全者圣人之道也。'此二句'王'字盖即'全'字之伪。'公乃全，全乃天'，'全'、'天'二字为韵。王弼注云'周普'是也。又《吕览·本生篇》：'天子之动也，以全天为故者也'，高注：'全，犹顺也。'可补王注未尽之义。今本'王'字，碑并'生'字，当并是'全'之坏字；'生'字尤形近于'全'，可为蜕变之验也。"（《老子古本考》）对劳健之说，注家多从之。陈鼓应说："劳说确切。通行本误传已久，应据改正。"凡同此说者，其注译本皆改"王"为"全"。

劳健虽能自圆其说，但也仅为一推测耳。河上公本、严遵本、王弼本所据古本已不可知，但傅奕本主要所据为项羽妾墓出土的《老子》竹简本则是无疑的，帛书的出土进一步证明"王"乃本字，不作"全"。劳健疑"王"乃"全"字之坏字。但是，为什么所有的《老子》古本一起坏了这两个字呢？劳健说："'知常容，容乃公'，以'容'、'公'二字为韵。'天乃道，道乃久'，以'道'、'久'二字为韵。独'公乃王，王乃天'，二句韵相远。"然而，《老子》当是以形式服从内容的，不一定句句都押韵，所以此说不足为据。对于劳健说的"'王'字义本可疑，王弼注此二句曰：'荡然公平，则乃至于无所不周普也。无所不周普，则乃至于同乎天也。''周普'并非释'王'字"，高明说："《说文》：'王，天下所归往也。''无所不周普'与'天下所归往'，文异而义同，皆为对'王'字之诠释。《书·洪范》：'无偏无党，王道荡荡。无党无偏，王道平平'，此可为'公乃王'之最好注脚。"[1]可见王弼注"'周普'并非释'王'字"之说也难以成立。

笔者认为，"公乃王，王乃天"中的"王"字具有以下三种涵义：

一是天下归往。《说文》："王，天下所归往也。"苏辙注"容乃公，公乃王，王乃天"，曰："无所不容，则彼我之情尽，尚谁私乎？无所不公，则天下将往而归之矣。无所不怀，虽天何以加之。"范应元注"公乃王，王乃天"，曰："王者，天下归往之称。惟其无私，故天下之人往而归之。王乃如天之不言而行，无为而生。不言而行，无为而生，乃虚通而大也。虚通而大

① 高明：《帛书老子校注》，中华书局 1996 年版，第 304 页。

则长久自然。长久自然则终身不殆矣。"① 老子一再提出和强调侯王依道治国，天下人就会归往的思想。如三十五章"执大象，天下往"，三十二章"侯王若能守之，万物将自宾"，三十七章"道常无为而无不为。侯王若能守之，万物将自化"等。老子并不反对天下统一，只是反对通过生灵涂炭、民生凋敝的兼并战争实现之。

二是《书·洪范》所讲的"王道"即"无偏无党，王道荡荡。无党无偏，王道平平"，其义正与五十六章所说的"不可得而亲，不可得而疏；不可得而利，不可得而害；不可得而贵，不可得而贱"相同。

三是"王"有"天下王"之义。能否做"天下王"，这是侯王们最为关注的问题。老子这里是说只要一心为天下人，真正做到"贵以身为天下"，"爱以身为天下"（十三章），就可以做天下王，以此呼应侯王们的期望。

"王"字的以上三重涵义又是密切相关的，就是说只有"执大象"，只有实行"王道"，才有可能使天下人归往，才有可能统一天下，也才有可能做"天下王"。可以设想，如果"公乃王，王乃天"中的"王"字只有"天下归往"的涵义，而无其他两种涵义，老子就会直接用"往"的本字，而无需用"王"字了。

鉴于以上分析，此文之校定文仍从王弼本等传世本作"知常容，容乃公，公乃王，王乃天"，而不取劳健之说而从众将两"王"字改作"全"。

---

① 范应元：《道德经古本集注》，载《四部要籍注疏丛刊·老子》，中华书局 1998 年版，第 601 页。

十七章

载^①营魄^②抱一^③，能无离乎？

抟气致柔，能如婴儿乎^④？

涤除玄鉴，能无疵乎^⑤？

爱民治国，能无为乎^⑥？

天门开阖，能为雌乎^⑦？

明白四达，能无知乎^⑧？

生之畜之，生而不有，为而不恃，长而不宰：是谓玄德^⑨。

（通行本第十章）

注　释

①载：《楚辞·远游》"载营魄而登霞兮。"王逸注曰"抱我灵魂以上升也。"以"抱"训"载"。而陆希声曰："载，犹夫也。发语之端也。"其义取前者，但如此则成了"抱营魄抱一"，不成话，故笔者将"载"字转义训为"用"或"以"。

马叙伦说，"载""哉"古通，然"载"字应属上句读，即第九章"天之道也"之后。主要理由是，此章"营魄抱一"、"专气致柔"、"涤除玄览"、"明白四达"，皆四字一句，不得此句独加一"载"字。《老子》他章亦无以"载"字起辞者。而五十三章"非道也哉"，与此辞例正同。均可证"哉"字当属上读。（《老子校诂》）对此，蒋锡昌、古棣等附议。此可备一说。

②营魄：营魄当指人的灵魂（精神）与躯体，即所谓"灵与肉"，亦即人自身也。对"营魄"的内涵，古今注家解说不一。河上公注曰："营魄，

魂魄也。"王弼注曰:"营魄,人之常居处也。"范应元注曰:"营魄,魂魄也。《内观经》曰:'动以营身之谓魂,静以镇形之谓魄。'"魏源《老子本义》:"营,读为魂。"南怀瑾说,营,是指人体生命中的血液和养分等作用;魄,是指在肉体生命中的活动力。《楚辞·远游》有"载营魄而登霞兮"的诗句,朱熹《楚辞集注》曰:"其所谓营者,字与荧同,而为晶明光炯之意。"可见魂是有光亮的,属阳,而魄则属阴。现代注家多据河上公等古代注家将其释为"魂魄"。

③抱一:此处的"一"指"道","抱一"即持守"道"。高亨在《重订老子正诂》中说:"一谓身也,犹云守身也。""身"包括魂和魄,"抱一"即将精神和形体合为一体;但到了他的《老子注译》时,则注曰:"一,指道。"可见其前后的认识有明显变化。

④抟气致柔,能如婴儿乎:上句帛书乙本(甲本缺文)如是,王弼本等注本"抟"作"专"。李水海说:"'抟'为本字,是《老子》其书所用楚方言。《楚辞·九章·桔颂》:'圆果抟兮',王逸注云:'抟,圜也。楚人名圜为抟。'"① 下句傅奕本、范应元本如是,其他古本无"如"字。但是,刘惟永《道德真经集义》引王弼本作"能如婴儿乎",可见王弼本原有"如"字;河上公本注文为"能如婴儿……",可见河上公本原亦有"如"字;《淮南子·道应训》所引也有"如"字。以有"如"字为佳,因为成人无论怎样"抟气致柔",也不可能成为婴儿,而只能像婴儿那样柔和。疑后人为求其四字一句而删之。校定文上句从帛书乙本作"抟气致柔",下句从傅奕本、范应元本作"能如婴儿乎"。

朱谦之说:"《老子》之'专气',即《管子·内业》之'抟气',所谓'抟气如神,万物备存'(尹注:'抟谓结聚也')。又曰:'此气也,不可止以力。''心静气理,道乃可止。'皆与专气至柔说同。又《心术下》与《内业》均引'能抟气乎? 能一乎? 能勿卜筮而知吉凶乎? 能止乎? 能勿求诸人而得之己乎?'此与《庄子·庚桑楚》文同"。②

"抟气"是指结聚精气,勿使耗散。在老子看来,外在物欲的奔逐驰骋和内心情绪的失调,是使精气耗散、不得内敛的重要原因。"致柔"是指要达到柔和的状态,实际上是要达到以柔为主、刚柔相济的最为和谐的状态。气血乃生命之源,气血以"和"为本,精气充足、气血和谐是生命存在的最

---

① 李水海:《老子道德经楚语考论》,陕西教育出版社 1990 年版,第 195 页。
② 朱谦之:《老子校释》,中华书局 1984 年版,第 39 页。

佳状态。老子认为婴儿尚未受外在物欲和内在情绪的干扰，所以精气未受损耗，一切尚处于自然状态，呈现的是"精之至"、"和之至"（五十五章）的最佳状态。老子是希望成年人特别是侯王等统治者要摈弃过度奔竞的嗜欲，"见素抱朴，少私而寡欲"，协调精神，清静心境，加强内在凝聚力，力求像婴儿那样保持旺盛的生命力。"抟气致柔"的身心状态也是修道悟道的必要前提和条件。

王弼注曰："言任自然之气，致至柔之和，能若婴儿之无所欲乎，则物全而性得矣。"

焦竑从近于道性和无为的角度对"致柔"作了解说。他说："道无不在，而独主柔而宾刚，何居？余曰：'老子非言柔也，明无为也。柔非即为道，而去无为也近；刚非外于道，而去无为也远；故自柔以求之，而无为可几也。'"[1]

⑤涤除玄鉴，能无疵乎：诸传世本鉴作"览"，为"涤除玄览，能无疵乎？""涤"，帛书甲乙本皆作"修"，高明认为依古注可读为"涤"[2]。

高亨说："'览'读为'鉴'，'览'、'鉴'古通用。楚辞《离骚》：'皇览揆余初度兮。'《考异》：'览一作鉴。'《文选·西征赋》李注引'览'作'鉴'。《九章·抽思》：'览余以其修姱。'《考异》：'览一作鉴。'并其证。玄者形而上也，鉴者镜也。玄鉴者，内心之光明，为形而上之镜，能照察事物，故谓之玄鉴。《淮南子·修务训》：'执玄鉴于心，照物明白。'《太玄童》：'修其玄鉴。''玄鉴'之名，疑皆本于《老子》。《庄子·天道》篇：'圣人之心，镜乎天地之鉴，万物之镜也。'亦以心譬镜。"[3] 整整三十年后验之新出土的帛书，证明高亨此说不误。高亨对帛书作了研究之后，进一步地说："'览'字当读为'鉴'，'览'与'鉴'同，即镜子。……乙本作'监'，'监'字即古'鉴'字。古人用盆装上水，当作镜子，以照面孔，称它为'监'，所以'监'字像人张目以临水盆之上。后人不懂'监'字本义，改作'鉴'字。"[4] 高明也考证说，"监"即古"鉴"字，"蓝"（甲本监作'蓝'）字在此也读为"鉴"，借字耳。[5] 由此亦可见高亨功力之深。

---

[1]　焦竑：《老子翼·序》。

[2]　高明：《帛书老子校注》，中华书局1996年版，第265页。

[3]　高亨：《老子正诂》，开明书店1943年版，第24页。

[4]　高亨、池曦朝：《试论马王堆汉墓中的帛书老子》，载《文物杂志》1974年第11期。

[5]　高明：《帛书老子校注》，中华书局1996年版，第265页。

虽然"览"古通"鉴",但在现代汉语中这两个字(词)的涵义已经大相径庭,前者为动词,后者为名词(古义:铜镜,青铜大盆。"鉴"虽然亦可作动词,但在此只能作名词)。"玄览"是什么意思呢?河上公注曰:"当洗其心使洁净也。心居玄冥之处,览知万物,故谓之玄览也。"① 可见河上公是把"览"视为动词的。冯友兰说得更明白,他说:"《老子》认为,要认识'道'也要用'观','常无欲以观其眇,常有欲以观其徼。'(一章)这是对于'道'的'观'。它认为,这种观需要另一种方法,它说:'涤除玄览,能无疵乎?'(十章)'玄览'即'览玄','览玄'即观道。要观道,就要先'涤除'。'涤除'就是把心中的一切欲望都去掉,这就是'日损'。'损之又损'以至于无为,这就可以见道了。见道就是对于道的体验,对于道的体验就是一种最高的精神境界。"② 简要地说,冯友兰认为"玄览"即"览玄",亦即观道。如果照这样解释,那么"涤除玄览"就是"涤除览玄"或"涤除观道"了。岂不令人费解?显然,"涤除"是动词,"玄览"只能作它的宾语,因而只能是名词,而"览玄"或"观道"却不是名词,所以二者无法搭配。陈鼓应将"涤除玄览"译为:"洗清杂念而深入观照。"③ 文句虽然顺畅,但这似乎是"涤除而玄览"的译文,然而"涤除玄览"的中间并无转折词"而"字,况且严格地说,"杂念"二字属于增字解经,也是不应有的。但是,如果去掉"杂念"一词,那么译文就变为:"洗清深入观照"了。显然,这样一来,其文义就匪夷所思了。

鉴于此,校定文从帛书作"涤除玄鉴",而不从诸传世本作"涤除玄览"。

"涤除玄鉴,能无疵乎?"意谓:洗涤玄妙的心镜,能否使其毫无瑕疵呢?

"玄鉴"或玄妙的心镜,是用于直观或顿悟而观道的认知工具,亦可代指作为认知方式的直观或顿悟,即认为只要内心"涤除"得像一面清澈的镜子一样,就可以直接观照"道"的真知。

陈鼓应、白奚诠释"玄鉴"说:"老子以'玄鉴'喻心灵深处明澈如镜,'玄鉴'之说不仅成为认识论上的一种静观,也成为后世形上学的一个重要

---

① 《老子道德经河上公章句》,王卡点校,中华书局1993年版,第35页。
② 冯友兰:《中国哲学史新编》,转引自陈鼓应《老子今注今译》,商务印书馆2003年版,第110页。
③ 陈鼓应:《老子今注今译》,商务印书馆2003年版,第112页。

范畴。'玄鉴'后由庄子的'心斋'、'坐忘'而得到深化。其后禅宗著名的'心如明镜台'之说以及宋明道学的'心学',都是老庄这一'内圣'之学的延伸。"①

为什么需要"涤除玄鉴"呢?这是因为:"就道的本真形态来说,它是清静无为、素朴单纯、自然而然的,因而也是敞亮的、显明的;但由于受外物的遮蔽作用,特别是由于我们认识能力的局限性所造成的知识、经验等的遮蔽作用,我们所看到的道所呈现出来的存在形式或表现形态却往往是幽微的、混沌的,甚至是神秘的。总之,在老子看来,由于种种遮蔽被附加到了道的存在之上,使之失去了其本真面目。而一旦清除掉那些附加的遮蔽之物,道的自然存在的本真形态就可显现出来"②。也就是说,人们之所以不能认识和把握作为天地万物之存在本体的"道",主要是因为认识主体存在着贪欲、智巧、诈伪、杂念,以及一切主观成见和偏见,固守着经验、知识、理性、通常的思维方法和思维定式,因此,只有坚决地摒弃一切贪欲、智巧、诈伪、杂念,以及一切主观成见和偏见,自觉地超越具有局限性的经验、知识、理性和通常的思维方法及思维定式,才能把握和运用直观或顿悟的认知方式("玄鉴"),才能真正观照或体悟道本体,达致"微妙玄通"(十五章)。

按:在本书第一版(2008年10月中国社会科学出版社出版),此两句是取诸传世本"涤除玄览,能无疵乎"的。在诠释文中,笔者视"玄览"为老子提出的体悟大道和洞察万物本质的一种直觉思维的方法,并认为这种思维方法要靠心灵的体悟,因而需要一个空明灵觉的心镜。在第一版十七章【辨析】三(第147—148页)中,笔者对"玄览"或直觉的思维方法作了较充分的阐述,或许还有一定参考价值,故作为【参考】置于本章最后。

⑥爱民治国,能无为乎:此句王弼本作"爱民治国,能无知乎?"帛书甲本缺文,乙本作"爱民治国,能毋以知乎?"但是,河上公本为"爱民治国,能无为"。俞樾说:"唐景龙碑作'爱民治国能无为?天门开阖能为雌?明白四达能无知?'其义并胜,当从之。'爱民治国能无为',即孔子'无为而治'之旨。'明白四达能无知',即'知白守黑'之义也。王弼本误倒之。"(俞樾:《诸子平议·老子平议》)朱谦之说,在"爱民治国"下,"景龙、御注、英伦三本均作'能无为'。"(《老子校释》)高明说:"易玄、敦煌英、林

① 陈鼓应、白奚:《老子评传》,南京大学出版社2001年版,第341页。
② 朱晓鹏:《老子哲学研究》,商务印书馆2009年版,第184页。

志坚三本作'爱民治国能无为'，景龙碑与之同。"（《帛书老子校注》）王安石注曰："'爱民'者，以不爱爱之乃长。'治国'者，以不治治之乃长，惟其不爱而爱，不治而治，故曰'无为'。"可见王安石所据古本亦是"爱民治国能无为。"此外，林希逸本、吴澄本、焦竑本等古本亦作"爱民治国能无为。"高亨说："'无知'，景龙碑、开元幢、古楼观碑均作'无为'，文意较切，今据改。"

鉴于以上引证，此文校订为"爱民治国，能无为乎？"句谓：爱护人民，治理国家，能否运用无为的方式呢？

按：此文，王弼本作"爱民治国，能无知乎"；帛书乙本作"爱民治国，能毋以知乎？"二者比较，以帛书乙本为佳，因其文义更准确、完善。知读作"智"。"毋以知"，连上，意为不要以智治国。此思想与六十五章的"故以智治国，国之贼；不以智治国，国之福"正相契合。相反，如果取"无知"，连上，应译为："爱民治国，能否无知呢？"若"知"也读作"智"，连上，应译为："爱民治国，能否无智呢？"显然，文义皆不如乙本。

"爱民治国，能无为乎"意思是说，能否用无为的方式爱民治理国家呢？因而这里的"治"字是治理的意思，所以是动词。说老子主张"无为而治"，概源于此。老子的"无为而治"是"无为"的主张在治国方面的运用。

在这里，"无为而治"的"而"字，不是转折词，而是"能"的意思。《墨子·天志》："少而示之黑谓黑，多示之黑谓白；少能赏之甘谓甘，多赏之甘谓苦"；《晏子春秋·外篇》："入则求君之嗜欲能顺之；君怨良臣，则具其往失而益之。"其中的"而"字与"能"字皆互文见义。因此，老子说的"无为而治"是无为能治，即无为能治国，或用无为的方式能治理国家。

"无为而治"还有一种解释，就是无为使得社会安定、国家太平。那么此"治"字就是太平、安定的意思，因而"治"在此是形容词。孔子说："无为而治者，其舜也与？夫何为哉？恭己正南面而已矣。"（《论语·卫灵公》）其中的"无为而治"的意思大抵属于后者，因而与老子的"无为而治"不同。

⑦天门开阖，能为雌乎：对天门，各家注释不一。王弼注曰："天门谓天下之所由从也。开阖，治乱之际也。或开或阖，经通于天下。"高亨释"天门"为人的感觉器官。他说："天门，目耳口鼻。这是人身上天赋的自然门户，所以老子称作天门。开阖，指视、听、言、食、嗅的动作。这些动

作，有的属于生活的享受，有的属于事物的处理。"① 对高亨之说，注家多从之。

南怀瑾说："天门是象征性的代名词，天圆盖覆，本自无门，哪里开阖？但道家却把人体的头颅顶盖天灵骨的中心点，古代医术所称的百会穴之处，叫作天门。也有别名叫'天囟'的。据说，修道的人，修到纯阳无杂的程度，天门就会自然开阖。到此程度，自然智周万物，神通天地，明达古今，超凡入圣。"②

蒋锡昌认为这里的"天门"指的是道，说："'天门开阖，能为雌乎'，谓道有动静，物有雄雌，圣人当居静而不居动，为雌而不为雄也。"（《老子校诂》）古棣说："'天门'即第一章'众妙之门'，亦即《庄子·庚桑楚》所释之'天门'：'入出而无见其形，是谓天门。天门者，无、有也，万物出乎无、有。''天门'实际上就是道，它是万物变化之主所从出之门户，所以称之为'众妙之门'，它是'自本自根'，自然而然，不是他物使之然，所以又称之为'天门'。'天'即天然之意，'开阖'即开合。'天门开阖'，即大千世界的变化皆道之一开一合。在这种变化中圣人要'为雌'。老子主雌、主牝，取其柔弱静下、而不刚强好胜之义。'能为雌'，亦即二十八章'知其雄，守其雌，为天下溪'。'为雌'亦即'守雌'。二十八章说的'守雌'是'为天下溪'，乃对治理天下国家而言。亦即证此章之'为雌'也是对治理天下国家而言的。"③ 蒋锡昌、古棣之说似更为合理。"能为雌乎？"帛书乙本如此，甲本缺文；王弼本为"能无雌乎？"但王弼注曰："雌，应而不倡，因而不为。言天门开阖能为雌乎，则物自宾而处，自安矣。"由此可见王弼本原作"天门开阖，能为雌乎？"据以上所引证，此句校定为"天门开阖，能为雌乎？"句谓："众妙之门"自然开合，修道者能否据此做到悟道守雌呢？

⑧明白四达，能无知乎：俞樾说："唐景龙碑作'明白四达，能无知。'其义盛，当从之。"高亨说："知，王弼本作'为'，景龙碑、开元幢、古楼观碑（按：尚有河上公本）均作'知'，文义较切，今据改。明白四达，所知很多，而自以为无知。七十一章：'知不知，上。'（知而自以为不知，是上等）。""明白四达"在这里是指作为修道有成的治国者虽然聪明睿智，亦不可自我标榜，应自以为"无知"，以便集思广益，博采众长，善于运用众

① 高亨：《老子注译》，河南人民出版社1980年版，第36页。

② 南怀瑾：《老子他说》，复旦大学出版社2002年版，第192页。

③ 古棣：《老子校诂》，吉林人民出版社1998年版，第389页。

智而成其大智，进而用之于治国平天下。

(9) 生之畜之，生而不有，为而不恃，长而不宰，是谓玄德：这五句诸传世本同，并重见于五十一章。有些学者认为，本章中的这五句与上面各句内容不相关联，疑为错简复出，主张删去。但是，帛书也基本如此，只少"为而不恃"一句。因此从帛书来看，与五十一章并非完全重复。张松如说，本章中的头十二句的旨意，实际上说的是有关修身、养性、为学、治国诸方面怎样由下德而跻身于上德。既然提出了上述问题，所以后五句便进一步作了有关上德的阐述。张松如的言外之意，并非前后内容互不关联，而且在《老子》书中，文句相同，前后复出，是常见的现象，不必定作错简看待。况且，所谓"错简"是说将同一个或一组简牍安排错了地方，而两处或多处出现同一段文字，说明原来就有两个或两个以上同一段文字的简牍。在这种情况下，怎么能轻易地说是"错简"呢？这是笔者对某些注家只要见到同一句或一段文字重出就说"错简"颇感困惑的问题。详见【辨析】三。

译 文

以灵与肉抱持"一"，
能否与道不分离呢？
心志专一，结聚精气，
能否如婴儿般的精和之至？
清洗玄妙的心镜，
能否使其毫无瑕疵？
爱护人民，治理国家，
能否运用无为的方式？
众妙之门，自然开合，
能否做到悟道守雌？
通晓大道，博古通今，
能否做到自以为无知？
生化万物，养育万物。
生化而不占有，
畜养而不依恃，
引导而不宰制：

这就是玄妙的"德"。

一、对"载营魄抱一"究竟应如何释译？历代注家众说纷纭。首先是对"营魄"的释义，虽然王弼对《楚辞·远游》之"载营魄而登霞兮"句中的"营魄"释为"灵魂"，但今注家多释为"灵魂与躯体"或"精神与躯体"，而且河上公和范应元皆释"营魄"为魂魄。对"载"字，王弼注《楚辞》上句话时训为"抱"，亦即"载"之本义；唐玄宗《御注》训为"哉"；陆希声则训为语气词"夫"，后者为多家注本采之。"抱一"的"一"是何义？高亨《重订老子正诂》说："一谓身也，犹云守身也"；但在其《老子注译》中又改而注曰："一，指道"，全句译为："关于坚守灵魂、抱持大道这两件事，我能不离开吗？"

对"载营魄抱一，能无离乎"，王弼注曰："载，犹处也。营魄，人之常居处也；一，人之真也。言人能处常居之宅，抱一清神，能常无离，则万物自宾也。"

魏源释之曰："载，犹处也；营魄即魂魄也。魄即是'一'，载即是'抱'。魂载魄，动守静也。心之精爽，是谓魂魄。本非二物，然魂动而魄静。苟心为物役，离之为二，则神不守舍。而血气用事惟抱之为一，使形神相依，而动静不失，则魄即魂，魂即魄，何耗何昏，乃可以长存。盖非偶载之难，而常不离之难也。修身养生，道皆如此。"①

现代注家对"载营魄抱一"的译文，试举几例：

张松如："拥魂魄以守身"。

任继愈："精神与身体合一"。

陈鼓应："精神和形体合一"。

古棣："魂魄与形体合一"。

许抗生："载着魂魄抱着形体"。

尹振环："精神与躯体合一"。

李先耕："让营魄守卫着灵魂永葆着真身"。

"营魄"确可释为"灵魂（精神）与躯体"或"灵与肉"；"载"或许应

---

① 《老子本义》，《四部要籍注疏丛刊·老子》，中华书局1998年版，第1431页。

训为某种语气词，因为如释为"处"、"抱"等实词，植入整句中总有困难。如《楚辞·远游》之"载营魄而登霞兮"句中的"载"固然可以释为"抱"，但在"载营魄抱一"句中就不能也释为"抱"了，这是显而易见的。余以为既然将"载"训为某种语气词，也可以不译出来。"抱一"可能有两层涵义，一是灵魂与躯体（灵与肉）抱一，就是形神相守为一，后来道家道教各派都提到的"守一"的概念和修炼方法，大抵皆源于"载营魄抱一"说。《庄子·在宥》发展了形神合一相守的理论。老子虽有修炼的思想，但不局限于从养性的角度修身，更不企求长生不老和"白日升天"。再说，如果把"载营魄抱一"释为"灵魂与躯体合一"，那么"载营魄抱一，能无离乎？"就应释为"灵魂与躯体合一，能不使其分离吗？"我们也可以反问一句："灵魂与躯体难道能分离吗？"我们知道，只有宗教信徒和迷信的人才会有灵魂不死的观念，才会相信灵魂与躯体是可以分离的。作为无神论者的老子，难道会提出这样的问题吗？因为老子所关注的中心是如何体悟大道和依道治国平天下，因而这里的"抱一"无疑包括"抱道"，而且是其首要涵义。故此处的"抱一"与二十二章"圣人抱'一'为天下式"的"抱'一'"的涵义应是一致的，皆指抱持大道。

　　二、对本章前五句之各自后半句，当今注家多作直译，分别译为"能不分离吗？""能象婴儿的状态吗？""能没有瑕疵吗？""能自然无为吗？""能不竞聪敏而知雄守雌吗？"等。这样译，似乎老子认为无法做到"不分离"，无法做到"能象婴儿的状态"，无法使其"没有瑕疵"，无法做到"自然无为"等。余认为，这并不是老子的本意。与此相反，老子依据"道"的原则要求，是惟恐"分离"，惟恐不能"如婴儿之状态"，惟恐"玄鉴"由于"涤除"不净而"有瑕疵"，唯恐不能做到"无为而治"等，或者说他是希望"不分离"，"能如婴儿的状态"，能使其"没有瑕疵"，能做到"自然无为"等。但要做到这些，绝非易事。译文似应顾及老子的这种期望和要求。所以笔者分别译作："能否永不分离"；"能否如婴儿般精和之至"；"能否使其毫无瑕疵"；"能否做到悟道守雌"；"能否做到自然无为呢"；"能否做到自以为无知？"

　　三、对本章最后一段文字："生之畜之，生而不有，为而不恃，长而不宰：是谓'玄德'"，有些注家因疑其错简复出而主张删去，陈鼓应、古棣等先生则在校定文中果真删去了。对于此段文字不应删，在本章注释⑨中已讲了一些理由，现在就更为实质的问题加以辨析。笔者认为，本章的前六问，皆涉及为道者修身及其能否运用道的自然无为的原则于"爱民治国"等实践方面的问题，如此就要达到"生之畜之，生而不有，为而不恃，长而不宰"的"玄德"境界，亦即对自身（主体）特别是对行为客体要达到自然无为的境界。因此，如果没有"玄德"的提出和对"玄德"涵义的揭示，那么为道者的修身及其依道治国等就没有标准了，所以它是不可或缺的。

述 评

本章最后提出了"玄德"的概念，说"生之畜之，生而不有，为而不恃，长而不宰：是谓'玄德'。"与之大同小异的文字，还出现在其他章节中，如通行本第二章的"万物作焉而不辞，生而不有，为而不恃，功成而弗居"，三十四章的"万物恃之以生而不辞，功成而不有，衣养万物而不为主"，五十一章的"生而不有，为而不恃，长而不宰：是谓玄德"等，可见老子对这种德行是充分肯定、赞赏有加的，也可见它在老子学说中的重要地位。

梁启超在《老子哲学》中说英国大哲罗素最佩服老子这几句话，并拿自己研究所得的哲理来证明。梁启超援引了罗素当时在北京演讲中的如下一段话：

> 人类的本能，有两种冲动：一是占有的冲动，一是创造的冲动。占有的冲动是要把某种事物据为己有，这些事物的性质是有限的，是不能兼容的，例如经济上的利益，甲多得一部分，乙、丙、丁就少得一部分；政治上的权力，甲多占一部分，乙、丙、丁就丧失了一部分。这种冲动发达起来，人类便日日在争夺相杀中，所以这是不好的冲动，应该裁抑的。创造的冲动正和它相反，是要将某种事物创造出来，公之于人，这些事物的性质是无限的，是能兼容的，例如哲学、科学、文学、美术、音乐，任凭各人有各人的创造，愈多愈好，绝不相妨，创造的人并不为自己打算什么好处，只是将自己所得者传给别人，就觉得是无上快乐，许多人得了他的好处，还是莫名其妙，连他自己也莫名其妙。这种冲动发达起来，人类便日日进化，所以这是好的冲动，应该提倡的。[①]

① 胡道静：《十家论老·梁启超论老子》，上海人民出版社2006年版，第53—54页。

罗素这种高扬"创造的冲动"而贬抑"占有的冲动"的观点是对的。老子关于"玄德"的论述旨在提倡一种为人类无私奉献的品格和精神，所以他在本书之末用四句话作了总结，说："圣人不积，既以为人，己愈有；既以与人，己愈多。天之道，利而不害；圣人之道，为而不争。"但是，应当看到，在阶级社会里，具有这种无私奉献精神的人是很少的。事情往往是这样的：剥削阶级具有最大最强的"占有的冲动"，而极少"创造的冲动"；而被剥削阶级虽然具有"创造的冲动"，但他们创造的产物却大多为剥削阶级所无偿占有，而他们的"创造的冲动"，在较大程度上也是为了自己活命和延续后代。就是说，这种"创造的冲动"还没有成为他们生活的第一需要。就拿罗素所说的"哲学、科学、文学、美术、音乐"来说，在阶级社会里，从事这种创造的人，也还有一个知识产权的问题，否则也不能很好地保护他们的创造权益，而并非全是"创造的人并不为自己打算什么好处，只是将自己所得者传给别人，就觉得是无上快乐"。在社会主义条件下情况要好得多，因为它为发挥"创造的冲动"创造了较好的环境和条件，具有无私奉献精神的人也愈来愈多了。我们共产党人尤其应当充分发挥这种"创造的冲动"，为国家和人民的事业无私奉献。但是，要在全社会充分发挥这种"创造的冲动"，并使这种"创造的冲动"成为人们生活的第一需要，只有到了共产主义社会方有可能。然而我们也不能因此而低估老子所提倡的"生而不有，为而不恃，长而不宰"的伟大而崇高的"玄德"品格，因为在任何社会中，这种德行都是引领社会前进所必需的。

　　【参考】（原载第一版十七章【辨析】三）

　　在本章中老子提出了"涤除玄览"的命题，提出了"玄览"的认识方法，他提倡并运用这种方法体道悟道和洞察事物的本质。作为思维方式的"玄览"即直觉为后来的学者特别是近现代许多著名科学家和科学哲学家所关注，认为它是最富有创造力的思维方式，在科学发现、理论创新和技术发明中有着巨大的作用。如爱因斯坦说："逻辑是证明的工具，直觉是发现的工具。"[①] 波普尔说："科学发现是一种创造性的直觉"，也就是"灵感的激起和释放的过程。"日本著名科学家、诺贝尔物理学奖获得者汤川秀树更是把直觉看作是产生创造性的科学发现的重要方法，并且承认这种方法的获得主要得益于他所十分喜爱的老庄哲学。

---

　　①　《爱因斯坦文集》第 1 卷，商务印书馆 1983 年版，第 284 页。

　　"玄览"或直觉是指在以往经验知识积累和理性思维能力的基础上突发性地把握事物本质的能力以及基于这种能力而产生的思想。直觉是一种顿悟式的思维，是人脑对客观事物的本质及其规律性的联系能够作出迅速的识别、敏锐的洞察、直接的理解和整体的判断的思维过程和思维方式，它的显著特征是隐逻辑性（此时的逻辑思维可能是极其迅速的，又是不自觉的、隐形的）、直接性、自动性、快速性、个体性和或然性。人们有时会突然产生出某种有价值的创造性的思想或思想火花，但这又不完全是偶然的。科学发展史证明，任何重大的科学发现和技术发明都不是仅靠直觉"悟"出来的，而是敏锐的直觉与丰富的实践经验、深厚的知识积累、丰富的想象力和高水平的逻辑思维能力的有机统一。个人的创造才能和某些偶然因素的诱发对直觉的产生有不可忽视的作用，但必须以上述种种条件为前提。由直觉产生的创造性思想往往只是粗糙的雏形，还须经过理论的加工才可能成为科学的假说。这种假说能否成为科学的理论还有待于实践的检验和逻辑的证明。因此，直觉是以实践为基础的整个认识过程的有机因素，是人类思维的能动性、创造性的一种特殊表现，所以决不能把直觉从以实践为基础的认识过程中游历出来，同严密的逻辑推理和理性分析对立起来。① 事实上，老子对道的体悟和对事物本质的洞察也是建立在对历史经验和社会现实观察思考基础上的，建立在对它们的抽象概括和理性分析基础上的。这从本书第十三章、十四章的分析以及下一章（通行本四十八章）老子所说的"为学日益，为道日损。损之又损，以至于无为"中可以得到很好的证明。

　　老子在本章中提出了关于如何认识和把握"道"的方式问题，这主要是通过"抟气致柔"和"涤除玄鉴"的内省功夫以悟道，以及以"无为"的方式"爱民治国"的实践功夫，经常用本章提出的六个问题反躬自省，从而逐步达到"同于道"，具有像道及"善为道者"那样的"生之畜之，生而不有，为而不恃，长而不宰"而专以"能辅万物之自然而弗能为"的"玄德"之性，成为贤明的治国者。

---

　　① 以上论述参见易杰雄：《哲学、文化与社会》，河北教育出版社2004年版，第137—144页。

十八章

为学日益①，为道日损②。损之又损，以至于无为。无为而无不为③。绝学无忧④。

取天下常以无事⑤。及其有事，不足以取天下。

（通行本第四十八章）

注 释

①为学日益：河上公本、王弼本如是；帛书甲本残，帛书乙本、傅奕本、范应元本作"为学者日益"；简本为"学者日益"。有"者"字可明确"为学"的主体，无"者"字亦无妨，因为主体自明，而且可突出"为学"的行为。对"为学日益"，河上公《老子章句》注云："学，谓政教礼乐之学也；日益者，谓情欲文饰日以益多。"王弼注曰："下篇'为学者日益，为道者日损'。然则学求益所能，而进其智者也。若将无欲而足，何求于益？不知而中，何求于进？夫燕雀有匹，鸠鸽有仇；寒乡之民，必知旃裘。自然已足，益之则忧。故续凫之足，何异截鹤之胫；畏誉而进，何异畏刑？"在老子时代，"官学"大兴，基本没有为庶民子弟开办的"私学"。而官家子弟们所学的不过是政教礼乐之类。随着这种"为学"，"情欲文饰"必会"日益"，而这是与"为道"的内容和方向相反的。因此，老子这里说的"为学日益"当不是正言而是反话。

②为道日损：河上公本、王弼本如是；简本、傅奕本等作"为道者日损"。无"者"字无妨，理由如上。帛书乙本"为道"作"闻道"（甲本残），《释文》训"闻"作"为"。

对"为道日损"，河上公注曰："'道'为自然之道也；日损者，情欲文饰，日以消损。"蒋锡昌也说："'为道者日损'，言圣人为'无为'之道者，以情欲日损为目的。"王弼注曰:"务欲反虚无也。""为道"是指通过直觉或体验去领悟和把握最高的"大道",这是对天地万物及社会人生作根源性、整体性以及道的自然无为等特性的体认。要"为道"或把握大道,就必须逐步减损偏见、成见、情欲、文饰、智巧等,这是一个"日损"的过程。但对于得"道"而言,仅仅这样做是不够的,还要对感性、知性与理性的经验和知识进行抽象,而抽象或"蒸发"也是一个"日损"的过程。

以上注释,详见【辨析】一。

③无为而无不为:简本、王弼本如是,王弼并注曰:"有为则有所失,故无为乃无所不为也。"

这句话的意思是说,只要顺应事物的自然本性而为,就会无所不能为。

④绝学无忧:这句话,郭店简本在本章的此处,其他古本是在十九章的末尾或二十章的开头。关于"绝学无忧"究竟属于哪一章,在简本发现之前,一直是学术界的一大公案。有意思的是,"绝学无忧"虽然为王弼本二十章之首句,但王弼却以四十八章之义解之(王弼的注释见【注释】①)。郭沂先生说:"这表明,王弼已经意识到'绝学无忧'与四十八章之间的联系,只是拘于文本,未将它们合为一章。王氏见识卓绝,于此可见一斑。"①这一句在简本乙组的第二章,恰为通行本四十八章之末句(简本此章没有其下段即"取天下常以无事。及其有事,不足以取天下。"郭沂疑此段为后人所加;但帛书有,王弼本等古本亦有,故校订文不据简本删);简本乙组第三章的首句为"唯(之)与呵,相去几何?"但这两章在通行本中分属第四十八章和二十章,相距甚远。"绝学无忧"在王弼本中为二十章之首句,但如此"则其文意远不相关"(高亨语),所以许多注家将其归入上章即十九章的最后("见素抱朴,少私寡欲,绝学无忧。")。但是,帛书此章末句为"见素抱朴,少私而寡欲",显然与"绝学无忧"的句式不一,由此可证不应归入十九章。有了简本的出土,于是真象大白,所以郭沂说:"事实已经相当清楚了。今本将原排在一起的'学者日益'章和'唯之与呵'章分开,而在这个过程中,后一章将前一章末句'绝学无忧'也一同带走了,成为其首句,这样就形成了一个千年疑案。"②

句谓:弃绝了"政教礼乐之学",便可无忧无虑。

对"绝学无忧"的解读,详见【辨析】二。

---

① 郭沂:《郭店竹简与先秦学术思想》,上海教育出版社 2001 年版,第 105 页。
② 同上。

⑤取天下常以无事：这里的"取天下"不是指以武力夺取天下，也不是指"治天下"，而是指依道治国，从而取得天下人归心、归往。道体现的是自然无为，所以依道治国决不会生事扰民。详见【辨析】三。

译　文

致力于"为学"，
情欲文饰就会天天增加；
致力于"为道"，
情欲文饰就会日益减少。
减少了又减少，
以至于把握"无为"。
因任事物自然本性而为，
就能无所不能为。
弃绝了政教礼乐之学，
便可无忧无虑。
要使天下人归往，
必须坚持无为的原则。
如果违逆无为原则生事扰民，
那就不可能凝聚天下人。

辨　析

一、"为学"所追求的是"政教礼乐之学"，"为道"所追求的是对形而上的"道"的体认和把握，其目的是把握天地万物之无限性、统一性及其根本依据，以及道的自然无为等特性。

对"为学者日益，为道者日损"的解读，河上公的注释和王弼的注释（见本章【注释】①和②）颇得要领，它们确实揭示了"为学"与"为道"的涵义和实质。"为学日益，为道日损"，这正是说，"政教礼乐之学"是带着一定社会功利目的的人，以他们的爱憎好恶的"情欲"的文饰而成的，而"自然之道"则必须除去这些由个人"情欲"造成的伪饰。老子关于"政教礼乐之学"及"情欲文饰"的认识，同他"大道废，有仁义；智慧出，有大伪"（十八章）以及"夫礼者，忠信之薄，而乱之首也"（三十八章）的思想是相通的。而"日益"、"日损"云者，则正表现了他对背离"自然之道"的"礼"的溯源与批判。①

　　老子为什么说"为道"需要"日损"，而且还要"损之又损"呢？这是因为：作为哲学范畴的"道"，是对存在于天地万物之中的"道"的抽象。对于"为道"和得"道"来说，"政教礼乐之学"以及由此形成的"情欲文饰"，是严重的障碍，所以必须"日损"，而且还要"损之又损"。笔者认为，仅此一个方面还是很不够的。这是因为：作为哲学范畴的"道"，固然是老子直觉或顿悟的结果，但是，这种直觉或顿悟需要建立在对感性、知性与理性的经验和知识进行抽象或"损之又损"的基础之上，因此得"道"也应当是对这种经验和知识进行抽象与概括的结晶。——尽管老子对此可能是不自觉的、潜意识的。但是，我们从《老子》着力于形而上的探讨和富于辩证的抽象思维的特点中可以窥见老子具有非凡的抽象思维能力。从老子的有关论述特别是从"道生一，一生二，二生三，三生万物。万物负阴而抱阳，冲气以为和"（四十二章）来看，据笔者的推测，老子对自己所掌握的感性、知性与理性的经验和知识"损之又损"的过程大体经过了以下几个阶段或几级抽象：

　　第一，老子首先发现了事物现象层面的许多矛盾，经过初步抽象和概括，提出了几十种相互依存、相互渗透、相互转化的矛盾关系，这是大家比较熟悉的。

　　第二，在此基础上，老子作了进一步的抽象和提升，在头脑中扬弃和超越了事物内部的具体的矛盾或矛盾的特殊形态，概括出了它们的共同本质和一般规律，得出了"万物负阴而抱阳，冲气以为和"的结论。

　　第三，"万物负阴而抱阳，冲气以为和"本来已经是对事物矛盾法则的概括，但老子似乎还要在"道"那里找到它的形而上的根据。我们对"道生一，一生二，二生三，三生万物"作逆向分析，大体可以猜到或发现老子探寻事物矛盾关系形而上之根据的抽象思维过程：

　　（1）"生"万物的"三"，是指阴、阳两个对立面和阴阳居间联系的中介环节这样三种要素。从"三生万物"即"三"为万物的形而上的根本依据来看，"三"已真正进入形而上的层次；相比较而言，"万物负阴而抱阳，冲气

---

　　①　参照张松如《老子校读》，吉林人民出版社1981年版，第278页。

以为和"则尚处于形而下与形而上之间，因而它不及"三"的抽象程度高。

（2）"生"三的"二"，是指形而上的阴、阳两个对立面。在此阶段把第三种要素（中介）抽象掉了，这反映了形而上的对立面刚刚形成，尚未进入相互交感、激荡和斗争的阶段。

（3）"生"二的"一"，是指形而上的阴、阳两个对立面尚未分化的阶段，亦即"混而为一"不可致诘的阶段。显然，在此阶段把"二"即阴、阳两个对立面也抽象掉了。

（4）"生"一的"道"，是指作为"太极"的"一"还要向作为"无极"的"道"提升，这也是一级抽象，即最后的一级抽象。作为"一"的"太极"为什么还要向作为"无极"的"道"抽象和提升呢？周敦颐《太极图说》云："无极而太极。太极动而生阳，静而生阴。"可见他把"无极"视为高于"太极"的最高层次，而且从其字面上说也含有这个道理："太极"是最高极限的意思，这意味着仍有极限，"无极"则是没有极限或无限的意思。而作为天地万物之本体或本根的道，正是没有极限或无限的。朱熹精辟地阐明了"无极"与"太极"的关系，他说："不言无极，则太极同于一物，而不足为万物之根；不言太极，则无极沦为空寂，而不能为万化之根。"[1] 可见这种抽象和提升是完全必要的。

据以上分析，可见"为道"或"得道"的过程，的确是一个"损之又损"的过程。古今《老子》的注本和研究性论著皆强调要"损"的是"政教礼乐之学"以及由此而形成的"情欲文饰"，而对感性、知性与理性的经验和知识之"损"则不见论述，而笔者认为后者是更为重要的。否则，就难以解释那些深居道观，清心寡欲，也无"政教礼乐之学"可言的道士们为什么就不能"得道"，而个别的"高道"之所以能够"得道"，不就是因为他们的知识丰厚（因而有可"损"之资本）、悟性高、抽象思维能力强的缘故吗？

笔者对老子通过顿悟和抽象思维发现"道"的上述猜测性解说，是在马克思一段论述的启发下作出的。他说："具体之所以具体，因为它是多种规定的综合，因而是多样性的统一。因此它在思维中表现为综合的过程，表现为结果，而不是表现为起点，虽然它是现实的起点，因而也是直观和表象的起点。在第一条道路上，完整的表象蒸发为抽象的规定；在第二条道路上，抽象的规定在思维的行程中导致具体的再现。"[2] 笔者以为，老子说的"道

---

① 《朱文公文集·答陆子美》。
② 《马克思恩格斯选集》第2卷，人民出版社1995年版，第18页。

生一，一生二，二生三，三生万物。万物负阴而抱阳，冲气以为和"，相当
于马克思所说的"第二条道路"；而从逆向看的老子的这段话，则相当于马
克思所说的"第一条道路。"

此外，马王堆帛书《道原》的某些论述有助于我们对老子这段话基本精
神的理解。它说："得道之本，握少以知多；得事之要，操正以正奇。前知
太古，后〔能〕精明。抱道执度，天下可一也。"这里说的"得道之本"，就
是通过"损之又损"的功夫，把握了道的自然无为的本质特点，从而就可以
"知多"，就可以"得事之要"，就可以拨乱反正，扶正祛邪；而且只要"抱
道执度"，就可以实现"无为而无不为"。

二，关于对"绝学无忧"的解读。对"绝学"的"学"的内涵应如何解
读，注家们的分歧很大。陈鼓应认为"绝学"是弃绝"政教礼乐之学"；詹
剑峰说："老子所要绝的学，并不是科学之学，也不是见道之学，而是卜筮
之学，巫祝之学，'前识'之学，'术数'之学，一句话，是当时的官学，这
种学是统治阶级的工具。绝去这些邪伪之学，则精神不受它们的束缚，也就
不再上怕神、下怕鬼，落得个自由自在，故曰：'绝学无忧'。"① 古棣则认
为这里说的"学"包括文化科学知识在内的一切学问，亦即认为老子主张否
定学习，弃绝一切知识和学问。他援引了《左传·昭公十八年》记载的闵子
马批评的"可以无学，无学不害"的论调；又援引了《论语·先进》中记载
的子路说的"有民人焉，有社稷焉，何必读书，然后为学？"然后说，在春
秋时代，反对学的观念确在一部分人当中流行，因此闵子马"多有是说"。
他们反对学的理由是"学无益"，"无学不害"。古棣认为老子说的"绝学无
忧"与"学无益"、"无学不害"是完全一致的。古棣又说："老子的'绝
学'，也就是'学不学'，……就是废弃一切学，教人不学。"②

笔者认为老子说的"绝学"不可能是要"废弃一切学"，这是因为：

第一，学习是"为道"的前提，如果连正面的感性、知性与理性的经验
和知识都不学，何以在此基础上"日损"呢？何以"损之又损，以至于无
为"呢？

第二，关于"道"的知识和学问，是最高的学问，难道老子也不主
张学？

① 詹剑峰：《老子其人其书及其道论》，湖北人民出版社 1982 年版，第 367 页。
② 古棣：《老子通论》，吉林人民出版社 1991 年版，第 144—145 页，第 516—517
页。

第三，《老子》中讲了许多关于以道修身、以道治国和战争军事方面的学问，难道老子认为这些知识也不需要学习？

总之，老子不会主张弃绝一切"学"，而只是主张弃绝仁义礼乐之类的所谓"官学"。

庞朴先生在《忧乐圆融——中国的人文精神》一文中对"绝学无忧"作了如下阐释。他说：

> "绝学无忧"和孔子的"学而时习之，不亦乐乎"形成鲜明对照。这当然并不证明老子和苏东坡之流不学无术（引者按：指苏东坡说的"人生忧患识字始"），谁都知道他们都是饱学之士；也不能简单看作他们反对学习，须知他们反对的是"知"而不"识"、"智"而不"慧"，是学习未曾学到底，学到家，或者说，他们反对的是"小知"状态。"小知间间"（《庄子·齐物论》），见木不见林，知物而不知'道'。唯知'道'者，才了然于万物都是自己如此，都应是它本来的样子；才不至于以自己或人类作中心为标准，去追逐种种事功的与道德的目的，而酿成无穷无尽的患得患失的忧愁：这叫做"大知闲闲"（同上），如闲云野鹤，悠哉游哉。①

三、关于如何解读"取天下常以无事"中的"取"及"取天下"的问题。河上公注曰："取，治也。治天下常以无事，不当烦劳也。"古今注译家多从之。对"取天下"，张松如、古棣等皆译为"治理天下"。但是，"取"并不通"治"，河上公根据什么将"取"训为"治"呢？他自己没有讲。蒋锡昌代为解释说："《广雅·释诂三》：'取，为也。'《国语》十四：'疾不可为也。'韦解：'为，治也。'是'取'与'为'通。'为'与'治'通。故河上公云：'取，治也。'"② 这种解释属于作二次通假，这样做未免过于迂曲，而且作二次通假，还有可能导致谬误。比如"人"通牵引的"引"字。《墨子·小取》："车，木也；乘车，非乘木也。船，木也；人船（按：引船之义），非人木也。"可证。"引"通"靷"。靷，引车轴的皮带，又指拉车的绳索。《周礼·地官·大司徒》："大丧，帅六乡之众庶，属引，而治其政令。"汉郑司农注曰："引，谓引丧车也。"《荀子·王霸》："绵绵常以结引驰外为

① 庞朴：《当代学者自选文库·庞朴卷》，安徽教育出版社1999年版，第76页。
② 蒋锡昌：《老子校诂》，商务印书馆1937年版，第304页。

务。"注："'引'，读为'靷'，靷轴之物。"《礼记·檀弓下》："吊于丧者必执引。"这是对"人"的二次通假。如果允许，那么"人"不就成为拉丧车的绳索了吗？岂不谬哉！再说，在《老子》书中，"治"字凡十三见，涉及九章，与其涵义最近的是五十七章的"以正治国"和六十五章的"不以智治国"。如果老子这里说的"取天下"真的等于"治天下"，那么他老人家为什么不直接写成"治天下"，何必劳驾后人河上公老先生对"取"字作一次通假，又为何劳蒋锡昌对它作二次通假呢？

如果将"取"训为"治"，将"取天下"释为"治天下"，那么试问：什么叫做"治天下"？由谁去"治天下"呢？我们知道，当时所说的"天下"，不是指任何一个诸侯国，也不是指世界各国（当时的人们还不知道中国之外的情景），而是指现在的全中国。这个"全中国"，当时名义上是由周天子统治的，但由于侯王群雄四起，相互争霸，周天子已形同虚设，因此老子不可能对周天子讲什么"治天下"的道理，否则无异于对牛弹琴，所以老子在书中从不提周天子而多次提"侯王"。实际上，《老子》中讲的所有道理，主要是对侯王等统治者们讲的，故而这里说的"取天下"也是对他们讲的。如果将"取"训为"治"，将"取天下"释为"治天下"，那么老子若对侯王这样讲，就等于无的放矢，因为他们谁也没有统治全中国；显然，老子也不会怂恿侯王去取周天子之位而代之。那么，还有一种可能性，就是老子希望侯王"执大象"即高举"道"的旗帜，以争取"天下往"（三十五章）。笔者认为老子正是在这种意义上讲"取天下常以无事"的。"常以无事"体现了道的自然无为的特性和要求。这句话的意思是说，总是以"无为"的原则争取天下人归心、归往；或者说，要争取天下归心，就必须永远坚持"无为"的原则，而不能惹事生非、烦扰百姓，亦即"无事"。

此外，"取"通"聚"。朱骏声《说文通训定声·需部》："取，叚（假）借为'聚'。"《左传·昭公二十年》："郑国多盗，取人于萑苻之泽。"王引之《经义述闻》谓其"盖从服虔本也。杜本作'取'者，借字耳。又，取，读为'聚'。谓群盗皆聚于泽中，非谓劫人于泽中也。"既然"取"通"聚"，而"聚"的意思是聚集，那么根据"取天下"的涵义，似可将"取"释为"凝聚"。这样一来，"取天下"就可释为"凝聚天下人"，若将其置入文中，其义也是通达的。

对"取天下常以无事。及其有事，不足以取天下"，焦竑释之曰："取，犹摄化也。无事，即无为也。无为自化，清静自正，故曰：'取天下常以无事。'为者败之，执者失之，故曰：'有事不足以取天下。'"①

吴澄释之曰："因言无为无不为之旨，故云即古之取天下者，只是无为盛德而人自归之。必用智力而有作为，何足以取天下哉！"②

焦竑和吴澄对老子这段话的诠释大体上是对的。

刘笑敢先生也不同意将"以无事取天下"的"取"训为"治"。他说："显然，根据老子的一贯思想，老子的'取天下'之'取'应该是《左传》中的'取邑'、'取国'之'取'，是言其容易、轻易之意。这样，'以无事取天下'就顺理成章了。无事而取，当然是容易的。在《左传》中只有轻易获取某邑、某国的例子，而老子则进一步提出了以无事取天下的理想，这是老子思想的独特之处。以无事'取天下'，也就是自然而然地获取天下，是没有激烈争斗和重大牺牲的顺势而成的获得，是贯彻无为的原则而取得的结果，是'无为而无不为'的体现。老子的自然无为是要以更高明的原则和方法去达到超常的理想和目标，而绝不是放弃在现实生活中的理想的追求。把老子思想看成无所事事、无所追求显然是不对的。"③

---

①　《四部要籍注疏丛刊·老子》，中华书局 1998 年版，第 1463 页。
②　同上。
③　刘笑敢：《老子古今》，中国社会科学出版社 2006 年版，第 485 页。

十九章

不出于户，以知天下；不窥于牖，以知天道①。其出弥远，其知弥少②。是以圣人③不行而知，不见而明，不为而成④。

（通行本第四十七章）

注 释

①不出于户，以知天下；不窥于牖，以知天道：此节乃帛书文句，王弼本为："不出户，知天下；不窥牖，见天道。"

校定文之所以从帛书文句，一是"不出于户，以知天下；不窥于牖，以知天道"，于下文一律，皆四字句（"是以圣人不行而知"例外）；二是"知天道"比"见天道"准确，因为"天道"是抽象的，是"视之不见"的，所以不可能"见天道"。河上公本、傅奕本、《韩非子·解老》所引、《淮南子·道应训》所引等都稍有不同，分析从略。

②其出弥远，其知弥少：老子认为"天道"或"大道"无须向外驰求，而只能是反身内求，使心灵达到某种不受任何外界干扰的特定状态，才得知"天道"。

③圣人：指道的化身，亦指已经得道并能依道治国的理想的君王。

④不行而知，不见而明，不为而成：《韩非子·喻老篇》所引、张嗣成《道德真经章句训颂》所引如是。王弼本、河上公本、傅奕本"明"作"名"，为"不见而名"，帛书残损严重。蒋锡昌说："'名'、'明'古虽通用，然《老子》作'明'不作'名'。二十一章，'不自见，故明'。五十二章，'见小曰明'。皆'见'、'明'连言，均其证也。此当据张本改。"（《老子校诂》）蒋锡昌之说有理，故校定文从张嗣成本作"不见而明"。

译 文

不走出家门，
就能知道天下大事；
不仰望窗外，
就能知晓天体运行规律。
走的越远，知道的越少。
所以，圣明的君王——
不必亲自外出，就能获取知识；
不必亲眼目睹，就可明了事理，
无须亲自去干，事业也能成功。

辨 析

对本章文义的解读，现代注家们的看法存在严重分歧，可以说是针锋相对。在现代注家中，古棣与詹剑峰的观点相左，但论述得都比较充分，有一定的代表性。古棣认为，从本章内容看，老子"所主张的认识路线，不是由外到内的唯物主义路线，而是由内到外的唯心主义路线"，又说，这"当然是唯心主义的认识论，是先验论。"[①] 高亨也说："这种否定观察外界，脱离实践的认识方法，是十足的唯心论，应该批判。"[②] 詹剑峰则认为："《老子》这章的原义都没有忽视经验的意味；不但没有忽视经验，反而是重视经验，重视全面的经验（并智，并视），故能够用万物之能而获利其上。"[③] 古棣与詹剑峰的分歧，主要是围绕着对《韩非子·喻老》关于本章文义的看法而展开的。为此，先将《韩非子·喻老》的有关文字摘抄如下：

　　空窍者（按：指耳目口鼻），神明之户牖也。耳目竭于声色，精神

---

① 古棣：《老子校诂》，吉林人民出版社1998年版，第267、266页。

② 高亨：《老子注译》，河南人民出版社1980年版。第107页。

③ 詹剑峰：《老子其人其书及其道论》，湖北人民出版社1982年版，第372页。

竭于外貌，故中无主。中无主则祸福虽如丘山，无从识之，故曰："不出于户，可以知天下；不窥于牖，可以知天道"，此言神明之不离其实也。

　　白公胜虑乱，罢朝，倒杖策而（按：原文"策"、"而"两字颠倒，据梁启雄乙正）锐贯颐，血流至于地而不知。郑人闻之曰："颐之忘，将何不（按："不"原作"为"，据文意改正）忘哉！"故曰："其出弥远者，其智弥少"。此言智周乎远，则所遗在近也。是以圣人无常行也。能并智，故曰："不行而知"；能并视，故曰："不见而明"；随时以举事，因资而立功，用万物之能而获利其上，故曰："不为而成"。①

詹剑峰说："从'不出户，知天下'是'言神明不离其实'，'不行而知，不见而明'是言'能并智'、'能并视'，'不为而成'是言'随时以举事，因资而立功'等解释来看，《老子》这章的原义都没有忽视经验的意味；不但没有忽视经验，反而是重视经验，重视全面的经验（并智，并视），故能够用万物之能而获利其上。"②

　　古棣说："詹剑峰先生有一个老子是唯物主义者的成见，所以不加分析，误以韩非所论为真老子。从韩非的《解老》、《喻老》以及其他有关各篇，可以清楚地看出，他是用唯物主义来改造老子哲学的。"③　然后，古棣逐句分析了韩非对本章文义解读的文字，以说明它是如何"不合逻辑"和加以"曲解"的。因其篇幅过长，兹不引述。

　　古棣和詹剑峰的看法，究竟谁是谁非呢？可以说，他们各有所是，各有所非。此话怎讲？詹剑峰认为"老子是唯物主义者"，可谓"是"；但他从韩非的释文得出"《老子》这章的原义都没有忽视经验的意味；不但没有忽视经验，反而是重视经验，重视全面的经验"，可谓"非"。古棣对韩非释文的分析是比较充分和中肯的，可谓"是"；但他仅从本章文字的现象层面就作出"这当然是唯心主义的认识论，先验论"的结论，可谓"非"。可见他们的"非"，皆囿于本章文字的现象层面，并以此当作了自己分析问题的出发点和根本依据。

----

①　郭齐勇：《中国古典哲学名著选读》，人民出版社 2005 年版，第 288 页。

②　詹剑峰：《老子其人其书及其道论》，湖北人民出版社 1982 年版，第 371—372 页。

③　古棣：《老子校诂》，吉林人民出版社 1998 年版，第 268 页。

笔者认为，要对本章的文义及主旨作出中肯的分析，应超越文字的现象层面，而以本章的深层背景及老子的思想体系作为分析问题的出发点和根本依据。

首先，"不行而知，不见而明，不为而成"的，并非凡夫俗子，而是"圣人"。何谓"圣人"？孔子认为只有"博施于民而能济众"者，方可谓之"圣人"，若用这个标准来衡量，"尧舜其犹病诸！"（《论语·雍也》）就是说，连尧、舜这样贤明的君主都怕难以做到。而老子笔下和心目中的"圣人"的标准就更高了。他说："圣人处'无为'之事，行'不言'之教；万物作焉而弗为始，生而弗有，为而弗恃，功成而弗居"（二章）；"圣人抱'一'为天下式"（二十二章）；"圣人常善救人，故无弃人；常善救物，故无弃物"（二十七章）；"圣人常无心，以百姓之心为心。善者，吾善之；不善者，吾亦善之"（四十九章）；"圣人能辅万物之自然而弗能为"（六十四章，简本）；"圣人之在民上也，必以其言下之；之在民前也，必以其身后之"（六十六章，据简本校定），如此等等。可见，老子笔下和心目中的"圣人"，首先是道的化身，同时也是真正得道并能依道治国的最理想、最圣明的君王。这样的君王当然有条件掌握全国最权威、最全面的信息资源，也最有能力鉴别和提炼加工这些信息，从而把握它的本质，况且在他身边还有三公九卿等高级官员和专管出谋划策的"谋主"可资利用，所以不一定非得以自己的耳目之知为知、以自己的区区之察为明不可。当然，如能抽些时间有重点地亲自视察则更好。"不出于户，以知天下"似乎也是在这种意义上讲的。何谓"天下"？对于最高统治者来说，"天下"指的是世情、国情、政情、民情的实质，也即所谓"大局"。即使是民情，也不是指的"张家长，李家短"的新奇故事之类，因为那些玩意儿只能作为茶余饭后的谈资而已，谈后则一笑了之。要真正地"知天下"，光靠自己到处跑、亲自看，当然是不行的，也是不够的。君不见有些腰缠万贯、经常到世界各地转悠的旅行者，若问他们看到了些什么，他一定会眉飞色舞、滔滔不绝地讲一些国外的奇闻逸事，但这能说明他们就真的"知天下"了吗？与此相反，有些从未踏出过国门、但非常关注并认真研究国际问题的人，却真能对"天下"说出个一、二、三来呢。当然笔者并非反对出国考察，而且非常赞同有条件的能多到国外去看看，最好还能住上一段时间认真考察一下异国他乡的真实情况。老子说："圣人之在天下也，歙歙焉，为天下浑其心，百姓皆属耳目焉。"（四十九章，帛书）尹振环将其译为："圣人在位治理天下时，应认真倾听百姓的呼声，为天下而无私心，百姓就会成为他们的视听耳目。"① 这说明圣人是有"能并视"、"能并智"的特殊条件的，一般说来，圣人也是愿意充分利用这些条件的。《文子》也是着重从这个角度解说的，它说："不因道理之数，而专己之能，其穷不远也。夫人君不出户以知天下者，因物以识物，因人以知人，故积力之所举，即无不胜也；众智之所为，即无不成也。"②

对圣人"不为而成"，古棣认为韩非的解释"更是曲解了"。但是，君不见十七章之内容乎？那里说："太上，不知有之。……功成事遂，百姓皆曰：'我自然。'"这是说，老百姓是"为"者，也是"功成"者；而"太上"即圣人有没有"为"呢？对于老百姓来说，他们对"太上"甚至都"不知有之"，"太上"究竟有没有"为"，当然就更是"不知"了。实际上，"太上"或圣人有没有"为"呢？当然是有的，因为在任何一个社会群体中总得有领导者，更何况是一个国家呢！但是，不要忘了：圣人总是"处'无为'之事，行'不言'之教"的，总是"之在民上也，必以其言下之；之在民前也，必以其身后之"的，总是"能辅万物之自然而弗能为"的，总是"功成而弗居"的。就是说，圣人领导人民无论取得多大的成就，从不张扬，从不居功，全国的老百姓对这样的圣人甚至"不知有之"，况且作为最高统治者的圣人，他的"为"，也必然是无形的呢。笔者以为，老子很可能是在这种意义上说圣人"不为而成"的。况且作为最高统治者的"圣人"，也无需事必躬亲，他的"为"主要是统揽全局，善于用人。刘邦就说过："夫运筹帷幄之中，决胜千里之外，吾不如子房；镇国家，抚百姓，给饷馈，不绝粮道，吾不如萧何；连百万之众，战必胜，攻必取，吾不如韩信。三者皆人杰，吾能用之，此吾所以取天下者也。项羽有一范曾而不能用，此所以为吾擒也。"（《史记·高祖本纪》）对于得道的圣人而言，统揽全局、善于用人往往采取"无为"的方式，因而看起来似乎是"不为而成"的。

其次，再结合《老子》中的有关论述，看看老子坚持的是否像古棣说的"当然是唯心主义的认识论，是先验论。"应当说明的是，古棣的这个结论不仅出现在本章的解说中，而且也是他对老子的总体评价之一。我们知道，《老子》中提出并分析了几十对矛盾，这些矛盾涉及自然界、人类社会、个体人生和精神世界各个领域，仅在第二章中就一连串提出了六对矛盾，即"有无相生，难易相成，长短相形，高下相倾，音声相和，前后相随。"试

---

① 尹振环：《帛书老子释析》，贵州人民出版社 1998 年版，第 93 页。
② 王利器：《文子疏义》，中华书局 2000 年版，第 416 页。

问：老子所提出的所有矛盾关系，有哪一对是先验的、虚构的呢？既然不是虚构的，那么他是怎么发现这些矛盾关系的呢？难道不是老子对各有关领域里的有形的和无形的事物认真观察和深入思考的结果吗？他对某些矛盾的观察和分析极为深刻，令人感佩不已。比如，他将众所周知的上与下的矛盾运用于社会问题的分析中，得出了"民之饥，以其上食税之多，是以饥；民之不治，以其上之有为，是以不治；民之轻死，以其上之求生生之厚，是以轻死"（七十五章）的论断，就是如此。要知道，这一论断是在 2500 多年前，是在人类进入阶级社会为时不久，是在统治阶级将一切社会的乃至自然界的祸端统统归罪于被压迫者、在人民群众受宿命论严重束缚、在历史唯物论远未创立、人们不知阶级分析方法为何物的情况下作出的。这种论断在当时肯定是惊世骇俗、振聋发聩的，它至今依然熠熠生辉。像这种已经触及阶级社会本质的结论，如果没有深入的调查和精到的分析，能作得出来吗？

老子说，对社会问题，要"以身观身，以家观家，以乡观乡，以邦观邦，以天下观天下。"并说"我何以知天下然哉？以此。"（五十四章）老子在这里提出了一系列的"观"，各种不同层次的"观"。何谓"观"？眼观也，心"观"也。眼观就是观察，心观就是思考，二者密切结合，同为一体。为什么说老子有"心观"一说呢？因为在《老子》中没有出现"思"字，但他的"思"之力却是超凡卓绝的，同时我们发现第十章中有"涤除玄鉴，能无疵乎"的文句。何谓"玄鉴"？"玄鉴"者，玄妙之心镜也。即"心"（古人尚不知大脑是思维的器官，所以孟子说："心之官在思。"）是玄妙的形而上的镜子。为了很好地发挥"心镜"对眼观来的东西的加工作用，就必须对它"涤除"得毫无瑕疵，不使其受杂念、邪欲、成见等的干扰。

要"观"，那么"观"什么呢？当然首先要"观"道，而"道"是从内在于万物中的道抽象和概括出来的，因此首先要认识"万物负阴而抱阳，冲气以为和"的道理，在此基础上，还要以虚静的心去体悟它的形而上的依据。老子之所以把悟道放在"观"的首位，是因为在他看来如不首先得道，就无以深刻地"观"天地万物和社会人生。其次，根据老子关于"道法自然"和"圣人能辅万物之自然而弗能为"等的论述，"观"的一个重要任务是把握事物的自然特性和本质，以此作为"辅万物之自然"的前提和基础。显然，老子讲的这些皆属认识论思想。难道这能说明老子的认识论是唯心主义的先验论吗？

再说，王弼对"不出户，可以知天下；不窥牖，可以见天道"是这样解读的："事有宗而物有主，途虽殊而其归同也，虑虽百而其致一也。道有大常，理有大致。执古之道，可以御今；虽处于今，可以知古始。故不出户、窥牖而可知也。"① 这是说，万物一理，只要掌握了大道，就可以一叶知秋，以一知万。

荀子也是从以一理可以推知万理来解释老子的这一观点的。他说："故千人万人之情，一人之情是也；天地始者，今日是也；百王之道，后王是也。……故操弥约而事弥大。五寸之矩，尽天下之方。故君子不下堂，而海内之情举积此者，则操术然也。"（《荀子·不苟》）

吕惠卿曰："天下之所以为天下，天道之所以为天道者，果何邪？得其所以然者，则不出户、窥牖而之见之矣。如必待出而后知之，则足力、目力所及几何？圣人知天下之所以为天下，故不行而知；见天道之所以为天道，故不见而名。"②

李嘉谟曰："出而求天地者，求其形也。天地不可以形尽而可以理尽，故'其出弥远，其知弥少'。若知其理之在此，虽闭户可也。圣人知不在形，故不必行；名不在迹，故不必见。"③

他们都指出了感性认识的局限性，有一定的道理，但又只强调了理性认识的重要性，而不知理性认识来源于感性认识，来源于实际的观察，从而割裂了理性认识与感性认识之间的必然联系，所以对老子这段话的诠释失之于片面性。

老子在本章中的确说了一些过头的、绝对化的话，如"不出于户，以知天下；不窥于牖，以知天道。其出弥远，其知弥少。"表明他不重视感性经验，具有唯理论的倾向。之所以如此，大抵有两个原因：一是以"道"观物，并由此而形成轻视感性认识，片面夸大理性认识的错误。本来以道观物，即用道所体现的方法论去观察和分析事物的性质、特点和发展变化的趋势亦无可厚非，但绝不能以对道的认识和把握代替对具体事物本身的认识，因为事物都有自己的特殊性，而从"不出于户，以知天下"来看，老子却在一定程度上恰恰是以对道的认识和把握代替对具体事物本身的认识了。老子认为"言有宗，事有君"。（七十章）就是说，言论有其主旨，事情有其主要的原则。抓住了它们的要点和原则，其言论和事情就会"纲举目张"，所以

---

① 《四部要籍注疏丛刊·老子》，中华书局 1998 年版，第 106 页。

② 同上书，第 1462—1463 页。

③ 转引自《老子本义》，载《四部要籍注疏丛刊·老子》，中华书局 1998 年版，第 1462—1463 页。

不必"出户"，就可以把言论和事情都搞明白了。显然这也是不对的，因为无论是言论还是事情，"没有调查，就没有发言权"（毛泽东语）。二是这可能与他长期担任周王朝的"守藏室之史"的职务有关。这种史官的职责是管理国家的机要文书、档案、图籍、名物典章等。这种条件对于善于学习、研究和思考重大问题的老子来说，无疑是得天独厚的。但是，长期在这种环境中工作，也易于滋生"不出于户，以知天下；不窥于牖，以知天道"的观点。但对这一点也不应强调过分，因为老子毕竟处于一个社会严重动荡的年代，他曾被迫失业而到楚、鲁、宋（沛地属宋）等诸侯国谋生兼考察，否则他也不可能那么深刻地洞察社会政治问题，看来老子对这一点未能从认识论上加以概括，是令人遗憾的。当然，我们也不应苛求于古人。

　　刘笑敢先生主要是从老子（及道家）特别重视直觉思维的角度来评析本章文义的。他说："本章开始说'不出于户，以知天下；不窥于牖，以知天道。'这是讲的直觉主义的认识方法，其基本特点就是既不需要经验观察，又不经过理性思考，这是中国哲学中常见的直觉主义的认识原则和修养方法。"又说："经验性事物当然需要经验性认识，但道家的认知理论却非如此。道家认为'道'作为天地宇宙万物的总根源和总根据也是一切知识的渊数和代表，因此认识了道以后就可以下推到天下的具体性知识中来。就文义来看，'天道'高于'天下'，而'天下'主要指人类社会在自然界中的总体存在，因此这里的'天道'不限于'天之道'的意义，不限于自然界的道理，应该和本根之道是同义词，这样'天道'和'天下'的对比才有意义。如此说来，老子的直觉性智慧实包括两个方面，一个是根本性的以天道为代表的，一个是在天下之中的较为具体的。"他在总体上评论道家思想及其思维方式时说："道家思想不是纯粹直觉的产物，而是理性精神和直觉体验相结合的结果。对道家思想的理解既需要直觉的功能，也需要理性的思考。道家思想凝聚着理性与直觉的智慧的结晶，体现了当代科学思维的新趋向。"[①]

　　刘笑敢所作的这些评析很有参考价值，故抄录之。

　　关于老子的直觉思维方式，还可参阅本书十七章最后的【参考】。

---

　　① 刘笑敢：《老子古今》，中国社会科学出版社 2006 年版，第 475—477 页。

二十章

天下有始，以为天下母。既得其母，以知其子；既知其子，复守其母，没身不殆①。

塞其兑，闭其门，终身不勤②；开其兑，济其事，终身不救③。

见小曰明④，守柔曰强。用其光，复归其明⑤，无遗身殃：是谓袭常⑥。

（通行本第五十二章）

注　释

①既得其母，以知其子；既知其子，复守其母，没身不殆：刘笑敢先生对这几句话诠释说："'既得其母'即对宇宙本根之道的理解，也就是对道所代表的价值原则的认识与遵循。'以知其子'说明对道的理解应该运用于对具体事物的认知，包括认识人类行为应该遵守的价值和方法。'复守其母'则强调对具体事物的认识不能脱离对宇宙本根之道的把握。'得母知子，知子守母'的说法形象地阐明了宇宙万物总根源和总根据与万物的密切关系。"①"没身不殆"是说终身不会有险恶。

②塞其兑，闭其门，终身不勤：马叙伦说："勤，借为'廑'。《说文》：'廑，病也。'"病，这里泛指疲惫的困境。终身不勤，犹言终生免于困境。简本为"闭其门，塞其事，终身不悔。"

③开其兑，济其事，终身不救："其"字是语助词，无实义。"济其事"

---

① 刘笑敢：《老子古今》，中国社会科学出版社 2006 年版，第 517 页。

为增加具体的事务。简本为"启其兑，塞其事，终身不来。"

④见小曰明：这里的"小"并非细微之义，而是指"道"。其佐证是三十二章的"道常无名，朴。虽小，天下莫能臣"和三十四章的"衣被万物而不为主，可名于小"。"见小曰明"意为得了道，就会大彻大悟。此句与下句"守柔曰强"是相对为文的。柔是道的特性。

⑤用其光，复归其明：用道的内在智慧之光，返照人的内心之明。

⑥袭常：帛书甲本如是，乙本残。王弼本作"习常"，乃同音假借，"习"应作"袭"。袭常，意为韬光匿明。

以上注释，详见【辨析】。

译 文

天下万物有其本根，

这种本根是万物的母亲。

得到了万物的母亲啊，

就能深刻认识事物自身；

认识了事物自身，

对道又能坚守不懈，

终身不会遭遇灭顶之灾。

塞住关注杂事的耳目，

闭起招惹杂事的门径，

就会终身免于困境。

如果打开关注杂事的耳目，

整天应对一再增加的事务，

终身都会陷于无助。

只要得了道，就能大彻大悟；

只要持守雌柔，就能坚韧克强。

用道的内在智慧之光，

返照人的内心之明，

就不会给自己留下祸殃：

这就叫做匿明韬光。

辨　析

　　本章共分三段。对第一段文义的解读，注家们几无异议，故无需讨论。对第二、三两段，注家们的意见稍有分歧，而笔者的看法与注家们的意见则多有迥异之处，所以需要加以讨论。在注家中，古棣对本章文字的校诂和文义的论述最详。为避免辨析的文字冗长，姑且以分析古棣的意见为主，其他注家的意见为辅。

　　首先看第二段。对"塞其兑，闭其门，终身不勤"，古棣首先援引了奚侗的校释。奚侗说："《易·说卦》'兑为口'，引申凡有空窍者皆可云兑。《淮南子·道应训》：'王者欲久持之，则塞民欲兑。'高注：'耳目鼻口也。《老子》曰塞其兑，是也。''门'谓精神之门。塞兑闭门，使民无知无欲，可以不劳而理矣。"古棣说："奚侗之说合乎古义。'兑'、'门'皆指知识的门户，即感觉器官，不必强加区别。……马叙伦说：'勤借为瘽，《说文》曰：病也'。马说甚是。但对'病'字不可拘于生理上的疾病，这里泛指疲惫的困境。"对句中的两个"其"字及整句的内容，古棣说："老子的意思是包括作者（自己）和读者（你）在内的。这个'其'字是认识的主体。他是要人们关闭知识的门户，无知无欲，则终身不会陷入疲惫的困境。如果直译，最好是译作：'塞上我们的嘴巴，闭上我们的眼睛，一辈子不会陷入疲惫的困境。'"① 对"塞其兑，闭其门"，王弼注曰："'兑'，事欲（按：疑"事"乃"嗜"之借字，下同）之所由生；'门'，事欲之所从也。"（《老子》五十二章注）参照王弼注，陈鼓应将"塞其兑，闭其门，终身不勤"译为："塞住嗜欲的孔窍，闭起嗜欲的门径，终身都没有劳扰的事。"②

　　从古棣、陈鼓应的译文看，前者认为要关闭的是"知识的门户"，后者认为要关闭的是"嗜欲"的门户。

　　对"开其兑，济其事，终身不救"中的"救"字，古棣训为"治"。他评述此句的文义说："这里不仅就知识而言，而且就行动而言，说：如果人们打开知识的门户，干预事变的进行，那就终身不治了。"他还说，与上句一起，这是从正反两个方面来论证同一道理的。③ 陈鼓应等注家将此句译

　　① 古棣：《老子校诂》，吉林人民出版社1998年版，第273—274页。
　　② 陈鼓应：《老子注译及评介》，中华书局1984年版，第267页。
　　③ 古棣：《老子校诂》，吉林人民出版社1998年版，第275页。

为："打开嗜欲的孔窍，增添纷杂的事件，终身都不可救治。"①

　　要正确地释译这段话，首先应弄清老子在这里究竟要表述什么思想。余以为，紧接上段，他是要回答如何"得其母"即得道这一重要问题的。因为作为哲学范畴的道以及关于道的一些理论问题，当然也是"知识"，而且是高深的知识，要得到这种知识，老子怎么会"要人们关闭知识的门户"呢？如果"关闭"了，怎么去"得其母"呢？对"嗜欲"的门户是否需要关闭，也应作具体分析，因为人们渴望得道也可以说是一种"欲"。当然，穷奢极欲必然严重妨碍得道，庄子就说过："其嗜欲深者，其天机浅。"(《庄子·大宗师》)这段话中的四个"其"字，也不是什么"认识的主体"，更不是"我们"——因为老子肯定属于已经得道之人，而是语助词，无义，只起调整音节的作用。如《诗·唐风·扬之水》："既见君子，云何其忧"中的"其"字，就是如此。这段话的大意是：要想得道，必须排除一切干扰，保持虚静的心态，专心致志。得了道将终身受用，否则就会贻害无穷。

　　老子在十六章讲到悟道修道时说，要"致虚极，守静笃"(王弼本)，要"涤除玄鉴"。是说保持内心的极度虚静是体道的前提，只有排除一切内外的干扰，内心洁净清明，方能彻悟大道。在四十八章，老子说："为学日益，为道日损。损之又损，以至于无为，无为而无不为。"这里是说，在"为学"的基础上(当然，"为学"就不能"塞其兑，闭其门")"为道"，而"为道"即体悟大道之时，就必须做到"日损"。而"日损"亦有排除一切干扰、心无旁骛、聚精会神的意思。如前所引，在《庄子·大宗师》中，庄子讲了一则寓言，说得道之士女偊对南伯子葵讲他是如何回答卜梁倚提出的关于怎样修道、得道问题的。女偊说："吾犹守而告之(疑为"告而守之")，参(读作"三"，先秦"三"字的大写)日而后能外天下；已外天下矣，吾又守之，七日而后能外物；已外物矣，吾又守之，九日而后能外生；已外生矣，而后能朝彻；朝彻，而后能见独；见独，而后能无古今。"(《庄子·大宗师》)这里说的"朝彻"，是说心境豁然开朗，思路融会贯通；"见独"，就是体悟到了独一无二的"道"。他讲得很神秘，很玄乎，实际情况如何，无须管它，但从中透露出一种信息，就是要想真正得道，不排除一切干扰，不专心致志，是不行的。在《庄子·人间世》中，颜回问"心斋"，孔子说："若一志，无听之以耳而听之以心，无听之以心而听之以气。耳止于听，心止于符。气也者，虚而待物者也。唯道集虚。虚者，心斋也。""心斋"的意思是

────────────

① 陈鼓应：《老子注译及评介》，中华书局 1984 年版，第 267 页。

说，首先要做到心神专一，要心神专一就必须做到闭目塞听，不以感官接物，而应"听之以心"。"听之以心"也未达到极致，因为这里所说的"心"仍是指形而下之心，即所谓"灵府"，还不是心灵本身。因此应"听之以气"，而"气"在此是指心灵。心灵空寂而至于极致，"则至道集于怀也"。①在《庄子·养生主》中，庄子也讲到对自然妙道的体悟，由"遗其耳目"，进而"自事其心"，于是"以神遇而不以目视，官知止而神欲行"。总之，老子和庄子都认为道只能以心灵体认，所以体道（仅仅指体道，而不包括"为学"的认识过程）是一种纯而又纯的精神活动，是一种模糊思辨，是一种直觉的思维方式。它是超感官的，也是超时空的。因而在体悟大道的过程中，"开其兑，济其事"是无济于事的，甚至会起相反的作用；需要的倒是"塞其兑，闭其门"，心无旁骛，聚精会神。

文中的"济其事"，也根本不是古棣说的是什么"干预事变的进行"的意思。首先应搞清"济"字的涵义。《左传·桓公十一年》："莫敖曰：'盍请济师于王？'"又，《国语·晋语一》："若不胜敌，虽（按："虽'通'唯'）济其罪，可也。"这两则例证中的"济"字，都是增加的意思。"济其事"，是说"具体事务一再增加"。言外之意是，烦杂的事务整天应接不暇，哪有时间和精力修道呀。

由老子说的"终身不勤"，笔者联想到邓小平同志1981年讲的一段话。他在讲到全党干部要学习马克思主义哲学、重点是学习毛泽东同志的哲学著作时说："陈云同志说，他学习毛泽东同志的哲学著作，受益很大。毛泽东同志亲自给他讲过三次要学哲学。他在延安的时候，把毛泽东同志的著作认真读了一遍，这对他后来的工作关系极大。"②可见，陈云同志正是因为认真修了并真正得了毛泽东哲学思想之"道"，才"终身不勤"的。与此相反，有些同志则深受"理论无用论"的影响，根本不重视理论学习，整天"济其事"，忙于应酬；一有空就"开其兑"："白天围着酒桌转，晚上围着裙子转。"长此以往，要不"终身不救"，那才怪呢！

再看第三段。此段需要讨论的有两个问题：一、"见小曰明"中的"小"指的是什么？二、"是谓（为）袭（习）常"中的"常"何所指？

先说第一个问题。对"见小曰明"，河上公注曰："萌芽未动，祸乱未见为小，昭然独见为明"；陈鼓应译为："能察见细微的，叫做'明'"；古棣的

---

① 郭象：《〈庄子·人间世〉疏》。
② 《邓小平文选》，人民出版社1983年版，第二卷，第303页。

译文是："看清微小，叫做真正的聪明。"其他注译本大同小异。对"见小曰明"作这种解读，无异于老子说了一句连小孩子也会一听就懂的大实话、大白话，似失之于浅。笔者以为这个"小"，指的是道，亦即"得其母"的"母"。其佐证是"衣被万物而不为主，可名于小"（三十四章）中的"小"，指的是道。或问：如果把"道"称为"小"还能说得过去的话，那么道不是"视之不见"的吗？怎么是"见小曰明"呢？原来，这里的"见"字不是"看见"的意思。《三国志·魏书·董遇传》注引《魏略》曰："读书万遍，其义自见。"显然，这里的"见"是理解的意思。将其置入"见小曰明"句中，可释为"理解（接受）了道，就聪明。"这样一来，其上可以与第二段讲的修道的结果若合符节，其下又能与"守柔曰强"等的文意很自然地联系起来——因为得了道，变得聪明了，才有可能自觉地去"守柔"，才有可能自觉而恰当地"用其光"。否则，如果像古棣那样，把老子也归于学习悟道的"我们"之中，那么又由谁去"见小"、"守柔"和"用其光，复归其明"呢？

再说第二个问题。对本章末句"是谓袭常"中的"常"字，所见现代注译本几乎皆把它释译为"常道"，即第一章的提法。把"常"视为"常道"的简称，有什么根据呢？河上公似乎是始作俑者，因为是他首先把"是谓习常"注释为"（人能行此）是谓习修常道"的。王弼在"是为习常"下注曰："道之常也。"可见此"注"只是对"常"字的释义，或者说他是把"常"解读为道的一种特性即永恒性了，这与第一章中的"常道"或"恒道"（帛书）中的"常"或"恒"的涵义倒是一致的。河上公凭什么把"常"等同于"常道"呢？不得而知。十六章"复命曰常，知常曰明。不知常，妄作，凶。知常容"中一连出现了四个"常"字。河上公将其一律释为"道之所常行"。显然，这与本章对"常"字的释义是不同的。他到本章为什么忽然变卦了呢？亦不得而知。对河上公释"常"为"常道"提出异议的，在古代注家中有王弼，在现代注家中，有朱谦之、高明等。

朱谦之说："《文选》任彦升《萧公行状》注引《尚书金縢》'习'作'袭'，云'习、袭通。'《周礼·地官胥师》注云：'故书袭为习。'皆其例证。又'常'，《说文》：'下裙也，从巾，上声，或从衣。'盖'常'即古'裳'字。《释名》：'裳，障也；所以自障蔽也。'此云'袭常'，与二十七章'是谓袭明'，同有韬光匿明之意。'袭'，《玉篇》：'左衽袍也，入也，重衣也。'意即重衣下裙，所以自障蔽也。又'习常'之'常'，叶梦得本正作'裳'。惟《老子》书中'光'与'明'异义（大田晴轩说）。十六章'复命曰常，知常曰明'，五十五章'知和曰常，知常曰明'，三十三章'知人者智，自知者明'，五十二章'见小曰明'，二十二章'不自见故明'，二十四章'自见（者）不明'，言'明'皆就内在之智慧而言。五十八章'光而不耀'，四章、五十六章'和其光'，五十二章'用其光，复归其明'，言'光'皆就外表之智慧而言。盖和光同尘，光而不耀，是韬藏其光，亦即《庄子·齐物论》所谓"葆光"，此之谓'袭裳'也。'不自见故明'，'明道若昧'（四十一章），则是韬藏其明，'是谓微明'（三十六章），'是谓袭明'（二十七章）。盖袭明之与袭常，似同而实异也。"[1] 高明在援引了朱谦之以上大部校释文后，说："朱氏释'袭常'乃韬光匿明之意，颇有见地，甚贴切《老子》本义。"[2]

　　从河上公到朱谦之，近两千年来对"是谓（为）袭（习）常"句中"袭（习）常"的解读，大体有以下四种意见。现在分别谈谈笔者的看法。

　　1. 河上公将"习常"解作"习修常道。"关于他把"常"释为"常道"的问题，前面已经说过了；他将"习"释为"习修"也是不当的，因为"守柔"也好，"用其光，复归其明"也好，都是业已得道之人对道的运用了，哪里还是在"习修"呢！不过是对"习"字的望文生义罢了。

　　2. 王弼把"习常"中的"常"字释为"道之常"，即道的永恒性，"习"的词义未解。但是，如果把"习"释为"习修"，不当，已作分析；如把它训为因袭的"袭"也不行，因为将它放入句中，就成了"这就是因循道的永恒性"。道的永恒性怎样"因循"呢？庄子说，道是"先天地生而不为久，长于上古而不为老"（《庄子·大宗师》）的。若道的永恒性可以因循，显然首先会用之于人的寿命；而用之于人的寿命，人就能长生不老吗？况且此句之前的几句，并没有讲道的永恒性问题，因此说"这就是因循道的永恒性"，无异于南辕北辙。

　　3. 将"是谓袭常"释为"这就是因循常道"（古棣）、"（这叫做）承袭常道"（陈鼓应），也能说得过去，但若作深究似乎又觉得有点不尽如人意。姑且不说将"常"释为"常道"缺乏根据，单就"这就是因循常道"而言，因为粗看起来它似是第三段即"见小曰明，守柔曰强；用其光，复归其明，无遗身殃"的结论，但细加分析似乎又不是那么回事。为什么这样说呢？因为"见小曰明，守柔曰强"是对某种现象的描述，它与"这就是因循常道"

---

　　① 朱谦之：《老子校释》，中华书局 1984 年版，第 208—209 页。
　　② 高明：《帛书老子校注》，中华书局 1996 年版，第 78—79 页。

并无因果关系。如果"守柔"没有与"曰强"结合在一起就好了，就与"这就是因循常道"构成因果关系了，但事实并非如此。那么它与"用其光，复归其明，无遗身殃"有无必然性的联系呢？也未必有。因为："无遗身殃"是"用其光，复归其明"的结果或好处。这种"结果或好处"并非是一种行为，所以它与"这就是因循常道"似乎也对不相应。况且正如上述，把"常道"简称为"常"是没有根据的。总之，余以为将"袭常"释译为"因循常道"，未必妥当。

4. 朱谦之将"袭常"释为"韬光匿明"，如果再加上前面的"是谓"二字，就可释为："这就是韬光匿明。"我们知道，它的前几句是："用其光，复归其明，无遗身殃"，其中"用其光，复归其明"的行为（按照朱谦之的校释）肯定属于"韬光匿明"的做法，而"无遗身殃"不过是"用其光，复归其明"的结果，因而"用其光，复归其明，无遗身殃"与作为结论的"这就是韬光匿明"之间就有了必然性的联系，而且这种联系是比较自然的。鉴于此，笔者认为朱谦之对"袭常"的释义是比较好的。不过，朱先生对"袭常"中的"常"字，据《说文》而释为衣裳的"裳"字；对"袭"字，据《玉篇》而训释为"重衣下裙"，皆取其"自障蔽"之义。但是，这样一来，无论是衣裳的"裳"也好，还是作为"左衽袍"的"重衣下裙"也好，都是名词，两个名词拼在一起，连词组都不是，它怎样与"这就是韬光匿明"构成因果关系呢？所以，对这个"袭"字需要寻求其它的涵义。

笔者发现，"剑则启椟，盖袭之"（《礼记·少仪》）和"大驾幸乎平乐，张甲乙而袭翠被"（张衡《西京赋》；"翠被"是"饰以翠羽的大氅"）句中的"袭"字皆是覆盖或掩藏的意思。如能将"袭"字的这种涵义与"常"字的那种涵义结合起来，就是盖上或穿上衣物的意思，以此隐喻"韬光匿明"之义，就似乎较为恰当了。

最后谈谈对本章的文义和主旨的看法。

现代注译家对这个问题大体有以下三种观点：

一是"认识论"说。古棣说："这一章主要是讲认识论的，与四十七章相通。'塞其兑，闭其门'就是隔断头脑与外界的联系，得了道就能坐在屋子里知天下；如果'开其兑，济其事'，就要遭到祸害。这种排斥经验、否认接触外物的认识论，是先验的唯心主义的认识论。"[1] 陈鼓应也基本认为讲的是认识论。他说："本章重点：一、要人从万象中去追索根源，去把握

---

① 古棣：《老子校诂》，吉林人民出版社 1998 年版，第 277 页。

原则。二、要人不可向外奔逐。向外奔逐的结果，必将离失自我。三、在认识活动中，要去除私欲与妄见的蔽障，内视本明的智慧，而以明澈的智慧之光，览照外物。"①

二是政治说。高亨说："这一章是老子的政治论。主要论点：一、道是天地万物的母亲，人要掌握道去认识天地万物，认识万民；二、统治万民要闭塞他们的耳目口鼻，使他们无知无欲，回到自然状态；三、统治者要'见小'，'守柔'，'归其明'，要之是遵循自然规律。"② 尹振环说："这章是老子谈治民之术：'杜民耳目'。"③

三是"明哲保身"说。李先耕说："本章开头要求知子守母，把握住天下之母的道，才能'没身不殆'。中段也见于楚简，主张闭目塞听，谨慎言行，才能'终身不勤'。末段说明守柔、见小才能'毋遗身殃'，这就叫做'袭明（常）'。全章所述皆为明哲保身的道理。"④

余以为本章讲的不是一般的认识论，而主要是讲对道的认识和把握的问题。首段揭示道的地位和对修道的总体要求；中段从正反两个方面讲体悟大道必须排除干扰，专心致志；末段讲得道后的情况。老子在本章中提出的"既得其母，以知其子；既知其子，复守其母"，是一个非常重要的观点。它表明悟道、得道的根本目的是为了"以知其子"，即深刻认识和把握自己，深刻认识和把握客观事物内在的矛盾和本质，就是说，道是一种分析问题和解决问题的思想武器，绝不应"始用而旋弃"⑤，而应"复守其母"，也就是对它要坚守不懈。

有的注家脱离老子的思想体系，甚至抛开此章的内容，对具体词句望文生义，或根据自己的思想框框硬往上套，这就难免对《老子》的章句作出并非符合实际的解读了。比如，对"终身不勤"，王弼注曰："无事永逸，故终身不勤也。"对"济其事，终身不救"，张松如译为："完成世间众事业，那就终身不会得救药。"⑥ 这种释译就似乎太离谱了。笔者认为，对老子的思想应当有个基本的估计，首先应看老子是一个同情劳动人民的人呢，还是一个为虎作伥的大坏蛋？毫无疑问，从《老子》全书看，老子及其思想是富有

① 陈鼓应：《老子注译及评介》，中华书局1984年版，第267页。
② 高亨：《老子注译》，河南人民出版社1980年版，第116页。
③ 尹振环：《帛书老子释析》，贵州人民出版社1998年版，第108页。
④ 李先耕：《老子今析》，中国社会科学出版社2002年版，第220页。
⑤ 刘师培：《老子斠补》。
⑥ 张松如：《老子校读》，吉林人民出版社1981年版，第296页。

积极进取精神的。他是一个具有浓厚的忧患意识，忧国忧民的人；他是一个对人民充满同情和热爱，对"无道"的统治者疾恶如仇的人；他是一个积极救世，为民说话，谋天下之公利的人。显然，无论是思想家、政治家还是作家、艺术家，他笔下或心目中称颂的人物，皆程度不同地代表了他的心声或理想追求。特别是老子，他的《道德经》五千言，是在他行将出关退隐之时，被关令尹喜"逼"出来的。显然，老子写这本书，一不是为出名，二不是为拿稿费，三不是为评职称，四不是为提干，所以他在书中毫无造假之必要，毫无掩饰自己真实思想感情之必要。事实上，老子在书中也是无所畏惧、毫不隐讳地表达自己的思想政治观点的。老子笔下的"圣人"就代表了他的心声和理想追求。当然，老子与其笔下的"圣人"肯定是有差距的，正如孔子盛赞尧舜禹而不如尧舜禹一样，那又有什么要紧的呢？只要有这种心声和追求，说明其思想境界总还算是崇高的吧！有这种思想境界的人，怎么会赞同"无事永逸"，怎么会把"完成世间众事业"看作"终身不会得救药"呢？

结束语

胡孚琛先生是著名的道学家，他关于修道、得道有一段集中的论述，颇值得参考，故抄录于后，作为"道论篇"的结语。他说：

> 道家文化的精要在哪里？究而论之，道学在本体论上强调一个"生"字，主张宇宙万物生于有，有生于无；在世界观上突出一个"化"字，即认为事物按照对立统一的矛盾规律时时处于变化之中，强与弱、祸与福都是可以在一定条件下相互转化的。在促进事物向有利于自己的方向转化时贵在一个"因"字，即因任自然，因循客观规律，因势利导夺取胜利。道学以"中"字为纲要，在治国平天下的用世之道上也巧在一个"中"字；在调理人与人、人与自然、人与社会的关系上重在一个"和"字；在个人处世应世上法在一个"忍"字；在人身修炼工程上诀在一个"逆"字。道学的精要在于参透自然、社会、人生的客观规律，以道术秉要知本，以"无为"为体，以"无不为"为用，贯彻以柔克刚、以弱胜强、以退为进、以不争为争的策略思想。道学是以"反"为动、以"弱"为用的哲学，因而是真正强者的哲学。进一步说，道学追

求人与自然的和谐和人本身的超越性，反对人和社会的异化，以回归自然为目标。更进一步，道学确认人在自然界和社会上本身的存在价值，将自然规律和个人命运握之于掌中，进而悟透生死，还虚合道，融身大化，最大限度地开发人体生命和心灵的潜能，追求人同道的一体化。道学是一种既可学又可修的文化，丹道修炼是道家探索宇宙规律，参赞天地之化育的重要途径。如果谁能在刻苦研读道书中有了以上深切体验，并能按道的原则规范自己的行为，那么他便会对个人和天下过去未来的大势了如指掌，真正成为一个得道的人。①

胡孚琛在这里只是强调了通过研读道书而把握道家文化的精要，显然，要真正把握道家文化的精要，成功地修道、得道和行道，仅靠研读道书是不够的，还必须与学习相关的文化科学知识和参加社会实践活动结合起来，方能奏效。

①　胡孚琛：《道学通论》，社会科学文献出版社 2009 年版，第 105 页。

二、德 论 篇

引　言

　　"德"在《道德经》(《老子》)和老子哲学思想体系中是仅次于道的重要范畴。正如"道"不是伦理道德的"道"一样,"德"在本质上亦不是伦理道德的德;正如老子没有给"道"下一个明确的定义一样,他也没有对"德"的规定性作出集中的概括——这可能与中国古代典籍不太讲究概念的明晰性和确定性的传统有关。但是,从"孔德之容,惟道是从"(二十一章)、"失道而后德"(三十八章)、"道生之,德畜之,物形之,势成之"、"生而不有,为而不恃,长而不宰,是谓'玄德'"(五十一章)以及《管子·心术上》关于"德"的论述("德者,道之舍","德者,得也","虚无无形谓之道,化育万物谓之德")、韩非子对"德"的解说("'德'者,道之功")、王弼对"德"的注释("德者,得也。常得而无丧,利而无害,故以德为名焉。何以得德?由乎道也;何以尽德?以无为用。"[①])和高亨、张岱年对"德"的诠释("今详审老氏之书,略稽庄生之言,而予以定义曰,德者万类之本性也"[②];"德是一物所得于道者。德是分,

---

① 王弼:《老子道德经注》三十八章注。
② 高亨:《老子正诂》,开明书店1943年版,第8页。

道是全。一物所得于道以成其体者为德。德实即是一物之本性。"①）来看，道与德的关系乃本体与功用、内容与形式、主与从、隐与显的关系，德是道的本质特性包括德性规范（"玄德"）的具体体现，是道作用于万物所显现的功用，是得之于道而内在于物（特别是人）自身的属性，因而"德"是天地万物包括人得之于道的本性（性与德或稍有异，高亨据《庄子·马蹄》说："所谓性乃静而存于内者，德乃动而发于外者。易言之，性者性也，德者行也。"但"人之本性曰德，乃一概括定义。"②）。"德"是"道"的形式，"道"是"德"的内容，两者是相互依存的，若没有"道"，便不会有"德"的功用；而若没有"德"，也就不能显示"道"的存在和力量。王夫之说："德者，行道而有得于心之谓。"③ 因此，对于人来说，德是对道的特性和原则的体悟、把握以及自觉的践行。"道"和"德"是不可分离的二位一体。德发挥作用的方式和方向是以道的规律和自然无为等特性为准绳的，因而"德"的层次的高低（是上德还是下德）亦由在多大程度上体现道的自然无为等特性来确定。

在德论篇中，老子阐述了德与道的关系，多方面揭示和描绘了"德"的特性，并回答了应当如何修德以及修德有成的标志和样态等问题。

---

① 张岱年：《中国哲学大纲》，中国社会科学出版社1982年版，第24页。
② 高亨：《老子正诂》，开明书店1943年版，第10—11页。
③ 王夫之：《读四书大全说〈论语·颜渊〉》。

二十一章

上德不德，是以有德①；下德不失德，是以无德②。

上德无为而无以为③，下德无为而有以为④。

上仁为之而无以为，上义为之而有以为。

上礼为之而莫之应，则攘臂而扔之⑤。

故失道而后德，失德而后仁，失仁而后义，失义而后礼⑥。

夫礼者，忠信之薄，而乱之首⑦。前识者⑧，道之华，而愚之始⑨。是以大丈夫处其厚，不居其薄；处其实，不居其华⑩。故去彼取此。

（通行本第三十八章）

注　释

①上德不德，是以有德：上德为最高的德或最高尚的德，具有这种德的人已经"同于德"，成为德的化身，相忘于德，或者说德的运作乃是纯真自然的流露，不自以为有德，更不会自恃有德而炫耀。"不德"是上德之人的自我感觉和自我评价，但在客观上这种人的确是"有德"的。

②下德不失德，是以无德：下德是次一等的德，拥有下德的人往往为外物所诱惑，是德、我为二，"两张皮"，德对这种人来说是"身外之物"。所以这种人总是自以为有德，自恃有德，并经常刻意显示自己有德，而且唯恐失去德，所以说他"不失德"。但因为他的思想还没有真正用德武装起来，在行动上即使有所表现，也不可能是自然而然的、经常的，所以从本质上看，是"无德"的。

"上德不德，是以有德；下德不失德，是以无德"，乃本章的总纲。对这几句话的诠释，奚侗引徐大椿曰："上德，德之最上者也；不德，以其与德合体而相忘于德也，如此则德常在我而终身不离矣。不失德，言保守其德，惟恐失之，则身与德为二，而德不在我也。"（奚侗：《老子集解》）

③上德无为而无以为：王弼本、河上公本、帛书皆如是。上德因任事物之自然本性及发展趋势，其作为是自然而然的。上德之人是德的从而也是道的化身，是老子所说的"圣人"。《韩非子·解老》、严遵本、傅奕本、范应元本此句作"上德无为而无不为"。从本章思想脉络来看，所谓"无以为"、"有以为"讲的是动机问题，即是否有机心、有私图、汲汲于功利，而"无不为"讲的是行动表现及其效果，与此不类，而且从韩非解释的文句（"虚者，谓其意所无制也。今制于为虚，是不虚也。虚者之无为也，不以无为为有常"）来看，其引文当作"无以为"。

④下德无为而有以为：此句，王弼本、河上公本作"下德为之而有以为"，傅奕本、范应元本作"下德为之而无以为"。范应元并注曰："韩非、王璠、王弼、郭云、傅奕同古本。河上公本作'下德为之而有以为'，今从古本。"① 可见王弼本原作"下德为之而无以为"。但若作"下德为之而无以为"则与"上仁"重复；若作"下德为之而有以为"，则与"上义"无别。《老子》祖本若有"下德"句，其文字不可能如此。马其昶说："'无为'旧作'为之'，误同'上义'句。傅本又误同'上仁'句。注家强为之说，皆非是，今为正之；德有上下，其无为一也。以其不失德，故虽无为之中，而仍'有以为'。"（《老子故》）"上德"和"下德"同为"无为"（因为德是"惟道是从"的，而无为是道的最根本的特性，因而德也必然是无为的），区分为"无以为"和"有以为"两个层次是合理的，而且与"上仁"、"上义"等表述又不重复。故校定文据马其昶之说改为"下德无为而有以为"。这句话的意思是说，下德之人虽然也因任自然（否则就不是德了，因为德本身是道的体现，而道是"法自然"的，"无为"的），但他的动机却是汲汲于功利的。

⑤攘臂而扔之：捋起袖子，伸出手臂，强拉硬扯，迫人就范，以形容统治者所制定的礼制法度的强制性。在老子时代，"礼"已发展到靠繁文缛节来束缚人性、戕害自然人性的地步。从"莫之应，则攘臂而扔之"来看，统

---

① 范应元：《老子道德经古本集注》，载《四部要籍注疏丛刊·老子》，中华书局1998年版，第623页。

治者设礼制法度以囿人，如不从，则有点大刑伺候的味道。

　　⑥对此节文字的解读，可参阅【辨析】五。对"失德而后仁，失仁而后义，失义而后礼。夫礼者，忠信之薄，而乱之首"，王弼注曰："不能无为而贵博施，不能博施而贵正直，不能正直而贵饰敬。所谓'失德而后仁，失仁而后义，失义而后礼'也。夫礼也，所始首于忠信不笃，通简不阳，责备于表，机微争制。夫仁义发于内，为之犹伪，况无外饰而可久乎？故'夫礼者，忠信之薄，而乱之首'也。"①

　　⑦夫礼者，忠信之薄，而乱之首：礼，指周礼；薄，衰薄；乱之首，祸乱的开端，或造成祸乱的首要原因。奚侗曰："礼尚文饰，文盛则质衰，诈伪萌生，忠信之行因之而薄，争乱之端由此而起。"② 周礼本身就是统治者制定的违反人的自然本性的行为准则，尊信周礼本来就不是人的自然本性的需要。而且在老子时代，"礼"已经演变为繁文缛节，流于形式而拘锁人心的工具。"夫礼者，忠信之薄，而乱之首"，是老子目睹侯王及大夫们利用周礼，打着"礼"的旗号，乱礼、违礼、僭礼，尔虞我诈，争权夺利的大量事实，认为周礼已无忠信可言，实际上成了他们制造社会祸乱的幌子和工具，成了"乱之首"，所以老子认为再维护周礼是不应该的，也是无益的，想用周礼去规范统治者的行为更是行不通的，无济于事的，根本的出路只能是"执大象"（三十五章），"惟道是从"（二十一章）。

　　陈鼓应先生说："老子的反礼，是由于这几种原因：（1）礼是'旧贵族专政的法权形式，即区分贵贱尊卑上下的法度'，这和主张'贵以贱为本，高以下为基'的老子思想必然相左。（2）'礼'成为繁文缛节、拘锁人心的东西。（3）礼为争权者所盗用，而沦为钳制人民的统治工具，庄子学派（如《胠箧》）对此施以更猛烈的攻击。（4）礼、义违反自然。尼采说：'各种伦理系统从来都是违反自然而愚昧之至的。'老子所谓'道之华而愚之始'，正是此谓。"③

　　与此相反，孔子及儒家则主张维护礼制。孔子认为，社会动乱的主要原因是周礼遭到破坏，是侯王等统治者乱礼、僭礼，因而不管实际情况如何，周礼所规定的名分是不可改变和逾越的。儒家的核心理念是"仁"，而仁的根本是"克己复礼"（子曰："克己复礼为仁。一日克己复礼，天下归仁

----

① 　王弼：《老子道德经注》本章注。

② 　奚侗：《老子集解》。

③ 　胡道静：《十家论老》，上海人民出版社 2006 年版，第 418 页。

焉。"）；孔子并且说："非礼勿视，非礼勿听，非礼勿言，非礼勿动。"（《论语·颜渊》）孔子一生以尊礼正名为己任。而孔子所要复归的"礼"，是西周统治者所制定的一套政治、经济的基本制度、道德规范和各项典章制度，其中心内容就是以血缘关系为纽带的嫡长子继承制、分封制、世袭制及严格区分贵贱尊卑的等级制。这是一套旨在维护奴隶主及其贵族对奴隶和平民压迫剥削以及调节奴隶主之间关系的比较完备的社会制度、政治体制、伦理教条等，虽然他也主张有所改良。在这种意义上可以说，儒家的信条与道家相反，是"孔仁之容，惟礼是从"的。

此外，我们从"夫礼者，忠信之薄，而乱之首"中亦可以窥见老子虽然反礼，但他并不反对忠信这种伦理规范。"忠"的概念在先秦除了"忠君"的涵义之外，还有利于民的涵义，如："所谓道，忠于民……上思利民，忠也。"（《左传·桓公六年》）显然，老子是赞成后者的。至于"信"，更是老子所强调的。如"言善信"（八章），"信不足焉，有不信焉"（十七章），"信者吾信之，不信者吾亦信之"（四十九章）等。老子之所以反对"礼"，其中一个原因就是此乃"忠信"的销蚀剂。

⑧前识者：河上公注曰："不知而言知为前识"；韩非子云："前识者，无缘而忘（妄）意度也。"可参阅【辨析】六。

⑨愚之始：王弼本及今本如是。帛书及傅奕本为"愚之首也"。《尔雅释诂》："首，始也。"愚之始，即邪伪之起点。

⑩是以大丈夫处其厚，不居其薄；处其实，不居其华：句谓：因此，圣人立身处世必然敦厚而不浅薄，存心笃实而不尚虚华。

高明说："《老子》所谓'厚'与'实'者，乃指道德而言；而'薄'与'华'者，则指仁、义、礼之谓也。"①

《文子·上仁》曰："文子问：'仁义礼何以薄于道德也？'老子曰：'为仁者必以哀乐论之，为义者必以取与明之；四海之内哀乐不能遍；府库之财货，不足以赡万民。故知不如修道而行德，因天地之性，万物自正而天下赡，仁义因附。是以大丈夫居其厚不居其薄。'"②

《韩非子·解老》云："所谓'大丈夫'者，谓其智之大也。所谓'处其厚不处其薄'者，行情实而去礼貌也。所谓'处其实不处其华'者，必缘理

① 高明：《帛书老子校注》，中华书局1996年版，第8页。
② 王利器：《文子疏义》，中华书局2000年版，第457页。

不径绝也。所谓'去彼取此'者，去貌径绝而取缘理好情实也。"①

译　文

　　上德之人与德合一而相忘于德，
　　不恃有德，所以实为有德；
　　下德之人自恃有德，唯恐失去德，
　　所以实为无德。
　　上德为政"无为而治"且出于公心；
　　下德为政"无为而治"，但隐有私图；
　　仁政实行"有为而治"，不事渲染；
　　义政实行"有为而治"，私图昭然。
　　礼制法度的推行得不到响应，
　　就捋袖举臂，迫人就范。
　　所以说，是道性转化为德政；
　　失去德政而后才有仁政；
　　失去仁政而后才有义政；
　　失去义政而后才有礼治。
　　礼制法度啊，
　　它的推行是忠信不足的证验，
　　也是社会政治动乱的开端。
　　那些无缘而妄臆度的行为，
　　既是道的虚华，又是邪伪的起点。
　　因此，圣明贤达的君王啊，
　　总是为人敦厚，不居浮浅，
　　存心笃实，不尚虚华。
　　故应弃华务实，永法"自然"。

---

① 《中国古典哲学名著选读》，人民出版社 2005 年版，第 269 页。

辨　析

本章的地位非常重要。它是帛书《老子》的首章，也是通行本《老子》"德经"的首章，又是新编本"德论篇"的第一章。新编本"道论篇"讲的主要是宇宙观和本体论问题，从本章开始的"德论篇"则主要讲道的转化形态问题，"德"是得之于道而内在于物自身的属性，德论篇讲的道的转化形态，主要是道论或本体论在社会政治观上的表现。本章的头几句（"上德不德，是以有德；下德不失德，是以无德。上德无为而无以为，下德无为而有以为"）既是本章的总纲，又是承上启下的中介，也是老子社会政治观的集中体现。陈永栽说：

> 这一章是《德经》的第一篇，是《老子》全书最长的篇章，又是惟一讨论道、德、仁、义、礼的关系，具有独特见解的篇章。老子这些独特的见解，反映在老子对仁、义、礼这些名称概念的特殊规定性上，反映在对上述名称概念的特殊阐述上，反映在反对孔子学说的鲜明立场上，反映"厚"与"薄"、"实"与"华"的关系的理解上。完全可以这样说，这一章的内容十分特殊、复杂，又十分丰富。①

本章需要讨论的，主要有以下六个问题。现在逐一谈谈笔者的看法。

一、本章讲的是伦理道德问题呢，还是社会政治问题？如果仅从字面上看，本章讲的道、德、仁、义、礼皆是伦理学的范畴和问题，但从实质上看则讲的是社会政治观。这从河上公和韩非子对本章章句的解读中就看得很清楚。河上公把"上德"释为"太古无名号之君"，把"下德"释为"有名号谥之君"，把"上仁"释为"行仁之君"，把"上礼"释为"上礼之君"，内容的分析与此相应。韩非在《解老》中对"上仁"、"上义"、"上礼"及其相关内容的解读，也鲜明地具有社会政治色彩。其实，从"夫礼者，忠信之薄而乱之首"以下的文字中可以明显地看出讲的是社会政治观点，而这段话是承上的，因而其上不可能是讲伦理学方面的问题。这里讲的"礼"主要是指必须强制执行的政治法律制度，而不是一般的礼仪。否则老子就不会说它是"忠信之薄而乱之首"，也不存在"上礼为之而莫之应，则攘臂而扔之"的问

---

① （菲）陈永栽：《老子章句解读》，上海古籍出版社 2001 年版，第 169—170 页。

题了。

　　古棣从其老子是奴隶主阶级的代表的观点出发，认为老子激烈抨击和反对"礼"，也是为了维护已经没落的奴隶制，因而与孔子的"克己复礼"殊途而同归。他说："……失去了道、德乃至仁、义的内容，礼就成了空壳子，成了反对旧制度的人们所利用的武器，所以说'忠信之薄而乱之首也'。孔子看到周礼已经有名无实、名是而实非，就要正名，循名责实，号召'克己复礼'，充实和恢复周礼的内容。而老子则从另外一个角度出发来考虑，也可以说他看得更深一点，周礼已被地主阶级利用，有名无实，名是而实非，成了乱之首，要坚持和恢复它是没有可能的，对复礼的号召'莫之应'也是事实；所以他反对复礼，而主张实行'无为而无不为'的'无为而治'之道，以维护旧制度。孔子主张'复礼'，老子反对礼，但从实质上看，他们的阶级立场是一致的。"①

　　古棣之论是否确当呢？

　　首先，老子所激烈抨击和反对的"礼"是什么？毫无疑问是周礼，而周礼就是西周奴隶制政治法律典章制度以及某些礼仪形式。而这些东西虽然极为复杂繁琐，但一言以蔽之，皆是为了维护西周奴隶制和奴隶主阶级的经济利益和政治统治。孔子主张"克己复礼"的意图和立场姑且不论，老子既然激烈抨击和反对周礼，怎么就是站在奴隶主阶级的立场上了呢？如果周礼被彻底批倒，难道有利于奴隶制的继续存在吗？

　　其次，在《老子》中，激烈反对"无道"的侯王的章节和语句不胜枚举，而侯王的多数就是奴隶主阶级的政治代表。他们的所谓"有为"，无非是对内横征暴敛，对外攻城略地，致使人民饥寒交迫，激起人民的奋起反抗（斗争方式有成规模的溃逃，有暴动，有'为盗'和具有相当规模的武装起义。此不绝于《左传》。统治阶级称之为"民之不治"），所以老子说："民之饥，以其上食税之多，是以饥；民之不治，以其上之有为，是以不治；民之轻死，以其上求生之厚，是以轻死。"（七十五章）可见老子认为这些严重的社会政治问题的根源皆在"其上"，亦即包括奴隶主贵族在内的统治阶级一方。这能够表明老子是站在奴隶主阶级的立场上吗？

　　再次，老子的确主张侯王等统治者实行"无为而治"，而"无为而治"就要反对他们再那样"有为"，劝诫他们对人民的生产和生活不要横加干涉，进而希望他们能效法圣人"能辅万物之自然而弗能为"（六十四章，简本），

　　①　古棣：《老子通论》，吉林人民出版社 1991 年版，第 113—114 页。

即因循人民的自然本性和要求而给予引导和辅助，为人民实现自化、自正、自富、自朴（五十七章）创造良好的社会环境和条件，这就是老子主张"无为而治"的实质之所在。这难道也说明老子是站在奴隶主阶级的立场上吗？

　　二、本章的内容在帛书中是作"四分法"呢，还是作"五分法"？与此相关的是对"下德"之特性阐释的句子（"下德无为而有以为"）究竟是"为汉代所衍入"呢，还是帛书在抄写时给弄丢了？刘殿爵、高明据此认为其他古本此一内容的句子为衍文，也讲出了一些道理。比如高明说："据帛书甲、乙本分析，德仁义礼四者的差别非常整齐，逻辑意义也很清楚。今本衍'下德'一句，不仅词义重迭，造成内容混乱，而且各本衍文不一，众议纷纷。如王弼诸本衍作'下德为之而有以为'，则同'上义为之而有以为'相重；傅奕诸本衍作'下德为之而无以为'，则同'上仁为之而无以为'相重。由此可见，'下德'句在此纯属多余，绝非《老子》原文所有，当为后人妄增。"① 陈鼓应说："刘、高之说甚是。当从《韩非》及帛书作四分法，即'上德……上仁……上义……上礼……'，'下德无为而有以为'为汉时（帛书之后）所衍入。"② 刘笑敢也说："帛书本和诸传世本的最大不同是没有'下德为之而有以为'一句。从这一段的结构来看，帛书本作'上德'、'上仁'、'上义'、'上礼'，排列整齐有序，与下节失道——失德——失仁——失义——后礼的顺序若合符节，而传世本加入'下德'一句，以与'上德'对偶，却使结构变得不合理。"③

　　"帛书作四分法"而无"下德"的位置，这只是在阐明它们特性时的现象。我们不应忘记，在本章的开头，帛书乙本明明写着"上德不德，是以有德；下德不失德，是以无德"，帛书甲本此文大部残缺，只剩最后一个"德"字，但从其残缺字的字距看，其文字当同乙本。这说明同《老子》的其他古本一样，帛书也是区分为"上德"和"下德"的。既然开头作了"上德"和"下德"的区分，那么在阐明它们的特性时理应不能忽略对"下德"之特性的阐释。遗憾的是，帛书甲乙本都不见对"下德"之特性阐释的句子。因为帛书不见这样的句子，就说"帛书作四分法"，就说那句话"为汉时所衍入"，似皆属顾此失彼之论。因为，既然"帛书作四分法"，为什么在其开头把"德"也区分为"上德"和"下德"呢？既然作了这种区分，为什么在阐

---

①　高明：《帛书老子校注》，中华书局 1996 年版，第 3 页。
②　陈鼓应：《老子今注今译》，商务印书馆 2003 年版，第 217 页。
③　刘笑敢：《老子古今》，中国社会科学出版社 2006 年，第 395 页。

释它们的特性时唯独没有"下德"的份？对"下德"之特性阐释的句子究竟是"为汉时所衍入"呢，还是帛书在抄写时给丢掉了呢？这个问题尚难定论，然而我们能因帛书没有这一阐述性的句子，就对其开头区分为"上德"和"下德"视而不见吗？是前提性和总论性的句子重要呢，还是对其特性阐述性的句子重要？

　　三、校定文应当从通行本作"上德无为而无以为"呢，还是应据《韩非子·解老》等古本改为"上德无为而无不为"？与此相关的，还有应如何释译"有以为"、"无以为"？对王弼本、河上公本等古本的"上德无为而无以为"，俞樾认为应从《韩非子·解老》、严遵本、傅奕本、范应元本作"上德无为而无不为"。他说："下文云'上仁为之而无以为'，夫'无为'与'为之'，其义迥异，而同言'无以为'，其不可通，明矣。《韩非子·解老篇》作'上德无为而无不为也'，盖古本如此。今作'无以为'者，涉下'上仁'句而误耳。"① 陶鸿庆、高亨、马叙伦、蒋锡昌、古棣等从俞樾说，陶鸿庆、古棣还为此作了论证。

　　笔者认为俞樾之说似不当。第一、帛书甲乙本的出土已为"上德无为而无以为"提供了新的佐证；第二，"上德"与"上仁"虽然都是"无以为"的，但"上德"的"无以为"是"无为"条件下的"无以为"，"上仁"的"无以为"是"为之"条件下的"无以为"，这是二者的原则区别，就像同样是获奖，获基层单位的奖与获国家奖能一样吗？怎么能说因为"同言'无以为'"，就"其不可通"呢？第三，如果据《韩非子·解老》、严遵本、傅奕本、范应元本作"上德无为而无不为"，那么"上德"就与"道"没有任何区别了，因为"道常无为而无不为"（三十七章）。"上德"在此指的是具有"上德"的得道之人或依道治国的理想的君王，他们由于"法道"固然可以做到"无为"，但他的神通无论多么广大，也绝无可能超越一切主客观条件而做到"无不为"；第四，"上德无为而无以为"与"下德无为而有以为"是相对为文的，一个是"无以为"，一个是"有以为"，讲的都是动机问题，而如果"上德"是"无不为"，"下德"是"有以为"，一个讲的是行动表现，一个讲的是动机，"其义迥异"，那就不能构成对应关系了。

　　本章的前半部分多次出现"有以为"和"无以为"，从古今注家的释译文来看，意见也很不一致。简要地说，河上公将"有以为"和"无以为"释为是否为自己"取名号"，王弼释为是否有所"偏为"，韩非释为是否"求其

---

①　俞樾：《诸子平议·老子平议》。

报"，古棣同韩非，高亨译为是否"有所考虑"，陈鼓应译为是否"出于有意"，张松如译为是否"有所作为"，严敏译为是否"故意人为"，李先耕译为是否"有其动机"，许抗生译为是否"有目的而为"，郭世铭译为是否"指望得到响应"等等。余以为，任何人的作为都不可能"出于无意"、"无所考虑"或"没有其动机"、"没有目的而为"，也不可能"不指望得到响应"，其根本区别在于其作为是出于什么目的或"动机"，指望得到什么样的"响应"。最明显的是为了自己的名利而作为呢，还是为了大众的、民族的或国家的利益而无私地去作为？或者说你的作为有无"私图"，是否总想求取对方给予丰厚的报答。这就是问题的实质。尹振环引古籍说："对于为政来说，'德惟善政'（古文《尚书·大禹谟》）。善政即德，或者说德是指予人以恩惠福利。正如《六韬》所说：'免人以死，解人以难，救人之患，济人之急者，德也。'但是，这种'德'不能有私心。《尚书·盘庚》说的：'汝克黜乃心，施实德于民。''乃心'即居心、私心。'实德'即实惠。无私心之实惠才是'德'的。"① 所以笔者赞同将"无以为"释译为"不是出于私图"或任其自然而"不望求其回报"；将"有以为"释译为"出于私图"或"求其报答"。至于张松如将"有以为"和"无以为"译为是否"有所作为"，则更是不当的。

四、本章中的仁、义、礼是否属于"下德"的范畴？王弼对此作了肯定的回答。他说："凡不能无为而为之者，皆下德也，仁、义、礼、节是也。"王淮说："'下德'之中，复有上仁、上义与上礼三层。"② 古棣说："'上仁'、'上义'属于'下德'，皆'为之而有不为'者，亦即'以智治国'者。"陈鼓应说："'仁义'是从'下德'产生的，属于有心的作为，已经不是自然的流露了。"

事实上，德是"惟道是从"的，是道的体现。所以凡是德，无论上、下，其特点均为"无为"。在这一点上，它根本有别于仁、义、礼。仁、义、礼的共同特点皆是"为之"即"有为而治"，都不是"无为"，因而皆背于"道"的根本特性，虽然程度有所不同。因此，关于仁、义、礼属于"下德"的说法是不准确的。应当说"下德"以降复有上仁、上义、上礼三层。这从文中"失德而后仁，失仁而后义，失义而后礼"亦可得以证明。

关于道、德（上德、下德）、仁、义、礼、智逞依次递降的关系，吴澄

---

① 尹振环：《帛书老子释析》，贵州人民出版社 1998 年版，第 38 页。
② 王淮：《老子探义》。

十分形象地作了说明："其以厚薄华实为言，盖道犹木之实，生理在中，胚胎未露。既生之后，则德其根，仁其干，义其枝，礼其叶，而智其华也。道实智华，实实而华虚；德根礼叶，根厚而叶薄。"（《道德真经注》）就是说，"上德"以降直到礼、到智，是离"道"越来越远的退步行为，是老子所不希望的。他指出这一点，是希望人们反其道而行之，从而离道越来越近，逐步达到"上德"的要求，亦就是在思想上、行动上"同于道"。而"同于道"，就是要打破道的异化过程而逐步地完全恢复人的朴实的自然本性，那么就"道亦乐得之"（二十三章）了。

应当指出，有些注家将"上仁"、"上义"、"上礼"分别译为"上等的仁"、"上等的义"、"上等的礼"，似不准确，因为老子并未同时区分出"下仁"、"下义"、"下礼"的层次。"上"通"尚"。朱骏声《说文通训定声》："上，高也……段（假）借为'尚'。"《诗·魏风·陟岵》："上慎旃哉！犹来无止。"朱熹注曰："上，犹'尚'也。"《周易·小过》："已上也。"陆德明《经典释文》："上，郑作尚。"尚，为崇尚、提倡、倡导、推崇的意思。本章的几个"上"字，都是崇尚之义。古棣正确地指出了这一点。他说："'上仁'、'上义'、'上礼'之'上'，与'上德'之'上'不同，不是上下之上，而是尚，即'尚仁'、'尚义'、'尚礼'；'德'有'上德'、'下德'，而'仁'、'义'、'礼'无'下仁'、'下义'、'下礼'，可证。"

五、应如何校订和释译"故失道而后德，失德而后仁，失仁而后义，失义而后礼"？对此文，韩非在《解老》中校订为"故曰：'失道而后失德，失德而后失仁，失仁而后失义，失义而后失礼。'"韩非并为此论证说："道有积而德有功，德者道之功。功有实而实有光，仁者德之光。光有泽而泽有事，义者仁之事也。事有礼而礼有文，礼者义之文也。"可见《解老》在"德"、"仁"、"义"、"礼"之上皆有"失"字。刘师培认为应有四"失"字。他在援引了《解老》的这几句话及对其的解读后说："据此文观之，则王本、河上本均脱四'失'字，老子之旨，盖言道失则德从，德失则仁从，仁失则义从，义失则礼从；后失者，从之而失也。观韩子所解，以为德属于道，仁属于德，义属于仁，礼属于义，其旨可见。如王注、河上注之说，盖谓道失斯有德，德失斯有仁，仁失斯有义，义失斯有礼，与《韩非子》义殊。"（《老子斠补》）马叙伦、蒋锡昌等则认为不应有四"失"字。蒋锡昌驳刘师培说："此文下句曰：'夫礼者，忠信之薄而乱之首'，果如刘氏所解，以'德'、'仁'、'义'、'礼'皆倒属于道，则下句当作'夫道者，忠信之薄而乱之首'。吾人若据《老子》以读《老子》，则不当有'失'字，校然无疑。

刘说非是。"①

　　古棣说："蒋锡昌驳得有理。但刘师培所说也有其合理成分。确实'德属于道',道是体,德是用,用韩非的话说就是'德者道之功',所以第一句应作'失道而失德',失道即失德,'失德'的'德'字即'上德',属于'无为而无不为'。如无后'失'字,'德'就成了失道之后的一个独立的东西,显然不符合老子哲学精神。可是,'仁'、'义'、'礼'则不然。'失德'之后便是'仁'的阶段,'失仁'之后便是'义'的阶段,'失义'之后便是'礼'的阶段。它们都属于'下德'范围,即属于'为之而有不为';所以这三句不应有下'失'字,应作'失德而后仁,失仁而后义,失义而后礼。'如此,既解决了蒋锡昌的问题,也解决了刘师培的问题。"②

　　笔者很同意古棣关于"蒋锡昌驳得有理"的看法,但对他的"刘师培所说也有其合理成分"的说法及其所作的分析则不敢苟同。

　　我们知道,道是"常道",是"恒道",它存在于大到天体、小到基本粒子的一切事物之中,只是在此一事物消亡或被消灭之时,道才转移到此一事物所转化的彼一事物上去。物质是不灭的,道也是不会消失的。道作为矛盾法则或对立统一规律,它是客观的,但被人掌握后又可以转化为主观辩证法,这也可以说是"得"(了道)或"德"。王弼说:"德者,得也。常得而无丧,利而无害,故以德为名焉。何以得德?由乎道也。"③因此王弼说的大概也是这个意思。余以为老子说的"失道而后德"中的"失"字,与其后三句中的"失"字的涵义不同,它是转化的意思,即转化为得道者观察、分析和解决问题的方法了,而不是就真的"失"了,转化之后,作为客观辩证法的道依然存在,它是永远都不会消失或被消灭的。所以,"刘师培所说"并没有什么"合理成分",古棣的分析也不像他所说的"既解决了蒋锡昌的问题,也解决了刘师培的问题。"

　　陈鼓应说:"故失道而后德,失德而后仁,失仁而后义,失义而后礼:《韩非子·解老》作'失道而后失德,失德而后失仁,失仁而后失义,失义而后失礼',文义较完。今译从。"于是他将其译为:"(所以)丧失道就会失去德,丧失德就会失去仁,丧失仁就会失去义,丧失义就会失去礼。"④ 关

①　蒋锡昌:《老子校诂》,商务印书馆 1937 年版,第 251 页。
②　古棣:《老子校诂》,吉林人民出版社 1998 年版,第 289—290 页。
③　王弼:《老子道德经注》,第三十八章注。
④　陈鼓应:《老子今注今译》,商务印书馆 2003 年版,第 218—219 页。

于《解老》中存在的问题，蒋锡昌、古棣及笔者已作了分析，不再重复。陈鼓应的译文似乎存在两个问题，一是《解老》的这几句话是对相关现象或事实的描述，而陈鼓应的译文则成了对其因果关系或必然性的揭示，因而译文并不准确；二是照陈鼓应译文的逻辑，只要失了道，就会依次失去德、仁、义、礼；与此相反，只要保全了道，就会使德（含"下德"）、仁、义、礼皆得以保全。我们知道，老子最反对的是"礼"，因为"夫礼者，忠信之薄而乱之首"，但按陈鼓应译文的逻辑，老子似乎也要保全"礼"而不使其"失"了。

如前所说，本章说的德、仁、义、礼都是政治概念或具有伦理色彩的政治观念，已经不是完全的伦理范畴了，所以德主要指的是德政，仁是指仁政，义是指义政，礼是指包括刑法在内的礼制，其中的"上德"同于道，因而"上德"之政是完全意义上的依道治国，而"下德"之政稍次之。"上仁"是崇尚"仁"的政治，即"仁政"；"上义"是崇尚"义"的政治，即"义政"；"上礼"是崇尚"礼治"的政治，即"礼制"。老子可能认为在历史上就依次存在过德政、仁政、义政、礼制这样四个阶段或时期，这样一来，他讲的"失道而后德，失德而后仁，失仁而后义，失义而后礼"就体现了历史的与逻辑的统一。显然，老子认为他自己所处的是最后的也是最坏的阶段，即以强制性的、迫人就范的"礼"来治国的历史阶段，这从《老子》对社会现实的描述中也看得很清楚。

高亨是从"全其性"和性内性外的视角来解读"失道而后德，失德而后仁，失仁而后义，失义而后礼"的。他说："老子之意，以为太上之世，万物各全其性。《庄子·马蹄》所云：'万物群生，连属其乡。禽兽成群。草木遂长。禽兽可系羁而游，鸟鹊之巢可攀援而窥。同于禽兽居，族与万物并。'是也。此则道之世界。其次百姓各全其性，此则德之世界。故曰失道而后德也。至于仁义与礼，皆性外之物，人为之术，不入于道德之囿者也。"[1] 高亨的视角比较新颖，亦有合理性。

六、关于"前识者"究竟何所指的问题。注家大体有两种意见，一是认为是指"先知"、"智者"；二是说这里的"识"不是"认识"，而是"标识"的"识"，相当于"志"。但老子当时是如何标识的，现在已不得而知。疑"前识者"当指文中的"夫礼者"，即那些自称有先见之明的制礼者。

说"前识者"是指称"先知"、"智者"，似根据不足，因为老子并没有

---

① 高亨：《老子正诂》，开明书店 1943 年版，第 14 页。

一般地否定"先知"、"智者"（既然老子鄙视真正的"愚"，他不会反对真正的"智"。三十三章说"知人者智"，也能说明这一点）的提法，"先知"未必就等于"愚之始"。韩非注"前识者"，说："先物行先理动之谓前识。前识者，无缘而忘（妄）意度也。"（《韩非子·解老》）意思是说，那种在没有接触事物之前就行，在没有了解事物发展变化的规律之前就动的，叫做"前识"。"前识者"是指那些毫无根据（"缘"）地主观妄想、臆测的人。可见这里的"前识者"是指那些自称有先见之明，其实不过是"算命先生"而已。这种人是"道之华"、道之虚，亦即完全背离了道的人。这种人和我们通常讲的"先知"、"智者"是根本不同的，后者依据某些客观事实，靠推理或直觉而预见未来是可能的，也是必要的。比如门捷列夫元素周期表上的不少元素就是在它们被发现之前就被门捷列夫根据原子量变化的规律准确地预见到了；宇宙中不少星球也是在它们未用天文望远镜观测到之前早就被科学家根据星体间相互作用的规律和已知星体的摄动预见到了它们的存在；马克思和恩格斯也是早在资本主义的上升阶段就预见到了无产阶级革命必然胜利、社会主义阶段必将到来的。这都证明人类具有某种超前反映能力，可以在一定程度上预见事物未来发展变化的一般趋势，也就是所谓"先知"。事实上，《老子》中的许多观点及论述不仅是经验的总结，而且是对规律的揭示和对未来的预见。比如"反者道之动，弱者道之用"，"柔弱胜刚强"，"道常无为而无不为，侯王若能守之，万物将自化"，"慎终如始，则无败事"，"祸兮福之所倚，福兮祸之所伏"等等，表明老子也是"先知"的"智者"。因此韩非子将"前识者"释为"无缘而忘（妄）意度者"即那些虚妄臆度的算命先生之类，是正确的。我们从"前识者，道之华，而愚之始"也可以看出老子并不像古棣等学者所说的是一个唯心论的先验论者。

述　评

王弼在对本章内容的诠释文字中说了一段颇得要领的话，他说：

　　　载之以道，统之以母，故显之而无所尚，彰之而无所竞。用夫无名（按：这里说的"无名"代指道，语出三十二章"道常无名，朴"。此是突出道的质朴的特点），故名以笃焉；用夫无形（按："无形"亦是代指道，此是突出道的无形无象的特点），故形以成焉。守母以存其子，崇本以举其末，则形名俱有而邪不生，大美配天而华不作。故母不可远，本不可失。仁义（按：这里的"仁义"当指未被异化了的仁义），母之所生，非可以为母；形器，匠之所成，非可以为匠也。舍其母而用其子，弃其本而适其末，名则有所分，形则有所止。虽极其大，必有不周；虽盛其美，必有患忧。功在为之，岂足处也！①

他对五十二章"天下有始，以为天下母。既得其母，以知其子；既得其子，复守其母，没身不殆"注曰："母，本也；子，末也。得本以知末，不舍本以逐末也。"②

王弼这段文字的大意是，要以道为本，崇本以举其末，只有如此，才能做到"形名俱有而邪不生，大美配天而华不作"；如果反其道而行之，本末倒置，舍本以逐末，其结果必定会"名则有所分，形则有所止。虽极其大，必有不周；虽盛其美，必有患忧。"若用现代语言说就是：道是纲，其余都是目，纲举才能目张，所以要举纲抓目，才能统领全局；如果舍纲抓目，虽然忙忙碌碌，热热闹闹，但可能会挂一漏万，而且容易迷失方向，后患丛出。

结合本章内容，老子主张要高扬的是道及其完美体现的"上德"，因为"道常无为而无不为"（三十七章），"上德无为而无以为"。陈鼓应说："本章立论的动机，实有感于人际关系愈来愈外在化，愈来愈强化，而自发自主的精神已逐渐消失，仅靠一些规范把人的思想行为定在固定的形式中。老子的感言是十分沉痛的。"③ 事实的确如此。老子认为采用"上仁"、"上义"、"上礼"之类政治体制（仁政、义政、礼制）并不能用以治国救世，无以救民于水火，特别是不能寄希望于"克己复礼"，因为周礼已成了"忠信之薄而乱之首"。在中国思想史上，老子是第一位发现并批判文明异化和人性异化的思想家，上述老子对仁、义、礼的政治体制和文化的批判就充分表明了这一点。老子开出的救世药方就是"去彼取此"——这个"此"就是"执大象"（三十五章），就是"以道莅天下"（六十章），就是"以正治国，以奇用兵，以无事取天下"（五十七章），也就是要按照"道法自然"、"道常无为而无不为"和"上德无为而无以为"的特性和原则实行"无为而治"。

---

① 《四部要籍注疏丛刊·老子》，中华书局 1998 年版，第 102 页。
② 同上书，第 109 页。
③ 陈鼓应：《老子注译及评介》，中华书局 1984 年版，第 217 页。

二十二章

上士闻道，仅能行之①；中士闻道，若存若亡②；下士闻道，大笑之。弗大笑，不足以为道③。

故《建言》有之曰④："明道若昧，进道若退，夷道若纇⑤；上德若谷⑥，大白若辱（黥）⑦，广德若不足，建德若偷，质真若渝⑧。"

大方无隅，大器晚成，大音希声，大象无形，道隐无名⑨。夫唯道，善始且善成⑩。

（通行本第四十一章）

注　释

①上士闻道，仅能行之：此句王弼本、河上公本作："上士闻道，勤而行之"；帛书后句原为"菫能（此二字简本同）行之"。帛书释文作"勤能行之。"刘殿爵认为"菫"不当从今本读为"勤"，而应读为"仅"，原文当作"仅能行之"。刘殿爵谓此节作上士、中士、下士循序递降，但今本上士"勤而行之"，中士为什么"若存若亡"，意义不明，令人疑惑。今本第六章有"用之不勤"，第五十二章有"终身不勤"，"勤"字帛书本都写作"菫"，所以帛书整理者把本章的"菫"也读作"勤"是很自然的事。"能"、"而"古通，"勤能行之"不成文义，所以把"能"读作"而"，全句就与通行本一样了。如果这里的"菫"读作"仅"，"仅能行之"表示即使是上士，行道也是一件很不容易的事，这样，"中士闻道若存若亡"便

很合理了。① 刘殿爵的分析很有道理，当从之。为此，校定文从帛书作"上士闻道，仅能行之"。

②中士闻道，若存若亡：传世本和帛书如是；简本存作"闻"，为"中士闻道，若闻若亡"。存，有也，在此是相信的意思；亡，无也，在此是存疑的意思。句谓：中士听了道，将信将疑。

③弗大笑，不足以为道：帛书甲本如是，帛书乙本掩损"不足"二字，简本作"弗大笑，不足以为道"，多一"大"字。其实，接上文"大笑之"，此处应有"大"字。

刘殿爵说，先秦时期，与"弗"字连用的动词通常省略代词宾语，比如"弗如"实际上是"不如之"，"弗受"实际上是"不受之"，有宾语和无宾语意思有所不同。这种区别，汉代以后逐渐模糊，这或许是后人将"弗"改为"不"的原因。简本、帛书"弗笑"一句改为通行本的"不笑"之后，意义有了不同。通行本"下士闻道，大笑之"所笑的是道，下面"不笑"只是下士自己不笑，与上文衔接不好。而简本、帛书作"弗大笑"或"弗笑"，意思就是"不大笑之"或"不笑之"，与上文"大笑之"意思相对，所笑的都是道，句义连贯顺畅，显然优于通行本。② 刘殿爵的校诂有道理，宜从之，故校定文从帛书、简本并据刘殿爵的校诂作"弗大笑，不足以为道"。

④《建言》有之曰：王弼等古本无"曰"字，但傅奕本和帛书有"曰"字。高明说："从经文词义分析，原本当有'曰'字。"③ 据之补。林希逸说："建言者，立言也。言自古立言之士有此数语。"（《老子口义》）奚侗说："建言当是古载籍名。"（《老子集解》）高亨说："亨按：《建言》殆老子所称书名也。《庄子·人间世篇》引《法》言，《鹖冠子·天权篇》引《逸》言，《鬼谷子·谋篇》引《阴》言，《汉书·艺文志》有《谰》言（班固自注不知作者），可证书名曰言，古人之通例也。"④ 对此蒋锡昌持反对意见，说："'建言'非古载籍名，谓古之立言者。……'故建言有之曰'，言古之立言者有以下之语也。"⑤ 校定文暂从奚侗、高亨说。

⑤夷道若纇：王弼注："夷，平也。"纇，河上公本、帛书乙本均作"类"。

① 刘殿爵：《马王堆汉墓〈老子〉初探》，载《明报月刊》1982年8月号，第17页。

② 同上书，第15页。

③ 《四部要籍注疏丛刊·老子》前言，中华书局1998年版。

④ 高亨：《老子正诂》，开明书局1943年版，第93页。

⑤ 蒋锡昌：《老子校诂》，商务印书馆1937年版，第271—272页。

《说文》："颣，丝结也。"引申为不平之意。高亨说："颣是本字，类是借字。"

⑥上德若谷：谷，川谷也，低下、虚空之义。句谓：最高尚的德，反而愈是虚怀若谷。古棣引马叙伦言："各本作'谷'，'俗'之省也。言高之上德反如流俗，即和光同尘之义。"然后评说："马叙伦之说比较妥当。讲'德'的四句，皆相反为义，此句亦当如此，说'上德反如流俗'，与下三句一律，义理相应。"① 此可备一说。

⑦大白若辱（黷）：王弼本如是，傅奕本、范应元本辱作"黷"。高亨说："辱读为黷，《说文》无黷。《玉篇》：'黷，垢黑也。'"② 而"白"正与"垢黑"相对，故校定文理应据傅奕本辱作"黷"，但考虑到此为古体字，读者有辨认之忧，故正文仍从王弼本作"辱"。

⑧质真若渝：刘师培曰："上文言'广德若不足。建德若偷。'此与并文，疑真亦当作德，盖德字古文作惪，与真相似也。质德与广德、建德一律。"（《老子斠补》）高亨说："刘说是也。盖《老子》原书德字悉作惪，后人改作德。此句误作真或直，不然，亦必被改作德矣。质，实也。《论语·雍也篇》：'质胜文则野，文胜质则史。'皇疏：'质，由实也。'是质有实义之证。渝，借为窬。《说文》：'窬，空中也。'《淮南子·泛论篇》：'乃为窬木方版以为舟航。'高注：'窬，空也。'质德若渝，犹言实德若虚耳。"③

⑨道隐无名：道幽隐而不明亮。名通"明"。朱骏声《说文通训定声·鼎部》："名，叚（假）借为'明'。"《墨子·兼爱（下）》："分名乎天下，爱人而利人者，别与（欤）？兼与（欤）？"其中的"名"即借为"明"。是说道虽然神通广大，在本质上是光明的，但它却是隐于万物之中的，"视之不见"，所以它又是不明亮的。这种解读与上文对一系列本质与现象不一致的事物的揭示是相吻合的。

若据原文即为"道隐无名"。为什么说"道"是"无名"的呢？这是因为道没有任何具体属性。凡"名"必有所指之"实"。中国古代的语言哲学是强调"名以指实"、"实以定名"的名实统一观的。但老子之道没有具体的属性，没有确定的规定性，即道不是"实"，故"无名"。所以老子只好"强字之曰'道'。"（二十五章）

高亨说："此句疑当作'大道无名'，转写脱'大'字，后人以臆增

---

①　古棣：《老子校诂》，吉林人民出版社 1998 年版，第 634 页。

②　高亨：《老子正诂》，开明书店 1943 年版，第 94 页。

③　同上书，第 95 页。

'隐'字。"古棣从其说。此句帛书作"道葆无名"，尹振环译为"道总是葆奖不求名的人"。均可备一说。

⑩善始且善成：帛书乙本如是（甲本缺损）。句谓：人生和事业善始而善终。王弼本为"善贷且成"。校定文从帛书乙本。

译 文

上等士人听了道，仅能践行之；

中等士人听了道，将信将疑；

下等士人听了道，大肆嘲笑。

若不被他们大肆嘲笑，就算不上是道。

所以《建言》中这样说：

"光明的前途，好像有些暗昧；

前进的过程，犹如向后倒退；

平坦的大道，好像有些崎岖；

崇高的品德，总是虚怀若谷；

白璧无瑕的，却像含垢忍辱；

胸怀博大的品德，似乎有些不足；

刚健不拔之德，反似有点弱懦；

质朴纯真之德，好像空虚无物。"

无限的方正，反而不见棱角；

作为"大器"的道，总是自然完成；

最大的声响，反而不闻其声，

作为道的大象，反而难见形踪；

"道"啊，幽隐而不鲜明。

只有像道那样自然无为啊，

人生和事业才能善始善终。

辨 析

本章需要加以讨论的，主要有一个问题，即在"《建言》有之"以下，是所有的文句皆引自《建言》呢，还是有些话是老子的议论？如果并非全是引言，那么引至何处呢？对此现代注家大体有三种意见：一是认为"《建言》有之"以下至章末皆为引文——高亨、张松如、陈鼓应如是说；二是认为引文止于"大象无形"，以下为老子的议论——任继愈如是说；三是认为引文止于"夷道若纇"——古棣如是说。古棣指出："引《建言》的话，应是三句，不会全段都是引文，后文明明是老子之言。"

笔者同意古棣关于"不会全段都是引文"的观点。这是因为引文通常是用于作者的论据，从中必引发作者更多或更为集中的议论，而如果至章末皆为引文，岂不是没有老子的议论了吗？开头的"上士闻道"等几句虽是老子的话，但那不过是叙说的事实，并非议论。那么引文有可能止于何处呢？在笔者看来，当止于"质真若渝"。这是因为：

第一，"明道若昧"等前三句是讲"道"的（这里的"道"主要不是作为天地万物存在本体意义上的道，而是刘笑敢说的人文自然之道，即主要是讲的社会人生的道路），后四句（"上德若谷"至"质真若渝"）是讲"德"的。这七句比较全面地讲了社会人生之道和德的性质（明，进，夷；上，广，建，质）和特点（大正若反，即本质与其现象相反）；随后的四句（"大白若辱"至"大音希声"）是作者（老子）用四组形象的事物和语言讲了其现象与本质是不一致的，从而强化了道和德的上述特点；再后之"大象无形，道隐无名"二句进一步阐明了作为天地万物和社会人生之存在本体的道的幽隐的性质和特点。

第二，如果像古棣所言，引至"夷道若纇"，那么《老子》书的其它章节在论及"德"时就还应有与"上德若谷"等四句相同的思想观点，而事实上并不见。而在随后的若干句中，《老子》中却有与之相关的阐述。例如："知其白，守其辱"（二十八章）之于"大白若辱"；"方而不割，廉而不刿"（五十八章）之于"大方无隅"；"是谓无状之状，无象之象"（第十四章）之于"大象无形"（这几句都是对道的描述，此句之"大象"同于三十五章的"执大象"中的"大象"）；"道常无名"（三十二章）及"视之不见"、"听之不闻"、"搏之不得"（十四章）之于"道隐无名"等等，是其证。

第三，本章最后一句即"夫唯道，善始且善成"，更是对道的特质的点化，这与《老子》中再三强调的"道法自然"和"道常无为而无不为"的论述是一致的，而这里显然不是《建言》中的话。总之，余认为"《建言》有之曰"以下并非全是引文，其引文当止于"质真若渝"。或许还有一种可能性，就是老子假托"建言"而实际上都是他的话，因为如果当时确有《建言》一书，为什么其他古籍均未见对其文句的引述呢？

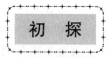

在此对"大方无隅，大器晚成，大音希声，大象无形"之涵义作初步探索和尝试性解读。"大方无隅，大器晚成，大音希声，大象无形"在总体上当皆是对道的某些性状的描绘，以呼应和解释为什么"中士闻道，若存若亡；下士闻道，大笑之"的现象。对"大音希声"，王弼注曰："听之不闻，名曰'希'，不可得闻之音也。有声则有分，有分则不宫而商矣。分则不能统众，故有声者非大音也。"对"大象无形"，王弼注曰："有形则有分，有分者不温则炎，不炎则寒。故象而形者非大象。"在《老子指略》中，王弼又进一步说："然则四象（按：指春夏秋冬四季）不形则大象无以畅，五音不声则大音无以至。四象形则物无所主焉，则大象畅矣。五音声而心无所适焉，则大音至矣。"人们的感觉器官包括各种精密仪器所及者都是物质性实体，皆为可"分"之物，只要有健全的感觉器官、相关知识和相关的仪器设备，就可以感知或认识相关的事物。显然，"大象"是"道"的别称（"大音"亦是"道"的别称），三十五章"执大象，天下往"可引为佐证，而"大象"是"无形"的。为什么说"大象"或道是无形的呢？因为道是"既超越又内在于天地万物及社会人生的形而上的存在本体和价值本体"[1]，也就是说，道是形而上的存在，而不是物质性的实体，所以它是无形的。既然道是无形的，所以它就不可能为人的感觉器官包括各种精密仪器所感知，而只能为人的直觉体悟（"顿悟"）及抽象的理性思维所把握。正因为如此，道为那些缺乏直觉体悟能力和抽象思维能力的"中士"感到"若存若亡"，亦为那些没有直觉体悟能力和抽象思维能力的"下士""大笑之"，就没有什么奇怪的了。

王弼的注释中以是否可"分"来说明有形的物质实体和无形的道体，应当说是颇有见识的。"道"是形而上的、无形的、尤其是无限的，所以是不可"分"的，说明王弼对道的认识是深刻的。但他说："天下之物，皆以有为生；有之所始，以无为本。"（四十章注）又说："本，母也；子，末也。"（五十二章注）就是说，之所以称"无"为"有"之本，是因为"无"始生

_____

① 详见附录四：《老子"道"的定义及实质之我见》。

了"有"。正如王晓毅所说："显然，'以无为本'这个命题的出发点是宇宙生成论，将它望文生义地误作典型的玄学本体论命题是缺乏根据的。但是这个命题的归宿却是本体论。王弼之所以讲'无'生'有'，其目的是为了说明'无'是'有'的内在本体。这种论证方法，现在看来不可思议，近乎于怪诞，然而，刚刚从汉儒宇宙生成论中走出来的魏晋思想界却恰恰认为，只有证明了甲为乙的母体，才能确定甲为乙的存在根据。"[1]

对"大方无隅"，高亨等注释为"大的方正没有棱角"，"没有棱角"则不会割伤人。余则疑此句亦当是形容道的，因为道是无形的，又是无限的，当然也就无棱角可言。为什么把道称为"大方"呢？古代有"天圆地方"的说法，当时的人们虽然在天之下、地之上生活，但他们谁也没有、也不可能见过地球的全貌（直到 2500 多年后的今天，在我国亲眼见过地球全貌的也就是乘宇宙飞船的杨利伟等几个人；对于大多数人来说，是从书本上知道大地是圆的而不是方形的），所以有头脑的人不一定相信这种说法。当时的人们凭其眼界，可能认为大地是无尽头的。既然作为"方"形的大地是无尽头的，而大地又是人们比较熟悉的，也许老子正是考虑到并凭借这一点，才用"大方无隅"来向人们形容和描绘具有无限性的"道"的。

对"大器晚成"，注家们多以重大的事业总是较晚成功（如古棣："成就大的事业，很晚才能成功。"）或大的器物总是晚些时候才能制成（如陈鼓应："贵重的器物总是最后完成"；高亨："伟大的器物需要晚些才能制成〔比喻圣人老年才成为圣人〕"）予以诠释，而笔者疑这句话也是用以形容或描绘道的。那么这应如何解释呢？"晚"通"完"；完，终也，尽也。《文选·古诗十九首》："思君令人老，岁月忽已晚。"《敦煌变文集》："学问晚了，辞先生出山。"皆是从"完"或终、尽的意义上用"晚"字的。这样一来，"大器晚成"就似可释为：作为"大器"的道，是自然的，是自我完成的，而不是人为的。这种诠释可能有点牵强，仅是笔者对其涵义的初步探讨，不一定符合老子的原意。它的好处是能与其上下句的文义相统一。否则，如把"大方无隅"释译为："最方正的反而没有棱角"（陈鼓应），把"大器晚成"按上述的涵义予以解读，人们自然会问：这与其后的两句有什么关系呢？而且，为什么说"最方正的（东西）反而没有棱角"呢？这似乎有违常识，使人难以理解。余以为这里的问题可能出在把"大"释为"最"上了。"大方"似乎是没有尽头的"方"或无限的"方"，既然是这样的

---

① 王晓毅：《国学举要·道卷》，湖北教育出版社 2002 年版，第 239 页。

"方"，人们也就看不到它是"方"的了；既然不见其"方"，自然也就"无隅"即难说它有什么棱角了。如果可以作这种解说，那么把"大方无隅"亦视为老子对具有无限性的道的描绘，似乎亦可自圆其说。

"大器晚成"之"晚"，帛书乙本作"免"（甲本缺损）。《释文》认为"免"为"晚"之借字，《说文》亦曰："晚，'免'声。"有的注家认为"免"应为本字，譬如李先耕说："或云，器大莫如天地，由道化生而非人工所成就，故曰免成。可以跟前文'无'、'不'呼应。"① 因而"免成"亦就是"无成"或"不成"的意思。但是，"非人工所成就"为什么就叫做"免成"呢？例如，作为世界屋脊的喜马拉雅山所处的位置原是一片海洋，此山当初是由造山运动所形成的，显然属于"非人工所成就"之列，难道能因此说喜马拉雅山是"免成"或"无成"吗？天地"由道化生"，亦即由道所生成，所以道为"天地之母"，怎能说天地是"免成"呢？总之，"大器免成"似乎不好理解，故不可取。而且，为什么一定要以帛书之是非为是非呢？帛书《老子》专家尹振环在《帛书老子释析》中就是依《释文》而将其校订为"大器晚成"的。

对"大象无形"，有的译为："大象没有形体"（高亨），有的译为："大象没有形象"（古棣）。因为对"大象"的涵义未作解释，未免使有些读者感到困惑：大象的形体何其大啊，怎么能说它没有形体或形象呢？总之，如果不能将"大象无形"以及其上的"大方无隅"、"大器晚成"、"大音希声"视为老子对"道"的某些特征的描绘，似乎就难以与其下句的"道隐无名"（道幽隐而没有名称）的命题吻合起来，亦无法全面把握老子是怎样解读"中士闻道，若存若亡；下士闻道，大笑之"这一现象的。

---

① 李先耕：《老子今析》，中国社会科学出版社 2002 年版，第 185 页。

二十三章

　　道生之，德畜之，物形之，势成之。是以万物莫不尊道而贵德①。道之尊，德之贵，夫莫之爵而常自然②。

　　故道生之，德畜之，长之育之，亭之毒之，养之覆之③。生而不有，为而不恃，长而不宰，是谓"玄德"④。

（通行本第五十一章）

注　释

　　①道生之，德畜之，物形之，势成之。是以万物莫不尊道而贵德："道生之，德畜之"，是说"道"创生了万物，"德"养育、成就了万物。"道"是本体，"德"是作为本体的道的作用。《庄子·天地》："物得以生谓之德。"《管子·心术上》曰："德者，得也。得也者，谓其所得以然也。"因此，德是道在具体事物中的体现，是事物所以如此的具体根据（其根本依据依然是道），是事物本性得以形成和维持的决定性因素。势成之，"势"指潜在于物内的势能和外在的自然力（环境）；"势成之"，是说万物皆是由其内外诸因素的合力而使之成为现状的。《孟子·告子（上）》："今夫水，搏而跃之，可使过颡；激而行之，可使在山。是岂水之性哉？其势则然也。"这里突出强调了外部因素的作用。帛书甲、乙本势作"器"，为"器成之"，注家多从之。其实不必从帛书。因为形、器作为两阶段，是就人造物而说的，自然物无所谓"器"，而在"万物"中，人造物所占的比例毕竟很小，况且强调"势"在物"成"中的作用也是非常重要的。也有注家释"物"为对具体事物的抽象，"器"是指具体事物，故认为"道、德、物、器四者是从总体

到个体，从抽象到具体的阶梯和过程。"① 此可备一说。在笔者看来，这里的 "物" 是包括人造物（"器"）在内的一切物，亦即 "万物"。

对 "万物莫不尊道而贵德"，王弼释之曰："道者，物之所由也；德者，物之所出也。由之乃得，故不得不尊；失之则害，故不得不贵也。"

②道之尊，德之贵，夫莫之爵而常自然：帛书、傅奕本、严遵本等古本如是。"自然" 是自己如此，自己成就自己（"自成"），自然而然的意思。句谓：道和德的地位之所以尊贵，并非因为有什么人授予它们爵位，而是因为它们总是因任万物（万民）依其本性和内在规律而自化、自成。王弼本、河上公本 "爵" 作 "命"，为 "夫莫之命而常自然"。

成玄英注云："世上尊荣必须品秩，所以非久，而道德尊贵无关爵命，故常自然。"（《辑道德经开题序诀义疏》）可见成玄英所据古本亦作 "夫莫之爵而常自然"。

蒋锡昌说："道之所以尊，德之所以贵，即在于不命令或干涉万物，而任其自化自成也。"（《老子校诂》）

车载说："老子提出 '夫莫之命而常自然' 的见解，说明万物是在无为自然的状态中生长的。'莫之命' 即孟子所说 '莫之为而为者天也' 的意思。万物的生长，是顺应着客观存在的自然规律而生长的，各自适应着自己所处的具体环境而生长的，根本就不可能有所谓主持者加以安排，然后才能生长的。这一点，是老子反对鬼神术数的表现，反对有神论的表现。就万物的生长都需要依据着客观自然界存在的规律来说，老子称之为 '道生之'。就客观自然界存在的规律具体运用于万物的生长来说，老子称之为 '德畜之'。万物的生长，既然必须依据自然界的规律，而为自然界的规律的具体运用，所以 '万物莫不尊道而贵德'。但万物的尊道贵德，也仅为对自然界规律的依据与运用，不是另有什么主宰者加以命令与安排的，这种现象，老子认为是无为自然的状态，所以说 '夫莫之命而常自然'。"②

③长之育之，亭之毒之，养之覆之：王弼本、帛书乙本等如是。河上公本及多家古今注本 "亭之毒之" 作 "成之熟之"。楼宇烈说："'亭' 为品其形，'毒' 为成其质。各得其庇荫，不伤其体矣。" 高明校注 "长之育之，亭之毒之，养之覆之" 说："从文义分析，'长'、'育' 而谓体魄，'亭'、'毒'

而谓品质，'养''覆'则谓全其性命耳。"① 余以为，成、熟当为本字，亭、毒当为借字；"养""覆"似有覆盖、保护之意。有注家依"覆"之本字作"倾覆"解，恐与全文强调道、德对万物之正面作用不一致。

④生而不有，为而不恃，长而不宰，是谓"玄德"：这里的"玄"字不是深奥玄妙、难以测度的意思，而是代指"道"，即一章所说的"常无"和"常有""同谓之'玄'"的"玄"。因此这里说的"玄德"不是指深奥玄妙、难以测度的品德，而是指道之德。而自然无为是道的最重要的特性，所以这里说的"玄德"是指道的自然无为的特性或品格。《庄子·天地》："其合缗缗，若愚若昏，是谓'玄德'，同乎大顺。"其与老子这里讲的"玄德"义近。

高亨从"全其性"的角度对玄德作出了诠释。他说："老子所谓德即性"，"故其人生哲学，在全己之性。政治哲学在全人之性"，"玄德者，全己之性以全人之性而臻深妙之境者也。"② 就是说，高亨认为只有人类都能自然无为，复归和保全自己的自然本性，才能达到玄德的境界和要求。这当然是一个很高的标准。

译　文

道是万物借以产生的根本依据，
德是万物得以养育的根本依据，
物质成分使万物具有了各自的形态，
各种内外条件使它们得以成长，
所以万物（万民）莫不尊崇道而贵重德。
道和德的地位之所以尊贵，
并非因为有什么人授予它们爵位，
而是因为它们总是因任万物自化自成。
因此，道化生万物，
德使万物得以畜养，
使其成长壮大，使其逐步成熟，

① 高明：《帛书老子校注》，中华书局 1996 年版，第 73 页。
② 高亨：《老子正诂》，开明书店 1943 年版，第 13 页。

对它百般呵护。

它生化了万物而不据为己有，

成就了万物而不自恃有功，

虽为万物的首领但对其不加主宰。

这就是道的自然无为的品行。

辨　析

一、本章的主要内容是讲德的，也是讲道的，因为"德畜之"等等，是以"道生之"为前提的，而且最后讲的"玄德"不仅是德的而且也是道的品格，这也说明《老子》中的许多篇章的内容具有综合性。本章需要辨析或阐明的问题主要是"道生之，德畜之"特别是其中"生"和"畜"字的涵义。

对"道生之，德畜之"中的"之"字代称"万物"，注家均无异议，因为后句是"万物莫不尊道而贵德"，问题是在什么意义上说万物为道所"生"、为德所"畜"。古今注家几乎无一例外地将"生"释为产生，将"畜"释为畜养。河上公注曰："道生万物。德，一也；一主布气而畜养之。"王弼注曰："凡物之所以生，功之所以成，皆有所由。有所由焉，则莫不由乎道也。故推而极之，亦至道也。随其所因，故各有称焉。"古今注家根据《老子》中包括本章在内的某些论述，从宇宙生成论的角度予以解读，说道是天地万物的起源或本原。在这个问题上，又分为两大派，一是从《淮南子》到张载，认为道是"气"或"元气"，它是万物的本原；现代有的注家则又引入了宇宙大爆炸学说，说道是宇宙大爆炸前的具有巨大能量的"奇点"等等；二是从魏晋玄学的某些注家以"无所有"或空无所有的"无"一直到古棣以"绝对观念之类"来解读道，说老子认为这就是天地万物的本原。古棣甚至既形象又不无尖刻地说，老子实际上是把"绝对观念之类"的道，不仅看作"万物之母"，而且看作天地万物的"老祖母"，一下子给道提高了两个辈分。

笔者认为，以"物"解道，无论这个"物"是什么样的"物"，是"气"也罢，是"元气"也罢，是"未成具体物形的气"也罢，是"星云"也罢，是"奇点"也罢，是"基态量子场"也罢，都是不容易讲得通的。这是因为无论是什么样的物，反正是"物"，既然是"物"，它必然包括在"万物"之中，而如果道也是"物"，那岂不是说是物生物或万物生万物了吗？再说，以历史的尺度衡量，无论何种物莫不是"短命鬼"，套用老子的说法，"天地尚不能久"（二十三章），而况于"基态量子场"乎？即使道是"奇点"，那么当它爆炸完了之后，道岂不是也随之而烟消云散了？那么它何以是"常道"或"恒道"呢？

以"无所有"或"绝对观念之类"来解读"道"，也是不当的。如果说道就是空无所有，那么老子费神费力地写这五千言又何苦来呢？古棣之所以把道说成是"绝对观念之类"，根据他在《老子通论》中的论述，大体可概括为两个论据：一是万物不可能产生于"非物"，而道是"非物"，因为庄子也说"有先天地生者物耶？物物者非物"（《庄子·知北游》）；二是道也不可能是客观规律，因为客观规律是物质存在"自己"运动的秩序，而老子的"道"是离开物并先于物而独立存在的东西。①

道的确不是可感知的"物"，这在前面已经说过了。但是，道是不是某种实际存在的"东西"呢？是的。这从《老子》中的大量论述可得以证明。比如二十一章说："道之为物，惟恍惟惚。惚兮恍兮，其中有象，恍兮惚兮，其中有物。窈兮冥兮，其中有精，其精甚真，其中有信。"六十二章说："道者，万物之奥"，这是说，道是万物的奥妙之所在，亦即道在物中。此外，《庄子·天道》说："夫子（指老子）曰：'夫道，于大不终，于小不遗，故万物备'。"这说明道是客观存在的，是不可感知的，又是存在于万物之中的东西。那么它是什么呢？只能是客观规律。客观规律能够脱离客观事物而存在吗？不能，所以老子说它是存在于万物之中的。但是，从万物之中抽象和概括出来的作为哲学范畴的客观规律，却是可以相对独立地存在的，否则要哲学干什么呢？马克思主义哲学所说的对立统一规律、质量互变规律、否定之否定规律等等，不是从万物中抽象出来的吗？作为人们的认识对象和思想武器，它们不也是相对独立地存在着吗？老子的道为什么就不行呢？为什么说它就是"绝对观念之类"呢？笔者正是认为老子作为哲学范畴的道是既超越又内在于天地万物及社会人生的形而上的存在本体和价值本体，它的实质是矛盾法则或对立统一规律。

我们知道，老子哲学不仅是自然哲学、社会政治哲学，而且首先是生命哲学。老子往往是从人及动植物的生命的意义上或以此为喻来阐明深奥的哲理的，所以他所讲的哲理尤为亲切、形象、生动，富有感染力，这是我们一

────────────

① 古棣：《老子通论》，吉林人民出版社1991年版。可参阅第十五章的第一、二节，第351—400页。

般的学者难以做到的。正因为老子哲学有这样一个鲜明的特点，所以我们不应脱离这一特点来解读《老子》的章句。比如，老子处于一个纯粹的农业社会，人们最熟悉的莫过于鸡生蛋、狗生小狗、羊生小羊、女人生孩子，莫过于豢养家畜、家禽，所以他讲道、德与万物的关系，就说"道生之，德畜之。"但是，这里的"生"和"畜"只是形象的比喻，并非鸡生蛋的"生"，并非畜养家禽的"畜"，而是在为万物提供得以生化和发展的根本依据的意义上的"生"和"畜"，也就是说是在本体论的意义上讲的。所以，老子在实际上并没有真正回答宇宙起源或万物本原的问题。李泽厚也说："所谓'有物混成，先天地生'，'惚兮恍兮，其中有象，恍兮惚兮，其中有物。窈兮冥兮，其中有精，其精甚真，其中有信'等等，也只是强调'道'对'象'、'物'、'天地'的优先地位。而这种优先，并不一定是时间性的，《老子》并未有意于讲宇宙发生论。这正是先秦《老子》与汉代《淮南子》的差别所在。"①

　　笔者由此联想到《矛盾论》中的一段话。毛泽东指出："一切事物中包含的矛盾方面的相互依赖和相互斗争，决定一切事物的生命，推动一切事物的发展。没有什么事物是不包含矛盾的，没有矛盾就没有世界。"② 这不就是讲的矛盾法则吗？说"没有矛盾就没有世界"，就是在为"世界"即天地万物提供根本依据的意义上讲矛盾法则的。如果照古棣的逻辑，矛盾法则难道能脱离"世界"而独立存在吗？怎么能说"没有矛盾就没有世界"呢？可见这种诘问没有多大意思。或问：老子为什么不从本体论上把问题讲清楚呢？显然，我们已无法"到老子那里去问个清楚"（南怀瑾语）了。余猜测，老子尽管如此形象、通俗地讲道，却连那些"中士"都"若存若亡"，而如果他当初也像我们现在这样去讲哲学本体论的大道理，恐怕连那些"上士"也会"大笑之"（四十一章）了。

　　此外，冯友兰在诠释本章"生而不有，为而不恃，长而不宰，是谓'玄德'"的涵义时也得出了老子的"道"不是精神性的实体的结论。他说："因为'道'不是有意识、有目的地创造万物，所以老子又说：'生而不有，为而不恃，长而不宰'（《老子》十章亦有此文）。就是说，'道'生长了万物，却不以万物为己有；'道'使万物形成，却不自己以为有功；'道'是万物的首长，却不以自己为万物的主宰。这些论点表明，万物的形成和变化不是受

---

① 李泽厚：《中国古代思想史论》，天津社会科学院出版社 2003 年版，第 85 页。
② 《毛泽东选集》第 1 卷，人民出版社 1991 年版，第 305 页。

超自然的意志支配的，也不是有某种预定的目的。这是一种唯物主义和无神论的思想。它不仅否定了上帝创世说和目的论，而且表明了'道'不是精神性实体。"①

二、对"夫莫之命而常自然"，刘坤生说："此句有不同解释，如陈鼓应释为：'不加以干涉，而让万物顺任自然。'认为'自然'是指万物之自然，误。该句言道尊德贵，是指道之自然，唯因道之自然，所以才是'万物莫不尊道而贵德'。"② 首先，陈鼓应并未把"夫莫之命而常自然"释为："不加以干涉，而让万物顺任自然。"陈鼓应关于《老子》注译的两种版本此句的译文均为："（道所以受尊崇，德所以被珍贵，）就在于它不加干涉，而顺任自然。"在其"引述"中说："'道德'的尊贵，在于不干涉万物的成长活动，而顺任各物自我化育，自我完成，丝毫不加以外力的限制与干扰。"刘坤生的引文虽与陈文有出入（这是不当的），但没有曲解陈的文意。问题出在"误"字上。因为这里的"自然"的确是因任万物之"自然"亦即让万物自我化育，自我完成的意思，而不是指道和德的"自然"本性。这是因为："道之尊，德之贵，夫莫之命而常自然"是老子站在客观的立场上对万物"尊道贵德"之原因的揭示。万物为什么"尊道贵德"呢？不就是因为道和德对自己的行为不加干涉，而让自己自我化育，自我完成吗？如果将这里的"自然"释为道和德的"自然"本性，那么就与万物没有直接的利害关系了，万物为什么还"莫不尊道而贵德"呢？因此，在笔者看来，"误"者可能不是陈鼓应，而是刘坤生自己。

述　评

一、老子在本章中提出了尊道贵德的思想和命题。所谓尊道，就是要以道作为自己的存在本体和价值本体，特别是要充分地尊重道所体现的自然无为的原则；所谓贵德，就是以"孔德之容，惟道是从"（二十一章）和"上德无为而无以为"（三十八章）的原则为贵。尊道贵德是《道德经》修身篇和治国篇的思想前提和基础。也就是说，老子所讲的修身和治国的道理都是建立在尊道贵德的基础之上的，修身篇主要是论述尊道贵德对于修身处世的

---

① 转引自陈鼓应《老子今注今译》，商务印书馆 2003 年版，第 262 页。
② 刘坤生：《老子解读》，上海古籍出版社 2004 年版，第 251 页。

意义，治国篇则主要是论述尊道贵德对于治国用兵的意义。离开了尊道和贵德，所谈的修身和治国就容易与儒家的"修身、齐家、治国、平天下"相混淆（可参阅新编本二十六章之"述评"），就不是道家所讲的修身和治国了。

本章的核心内容是"尊道贵德"，胡孚琛从道家伦理学的角度对此作了较好的阐述，现摘要抄录于后，以供参考。他说：

> 尊道贵德是道家伦理学的落脚点，"德"就是"得道"，是道在人类社会万事万物中的体现。由此可知，尊道贵德就是要将道的"生化原理"和德的"中和原理"在人类社会生活中展开，使之成为人生的和社会的价值标准。……整个自然界包括人类社会都在生生化化自强不息地发展着。道化生出先天一气和世界万物，这就是生化原理的作用。先天一气就是宇宙中无所不在的原始自然力，是万事万物生化发展的驱动力，是生命的源泉，是歌德曾经猜测到的"创造力"，它来源于道，是道无所不在、无时不有的发挥作用的特性（道性）。道学中的道性也即是德，德的特征表现为"中和原理"。……"中和原理"是协调各类关系和处理矛盾的原理。中和态是宇宙间的自然稳定态，无论宏观和微观的自然界或人类社会的所有运动都有趋向中和态的倾向。……道家伦理学认为，凡尊道而贵德、符合发展规律、顺应历史潮流的行为，都是善的、美的、真的，有人生价值的。反之，那些违道背德、违反发展规律、逆历史潮流而动的行为，就是恶的、丑的、假的，应该被人唾弃的。道是人类社会伦理价值观念的最高支点，道德社会是人类社会秩序的最高理想。……以上为新道学判定人类社会一切思想和行为的价值标准，尊道贵德是道家伦理学的核心。
>
> 道之尊和德之贵，并非靠行政命令的干涉和世俗权力的束缚，而是人自身修道养德逐步觉悟与自然节律同步造成的，这是人的自然本性的复归。……道的本质是大公大善、大诚大信的，人人都含有道性，因之人的自然本性都是善的，每个人都有与生俱来的先天的良知，只是这种道性和良知被后天的物欲蒙蔽了。由此观点出发，新道学以反异化为特色，倡导一种纯朴的社会，主张通过人体和心灵的修炼工程开发出人的良知，使人的真性显露，从明心见性进入道的境界。这样，道学的伦理在世俗社会里就展开为公正、纯真、诚信、俭朴、寡欲、重生、慈爱、

善良、宽容、忍让、谦柔等行为标准。①

二、在《道德经》中，"玄德"的概念凡四见，首见于通行本第十章，次见于本章。此外，六十五章又出现二次，但其涵义似与前二次有别。从它在本章的涵义（"长之育之，亭之毒之，养之覆之。生而不有，为而不恃，长而不宰"）看，与第十章的"玄德"的涵义基本相同。王弼对本章的"玄德"释之曰："有德而不知其主也。出乎幽冥，是以为之玄德也。"他对第十章的"玄德"释之曰："不塞其原，则物自生，何功之有？不禁其性，则物自济，何为之恃？物自长足，不吾宰成，有德无主，非玄而何？凡言玄德，皆有德而不知其主，出乎幽冥。"可见，王弼对第十章"玄德"的注释比较详细，也许因为有了此注，所以对内容基本相同的本章"玄德"的注释就比较简略了。

刘坤生对第十章"玄德"之王弼注作了诠释。他说："'不塞其源'（引者按：王弼注为'原'），是说万物在道之'无为'的笼罩下，生命的源头因而得以畅通；同理，'不禁其性'是说万物自然之本性得以保持，呈现生命的自由。生命的源头畅通，万物因此可以繁衍昌盛；本性的纯朴自由，万物因而得以保持盎然的生机。这可以说是老子'无为'的最大价值，由王弼的阐述得以显发。王弼说：'物有常性，而造为之，故必败也。'（二十二章注）造，就是造作，主宰和把持的结果必然就是虚伪和造作，也就是纯朴本性的丧失。"② 刘坤生的诠释很好，使王弼注的涵义得以显发，有利于我们加深对"玄德"这一重要范畴的理解；惟刘坤生将"不塞其原"释为"万物在道之'无为'的笼罩下，生命的源头因而得以畅通"中的"笼罩"一词的运用似值得商榷。

万物生命的源头之所以得以畅通，与道的作用是密切相关的。如前所述，余认为老子作为哲学范畴的"道"，是既超越又内在于天地万物及社会人生的形而上的存在本体和价值本体，它的实质是矛盾法则或对立统一规律。根据对"道"的这一诠释，在笔者看来，老子说的万物为道所生的"生"字，包括刘坤生说的"万物在道之'无为'的笼罩下，生命的源头因而得以畅通"，当皆是在道为万物提供形而上的最根本的依据或"存在本体"的意义上讲的，而不是鸡生蛋或狗生小狗意义上的"生"，否则就是不可思

①　胡孚琛：《道学通论》，社会科学文献出版社 2009 年版，第 108—109 页。
②　刘坤生：《老子解读》，上海古籍出版社 2004 年版，第 50 页。

议的。那么，"道为万物提供形而上的最根本的依据或'存在本体'"是什么意思呢？这是说，万物（每一个物）之所以产生、存在、发展、消亡（从而转化为他物），最深刻的原因或最根本的依据是道；没有道，就没有万物，就没有世界，就没有宇宙，甚至连一个物质分子、原子都没有；"道"何以有那么大的神通呢？这是因为道的实质是矛盾法则或对立统一规律，由于作为道的矛盾法则或对立统一规律内在于一切事物之中，贯穿于一切事物发展过程的始终，并决定着此一事物向彼一事物的转化。我们说，没有道就没有万物，是在"没有矛盾就没有世界"（毛泽东语）的意义上讲的。当然，"没有矛盾就没有世界"不是说先有矛盾，后有世界，因为矛盾是事物中的矛盾或事物之间的矛盾，脱离客观事物及其关系的矛盾，只能是观念形态的矛盾；同理，"没有道就没有万物"也不是说先有道，后有万物，因为道是内在于万物之中的，完全脱离客观事物及其关系的道，只能是观念形态的道。作为老子哲学范畴的"道"，当然是观念形态的道，是形而上的东西，它是老子对天地万物共同本质的抽象、概括和提升。"道"之所以能够担负天地万物借以产生、存在、发展和消亡的最根本的依据的角色，不是因为它是一个哲学范畴，而是因为此一哲学范畴所反映的客观内容（即内在于天地万物中的矛盾法则和普遍规律；当然，作为社会人生的价值本体，道所包含的内容更为丰富）。在这种意义上，作为哲学范畴的道，又是客观真理。笔者的这一观点曾在某些有关章节中从不同的角度加以阐述过。

鉴于以上分析，笔者认为"笼罩"一词应为"作用"所取代，如此，这句话就变为："万物在道之'无为'的作用下，生命的源头因而得以畅通。"那么，"道之'无为'的作用"指的是什么呢？指的是：道虽然为万物的生存（含万物生命之源头的畅通）等等提供了最根本的依据，但这种依据的提供是因任万物的自然本性及发展趋势而自然而然地进行的，不见其对万物的任何干预、控制和主宰，当然也不占有，所以老子说，道对万物是"生而不有，为而不恃，长而不宰"的。

刘坤生之所以用"笼罩"一词，可能与他对道之"无为"（引者按：道的无为与人的无为的涵义不尽相同，因为作为认识主体和实践主体的人具有自觉的能动性，而道则没有这种能动性）的不当诠释有关。刘坤生对本章上段文义的"疏"中说："老子虽说万物之形成，是道生、德畜、物形、势成，实际上恰恰体现了大道无为自然之品格。何以见得呢？**老子道乃本质虚无**（按：黑体为引者所标），他说'天下万物生于有，有生于无'；而'弱者道之用'，其作用弱到什么程度呢？弱到'绵绵若存'，似乎已不复存在，所以道生万物，实质上是万物自我实现，大道之'生'实质上也就是一种'不生之生'。"① 原来，在刘坤生看来，老子所说的道在本质上是"虚无"的，这就难怪他把道为万物生命之源头的畅通所发挥的作用仅仅看作"道之'无为'的笼罩"了。其实，既然道在本质上是"虚无"的，那么对于万物的产生、存在、发展来说，"道之'无为'""笼罩"不"笼罩"一个样，又何必多此一举呢？

刘坤生用以佐证"老子道乃本质虚无"的，是老子的三段语录。现在就这几段语录试作简要分析，看看能否作出"老子道乃本质虚无"的结论。

1. 关于"天下万物生于有，有生于无"（四十章）。刘坤生在此章的"疏"中指出："'天下万物生于有，有生于无'，其中'有''无'，即首章之'常有''常无'（引者按：这种看法是错误的，因为后者是"道"的同质而异名，而前者的"无"和"有"不属于同一层次）。老子探索万物之本源，于是用一'有'字来概括（相当于哲学上之'存在'），他考察万物之结果，认为'有'并非是真正的本源，须返回到'有'之对立面——'无'——才是万物真正的根源。"② 从中可以看出刘坤生是在宇宙生成论的意义上来诠释"天下万物生于有，有生于无"之涵义的。其实，不仅刘先生这样做，而且笔者所见的《老子》古今注本和研究性论著几乎皆是从宇宙生成论的意义上来解读"天下万物生于有，有生于无"的，从而亦把这里的"生"字释为"产生"。

余以为，"天下万物生于有，有生于无"不是在宇宙生成论的意义上讲的，而是在本体论或本根论的意义上讲的。这是因为：

从逻辑上说，只能是从无到有，从少到多；若没有"无"，便没有"有"和"万有"。但在现实中，并不存在一个脱离了具体事物的纯粹的"有"，有的只能是具体的事物或万物，"有"不过是对某物、某些物或万物之存在的抽象。而且在历史上，既没有一个纯粹的"无"的时期，也不存在一个抽象的"有"的时期。况且，天地万物也不可能从抽象的"有"中产生出来，同样，"有"也不可能从"无"中产生出来（否则就果真是"无中生有"了）。总之，"天下万物生于有，有生于无"这一判断性命题与历史和现实都没有关系，它只能是、也只是用以说明"有"是"天下万物"藉以存在的形而上的根本依据，"无"是"有"藉以存在的根本依据（即若没有"无"，便没有

① 刘坤生：《老子解读》，上海古籍出版社 2004 年版，第 252 页。
② 同上书，第 207 页。

"有")。因此，老子此文只有从本体论上加以诠释才能讲得通，否则就是不可理解的。显然，这样一来，"无"所代称的"道"就绝不能在"本质虚无"的意义上加以诠释了。

2. 关于"弱者道之用"。刘坤生在"疏"中说，言"弱者道之用"，"乃是指'道'在万物身上所体现出来的作用。《庄子·天下》篇述老耽之道曰：'以濡弱谦下为表，以空虚不毁万物为实。'万物之不毁，亦万物之善成，可自由生长，只是道之濡弱谦下作用的结果。"（同上）应当说，刘坤生的这一诠释是比较准确的。但令人不解的是，这种涵义上的"弱者道之用"，怎能用之于佐证"老子道乃本质虚无"的观点呢？按理说，道对万物的作用虽然"弱"，虽然"濡弱谦下"，但它毕竟是实实在在的，怎么能把这种作用"弱"到"虚无"的程度呢？

3. 关于"绵绵若存"。语出第六章，其全文是："谷神不死，是谓玄牝。玄牝之门，是谓天地根。绵绵若存，用之不勤。"从全文看，"绵绵若存"显然是讲道的存在特征的，是说"道""绵绵若存"，不是讲道的作用"绵绵若存"。老子说"道"虽然"绵绵若存"，但它却是"用之不勤"的，即它对天地万物的作用是无穷无尽的。但是，刘坤生在第五十一章的"疏"中对"绵绵若存"却作出了这样的诠释："老子道乃本质虚无，……而'弱者道之用'，其作用弱到什么程度呢？弱到'绵绵若存'，似乎已不复存在。"[1] 如此诠释"绵绵若存"，显然是与它的本义相悖的。

值得注意的是，刘坤生在第六章的"论"中指出："读老子须撑开思路，在老子看来，天地也是有限，**唯有道才是真正的虚无**，唯此虚无，它才有无限之功能。"[2] 由此可见，刘氏关于"老子道乃本质虚无"的观点不是偶然而发，而是既有论证又是一再申明的。

在《老子》的近现代注本和研究性论著中，对老子道的内涵似乎没有像刘坤生这样诠释的（虽然古棣将"道"释为"黑格尔的'绝对精神'之类"，但与"本质虚无"或"真正的虚无"毕竟有别）。在《老子》的古代注本中，笔者仅见魏晋玄学家何晏和郭象如此。何晏说："夫道者，惟无所有也。自天地以来皆有所有矣。然犹谓之道者，以其能复用无所有也。"（《无名论》）郭象说，道"无所不在，而所在皆无也"，又说"吾以至道为先之矣，而至道乃至无也。"（《庄子注》）

---

① 刘坤生：《老子解读》，上海古籍出版社 2004 年版，第 252 页。
② 同上，第 28 页。

但是，如果像刘坤生这样把老子所说的"道"释为"本质虚无"或"真正的虚无"，或者像何晏、郭象那样释之以"无所有"、"至无"等，那么不仅老子的道及道论成为"虚无"的，而且建立在此基础上的人生论、修身论、治国论等就亦是"虚无"的了。这样一来，老子的整个思想体系（不仅哲学）岂不也成为"虚无"的了吗？老子的整个理论大厦岂不就此轰然倒塌？这也许是把"道"的实质释为"虚无"或"无所有"的最大危险性。

二十四章

　　上善若水①。水善利万物而不争②，处众人之所恶，故几于道③。

　　居善地，心善渊，与善仁④，言善信，政善治⑤，事善能⑥，动善时。夫唯不争，故无尤⑦。

（通行本第八章）

注　释

　　①上善若水：上善，最高的德行，犹如三十八章说的"上德"。下文之"居善地，心善渊"等等都是"上善"即上德的具体表现。"上善"的最集中、最本质的表现是"善利万物而不争"。

　　②水善利万物而不争：王弼本如是。帛书甲本不争作"有静"，即默默无声。帛书乙本不争作"有争"。争、静同音，可能也是"有静"。这里的"不争"指不争名利地位。

　　③故几于道：几，近也。为什么说水"几于道"呢？老子说："天之道，利而不害；圣人之道，为而不争。"（八十一章）而水是"善利万物而不争"的，是"处众人之所恶"（甘愿处于卑下的地方）的，所以与道的特性最接近。

　　④与善仁：王弼本如是。傅奕本作"与善人"，帛书乙本作"予善天"，甲本为"予善信"（缺"言善信"）。儒家最讲"仁"，"仁者爱人"（《论语·颜渊》："樊迟问仁。子曰：'爱人。'"），其涵义主要是仁爱。孔子曰："己欲立而立人，己欲达而达人。"（《论语·雍也》）又说："己所不欲，勿施于人。"（《论语》·颜渊）《礼记》："老吾老以及人之老，幼吾幼以及人之幼。"

这些论述表明"仁者"具有很高的精神境界。道家不讲或很少提到"仁"，主要是鉴于"仁"当时已被异化，淳朴的大"道"所体现的自然无为原则遭到破坏，以及道家认为"至仁无亲"（《庄子·庚桑楚》。解说详见本书四章【辨析】一)、"大仁不仁"（《庄子·齐物论》。庄子虽然在老子之后，但他的上述言论却不违老子的思想)，但道家并不反对儒家"仁"的内涵。这里的"与善仁"当是在不否认儒家"仁"的基本内涵上讲到"仁"的。句谓：施予像水那样善于济众博爱。

对于"与善仁"帛书乙本作"予善天"，高明说："经文所谓'予善天'，犹言水施惠万物而功遂身退天。且经文多韵读，'心善渊，予善天，言善信'，'渊'、'天'、'信'皆真字部，谐韵。今本作'与善仁'者，'仁'乃'天'字之误，或为后人所改。"[1] 高明的分析可备一说。

（5）政善治：景龙碑、傅奕本、范应元本、苏辙本等如是。王弼本、帛书甲乙本"政"皆作"正"。张松如说："古书'政'、'正'本多通用。《汉书·陆贾传》：'夫秦失其正'，此'正'即'政'之假字，此例甚多。五十八章'其政闷闷，其民淳淳；其政察察，其民缺缺。'帛书'政'均作'正'"。[2]

（6）事善能：是说处事善于发挥耐力。对"事善能"，古今注家皆释为：做事善于发挥能力。孙永长说："此'能'字当读为'耐'。谓处事善于忍耐也。"并说，只有作此解，方能与老子的无为思想相吻合。孙永长还举证说，《诗·魏风·芃兰》："能不我知。"马瑞辰《毛诗传笺通释》："能字古读若耐。"《荀子·劝学》："假舟楫者非能水也"，余樾《平议》："能，当读为耐。"他还说，以韵律求之，此章"治"、"能"（读为耐）、"时"、"尤"皆入之字部。若读"能"为才能之能，则为蒸字部，于韵不谐。[3] 孙永长之说有理，故从之。但他将"事善能"释为："处事善于忍耐"，则不甚确切，因为老子似乎并不赞同"处事善于忍耐"，这从前面的六个"善"和其后的"动善时"中都看不出有类似涵义，相反，老子是强调"柔弱胜刚强"的，而不是"忍耐"坐等，因而似不如释为："处事善于发挥耐力"，用鲁迅的话说，就是要善于作"韧的战斗"。

---

① 　高明：《帛书老子校注》，中华书局 1996 年版，第 257 页。

② 　张松如：《老子校读》，吉林人民出版社 1981 年版，第 49 页。

③ 　孙永长：《〈老子〉'事善能'辨误》，《学术研究》（广东）2008 年第 6 期，第 17页。

对"居善地，心善渊，与善仁，言善信，政善治，事善能，动善时"，薛蕙注曰："此言上善若水也。行己不争，避高处下，'善地'也；藏心微妙，深不可测，'善渊'也；其施兼爱而无私，'善仁'也；其言有征而不爽，'善信'也；治国则清静自正，'善治'也；遇事则因应无方，'善能'也；进退存亡合于天道，'善时'也。"①

(7) 夫唯不争，故无尤：尤，怨咎。马叙伦说："'尤'为'訧'省。《说文》：'訧，罪也。'"句谓：正因为具有不争的特性，所以没有过失，不积怨咎。

刘笑敢先生对"上善若水，水善利万物而不争"与"夫唯不争，故无尤"之关系的深刻涵义作了精辟的阐释。他说：

> 必须注意，仅仅"善利万物"是并不能保证"无尤"的。如果"利万物"后一定要求得到自己所期望的回馈或报答，往往酝酿着冲突和不幸。"善利万物"难道不应该得到承认或报偿吗？按照一般的道德原则和行为标准，当然是应该的。然而老子哲学之超越之处就在这里，他要求"不争"，即不要求别人的认可、表扬或回报。同党相争、兄弟阋墙、亲朋反目往往不是在共同奋斗的时候，而恰恰是在大功告成或胜利在望的时候，是在人人希望和争取得到自己的"一份"的时候。许多情况下，每个人希望得到的往往高于别人愿意给予的，因此就有失望、有抱怨、有愤恨、有不平、有抗争，而且斗争总是在追求公平与正义等美好的旗号下进行的。这种争斗必然会破坏人类社会的自然的和谐与秩序，而自然的和谐正是老子哲学的中心价值，所以老子非常反对"争"而提倡"不争"。可见，"不争"的确是"无尤"的重要前提。
>
> 然而，"不争"只是老子思想的一个侧面，而不是全面。一般论者只强调本章讲"不争"、"处众人之所恶"的一面，似乎只是消极被动的态度，而忽略了老子所讲的"居善地，心善渊，与善仁，言善信，政善治，事善能，动善时"这一系列善于处理实际事务的积极性的方面。至于提倡如水一样"善利万物"，就更是高尚的理想和原则，绝不消极。忽略了老子哲学的积极的这一面，其价值和现实意义当然会受到漠视和歪曲。②

① 《四部要籍注疏丛刊·老子》，中华书局 1998 年版，第 1189 页。
② 刘笑敢：《老子古今》，中国社会出版社 2006 年版，第 150—151 页。

在新编本中,"不争"是第二次出现(第一次出现是本章的"水善利万物而不争"中的"不争")。据统计,在《老子》一书中,"不争"凡8见,分别在通行本第三、八(2见)、二十二、六十六、六十八、七十三、八十一章之中。详察以上各章旨意和"不争"所在的句子及其临句的涵义,老子所说的"不争",除第三章讲的防止和反对世俗贤人争名位和七十三章讲的"天之道不争"之外,皆是指在名利地位面前,要谦下,要发扬高风格,不与人争名,不与民争利,相反还应当将自己的一切无私奉献给他人特别是人民。有些地方看起来似乎是从策略意义上讲"不争"的,但实际上讲的是非凡而高尚的生活态度或处世原则,是一种极好的德行("上善"、"上德"、"玄德"),因而具有价值观方面的意义。有些学者望文生义,批判老子的"不争"就是主张不斗争,但是,查遍《老子》中的"不争",皆不是指的不与自然界斗,不与阶级敌人斗,不与民族敌人斗,不与邪恶势力斗,不与腐朽思想斗等等,因而这种批判是无的放矢的。

译　文

最高的德如同水性。
水善于滋润万物而不争名,
处于众人所厌恶的下位,
所以最接近于道性。
处世像水那样善于甘居人下,不争名位;
'为道'之心善于像潭水那样玄渊深沉;
施予像水那样善于济众博爱;
说话像潮汐那样善于准时守信;
为政像水那样善于安定清明;
处事像水那样因任万物,善于发挥耐力;
行动像河水那样善于应季消涨,时变是守。
正因为"上善"具有不争的美德啊,
所以没有过失,不积怨咎。

本章的主旨是什么？苏辙认为此章是讲道的，也是讲水之善的。他说：

　　一阴一阳之谓道，继之者善也。天一生水，道运而为善，犹气运而为水也。二者皆自"无"而之"有"，去道未远，故可名之"善"，未有上于此者焉。

　　道无所不在，水无所不利：避高趣下，未尝有所逆，善地也；空处湛静，深不可测，善渊也；挹而不竭，施而不求报，善仁也；圆必旋，方必折，塞必止，决必流，善信也；洗涤群秽，平准高下，善治也；以载则浮，以鉴则清，以攻则坚，强莫能敌，善能也；不舍昼夜，盈科后进，善时也。夫有不善而未免人非者，以其争也；水惟兼此七善而不争，故无尤矣。①

　　现代大多数注家认为本章是讲"上善之人"的品德的。蒋锡昌说："上善，谓上善之人，即圣人也。"又说，这是一首《水之歌》，歌颂的则是理想中的"圣人"。张松如说："下面七句（按：指'居善地'之后的七句），都是水德的写状，又是实指上善之人，亦即通过水的形象来表现'圣人'乃是道的体现者。"高亨说："这一章是老子的人生论。综合起来，老子举出上等善人的九个优点：（一）能利万物；（二）大公无私；（三）甘处卑下；（四）不与人争；（五）心胸深远；（六）言而有信；（七）应时而动；（八）执政则善于治国；（九）有办事才能。"陈鼓应将"上善若水"译为："上善的人好像水一样。"他在"引述"中说："本章用水性比喻上德者的人格。"与此不同的是，从李先耕的译文（"至善之人如同水。水滋润万物带来利益而不争利，居处在众人厌恶的卑下之地。所以它接近于道。它居处善于卑下……"）来看，他似乎认为本章主要是讲水的特性的，如果认为是写"至善之人"的品德的，为什么用"它"作为代词呢？总之，笔者所见《老子》注译本或研究性论著皆认为本章是歌颂水德或歌颂上善之人的，或通过歌颂水德从而歌颂上善之人的。

　　以上注家们的分析和论述并没有错，但笔者认为本章主要是进一步阐释

① 《四部要籍注疏丛刊·老子》，中华书局1998年版，第1430页。

"上善"或"上德"（三十八章）以及"玄德"（五十一章）的具体表现和特点的，"上善之人"或"上德之人"不过是"上德"、"玄德"的人格化，归根结底是道的人格化，所以笔者将其归于"德论篇"。首先，本章在实际上不是写水的，因为首句"上善若水"，不是"上善是水"，下面的七句话中的"心"、"言"、"政""事"等，也不是水所具有的，然而老子又是以水为喻体说明"上善"的各种表现的，所以笔者在译文中有"像水那样"的表述，如将"居善地，心善渊"译为："处世像水那样善于甘居人下，不争名位；'为道'之心善于像潭水那样玄渊深沉。"（后句取自十五章"古之善为道者，微妙玄通，深不可识。"）其次，如果是写"上善之人"或"圣人"的品德的，面似乎又显得窄了些，而且从其所述的内容看，它集中体现了上德的"无为而无以为"和"玄德"的"生而不有，为而不恃，长而不宰"（五十一章）的特性。

上德和玄德的这些特性皆是源于道的，因为"孔德之容，为道是从"（二十一章）；"何以得德？由乎道也。何以尽德？以无为用。"（王弼本三十八章注）我们知道，自然，无为，守柔，守雌，居下，处后等，都是道之品格的表现；而体"道"的圣人总是"为无为"（六十三章）和"为而不争"（八十一章）的。本章都是表现以"无为"的方式去"为"，所以皆有一个"善"字；都是依据"上德"和"玄德"的优秀品格去"为"的，所以表现出"地"（《荀子·礼论》："地者，下之极也。"）、"渊"（修道之深）、"仁"（济众博爱）、"信"（诚信无欺）、"治"（五十七章："以正治国"）、"能"（六十四章："能辅万物之自然而弗能为也。"简本）、"时"（应物变化，时变是守）等。如前所述，这些对上德和玄德之人格化品格的揭示和描述，其目的当是对上德和玄德特征的进一步阐释。

此外，在对本章章句的训诂中，日本学者石田羊一郎和马叙伦都认为"夫唯不争，故无尤"应在"水善利万物而不争"句下。古棣深表赞同，认为此说是"合乎逻辑的，正确的。"他说："'夫唯不争，故无尤矣'在章末，同上文在内容上和文理上都不相连属，而移于'不争'句下则若何符节。'不争'为'上善'，在说明其为'上善'时，说到'夫唯不争，故无尤'是应有之义，是合乎逻辑的"[1] 为此他不仅作了论证，而且还以此作为校定文。余以为这样做是很不严肃的。一是没有任何古本作依据，而古本的校勘恐怕都是很严格的；二是在义理上也不见得就那么"若何符节"，因为"居

---

[1] 古棣：《老子校诂》，吉林人民出版社 1998 年版，第 191—192 页。

善地"等七句话也体现了"不争"的精神和要求。什么是"善"？什么是"不善"？从老子的相关论述看，似乎他认为凡是"法自然"、"无为"和"不争"的，就是"善"的；而凡是违反"法自然"的原则而"有为"（在《老子》中，"有为"只一见，在七十五章中，是贬义），就是"不善"的。既然前面有了七个"善"，那么以"夫唯不争，故无尤"作为本章的结语，似乎并非就不"若何符节"。而如果将这句话拿到前面去，因为对"不争"尚未作充分的论证，就作这种结论，反而觉得简单了。况且，即使这样改是合理的，但其根据也纯属"理校"，即通过逻辑推理作校勘，没有任何古代典籍作旁证，因而不宜于这样做，否则，长此以往，就不知经文的真面貌了。

述　评

"上善若水"是本章的首句，亦是本章的"文眼"。水是决定人类能否生存和发展的最重要的因素；水具有的许多优秀品格，足以成为人们的楷模，值得我们学习和效仿。其一，水是人类及一切生物的生命线。人们可以几天不吃饭，但不能几天不喝水，否则就会一命呜呼。据天文观测和对月球、火星等的考察，发现除地球外，太阳系的其他星球皆无生命现象，就是因为没有水（至少没有发现液态的水）。其二，水是人类最重要的食物——植物和动物借以生长、繁衍的最必要的条件。在这种意义上说，没有水，人就无以生存。其三，水是人类及一切生物保持食物、身体和一切物品清洁的最重要、最必要的东西。其四，水是人类社会生产力和社会生活的最必要的因素之一。比如："水利是农业的命脉"，没有水，就没有农业；没有水，就没有最廉价的水力和电力，在很大程度上制约了工业和第三产业的发展；没有水，就没有最廉价的海运与河运，从而严重制约了交通运输业的发展。其五，水可以美化自然环境。没有水，就没有新鲜的空气和枝繁叶茂的花草树木，就不会有生机盎然的自然环境。有江河湖海的城市和乡村，显得格外美丽，亦说明了这一点。其六，水柔美、秀气，蕴含某种灵气。孔子曰："知者乐水，仁者乐山。"（《论语·雍也》）我国南方水乡特别是风光优美的苏州、杭州一带的青年男女格外灵巧、秀气，可为佐证.。如此等等，不一而足。虽然如此，但是，水从不与人争名位，以不与民争利益，因此老子说"水善利万物而不争"，水的美德"几近于道。"而道是怎样的呢？老子说，道对万物"生而不有，为而不恃，长而不宰，是谓'玄德'。"（五十一章）

显然，水亦具有这种"玄德"的特性。道和水的这种"玄德"的特性，难道不值得我们学习和效法吗？

联系现实生活中人们的有些作为，真正全心全意为了党、国家和人民的利益而"争"的品格还需大力提倡，而且真正为了党、国家和人民的利益而争，那是鞠躬尽瘁，无私奉献，这种行为也可以不叫作"争"，而且老子就称之为"不争"。实际上有些人的"争"，并非为人民的利益而"争"，而是与他人争名位，与人民争利益，争名位亦有其利益在。社会上有这样一种说法："六十岁，官大官小一个样（意为都是退休的老头老太太）；七十岁，钱多钱少一个样（意为老人过世了，子女安排好了，自己的退休金反正也花不了）；八十岁，房大房小一个样（意为大多数时间住在医院里）；九十岁，起来倒下一个样（意为已濒临死亡，神志不清）。"就是说，有些国家公务员在位时，无非是争名位，争待遇，争房子，但到头来与不争的人也差不多，想当初何必费尽心机甚至不择手段地去争这些"身外之物"呢？这除了说明思想境界不高之外，就是因为没有真正把人生的谜底"参透"。

前面讲了水的许多美德，也许有人会说："君不见洪水猛兽乎？"是说水对人类也有巨大危害性。余以为这不能抱怨水，因为"水往低处流"是人们的常识，洪水之所以可以给人类造成危害，主要是人类不能因任洪水的特性而妥善地予以引导和治理。君不闻大禹治水之事迹乎？《庄子·天下篇》引述了墨子描述大禹身先士卒，带领人民开河挖渠，使到处泛滥的滚滚洪水得以疏通，并变害为益，用以灌溉农田的史迹："昔禹之湮洪水，决江河而通四夷九州岛也，名川三百，支川三千，小者无数。禹亲自操橐耜而九杂天下之川，腓无胈，胫无毛，沐甚雨，擳疾风……"。君不见水力发电者乎？将洪水的巨大能量变为给人类带来巨大利益的电力。所以不能由此而"怨水尤人"。不过，似乎也有例外。《离骚》："怨灵修之浩荡兮，终不察夫民心。"屈原以水之浩荡无涯，以喻楚怀王其心放纵，如水之泛滥，靡所底止。显然，作为伟大的爱国诗人，屈原这里不是怨水，而是表达了对昏庸而放纵的楚怀王的怨恨。同是文学作品的《岳阳楼记》，同是面对"朝晖夕阴"、烟波浩淼的云梦泽（洞庭湖），作为卓越的政治家，范仲淹却发出了"不以物喜，不以己悲。居庙堂之高，则忧其民；处江湖之远，则忧其君"的感慨，表达了"先天下之忧而忧，后天下之乐而乐"的伟大情怀。可见，他们都没有"怨水尤人"。

老子指出："天下莫柔弱于水，而攻坚强者莫之能胜"。（七十八章）又说："天下之至柔，驰骋天下之至坚"。（四十三章）这就是"柔弱胜刚强"

的道理之所在。柔弱至极的水在一定条件下就会成为所向披靡、摧枯拉朽、不可战胜的巨大力量。我们从中应当领悟到：在我们尚柔弱之时，不可畏缩不前，要利用一切可以利用的条件，并积极创造条件，使自己由弱变强；而对柔弱的对方决不可麻木不仁，无动于衷，而应做到：对正面的要想方设法加以辅助，使其亦由弱变强，也就是孔子说的"己欲立而立人，己欲达而达人"（《论语·雍也》）；对反面的则"为之于未有，治之于未乱"（六十四章），千方百计地加以遏制，使其无法变强。

二十五章

知其雄，守其雌，为天下溪①。为天下溪，常德不离，复归于婴儿。

知其白，守其黑，为天下式。为天下式，常德不忒，复归于无极②。

知其荣，守其辱，为天下谷。为天下谷③，常德乃足，复归于朴。

朴散则为器。圣人用之，则为官长，故大制不割④。

（通行本第二十八章）

注　释

①知其雄，守其雌，为天下溪。为天下溪，常德不离，复归于婴儿：溪，帛书甲本、河上公本、傅奕本等古本如是；王弼本"溪"作"谿"，谿同溪。校定文从帛书甲本。此文是说：深知自己雄强，却持守雌柔的态势，如同天下的溪流。如同天下的溪流，就不会与常德分手，就可复归于婴儿般的纯真自然、"含德之厚"①。

"知其雄，守其雌"是老子提出的一个非常重要而独特的原则。"守雌"亦即"守柔"。对于"守柔"，陈鼓应、白奚先生诠释说："'守柔'的方法含藏着深刻的哲理和超人的智慧。以'知雄守雌'为例，在雌雄的对待中，只有对'雄'的一面有了深入透彻的了解，才能准确地选择处于'雌'的一方。因而'守雌'是对事物的深层结构的准确把握，是对事物的全面了解和

---

①　此处借用五十五章的"含德之厚，比于赤子。"

掌握，甚至可以说是对事物发展进程的主宰。'守雌'的前提和要害是'知雄'，……'守柔'的方法也是对'物极必反'法则的深入把握和合理运用。既然是'物极必反'，那么人们就不能眼睁睁地看着事情发展到极端而走向反面，就应该采取措施，争取主动，尽力使事物保持在柔弱的地位，推迟乃至防止事物向不利的方面转化。'守柔'的方法在这方面的运用，可以化为三种具体的方法：一曰'柔弱'，二曰'不盈'，三曰用'反'。"①

对于"知其雄，守其雌"的原则，刘笑敢先生说："'知其雄，守其雌'的重点当然是'守其雌'，但正确理解的要害则在于'知其雄'。'知其雄'点明老子的说话对象是'雄'者，而不是'雌'者。'知其雄'不仅仅是认识到'雄'之特点和优势，而且是实际具有'雄'之优势的状况，是对自己的实力之强大、自信之饱满的充分了解和掌握。然而，正是这样的'雄者'，应该'守其雌'。老子并不是针对雌者或弱者提倡雌柔之道的。'其雄'是实然已有之优势，'其雌'则是应当采取的姿态、方法、原则，而不是自身的'雌'性特点或弱点。'守其雌'就是要以濡弱谦下的姿态面对世界，处理社会政治问题。显然，这里的'知其雄'是让步，相当于'即使'、'尽管'引领的条件，'守其雌'才是主句，是重点。这里的'雌'、'雄'并不是一个事物的并列或等价的两个方面。"他又说："老子的雌柔原则不是为弱者而设计的权宜策略，而是普遍的、特别值得大国、强者，即'雄'者重视的根本性价值、方法和原则"；在第四十五章的【析评引论】中，他把这种方法或原则概括为"以反彰正"。他说："这里的知雄，守雌；知白，守黑；知荣，守辱，都是虽具备常人所期待之价值，却要守住它的反面，也就是要以它的反面的姿态出现，以常人所不喜欢的特点来鞭策自己。这当然不是要人虚伪，而是要防止志得意满，沾沾自喜，更要防止得意忘形。这虽然有自我保护的目的和效果，但却不止于此，因为这种常德更可以提高一个人的精神境界，道德修养，从而维护和谐的人际关系，进而可以建立和谐的社会秩序。"②

对"复归于婴儿"，张松如、邵汉明先生阐释说："老子并不是要人都真的'复归于婴儿'，而是要求人的内心世界都像婴儿那样天真无邪，那样纯洁无瑕；要求人们摆脱世俗观念的束缚，保持一颗赤子之心。在两千多年以前，老子就在讲人性的复归了。当然，老子的所谓'复归'，不是在发生了

---

① 陈鼓应、白奚：《老子评传》，南京大—学出版社 2001 年版，第 186—187 页。
② 刘笑敢：《老子古今》，中国社会科学出版社 2006 年版，第 317—318，463 页。

质的飞跃的条件下的更高程度上的螺旋型的'复归'，即达到充分、全面发展的完美的人性。他所说的'复归于婴儿'，也就是'复归于朴'，主要指的是清除宗法观念对人的内心的污染而去伪存真。"①

②知其白，守其黑，为天下式。为天下式，常德不忒，复归于无极：王弼本如是；帛书甲乙本基本如是，惟"常"作"恒"，重复"恒德不忒"，甲本夺"白"字。有学者认为《老子》祖本当为"恒德"，不作"常德"，后因避汉文帝刘恒讳，改"恒"为"常"。这种说法也未必确当，因为傅奕本主要是据项羽妾墓出土的《老子》抄本校订的，而凡帛书作"恒"者皆作"常"，与王弼本同，可见避汉文帝刘恒讳之说不一定能成立。据此，仍从王弼本作"常德"。

对此段文字，易顺鼎说："按：此章有后人窜入之语，非尽《老子》原文。《庄子·天下篇》引老聃曰：'知其雄，守其雌，为天下溪。知其白，守其辱，为天下谷。'此《老子》原文也。盖本以'雌'对'雄'，以'辱'对'白'。'辱'有黑义，《仪礼》注：'以白造缁曰辱。'此古义之可证者。后人不知'辱'与'白'对，以为必'黑'始可对'白'，必'荣'始可对'辱'；如是，加'守其黑'一句于'知其白'之下，加'知其荣'一句于'守其辱'之上，又加'为天下式。为天下式，常德不忒，复归于无极'四句，以和'黑'韵，而窜改之迹显然矣。以'辱'对'白'，此自周至汉古义，而彼竟不知，其显然者，一也。'为天下溪'，'为天下谷'，'溪'、'谷'同义，皆水所归。'为天下式'，则与'溪'、'谷'不伦，凑合成韵，其显然者，二也。王弼已为'式'字等句作注，则窜改即在魏晋之初，幸赖《庄子》所引，可以考见原文，函当订正，以存真面。"②

马叙伦、高亨、张松如、陈鼓应、古棣等从其说。

据易顺鼎的判断，"窜改即在魏晋之初"，但帛书的出土，证明王弼本的文句至晚当在战国或秦汉之际。帛书是否亦是被"窜改"了呢？易顺鼎将《庄子·天下篇》引老聃所言作为判断是非的标准和根据。对此，刘坤生说："《庄子·天下》篇介绍各家学派，并非照抄原话，而是庄子（按：似当为'《庄子·天下篇》的作者'，因为该篇非庄子所作在学术界几成定论）对各家学派理解熔铸后，用简约的方式，概而言之。如果仅凭《天下》篇中庄子

①　张松如、邵汉明：《道家哲学智慧》，吉林人民出版社1997年版，第296—297页。

②　易顺鼎：《读老札记》。

关于老子思想表述的一句话，就断此段为衍文，似亦过于草率；况且帛书本尚存此段。再看《老子》本章文字前后句式严整，如出一辙。笔者以为，在没有更有力的证据出现之前，当仍依王弼本比较稳妥。"①刘坤生的辨词是有说服力的，确实不应惟《庄子·天下篇》是从。

句谓：深知其明亮，却持守暗昧，可以作为天下的法式。持守此一法式，永恒之德就不会差失，这样就可以复归于作为道的"无极"。

在笔者看来，"复归于无极"和下句的"复归于朴"，以及上句的"复归于婴儿"，在实际上都是复归于"道"的意思。其中"复归于婴儿"，是说复归于婴儿（"赤子"）的"精之至"、"和之至"的"含德之厚"（五十五章）的状态，而"含德之厚"之极就是道的状态，因为"孔德之容，惟道是从"（二十一章）。

③知其荣，守其辱，为天下谷：荣，显赫也；辱，埋没也。句谓：明知什么是显赫，却宁愿被埋没，如同天下的溪谷。对"知其荣，守其辱，为天下谷"及其上二段之文句，高明引王弼注："此三者，言常反终，后乃德全其所处也。下章云'反者道之动也'，功不可为，当处其母也。"然后评论说："按：'三者'系指'知其雄，守其雌，为天下溪'、'知其荣，守其辱，为天下谷'与'知其白，守其黑，为天下式'而言。'反终'则谓'复归于婴儿'、'复归于朴'与'复归于无极'，即反其本也。婴儿纯真无欲，乃为人之本原；无雕无凿之朴，乃为木之本原。宋儒周敦颐《太极图说》云：'上天之载无声无臭，而实造化之枢纽，品彙之根柢也，故曰无极而太极。'是谓宇宙本体，'无极'乃为宇宙之本原。'反者道之动也'，乃第四十章经文，在此则是对'反终'之诠释。指出宇宙间一切事物之运动，皆向其相反方向发展，'祸兮，福之所倚；福兮，祸之所伏'。'正复为奇，善复为妖'。皆如此。'功不可为，当处其母'者，不可有为，不可身先，不可求仁、义、礼之功，常守无为之道，如此尚可全足。正如第三十八章王弼注云：'故仁德之厚，非用仁之所能也；行义之正，非用义之所成也；礼敬之清，非用礼之所济也。……'"②

对"知其荣，守其辱，为天下谷。为天下谷，常德乃足，复归于朴"及其前文，车载作了如下解说。他说："知，知子的知，有运用的意思；守、守母的守，有主宰的意思。雄雌，就刚柔说；白黑，就明暗说；荣辱，就贵

---

①　刘坤生：《老子解读》，上海古籍出版社 2004 年版，第 151 页。
②　高明：《帛书老子校注》，中华书局 1996 年版，第 375 页。

贱说。溪谷在下，众流所归。式为法，也是归之的意思。常德，真常之德。婴儿，言其和；无极，言其虚；朴，言其质：都是指常德说的。（以上根据王纯甫《老子亿》）知刚守柔，足以为天下溪，然后才能复归于婴儿之和；知明守暗，足以为天下式，然后才能复归于无极之虚；知荣守辱，足以为天下谷，然后才能复归于朴之质。和则统一，虚则能受，质则真诚，所以说常德不离、不忒、乃足了。"①

④朴散则为器。圣人用之，则为官长。故大制不割：诸传世本如是，帛书"故"作"夫"，"不"作"无"。此文意思是说：作为道的"朴"，能够转化为人们观察和分析问题的思想工具。圣人运用它来治国，就可以驾驭全国的局势，就可以成为百官之长、明王圣君。所以，作为大哲理的"道"，决不容割弃。对此文的解读，详见【辨析】一。

译　文

深知自己雄强，
却持守雌柔的姿态，
如同天下的溪流。
如同天下的溪流，
就不会与常德分手，
就可复归于婴儿般的
纯真自然、"含德之厚"②。
深知其明亮，却持守暗昧，
可以作为天下的法式。
只要持守此一法式，
永恒之德就不会失去，
就可复归于"无极"。
明知什么是显赫，
却宁愿被埋没，
如同天下的溪谷。

---

① 车载：《论老子》，上海人民出版社 1959 年版，第 98 页。
② 此处借用五十五章的"含德之厚，比于赤子。"

如同天下的溪谷，

"常德"就会充足，

就可复归于道之浑朴。

作为道的"朴"，

能够转化为思想武器。

圣人运用它，

就可以成为百官之长。

因此，作为大哲的"道"，

决不容割弃！

辨　析

一、本章特别需要加以讨论的是最后几句话即"朴散则为器。圣人用之，则为官长，故大制不割"，因为这几句话关乎本章的主旨或"文眼"。现将古今所见主要注译文先抄出来，然后谈谈笔者的浅见。

河上公注曰："器，用也。万物之朴散则为器用，若道散则为神明，流为日月，分为五行也。圣人升用则为百官之元长也。圣人用之则以大道制御天下，无所割伤。治身则以大道制御情欲，不害精神也。"①

王弼注曰："朴，真也。真散则百行出、殊类生，若器也。圣人因其分散，故为之立官长，以善为师，不善为资，移风易俗，复使归于一也。大制者，以天下之心为心，故无割也。"②

蒋锡昌释"大制无割"，说："'大制'犹云大治，'无割'犹云无治。盖无治，可以使朴散以后之天下复归于朴，正乃圣人之大治也。"③

古棣则认为"这是混入正文的注语"，故在其校订文中删去了。

以下为现代几位著名学者的译文：

高亨："上古纯朴之道被破坏后，乃出现控制人的工具。只有圣人能运用人民的纯朴，无知无欲，乃可以做为官长。所以大的治术对人民的纯朴无所伤害。"

---

① 《老子道德经河上公章句》（王卡点校），中华书局1993年版，第115页。

② 王弼：《老子道德经注》本章注。

③ 蒋锡昌：《老子校诂》，商务印书馆1937年版，第192页。

陈鼓应："真朴的道分散成为万物，有道的人沿用真朴，则为百官的首长。所以完善的政治是不割裂的。"

张松如："当自然本初的质朴解体，就变而为诸般器具；圣人利用它们，就建立起领导和管理。所以用大道制御天下无所伤割。"

任继愈："'朴'被破坏，而成为具体的器物，'圣人'在朴被破坏的基础上建立了领导和管理。所以，最完美的管理不出于勉强。"

尹振环："浑朴传播开去就会成为有用的工具，圣人任用质朴，设官分制，天下就会归服，而不会你争我夺。"

以上注译文各有自己的见解，各有所长，但似乎皆不到位，有的也欠准确。比如将"朴散则为器"译为"当自然本初的质朴解体，就变而为诸般器具"，圣人利用这些"器具"，怎么就能"建立起领导和管理"呢？是领导和管理"诸般器具"吗？那岂不成了仓库保管员？说"真朴的道分散成为万物，有道的人沿用真朴，则为百官的首长"，这样翻译未必符合原义，因为从"朴散则为器。圣人用之，则为官长"来看，"圣人用之"的"之"字只能是"器"的代词，而不可能是代指作为道的"朴"。"器"的种类则千差万别，但从类型划分，不外以下四种：一是普通器物，二是国家机器，三是礼法，四是观察、思考和处理问题的方式方法。那么圣人用什么样的"器"才能成为"官长"即"百官的首长"呢？普通的器物是不行的，已如前述。看来在实体性的"器"中，只有一种"器"符合此条件，那就是国家机器。但是，要有权掌握和运用国家机器，则必须以成为"官长"或"百官的首长"为前提，而不可能在此之前。而"圣人用之，则为官长"却是以"用之"为前提的，因此这种"器"不可能是国家机器。是礼法（礼为包括名分在内的礼制，法为法律）吗？而作为政治统治工具的"礼法"在实际上亦属于国家机器的组成部分，不过它与实体型的国家机器（军队、警察、法院、监狱、政府）不同而已。因此制定和运用礼法也必须以成为"百官的首长"为前提，而不可能在此之前。那么这种"器"究竟是什么呢？

在笔者看来，"朴散则为器"的"朴"是代指道，"散"是转化的意思，"器"并非一般的器物，也不是包括礼法在内的国家机器，而是思想工具。这句话的意思是说，道为圣人所掌握之后，就转化为观察、分析和处理问题的方式方法了。显然，道转化为思想武器之后，并非就真的"散"了或"解体"了，而是仍然存在，永远存在，所以它才是"常道"或"恒道"。"圣人用之，则为官长"，是说圣人运用这种思想武器从政，就有可能成为百官之长，明王圣君。"故大制不割"是说"因此，'大制'是不容割弃的。"那么什么是"大制"呢？余以为"大制"指的是道或"常道"，也可以说是已为得道者掌握了的"常德"。因为"制"具有控制、制度、法制、法式等涵义，故"大制"具有大的制度、大的法制、大的法式等涵义。显然，道具有这种功能和特点。

此外，"制"通"哲"。《大戴礼记·诰志》："此古之明制之治天下也。"王引之《经义述闻》卷十二释曰："制，当读为'哲'。言此古之明哲之君之治天下也。"据此，可以将"大制"释为"大哲"，即大智慧、大哲理，显然这与道的涵义也是完全吻合的。这样一来，"朴散则为器。圣人用之，则为官长。故大制不（无）割"，就似可释为：作为道的"朴"能够转化为人们观察、分析和处理问题的方式方法。圣人运用这种思想武器，就可以成为百官之长。因此，作为大哲的"道"是不容割弃的。

二、关于"知其雄，守其雌，为天下溪。为天下溪，常德不离，复归于婴儿"的翻译问题。笔者将这两句话译为："深知（自己）雄强，却安守雌柔，如同天下的溪流。如同天下的溪流，就不会与常德背离，就可复归于婴儿般的'含德之厚'。"为何将"复归于婴儿"译为："就可复归于婴儿般的'含德之厚'"呢？

其一，"复归于婴儿"显然是不可能的，所以不宜直译为"恢复到婴儿的时候"之类，只能是复归于婴儿般的状态。那么"婴儿般的状态"是什么呢？五十五章告诉我们，所谓婴儿般的状态就是象"赤子"那样的纯真无邪、"精之至"、"和之至"的状态，亦即"含德之厚"的状态。所以老子说："含德之厚者，比于赤子。"

其二，这样翻译，也是为了与其前两句的"却安守雌柔"和"如同天下的溪流"合韵。

二十六章

大成若缺，其用不弊①。大盈若盅②，其用不穷。

大直若屈，大巧若拙，大辩若讷。

躁胜寒，静胜热③。知清静，以为天下正④。

（通行本第四十五章）

注 释

对本章，河上公题为"洪德"；刘笑敢认为"此章内容可概括为盛德若却"。

①大成若缺，其用不弊：王弼本、河上公本、简本、范应元本等如是。帛书甲本"弊"作"幤"，乙本残缺。傅奕本等"弊"作"敝"。

对"大成若缺，其用不弊"，王淮说，此言从"体"、"相"、"用"三方面描述盛德之士。"大成"就"体"而言，"若缺"就"相"言，"不弊"就"用"言。谓盛德之士德性圆满，形容残缺，然而其所能发生的人格感召作用，却是非常深远的。《庄子·德充符》所述王骀、哀骀它诸人，即其选也。① 王淮以同样的模式对"大盈若冲，其用不穷"作了分析。

对"大成若缺，其用不弊"的解读，见【辨析】一。

②大盈若盅：帛书甲本、傅奕本如是。简本为"大盈若中"，"中"为"盅"的同音假借。《说文》："盅，器虚也。"王弼本、河上公本盅作"冲"，为"大盈若冲"。就"盈"与"虚"的对应而言，"冲"不如"盅"的用词更为确切，故校定文从帛书甲本、傅奕本作"大盈若盅"。

---

① 王淮：《老子探义》，台湾商务印书馆1972年版，第183—184页。

对本章“躁胜寒，静胜热”以上的文句，刘笑敢先生阐释道：“本章所说大成、大盈、大直、大巧、大辩、大赢（引者按：这里说的‘大赢’是指马王堆帛书整理小组1976年本补乙本残句所增出的‘大赢若绌’句）都不是一般的成、盈、直、巧、辩、赢，而是更为完满的成、盈、直、巧、辩、赢，它们之所以完满而不敝不穷，之所以未走到反面，就是因为它们若缺、若冲、若屈、若拙、若讷、若绌，也就是说，它们包含了反面的因素，呈现了反面的姿态，因此成为更为圆满的、更为正面的状态或价值。这种较完满的状态可以防止事物的激烈的突发的变化，维持社会的较稳定的和谐，所以说‘清静为天下正’。”刘笑敢将来源于道的老子的这种态度、方法或原则称之为“正而若反，以反彰正”。① 他说，他的这些论述和概括是受张岱年先生之说的启发而作出的。张岱年说：“正面的状态，容纳了反面的成分，才是比较圆满的状态。正面的状态，预先容纳了反面的成分，即可不再转化为反面了。……老子认为，结合了‘反’的正，才是‘正’的圆满状态。”②

③躁胜寒，静胜热：简本、帛书及王弼本如是。徐大椿《老子经注》曰：“凡事相反则能制。如人躁甚虽寒亦不觉，而足以胜寒；心静则虽热亦不觉，而足以胜热。由此推之，则天下纷纷纭纭，若我以智术以相逐，则愈乱而不可理矣。惟以清静处之，则无为而自化，亦如静之胜热矣。”高明说：“‘躁’乃疾急扰动，正与‘静’字相对。‘躁’与‘静’是指人之体魄在不同环境下而表现的不同情绪或状态。肢体运动则生暖，暖而胜寒；心宁体静则自爽，爽而胜热。”③ 今本多改为“静胜躁，寒胜热”，蒋锡昌、严灵峰还为此作了一些辨析，虽然说出了一些道理，但终非古貌，故不宜从之。

④知清静，以为天下正：傅奕本、范应元本如是，范并注曰：“古本有‘知’、‘以’二字。”④ 河上公本、王弼本作“清静为天下正”，王弼并注曰：“躁罢然后胜寒，静无为以胜热。以此推之，则清静为天下正也。静则全物之真，躁则犯物之性，故惟清静乃得如上诸大也。”简本为“清清（静）为天下定”，帛书甲本为“请靓可以为天下正”，乙本残缺。校定文取傅奕本、范应元本的理由，见【辨析】二。

---

① 刘笑敢：《老子古今》，中国社会科学出版社2006年版，第462—463页。

② 张岱年：《中国哲学发微》，山西人民出版社1981年版，第345页。

③ 高明：《帛书老子校注》，中华书局1996年版，第46页。

④ 范应元：《老子道德经古本集注》，载《四部要籍注疏丛刊·老子》，中华书局1998年版，第630页。

　　陈鼓应先生揭示了老子提出和强调"清静"的思想和历史背景。他说："老子'静'这个概念的提出是有他的思想背景的：（1）他看到当时统治阶层的纵欲生活：他们耽溺于官能的刺激，追逐着声色之娱，因此他发出警告说：'五色令人目盲；五音令人耳聋；五味令人口爽；驰骋田猎令人心发狂。'（十二章）他唤醒大家要在多欲中求清静。（2）他目击当时统治者扰民的实况：重税的逼压，严刑的苛虐。所以他一再地呼吁为政要'清静'，不可干扰民安。在《老子》书上，除了十六章以外，凡是谈到'静'的地方，论旨都在政治方面，而且都是针对着为政者的弊端而发的。"① 陈鼓应还说："我们应重视老子所提出的'虚静'等观念，这是对生活上具有批评性与启示性的观念。'虚静'的生活，蕴涵着心灵保持凝聚含藏的状态。惟有这种心灵才能培养出高远的心志与真朴的气质，也惟有这种心灵，才能导引出深厚的创造能量。反观现代人的生活，匆促浮华，自然难以培养出深沉的思想；繁忙躁进的生活，实足以扼杀一切伟大的创造心灵。老子恳切地呼吁人们重视一己内在生命的培蓄，就这一个层面来说，对于现代这种浮光掠影式的生活形态与心理样态，老子的呼声，未尝不具有深刻的意义。"②

　　白居易对历史上实施"清静"政举之效果作了述评。他说："夫欲使人情俭朴，时俗清和，莫先于体黄老之道也。其道在乎尚宽简，务俭素，不眩聪察，不役智能而已。盖善用之者，虽一邑一郡一国至于天下，皆可以致清静之理焉。昔宓贱得之，故不下堂而单父之人化；汲黯得之，故不出阁而东海之政成；曹参得之，故狱市无忧，齐国大和；汉文得之，故刑罚不用，而天下大理。其故无他，清静之所致耳。"③

译　文

　　成就卓著者似乎缺了点什么，
　　但他的作用却不可穷竭。
　　真正充盈的，看似虚空，
　　但其功能却应用不穷。

---

①　陈鼓应：《老子今注今译》，商务印书馆 2003 年版，第 58 页。
②　同上书，第 65—66 页
③　白居易：《长庆集》。

最正直的东西，看似弯曲；

非常灵巧的，看似拙笨；

最善言辩的，好像口齿迟钝。

剧烈活动，可以战胜严寒；

身安心静，可以战胜燥热。

深知清静无为，就可用以匡正天下。

辨 析

一、关于对本章首句"大成若缺，其用不弊"的解读。古棣说："'大成若缺，其用不敝'，'敝'字，王弼本、范应元本与诸唐本皆作'弊'，帛书甲本（乙本缺文）作'弊'（引者按：应为'幣'）；傅奕本、河上公古本及《韩诗外传》九所引皆作'敝'。按：作'敝'是。此'敝'字即二十二章'敝则新'之'敝'。'弊'乃'敝'之假字。二十二章'敝则新'句，帛书甲本亦作'敝'。'敝'乃破旧的意思，可引申为穷竭、作废。……这两句话直译便是：十分完好的器具好像残破的器具，但是用起来却不会穷竭；而它的喻意、抽象意义则是：完好的东西（既可指自然，又可指社会事物）好像残缺不全，但它的作用却不会败坏。"[①]

古棣对此句如此释译，似乎有两个问题令人不解：一是既然包括王弼本、严遵本、范应元本与诸唐本，特别是历史最久远的简本及帛书皆作'弊'（因帛书甲本的"幣"也通"弊"：《说文通训定声·履部》："弊，假借为'幣'"），为什么一定要坚持"作'敝'是"呢？二是有什么根据说"此'敝'字即二十二章'敝则新'之'敝'。'弊'乃'敝'之假字"呢？我们知道，《老子》的文字并不长，而且是在同一时间段写成的，既然老子在写二十二章的"敝则新"时用的是"敝"字，为什么写到四十五章该用"敝"字时却忽然假借"弊"字了呢？老子是否有意于以示区别呢？从这里我们是否应当考证一下两个字的含义有什么区别呢？显然，"敝则新"中的"敝"字是破旧或破败之义，如果"大成若缺，其用不弊"中的"弊"字也是同一涵义，那么老子为什么不直接用"敝"字，又何必费神多写三笔呢？

据笔者考证，"敝"与"弊"是在多种含义上相通的，而"弊"通"敝"

---

① 古棣：《老子校诂》，吉林人民出版社1998年版，第222页。

似乎只是在"自谦"的含义上是相通的。如《韩非子·十过》:"楚王因发车骑陈之下路,谓韩使者曰:'报韩君,言弊邑之兵今将入境矣。'"陈奇猷《集释》:"弊、敝同。"这里的"弊"字是"敝"也是"鄙"之借字。余以为,"大成若缺,其用不弊"中的"弊"字不是破旧或破败之义,而是竭、尽的意思。《管子·侈靡》:"泽不弊而养足。"房玄龄注曰:"'弊',尽也。"韩愈《祭张员外文》:"岁弊寒凶,雪虐风饕。"皆其例。"不弊"是不可竭尽之义。"大成"似不是指的东西,而是指的人,即成就卓著者。"大成若缺,其用不弊"的意思是说,成就卓著者似乎缺少了点什么,但他的作用却是不可竭尽的。比如老子笔下的"圣人"是道的化身,是"玄德"的体现者,他"生而不有,为而不恃,功成而弗居"(二章),这在沽名钓誉、利欲熏心的人看来就是"傻帽儿";在那些认为"有权不(私)用,过期作废"的人看来,那些大公无私、勤政廉洁的领导干部,是"缺心眼子"。这是在世俗看来"似乎缺少了点什么"的情况。凡是成就卓著者,特别是做出了划时代重大贡献的人,往往都是自己认为"似乎缺少了点什么"的人。比如孔子,他是历史文化巨人,是为历代尊称的"圣人",而他自己却并不这样看,他认为所谓的"圣人",应当是"博施于民而能济众"者,而用这一标准来看,"尧舜其犹病诸"(《论语·雍也》),更何况是自己呢?在外人看来,孔子是一个无所不知的人,但他却说:"吾有知乎哉?无知也。"(《论语·子罕》)又说"三人行,必有我师焉。"(《论语·述而》)正因为孔子总认为自己"似乎缺少了点什么",所以他才"发愤忘食,乐以忘忧,不知老之将至。"(同上)也正因为如此,他才能成为历史文化巨人。孔子的思想及其影响,超越了时代,至今仍熠熠生辉,他不是一个"大成若缺,其用不弊"的典型吗?

二、本章末句"知清静以为天下正",是据傅奕本、范应元本勘定的。范应元注曰:"古本有'知'、'以'二字。"可见傅、范所见古本如此,而傅奕本主要是依据项羽妾墓出土的《老子》抄本勘定的,可信度较高。正,整治也,治理也。《管子·重令》:"此正天下之道也",意谓这是匡正天下之道。《汉书·天文志》:"倏息耗者,入国邑视封畺(疆)田畴之整治,城郭室户门户之润泽。"此句在《史记·天官书》中"整治"作"正治"。"知清静以为天下正"中的"正"字即是"整治"、"匡正"之义。老子的这句话当是针对当时的社会政治混乱局面讲的。蒋锡昌说:"'正'者,所以正人也,故含有模范之义。"此种解读似乎失之过浅。

古棣主张将此句勘定为"知清知静,为天下正。"他说:

知清知静，为天下正：……劳健说："道藏严本作'能清能静，为天下正。'杨子云《解嘲》，李善注引作'知清知静为天下正。'按：静、正二字为韵，诸唐本去知、以二字，并作一句，非是。"按：应作"知清知静，为天下正。""知"训主，此处和《易传》"干知大始，坤作成物"之"知"字一样用法，都是"主"的意思，后世"知县"、"知府"之"知"字犹用此义。这两句正接上文"寒胜趩，静胜热"，而云清静为主，用以"正天下"。这同老子的无为而治的基本思想完全合拍。傅奕本、范应元本作"清静"，当是漏了一个"知"字。严遵本作"能清能静"，其义也可与"知清知静"及上面的解说相通，但作"知清知静"于义为长。"为天下正"，即用清静无为匡正天下，包含由乱返治之义。①

古棣先生的考证和解读很细致，很有意义，但将老子此句勘定为"知清知静，为天下正"的文献根据之权威性似乎不够，因为所据为李善对杨子云《解嘲》注释中的引文，而且"为"字前缺"以"字，其义未足。此外，似不好说"傅奕本、范应元本作'知清静'，当是漏了一个'知'字"，因为缺乏根据，而且在笔者看来，"知清静"中的"知"字是既管"清"字又管"静"字的，况且"清静"二字亦无需拆开，它在此是"无为"的意思。总之，余以为此句以取傅奕本、范应元本作"知清静以为天下正"为最佳选择。

---

① 古棣：《老子校诂》，吉林人民出版社 1998 年版，第 225 页。

二十七章

　　善建者不拔，善抱者不脱，子孙以其祭祀不辍①。

　　修之于身，其德乃真②；修之于家，其德有余；修之于乡，其德乃长③；修之于邦，其德乃丰；修之于天下，其德乃普④。

　　故以身观身，以家观家，以乡观乡，以邦观邦⑤，以天下观天下。吾何以知天下之然哉？以此。

（通行本第五十四章）

注　释

　　①善建者不拔，善抱者不脱，子孙以其祭祀不辍："善建"是指善于建树"德"，"善抱"是指善于抱持"道"；"不拔"、"不脱"谓其根深柢固，不可动摇。这样一来，家风流布，子孙以其宗庙祭祀，于是世代不绝。

　　此节为王弼本文，惟无"其"字；简本有"其"字，作"子孙以其祭祀不辍"。

　　刘笑敢先生说："唯竹简本'以'作'以其'。有'以其'二字说明子孙后代传续不绝是因为祖庙祭祀不断。一旦没有祖庙祭祀活动作为家族联络的礼法，则子孙四散，家统中断。用'以其'二字因果关系十分明确。略去'其'而单用'以'，仍可表达因为之义，但是容易误会为连词'而'。一旦误作连词理解，则可省略，于是有傅奕本与河上本的'子孙祭祀不辍'的句子。这样一来，'祭祀'与'不辍'合为一事，成为上文原因，句义有变。《韩非子·喻老》正引作'子孙以其祭祀，世世不辍'。其引语未必字字准确，但古本之义则明确无误。从文义确切的角度来说，应从竹简本用'以

其'二字。"① 刘笑敢的校诂分析有道理，故校定文从简本并据刘的分析作
"子孙以其祭祀不辍"。

②修之于身，其德乃真：意思是说，自己善于以道修身，所获之"德"
就弥足珍贵。

陈鼓应先生说："修身的具体方法，即是通过一定的步骤复归到朴德不
散的状态。这个步骤可从三方面讲：一是'天门开阖，能为雌乎'（十章），
使感官活动不过分外驰；二是'涤除玄鉴'即'虚其心'，以使内心达于清
明之境；三是'专气致柔'，以使人达到'精、和之至'的婴儿状态，保持
常德不离。经过这样的修持，君主便可实践老子所提出的那些政治原则，即
'唯道是从'。"②

③修之于家，其德有余：竹简本、帛书基本如是，唯无"于"字；王弼
本及河上公本、傅奕本等古本"有"作"乃"，为"修之于家，其德乃余"。

刘笑敢先生说："'余'在古代一般作修饰语，如'行有余力'（《论语·
学而》），'农有余粟，女有余布'（《孟子·腾文公下》），'余风未殄（《尚
书·毕命》)'，而不单作谓语，所以竹简本、帛书本都作'其德有余'，而不
作'其德乃余'。严遵本及多个敦煌本作'其德有余'。按河上公注及王弼注
也应该作'有余'。'乃余'显然是以后的编校者为求四字一句而改。这种校
改是硬求形式整齐而不知避免以词害意，当代学者应引以为戒。"③ 刘笑敢
的校诂及分析有道理，故此句之校定文从简本和帛书作"其德有余"。

④修之于乡，其德乃长："长"字读作"涨"。长古通"涨"。荀悦《汉
纪·成帝纪三》："阴气盛溢，水则为之长。"贾谊《论积贮疏》："淫侈之俗，
日日以长。"皆其例。

⑤第三段的注释略，可看译文，并参阅【辨析】三。

⑥以邦观邦：简本和帛书甲本如是。"邦"为诸侯国。帛书乙本、王弼
本为"以国观国"，上段"修之于邦"之"邦"字亦为"国"字。当时的诸
侯国称为邦国，因此"邦"与"国"义同。校定文之所以从简本和帛书甲本
国作"邦"，是因为要与上句的"乡"字谐韵。

---

① 刘笑敢：《老子古今》，中国社会科学出版社 2006 年版，第 526 页。

② 陈鼓应：《道家的社会关怀》，《道家文化研究》第 14 辑，三联书店 1998 年版，
第 102 页。

③ 刘笑敢：《老子古今》，中国社会科学出版社 2006 年版，第 527 页。

译　文

善于建树德的，
德性坚韧不拔；
善于抱持道的，
道性永不脱落。
子孙宗庙祭祀，
家统世世不绝。
自己善于以"德"修身，
所获之"德"宛若奇珍；
修德之风波及于家，
"德"的影响开始扩大；
修德之风充之于乡，
"德"的影响逐步宽广；
修德之风充于邦国，
"德"的恩泽广被丰硕；
修德之风波及"天下"，
"德"的光芒普照华夏。
因此，
从个人修道得"德"的情况，
就可以观知其人的素养；
从家族修道得"德"的情况，
就可以观知其家族的风尚；
从乡镇修道得"德"的情况，
就可以观知其乡镇的情状；
从邦国修道得"德"的情况，
就可以观知其邦国的概况；
从"天下"修道得"德"的情况，
就可以观知"天下"的状况及走向。
我是何以知道天下各层次概况的呢？
就是用这种方法观察得知的呀！

辨 析

老子在本章中提出了对后世产生巨大影响的"内圣外王"（"内圣外王"的提法始见于《庄子·天下篇》），此后儒家在其经典《礼记·大学》中所说的"修身、齐家、治国、平天下"显然是受《老子》本章内容的启发而提出来的（因为在《论语》中找不到这样由修身到平天下的理论框架），因此本章的论述应是儒家"修齐治平"学说的重要思想来源（更为直接的思想来源也许是作为稷下道家代表作的《管子》）。不过，二者具有显著区别，不应混为一谈：

其一，老子和后世儒家虽然都讲"修"，但修的指导思想和具体内容不同。儒家主张以仁义礼智的伦理观念及治国理念修身，而老子则主张以自然无为的道和德修身并逐步扩及天下，所以其指导思想不同。在本章中，老子要人们修的是"德"（"修之于身，其德乃真"可证），而他所说的"德"，是"惟道是从"（二十一章）的"德"，即得"道"之德，实际上是修道，"德"是修道的结果。因此，老子所强调的道德修养是体现宇宙之大道大德的道德修养，是按照自然无为法则的要求所进行的道德修养。老子所说的"修之于天下，其德乃普"，是期望修德之风能波及"天下"，特别是要侯王依道治国，进而依道"平天下"。而儒家之"德"是仁义礼乐之德，是抽象的原则，要人们修的是伦理规范和道德说教，具体说就是以格物致知、正心诚意为前提的仁、义、礼、智、信（后来又加上"三纲"即"君为臣纲，父为子纲，夫为妇纲"），其核心是"仁"，而"克己复礼为仁。一日克己复礼，天下归仁焉"（《论语·颜渊》），所以普天下恢复作为社会政治制度和礼仪规范的周礼是其"修身"的最终归宿。因此，从其修身的最终目的即"外王"来看，老子及道家主张依道治国，实行无为而治，儒家则是想建立一种等级森严的封建专制统治秩序——虽然他们也推崇"天下为公"的主张。

其二，"修身"的途径不同。老子要人们所修的"道"，是在社会实践和实际体验基础上（不管老子是否这样明确地说过，事实上老子必定是基于"依道而行则事顺，逆道而为则受惩"的实践和体验）的直觉体悟才能把握的，所以体现的是道的实践性和普世性；而儒家的"修齐治平"是建立在"格物、致知、诚意、正心"（《礼记·大学》）基础上的，所谓"格物"，就是体验"天理"、人心；所谓"致知"就是认识天理原则；所谓"诚意、正心"，是在缺乏社会实践和实际体验情况下去端正做人的态度，以独善其身。

其三，老子所说的"修身"是以己带人，而至于"修之于家"、"修之于乡"、"修之于邦"、"修之于天下"，层层推展开来，他是期望大家都来参与体验和把握道及德，都能按照道的自然无为原则办事，其结果是从个人到"天下"各个层次的精神面貌和社会面貌都有望改观。从这种意义上说，老子的"内圣外王"似乎并未把个人的"内圣"对于"外王"的作用绝对化。而儒家却只强调个人修身，似乎没有以己带人、共同参与体验和实践的意思。

其四，《道德经》中虽然有治国平天下的丰富思想，但老子在本章中所讲的重点似乎不是修身而之于治国、平天下，而主要是讲"内圣"，主旨是讲"善建"德、"善抱"道，以及何以知道各个层次"善建"、"善抱"的情况及其由此发生的变化，所以他说："修之于身，其德乃真；修之于家，其德有余；修之于乡，其德乃长；修之于邦，其德乃丰；修之于天下，其德乃普。故以身观身，以家观家，以乡观乡，以邦观邦，以天下观天下。吾何以知天下之然哉？以此。"显然，老子必定认为如此层层地"修"，并用之于"以正（道）治国，以奇用兵，以无事取天下"（五十七章），也会达到"齐家、治国、平天下"的目的。而儒家的"齐家、治国、平天下"是建立在统治者或未来的统治者个人"修身"基础上的，似乎认为只要个人把儒家的一套伦理道德规范"修"好了，就可以逐步升迁，从而依次当好家长、国王、天下王。

其五，儒家经典《礼记·大学》说"身修而后家齐，家齐而后国治，国治而后天下平"，从"家"一下子跳到"国"，未免有些理想化的色彩，而《老子》中间有一个"乡"的层次，似乎更为平实可信。

本章需要辨析的有以下几个问题：

一、什么是"善建"、"善抱"？"善建"是说要善于建树"德"，"善抱"是说要善于抱持"道"。什么才算"善建"、"善抱"呢？余以为大体包括以下四点：一是要诚心体悟和把握道与德的基本特性；二是要将其运用于修身之中，以完善自身；三是要将其化为观察、分析和解决问题的方式方法；四是要经常运用这种方式方法来观察、分析和解决问题，特别是要根据道和德所体现的基本要求用于为政治国。这样一来，道和德就会在善于建德抱道者身上"不拔"、"不脱"了。

十四章说："执古之道，以御今之有"；十五章说："古之善为道者，微妙玄通，深不可识"，"保此道者不欲盈。夫唯不盈，故能蔽而新成"；十六章说，要"致虚极，守中笃"；二十二章说："圣人抱'一'为天下式"，要

"不自见"、"不自是"、"不自伐"、"不自矜";二十八章说,要"知其雄,守其雌","知其白,守其黑","知其荣,守其辱","大制不割";三十七章说:"道常无为而无不为。侯王若能守之,万物将自化";三十八章说:"上德无为而无以为";三十九章说:"贵以贱为本,高以下为基";四十八章说:"取天下常以无事,及其有事,不足以取天下";四十九章说:"圣人常无心,以百姓之心为心";五十一章说:"生而不有,为而不恃,长而不宰,是为玄德",如此等等。老子的这些论述对于理解"善建"、"善抱"的涵义,都是颇有启发的。

但是,元吴澄却说:"植一木于平地之上,必有拔而偃仆之时;持一物于两手之中,必有脱而离去之日。善建者以不建为建,则永不拔;善抱者以不抱为抱,则永不脱。"(《道德真经注》)卢育三说:"吴说颇合老子原义……所谓善建,就是不建,不建故无拔;所谓善抱,就是不抱,不抱故不脱。这里讲的实际是无为而治。"[①] 这种解读恐怕距"老子原义"远矣。本章明明讲的是"修"(凡五见),是"观"(凡五见),它是从不同角度对"善建"、"善抱"的阐释,怎么成了讲的是"以不建为建"和"以不抱为抱"呢?如果按照吴澄和卢育三的逻辑,似乎也可以说,所谓修就是"不修",所谓观就是"不观",那么老子还写这五千言干什么呢?

二、"修之于身,其德乃真"的"真"字是什么意思?大多数注家注译为"真实"。恐不妥。一是"德"在老子看来似无真实不真实之分,或者说它当然是真实的;二是如作此种释译,那么以下的几句即"修之于家"、"修之于乡"、"修之于邦"、"修之于天下","其德"是否也"真实"呢?或曰,当然也是真实的,不过是面逐步扩大而已。但是,这里所扩大的不是德的真实性,而是德本身的影响面。其实,"真"通"珍"。《敦煌曲子词集·浪淘沙》:"百鸟相依投林宿,道逢枯草再迎春。路上共君先下拜,如若伤蛇口含真。"刘盼遂注曰:"'真'借作'珍',讲隋蛇含珠报恩事。"据此,"修之于身,其德乃真"似可释译为:自己善于建德抱道的,所获之"德"宛如奇珍。

在"修之于"身、家、乡、邦、天下中,"修之于身"是基础,亦是关键。建立国家、保有国家,进而使得国泰民安,关键在于君王自身抱道修德。从立身到治家、治乡、治邦、治天下,都要求执政者具有很高的德性修养,然后逐渐波及于众("波及于众"亦非常重要,这样一来,其首长与其

---

① 转引自孙以楷《老子通论》,安徽大学出版社 2004 年版,第 484—485 页。

臣民就可以实现良性互动，而在儒家的"修齐治平"中则没有这一思想）。《淮南子·道应训》首先引述一个历史故事，然后引证了老子的这一思想："楚庄王问詹何曰：'治国奈何？'对曰：'何明于治身，而不明于治国。'楚王曰：'寡人得立宗庙社稷，愿学所以守之。'詹何对曰：'臣未尝闻身治而国乱者也，未尝闻身乱而国治者也，故本任于身，不敢对以末。'楚王曰：'善。'故老子曰：'修之（于）身，其德乃真也。'"

三、本章第三段出现了一系列"以 X 观 X"，那么这两个"X"所指认的主体是否相同呢？从其译文来看，有些注家认为二者是不同的。比如陈鼓应就将"以身观身，以家观家，以乡观乡，以国观国，以天下观天下"译为："从（我）个人关照（其它的）个人，从（我）家观照（其它人的）家，从（我的）乡观照（其它的）乡，从（我的）国观照（其它的）国，从（我的）天下观照（其它的）天下。"这两个"X"所指认的主体是否相同姑且不论，仅就其将"以天下观天下"译为"从（我的）天下观照（其它的）天下"而言，就似乎讲不通，因为"天下"只有一个，不可能每个人都有自己的"天下"。高亨将这段话译为："从个人本身的利益，看到别人的切身利益；从个人一家的利益看到别人家的利益；从个人一乡的利益，看到其它各乡的利益；从自己国家人民的愿望，看到别国人民的愿望；从今日天下的倾向看到来日天下的倾向。"可见高亨也认为前后两个"X"（包括"今日天下"和"来日天下"）所指认的主体是不同的。同样，这两个"X"所指认的主体是否相同姑且不论，仅就其把观前和观后的情况局限于"利益"、"愿望"或"倾向"的范围之内，似乎也是不够或不确的。

笔者认为，老子在这一系列"以 X 观 X"中，其"观"前和"观"后的"X"所指认的主体是相同的，但其涵义不同，观前的"X"是指其修道得"德"（即上文所说的"其德"）的情况，而观后的"X"则是指其修道得"德"之后所产生的效果，即其面貌所发生的变化。对于个人来说，主要是其素质所发生的变化，对于家、乡、邦（国）、天下来说，则主要是指其包括人民生活和社会面貌等所发生变化的情况——显然皆是良性的变化。否则，比如，若把"以家观家"理解为"从我家观照其它人的家"或"从个人一家的利益看到别人家的利益"，而各家的情况包括利益是千差万别的，有什么可比性呢？从"个人一家的利益"怎么就能"看到别人家的利益"呢？比如，从一个乞丐家的利益怎么就能看到一个亿万富翁家的利益呢？似乎难以说得通，因而笔者认为这样的理解和释译恐怕未必妥当。

二十八章

含德之厚者，比于赤子①。毒虫不螫，猛兽不据，攫鸟不搏②。骨弱筋柔而握固，未知牝牡之合而朘作，精之至也；终日号而不嗄③，和之至也。

和曰常，知和曰明④。益生曰祥⑤，心使气曰强，物壮则老，谓之不道。不道早已⑥。

（通行本第五十五章）

注 释

①含德之厚者，比于赤子：简本、帛书、傅奕本等如是；王弼本、河上公本、严遵本等无"者"字，作"含德之厚，比于赤子。"就句法及语义的完整合理而言，应有"者"字，否则主语就不是人而是事了，故校定文从简本、帛书作"含德之厚者，比于赤子"。

对这句话，吕惠卿释曰："人之生初，德性至厚。比其长也，耳目交于外，心识受于内。而益生者日益多，则其厚者薄矣。为道者，损其所益生，修性反（返）德，德同至于初，故曰'含德之厚，比于赤子'。"

陈鼓应、白奚释之曰："老子在这里用赤子来比喻具有崇高道德境界的人：他们有着深厚的内在修养，完全不为外物所动，亦不为外物所伤；他们返朴归真，毫不矫揉造作，彻底回到了婴儿般的纯真自然的状态。这正是老子的修身之道所要达到的目标。"①

句谓：德性涵养深厚的人，如婴儿般纯真自然。

---

① 陈鼓应、白奚：《老子评传》，南京大学出版社2001年版，第257页。

②毒虫不螫，猛兽不据，攫鸟不搏：河上公本、傅奕本等古本如是。帛书为"蜂虿虺蛇不螫，猛兽攫鸟不搏"。河上公本对"毒虫不螫"注作"蜂虿虺蛇不螫"。王弼本前句同帛书，后两句同河上公本、傅奕本等古本，作"猛兽不据，攫鸟不搏"。高亨说："兽以爪攫物曰虏，古书通以据为之。《战国策·楚策》：'两虎相据'。"攫鸟，鸷鸟也。

③终日号而不嗄：王弼本及今本多如是。帛书乙本"终"为"冬"；简本为"终日乎无忧"。司马彪注《庄子·庚桑楚》云："楚人谓啼极无声曰嗄"。

④和曰常，知和曰明：简本、帛书甲本（乙本残损）如是。通行本为"知和曰常，知常曰明"。校定文从简本、帛书甲本。详见【辨析】一。

⑤益生曰祥：王弼注曰："生不可益，益之则夭也。"庄子说："不以好恶内伤其身，常因自然而不益生。"（《庄子·德充符》）是说人不应以其好恶损害自己的身体，而应经常顺任人的自然本性而不用人为地去增益生命。因而"益生"是一种违背人的自然本性的行为。

易顺鼎说："按：'祥'即不祥。《书序》云：'有祥桑穀共生于庙'，与此'祥'字同义。王注曰'生不可益，益之则夭。''夭'字当作'妖'，盖以'妖'解'祥'字。"（《读老札记》）

蒋锡昌说；"《素问·六元正纪大论》：'水乃见祥。'注：'祥，妖祥。'《左传·僖公十六年》疏：'恶事亦称为祥。'《道德真经取善集》引孙登曰：'生生之厚，益生妖祥。'又引舒王曰：'此祥者，非作善之祥，乃灾异之祥；此强者，非守柔之强，乃强梁之强。'是'祥'乃妖祥，'强'乃强梁也。"[1]

刘坤生说："'祥'有正反两解：吉祥与不祥，此处显然当取'不祥'之意。《左传·僖公十六年》：'是何祥也？吉凶焉在？'杜预注：'恶事亦称为祥。'古汉语中有正反两训的字很多，不足为怪。如《周易》之易，前人既训为易（变化），又训为'不易'。"[2]

陈鼓应、白奚说："在老子及其道家学派看来，人的生命也是一个自然体，对待生命也应本着因任自然的原则，不可妄加增益，如果贪图享受而放纵自己的欲望，不但不能增益生命力，反而会损害生命，招致灾殃。《吕氏春秋·本生》篇以'肥肉厚酒'为'烂肠之食'，以'靡曼皓齿'为'伐性之斧',即是老庄这一思想的极好发挥。"①

五十章:"人之生,动之于死地,亦十有三。夫何故?以其生生之厚"(王弼本);七十五章:"以其上求生之厚","是贤于贵生"。"益生曰祥"的"益生"者,当指那些"生生之厚"、"求生之厚"和"贵生"者。在今天,当指那些身体怠惰,又沉溺于肉山酒海,脑满肠肥,大腹便便,以及因营养过剩而患"三高"(血压、血脂、血糖)病的人。

总之,"益生曰祥"是说营养过剩对人的生命会带来祸殃。

尹振环认为,"祥"确有吉凶双项含义,但《老子》一书不见以"祥"表示凶祥、灾祥、妖祥的,而直接使用"不祥"者则数见。因此,"益生曰祥"就不会是"贪生纵欲就有灾殃"之义。此可备一说。

⑥物壮则老,谓之不道。不道早已:对这几句话的解读,详见【辨析】二。

译 文

德性涵养深厚的人,
就像襁褓中的娃娃。
蜂蝎毒虫不来螫他,
虎狼猛兽不伤害他,
鹰雕攫鸟不搏击他。
他虽然骨弱而筋柔,
但手却时而紧握成小拳头;
虽然不懂男女交合之事,
但小鸡巴却不时勃起;
这是因为精气充沛之至。
婴儿终日啼哭,
但声音却不嘶哑,
这是因为气血调和之至。
"和"是天地万物的常态。
能认识这个道理的,

① 陈鼓应、白奚:《老子评传》,南京大学出版社2001年版,第248页。

就叫做明达事理。

一味贪图享受会造成内伤，

人的生命必将招致祸殃；

身心放任过分透支的，可谓逞强。

"益生"和"心使气"就会过早衰老，

这就叫做不合于道。

凡是不合于道的，必将加速死亡！

辨　析

本章从养生的角度论"德"，揭示和描述了"含德之厚者"的特点和气象，指出"和之至"、"精之至"是他们的、归根结底是"德"的本质特点，告诫体道者要认真体悟"和曰常，知和曰明"的道理，在人生中要防止"益生"和"心使气"，以免因而"早已"。

本章需要加以讨论的，主要是以下两个问题：

一、王弼本"知和曰常，知常曰明"，简本、帛书甲本（帛书乙本残损）皆为"和曰常，知和曰明"。究竟哪种表述科学，注家看法不一。多数注家从王弼本并作注译，并未与简、帛本加以比较和议论。高亨说："'知和曰常'，义不可通，疑'知'当为'精'。盖'精'字转写挩去，读者依下句增'知'字耳。前文云：'精之至也'，又云：'和之至也'，故此总之曰'精和曰常'。常乃自然之义，说见一章。此言精与和乃性之自然也。"[1] 高说符合文意之义理，但无文献佐证，终觉根据不足。郭沂说："从王本'知和曰常，知常曰明'的上句看，'常'已是被知者（'知和'），其下句又在'常'上加一'知'字，岂不重复！而简本和甲本作'和曰常，知和曰明'则不存在这个问题。学者以为甲本'和'前夺'知'，非是。"[2] 笔者认为郭沂之说有理，需要加以补充的是，"知和曰常"的"知"字，不仅是"重复"的问题，而且正如高亨说的"义不可通"，因为对这里的"常"字，注家一般释为"人类天性的自然规律"（高亨），如采此说，那么"知和曰常"就应释为："知道和谐就叫做'人类天性的自然规律'。"显然，这句话是义不可通的。

① 高亨：《老子正诂》，开明书店 1943 年版，第 117 页。
② 郭沂：《郭店竹简与先秦学术思想》，上海教育出版社 2001 年版，第 59 页。

王弼本在"和之至也，知和曰常，知常曰明"中，除"知和曰常"义不可通外，"知常曰明"当初是否据十六章"知常曰明"所改也未可知，但既然十六章已有"知常曰明"的思想观点，本章就不宜重复，况且从"和之至也。（知）和曰常"来看，主题是"和"，亦应作出"知和曰明"的新命题、新结论。刘笑敢说："按竹简本'和之至也，和曰常，知和曰明'，则'和'本身是一重要概念，始终是句子讨论的中心。'和'本身即是常态，知'和'（也就是懂得这种常态）就可以叫作明智。'常'与'明'都是对'和'的判断。……'常'与'明'都是说明'和'的。两章（按：指本章与十六章）内容本不相同。竹简本'和曰明'很可能就是古本之貌。"[①]

"和曰常"的"和"字是什么意思？为什么说"和曰常，知和曰明"呢？四十二章说："道生一，一生二，二生三，三生万物。万物负阴而抱阳，冲气以为和。"在此章的"辨析"中，笔者对其涵义作了解说。简要地说，就是："道生一"的"道"是道的本然状态，可称之为"无极"，而"道生一"的"一"可称之为"太极"。无论"无极"还是"太极"都是指道还未分化（"一分为二"）的阶段，是其浑然一体的阶段，亦即"和"的阶段与状态。"万物负阴而抱阳，冲气以为和"中的"万物负阴而抱阳"是指"一分为二"即阴阳对立的状态。"冲气以为和"是说对立面经过"冲气"即相互激荡之后达到了和谐的状态。其实，上面所说的"道生一"即"无极"与"太极"的阶段，也是"和"的状态，不过是尚未分化的"浑然一体"的状态罢了。因此，老子说的"和"当指这两个阶段或两种状态的"和"。婴儿的"和之至"的"和"，指的是对立面尚未分化的"浑然一体"意义上的"和"；五十六章讲的经过"挫其锐，解其纷，和其光，同其尘"而达到的"玄同"状态，当指后一种"和"，即"冲气以为和"的"和"。

"和曰常"的意思是说，"和"是天地万物的常态（与十六章说的"知常曰明"中"常"字的涵义不同），是道的本质性表现，与此相反的阴阳完全对立的状态不是道的从而亦不是事物的常态，所以老子说："飘飞不终朝，骤雨不终日。"（二十三章）"知和曰明"是说知道这两种状态的"和"，从而尽力维持第一种"和"，而在阴阳完全对立的情况下，则努力促进第二种"和"的实现的人才是明智。二十八章说的"复归于婴儿"，就是要人们力图保持或复归于道的未分化的"和之至"的状态，原始的同一状态，亦即所谓返本复初。在不可能做到的情况下，也要努力促进第二种"和"，以实现

---

① 刘笑敢：《老子古今》，中国社会科学出版社 2006 年版，第 540 页。

新的和谐，而不应听任事物长期处于矛盾尖锐对立的状态。

　　二、对"物壮则老，谓之不道。不道早已"，高亨说："此三句，是三十章的经文，此处乃重出。应删。"① 他虽然这样说，但其校订文却未删，只是没有译出而已。古棣说："按：本章到'心使气曰强'为止，意未完结，当有下文，而'物壮则老'却与上文不相连接，横生枝蔓。余认为原文作'谓之不道，不道早亡。'读者因求与三十章经文统一而加'物壮则老'四字。'谓之不道'正紧接上文而言：'益生曰祥，心使气曰强'叫做'不道'，不道则必早亡。这样顺理成章，而又意义完足。"② 古棣的校订文果真将"物壮则老"删除了。显然，这只是根据"理校"（按义理校诂）而删除的。余认为不能因为经文的个别章句重出就"应删"，更不应只按自己的"理校"就真删，因为这样做是很不严肃的。

　　笔者认为，对"物壮则老，谓之不道"不应孤立地解读，否则是讲不通的："物壮则老"恰恰是不可抗拒的自然规律，怎能"谓之不道"呢？老子就说过"天地尚不能久，而况于人乎？"（二十三章）之所以这样讲，不就是因为作为"物"的"天地"也会"壮则老"吗？毛泽东的诗句"人生易老天难老"，也只是说"天难老"，而未说"天不老"，因而是准确的。余以为应把这句话放在本章的具体语境中去解读。其前为"益生曰祥，心使气曰强"。"益生曰祥"姑且不论，单就"心使气曰强"来说，"强"与"壮"是同义词，因而"心使气曰强"可以置换为"心使气曰壮。"从王弼注"心使气曰强"为"心宜无有，使气则强"来看，他是把"曰"释为"则"③ 的，故而"心使气曰壮"亦即"心使气则壮"。既然"物壮则老"是不可抗拒的自然规律，那么"心使气则老"就是必然的了。那么在历史上和现实中，有没有"心使气则老"的情况呢？这种情况，我们耳闻目睹的难道还少吗？君不见因为暴怒而导致心肌梗死而猝死者乎？君不见因为"心过强"而导致身心长期过分透支而英年早逝者乎？这不是"物壮则老"吗？岂止是"老"，而且是"早已"或"早逝"了。

　　这里需要加以讨论的还有，老子这里说的"物壮则老"的"物"，指的

---

　　① 高亨：《老子注译》，河南人民出版社1980年版，第121页，
　　② 古棣：《老子校诂》，吉林人民出版社1998年版，第430页。
　　③ 王弼将"曰"释为"则"是有根据的，因为"曰"通"则"，如：《墨子·天志》："杀不辜者，谁也？曰人也；予之不祥者，谁也？曰天也。"《公羊传·僖公二十一年》："吾与之约以乘车之会，自我为之，自我堕之，曰不可。"皆其例。

并非一般的物,当指"人"。何以见得?三十七章"道常无为而无不为。侯王若能守之,万物将自化"中的"万物",指的当不是山川河流、花鸟鱼虫、老虎狮子之类,因为这些"物"虽然成千上万,但绝不会因为得知某一侯王守道,就争先恐后、络绎不绝地跑到侯王那里去"自化"。这里的"万物"指的当是"万民"(详见本书第八章【辨析】二)。"万物"与"万民",同约一个"万"字,剩下一个"物"字和"民"字。"物"者,"民"也;"民"者,"人"也。所以这里说的"物壮则老",实际是"人壮则老"。而"人壮则老"的"人"在这里也不是指那些到了壮年而自然地走向老年并享尽天年的人,因为由壮到老也是不可抗拒的自然规律,何谈"谓之不道"呢?这里说的"人",当指那些"心使气"者和"益生"者。在老子看来,那些"心使气"者和"益生"者皆为"不道"者,因为他们违背了道的自然和谐之本性。"不道早已"是说这样的人会过早地走向死亡。

以上是将"物壮则老,谓之不道。不道早已"纳入具体的语境中所作的分析,亦即与其前的"益生曰祥,心使气曰强"结合起来所作的解读。否则,"物壮则老,谓之不道"在义理上就讲不通。正因为"物壮则老,谓之不道"不应视为孤立的文句,所以在校定文中笔者不像其他注家那样把它标为一句话,而是把它与其前面的"益生曰祥,心使气曰强"共同作为一句话,亦即在"益生曰祥,心使气曰强"后不画句号而点逗号。

正因为对本章中的"物壮则老,谓之不道。不道早已"可以作这样的解读,所以,"物壮则老"并非古棣所说的属于"横生枝蔓";而且这几句话也并不"应删",这是因为:虽然它在三十章中已有,但那是在侯王"以兵强天下"的政治命运和前途的意义上讲的,而本章则是在养生意义上讲的,根本就不是一码事。因此,虽然"重出",亦非赘言。

述 评

如前所述,本章从养生的角度论"德",揭示和描述了"含德之厚者"的特点和气象,指出"精之至"、"和之至"是"含德之厚者"的、归根结底是"德"的本质特点。老子在本章中提出的若干命题和论断对于指导养生、修身、治国和日常生活,至今仍有重要的现实意义。这些命题和论断包括:"含德之厚者"犹如婴儿那样"精之至"、"和之至","和曰常,知和曰明","益生曰祥;心使气曰强","物壮则老,谓之不道。不道早已"等。

就拿"和"来说，笔者在【辨析】一中已经区别和分析了两种"和"。比如，父母对婴儿百般呵护，避免因其"阴阳失调"而生病，就是尽力维护第一种"和"的做法。我国大陆与香港、澳门在"一国两制"基础上的和平统一，就是努力促进第二种"和"的实现的结果。我们虽然实现了与香港和澳门在"一国两制"基础上的和平统一，但维护和进一步巩固这种局面，依然是大陆和香港、澳门的中国人共同的长期的历史任务，其间必然会遇到某些新情况需要面对，必然会遇到某些新问题或新矛盾需要解决，因此切不可因为实现了和平统一就万事大吉，以为可以高枕无忧、麻痹大意、无所事事了，否则也难免出问题。况且我们还面临着如何实现与台湾在"一国两制"基础上实现和平统一的历史任务，这是一个更为复杂、更为艰巨的任务。

在中国共产党和毛泽东的领导下，中国人民经过几十年的革命战争，推翻了"三座大山"，结束了国民党反动派的独裁统治，建立了新中国，这也是努力促进第二种"和"的实现的结果。这是实现矛盾对立面转化及其基础上所促成的"和"。正因为有了这种"和"，我们今天才有可能提出"构建中国特色社会主义和谐社会"的历史任务。显然，构建中国特色社会主义和谐社会也属于努力促进第二种"和"的实现。社会和谐是人类社会共同的理想目标。但是，真正的"和谐社会"只有在社会主义条件下才有可能，所以说社会和谐是中国特色社会主义的本质属性，也是其本质特征之一。我们这样讲，并非说我们现在已经是"中国特色社会主义和谐社会"了，所以《中共中央关于构建社会主义和谐社会若干重大问题的决定》冠之以"构建"二字。事实上，在我国现阶段的社会里，由于存在着生产资料的多种所有制，由此决定了分配方式的多样化和多种社会阶层的存在，并在较大程度上决定了人们的多种行为方式和生活方式，因而社会矛盾是大量的、复杂的，有时甚至是很尖锐的，这就是不和谐的因素和表现。社会上的矛盾和问题也必然反映到中国共产党的党内来，所以党内在思想上、政治上、组织上也会出现一些不和谐的因素。这些都是必然的、不可避免的，而且是长期的。不过，有中国共产党的正确坚强的领导，有社会主义制度的优越性，而且"社会和谐"是全党和全国各族人民的人心所向，大势所趋，"社会主义和谐社会"的奋斗目标一定要实现，也一定能够实现。在这个过程中，同样存在着两种"和"。比如在一个团体或单位中，如果上下左右的关系非常和谐（一个刚组建的部门或单位往往如此），那么就应当致力于维护和进一步巩固这种难得的局面，这就属于前面所说的第一种"和"。但是，鉴于上述种种社会矛盾之存在，那么努力促进第二种"和"（包括实现对立面的和谐，也包括实现对立面的必要的转化）的实现，则是大量的，也是更为长期、复杂的任务，而且如果处理不好，也可能会出现关系党和国家前途命运的大问题，因此我们决不可掉以轻心。所以老子曰："知和曰明。"这句话的意思是说，深知"和"并能善于维持和促进上述两种"和"的实现，就是一个明智的人或集体，否则就是一个胡涂蛋或一群胡涂虫。当然，如能经过几代、十几代人的努力，使我们的社会达到"精之至"、"和之至"的状态，就更加理想了。到那时，就会有成千上万的人成为"含德之厚者"，若果真如此，岂不快哉！

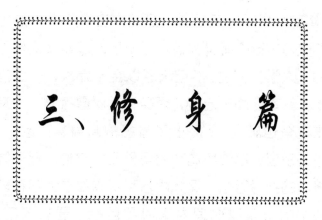

三、修身篇

引　言

　　"修身"犹如夯实根基，是完善自身与处人治世的基点，所以为中国传统文化各家各派所高度重视。作为儒家经典的《大学》就说："自天子以至于庶人，一是皆以修身为本。其本乱而末治者，否矣；其所厚者薄，而其薄者厚，未之有也。"它还提出了著名的修身、齐家、治国、平天下的宗旨，亦即所谓"内圣外王"之道。但不同的学派在修身的指导思想、具体内容和基本要求上存在较大差异。儒家的修身以伦理为重心和目标，要求以仁、义、礼、智、信修身养性，臻于圣贤之境；而老子及道家的修身则以自然为重心和目标，要求以"道"及其所体现的自然无为原则修身，向真朴的自然之性复归，并以反朴归真作为基本的道德追求和价值取向。老子说："修之于身，其德乃真；修之于家，其德有余；修之于乡，其德乃长；修之于邦，其德乃丰；修之于天下，其德乃普。"（五十四章）修身篇阐述了尊道贵德、依道修身的极端重要性，应从哪些方面依道修身，以及依道修身有成者的样态等问题。老子是希望侯王等统治者能依照"道"的本质特性和基本要求修身，在此基础上能像"圣人"那样"执'一'为天下式。"（二十二章），依"道"治国平天下。

二十九章

昔之得"一"①者：天得一以清，地得一以宁，神得一以灵，谷得一以盈，万物得一以生②，侯王得一以为天下正③。

其致之也④：谓天无以清，将恐裂⑤；地无以宁，将恐发⑥；神无以灵，将恐歇；谷无以盈，将恐竭；万物无以生，将恐灭；侯王无以贵高，将恐蹶⑦。

（通行本第三十九章上）

说　明

之所以将通行本第三十九章分为两章，是因为此章之第一、二段是分别从正反两个方面阐释是否得"道"对于天地万物能否保持其自身特性及对侯王政治命运的决定性作用的，而第三段则是讲侯王应以"贵以贱为本，高以下为基"的原则修身的，二者之文义似不相属，故使其各自独立成章。

注　释

① "一"：此处代指"道"。林希逸注曰："'一'者，道也。"范应元注曰："物有万殊，道惟一本，故昔之得'一'者……。是以各由其一而不自以为德也。"（《老子道德经集解》）但是，所见诸译本均未将"一"的涵义译出。

刘笑敢先生说："本章的'一'突出了世界总根源和总根据的统一、惟一的特点，这个特点用'道'这个符号是表达不出来的，所以用'一'字有其必要和新义。"①

②万物得一以生：王弼本、河上公本、傅奕本等有此句，而帛书甲乙本、严遵本无。高明力辩传世本这两句（含下段与此对应的一句）是后人铺排增衍的结果。高明所言也许是对的，但考虑到这两句已传世多代，其思想并不违老子主旨，故校定文仍保留之。

③侯王得一以为天下正：帛书甲乙本、河上公本、景龙本、严遵本、顾欢本等古本如是。王弼本、傅奕本等"正"作"贞"。范应元注曰："'贞'，正也。王弼、郭云同古本。"王念孙曰："河上公本'贞'作'正'。注云：'为天下平正。'念孙按：《尔雅》曰：'正，长也'。《吕氏春秋·君守篇》：'可以为天下正。'高注曰：'正，主也。''为天下正'，犹《洪范》言'为天下主'耳。下文'天无以清'，'地无以宁'，即承上文'天得一以清，地得一以宁'言之。是'正'为君长之义，非平正之义也。王弼本'正'作'贞'，借字耳。"②

④其致之也：帛书甲本同，乙本"致"作"至"。注家多取甲本。高亨注曰："致，犹推也。其，将也，转接连词。《战国策·韩策》：'子以秦为将救韩乎？其非乎？'"③ 高亨并将此句译为"将推究其理"。余以为，说"致，犹推也"是对的，但"其"字似为承上的代词，"之"为启下的代词，意思是由以上的道理可以推导出以下的道理。

⑤天无以清将恐裂：王弼本、河上公本、傅奕本等如是，下同。帛书各句"无以"作"毋已"；"将恐裂"的"将"字，其义为"则"，下同。裴学海《古书虚字集释》卷八："将，犹则也"。裴书从古文献列举二十三例为证，可信。此句（下同）无"得一"二字，乃行文之省略，实际涵义是：天若不得"一"以清，恐怕就要崩裂。

⑥地无以宁将恐发：高亨说："刘师培说：'发，借为废。'废是塌陷。"其实，古代"发"字本身就有此项涵义，无需假借为"废"。发，毁坏也。如《汉书·高帝纪上》："大风从西北起，折木发屋，扬砂石。"《后汉书·来歙传》："矢尽，乃发屋断木以为兵。"皆其例。

⑦侯王无以贵高，将恐蹶：王弼本、河上公本如是。帛书为"侯王毋已贵以高"。现代注家对此句多校定为"侯王无以正，将恐蹶"。笔者以为仍应

---

① 刘笑敢：《老子古今》，中国社会科学出版社2006年版，第415页。

② 王念孙：《读书杂志·老子杂志》。

③ 高亨：《老子注译》，河南人民出版社1980年版，第92页。

据王弼本作"侯王无以贵高，将恐蹶"，理由见【辨析】一。

译 文

自古以来，
得"道"者的情况是：
天得"道"则清明；
地得"道"则安宁；
神得"道"就显灵；
川谷得"道"就充盈；
万物得"道"则充满生机，
侯王得"道"，
就有可能做天下之主。
以此推而论之：
天若不得"道"，
就不能保持清明，
恐怕就会崩裂；
地若不得"道"，
就不能保持安宁，
恐怕就会塌陷；
神若不得"道"，
就不能灵验，
恐怕难免会消散；
川谷若不得"道"，
水就无法保持充盈，
恐怕难免涸竭；
一切生物若不得"道"，
就不能继续生存繁衍，
灭绝的危险恐怕在所难免；
侯王若不得"道"，
高贵的地位岌岌可危，
恐怕难免被推翻。

辨　析

　　本章从正反两个方面论证了修道得道的极端重要性，旨在告诫侯王等统
治者要认识到是否修道得道是与自己和国家的政治命运生死攸关的大问题，
因此前面讲的天、地、万物等等不过是为讲这一道理做铺垫，对于诗而言，
它们起了"起兴"的作用。因为"道在物中"，按说对于天地万物而言，似
乎并不存在是否得道的问题，因此老子这里讲的是否得道当指能否达到道的
（从而亦是物的）最佳状态即自然和谐的状态，亦即"和之至"的状态；而
对于侯王来说，他们的得道是指把握道的特性并能用之于治国、平天下。

　　值得注意的是，马王堆汉墓帛书《道原》也论述了得道的重要性及道的
代号（"一"）、特点、本质和功用。它说："鸟得而飞，鱼得而游，兽得而
走。万物得之以生，百事得之以成。人皆以之，莫知其名；人皆用之，莫见
其形。'一'者其号也，虚其舍也，无为其素也，和其用也。"后四句的意思
是说，"一"是道的名号，虚是道的居所，无为是道的本质特点，和是道的
功用。它还指出，圣人"抱道执度，天下可一也"，说明得道、用道对于治
国平天下的极端重要性。

　　本章需要讨论的，主要是以下两个问题：

　　一、本章第二段末句，王弼本为"侯王无以贵高，将恐蹶"；傅奕本为
"王侯无以贞而贵高，将恐蹶"；帛书乙本为"侯王毋已贵以高，将恐蹶"
（甲本句残）。朱谦之说："武内义雄曰：景、遂、敦三本'侯王'与上文合，
下又同。景、遂二本'贵高'，敦本无'高'字，然下文'贵高'并称，有
'高'字是。……谦之按：此句疑有误文。诸河、王本、顾欢本、磻溪、景
福、楼正、室町、奈卷句同此。范本作'王侯无以为贞，将恐蹶'，傅奕作
'王侯无以贞而贵高，将恐蹶'，彭耜、赵孟頫同傅本，惟'王侯'作'侯
王'。严遵同彭本，惟'无以为贞'作'无以为正'。"①

　　刘师培说："案：上文'天无以清'，'地无以宁'，'神无以灵'，'谷无
以盈'，'万物无以生'，均承上'以清'、'以宁'、'以灵'、'以盈'、'以生'
言，惟此句'无以贵高'与上'以为天下贞'不相应，疑'贵'即'贞'字
之讹。'贵'、'贞'形近，后人据此节王注有'清不足贵'诸文，遂改'贞'

––––––––––––––––––––

　　①　朱谦之：《老子校释》，中华书局 1984 年版，第 157—158 页。

为'贵',又疑'贵高'并文,与下'贵高'二语相应,遂于'贵'下增'高'字,实则'贵'当作'贞','高'乃衍文也。"(《老子斠补》)

易顺鼎说:"当作'侯王无以贞,将恐蹶'。'贞'误为'贵'。后人见下文'贵以贱为本,高以下为基'二句,以为承上文而言,妄于'贵'下又加'高'字。遂致踵讹袭谬,而义不可通矣。"(《读老札记》)蒋锡昌、严灵峰、陈鼓应等注家从其说,并说"贞"、"正"古字通用,其校订文改"贞"为"正"。

余以为,刘师培、易顺鼎之说虽辩,但缺乏权威性古本之根据,仅为一种推测耳,故不足为据。从朱谦之的校释看,王弼本此句作"侯王无以贵高,将恐蹶"并非孤立的,而是有多家古本与之同。从义理上看,侯王视民为"下",视己为"高",视民为"贱",视己为"贵"。此句是说,如果侯王不能得道,自己的"贵高"地位就难以自保,恐怕就会被颠覆。此句与上文"侯王得一以为天下正"也并非"不相应",因为这句话的意思是说,侯王如果得道就可以做天下之主;而"侯王无以贵高,将恐蹶"则是说,侯王如果不能得道,不仅做天下之主根本无望,而且连侯王自身的"高贵"地位也会岌岌可危。老子此句的旨意可能即在于此,以此警示侯王们要修道得道。如果按刘师培、易顺鼎之说将此句校定为"侯王无以正(贞),将恐蹶",联系上文,此句就应释译为"侯王如果不能得道,就不能做天下之主,恐怕将会被颠覆。"其实,侯王的"恐怕将会被颠覆",是在侯王的位置上、而并非在天下之主的位置上要发生的事情。

此外,王弼本的"侯王无以贵高,将恐蹶",帛书乙本为"侯王毋已贵以高,将恐蹶"(甲本句残)。高明说:

> 帛书各句"毋已",今本皆作"无以"。乃将"已"字写为"以",因一字之差,则经义全非。故各家注释颇多臆测,尤其是诠释"侯王"一句,更是众说纷纭,不着边际。……《诗经·郑风·风雨》:"鸡鸣不已",郑《笺》:"已,止也。""毋已"即无休止,无节制之义。如帛书甲、乙本云"天毋已清将恐裂",正如河上公注:"言天当有阴阳弛张,昼夜更用,不可但欲清明无已时,将恐分裂不为天。"……再如,"地无以宁将恐发"……河上公注云:"言地当有高下刚柔,气节五行,不可但欲安静无已时,将恐发泄不为地。"

他认为，由此可见，河上本"无以"原作"无已"，故作此诠释。①

　　高明的说法不无道理，特别是此说易于与本章之下段即"故贵以贱为本，高以下为基"之义相衔接。但细加推敲，亦有不可解而需商榷之处，因为本章第一段讲"天得一以清"等等，都是从正面以肯定的语气说的，其内涵当为"清"是天之所以为天的特性，它是由得"一"（"道"）而实现的；"宁"是地之所以为地的特性，亦是由得"一"而实现的，而且"清"、"宁"分别是天和地的本质性特点，因为天的电闪雷鸣、地的山崩地陷，毕竟是一时的、个别的情况。如果将帛书的"毋已"诠释为"鸡鸣不已"的"不已"，即无休止，说"天如果无休止地清，将恐裂"，不成其为"天"；"地如果无休止地宁，将恐发"，即不成其为"地"。那么依此逻辑，前句就不应是"天得一以清"，"地得一以宁"而应作"天得一以清又非清"，"地得一以宁又非宁"，才能顺理成章，而原文却并非如此。此外，河上公注"神无以灵将恐歇"，说："言神当有王相囚死休废，不可但欲灵无已时，将恐虚歇不为神"。这就不明白了：按说神应当永远灵，怎么"灵无已时，将恐虚歇不为神"呢？河上公注"谷无以盈将恐竭"，说："言谷当有盈缩虚实，不可但欲盈满无已时，将恐枯竭不为谷"。山谷（的水）如果"盈满无已时"，就是永无休止的盈满，怎么就"将恐枯竭不为谷"呢？这更难以讲得通。

　　鉴于以上分析，余以为诸句不可从河上公本"无以"作"无已"，此句也仍应从王弼本作"侯王无以贵高，将恐蹶。"

　　二、关于本章中的"一"与四十二章中"道生一"的"一"涵义是否相同的问题。孙以楷说：

　　　　什么是"一"？在《老子》书中，"一"就是道本原本体状态。这基本上是学者们的共识。本章中的"昔之得一者"之"一"，就是道。古棣先生也是这样看的，但他又说："这里的一同四十二章道生一、一生二的一不同，四十二章是讲道派生天地万物的；那里的一是原始物质，是第二性的，由道派生出来的，这里则是指道。"其实，"一"本来就是道。如果"一"是道，那么道如何又"生一"？这个地方确实是老子表述的不慎，或不清楚。道是什么？道是天地万物之本原质料，是混沌一体的物质存在，在老子那个时代就是气。道又是天地万物的本体。也就是说，道既是天地万物的本原材料，又是天地万物之共同本质。这种本

---

①　高明：《帛书老子校注》，中华书局 1996 年版，第 12—13 页。

原质料在剖判成天地之前，是混沌一体。因为是无限之一体，所以由道就可以引出"一"来。这就是"道生一"。"生"即"性"，"道生一"，即"道性一"。道的本体性是"一"。本章中的"一"，是道，四十二章中的"一"，也是道，《老子》中的"一"就是道。①

本章中的"一"的确指的是道，《老子》中似乎还有三处的"一"也是指的道，一是二十二章"圣人抱一为天下式"中的"一"，二是十四章"此三者不可致诘，故混而为一"的"一"，三是第十章"载营魄抱一"的"一"。但是，说四十二章"道生一，一生二"中的"一"指的也是道，则不当。我们知道，四十二章关于这句话的完整表述是"道生一，一生二，二生三，三生万物"，就是说，从道到万物还隔着三个层次，而五十一章首句"道生之"即"道生万物"，说明道与其所"生"的万物之间未隔任何层次，可见"道生一"中的"一"指的并不就是道。孙以楷说："'生'即'性'，'道生一'，即'道性一'。道的本体性是'一'。"如果这还可勉强说得通的话，那么"一生二，二生三，三生万物"又该怎样解释呢？按照形式逻辑的同一律，那么只能是："一的本体性是二，二的本体性是三，三的本体性是万物。"如此说来，不是道为万物的本体，反而成了万物是道的本体了，岂不谬哉！

孙以楷说："道是什么？道是天地万物之本原质料，是混沌一体的物质存在，在老子那个时代就是气。道又是天地万物的本体。"说"道"是"天地万物的本体"，这我同意，但又说"道是天地万物之本原质料，是混沌一体的物质存在，在老子那个时代就是气"，则不准确。因为"天地万物之本原质料"也罢，"混沌一体的物质存在"也罢，"气"也罢，反正都是"物"，而物皆由道所"生"，那岂不是说"物生物"了吗？也许会说"道是最原始的物呀！"那么试问：作为"最原始的物"的道在转化为万物之后，它是否还存在呢？如果不存在，道就不是"常道"或"恒道"了；如果仍然存在，那么似乎就只能用"基因"理论来解释，而在老子时代似乎还没有创立出这种理论来。依笔者看还是庄子说的"物物者非物"即道是"非物"有点道理。如前所述，在笔者看来，道是天地万物及社会人生的存在本体和价值本体，其实质是矛盾法则或对立统一规律。以上分析，可参阅本书十三章之【辨析】。

此外，孙以楷说："其实，'一'本来就是道。如果'一'是道，那么道

———

① 孙以楷：《老子通论》，安徽大学出版社2004年版，第424—425页。

如何又'生一'？这个地方确实是老子表述的不慎，或不清楚"。对孙以楷的这个说法，实在不敢苟同。因为老子并非知识界的平庸之辈，他在思想观点的表述上恐怕不会"不慎，或不清楚"，况且根据司马迁《史记·老子韩非列传》的说法，《老子》是在老子在行将出关的短时间内写成的，因而不会有前后文相抵牾的问题，而且学术界似乎也未发现类似的问题。当然，这不是说老子的思想就没有历史局限性，而且笔者认为孙先生对老子的思想包括其历史局限性的评述在总体上是对的，特别是对古棣等人某些不当观点的批驳是有说服力的。余只是以为在《老子》研究中，凡是遇到不易讲通的问题，还是以自己先下一番功夫为好，似乎不宜于轻易怀疑"老子表述的不慎，或不清楚"。

述　评

在本章中，老子论述了得"一"对于天地万物及侯王的极端重要性，说明是否得"一"是关系它们生死存亡的大问题。作为道之代称的"一"，一方面说明道是一本性自足的整体，另一方面说明"道"所体现的是天地万物以及人类社会之间的整体性、自然性与和谐性。在老子看来，天地万物和人都为道所"生"，道为天地万物和人类的本原和存在本体，因而天地万物和人类是同根同源的，由此形成了老子的天人合一的观念与思维方式，即是说，人与自然界是一个不可分割的统一整体，它们之间的关系应当是自然而然的、和谐的。人与自然是命运共同体，只有合一才能充分体现双方各自的价值和性命之情。老子说："知常曰明。不知常，妄作，凶。"（十六章）"知常"就是要知道"道"及其所体现的天地万物以及人类之间的整体性、自然性与和谐性；如果对"道"及其所体现的天地万物以及人类之间应有的整体性、自然性与和谐性茫然无知，甚至强作妄为，必然带来严重后果。事实上，近代工业革命以来，由于人类中心主义的盛行，工具理性的滥用以及将自然界作为征服、索取和战胜的对象的天人二分的思维方式及实践方式的膨胀，使人与自然界之间的整体性、自然性与和谐性遭到破坏，致使生态环境出现了严重危机，不仅严重损害了自然界，而且直接危害了人类的生存与发展。因此，老子关于天人合一的观念与思维方式具有重大的现实意义。

三十章

道常无名，朴。虽小^①，而天下莫能臣^②。侯王若能守之，万物将自宾^③。

天地相合，以降甘露。民，莫之命而自均^④。

始制有名^⑤。名亦既有，夫亦将知止，知止所以不殆^⑥。

譬"道"之在天下，犹川谷之于江海也^⑦。

（通行本第三十二章）

注　释

①道常无名，朴。虽小：这句话的意思是说，道总是没有名分的，质朴的。它虽然小，……。为什么说道是"小"的呢？这主要是就其没有名分和浑朴的特点而言的，因为人们往往把那些名位高又十分彰显的人物和事物视为大的。其次，因为道在物中，而物有最微小的，在这种物中的道当然也是最小的，这就是所谓"其小无内"；也正因为道在物中，而物质世界是无限大的，所以道又是无限大的，这就是所谓"其大无外"。老子在此之所以把道的"常无名"、"朴"、"小"等特点都列出来，意在说明无论从哪一方面看，道似乎都是可以被人臣服或役使的（而事实当然绝非如此）。"虽小"，帛书乙本（甲本缺损）作"唯小"。

②而天下莫能臣：通行本如是，缺"而"字。帛书乙本为"而天下弗敢臣"。校定文据帛书乙本补"而"字。句谓：但是，天下没有谁能使之臣服。

③对这一段话，河上公注曰："道能阴能阳，能弛能张，能存能亡，故无常名也。道朴虽小，微妙无形，天下不敢有臣使道者也。侯王若能守道无

为，万物将自宾服，从于德也。"① 高明说："大道初成，天地未形，无物而生，故曰'道恒无名'。'朴'谓真之未散，'小'谓体之微眇，虽微眇难见，天下莫不以道为主。侯王若能守道无为，则万物将自宾、自化、听其自然。"② 宾，帛书及通行本作"均"，校定文从简本作"宾"。

③民，莫之命而自均：注家多在"民"后不断句，多译为"人民（人们）无须指使它而自然均匀"。如此，这里的"它"只能是"天地相合，以降甘露"了，似不准确。在笔者看来，"天地相合，以降甘露"一句是以形象的比喻作铺垫而引出下句即"民，莫之命而自均"的，因而"莫之命"的对象是"民"。意思是说，对于人民来说，无须统治者下命令，他们就会实现自我均衡，此与"我无为，而民自化；我好静，而民自正"（五十七章）的涵义是一致。"命"，简本如是，帛书及通行本作"令"。五十一章有"夫莫之命而常自然"（王弼本）句，与此句之句式同，意义近，故校定文从简本作"命"。

对本章中说的"自宾"和"自均"，刘笑敢先生诠释说："这里的'自宾'是万物及百姓对道的服从，是为了社会整体和谐而对自身的一种自觉而非被迫的制约，'自均'则是自然获得的利益，是不受直接干预的自主性的体现。'自然'的原则、自然的秩序同时意味着个体的自主性和个体的自我约束两个要素，缺少任何一个要素都无法维持自然的秩序。'自化'、'自定'、'自正'、'自均'、'自宾'、'自朴'、'自富'"都有两方面意义，一方面是就个体来说的，另一方面是就整体来说的。就个体来说，老子主张充分的个人自由与发展空间，主张保护个体的自主与活力，反对外来的控制与干涉；就整体来说，老子主张自然而然的和谐、平静、均衡与有序，反对社会管理者以自己的意志、欲望以及强制性的手段来破坏这种秩序。"③

⑤始制有名：对此句的解读，详见【辨析】一。

⑥知止所以不殆：简本、帛书甲乙本、河上公本、傅奕本如是；王弼本"所以"作"可以"。此句连上文，可知"所以"的表意胜于"可以"，故校定文从简本、帛书作"所以"。

⑦譬"道"之在天下，犹川谷之于江海也：傅奕本如是，王弼本无"也"字，帛书两句皆有"也"字。校定文从傅奕本。

① 《老子道德经河上公章句》，王卡点校，中华书局1993年版，第130—131页。
② 高明：《帛书老子校注》，中华书局1996年版，第398页。
③ 刘笑敢：《老子古今》，中国社会科学出版社2006年版，第346页。

古棣说："各本在'知止不殆'后皆有'譬道之在天下，犹川谷之于江海也'，陶绍学、马叙伦皆认为这两句是六十六章错简。此说是。本章到'知止不殆'，意义完足，这两句又与上文不联属，《老子》故书不应有此蛇足；而移至六十六章则如左右契相合。"[1] 经核查，马叙伦只是在《老子》章句的校诂过程中说到："陶绍学曰：'此二句宜在下篇江海能为百谷王上。'"[2] 即陶绍学认为应将此二句移至六十六章首句之前。但马叙伦对陶绍学之说未置可否，因此不能说"陶绍学、马叙伦皆认为"如何如何。

句谓：这就像道在天下那样——道犹如奔腾的川谷之水归入了大海，从此就相对静止了啊！对这两句话的辨析和解读，详见【辨析】二。

译 文

"道"总是没有名分，秉性质朴。
它虽然小，
但天下没有谁能使之臣服。
侯王若能持守它，
万物（万民）将会自动归附。
这就如同天地间阴阳相合，
就会自行降下雨露一样啊，
对于人民，
无须谁下命令，
他们就会自行达到均衡。
当初建立了分封制，
你们（侯王）都有了名分。
名分既然有了，
就应知道适可而止。
知道适可而止，
所以不会招致灭顶之灾。

---

[1] 古棣：《老子校诂》，吉林人民出版社 1998 年版，第 115 页。
[2] 马叙伦：《老子校诂》，载《四部要籍注疏丛刊·老子》，中华书局 1998 年版，第 1648 页。

这就像道在天下那样啊——

犹如奔腾的川谷之水归入了大海，

从此就相对静止，不再滚滚而来！

辨　析

这一章的上半部分讲侯王守道的理由与效果；下半部分（从"始制有名"开始）讲侯王守道就应"知止"，要像道那样守静，不可野心勃勃，否则难免横遭厄运。本章需要加以辨析的主要有两个问题，一是"始制有名"是什么意思？二是"譬'道'之在天下，犹川谷之于江海也"是什么意思？

一、关于对"始制有名"的注译，现举例分析之。

王弼注："始制谓朴散始为官长之时也。始制官长，不可不立名分以定尊卑，故始制有名也。"

傅山曰："'始制有名'，'制'即'制度'之'制'，谓治天下者初立法制……后世之据崇高者，只知其名之既立，尊而可以常有。天下者，非一人之天下，天下之天下也。"①

高亨："我开始给它创造个名字，称它为道，它就有了名字了。"

张松如："开始制作便随而有名。"

任继愈："有了管理，即有名称。"

陈鼓应对此句注曰："万物兴作，于是产生了各种名称。'始'指万物的开始；'制'，作（林希逸注）。'始制有名'即二十八章所说的朴散为器。"陈将此句译为："万物兴作就产生了各种名称。"

古棣："道的名字是人们起的。"

尹振环："制度一经确立，地位、名望也随之产生。"

许抗生："（后来）名称开始制定。"

郭世铭："一旦有了典章制度，就会产生名分的区别。"

余以为，"始制有名"的"始"字，在此不是开始的"始"，而是与"当今"相对的"当初"的意思。《论语·公冶长》："子曰：'始吾于人也，听其言而信其行；今吾于人也，听其言而观其行。'"此处的"始"字即"当初"之义。"制"在此虽是制度的意思，但并非指一般的典章制度或法制，而是

---

①　傅山：《读老子》，《霜红龛集》卷三十二。

特指"分封制"，即天子或中央政府对皇亲国戚和文官武将论远近亲疏或功劳大小而分别封为公、侯、伯、子、男五级爵位，可世袭。"名"是名分的意思。"始制有名"的意思是说，当初搞了分封制，你们（诸侯国的国王）都有了自己的名分。接下文"名亦既有，夫亦将知止，知止所以不殆"，是说你们既然都有了"侯王"的名分，就应知道适可而止。知道适可而止，就不会有身败名裂的危险了。言外之意是，你们可不要再争什么霸主、"三公"（太师、太傅、太保）的地位，甚至觊觎天子的野心啊！否则就难免遭到"因嫌纱帽小，致使锁枷扛"（《红楼梦》句）的厄运呀！

老子讲这些话的社会政治背景是，侯王们为了扩大自己的地盘，争当霸主，攻城略地，连年战乱不止，"师之所处，荆棘生焉；大军之后，必有凶年"（三十章），搞得"田甚芜，仓甚虚"（五十三章），民生凋敝，生灵涂炭，他们如果再不"知止"，情况就会更糟了。

有些注家认为"始制有名"的"制"字是泛指制度、规范等，并非特指分封制。但是，这句话是"始制有名，名已既有，夫亦将知止。知止所以不殆。"这显然是老子对在名位面前贪得无厌的侯王等统治者的告诫。如果说"制"是"泛指制度、规范等"，就没有什么针对性了。"制度、规范等"，为什么"知止所以不殆"呢？难道因为制度、规范制定的多一点少一点而必定导致严重危险吗？所以，对文中个别词语的诠释，不能将其孤立起来，而应密切联系该词语所处的具体语境，否则就易于导致望文生义。

二、关于对"譬'道'之在天下，犹川谷之于江海也"的解读和注译。

以下是部分现代注家对此文的注译：

高亨："打个比喻，道在天下，天下任何事物，莫能相比。如同川谷之于江海，不成比例。"

任继愈："'道'为天下所归，正如江海为一切小河流所归一样。"

张松如："要比拟道怎样存在于天下，就如同川流溪水与江海的关系一样呀。"

陈鼓应："'道'存在于天下，有如江海为河川所流注一样。"

尹振环："这就像道之在天下那样，犹如川谷之水归流大海那样（受到民众的拥戴）。"

许抗生："譬如'道'存在于天下，犹如川谷之水（无限制地）流入江海一样啊！"

郭世铭："'道'相对于天下而言，就类似于川谷相对于江海的关系。"

蒋锡昌说："此句倒文，正文当作''道'之在天下，譬犹江海之于川谷。'盖正文以江海譬道，以川谷譬天下万物。"①

郭沂说：

　　"譬道之在天下也，犹小谷之于江海"（简本），帛书略同，王本作"譬道之在天下，犹川谷之于江海"。二语注家多有分歧。如任继愈注曰："道为天下所归，正如江海为一切小河流所归一样"。显然曲解了"在"字。陈鼓应注曰："道存在于天下，有如江海为河川所流注一样。"如此，则"道存在于天下"与"江海为河川所流注一样"之间，实无可比性。愚以为，老子的意思是说，道之存在于天下，犹如河流与江海的关系一样。河流的水流入江海后，便存在于江海，无所不在。以"小谷"喻"道"，以"江海"喻"天下"。上引二氏之说，恰恰把这种关系理解反了。②

　　以上注家们的解读，各有所长，郭沂的解说更好一些，但似乎也不很到位。要正确地解读这两句话，需要搞清楚以下三个问题，一是这两句话都是比喻，而有些译文却未将前句的"譬"字的意思译出来，而蒋锡昌则误认为"此句倒文"，就把"譬"字与后句的"犹"字攞在一起，房上架屋；二是应搞清这两句话之间的关系。两句虽然都是比喻，但后句又是比喻前句的，蒋锡昌的问题就出在未搞清它们之间的关系上；三是应搞清这两句话与上文有无关系，是否就像古棣说的那样："这两句又与上文不联属，《老子》故书不应有此蛇足。"③ 从上述注家的注译文来看，似乎看不出这两句与上文有什么内在的联系或关系，它似乎是孤立的存在，自成一体。

　　余以为，以上三个问题，第三个问题最重要。这两句话绝非自成一体的孤立的存在，而是与上文特别是"名亦既有，夫亦将知止，知止所以不殆"具有密切的联系和关系。之所以这样讲，是因为"譬'道'之在天下，犹川谷之于江海也"的精神实质是"知止"。接上文，这两句话的意思是说：我给你们讲的关于"名亦既有，夫亦将知止"的道理啊，可以用"道"来打个比方，道是什么样子的呢？它就像川谷之水流入了大海，不再像在山谷里那样奔腾咆哮滚滚向前了，而是相对静止了呀！如果将这两句话与本章开头的

① 蒋锡昌：《老子校诂》，商务印书馆1937年版，第220页。
② 郭沂：《郭店竹简与先秦学术思想》，上海教育出版社2001年版，第93页。
③ 古棣：《老子校诂》，吉林人民出版社1998年版，第115页。

几句话包括"侯王若能守之，万物将自宾"也联系起来，意思是说，你们守道，就应当像道那样"知止"，只有这样，天下万民才会向你们自动归附，你们也就"所以不殆"了啊！因此，这两句话与上文是密切联系在一起的，它是本章的有机组成部分，而不是黄山上的"飞来石"。

或曰：你讲错了，道是"周行而不殆"的，它哪里是什么"知止"啊！别忙，且听我再说几句。余以为，说"道"是"周行而不殆"的，并不是说"道"就像月亮围着地球转、地球绕着太阳转那样，更不是说它就像幽灵似的在整个宇宙空间到处神秘地巡行。现实的"道"都是存在于物中的，物外无"道"，它"周行而不殆"也是在物中进行的。作为矛盾法则或对立统一规律的道，它在物中始终发挥着作用，使物从无到有，又从有到无，这是一个大"周行"，而在这个大"周行"中又包含着若干个甚至难以计数的小"周行"，对生物来说主要表现为新陈代谢的过程，这就是事物的量变和部分质变的过程。说"道""知止"，是就其"生而不有，为而不恃，长而不宰"（五十一章）而言的，更是为了告诫那些野心勃勃、不知"知止"的侯王的。

三十一章

　　道者，万物之奥①。善人之宝，不善人之所保②。

　　美言可以市尊，尊行可以加人③。人之不善，何弃之有？故立天子，置三公④，虽有拱璧以先驷马⑤，不如坐进此道⑥。

　　古之所以贵此道者，何也？不曰求以得，有罪以免邪⑦？故为天下贵。

（通行本第六十二章）

注　释

　　①道者，万物之奥：王弼本、河上公本等古本如是。河上公注曰："奥，藏也。道为万物之藏，无所不容也。""奥"的本义为室内的西南角，引申为幽深隐秘之所或机要之地。扬雄《太玄经·文》："酋考其亲，冥反其奥。"《三国志·魏书·董昭传》："出入往来禁奥"。"奥"似可引申为玄机之所在。"道者，万物之奥"的意思是说，道啊，它是万物的玄机之所在。所谓"万物的玄机"，是说道是一切事物的深层的终极的共同的本质。**"道者，万物之奥"，可视为"道在物中"的文本根据之一。**"道在物中"说明了道不离物，物不离道，故道之于物，犹如水之于波。

　　帛书甲乙本"奥"皆作"注"。有的注家训"注"为"主"，其佐证是《礼记·礼运》："故人以为奥也"，郑玄注："奥犹主"也。但是，谓道是万物之主或其"主宰"则不当，因为道是"衣被万物而不为主"、"万物归焉而不知主"（三十四章）的。

　　关于"道在物中"的思想，《庄子·知北游》作了精到的论述：

东郭子问于庄子曰："所谓道，恶乎在？"

庄子曰："无所不在。"

东郭子曰："期而后可。"

庄子曰："在蝼蚁。"

曰："何其下邪？"

曰："在稊稗。"

曰："何其愈下邪？"

曰："在瓦甓。"

曰："何其愈甚邪？"

曰："在屎溺。"

东郭子不应。庄子曰："夫子之问也，固不及质。正获之问于监市履狶也，每下愈况。汝唯莫必，无乎逃物。至道若是，大言亦然。"

庄子说道之在物，"每下愈况"，即愈是下贱之物，道之存在就愈明显，主要因为越是下贱之物越近于自然而不加文饰的缘故。因此，离开物乃无从言道，亦无从觅道。物中的道，与作为天地万物之存在本体和价值本体的形而上的道，到后世有了佛学的"月印万川"、理学的"理一分殊"等等的解读，而在先秦，还未能那样深刻地提出问题。

②善人之宝，不善人之所保：句谓：善人以道为宝，不善之人也可为道所化育。

③美言可以市尊，尊行可以加人：此句王弼本为"美言可以市，尊行可以加人"；帛书甲、乙本为"美言可以市，尊行可以贺人"，其中"贺"字训为"加"，故与王弼本同。笔者对此考辨校定为"美言可以市尊，尊行可以加人"。理由见【辨析】。

④置三公：置，设置也。《史记·高祖本纪》："下河内，虏殷王，置河内郡。"本章的置是"封"的意思。三公指天子以下三个最高级的官员——太师、太傅、太保。

⑤拱璧以先驷马：拱璧，拱抱的璧，言大的美玉；驷马，四匹骏马或四马高车。拱璧在先，驷马在后，是古代极为隆重的进献仪式。

⑥坐进此道："坐"字是坚守的意思，如《左传·桓公十二年》："楚人坐其北门。"进，推荐也，如《战国策·楚策三》："夫进贤之难者，贤者用且使己废，贵且使己贱，故人难之。"坐进此道的意思是说，（倒不如）坚守我所进献的大"道"。

⑦古之所以贵此道者，何也？不曰求以得，有罪以免邪：傅奕本如是；王弼本前一句无"也"字，后句中的"不曰求以得"（帛书同），王弼本作"不曰以求得"。审其文义，似以傅奕本为胜，故此节文字的校定文从之。

译文

道啊，
它是万物的玄机之所在。
善人以道为宝，
不善之人也可为道所化育。
说些谄媚的话，
固然可以博得主子的欢心；
做些尊崇人主的事，
固然可以使君王更加得意；
但人主的错误言行，
难道就此得以抛弃？
所以在拥立天子、三公受封之时，
与其依次进献精美的大玉和驷马高车，
倒不如坚守我所推荐的大"道"。
古人之所以对"道"那么重视，
原因何在呢？
不就是说，修道的人就能得道；
有罪过的人，
也可以靠道的教化而弃恶从善吗？
所以"道"才为天下人看重啊！

辨析

"美言可以市尊，尊行可以加人"是笔者对原句之义及邻句之义考辨的基础上校订的文句。王弼本此句为"美言可以市，尊行可以加人"。

俞樾说："按：《淮南子·道应训·人间训》此文作'美言可以市尊，美行可以加人’，是今本脱下‘美’字。”（《诸子平议·老子平议》）奚侗亦说：
"各本脱下‘美’字，而断‘美言可以市’为句，‘尊行可以加人’为句，大
谬。兹从《淮南子·道应训·人间训》引订正。二句盖偶语，亦韵语也。"
（《老子集解》）劳健也说："二句以‘尊’、‘人’为韵，必当如《淮南子》无
疑。"（《老子古本考》）此后，高亨、朱谦之、张松如、陈鼓应等注译家皆对
俞樾、奚侗、劳健之说深表赞同，故其注本皆从之。

高明则持与此相反的观点，他说："今同帛书甲、乙本勘校，甲、乙本
均作‘美言可以市，尊行可以贺人’，尤其是甲本，在‘美言可以市’之后
而有一逗。说明自古以来即如此断句，王弼等今本既无挩也无误，而俞、奚
之说非是，《淮南·道应·人间》引文皆有衍误。甲、乙本‘贺’字，今本
作‘加’，‘加’、‘贺’古同音，当从今本假为‘加’。"①

高明对帛书和王弼本等今本的勘校是正确的，但断言"自古以来即如此
断句"，说得有点绝对化。帛书为《老子》最原始版本的结论尚未得到历史
的确证，比如比帛书更古老的简本《老子》（疑为节选本）中的有些文句就
与帛书《老子》有较大差异。因此，在没有考古新发现的情况下，除参照简
本及其它古本对帛书《老子》作必要斠校外，对帛书《老子》文句及其断句
应据老子的思想体系、是章主旨、是句句义，以及与其临句之义予以校订
之，即是说，不可孤立地看某句某词，更不宜像有的注家那样望文生义，对
《老子》的文句妄加裁断。

如果此说可以成立，现试具体分析之：

第一，《老子》一书，是老子对其道和德的基本理论，以及对如何依道
修身和依道治国的道理所作的阐述；他的这些道理不是讲给平民百姓听的，
而主要是对士大夫阶层特别是侯王们讲的。正如郭沫若所说的："老聃之言，
老百姓哪里懂得半句，完全是对统治者的进言。"当然，对方听不听、是否
践行则是另一回事。

第二，此章的意旨主要是阐明"道"如何重要，如何可贵。说它是
"善人之宝，不善人之所保"，善人可以"求以得"，即使是有罪过的人也会
靠"道"的教化而得以免除罪过。所以在拥立天子和三公受封之时，与其进
献大璧宝马，倒不如坚守"我"所推荐的大"道"。

第三，正因为是讲给侯王和王公们听的，所以本章中的"人"，也就不
是庶民，而是指侯王或王公。帛书和王弼等本的"美言可以市"中的"市"，

①　高明：《帛书老子校注》，中华书局 1996 年版，第 128 页。

起码从字面上看，"市"的对象并不明确。王弼注曰："美言之，则可以夺众货之贾"，即比别的货物好卖；有的注家释为："可得善价疾售"，即可以以高价很快卖出去。但是，除戏剧、音乐之类外，"美言"究竟如何卖得高价不得而知，卖给谁则更不明确。余以为，这里的"美言"不是"卖"，而是"进献"，进献给谁？君王或王公也。君王和王公们之谓"尊"，所以这句话应为"美言可以市尊"。而且这里的"美言"含有较多的贬义，故可译为："说些献媚的话可以讨好君王"；与此相联系，其后句"尊行可以加人"，可译为："做些尊崇人主的事，也可以使君王更加得意。"与此紧接着的后一句是"人之不善，何弃之有？"似可译为："人主的不善行为，究竟抛弃了什么呢？"如果将这几句话的思想和语气贯通起来，则似可译为：

"说些谄媚的话，固然可以博得君王的欢心；

做些尊崇主子的事，固然也可以使君王更加得意；

但人主的不善行为，难道就此得以抛弃？"

回答当然是否定的，所以紧接下文的意思是：在天子登基、三公受封之时，与其举行隆重的仪式进献"拱璧驷马"，倒不如坚守我所推荐的大"道"。

第四，如果这种分析可以成立，那么在"美言可以市"后应有一"尊"字，作"美言可以市尊"，其后句的"尊"字依然保留。这两句话连起来即为"美言可以市尊，尊行可以加人。"这样的偶句和韵语，也符合《老子》的语言风格。所以笔者疑此句在传抄过程中讹夺一"尊"字，而这在古代没有标点符号又同时出现两个"尊"字的情况下，是完全可能的。当然这也仅是一种推测，权为一家之言耳。鉴于此，校定文在"美言可以市"后权且增一"尊"字。

三十二章

希言，自然①。

飘风不终朝，骤雨不终日②。孰为此者？天地。天地尚弗能久，而况于人乎③！

故从事于道者，同于道④；德者，同于德；失者，同于失。

同于德者，道亦德之；同于失者，道亦失之⑤。

信不足焉，有不信焉⑥。

（通行本第二十三章）

注 释

①希言，自然：希，"稀"字之假借。对这句话的释义，注家大体有两派意见：一是少说话，是合于自然的。这句话与五章的"多言数穷"相对。"言"引申为言教、政令。蒋锡昌说："'多言者'，多声教法令之治；'希言者'，少声教法令之治；故一即有为，一即无为也"。① 二是对大自然少发议论。联系下文，两种释义均可通。在对天文气象知之甚少的那个年代，劝诫人们对大自然少发议论，是可以理解的。但在先秦，"自然"尚未有近现代所赋之自然界或大自然的涵义，故后一种解读意见是不当的。"希言，自然"的意思是说，统治者少发声教法令，实行无为而治，人民就会自化、自成。

对"希言自然"，高亨在二十二章的注释中说："此句，王弼各家本均列入下章之首，姚鼐本列入本章之末。帛书甲乙本均不分章，各家划错了，姚

---

① 蒋锡昌：《老子校诂》，商务印书馆1937年版，第156页。

氏改对了，今从姚。希，当作常，形似而误。常，永恒不变。"对这句话，高亨译文为："这就是人们经常说的自然之道。"① 古棣从高说，并作了一些补充性论证。高、古之见，缺乏文本依据，而且怎么能因为"帛书甲乙本均不分章"，就说"各家划错了，姚氏改对了"呢？似也不好理解，故可备一说。

②飘风不终朝，骤雨不终日：帛书、河上公本如是。王弼本、傅奕本等古本在"飘风不终朝"句前，有"故"字。因为"希言，自然"与这段话之间似无因果联系，因此有"故"字反而费解，所以校定文从帛书与河上公本而不取"故"字。

"飘风"，指狂风，暴风。古棣说："《诗经·匪风》：'匪风飘兮'，《毛传》：'回风为飘'。'回风'即旋风。"南怀瑾认为"飘风"为台风，说台风皆夜间兴作，午前大为减弱。事实上，旋风无定时，台风也不一定皆在夜间登陆。况且老子身处内陆，也不一定见过台风。故皆备一说。"飘风"、"骤雨"皆暗喻暴政。王淮曰："'飘风'以喻暴政之号令天下，宪令法禁是也；'骤雨'以喻暴政之鞭策百姓，赋税劳役是也。"（《老子探义》）

③天地尚弗能久，而况于人乎：此文之前一句王弼本、河上公本、傅奕本"弗"作"不"，为"天地尚不能久"；帛书乙本（甲本残）为"天地而弗能久"。王弼本等传世本与帛书在此主要是"不"与"弗"的区别。

刘殿爵说，"弗"与"不"在古汉语用法上是有区别的。"不"字不包括代名词宾语在内，但用"弗"字时，第三人称代名词宾语就必定省略不用，把"弗"字改成"不"字，句法就可能变得模糊了。帛书乙本"不能久"作"弗能久"（甲本残）。照今本，"不能久"是指天地自身不能持久不变；而"弗能久"却是指天地不能使飘风持久终朝，暴雨持久终日，就是承上"孰为此者？天地"而言，较今本于义为长。② 鉴于上，校定文取帛书的"弗"字代传世本的"不"字。

这两句话的意思是说，由天地兴作的狂风暴雨尚不能维持多久，更何况是人呢！这里的"人"不是指一般人，而是指统治者，因为统治者是阶级统治的人格化；也不是指一般的统治者，而是指那些违反道的自然无为原则而对人民实施暴政的统治者。是说违"道"的暴政统治是决不能长期维持的。

---

① 高亨：《老子注译》，河南人民出版社1980年版，第59页。
② 刘殿爵：《马王堆汉墓帛书〈老子〉初探》，载《明报月刊》1982年8月号，第15页。

老子的这一思想是有其思想来源的。《左传·昭公三十二年》："社稷无常奉,君臣无常位,自古亦然。故《诗》曰:'高岸为谷,深谷为陵。三年之姓,于今为庶。'"

④从事于道者,同于道:王弼本在"同于道"前迻"道者"二字,为"从事于道者,道者同于道";帛书此句"于"作"而",为"从事而道者,同于道。"

对于王弼本在"同于道"前迻"道者"二字,俞樾据《淮南子》和王弼注文校勘说:"按下'道者'二字,衍文也。本作'从事于道者,同于道。'其下'德者'、'失者'蒙上'从事'之文而省,犹云'从事于道者同于道,从事于德者同于德,从事于失者同于失'也。《淮南子·道应篇》引《老子》曰:'从事于道者,同于道。'可证古本不迻'道者'二字。王弼注云:'道以无形无为成济万物,故从事于道者,以无为为君,不言为教,绵绵若存。而物得其真与道同体,故曰同于道。'是王氏所据本正作'从事于道者同于道。'然以河上公注观之,则二字之衍久矣。"[①] 帛书的出土,证明俞樾之说正确。此句校定文从帛书并据俞樾的校勘作"从事于道者,同于道"。关于此句的解读,见【辨析】。

⑤同于德者,道亦德之;同于失者,道亦失之:此为帛书乙本文(甲本残);王弼本、河上公本相应的文字为"同于道者,道亦乐得之;同于德者,德亦乐得之;同于失者,失亦乐得之"。

此文帛书乙本与诸传世本比较,显然,帛书文字简练,句义清楚,而王弼本、河上公本、傅奕本皆有衍文,繁赜难解。故校定文从帛书乙本。

此文的意思是说,同于德的人,道会得到他;其行为失德的,道也会抛弃他。这有拟人化的色彩。"同于德者,道亦德之"中的第二个"德"字,应读为"得"。"德"古代通"得",即可假借"德"作"得"用之。

对"失者同于失"句,高亨说:"失当作天,形近而讹。《庄子·大宗师》篇:'天而生',《释文》:'向、崔本作失而生',即天失互误之证。'德者,同于德',谓从事于德者,同于德也。'天者同于天',谓从事于天者同于天也。皆蒙上省'从事于'三字。老庄特重'道'、'德'、'天'三字,故此文共举之。《庄子·天下》篇:'以天为宗,以德为本,以道为门,兆于变化,谓之圣人。'亦此三字并举,可为左证。今此文天讹作失,而老子之恉

晦，其文亦难通也。下文同。"① 古棣说："高说有理。现在作进一步的研
究，高亨所引《天下》篇的四句话，不在评述庄子段内；也不在评述老子或
其它学派段内，而在开头总论学术的段内。"② 高亨和古棣以其校诂将此句
校定为"天者同于天"，其译文从之。可备一说。

⑥信不足焉，有不信焉：王弼本、河上公本等如是，傅奕本作"信不足
焉，有不信"；帛书甲乙本皆无此文。这两句话已见于十七章，马叙伦、奚
侗等认为是错简复出。

卢育三说："马叙伦、奚侗说，此句已见于十七章，这里重出，盖错简
所致，且与上文不相应，当删。陈柱、高亨、朱谦之从其说。帛书《老子》
甲乙本均无此句，然它本均有，细究此章旨义，有此一句亦可说通。谓'信
不足'，指失于道，违背'希言自然'，实行'多言'、'有为'的政治，这与
人事之飘风骤雨不能长久，正相应。"（《老子释义》）卢育三之说有道理，错
简之说不足为信，故校定文从王弼本等传世本。

译　文

少发一些言教政令，
合于自然之道，
利于百姓自成。
狂风刮不了一个早晨，
暴雨下不了一个整日。
是谁使它们这样的呢？
是天地。
天地的这种行为尚不能持久，
更何况是统治者的暴政呢！
所以，
像道那样因任万物自然本性的，
他的行为就会与道相同；
像德那样"惟道是从"的，

---

① 高亨：《老子正诂》，开明书店 1943 年版，第 57—58 页。
② 古棣：《老子校诂》，吉林人民出版社 1998 年版，第 92 页。

他的行为就会与德相同；

完全违逆事物本性而为的，

他就等于失去了道和德。

与德同一的人，道会接纳他；

其行为失德的，道也远离他。

如果统治者缺乏诚信，

就不会得到人民的信任！

辨　析

应如何解读或释译"从事于道者，同于道"？对此，王弼注曰："从事，谓举动从事于道者也。道以无形无为成济万物，故从事于道者，以无为为君，不言为教，绵绵若存。而物得其真，与道同体，故曰'同于道'。"值得注意的是，王弼此注的重点是揭示道的特性以及怎样做才能"同于道"。但是，此注一是未破解"从事于道者"之义，二是把"同于道"的主体由"从事于道者"偷换成了"物"——"物得其真，与道同体"。现代注家们对"从事于道者"之义似乎也皆未破解，比如高亨将"从事于道者，同于道"译为："从事于道的人，所作所为就与道相同"；张松如译为："从事于道的人，与道合一"；陈鼓应译为："从事于'道'的，就同于'道'"。

那么，试问：谁是"从事于道的人"呢？"从事于道的人"是否其"所作所为就与道相同"或"同于道"呢？我们知道，农民是"从事于农业的人"，工人是"从事于工业的人"，那么，哪些人是"从事于道的人"呢？从事于《老子》及道学研究和教学工作的人，算不算"从事于道的人"呢？如果算，那么把《老子》及道学讲歪了的人，也能"同于道"吗？许多修道者似乎应归入"从事于道的人"之列，但用"同于道"的标准来衡量，其中的多数恐怕不够格，因为真正得"道"的并不多。那些深居道观的道士、道姑们，虽然名义上也算是"从事于道的人"，因为他们主要靠给"太上老君"磕头的信男信女的施舍度日，但这些人恐怕不在老子的花名册之内。此外，还应看到，王弼本的"从事于道者"，帛书作"从事而道者"，如果将这句话也译为"从事于道的人"，恐怕就得费一番口舌。鉴于此，似乎有必要弄清"从事于道者"究竟是什么意思？

"从事于道者"中的"从"字，可能是顺应、因任的意思。《孟子·万章上》："禹避舜之子于阳城，天下之民从之"。这里的"从"字是跟随、顺从的意思。"从事"的意思是因任事物的特性。这里的"于"字，是"如"、"像"、"若"的意思。《易·系辞传》："易曰：'介于石，不终日，贞吉。'介如石焉，宁用终日，断可识矣。"此处的"如"字是释"于"字的，说见《经传释词》。这样一来，"从事于道者"就可释译为："像道那样因任事物的特性（而为）的人"。如果与"同于道"连起来，并借用高亨对"同于道"的释义，就可将这句话译为："像道那样因任事物的特性的人，他的所作所为就与道相同了"。如此释译，语义似乎就比较准确和通顺了。尹振环将帛书的"从事而道者"译为："志事于道的人"，这与"从事于道的人"基本相同。事实上，帛书此句中的"而"字，也是"如"、"像"、"若"的意思。王引之《经传释词》第七："'而'犹'若'也。'若'与'如'古同声，故'而'训为'如'，又训为'若'。"《荀子·仲尼》："财利至，则言善而不及也。"杨倞注曰："而，如也。"

　　道不仅是天地万物的形而上的存在本体，而且是社会人生的价值本体，道的实质集中表现为矛盾法则或对立统一规律。"同于道"应当是社会人生的价值尺度和所追求的理想境界。那么，人怎样才能"同于道"或与道合一呢？综合老子的有关论述，其要点似乎有四：一是通过"致虚"、"守静"的功夫，认真体悟、努力把握道的要领、特点和实质；二是按照"法自然"的原则，毅然破除后天文饰包括仁义礼智所外加的各种束缚与障蔽；三是通过修道损欲，做到"见素抱朴，少私而寡欲"，以净化心灵，不为物累；四是在实际行动上，要"知其雄，守其雌"，"知其荣，守其辱"，"知其白，守其黑"（二十八章），即在深明其对立面情势的前提下，按照道所体现的"柔弱"谦下的品格为人处世。老子所主张的返朴归真，也并非像庄子所说的那样，要人回归自然界，与动物混为一体，而是要人们通过内观自省和外在历练，以与道合，实现自我超越，从而也就实现了对世俗人生的超越。

　　从另一个角度看，所谓"同于道"，也可以说就是"得道"。既然道的实质集中表现为矛盾法则或对立统一规律，那么"得道"就是指深切地把握了事物发展变化的规律，吃透并能熟练地运用辩证法，从而达到炉火纯青、出神入化的境界。按照此种理解，"得道"不可能仅仅是一时的见"道"、顿有大彻大悟之感的境界，而是人的认识、修养达到一定程度后所经常保持的状态、一种不经意会流露、表现出来的精神境界。这是需要反复积累、提升的过程，并非天生就完全具备，天生只是可能具备某些必要的基因或素质，正是在这个意义上，老子说"复归于道"。

三十三章

　　绝智弃辩①，民利百倍；绝巧弃利，盗贼无有；绝伪弃
虑，民复季子②。此三者以为文，不足③。

　　或令之有所属④：见素抱朴⑤，少私而寡欲⑥。

（通行本第十九章）

注　释

　　①绝智弃辩：简本如是。从其【图版与释文】中的甲一号简的字形看，
第二个字明明是"智"。不知"释文"为什么读作"知"。"释文"读作
"知"，学者们再说"知"通"智"，如《周易·系辞（上）》："仁者见之谓之
仁，知者见之谓之知。"——于是又绕回来了。此句王弼本等传世本作"绝
圣弃智"，帛书甲乙本皆为"绝圣弃知"。校定文从简本。这里的"辩"是花
言巧语的意思，如《荀子·非相》："凡言不合先王，不顺礼义，谓之奸言，
虽辩，君子不听。""智"是邪智的智，即六十五章"以智治国，国之贼；不
以智治国，国之福"中的"智"的涵义。

　　②绝伪弃虑，民复季子：简本如是。"虑"，《释文》读为"诈"；许抗生
认为"虑"乃"虑"之误，应读为"虑"。《尚书·太甲下》云："弗虑胡获？
弗为胡成？"即其例。① 裘锡圭指出，"憍"释为"伪"或"心"都是可以
的。但不管释为哪一个字，都应该理解为"背"自然的"人为"，既不能看
作一般的"为"，更不能看作"伪诈"的"伪"。裘锡圭同意将此句读为"绝

---

　　① 许抗生：《初读郭店竹简老子》，载《中国哲学》第二十辑（1999 年出刊），第
93—102 页。

伪弃虑"①。原来在先秦"伪"字有二义，一是诡诈、虚假之义，如《礼记·王制》："行伪而坚，言伪而辩，学非而博，顺非而泽，以疑众"；二是人为、有为、作为之义。如《逸周书·史记》："上衡氏伪义弗克。"朱右曾校释说："'伪'读曰'为'，古字通。"王念孙《广雅疏证》卷三谓："'为'、'伪'，古同音同义。"段玉裁《说文解字注》曰："盖字涉于作为则曰'伪'。""绝伪弃虑"的"伪"，当指其第二义中违反人或事物自然本性的"人为"，"有为"。如七十五章的"民之不治，以其上之有为，是以不治。""绝伪弃虑"的"虑"字，《增韵·御韵》："虑，忧也"，指私心忧虑。"弃虑"，绝弃私心忧虑，顺其自然。

王弼本等传世本的"民复孝慈"，简本作"民复季子"。研究者多据王弼本、河上公本、傅奕本和帛书，将"季子"读作"孝慈"。但崔仁义认为，此句不当从帛书本和传世本。因为帛书本和传世本是对"仁义"而言，而竹简本是对"僞"、"虑"而言。所以，竹简本"季子"应读如本字。"季"即"小"，"季子"应指小儿的精神状态，与五十五章的"比于赤子"相应②。裘锡圭后来也赞同此说。此句王弼本、帛书甲乙本皆为"绝仁弃义，民复孝慈"。

对郭店简本三句话之释文，学者们的意见不一，如邓球柏将其训释为"继智弃偏，民利百倍；继巧弃利，盗贼亡有；继仁弃诈，民复季子。"诠释为：继承正确思维，抛弃偏见独断，才能民利百倍；继承技术（工巧），抛弃危害百姓利益的一己私利，才能盗贼无有；继承仁爱美德，抛弃诡诈恶行，老百姓才能复归于孩童稚子。邓球柏认为以上的"三继三弃"是老子提出的内圣外王之道的三条基本原则。③可备一说。

③此三者以为文，不足：王弼本、帛书甲乙本如是。此三者，简本是指"绝智弃辩"、"绝巧弃利"、"绝伪弃虑"；文，指守则、条令等；"以为文，不足"，是说这三条作为人们的信条还是不够的，所以老子提出了"见素抱朴，少私而寡欲"的主张，目的是使人们的思想行为有所遵循。"见素抱朴，少私而寡欲"，体现了道的根本特性和基本要求。

简本为"三言，以为辨不足"，意思是说，由于当时"礼崩乐坏"，有些

① 《郭店楚简国际学术研讨会论文集》，湖北人民出版社2000年版，第25—30页。
② 崔仁义：《荆门郭店楚简老子研究》，科学出版社1998年版，第62页。
③ 邓球柏：《内圣外王之道：〈郭简·老子〉的主题》，《哲学研究》2004年第1期。

传统的质朴的伦理观念已被严重异化（这在《庄子》中有淋漓尽致的揭露和无情的抨击），在现实中人们已很难辨别什么是真正的智辩、巧利、伪虑了。所谓"辨不足"，是说用来辨别智辩、巧利、伪虑与否的根据和标准不足，所以老子提出了"视素保朴，少私而寡欲"作为辨别其真伪的根本原则。

　　④或令之有所属：此句王弼本为"故令有所属"，帛书甲乙本为"故令之有所属"，简本为"或令之或乎属"。参照上述古本校定为"或令之有所属"。这里的"令"字，不是命令的"令"，因为老子一不是君王，二不是侯王，三不是中央政府的高官，所以他不可能发布什么命令，而且这三条也不属于强制执行的命令的范围。这里的"令"是"使"或"让"的意思。十二章"五色令人目盲，五音令人耳聋"中的"令"字即其义。《韩非子·内储说上》："夫火形严，故人先灼；水形懦，人多溺。子必严子之形，无令溺子之懦。"句中的"令"字亦是此意。"之"字代指"人们"。有"之"字，其句子成分更完整一些。"或"字体现了柔性，似比"故"字好些。鉴于此，此句校定文如上。"有所属"指有所归属，即归属于道，以道的特性作为遵循的原则。

　　⑤见素抱朴：王弼本、帛书甲乙本如是，意为要坚持道所体现的质朴特性和基本要求。简本为"视素保朴"，与"见素抱朴"同义。《说文》："朴，木素也。"段玉裁注："素犹质也。以木为质，未雕饰，如瓦器之坯然。"焦竑《老子翼》引吕吉甫释"见素抱朴"云："见素，则知其无所与杂而非文；抱朴，则知其不散而非不足。素而不杂，朴而不散，则复乎性，而外物不能惑，而少私寡欲矣。"[1]"见素"就是认识到世界的本来面貌是朴素单纯、自然而然的，从而摒弃后天人为的刻意造作；"抱朴"就是内敛光华，怀抱朴实无华的原始纯朴的本性，亦即抱持道所体现的自然无为的特性。老子提倡"见素抱朴"，表现了他崇尚自然的道德价值取向和修身原则。

　　⑥少私而寡欲：帛书乙本如是，甲本缺损，其他注本皆无"而"字。作为末句，有"而"字为佳。详见【辨析】一。

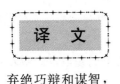

弃绝巧辩和谋智，

---

①　《四部要籍注疏丛刊·老子》，中华书局1998年版，第1252页。

人民会有百倍的利益；

抛弃技巧和货利，

盗贼就会灭迹；

弃绝反自然的行为和忧虑，

复归于赤子般的精和之至。

仅仅将三者作为人们的信条，

还是远远不够的。

或许可以提出一条基本原则，

使人们的言行有所归属。

这就是——

抱持大道，减少私欲，崇尚质朴。

辨　析

本章从弃绝智辩、巧利、伪虑，人们便可返朴归真的道理，推导出应坚持"见素抱朴，少私而寡欲"的根本守则，乃全章之主旨。本章需要加以讨论的主要有以下四个问题：

一、关于"绝学无忧"归于何处。在"见素抱朴，少私而寡欲"句后，帛书乙本尚有"绝学无忧"四字（甲本缺损）。王弼本、河上公本等古本皆将这四个字置于通行本二十章作为首句。马叙伦认为"'绝学无忧'当在其上章即十九章"少私寡欲"句后。蒋锡昌同其说，并考证说，唐朝的张君相《三十家老子注》中早已提出此一主张。① 高亨更持此说，他指出："此句应属本章。请列三证。'绝学无忧'与'见素抱朴，少私寡欲'句法相同，若置在下章，为一孤立无依之句，其证一也。'足'、'属'、'朴'、'欲'、'忧'为韵。（'足'、'属'、'朴'、'欲'在古韵侯部，'忧'在古韵幽部，二部往往通谐。）若置在下章，于韵不谐，其证二也。'见素抱朴，少私寡欲，绝学无忧'，文意一贯。若置在下章，则其文意远不相关，其证三也。《老子》分章多有戾踌，决非原书之旧。"②

此说言之成理，所以此后的注家多从之。但有两个问题似难以解释：

---

① 蒋锡昌：《老子校诂》，商务印书馆 1937 年版，第 122 页。

② 高亨：《老子正诂》，开明书店 1943 年版，第 44—45 页。

其一，帛书乙本的本章非为传世本的"少私寡欲"，而是"少私而寡欲"，多了一个"而"字，表明此句与"绝学无忧"的句法并非相同，而且从其语气上看，似为本章之结语。

其二，诚如郭沂所指出的，"绝学无忧"虽为王弼本二十章之首句，但在此章的注文中，王弼却以四十八章之义解之——"下篇'为学者日益，为道者日损'，然则学求益所能，而进其智者也。若将无欲而足，何求于益？不知而中，何求于进？夫燕雀有匹，鸠鸽有仇；寒乡之民，必知旃裘。自然已足，益之则忧。故续凫之足，何异截鹤之胫？畏誉而进，何异畏刑？"（王弼：《老子道德经注》）

郭沂先生说：

> 这表明，王弼已经意识到"绝学无忧"与第四十八章之间的联系，只是拘于文本，未将它们合为一章。王氏见识卓绝，于此可见一斑。①
>
> ……现在，简本的出土则为这个问题的解决提供了新的线索。原来，在简本中，"绝学无忧"处于相当于今本第四十八章上段的"学者日益"（王本作"为学日益"）一段和相当于今本第二十章上段的"唯之与阿"一段之间，这就完全排除了将其归入相当于今本第十九章的"绝知弃辩"（王本作"绝圣弃智"）一章的可能性。②

鉴于此，本书将"绝学无忧"纳入第十八章（通行本第四十八章），详见十八章的有关论述。

二、简本的"绝智弃辩"、"绝伪弃虑"，王弼本等多家注本和帛书甲本、乙本分别作"绝圣弃智"、"绝仁弃义"。对于通行本的"绝圣弃智"应据简本校订作"绝知弃辩"，陈鼓应说：

通行本"绝圣弃智"，郭店简本作"绝智弃辩"，为祖本之旧，当据改正。通观《老子》全书，"圣人"一词共三十二见，老子以"圣"喻最高人格修养境界，而通行本"绝圣"之词，则与全书积极肯定"圣"之通例不合。"绝圣弃智"一词，见于庄子后学《胠箧》、《在宥》篇，传抄者据以妄改所致。③

---

① 郭沂：《郭店竹简与先秦学术思想》，上海教育出版社 2001 年版，第 105 页。
② 同上书，第 104 页。
③ 陈鼓应：《老子今注今译》，商务印书馆 2003 年版，第 147 页。

　　孙以楷认为通行本"绝圣弃智"的"圣"指的是"圣"德，而与"圣人"无关。他说：

　　　　孔子晚年开始研究《易》，探讨天道，孔子及其后学发现"圣人知天道也"（郭店楚简《五行》）。他们由"圣人"而提出"圣"德，以"圣"与仁、义、礼、智相配，构建了完整的五行说，构成道之五行，作为人性源于天道、人性天生具有义理的根据。这是孔子后学援道入儒的杰作。但是，老子所崇的是"圣人"，而《五行》、《六德》中所说之圣，多指人的内质，如"圣也者，父德也"（郭店楚简《六德》）。他们把老子所崇之自然的、具体的圣人，伦理化为一种品德。在老子那里，圣人是体道悟道之人，这种境界是不可认知、不可把握的，而在郭店儒简中"圣"已演化为一种可以操作、可以转换的规范，一种工具理性。这当然要遭到老子后学的反对。今本《老子》中的"绝圣"，不是弃绝圣人，而是弃绝被儒家歪曲而工具化了的"圣"德。①

　　孙以楷关于"今本《老子》中的'绝圣'，不是弃绝圣人，而是弃绝被儒家歪曲而工具化了的'圣'德"的看法也许更有说服力，因为今本《老子》中"圣人"一词比简本多出好几倍（在简本中"圣人"一词凡6见，当然与其文字总量有关），如果其"绝圣"的"圣"指的"圣人"，显然是自相矛盾的。但是，"绝圣弃智"非《老子》祖本之旧，而为老子后学所妄改的观点则是可以肯定的。鉴于此，校定文不取王弼本和帛书的"绝圣弃智"，而从郭店简本作"绝智弃辩"。

　　关于校定文从简本作"绝伪弃虑"而不从传世本"绝仁弃义"的问题。首先，"仁"、"义"是传统的伦理范畴，并非孔子的创造发明，但为孔子及其后学所高扬。"仁义"在《老子》中先是出现在第八章，为"与善仁"；后又出现在十八章中，为"大道废，有仁义"，而这是对历史和现实的陈述；三十八章又出现了"上仁"（"上仁为之而无以为"）、"上义"（"上义为之而有以为"）的概念；老子说的"失道而后德，失德而后仁，失仁而后义，失义而后礼"揭示了政治体制发展的基本进程，因而老子可能主要是从仁、义不及道和德层次高的意义上对仁、义提出的批评，但他并未断然否定仁义，所以主张"与善仁"。此与《庄子·胠箧》不同，因为该篇的作者主张"攘

---

　　①　孙以楷：《老子通论》，安徽大学出版社2004年版，第174页。

弃仁义"——也许此时仁义的异化程度已经更为严重了。老子固然是一个理想主义者，但他亦是一个现实主义者，他虽力主按照"道法自然"的原则引导人们返朴归真，然而他也会清醒地看到返朴归真绝不是可以一蹴而就的，而在当时社会极度混乱、伦理道德严重失范的情况下，有仁、义等伦理规范，总比没有要好些吧，但对已被异化了的仁、义等伦理规范，老子主张必须用道和德予以拨乱反正，正本清源，最后达到返朴归真的目标（这是道家与儒家的根本区别之所在，因为儒家的基本主张是"克己复礼"），而这需要有一个漫长的历史过程，所以在此老子不可能提出"绝仁弃义"这种绝对化、情绪化的思想观点；而"绝伪弃虑"则不同，因为它与"民复季子"这种体现道的本质要求的形象是密切相关的。鉴于此，简本的"绝伪弃虑"似为《老子》祖本之旧，故校定文不取传世本和帛书的"绝仁弃义"，而据郭店简本作"绝伪弃虑"。

三、老子为什么主张"绝智弃辨"、"绝巧弃利"、"绝伪弃虑"呢？余以为老子这里说的"智"，当不是指一般的智慧，而是六十五章"故以智治国，国之贼；不以智治国，国之福"中的"智"。对其"智"字，范应元注曰："不循自然，而以私意穿凿为明者，此世俗之所谓'智'也。"王弼注曰："多智巧诈"；"辩"指的是"花言巧语"（见【注释】①）；这里所说的"巧"，当不是指的制作生产工具的技巧，而主要是指制作高附加值的奢侈品之类的技巧，因为此类物品是盗贼要猎取的主要对象；"巧"所指似乎还包括从"窃钩者"到"窃国者"用以实施盗窃的技巧。

由此联想到，侦察技术是一把双刃剑，此技术倘若被盗贼或其它罪犯所掌握，就会大大增强其反侦察能力，从而给破案带来极大困难；由此又想到，我们的一些关于宣传法制的媒体，对罪犯实施犯罪的一些技术性细节不宜过多描述，以防为那些为非做歹者所效仿。这里的"伪"字，是指反"自然"的行为；"虑"是指为谋取私利或沽名钓誉的苦心凝脂。这些与"精之至"、"和之至"、"含德之厚"的"季子"（赤子）精神都是背道而驰的。总之，在老子看来，"智辨"、"巧利"、"伪虑"之出现，根源于官民纯朴的自然天性之丧失，背离了"道法自然"的原则。而违反这一原则，就必然导致淳朴的民风江河日下，人民"不治"，社会秩序混乱，以及侯王们的任意妄为等等，危害是很大的，故皆应在禁绝或扫除之列。

四、应如何解读"此三者，以为文，不足"？陈鼓应认为"此三者"是"指智辩、伪诈、巧利"，"文"是指"文饰，浮文"，"不足"义为"不足以治理天下"。他将这句话译为："〔智辩、伪诈、巧利〕这三者全是巧饰的，不足以治理天下。"如此释义，颇值得商榷。

从本章文字看，"智辩、伪诈、巧利"皆在弃绝之列，岂止"不足以治理天下"，而且根本就不能用以"治理天下"。"以为文"中的"以为"显然是"作为"或"用作"的意思，并无"全是"之义。"不足"是不够的意思，其后不含补语或宾语，因此似不能释为"不足以治理天下"。愚以为"此三者"是指"绝智弃辨、绝巧弃利、绝伪弃虑"，"以为文，不足"是说这三项要求用作政府文告或人们的共同信条是远远不够的，由此引起下文。

从本章文字和老子的思想体系看，老子认为要使"民利百倍"、"民复季子"、"盗贼无有"，绝不能限于"绝智弃辨"、"绝巧弃利"、"绝伪弃虑"，因为后者只是治标不治本的办法，要从根本上解决问题，就必须高扬和持守道的自然无为和素朴无私的本性，做到"见素抱朴，少私而寡欲"。这是釜底抽薪、强本固基的办法，用王弼的话说就叫做"崇本息末"。王弼说：

　　邪在乎存诚，不在善察；息淫在乎去华，不在滋章；绝盗在乎去欲，不在严刑。《老子》之书其几乎可一言而蔽之：噫，崇本息末而已矣！……观其所由，寻其所归，言不远宗，事不失主。文虽五千，贯之者一。故闲（按：防也）；止讼存乎不尚，不在善听。故不攻其为也，使其无心于为也；不害其欲也，使其无心于欲也。谋之于未兆，为之于未始，如斯而已矣。故竭圣智以治巧伪，未若见质素以静民欲；兴仁义以敦薄俗，未若抱朴以全笃实；多巧利以兴事用，未若寡私欲以息华竞。故绝司察，潜聪明，去劝进，剪华誉，弃巧用，贱宝货，唯在使民爱欲不生，不在攻其为邪也。故见素抱朴以绝圣智，寡私欲以弃巧利，皆崇本以息末之谓也。

　　夫素朴之道不著，而好欲之美不隐，虽极圣明以察之，竭智虑以攻之，巧愈思精，伪愈多变，攻之弥甚，避之弥勤。则乃智愚相欺，六亲相疑，朴散真离，事有其奸。盖舍本而攻末，虽极圣智，愈致斯灾。况术之下此者乎！夫镇之以素朴，则无为而自正；攻之以圣智，则民穷而巧殷。故素朴可抱，而圣智可弃。夫察司之简，则避之亦简。竭其聪明，则逃之亦察。简则害朴寡，密则巧伪深矣。夫能为至察探幽至术者，匪唯圣智哉？其为害也，岂可记乎！故百倍之利未渠多也。①

──────────

　　① 王弼：《老子指略》，载《中国古典哲学名著选读》，人民出版社 2005 年版，第387页。

三十四章

天下皆知美之为美，斯恶已；皆知善之为善，斯不善已①。

故有无相生②，难易相成，长短相形，高下相倾③，音声相和，先后相随④：恒也⑤。

是以圣人处无为之事⑥，行不言之教，万物作焉而不辞⑦，生而不有⑧，为而不恃，功成而弗居。夫唯弗居，是以不去。

（通行本第二章）

注 释

①天下皆知美之为美，斯恶已；皆知善之为善，斯不善已：王弼、河上公、傅奕诸本如是。"斯"在此不作则、乃、就、于是等连词解。"斯"古通"撕"。《广雅·释诂（二）》："斯，裂也。"王念孙疏证曰："今俗语犹呼手裂为斯。"如《诗经·陈风·墓门》："墓门有棘，斧以斯之。"《庄子·则阳》："斯而析之。"斯，撕开、劈开也，析也，（拉开）距离也。"已"古通"矣"。

句谓：天下人都知道美的之所以是美的，是因为有与之相对立的"丑"啊；（天下人）都知道善的之所以是善的，是因为有与之相对立的"恶"呀。说解详见【辨析】一。

此文简本为"天下皆知美之为美也，恶已；皆知善，此其不善已"；帛书甲本作"天下皆知美为美，恶已；皆知善，訾不善矣"；帛书乙本作"天下皆知美之为美，亚已；皆知善，斯不善矣。"

②王弼、河上公、傅奕、范应元诸本在"有无相生"前都有"故"字，表明下六句之相反相成者皆上承前文所表明的矛盾关系。简本、帛书皆无

"故"字。

③高下相倾：王弼本如此，简本、帛书"倾"作"盈"。"相倾"有高下互相比较而存在之义；对"高下相盈"，有的译为"高和下互相充盈"，令人费解。倒是魏启鹏的解释富有新意，他说，"盈"字义盛，《文选·东京赋》："不缩不盈"，薛注："盈，长（三声）也"，如山、谷相对立而存在，山愈见其高，谷愈显其深①。

④先后相随，王弼本等古本皆为"前后相随"，简本、帛书作"先后相随"。《老子》中凡与"后"连言的，几乎都是"先"字。故校定文从简本、帛书。

⑤恒也：帛书甲、乙本皆有此二字，《老子》的其它古本皆无。"恒也"具有双重意义，首先它是对以上诸矛盾关系的总概括，指明这些对立统一关系是永恒存在的；"恒"还有"遍及"的涵义，如《诗经·大雅·生民》："恒之秬秠，是获是亩。"如果取此涵义，那么"恒也"是说一切事物无不包含着矛盾，各个矛盾方面无不处于既相互对立、排斥又互相依存、渗透和转化的关系之中。这是讲矛盾的普遍性。它是老子对一般单向度、直线性思维（认识）的超越。显然，"恒"字的这一涵义无疑是更为重要的。

赵建伟说："'先后之相随也'之下帛书甲、乙本皆有'恒也'二字，今本同简本，亦无'恒也'二字。按：无'恒也'二字是。这段文字是生、成、形、呈（按：今本为"倾"），耕部协韵；和、随，歌部协韵。'恒'为蒸部字，失韵。"②坚持这种意见的虽然不只赵建伟先生一人，但是应当看到，《老子》不是一部长诗或诗集，并非每一章都是诗，它的形式是服从内容的，因此不能因为"恒"字不属于歌部，与"和"、"随"不协韵，就认为它是不应有的。

鉴于上，校定文从帛书取"恒也"二字。

⑥在"圣人处无为之事"之前，简本、帛书、王弼本等古本皆有"是以"二字。高亨疑此二字为后人所加。他说："盖《老子》原书，本不分章，后人强而分之，有文义不相联而合为一章者，遂加'是以'或'故'字以联之，此类甚多。今随处揭出，读者细心体会，自许余言不谬。尝雠校古本，凡此等字，或有或无，颇不一致，即其证也。本章此前八句为老子之相对

① 魏启鹏：《楚简老子柬释》，台北·万卷楼1999年版，第16页。
② 赵建伟：《郭店竹简〈老子〉校释》，《道家文化研究》第十七辑，三联书店1999年版，第261页。

论，后八句为老子之政治论。文意截然不相联，本应无'是以'二字，明矣。"①

此说虽有一定道理，但简本、帛书甲乙本及诸古今本皆有"是以"二字，疑为古貌。况且这一段话讲的道理在逻辑上是承上文而来的。就是说，既然美与恶、善与不善、有与无、难与易等等都是相互依存的，那么"无为之事"与有为之事、"不言之教"与言教、"万物作焉而不辞"与万物作焉而辞（辞，司也）、"生而不有"与其潜在的生而居有、"为而不恃"与为而有恃、"功成而弗居"与功成而居之间也是相互依存的，而在这许多对立面之中，持守后者（有为、言教、万物作焉而为辞等等，虽然这些都是潜在的）皆是违"道"的，都是没有好结果的，因此得道并依道而行的圣人只取其前者，故而"是以"二字是理当有的，只是在此省略了它的推理过程，而这正是《老子》的特点之一。

"是以圣人处无为之事"，这是"无为"概念在《老子》中首次出现。那么"无为"这一概念或范畴是否老子的首创呢？似乎不是。因为：刘向《说苑·君道》记载："晋平公问于师旷曰：'人君之道如何？'对曰：'人君之道清静无为。'"而刘向所采集的逸闻轶事则不必怀疑。《论语·卫灵公》记载孔子说："无为而治者，其舜也与！夫何为哉？恭己正南面而已矣。"《礼记》还记载孔子对鲁哀公之问时说："无为而物成，是天道也。"孔子讲无为的问题时，并未提老子，这也从侧面可证明"无为"是当时已有的概念，并非老子所首创。但是，老子对"无为"的思想讲得很充分，而且与其道论和"自然"直接联系起来，作为本体道的根本特性，是老子对"无为"内涵的丰富和创造性发展。

⑦万物作焉而不辞：王弼本、河上公本如是。辞是"司"的假借字（详见本书第十章之【辨析】）。辞，主宰也。"不辞"是不为其主宰之义。这句话的意思是说，万物兴作（主要指万民的活动），圣人不加以主宰和强行干预。

⑧生而不有：王弼本等古本如是，简本、帛书甲乙本无此句。

天下人都知道美的之所以是美的，

---

① 高亨：《老子正诂》，开明书店 1943 年版，第 6—7 页。

是因为有与之相对立的"丑"的啊；
都知道善的之所以是善的，
是因为有与之相对立的"恶"的呀。
所以，有与无相互产生，
难与易相反相成，
长与短相比较而存在，
高与低相依存而确定，
音与声互相和谐，
先与后相互伴随。
这种对立面的共生相依关系，
是普遍而永恒的！
因此，
圣君用"无为"的原则办事，
实行"不言"的教化，
因任万民所为而不加干预，
生化万物而不据为己有，
施惠于万民而不自恃有恩，
事业成功而不居功自矜。
正因为圣人不以有功自居啊，
所以他的功绩得以永存。

辨　析

一、关于如何解读"天下皆知美之为美，斯恶已；皆知善之为善，斯不善已"的问题。

对老子此文若作直译，似可译为："普天下都知道美之所以为美，这就丑啦；都知道善之所以为善，这就恶啦。"事实上，许多注家就是这样释译的。但是，如果照此解读，就令人困惑：天下人都知道美之所以为美或善之所以为善，这本来是好事，总比美丑不分、善恶不辨或认丑为美、认恶为善要好得多吧！这怎么就"丑了"或"恶了"呢？而且这样一来，此文与其后的六句（"有无相成"等等）有什么关系呢？如果没有关系，为什么在其上有一"故"字呢？

　　事实上，老子这里讲的是如何认识美与恶（丑）、善与不善（恶）的对立统一关系问题。就其作为事实的美与恶、善与不善而言，它们都不可能单个出现，而是同时发生的；它们又不是各自孤立存在的，而是相互依存的。就其作为客观实际之反映的概念的美与恶、善与不善来说亦是如此，它们是共生相依的关系。

　　古代有许多学者也是在这种意义上加以诠释的。例如：

　　王安石说："夫美者，恶之对；善者，不善之反，此物理之常。"（《老子注》）

　　范应元说："傥矜之以为美，伐之以为善，使天下皆知者，则必有恶与不善继之也。"（《老子道德经古本集注》）

　　吴澄说："美恶之名，相因而有。"（《道德真经注》）

　　陈懿典说："但知美之为美，便有不美者在。"（《老子道德经精解》）

　　王夫之说："天下之万变，而要归于两端生于一致，故方有美而方有恶。"（老子衍）

　　由此可见，老子此文似可释译为：天下人之所以皆知美之为美，是因为有与之对立的恶（丑）的缘故；之所以皆知善之为善，是因为有与之对立的不善（恶）的缘故。由此就可以顺理成章地与其下文"故有无相生，难易相成……"相衔接了。

　　再就是对老子此文，似乎也可以这样解读。就是说，大家皆以一种美为美、一种善为善，于是皆趋之若鹜，必然是泥沙俱下、鱼龙混杂，假美、伪善者打着美或善的旗号藉以混水摸鱼，以售其奸，因此变成了对善的亵渎，对美的毁灭，亦即"斯恶已"、"斯不善已"。这是老子对盲目追求世俗价值的倾向所作的揭示和抨击。从这一方面来看，老子不乏深刻之处；但从另一方面来看，老子若这样说又似乎失之偏颇。这是因为：在社会领域里，因为不同的阶级和利益集团的存在，以及人们的素质、阅历和爱好的差异，关于美与丑、善与恶，很难有非常客观的标准和绝对统一的看法，那么一般说来，大多数人的认识本身就是一种比较客观的标准，比如老子说的"生而不有，为而不恃，长而不宰"（五十一章）、"为而不争"（八十一章）和"以百姓之心为心"（四十九章）的精神，以及现在讲的公私分明、先公后私、公而忘私、大公无私、"毫不利己，专门利人"、全心全意为人民服务等等，大多数人肯定认为是善的；相反，那种利欲熏心、唯利是图、图财害命的思想和行为，肯定为大多数人所不齿而认为是不善（恶）的。从这种意义上，就不能说"天下皆知美之为美，斯恶已；皆知善之为善，斯不善已"了，否则就等于说：凡是天下人认为丑的，皆是美的；凡是天下人认为恶的，皆是善的了。那么又应以谁之是非为是非呢？

南怀瑾说："如果从学术思想上的观点来讲，既然美与丑、善与恶，都是形而下人为的相对假立，根本无绝对标准。那么，建立一个善的典型，那个善便会为人利用，成为作恶多端的挡箭牌了。建立一个美的标准，那个美便会闹出'东施效颦'的陋习。有两则历史故事，浓缩成四句名言，就可说明'美之为美，斯恶已。善之为善，斯不善已'的道理，那就是'纣为长夜之饮，通国之人皆失日'，'楚王好细腰，宫人多饿死。'"① 现在谈谈笔者对南先生之论的看法。

首先，从南怀瑾的论述看，他由"无绝对标准"而根本否定了美与丑、善与恶的客观标准。事实上，既然"天下皆知美之为美"、"皆知善之为善"即天下人共同认定是"美之为美"、"善之为善"的，那么这种美或善就是具有客观性的，其中也就包含着绝对性的成分。若完全否定这种客观性，就会走向相对主义和诡辩论。

其次，从南怀瑾所引两则历史故事的四句话看，他是依据"上有好之，下必甚焉"的逻辑而断定"天下皆知美之为美"及"皆知善之为善"是坏事而不是好事的，殊不知这种逻辑并不具有普适性。就拿"纣为长夜之饮"来说，就未必导致"通国之人皆失日"，因为在"通国之人"中占大多数的是劳苦大众，而他们是终日食不果腹的，哪里有"失日"之饮的可能？"上有好之，下必甚焉"是一种"唯上"的逻辑或标准，按照这种逻辑或标准而奋力争相竞逐者，主要是那些认为可以从中猎取功名利禄的人及其盲从者，而广大的劳动人民却是"唯实"而不怎么"唯上"的。事实上，天下的老百姓之所以"皆知美之为美"和"善之为善"，主要是通过他们的亲身经验和与丑的、恶的比较中获得的，并非因为"上有好之"的缘故。

再次，南怀瑾说："建立一个善的典型，那个善便会为人利用，成为作恶多端的挡箭牌了。建立一个美的标准，那个美便会闹出'东施效颦'的陋习。"可见他只是看到美的或善的典型的存在可能产生的负面效应，而未能看到由此可能产生的积极的社会意义。事实上，古今中外特别是现代中国涌现出的大量的美的和善的典型事例和典型人物，以及形成的相应的道德规范在引导社会舆论、提高人们精神境界、推动社会发展中起到了重要的作用。看不到这一点，也是有失偏颇的。

---

① 南怀瑾：《老子他说》，复旦大学出版社 2002 年版，第 58 页。

最后，南怀瑾说："美与丑、善与恶，都是形而下人为的相对假立"，因而对于美与丑、善与恶，"与其舍一而取一，早已背道而驰。不如两两相忘，不执著于真假、善恶、美丑，便可得其道妙而逍遥自在了。"① 这就从否定真假、善恶、美丑的客观性和绝对性而滑向相对主义了，从而混同于庄子"齐物论"和"超脱论"、"逍遥论"的观点。显然，这并非什么"得其道妙"，而似乎是"背道而驰"。

刘笑敢先生说："显然，老子的这种表述也是事实描述和价值判断的复合。一方面，这是事实描述，揭示天下人都倾向于以一种美为美，以一种善为善的现象；另一方面，这也是价值判断，认为这种现象或风气是适得其反的，求美而显恶，趋善而成不善。作为事实描述，老子批评了世俗的风尚，浅薄的习俗；作为价值判断，老子表达了自己的追求，即希望达到虽美而不自以为美，实善而不自我标榜之善。这样的美和善是自然的美，自然的善。自然的美和自然的善必然是活泼的、多样的、多元的，不会成为千篇一律的'美'和刻板僵化的'善'。这也流露了老子崇尚自然的价值取向。"② 刘笑敢的论述比较全面，特别是对老子崇尚自然的价值取向的分析很有见地。

朱晓鹏先生从否定性的价值取向的角度对老子的这两句话作了解读，具有一定的深刻性。他说："在美丑、善恶的矛盾对立运动中，真正的美善往往是在否定掉一般的美善之后的否定性形态，甚至是不美、不善的状态。因为，在老子看来，真正的大美、大善犹如大道一样，是不易知不易得的，被普天下的人都易知易得的美、善，往往只是一种小美、小善，甚至是假美、伪善，几乎等于丑、恶。而且，由于真正的大美、大善具有素朴自然的特点，所以它们往往表现为不美、不善，即所谓'信言不美，美言不信'"（第八十一章），'大音希声，大象无形'（第四十一章）。可见美丑、善恶不仅是相对的，可以相互转化的（'美之与恶，相去若何?'），而且由于本体的'无'的属性，对立的两极通过运动转化，最终指向于否定性的一端，即把终极价值取向定位于否定性的形态。如'明道若昧，进道若退……大白若辱，大方无隅'（第四十一章）、'大直若屈，大巧若拙，大辩若讷'（第四十五章）、'正言若反'（第七十八章）等等。显然，这种否定性的价值取向的确典型地体现了其'以无为本'的形上学特质。"③

---

① 南怀瑾：《老子他说》，复旦大学出版社 2002 年版，第 58 页。
② 刘笑敢：《老子古今》，中国社会科学出版社 2006 年版，第 113 页。
③ 朱晓鹏：《老子哲学研究》，商务印书馆 2009 年版，第 128 页。

朱晓鹏之见可备一说。

二、老子的辩证法是不是唯心主义性质的？老子是否"企图消解矛盾"？古棣对此作了肯定性的回答。他在对本章文字的校诂中写了一大段话，对自己的观点作了较为充分的论证。为了力求对古棣的观点作出比较全面而客观的辨析，也为了避免对于对方的观点及其论述有断章取义之嫌，所以将这一大段话全部抄录于后，然后谈谈笔者的看法。古棣说：

> 这一章，"有无之相生，难易之相成，长短之相形，高下之相倾，音声之相和，先后之相随"（引者按：此为古棣据帛书及《淮南子》引文的校订文，他认为当有几个"之"字）等等，是辩证法，即这些对立的方面，是彼此相互依存的。但也明显地表现了老子的辩证法的唯心主义性质，并表现了企图消解矛盾、走向形而上学的端倪。早在晋代，孙盛就看出了这一点。他在《老子疑问反讯》中写道："'天下皆知美之为美，斯恶已；皆知善之为善，斯不善已'——盛以为美恶之名生乎美恶之实。道德淳美则有善名，顽嚚聋昧则有恶声。……然则，大美大善天下皆知之，何云'斯恶'乎？"孙盛是从唯物主义立场批判老子的。"美恶之名生乎美恶之实"，这当然是唯物主义的。他从这一基本观点出发，正确地指出了："大美大善天下皆知之"也并不成为恶。这击中了老子辩证法的唯心主义性质。在观念里，没有善也就无所谓恶，没有美也就无所谓丑，反之亦然；但是观念的辩证法来源于客观的辩证法，观念中的善恶、美丑的互相依存和对立，来源于客观存在的善恶、美丑的互相依存和对立，亦即"美恶之名生乎美恶之实"，而不是相反。所以不能认为"天下皆知善之为善"，就"不善"了。而老子的辩证法则只是从观念、名的范围内转圈子，矛盾是由观念、名而发生的，由此引出了"天下皆知善之为善"，就恶了；如果都不知"善之为善"，不知道什么善恶，而客观实在也就没有什么善恶了。这正是老子辩证法的唯心主义性质。唯心主义辩证法必然走向形而上学。此章第三段的逻辑，就是取消了彼，此就可以不出现了，也就是说奴隶主统治阶级"无为而治"，就可以消解矛盾，使奴隶制永存。[①]

首先谈谈老子的辩证法是不是如古棣所说的"只是从观念、名的范围内转圈

---

① 古棣：《老子校诂》，吉林人民出版社 1998 年版，第 124—125 页。

子"呢？先说"有无相生，难易相成，长短相形，高下相倾，音声相和，先后相随"在老子那里有没有客观依据。十一章老子以众所周知的车、器、室为例，说明了有与无的关系，得出了"有之以为利，无之以为用"的结论——此"有无相生"也；六十三章"图难于其易，为大于其细；天下难事，必作于易；天下大事，必作于细"——此"难易相成"也；六十四章"合抱之木，生于毫末；九层之台，起于累土；千里之行，始于足下"——此"长短相形"也；三十九章"贵以贱为本，高以下为基"——此"高下相倾"也；四十一章"大音希声"即最高的声响往往难辨其音阶——此"音声相和"也；六十六章"是以圣人之在民上也，以其言下之；之在民先也，以其身后之"（简本）——此"先后相随"也。这仅只是举例说明之。这些事例难道能说明老子的辩证法"只是从观念、名的范围内转圈子"吗？

其实，中国古代特别是先秦的论著皆不是离史、离事而言理的。针对学术界和教育界长期"经"、"史"分开的现象，章学诚曾强调指出："六经皆史也，古人不著书，古人未尝离事而言理"，"盈天地间，凡涉著述之林，皆是史学"，"圣如孔子，言为天铎，犹且不以空言制胜，况他人乎？故善言天人性命，未有不切于人事者"，并批评说："近儒谈经，似于人事之外别有所谓义理矣"。①

关于老子说的"天下皆知美之为美，斯恶已；皆知善之为善，斯不善已"是什么意思的问题，笔者在【辨析】一之中已经作了阐述，兹不重复。需要说明的是，老子关于美丑、善恶的观念来源于何处。老子讲的多是社会政治问题，他是以善为美、以恶为丑的。古棣也主要是从善与不善（恶）的方面分析问题的，故而在此只讲善与恶的问题。

老子认为"法自然"而无为的道和"无为而无以为"的"上德"是最大的善，作为道的化身并依道而行的"圣人"是最善的人，这是毋庸置疑的。八章"上善若水。水善利万物而不争，处众人之所恶，故几于道"等内容，说明能处下而不争名利的人为"上善"者；十三章说"贵以身为天下"、"爱以身为天下"者是可以寄托"天下"的人；十七章说能使"功成事遂，百姓皆曰'我自然'"的人是"太上"者；二十七章说"圣人常善救人，故无弃人；常善救物，故无弃物"；四十九章说"圣人常无心，以百姓之心为心"；五十一章说"生而不有，为而不恃，长而不宰，是谓"玄德"；八十一章说："天之道，利而不害；圣人之道，为而不争"。这是老子心目中的善及其

———————

① 转引自《书摘》2007年第9期，第1页。

来源。

老子心目中的恶或不善及其来源是什么呢？可以说凡是背"道"而驰的思想和行为皆属于恶的或不善的。二十四章说的"自见者"、"自是者"、"自伐者"、"自矜者"是不善的，因为"其在道也，曰：'余食赘形'。物或恶之，故有道者不处"；二十九章说的"将欲取天下而为之"者；三十章说的不"以道佐人主者"和"以兵强天下"者；五十三章说的导致"朝甚除，田甚芜，仓甚虚"而自己却"服文彩，带利剑，厌饮食，财货有余"的统治者，老子怒斥他们"是谓盗夸，非道也哉"；六十五章说的"以智治国"者，说他们是"国之贼"；七十五章说的导致"民之饥"、"民之不治"、"民之轻死"的"其上"即统治者；七十七章说的"损不足以奉有余"的"人之道"及其实施者，如此等等。这些人及其行为是不是恶的或不善的呢？这些是来源于严酷的社会现实呢，还是"由观念、名而发生的"呢？事实胜于雄辩。在大量铁的事实面前，一切"雄辩"都是苍白无力的，完全多余的，用老子的话说就是"余食赘形"！

由上足以证明老子的辩证法是来源于社会现实的，来源于老子对社会现实问题及历史问题的敏锐观察、深刻洞察和缜密思考，他关于"天之道损有余而补不足、人之道损不足以奉有余"的结论已经触及私有制社会的本质，可以说老子的辩证法是对客观辩证法的高度抽象和概括，他并且把事物的矛盾关系提到了"恒也"的高度，就是说在他看来这种矛盾关系不仅是普遍存在的，而且是永恒存在的。在两千五百多年前就提出这样的思想观点，是多么难能可贵呀！总之，老子的辩证法是建立在唯物主义基础上的，根本就不是什么"唯心主义的辩证法"。

古棣说老子是"企图消解矛盾"。老子如果有这种"企图"，他干嘛还要率先揭示自然界、人类社会及个体人生等各个领域的大量矛盾呢？古棣说，老子认为"矛盾是由观念、名而发生的，由此引出了'天下皆知善之为善'，就恶了；如果都不知'善之为善'，不知道什么善恶，而客观实在也就没有什么善恶了"，这是基于古棣对本章前两句话不正确的解读而作出的推论。形而上学的一个本质特征是片面地看问题，而老子分析矛盾关系却是全面的。比如二十八章的"知其雄，守其雌"，"知其白，守其黑"，"知其荣，守其辱"，这表现了老子全面看待和把握矛盾关系的思想，而不是闭起眼睛只管"守"，而是在深刻"知"其对方并把二者结合起来的基础上的"守"。在侯王们皆争强好胜、一味逞能的情况下，老子把化解矛盾的重点放在侯王们要"守雌"、"守黑"、"守辱"亦即"守柔"、"处下"上，自然有其特殊的现实意义和针对性。这能说是"企图消解矛盾"吗？侯王们要真的这样做，不需要排除内外各方面的压力吗？

古棣说："此章第三段的逻辑，就是取消了彼，此就可以不出现了，也就是说奴隶主统治阶级'无为而治'，就可以消解矛盾，使奴隶制永存。"古棣说的"此章第三段"的全文是"是以圣人处无为之事，行不言之教，万物作焉而不辞，生而不有，为而不恃，功成而弗居。夫唯弗居，是以不去。"从这段文字能否得出老子是为了"消解矛盾"的结论呢？"圣人处无为之事"，是否意味着圣人置江山社稷之安危于不顾，"从此君王不早朝"，整天躲到后宫里与嫔妃们厮混呢？那他还算是圣人式的君王吗？"处无为之事"当是以道所体现的自然无为的方式处理"事"。对于圣明的君王而言，他要做的"事"是什么呢？主要是总揽全局，提纲携领，敢于和善于处理有关战略全局的问题，以保证国泰民安，而这是大臣们所不可代替的。而要这样做，该有多少尖锐复杂的矛盾需要正视和处理呀！"行不言之教"并非不教，而是怎样"教"。"万物作焉而不辞"中的"万物"，当不是指的花草鱼虫、老虎狮子之类，因为这不是君王要"辞"（司）或"不辞（司）"的范围，而是指的"万民"即百姓。"不辞"是说对万民的具体的"作"（农业生产、经商等）的过程不干预、不强制，但通过部署兴修水利、修桥铺路、肃清土匪、打击欺行霸市等，为他们的生产生活创造一个良好的社会环境和条件还是完全必要的，这是为了促进百姓"功成事遂"。要做到这些也会遇到不少的矛盾和问题需要处理，要想回避或"消解矛盾"也是做不到的。不过在圣人或"太上"这样做的时候，最好的方式是使百姓们"不知有之"而感到"我自然"（十七章）而已。至于"生而不有，为而不恃，功成而弗居"，首先也是要"生"，要"为"，要"功成"，要做到这些，又谈何容易呢？要"消解矛盾"，能办得到吗？所以，古棣说老子要"消解矛盾"云云，实在找不到什么根据。笔者反倒怀疑古棣说的那些话，是不是证明自己"只是从观念、名的范围内转圈子"呢？

三十五章

天下之至柔，驰骋于天下之至坚①。无有入于无间②。吾是以知无为之有益也③。不言之教，无为之益，天下希能及之④。

（通行本第四十三章）

注　释

①天下之至柔，驰骋于天下之至坚：今本无"于"字，依帛书补，帛书"至"作"致"。驰骋，是疾速贯穿的意思。至，极也，最也。《孟子·尽心下》："仁人无敌于天下。以至仁伐至不仁"；《吕氏春秋·制乐》："欲观至乐，必于至治"，皆其例。

②无有入于无间：帛书甲本如是。王弼本，河上公本无"于"字，范应元本有"于"字，并注曰："《淮南子》有'于'字，与古本同。"可见范应元所见多种古本皆有"于"字。校定文从帛书等古本。

王淮说："无有者，至虚之谓也；无间者，至实之谓也。至虚是至柔之更进一层，何则？柔弱之用，由于虚无之道故也；至实是至坚之更进一层，何则？以今日物理学言之：物之至坚者乃因其'密度'之大，凡物之'密度'大至极处，必至于无间（空隙），故'至坚'之极，即是'至实'。准此，'无有入无间'，即是上文'天下之至柔驰骋天下之至坚'之进一步之发挥与强调。合而言之，即谓虚无柔弱之道，无往不利，无物不克，天道（物理）、人事，两在不爽。"①

---

① 王淮：《老子探义》，台湾商务印书馆1972年版，第179—180页。

此说以无有为至虚，是至柔的发展；以无间为至实，是至坚的发展。确有见地。

③吾是以知无为之有益也：帛书、傅奕本、范应元本如是，王弼本无"也"字。对此句，王弼注曰："虚无柔弱无所不通。无有不可容，至柔不可折，以此推之，故知'无为之有益也'。"可见王弼本原句末有"也"字。

④天下希能及之：帛书为"天下希能及之矣"；王弼本无"能"字，校定文据帛书补，删"矣"字。希，稀少也。

译文

天下最柔弱的东西，
可以急速洞穿最坚硬的东西。
至虚无形的东西，
能够进入没有间隙的东西。
我由此知道"无为"是多么有益。
"不言"的教导，"无为"的效力，
天下真知且行者寥寥无几。

辨析

一、关于对"无有入于无间"句的校诂。此句，帛书甲本（乙本缺损）及河上公本、严遵本如是，王弼本少"于"字。傅奕本、范应元本作"出于无有，入于无间"，范应元并注曰："傅奕、严遵同古本。河上公本少'出于'二字。"刘师培、易顺鼎、劳健、蒋锡昌等认为应作"出于无有，入于无间。"范应元说："'无有'者，道之门也；'无间'者，物之坚实而无间隙者也。凡以物入物，必有间隙，然后可入；惟道则出于'无有'，洞贯金石，可入于无间隙者矣。"① 范应元把"无有"释为"道之门"，并说"惟道则出于'无有'"，此话欠妥。其实，"无有"指的就是"道"，一章的"无，名天地之始；有，名万物之母"及庄子说的道家"建之于常无、有"（《庄子·天

---

① 《四部要籍注疏丛刊·老子》，中华书局 1998 年版，第 629 页。

下》）可证。不过，这里说的"无有"虽然实际指的是道，但其直接的涵义是至虚无形的东西，如此才与"无间"即没有间隙的东西相对应。刘师培说："案：《淮南子·原道训》引作'出于无有，入于无间'，此老子古本也。王本亦有'出于'二字。王弼上文注曰：'气无所不入，水无所不出于经。'注文'无所不出于经'，当作'无所不经'，与上文'无所不入'对文。'出于'二字必系'无有'上之正文。盖王本亦作'出于无有，入于无间'。"①刘说貌似有理有据，实则一与王弼本不符，因王弼本并无"出于"二字；二是若取"出于无有，入于无间"的表述，在文词和文气上会产生一些阻隔。正如刘笑敢所分析的："按傅奕本，'至柔''出于无有'是交待'至柔'之出处及神妙莫测，而不是强调'至柔'的作用效果，那么与下文认识到'无为'之益就没有直接联系，文词支蔓，文气稍滞。"②鉴于上，此句之校定文从帛书甲本及河上公本、严遵本等，作"无有入于无间"。

二、对本章主旨及相关词句涵义的辨析。高亨说："这一章是老子的人生论和政治论。在人生方面，他提出贵柔的主张。在政治方面，他提出无为的主张。"为此高亨认为"无有入于无间"中的"无有"二字应作"无为"。他说："亨按：'无有'当作'无为'，乃后人误改。'无为入于无间'是说无为的政治都达到无间隙之处，即无为而无不为之意。下文：'吾是以知无为之有益。'即承接'无为'而说，便是明证。（一说：无有，即无有作为，不改作'无为'，也可通）。"③张松如说："此章再一次申述'柔之胜刚，弱之胜强'的'是谓微明'（三十六章）之术。讲了柔弱可以战胜刚强的原理。"陈鼓应说："本章强调'柔弱'的作用和'无为'的效果"。又说："水是最柔不过的东西，却能穿山透地。老子以水来比喻柔能胜刚的道理。"许抗生说："本章以至柔战胜至坚开端，说明无为、不言的功效。"刘笑敢说："作者的用意显然不在外物，而在人事。物只是用于比喻，其思想观念的重点却是人事。"大多数注家认为本章老子说的"至柔"及"无有"指的是水或气，或水加气（尹振环如此说），其根据是七十八章的"天下莫柔弱于水，而攻坚强者莫之能胜，以其无以易之"，以及王弼注曰"气无所不入，水无所不出于经"，吴澄注曰"水至柔，能攻穿至坚之石；气无有，能透入无间隙之金石墙壁"（《道德真经注》），王道注曰"天地之气本无形也，而能贯于金

---

①　刘师培：《老子斠补》。

②　刘笑敢：《老子古今》，中国社会科学出版社 2006 年版，第 447—448 页。

③　高亨：《老子注译》，河南人民出版社 1980 年版，第 101—102 页。

石；日月之光本无质也，而能透乎篰屋。无有入于无间者，此之之类也。"
（《老子亿》）

余以为本章的主旨与七十八章有显著的不同。七十八章讲的是"柔弱胜刚强"的道理，但落脚点却是"圣人云：'受国之垢，是谓社稷主；受国不详，是为天下王'"，所以其上冠之于"是以"二字，故此章可归于政治论。本章则主要讲道的性能，归结为人应领悟道之"无为"的特性并将其变为处理社会政治问题的方式方法。

鉴于此种理解，余以为本章所说的"至柔"和"无有"指的都是道，前者侧重表现道的作用特点——"弱者道之用"（四十章）；后者凸显道的形态——"视之不见"、"听之不闻"、"搏之不得"（十四章）。只有道才有可能"驰骋于天下之至坚"，才有可能"入于无间"。比如自然状态的"滴水"虽然可以"穿石"，但它能穿金刚石吗？气"无孔不入"，它能钻入金刚石吗？不能。但是，道却能，因为道作为矛盾法则是普遍存在于物中的，是"于大不终，于小不遗"（《庄子·天道》）的，就是说它的存在是大至天体（星系、总星系之类）、小至基本粒子乃至"夸克"之类，概莫能外的，金刚石当然亦不在话下。因为"道常无为而无不为"（三十七章），所以"无为"是道的一个基本特性。这种基本特性又可以转化为人们处理问题的方式方法，如用于治国，就是所谓"无为而治"。老子是确信"无为之有益"的，可惜"天下希能及之"。"希"者，稀也。"天下希能及之"是说在天下人中对"不言之教"和"无为之益"真正理解并能见诸行动的寥寥无几。

此外，高亨对本章主旨的解读似乎说得远了点，他将"天下之至柔驰骋于天下之至坚"译为"天下最柔弱的人能驱使天下最坚强的人"，而且说"无为的政治都达到无间隙之处"，似乎有些绝对化，因为"无为的政治"只适用于社会政治领域。

三十六章

　　重为轻根，静为躁君①。

　　是以圣人终日行②，不离辎重③。虽有荣观，燕处超然④。
奈何万乘之王而以身轻天下⑤？

　　轻则失根⑥，躁则失君。

（通行本第二十六章）

注　释

　　①重为轻根，静为躁君：帛书、河上公本、王弼本如是。躁，躁动也，
浮躁也。王弼注曰："凡物，轻不能载重，小不能镇大。不行者使行，不动
者制动。是以重必为轻根，静必为躁君也。以重为本，故不离。"句谓：持
重是抑制轻妄的根据，镇静是降服躁动的主宰。

　　"躁"，帛书甲乙本皆作"趮"。《说文》："趮，疾也，从走，喿音。"其
义为急速奔走。若按此义，"静为躁君"的意思是说，君主当静，臣下供奔
走驱使，君主自己不要离开君位而去做臣下所做的事。

　　古棣说："'重为轻根'即重车是轻车的根本；但老子的本意，是以重
车、轻车来比喻君主要牢牢掌握国家机器以驾御臣下，所以韩非《喻老》解
此句说：'制在己曰重，不离位曰轻。'"君，义为主使，主宰。

　　②是以圣人终日行：圣人，王弼本、河上公本等古本如是，帛书及多种
唐宋古本作"君子"。圣人，在此指圣明的君王。这里的"行"，似不应释为
"行走"，而是行为、从事、工作之义，如"行医"，是从事医疗工作；二章
"是以圣人处无为之事，行不言之教"；《左传·隐公元年》："多行不义，必
自毙"；《论语·述而》："吾无行而不与二三子者，是丘也。"皆其例。句谓：

所以圣明的君王一天到晚处理国家大事。

③不离辎重：辎重，高亨注曰："有蓬壁的车叫辎重，是古代的轿车，贵族乘坐。（运兵器粮食的车也有蓬壁，也叫辎重。）"不离辎重，在此是以重车为喻，说明圣人在处理国家大事时态度总是极为稳健、凝重。古棣说："辎重在此是双关语，表面意义是说战争中圣人时刻不脱离辎重车队，骨子里是说圣人时刻不脱离国家机器（这种双关语的用法，古书多有，见杨树达《中国修辞学》第八章'双关语'），所以韩非《喻老》解释此句说：'邦者，人君之辎重也，主父生传其邦，离其辎重者也。'"

④虽有荣观，燕处超然：王弼本、河上公本如是，傅奕本燕作"宴"。荣，华美也。《国语·晋语六》："华则荣，实之不知，请务安乎。"观，《尔雅·释宫》："观谓之阙。"郭璞注："宫门双阙。"这里泛指宫殿。燕，通"宴"、"晏"，安也，从容也。《说文》："宴，安也。"段玉裁注："古多假'燕'为宴安，宴享。"《诗经·小雅·蓼萧》："既见君子，孔燕岂弟（恺悌）。"郑玄笺："燕，安也。"处，对待也。王安石《与孙莘老书》："如某之不肖，虽不为有道，计足下犹当以善言处我。"超然，超然物外之义。

句谓；虽有华美的宫殿，也超然物外，淡然处之。意思是说，虽然有帝王优裕的生活条件，但决不因此就沉溺于酒色，骄奢淫逸，而仍淡然处之，超然物外。河上公对此句注曰："荣观谓宫阙。燕处，后妃所居也。超然，远避而不处也。"帛书乙本作"虽有环官，燕处则昭若"（甲本有缺损）。高明说："甲、乙本'昭若'当从今本作'超然'。'昭'、'超'二字同音，'若'、'然'二字义同。王引之《经传释词》卷七：'若'犹'然'也。……经文犹谓：虽有营建之楼台亭榭以供享用，彼乃超然物外，乐于燕居，安闲静处，仍承前文'是以圣人终日行不离其辎重'之旨。"[1]

⑤奈何万乘之王而以身轻天下：王弼本、河上公本王作"主"，为"奈何万乘之主而以身轻天下？"高明说："战国时代文字，'王'字多写作'主'，字形颇像'主'，……因'王'与'主'二字古体相似，故后人抄写有误。……当时拥有万乘兵车之大国皆相继称王。此言'万乘之王'，即孙膑所言'万乘王'也。其三，《老子》称诸侯为'侯王'或'王'。……'侯王'与'王'谊同，皆指万乘之国的国君，从而足证今本所谓'万乘之主'者，实因'主'、'王'二字形近而误，此当从帛书甲、乙本作'万乘之

---

① 高明：《帛书老子校注》，中华书局 1996 年版，第 358 页。

王'。"① 古棣说："按文义，当作'王'。春秋时代称大夫为'主'，国君称'王'者则甚多，如楚、齐、吴、越。但陈人常把'王'写作'主'。陈璋壶铭'惟王五年'，李学勤说：'或读王字为主是不对的，田齐陶文王字常有上面一点。'"② 校定文从帛书"主"作"王"。

关于"以身轻天下"：轻，轻浮也，轻佻也，轻举妄动也。《国语·周语下》："师轻而骄，轻则寡谋，骄则无礼。"《左传·僖公三十三年》："秦师轻而无礼，必败。"吴澄曰："'以身轻天下'谓以身轻动于天下之上也。"句谓：作为万乘之国的国王，怎么能以身而轻浮妄动于天下呢？此乃老子激愤之辞也。一国的统治者，其行为应当静重，切忌轻浮躁动。

⑥轻则失根，躁则失君：今王弼本根作"本"，为"轻则失本，躁则失君"。俞樾说："《大典》作'根'，当从之。此章首句曰'重为轻根，静为躁君'，故终之曰'轻则失根，躁则失君'，'王'作'本'者，'本'与'根'一义耳。"③ 俞樾所说的《大典》即《永乐大典》中的王弼本，可见王弼本原作"根"，吴澄、李贽、释德清诸本"本"亦作"根"。鉴于此，校定文从王弼原本等诸本作"轻则失根，躁则失君"。

吕惠卿释本章文义曰："凡物，轻者先感，重者后应。故本能制末，静者御物，躁者御于物。故静能君躁。虽行动居处之间，犹不能离此理。况任重道远以观天下者，而可不静且重乎？盖感而后应不得已而后动，则重矣。为而无为则静。苟其动常在于不得已之际而不能无为，则是以身轻天下而不重，不重则躁而不能静矣。"④

译　文

持重是抑制轻妄的根据，
镇静是降服躁动的主宰。
所以圣君整天处理国家大事，

① 高明：《帛书老子校注》，中华书局 1996 年版，第 359 页。
② 古棣：《老子校诂》，吉林人民出版社 1998 年版，第 369 页。
③ 转引自马叙伦：《老子校诂》，载《四部要籍注疏丛刊·老子》，中华书局 1998 年版，第 1635 页。
④ 吕惠卿：《道德真经传》。

就像满载军需品的车辆，

态度总是那么稳健、凝重。

虽然居于华美的宫殿，

但却超然物外，处之淡然。

作为万乘之国的君王，

怎能轻浮妄动于天下？

轻浮就会失去根本，

妄动就会失去君位呀！

辨　析

一、关于对"是以圣人终日行，不离辎重。虽有荣观，燕处超然"的解读和释译。许多注家对文中的重要词语都作了考证，对文句之涵义的理解则集中表现在译文中。现举几位著名学者的译文并谈点看法。高亨将此文译为："所以明智的侯王整天走路，不离开有蓬壁的车。因为有围墙宫室的保卫，故能安全地住着，超脱没有忧虑"；张松如译为："因此，君子终日行走，不离他披挂围衣的辎车。虽然有荣华之境，游观之乐，仍然要安闲卧处超然物外"；陈鼓应译为："因此君子终日行走离不开载重的车辆。虽然有华丽的生活，却安居泰然"；尹振环据帛书译为："所以君王整天在外行动，不能离开他的营卫辎重。只要严加戒备，即使黑夜也如同白昼"；许抗生据帛书译为："所以君子终日行路，总是离不开重载的车辆；虽在闹市旅馆，静居下来亦能超然不为物累。"

笔者在注意理解这些译文的同时，也看了这几位注家的有关注释和解说。

这几则译文大同小异，似有三个问题需要研究：一是圣人能"整天在外面行走"吗？二是"不离辎重"是什么意思？三是圣人为什么能"燕处超然"？

（一）老子这里说的圣人是指圣明的君王。这样的君王当然有时也会出外视察，但大量的时间是在宫殿内处理国家大事。而且老子在总体上是反战的，所以他心目中的君王也不可能终日带着装载军用物资的"辎重"御驾亲征。所以，余以为"终日行"的"行"，在此不是"行走"之义，而是做事或处理问题的意思。（详见【注释】②）试想，对于一个勤政的国王来说，每天该有多少国家大事需要他去处理呀！据说清朝的雍正帝是一个勤政的君王，他每天在奏章上用朱笔写的批文就达五千字左右，可见他每天得批阅多少奏章！这种情况下，他哪里有功夫"终日行走"啊！

（二）"辎重"，就其字面的或直接的意义上说，它是装载军用物资的车辆，但它在此似只是一个比喻。这里的关键是一个"重"字，因为"重为轻根"。"不离辎重"，是用以比喻圣人在处理国家大事时态度总是极为稳健、凝重，表现了高度的责任感。南怀瑾说："（圣人）'终日行而不离辎重'是说志在圣贤的人们，始终要戒慎恐惧，随时随地存着济世救人的责任感。如在颠沛流离中的大舜，始终以大孝于天下存心。如大禹的治平洪水，九年在外栉风沐雨，腓无胈、胫无毛，三过其门而不入。"①

（三）圣人为什么能"燕处超然"？是因为出行时有"营卫辎重"保驾吗？是因为"有围墙宫室的保卫"吗？这对君王而言当然都不成问题。但是，如与其前句的"虽有荣观"结合起来解读，余以为这里的意思是说：虽然有荣华富贵的生活条件，但圣人决不沉溺于此，骄奢淫逸，而是仍处之淡然，超然物外。因此，这句话表现了圣人无心顾及生活享受，而以江山社稷为重，专注于处理国家大事、济世救人的思想境界。

二、对"奈何万乘之王而以身轻天下"之义的解读。对此句，古棣译作："为什么万乘之王把自己的生命看得比天下还轻？"尹振环译为："为什么身为万乘大国的君王，要把自身看得轻于天下呢？"许抗生译为："为什么拥有万乘兵车的诸侯王而要把自己看得轻于天下呢？"从这几则译文看，老子谴责的"万乘之王"似乎不是他们行为的"轻"，而是"把自己看得轻于天下"；老子似乎教他们把自身看得比"天下"的命运还重要。当然，国王的情况如何，对国家命运是有关系的，这一点必须肯定，这也正是老子把本书的重点放在教侯王依道治国的根本原因。但是，恐怕老子并没有教他们把自身看得比"天下"的命运还重要的意思，况且这些侯王都是很不争气的。他们自己"服文彩，带利剑，厌饮食，财货有余"，却搞得"朝甚除，田甚芜，仓甚虚"（五十三章），"民之饥"、"民之不治"、"民之轻死"（七十五章），对外还要"以兵强天下"（三十章），而这都表现了"万乘之王"是"轻"的。余以为这里说的"轻"字是轻浮、轻佻、轻举妄动之义（详见【注释】⑤），所以这句话的意思当是说：作为万乘之国的国王，怎能以身而轻浮妄动于天下呢？此乃老子激愤之辞也。

---

① 南怀瑾：《老子他说》，复旦大学出版社 2002 年版，第 369 页。

在什么意义上"万乘之王"应把自身看得重要呢？南怀瑾是这样诠释的："所谓'身轻天下'的语意，是说他们不能自知修身涵养的重要，犯了不知自重的错误，不择手段，只图眼前攫取功利，不顾丧身失命的后果。因此，不但轻轻易易失去了天下，同时也戕杀了自己，这就是触犯'轻则失本，躁则失君'的大病。"①

---

① 南怀瑾：《老子他说》，复旦大学出版社 2002 年版，第 369 页。

三十七章

　　人之生也柔弱①，其死也坚强②；草木之生也柔弱③，其死也枯槁。

　　故坚强者死之徒，柔弱者生之徒④。

　　是以兵强则不胜，木强则兵⑤。

　　强大处下，柔弱处上。

（通行本第七十六章）

注　释

　　①人之生也柔弱：指人在活着的时候，身体是柔软的。

　　②其死也坚强：是说人死后其尸体是坚挺、僵直的。"强"通"僵"。范应元本"坚强"作"刚强"，下同。范应元注曰："'刚'，一本作'坚'，今从古本。"可见范应元所见《老子》古本即是"刚强"。余以为"坚强"作"刚强"是可取的，因为三十六章"柔弱胜刚强"，七十八章"柔之胜刚，弱之胜强"，皆"柔弱"与"刚强"对文。

　　③草木之生也柔弱：王弼本、河上公本、帛书在"草木"前有"万物"二字，严遵本、傅奕本、范应元本无。以上诸本柔弱作"柔脆"，为"草木之生也柔脆"。

　　但是，第一、"万物"是泛指，其中有许多"物"（如日月星辰，山川河流，各种器具）是无所谓生死的，当然也无"柔脆"变"枯槁"的问题，故于理不顺。"万物"或许是衍文，故校定文删之。第二、关于以上诸本柔弱作"柔脆"的问题。"柔"与"脆"是涵义相反的两个概念，柔者不脆，脆者不柔。草木在活着的时候多呈柔韧而非"脆"的特性，故谓"草木之生也

柔脆"并不准确。苏辙、叶梦得、成玄英、强思齐诸本不作"柔脆"而作
"柔弱"。"脆"字在《老子》中只出现过一次，即六十四章的"其脆易泮"，
是说脆而易折、易碎，如用在此处就与"草木之生"的状况和意义相反了，
况且作为结论的句子是"柔弱者生之徒"，而非"柔脆者生之徒"。鉴于此，
校定文从苏辙本等作"草木之生也柔弱"，况且苏辙本等并非无源之水。

④故坚强者死之徒，柔弱者生之徒：徒，是同类的意思。《论语·微
子》："鸟兽不可与同群，吾非斯人之徒与而谁与?"死之徒，意谓属于死亡
的一类；生之徒，意谓属于有生命的一类。句谓：所以说坚硬僵直的，属于
死亡的一类；柔软嫩弱的，属于是有生命力的一族。

⑤兵强则不胜，木强则兵：王弼本及经训堂傅奕本如是。句谓：军队的
战略战术如果僵化或指挥员骄傲逞强，则不能打胜仗；树木成材或死亡，就
容易遭砍伐。现今注本多据《列子·黄帝篇》和《淮南子·原道训》作"兵
强则灭，木强则折。"详见【辨析】。

译　文

人活着时身体柔软，
死后就变得僵硬；
草木活着时枝叶柔弱，
死后就变得干枯。
所以说坚硬僵直的，
属于死亡的一类；
柔软嫩弱的，
属于有生命力的一族。
所以军队战法僵化或逞强，
必然难打胜仗；
树木成材或者死亡，
必然易遭砍伐。
强大僵化的潜在着衰落，
柔弱的事物往往前途远大。

辨　析

　　关于"是以兵强则不胜，木强则兵"的校勘。此文王弼本如是，经训堂傅奕本亦如此。近现代注家之校订文多据《列子·黄帝》所引《老子》等改为"是以兵强则灭，木强则折"。笔者认为这两句话之校定文仍应从王弼本作"是以兵强则不胜，木强则兵"。

　　主张此文改为"兵强则灭，木强则折"的注家们的理由是：

　　黄茂材曰："《列子》载老聃之言曰：'兵强则灭，木强则折。'《列子》之书，大抵祖述《老子》之意，且其世相去不远。'木强则折'，其义为顺，今作'共'，又读如'拱'，其说不通，当以《列子》之书为正。"（《老子解》）

　　俞樾说："案'木强则兵'，于义难通。河上公本作'木强则共'，更无义矣。《老子》原文作'木强则折。'因'折'字阙坏，止存右旁之'斤'，又涉上句'兵强则不胜'而误为'兵'耳。'共'字则又'兵'字之误也。《列子·黄帝篇》引老聃曰：'兵强则灭，木强则折'，即此章之文，可据以订正。"（《诸子平议》）

　　易顺鼎说："俞氏《平议》据《列子》引《老子》作'兵强则灭，木强则折'是矣。鼎又按：《文子·道原篇》作'兵强即灭，木强即折'，《淮南·原道训》作'兵强则灭，木强则折'，皆与《列子》相同。王注'木强则兵'，云'物所加也'，四字疑非原本。"（《读老札记》）

　　刘师培说："案：俞说是。《淮南·原道训》亦作'兵强则灭，木强则折。'疑'不胜'系后人注文。"（《老子斠补》）

　　奚侗说："木强则失柔韧之性，易致断折。'折'各本或作'共'，或作'兵'，皆非是。'折'以残缺误作'兵'，复以形近误为'共'耳。兹据《列子·黄帝篇》、《文子·道原篇》、《淮南·原道训》引改。"（《老子集解》）

　　笔者之所以认为这两句话仍应从王弼本的"是以兵强则不胜，木强则兵"作为校定文，是基于以下五条理由：

　　（一）王弼本中的经文是据何种古本勘定的，虽然已不可考，但王弼当初是根据某一种或某几种《老子》古本勘定的，则是无疑的，况且王弼本作为影响最大的通行本已流传一千七百多年，可动可不动的文句，还是以不动为好。

　　（二）傅奕本主要是根据项羽妾墓出土的《老子》抄本勘定的。项羽之妾死于何时虽不得而知，但她大概不会死于马王堆汉墓主人之后，则是无疑的。据此不应轻视傅奕本的历史价值。而经训堂傅奕本的此文与王弼本无异。

（三）自宋代黄茂材以来许多注家将此文改为"兵强则灭，木强则折"，所据无非是《列子·黄帝篇》、《文子·道原篇》和《淮南子·原道训》，而这些典籍中的此文皆为引文，且不说引文所据《老子》的真伪，单就引文而言，抄错的可能性也不能排除，况且后者是否抄的前者的也未可知。所以，《列子·黄帝篇》等著作中的《老子》引文似无多高的权威性，只能作为参考。至于前引几位注家以此为据的种种猜测也只能当作猜测而已。像俞樾说什么"《老子》原文作'木强则折'"云云，更缺乏根据。

（四）帛书甲、乙本此文上句皆作"兵强则不胜"，正与王弼本和经训堂傅奕本相同。这为此文前句为"兵强则不胜"，提供了一条权威性的证据。既然上句是"兵强则不胜"，那么根据《老子》文字的特点，下句也应是与此句押韵的，而其下句是"木强则兢"（其义不明），果然押韵；但若作"木强则折"，则失韵，在一般情况下，《老子》原本不会如此。

（五）再从义理上试作分析。先说其上句。余以为"兵强则不胜"这句话富有弹性，其涵义比较符合情理。因为一般说来，军队会多次作战，总是要打一些胜仗，也会吃些败仗，这就是所谓"胜败乃兵家常事"，"兵强则不胜"可能是就其打败仗而言的。但作为一支强大的部队，不可能总打败仗。这里的"强"字通"僵"（《灵枢经》："舌本强，病则呕。"《黄帝内经·素问·至真要大论》："诸燥狂越，皆属于火。诸暴强直，皆属于风。"高世栻注曰："诸一时卒暴，筋强而直，屈伸不能。"），即僵化，就是说，如果指挥员不能运用灵活机动的战略战术或者妄自逞强，也会打败仗。从本章前文"人之生也柔弱，其死也坚强"之义来看，"兵强则不胜"可能主要是在后一种意义上说的。如作"兵强则灭"，则嫌绝对化了。即使是因为指挥员未能运用灵活机动的战略战术而打了一二次败仗，其指挥员也会总结教训，此后就会转而采取比较灵活机动的战略战术，从而率领军队打胜仗，否则就会被撤换。如作"兵强则灭"，就成了"兵强"必然"灭亡"，那么是否"兵弱"就能"必胜"呢？若此，那么壮大军队、加强部队建设岂不是徒劳无益、事与愿违了吗？老子虽然不是兵家，但这属于常识，作为思想家的老子必不如此。

再说其下句。"木强则兵"的"兵"字，是砍伐的意思。"兵"是个多义词，既有现在说的战士或军人的涵义，又有军事、兵器、战争、战乱等涵义，也有作为动词的杀伤、伤害的涵义。后者如：《吕氏春秋·侈乐》："其生之与乐也，若冰之于炎日，反以自兵。"《史记·伯夷列传》："左右欲兵之。"显然，杀伤和伤害只适用于人或动物，而不适用于树木，对树木则转义为"砍伐"。"木强则兵"就是当树木成材之后，迟早要被砍伐之义。这里的"强"也有"僵"的意思，就是当树木枯槁了，将被提前砍伐。若作"木强则折"，小树或树枝固然尚可，如果是参天大树呢，无论它是死了的还是活着的，你能"折"得动吗？所以有的注家认为"木强则兵"于义难通，因未解其义之故。此外，若作"木强则兵"，则与其前句的"兵强则不胜"也能谐韵；否则，如果因有帛书佐证而只取"兵强则不胜"，后句仍为"木强则折"，则失韵，也经不起推敲，故不可取。

　　鉴于以上五点理由，这两句话的校定文，仍从王弼本及经训堂傅奕本作"是以兵强则不胜，木强则兵。"

三十八章

　　天长地久。天地所以能长且久者，以其不自生，故能长生①。

　　是以圣人后其身而身先，外其身而身存②。非以其无私邪？故能成其私③。

（通行本第七章）

注　释

　　①以其不自生，故能长生：王弼本、河上公本、傅奕本、帛书皆如是。劳健、蒋锡昌据龙兴碑、司马光本、吴澄本、明太祖御注本认为"故能长生"应作"故能长久"。古棣从其说，并列二条理由予以论证：一是"故能长久"正与上文"天地所以能长且久者"相应，而作"长生"则与上文不相应；二是作"故能长久"与第一句"天长地久"、第二句"天地所以能长且久"押韵。对"以其不自生"句，马叙伦说："自'是以圣人'以下文义不属，疑系错简，或上文'以其不自生'之'生'字当为'私'字。"（《老子校诂》）此可备一说。

　　对"天地所以能长且久者，以其不自生，故能长生"，庞朴先生释之曰：

　　（此句的）言外之意是，人之所以不能长且久者，以其自生！什么叫不自生？那不是说天地没有自己的能参或所以参，没有化育的功能；也不是说天地不去发挥自己的功能，不来参与自然的生息，不以其所以参成其所参；而只是说，天地在发挥自己那无可比拟的巨大功能时，不自见、不自是、不自伐、不自矜，就是说不自以为得计，故而能够长且久。人类方面的情况则有点复杂：人中的圣人，知道效法天地，后其身、外其身、无其私，因而能够与天地共长久，不自生而长生；人中的凡人，只图一味先其身、存其身、有其私，自生其生，结果反而事与愿违，无一得以长生。"①

显然，庞朴先生说的圣人"能够与天地共长久"，不是指的生理寿命，而是指圣人的英名、功业和思想，即所谓永垂不朽，因而与老子讲的"死而不亡者寿"（三十三章）同义。天地"不自生"是说天地绝对不为自己而生存，即所谓"天无私覆，地无私载"。老子揭示天地的这一崇高品格，是为了给人们提供一个光辉榜样。老子多处讲"贵身"，但他认为"贵身"应以"不自生"为前提。如此的"贵身"，已超出自我的狭小圈子，而将其放在整个社会人生乃至天地万物的广大范围中去考虑，显示了老子利他、利物的高尚精神和博大胸怀，这也是对"道"的无限包容精神的运用和发挥。

②后其身而身先，外其身而身存：河上公注曰："先人而后己者也，天下敬之先以为长。薄己而厚人也，百姓爱之如父母，神明佑之若赤子，故身常存。"高明说："此即相反相成，辩证统一的道理。老子谓之为'反者道之动，弱者道之用。'"② "后其身"、"外其身"都是就名利而言的，而有的论者释"外其身"为"遇到危险，把自身置之度外"。如此何谈"无私"？

③非以其无私邪？故能成其私：王弼本、河上公本如是。王弼注曰："无私者，无为于身也。身先身存，故曰'能成其私'也。"苏辙说："虽然彼其无私，非求以成私也，而私以之成，道则固耳。"对"非以其无私邪？"高亨主张删"非"、"邪"二字，根据是《释文》引河上公本、景龙碑、龙兴观碑均无此二字，并说"以其无私，故能成其私"与"以其不自生，故能长生"句法一律。古棣从其说。此可备一说。笔者以为经文可动可不动者，最好不动，况且有"非"、"邪"二字，使文章有些跌宕起伏，读起来更为活泼、有力。关于此句的解读，详见【辨析】。

---

① 庞朴：《文化一隅》，中州古籍出版社 2005 年版，第 234 页。
② 高明：《帛书老子校注》，中华书局 1996 年版，第 252 页。

译　文

天地是长久存在的。
天地之所以能长久存在，
是因为天无私覆，地无私载，
因此它们能够长久存在。
所以圣人在名利面前，
总是把自己摆在众人之后，
反而能赢得人民的拥戴而领先；
总是把自己置之度外，
自己为之追求的事业却得以保全。
这难道不是由于他的无私吗？
反而能使自己的事业成就斐然。

辨　析

关于对本章末句"非以其无私邪？故能成其私"的解读。在现代注家中，有些人对此文作了正确的释译，如陈鼓应译为："不正是由于他不自私吗？反而能成就自己。"孙以楷说："圣人的无私是自然而然的，是发自本心、出自本性的，不是功利之举，而是超越私利的大公行为，也正因为如此，圣人才成就了道德的升华。所谓'成其私'，不是自私，甚至不是指个人，而是指个人道德与事业的圆满实现。"[①]

但也有些注家作了与此相反的解读。如张松如将其译为："这岂不正由于他没有营私吗？从而能够成就了他的营私"；古棣将其译为："这是因为他无私，所以能够达到保全私利的目的"；任继愈在解说中说："他表现为不为自己，从而为自己得到更多的好处，以无私达到了自私的目的"[②]；李光福说："在老子看来，圣人并非绝对无私利他，而是以无私利他的方式来扩张自己的个人利益，以无私成其私的。这既是老子对圣人秘密的揭示，也是老

---

① 孙以楷：《老子通论》，安徽大学出版社 2004 年版，第 299—300 页。
② 任继愈：《老子新译》，上海古籍出版社 1985 年版，第 74 页。

子对理想的人生价值方针的阐扬",又说:"很显然,老子是把无私利他作为利己,作为争取和扩张个人利益的有效手段来倡导的。"① 显然,这种解读与老子的思想相距甚远。一个大智大悲、以至公无私的圣人为楷模的哲人竟然被人误以为玩弄权术以售其奸的阴谋家,实在令人感叹!之所以如此,究其原因,大体有三:一是局限于字面意义,二是古代即有始作俑者,三是运用了所谓阶级分析的方法。现在分别谈谈笔者的看法。

(一)"非以其无私邪?故能成其私"中出现了两个"私"字。从其字面上看似乎并无区别,但其涵义则有着质的不同。高亨将此句直译为"不正由于他不自私吗?故能成其私。"就是局限于其字面的解读。其实,"无私"之"私"是指自私自利之心,指个人的名利地位;"成其私"之"私"是指个人的价值和目标的实现,而这种个人的价值和目标并非某种孜孜以求的世俗目标,而是与个人价值和目标(个人的精神生命)联系在一起的理想和事业,而这种理想和事业是公众的或国家和民族的利益的体现。因此后一个"私"是貌私而实"公"。之所以作这种诠释,是因为它的前提是"圣人",而老子笔下的圣人是"万物作焉而不辞,生而不有,为而不恃,功成而弗居"(二章)的,因而是毫无自私自利之心、绝不谋求个人名利的。

(二)《淮南子·道应训》在解读这句话时讲了一个故事,说公仪休在当鲁国宰相的时候,因为他喜欢吃鱼,所以有些人给他送鱼,但他不受,说如果接收了,就有可能因受贿而失去宰相之位,反而从根本上吃不到鱼了。古棣评论说:"这就是说,肯于牺牲小利益,眼前利益,才能得到大利益。《淮南子》用一个故事所作的具体解说是符合老子的原意的。"到了宋代,大儒程颐说:"老子之言窃弄阖辟者也。"这说明《淮南子·道应训》的作者和大儒程颐乃曲解此话涵义之始作俑者。

(三)古棣说:"老子思想所体现的是春秋末年奴隶主贵族的公私观。……而他所属的那个阶级不仅是一个自私自利的阶级,而且是一个没落的阶级。所以他不可能用牺牲个人利益、服从阶级整体利益的原则教育其本阶级的成员和当权派,只能开导他们,放弃小利益、眼前利益(这即是所谓'无私')才能保住自己的大利益、长久利益('成其私')。"② 张松如说:"他不是突出矛盾的斗争,而是强调矛盾的调和,所谓以无争争,以无私私:'非以其

① 李光福:《论老子独特的人生进取观》,《南开学报·哲学社会科学版》,2004年第6期。

② 古棣:《老子校诂》,吉林人民出版社1998年版,第87页。

无私欤？故能成其私’。从而又归结为他的‘无为’思想了，这当然是受了个体农民软弱社会地位的局限，以致使着辩证思想的光辉蒙上了一层钝化的虚幻的阴影。”①

其实，早在古代，就有些注家对老子的这句话的涵义作出了基本正确的解读。王弼注曰：“无私者，无为于身也。”河上公注曰：“圣人为人所爱，神明保佑，非以其公正无私所致乎？人以为私者，欲以厚己也。圣人无私而己自厚，故能成其私也。”吴澄注曰：“圣人非欲成其私也，而自有身先身存之效。”薛蕙针对大儒程颐的看法说：

> 夫圣人之无私，初非有欲成其私之心也。然而私以之成，此自然之道耳。程子有云：“老子之言窃弄阖辟者也。”予尝以其言为然，乃今观之，殆不然矣。如此章者，苟不深原其意，亦正如程子之所诃矣。然要其归，乃在于无私。夫无私者，岂窃弄阖辟之谓哉！②

有意思的是，薛蕙在注释中讲了他对老子这句话涵义的认识过程：起初迷信权威，以大儒之是非为是非，后来经过独立思考，终于愤然指出：“夫无私者，岂窃弄阖辟之谓哉！”

对于老子的阶级出身，对他是哪一个阶级的思想家，笔者缺乏研究，只知老子笔下的“圣人”代表了他的心声和理想追求。而圣人是道的化身，是“玄德”的体现者。圣人是生而不有、为而不恃、为而不争、长而不宰、功成而弗居的，也就是说，圣人是完全不争个人名利地位、毫无私心杂念的大公、至公的人，他是只知“常善救人”、“常善救物”、总是“以百姓之心为心”的人，这在《老子》中有大量的论述。这样的人，在当时也许只是理想的存在，但圣人是“无私者”则是毫无疑义的，正如薛蕙说的“夫无私者，岂窃弄阖辟之谓哉！”因此“故能成其私”句中的“私”，就绝不会像某些注家所说的是什么“营私”、“保全私利”、“达到自私的目的”、“肯于牺牲小利益，眼前利益，才能得到大利益”之类的涵义。庄子说：“天地有大美而不言，四时有明法而不议，万物有成理而不说。圣人者，原天地之美而达万物之理，是故至人无为。”（《庄子·知北游》）这里说的大抵是天地和圣人的无

---

① 张松如：《老子校读》，吉林人民出版社 1981 年版，第 46 页。
② 薛蕙：《老子集解》，载《四部要籍注疏丛刊·老子》，中华书局 1998 年版，第 1189 页。

私品格吧？当然，说"天无私覆，地无私载"（《庄子·大宗师》），说"天地所以能长且久者，以其不自生"，都不过是一种拟人化的说法，因为天地是无思想、无欲求的自然物，无所谓公与私，但老子说的圣人的确是大公无私的，是只知无私奉献，根本不考虑、不计较个人得失的人。

但是，从古至今总有一些人以己之心度人之腹，根本就不相信世界上真的会有大公无私的人。比如有人在"文革"后率先从反面反思"向雷锋同志学习"的口号，说雷锋就没有私心吗？他为什么还戴手表、穿皮夹克呢？20世纪 80 年代初有人就公开主张取消"大公无私"的提法，说什么根本就没有什么大公无私，只有"大公有私"，也不要批评"斤斤计较"，说"不仅要斤斤计较，而且应两两计较，钱钱计较。"当有人对此提出异议时，前者辩解说，那是讲的市场经济条件下的守则。但是，在社会主义市场经济条件下难道就不应提倡"大公无私"吗？就只能引导人们"斤斤计较、两两计较、钱钱计较"吗？市场经济的原则难道应当引入思想政治领域吗？毛泽东说："无数革命先烈为了人民的利益牺牲了他们的生命，使我们每个活着的人想起他们就心里难过，难道我们还有什么个人利益不能牺牲，还有什么错误不能抛弃吗？"① 这是在革命战争年代讲的，其实在后来的和平时期，为了国家和人民的利益而勇于牺牲个人生命的先进人物不也是层出不穷吗？这难道不能说明他们是大公无私的人吗？还有许多活着的人也是大公无私的，至于先公后私、公而忘私的人就更多了。这种人难道不值得我们学习吗？

自古迄今，凡是为了国家、民族和人民大众的利益而不惜牺牲个人的一切的"无私者"，无论他们的贡献大小，也不论他们的名字是否刻在了纪念碑上，他们所创造的功业都是不可磨灭的，亦是磨灭不了的，人民是不会忘记他们的，历史也是不会忘记他们的。从这种意义上也可以说他们都属于"非以其无私邪？故能成其私"的人。

以上笔者对老子说的"以其无私，故能成其私"的本来涵义作了解说。但是，话还可以说回来，就是老子说这番话的用意究竟是什么？我们知道，《老子》全书主要是写给侯王等统治者们看的，是用以教育和劝诫他们的，此章当然也不会例外。老子当然深知侯王等统治者是一些腐化堕落、钩心斗角、争权夺利之徒，他们与"圣人"的品格相比，何止天壤之别！尽管如此，老子仍然期望他们能效法圣人，以圣人为榜样，改过自新，"法道"而自然无为。因此，如果说"以其无私，故能成其私"也是讲给侯王等统治者

---

① 《毛泽东选集》第 3 卷，人民出版社 1991 年版，第 1097 页。

们听的，那么老子这样做肯定也是真诚的，决不会教他们为了达到"身先"、"身存"而故作伎俩，摆一摆"后其身"、"外其身"的花架子，骨子里是唆使他们实现更大野心和私利意义上的"成其私"。否则，老子的"帝王之师"不是作歪了吗？老子必不如此。

此外，张松如说，老子"以无争争"，"以无私私"，表现了他"不是突出矛盾的斗争，而是强调矛盾的调和，所谓以无争争，以无私私：'不以其无私软？故能成其私'。从而又归结为他的'无为'思想了"。[①] 老子通过揭示他笔下的圣人的无私品格，表明自己主张不争个人的名利地位，难道就是"强调矛盾的调和"吗？"矛盾的斗争"难道应当表现在与人争位、与民争利上吗？其实，"无为"与"强调矛盾的调和"也不搭茬，因为它所体现的无非是因循事物的自然本性和发展趋势而为的一种工作方式或治国原则，而无论是在一般的工作中还是在为政治国中都会遇到大量的矛盾和问题需要处理，而在处理这些矛盾和问题时，老子主张坚持"无为"的原则，运用"无为"的方式，这怎么能说"不是突出矛盾的斗争，而是强调矛盾的调和"呢？原来，张松如所理解的"无为"就是"无所作为"[②]。但是，既然是无所作为，那么就连"强调矛盾的调和"即调和社会的矛盾也难以做到了，因为要通过采取适当的斗争方式或调节手段而使矛盾得到解决固然很难，要真正使尖锐的社会矛盾得以调和，也绝非易事，因而绝不能听之任之，仍然需要付出努力，所不同的是，"矛盾的调和"并不等于矛盾的解决。

---

    ① 张松如：《老子校读》，吉林人民出版社 1981 年版，第 45—46 页。
    ② 张松如将三十七章的"道恒无为而无不为"译为："道经常是没有什么作为，却又没有什么不是它的作为。"（《老子校读》，吉林人民出版社 1981 年版，第 219 页。）

三十九章

罪莫大于甚欲，咎莫憯于欲得，祸莫大于不知足。
故知足之为足，常足矣！

（通行本第四十六章下）

说　明

之所以将通行本第四十六章分为两章，原因有二：一是此章之内容在帛书中即为两章，因为中间有一个明显的分章记号（·）；在简本中则只有其下段而无上段（"天下有道，却走马以粪；天下无道，戎马生于郊"）之内容；二是因为四十六章的上段与下段不能构成必然的因果关系：上段是讲战争观的，而战争的原因是复杂的，不好一律归咎于"甚欲"（王弼本、帛书等作"可欲"）。比如抵抗外敌入侵的卫国战争，反抗民族压迫、争取民族独立的民族解放战争，反抗阶级压迫、争取人民解放的武装起义和人民革命战争，就不能说是起因于"甚欲"、"可欲"或"不知足"了。对于这一点，老子当不会不知，这可以六十九章、七十五章之论述及七十二章说的"民不畏威则大威至"为证；而且老子说的"不得已而用之"（三十章）的用兵，亦属此类战争。鉴于此，故将其分为两章。根据内容所是，其下段放入本篇，上段归于治国篇之战争观。

对本章文句的解读，见译文和辨析，故注释从略。

译　文

罪孽没有比穷奢极欲更大的；

教训没有比猎取过分的欲望更为惨痛的；

祸患没有比永不知足的恶果更严重的。

因此，只有满足于知足，

才算是长久的满足。

辨　析

一、关于本章文字的校勘。本章王弼本为"祸莫大于不知足，咎莫大于欲得。故知足之足，常足矣。"帛书甲本为"罪莫大于可欲，祸莫大于不知足，咎莫憯于欲得。[故知足之足]，恒足矣。"（帛书乙本严重残缺）简本为"罪莫厚乎甚欲，咎莫佥（憯）乎欲得，祸莫大乎不知足。知足之为足，常足矣！"

在前三句中，王弼本与帛书和简本比较，少第一句。但河上公、严遵、傅奕、范应元等诸本以及《韩非子·喻老》引《老子》皆有第一句，作"罪莫大于可欲"。帛书的出土，证明应有第一句。但是，"可欲"应作何解？张松如将其译为"任情纵欲"，尹振环将其释译为"任性纵欲"，恐皆不当。可，适宜也。《庄子·天运》："其味相反，而皆可于口。"《汉书·高帝上》："此大事，愿更择可者。"此皆其例。据此，"可欲"似应释为"适宜的欲望"或"不过分的欲望"。但这样一来，"罪莫大于可欲"就应释译为："罪过莫大于适宜的欲望"或"罪过莫大于不过分的欲望"了，而这显然是不合乎情理的，而且老子只是主张"少私而寡欲"（十九章），可见他并不反对"可欲"，更不会把"可欲"视为莫大的罪过。值得注意的是，《韩诗外传》九引作"罪莫大于多欲"，可见当时就有一种版本此句作"罪莫大于多欲"。简本此句作"罪莫厚乎甚欲"，恰与《韩诗外传》所引意义相合。"甚欲"者，过分之欲望也，穷奢极欲也。"乎"者，"于"也（各本之"于"字，简本皆作"乎"。可能是较早的语言习惯）。这句话的意思是说，罪孽没有比穷奢极欲更为深重的。这显然是合乎情理的。

第二句简本为"咎莫憯乎欲得"。王弼本相应的句子作"咎莫大于欲得"。帛书甲本、傅奕本、范应元本"大"皆作"憯"，范应元并且注曰："憯音'惨'，痛也。"刘师培说："《解老篇》此语上文云：'若痛杂于肠胃之间，则伤人也憯，憯则退而自咎'，即释此'憯'字之义也。（引者按：《韩非子·解老》紧接上文尚有"退而自咎也生于欲利，故曰'咎莫憯于欲利。'"据此可知韩非所据《老子》此句作"咎莫憯于欲利。")'憯'与痛同，犹言'咎莫痛于欲得'也。《老子》古本必作'憯'，傅本犹然。今本作'大'，盖后人以上语'大'字律之耳。"① 刘师培关于"《老子》古本必作'憯'"的推断已为帛书和简本所证实。"憯"的确与"痛"义同，《史记·报任安书》："故祸莫憯于欲利，悲莫痛于伤心"中的"憯"与"痛"其义互见，可证。"咎莫憯于欲得"的意思是说，错误的教训没有比"欲得"更为惨痛的。这里的"欲得"即"得欲"，而所得之"欲"并非温饱，而是属于"过欲"的范围，不过比"甚欲"要轻一些。

本章第三句简本为"祸莫大乎不知足"，帛书和传世本相应的句子"乎"作"于"，为"祸莫大于不知足"。

就这三句的次序而言，帛书甲本作"罪莫大于可欲，祸莫大于不知足，咎莫憯于欲得"；傅奕本作"罪莫大于可欲，祸莫大于不知足，咎莫憯于欲得"；河上公本作"罪莫大于可欲，祸莫大于不知足，咎莫大于欲得"；王弼本为"（少第一句）祸莫大于不知足，咎莫大于欲得"；简本为"罪莫厚乎甚欲，咎莫金（憯）乎欲得，祸莫大乎不知足。"

从以上几个主要版本对本章前三句的排列次序来看，似以简本为最好。刘笑敢说："竹简本的三个主语的顺序是'罪'—'咎'—'祸'，这似乎是从内心之'罪'到外在之'祸'的顺序，而'咎'则介于二者之间，既可是内心之过，也可是外在之祸。再看三者的原因或表现的顺序是'甚欲'—'欲得'—'不知足'。'甚欲'纯粹是内心的欲望，'欲得'则是欲望见之于外物之'得'，而不知足则是'得'而后仍想再'得'的结果。同时末句'知足'二字与下文'知足'二字造成顶真句。"②

鉴于上，本章的前三句校定文应从简本作"罪莫厚乎甚欲，咎莫憯乎欲得，祸莫大乎不知足"。但考虑到传世本几乎皆为"于"字，而"乎"又通"于"，所以取"于"代"乎"；"大"与"厚"是近义词，而且于此"大"比"厚"的用词更恰当，故以"大"代"厚"。这样一来，此三句校订为"罪莫大于甚欲，咎莫憯于欲得，祸莫大于不知足"。

本章末句王弼本、河上公本、傅奕本皆为"故知足之足，常足矣。"帛书残缺。简本作"知足之为足（《韩非子·喻老》所引与此同），此恒足矣。"意谓：以知足作为"足"，是长久的满足。简本前半句要比传世本表意更为

① 刘师培：《老子斠补》。
② 刘笑敢：《老子古今》，中国社会科学出版社 2006 年版，第 467 页。

明确，故校定文取各家之长：前半句从简本作"知足之为足"，后半句从传世本作"常足矣"。全句为"知足之为足，常足矣。"

二、老子所反对的"甚欲"、"欲得"、"不知足"是针对谁讲的？古棣说："对于新兴地主阶级和劳动人民为争取自己的利益而斗争，在老子看来，也是'欲'，也是'不知足'，也是要不得的。所以老子的'知足'论是两面锋，是两面割的。"[①]

古棣的这种说法似乎有失公允。有什么根据说在老子看来，"劳动人民为争取自己的利益而斗争……也是'欲'，也是'不知足'，也是要不得的"呢？当时的劳动人民由于受到侯王等统治者的残酷剥削和压迫，年复一年地过着食不果腹、衣不蔽体的日子，还有什么"甚欲"或"欲得"可言呢？"不知足"倒是有的，他们对于这种朝不保夕的日子难道应当"知足"吗？我们看到，在《老子》中倒是有许多对"劳动人民为争取自己的利益而斗争"深表同情甚至支持的章句。比如"民不畏死，奈何以死惧之？"（七十四章）"民不畏威，则大威至！无狎其所居，无厌其所生。"（七十二章）"民之饥，以其上食税之多，是以饥；民之不治，以其上之有为，是以不治；民之轻死，以其上求生之厚，是以轻死"（七十五章）等等。据此可以认为老子所抨击和反对的"甚欲"、"欲得"、"不知足"等行为根本就不包括劳动人民在内。

什么样的人才有可能"甚欲"或穷奢极欲呢？帝王将相、贪官污吏、奴隶主、新兴地主、大商人等是也。这些人是骑在劳动人民头上的压迫者或剥削者。他们藉以"甚欲"或穷奢极欲的，无非是劳动人民的血汗。对劳动人民敲骨吸髓用之以自己的"甚欲"，当然是最大的犯罪。老子说，那些骑在劳动人民头上的压迫者和剥削者"服文彩，带利剑，厌饮食，财货有余，是谓盗夸。"（五十三章）对劳动人民敲骨吸髓之所得用之于自己的"甚欲"，当然是最大的犯罪。因此，"罪莫大于甚欲"是对那些压迫者和剥削者的揭露、鞭挞和告诫，决不会是对受压迫和剥削的劳动人民讲的。

---

① 古棣：《老子校诂》，吉林人民出版社 1998 年版，第 586 页。

四十章

　　五色令人目盲；五音令人耳聋；五味令人口爽^①；驰骋田猎，令人心发狂^②；难得之货，令人行妨^③。

　　是以圣人之治也^④，为腹不为目。故去彼取此。

（通行本第十二章）

注 释

　　①口爽：口病，味觉差失。"爽"，训为"伤"，"败"。李水海说："《老子》此处之'爽'，乃为楚方言。《楚辞·招魂》云：'厉而不爽些'，王逸注云：'厉，烈也；爽，败也。楚人名羹败曰爽。'……是知'爽'为楚语，其义为'败'。"（《老子道德经楚语考论》）

　　②对以上几句，王弼注曰："夫耳、目、口、心，皆顺其性也。不以顺性命，反以伤自然，故曰'盲'、'聋'、'爽'、'狂'也。"是说如肆意纵欲，无所节制，必夺性伤本，严重违反"法自然"的道之本性。田，王弼本为"畋"。但"畋"为后起字，《易经》言打猎作"田"，不作"畋"，可知《老子》原本当作"田"，故校定文作"田"。"令人心发狂"，王弼本如此，帛书乙本（甲本缺文）为"使人心发狂"。高亨说："按：发字疑为后人所加。狂，疯也。先秦古书称疯病为狂，不称为发狂。"此可备一说。但是，有"发"字似乎也可以使文句有点跌宕起伏，读起来反而觉得活泼一些。

　　③难得之货，令人行妨：难得之货，指奇珍异宝，这些东西可能引诱人做出出格的事来。《说文》："妨，害也。"行，操行。故"行妨"意为做出出格的事来，从而伤害操行。

　　④是以圣人之治也：帛书甲乙本均有"之治也"三字，点明此亦是治国之道。王弼本及其它古本皆无此三字，校定文据帛书补。详见【辨析】。

译 文

侈靡于五色，令人眼睛失明；
沉溺于丝竹，使人听觉不灵；
沉醉于酒宴，使人味觉败坏；
纵情于围猎，使人心狂不宁；
觊觎奇珍异宝，使人伤害操行。
因此圣人之治的原则是：
解民衣食之忧，不为犬马声色。
所以要摒弃淫逸骄奢，
专注于务实治国。

辨 析

　　从本章的文字看，帛书与王弼本及其他古本的主要区别是在末句有无"之治也"三字。有无这三个字，非同小可，因为它涉及对本章主旨的解读。在帛书出土之前，古今注家几乎皆从养生或修身养性的角度解读本章主旨；帛书公布后，仍未引起一些注家的注意，惟古棣慧眼独具，一下子抓到了问题的实质。他说："按：'之治也'三字应有，这说明老子把劝诫奴隶主贵族腐化的那四条，也是归结到治国上去的。'腹'不是填饱肚子。这里'腹'代实，'目'代外表；其意思是：圣人不追求'五色'、'五音'、'五味'、'田猎'、'难得之货'，而要讲求实惠，即对个人身体和'国家'有益之事。'去彼，取此'也是这个意思，换个说法加以重复，以示着重、加强。"① 陈鼓应也说，老子"目击上层阶级的生活形态，寻求官能的刺激，流逸奔竞，淫佚放荡，使心灵激扰不安，因而他认为正常的生活是为'腹'不为'目'，务内而不逐外。俗话说：'罗绮千箱，不过一暖；食前方丈，不过一饱。'物欲的生活，但求安饱，不求纵情于声色之娱。……因而老子唤醒人要摈弃外

---

　　①　古棣：《老子校诂》，吉林人民出版社 1998 年版，第 410 页。

界物欲生活的诱惑，而持守内心的安足，确保固有的天真。"①

事实的确如此。如果仅从字面上解读本章文字，有些话似乎有违常识。比如"五色令人目盲"，"五音令人耳聋"，且不说古代没有现在的声光电系统，即使在今天，那些通宵达旦泡在歌舞厅、夜总会里的人，受到那么强烈的声光电的刺激，有几个是由此而导致目盲、耳聋的？又如，对"圣人为腹不为目"，有的注家译为："圣人只求肚子吃饱，不为看着好看"，有的译为："圣人要求吃饱肚子，用外物来保养自己；不要求快活眼睛，叫外物役使自己。"我们知道，老子所说的"圣人"主要是指圣明的君王，而对于君王来说，难道"吃饱肚子"还成问题吗？但是，如果不顾"之治也"三字，只管"圣人为腹不为目"，这样翻译也无可厚非。而如果纳入"之治也"三字，强调的就不是圣人自己"为腹不为目"，而是作为他的执政要务了。因此，若从依道修身和依道治国的角度来解读，情况就完全不同了。老子所说的"目盲"、"耳聋"是指统治者们整天沉溺于"五色"、"五音"之中，哪有时间和精力去了解国情、民情？必然会变成政治上的瞎子和聋子：整天沉醉于"五味"之中，怎能做到"味无味"（六十三章），即嗅到别人嗅不到的"政治气味"？整天纵情于"驰骋田猎"，必然心猿意马，乐不思蜀，哪有心思考虑国家大事？如此等等，不一而足。总之，如果侯王等统治者整天侈靡于骄奢淫逸的迷雾之中而不觉醒，必然玩忽职守，何谈"以正治国，以奇用兵，以无事治天下"（五十七章）呢？所以，老子最后指出"是以圣人之治也，为腹不为目。故去彼取此。"以此劝诫侯王等统治者要以圣人为榜样，赶快从为之纵情沉醉的迷雾中猛醒过来，抓些"对个人身体和'国家'有益之事。"（古棣语）

蒋锡昌释"为腹不为目"说："'腹'者，无知无欲，虽外有可欲之境而亦不能见。'目'者，可见外物，易受外物之诱惑而伤自然。故老子以'腹'代表一种简单清静、无知无欲之生活；以'目'代表一种巧伪多欲，其结果竟致'目盲'、'耳聋'、'口爽'、'发狂'、'行妨'之生活。明乎此，则'为腹'即为无欲之生活，'不为目'，即不为多欲之生活。'去彼取此'即谓去目（有欲之生活）而取腹（无欲之生活）也。"②

余以为"圣人之治也，为腹不为目"中的"腹"字，在此有三种涵义。一是"肚子"。就是说，作为治国者应当深明"民以食为天"的道理，首先

① 陈鼓应：《老子注译及评介》，中华书局1984年版，第108页。
② 蒋锡昌：《老子校诂》，商务印书馆1937年版，第67页。

要创造条件，尽快消除"田甚芜，仓甚虚"（五十三章）的状况，使人民"吃饱肚子"。二是"腹"有内心的意思。《史记·魏其武安侯列传》："不如魏其、灌夫日夜招聚天下豪杰壮士与议论，腹诽而心谤。"即其例。从这种意义上看，"圣人之治也，为腹不为目"是说圣人不为财色物欲所诱惑，而专注于体道悟道，以及考虑如何依道治国的大事。三是"腹"还有比喻中心部位之义，如《盐铁论·刺复》："方今为天下腹居，郡诸侯并臻"；杜甫诗《南池》："呀然阆城南，枕带巴江腹"。从这种意义上看，"圣人之治也，为腹不为目"似乎还有在"圣人之治"的多项事务中，圣人总是着力于抓关系治国安民的中心任务或头等大事的意思。

　　但是，有些注家对本章的主旨并不这样看。比如有的说："它是'恒使民无知无欲也'（引者按：此句为三章的帛书文字）的一种具体化，也是愚民政策的一块基石：'遏欲、禁欲'。"① 有的说："用消极逃避的办法对待社会上出现的新问题，不在于解决矛盾，而是企图取消矛盾。这里表现了老子对文化生活的抵触情绪。"② 还有的说："老子这些观点，不言而喻，是他对人类的社会现实和历史发展所持的狭隘庸俗的反历史观点。"这些批评皆是不当的。

---

① 尹振环：《帛书老子释析》，贵州人民出版社 1998 年版，第 294 页。
② 任继愈：《老子新译》，上海古籍出版社 1985 年版，第 84 页

四十一章

名与身孰亲①？身与货孰多②？得与亡孰病③？

甚爱必大费，厚藏必多亡④。

故知足不辱，知止不殆，可以长久⑤。

（通行本第四十四章）

说 明

本章文字王弼、河上公、傅奕、严遵诸传世本与简本、帛书甲本（缺损八个字，乙本则只存二字）几乎完全一致。本章之校定文从简本，理由如次：

一、简本是迄今发现的《老子》最早的抄本——尽管可能是节选本。

二、简本"厚藏必多亡"，其它本作"多藏必厚亡"。"多亡"指丧失的机会多或可能性大，词的搭配恰当、准确；而表述同样的意思，"厚亡"即用"厚"来修饰"亡"，深厚的丧失或厚重的丧失，不恰当或不准确。

三、王弼本与傅奕本在"甚爱必大费"前有"是故"二字，以表明与此前的三句话构成因果关系，其实，此前的三句话（名与身孰亲？身与货孰多？得与亡孰病？）是三个选择疑问句，二者没有因果联系。简本则无"是故"之类的词。

四、在作为全文结论的"知足不辱，知止不殆，可以长久"前简本有"故"字，理应有；而王弼、河上公、傅奕、严遵等传世本却没有。故校定文从简本。

注　释

①名与身孰亲：名，名分，地位。身，生命。亲，亲近，可爱。句谓：名位与生命相比，哪个更可爱？

②身与货孰多：货，财物。多，重要。。句谓：生命与财物相比，哪个更重要？

③得与亡孰病：亡，丧失。病，忧虑，担心。如《论语·卫灵公》："君子病无能焉，不病人之不己知也。"《汉书·公孙弘列传》："弘为人谈笑多闻，常称以为人主病不广大，人臣病不节俭。"《后汉书·冯衍传》："病没世之不称兮，愿横逝而无由。"

句谓：得到名利与丧失生命相比，哪个更令人担心？

从上两句看，此句中的"亡"字是指生命之"亡"，而非指名利之"亡"。这是与许多注家对此句不同的解读。

④甚爱必大费，厚藏必多亡：厚藏，大量储藏钱财；亡，丧失。河上公注云："甚爱色，费精神；甚爱财，遇祸患。所爱者少，所亡者多，故曰'大费'。"成玄英注曰："甚爱名誉之人，必劳形、怵心、费神、损智。多藏贿货于府库者，必有劫盗之患，非但丧失财物，亦乃害及己身。其于亡败，祸必深厚。"①

⑤知足不辱，知止不殆，可以长久：殆，危险。《孟子·万章上》："孔子曰：'于此时也，天下殆哉，岌岌乎！'"朱熹《四书章句集注》释曰："言人伦乖乱，天下将危矣。"

此文的意思是说，知道满足就不会招惹烦恼；知道适可而止，就不会遭遇危险，就可立于不败之地。

对"知足不辱，知止不殆，可以长久"，王淮诠释说："知足，是主观上之知止；知止，是客观上之知足。易言之，知足是心理上的一种节制，知止是行为上的一种节制。主观心理上有节制，故不辱（辱，指心理上之烦恼与窘困）；客观行为上有节制，故不殆（殆，指行为上之挫折与打击）。又：知足是治本，知止是治标；标本兼治，故可以长久也。"②

老子及道家的哲学是一种追求内在超越的生命哲学，反对"伤性以身为

---

①　成玄英：《道德经开题序诀义书》。

②　王淮：《老子探义》，台湾商务印书馆 1972 年版，第 183 页。

殉"。《庄子·骈拇》曰:"自三代以下者,天下莫不以物移其性矣。小人则以身殉利,士则以身殉名,大夫则以身殉家,圣人则以身殉天下。故此数子者,事业不同,名声异号,其于伤性以身为殉,一也。"总之,皆以身外之物而伤性殉身,但批评"圣人以身殉天下"是不对的。这是因为道家贵生,将人类生命的价值置于首位,其它皆为身外之物,等而下之。但我们不能由此认为老子哲学是活命哲学,因为老子提倡以身为天下苍生而行道,盛赞为了天下人的公共利益而无私奉献的精神和品格,如"贵以身为天下"、"爱以身为天下"(十三章),"天之道,利而不害;圣人之道,为而不争。"(八十一章)胡孚琛说:"当今世上有人身壮如牛,力举千钧,外物之打击不能伤其毫毛,但其内心的烦恼、焦虑、忿怒却足以使其残生损性。人心的忧伤、焦躁又从何来呢?无非是私己的欲望不遂,名利难得,人生道路的穷通晦显所致。由此可知少私寡欲,无己无待,确是解脱人生心灵枷锁的仙丹妙药,是通向大道的人格修养途径。"①

译　文

名位与生命相比,哪个更为可爱?

生命与财货相比,哪个更加贵重?

得到名利与丧失生命,哪个更令人担忧?

过分追求名利,必将付出重大代价;

大量储藏钱财,丧失的可能必然加大。

因此,知道满足就不会招惹烦恼;

知道适可而止,就不会遭遇危险。

这样一来,就可以长治久安。

辨　析

本章的主旨是什么?从文字表面看,老子似乎是在宣扬"活命哲学"和消极保守的思想,其实不然。分析此问题,应当基于两点,一是老子这些话

① 胡孚琛:《道学通论》,社会科学文献出版社 2009 年版,第 79 页。

是对谁讲的，二是老子所推崇的是什么人。

老子的这些话不是对饥寒交迫的劳苦大众讲的，而是对侯王等统治者讲的。在老子看来，宠辱毁誉，名利财货，皆身外之物，如过分重视，便是扰动身心，便是轻身。所以老子诘问"名与身孰亲？身与货孰多？"但是，当时在统治阶级内部的侯王之间、君臣之间、朝野之间、臣僚们之间、兄弟之间甚至父子之间，为了争名逐利，争权夺利，相互倾轧，贪得无厌，为此而搞得身败名裂，甚至付出生命代价的不绝于史。比如晋国六卿之一的智伯，已兼并范氏和中行氏的地盘，统治的户数已大增，但仍不知足、不知止，又去打赵氏。迫使原来与智伯友好相处的韩氏和魏氏也背叛了智伯。结果是智伯兵败山西晋阳，身死邑灭。吴王夫差也是不知足、不知止的人，他在灭越国降勾践后，利令智昏，又去攻打齐国和楚国，耗尽国力，最终被越国报复，国破身亡。这是老子知道的。东周王朝内部王子朝与刘氏、单氏等相互残杀，闹了十几年，是老子亲自看到的。至于"因嫌纱帽小，致使锁枷扛"，"机关算尽太聪明，反算了卿卿性命"（《红楼梦》句）的，就更是不可胜数了。由于统治者阶层强取豪夺、贪得无厌，搞得民生凋敝、苦不堪言，老子能不由此而痛切地感到统治者们应当"知足"、"知止"吗？古棣说："老子正是针对当时奴隶主之间互相倾轧，争名夺利，以至互相残杀，酿成战争，造成杀身亡家亡国之祸而发，劝他们把身体看得比名声、财物更重要，不要去争身外之物之名，这样才'可以长久'。"[1] 张松如说："老子提出'少私、寡欲'、'知足'、'知止'，对当时当权贵族的无餍欲求是一个强烈的抗议；但对一般人说来，宣传这种寡欲静心、知足常乐的思想，叫人适可而止，不为已甚，很容易引导到消极保守的道路上去。"[2] 但是，老子并非对"一般人"讲的。与此相反，《老子》中的另外一些话倒是有着普遍意义。比如"政善治，事善能，动善时"（八章）；"上士闻道，仅能行之"，"夫唯道，善始且善成"（四十一章）；"图难于其易，为大于其细"（六十三章）；"慎终如始，则无败事"（六十四章）；"祸莫大于轻敌，轻敌几丧吾宝"（六十九章），等等。而在这些论述中，我们倒是看不出老子要人"知足"、"知止"的影子。

我们知道，老子最为推崇的是圣人，而圣人是"生而不有、为而不恃、功成而弗居"（二章）的，"圣人之道，为而不争"（八十一章），也就是说，

---

① 　古棣：《老子校诂》，吉林人民出版社 1998 年版，第 461 页。

② 　张松如：《老子校读》，吉林人民出版社 1981 年版，第 363 页。

圣人是完全不争个人名利、只知无私奉献的人，其人生观和价值观是值得称道的。奥斯特洛夫斯基在《钢铁是怎样炼成的》一书中说："人最宝贵的东西是生命，生命属于我们只有一次。一个人的生命是应当这样度过的：当他回首往事的时候，他不因虚度年华而悔恨，也不因碌碌无为而羞耻。这样，在他临死的时候，他就能够说：'我整个的生命和全部的精力都已献给世界上最壮丽的事业——为共产主义而斗争。'"毛泽东说："人总是要死的，但死的意义有不同。中国古时候有个文学家叫做司马迁的说过：'人固有一死，或重于泰山，或轻于鸿毛。'为人民利益而死，就比泰山还重，替法西斯卖力，替剥削人民和压迫人民的人去死，就比鸿毛还轻。"① 文天祥说："人生自古谁无死？留取丹心照汗青。"林则徐说："苟利国家生死以，岂因祸福避趋之！"夏明翰说："砍头不要紧，只要主义真"。这些都是正确的人生观和价值观，应该成为共产党人和先进人士的座右铭。在为国家、民族和人民的利益而斗争的过程中，我们任何时候都不应"知足"、"知止"。

　　前面说过，本章的内容是对侯王等统治者讲的，而不是对饥寒交迫的劳苦大众讲的。事实就是如此。《老子》书中的许多话说明老子对被剥削被压迫的劳动人民寄予极大的同情，对他们为争取生存及发展而进行的斗争表示深深地理解和支持。比如，"民不畏死，奈何以死惧之？"（七十四章）这句著名的话就是老子说的。老子还说："民之饥，以其上食税之多，是以饥；民之不治，以其上之有为，是以不治；民之轻死，以其上求生之厚，是以轻死。"（七十五章）还说："民不畏威，则大威至矣！"（七十二章）意思是说，到了人民根本就不畏惧统治者的威压之时，统治者的灭顶之灾就要降临了！还说："无狎其所居，无厌其所生。夫唯不厌，是以不厌。"是说，不要逼得人民居无定所，不要搞得人民衣食无着。只有不压榨人民，人民才不会厌恶统治者。所以"知足"、"知止"，绝不是对广大民众讲的。

---

① 《毛泽东选集》第 3 卷，人民出版社 1991 年版，第 1004 页。

四十二章

持而盈之，不如其已①；揣而锐之②，不可长保；金玉满堂，莫之能守；富贵而骄③，自遗其咎。

功遂身退，天之道也④。

（通行本第九章）

①持而盈之，不如其已：王弼本、傅奕本、范应元本如是，简本、严遵本"持"作"殖"。殖，积也。句谓：执持盈满，不如就此罢休。其意为不要自持盈满，因为不盈满符合"虚"的道性。老子说："道冲而用之或不盈。"（四章）此"冲"借为"盅"，即"虚"的意思。又说："保此道者不欲盈。夫唯不盈，故能蔽而新成。"（十五章）老子常以天空、江海、山谷喻道并歌颂之，皆取其"虚"性及巨大的包容性。只有"不盈"，才有比较充裕的活动和发展的空间，"海阔凭鱼跃，碧空任鸟飞"，"虚心使人进步，骄傲使人落后"，此之谓也。只有"不盈"，才能革故鼎新，永葆旺盛的生命力。

《淮南子·道应训》记载了孔子向其弟子子贡等人讲述老子"持而盈之，不如其已"的道理。说鲁桓公庙里有一个叫做"宥卮"的器皿，孔子命弟子取水灌入宥卮中，水至半，器身正，盈则倾覆。《淮南子·道应训》载："孔子造然革容曰：'善哉！持盈者乎！'子贡在侧曰：'请问持盈？'曰：'益而损之。'曰：'何谓益而损之？'曰：'夫物盛而衰，乐极则悲，日中而移，月盈而亏。是故聪明睿智，守之以愚；多闻博辩，守之以陋；代力毅勇，守之以畏；富贵广大，守之以俭；德施天下，守之以让。此五者，先王所以守天下而弗失也；反此五者，未尝不危也。'"①

②揣而锐之，不可长保：河上公本如是，王弼本锐作"梲"，为"揣而梲之，不可长保"。各家据王弼注文"既揣末令尖，又锐之令利"，改为"锐"。高亨说："亨按：揣借为段。《说文》：'段，捶击也。'冶金时用捶打物叫做段，乃古锻字，揣锻古音同。梲，河上公本作锐。梲借为锐，锋利。"

③富贵而骄，自遗其咎：王弼本、河上公本、傅奕本如是，帛书作"贵富而骄"，其中心词皆为"骄"。而简本为"贵、富、骄"三词并列，是说三者之中的任何一种都可以导致"自遗其咎"之后果，义长，故校定文应从简本作"贵、富、骄，自遗其咎"，但考虑到王弼本已流传一千多年，为人们所熟知，可动可不动者不动，所以校定文仍从王弼本。

④功遂身退，天之道也：简本、帛书乙本（甲本残缺）如是，王弼本无"也"字。王弼注曰："四时更运，功成则移。"高亨说："遂，《礼记·月令》'百事乃遂。'郑玄注：'遂，成也。'此句指春夏秋冬都是在完成后而退去。"② 解读见【辨析】。

译　文

执持盈满自溢，不如就此罢休；
刀剑磨得过于锋利，难以保持长久；
金玉堆满屋宇，谁也无法永守；
富贵而骄横，只能自取怨咎。
功成而不居——
"天之道"的题中之义。

辨　析

本章是对正反两个方面的历史经验的深刻总结，也是老子对侯王等统治者的谆谆告诫。

　　对"功遂身退"应如何解读？从当代注家们的注译文看，虽用词不尽相同，但几乎皆按老子宣扬消极人生观的思路释译为："事业成功即引身告退。"这样释译未必符合老子的原意。

　　有的注家认为这是老子根据正反两个方面的历史经验所得出的结论。举凡楚人伍子胥仕吴，立了大功，结果反被吴王夫差所杀；为越复国立了大功的范蠡，在越灭吴的当年即告退隐，从而保全了性命；而同样为越立了大功的文种却不听范蠡的劝告（"蜚鸟尽，良弓藏；狡兔死，走狗烹。越王为人鸟啄，可与共患难，不可与共安乐。子何不去？"语出《史记·越世家》），结果为越王勾践杀害。这说明"功遂身退"是明智之举，否则前途未卜，甚至会招来杀身之祸。就历史范例而言，尧与舜的禅让是"功遂身退"的正面典型。

　　但是，古代也有两家的注释值得注意：一是王弼注曰："四时更运，功成则移"，不是"退"，而是"移"。"移"者，转也。王弼可能是从"天之道"即日月星辰的位置不断更移（昼出夜沉，夜至昼没，寒来暑往，秋去冬来等）之规律受到的启发，亦可能是兼对"天之道"的注释。二是唐代王真注曰："身退者，非谓必使其避位而去也，但欲其功成而不有之耳。"（《道德真经论兵要义疏》）即不一定引身告退，只是功成而不据为己有之义。

　　"天之道"指自然界的运行规律。在这里，老子的旨趣当然不在于揭示自然界的运行规律，而是为人们的思想行为提供价值本体。在《老子》中，"天之道"还有三见：一是七十七章的"天之道，损有余而补不足；人之道则不然，损不足以奉有余。"显然，"损有余而补不足"绝非一蹴而就的事情，因为"有余"与"不足"的两极分化是私有制的本质表现，而私有制的存在是一个极为漫长的历史过程；二是七十三章的"天之道，不争而善胜，不言而善应，不召而自来，坦然而善谋。"显然，"天之道"的这些特点是永恒存在的，"不召而自来"也绝非"自来"一二次，摆摆花架子就拉倒；三是八十一章的"天之道，利而不害；圣人之道，为而不争。"显然，"为而不争"（只知"为"，总是干，但从不争自己的名位）与"利而不害"互文见义，可知"利而不害"是"天之道"的不变的操守，因而也不会"事业成功即引身告退"。根据老子思想的一贯性，本章说的"功遂身退"既然是"天之道"的行为，也不可能是"事业成功即引身告退"之意。

　　此外，道是"周行而不殆"（二十五章）的，就是说它从不固定于一点，而总是在"移"；又说"大道泛兮，其可左右，万物恃之以生而不辞，功成不名有"（三十四章）；道所体现出的"玄德"的特点是"生而不有，为而不恃，长而不宰"（五十一章），这也表明道总是"功遂身退"的。还有，作为道的化身的圣人的品格是"万物作焉而不辞，生而不有，为而不恃，功成而弗居"（二章），"圣人之道，为而不争"（八十一章）。就是说，圣人不是不"为"，只是"为而不争"、"功成而弗居"而已。

老子说："持而盈之，不如其已；揣而锐之，不可长保；金玉满堂，莫之能守；富贵而骄，自遗其咎。"依据老子的辩证思想，如果能做到持而不盈之，揣而不锐，金玉不满，富贵不骄，自然就能够长保、长守，不会自遗其咎了。总之，老子是主张要收敛意欲，不使其过度，亦即要做到"不盈"，最好是做到"功成而不居"（二章），"功成而不有"（三十四章）。后者正是"功遂身退"的本义。

综上所述，老子说的"功遂身退"并不是什么"事业成功即引身告退"之意，而是要人们像"天之道"那样"功成不名有"，"四时更运，功成则移"，像体道的圣人那样"功成而弗居"，亦即在"功遂"之后不居功自傲，立即走出所成事功的小圈子，"移"至他处继续去"为"，当然仍是"法自然"而为之。在当代中国，"功遂身退"应当诠释为：在大功告成之后，不应躺在功劳簿上"待价而沽"，而应立即走出所成事功的小圈子，为国家和人民付新劳，立新功。

也许有人会提出这样的问题：老子不是"引身告退"去做"隐君子"了吗？那是因为他目睹周王朝日渐衰微，已不堪挽救，而且他此时因宫廷内乱、王子朝携图书和国家档案出逃而失业，出于无奈而愤然出关的。但是他所创立的一套以"道"救世的理论，起码在他看来不失为更高层次的入世、淑世之道，况且他"出关"之后究竟干了什么，史无记载，不得而知；但他在"出关"之前并无多少积蓄是可以肯定的，所以他此后是否以"布道"讲学维生也未可知。如果真的如此，那说明老子并未就此彻底"告退"。

从古至今，都有一个如何对待自己的"事功"的问题。《淮南子·道应训》曾以一史例说明"功遂身退"的道理：楚宣王之将子发攻蔡获胜，楚宣王亲自迎接子发凯旋归来，并赐田一百顷，封爵为执圭。而子发却坚辞不受，认为自己无功劳可言。他说："治国立政，诸侯入宾，此君之德也；发号施令，师未合而敌遁，此将军之威也；兵陈战而胜敌者，此庶民之力也。夫乘民之功劳而取其爵禄者，非仁义之道也。"① 故辞而弗受。子发将功劳上归于君王，中归于将领，下归于庶民，惟独不记在自己的名下，可谓高风

---

① 　何宁：《淮南子集释》，中华书局 1998 年版，第 868 页。

亮节、"功遂身退"的一个正面典型。事实上，如果离开上中下的支持与齐心协力，任何人单凭个人之力都是难以建立功勋、成就大业的。从这种意义上看，楚将子发的分析和态度是正确的，实事求是的。与此相反，那种"持而盈之"、"富贵而骄"、居功自傲、尸位其间甚至"贪天之功，据为己有"的行为是不明智的，不可取的，也是往往没有好下场的。

应当说，在统治阶级内部，那些身处乱世、出生入死、与其主子共创大业的文臣武将们，在大功告成之后知趣地离去或退隐是可以理解的，也往往是明智之举，否则有可能会像文种、韩信那样遭到"飞鸟尽，良弓藏；狡兔死，走狗烹"的厄运。但是，现在时代不同了，我们如今则应从积极的意义上解读"功遂身退，天之道"这句话，似可将它理解为：在任何时候都应正确地看待自己的事功，任何时候都不应满足已有的成绩和贡献，任何时候都应发扬"鞠躬尽瘁，死而后已"的精神，考虑如何为国家和人民付新劳，立新功。在今天，作为国家公务员的"功遂身退"之"退"，也有多种方式，比如从中央机关到地方，或从省级机关到市、县，平级调动或就下安排，可以取得新鲜经验；从领导岗位主动退下来，让位于年轻的干部，甚至"扶上马，送一程"，这叫作"高风亮节"；到了离退休的年龄，似乎是在完全意义上的"退"了，但也应尽量发挥"余热"，多做一些有益于国家和人民的事情，因为离退休后无论多么"功遂"，也不会再有与人"争"之嫌了。总之，时至当代，若如此解读"功遂身退"的涵义，那么与道的运行规律，与"损有余而补不足"的"天之道"，与"为而不争"的"圣人之道"就皆是相契合的，而且也使这一命题具有了现实意义，比只从消极方面解读它恐怕要好得多。

刘笑敢先生说："功成身退实在是有利于个人身心平和，有利于社会整体和谐的原则。这是就'有功'者的方面来说的，当然不是提倡有功不赏，知恩不报。不过别人对自己的功如何赏报是别人的事，既然自己不能决定，就不必期求过多。当然，就整个社会或团体来说，理应建立适当的酬劳机制和赏罚机制。不过，任何制度都无法适应千变万化的所有情况，也都难以避免漏洞缺失，因而难免出现赏不抵功的事实或感觉，这时虽然可以表达自己的意愿或要求，但是以'不争'或不引起争执为妙，这样至少可以避免更坏的局面。"①

---

①　刘笑敢：《老子古今》，中国社会科学出版社 2006 年版，第 157 页。

四十三章

吾有三宝，持而宝之①：一曰慈，二曰检②，三曰不敢为天下先。慈，故能勇③；检，故能广；不敢为天下先，故能为成器长④。今舍其慈，且勇；舍其检，且广；舍其后，且先，必死矣！

夫慈，以战则胜，以守则固⑤。天将建之，以慈卫之⑥。

（通行本第六十七章下）

说　明

之所以将通行本第六十七章分为两章，是因为其上段（"天下皆谓我：'道大，似不肖。'夫唯大，故似不肖。若肖，久矣其细也夫"）是揭示"大"是道的一个重要特征的，而下段讲的则是"吾有三宝"，上下段的文义似不相属。

注　释

①吾有三宝，持而宝之：傅奕本如是；王弼本、河上公本吾作"我"，宝作"保"，为"我有三宝，持而保之"；帛书吾作"我"，并在"我"字后有"恒"字，为"我恒有三宝，持而宝之"。句谓：我有三件法宝，紧握不放，倍加珍视。

关于"三宝"，王淮和刘笑敢作出了比较概括的阐释，具有重要参考价值，故转录于此。王淮说："'慈'是德之体，其性质即'大仁不仁'之

'仁';'俭',是成德达用之功夫,亦即所谓'治人事天莫若啬'之'啬';'不敢为天下先',是德性作用之表现形式,亦即柔弱不争之谓也。合而言之:老子之三宝实为其'德性'之全体大用。此其所以持以保之,并示以赠人者也。"又说:"(三宝)体用一贯,本末不离。无其体而妄求用,则舍本逐末,枉道速祸,故曰:'死矣'。"① 刘笑敢说:"'三宝'的'慈'是对天下万物、百姓的根本态度和心理基础;'俭'主要是对自己的约束,表现为内向的无为;'不敢为天下先'是对外物的态度和原则,表现为外向的无为。'三宝'是老子'辅万物之自然而不能为'等原则的具体化的表述。这是尝试从老子自身理论理解、总结老子的'三宝'的一种道家立场的诠释。"②

②二曰检:帛书甲、乙本皆如是,传世诸本检皆作"俭";作为不同时期抄本的帛书甲、乙本俭字皆作"检",可见帛书并非抄写有误。检,义为以道为自我约束的尺度。对此字及"检,故能广"的解说详见【辨析】一。

③慈,故能勇:对这句话,王淮释之曰:"'慈'之所以能有'勇'者,犹《论语》所谓'有德者必有勇'也。盖慈者德之体,有慈故有德,有德则有勇。"③

④不敢为天下先,故能为成器长:帛书乙本如是,甲本器作"事",为"不敢为天下先,故能为成事长";王弼本、河上公本、傅奕本后句无"为"字,作"不敢为天下先,故能成器长"。

俞樾说:"《韩非子·解老篇》作'不敢为天下先,故能为成事长'。'事'、'器'异文,或相传之本异,或彼涉上文'事无不事'句而误,皆不可知。至'故能'下有'为'字,则当从之。盖'成器'二字相连为文。襄十四年《左传》'成国不过半天子之军',杜注曰:'成国,大国。'昭五年《传》'皆成县也','成县'亦谓大县。然则'成器'者,大器也。二十九章:'天下神器,不可为也。'《尔雅·释诂》:'神,重也。''神器'为重器,'成器'为大器,二者并以天下言。质言之,则止是不敢为天下先,故能为天下长耳。"④

高明说:"俞说诚是,盖'成器长'与'成事长'意义相同。但此一分歧,先于马王堆汉墓出土帛书甲、乙本既已出现(引者按:指范应元本、司

---

① 王淮:《老子探义》,台湾商务印书馆1972年版,第259—260页。

② 刘笑敢:《老子古今》,中国社会科学出版社2006年版,第658页。

③ 王淮:《老子探义》,台湾商务印书馆1972年版,第260页。

④ 俞樾:《诸子平议》,商务印书馆1934年版,第158页。

马光本作'不敢为天下先，故能为成器长'；《韩非子·解老篇》引此文作'不敢为天下先，故能为成事长.'）。二者究属孰先，实难裁定。从《老子》书内用语考察，如第二十八章云：'朴散则为器，圣人用之则为官长.''为官长'似为《老子》之旧。王弼注：'唯后外其身，为物所归，然后乃能立成器为天下利，为物之长也.'"①

古棣亦从俞樾说，并说，"成器"乃老子的专门术语，与"天下神器"的"神器"义同，它是国家政权的象征，所以也可释为"天下"。"能为成器长"即"能够作天下之长。"②

根据俞樾以及高明、古棣的校勘，后句之"为"字不可少，否则会转义，故校定文从帛书乙本作"不敢为天下先，故能为成器长"。

关于"不敢为天下先"的解读，见【辨析】三。

⑤夫慈，以战则胜，以守则固：对此文，蒋锡昌释之曰："老子谈战，谈用兵，其目的与方法不外'慈'之一字，人君用兵之目的，在于爱民，在于维护和平，在于防御他国之侵略；其方法在以此爱民之心感化士兵，务使人人互用慈爱之心，入则守望相助，出则疾病相扶，战则危难相惜。夫能如此，则用兵不战则已，战则无有不胜者矣。"③

⑥天将建之，以慈卫之：帛书甲、乙本如是。王弼本、河上公本、傅奕本"建"作"救"，为"天将救之，以慈卫之"。校定文从帛书作"天将建之，以慈卫之"。句谓：天将降灾于天下人，就用慈爱去援救他们。解读详见【辨析】二。

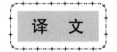

我有三件法宝，
紧握不放，倍加珍视：
一是慈爱，
二是用道自我约束，
三是不敢居于天下人之前。

---

①　高明：《帛书老子校注》，中华书局1996年版，第162页。
②　古棣：《老子校诂》，吉林人民出版社1998年版，第590页。
③　蒋锡昌：《老子校诂》，商务印书馆1937年版，第409页。

由于对兵民慈爱，

所以官兵作战就果决勇敢；

由于严于律己，依道修身治国，

所以奋力开拓，民富国强；

由于不与民争利、与人争先，

所以能成为天下的君王。

如果舍弃慈爱，只要果决勇敢；

舍弃自我约束，只求胸怀博大；

抛弃居后谦让，一味争先；

死路就在眼前！

慈爱用于征战，就能获得胜利；

用之于防御，就能固守阵地。

天将降灾于天下人，

就用慈爱去护卫他们。

辨　析

一、应如何解读"检，故能广"？因为王弼本等传世本"检"皆作"俭"，所以王弼注曰："节俭爱费，天下不匮，故能广也。"现代注家多据此释译为：节俭，所以能富裕。但是，"俭"字在帛书甲、乙本中皆作"检"。"检"字的本义为古代封书的标签，引申为检点，自我约束，严于律己；而且检通"敛"，朱骏声《说文通训定声》："检，段（假）借为'敛'。"《尚书·伊训》："与人不求备，检身若不及。"孔颖达疏："检，谓自摄敛也。"《管子·山权数》："此数检百里之地也。"郭沫若集校引张佩纶云："检，通'敛'。"《论衡·程材》："案世间能寋寋之节，成三谏之议，令将检身自救，不敢邪曲者，率多儒生。"既然"检"字具有自我约束、严于律己之义，那么在老子看来，对于侯王等统治者来说，自我约束或严于律己的最重要的尺度应当是什么呢？显然应是依道修身和依道治国。要这样做，就要体道悟道，就要"执大象"（三十五章），就要"执'一'为天下式"（二十二章）。只要真正"执大象"即依道治国，就会出现"天下往"（三十五章），即天下万民纷纷来投奔、来归化的局面。既然如此，那么人力、物力、财力势必空前壮大，这不就"广"了吗？而且，依道修身必然使人胸襟博大，视野开阔，这也是"故能广"的原因之一。"慈"是对人的，"检"是对己的，这样就全面了。因而，老子当是在"自我约束"的意义上讲"检，故能广"的。再说，既然能做到严于律己，自我约束，当然也能做到节俭了。

虽然普通的汉语词典把"俭"仅仅释为节约、节俭，《老子》注译本也大多在这种意义上释译"俭"字，但是，"俭"还有比较深刻的义涵。《说文》："俭，约也。"段玉裁注："约者，缠束也，俭者，不敢放侈之意。"《礼记·乐记》："恭俭而好礼"，孔颖达疏曰："俭，谓以约自处。"此外，"俭"还通"检"，如《左传·僖公二十三年》："晋公子广而俭。"这里的"俭"就是纪律严明的意思。不过，既然一般的注家不知其义或不予深究，一般读者更是望文生义，只将其理解为"节约"了。然而若取帛书之"检"字，则不可能出现这种浅显化的情况了。

当然，把"俭"释为"节俭"也未尝不可，因为这对侯王等统治者也具有一定的针对性。但老子最关心的问题是如何启发教育侯王等统治者懂得以道修身和依道治国的道理与好处，所以"俭（检），故能广"想必更强调上述涵义。故校定文从帛书作"检"。

二、应如何解读"天将建之，以慈卫之"？对这句话，诸传世本作"天将救之，以慈卫之"，帛书为"天将建之，以慈卫之"。对前者，高亨译为："天道将要援救他，就一定要用慈爱来保卫他"；张松如译为："天要援助谁，就用柔慈来保护谁"；陈鼓应译为："天要援助谁，就用慈爱来护卫他。"其他注家的译文大同小异，兹不一一。这样释译，有些问题似乎不好理解。比如："天"是自然界，而在这里是拟人化了，变成了大慈大悲、救苦救难的"老天爷"。既然"老天爷"是最为慈悲的，又是神通广大的，所以他要救助谁，肯定是真心诚意的，又是不费吹灰之力的，那么何劳别人再"用慈爱来护卫他"呢？再说，"天要援助谁，就用慈爱来护卫谁"，那么对那些老天爷不"援助"或还未来得及"援助"的人，要不要"用慈爱来护卫他"呢？如果只看"老天爷"的眼色行事，品格不端姑且不说，此举是否符合圣人"常善救人，故无弃人"（二十七章）的原则呢？对帛书的"天将建之，以慈卫之"，尹振环译为："天将建树谁，就用慈爱去保卫他。"这除换了一个词之外，其问题与上述译文没什么区别。这也难怪，因为从字面上看，这句话似乎也只能如此释译。

但是，"天将建之，以慈卫之"中的"建"字通"瀽"。瀽，倒水也，可引申为"倾泻"。《史记·高祖本纪》："[秦中]地埶（势）便利，其以下兵于诸侯，譬犹居屋之上建瓴水也。"裴骃《集解》引如淳曰："瓴，盛水瓶也。居高屋之上而翻瓴水，言其向下之势易也。"据此，"天将建之"就似可释为天将降骤雨、冰雹、暴雪之类。这种天灾祸及的一些人必然迫切需要救助。在这种情况下，"用慈爱来护卫他（们）"，就无异于雪中送炭了。对这句话若如此解读，似乎有利于上述问题之正确回答。

其实，"高屋建瓴"的"建"字亦是"灒"的通假字。"高屋建瓴"并不是说在高屋顶上建立（放置）一个盛水的瓦罐，而是把罐子里的水从高屋顶上往下倾倒的意思，以此比喻居高临下，不可阻遏。

三、对老子"不敢为天下先"的思想，古今学者多有批判者。朱熹释之为阴谋家的后发制人。他说："《老子》一书意思都是如此，它只要退步不与你争，……老子心最毒。其所以不与人争者乃所以深争之也。……闲时他只是如此柔伏。遇着那刚强的人，他便是如此待你。"又说："老子之学，只要退步柔伏，不与你争。……让你在高处，他只要在卑下处。……只是他放出无状来，便不可当。……他取天下便是用此道。如子房（指张良）之术，便是如此。"现代学者则多斥之为退守和绝对化。如任继愈说："老子提出'三宝'，它的根本精神是以退为进，不出头，不抢先。所以老子认为能退守才算勇敢；能收缩才算开展；不出头抢先，才能走在最前面。如果违背了这三条原则，就会彻底失败。这些方面老子有些辩证法思想，但老子把后和先、退和进看得绝对化，并且把退守看作不可改变的最高原则，这不符合客观实际情况。因为事物的发展、前进是不可抗拒的。老子看不到这一主导方面，所以陷于形而上学，终于损害了辩证法。"① 张松如说："'慈'之与'勇'，'俭'之与'广'，'后'之与'先'，原是矛盾的两个对立方面，是相反相成的。老子却站定在'慈'、'俭'、'后'这方面，把它绝对化了。"② 尹振环说："'不敢为天下先'，未免一刀切，形而上学。"③

要正确地解读"不敢为天下先"，应当搞清楚老子讲的是什么人的行为原则，是在什么问题上要坚持这一原则，它所体现的又是什么原则。

第一、从《老子》看，"不敢为天下先"不是一般人的行为原则，而是圣人的行为原则。老子说："是以圣人后其身而身先，外其身而身存"（七章），"是以圣人之在民上也，必以其言下之；之在民前也，必以其身后之。是以圣人处上而民不重，处前而民不害"（六十六章；简本），从本章来看，

① 任继愈：《老子新译》，上海古籍出版社 1985 年版，第 206 页。
② 张松如：《老子校读》，吉林人民出版社 1981 年版，第 373 页。
③ 尹振环：《帛书老子释析》，贵州人民出版社 1998 年版，第 194 页。

"不敢为天下先，故能为成器长"也是讲的圣人，因为一般人是不可能"为成器长"的。

从老子说的"是以圣人……生而不有，为而不恃，长而不宰"（二章）、"水善利万物而不争"（八章）、"生而不有，为而不恃，长而不宰，是谓玄德"（十章）和"贵以身为天下……爱以身为天下"（十三章）来看，"不敢为天下先"首先是从只知无私奉献，不与人争名、与民争利的意义上讲的。其次，是从决策程序上说的，韩非子深谙其理。他说："议于大庭而后言则立，权议之士知之矣。故欲成方圆而随其规矩，则万事之功形矣。而万物莫不有规矩。议言之士，计会规矩也。圣人尽随万物之规矩，故曰'不敢为天下先'。"（《韩非子·解老》）这是说在决策程序上，不搞"一言堂"，而是首先充分听取大家的意见，集思广益，反复比较，最后决策。就其以上两个方面而言，"不敢为天下先"就是要"站定"，就是要"一刀切"，而不宜于采取动摇的立场和灵活的态度。

第三、从深层次上说，老子及道家之所以推崇"不敢为天下先"的原则，这与其所主张的社会结构模式是密切相关的。对此，刘笑敢将其与儒家的主张作了比较分析。他说："儒家坚持的是金字塔形的社会等级结构，因此必须讲君君臣臣、父父子子，上下尊卑，不可稍乱，因此儒家圣人必须在万民之先保障这种秩序。道家心目中的社会是圣人辅助万物各自自然发展的平面化的社会结构，重视万物各得其所的自然的和谐和秩序，因此圣人不必为先，不该为先。"①

第四、"不敢为天下先"是"无为"精神的外在表现，所体现的是"弱者道之用"（四十章）的总原则。而这一总原则是道性原则，是光明磊落的，所以与"阴谋家的后发制人"风马牛不相及。故朱熹之说似乎带有以个人之心度他人之腹的意味。

第五、"不敢为天下先"是不是一个"绝对化"的命题或原则呢？在这个问题上的所谓"绝对化"，用任继愈的话说就是"把退守看作不可改变的最高原则"，用张松如的话说就是"站定在'慈'、'俭'、'后'这方面"不动摇，用尹振环的话说就是"一刀切，形而上学"。事实果真如此吗？从"慈，故能勇；俭，故能广；不敢为天下先，故能为成器长"，以及"后其身而身先，外其身而身存"、"夫唯不争，故天下莫能与之争"（二十二章）来看，亦即从其效果上来看，它本身就是辩证的，并非绝对化或形而上学的，

---

① 刘笑敢：《老子古今》，中国社会科学出版社 2006 年版，第 657—658 页。

因为我们无论干什么事情，总是要把效果置于首位。当然，圣人的主观动机不是出于争名位，不是要"能为成器长"之类，而是势所必然而已。

"不敢为天下先"虽然是圣人的行为原则，那么对我们是否具有现实意义呢？愚以为是有的。就其只知无私奉献，不与人争名、与民争利来说，值得一切先进分子所效法；就其决策程序而言，值得各级领导所借鉴。事实上，在一切风气较正的部门和单位，越是埋头苦干、无私奉献、政绩突出的干部，越容易得到提拔和重用，因为对其表现和政绩，领导和群众都看在眼里，记在心里，是非曲直，自有公论；相反，越是投机钻营、只知伸手要官的，领导和群众同样看在眼里，记在心里，因而在提拔任用上，就越是"靠边站"。这在一定程度上证明了"后其身而身先，外其身而身存"、"夫唯不争，故天下莫能与之争"和"不敢为天下先，故能为成器长"是不易之论。

四十四章

　　善行，无辙迹①；善言，无瑕谪；善数，不用筹策②；善闭，无关楗而不可开；善结，无绳约而不可解③。

　　是以圣人常善救人，故无弃人；常善救物，故无弃物④。是谓袭明⑤。

　　故善人者，善人之师⑥；不善人者，善人之资⑦。不贵其师，不爱其资，虽智大迷。是谓要妙。

（通行本第二十七章）

```
注  释
```

　　①在这一自然段中，帛书甲、乙本和傅奕本、范应元本、景福碑在"善行"、"善言"、"善数"、"善闭"、"善结"后有"者"字，而王弼本、河上公本无"者"字。有"者"字，句子的主语是人，无"者"字，句子的主语是事，亦即行为，句义有所不同。从这段话来看，以有"者"字为佳，无"者"字也不会引起歧义。

　　②善数，不用筹策：数，计算的意思；筹策，计算工具。

　　③对以上五件事，王弼注曰："因物自然，不设不施，故不用'关楗'、'绳约'，而不可开解也。此五者皆言不造不施，因物之性，不以形制物也。"吕惠卿也说："此仅举'行'、'言'、'数'、'闭'、'结'五事为喻，遍谓人世间诸事诸物皆应以物之性，因物之数，顺乎自然，已则不造不施，不言行止，修本偃智，守静无为。"（《道德真经传》）

　　④常善救人，故无弃人；常善救物，故无弃物：王弼本、河上公本如是。傅奕本、范应元本在二"故"字后分别有"人"、"物"二字，作"常善

救人，故人无弃人；常善救物，故物无弃物"。帛书为"恒善救人，而无弃人，物无弃财。"无"常（恒）善救物"一句。

　　⑤袭明：因循常道之光辉。河上公注曰："谓袭明大道也。"释德清说："承其本明，因之以通其蔽，故曰袭明。"奚侗说："'袭'，因也。'明'即十六章及五十五章'知常曰明'之'明'。'袭明'谓因顺常道也。"（《老子集解》）

　　为什么说"常善救人，故无弃人；常善救物，故无弃物"的行为"是谓袭明"即因袭大道之明呢？这是因为大道具有无限的包容性。《庄子·天地》说："夫子曰：'夫道，覆载万物者也，洋洋乎大哉！君子不可以不刳心焉。'"《庄子·天道》又说："夫子曰：'夫道，于大不终，于小不遗，故万物备。广广乎其无不容也，渊渊乎其不可测也。'"文中说的"夫子"当指庄子（因为《庄子》除内篇外，当是庄子后学所作），成玄英认为是指老子。

　　⑥故善人者，善人之师：帛书乙本基本如是，前句无"者"字，作"故善人，善人之师"；帛书甲本有缺损，但从缺损字的间距看，与乙本同。王弼本等古本为"故善人者，不善人之师。""善人者，善人之师；不善人者，善人之资"是说对于"善人"而言，"善人者"和"不善人者"是其正反两个方面的教员。这种表述是很有道理的，思想也是深刻的。王弼本其前句作"不善人者，善人之师"，可能未谙其中的深刻道理，似非《老子》之原貌。因此，校定文从帛书乙本，并据王弼本等古本加"者"字。"故善人者"中的"善人"当指善于为道之人。句谓：所以，善于为道之人是善人的老师。

　　⑦不善人者，善人之资：取资、借资的意思，引申为借鉴反面教员。

　　魏源诠释"是以圣人常善救人，故无弃人"以下文义曰："后章言'是谓微明'，'袭明'犹'微明'也。又云'是谓袭常'，'袭明'犹'袭常'也。盖'知常曰明'也。夫世不藏其明者，救一人则己欲居其功，而好为人师。人有可弃，辄显刑其罪而幸为己利，是皆不善救人，所以多弃人也。有道者之天，明既藏而不露，则不好为人师，不欲以善自明也。不利他人以为己资，不欲名人为不善。如此则己虽大智，而浑然无所分别，不啻大迷。故人之视之者，亦忘乎彼之为善，己之为不善。此所以为其转移而不自知，是真圣人袭明之妙用。至要不烦，而至妙不测者也。"[1]

---

[1]　魏源：《老子本义》，载《四部要籍注疏丛刊·老子》，中华书局1998年版，第1444页。

译　文

善于行进的，不留车辙足迹；

善于讲话的，没有言语过失；

善于计算的，无须利用筹码；

善于关闭的，无门闩亦不可开；

善于打结的，无绳索也不可解。

所以，圣人总是善于挽救人，

因而没有被遗弃之人；

总是善于救物用物，

所以没有被遗弃之物。

这就叫做因循常道之光辉。

故善为道者是善人之师；

不善之人是善人的借鉴。

如果不尊重老师的教导，

不珍视反面教员的作用，

虽然天资聪慧，

也难免误入迷途。

这就是"道"的精妙。

辨　析

本章"是以圣人常善救人，故无弃人"以下的文字是否与其上的文字毫无联系，是否应将其移至六十二章中去？对此，古棣说：

在"善结，无绳约而不可解"之后，各本皆有很长的一段话……此段与上文毫无联系，当不是本章之文，盖其错乱已久。晁说之《郡斋读书志》曰："'常善救人，故无弃人；常善救物，故无弃物'，独得诸河上公，而古本无有也，赖傅奕辨之尔。"由此可知今傅奕本本章有此几句乃后人所增，傅奕所据项羽妾墓出土本无，是知错乱当在秦汉之际或战国期间。高亨说：上五句为一章，"是以圣人常善救人"以下为另一章。陶绍学说："'是以圣人常善救人'以下与其上的文意不相属，宜退在六十二章'人之不善，何弃之有'句下"。陶说甚是，移到六十二章若何符节"。①

古棣的校定文果然这样做了。余以为古棣等人的说法及古棣的做法是不当的。

古棣等注家之所以认为"是以圣人常善救人，故无弃人"之上下文意"毫无联系"或"不相属"，是因为没有看到它们之间的内在联系。其实，藉以沟通它们之间联系的红线是道之自然无为及上德的"无为而无以为"。就是说，其上文所说的"善行"、"善言"、"善数"、"善闭"和"善结"者，之所以分别"无辙迹"、"无瑕谪"、"不用筹策"、"无关楗而不可开"、"无绳约而不可解"，是因为他们的行为遵循了道之自然无为及上德的"无为而无以为"的原则，用现在的话说，就是实事求是、"按辩证法办事"的结果。当然，因为客观事物是复杂的，又是不断变化的，所以即使在主观上想实事求是，要"按辩证法办事"，其结果也不一定很理想，正如再高明的军事家也不可能不打败仗一样。孙以楷说得好，老子"此言全合于道，从理论上说，可以无瑕谪"等等，"老子是追求一种完美的为人原则，这是老子的理想，是他希求的崇高目标。"有些人的行为却与此相反，总是违道而行，其结果就是有"辙迹"，有"瑕谪"等等，所以这种人需要"救"，由此而引起下文。

在古代注家中，范应元、魏源等揭示了其上下文之间的联系点。范应元说："世俗之人行而有迹，言而有过，数而有失，情窦开而不能闭，人心离而不能合：非惟自弃，而所行、所言不善，人、物皆被其无穷之害矣。是以圣人常善救之俾归真道，各得其所，故人无弃人，物无弃物也。"②

魏源说："善言、善行所以为计、为闭、为结之具而善计、善闭、善结，乃所以为善救之具，是常善救人，即以上五者救之也。于此则天下无不救之人，而无弃人矣。盖潜移默运，销之于未然，转之于不觉，救人而无救之之

---

① 古棣：《老子校诂》，吉林人民出版社 1998 年版，第 378—379 页。
② 范应元：《老子道德经古本集注》，载《四部要籍注疏丛刊·老子》，中华书局1998 年版，第 613 页。

迹。岂非重袭不露之天明乎?"①

尹振环也揭示了其上下文的联系。他说:"从字面上看,'五善'与救人救物并无直接联系,甚至粗看文义不相属。但深入里层,就会发现它们是相通的。因为国君为言、用权真正达到了'五善',鲜为人知,不出纰漏,那么既可免去许多曲意逢迎、取悦讨好、行效模仿,也不会给敌国及心怀叵测的佞臣、权臣以可乘之机;既可挽救大批伺机邀宠进身或伺机搞阴谋的臣下,又可使社会的大批财富不至于被无端地耗费掉。这样,岂不是'无弃人'、'无弃财'(按:帛书如此)了吗?"②

鉴于以上分析和引证,可见其上下文之间不是什么"毫无联系"或"不相属",而是具有内在的联系。再说,作为传世本的王弼本即如此,故将其分为两章是没有根据的。

再看如果将"是以圣人常善救人,故无弃人"以下的文字移至六十二章的"人之不善,何弃之有?"句下,是否就像古棣所说的"若何符节"呢?六十二章"人之不善,何弃之有?"句上是"美言可以市尊,尊行可以加人",句下是"故立天子,置三公,虽有拱璧以先驷马,不如坐进此道。"显然,其上句是用以隐喻曲意奉承和取悦讨好的行为,对人主的"不善"是无济于事的,所以紧接着说"人之不善,何弃之有?"其下句的意思是说,既然人主有"不善",那么改正其"不善"的做法,莫过于"坐进此道"。因此,这段话的文字是简练的,文意联系是紧密的,语言又是比较含蓄的。如果中间插进本章的那一大段话,反而冲淡了主题,也使得"美言可以市尊,尊行可以加人"黯然失色,而且使得对"立天子,置三公,虽有拱璧以先驷马"的做法的批评似乎也过于露骨了,想来老子大概也不会这样行文。

---

① 魏源:《老子本义》,载《四部要籍注疏丛刊·老子》,中华书局1998年版,第1444页。

② 尹振环:《帛书老子释析》,贵州人民出版社1998年版,第359页。

四十五章

企者不立，跨者不行①。自见者不明，自是者不彰，自伐者无功②，自矜者不长③。

其在道也，曰："余食赘行!"④物或恶之，故有道者不处⑤。

（通行本第二十四章）

①企者不立，跨者不行：王弼本、傅奕本等注本如是。河上公本企作"跂"。《说文》："企，举踵也。""企"通"跂"，即踮起脚跟；跨，跃也。"企者不立"。

在本章中，"企者不立，跨者不行"，似为下文的"起兴"，目的是形象地引出下文，这在中国古文中是常用的笔法。但这两句话也有实质性的意义，就是以此比喻违反"道法自然"的原则，只追求个子高于别人或跨大步而想疾行，其后果必定都是事与愿违的。此种问题表现在社会经济上，如1958年的"浮夸风"、"大跃进"，粉碎"四人帮"后的"洋跃进"，国内外有时出现的"泡沫经济"，科学研究领域的"泡沫学术"，党政工作中的弄虚作假、谎报数字等，皆属于此类现象，都是要不得的，其后果必然都是"不立"、"不行"的。

②自伐者无功：句谓：自我戈伐的，事业难以成功；对此句涵义的解读，见【辨析】。

③自矜者不长：自矜，自大也。长，首长也。《吕氏春秋·贵公》："用管子而为王伯长。"高诱注曰："长，上也。"句谓：自高自大的人不宜作

首长。

④曰：余食赘行：显然，"赘"（疣也，肉瘤也）是不能"行"的。"行"与"形"古字通假，应读作"形"。易顺鼎说："'行'疑通作'形'。'赘'即王注所云'疣赘'。'疣赘'可言形，不可言行也。《列子·汤问篇》：'太形、王屋二山'，张湛注：'形当作行'，是古书'行'、'形'固有通用者。"句谓：这就叫做剩饭、赘瘤。

⑤物或恶之，故有道者不处："有道者不处"，帛书甲、乙本皆作"有欲者弗居"。对帛书这句话涵义的辨识，注家众说纷纭。帛书整理者说："居，储蓄。此言恶物为人所弃，虽有贪欲之人亦不贮积"①；许抗生说："疑'欲'字为误，'有欲者弗居'与老子无为思想不合。今据傅本改。"②

高明说："谓'欲'为'贪欲'虽误，然疑'欲'为误字亦非。从经文分析，此当从今本作'有道者'为是。按'欲'字在此当假为'裕'，《方言》卷三：'裕，道也。……'《广雅》卷四：'裕，道也。'……准此诸例，足证甲、乙本'欲'字当读作'裕'，'故有裕者不居'，犹今本所言'故有道者不处'也。此乃谓有道者不自处其秽也。"③

刘殿爵说，"有欲者"与"有道者"截然不同，所以不居的原因也不一样。"有欲者"的"欲"即梁惠王所谓"将以求吾所大欲也"的"欲"，也就是"辟土地，朝秦楚，莅中国而抚四夷"，用现代语言说，就是有统治天下的野心；所以不居物之所恶是因为这样做会妨碍实现统治天下的目的。今本所提出的是站在"道"与"不道"的区别上，而帛书本所提出的却是站在能否达到大欲的利害原则上。④

以上各家的意见虽然各有道理，但就其问题而言，帛书整理者的看法似乎失之肤浅；许抗生怀疑帛书抄写有误，但甲、乙本抄写于不同的时期，说都抄错同一个字，不能令人信服；高明从通假字上作了精细的考证，表明其不凡的文献功底，但似乎太绕，因为"道"字在《老子》中出现七十多次，不可谓不频繁，为什么在该用"道"字的此处不用，而偏偏要用作了二次通假（"道"先通假作"裕"，"裕"又通假为"欲"）的"欲"字呢？刘殿爵说

---

① 国家文物局古文献研究室：《马王堆汉墓帛书（一）》，文物出版社1980年版，第15页。

② 许抗生：《帛书老子注译与研究》，浙江人民出版社1982年版，第97—98页。

③ 高明：《帛书老子校注》，中华书局1996年版，第338页。

④ 刘殿爵：《马王堆汉墓帛书老子初探》，载《明报月刊》1982年9月号，第37页。

老子这里说的"欲""就是有统治天下野心的"的"大欲"。《老子》的"大欲"是有的,但并非刘殿爵之说。正如刘笑敢所分析的:"何为《老子》之大欲?《老子》并未明言。然据'道法自然'一语,《老子》之最高追求显然不是统治天下,而是天下之自然和谐、安定。如果可以自然而然地取得天下,治理天下,《老子》并不反对;但是如果要处心积虑、穷兵黩武地追求统治天下,《老子》绝不赞成。这样理解才符合《老子》全文的各个层面,不至于顾此而失彼。"①

假定帛书确有"故有欲者弗居",那么似乎可以作出这样的诠释:既然此"有欲者"对"余食赘行""弗居",那么就说明此处的"有欲者"及其"欲"是正面的。不过,我们不能以世俗的眼光来看待《老子》所倡导的"欲"或圣人的"欲",因为圣人是"欲不欲"(五十七章简本"我欲不欲而民自朴";六十四章"是以圣人欲不欲")的,即以不欲为欲。这里的"不欲"是世俗的。《老子》所倡导的"欲"或圣人的"欲"皆是"道法自然"原则的体现,那么上文所说的"企者"、"跨者"、"自见者"、"自是者"、"自伐者"、"自矜者"显然都是违逆"道法自然"原则的,在老子看来皆乃"余食赘行"耳,其为"有欲者"所"弗居"就是理所当然的了。这样一来,"有欲者弗居"与"有道者不处"就是相通的了。

译 文

踮起脚跟,是站不稳的;
跨步前进,是走不远的。
自我标榜的,往往事理不明;
自以为是的,反而不得彰显;
自我戈伐的,事业难以成功;
自高自大的,不宜领导群众。
从"道"的观点看,这些操行,
可以说都是剩饭、赘瘤!
讨人厌恶,故为有道者所不齿。

① 刘笑敢:《老子古今》,中国社会科学出版社 2006 年版,第 281—282 页。

辨　析

关于对"自伐者无功"中的"伐"字的解读，古今注家们大多取其"夸耀"的义涵，将此句释译为："自我夸耀者没有功劳。"如此解读此句，与上下文意通畅，但似乎也带来两个问题：一是与前面的"自见者不明"之涵义重复，老子可能不会如此；二是"自我夸耀"与有无"功劳"似乎没有什么关系，因为如果某人原先建立了大功，即使"自我夸耀"，他的功劳也不会因而就消失；如果原先没有功劳，"自我夸耀"本身肯定不能算作"功劳"。"伐"字的第一义涵是砍杀，砍伐；第二义涵是征伐，讨伐，如"北伐战争"。若取其第一义涵，如"伐木"；特别是取其第二义涵，如参加某一征伐或讨伐的战争，倒是可以与是否"无功"相关的。

古棣在二十二章的校诂中，对"自伐者"的涵义作出了一个别出心裁的解读。他说："'不自伐故有功'，此'伐'字，即'伐柯伐柯，其则不远'之'伐'，用柯木做成斧柄以斫伐柯树，'自伐'言自己斫伐自己。此句是说，不自己斫伐自己，不自己整自己，就能有功。"①

这话听起来倒是很新颖，很深刻，但其所据似乎经不起推敲。古棣所引的"伐柯伐柯，其则不远"，出自《诗经·豳风·伐柯》。其诗首句为"伐柯如何？非斧不克。"毛传："柯，斧柄也。""柯"也是一种乔木，又泛指草木的枝茎，如孔稚珪《北山移文》："或飞柯以折轮，乍低枝而扫迹。""伐柯伐柯，其则不远"的意思是说，要砍成一个斧柄，必须用带柄的斧子，而所做的新斧柄，其大小长短之尺度就近取法于手中的斧柄即可，不必远求也。古棣把这句话释为"用柯木做成斧柄以斫伐柯树"，不知所据何典，但有一个问题是明显的，即"斫伐柯树"，为什么一定要"用柯木做成（的）斧柄"呢？没听说过此种规矩，因而古棣的说法不足为据。

不过，古棣之说倒是给我们一种启示，就是在决策者中，不顾客观实际，或不管是否符合道义，一意孤行者有之；在本阶级、阶层或政治集团内部搞"窝里斗"或自己整自己者有之。前者的事例不绝于史书；后者在统治阶级内部更是家常便饭，"周郑交质"、周桓王伐郑、王子朝被逐，是老子亲自看到的，这是由私有制和剥削阶级的本质所决定的。即使在革命队伍内部，由于种种复杂的原因，也有这种情况发生。如第二次国内革命战争时

---

①　古棣：《老子校诂》，吉林人民出版社1998年版，第218页。

期，左倾机会主义者在革命队伍内部搞"残酷斗争，无情打击"，特别是抓所谓"AB团"，枉杀了许多优秀的领导干部；建国后搞的"反右派斗争扩大化"和"文革"中整"党内走资派"，都属于"自伐"的做法。这种"自伐"，当然是"无功"的，而且有"过"，所以中共中央分别于1945年和1981年所作的两次关于若干历史问题的决议中对这方面的教训作了深刻的总结，引以为戒。此外，人类与自然界包括野生的动植物本来是息息相关、唇齿相依的，但人类却对自然界的某些动植物和矿藏、土地当敌人征讨，进行掠夺式开发，造成大气污染，江河湖海水质污染，土地荒漠化，泥石流、物种大量灭绝，如此等等，这也是"自伐"的恶果。这种破坏生态平衡的做法，为什么也叫做"自伐"呢？这是因为从"道"的观点看来，人类与自然界是一体的，"人法地，地法天，天法道，道法自然"（二十五章）是为证。而且近百年来的实践也证明，人类与大自然是唇齿相依的，唇亡而齿寒，破坏生态，无异于人类自掘坟墓。显然，这不但"无功"，反而有害。"自伐者无功"可译为："自我戈伐的，事业难以成功。"如果对"自伐者无功"作如是解读，显然是比较深刻的，具有现实意义的，而且也不违其字面意义。但这是否符合老子的本意，就不敢说了。然而在对古典的注疏中，学者引申触类，六通四辟，无所不可，而考其本旨，义各有所归的情况不乏其例，故而笔者对老子的这句话权且作如是解读，是耶？非耶？只能听从方家及其他读者评说了。

四十六章

曲则全，枉则正，洼则盈，敝则新，少则得，多则惑①。是以圣人执"一"以为天下式②。

不自见故明；不自是故彰③；不自伐故有功④；不自矜故长。夫唯不争，故天下莫能与之争⑤。

古之所谓"曲则全"者，岂虚言哉！诚全而归之⑥。

（通行本第二十二章）

说 明

本章内容为通行本第二十二章，上一章则是通行本第二十四章的内容，其章序看来是颠倒的。但是，上一章有"自见者不明，自是者不彰，自伐者无功，自矜者不长"，而本章则有"不自见故明，不自是故彰，不自伐故有功，不自矜故长。"本章恰是第二十四章相关内容的否定式表述，至此是从正反两个方面阐明自我约束的必要性和重要性，故排在第二十四章之后似乎更为合理。这种章序的排列与帛书甲乙本也是一致的。就是说，在帛书甲乙本中，先是通行本第二十四章的内容其后紧接着就是第二十二章的内容（第二十三章的内容则排在了其后）。由此可见，帛书的这种章序是合理的，而通行本的这种章次编排自有不尽合理之处。

注 释

①曲则全，枉则正，洼则盈，敝则新，少则得，多则惑：枉则正，今王弼

本"正"作"直"，为"枉则直"。帛书乙本、傅奕本、范应元本作"正"，范曰注："正字，王弼同古本"，可见王弼本原作"正"，"直"字乃后人所改。"枉"、"正"对举，"矫枉过正"是其证。枉，邪也，歪也，与"正"恰恰相反。直与曲对举，似不与"枉"对举。故校定文从帛书及傅奕本、原王弼本作"枉则正"。

这段话的意思是说：经过曲折的斗争，必能成功；路走歪了的，终将得以纠正；空虚的事物，反能变得充盈；敝旧的东西，则能革故鼎新；少取反能多得，贪多反易困惑。

对这段话的深刻内涵，陈鼓应、白奚先生作了很好的阐释。他们说：

老子以其丰富的生活经验所透出的智慧告诉我们：事物常在对待的关系中产生，我们必须对事物的两端都加以彻察，必须从正面去透视负面的意义，对于负面意义的把握，更能显示出正面的内涵；所谓正面与负面，并不是两种截然不同的东西，它们经常是一种依存的关系，甚至于经常是浮面与根底的关系。常人对于事物的执取，往往是急功近利，只贪图眼前的喜好，老子则晓谕人们要伸展视野，在观赏枝叶的同时，也应注视根柢的牢固，有结实的根柢，才能长出丰盛的枝叶来。由于事物的这种依存关系，所以老子认为：在"曲"里面存在着"全"的道理，在"枉"里面存在着"直"的道理，在"洼"里面存在着"盈"的道理，在"敝"里面存在着"新"的道理。因而，在"曲"和"全"、"枉"和"直"、"洼"和"盈"、"敝"和"新"的两端中，把握了其中之底层的一面，自然可以得到显相的一面。常人总是喜欢追逐事物的显相，莫不张扬显溢，求"全"求"盈"，老子却提供了一种全新的思路：从反面入手，这样反而能得到"全"和"盈"。这也就是为什么要"知其雄，守其雌"、"知其白，守其辱"的道理所在。[1]

②圣人执"一"以为天下式：王弼本及多家注本作"圣人抱一为天下式"；帛书为"圣人执'一'，以为天下牧"。"执"比"抱"义长，因"执一"为执守道的自然无为之意更为明确，故校定文从帛书作"执'一'"。牧，《庄子·天道》曰："使天下无失其牧乎！"称老子言。《逸周书·周视》："为天下者用牧"。牧，法也，与法则（"式"）意近，故仍从王弼本作"式"。

① 陈鼓应、白奚：《老子评传》，南京大学出版社2001年版，第186页。

帛书在"为"前有"以"字，更佳，因为这里的"以为"是"以之为"的意思，即把"道"作为天下的法则，故校定文据帛书补。解读详见【辨析】一。

③不自见故明，不自是故彰：王弼本、河上公本、傅奕本如是；帛书甲本为"不自视（是）故明，不自见故章"，乙本为"不自视故章，不自见也故明"。"不自是"即不自以为是，能虚心观察问题和听取别人的意见，耳目会更加聪明，问题会看得更明白、所以与"明"搭配更合理；不自我标榜（"自见"），必能使自己的威望更能彰显，所以"不自见"与"故彰"的搭配更合理。故帛书的表述似更具合理性，但今王弼本等传世本毕竟流传千年，可动可不动者以不动为佳。

这两句讲的是消除人的主观片面性对于获得正确认识的好处。由于认识主体在社会地位、政治倾向、活动能力、生理特征等方面的差异，必然造成主体各自的主观性，也就是我们经常所说的立场、观点、方法。老子说的"自见者不明，自是者不彰"（二十四章），指的就是人的主观片面性的危害，所以老子提出要"不自见"、"不自是"，要"去甚、去奢、去泰"（二十九章），这些主张都包含着要消除人的主观片面性和极端性、要有正确的立场、观点、方法的思想，因为只有这样，才能达到对道的全面深入的体悟和把握。

④不自伐故有功：句谓：不自我戈伐，所以事业容易成功。对此句的解读，详见上章（本书四十五章）之【辨析】。

⑤故天下莫能与之争：王弼本及今本如是。帛书甲、乙本无"天下"二字。

⑥古之所谓"曲则全"者，岂虚言哉！诚全而归之：句谓：古人所说的"只有经过曲折的斗争，才能取得成功"一类的话，难道是虚妄的吗？它实在是任何人都必须遵循的规律呀！解读详见【辨析】二。

译　文

经过曲折的斗争，必能成功；
路走歪了的，终将得以纠正；
空虚的事物，反能变得充盈；
敝旧的东西，则能革故鼎新；

少取反能多得，贪多反易困惑。
所以圣人持守作为道的"一"，
以此为范式观察处理天下大事。
不自我标榜，成绩反能显明；
不自以为是，真相反能彰显；
不自我戈伐，利于事业成功；
不自我夸耀，就可以成为领导。
正因为不与人争名夺利，
所以天下没有谁能超过他。
古人所说的"曲则全"的话，
难道是虚妄的吗？
它诚然是必须遵循的规律呀！

辨　析

一、关于对"圣人执'一'以为天下式"的解读。严灵峰说："一者，道之数，犹不贰也，言其绝于对待也。抱者，犹守也。"对严的解说，注家多从之。把"抱（执）'一'"释为执守道并不错，但其意似未足。问题在于要执守道的什么。从其上文即"曲则全，枉则正，洼则盈，敝则新，少则得，多则惑"来看，是执守道的"反"即向对立面转化的规律或特性；从其下文即"不自是故明，不自见故彰，不自伐故有功，不自矜故长"来看，是要执守道的自然无为及"不争"的特性。"为天下式"可直译为"作为天下的法则"，但道及其规律和特性本来就是天下的法则，所以如果限于直译，就难以将"圣人执（抱）'一'"的目的揭示出来。帛书此句作"圣人执'一'以为天下牧"，其中的"牧"字亦有管理或统治的意思，所以古代将统治人民叫做"牧民"。因此"为天下式"应译意为："作为观察天下的命运和治理天下的法则。"由此，"圣人执'一'以为天下式"似应释译为："圣人持守道的向对立面转化的规律和自然无为的特性，并以此作为观察天下的命运和治理天下的法则或思想指导原则。"能统摄万有者，必是万有凭借之终极，亦即道，所以"圣人执'一'以为天下式"的"一"即是道。

关于"执一统众"，董仲舒说："唯圣人能属万物于一而系之元也。"（《春秋繁露·玉英》）王弼说："夫众不能治众，治众者至寡者也。夫动不能制动,制天下之动者,贞夫一者也。故众之所以得咸存者,主必致一也;动之所以得咸运者,原必无二也。物无妄然,必由其理,统之有宗,会之有元,故繁而不乱,众而不惑。故六爻相错,可举一以明也;刚柔相乘,可立主以定也。……故自统而寻之,物虽众则知可以执一御也;由本以观之,义虽博则知可以一名举也。……品制万变,宗主存焉。"(《易略例》)

二,对本章作为结论的"古之所谓'曲则全'者,岂虚言哉!诚全而归之",学者们几乎皆按老子主张逆来顺受、曲意迁就、回避矛盾、逃避斗争的思路加以诠释,有的还将其与"农业小生产者的经济特点及其阶级地位"联系起来进行批判(张松如),有的则将其与"没落奴隶主阶级的政治处境"联系起来加以批判(古棣)。这种诠释和批判未必符合老子的旨趣。

事实上,"曲则全"的意思是说,经过曲折的斗争,才能取得成功。这反映了事物发展的普遍规律。新生事物的发展皆是波浪式前进、螺旋式上升的。无论是"波浪"也好,还是"螺旋"也好,其轨迹都是"曲"的。事实上,人生的历程,革命的道路,历史的轨迹,乃至花鸟鱼虫的成长过程,都不像北京长安街那样笔直,而是犹如攀山公路那样崎岖。比如,北方人对春夏秋冬的天气变化最为熟悉,从任何一个季节到下一个季节,其间的温差变化都不是直线式的,此为妇孺皆知的常识。在社会领域里,无论是个体人生还是社会发展,也皆是曲折的。英国和法国反对封建主义生产方式和贵族势力的资产阶级革命,从开始到资产阶级政权的稳固和资本主义制度的确立,经历了多次复辟与反复辟的激烈斗争。中国民主革命的历程也是如此,远的不说,从北伐战争的胜利到大革命的失败,从革命根据地的大发展到第五次反"围剿"失败而被迫长征,到延安后才从总体上走向胜利的坦途。毛泽东在总结革命发展规律时说:"斗争,失败,再斗争,再失败,再斗争,直至胜利——这就是人民的逻辑。"[①] 我们党探索中国特色社会主义建设道路的历程也是如此,其间经历了建国初期的凯歌猛进到三年困难时期,从国民经济的恢复和发展到"文化大革命",从纠正"文化大革命"的错误而进入新的历史时期,从而在总体上探索成功。因此中国革命和建设的道路,都是经历了两次失败(或严重挫折)和两次胜利之后才从总体上走向胜利坦途的。世界上的道路只有飞机的航线是笔直的,但飞机起飞后往往要掉头或转弯,从这种意义上说,航线也是曲折的。毛泽东《登庐山》诗中"跃上葱茏四百旋"句,是形容上庐山的公路之曲折的情况,当然有诗意的夸张。

---

① 《毛泽东选集》第 4 卷,人民出版社 1991 年版,第 1487 页。

毛泽东多次说过，我们的"前途是光明的，道路是曲折的。""道路是曲折的"，这是不依人们的主观意志为转移的，是任何人也改变不了的，因而是颠扑不破的真理。人的自觉能动性的发挥，只能表现在因势利导，促进或延缓事物之发展变化的进程和避免大的挫折及失败上。老子说的"弱者道之用"，毛泽东说的"要准备走曲折的路"，鲁迅说的"要学会韧性的战斗"，都是在顺应这种特点和规律而做出明智选择的意义上讲的。凡是不想走曲折道路的人，到头来必定要走更大的弯路，甚至会在走这种弯路的过程中遭遇灭顶之灾。

古棣说："这一章表现了老子的唯心辩证法向形而上学的转化。他的最终结论是形而上学的，即要超越矛盾的对立，避免走向反面。他承认形而下的事物都是'曲则全'，但他要'诚全而归之'。"① 既然"超越矛盾的对立"，怎么能"避免走向反面"呢？无论对于一个人也好，还是对于一项事业来说，要想"避免走向反面"，就不能回避前进道路上的阻力和困难；要想"超越矛盾的对立"，怎能办得到呢？我们知道，老子最为推崇的是道及其化身的圣人，而道的实质就是矛盾法则或对立统一规律（详见本书"道论篇"中的有关解说），圣人又是"生而不有，为而不恃"的，亦即总是"为"的。既然"为"，就必须克服前进道路上的一切阻力和困难，否则就不可能有"功成而弗居"中的"功成"可言。这怎么能叫做"超越矛盾的对立"呢？

---

① 古棣：《老子校诂》，吉林人民出版社 1998 年版，第 219 页。

四十七章

知人者智，自知者明①。

胜人者有力，自胜者强②。

知足者富。

强行者有志③。

不失其所者久④，死而不亡者寿⑤。

（通行本第三十三章）

注　释

①自知者明：此句是"人贵有自知之明"的原典。人往往自我感觉良好，特别是人生旅途一帆风顺的人，能正确地认识自己很不容易；对于那些身居高位的人来说，听到的多是阿谀奉承之音、吹捧赞颂之词，要正确地认识自己则更加困难。所以，古希腊德尔斐的阿波罗神庙入口处的著名箴言——"你要认识你自己"，比伦理学家们的一切巨著都更为重要，更为深刻。俗话说："当事者迷，旁观者清"，这是至理名言。所以古代有些贤明的君王很重视纳谏。《吕氏春秋·自知》曰："夫人故不能自知，人主尤甚。存亡安危勿求于外，务在自知。尧有欲谏之鼓，舜有诽谤之木，汤有司过之士，武王有戒慎之鼗，犹恐不能自知。今贤非尧舜汤武也，而有掩蔽之道，奚有自知哉？"所以虚心而诚恳地听取别人的意见和批评，对于正确地认识自己是十分重要的。

②以上四句，以"知人"与"自知"相对，而以"自知"高于"知人"；又以"胜人"与"自胜"相对，而以"自胜"高于"胜人"。刘笑敢指出："强调自知、自胜，这是关于存在个体健康发展以及维护自然和谐局面的金

科玉律。"对这四句，王弼注曰："知人者，智而已矣，未若自知者超智之上
也；胜人者，有力而已矣，未若自胜者无物以损其力；用其智于人，未若用
其智于己也；用其力于人，未若用其力于己也；明用于己，则物无避焉；力
用于己，则物无改焉。"

③强行者有志：是说，敢于排除一切阻力和困难而愤然前行者是有志向
的人。

"强行者"大抵属于尼采所说的那种不断地发挥自己的潜能意志和冲创
意志来提升自我的"超人"。

陈景元、严灵峰等认为"强行者"当为"勤行者"，因为王弼注曰："勤
能行之，其志必获"；四十一章亦有"上士闻道，勤而行之"的文句，并疑
"勤"、"强"二字通假。因此强行者是指勤勉行道者，这样的人是"有
志"的。

④不失其所者久：徐梵澄注曰："所，居处也。非谓不失其居处也，盖
谓不失其所以自处者。久，恒也，'恒德不忒'之谓也。"① 余以为，这里的
"所"字，当指人生所赖以寄托的东西，包括理想、信念、志向、追求、事
业等，它体现了人生的本质和价值，也就是人的精神层面的根本，亦即赖以
安身立命的东西。人总是要有一点精神的，否则就是酒囊饭袋，无异于猪
狗。古棣说："'不失其所者久'，就是说的道。我们说：整个物质世界，也
是在时间上无限久，也可以说它'不失其所者久'；说它不失其所，是它的
体积无限大，在空间上无边无际。而老子的道所指却不是物质世界，而是绝
对观念之类，从《老子》书中论道各章可见；说它不失其所，因为它无所，
即不占有空间。"② 可备一说。

⑤死而不亡者寿：王弼本、河上公本、傅奕本如是；帛书"亡"作
"忘"；景福碑及从河上公注文看，河上公本原作"妄"。古"亡"、"忘"、
"妄"通。

句谓：能为历史留下道德、功业或思想学说等而长久活在人们心中的
人，就等于延长了自己的寿命。详见【辨析】。

"死而不亡者寿"的观点是有其思想来源的。《左传·襄公二十四年》：
"穆叔如晋，范宣子迎之，问焉，曰：'古人有言曰，死而不朽，何谓也？'
穆叔未对。宣子曰：'昔匄（按：范宣子又名士匄）之祖，自虞以上为陶唐

① 徐梵澄：《老子臆解》，中华书局1988年版，第47页。
② 古棣：《老子校诂》，吉林人民出版社1998年版，第250页。

氏，在夏为御龙氏，在商为豕韦氏，在周为唐杜氏，晋主夏盟为范氏，其是之谓乎？'穆叔曰：'以豹所闻，此之谓世禄，非不朽也。鲁有先大夫曰臧文仲，既没，其言立。其是之谓乎？豹闻之，大上有立德，其次有立功，其次有立言，虽久不废，此之谓不朽。'"诚如是说，生前所立之"德"、"功""言"是不朽的，亦即"不亡"的，"不亡"等于长"寿"。

　　本章的主旨是从"道法自然"的高度强调存在个体的自我约束的。刘笑敢先生说："'道法自然'所强调的整体的自然的秩序既是对存在个体的保护，也是对存在个体的一种限制。说它是保护，因为只有在自然的秩序下，存在个体才有发展的自由和空间，在强制的秩序中，存在个体的活力和活动空间必然会受到很大的束缚。然而，自然的秩序对个体来说也是一种限制，因为要维持自然的和谐，就不允许整体中的某些个体无限制地膨胀从而影响其它个体的生存和发展。从存在个体来说，自我约束没有什么痛苦，或者痛苦很少，但是它却有两方面的好处，一方面是更有利于存在个体自身的生存和发展，另一方面是有利于维护和谐的整体秩序。而和谐的整体秩序归根到底是符合每一个存在个体自身利益的，所以提倡自然的秩序会带来每个存在个体都付出较少、而受益较大的局面。"[1]

译　文

　　能深刻认识他人的，说明自己有智慧；
　　能正确认识自己的，是真正的明智。
　　能胜过别人的，表明自己有力量；
　　能克服自身不足的，是真正的强者。
　　凡事知道满足的，才感到自己富有。
　　能排除万难愤然前行的，表明有志向。
　　不失其安身立命之所的，才能长久。
　　死后道德功业名垂青史的，
　　才能长久地活在后人心中。

---

① 刘笑敢：《老子古今》，中国社会科学出版社 2006 年版，第 350 页。

辨　析

　　"死而不亡者寿"的涵义是什么？对此，河上公注云："目不妄视，耳不妄听，口不妄言，则无怨恶于天下，故长寿。"但这是指人生前而不是死后，故言不及义。高亨据帛书之"不忘"释之曰："其人虽死，而他的道德功业、学说等，并未消亡，而被人念念不忘，就可以称他为长寿。"高明认为高亨的这种释义与老子守静无为之旨大相径庭，认为"可见经文本义并非'忘'字。"高明引王弼注此文云："虽死而以为生之，道不亡，乃得全其寿。身没而道犹存，况身存而道不卒乎。"评曰："'身没而道犹存'，体魄虽朽而精神在，是谓'死而不亡者寿也。'"对于王弼的注，正如古棣说的，这并非老子本意，"身没而道犹存"，那是说不上"寿"或"不寿"的。陈鼓应译此句为："身体死而不被遗忘的是真正的长寿"，这是不合逻辑的，因为人死了不被遗忘，是不能说这个人长寿的。古棣把"死而不亡"释为"灵魂不灭"，并以此作为老子是有神论者的根据之一。他说："老子这里没有成仙、身体不死的思想，他说的是灵魂不灭。所谓'死而不亡者寿'，即身体死了而灵魂不亡。'亡'可训'无'，'不亡'亦即不灭，不归于无之义。"[1] 但是，如果说"寿"是指"灵魂不亡者"，那么，"死而不亡者寿"这句话就意味着每一个人——无论是幼年夭折的还是寿比彭祖的，无论是最值得称道的还是最应当诅咒的——就都一样了，因为他们的灵魂都是不死的，既然不死，也就无所谓"寿"或"不寿"了。我们知道，本章此句之前的几句话都是表明某种价值观的，"死而不亡者寿"也理应作如上解，但如果照古棣的释义，老子说这句话还有什么意义呢？况且老子并非相信"灵魂不亡"。因此，古棣对这句话的解说也有问题。

　　"亡"有"失去"的义涵，如《战国策·楚策四》："亡羊而补牢，未为迟也。"人死而不失去的，只能是其生前建树的道德、功业、思想学说之类。"亡"通"忘"，如《管子·枢言》："夜之饮，亡其甲子。"其实，帛书此句的"亡"字即作"忘"。而且"寿"不仅作"寿命"或"长寿"解，而且有"长久"的义涵，如《说文·老部》："寿，久也。"《诗经·小雅·天保》："如南山之寿，不骞不崩。"如果"亡"作"忘"字解，"寿"作"长久"解，那么"死而不亡者寿"就可释为："人死之后，其生前建树的道德、功业、

　　——————

　　① 古棣：《老子校诂》，吉林人民出版社1998年版，第251页。

思想学说之类不为人们所忘记的，说明他是长久活在人们心中的人。"也就是说，一个人不在于他的官位有多高，财富有多巨，也不在于他活了多大年纪，关键在于能否为历史留下点什么，能否长久地活在人们心中。凡是能为历史留下道德、功业或思想学说而长久活在人们心中的，皆属于"死而不亡者"。臧克家著名的诗《有的人》就是赞颂这种人的："有的人活着，他已经死了；有的人死了，他还活着。……有的人把自己的名字刻入石头，想'不朽'；有的人情愿作野草，等着地下的火烧。……把名字刻入石头的，名字比尸首烂得更早；只要春风吹到的地方，到处是青青的野草。"

述　评

老子所说的"知人者智，自知者明，胜人者有力，自胜者强"是为古今中外的历史和现实正反两个方面的经验反复证明了的至理名言，特别是其中的"自知者明"，成为格言"人贵有自知之明"的元典，至今仍然具有重大的理论意义和现实意义，无论对于个人还是对于集体、政党、阶级乃至国家和民族，在认识和处理人际关系乃至政治、经济、文化、外交等问题上，应该成为我们遵循的原则，应该成为我们的座右铭。

《战国策》中讲了一则关于"邹忌讽齐王纳谏"的故事：齐国的相国邹忌身高九尺，面容英俊，仪表堂堂。他分别问自己的妻、妾和宾客，说："我比（齐国公认的最美的）徐公谁美？"他们众口一词地说你比徐公还要美。邹忌对此将信将疑，于是经过调查研究和认真反思，发觉自己是受他们蒙蔽了。他由此以家事推想国事，以自己的事例劝说齐威王纳谏，齐威王接受了邹忌的建议，于是重奖进谏的臣民，并虚心纳谏，最终使齐国富强起来。邹忌不因自己的妻、妾和宾客说自己比徐公美就信以为真，沾沾自喜，而是广泛听取那些与自己无利害关系的人对自己的评价，反过来又思考自己的妻、妾和宾客为什么说自己比徐公还美。这说明邹忌是一个有自知之明的典型人物。更为可贵的是，他还由此联想到国家的前途命运，以此去劝诫齐威王舒心纳谏，尽到了位高权重的官员应尽的责任。

"自知者明"的道理，从大处说，就对待民族文化的态度而言，在国家和民族强盛的时候，往往缺乏自知之明，看不到自己文化的不足和弱点，容易产生夜郎自大、惟我独尊的民族中心主义；而在国家和民族日渐衰微的时候，同样缺乏自知之明，看不到自己的特色和潜在的优势，没有"自胜"的信心和勇气，容易产生自惭形秽、主张全盘他化的民族虚无主义。这都违背了老子提出的上述原则，都是要不得的。

在文化问题上，我们党提出要"代表中国先进文化的前进方向"。问题是什么是先进文化，什么是先进文化的前进方向？在笔者看来，先进文化是指对人类社会实践具有正确导向功能，对人的全面发展具有教化功能，对民族凝聚力具有增强功能，对后进文化具有改造和引导功能，对反动腐朽文化具有抵制与批判功能，对异质文化中的优秀成分具有吸收与融合功能，对自己的民族文化的历史局限性具有自我批判与自我超越功能，而且是具有与时俱进、发展创新品格的文化。先进文化是人类文明进步的结晶，也是人类文明进步的重要标志。文化是否先进，关键在于是否从根本上反映先进生产力的发展要求，促进社会生产力的解放和发展，能否有力地体现最广大人民的愿望、意志和根本利益的要求，能否不断地满足最广大人民日益增长的精神文化需求。

在笔者看来，先进文化的前进方向主要是指：全面深刻地反映本国经济和社会发展对思想文化的基本要求，能够为此而及时提供必要的思想指导、精神动力和智力支持；具有面向世界的开阔视野和战略眼光，积极借鉴、吸收和融合世界各民族和人类所创造的一切优秀文化成果，有力地应对全球性问题对文化的挑战；站在历史的制高点上，善于洞察时代发展的趋势对文化的要求，不断自觉地超越自身文化发展的既有界限，深刻揭示更高层次的潜在的发展萌芽，大力推进文化的创新发展。显然，以马克思主义为指导的具有民族特色的社会主义文化所代表的方向，就是当代先进文化的前进方向。

文化之于民族及其事业的兴衰成败息息相关。民族文化是维系国家统一和民族团结的精神纽带，文化的力量深深熔铸在民族的生命力、凝聚力和创造力之中。历史证明，一个民族的觉醒，总是起于思想文化上的觉醒；一个民族的沉沦，往往始于文化上的沉沦。在文化上失去独立性的民族，继而失去的将是本民族政治、经济上的独立地位。民族文化的生命力和影响力决定于它是否随着时代的发展而发展，落后于时代，是民族文化走向自我消亡的开端。

每个民族都有自己的传统文化，对传统文化中的性格心理特质、价值取向、思维方式、宗教信仰、审美情趣等核心部分应倍加珍惜，发扬光大，并随着时代的发展而发展，对其他部分则应运用马克思主义的立场、观点和方法予以批判地继承。

民族文化要创新发展，决不能囿于本国或本民族的狭小圈子内。历史经验证明，民族文化如果止于"近亲繁殖"，必然走向衰微；只有发扬"远缘杂交"之优势，才能兴旺。因此，是否具有海纳百川、博采众长的包容性，是民族文化之内容是否丰厚，形式是否新颖，能否源远流长、创新发展的关键之一。

　　在文化问题上，我们所面临的任务是积极推进和建设中国特色的社会主义文化。我们党应当按照代表中国先进文化前进方向的要求，领导全党和全国各族人民按照先进文化的标准，积极推进和建设中国特色的社会主义文化。在这个过程中，除了充分调动和发挥文化界和全国人民的积极性、主动性和创造性之外，还应引导文化界和广大人民正确认识和处理建设社会主义先进文化与民族传统文化的关系，正确认识和处理建设社会主义先进文化与异质文化和外来文化的关系，正确认识和处理建设社会主义先进文化与革命时期文化的关系。①

---

　　①　以上文字摘自拙作《论全球化与"三个代表"》，《红旗文稿》2003年第7—8期；后收录《社科研究与理论创新》，社会科学文献出版社2003年版，第194—201页。

四十八章

　　贵必以贱为本，高必以下为基①。是以侯王自称孤、寡、不穀。此非以贱为本邪？非乎？故致数誉无誉②。是故不欲珠珠如玉，落落如石③。

（通行本第三十九章下）

说　明

　　之所以将通行本第三十九章分为两章，因为此章上半部分（从"昔之得'一'者"至"侯王无以贵高，将恐蹶。"）是从正反两个方面阐释是否得"道"对于天地万物能否保持其自身特性及对侯王政治命运具有决定性作用的，而其下半部分则是讲侯王应以"贵必以贱为本，高必以下为基"的原则修身的，二者之文义差别较大，故本书使其各自独立成章，其上半部分作为"修身篇"的首章即二十九章。

注　释

　　①贵必以贱为本，高必以下为基：此两句各本在"贵"字前都有"故"字，但此段文字与通行本三十九章前两段的文义并无必然的因果关系，姚鼐、马叙伦、高亨皆认为是衍文，据删"故"字。王弼本、傅奕本等此两句作"贵以贱为本，高以下为基"，无二"必"字。但河上公本、《战国策·魏策》所引、《淮南子·道应训》所引和景福碑、顾欢本、陆希声本、司马光本在"贵"、"高"二字下皆有"必"字。有二"必"字可进一步强调二者之间的必然联系，故校定文从河上公本以及《战国策·魏策》、《淮南子·道应

训》所引，作"贵必以贱为本，高必以下为基。"句谓：尊贵一定要以卑贱为根本，崇高一定要以卑下为基础。帛书甲本亦有二"必"字，不过皆在贵、高之前，作"故必贵而以贱为本，必高矣而以下为基。"帛书乙本前句无"而"字，其它同帛书甲本。

②故致数誉无誉：此句，今王弼本为"故致数舆无舆"，河上公本为"故致数车无车"，帛书甲本为"故致数与无与"，帛书乙本为"故至数舆无舆"。"故致数誉无誉"是笔者对此句的校定文，其根据见【辨析】一。句谓：所以孜孜追求过多的荣誉，反而没有荣誉。

③是故不欲琭琭如玉，落落如石：王弼本无"是故"二字，校定文据帛书补；"落落"，今王弼本为"珞珞"。句谓：所以不愿像美玉那样熠熠生辉，也不想如美石那样光彩夺目。解读详见【辨析】二。

译　文

尊贵一定要以卑贱为根本，
崇高一定要以卑下为基础。
故侯王自称"孤"、"寡"、不善之人。
这难道不是以卑贱为本？
不是吗？
所以得到过多的荣誉，
反而没有荣誉。
因此不愿像熠熠生辉的美玉，
也不想如光彩夺目的美石。

辨　析

一、对"此非以贱为本邪？非乎？"以下文字的校诂。在此二句以下，今王弼本为"故致数舆无舆。不欲琭琭如玉，珞珞如石。"河上公本为"故致数车无车。不欲琭琭如玉，落落如石。"帛书甲本为"故致数与无与。是故不欲〔禄禄〕若玉，硌〔硌若石〕。"帛书乙本为"故至数舆无舆。是故不欲禄禄若玉，硌硌若石。"笔者对此段文字校定为"故致数誉无誉。是故不欲琭琭如玉，落落如石。"其根据如下：

1. 此段文字，范应元本为"故致数誉无誉。不欲琭琭若玉，落落若石。"范氏并注曰："数，音'朔'；誉，称美也。王弼同古本；河上公作'数车无车'。陈碧虚云：'依古本作誉'。"可见，王弼本原作"故致数誉无誉。不欲琭琭若玉，落落若石。"① 朱谦之说："道藏王本作'誉'，与范说同。又，道藏王本与道藏宋张太守彙刻四家注本引王弼注作'故致数誉，乃无誉也'。案作'誉'是也。两'车'或'舆'，皆'誉'之讹，'誉'与'与'古通，'誉'书为'与'，误为'舆'、为'车'，苏灵芝书与法京敦乙本皆其证也。"②

2. 傅奕本为"故致数誉无誉。不欲碌碌若玉，落落若石。"此与范本从而也与原王弼本的差别只是"琭琭"作"碌碌"。而傅奕本主要是根据项羽妾墓出土的《老子》抄本校订的，因而可信度较大。

3. 陆德明《释文》引王弼本亦是"故致数誉无誉"，不作"故致数舆无舆"。

4. 彭耜《道德真经集注》为"故致数誉无誉。不欲琭琭如玉，落落如石。"彭耜引《御注》："以求誉于世而致数誉，则过情之誉暴集，无实之毁，随至所以无誉。……不欲琭琭如玉，落落如石。"可见宋太祖的《御注》所引亦作"故致数誉无誉。不欲琭琭如玉，落落如石。"

5. 朱谦之说，遂州《道德经》碑亦作"致数誉无誉。"

6. 焦竑《老子翼》引吕吉甫注："贵不异乎贱，卑不离乎高，而誉出于无誉矣。誉无誉则毁无毁矣。……不欲琭琭如玉，落落如石。"可见吕吉甫本亦作"故致数誉无誉。不欲琭琭如玉，落落如石。"

7. 高延第说："'至誉无誉'，河上公本作'致数车无车'，王弼本、《淮南子·道应训》作'致数舆无舆'，各为曲说，与本文谊不相附。陆氏《释文》出'誉'字，注'毁誉也'，是原本作'誉'。由'誉'伪为'舆'。由'舆'伪为'车'。后人反谓《释文》为误，非也。"（《老子证义》）

8. 易顺鼎说："据《释文》，王本作'誉'。按'誉'乃美称。'致数誉无誉'，即'王侯自称孤寡不穀'之义。称'孤寡不穀'，是致数毁也，然致数毁而终无毁。若有心'致数誉'，将反'无誉'矣。作'舆'义不可通，

① 范应元：《老子道德经古本集注》，载《四部要籍注疏丛刊·老子》，中华书局1998年版，第626页。

② 朱谦之：《老子校释》，中华书局1984年版，第161页。

当以作'誉'为是。"(《读老札记》)

9. 马叙伦说:"此文当作'致誉无誉'。'致'有误作'数'者,校者彼此旁注,后人传写误入正文耳。或读者依误本《淮南子》改也。'致'读如'致知格物'之'致'。"①

10. 对"致数誉无誉",朱谦之说:"案作'誉'是也。两'车'或'舆',皆'誉'之讹,'誉''与'古通,'誉'书为'与',误为'舆'、为'车',苏灵芝书与法京敦乙本皆其证也。"②

11. 高明说:"作'誉'字者是,帛书'与'、'舆'二字均假为'誉'。"③ 高亨、古棣、张松如、陈鼓应等注家大体也是这种意见。

根据以上所引古代注本及近现代注家的分析,笔者将这段经文校定如上。具体地说,校定文是以范应元本为基础,参照帛书和今王弼本校勘的:据帛书在"不欲琭琭如玉"句前补"是故"二字,以加强上下文的联系;据今王弼本将两"若"字改作"如",以避免拗口。这样一来,校定文与范应元本等古本的这段文字基本相同,即"故致数誉无誉。是故不欲琭琭如玉,落落如石。"其实,根据范应元的说法及其它有关文献证明,除无"是故"二字及"若"作"如"外,与原王弼本是相同的。所以,如此校定这段文字,可以说带有"拨乱反正"的性质。

二、关于"不欲琭琭如玉,落落如石"的解读。蒋锡昌说:"'不欲琭琭如玉,珞珞如石',言不欲琭琭如玉之高贵,宁珞珞如石之下贱也。'琭琭'或作'禄禄',或作'碌碌',或作'录录';'珞珞'或作'落落',或作'硌硌',均可。盖重言形容词只取其声,不取其形,皆随主词及上下文以见意,不必辨其谁是谁非也。"④ 对蒋锡昌之说,古棣等注家深表赞同。余以为蒋锡昌先生的解读虽然似乎颇合文意,但有一个比较明显的问题,即原文在"不欲琭琭如玉"与"珞珞如石"之间并无转折词,因而不能在转折义上加以解读,而蒋锡昌却徒加"宁"字以转义,应属增字解经。

誉,荣誉也,荣耀也,因此它属于可以彰显、值得夸耀的东西。"致数誉无誉"的意思是说孜孜追求过多的荣誉,反而没有荣誉。那么其下句即

① 马叙伦:《老子校诂》,载《四部要籍注疏丛刊·老子》,中华书局1998年版,第1662页。
② 朱谦之:《老子校释》,中华书局1984年版,第161页。
③ 高明:《帛书老子校注》,中华书局1996年版,第17页。
④ 蒋锡昌:《老子校诂》,商务印书馆1937年版。第265页。

"不欲琭琭如玉，落落如石"应当是不追求可彰显或值得炫耀的东西。"不欲"二字已经作了限定，那么"琭琭如玉，落落如石"就应属于可彰显、值得炫耀的东西了。"琭琭如玉"当无问题，问题是"落落如石"是否也是可彰显、值得炫耀的东西呢？按照蒋锡昌的看法，是"珞珞如石之下贱也"，有些注家也持此种见解，而且这种解释有古文献之根据。但是，石头也分三六九等，比如天然大理石就比石灰石要贵得多，倘若是块稀世的美石呢，也许价值要高于玉石，所以不能一概而论。"落落如石"的"落落"二字，不仅有"多而贱的样子"之含义，而且有与其相反的"卓异"、"美好"、"开朗"等义涵。如杜笃《首阳山赋》："长松落落，卉木蒙蒙。"欧阳修《石曼卿墓表》："人之从其游者，皆知爱曼卿落落可奇，而不知其才之有以用也。"陶渊明《读山海经》诗之三："亭亭明玕照，落落清瑶流。"皆其例证。至于用"落落大方"来形容某人开朗、坦率，是人们熟知的了。在上述涵义上，"落落"一词都具有可彰显、可引以为荣的涵义。这样一来，"落落如石"就似可释为"像美石那样有光彩。"如此，"不欲琭琭如玉，落落如石"就似可释为"不愿像美玉那样熠熠生辉，也不想如美石那样光彩夺目。"这样，其上下文意就比较契合了，也无增字解经之嫌。是邪？非邪？期方家评说。

述　评

老子在本章中指出："贵必以贱为本，高必以下为基。"在当时及整个阶级社会里，统治者为"贵"、为"高"，而被统治者特别是广大劳动人民为"贱"、为"下"。老子认为正是被统治者特别是广大劳动人民是社会的根本和基础之所在。这表现了老子的民本主义思想。要"强本固基"，就应重视劳动人民的历史作用。这里的两个"必"字很重要，它是告诫侯王等统治者必须具有这种认识，从而视广大劳动人民为国家和社会的根基。老子严正警告统治者："民不畏威，则大威至"，故对广大劳动人民应当"无狎其所居，无厌其所生"（七十二章）。

老子说："是以侯王自称孤、寡、不穀，此非以贱为本邪？"似乎"侯王自称孤、寡、不穀"，就表明他们是"以贱为本"了。其实不然。历代的封建帝王有几个不是"自称孤、寡、不穀"的？又有几个是真正做到"以贱为本"、"以下为基"的呢？可以说一个也没有，这是由他们的阶级立场所决定的。个别帝王如唐太宗李世民虽然说过"水能载舟，亦能覆舟"，但也是站在封建统治者的立场上，认识到如果弄得不好，人民就有可能推翻他们。老子强调的"贵必以贱为本，高必以下为基"，则不限于此。他认为要真正做到"以贱为本"，"以下为基"，侯王等统治者就应当依道修身和治国，就应当对人民实行"无为而治"，使人民得以"自化"、"自正"、"自富"、"自朴"（五十七章），就应当使"民各甘其食，美其服，安其居，乐其俗"（八十章）。当然，限于唯心史观，他不可能找到一条得以实现的正确道路。只有马克思主义者才能真正认识到"人民，只有人民，才是创造世界历史的动力。"① 只有马克思主义政党才能真正把广大劳动人民作为国家和社会的根基与主人。

① 《毛泽东选集》第 3 卷，人民出版社 1991 年版，第 1031 页。

四十九章

人之所恶，唯孤、寡、不穀，而王公以为称①。故物或损之而益，或益之而损。故人之所教，我亦教之："强梁者不得其死！"吾将以为教父②。

（通行本第四十二章下）

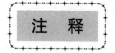

说　明

之所以将通行本第四十二章分为两章，是因为此章之上段（"道生一，一生二，二生三，三生万物。万物负阴而抱阳，冲气以为和。"）讲的是道的基本原理，是老子关于本体论的思想，而下段则是讲侯王修身的道理，因而上下段之文义似不相属。为此，高亨、陈柱、严灵峰等疑此章下段是三十九章中文字之错简，主张移回或删除，陈鼓应之校定文就将这段话删去了。但帛书此章亦有下段，而且此章下段之文字与三十九章下段的文字亦多有差异，所以错简之说根据不足，故校定文仍保留之。鉴于此，将四十二章之上段归入道论篇，下段即为本章。

理由复见本书十四章之【说明】。

注　释

①人之所恶，唯孤、寡、不穀，而王公以为称：此节王弼本、河上公本同，傅奕本末句作"而王公以自称也"，意思相同而文字不同。帛书乙本与传世本比较接近，甲本第一句作"天下之所恶"，末句作"而王公以自名也"，与传世本无实质性区别。孤，寡，不穀，《左传》："孤云孤独；寡云少

德；不谷，不善也。"此皆君王自谦、自损也。

②"强梁者不得其死！"吾将以为教父：王弼本、河上公本如是，傅奕本强作"疆"，教作"学"，为"'疆梁者不得其死！'吾将以为学父"。句谓："强横的人不得好死！"我将以此教育人们，使其引以为戒。帛书乙本（甲本缺损）为"故强良者不得死，我将以为学父"。详见【校释】。

译　文

世人之所厌恶，

唯有"孤"、"寡"、"不善"，

而王公却以此称呼自己。

所以有些事物，

减损它，有时反能使之增益；

增益它，有时反而使之损失。

所以别人所教我的内容，

我也用之以教导别人。

"强横的人不得好死！"

我将以此作为反面教材。

校　释

"强梁者不得其死！"这句话，除帛书乙本（甲本缺损）为"故强良者不得死"外，各本几无异文。此为老子引语，语出周王朝太庙里的《金人铭》。焦竑曰："木绝水曰梁，木负栋亦曰梁，取其力之强也，故曰：'强梁'。《金人铭》曰：'强梁者不得其死，好胜者必遇其敌。'盖古人常以此为教，而我亦教之也。"[①] 刘向《说苑·敬慎》载《金人铭》的全文。《金人铭》全文236个字，基本精神是主张言行谨慎，"执雌持下"。王肃《孔子家语·观周》亦载有《金人铭》全文。古棣认为，《金人铭》是老子的思想来源之一。

---

① 焦竑：《老子翼》，载《四部要籍注疏丛刊·老子》，中华书局 1998 年版，第1292 页。

尹振环认为帛书的"故强良者不得死"应为《老子》此句的原貌。他说："《说苑·敬慎》有'强梁者不得其死，好胜者必遇其敌。'因此，今本的译意是：'强横（或强暴）的人不得好死'。帛书的文字就很难作如是理解了，而是：'故意强称善良，不会有好的结果'。"① "梁"通"良"，如北魏《元茂墓志》："复使强良浇化，无礼移风。"帛书"故强良者不得死"中的"良"字是否"梁"的假借字或抄的白字呢？也未可知。尹振环讲的也有道理，故可备一说。但从王弼本及其它古本来看，此句是引文当无问题。

再说"吾将以为教父。"此句傅奕本、范应元本、帛书甲本（乙本缺损）等本"教父"作"学父"。对"父"字，河上公和范应元都释为"始。"河上公说："父，始也。老子以强梁之人为教戒之始也。"古棣说："训'父'为'始'，乃范应元说。《老子》书以'母'为始，不以'父'为始。以'父'为始，那是战国开始以后的事。"《说文》："父，矩也，家长，率教者。从有举杖。"《释文》："父，坚持规矩，是一家之长，是引导教育子女的人。由手举杖表意。""规矩"可引申为戒律，教诫。据此，"教父"可释为"以此为戒律教导人们"。这样一来，"'强梁者不得其死！'吾将以为教父"，就可释译为"'强横的人不得好死！'我将以此教育人们，使其引以为戒。"老子之所以引用《金人铭》上的这句话，是因为其中体现的思想与他的观点是一致的。老子认为道"法自然"而无为；"弱者，道之用"（四十章），"柔弱胜刚强"（三十六章），"坚强者死之徒，柔弱者生之徒"（七十六章）等，皆其证。

对"人之所教，我亦教之：'强梁者不得其死！'吾将以为教父"，王弼注曰："我之非强使人从之也，而用夫自然。举其至理，顺之必吉，违之必凶。故人相教，违之自取其凶也。亦如我之教人勿违之也。强梁则必不得其死。人相教为强梁，则必如我之教人不当为强梁也。举其强梁不得其死以教邪，若云顺吾教之必吉邪。故得其违教之徒，适可以为教父也。"② 从其注释看，"强梁者"是指那些根本违背"法自然"的原则而强行作为并迫人就范的人，这样的人是不会有好下场的。可见，"强梁者"是世人特别是侯王等统治者的反面教员。

---

①　尹振环：《帛书老子释析》，贵州人民出版社 1998 年版，第 65 页。

②　王弼：《老子道德经注》本章注。

五十章

　　盖闻善执生^①者，陵行不遇兕虎^②，入军不被甲兵。兕无所投其角，虎无所措其爪，兵无所容其刃。夫何故？以其无死地焉。

（通行本第五十章下）

　　通行本第五十章上段说，人皆有生有死，"而民生生，动皆之死地，亦十有三。夫何故？以其生生也。"（帛书）意思是说，人民为了谋生，动辄不得不进入死地而死亡的，也占十分之三。这是什么缘故呢？因为他们要生存下去呀！这段话深刻地反映了当时严酷的社会现实，即统治者违"道"而实行"有为"政治的恶果。鉴于"盖闻善执生者"讲的是统治者如何依仗权势保护自己不受猛兽和兵戈之伤害，而"民"则与此无缘，上下两段的关系不大，所以决定将其分为两章，将上段作为另章纳入"治国篇"。

　　①执生：王弼本等传世本作"摄生"，后注家多从之，并释为"养生"。对于"善摄生者"，注家多以持守道之无为，无欲或远避危险等释之。王弼就注曰："故物，苟不以求离其本，不以欲渝其真，虽入军而不害，陆行而不可犯也。赤子之可则而贵，信矣。"其实，所谓"善摄生者"之所以能如此，真正的原因恐怕并非因为修道，而是根本就没有进入致死的范围（"无死地"）。而"以其生生"之"民"则不得不入"死地"矣。帛书甲、乙本摄

生皆作"执生"。执,持也,维护也。"执生"意为"保护生命",其意似更确切,故校定文从帛书作"执生"。

②陵行不遇兕虎:王弼本等传世本陵作"陆",为"陆行不遇兕虎",注家多从之。帛书甲、乙本"陆"皆作"陵",意为山岭。《韩非子·劫弑臣》:"是犹上高陵之颠堕峻溪之下而求生,必不几矣。"山岭为兕虎出没之地,"陵"比"陆"似更准确,故校定文从帛书作"陵"。一说楚语"陵"即"陆"。

对本章文意和主旨的解读,见【辨析】。

译 文

据说善于保护自己生命的人,
在山林里行走不会遇到犀牛猛虎,
在战争中也无须披坚执锐。
(这样一来——)
犀牛就用不上它的角,
老虎用不上它的爪,
刀枪也用不上它的刃。
这是什么缘故呢?
因为他们——
没有进入致死的范围。

辨 析

本章有一个难点,就是如何理解"盖闻善执生者,陵行不遇兕虎,入军不被甲兵。兕无所投其角,虎无所措其爪,兵无所容其刃"?对此,古今注家们聚讼纷纭,各持己见。概括起来,大体有以下四种解法:

一是"神明保佑"说。如河上公对本章末句"以其无死地"注曰"以其不犯上十三(按:此指其对"生之徒十有三"解为人皆有"九窍四关")之死地也。言神明营护之,此物不敢害。"直到晚清义和团打洋鬼子还相信"神明保佑,刀枪不入"的鬼话。

　　二是"与道合体"说。如王弼注曰："故物苟不以求离其本，不以欲渝其真，虽入军而不害，陆行而不可犯也。"范应元注曰："以其神气全而无可投角错爪容刃之地，不关于术也。此乃与道合体，非知（智）巧果敢之列，稽诸成道而物莫能伤之。"

　　三是"避字诀"说。如古棣说，这一章"皆为'避'字诀。'陆行不遇兕虎'是说绕开丛山密林而在大路上行走，就遇不见兕虎；这里老子是用形象的说法，表明人生在世，应该采取'避'字诀，以'明哲保身'，不要为什么原则而奋斗不已。当然，这是没落阶级的人生哲学。"① 在其《老子校诂》中说："'入军不被甲兵'的意思，也就是七十三章所说'勇于不敢则活'，'不敢'即不与人斗，有了这种勇气就能活命……所以说'入军不被甲兵'、'兵无所容其刃'，不为兵器所伤，不与敌斗，再锋利的兵器也不能杀伤。"他又说："准此，则'陵行不遇兕虎'，'兕无所投其角，虎无所措其爪'，豁然而解。其意同'入军'避开与敌搏斗一样，即走平坦大路则不遇兕虎……自然'兕无所投其角，虎无所措其爪'了。……因此，说来说去是一个'避'字，不独'入军'、'行路'为然，处人处事的一切社会行为都要如此。"②

　　四是"无害心"或"和谐"说。韩非释曰："重生者虽入军无忿争之心；无忿争之心，则无所用救害之备。此非独谓野处之军也。圣人之游世也，无害人之心；无害人之心，则必无人害；无人害则不备人，故曰：'入军不被甲兵。'入山不恃备以救害，故曰：'陆行不遇兕虎。'远诸害，故曰：'兕无所投其角，虎无所措其爪，兵无所容其刃。'不设备而必无害，天地之道理也。体天地之道，故曰：'无死地焉。'动无死地，而谓之'善摄生'矣。"（《韩非子·解老》）孙以楷说："韩非此解颇为中肯，核心是对人对物要无害心。这正是老子和谐思想的表现。自然的天人合一，是老子学说的根本原则。天地人一体同构，自然界是一个和谐的系统。人应当效法自然之和谐去行事。这主要表现为要做到三方面的和谐：人与自然的和谐、人与人的和谐、人自身的身心和谐。有了三个和谐，人才有了最佳的生存环境。要谦柔和谐，不要好勇斗狠，这是老子主张的处事原则。自然是人类的朋友，动物是人类的朋友。……人类不应当再有伤害动物的图谋。人无害动物之心，久之，动物也不会伤害人类。这就是人与动物、与自然的和谐。……如果甲方

①　古棣：《老子通论》，吉林人民出版社1991年版，第782页。
②　古棣：《老子校诂》，吉林人民出版社1998年版，第416—417页。

无私计，无害人之心，正气浩然，'入军不被甲兵'，乙方也会被其正气所慑，为其诚心所动，也不会兵刃相加——'兵无所容其刃'。"①

下面分别谈谈笔者的看法：

1. "神明保佑"说虽然至今还有影响，但市场不大了，在此无需分析。

2. 对"与道合体"说，也没有多少可讲的，因为两军拼杀之时，敌人并不知道、也不管你是否"与道合体"；在山林中行走，一旦遇到兕虎，兕虎不懂什么"与道合体"之事，它是否吃人，在很大程度上决定于它此时是否饥饿难耐。所以，不会因为某人"与道合体"或"不以欲累其身"，就会有"兕无所投其角，虎无所措其爪"的神奇功效。

3. "'避'字诀"之说似乎有一定的道理，但却经不起推敲。比如古棣说"入军不被甲兵"，如果"不与人斗，有了这种勇气就能活命"，就不一定。"入军"的"军"字是战争之义，三十章"大军之后，必有凶年"的"大军"就是大战的意思，所以，"入军"者，参战也。无论战争的性质如何，两军一旦交战，作为一个战士，除了临阵脱逃或立即举手投降之外，只能与敌人作你死我活地拼杀，其他别无选择。而临阵脱逃固然可免于被敌人杀害，但一经被发现，其指挥员会立即将其处决，这是自古以来的军纪。如果被自己的长官处决，不但没有"活命"，连"名誉"也扫地了。一般说来，在战场上举手投降是可耻的，为指战员们所不取；但只要你手中拿着武器，即使"不与人斗"，敌人也会把你杀伤，以解除你可能具有的战斗力。因此，不见得"有了这种勇气就能活命"。再说"陵行不遇兕虎"，此句是说在山林中行进"不遇兕虎"。古棣说："即走平坦大路则不遇兕虎"，但这还是"陵行"吗？再说，如果是猎人在山林中打猎、侦察兵必须在山林中侦察、军队必须在山林中作战呢，难道都要为避兕虎而去"走平坦大路"吗？

4. "无害人之心，则必无人害"（韩非）的说法也不能成立。不要说在老子时代，即使在2500多年后的今天，那些被偷、被抢、被伤害、被杀死的人，有几个人是有偷盗之心、抢劫之心、伤害他人之心、杀人之心的？所以，积几千年无尽的代价凝成的一条格言，为人们奉为圭臬，这就是："害人之心不可有，防人之心不可无。"韩非又说"不设备而必无害。"事情也许恰恰相反，即"无设备则必有害"。孙以楷讲的"三个和谐"，那是一种理想的状态，现在还差得太远。就拿孙以楷说的"如果甲方无私计，无害人之心，正气浩然，'入军不被甲兵'，乙方也会被其正气所慑，为其诚心所动，

---

① 孙以楷：《老子通论》，安徽大学出版社2004年版，第471—472页。

也不会兵刃相加"来说，余以为就有点脱离实际。比如当年我国人民和政府对日本并"无私计"（现在仍是如此），在日军强占了东三省之后，蒋介石命令张学良及其东北军不抵抗，撤进关内，可说是"入军不被甲兵"了吧，但日本侵略军是否为蒋介石的"诚心所动"而不再"兵刃相加"了呢？这是众所周知的历史事实。

那么，"陵行不遇兕虎，入军不被甲兵。兕无所投其角，虎无所措其爪，兵无所容其刃"的情况有没有呢？是有的，这就是帝王和那些王公贵族、高级将领们，只有他们才有条件、亦似乎更有必要保护自己不受猛兽和刀枪的伤害。虽然《孙子兵法》上说"投之亡地而后存，陷入死地而后生"，但那是对士卒和下级军官们说的。相反，对君王和那些王公贵族及高级将领就绝不能"投之亡地"、"陷入死地"，即绝不能拿生命去冒险了。君王即使"御驾亲征"，有几个是亲自披坚执锐的？对于高级将领来说，最重要的是"运筹于帷幄之中"，思考和部署战略战役问题，而不是像战士一样直接到战场上去与敌人拼杀，因此不可轻信小说、电影及电视剧上的有关描述。这些人无论在山林里行进还是以某种方式参加战争，他们肯定都是属于"兕无所投其角，虎无所措其爪，兵无所容其刃"的人。因而这与是否"善于养生"无关。难怪有的注译家将头两句译为："善于养生的人，陵行就不会遇到犀牛老虎，打起仗来也受不到武器的伤害"，难以令人理解了。

本文首句王弼本为"盖闻善摄生者"，"摄生"是养生或保养生命的意思；而帛书此句为"盖闻善执生者"，而"执生"有保护、维护生命的涵义。显然，对于兕虎而言，它不会因为某人善于养生就不伤害他，也许情况恰恰相反，因为善于养生者，往往膘肥体胖，又跑不动，反而为兕虎所格外钟爱；在战场上也是如此，敌人不会因为某个战士善于养生就不杀害他，相反，如果这个战士养生过分而肥胖，可能会因其战斗力下降而更易于被杀伤。其实，老子对上述问题已经作了回答："以其无死地焉"。就是说，他们之所以如此，是因为这一类人受到了特别的保护而没有陷入可以致死的境地。总之，余以为本章讲的并非养生问题。

五十一章

天之道，其犹张弓欤？高者抑之，下者举之；有余者损之，不足者补之①。

天之道，损有余而补不足。人之道则不然，损不足以奉有余②。

孰能有余以奉天下？唯有道者③。

是以圣人为而不恃，功成而不处。若此，其不欲见贤也④。

（通行本第七十七章）

注　释

①天之道，其犹张弓欤？高者抑之，下者举之；有余者损之，不足者补之：傅奕本如是，王弼本欤作"与"，帛书本欤作"也"。此段话是以"张弓"喻"天之道"。高亨说："天之道，指自然界的规律。《说文》：'张，施弓弦也。'古人用弓前把弦加在弓上，叫作'张'；用完后把弦解下，叫作'弛'。与，读为'欤'，语气词。古人张弓，弦的位置高，则向下移，弦的位置低，则向上移，弦长有余，则剪去，弦短不足，则增补。"① 严遵说："夫弓人之为弓也，既煞既生，既翕既张，制以规矩，督以准绳。弦高急者，宽而缓之；弦弛下者，摄而上之；其有余者，削而损之；其不足者，补而益之。弦质相任，上下相权，平正为主，调和为常。故弓可抨而矢可行也。"②

---

① 高亨：《老子注译》，河南人民出版社 1980 年版，第 159 页。
② 严遵：《老子指归》，王德有点校，中华书局 1994 年版，第 113 页。

吕吉甫云:"天之道无为而已矣。无为则无私,无私则均。犹之张弓也,高者抑之,下者补之;有余者损之,不足者补之,适于均而已矣。"① 高亨、严遵、吕吉甫之说并不准确,可备一说而已。解读见【辨析】一。

句谓:自然的法则啊,不就像弓被拉开的样子吗? 高的地方自然降下去,低的地方自然抬起来;长的部位自然减少,短的部位自然增加。

②天之道,损有余而补不足。人之道则不然,损不足以奉有余:对这一段话的解读,详见【辨析】二。易佩绅云:"道在天下均而已,均而后适于用。此有余则彼不足,此不足而彼有余,皆不可用矣。抑其高者,损有余也;举其下者,补不足也。天之道如是,故其用不穷也。"(《老子解》)沈一贯云:"人之道则不然,哀聚穷贱之财,以媚尊贵之心。下则箠楚流血,取之尽锱铢;上则多藏而不尽用,或用之如泥沙。损不足以奉有余,与天道异矣。"(《老子通》)

刘笑敢先生说:"本章所说的'天之道,损有余而补不足',这也是以客观之天的独立性来强化、支持人事中应该'损有余而补不足'的原则。简单地说,'天之道'就是既独立于人之外、又给人的行为方式提供规范的价值和原则。具体说来,'天之道'的原则是要维持一个恰当的平衡状态,对有余者损之,对不足者补之。大自然的生物链就是这种损有余而补不足的具体表现。这一原则和一般世俗的习惯恰恰相反。一般人往往趋从世俗价值,对富豪笑脸相迎,对穷人却不屑一顾;对名满天下的明星,人们趋之若鹜,竞相奉献热情、鲜花和掌声,对不幸者却无心关照,唯恐避之不及。'天之道'要维持自然的平衡就要'损有余而补不足'。当然,按照道家的原则,这种损也是自然之损,补也是自然之补,不会是强夺硬取。"②

③孰能有余以奉天下? 唯有道者:王弼本、河上公本如是,傅奕本作"孰能损有余而奉不足于天下者,其惟道者乎?"帛书作"孰能有余而有以取奉于天者,唯有道者乎?"(甲本残"唯有道者乎",乙本残"有以取",互补而全)。"天下"在此指天下人,确切地说,是指天下"不足"者。全句的意思是说:谁能把有余的东西拿来,奉送给天下的不足者呢? 只能是那些替天行道的人啊!

这本来是比较明白的,但高明认为帛书的经文"明了通畅,远胜于今本

① 焦竑:《老子翼》,载《四部要籍注疏丛刊·老子》,中华书局 1998 年版,第1338 页。

② 刘笑敢:《老子古今》,中国社会科学出版社 2006 年版,第 726 页。

多矣，当为《老子》原本之旧"。他为此作了比较充分的校诂。他说，对这两句话，世传本歧异甚多，诸家考证各持一说。"从上举诸本文例足以说明今本此文多误，诸家考证皆不可信。帛书甲本作'孰能有余而有以取奉于天者乎？唯有道者乎'，乙本作'夫孰能有余而有以取奉于天者？唯有道者乎。'二者经文不仅一致，经义亦明了通畅，远胜于今本多矣，当为《老子》原本之旧。按：'取奉于天'即'取法于天'。'奉'字古为并纽东部字，'法'字属帮纽业部，'帮'、'并'双声，'东'、'业'旁对转，'奉'、'法'古音相同通假，故'取奉于天'当读作'取法于天'。'取法'一词乃古之常语，古籍多见，如《礼记·郊特性》：'取法于天'，《淮南子·泰族》：'取法于人'，《庄子·天道篇》：'大匠取法'。'取法于天'，犹言以天为模范。前文言'天之道，损有余而补不足。人之道则不然，损不足而奉有余'，'天道'与'人道'损补各异。故此文则谓：'孰能有余而以取法于天者乎？唯有道者'。前后经文正合。今本经文已经后人窜改，非老子本义。"① 按高明之说，文义的确更为清通，故备作参考。

④是以圣人为而不恃，功成而不处，其不欲见贤也：王弼本等古本基本如是，只缺"也"字。帛书为"是以圣人为而弗有，成功而弗居也。若此，其不欲见贤也。"有"也"字可与"唯有道者"谐韵，故校定文从帛书补"也"字。对这几句话，日本学者市川匡认为是"古注误入。"奚侗说："三句与上文谊不相附，上二句已见二章，又复出于此。"（《老子集解》）陈鼓应说："这三句和上文意义不相连属，疑是错简复出。"并在校定文中予以删除。但从其内容实质来看，似不好说是与上文"谊不相附"或"不相连属"，因为圣人的做法实际上是"损有余而补不足"的；或许是"古注误入"，但似不好说是"错简复出"，因为载此文的一支或二支竹简在排列时，不可能同时安排到两个章节之中。

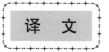

自然的法则啊，
不就像弓被拉开的样子吗？
高的地方自然降下去，

---

① 高明：《帛书老子校注》，中华书局1996年版，第205—206页。

低的地方自然抬起来；

长的部位自然减少，

短的部位自然增加；

自然的法则，

总是减损有余以补充不足啊！

"人之道"则不然，

总是剥夺不足的，

以供奉有余的。

谁能把有余的东西拿来

给予天下的不足者呢？

只能是替天行道的人！

所以圣人有所作为而不自恃其能，

有了成就也不居功。

他之所以如此，

因为不想彰显其贤明。

辨　析

一、对"天之道，其犹张弓欤？高者抑之，下者举之；有余者损之，不足者补之"中的"张弓"，许多注家理解为拉弓射箭瞄准，并以此来释译此段文字。如有的译为："天的'道'，不很像拉开弓（射箭瞄准）吗？高了就把它压低一些，低了就把它升高一些，过满了就减少一些，不够满就补充一些。"[1] 如此的动作似乎超出了"张弓"的范围，已经不是"张弓"后所自然呈现的状态，而如果不是自然呈现的状态，也就不像是作为自然之道的"天之道"了。郭世铭对"张弓"及其"高者抑之，下者举之；有余者损之，不足者补之"的解读或许是比较确切的。他说："弓在未拉开时，长度（两弓梢之间的距离）比宽度（弓柄到弓弦的距离）大得多，是长度有余而宽度不足。弓拉开后，弓的上梢会降低（高者抑之），弓的下梢会抬高（下者举之），弓的长度会变小（有余者损之），弓的宽度会变大（不足者补之）。也就是说张弓这一动作同时产生了'高者抑之，下者举之，有余者损之，不足

---

① 任继愈：《老子新译》，上海古籍出版社 1985 年版，第 226 页。

者补之’这样四种效果。

《老子》讲‘自然’、‘无为’，‘张弓’而产生‘损有余而补不足’就是一个‘自然’、‘无为’的过程：张弓并不是为了‘损有余而补不足’，但它自然而然地产生了‘损有余而补不足’的效果。像那种发现高了就压低，发现低了就抬高的说法，绝对不是《老子》的自然无为。”①

二，关于对“人之道则不然，损不足以奉有余”的解读。古棣说：“这里的‘人’字是就各国国君、卿大夫等当权派而言，只有他们才有权力‘损不足’。老子此言，盖指大国侵掠、兼并小国，大夫强者侵夺弱者，破坏西周时的固有制度而言。”② 其根据何在呢？古棣说：“把这一章放到《老子》全书中来分析，只能认为老子是针对当时各国国君、各级大夫之间你争我夺的社会现象而发。春秋时代，各国、各级大夫之间，互相侵夺、兼并，以致互相残杀，演成战争，亡国灭家，层出不穷，史不绝书。老子正是看到这种情形，使得奴隶主统治摇摇欲坠，所以提出‘损有余而补不足’，反对当时大侵小、强凌弱的‘损不足以奉有余’的‘人之道’。”古棣为此还作了一些历史的考证，对此孙以楷作了比较有说服力的批驳，在此不再重复。古棣说“人之道”的“人”字指的是“各国国君、卿大夫等当权派”，此说基本上是对的，不过并不完全，还应包括奴隶主、新兴的地主等非当权派的剥削者。这样一来，老子这里所说的“人之道”就是剥削阶级之道，私有制之道。不过，古棣之所以对“人”作这种限定，其用意在于把老子所说的“人之道”仅仅局限于“各国国君、卿大夫等当权派”的小圈子之内。这样一来，所谓“损有余而补不足”，也就只能在这个范围内进行了。古棣明确地说：“老子所说的‘损有余而补不足’，也是就‘有国有家者’说的，同孔子所说‘有国有家者’之间要均，不要侵伐，不要你争我夺，是一样的；也同样都是针对当时出现的国与国之间侵伐、大夫家与家之间争夺现象而发。其目的是要恢复和保持周初的‘各有宁域’，老子反对的‘损不足以奉有余’，即对这种‘宁域’的破坏。老子的‘损有余以奉不足’，如此而已，根本不是什么‘损地主阶级之有余以奉农民之不足’，不是什么代表农民的平均主义思想。”③ 古棣还进一步强调说：“把这

---

① 郭世铭：《〈老子〉究竟说什么》，华文出版社1999年版，第4—5页。还可参阅严敏：《老子辨析及启示》，

② 古棣：《老子校诂》，吉林人民出版社1998年版，第621页。

③ 同上书，第627页。

一章放到《老子》全书中来分析，只能认为老子是针对当时各国国君、各级大夫之间你争我夺的社会现象而发"的，也就是断然排除了其它的任何可能性。情况果真如此吗？

既然古棣说这一结论是从"《老子》全书中来分析"而得出的，那么就让我们看看《老子》书中是怎样讲的吧！三十章说："师之所处，荆棘生焉；大军之后，必有凶年。"四十六章说："天下无道，戎马生于郊。"这种战争固然是在各邦国统治阶级之间进行的，但战争灾难的承受者是谁呢？难道是那些压迫者和剥削者吗？五十三章说："大道甚夷，而人好径。朝甚除，田甚芜，仓甚虚；服文彩，带利剑，厌饮食，财货有余，是谓盗夸！"劳动人民为什么被搞得"田甚芜，仓甚虚"呢？那些压迫者和剥削者为什么能够"服文彩，带利剑，厌饮食，财货有余"呢？七十二章说："无狎其所居，无厌其所生"，从其上句"民不畏威，则大威至"来看，这里的"其"字指的显然是"民"。老子的这话是站在谁的立场上，向谁发出的呼吁呢？"民不畏威，则大威至"是站在谁的立场上，向谁发出的警告呢？七十四章说："民不畏死，奈何以死惧之？"这又是站在谁的立场上，向谁发出的告诫呢？七十五章说："民之饥，以其上食税之多，是以饥；民之不治，以其上之有为，是以不治；民之轻死，以其上求生之厚，是以轻死。"在这里，老子揭示了当时最大、最为严重的社会问题即"民之饥"、"民之不治"和"民之轻死"的根本原因，他认为这些问题的根子不在于"民"，而在于"其上"，亦即那些对他们实施残酷剥削和压迫的阶级及其政治集团。老子是站在谁的立场上讲这些话的呢？从《老子》以上的论述中，难道看不出老子发现并揭露当时社会两极分化的现象及其原因吗？难道看不出老子所说的"人之道则不然，损不足以奉有余"的"损"主要是"损"的谁吗？既然如此，那么老子主张的按"天之道，损有余而补不足"的原则，要"补"的主要对象还不明显吗？这怎么能说老子关于"天之道"和"人之道"的议论只能是"针对当时各国国君、各级大夫之间你争我夺的社会现象而发"的呢？

原来，古棣有一种思维定式，就是认为老子是没落奴隶主阶级的代表，因而他所说的一切话都是站在没落奴隶主阶级立场上讲的，他所反映的也只能是"没落阶级的心声"，在这里自然也是"老子正是看到这种情形，使得奴隶主统治摇摇欲坠，所以提出'损有余而补不足'"的。关于古棣说"老子是没落奴隶主阶级的代表"，孙以楷批评说："为什么老子就不能只是一个学者、隐者，而只能是奴隶主皮上的毛，就只能对某一阶级的行为表示赞成或反对？老子为什么就不能拥有一个思想者的良心、一个人的良心，去关怀人，去痛惜人的不自觉、不自爱、不自重？老子为什么就不能以先觉（者）的身份，指出人与自然分离、对立的危险，并从天人合一的高度，给予'人'以终极关怀？"①古棣还有一种思想定式，就是认为老子所说的"道"是"绝对观念之类"，老子虽然也有辩证法思想，但那属于唯心主义辩证法，并走向了形而上学。因而老子思想中的合理成分是零散的，只有"断其章，取其义"方可得之。总之，在古棣看来，老子在总体上属于批判对象，好东西不多。这也是他对本章的主旨作出上述分析的根本原因。

述 评

老子在本章中将"天之道"与"人之道"相对比，看到了社会法则与自然法则根本相背离的情况，说："天之道，损有余而补不足；人之道则不然，损不足以奉有余。"老子所说的"人之道"并非人间正道，而是私有制之道，剥削阶级之道。他看到了这种"人之道"的不公平，他把作为自然秩序的"天之道"引用到作为社会秩序的"人之道"上来，希望"人之道"效法"天之道"，从而根本改变这种不合理的"人之道"。

老子可能是从天体运行、日夜交替和春夏秋冬季节周而复始的变化，认识到"天之道"是"损有余而补不足"的，是趋向平衡和谐的，并认为"天之道"是一种合理的法则。与"天之道"形成鲜明对比的，是"损不足以奉有余"的"人之道"。老子是希望人间应当效法"天之道"，以"天之道"通行的法则代替不合理的"人之道"。

老子对这种极不公平、极不合理的"人之道"表示深深忧虑和强烈不满的心情是可以理解的，希望改变这种"损不足以奉有余"的"人之道"的愿望也是好的。但是，他不知道这种"人之道"是历史的必然，不知道它是随着原始公有制的解体、私有制的出现和阶级的产生而必然发挥作用的铁的法则或规律，更不知道它是生产力发展到一定历史阶段的必然产物。这是由老子的历史局限性所决定的。

我们从"小国寡民"一章可以看出，老子对那种没有阶级压迫和剥削，

---

① 孙以楷：《老子通论》，安徽大学出版社 2004 年版，第 353 页。

人民都能"甘其食，美其服，安其居，乐其俗"的社会图景充满着无限的向往，实际上那是根本不存在的乌托邦。老子把这种乌托邦及其所体现的原则作为自己的精神诉求和信守的某种抽象的法则。实际上这样的抽象法则是不存在的。反之，各个历史时代，各有其特殊的法则。自从人类的生产力和生活已经超过了一定的发展阶段，从某一阶段转移到另一阶段时，它便开始为另一种法则所支配。显然，老子并不理解这一道理。

如前所述，"损不足以奉有余"实际上是私有制之道，剥削阶级之道，而私有制和阶级的存在仅仅同生产发展的一定历史阶段相联系。就是说，私有制和阶级是社会生产力有了一定程度的发展（产品有了剩余）的产物，但到社会生产力有了极大的发展，私有制的生产关系的框架已经不能容纳它的时候，私有制和阶级消亡的时代就会到来。也就是说，"损不足以奉有余"的"人之道"不是从来就有的，也不是永恒存在的。

老子把实现"损有余而补不足"的"人之道"的希望寄托于"道者"，说："孰能有余以奉天下？唯有道者。"而在实际上，私有制和阶级消亡或灭亡从根本上说来是一个自然历史过程，在社会生产力没有极大发展之前，任何"道者"要想彻底消灭私有制和阶级都是无能为力的。而在私有制和阶级消亡，进入未来的共产主义社会之后，那就不只是"损有余而补不足"的问题了，而是人人皆"有余"了，当然更没有阶级剥削和压迫了。这是两千多年前的老子所无法想象的超过他梦寐以求的"损有余而补不足"的"人之道"，而这才是最理想的人间正道。

顺便指出，有些学者批评老子的"损有余而补不足"的思想是平均主义，这是值得商榷的。在贫富两极严重分化、"朱门酒肉臭，路有冻死骨"的社会里，老子这种思想和主张反映了被剥削的饥寒交迫的农民的愿望和要求，自有它的合理性和进步性。当然，在当时的社会条件下是不可能实现的。但是，我们党在革命战争年代和解放初期所实行的土地改革，把地主和富农多余的土地和其他生产资料无偿地分给无地和少地的农民，不也是一种"损有余而补不足"的重大举措吗？在现代，即使是在发达的资本主义国家，也通过征收个人所得税等措施，用于救助失业和丧失劳动能力的人们，这不也是一种"损有余而补不足"的做法吗？这能统统作为"平均主义"加以批判吗？

五十二章

和大怨，必有余怨；报怨以德①，安可以为善②？

是以圣人执左契，而不责于人③。故有德司契，无德司彻④。

天道无亲，常与善人⑤。

（通行本第七十九章）

注 释

报怨以德：此句原在六十三章。严灵峰说："'报怨以德'四字，系六十三章之文，与上下文谊均不相应。陈柱曰：'六十三章报怨以德，当在和大怨，心有余怨句上。'陈说是，但此四字应在'安可以为善'句上，并在'必有余怨'句下；文作'和大怨，必有余怨；报怨以德，安可以为善。'"①严说是，校定文据之移此。

问题是老子是否有"报怨以德"的思想和主张，应当说是有的。老子说："善者，吾善之；不善者，吾亦善之"（四十九章）；"人之不善，何弃之有？"（六十二章）即是其证。刘向《新序》中讲了这样一个故事：梁、楚两国临界，都在边亭种了瓜，梁人勤于灌溉而瓜长得好，楚人惰怠而瓜长得差。楚人心生妒意，于是在半夜里把梁人的瓜弄死很多。梁人的长官不但不许部下报复，反而让他们每天夜里偷着去浇灌楚人的瓜田。楚人的瓜越长越好，他们发觉了是梁人所为，便把这事报告了楚王。楚王自感惭愧，派人前来谢罪，从此两国修好，边境相安无事。刘向评论说："语曰：'转败而为

---

① 转引自陈鼓应《老子注译及评介》，中华书局1984年版，第354页。

功，因祸而为福。'老子曰：'报怨以德'，此之谓也。"这也是老子"报怨以德"主张的一个好的史证。这说明老子并非不主张"报怨以德"，只是他觉得不如根本就不结怨更好。

②对从"和大怨"到"安可以为善"之义的解析，王弼注曰："不明理其契，以致大怨已至。而德以和之，其伤不复，故必有余怨也。"蒋锡昌说："按：人君不能清静无为，而耀光行威，则民大怨生。待大怨已生而欲修善以和之，则怨终不灭，此安可以为善乎？"① 所以最好的办法是根本不与人民结怨。

老子虽然认为"报怨以德"或以德报怨并非上策，但在怨恨已结的情况下，报怨以德或以德报怨仍不失为解决问题的办法之一，否则怨怨相报何时了，对双方都是不利的。

③是以圣人执左契，而不责于人：契，契约也，相当于后来的借据或合同。古人刻木为契，辟成两半，左契交给债权人，右契由债务人收存。高亨说：

> 亨按：《说文》："契，大约也。券，契也。"古者契券以右为尊。《礼记·曲礼》："献粟者执右契。"郑注："契，券要也，右为尊。"《商子·定分篇》："以右券予吏之问法令者。主法令之吏，谨藏其右券木柙。以室藏之。"《战国策·韩策》："操右契而为公责德于秦魏之王。"并其证也。圣人所执之契，必是尊者，何以此文云执左契？今验三十一章曰："吉事尚左，凶事尚右。"用契券者，自属吉事，可证老子必以左契为尊，盖左契右契孰尊孰卑，因时因地而异，不尽同也。《说文》："责，求也。"凡贷人者执左契，贷于人者执右契。贷人者可执左契以责贷于人者令其偿还。圣人执左契而不责于人，即施而不求报也。②

此文帛书为"是以圣人执右契，而不责于人。"高明认为帛书为是，并为此作了论证。

关于古代尚左还是尚右，叶国良有不同意见。他说："'吉事尚左，凶事尚右'，乃是先秦时代中原各国的共同礼仪制度，以吉事言，左尊右卑，涵盖了地理方位、公室、昭穆、文武、主宾、男女等方面，见于《三礼》及其

---

① 蒋锡昌：《老子校诂》，商务印书馆 1937 年版，第 457 页。
② 高亨：《老子正诂》，开明书店 1943 年版，第 149 页。

它相关数据者甚明。"①

古棣说："老子这里实质上不是说的放债、借债之事，而是用形象的语言，以比喻的方式说圣人施恩不求报，不但不结怨，还要结恩。"②

④有德司契，无德司彻：契，契约也，相当于后来的借据或合同。彻，周代的税法。什么是周代的税法？张扬明说：《论语·颜渊》："盍彻乎"，郑玄注云："周法什一而税，谓之彻，彻，通也。天下之通法。"《孟子·滕文公上》："周人百亩而彻"，赵注："耕百亩者彻取十亩以为赋，彻犹取也。""有德司契，无德司彻"，两句对言。"契"既为"契券"，"彻"，当系"彻法"。③

句谓：有德之人只是手持借据，无德之人只知逼人纳税。

⑤天道无亲，常与善人：老子此文可能引自周庙里的《金人铭》，语句完全相同。《左传》引《周书》："皇天无亲，惟德是辅"，与此文之义基本相同。

句谓：天道对谁都无亲疏之分，它总是把善给予世上所有的人。对之提炼后，可表述为：天道本无亲疏之分，永远善待一切人。详见【辨析】。

"天道无亲"是"道法自然"原则的体现。刘笑敢说："道及天道体现的自然而然的秩序和人文自然的价值意味着人类社会的和谐，意味着人与宇宙万物的和谐。这种自然和谐的原则和状态，一方面为一切行为个体提供了相当的自由发展的空间，同时又意味着对行为个体任意的、自我扩张行为的间接的限制。换言之，一切行为个体最终还是应该遵循一定的规范，包括道德规范，尽管这里的道德规范不具有最高、最后的本体论的属性。"④

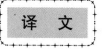

译　文

和解了重大的怨仇，必然尚存未了的怨尤。
如果只是以德报怨，怎么会是妥善的措施？

①　叶国良：《从名物制度看经典诠释》，《文献及语言知识与经典诠释的关系》，台北：喜马拉雅基金会 2003 年，第 185 页。

②　古棣：《老子校诂》，吉林人民出版社 1998 年版，第 535 页。

③　张扬明：《老子斠证译释》，台北维新书局 1973 年版，第 387 页。

④　刘笑敢：《老子古今》，中国社会科学出版社 2006 年版，第 740—741 页。

所以圣人虽然手持债务人的借据，

却并不向债务人催逼。

因此，有德之人手持契约施恩不求报，

无德之君则依仗税法强行追讨。

天道本无亲疏之分，永远善待所有人。

辨　析

关于"天道无亲，常与善人"的解读。此句源自周朝太庙里的《金人铭》。不论它在《金人铭》中是什么涵义，老子这里显然是用以佐证或加强自己的思想观点的。对"天道无亲，常与善人"，在现代有代表性的注家中，有的译为："其实天道对人没有亲疏之别，永远帮助善人"（高亨）；有的译为："天道对人无所偏爱，永远帮助善人"（任继愈）；有的译为："那天道没有偏心，永远帮助有德的善人"（张松如）；有的译为："自然的规律是没有偏爱的，经常和善人在一起"（陈鼓应）；有的译为："天道不分什么亲疏厚薄，永远帮助善良之人"（古棣）；有的译为："天道自然没有私亲，它永远赞同善人"（李先耕）。其它的译文也大同小异。问题是，既然天道对谁都无亲疏之分，它为什么永远帮助善人而不帮助不善之人呢？这岂不是说天道"有亲"了吗？而且这与老子的思想和体道的圣人的做法也是相抵牾的。如："是以圣人常善救人，故无弃人"（二十七章）；"善者，吾善之；不善者，吾亦善之"（四十九章）；"人之不善，何弃之有？"（六十二章）因此，在老子看来，应以博大的胸怀，对"不善之人"也应一视同仁，给予关爱和感化，使其转变为善人。所以上述译文似欠妥。

愚以为"天道无亲"是说作为自然规律的"天道"对谁都无亲疏之分（当然这也是一种拟人化的说法）；老子说的"常与善人"中的"善人"似乎不是一个偏正词组（善良的人），它可能是两个词即"善"和"人"，相对于谓语"与"字而言，它们构成一个双宾语，意为"总是把善给予（在古汉语中，'给予'是'与'字的第一义项。三十六章'将欲取之，必固与之'中的'与'字即此义）人"或"永远与人以善"。在我国南方的某些地区，人们说的"把书我"即是普通话"把书给我"的意思。"把书我"亦即"与书我"。

或许有人提出这样的问题：作宾语的只能是名词或代名词，而"善"字是形容词，怎能作为宾语呢？但是，四十九章"善者，吾善之；不善者，吾亦善之：德善"中"德善"的"善"字已经不是形容词，而是名词化了。所以有理由将"善、人"中的"善"字亦视为一个名词，此"善"字说白了就是"好心"，从而可以作为宾语。从义理上说，我们从老子笔下的"道"对待万物（包括人）的态度亦可以得知。除了以上所引之外，老子还说，道是"万物恃之以生而不辞，功成而不有，衣被万物而不为主"（三十四章）的，是"生而不有，为而不恃，长而不宰"（五十一章）的，体道的圣人总是"能辅万物之自然而弗能为"（六十四章，简本）的。这就是说，道或天道是无私的，它不是冷冰冰的政治法律或道德律令，并不实施强制和干预，它对万物的存在和发展只是顺其自然趋势而发挥柔弱的辅助、支持或引导作用。这不是说天道总是与人以善吗？这样一来，"常与善人"在实际上即是"常与善于人"。"天道无亲，常与善人"就似可译为："天道对谁都无亲疏之分，它总是把善给予世上所有的人。"其后句亦可表述为："永远善待世上所有的人。"而"永远善待世上所有的人"正与"善者，吾善之；不善者，吾亦善之"的思想相符合。对此文加以提炼后，可表述为："天道本无亲疏之分，永远善待一切人。"

对这句话作这种释译，与本章的主旨也是相吻合的，因为本章的主旨是与人为善，一视同仁。我们知道，在通常情况下，债权人视按时按量（含利息）归还债款的债务人的行为为"善"，而视不能按时按量归还借债的债务人的行为为"恶"，而不管债务人是否有偿还能力。但是，天道对谁都无亲疏之分，体道的圣人对人亦无亲疏贵贱之分。"圣人执左契而不责于人"，即圣人放债，但并不催索债款，甚至可以把钱物送给那些没有偿还能力的债务人，显然这是"把善给予所有的人"的表现，并非只是"不责于"债务人中的"善人"，而是"不责于"所有的债务人——这从一个侧面佐证了"常与善人"并非"永远帮助善良的人"的意思。

五十三章

知不知，上；不知知，病①！夫唯病病，是以不病②。圣人不病，以其病病，是以不病。

（通行本七十一章）

注　释

①知不知，上；不知知，病：王弼本、河上公本如是，帛书、傅奕本作"知不知，尚矣；不知知，病矣"。"上"、"尚"古通用。

句谓：知道自己还有所不知，这是最明智的；本来不知却自以为知道，这说明此人有问题。

奚侗注云："知之而不自以为知，是谓上德之人；若不知而自以为知，则有道者之所病也。"（《老子集解》）这里的"病"字，是毛病、缺点或错误的意思。韩愈《原毁》："不如舜，不如周公，吾之病也。"柳宗元《桐叶封弟辨》："设未得其当，虽十易之不为病。"皆其例证。

对"知不知，上"，刘笑敢认为可能包括三层意义，一是赞赏那种承认自己有所不知的坦诚态度，二是欣赏那种了解自己的认知局限的理智水平，三是提倡那种承认人类认知局限的清醒的理性精神①。这是对其确切意含的全面揭示。

②夫唯病病，是以不病：王弼本、河上公本、傅奕本如是，帛书无此句。此句当有，因为它是本章的主旨或中心论点。句谓：正因为把弊病当作弊病对待，所以反而没有弊病。

---

① 刘笑敢：《老子古今》，中国社会科学出版社 2006 年版，第 682 页。

译 文

知道自己还有所不知，
这是最为明智的。
明明不知却自以为知，
说明自己的做法有问题。
唯有把毛病当作毛病对待，
所以反而没有毛病。
圣人之所以没有这种毛病，
是因为他把毛病当作毛病，
所以也就没有毛病。

述 评

老子此章讲的道理通俗又深刻，特别是"夫唯病病，是以不病"，讲得很辨证。庄子说："吾生也有涯，而知也无涯"，这是对的，但他由此引出的结论即"以有涯随无涯，殆已！已而为知者，殆而已矣"（《庄子·养生主》），则是消极的了。他虽然这样说，但他自己却是一个对知识孜孜追求并善于独立思考、勇于创新的人，否则也不会写出传世名著《庄子》来。惠施说："仰则不知天，俯则不知地，外则不知人，内则不知己。"从高标准看，也的确如此。老子之所以作出"知不知，上"的结论，是基于对天地万物和社会人生及其大"道"的根本性观察和关切而言的，而这种认知领域是博大精深的。人类几千年的文明史，所创造的知识犹如汪洋大海，我们每个人所掌握的知识不过沧海一粟耳，从这种意义上可以说，"硕士不硕"，"博士不博"。况且，无论知识多么渊博的学者，就其已经认识的世界——"自由王国"与尚未认识的世界即所谓"必然王国"相比，又只不过是沧海一粟而已！因此，我们的任务不仅是要掌握前人已经创造的知识，而且更为重要的是在已有知识的基础上向"必然王国"进军，在伟大的社会实践中积累新的经验，创造新的知识，在将"必然王国"变为"自由王国"的漫漫征途中作出自己的贡献，为人类知识的大海增添新的水滴。在这个过程中，最重要的是在任何时候都要有自知之明。本章老子所讲的道理，为我们正确地认识自己提供了很好的思想指导。我们任何时候都要"知不知",任何时候都要防止"不知知",任何时候都要"病病"。如此才能"不病",才能算作一个"有自知之明"的人,如此才有希望成为一个为国家、为人民、为人类的伟大事业做出重要贡献的人。

五十四章

　　古之善为道①者，微妙玄通，深不可识②。夫唯不可识，故强为之容③：

　　豫兮若冬涉川；犹兮若畏四邻④；俨兮其若客；涣兮其若凌释；敦兮其若朴；浑兮其若浊；旷兮其若谷⑤；澹兮其若海；飂兮若无止⑥。

　　孰能浊以静之徐清？孰能安以动之徐生⑦？

　　保此道者不欲盈。夫唯不盈，故能蔽而新成⑧。

（通行本第十五章）

注　释

　　①古之善为道者：傅奕本、帛书乙本如是（甲本缺文）。简本、王弼本等"道"作"士"。六十八章有"善为士者"之语，曰："善为士者不武，善战者不怒"，那是指的武士，而此章是对古代修道有成者境界和仪态的描述，故校定文从帛书作"古之善为道者"。"善为道者"是指修道有成者和善于行道者。

　　②微妙玄通，深不可识：这是对古代修道有成者所达知识和精神境界及仪态的概括。"微妙玄通"的意思是说其境界之精微妙不可言，其高度冥然通玄。"深不可识"是说达到这种境界的修道者的仪态高深莫测，难以认识。这是因为"道"是幽深玄远的，所以"善为道者"的为人处世也会与象征大道的山谷一样，幽远深邃，内敛含藏，韬光养晦，深不可测。

　　③故强为之容：传世本如是，帛书乙本在"容"字后尚有"曰"字，其它古本包括简本皆无此字。

④犹兮，若畏四邻：河上公注曰："其进退犹如拘制，若人犯法畏四邻知之也。"王弼注曰："四邻合攻中央之主，犹然不知所趋向者也。上德之人，其端兆不可睹，意趣不可见，亦犹此也。"蒋锡昌说："言圣人常畏四邻侵入，故迟疑戒慎，柔弱自处，而不敢为天下先也。"（《老子校诂》）

⑤以上九句，皆是对"古之善为道者"之仪态形象的描绘。王弼注曰："凡此诸'若'，皆言其容像不可得而形名也。"苏辙释之曰："戒而后动曰'豫'，其所欲为，犹迫而后应，豫然若冬涉川，逡巡如不得已也。疑而不行曰'犹'，其所不欲迟而难之，犹然如畏四邻之见之也。若客，无所不敬，未尝惰也。若冰将释，知万物之出于妄，未尝有所留也。若朴，人伪已尽复其性也。若谷，虚而无所不受也。若浊，和其光，同其尘，不与物异也。"（《老子解》）

魏源释之曰：

此章不言圣人、至人而言善为士者，是专示人入道之要，而强为之容也。粗尽而微，微至而妙，妙极而玄，则无所不通，而深不可识矣。戒而后动，曰"豫"。其所欲行，迫而后动，不得已也。疑而不行，曰"犹"。其所不欲，迟而难之，如有所畏也。"俨若客"，不敢肆也。此三者，皆有道者不敢为天下先，其容若此。然其豫、犹、俨恪者，初非有所执而不化也。"涣若冰之将释"，油然无形而物莫之觉矣，夫奚滞之有乎？故又以下三者形容之：为道至于融释，则反本完真，乃能存天性之全，而不雕于人伪，故"若朴"也；性全而不自有其全，无所不受，故"若谷"；水性本清，而不自洁于物，故"若浊"。夫七者，有道之容，而即求道之要。豫、犹、俨恪者，所以入德也。既涣然冰释，乃能希夫敦朴、旷、浑之全，所以成德也。道至于浊，则和光同尘，与物一体，此忘我之极而最难者也。①

⑥澹兮其若海；飘兮若无止：这两句原在通行本二十章，因与上下文义不相应，疑为本章错简，校定文据严灵峰之说移此。

⑦孰能浊以静之徐清？孰能安以动之徐生：简本、王弼本如是。帛书在二句之开头皆无"孰能"二字。本章是讲的"为道者"而非自然之道，故应

———————

① 魏源：《老子本义》，载《四部要籍注疏丛刊·老子》，中华书局1998年版，第1435页。

有"孰能"二字。

句谓：谁能使混浊动乱的局面安定下来，让它慢慢变得清明？谁能打破陷入沉寂的局面，使其逐渐焕发生机活力？解读详见【辨析】一。

⑧蔽而新成：此句王弼本作"蔽不新成"；傅奕本作"蔽而不成"；《淮南子·道应训》引作"蔽而不新成"。易顺鼎说："疑当作'故能蔽而新成'。'蔽'者，'敝'之借字。'不'者，'而'之误字也。'敝'与'新'对。'能敝而新成'者，即二十章所云'敝则新。'"（《读老札记》）高亨说："易说是也。"并说，篆文"不"与"而"形近故讹。《墨子·兼爱下》："不鼓而退也。""而"乃"不"字之讹，可以互证。又，《淮南子·道应训》引此句作"蔽而不新成。"由此可证古本原有"而"字，"不"字疑后人所妄加。校定文据易顺鼎之说改为"蔽而新成"。

译　文

古代修道有成者达到这样的境界：
其精微妙不可言，其高度冥然通玄，
其仪态高深莫测，难以认识。
正因其深不可识，
所以对其特点只能勉强加以形容：
他是那样犹豫审慎啊，如履薄冰；
他是那样警觉四顾啊，好像提防邻国围攻；
他是那样举止端庄啊，犹如赴宴作客；
他是那样怡然洒脱啊，就像冰雪消融；
他是那样敦厚质朴啊，犹如未雕之原木；
他是那样浑朴纯厚啊，好像奔腾的黄河之水；
他是那样豁达空灵啊，就像山涧峡谷；
他的胸怀是那样宽广深沉啊，犹如辽阔深湛的大海；
他是那样飘逸潇洒啊，好似长风劲吹无有止境。
谁能使浑浊动乱的局面归于平静，
让它慢慢变得清明？
谁能打破陷入沉寂的局面，
使其逐渐复苏而走向新生？

持守大"道"的人啊，总是防溢而拒盈。

正因为能够防溢拒盈，所以能革故新成。

辨　析

一、应如何解读"孰能浊以静之徐清？孰能安以动之徐生？"？古今注家的皆从为道者的品德、精神状态和生命活动上予以解读的。如吕吉甫注曰："人皆昭昭也，孰能浊以静之徐清者乎？徐清则无所不照矣。人皆取先也，孰能安以动之徐生者乎？徐生则无所不出矣。盖欲静则平气，欲神则顺心。有为也而欲当，则缘于不得已。平气也，顺心也，乃所以徐清也；缘于不得已，乃所以徐生也。此士之所以能成圣而尽神者也。"①古棣说："这也是说的'古之善为士者'所具备的品德，这里强调的是一个'徐'字，即逐渐而非突然变化之意。"陈鼓应说："'孰能浊以静之徐清，孰能安以动之徐生'，这是说体道之士的静定功夫和精神活动的状况。'浊'和'清'对立，'安'（静）和'生'（动）对立，一是说明动极而静的生命活动过程，一是说明静极而动的生命活动过程。'浊'是动荡的状态，体道之士在动荡的状态中，透过'静'的功夫，恬退自养，静定持心，转入清明的境界。这是说明动极而静的生命活动过程。在长久沉静安定（'安'）之中，体道之士又能生动起来，趋于创造的活动（'生'）。这是说明静极而动的生命活动过程。"②

笔者认为这两句话富有社会政治的深意，意思是说"谁能使混浊动乱的局面安静下来，让它慢慢变得清明？谁能打破已陷入僵化沉寂的局面，使其渐渐焕发生机？"这里讲的当是社会政治生活领域的事。是谁有这种本领呢？显然，在老子看来，还是那些上层统治者中的"善为道者"。不可否认，本章以及通行本的第二十章（本书下一章），以大量的篇幅讲体道悟道的圣人的修养境界，但我们也不应忘记：老子哲学主要是政治哲学，老子总是立足于治国安民说事的，"古之善为道者"的修道是为了行道，而对于《老子》的主要读者对象侯王等统治者而言，行道的要务莫过于治国安民。因此，这里讲的当是社会政治生活领域的事。前两句的关键词是"静"和"动"，它是一对矛盾。老子之所以主张"静"，一是因为道的初始状态或出发点就是

①　《四部要籍注疏丛刊·老子》，中华书局1998年版，第122—123页。
②　陈鼓应：《老子注译及评介》，中华书局1984年版，第122—123页。

"静"的；二是因为"静"当中蕴含着巨大的动能和生机，它是走向生机勃发的根基；三是因为"静"与和谐、统一是一致的（和谐统一之物在总体上皆显静态），没有此一物的和谐统一，便是此一物的分裂与灭亡；四是因为当时处于战乱频仍的社会状态，老子是希望能有一个和平安定的社会局面。但老子所主张的"静"并非死水一潭，而是"徐清"即逐步走向清明即和谐有序。我们更应看到，在老子哲学中，"静"态并非"道"及其所"生"化的宇宙万物运动之终点。恰恰相反，道是"独立而不改，周行而不殆"（二十五章）的，即由静到动，由动而静，又由静复动，静动相因相续，永无止息，从而宇宙万物在总体上亦是生生不已的。有些论者因"周行而不殆"而断定老子是否定发展的循环论者。对此笔者不敢苟同。这里很重要的一点是应看到老子所主张的落脚点或归宿是什么？从以上两句话可以看出，其落脚点是动极后的"徐清"和静极后的"徐生"。显然，这里的"徐清"，是大乱后的大治，是社会的和谐与有序；这里的"徐生"，是通过革故鼎新而使沉寂僵化的社会局面重新焕发生机与活力，而这都包含着质变和发展，怎么能说是循环论呢？本章之末句为"夫唯不盈，故能蔽而新成"。从"蔽而新成"亦能进一步证明老子所主张或追求的社会政治局面究竟是什么样子的了。

应当指出，中国古代思想家确有将"复"的两种涵义即事物的更新再始与复返于初（周而复始）混为一谈的情况，复返于初（周而复始）无疑是简单的循环论。但老子在此所讲的从"浊以静之徐清"到"安以动之徐生"的变化，以及他所说的"保此道者不欲盈。夫唯不盈，故能蔽而新成"，特别是从其落脚点的"蔽而新成"来看，就绝不是什么循环论，而是否定之否定，是活生生的辩证法，是事物的质变和发展，是新质或新局面的出现。因此我们不能将老子说成是一个循环论者。

二、此章最后一段话即"保此道者不欲盈。夫唯不盈，故能蔽而新成"，应如何释译，值得探讨。对照几家注本，比较切近原义的是陈鼓应的译文，但也似有可商榷之处。陈的译文是："保持这些道理的人不肯自满。只因他不自满，所以能去故更新。""保此道者"的"道"似乎不是指一般的道理，而是可以用之以实现"浊以静之徐清"和"安以动之徐生"的"道"。把"不欲盈"译为"不自满"，即视为个人品格，其释义似乎窄了些，因为作为它的结果的"蔽而新成"，主要的不是个人的而是指国家和社会政治局面由动乱走向安定，由僵化沉寂转化为生机焕发的问题。在《老子》中多次谈到"虚"、"不盈"是道的特性，如"道冲而用之或不盈"（四章），道的这种特性亦是作为其体现者的"上德"、"常德"的特性，所以老子又说："上德若谷，广德若不足"（四十一章），"为天下谷，常德乃足"（二十八章）。正因为如此，所以老子说"保此道者不欲盈"。可见这里的"保此道者"是指持守大道者。只有这样的君王才有可能承担起使国家和社会"蔽而新成"的重任，所以这不仅是修道者个人"不自满"的问题。在老子看来，盈则溢，盈则失去了应有的活动空间和必要的张力，不利于实现"浊以静之徐清"，不利于实现"安以动之徐生"，也无以达到"蔽而新成"，所以他主张"去甚，去奢，去泰"（二十九章），从而也必然主张为防溢而拒盈。

　　顺便指出，对"故能蔽而新成"，有些注家依照通行本的"故能蔽不新成"作释译，由于"而"作"不"，则相反而失义，于是有的译为："虽然保守，却能取得新的成功"①，既然"不新成"，何谈"取得新的成功"呢？有的则曲为解说，如薛蕙曰："敝缺者，至人之所贵；新成者，世俗之所贵。惟不欲盈，故能守其敝缺而不愿为新成也。"② 近人李泰棻也说，"故能敝不新成""应作'宁自敝缺而不新成'解"，并认为薛蕙的解说"甚得其义。"③薛蕙说："敝缺者，至人之所贵。""至人"出于《庄子》，但《庄子》之《齐物论》、《庚桑楚》等篇对"至人"的描述均不见"至人"以"敝缺者"为贵的意思。又如南怀瑾对"故能蔽不新成"作了这样的解说："'蔽'，就是保护（得）很好的旧东西，由于东西永远是旧的，是原来的样子，一直小心使用，并没有坏。因此，旧的不去，新的不来。"④ 显然，这也是曲为解说。首先，从老子这句话的上文即"孰能浊以静之徐清？孰能安以动之徐生？"来看，正如前面所分析的，老子所强调的是怎样使社会政治局面由坏变好，由僵化沉寂变为充满生机活力，亦即由旧转新，而不是维护旧局面、老样子，因此作为结论的这句话不可能转而强调按照"旧的不去，新的不来"的原则去"保护很好的旧东西"；如果按照"旧的不去，新的不来"的原则和通常的逻辑，也应当是推陈出新，除旧布新。其次，这句话的上半句是"夫唯不盈"，如果下半句是"蔽不新成"，并且按照南怀瑾的解释，那么"夫唯不盈"与"蔽不新成"怎样形成因果关系呢？难道保持"原来的样子"或维护旧局面，还需要特别强调"不盈"吗？

---

　　① 任继愈：《老子新译》，上海古籍出版社 1985 年版，第 93 页。

　　② 薛蕙：《老子集解》，载《四部要籍注疏丛刊》，中华书局 1998 年版，第 1192 页。

　　③ 胡道静：《十家论老》，上海人民出版社 2006 年版，第 238 页。

　　④ 南怀瑾：《老子他说》，复旦大学出版社 2002 年版，第 229 页。

五十五章

　　唯之与诃，相去几何①？美之与恶，相去若何②？人之所畏，亦不可不畏③？

　　荒兮，其未央哉！众人熙熙④，如享太牢，如春登台。

　　我独泊兮其未兆，如婴儿之未孩⑤；傫傫兮，若无所归。众人皆有余，而我独若遗。我愚人之心⑥也哉！沌沌兮！

　　俗人昭昭，我独昏昏；俗人察察，我独闷闷。忽兮，其若海；恍兮，若无止⑦。众人皆有以，而我独顽且鄙。我欲独异于人，而贵食母⑦。

（通行本第二十章）

注　释

　　①唯之与诃，相去几何：王弼本、河上公本、傅奕本基本如是，惟诃作"阿"。刘师培说："善恶相反，唯、阿二字意同，与善、恶非一律。阿当作诃。《说文》：'诃，大言而怒也。'《广雅·释诂》：'诃，怒也。'诃俗作呵……盖'唯'为应词，'诃'为责怒之词……'唯之与诃'犹言从之与违也。"① 帛书甲本正作"诃"，可见刘师培之推断正确，故校定文从帛书甲本作"诃"。句谓：恭敬的应诺与傲慢的应答，差别有多少？

　　②美之与恶，相去若何：今王弼本美作"善"，但其注文云："唯、阿、美、恶，相去何若。"② 可见王弼本原以"美"、"恶"相对。《老子》第二章

　　① 刘师培：《老子斠补》，宁武南氏校印本 1936 年版，第 22 页。
　　② 楼宇烈：《王弼集校释》，中华书局 1980 年版，第 47 页。

亦是"美"、"恶"相对，故此似为老子用语之习惯，则本章亦应"美"、"恶"相对。傅奕本、简本、帛书亦是"美"与"恶"相对（傅奕本作"美之与恶"，简本、帛书皆作"美与恶"，少一"之"字），由此证明"美之与恶"可能为《老子》古貌。故校定文从原王弼本作"美之与恶，相去若何"。句谓：美好的与丑恶的，相差有多大？

③人之所畏，不可不畏：王弼本、河上公本、傅奕本如是。句谓：人们所畏惧的，难道不可以不畏惧吗？帛书乙本此句作"人之所畏，亦不可以不畏人"（甲本残缺），简本后无"人"字。对此句的解读，详见【辨析】一。

④荒兮，其未央哉！众人熙熙：王弼本、河上公本如是，傅奕本少"哉"字。帛书为"望呵"。高明据《释名·释姿容》"望，茫也，远视茫茫也"认为是广、远之意。未央，没有尽头。"荒兮，其未央哉"意谓寻欢作乐啊，无尽无休！对"众人熙熙"，王弼注曰："众人迷于美进，惑于荣利，欲进心竞，故熙熙如享太牢，如登春台也。"河上公注曰："众人余财以为奢，余智以为诈。"

⑤我独泊兮其未兆，如婴儿之未孩：王弼本、河上公本如是，傅奕本、帛书孩作"咳"。孩通咳。《说文》："孩，古文'咳'，从子。"又云："咳，小儿笑也，从口，亥声。""泊兮其未兆"是说澹泊恬静，默默无闻。"如婴儿之未孩"是说就像是还不知嬉笑的婴儿。

⑥愚人之心：这里的"愚人之心"是相对于自以为智慧的"俗人之心"而言的，其主要特征是：澹泊名利，无为无欲，如愚若陋，浑朴淳厚，行为稳健，从容不迫。这种"愚人之心"，虽然不为只知追慕名利和虚华外表的世俗之人所理解，甚至认为具有这种心的人愚不可及，但它实为最可珍贵的人类纯真质朴的自然之心，是"同于道"的圣人之心，是人生的最高境界，也是人类的最高智慧。这种"愚人之心"是对竞相追逐名利，要弄心机、智巧、诈伪的"俗人之心"的超越和否定。陈鼓应、白奚说："老子的尚'愚'，是要将人们引向'大道'的境界，探寻人生的真谛，返朴归真，远离龌龊的低级趣味，做一个高尚的人。……这样的思想决不是蒙昧主义，恰恰相反，是一种启蒙主义，是对人类智慧和哲学思维的开发和启蒙。"①

⑦忽兮，其若海；恍兮，若无止：此二句为高明据帛书校勘而订正之文。王弼本及通行本"忽兮"作"澹兮"，"恍兮"作"飘兮"。河上公释"忽兮，其若海"为"我独忽忽如江海之流，莫知所穷极也。"释"漂兮，若

---

①　陈鼓应、白奚：《老子评传》，南京大学出版社2001年版，第156页。

无所止"为"我独漂漂若飞若扬无所止也，志意在神域也。"高明说："'忽兮'、'恍兮'，皆形容幽远无形，状不可审谍。此乃承上文'俗人昭昭，我独若昏；众人察察，我独闷闷'而言，故云：忽呵，其若海；恍呵，随其荡漾若无所止。此乃形容圣人无为无欲，恬静无着之怡然自得之神态。"① 马叙伦、严灵峰疑此二句为他章错简于此。今验之帛书甲乙本，此句经文同属本章，并非错简。

　　⑦我欲独异于人，而贵食母：此文王弼本少"欲"字，但其注文云："食母，生之本也。人者皆弃生民之本，贵末饰之华，故曰：'我独欲异于人。'"② 可见王弼本原有"欲"字。此句傅奕本同原王弼本；帛书甲乙本皆作"吾欲独异于人，而贵食母。"

　　刘笑敢说："就'吾欲独异于人'与'我独欲异于人'相比较，前者讲未必能够实现的意志或愿望，后者讲已然如此的事实。从语言风格来看，帛书本'吾欲独异于人'与上文'若'、'似'等字更协调。"③ 刘笑敢之说是，故校定文宜从帛书，为使其与上文的代名词相一致，改"吾"为"我"，文作"我欲独异于人，而贵食母。"

　　句谓：惟独我想与众不同啊，而以持守大道为贵！

译　文

恭敬应诺与傲慢应答，差别有多少？
美好的与丑恶的，相差有多大？
人们所畏惧的，难道不可不怕吗？
寻欢作乐啊，无尽无休！
众人追名逐利，就像去赴宴一样，
也像春游登台观光。
唯独我澹泊恬静啊，
就像是还不知嬉笑的婴孩。

---

　　① 高明：《帛书老子校注》，中华书局 1996 年版，第 325 页。
　　② 王弼：《老子道德经注》，载《四部要籍注疏丛刊·老子》，中华书局 1998 年版，第 91 页。
　　③ 刘笑敢：《老子古今》，中国社会科学出版社 2006 年版，第 248 页。

整日疲于奔波啊，似乎不知何处止息。

众人皆财智有余①啊，唯独我若有所失。

我似有一颗"愚人"之心，混混沌沌！

人们都耀光自现啊，惟独我昏昏昧昧。

人们都那么精于明察啊，惟独我混混沌沌。

我悠悠忽忽啊，好像在大海上漂流；

若飞若扬啊，犹如不知何处是尽头。

众人都像有所施展，只有我粗俗冥顽。

惟独我想与众不类，而以持守大道为贵！

辨　析

一、应如何解读本章的前几句即"唯之与诃，相去几何？美之与恶，相去何若？人之所畏，亦不可不畏"？对"唯之与诃，相去几何？美之与恶，相去若何"，注家多是从二者差别很小的意义上去理解的，如张松如将此译为："应诺与呵斥，相距能有多远？美好与丑恶，相差多么有限？"尹振环译为："应诺与诃责究竟相差多远？美好和丑恶，它们究竟不同在哪里？""唯之与诃"是上级与下级或长辈与晚辈之间在应答上的截然相反的两种语气，怎么能说差别很小呢？有的注家认为"相去几何"表明差距很小，其实不然。"几何"是一个中性词，犹言若干，多少。如《史记·陈丞相世家》："孝文皇帝……朝问右丞相勃曰：'天下一岁决狱几何？'"显然，这里的"几何"是问"有多少"的意思，并无很少的涵义。"美之与恶"更是如此，美好的与丑恶的是完全对立的两种人或事物，它们之间的差别该有多大啊！怎么成了"相差多么有限"呢？

张松如对老子的这几句话为什么作如上的释译呢？看了他的"解说"方知其故。他在"解说"中援引了认为"对此章旨意……有助于我们的阅读和理解"的苏辙的"一大篇论说"，与此两句密切相关的是："唯之为恭，阿之为慢，不可同日而言矣，而况夫善恶之相反乎？夫唯圣人知万物同出于性，而皆成于妄，如画马牛，如刻虎彘，皆非其实，缗焉无是非同异之辨，孰知其相去几何哉？苟知此矣，则万物并育而不相害，道并行而不相悖，无足怪

---

① 河上公注"众人皆有余"说："众人余财以为奢，余智以为诈。"

矣。圣人均彼我，一同异，其心无所复留。"(《老子解》)闹了半天，原来苏辙是以庄子的"齐物论"来解老，认为"圣人均彼我，一同异"，何况"唯之与阿"、"美之与恶"呢！试问这是老子所说的圣人吗？"唯之与诃"、"美之与恶"之间的差别能"缗焉"吗？它们之间能"并行而不相悖"吗？

李泽厚、刘纲纪诠释说："所谓'美之与恶，相去若何'，即是说两者并非天悬地隔、截然对立的东西。再联系老子所谓'正复为奇，善复为夭'的说法来看，'美之与恶，相去若何'的意思就更为清楚。它们之所以相去不远，正在于就象善可以复变为夭一样，美也可以复变为丑。能说美丑的区分是绝对不可移易的吗？"① 这种说法似是而非。我们知道，对立面的相互转化是一回事，对立面的客观存在是另一回事。不能因为对立面在一定条件下可以相互转化就抹煞对立面的客观存在。就像敌我关系一样，虽然敌我的地位在一定条件下可以相互转化，但不能由此就可抹煞敌我对立的绝对性，敌我之间的矛盾是你死我活的对抗性矛盾，岂容混淆敌我之界限？"美也可以复变为丑"，但在复变之前，美就是美，丑就是丑；复变之后，仍有美丑的对立，否则丑就不成其为丑了。总之，我们不能将"美之与恶，相去若何"释为"美之与恶（丑）""相去不远"或几无差别。当然，庄子之齐是非、齐善恶、齐美丑的"齐物论"该当别论，那是把事物的相对性绝对化，滑向了相对主义的诡辩论。

再说对"人之所畏，亦不可不畏"的解读。所见古今注家的注本皆将其释译为陈述句，如有的译为："人们所畏惧的，不可不畏惧"，有的译为："人们所怕的罪恶，我也不能不怕"，有的译为："世人所害怕的，也不能不感到害怕"，有的译为："人家所畏惧的，我也不可以不畏惧"，如此等等。

对"人之所畏，亦不可不畏"如作这种释译，那么它与上下文有什么关系呢？我们知道，其上文讲的是两种相反的态度和事物；下文则接连出现了五个"我独"，最后又归结到"我独异于人，而贵食母"，可见也是两种相反的立场和态度。若将这句话释译为陈述句，"我"（"为道者"）反而成了一个只能从俗的人了，况且这里的"俗"还不是普通民众，而是王公贵族之类，因为只有他们才有可能"享太牢"，只有他们才有闲心"春登台"。作为一个"为道者"（实际上是一个体道并依道而行的圣人，虽然文中采取的是第一人称，但从"我独异于人，而贵食母"足可看出这个"我"并非从俗之人），

① 李泽厚、刘纲纪：《中国美学史》（先秦两汉卷），安徽文艺出版社1999年版，第212页。

难道能在思想上和行动上向这些人屈从吗？不可能，故上述解读似难以讲得通。因此，我以为或许还有另一种释义，即不把它看作一个陈述句，而看作一个反诘句，即"人之所畏，亦不可不畏？"译为："人们所畏惧的，难道就不可以不畏惧吗？"这与上文之意可衔接：你们在主子面前唯唯诺诺，我可以刚直不阿，敢于向无道的统治者"叫板"；你们认为美好的，我亦可视为丑恶的；与下文的文意也可衔接起来：你们所趋之若鹜的东西，我一点也不感兴趣，我的立场和态度"独异于人"，根本的区别是我"贵食母"，即以守道行道为贵。那些人所畏惧或担心的无非是不能参与"争名于朝，争利于市"，而"我"则主张"不争"、"无为"、"生而不有，为而不恃，功成而弗居"。若作这种释义，是否也可以讲得通呢？

事实上，老子及其笔下的圣人，都是法道而脱俗的，正如《庄子·渔夫》所说的："圣人法天贵真，不拘于俗"。所谓"法天贵真"，就是像道那样法自然，按道的原则崇尚人的自然真情；而所谓"俗"，即世俗的忠孝仁义礼乐那一套观念和举措，就是世人特别是统治集团苦心孤诣地争名逐利。对于这种"俗"，老子主张必须抛弃，必须从它的桎梏中解放出来，从而复反纯朴自然的人性。

二、关于老子是哪一个阶级的代表的问题。这是史学界长期争论不休的问题之一。在这个问题上大体有三派意见：一是认为老子是没落奴隶主阶级的代表，可以古棣的意见为代表；二是认为老子是小农或小生产者的代表，可以张松如的意见为代表；三是认为老子是劳动人民的代表，可以苏联学者杨兴顺的意见为代表。这三派意见都似乎持之有故，言之成理，因此，老子究竟是哪一个阶级的代表的问题，是一个不易讨论清楚的问题。

比如，在对本章文意的校诂中，古棣说：

> 此章所说的"众人"指奴隶主贵族。……老子站在奴隶主开明派的立场，痛恨这些现象。因此，带着深沉的感情反映了这种现象。在他的反映中，表现了他主张实行马马虎虎、不要清楚明察的政治，这是属于没落阶级的心声，周公时代绝不会有这种政治主张和思想情绪。①

对古棣的观点，孙以楷提出了不同的看法。他说：

---

① 古棣：《老子校诂》，吉林人民出版社1998年版，第405页。

　　　古棣的阶级分析很精彩，既能指出老子是奴隶主开明派，又能分析出老子批评的对象是奴隶主贵族。……为什么老子就不能只是一个学者、隐者，而只能是奴隶主皮上的毛，就只能对某一阶级的行为表示赞成或反对？老子为什么就不能拥有一个思想者的良心、一个人的良心，去关怀人，去痛惜人的不自觉、不自爱、不自重？老子为什么就不能以先觉的身份，指出人与自然分离对立的危险，并从天人合一的高度，给予"人"以终极关怀？至于周公时代有没有这种政治主张和思想情绪，我想只要举出姜太公封齐所采取的政治主张不像伯禽那样呆板，就可以说明问题了。汉初政治并不逊于周公时代，而主要执政者恰恰都不主张精细明察，难道他们怀有没落阶级的心声？①

孙以楷的驳论可以说是振振有辞，不无道理。但是，他的这种分析似乎有点超阶级的意味。而一般说来，在阶级社会里，思想家总是某一个阶级的思想家，而没有超阶级的思想家，所以问题是复杂的。

　　要确定老子属于哪一个阶级的思想家，这与老子所处的社会发展阶段是密切相关的，而在这个问题上现在也有了不同的看法。

　　在我国社会发展阶段问题上，从20世纪50年代以来我国史学界、政治界乃至全社会一直坚持这样一种观点，即在原始社会之后直到春秋末期，中国是处于奴隶制社会时期；而春秋末期是奴隶制社会开始解体，进入向以小农经济及地主经济为基础的封建制社会剧烈转变的时期，至战国时期封建社会得以确立。

　　但是，著名历史学者、山东大学历史文化学院教授张金光对此提出了不同的看法。他认为，与西欧不同，中国虽然曾有奴隶，亦有过奴隶制度，但在历史上并不存在一个奴隶制社会时期。他认为，在告别原始社会之后，直到西汉汉文帝之前，作为我国社会形态而普遍存在的，是以国家普遍授田制为基础的政社合一的官社经济体制。或者说，由国家普遍授田制为基础的政社合一的官社经济体制向完全私有制的小农经济及地主经济的转化完成于汉文帝时期。这是他依据对历史文献（含出土文物）的考证和研究所得出的结论。张金光的这种观点见于他以下的几篇论著：《银雀山汉简田法中的官社经济体制》（《历史研究》2001年第5期）；《秦制研究》（上海古籍出版社2004年版）第五章：《官社经济体制》；《国家普遍授田制的终结与私有田权

---

① 孙以楷：《老子通论》，安徽大学出版社2004年版，第353页。

的形成》(《历史研究》2007 年第 5 期)。张金光的这种观点已经引起史学界
的关注。

如果张金光的看法是对的，那么老子所处的时代就既不是奴隶制社会时
期，也不是以小农经济及地主经济为基础的封建制社会时期，不是由前者向
后者剧烈转变的时期，那么说老子是没落奴隶主阶级的代表或小生产者阶级
的代表就缺乏根据了。

从《老子》的大量论述（拙著中已有多处分析，兹不重复）来看，愚以
为恐怕一时难以确定老子是哪一个阶级的代表，但从《老子》的全文分析，
以及从老子愤世嫉俗，高扬每一个人（特别是平民）的人格尊严、生命意义
和人生价值来看，似乎可以说他不是一个为等级奴役制度辩护、为最高统治
集团当"牧师"的御用智者，而是一个猛烈抨击"无道"者、苦心劝诫统治
者、深切同情劳动者、努力探索救世之路的"古之博大真人"（《庄子·天
下》）。

在此顺便辨析一个问题，就是某一个阶级的代表是否与他所代表的阶级
在各方面一致的问题。古棣在批驳张松如关于老子是个体小生产者的代表的
观点时这样说：

> 个体小生产者的代表，当然是集中代表小生产者的愿望、要求和反
> 映他们的眼界的。他们能够有"权术"思想，能够有"将欲……必
> 固……"的思想吗？不可能。第一，他们没有这种"刁滑"；第二，他
> 们没有这种"聪明"；第三，他们没有条件作这种设想，他们不会有这
> 种"将欲……"，更没有东西和权力"举之"、"与之"；第四，他们没有
> 这种"眼界"，就是想入非非，关煞门坐皇上，也想不出控制臣下之术
> 一类东西来。……"权术"，跟古今中外的个体小生产者是无缘的。他
> 们既不会玩弄权术，也不能识破别人对他们施行权术。①

一般说来，个体小生产者的确不具备以上的四条，但是个体小生产者的思想
代表和政治代表是否就一定不具备以上的四条呢？不见得。我们不能将某一
个阶级的代表的政治思想素质与他所代表的那个阶级及其一般成员的状况混
为一谈。比如，在十九世纪的中后期，西方资本主义国家中的无产阶级由于
受到资产阶级的残酷剥削和压迫，他们的文化水平很低，也缺乏应有的阶级

---

① 古棣：《老子通论》，吉林人民出版社 1991 年版，第 455 页。

觉悟，但是不妨碍他们的杰出代表马克思和恩格斯具备最渊博的知识和最高的无产阶级觉悟。反过来说，如果马克思和恩格斯不具备最渊博的知识和最高的无产阶级觉悟，他们能够成为无产阶级思想上和政治上的杰出代表吗？他们能够领导无产阶级革命的伟大事业吗？列宁曾指出，如果没有马克思主义的指导，工人运动只能产生只顾眼前利益、局限于经济斗争的工联主义，所以要使工人运动走向正途，就必须向无产阶级灌输马克思主义，以提高他们的政治思想觉悟，否则就不能使无产阶级担负起自己的历史使命。再说，在中国古代，个体小生产者几乎全是文盲，他们更不懂什么政治。但是，作为他们政治代表的农民起义军的领袖们有几个是大字不识又毫无政治头脑的草莽呢？更不要说他们的高参和"军师"了。因此，任何一个阶级的思想政治代表，其基本素质都要高于他所代表的阶级的一般成员，只有这样，他才能比他所代表的阶级的一般成员站得高些，看得远些，才有能力领导本阶级为争取自己的眼前利益和长远利益而斗争。因此不能因为个体小生产者"既不会玩弄权术，也不能识破别人对他们施行权术"，他们的政治代表就也"既不会玩弄权术，也不能识破别人对他们施行权术"。如果他们的思想政治代表不具备领导本阶级的必要的素质，就不能集中代表小生产者的愿望和要求，个体小生产者就不能在政治上团结成为一个阶级，他们的眼前利益特别是长远利益就不能得以实现。我们这样说，并不是说作为富有政治头脑的思想家的老子就是个体小生产者的代表。谁是他们的代表无关紧要，我们是说不能将某一个阶级的代表与他所代表的那个阶级混为一谈，而古棣恰恰是这样做的。

五十六章

吾言甚易知，甚易行。而天下莫能知，莫能行①。
言有宗，事有君②。夫唯无知，是以不我知③。
知我者希，则我者贵④。是以圣人被褐而怀玉⑤。

（通行本第七十章）

注　释

①吾言甚易知，甚易行。而天下莫能知，莫能行：严遵本如是。王弼本缺"而"字。"而"字有转折义，似不可缺。帛书为"而人莫之能知也，莫之能行也。"校定文据严遵本、帛书补"而"字。句谓：我讲的关于"道"的那些道理啊，本来很容易理解，也很容易实行。然而天下人却不明白，也不能践行。

为什么说"吾言甚易知，甚易行。而天下莫能知，莫能行"呢？刘笑敢先生回答说："道的原则讲起来平淡无奇，没有神圣的外衣，没有庄严的布道，没有诱人的许诺，没有可怖的恐吓。道之终极关怀与百姓的人伦日用相贯通、相融会，人们体会多少，就可以享受多少；实践多少，就可以得益多少。不必有献身的承诺，不必有赎罪的忧虑。可以从一己之身做起，可以从家庭做起，也可以扩大到一个机构，一个地区，一个国家，最终的理想是建立全人类的自然的和谐的家园。伟大和平凡、理想和现实、追求与实现之间没有不可逾越的鸿沟。道的这种特性可能让人感到太普通，或者太难以捉摸，因此看起来不难，实践起来不易。不易的原因是道家讲自然，靠自己，不会有人引导你、训练你去实践道的原则。所以说'吾言甚易知，甚易行。

而天下莫能知，莫能行'。"①

②言有宗，事有君：宗，本也。"言有宗"是说我的主张是有所本的，是从"道"那里来的。君，主也，准则也。"事有君"是说我主张办事必须依据一定的准则，不能乱来。这种准则也是取法于道的。

③夫唯无知，是以不我知：无知，是没有智慧的意思。"不我知"是"不知我"的倒装句。句谓：正因为人们缺乏智慧，所以不理解我的主张。

④知我者希，则我者贵：王弼本、河上公本如是。帛书乙本（甲本残损）此句为"知者希，则我贵矣"。王弼注曰："唯深，故治之者希也。知我益希，我亦无匹。"

句谓：真正了解我的主张的人寥寥无几，取法我主张的人就更难能可贵了。解读详见【辨析】。

⑤"是以圣人被褐而怀玉"：帛书、严遵本、傅奕本如是。王弼本少"而"字。有"而"字可以突出"怀玉"，因而义长，故校定文从帛书等古本。"圣人被褐"是说圣人身穿粗糙的麻布衣服，意谓圣人的外表从俗。"怀玉"是说圣人胸怀"道"这一至真的法宝。对此句，河上公注曰："被褐者薄外，怀玉者厚内，匿宝藏德，不以示人也。"王弼注曰："被褐者，同其尘；怀玉者，宝其真也。圣人之所以难知，以其同尘而不殊，怀玉而不渝，故难知而为贵也。"高明说："'被褐'谓衣着粗陋，与俗人无别。'怀玉'谓身藏其宝，又与众异。即所谓和光而不污其体，同尘而不渝其真。非有志之士而不得识，故而为贵。"②"被褐而怀玉"是圣人的常态，是道家圣人的超拔、卓越之处。

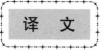

译 文

我讲的关于"道"的那些道理啊，

本来很容易理解，也很容易实行。

而天下却没有谁能真正理解，

也没有谁能真正践行。

我主张言论要有所本，

---

① 刘笑敢：《老子古今》，中国社会科学出版社 2006 年版，第 365 页。

② 高明：《帛书老子校注》，中华书局 1996 年版，第 177 页。

办事必须有准绳。

正因为人们不懂得这个道理，

所以并不理解我的言行。

了解我主张的寥寥无几，

取法我主张的难能可贵。

所以圣人虽然身穿麻布衣，

但却胸怀"道"这块美玉！

辨　析

"知我者希，则我者贵"，王弼本、河上公本如是；傅奕本作"知我者稀，则我贵矣"，帛书乙本作"知者希，则我贵矣。"（甲本残缺），其后句皆无"者"字。就后句是否应有"者"字的问题，注家意见不一。

楼宇烈说："观王弼注文之义不当有'者'字。注文之义谓，知我者愈少，于是我就（愈）贵重了。下节注文说：'圣人之所以难知，以其同尘而不殊，怀玉而不渝，故难知而为贵也'，正申述其此意。若有'者'字，则'则'字当作'效法'义解，则与上下文义不可通。"[1]

高明据帛书乙本对此句释之曰："道义深奥。众庶惑于躁欲，虽易知而莫知能知也。众庶惑于躁进，迷于荣利，背道而行。如第二十章云：'俗人昭昭，我独若昏呵。俗人察察，我独闷闷呵。''众人皆有余，我独顽似鄙。'由于我守虚却华，独异于人，故知我者少。少则弱而益静，故曰'则我贵矣'。"[2]

"则我贵矣"与"则我者贵"相比较，后者在"则我"后有一"者"字，与前者的意义乃有了显著区别。对此，孙以楷说："'者'字不可少。如无'者'字，'贵'的对象是'我'（指圣人或得道之人）。在《老子》中，似乎还没有把圣人或得道之人称作'贵'的，能够被称为'尊'、'贵'的只有'道'。可是本章明明是老子自道，主语是老子（我），不是'道'。'则我贵矣'，老子自称'贵'，恐不合老子思想。"[3]

---

①　楼宇烈：《王弼集校释》，中华书局 1980 年版，第 178 页。

②　高明：《帛书老子校注》，中华书局 1996 年版，第 176 页。

③　孙以楷：《老子通论》，安徽大学出版社 2004 年版，第 549 页。

　　孙以楷先生所言极是。如果无"者"字，"则"字就是一个转折词；有"者"字，"则"字是动词，意为"取法"，因此句义就有了显著区别。依王弼本全句可译为："了解我主张（按：老子的主张显然是"言有宗，事有君"，亦即要人们知"道"，以作为自己言行的准则）的寥寥无几，取法我主张的难能可贵。"如依帛书乙本释译，此句就应译为："了解我主张的寥寥无几，那么我就更为可贵了。"这样一来，老子（或作为道的化身的圣人）就成为一个孤芳自赏的人了，但从《老子》书中找不到类似的根据，故老子似不会如此，圣人更不会如此。虽然从王弼注文可窥见王弼实际上是以"则我贵矣"解读经文的，但我们不能以王弼之是非为是非，而应从老子的一贯思想去解读，那么老子或圣人希望人们效法自己而去知"道"，也是在情理之中的事。鉴于此，校定文仍从王弼本、河上公本作"知我者希，则我者贵。"

老子道德经新踪

（下卷）

庞朴题

董京泉　著

中国社会科学出版社

目　录

（下　卷）

四、治国篇

引言…………………………………………………………………（456）

五十七章（第六十章）………………………………………………（457）

五十八章（第五十七章）……………………………………………（462）

五十九章（第二十九章）……………………………………………（474）

六十章（第六十五章）………………………………………………（484）

六十一章（第六十三章）……………………………………………（491）

六十二章（第六十四章下）…………………………………………（498）

六十三章（第三章）…………………………………………………（508）

六十四章（第五十六章）……………………………………………（515）

六十五章（第五十九章）……………………………………………（521）

六十六章（第六十一章）……………………………………………（526）

六十七章（第十八章）………………………………………………（534）

六十八章（第七十五章）……………………………………………（538）

六十九章（第五十章上）……………………………………………（543）

七十章（第五十三章）………………………………………………（546）

七十一章（第七十四章）……………………………………………（551）

七十二章（第七十二章）……………………………………………（556）

七十三章（第五十八章）……………………………………………（561）

七十四章（第三十六章）……………………………………………（569）

七十五章(第六十四章上)……………………………………(581)

七十六章(第三十一章)………………………………………(585)

七十七章(第三十章)…………………………………………(591)

七十八章(第四十六章上)……………………………………(595)

七十九章(第六十八章)………………………………………(600)

八十章(第六十九章)…………………………………………(604)

八十一章(第十三章)…………………………………………(612)

八十二章(第六十六章)………………………………………(618)

八十三章(第四十九章)………………………………………(622)

八十四章(第七十八章)………………………………………(630)

八十五章(第十七章)…………………………………………(635)

八十六章(第三十五章)………………………………………(640)

八十七章(第八十章)…………………………………………(644)

八十八章(第八十一章)………………………………………(651)

　　　注:以上括号内为《道德经》通行本的章次

尾声………………………………………………………………(669)

附　　录

附录一　古籍述评老子及道家……………………………………(673)

附录二　《〈道德经〉新编》及其论证(导言部分)………………(679)

附录三　《〈道德经〉新编》之修订………………………………(683)

附录四　老子"道"的定义及实质之我见…………………………(710)

附录五　析老子的"无为"…………………………………………(722)

附录六　老子思想三论……………………………………………(733)

附录七　读《老子》感言……………………………………………(750)

附录八　郭店楚墓简本《老子》甲乙丙三组释文…………………(760)

附录九　帛书《老子》甲乙本释文…………………………………(767)

附录十　傅奕《道德经古本篇》……………………………………(788)

附录十一　河上公本《老子》………………………………………(804)

附录十二　《道德经》(《老子》)通行本……………………………(820)

附录十三　　校定文 ……………………………………………（836）

附录十四　　通行本与新编本章次对照 ………………………（853）

附录十五　　参考书目 ……………………………………………（856）

后记 ………………………………………………………………（862）

再版后记 …………………………………………………………（870）

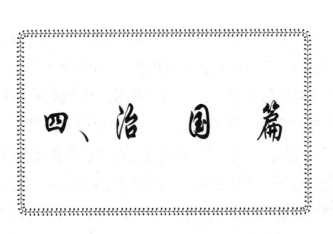

四、治　国　篇

引　言

　　老子哲学主要是政治哲学或经世致用之学、经邦济世之道，其自然哲学是为其政治哲学服务的。《道德经》主要是写给侯王等统治者看的，而理政治国是他们的神圣职责和根本任务。老子认为，治国之道，要在"以百姓之心为心"，告诫侯王等统治者要顺应民心民情，万不可强作妄为。依道修身的根本目的是要依照道所体现的自然无为等原则治国安民，因而"自然"和"无为"是老子政治哲学的核心范畴，老子希望侯王"能辅万物之自然"，实行"无为而治"，为广大民众实现自为、自化、自正、自富、自朴，以及个人自由和社会自治提供一个良好的社会政治环境，使社会上下处于自然、畅通、和谐的关系之中。"治大国，若烹小鲜"也成了人类历史上的智慧之言，大国的统治者应该奉为金科玉律。治国篇是《道德经》的最终落脚点或归宿。治国篇主要论述的是尊道贵德对于治国安民和用兵的意义，它探讨和回答了关于治国的基本原则，治国的策略思想和策略原则，战争观和军事思想，治国者应有的素质，以及国家治理的理想目标等问题。

五十七章

治大国，若烹小鲜^①。

以"道"莅天下^②，其鬼不神^③。非其鬼不神^④，其神不伤人；非其神不伤人^⑤，圣人亦不伤人^⑥。夫两不相伤^⑦，故德交归焉^⑧。

（通行本第六十章）

注　释

①治大国，若烹小鲜：小鲜，小鱼也。烹小鲜，即烹煎小鱼。是说治理大国应当像烹煎小鱼一样，切忌乱翻腾，政策、法令、重大举措要有相对稳定性。此句亦有治理大国举重若轻的意思，如我国改革开放的总设计师邓小平领导改革开放伟大事业即是举重若轻，"若烹小鲜"的。"治大国，若烹小鲜"体现了老子以自然无为原则治国的思想。

对这句话，王弼注曰："不扰也。躁则多害，静则全真。故其国弥大，而其主弥静，然后乃能广得众心矣。"

苏辙释之曰："烹小鲜者不可扰，治大国者不可烦，烦则人劳，扰则鱼烂。圣人无为，使人各安其自然，外无所烦，内无所畏，则物莫能侵，虽鬼无所用其神矣。"（《老子解》）

②以"道"莅天下：莅，临也。"以'道'莅天下"就是要依照道所体现的自然无为的原则治国，并且要以自然无为的原则处理与其他国家的关系。

陈鼓应、白奚先生说："'以道莅天下'表现了大国应有的风范和气象。历史上那些盛大的、蓬勃的王朝，一方面对内都能够宽容谦下不扰民，让人民充分地休养生息，如此才能培蓄强大的国力，从而才能真正拥有大国的地位；另一方面，对待周边那些弱小的国家和民族，也能够宽容谦下而与之和平共处，表现出泱泱大国的恢弘气度，因此才能赢得别国的尊敬和信服。汉初以黄老思想为主导的文景之治，盛唐时期的贞观之治，就是'以道莅天下'的典范，从而才能为千古所称道。"① 在笔者看来，文景之治和贞观之治不能说是"以道莅天下"的典范，因为真正的"以道莅天下"应当是完全依照道所体现的自然无为的原则治国，使人民能做到自为、自化、自正、自富、自朴。

"以道莅天下"实际上是要把人类社会发展变化的命运掌握在依道治国的人手中，这是对传统社会发展观的一次重大思想改革。传统的社会发展观认为上帝及其惟上帝意志是从的天子（帝王）是人类社会命运的主宰者。所以把祭祀和侍奉上帝作为国家的头等大事（《左传·成公十三年》："国之大事，在祀与戎。"）；《周书》曰："皇天无亲，惟德是辅"，即上帝根据德行的情况来任用和支持管理天下的人，从而上帝是人类历史命运的最高裁决者。而老子认为无意识无目的的"法自然"的道是上帝的祖先（"象帝之先"），从而从根本上剥夺了上帝至高无上的主宰地位，主张用"道"君临天下，要依道而行、"以百姓之心为心"（四十九章）的圣人来管理天下，所以这是对传统社会发展观的一次重大思想改革。

③其鬼不神：这里的"其"字是虚词，犹"夫"。如《列子·杨朱》："君见其牧羊者乎？"《孟子·梁惠王》："其如是，孰能御之？"神，在此为动词，神妙、灵验、起作用的意思。这句话的意思是说：鬼就没有什么神妙作用了。

老子在这里虽然没有直接否定鬼神的存在，但他强调在"以道莅天下"的情况下，君王实行无为而治，人们皆安于自然，外无所求，内无所惧，阴阳调和，鬼神也就不灵了，从而使得鬼神失去了存在的意义。老子鉴于当时的宗教神学势力还比较强大，他在这里是用比较柔弱的方式否定了人们所普遍信奉的鬼神。

④非其鬼不神：不是说鬼的神妙作用消失了。

⑤其神不伤人：（而是说）鬼的神妙作用不再伤害人了。为什么说鬼的神妙作用不再伤害人了呢？这是因为"以道莅天下"的结果。在"大道"通行于天下的情况下，人类社会是一个自然和谐的社会，人们的物质文化生活和思想觉悟都有了空前提高，鬼神本来就是虚妄的东西，正如俗话说的，"信则有，不信则无"，到那时候谁还会相信鬼神呢？"不信则无"，鬼对人自

---

① 　陈鼓应、白奚：《老子评传》，南京大学出版社 2001 年版，第 244 页。

然就不起作用了，当然也就无法伤害人了。老子未必真的相信鬼神，他之所以扯出鬼神来，大抵是借"其鬼不神"来衬托和彰显道的作用自然宏大，有利于天下人。

⑥非其神不伤人：这里的"非"字，不是否定词"非"，而是"不唯"二字之合音①。句谓：不但其神妙作用不再伤害人……

⑦圣人亦不伤人："圣人"当然不会伤害人。这是说在圣人治理下的疆域里，大"道"通行于天下，吃人的社会制度就此消亡，人们再不会受到伤害了。

对"其神不伤人，非其神不伤人，圣人亦不伤人"，王弼注曰："物守自然，则神无所加。神无所加，则不知神之为神也。道洽，则神不伤人。神不伤人，则不知神之为神。道洽，则圣人亦不伤人。圣人不伤人，则不知圣人之为圣也。犹云非独不知神之为神，亦不知圣人之为圣也。夫恃威纲以使物者，治之衰也。使不知神圣之为神圣，道之极也。"②

⑧夫两不相伤："夫"为语气词；"两"指圣人和鬼神；"相"，在此不是相互的意思，而是"辅助"之义，如《易·泰卦》："辅相天地之宜"；《孟子·万章上》："舜相尧二十有八载。"辅助转义为"共同作用于"。"伤"，在此不是伤害的意思，因为圣人根本不可能伤害人，这里的"伤"字是妨害、妨碍之义。如《孟子·梁惠王上》："无伤也。是乃仁术也"；《战国策·楚策三》："且魏臣不忠不信，于王何伤？"成语"无伤大雅"的"伤"字也是妨碍的意思。句谓：圣人和鬼神都不妨害（干涉、主宰）人们的思想和言行。有些注家望文生义，将此句释译为："圣人与鬼神互不伤害"，似不妥。鬼神本来就是虚妄的东西，圣人怎样伤害鬼神呢？

⑨德交归焉：意思是"德"上下交盛而俱归于民。韩非子解曰："民不敢犯法，则上内不用刑罚，而外不事利其产业。上内不用刑罚而外不事利其产业，则民蕃息。民蕃息而蓄积盛，民蕃息而蓄积盛之谓有德。凡所谓祟者，魂魄出而精神乱，精神乱则无德。鬼不祟人则魂魄不去，魂魄不去而精神不乱，精神不乱之谓有德。上盛蓄积，而鬼不乱其精神，则德尽在于民矣。故曰：'两不相伤，则德交归焉。'言其德上下交盛而俱归于民也。"③

① 高亨："非者，盖'不唯'二字之合音。"《老子正诂》，开明书店1943年版，第126页。
② 王弼：《老子道德经注》六十章注。
③ 《韩非子·解老》。

译　文

治理大国，
就像煎小鱼的道理一样啊。
用"法自然"的道莅临天下，
鬼就没有什么神妙作用了。
不是说鬼的神妙作用完全消失了，
而是说它的神妙作用不再伤害人。
不但鬼的神妙作用不再伤害人，
圣人当然更不会伤害人。
既然鬼神和圣人都不妨害人，
于是双方的"德"相交汇，
最终都会归属于人民。

述　评

本章老子指出："以道莅天下，其鬼不神"，是说用道所体现的自然无为原则治国平天下，就没有任何邪恶势力能够发挥作用。因此老子在本章提出了依道治国的总原则。

《韩非子·解老》释之曰："凡法令更则利害易，利害易则民务变，民务变之谓变业。故以理观之，事大众而数摇之，则少成功；藏大器而数徙之，则多败伤；烹小鲜而数挠之，则贼其泽；治大国而数变法，则民苦之。是以有道之君贵静，不重变法，故曰：'治大国，若烹小鲜。'"

老子在本章中为什么谈鬼神？应当说，从《道德经》全文或老子的思想体系来看，老子是一个无神论者，他并不相信有所谓鬼神。比如在第四章中，老子说："吾不知谁之子，象帝之先。"这是公然挑战传统观念，把当时人们普遍信奉的、似乎具有主宰神灵世界和世俗世界的魔力的上帝的产生置于"道"之后，说"道"是上帝的祖先，而道则是"法自然"的，因此道的子孙不可能是主宰天地万物的神。有的注家反而据此认为老子是有神论者，比如古棣就说，由此可见老子是"肯定上帝之存在的。"他又说："老子绝不是无神论者，也不是怀疑鬼神论者，而是有神论者（虽然有神论在老子思想体系中并不占重要位置）。"①

但是，如果老子真的认为有所谓上帝，而且认为道在"帝之先"，那么依此逻辑，在"道"之后就理应有上帝的位置，但在学界普遍认为的宇宙生成论的基本图式即"道生一，一生二，二生三，三生万物"（四十二章）中却并没有上帝的位置，由此可见老子是不相信有所谓上帝及鬼神的。正如侯外庐说的："《老子》书中的'道'比孔、墨的天道观的'道'是进步的；其所以是进步的，因为'道'在孔、墨那里是附有宗教性的，而'道'在老子书中是义理性的，有一定的自然规律性的。《老子》书中也出现'神'字，如'谷神不死'之类，后来朱子还把这一点肿胀起来，然而'神'在《老子》书中是泛神一类的概念，完全义理化了。"（侯外庐：《中国思想通史》第一卷）既然如此，那么他在本章中为什么又谈起鬼神来了呢？这是因为鬼神的观念当时还严重束缚着人们的头脑，老子的方法是因势利导，认为在依道治国的情况下，人们会逐渐不再信奉它们，人们头脑中的这些鬼神就会烟消云散，当然也就会"不神"、"不伤人"了；此外，"鬼神"可能还暗指君王以及三公九卿们，因为这些人手握生杀予夺之大权，而且往往头上还有一顶神圣的光环，所以人们对他们也有某种敬畏之感。但在依道治国的情况下，大概老子设想这些人会变为依道而行、实行"无为而治"的统治者，不再骑在人民头上作威作福，那自然也就不再"伤人"了。古棣对老子在这里为什么讲鬼神的问题作了分析。他在讲了关于"闹鬼"的史例后说："春秋时期的闹鬼往往是和阶级斗争密切联系的。不同立场的人，可以从不同的动机出发，编造闹鬼的故事，以进行政治斗争。老子正是看到了闹鬼成了天下大乱的一个重要因素，所以才有了这一章的思想。在他看来，闹鬼，'鬼伤人'，是由于执政者'有为'，多事，如果治国像'烹小鲜（鱼）'那样，平易为之，不乱翻腾（本章开头一句就是'治大国若烹小鲜'），采取'无为'方针，鬼就不会伤害人，人也不用逐鬼了；并且，居上位的执政者不伤人，人们也就不会造反，不会伤害居上位的执政者：这样就会'两不相伤'，天下就大治了。"② 古棣之说，值得参考。

① 古棣：《老子通论》，吉林人民出版社1991年版，第340页。
② 古棣：《老子校诂》，吉林人民出版社1998年版，第348—349页。

五十八章

以正治国，以奇用兵，以无事取天下^①。

吾何以知其然哉？夫天下多忌讳^②，而民弥叛^③；民多利器，国家滋昏；人多伎巧，奇物滋起；法物滋彰，盗贼多有^④。

故圣人云："我无为而民自化，我好静而民自正，我无事而民自富，我无欲而民自朴^⑤。"

（通行本第五十七章）

注　释

①以正治国，以奇用兵，以无事取天下：王弼本、河上公本如是，傅奕本正作"政"；帛书甲乙本、简本"治"皆作"之"：甲本为"以正之邦，以畸用兵，以无事取天下"，乙本为"以正之国，以畸用兵，以无事取天下"，简本为"以正之邦，以奇用兵，以亡事取天下。"

"正"指道及其体现的公正、自然、无为等特性。简本、帛书甲本"国"作"邦"，"邦"亦是诸侯国的意思。"以奇用兵"是说要以出其不意、攻其不备等计谋用兵打仗。"以无事取天下"，是说要以清静无为或不生事扰民的方式取信于天下人，凝聚天下人，使天下人向依道治国者归往。解读详见【辨析】一。

关于"以奇用兵"，《孙子兵法·势篇》曰："战势不过奇正，奇正之变，不可胜穷也。……凡战者，以正合，以奇胜。故善出奇者，无穷如天地，不竭如江河。"刘伯承元帅说："正兵和奇兵，是辩证的统一，是为将者必须掌握的重要法则。奇中有正，正中有奇，奇正相生，变化无穷。……什么是正兵呢？大体上讲，按照通常的战术原则，以正规的作战方法进行战斗的，都可以叫做正兵。根据战场情况，运用计谋，攻其无备，出其不意，打敌于措手不及。不是采取正规的作战方法，而是采取奇妙的办法作战的，都可以称为奇兵。"①

②夫天下多忌讳：在此句前王弼本、河上公本皆有"以此"二字，在"天下多忌讳"前皆无发语词"夫"字（因其前有"以此"，故"夫"字无必要），而简本、帛书甲乙本则皆无"以此"二字，皆有"夫"字。校定文据高明的校勘意见，从简本和帛书增"夫"，删"以此"。

高明先生综合俞樾与蒋锡昌的意见，指出第二十一章、五十四章都以"以此"二字作为"章末结句"，回答"吾何以知其然哉"的问题。本章此处不是章末，不当出现"以此"二字。他说："诚然，帛书甲、乙本与严遵等世传本均无'以此'二字，说明无'以此'二字是符合《老子》书中通例的。老子云：'吾何以知其然也哉？'正如蒋锡昌所云：'此言吾何以知天下必以无为治乎？以此下文知之也。'因蒋氏不知'以此'二字为衍文，故用'以此下文知之'解之。实际上老子是以下面四句极富哲理的论点直接解答'吾何以知其然'的疑问的，前后语气连贯，词义明确、流畅。可见'以此'二字非《老子》原本所有，乃由浅人妄增，当据帛书甲、乙本删去。"② 简本的出土证明古本此处没有"以此"二字，高说正确。在删去"以此"后，据简本和帛书增发语词"夫"，以增强前后文语气的连贯性，是必要的。

③天下多忌讳，而民弥叛：简本如是，帛书甲乙本、王弼本、河上公本、傅奕本"叛"皆作"贫"。"天下多忌讳，而民弥叛"即国家的禁忌法令过于繁苛，必然招致人民的叛乱。如陈胜吴广起义主要就是因秦法过于严苛，直接原因是他们戍边遇雨误期，而按秦法，不问情由，"失期当斩"，与其白白去送死，何不揭竿起义？由此证明，国家的禁忌法令过于严苛与人民的叛乱有直接关系，而与"民弥贫"似无必然联系，故校定文从简本作"而民弥叛"。

④法物滋彰，盗贼多有：简本、帛书乙本（甲本残损）及河上公本、景龙本、景福本如是。句谓：珍好之物多而彰显，盗贼就会增多。王弼本、严遵本、傅奕本、范应元本等"法物"作"法令"，为"法令滋彰，盗贼多有。"对这句话的校释，详见【辨析】二。

---

① 转引自陶汉章《孙子兵法概论》，第19页。

② 高明：《帛书老子校注》，中华书局1996年版，第103页。

⑤我无欲而民自朴：王弼本、河上公本、傅奕本如是。王弼说："上之所欲，民从之速也。我之所欲唯无欲，而民亦无欲而自朴也。"这里的"无欲"不是指没有自然的欲望，因为老子并不是一个禁欲主义者，他只是反对损害自然生命和危害人民利益的穷奢极欲，而且事实上作为拥有极大权力的君王若能不穷奢极欲就不错了。因此这里说的"无欲"是指无要弄心智的巧诈之欲，要朴素淡泊，宁静自然，以保持天真纯朴的赤子之心，专注于体道悟道和依道治国。作为圣人的治国者能如此做，人民自然也就纯朴了，所以说"我无欲，而民自朴"。无欲，简本、帛书乙本（甲本残缺）作"欲不欲"，意为以"不欲"为"欲"。

陈鼓应先生对"我无为而民自化，我好静而民自正，我无事而民自富，我不欲而民自朴"解释说："事实上，'好静'、'无事'、'无欲'就是'无为'思想的写状。'好静'是针对于统治者的骚乱搅扰而提出的；'无事'是针对于统治者的烦苛政举而提出的；'无欲'是针对于统治者的扩张意欲而提出的。可知'好静''无事''无欲'都是'无为'的内涵。如果为政能做到'无为'，让人民自我化育，自我发展，自我完成，那么人民自然能够安平富足，社会自然能够和谐安稳。"① 这给我们现代社会的启示是：政府的职能权限应适当弱化，并由权能型政府向服务型政府转变，政府的作用更多的应是为社会、为民众提供公共服务产品；同时要努力扩大公民参与公共事务和政治生活的范围，提高公民的政治参与和社会参与程度，为实现公民的自治、自化培植土壤。

译　文

要以道的自然无为原则治国，
以出奇制胜的谋略用兵，
以不生事扰民的原则凝聚天下人。
我何以知道这个道理的呢？
国家的法令越是繁苛，
人民就越容易反叛；
民间的武器越多，

---

① 陈鼓应：《老子注译及评介》，中华书局 1984 年版，第 33—34 页。

国家越容易陷入混乱；

人们的技巧愈是层出不穷，

奇异的东西就越不断涌现；

奇珍异宝越是彰显，

盗贼越会肆虐泛滥。

所以依道治国的君王这样说：

"我因任万民的自然本性而为之，

人民就会自我化育；

我不搞繁苛的法令而守静，

人民的行为就会自然端正；

我不生事扰民，

人民就会自然富足；

我淡泊寡欲，

人民就会自然淳朴。"

辨 析

一、本章提出的"以正治国，以奇用兵，以无事取天下"，是依道治国的根本原则。"以正治国"的"正"字是指道及其所体现的公正、自然、无为等特性。联系本章第三段所言，正是如此。"以正治国"就是依道治国，实行"无为而治"。"以无事取天下"并非像有些注家所说的是"以无所作为夺取天下"或"以无所事事取得天下"（《老子校读》，《帛书老子注译与研究》）。其实，这里的"取"字不是"掌握"或"取得"的意思，更不是"夺取"的意思，而是取信于、凝聚之义；"天下"在此是指天下人。"以无事取天下"是说要以无为（"辅万物之自然"）和不生事扰民的方式取信于天下人，凝聚天下人。"取"通"聚"。朱骏声《说文通训定声·需部》："取，叚（假）借为'聚'。"《左传·昭公二十年》："郑国多盗，取人于萑苻之泽。"王引之《经义述闻》谓其"盖从服虔本也。杜本作'取'者，借字耳。又，取，读为'聚'。谓群盗皆聚于泽中，非谓劫人于泽中也。"既然"取"通"聚"，而"聚"，聚集也，那么根据"取天下"的涵义，可将"聚"释为"凝聚"即凝聚天下人，与三十五章"执大象，天下往"同义。以"无所作为"或"无所事事"怎样能"夺取天下"或"取得天下"呢？

　　卢育三说"'以正治国，以奇用兵'是当时的名言，不是老子的主张。在老子看来，不论是'以正治国'，还是'以奇用兵'，都属于有为……都不好，不若'以无事取天下'为好。"① 这种说法是不当的。在老子看来，所谓"有为"指的是违反"道法自然"原则的作为，如七十五章"民之不治，以其上之有为，是以不治。""无为"是指依据"道法自然"的原则的作为，而不是无所事事。作为侯王或君王能不治国吗？无论在什么时代，只要有国家，难道无需治理吗？如遇外敌入侵，能束手待毙而不用兵打仗吗？关于"以奇用兵"，《孙子兵法·势篇》云："凡战者，以正合，以奇胜。……战势不过奇正，奇正之变不可穷也。奇正相生，如循环之无端，孰能穷之哉？"总之，"以奇用兵"就是要根据敌我双方的实际情况和战争规律，随机应变，以灵活机动的战略战术和出其不意，攻其不备，善于使敌以奇为正、以正为奇等计谋用兵打仗。若照卢育三之见，如不依道治国，又不能有效地保卫国家，自己尚不能立足，甚至国破家亡，又怎能"以无事取天下"呢？

　　对"以无事取天下"，刘笑敢作了这样的诠释。他说："根据老子的一贯思想，老子的'取天下'之'取'应该是《左传》中'取邑'、'取国'之'取'，是言其容易、轻易之意。这样，'以无事取天下'就顺理成章了。无事而取，当然是容易的。在《左传》中只有轻易获取某邑、某国的例子，而老子则进一步提出了以无事取天下的理想，这是老子思想的独特之处。"② 可备一说。

　　应当指出，王弼对"以正治国，以奇用兵，以无事取天下"作了并非正确的注解。他说："以道治国则国平，以正治国则奇正起也。以无事则能取天下也。上章云：'其取天下者常以无事，及其有事，又不足以取天下也。'故以正治国则不足以取天下，而以奇用兵也。夫以道治国，崇本以息末；以正治国，立辟以攻末。本不立而末浅，民无所及，故必至于（以）奇用兵也。"

　　之所以说王弼的注解并非正确，主要是因为他将"以正治国，以奇用兵，以无事取天下"割裂开来并且对立起来了。本来这三个分句的涵义是统一的，关键是"以正治国"。"以正治国"就是"以道治国"，只是相对于"以奇用兵"而以"正"代"道"，而在"以正治国"的情况下，也难免发生外敌入侵和内部叛乱，那么就需要"以奇用兵"；在"以正治国"的情况下，

　　① 转引自孙以楷《老子通论》，安徽大学出版社2004年版，第498页。
　　② 刘笑敢：《老子古今》，中国社会科学出版社2006年版，第485页。

就自然能做到"以无事取天下"。王弼则把"以正治国"与"以道治国"对立起来，并认为"以正治国则不足以取天下，而以奇用兵也。"显然，他是把"取天下"误为用武力夺取天下了。

二、关于对"法物滋彰，盗贼多有"的校释。此句简本、帛书乙本（甲本残缺）及河上公本、景龙本、景福本如是，而王弼本、严遵本、傅奕本、范应元本"法物"作"法令"，句为"法令滋彰，盗贼多有"。

河上公注曰："法物，好物也。珍好之物滋生彰着，则农事废，饥寒并生，故盗贼多有也。"

朱谦之说："案作'法令'是也，'法物'无义。强本成疏'法物犹法令'，知'法令'义优。《淮南子·道应训》、《文子·道原篇》、《史记·酷吏列传》引并作'法令'。'物'字盖涉上文'奇物'二字而误。'法令滋彰'与'上食税之多'，及'夫佳兵者不祥之器'，均可代表老子之政治主张，非仅反对珍好之物而已。"①

古棣认为河上公对"法物"的注释"此说不通，'法'训'好'无据。河上公古本作'法令'。大概有一种传本作'法物'，帛书乙本亦为'法物'；其意也是法令，《左传·隐公五年》：'君将纳民于轨物者也'，杜预注'不轨之物'谓'不入法度。'老子这两句话的意思是说：法令条文制订得多了，并且把它公布出来，民众就会依据法令条文进行斗争，就会引起乱子，就会出现大量盗贼，也就是说越治越乱。"②

朱谦之的校释情有可原，因为他没有看到简本；但他关于"'法物'无义"的看法是不对的，"法物犹法令"的说法亦似无根据。古棣说法物"其意也是法令"同样也无根据；他说："法令条文制订得多了，并且把它公布出来，民众就会依据法令条文进行斗争，就会引起乱子，就会出现大量盗贼"，其逻辑也不大通，因为法令条文都是统治者制订的，都是体现统治阶级的意志和利益的，民众依据这种法令条文所进行的斗争，必然只能是局限于统治阶级允许的范围内的所谓"合法斗争"，一般说来，这种"合法斗争"不会"引起乱子"，也不会从根本上有利于民众。"法"训"好"，把"法物"释为"珍好之物"也不能说就"无据"。如《后汉书·光武纪》注"法物，

---

① 朱谦之：《老子校释》，中华书局1984年版，第232页。

② 古棣：《老子校诂》，吉林人民出版社1998年版，第338页。

谓大驾卤簿仪式也①";《史记·吕太后本纪》:"乃奉天子法驾,迎代王于邸。"裴骃《集解》引蔡邕曰:"天子有大驾、小驾、法驾。法驾上所乘,曰金银车,驾六马。"宋濂《阅江楼记》:"法驾幸临,升其崇椒,凭阑遥瞩,必悠然而动遐思。"由此可见,天子所乘的车子称"法驾","法物"一般指天子专用之物,当然必是"珍好之物";王公贵族及剥削阶级的所有、所用之物一般也是"珍好之物"。这类的东西多而彰显,与"盗贼多有"有无关系呢?《黄帝四经·经法·四度》:"黄金珠玉藏积,怨之本也;女乐玩好燔材(盛置的意思),乱之基也。"《水浒传》里的"智取生辰纲"即其证也。再说统治阶级和剥削阶级的"法物"或"珍好之物"都是民脂民膏,榨取民脂民膏致使民众衣食无着、饥寒交迫,也是导致"盗贼多有"的原因之一。一些注家释"盗贼"为民间之起义者、暴动者,但在《老子》中未见称造反或暴动的民众为"盗贼"的。相反,老子是将"民之不治"("不治"之民有暴动之可能)、"民之轻死"即铤而走险的原因归于"其上"的,因此老子这里说的"盗贼"不可能是指暴动的民众,而是指的偷盗或抢劫财物者。

我们看到,在其他一些章节中,老子皆以"难得之货"与"盗贼"连言。如:三章"不贵难得之货,使民不为盗";十二章"难得之货,令人行妨","行妨"为行为不轨,严重者即盗贼;十九章"绝巧弃利,盗贼无有",此"利"即"难得之货"所带来的利,"巧"为获得此"利"的手段。"难得之货"即是法物。由此亦可证明"法令滋彰"应为"法物滋彰"。

与此相关,有些学者据王弼本"法令滋彰,盗贼多有"而认为老子反对法令,由此进而认为老子反对法治,具有无政府主义倾向。简本、帛书的出土,证明不是"法令"而是法物,使这种观点失去了根据。其实,老子并非反对法令,更没有反对法制和法治,从"而为奇者,吾得执而杀之"足以证明;老子所反对的不过是"天下多忌讳"即国家的法令严苛、"法令滋彰"和不依靠司法机构("司杀者")而"代大斧斫"(七十四章)而已。

从"天下多忌讳,而民弥叛;民多利器,国家滋昏;人多伎巧,奇物滋起;法物滋彰,盗贼多有"可以看出,老子认为"忌讳"、"利器"、"伎巧"、"法物"之所以不可"多",不可彰显,是因为这些东西都是与"道法自然"的原则背道而驰的,都是非"自然"的后天文明,都是"有为"的表现,愈多则愈束缚人的自然本性和生命活力,因而必然越治越乱。正确的做法是反

---

① 蔡邕《独断》:"天子出,车驾次第,谓之卤簿。""大驾卤薄仪式"指古代帝王外出时扈从的仪仗队。"法物"是在其极其奢华的意义上说的。

其道而用之。

三、老子在本章中指出:"我无为而民自化,我好静而民自正,我无事而民自富,我无欲而民自朴。"这里所说的"我"指的是"圣人"即理想的最高统治者。如果孤立地看待这几句话,并且将"无为"解释为"只管无所作为",将"无事"诠释为"只管无所事事"(张松如、任继愈等)的话,那么说明老子所强调的"民自化"、"民自正"、"民自富"、"民自朴"所体现的政治思想确有无政府主义之嫌,亦即认为政府不仅是多余的,而且是有害的,因为那些整天无所事事、游手好闲的政府工作人员还需人民来供养。显然,如果这也算作"无政府主义"的话,那么这种意义上的无政府主义与普鲁东、巴枯宁和克鲁泡特金所主张的无政府主义是有显著区别的。有学者就认为老子"清静无为"的治国之道"有一定的自然主义和自由主义成分或倾向"是不可否认的,虽然它不占主导地位。

何谓"自然主义"?虽然批评者未予以解释,但它是贬义范畴则是肯定的。我们知道,老子所说的"自然",与近现代"自然界"或"大自然"意义上的"自然"根本不是一码事,它是指事物(含人,而且主要指人)的初始状态,事物的纯朴本性,以及事物因性而为的运作方式。因而"自然主义"(并非老子的思想主张)当指一切听其自便,信马由缰,任其所为,否定来自各个方面特别是"上面"的任何引导和干预。显然,这种不加区别地反对一切引导和干预的思想和政治主张是不当的,错误的,它的后果也是不可想象的。在先秦乃至中国整个古代,尚无"自由主义"这个范畴,这是一个西方的外来词。就其渊源而言,"自由主义"的名词提出于十九世纪初,其代表人物是法国的孔斯旦和英国的边沁等。他们把资产阶级革命时期的"自由"、"民主"口号按照资产阶级政权确立以后的要求加以修改和补充,主张个人活动和发展的完全自由,提倡个人权利,实现毫无约束的企业主的自由竞争,拥护有财产限制的选举权和两院制议会等等。马克思指出,资产阶级的自由主义是"把历代的一切封建特权和政治垄断权合成一个金钱的大特权和大垄断权。"[①] 可见这种"自由主义"不过是体现资产阶级的愿望、意志、利益和要求的主义,它的实质是金钱的绝对自由,左右一切,为所欲为,因而与广大劳动人民的愿望、意志和要求无关。二十世纪后期以来,在西方乃至中国出现了经济上和政治上的所谓"新自由主义",因为情况比较复杂,一言难尽,故在此不予解释。"自由主义"的另一个内涵是指革命组

① 《马克思恩格斯全集》第 2 卷,人民出版社 1957 年版,第 647 页。

织和革命队伍中取消思想斗争，主张无原则的和平共处的一种错误倾向，它的主要表现是只要个人，不顾集体，自由放任，无组织、无纪律等等，它的特征及其危害性在毛泽东《反对自由主义》①一文中有详细的论述，兹不一一。总之，自然主义和自由主义皆具有无政府主义的倾向，前者在政治上似可归结为无政府主义（当然，艺术上作为创作手法的自然主义不在其内）。

那么老子有无否定一切形式的国家和政府权力的无政府主义思想呢？似不能抽象地回答这个问题，而应作具体分析。老子主张不要国家和政府吗？非也。据统计，在《老子》中，"国家"凡2见，"治国"凡5见，"有国"凡2见；此外的"国"字凡5见，与"国"同义的"邦"（含大邦、小邦）字凡11见，社稷1见；至于当今"全中国"意义上的"天下"在《老子》中可以说比比皆是；还有"政"（指政府的施政，政策，政令）凡2见。因此，可以说老子大谈国家和政治，从这种意义上说，老子并非否定国家、政府及其作用。老子主张无论什么样的国家和政府及其首脑人物都要吗？非也。老子指出："以智治国，国之贼；不以智治国，国之福"（六十五章）；他强调要"以正治国"（五十七章），"治大国，若烹小鲜"，要"以道莅天下"（六十章）。而所谓"以正治国"，"以道莅天下"，"不以智治国"，就是要依道治国，即以"无为"的原则治国。"无为"是老子政治主张的核心。"无为"的政治主张主要是针对侯王等统治者违背人民的自然本性和根本利益而实行专制独裁和滥用权力而提出的。从而可以看出，对于能体现依道治国原则的国家（指政治意义包括主权意义上的国家，而不是指疆域、领土意义上的国家）、政府及其统治者，老子是予以肯定的，尽管尚不是现实存在；而与此相反的国家、政府及其统治者，老子是予以否定和反对的。所以不能笼统地或抽象地谈问题。就拿老子说的"我无为而民自化，我好静而民自正，我无事而民自富，我欲不欲而民自朴"来说，老子是希望君王等统治者"无为"、"好静"、"无事"、"不欲"，从而使人民能够实现"自化"、"自正"、"自富"、"自朴"，亦即给予人民以充分的生存和发展的空间。这种尊重人民的意愿，维护人民的自然性、自由性、自主性的理念，代表了中国古代自由民主和社会自治的精神诉求，在中国古代政治思想史上具有不容忽视的重要地位，而且至今其现实意义也是不容否定的。

另一方面，《老子》虽然有五处提到和论述"自然"，但不能归结为自然主义，更不能归结为无政府主义。老子说，圣人"以辅万物之自然而弗敢为也。"（六十四章）在老子的词典里，"自然"的主要涵义是"自己如此"、"自成"或自己成就自己的意思。我们从老子前面的那句话可以看出，他是充分肯定而不是排斥最高统治者及其领导下的政府顺应"万物"（实际是"万民"）的自然本性及其发展趋势而予以"辅"（辅助、引导、必要的干预等）的行为和作用的，因而不能将其归结为自然主义和无政府主义。

此文开头说，老子关于圣人"无为"、"无事"和人民"自化"、"自正"等等的议论在本章中并非孤立的。它是基于"有为"政治及其后果（"天下多忌讳，而民弥叛；民多利器，国家滋昏；人多技巧，奇物滋起；法物滋彰，盗贼多有。"）而主张"以正治国，以奇用兵，以无事取天下"原则的体现。

再从《老子》的其他章节看，比如，"小国寡民"章（八十章）似乎是最能说明老子"有一定的自然主义和自由主义成分或倾向"的了。但在笔者看来，是章集中表现的是老子对社会政治环境和平宁静，广大人民安居乐业、丰衣足食的精神诉求。这种社会条件下的"国"虽然"小"，但毕竟是"国"；既然是"国"，自然就会有领导者——虽然老子没有说有无类似于管理公共事务的政府，但想必也应该是有的，只是这样的政府及其成员不会去压迫和剥削广大人民群众罢了；况且"小国寡民"并非是老子的政治理想，他的政治理想是通过"执大象，天下往"（三十五章）而实现"天下"即全中国的统一，进而做到"以道莅天下"。显然，按照老子的思路，在全中国统一的情况下，应当有依道治国的君王和强有力的政府，否则是不会长治久安的。所以，我们也不能由此得出老子具有无政府主义倾向的结论。

值得注意的是，王弼和现代学者徐梵澄从本末关系的高度对本章的思想内容作了分析和诠释。对"天下多忌讳，而民弥贫"等四句，王弼注曰："皆舍本以治末，故以致此也"；他对"我无为而民自化"等四句注曰："上之所欲，民从之速也；我之所欲唯无欲，而民亦无欲而自朴也。此四者，崇本以息末也。"应当说王弼的诠释颇得要领。前者所采取的做法是"舍本以治末"，亦即舍弃"以正治国"的原则，只抓具体问题，诸如"民叛"、"国家滋昏"、"奇物滋起"、"盗贼多有"等等，则越治越乱；与此相反，如能采取"崇本以息末"亦即"以正治国"的做法，按照道所体现的自然无为的原则治国，以抓根本为主，标本兼治，则能取得"民自化"、"民自正"、"民自富"、"民自朴"的理想的效果。徐梵澄说："'民多利器，国家滋昏；人多技巧，奇物滋起；法令滋彰，盗贼多有'，此宛如老氏预知今日欧美社会而为言者也。举凡利器、智能、法令，皆可贵者也。文明以是而进。然祸患亦以是而益深，成其恶性循环，将文网法令增多，而盗贼奸伪更起，是治其标末而未图其根本也。"①

徐梵澄曾长期生活在国外，这些议论是他对现代资本主义社会长期观察和思考的结果，自然有其真实性和深刻性。

另一方面，我们也应看到，老子不仅强调民"自化"、"自正"、"自富"、"自朴"，而且强调民众和社会的管理者要"不自生"、"不自见"、"不自伐"、"不自贵"、"不自为大"，以及"后其身"、"外其身"、"无私"，亦即要求限制个体的极度膨胀；其实，老子的"无为"也包括了对个体的欲望、权利和行为的限制，即内向的无为，就是说要个体自觉地抵制为所欲为的念头和行为。从这一方面看，老子也不赞同自由主义和无政府主义。

前面重点讲到老子的"无为"，刘笑敢对"无为"作了精辟的诠释，他说："如果我们把无为作为实现社会自然、和平、稳定发展的手段，那么无为便可以重新定义或解释为'实有似无的社会管理行为'。具体说来，就是通过最少的、必要的、有效的法律制度和管理程序把社会的干涉行为减少到最低限度，从而实现社会的自然和谐与个人自由的协调发展。"②

四、李泽厚在《中国古代思想史论》中讲到老子的军事思想与《孙子兵法》的关系问题。他说："《老子》确有多处直接讲兵。有些话好像就是《孙子兵法》的直接延伸"；"孙子说：'凡战者，以正合，以奇胜。'《老子》说：'以正治国，以奇用兵。'但老子实际上是把用兵的'奇'化为治国的'正'，把军事辩证法提升为'君人南面之术'——统治、管理国家的根本原则和方略"；又说："《老子》把《孙子兵法》中所列举的军事活动中的那许多对立项（矛盾）进一步发展到了自然现象和人事经验"。③

从李泽厚以上的论述看，他认为老子的军事思想是对《孙子兵法》的传承和向治国方略的提升与转化。那么依其逻辑应是《孙子兵法》早于《老子》，而且老子见到了《孙子兵法》并受其启发才有了自己关于军事方面的论述的。笔者对于李泽厚此论颇为怀疑，但根据不足，为此专访和请教了中国古代军事史著名专家、中国人民解放军军事科学院研究员霍印章先生。据霍印章的考证，情况是这样的：

---

① 徐梵澄：《老子臆解》，中华书局 1988 年版，第 82 页。
② 刘笑敢：《老子古今》，中国社会科学出版社 2006 年版，第 562 页。
③ 李泽厚：《中国古代思想史论》，天津社会科学院出版社 2003 年版，第 76—78 页。

《孙子兵法》的作者孙子（孙武）约生于公元前541年，比孔子约小10岁，比老子约小30岁。《孙子兵法》（十三篇）当成书于公元前512—前506年之间，即孙子奔吴之后，任吴将灭楚之前，他每写好一篇，即呈送吴王阖间看，吴王每称之曰"善"。他在灭楚入郢的柏举之战以后，晚年归隐又作了修改——这从其《火攻篇》中的某些内容（"主不可以怒而兴师，将不可以愠而致战；合于利则动，不合于利而止；怒可以复喜，愠可以复悦，亡国不可以复存，死者不可以复生。故明君慎之，良将警之，此安国全军之道也。"）可以看出。但是，《孙子兵法》成书后曾长期未在社会上流传，所以在春秋末期、战国初期和中期的文献中均不见记载，直到战国后期即成书近200年后，其中的某些论述才陆续见诸于《卫缭子》、《荀子》、《韩非子》、《吕氏春秋》等。孙子的后世子孙孙膑在《孙膑兵法》（1972年出土于山东省临沂地区银雀山汉墓）中大量引证了《孙子兵法》中的论述，而孙膑也是在战国中后期了，况且《孙膑兵法》在先秦也一直未见在社会上流传。不过，在银雀山汉墓中同时发现了《孙子兵法》竹简三百余枚，近三千字，其中二千多字与今本《孙子兵法》十三篇大致相同。这说明《孙子兵法》有可能从战国末期开始在社会上流传。但在战国中期之前社会上不见《孙子兵法》流传则是不争的事实，更不用说在春秋末期了。（引自霍印章先生与笔者面谈笔录）

由此可以证明，《老子》成书之前，老子不可能见过《孙子兵法》，关于老子的军事思想是对《孙子兵法》的继承和向治国方略的提升与转化的看法是不确的，没有根据。当然，如果说《孙子兵法》是对《老子》的传承也缺乏根据，因为《孙子兵法》是孙武子借助于《周易》的辩证法思想而对战争经验的总结和理论上的概括，而《老子》则主要是从治国的角度讲到战争观和军事思想的。

五十九章

　　将欲取天下而为之①，吾见其弗得已！夫天下，神器也②，不可为也，不可执也；为者败之，执者失之③。

　　夫物或行或随④，或嘘或吹，或强或羸，或载或堕⑤。

　　是以圣人去甚，去奢，去泰⑥。

（通行本第二十九章）

```
注　释
```

　　①将欲取天下而为之，吾见其弗得已：帛书如此，王弼本、河上公本、傅奕本弗作"不"，为"将欲取天下而为之，吾见其不得已"。"不得已"有可能误解为"迫不得已"之义，而"弗得已"却只能理解为"不可得之矣"。后句的文义显然是"不可得之矣"，故校定文从帛书作"将欲取天下而为之，吾见其弗得已"。"将欲取天下而为之"之"取"，是"取信于"，亦有凝聚的意思；天下，在此是指天下人。

　　句谓：要想使天下人归心、归往，如果违背人的自然本性反其"道"而为之，我看是达不到目的的。解读详见【辨析】一。

　　②夫天下，神器也：帛书乙本如是（甲本残缺）；今王弼本、河上公本为"天下神器"四字。古棣说："第二句的'天下'之上，傅奕本、范应元本、帛书乙本（甲本缺文）有'夫'字，范注：'阮籍同古本。''夫'乃发语词，有之，于文气为长。"他又说："'神器'之下，帛书甲本和乙本、河上公古本、傅奕本、王弼《永乐大典》本皆有'也'字，是知古本皆有'也'字。按文气也应有'也'字。另，'夫天下，神器也'是说天下即'神

器’，不是说‘天下之神器’或‘天下’‘神器’为两回事，因此加‘也’字以免发生误解（古无标点，‘天下’处不逗）。"① 张丰干也说，通行本"天下神器，不可为也"，似乎神器是"不可为也"的主语，神器又解为"朴散则为器"之"器"，意同万物，句义可疑。而帛书作"夫天下，神器也，不可为也"，则全句主语是"天下"，"神器"指天下，"非可为也"也是指涉天下，意义甚明。② 古棣、张丰干之说是，故校定文从帛书乙本作"夫天下，神器也"。句谓：天下人是神圣的啊！解读详见【辨析】二。

③不可为也，不可执也。为者败之，执者失之：世传诸本无"不可执也"一句，校定文据易顺鼎、马叙伦的校诂并从《文子》所引和王弼注文增补。

易顺鼎说："按'不可为也'下当有'不可执也'一句，请举三证以明之。《文选》千令升《晋纪总论》注引《文子》称《老子》曰：'天下，大器也，不可为也，不可执也；为者败之，执者失之。'其证一。王注云：'故可因而不可为也，可通而不可执也。'王注有，则本文可知。其证二。下篇六十四章云：'为者败之，执者失之，是以圣人无为故无败，无执故无失。''无为'即'不可为'，'无执'即'不可执'。彼文有，则此文亦当有。其证三。盖有'执者失之'一句，必先有'不可执也'一句，明矣。"（《读老札记》）

马叙伦也说应补此句并补充一证："彭耜引黄茂才曰：'天下神器，不可为也，不可执也，至于人身，独非神器乎？'是黄见本有此一句。"（《老子校诂》）对易顺鼎、马叙伦之说，注家多从之。

对此文，王弼注曰："万物以自然为性，故可因而不可为也，可通而不可执也。物有常性而造为之，故必败也；物有往来而执之，故必失矣。"从王弼注可知，王弼原文应有"不可执也"。

④夫物或行或随：王弼本、河上公本"夫"作"故"。根据上下文义，不应有"故"字。景龙本、敦煌丁本、次解本故作"夫"。"夫"为发语词，用于此确当，故校定文从之。

物，此处当指人或人类社会，因为"夫物"二字是承上启下的，而其上段是讲人事和治国问题的，其下段不可能去讲与人完全无关的"物"，况且视下段之文义，也是讲人的各种不同特点或情况的。鉴于上，故将"夫物"

---

① 古棣：《老子校诂》，吉林人民出版社 1998 年版，第 314 页。
② 张丰干：《老子索隐（六则）》，《华学》（第四辑），紫禁城出版社 2000 年版，第213—224 页。

释译为"大凡人类社会之中——"。

　　⑤或载或堕：河上公本如是，王弼本载作"挫"。堕与载相对，而与"挫"不类，故校定文从河上公本作"或载或堕"。对此句，河上公注曰："'载'，安也；'堕'，危也。"对"或载或堕"，接引上文，似应作出积极意义的诠释，故可释为：有的能当大任，有的不堪重负。

　　⑥是以圣人去甚，去奢，去泰：甚，过度；奢，奢侈；泰，极端。句谓：因此，明道的圣君总是摒弃过度，杜绝奢侈，不走极端。此句意在强调在治国从政中，应当因循人的自然本性，因应事物的性质与特点，把握好"度"，采取的方略、措施适当，不走极端。

译　文

　　要想使天下人诚心归往，
　　却又反其"道"而为之，
　　我看是无法实现的。
　　天下人是神圣的啊！
　　对他们不可强行所为，
　　也不能硬性控制。
　　强行所为的，必然失败；
　　硬性控制的，必将失去。
　　大凡人类社会之中——
　　有的前行，有的后赶；
　　有的沉稳，有的强悍；
　　有的羸弱，有的刚健；
　　有的能当大任，有的不堪负担。
　　因此，明道的圣君总是——
　　摒弃过度，杜绝奢侈，不走极端。

辨　析

一、关于"将欲取天下而为之，吾见其弗得已"的解读。蒋锡昌说：

"《广雅·释诂》三：'取，为也'。《国语》：'疾不可为也'。韦解：'为，治也。'是'取'与'为'通，'为'与'治'通。故四十八章河上公注：'取，治也。''为'者，为有为也。'将欲取天下而为之，吾见其不得已。'言世君将欲治天下而为有为者，吾见其无所得也。"① 对蒋的解读，注家多从之。

蒋锡昌对"将欲取天下而为之"中的"取"字绕了两个弯子后训为"治"，于是将"取天下"释为"治天下"。但是，据统计，在《老子》中，"治"字凡十一见，其中"治国"凡四见，即五十七章的"以正治国"，六十章的"治大国"，六十五章的"以智治国"和"不以智治国"。如果老子这里说的"取天下"就是"治天下"，那么他为什么不直接写成"治天下"而何须作两次通假呢？此其一。其二，我们知道，《老子》书主要是写给侯王们看的。侯王者，诸侯国之王也。当时没有任何一个侯王有"治天下"（即统治全中国）的任务，因而老子也不可能对他们讲关于"治天下"的问题。其三，周天子虽然有"治天下"的责任，但他当时已形同虚设，没有人听他的，因此无论是"为之"还是"无为"之，都已与他无涉，所以老子绝不会"对牛弹琴"。鉴于以上分析，余以为"取天下"不宜于释为"治天下"或"治理天下"、"统治天下"。

况且蒋锡昌引证的《广雅·释诂》三之中的"取，为也"是缩写，其原文是"取，厉，役，靡，伪，卬，方，为也"，这是说前面这些特殊的字都是一种行为。如果按照蒋锡昌的推理方法，这些特殊的字都通为"为"，而"为"可通"治"，那么"厉，役，靡，伪，卬，方"都可训为"治"，显然是不可思议的。

尹振环将"将欲取天下而为之"译为："谁要想夺取天下而为私"。显然他是把"取天下"释为"夺取天下"的。他说，当时"王霸之术渐渐成为政治家、思想家议论的话题。尽管老子之晚年兼并战争还没有达到战国中后期那样的水平，但已经有了统一天下的苗头。当时虽然还不可能想到像秦始皇那样一统天下，但追忆商周那样的一统天下，却是无疑的。老子自然会提出自己的看法。当时他只是反对强力夺取天下。此章明明白白写的是'取天下'，接着下面一章又是'以兵强天下'，可见'取天下'即夺取天下。"② 但是，无论是"商周那样的一统天下"也好，还是后来的"秦始皇那样的一统天下"也好，都是通过残酷的兼并战争而实现的；侯王们都是有军队的，

① 蒋锡昌：《老子校诂》，商务印书馆 1937 年版，第 192—193 页。
② 尹振环：《帛书老子释析》，贵州人民出版社 1998 年版，第 366 页。

如果不用"强力"或兼并战争的办法，怎样"夺取天下"呢？况且"夺"字本身就充满了火药味。老子之本意恐非如此。因此，尹振环的解读似不可取。

在笔者看来，这里的"取天下"仍如本书上一章说的"以无事取天下"的意思，即"天下"是指"天下人"，"取"是取信于、凝聚的意思。"取天下"是说取信于天下人，或使"天下归心"，主要办法就是"执大象"即依道治国，这样一来，就会出现"天下往"（三十五章）的局面，久之，就可以一统天下。在老子看来，这是无需采用残酷的兼并战争手段的。三十七章的"道常无为而无不为，侯王若能守之，万物将自化"，三十二章的"侯王若能守之，万物将自宾"，也都是讲的这个意思。苏辙对"将欲取天下而为之，吾见其不得已"注曰："凡物皆不可为也。虽有百人之聚，不循其自然而妄为之，必有龃龉而不服者，而况天下乎？虽然小物寡众，盖有可以力取而智夺者，至于天下之大，有神主之，不待其自归则叛，不听其自治则乱矣。"[①]

苏辙解说中除了"有神主之"的说法外，大体是对的。总之，在余看来，"将欲取天下而为之，吾见其弗得已"的意思是说，要想使天下人归心、归往，如果反其"道"而行之即违背人民的自然本性强行作为，我看是达不到目的的。

刘笑敢对"取天下"之"取"字释为"容易"。他说："《老子》中三次讲到'取天下'，一般人会想到'夺取'天下，这似乎与老子自然、无为的主张相矛盾，于是很多当代的学者就跟从河上公注将'取'解释为'治理'。然而，老子明明有很多'爱民治国'、'以正治国'的说法，为什么又要发明用'取'来代替'治'的用法呢？查来查去，古代并无以取为治的用法，河上公之注不足为据。'取'到底何意？终于查出《左传》中多次讲到'取，言易也'，即不动干戈，容易获得的意思。这样来理解老子之'取天下'就与自然、无为的主张完全没有矛盾了。"[②] 此可备一说。

二、对"夫天下，神器也"（王弼本、河上公本作"天下神器"）的解读，历来注家意见不一。对这句话，王弼注曰："神，无形无方也。器，合成也。无形以合，故为之神器也。"古棣批评说："王弼不知'神器'为上古专门名词，与王注类似的注者不少"，他又说；"按：'器'即器具，'神器'

---

① 《四部要籍注疏丛刊·老子》，中华书局 1998 年版，第 615 页。

② 刘笑敢：《四海游学散记》，中华读书报 2011 年 2 月 16 日。

即祭神之器（亦称礼器），这应是'神器'的第一义项。古代神权和政权密不可分，神权即政权，所以神器又是国家机器的象征，进而把天下、国家称为神器。例如周王朝的鼎就是一种神器，楚王向周天子的使者问鼎（问鼎轻重大小），便是觊觎王权的一种表现（见《左传》宣公三年），后来便把图谋夺取天下叫作'窥伺神器'。因此，常常把神器当作天下（即国家政权）的同义语。"①

古棣既然将"天下"和"神器"看作"同义语"亦即皆为"国家政权"，那么他怎样释译"夫天下，神器也"这句话呢？他将其译为："天下，国家政权。"我们通常说"执掌国家政权"或"掌握国家机器"。但下文是"不可为也，不可执也"。"国家政权"怎么又成为"不可为也，不可执也"的东西了呢？对这两句话，古棣译为："是不可以用'干预'的办法去治理，去把持的。"我们知道，国家政权或国家机器本身是强力之最，它对社会生活的某些方面岂止是"干预"，简直主要是"强制"，否则要政府、军队、警察、法院、监狱干什么？古棣说的"不可以用'干预'的办法去治理，去把持"的是什么呢？从上文看应是"天下，国家政权"，但对天下及其"同义语"的国家政权，怎么谈得上是否可以"用'干预'的办法去治理，去把持"呢？从未听说过用"干预"的办法去治理国家政权的。总之，余以为古棣对"神器"的解释似乎持之有故，但与本章中"神器"的涵义无关；他对"夫天下，神器也"及其下文的"不可为也，不可执也"的解读和释译不能说是言之成理的，甚至是不能自圆其说的。

对"夫天下，神器也"这句话，高亨译为："天下是神圣的器物"；任继愈译为："天下这个怪东西"；张松如译为："这天下是具有神秘性的东西呀"；陈鼓应译为："'天下'是神圣的东西。"从这几则译文可以看出，第一，虽然所据多是王弼本之"天下神器"（惟张松如据帛书乙本），但都没有将其理解为"天下的神器"，这是对的；第二，在译文中皆未对"天下"之含义作解读，对"神器"也多是望文生义。

在《老子》中，"天下"是一个多义词。要正确地解读此句中"天下"之含义，似应从以下两个方面加以分析：一是联系本章之上下文加以分析，二是从《老子》其他章节中出现的"天下"一词的情况进行分析。先说第二方面。据统计，在《老子》中，"天下"一词凡 52 见，涉及 30 章，大体有三种含义：一是指范围，即现在说的全世界，如"天下万物生于有"（四十

---

① 古棣：《老子校诂》，吉林人民出版社 1998 年版，第 315—316 页。

章），"天下有始，以为天下母"（五十二章）等；二是指天下人，主要是指人民群众，如"天下皆知美之为美"（二章），"执大象，天下往"（三十五章），"天下莫能知，莫能行"（七十章）等；三是指国家或国家政权，如"若可寄天下"，"若可托天下"（十三章），"以道莅天下"（六十章），"受国不祥，是为天下王"（七十八章）等。显然，对"夫天下，神器也"既然不能作"天下的神器"理解，也就排除了对"天下"作第一种含义解读的可能。对"天下"的第三种涵义并不适用于本文的解读，前面已作了分析。那么能否作第二种含义即"天下人"或人民群众来理解呢？余以为是完全可以的，也是恰当的。这是因为：

第一，从其下文即"不可为也，不可执也"来看，世界上最应当"不可为也，不可执也"的是人或人民。

第二，从本章第二段即"夫物或行或随……"来看，虽然说是"物"，实际上讲的是人的秉性和人类社会的特点。

第三，在【辨析】一之中对"将欲取天下而为之"的"天下"是指"天下人"已经作了分析。这样一来，本章上下贯通，"天下"皆指的是"天下人"，当时指的是全中国的人，以区别于某一个诸侯国的人数。"夫天下，神器也"的"神器"是说"天下人"不同于牛马，他们是有思想有智慧的，是不可以任意驱使的，只应因循其自然本性加以适当引导并发挥他们的积极性、主动性和创造性，所以"不可为也，不可执也"。因此，"夫天下，神器也"似可译为："天下人是神圣的啊！"

述　评

在本章中，老子从根本依据的角度重申了"无为而治"的政治主张，其根本依据就是"夫天下，神器也，不可为也，不可执也；为者败之，执者失之"。进一步说，是"夫物或行或随，或嘘或吹，或强或羸，或载或堕"。这里的"物"是指人。"物之不齐，物之性也。"人作为万物中的一种，具有不同于他物的突出特点，而每一个人的禀赋和情况又各有不同。"或行或随，或嘘或吹，或强或羸，或载或堕"，就是形容人的不同特点和情况的。因此对人的管理不应采取"一刀切"的办法，不能运用同一模式，而必须顺应不同人的不同特点而采取不同的方法。但是，作为"神器"的天下人也有其共同的本性，这就是一要求生存，二要谋发展，三是有思想，四是要自由。天下人（主要指广大人民群众）的这些自然本性，任凭三皇五帝、天娘老子使尽浑身解数，对它都是无可奈何的。即使是奴隶社会的奴隶或服刑期间的罪犯，他们虽然形同牛马，但其自然本性一条也没有被消灭，而且也是消灭不了的，只是缺乏实现的条件而已。其中所谓有思想、要自由，即人人都有信念、有意志、有愿望、有追求，具体情况虽然千差万别，但在不同于牛马、不愿被任意欺凌，任意驱使，追求自由生活和个性发展上却是共同的。所谓"无为而治"，就是要求治国者必须顺应而不是违逆人的这些自然本性而施政，尽力为人的这些自然本性的实现创造良好的环境和条件，而不可阻挠和压制人的这些自然本性。老子说的"不可为也，不可执也。为者败之，执者失之"，就是说的在施政过程中不可违逆人的这些自然本性，否则就会导致民心的丧失和政治的失败。

我们看到，庄子关于"无为而治"的思想也有一些与老子的观点相契合之处。《庄子·应帝王》集中阐述了这方面的思想。首先，庄子借肩吾与狂接舆的对话，说明了"君人者以己出于经式义度，人孰敢不听而化诸"是"欺德也。其于治天下也，犹涉海凿河，而使蚊负山也。"意思是说，做国君的如果仅凭自己的私意制定政策法律，以为这样人民就不敢不听从并被感化，这完全欺人之谈。这样去治理天下，就如同在大海里凿河，使蚊虫背山一样不合情理、愚蠢可笑。这里，庄子对独裁者以私意厘定国家法规的行径作了有力的批判。他还借无名人之口说，君王"顺物自然而无容私焉，而天下治矣。"意谓治国者如能顺应人民群众的自然本性而不是出于己意私图而治国理政，那么就会出现太平盛世。庄子又说："老聃曰：'明王之治，功盖天下而似不自己，化贷万物而民弗恃；有莫举名，使物自喜；立乎不测，而遊于无有者也。'"（《庄子·应帝王》）意思是说，圣明的君王治理政事，其功绩广被天下却像和自己不相干一样，教化施及万民而人民不觉得有所依恃，他虽有功德却不图其名声，他使万物各得其所，而自己立于不可测识的地位，而行若无事。这与老子说的圣人治国之"处无为之事，行不言之教"和"生而不有，为而不恃，长而不宰，功成而弗居"（二章）的品德和行为是完全一致的。

本章末句为"是以圣人去甚，去奢，去泰"。就是去除过分，去除奢侈，不走极端。这里老子实际上提出了防止向对立面转化的思想。"反者道之动"是事物发展的必然规律。但是，并非任何事物向它的对立面转化都是对自己有利的。比如我们要维持新生事物的勃勃生机，保持优良事物的长盛不衰，既得利益者不愿丧失既得利益，统治阶级不愿退出历史舞台等即是如此。但是，物极必反，事物发展到它的极端，过分了，必然要走向它的反面，这是不依人们的主观意志为转移的。因此"去甚"、"去泰"是防止向对立面转化的重要举措；奢侈腐化也是一种过分的、极端化的表现，也是导致向对立面转化的重要因素。因此老子提出了"去甚，去奢，去泰"的主张。

为了防止向对立面转化，围绕"去甚，去奢，去泰"，《老子》中有一系列的论述。如：

1. "持而盈之，不如其已；揣而锐之，不可长保；金玉满堂，莫之能守；富贵而骄，自遗其咎。功遂身退，天之道也。"（九章）由此可见，要防止向对立面转化，就要持而不盈，揣而不锐，不使金玉满堂，富贵不骄，功遂身退。

2. "知其雄，守其雌"，"知其白，守其黑"，"知其荣，守其辱"。（二十八章）

3. "弱者，道之用。"（四十章）

4. "知足不辱，知止不殆。"（四十四章）

5. "见小曰明，守柔曰强。"（五十二章）即要见微知著，持守柔弱。

6. "和曰常，知和曰明。益生曰祥，心使气曰强。物壮则老，谓之不道，不道早已。"（五十五章）即要防止向对立面转化，就要知明，不益生，不使气，并且采取适当的措施，延缓物壮的进程。

7. "挫其锐，解其纷，和其光，同其尘。"（五十六章）

8. "以正治国，以奇用兵，以无事取天下。"（五十七章）

9. "为无为，事无事，味无味。"（六十三章）

10. "其安易持，其未兆易谋，其脆易泮，其微易散，为之于未有，治之于未乱。"（六十四章）

防止向对立面转化的根本目的，是使自己立于不败之地，进而能够战胜对方。在这里，老子提出的主要办法有三条：一是"弱者，道之用。"即顺应事物的特性及其发展的趋势，用柔弱的方法因势利导，使事物的发展不越出自己所希望的界限；二是"知足知止"，不任意扩张自己的私欲；三是"为之于未有，治之于未乱。"对于有可能发生的社会政治性祸乱，要防微杜渐，见微知著，未雨绸缪，尽力将其消灭在萌芽状态之中，防止事态扩大。

老子虽然有"反者，道之动"（在运动中向对立面转化）等的论述，他也看到事物矛盾的转化是事物发展的必然规律，但他对事物向对立面转化的积极作用估计不足，不懂得事物的矛盾及其向对立面的转化是事物特别是社会发展的根本动力和必然要求，未能站在积极促使事物转化的立场，因此他所论述的重点在于防止向对立面的转化，这说明了老子的历史局限性和阶级局限性。

六十章

古之善为道者，非以明民，将以愚之①。民之难治，以其智之②

故以智治国，国之贼；不以智治国，国之福。

此两者，亦稽式③。常知稽式，是谓玄德。玄德深矣，远矣，与物反矣，然后乃至大顺④。

（通行本第六十五章）

注　释

①古之善为道者，非以明民，将以愚之：王弼本、河上公本、傅奕本如是，帛书无"善"字，后两句句尾有"也"字。句谓：古代善于为道的人，并不是要比人民明智，而是将比人民愚朴。解读详见【辨析】一。

②民之难治，以其智之："以其智之"，帛书甲乙本为"以其知也"；王弼本为"以其智多"。劳健说："道藏严遵本作'以其知之'"，并说"此与上文'将以愚之'句两'之'字为韵，当如严本。"① 老子文章很讲究整齐美、对称美，并注意用韵，故校定文从严本。"以其知之"中的"知"读为"智"，古知、智通用。句谓：人民之所以难治，是因为统治者以"智"来治他们。因王弼本此句作"以其智多"，"智"用其本字，有学者就说："'智'为后起字，《老子》故书当作'知'，'知'皆为'智'字。"事实并非如此，其中一个有力的佐证是，比王弼本乃至帛书的历史久远的简本《老子》全书未见一个"知"字，该用"知"字的，皆为"智"字。解读详见【辨

① 劳健：《老子古本考》。

析】二。

③此两者，亦稽式：意思是说，"以智治国，国之贼；不以智治国，国之福"这二者，是治国的法则。在"此两者"前，王弼本有"知"字，傅奕本有"常知"二字，帛书有"恒知"二字。

高亨说："此上王本原有'知'字，龙兴观碑无，今据删。'稽'河上本作'楷'。亨按：王本'知'字涉下文而衍。……'此两者亦稽式'，言'以智治国，国之贼；不以智治国，国之福'二者，乃治国之法则也。衍一'知'字，则不可通。"[①] 后来高亨又说："'此'上，王弼本有'知'字，龙兴观碑无。'知'字乃涉上下文而衍，今据删。稽，帛书甲乙本同，河上公本、景龙碑、景福碑均作'楷'。按稽借为楷。《广雅·释诂》：'楷，法也。'《说文》：'式，法也。'楷式，法则。"[②] 由此可知，"此两者"前的"知"字或"常知"、"恒知"乃涉上下文而衍，有"知"（"常知"、"恒知"）字，就成了"知道这两种法则"（这件事本身）是法则了，文意反而不通，故校定文据高亨之说，从龙兴观碑。

④玄德深矣，远矣，与物反矣，然后乃至大顺："与物反矣"的"反"字可作两种理解，一是相反，一是借为"返"；这里的"物"也不是指一般的事物，而是指世俗、世俗之人或常人。前者是说玄德与世俗、与常人是相反的。后者是说具有"玄德"的治国者，就会与常人或民众共同返归于真朴，即复归于"道"。对"然后乃至大顺"，林希逸注曰："大顺即自然也。"

对"玄德深矣，远矣，与物反矣，然后乃至大顺"，刘笑敢先生诠释道："本章说的'玄德'则明确包括了'不以智治国'的内容，包括了'因反而顺'的涵义。'因反而顺'相当于我们所说的'正反互彰'、'以反彰正'以及'以反求正'的辩证观念。玄德的根据是道的特性，即'反也者，道之动也'（第四十章）。……玄德不仅包括以反彰正的意思，还隐含着以反求正的思想。'与物反矣，然后乃至大顺'，即看起来与一般的做法相反，结果却是'大顺'，超过了一般做法的效果。所以老子的'反'不是简单地否定世俗的做法和价值原则，而是要超越世俗的做法和价值原则，达到世俗之'正'所达不到的更高境界，即'大顺'。总之，老子认为，比较圆满的状态是容纳了反面因素的正面形态，正面而包括了反面的成分或特点，这才是更高明、

① 高亨：《老子正诂》，开明书店 1943 年版，第 134—135 页。
② 高亨：《老子注译》，河南人民出版社 1980 年版，第 140 页。

更伟大的正，是能够避免失败的顺，是值得追求的大顺。"①

　　陈鼓应、白奚先生对此句中的"与物反"诠释说："'与物反'，就是与常人相反、与世俗相反，《老子》七十八章将此概括为'正言若反'。这一个'反'字，乃是理解老子思想的钥匙，离开了这个'反'字，不但难以把握老子思想的深义，而且容易产生误解。比如，常见有人因为老子崇尚'愚'和'无知'，而认定老子否定文化知识和宣扬蒙昧主义，这是典型的皮相之见，究其原因，乃是由于仅从字面上理解老子的话，未能从'反'字上把握老子思想的深义。老子从来不反对人们去求知，他只是提醒人们首先要思考这样的问题：究竟什么是'知'，应该求何种'知'。老子所求的是真正的高深的知，如'知和'、'知常'、'知古始'、'知稽式'、'自知'、'知天下'等。"②

译　文

古代善于依道治国者，
并不是要比人民明智，
而是要比人民愚朴。
人民之所以难以统治，
是因为用权术来统治他们。
因此以权术治国是国家的灾祸，
不以权术治国是国家的福祉。
以上两者，亦是治国的法式。
深知牢记这种法式，就是玄德。
"玄德"是多么地深奥广远！
只要把握了它，
就能与民一道返朴归真，
如此就能实现国泰民安。

①　刘笑敢：《老子古今》，中国社会科学出版社 2006 年版，第 637—638 页。
②　陈鼓应、白奚：《老子评传》，南京大学出版社 2001 年版，第 155 页。

┌─────────────────┐
│　辨　　析　│
└─────────────────┘

一、关于对"古之善为道者，非以明民，将以愚之"的解读。对此文，注家们一般释译为："古代善于为道之人，不是使人民明智，而是使人民愚昧。"并以此作为老子主张愚民政策的主要根据之一。但是，"非以明民，将以愚之"这种句式在《老子》中并非罕见，比如六十一章的"大国以下小国，则取小国"就与此基本一致。我们知道，"大国以下小国"的意思并不是说小国要屈于大国之下，恰恰相反，而是要大国在小国以下，当然这是就姿态上讲的。这种解读，以其句式是这样推导出来的：大国以下小国＝以大国下小国＝大国下于小国＝大国在小国以下。与此类似，"古之善为道者，非以明民，将以愚之"中的主词是"古之善为道者"，可简称"为道者"；就拿"非以明民，将以愚之"中的"非以明民"来说，对其涵义仿照上面的句式可作以下的推导：（为道者）非以明民＝非以"为道者"明民＝非"为道者"明于民＝并非为道者比民明。同样，"将以愚之"（这里的"愚"字并非"愚蠢"之义，而正如王弼所注释的："愚，谓无知守真，顺自然也。"老子也正是在反对"邪智"，要求返朴归真的意义上主张"愚"的）是说为道者将比民愚朴。这与二十章所说的"我愚人之心也哉"的意思是相同的。这样一来，此文可译为："古代善于为道之人，并不是要比人民明智，而是比人民愚朴。"当然，这是从俗人的眼光看的，他们认为那些善于为道的圣人"生而不有，为而不恃，长而不宰，功成而弗居"（二章），实在是"傻帽儿"。实际上，古之善于为道的圣人是大智若愚的淳朴之人，他们的聪明才智不是表现在与人争名位、与民争利益上，而是表现在体道悟道和依道治国上。

即使"将以愚之"是对民众的，也并非要愚民，而是老子返朴归真主张的体现，正如范应元所说的："'将以愚之'，使淳朴不散，智诈不生也。所谓'愚之'者，非欺也，但因其自然，不以穿凿私意导之也。"（《老子道德经集注》）

二、对文中"民之难治，以其智之"一句的解读。《老子》注译本凡从严遵本作如是者，皆将其译为："人民之所以难以统治，是因为他们有智慧。"此句中的"他们"，显然是"民"的代名词，亦即人民大众。粗看起来，如此今译似无问题，但笔者认为"其"字不是指"民"或作为其代词的"他们"，而当是"统治者"或"他们的统治者"的代词。之所以有此拙见，其理由有三：

第一，此句紧接的下句是"故以智治国，国之贼；不以智治国，国之福。"那么是谁"以智治国"即用智慧治国呢？当然是统治者。从"故"字看，上下句之间构成了因果关系，而且下句是结论性的。如果上句可译作："人民之所以难以统治，是因为他们有智慧，"那么它何以与下句的"故以智治国，国之贼；不以智治国，国之福"构成因果关系呢？照理说，要与上句构成令人信服的因果关系，那么下句就应当是"故治国而使民智，国之贼；不使民智，国之福"，然而原文却并非如此。毫无疑义，下句的意思是极为明确的，如果在逻辑上、因果关系上难以讲得通，就应当对上句的释译重作审视。

第二，如果其上句是"人民之所以难以统治，是因为他们有智慧"，那么治国者就应比其治下的民众更有智慧才行，否则何以统治呢？就像格言所说的"要想斗过狐狸，就得比狐狸还狡猾"，没听说过"要想斗过狐狸，就要比猪还愚蠢"的。据此，其下句就应是"故以高智治国，国之福；不以高智治国，国之贼。"但原文却与此相反。

第三，《老子》七十五章有"民之不治，以其上之有为，是以不治。"（帛书）这里的"上"，显然是指统治者，其译文当为："人民之所以无法统治，是因为他们的统治者'有为'，所以无法统治。"此处之"有为"，显然是贬义的，并非像现在我们常说的"大有作为"的意思。统治者为什么"有为"呢？除了因其手中握有可以胡作非为的大权外，还因为他们有"智"，即有智诈的统治术，否则就会大权旁落。因为这个"智"是"有为"的题中应有之义，所以这句话似可变个说法，即"民之不治，以其上之有智，是以不治。"余以为本章中的"民之不治，以其智之"中的"其"字是指人民的统治者，"智"字是动名词，"之"字是"民"的代词；此句可释译为："人民之所以无法统治，是因为他们的统治者以'智'来统治他们。"这样一来，此句就与其下句"故以智治国，国之贼；不以智治国，国之福"在逻辑上和义理上若合符节了。

我们从"民之不治，以其上之有为，是以不治"可以看出，老子认为"民之不治"的根子在"其上"即在统治者那儿，而不在"民"的身上。同样，我们从《老子》专门讲治国问题的五十七章中的"故圣人云：'我无为，而民自化；我好静，而民自正；我无事，而民自富；我无欲，而民自朴'"来看，这里说的圣人是指善于为道的统治者。是说只有在"上"的统治者真正依道而行、"以正治国"，就根本不存在"民之难治"的问题了。五十八章又说"其政闷闷，其民淳淳；其政察察，其民缺缺"，这里的"其政"当然是指统治者的政策、法令等等，民是"淳淳"还是"缺缺"，根子也是在"其上"。此外，《老子》三章说："不尚贤，使民不争；不贵难得之货，使民不为盗；不见可欲，使民心不乱。"即是说，"民之难治"，即民"争"、民"为盗"、民"心乱"，问题都是因为统治者没有实行正确的治国方略，没有"以正治国"，而"民"是没有责任的。不恰当地用一句现代话语说，就是"只有落后的领导，没有落后的群众。"从以上所引《老子》来看，与这句话似有异曲同工之妙。惟独在这一章之中会冒出来"人民之所以难以统治，是因为他们（人民）有智慧"的观点，岂非咄咄怪事！

此外，据尹振环考证，《尚书》和《虞夏书》、《商书》、《周书》中都没愚民的主张，《左传》、《国语》中也没有。可见，在老子以前统治者并没有提出愚民政策，而主张以"道"治国爱民的老子为什么一定要主张愚民呢？

有些注家把老子的政治思想归结为"消极主义"、"愚民主义"、"反智论"、"权术主义"等。这说明他们似乎只是望文生义，看到一些表面性的东西，根本没有触及老子政治智慧的内在精义。就拿"反智论"（"反智识主义"）来说，老子所谓的"反智"不过是反对"政教礼乐"，反对各种心术不正的"邪智"，旨在强调返朴归真和依道治国。事实上，老子倡导的道即辩证法就是教人以最高的智慧，老子所主张的依道治国更是大智慧；老子还说"政善治、事善能，动善时"（八章），"知人者智，自知者明"（三十三章），这不都需要智慧吗？至于八十章所说的"使民复结绳而用之"，那是因为在一个对外封闭的"小国"实为高度自治的村社里，其领导者无需发布文告，村民之间及其与领导者之间只需用语言交流也就够了，文字可有可无；更为重要的原因是，老子这句话乃是对统治阶级圣智礼乐文化的反动，亦即对异化了的礼乐文化的揭露和批判，实为激愤之辞，自有其合理的思想意识在。但长期以来，老子主张愚民之说在我国学术界似乎已成定见，窃以为对本章"古之善为道者，非以明民，将以愚之"和"民之难治，以其智之"及其他有关章句的解读上之所以出现此类问题，主要是因为有些注家对其涵义是顺着老子主张愚民的思路予以解读的。

王弼对"以智治国，国之贼；不以智治国，国之福"作了较好的阐释。他在四十九章的注释中说：

　　夫在智，则人与之讼；在力，则人与之争。智不出于人而立乎讼地，则穷矣；力不出于人而立乎争地，则危矣。未有能使人无用其智力乎己者也，如此则己以一敌人，而人以千万敌己也。若多其法网，烦其刑罚，塞其径路，攻其幽宅，则万物失其自然，百姓丧其手足，鸟乱于上，鱼乱于下。①

在《老子指略》中，他又指出：

> 夫刑以检物，巧伪必生；名以定物，理恕必失；誉以进物，争尚必起；矫以立物，乖违必作；杂以行物，秽乱必兴。斯皆用其子而弃其母。……夫素朴之道不着，而好欲之美（按：疑为"好美之欲"）不隐，虽极圣明以察之，竭智虑以攻之，巧愈思精，伪愈多变，攻之弥甚，避之弥勤。则乃智愚相欺，六亲相疑，朴散真离，事有其诈。盖舍本而攻末，虽极圣智，愈致斯灾，况术之下此者乎？②

---

① 《四部要籍注疏丛刊·老子》，中华书局 1998 年版，第 107—108 页。
② 郭齐勇：《中国古典哲学名著选读》，人民出版社 2005 年版，第 385 页。

六十一章

　　为无为，事无事，味无味①。

　　大，小之。多惕必多难②。图难于其易，为大于其细。天下难事，必作于易；天下大事，必作于细。是以圣人终不为大③，故能成其大。

　　夫轻诺必寡信，多易必多难④。是以圣人犹难之⑤，故终无难矣。

（通行本第六十三章）

注　释

　　①为无为，事无事，味无味：王弼本、河上公本、傅奕本、帛书如是。简本作"为亡为，事亡事，未亡未。""亡"，《释文》训读为"无"。"未"，《说文》："未，味也。"未古通"味"。《释文》也训读作"味"。因此，简本并无特别的深意，实际上同其他古本。详见【辨析】一。句谓：要以"无为"的方式去"为"，要以不生事扰民的原则做事，要嗅到别人嗅不到的"气味"。

　　②大，小之。多惕必多难：简本基本如是，只是"小"作"少"。"少"，《说文》："少，不多也。从小"。段玉裁注："不多则小，故'少'、'小'互训通用"。《释文》即训读作"少"；"惕"，训读为"易"。校定文取"惕"的本字，详见【辨析】二。

　　在简本"大，小之。多惕必多难"处，王弼本、河上公本、傅奕本、帛书甲本（乙本残）均为"大小多少，报怨以德。"对此，古今注家多感困惑，疑有脱简或衍文，主张"不可强解"。与简本对照，疑"大小多少"乃"大，小（少）之"之误；"报怨以德"与上下文义均不相属，似飞来之句。马叙伦、严灵峰等认为，此四字应在七十九章"安可以为善"句上，并在"和大怨，必有余怨"句下。这比较符合老子的思想，与文义也相通，宜从之。鉴于此，校定文从简本作"大，小之。多惕必多难"，而不取通行本的"大小多少，报怨以德"之表述。

③圣人终不为大：为，做。终不为大，意为不从大处着手的意思。有注家释为"不自以为大"，其意与上文不相衔接。

④从"图难于其易"到此句，简本无。

⑤是以圣人犹难之："犹"通"猷"。"猷"，谋划也。《诗经·小雅·采芑》："方叔元老，克壮其猷。"郑玄笺："犹，谋也。"又《诗经·周颂·访落》："将予就之，继犹判涣。"皆其例。句谓：所以圣人遇事总是注重谋划，攻其难点。有些注家将其释译为："所以圣人遇事总是把它看得艰难"，似不确。

译　文

要以"无为"的方式去"为"，
要以不生事扰民的原则做事，
要嗅到别人嗅不到的"气味"。
对重大任务要适当分割，
以便各个击破。
遇事过分谨慎畏惧和忧伤，
所带来的困难将会更多。
谋划和实施艰难的任务，
要从比较容易的地方切入。
做大事要开始于一点一滴。
天下的难事，
一定要从容易处做起；
天下的大事，
一定要从具体事情抓起。
所以圣人始终不先从大处去做，
反而能成就大的事业。

遇事轻易许诺的，

其信誉程度必然打折；

把事情看得过分容易的，

遭遇的困难一定更多。

所以圣人，

遇事总是注重谋划攻其难点，

故无难不克，终将没有困难。

辨　析

一、对简本"为亡为，事亡事，未（味）亡未（味）"中的三个"亡"字，尹振环认为应是本字。他说：

> 简本甲组十三简谈侯王守"亡为"（按：指三十七章首句"道常无为而无不为，侯王若能守之"，简本为"道恒亡为也，侯王能守之"），十四简接着谈"为亡为，事亡事，味亡味"，自然是接着前面的话谈下去。此三句前面之"为"、"事"、"味"是动词。换句话说，老子这里肯定侯王的作为、做事、趣味、口味，应该隐而不宣，不事声张。用《淮南子·诠言训》的话叫"圣人掩明于不形，藏迹于无为。"大儒家董仲舒的话（《春秋繁露·立元神》）说："故为人君者，谨本详始，敬小慎微，志若死灰，形若委衣，安精养神，寂寞无为。体形无见影，掩声无出响，虚心下士，观来察往。"这就是"亡为"、"亡事"、"亡味"吧？①

由此可见，尹振环认为简本的"为亡为，事亡事，味亡味"的表述要比通行本和帛书的"为无为，事无事，味无味"富有政治性的深意，似乎尹先生认为"亡"字具有"隐匿"的含义而"无"字则没有。

这三句话，简本与通行本和帛书的主要区别是通行本和帛书皆为"为无为，事无事，味无味"，简本为"为亡为，事亡事，未（味）亡未（味）"，而且简本中的三个"亡"字的确是本字。尹振环说，简本甲组十三简谈侯王守"亡为"，十四简"接着谈'为亡为，事亡事，味亡味'，自然是接着前面

---

① 尹振环：《楚简老子辨析》，中华书局 2001 年版，第 206 页。

的话谈下去"。这话听起来也是很有道理的。但有两点似乎值得加以辨析：一是"亡"字有无"隐匿"的涵义？余认为起码从直接的意义上看它无此含义，而且从古汉语看，"亡"字只有"死"、"灭"、"逃"、"失去"的涵义。如《史记·高祖本纪》："高祖即自疑，亡匿，隐于芒、砀山泽岩石之间。"又《史记·留侯世家》："（张）良乃更名姓，亡匿下邳。"但是，"亡匿"是逃走而躲藏起来的意思，"亡"字在此是"逃走"之义，显然这与"为亡为，事亡事，味亡味"中的"亡"字的含义不接茬。二是在简本中"亡"与"无"是否是通用的？而这就需看看简文的用法了。

现在按照简文的顺序看看"亡"与"无"在简本中是不是通用的。首先看甲组的简文：十九章"盗贼无有"，简文为"盗贼亡有"；六十四章"是以圣人无为故无败，无执故无失。……则无败事"，简文为"是以圣人亡为，古（故）亡败，亡执古（故）亡失。……此亡败事矣"；三十七章"道常无为而无不为"，简本为"道恒亡为也"；二章"有无相生……是以圣人处无为之事"，简文为"又（有）亡之相生也……是以圣人居亡为之事"；三十二章"道常无名"，简文为"道恒亡名"；六十四章"为之于未有"，简文为"为之于其亡又（有）"；五十七章"以无事取天下。……我无为而民自化，我好静而民自正，我无事而民自富"，简文为"以亡事取天下。……我无事（按：这里是'无'字）而民自富，我亡为而民自化"；四十章"天下万物生于有，有生于无"，简文为"天下万物生于又（有），生于亡"。

其次看乙组的简文。四十八章"损之又损，以至于无为。无为而无不为"，简文为"损之又损，以至于亡为也。亡为而亡不为"；二十章"绝学无忧"，简文为"绝学亡犹"；十三章"及吾无身"，简文为"及吾亡身"；四十一章"大方无隅……大象无形"，简文为"大方亡禺（隅）……大象亡形"。

最后看丙组的简文。三十五章"淡乎其无味"，简文为"淡呵其无味也"；六十四章"是以圣人无为故无败，无执故无失。……慎终如始，则无败事"，简文为"圣人无为故无败，无执古（故）……。慎冬（终）若始，则无败事喜（矣）"。

以上把简文中有"亡"和"无"字的全部文句都摘了出来。从这些文句中可以看出什么问题呢？余以为可以看出在简本中，"亡"字与"无"字是通用的，而这种通用并不限于论述中性的事物或问题的文句。比如六十四章"是以圣人无为故无败，无执故无失"和"慎终如始，则无败事"属于有政治色彩的文句，它在甲组简文中是："是以圣人亡为古（故）亡败，亡执古（故）亡失"，而在丙组简文重出时却是："圣人无为古（故）无败，无执古

（故）……"。"故"字后的三个字不清楚，当为"无失也"，即"亡"字皆变为"无"字了。可见用"亡"字并无特殊的涵义。

其实在先秦包括老子时代，"亡"、"无"二字是通用的。如《诗经·唐风·葛生》："予美亡此。"郑玄《笺》："亡，无也。"《论语·子张》："日知其所亡，月无忘其所能，可谓好学也已矣。"邢昺疏，"亡，无也。"《论语·述而》："亡而为有，虚而为盈。"陆德明《经典释文》："亡，如字；一音'无'。"段玉裁《说文解字注》在"亡"字下注曰："亦假借为有无之'无'，双声相借也。"这就明白无误地告诉我们，"亡"与"无"是通假字，而且此时的"亡"字的读音为"WU（无）"。

鉴于上述分析，似乎不宜因为简本与通行本和帛书不同而为"为亡为，事亡事，味亡味"，就认为它有着特殊的涵义或深意。如果尹振环认为这几句话富有深刻的政治内涵，那么"为无为，事无事，味无味"的表述也是一样的。

二、对简本"多惕必多难"句，尹振环认为其中的"惕"字是本字，而不应训释为"易"字。他说：

在文字上看来有一重大难点：简文之"多惕（易）必多难"之"惕"，与下文"图难于其惕（易）"之"惕"不同，这里是"易"字下面有一心字，固然是"惕"字。惕、易古同声，是个假借字。再后面的"其安易持，其未兆易谋……"，一连三个"易"字，已没有"易"字下面的心字了。独"多惕必多难"之"惕"字不同（见《老子》图版甲第14、16、26简），正确识别后，估计会另有某种含义。如果《释文》识别之"惕"字无误，那么此"惕"就不是"易"之借字，而是本字。《说文》："惕，敬也。"同时还有急速、爱的含义。《玉篇·心部》："惕，疾也。"《国语·吴语》："一曰惕，一曰留，以安步王志。"韦昭注："惕，疾也。"《尔雅·释训》："惕惕，爱也。"《广韵·锡韵》："惕，爱也。"可见"多惕"不能与"多易"等同。"多惕"即众多敬爱，对于侯王之"为"、"事"、"味"，必然会有数不胜数的敬爱表示，臣民会迅速的响应、办理、仿效。其实这里也可能藏着许多困难甚至忧患与灾难，决不能对那些敬爱、表忠心等表面现象所迷惑，而应该充分估计它可能产生的困难与危难。这样，"为"、"事"才能避免其难啊！这不仅与帛书不同，而且更深刻、更切合专制君主制下的实际。①

尹振环着力从政治上揭示《老子》章句的思想内涵，是应充分肯定的。老子
是一个富有政治头脑的思想家，因而对于他的有关论述不应停留于对其文字
表面的解读，况且《老子》并非通俗性读物。尹的上述议论很值得重视。他
说："简文之'多惕（易）必多难'之'惕'，与下文'图难于其惕（易）'
之'惕'不同，这里是'易'字下面有一心字，固然是'惕'字。惕、易古
同声，是个假借字。再后面的'其安易持，其未兆易谋……'，一连三个
'易'字，已没有'易'字下面的心字了。独'多惕必多难'之'惕'字不
同（见《老子》图版甲第14、16、26简）。"笔者查阅了简文的有关图版，
发现相对于六十四章"其安易持，其未兆易谋，其脆易泮，其微易散"的甲
组简文为"其安也，易持也；其未兆也，易谋也；其脆也，易畔（判）也；
其几也，易散也。"（按：其中持、兆、脆乃古异体字）文中的四个"易"字
与现在的"易"字的字形几无差别，就是说下面和左面皆无"心"字，与此
不同的是"多惕必多难"的"惕"字下面的确有一个"心"字，但"心"字
上面的字形又与"易"字差别很大，不过《释文》已识别为"惕"字，我们
对古文字缺乏研究，也只能以《释文》为准。尹振环说的"与下文'图难于
其惕（易）'之'惕'不同"则不确，因为简文中似无"图难于其惕"这
句话。

《释文》将"惕"训读为"易"，上下文意比较贯通。但是，本章第二段
的开头如果以简本的"大，小之。多易必多难"取代通行本的"大小多少，
报怨以德"（将"报怨以德"移至七十九章）作为校订文，那么就与后文的
"多易必多难"重复，这个问题有待研究。余以为倒可以寻一变通的办法，
就是将"多惕必多难"的"惕"字"认定为本字。对"多惕必多难"，尹先
生的解读是一种选择，似乎还可寻求其它的涵义。比如，"惕"字除了尹先
生说的敬、爱、急速的含义外，还有谨慎小心、畏惧、忧伤等义项。如《左
传·襄公二十二年》："无日不惕，岂敢忘职。"——此极为谨慎也；《易·
干》的"君子终日乾乾，夕惕若厉，无咎。"孔颖达疏："夕惕者，谓终竟
此日后，至向夕之时犹怀犹惕。"——此畏惧也；柳宗元《乞巧文》："抱
拙终身，以死谁惕。"——此忧伤也。如果将"惕"的十分谨慎、畏惧、
忧伤的含义纳入"多惕必多难"的句子中，就是说"遇事过分谨慎、畏

---

① 　尹振环：《楚简老子研究》，中华书局2001年版，第208—209页。

惧、忧伤，必将带来更多的困难"，这也是可以讲得通的。如用"惕"字的这种含义，还有一个好处，就是可以与后文的"多易必多难"的涵义清晰地区分开来。鉴于此，笔者将此句暂且校订为"多惕必多难"，并以此释译这句话。

六十二章

为者败之，执者失之①。是以圣人无为故无败，无执故无失。

民之从事，常于几成而败之。临事之纪②，慎终如始，则无败事。

圣人欲不欲，不贵难得之货③；学不学，复众人之所过④。是故圣人能辅万物之自然，而弗能为也⑤。

（通行本第六十四章下）

说　明

此章为通行本六十四章之后半部分，此与其上半部分之文义不甚联贯，早有学者疑其并非一章。如奚侗说："（开头的）四句与上下文谊不相属，此节二十九章中文……。"（《老子集解》）这四句是否为二十九章文，可存疑。但验之郭店简本，这一部分为独立的一章，而且本章文字重出于其甲本和丙本之中，则是确实的。故校定文据简本作为独立的一章。

注　释

①为者败之，执者失之：简本、帛书在"者"字前有"之"字，作"为之者败之，执之者失之。"他本皆无。对这句话的解读，见【辨析】一。

②临事之纪：简本有这句话，他本皆无。纪，原则也，准则也。如《国语·晋语四》："夫礼，国之纪也"。《吕氏春秋·论威》："义也者，万事之纪

也"。临事之纪的意思是"做事的原则"。

③圣人欲不欲，不贵难得之货：对此句，蒋锡昌说："普通人君之所欲者为'五色'，为'五音'，为'五味'，为'金玉满堂'，为'富贵而骄'，为'驰骋田猎'……；而圣人则欲人之所不欲，不贵金玉等难得之货，故曰：'欲不欲，不贵难得之货。'"①

④学不学，复众人之所过："学不学"的意思是说学习众人所不学的东西。众人皆迷于名利，急功近利，对于知识分子和文武官员来说，他们愿意学习的是有利于获取功名利禄的知识；对于劳动人民来说，他们愿意学习的是有利于增加生产、维持生计的知识和技能。而关于"道"的道理，因为它是一门高深的学问，是一种高度抽象的哲学思维，而众人或因其学问高深而无力学习，或因其"远水不解近渴"而不愿学习，因此就"不学"。"学不学"就是要学习众人所不学的，即关于"道"的知识和道理，特别是关于"辅万物之自然"的道理和本领，而这对于治国者或执政者来说，则是至关重要的。"复众人之所过"的"复"是避免或免除的意思，"过"是过错或错误的意思。"复众人之所过"的意思是要避免重犯众人"不学"的错误。

"学不学，复众人之所过"是说，要学习众人所"不学"的，以免重蹈众人过错之覆辙。

⑤是故圣人能辅万物之自然，而弗能为也：此为简本甲本的句子，只是为了与前句的"学"和"过"谐韵，校定文据傅奕本补一"也"字。此文竹简本丙本作"是以能辅万物之自然，而弗敢为"；帛书甲、乙本作"能辅万物之自然，而弗敢为"；王弼本、河上公本作"以辅万物之自然，而不敢为"，傅奕本多一"也"字，作"以辅万物之自然，而不敢为也"。

就对此文的表述而言，刘笑敢认为在以上几种版本中，以竹简甲本为最好。他为此对几种版本作了反复的比较和详实的分析，然后总结说："总之，虽然竹简甲本和通行本的区别不是很大，但是竹简甲本的文字更明确说明圣人'辅万物之自然而弗能为'是主动的、自发的，不是被迫的，这更符合老子以自然为最高价值的基本思想。从而'无为'也是为了实现自然的秩序而主动采取的姿态，并不是不敢行动的托辞。这里的'辅'字和'为'字值得特别注意。我们今天讲到'为'往往包括一切行为，似乎'辅'也是一种'为'，'无为'就否定了一切作为，圣人就是什么事都不做。但是这显然不是老子的本义。老子显然没有把'辅'当作普通的'弗能为'的'为'而否

① 蒋锡昌：《老子校诂》，商务印书馆1937年版，394页。

定掉，也就是说，'无为'的概念并不是要否定一切作为。'辅万物之自然'是圣人的特殊的行为方式，不是一般人的行为方式。'弗能为'和'无为'否定的只是一般人的通常的行为及其行为方式。这里'辅万物之自然'的说法，再次说明老子之自然不是什么事都不做，不是没有人类文明的野蛮状态。"①

"能辅万物之自然，而弗能为"的意思是说，对于万物之自然的状态，要加以引导和辅助，而不能任意作为，更不能胡作非为。对此句，刘笑敢诠释说："老子讲'辅万物之自然'，这个'辅'字大有学问，既不是强迫命令、干涉控制，也不是宠溺庇护、越俎代庖，更不是放任自流、不负责任，是为万物提供自然发展的条件和环境。'万物'的说法也颇有讲究。万物是群体中的个体，个体构成的群体，'万物'不分对错亲疏。马英九当'总统'，他是'蓝营'为主选上的，那他应该是代表'蓝营'的'总统'还是代表全体台湾人民的'总统'？辅万物之自然就是不分谁选你谁不选你，都应该辅，这是很有现实意义的。为了适应现代社会的需要，我还有意地把'万物'重新解释成一切生存个体。一个人、一个家庭、一个学校、一个公司、一个社区、一个城市，都是生存个体，一切生存个体构成了万物。如果万物是一切生存个体，圣人辅万物之自然就是现代最理想的领导方式，即辅个人、辅家庭、辅学校、辅公司、辅社区，不强制、不包办、不任意。这似乎很难实现，但我们可以从小处做起，从一个家庭、一个班级、一个小学校做起，直到一个大公司、一个地区、一个城市。如果多数人都理解和接受这种理想，那么在特定范围内实现老子的理想是可能的，至少是值得尝试的。"②

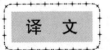

译　文

无视事物本性而恣意妄为的，
必将一败涂地；
违逆事物本性而执意控制的，
反而容易失去；

①　刘笑敢：《老子古今》，中国社会科学出版社 2006 年版，第 622 页。
②　刘笑敢：《从庄子研究到文明反思》，《时代周刊》第 122 期。

所以圣人因循事物本性而为之，
因而不会招致失败；
通权达变而不执意控制，
因而也就不会失去。
民众做事，
往往在即将成功之时陷于失败。
所以处理事情的原则应当是：
于成功在望之际，
慎重程度一如开始。
这样一来，就没有干不成的事。
圣人往往追求众人所不想追求的，
不稀罕那些珠宝玉器等难得之货；
学习众人所不愿学的，
以免重蹈众人过失之覆辙；
所以圣人能因循万民本性给予辅助，
而对他们的生产生活不加干涉。

辨　析

一、对"为者败之，执者失之。是以圣人无为故无败，无执故无失"的释译，古今注家多有分歧。在此试举几例译文和注释并谈谈自己的看法。

高亨："有为之者必败，有持之者必失。所以圣人无所为故无败，无所持故无失。"

张松如："有所作为的将会招致失败，有所执着的将会遭受损害。因此圣人无所作为所以也不招致失败，无所执着所以也不遭受损害。"

从这两则译文看，译者把"为"译为"有为之"或"有所作为"，把"执"译为"有持之"或"有所执着"；把"无为"译为"无所为"或"无所作为"，把"无执"译为"无所持"或"无所执着"；而且从其对"是以圣人无为故无败，无执故无失"的译文看，似乎老子是主张人们"无所为"、"无所作为"、"无所执着"的，因为只有这样才不会"失败"或"遭受损害"，否则就"必失"、"必败"。显然译者对此是持批判态度的，所以如有的注家说的"活生生的辩证法，在老子的保守体系里，被扼杀了。"

事实果真如此吗？让我们先看老子是否主张"无所作为"？

第一，首先看本章中的有关文句："民之从事，常于几成而败之。临事之纪，慎终如始，则无败事。"显然，老子对"民之从事"即民之"为"而往往功败垂成是不无惋惜的，所以他希望人民在"从事"之时一定要"慎终如始"。这能说老子是主张"无所作为"吗？

第二，本章是通行本六十四章的下半部分，而在其上半部分中，老子说："其安易持，其未兆易谋"。这里的"持"、"谋"，显然都是"做事"或要"有所作为"，而且为了避免"败之"、"失之"，为了更好地有所作为，他继而提出了极富智慧的"为之于其未有，治之于其未乱"的指导思想。此外，从"千里之行，始于足下"看，他显然是主张"行"的，而且为防止人们犯急躁冒进的错误而招致"败之"、"失之"，提出要一步一个脚印、踏踏实实地"行"。总之，从这一章我们也看不到老子为防止失败而主张"无所作为"的影子，况且，既然是"无所作为"，也就谈不到失败与否的问题。

第三，"无为"能否释为"无所作为"？在《老子》中有许多关于"无为"的论述。从"为无为，事无事，味无味"（六十三章）看，"无为"只是"为"的一种原则或方式，目的是为了更合理、更有效地"为"；从"道常无为而无不为"（三十七章）看，他认为只有坚持"无为"，才能实现"无不为"；从"我无为而民自化"（五十七章）看，他认为只有"无为"治国（即"以正治国"，"以无事取天下"），人民才能自我化育、自我成就。既然是治国，当然就是在"做事"，而且是在做大事，而不是"无所作为"。在《老子》中，最能说明"无为"之义的是本章的"能辅万物之自然而弗能为也"。从这句话可知"无为"就是"能辅万物之自然"，即顺应万物的自然特性和发展趋势而予以"辅"之或因势利导之，而不是违逆事物之自然本性而"揠苗助长"或强行扼制。

再举两则较切老子本意的译文以评析之。

陈鼓应："出于强力的，一定会失败；加以把持的，一定会失去。因此圣人不妄为，所以不会失败；不把持，所以不会失去。"

尹振环："谋私利的人必定失败，固执己见的人必有失误。由于圣人不谋私利，所以就没有失败；不固执己见，所以就没有失误。"

前者把"为者"译为"出于强力的"，说"出于强力的，一定会失败。"这种说法似欠准确。老子不会不知道军事斗争或战争是"强力"之最，而采取这种手段而胜利者却不胜枚举。或许有人会说老子不是说过"兵强则不胜，木强则兵"（七十七章）吗？确实讲过。但这里的"强"，是说的轻敌而逞强（"祸莫大于轻敌"——六十九章），"强"亦有"僵"之义，即在用兵上的"僵"，就是不能因势权变，采取灵活机动的战略战术。对"执者失之"，译作"加以把持的，一定会失去"，似也未必然。从"持而盈之，不若其已"（九章）看，老子反对的似不是一般的"持"，而是"持而盈之"。倘若"持而虚之"，他当是不会反对的，这从其"道冲而用之或不盈"（四章），"虚而不屈，动而愈出"（五章），以及"保此道者，不欲盈"（十五章）等等的论述中可得以证明。

后一则译文把"为者"释为"谋私利的人"，说"谋私利的人必定失败"。也未必然。且不说在老子时代，即使在当今世界上，真正全心全意"谋公利的人"恐怕亦不是很多，而居多数的"谋私利的人"难道都"必定失败"吗？把"执者"释为"固执己见的人"，说这种人"必有失误"，恐怕也不能一概而论，因为如果这个人的"己见"是正确的，符合客观实际而又切实可行，那么"固执"肯定比人云亦云的效果要好得多，反而可能会避免"有失误"。导致失败或失误的原因是多方面的，难说它与"谋私利"或"固执己见"在任何情况下都具有必然的因果关系，作为大思想家的老子当不会认识不到这一点。

总之，笔者认为以上四则译文所体现的对《老子》这几句话的解读，皆有某些不尽如人意之处。

我们再来看看王弼对这几句话的注释。他对二十九章"天下，神器也。不可为也，不可执也。为者败之，执者失之"的注释中说："万物以自然为性，故可因而不可为也，可通而不可执也。物有常性，而造为之，故必败也；物有往来，而执之，故必失也。"[①]

对本章的"为者败之，执者失之"及其前几句，王弼注曰："当以慎终除微，慎微除乱。而以施为治之，形名执之，反生事原。巧辟滋作，故败失也。"[②]

可见在王弼看来，事物皆有其自然本性，正因为如此，所以对事物只能"可因而不可为"，"可通而不可执"，而老子在这里所说的"为"、"执"都是指的违逆事物之自然本性和发展趋势的作为，都是"巧辟滋作"，因而这种行为注定"必败"、"必失"。河上公注"圣人无为故无败，无执故无失"说："圣人不为华文，不为己利，不为残害，故无败坏；圣人有德以教愚，有财

---

① 《四部要籍注疏丛刊·老子》，中华书局1998年版，第96—97页。

② 同上书，第116页。

以与贫，无所执藏，故无所失之于人也。"此外，庄子借无名氏之口说"无为"是指"顺物自然而无容私焉。"（《庄子·应帝王》）余以为王弼、河上公及庄子的这种解读似更切合老子的本意。

老子的这段话主要是针对当时各诸侯国的统治者内争权利、外争地盘、纷纷扰扰的动乱讲的。孟子说："春秋无义战。"（《孟子·尽心下》）侯王们彼此相互征伐，攻城略地，搞得田园荒芜，生灵涂炭。这些统治者都是"为者"、"执者"，因而也皆为"不道"者。老子有时又将这种"为"称作"有为"，如七十五章说"民之不治，以其上之有为，是以不治。"这里的"上"是指骑在人民头上作威作福的统治者。在老子看来，这样的"为"，如此的"执"，这般的"有为"、"有执"，其"败之"、"失之"是历史的必然。与此相反，圣人顺应万物自然本性而因势利导、通权达变而"无为"、"无执"，当然也就会"无败"、"无失"了。

二、对"能辅万物之自然，而弗能为也"这句话的深刻内涵包括句中的"万物"何所指，笔者所见古今注本及研究性著作的注释和解说中罕有予以解读者。在郭店简本出土之前，陈鼓应先生在六十四章的相关注释中说："这一章从'其安易持'到'慎终如始，则无败事。'意义已完足。'是以圣人欲不欲'以下三十三个字（按：含'以辅万物之自然而不敢为'），与上文文义无关，显是它章错入。"[1] 于是在他的"校定文"中将这几句话删去了，并且也并未移入它章，由此可见陈鼓应对老子的这句话也未引起应有的重视。余以为对此句应作出较为恰当而全面的阐释，因为这个问题既有学术价值又有现实意义。

首先，对这里说的"万物"，当然可以作广义的理解，因为人类在改造自然和社会的社会实践中，应当因循天地万物的自然本性及其发展变化的趋势予以正确引导或适当加以改造，不能违逆天地万物的自然本性和发展变化的趋势而强行所为，否则轻则事倍功半，重则惨遭失败。这个道理已为大量的历史经验和现实经验所证明，而且必将继续得以证明。特别是在今天，由于现代文明偏于经济发展及物质消费，所以大规模的掠夺式地开发自然资源，人类与自然陷入敌对状态，导致自然资源枯竭，环境严重污染，使人类生存根基遭到严重破坏。在这种情况下，将老子"能辅万物之自然，而弗能为"的思想观点向正确认识和处理人与自然的关系方面引申，甚至说老子主张善待自然，是可以理解的，似乎也是必要的。但是，我们也应当看到，与

---

① 陈鼓应：《老子注译及评介》，中华书局 1984 年版，第 310 页。

现代发达的工业社会不同，老子所处的时代是自然经济的典型的农业社会，人与自然的关系还相当协调，因而老子还不可能针对人与自然关系的失衡而大发议论。而当时首当其冲的是人与人之间的关系紧张，主要是侯王等统治者穷兵黩武，横征暴敛，致使广大劳动人民饥寒交迫，苦不堪言，因而与人民的关系处于尖锐对立的状态。在这种情况下，老子提出要尊重人民的自然本性并辅助人民自化自成的主张就是很自然的事情了。因此，对这里说的"万物"，似应主要作狭义的理解，即它指的是"万民"或人民群众。其实，三十七章的"侯王若能守之，万物将自化"和三十二章的"侯王若能守之，万物将自宾"中的"万物"指的也是"万民"，而绝非山川河流、花鸟鱼虫、老虎狮子之类。① 余以为"能辅万物之自然，而弗能为也"中的"万物"，就是在其狭义即"万民"的意义上讲的。之所以这样说，一是因为本章讲的是政治问题，这从【辨析】一之中可以充分看出，二是因为三十二章和三十七章已有先例，三是因为老子最关心的是社会政治包括民生问题，他论述最多的也是此类问题。

那么"万民"或人民群众的自然本性是什么呢？综合老子的有关论述，可以看出老子认为人民群众共同的自然本性主要有以下四点：一是淳朴，二是要生存，三是图发展，四是有思想，包括信念、意志、愿望、追求等等。老子认为人民群众的自然本性犹如婴儿之纯朴。他说："含德之厚，比于赤子"，并说赤子是"精之至"、"和之至"（五十五章）的。婴儿的品格没有受过社会污染，保持了道赋予的最原始的状态，因而是最淳朴、最能体现人的自然本性的。人应当尽量地保持这种淳朴本性；如果因为受到种种社会污染而不幸失去了，就应该尽快地恢复它，所以老子说："抟气致柔，能如婴儿乎？"（十章）"常德不离，复归于婴儿"，"常德乃足，复归于朴"（二十八章）。即使在现代私有制和商品经济社会里，与其他阶层的人们相比，广大劳动人民依然保持了比较淳朴的特性，这是显然的，毋庸置疑。此其一。在人民群众衣食无着、朝不保夕的情况下，首先是要求生存，就是要继续活下去。七十五章说的"其上"认为"民之不治"，大概就是指的人民群众为图生存而斗争的情况。此其二。在生存或温饱已不成问题的情况下，人民群众还要图发展，即争取自己的物质生活和精神生活包括教育水平能有显著提高，所以老子主张要创造条件，使人民群众都能"甘其食，美其服，安其居，乐其俗"（八十章）。人民群众图发展的自然本性是无止境的，这种"无

---

① 此说详见本书第八章之【辨析】。

止境"也并非坏事，因为它是社会发展的重要动力。此其三。老子还指出："将欲取天下而为之，吾见其不得已。夫天下，神器也，不可为也，不可执也。为者败之，执者失之。"（二十九章）又说："民不畏死，奈何以死惧之？"（七十四章）"民不畏威，则大畏至"（七十二章），这是说，人民群众都是有思想即有信念、有意志、有愿望、有追求的，具体情况虽然千差万别，但在不同于牛马、不愿被任意欺凌，任意驱使，追求自由平等这一点上却是共同的。此其四。正如前面已说过的，人民群众的这些自然本性，任凭三皇五帝、天王老子使尽浑身解数，对它都是无可奈何的。即使是奴隶社会的奴隶或服刑期间的罪犯，他们虽然形同牛马，但其自然本性一条也没有被消灭，而且也是消灭不了的，只是缺乏实现的条件而已。

所谓"能辅万物之自然而弗能为"，就是要尊重并因循人民群众的自然本性而给予积极的引导和辅助，包括创造环境，提供条件，以促使他们能自我化育，自己成就自己，而不能违逆人民群众的自然本性而强行宰制，横加干预，更不能胡作非为。否则，必然遭到人民群众的厌弃和反抗，并且必将被历史所淘汰。我们知道，历代的统治者或领导者所谓"得民心"还是"失民心"，主要就表现在是尊重人民群众的自然本性并努力创造条件实现他们的相关要求呢，还是无视人民群众的自然本性，置人民群众的切身利益与合理要求于不顾，而只管自己及其家人和同僚们的吃喝玩乐呢？恐怕这就是问题的实质之所在。进一步地说，正因为人民群众都是有思想、有信念、有意志、有愿望、有追求的，所以作为领导者不仅应当关心他们的物质生活，而且要关心他们的精神生活方面的需求，包括提供必要的文化产品，做好他们的思想工作。人民群众是创造历史的动力，在他们身上蕴藏着巨大的积极性、主动性和创造性，而这种积极性、主动性和创造性能否得到充分调动与发挥，在相当程度上依赖于思想政治工作做得如何。而思想政治工作的核心问题，是使人民群众真正认识到让他们所做的事情，是与他们的眼前利益和长远利益密切相关的。否则就只能是空头的、无效的，甚至是令人反感、适得其反的所谓思想政治工作。这也是为大量的历史经验一再证明了的。

总之，余认为老子"能辅万物之自然而弗能为"这一思想观点应予以充分重视，因为它是"无为"的根本目的、根本表现、根本意义之所在，它亦是圣人"无为"内涵的最佳表述。既然是"辅"，就应对万物（人民群众）不控制、不把持、不越俎代庖，只是在因循"万物"（人民群众）自然本性和发展趋势的前提下，为其创造环境，提供条件，给予引导，加以佐助。"辅万物之自然"与"弗能为"本质上是一回事，是一体之两面，是一种似无而实有的行为或行为方式。

　　顺便指出，"能辅万物之自然而弗能为"中的"辅"字是否有"辅助"的涵义，对此是有不同看法的。古棣说："'以辅万物之自然而不敢为'，那也是依赖万物之自成，而不敢有所作为的意思；而不能把'辅'解作辅助。第一，'辅'的本义是车厢板，辅助是后起义。……'辅'的引申义是依赖。……'以辅万物之自然'的'辅'字，只能作依赖解，而不可能作辅助的'助'。"①"辅"字作"辅助"解，果真是后起义吗？《书·汤誓》："尔尚辅予一人。"《国语·晋语二》："不如立其弟而辅之。"此二例皆为上古文献，句中的'辅'字，显然皆是辅助之义，怎么能说"辅助"是"辅"字的后起之义呢？

---

①　古棣：《老子通论》，吉林人民出版社 1991 年版，第 394 页。

六十三章

　　不上贤，使民不争①；不贵难得之货，使民不为盗；不见可欲，使民心不乱②。

　　是以圣人之治也③：虚其心，实其腹，弱其志，强其骨④；常使民无知无欲⑤，使夫智者不敢为也⑥。为无为，则无不治⑦。

（通行本第三章）

注　释

　　①不上贤，使民不争：帛书甲乙本、景龙碑、敦煌本、遂州碑及《淮南子》所引如是；王弼本等古本"上"作"尚"，为"不尚贤，使民不争"。河上公注曰："贤，谓世俗之贤，辩口明文，离道行权，去质为文也。不尚者，不贵之以禄，不尊之以官也。"①《淮南子·齐俗训》释曰："老子曰'不上贤'者，言不致鱼于木，沉鸟于渊。"

　　对"使民不争"，河上公注曰："不争功名，反自然也"。"使民不争"的"民"字，遂州碑作"人"，这或许是《老子》之古貌，因为普通民众是不可能"争功名"和被"尊之以官"、"贵之以禄"的。根据以上的注释，"不上贤，使民不争"的意思是说，不要把"离道行权，去质为文"的世俗贤人推到高位上去，以免使那些世俗贤人争名逐位。这里体现了老子主张依道治国的思想。详见【辨析】。

　　②不见可欲，使民心不乱：王弼本、傅奕本如是；帛书无"心"字，作

---

① 《老子道德经河上公章句》，王卡点校，中华书局1993年版，第10页。

"不见可欲，使民不乱"，河上公本作"不见可欲，使心不乱"。有学者说，《老子》关心的主要是形至于外的，即使"心乱"而形不乱，对社会也没有直接伤害，所以应作"使民不乱"。其它各本之"心"字可能是受到儒家理论影响而衍生的。这种说法未必得当，因为下文之"是以圣人之治，虚其心"当是呼应此处之"使民心不乱"的。

③是以圣人之治也：帛书、傅奕本有"也"字，王弼本、河上公本等无"也"。注家多在此句之后断为逗号。考虑到后面讲的是"圣人之治"所实施的举措，故改为冒号。

④虚其心，实其腹，弱其志，强其骨：是说，要强健人民的体魄，减损人民奔竞于名利场中的心志。

释德清说："小人鸡鸣而起，孳孳为利；君子鸡鸣而起，孳孳为名，此强志也。……不起奔竞之志，其志自弱，故曰弱其志。"

⑤常使民无知无欲：对这句话，王弼注曰："守其真也。"显然，"守其真"是指要保持人民的纯真质朴的本性。可见"使民无知无欲"并非要人民没有知识、没有欲望的意思，而是指要消解人民的巧伪的心智，消除反自然的贪欲。

陈鼓应、白奚先生说："老子从来不反对人们去求知。他只是提醒人们要思考这样的问题：究竟什么是'知'，应该求何种'知'。老子所求的是真正的高深的知，如'知和'、'知常'、'知古始'、'知稽式'、'自知'、'知天下'等。"①

晨阳说："纵观老子的'无欲'、'无为'，不是去掉一切'欲'、一切'为'，而是去掉私有的'欲'，去掉剥削的'欲'；要保留'既以为人己愈有，既以与人己愈多'（八十一章）之为，这就是'为而不争'，……可见老子的'无欲'、'无为'是专指周王朝人剥削人的私有制和为争夺财物的'为'而言。"②

⑥使夫智者不敢为也：王弼本等古本如是。句谓：使那些自作聪明的智巧之人不敢妄自作为。此句帛书乙本（甲本缺文）作"使夫知不敢，弗为而已。"

⑦为无为，则无不治：王弼本、河上公本、傅奕本如是。是说要以无为的方式去为，那么国家就不会不走向大治。帛书甲本作"弗为而已，则无不

① 陈鼓应、白奚：《老子评传》，南京大学出版社2001年版，第155页。
② 转引自陈鼓应《老子注译及评介》，中华书局1984年版，第72页。

治矣。"

不以世俗贤人为"上"，
以免使他们争名逐位。
不以难得之货为贵，
以使人们不做盗贼；
不彰显人们贪欲之物，
使民心不致惑乱。
所以圣人治国的要领是：
净化民众的心思，
满足民众的温饱，
减损人们追名逐利的心志，
强健民众的身体，
永远消解人们巧伪的心智，
消除人们反自然的贪欲。
使智诈者不敢妄自作为。
以无为的方式去为，
国家就会走向大治。

　　"不上贤，使民不争"，就其字面意义而言，就是不以贤能之人为"上"，
以避免人们争名逐位。对这句话的解读，历来注家分歧很大。孙以楷将注家
们的见解概括为四种：一是认为此句的意思就是不尊崇贤才异能之人，如此
人们就不会争名利地位了；二是认为"不尚贤"就是"不自矜己之贤能"，
"夫能不尚己贤，孰与我争？"三是认为对贤能之人应当尊重，但尊重不等于
提拔上来"授之以官"。真正的尊重是建立在知贤的基础上的，要知其贤能
在何处，要知其志向和追求。然后由此出发，去关爱贤才，为他们排忧解
难，给他们创造充分发挥才能的条件。四是蒋锡昌据《说文》训"贤"为多

财，认为"不尚多财，则民不争，此老子正用本义。"① 孙以楷说他认为第三种见解"较妥"。

古棣对"不上贤，使民不争"的历史背景作了分析。他说："春秋齐国，管仲执政之时，在齐国，尚贤即已成了政治实际，打破了任人唯亲的宗法制度，出身于非贵族的经过商的管仲作了执政（如同后来的首相），喂牛的宁戚当了大司田（农业部长）。假定老子长孔子十五岁，那么齐国出现尚贤的政治实际，早于老子出生一百多年。在老子中年或老年，郑国、鲁国、晋国也出现了贤人政治，尚贤已成为风气。孔子也明确地提出了'举贤'的政治主张，他的弟子中也有不少非贵族出身的作了官。而且，由于'尚贤'（或叫举贤、用贤）确实也引起了某些纷争。所以可能活到春秋末年的老子，在他晚年著书时写出'不尚贤，使民不争'的话，是没有什么奇怪的。"②

从古棣的论述来看，他对老子"不上贤"的主张实际上是持批评态度的。如果联系古棣认为老子是没落奴隶主阶级的代表的观点，那么老子主张"不上贤"无异于维护封建世袭制，与历史发展的主流唱反调。徐梵澄对老子"不上贤"的主张作了辩解，他说："盖贤与不贤，标准难定。人或贤于此而不贤于彼，或贤于始不贤于终。甚或至不肖者沽名钓誉而伪为贤善，用之往往乱天下。"③ 徐梵澄的说法貌似有理，但这样一来在组织路线上则只能坚持"任人唯亲"而不能坚持"任人唯贤"的方针了，故也有失偏颇。

笔者认为，如果仅从字面上看，"不上贤"就是不以贤者为上，不以贤能是举，但公共事务乃至国家大事总得有人管，因而总得"举"。如果不唯贤是举，那么只能唯不贤是举。作为富有政治头脑的思想家的老子，他难道能赞成"唯不贤是举"吗？肯定不会。所以，这里主要涉及一个贤的标准问题，即什么叫做"贤"？站在不同的立场上，"贤"的标准也不会一致，甚至截然相反。对什么是"贤"，河上公提出了自己的看法。他说："贤，谓世俗之贤，辩口明文，离道行权，去质为文也。不尚者，不贵之以禄，不尊之以官也。"④

河上公的说法可能比较符合老子的思想。因为老子是主张"以正治国，以奇用兵，以无事取天下"（五十七章）的，而所谓"以正治国"就是依道

① 以孙楷：《老子通论》，安徽大学出版社2004年版，第284—286页。
② 古棣：《老子校诂》，吉林人民出版社1998年版，第132页。
③ 徐梵澄：《老子臆解》，中华书局1988年版，第5页。
④ 《老子道德经河上公章句》，中华书局1993年版，第10页。

治国。要依道治国，就必须以真正得"道"并依道而行的人是举，而绝不能以那些不懂"道"又背道而行的人是举。从河上公对"不上贤"的"贤"字的诠释来看，这里所说的"贤"恰恰是"离道行权，去质为文"的人，亦即那些只懂仁义礼乐，对"道"一窍不通，违"道"而行的所谓"世俗之贤"。这种"世俗之贤"当时在社会上不乏其人，而真正得"道"并依道而行的则凤毛麟角。社会上的绝大多数人可能也认为那些只懂仁义礼乐、对"道"一窍不通、违"道"而行的人也是"贤人"。在这种情况下，如果抽象地看待"上贤"，盲目地赞同和支持"上贤"的政策和做法，其结果不仅会使那些"世俗之贤"蜂拥而至，争名逐位，而且必将使他们中的某些人被遴选上来而被任命为各级官吏。而如果让这样的官吏去依道治国，无异于"鱼于木，沉鸟于渊"①，即等于把鱼放到树上让它游，把鸟沉到深水里让它飞，从而使老子"以正治国，以奇用兵，以无事取天下"的主张化为泡影。显然，这是老子所不愿看到的。这大概就是老子主张"不上贤"的真正原因。

不过，老子的这种主张亦有脱离实际之处，因为如果"不上贤"，就无法打破任人唯亲的宗法制度，而只能延续封建世袭制。其结果不仅不能像齐国那样使"出身于非贵族的经过商的管仲作了执政（如同后来的首相），喂牛的宁戚当了大司田（农业部长）"，从而使国家走向富强，而且因为真正能依道治国的人凤毛麟角，况且也不一定能为统治者所认可，自己依道治国的愿望也将落空。其出路只能是慢慢来，首先培养和造就大批真正得"道"并依道而行的人，在这个过程中使最高统治者接受依道治国的主张，在此基础上说服最高统治者改变"上贤"任人的标准，把能依道治国的人才选拔上来。当然这在当时也不过是空想。

述　评

老子在本章中提出了"不贵难得之货，使民不为盗"的观点，"不贵难得之货"就是不重视、不张扬稀少而值钱的东西。在十九章他说："绝巧弃利，盗贼无有"；在五十七章他还说："人多伎巧，奇物滋起；法物滋章，盗贼多有。"从这些论述来看，老子主要是从防止盗贼肆疟的角度反对生产、囤积和张扬"奇物"和"难得之货"的。这有一定的道理，因为盗贼绝不会

---

①　《淮南子·齐俗训》，见注释①。

去洗劫一贫如洗的穷光蛋。从另一个角度看，谁有"难得之货"、"奇物"和"法物"呢？除了帝王将相和贪官污吏之外，只有奴隶主和当时新兴的地主、商人。而生产和流通（从而进入消费领域）这些"难得之货"和"奇物"的是手工业和商业。因此要使这些"难得之货"和"奇物"多多益善，就必须大力发展手工业和商业。应当说大力发展手工业和商业是社会进步的行为，而老子反对生产和流通、消费这些"难得之货"和"奇物"，在客观上就等于抵制和反对大力发展手工业和商业，而这是不利于推动社会进步的。事实上，有的学者就是这样批判老子思想的。比如胡寄窗说："《老子》的作者把工艺技巧认定为社会祸乱的原因，认为'民多利器，国家滋昏；人多伎巧，奇物滋起'。他们要求废除工艺技巧，甚至认为盗贼之产生也是由于工艺技巧的关系。他们说：'绝巧弃利，盗贼无有'，又说，'不贵难得之货，使民不为盗'，可见他们对工艺技巧的深恶痛绝。……他们以一个贵族破落户的态度，否定社会经济的一切新鲜事物，以为工艺技巧的日新月异，商品交换的发展，都是社会混乱的根源。老子着重反对工艺技巧的这一观点，非常奇特，与战国各学派以及战国以后各封建时期的思想都迥然不同。这一观点本身不仅是消极落后，而且是反动的。"① 应当说，胡寄窗的这一通议论不无道理（其中有些看法也值得商榷，比如说"老子着重反对工艺技巧的这一观点，非常奇特，与战国各学派以及战国以后各封建时期的思想都迥然不同。"限于文章的篇幅，在此不作讨论），但说老子是站在"一个贵族破落户"的立场上反对工艺技巧，似缺乏文献的和义理的根据。如前所说"老子主要是从防止盗贼肆疟的角度反对生产、囤积和张扬'奇物'和'难得之货'的。"亦如在前些章的"辨析"中所论述的，老子是站在同情劳动人民、反对"无道"的侯王等统治者的立场上讲话的。

　　应当看到，工艺技巧的兴盛，商品经济的发展，高利贷者的增多，并没有给当时包括小农在内的被剥削被压迫的广大劳动人民带来什么好处，甚至使他们中的有些人生活更加困难。在这种情况下，作为站在同情劳动人民、反对压迫者和剥削者立场上的老子，抵制和反对生产、流通和消费这些"难得之货"和"奇物"，似乎不应受到过多的指责。当然，正如前面笔者所说的，"大力发展手工业和商业是社会进步的行为，而老子反对生产、流通和消费这些'难得之货'和'奇物'，在客观上就等于抵制和反对大力发展手工业和商业，而这是不利于推动社会进步的。"在春秋末期社会大变革的时

① 胡寄窗：《中国经济思想史》上卷，第211页。

代，老子没有站在新兴的工商业者和地主阶级的立场上而主张大力发展手工业和商业，大力发展封建主义经济，而只是看到并夸大了它的消极作用，这是由他的历史局限性所决定的，但似乎不好由此就说老子的立场和观点是"反动的"，因为他毕竟反映了当时包括小农在内的被剥削被压迫的广大劳动人民的苦难、愿望和要求，而且"法物滋章，盗贼多有"等也是不可否认的社会现实和必然结果。

六十四章

知者不言，言者不知①。

塞其兑，闭其门②。挫其锐，解其纷，和其光，同其尘③：是谓玄同。

故不可得而亲，不可得而疏；不可得而利，不可得而害；不可得而贵，不可得而贱。故为天下贵。

（通行本第五十六章）

注　释

①知者不言，言者不知：王弼本、河上公本如是；帛书"不"作"弗"，为"知者弗言，言者弗知"；简本"知"后有"之"字，"不"作"弗"，为"知之者弗言，言之者弗知"。

简本"知之者弗言，言之者弗知"，实际上是"知之者不言之，言之者不知之"，那么所"知"所"言"都确有所指，意思是说，知道这个事物（或人）的，对这个事物却不说什么；而不知道这个事物（或人）的，却对这个事物乱发议论。

"知者不言，言者不知"的意思是说，对于大"道"，真知者因为深知其难以用日常语言讲清楚因而不讲，自以为可以讲清楚而侃侃而谈的人其实并不真正理解其中的奥妙。

老子无疑是最知"道"的人，说是"知者不言"，他却用五千言讲"道"，这是一个悖论，难怪白居易作诗调侃说："言者不知知者默，此语我闻于老君。若道老君是知者，缘何自著五千文？"①　语言是表意的工具，完全不用语言无以表达思想。对此，《庄子·外物》说："荃者所以在鱼，得鱼而忘荃；蹄者所以在兔，得兔而忘蹄；言者所以在意，得意而忘言。"意思是说，荃是捕鱼的工具，蹄是捕兔的工具。鱼、兔好比是大"道"，荃、蹄好比是语言。没有荃、蹄，人们就得不到鱼、兔。显然，得鱼、兔是目的，设荃、蹄是手段。同样的道理，人们表意是目的，讲话只是一种手段。人们应当得鱼忘荃，得兔忘蹄，得意忘言。语言虽有一定的局限性，但离了语言也不能很好地表达思想，这是一种无可奈何的行为。我们若悉心领会，老子此论当旨在强调语言的局限性，因为对于一些精妙细微的思想和感受，特别是对于大"道"的奥义，语言很难把它表述得很准确、很清楚，所以主要不是靠别人讲解，而是靠自己的静心体悟。

②塞其兑，闭其门：王弼本、河上公本、傅奕本如是。因为此句复见于五十二章，易顺鼎等学者疑为错简复出，主张删去。但帛书和简本的相继出土，证明并非错简复出。这里的"兑"、"门"皆指"欲"之门户，这不是从认识论的视角讲的，而是从政治论的角度讲的。

③挫其锐，解其纷，和其光，同其尘：这四句，王弼本、河上公本、傅奕本的排序如是（王弼本"纷"作"分"），简本、帛书皆是前两句与后两句位置颠倒，作"和其光，同其尘，挫其锐，解其纷。"

句谓：挫掉人们的锋芒，解除社会的纷争；让道德之光普照全国，让现实社会实现大同。解读详见【评析】。

> ### 译　文
>
> 对"道"真知者并不夸夸其谈，
> 侃侃而谈的并不真正知"道"。
> 堵塞人们的嗜欲之穴，
> 关闭人们的智欲之门；
> 挫掉人们的锋芒，
> 解除社会的纷争；
> 让道德之光普照天下，

---

① 《读老子》，《白居易集》卷三十二，中华书局 1979 年版，第 716 页。

让现实社会实现大同，
这就是"玄同"的根本。
所以要实现"玄同"，
就要做到：
不可得而特别亲近谁，
也不可得而特别疏远谁；
不可得而特别厚利谁，
也不可得而有意加害谁；
不可得而特别尊贵谁，
也不可得而特别卑贱谁。
因此，对这种施政原则，
天下人都认为极其珍贵。

辨 析

孙以楷对老子在本章讲的"玄同"作了诠释，他指出：

> 准确地说，玄同境界是和谐境界，因为它并非取消差别，而是寻求缓和和化解对立，**在精神上超越对立差别**。（按：黑体字为引者所标示）老子说："挫其锐，解其纷，和其光，同其尘：是谓玄同。故不可得而亲，不可得而疏；不可得而利，不可得而害；不可得而贵，不可得而贱。故为天下贵。"这是老子关于如何达到玄同境界的最集中的论述。细玩其义，我们可以说它包含了三个方面的超越和寻求三个方面的和谐：1，超越现实的社会政治制度，寻求人与人之间的和谐；2，超越世俗价值观，寻求人自身的和谐；3，超越世俗的有为，寻求人与自然的和谐。[1]

应当说，孙以楷对"玄同"的分析是细致的，中肯的，但把它归结为"在精神上超越对立差别"，则似欠准确，因为从根本上说，老子所追求的"玄同"境界不是为了"在精神上超越对立差别"，而这正是老子与庄子的最大区别

---

[1]　孙以楷：《老子通论》，安徽大学出版社 2004 年版，第 262—272 页。

之所在。

这一章是老子从哲学的高度讲"玄同"的，是他对理想的"大同"社会的哲学思考。老子亲眼目睹、亲身经历了严重背离大"道"（即"大道废"，十八章）的社会现实：统治者耍弄智巧，私欲膨胀，争名于朝，争利于市，各邦国统治集团之间攻城略地，战乱频仍。一方面是统治者们"服文采，带利剑，厌饮食，财货有余"，另一方面是劳苦大众"田甚芜，仓甚虚"（五十三章），食不果腹，衣不蔽体，社会两极分化极为严重，统治阶级与被统治阶级之间的矛盾十分尖锐，以至于人民暴动不断发生。老子认为其根本原因是统治者私欲过重、邪智太多，所以他主张堵塞他们的智欲之门，平息社会的纷争，按照"天之道，损有余而补不足"（七十七章）的原则，使社会能"挫锐"、"解纷"，从而走向"和光"、"同尘"。在这种理想的社会中，大"道"所体现的公正、公平、人人平等的原则就会得以实现，社会再无亲疏、利害、贵贱之别。这当然是老子所期望的由对立达到同一的最佳状态，也就是"同于道"的大同世界。

有些注家将"挫其锐，解其纷，和其光，同其尘，是谓玄同"解读为修道者在修道时主观上所采取的方法和达到的精神境界，亦即得道者的境界，与道合一、与道同体的境界。这种解读似不妥。从"和其光，同其尘"尤其可以看到老子讲的是社会理想。什么是"和其光"？《庄子·齐物论》里讲了一个故事，说尧欲伐宋、脍、胥敖三个小国，然而感到心里不快活，问舜何以如此？舜说："夫三子者，犹存乎蓬艾之间。若不释然，何哉？昔十日并出，万物皆照，而况德之进日者乎？"值得注意的是，"十日并出，万物皆照"，毕竟也有照不到的死角，而道德之光的广被程度更超过日光，可以无处不照。就是说，如能依道治国，就能使和煦的道德之光普照天下。"同其尘"的"尘"字是指人世间或现实世界。孔稚珪《北山移文》："夫以耿介拔俗之标，潇洒出尘之想"，即其例句。"同其尘"是说通过"挫其锐，解其纷"使现实世界实现大同。孙以楷说，老子所说的玄同境界"并非取消差别"，而是在"精神上超越对立差别"。老子对这种差别岂止精神上的超越，而是在对现实世界的改造上所要追求的目标。而且我们从它与下一段话之间有一"故"字，也可以看出它们之间的因果联系，而下一段话（"不可得而亲，不可得而疏；不可得而利，不可得而害；不可得而贵，不可得而贱。故为天下贵。"）显然讲的是社会政治的公正、公平原则问题。

应当看到，老子并非只是沉湎于这种幻想之中。他清醒地看到，在现实社会中，亲疏、利害、贵贱之分不仅存在，而且情况十分严重。所以，他所提出的办法是"挫"，是"解"，所设计的施政原则是几个"不可"，即不可有亲疏、利害、贵贱之别，他认为唯其如此才表明"大道"行于天下，而这种原则和社会理想可以为天下人带来实际的经济的和政治的利益，所以为天下人所珍贵的（"故为天下贵"）。显然，所谓"天下人"，在实际上是天下的劳苦大众，而不是那些剥削者和压迫者，因为他们是不可能真正赞同这种原则和社会状况的——虽然他们在表面上也标榜扶贫济困，正如嗜血成性的黄世仁的客厅里也悬挂着"积善堂"的匾额一样。

如果这些话讲的只是修道者或得道者的精神境界，而真正达到这种境界的人是凤毛麟角的，或只有极少数人，他们是否达到了这种境界，与老百姓无关，因而他们是漠不关心的，也是不知道的，那么为什么能"为天下贵"呢？

当然，老子的历史观是唯心论的。他不知道在私有制社会和阶级社会里，剥削阶级与被剥削阶级的利益是根本对立的，不可调和的，因而社会的"锐"是"挫"不了的，社会的"纷"也是"解"不了的，要统治阶级及其政治集团"不可得而亲，不可得而疏；不可得而利，不可得而害；不可得而贵，不可得而贱"只能是幻想，是根本做不到的。因而在私有制社会和阶级社会里是不可能实现社会的"玄同"的。

但也应当看到，从春秋末期老子提出"玄同"，到《礼记》提出"大道之行也，天下为公"，再到孙中山题写"天下为公"的匾额，两千多年中，有多少志士仁人为之心系向往，甚至不惜抛头颅、洒鲜血啊！但是由于当时的社会条件所限，特别是没有也不可能找到一条通向"玄同"和"天下为公"的道路，而使包括老子在内的一些思想家只能使这种美好理想化为无法实现的梦想啊！但老子的哲学思想和社会政治理想的光辉在人类思想史上是不可磨灭的！

最后，就古棣对这段话的解读谈谈自己的看法。

古棣说："这一段的主体也是圣人或'圣明之王'"，这是对的，但他对这些话的理解和释义则颇值得商榷。他说："既经做到'塞其兑，闭其门，挫其锐，解其纷，和其光，同其尘'，而圣王的仪态又能'微妙玄通，深不可识'（十五章）。所以世人对于他'不可得而亲，不可得而疏'，即人们不可亲近他，也不能疏远他，有了亲疏，就有了分界，就要引起纷争；对于他'不可得而利，不可得而害'，即人们不能给他什么利益（例为赂以财宝），也不能违害他；对于他'不可得而贵，不可得而贱'，即人们不能高举他，把他抬往高贵的地位，也不能推翻他，把他降到卑贱的地位。这样，他就能'为天下王'，可以把混乱的天下纳入正规，使天下归往。"①

从古棣对老子这段话的解说看，他似乎弄拧了，把圣人的施政原则（老子为之制定的）变成了臣民们对最高统治者的态度和做法。试问，即使臣民们对他这样做，他就可以"为天下王"或稳坐"天下王"吗？对"天下王"这样对待，怎么就"可以把混乱的天下纳入正规"呢？正如孙以楷所批评的："这能解释得通吗？即使圣王能够闭塞耳目，挫去锋芒，即使天下人对圣王既无法亲近，也无法疏远，……但是天下人彼此之间呢？如果人与人之间还是大讲亲疏之分、利害之别、贵贱之差，天下还是要斗，天下归往还是空话。"

---

① 古棣：《老子校诂》，吉林人民出版社 1998 年版，第 516 页。

六十五章

治人，事天，莫若啬①。

夫唯啬，是以早服②。早服谓之重积德；重积德，则无不克；无不克，则莫知其极；莫知其极，可以有国；有国之母③，可以长久。是谓深根固柢、长生久视之道也④。

（通行本第五十九章）

注　释

①治人，事天，莫若啬：这句话的意思是说：在治理国家、遵奉天道的一切举措中，没有什么比重农、节俭更为重要的。解读详见【辨析】。

②夫唯啬，是以早服：傅奕本、帛书乙本（甲本残缺）及简本如是，王弼本、河上公本"以"作"谓"，为"是谓早服"。"是以早服"是对上句"夫唯啬"的承继和发展，"是谓早服"则是对"夫唯啬"的同义解释。显然"是以早服"于意为长，并合于古本旧貌，故校定文从傅奕本和帛书乙本作"是以早服"。

对"早服"，注译家们有两种解释：一是将"服"释为"复"，返。韩非说："夫能啬也，是从于道而服于理者也"；王弼注曰："早服常也"，即早复返于道。高亨译为："很早地服从自然道理"。二是将"服"释为事，从事，做，作准备。河上公注曰："早，先也；服，得也。"姚鼐说："服者，事也。啬则时暇而力有余，故能于事物未至，而早从事以多积其德，逮事之至而无不克矣。"劳健说："早服犹云早从事。"把"服"释为"从事"是有根据的，如《楚辞·离骚》："夫孰非义而可用兮，孰非善而可服。"《论语·为政》："有事，弟子服其劳。"张默生将"早服"译为"早为准备"。

"早服"之下并无宾语"道"或"理"，故将"早服"释译为及早地复返或服从于道、理，似有增字解经之嫌。"早"，先也，首先也。"服"，从事也，做也。"早服"，即首先要做的，或首先要从事的，用现代语言可称之为"首要任务"。"是谓早服"，释作"可称为首要任务"。联系全句"夫唯啬，是以早服"，笔者译作："唯有重视农业、厉行节俭，能称为首要任务。"这样一来，可使上句之"莫若啬"的涵义更加肯定，更为明确。

③有国之母，可以长久："有国"，保有国家，巩固国家；母，根本。"有国之母，可以长久"，即"掌握了巩固国家的根本，就可以长治久安"。

有些注家从养生的角度诠释这句话，如河上公注曰："国身同也。母，道也。人能保身中之道，使精气不劳，五神不苦，则可以长久。"可备一说。

④是谓深根固柢、长生久视之道也：树根向四边伸的叫做"根"，向下扎的主根叫做柢。"深根固柢"，意为使根扎得更深，使主根更稳固，即根深而本固。

《韩非子·解老》曰："树木有曼根，有直根。直根者，书之所谓'柢'也。'柢'也者，木之所以建生也；曼根者，木之所以持生也。德也者，人之所以建生也；禄也者，人之所以持生也。今建于理者，其持禄也久，故曰：'深其根'。体其道者，其生也长，故曰：'固其柢'。柢固则生长，根深则视久，故曰：'深其根，固其柢，长生久视之道也。'"

长生久视："视"，活也。高明说："'长生久视'，'视'字在此当训'活'。《吕氏春秋·重己篇》：'无贤不肖，莫不欲长生久视'，高诱注：'视，活也。'在此犹延年益寿之义。"[1]"长生久视"意为长久存在。

句谓：这就叫做使国家的根基稳固、永世长存的法则啊！

陈鼓应、白奚先生从养生的意义上诠释"深根固柢、长生久视"，说："在养生的理念上，老子主张'深根固柢'，即适其自然之性，顺其自然之理以养生，厚藏根基，培蓄能量，充实生命力，以此达到益寿延年、长生久视的目的。"[2] 可备一说。

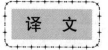

治理国家，遵奉天道，

① 高明《帛书老子校注》，中华书局1996年版，第118页。
② 陈鼓应、白奚：《老子评传》，南京大学出版社2001年版，第326页。

没有什么比重农、节俭更重要。

唯有重视农业、厉行节俭，

可称之为依道治国之首要。

把重农、节俭放在首位，

就叫做重视积累功德。

重视积累这种功德，

就能攻无不克。

能做到攻无不克，

就难以估量它的威力有多大。

有了这种极为强大的力量，

就可以保有国家。

掌握了巩固国家的根本，

就可以使国家长治久安。

这就叫做使国家根基稳固、

长久存在的法则啊！

辨　析

正确把握本章思想的关键之一，是准确解读其首句"治人，事天，莫若啬。"对这句话的解读，从古今注释及现代译文看，注家们的看法存在着明显分歧。现结合有代表性的几种注译本谈谈自己的看法。

治人：王弼本、帛书等古本如是。唐玄宗《御注》及陆希声本为"治民"。"治人"可直译为治理人民。在中国古代，治理人民或"牧民"与治理国家或治国义同。在《老子》中，与此章相邻的几章都是讲治国的，故在这里的"治人"似应释为"治理国家"。

事天：古今注家的意见大体有以下四种：一是"事奉天"或"侍奉天"，但未解"天"之义。二是"上承天命"（王弼注），"侍奉上天"。三是存心养性，《管子·尽心》曰："尽其心者，知其性也。知其性，则知天矣。存其心，养其性，所以事天也"；"保养天赋"，"养护身心"，如王纯甫说："事天，谓全其天之所赋，即修身之谓也。"四是"遵循天道"（高亨）。显然，"侍奉上天"或"上承天命"为老子所不取，因为在他看来，道"象帝之先"（四章）；"存心养性"或"保养天赋"的思想亦鲜见于《老子》。老子所倡扬和遵奉的只有"道"，他的"天道自然"的思想是极为明显的，因此似应将"事天"释为"遵奉天道"。

啬：注家们对此大体有以下三种注释：一是"吝啬"。二是爱惜精神，保养精力。韩非曰："啬之者，爱其精神，啬其智识也。"陈鼓应在《道家的人文精神》一文中对"啬"的诠释对他的两个注译本中的诠释有所发挥。他说："'啬'是爱惜、保养的意思，可以用储蓄生命的意志、能量或动力来诠释它。"他把"治人，事天，莫若啬"诠释为："治国养生，没有比储存能量更为重要。"① 三是"农夫"。王弼注曰："啬，农夫。农人之治田，务去其殊类，归于齐一也。全其自然，不急其荒病，除其所以荒病。上承天命，下绥百姓，莫过于此。"三是高亨之说，即"啬本收藏之义，衍为爱而不用之义。此'啬'字谓收藏其形神而不用，以归无为也。"

一词多义是古代汉语的重要特点，"啬"字亦是如此。要比较准确地把握"啬"的涵义，必须联系它的语境即本章及其临章的思想内容和老子的整个思想体系。首先，保养身体和精神固然重要，但应当看到，我国是一个农业国，重农或"以农为本"是我国几千年的传统，在老子时代及其之前即已如此。本章姑且不论，在《老子》的其它章节中虽然没有直接论及以农为本的思想，但仍有某些思想片断可资追寻。比如"师之所处，荆棘生焉；大军之后，必有凶年。"（三十章）我们可从中看出他对由于连年战乱对农业生产造成的严重破坏及其对人民带来的深重苦难，是极为愤慨和忧虑的，他所期望的是"天下有道，却走马以粪"（四十六章）；他对百姓们的"田甚芜，仓甚虚"，食不果腹的生活状况显然是忧心忡忡的，而对统治者不顾苍生的死活，"服文采，带利剑，厌饮食，财货有余"（五十三章），是痛心疾首的。因此，固本重农的思想老子绝不会没有，甚至是感同身受、根深蒂固的。其次，本章是通行本第五十九章，而与之相邻的第五十七、五十八、六十、六十一章都是讲治国的，因而此章不可能专门去讲"存心养性"、"爱惜精力"之类。既然是讲治国，而在老子所处的时代不仅"民之大事在农"，而且"王事唯农是务"（《国语·周语上》），那么老子就不可能不把重视农业和恢复、发展农业生产看作国家和人民的"根深固柢、长生久视之道"，而这正是本章之结论。《说文》："……故田夫谓之啬夫。凡啬之属皆从田。啬，古文啬从田。"朱骏声《说文通训定声》："啬，此字本训当为收谷，即穑之古文也。"因此，啬即穑，穑稼，指农业。鉴于此，"重农"或"以农为本"应

---

① 《道家文化研究》第二十二辑，三联书店 2007 年版，第 102 页。

是此章"啬"的首要涵义。"重农"包括重视恢复和发展农业生产,重视为农业的发展创造良好的社会政治环境和条件,重视粮秣的储备等。

对于国家财政而言,重农是"开源"的根本举措,在此基础上还必须"节流",就是要"俭"。老子对"俭"是极为重视的,把它提升为必须"持而宝之"的"三宝"之一,并说"俭,故能广。"(六十七章)作为俭省节约的"俭",与老子所说的"啬"的含义是一致的,韩非也说"少费谓之啬。"(《韩非子·解老》)但这个"啬"与"吝啬"不同,因为吝啬是"当用而不用"(高亨语)的意思,显然是贬义,故不宜于将此"啬"释为"吝啬"。总之,笔者认为老子这里说的"啬",一是重农,二是节俭,既"开源"又"节流",这是治国之道,也是治国之要,因为它不仅关系国家财政问题,而且关系国计民生、国家兴亡的大问题。

有些注译家把"啬"看作养生之道,把它释为:"保养精神","爱惜精力";把"莫若啬"译为:"没有比爱惜精力更重要的。"这对于整日沉溺于声色犬马,"驰骋畋猎""心发狂"(十二章)的某些统治者来说或许有一定的针对性,老子可能正是出于此意而如此揭露和警告那些不务"政"业的统治者的;但是,老子绝不会要他们只是"保养精神","爱惜精力",更不会要他们把爱惜精力看得比爱民治国更重要。恰恰相反,老子倒是希望他们以圣人为榜样,能"以百姓之心为心"(四十九章),并且主张只有那些"贵以身为天下"、"爱以身为天下"的人才可以将管理天下的重任寄托于他(十三章)。作为政治理念很强的思想家的老子也不会不知道,对于担负治国重任的君臣们来说,首要的不是什么"保养精神"、"爱惜精力",而是应当以天下为己任,为了按照"道"的原则治理好国家而不惜苦其心志,劳其筋骨,殚精竭虑。显然,说"此'啬'谓收藏其形神而不用,以归无为也",似亦与老子的思想不符,因为老子所主张的是"为无为","无为"只是"为"的一种原则和方式,而决非"不为"。既然要"为",就决不应也不能"收藏其形神而不用"。

鉴于以上分析,笔者对"治人,事天,莫若啬"译为:"治理国家,遵奉天道,没有什么比重农节俭更重要。"或者说,在治理国家、遵奉天道的一切举措中,重农、节俭最为重要。

六十六章

　　大国者下流，天下之交，天下之牝也①。牝常以静胜牡。为其静也，故宜为下②。

　　故大国以下小国，则取小国；小国以下大国，则取于大国③。故或下以取，或下而取。

　　大国不过欲兼畜人，小国不过欲入事人。夫两者各得其所欲，大者宜为下④。

（通行本第六十一章）

注　释

　　①大国者下流，天下之交，天下之牝也：王弼本基本如是，惟据帛书最后加"也"字。帛书甲本为"大邦者，下流也。天下之牝，天下之交也。"帛书乙本与甲本之区别，惟"牝"字下多一"也"字。

　　对"大国者下流"，高亨注曰："'者'应读为'着'。……裴骃《集解》引徐广曰'着，犹居也。'着与今之'住'字是一声之转。下流，指地位（不是指品德）。《论语·阳货·子张》均有'居下流'的话，意同。"①

　　句谓：大国好比处于河流的下游，它应像江海之于川谷，成为天下人的归往之处。解读详见【辨析】一。

　　②为其静也，故宜为下：帛书甲本如是，乙本"故宜为下"句下多一"也"字。王弼本作"以静为下。"傅奕本、范应元本为"以其静，故为下也"，与帛书文相近。校定文从帛书甲本。

---

　　①　高亨：《老子注译》，河南人民出版社1980年版，第131页。

句谓：正因为它具有静柔的特性，所以应当像"上德"一样居于下方。

③小国以下大国，取于大国：傅奕本、帛书乙本如是。与王弼本、河上公本相比，傅奕本、帛书乙本多一"于"字，但此字很关键，意思是取得大国的见容，或可见容于大国。故校定文从傅奕本、帛书乙本作"取于大国"。

刘笑敢说："按照这两种版本，'大国以下小国'和'小国以下大国'全无不同，这样，最后两句'或下以取，或下而取'就讲不通了。帛书本作'故大国以下小国，则取小国；小国以下大国，则取于大国'，前句无'于'字，后句有'于'字，则文义清明。显然，帛书本义胜于通行本。马叙伦曾引陶绍学手稿云：详文义，似上句应无'于'字，下句应有'于'字，帛书本证之。刘殿爵说帛书本'则取大邦'作'则取于大邦'，多一'于'字，这样被动的性质便极为明显了。"①

④大者宜为下：对此句，吴澄解释说："大国下小国者，欲兼畜小国而已；小国下大国者，欲入事大国而已；两者皆能下，则大小各得其所欲。然小者素在人下，不患乎不能下；大者非在人下，或恐其不能下；故曰：'大者宜为下。'"（《道德真经注》）

译　文

大国好比处于江河的下游，
它应像江海之于川谷，
成为天下人的归往之处；
它应又像是天下之母性。
母性总能以其静柔胜过雄强。
因为它具有静柔的特性，
所以宜于（像"上德"那样）居于下方。
大国以谦下的姿态对待小国，
就可取信于小国；
小国以谦卑的姿态对待大国，
就可见容于大国。
所以，或者以谦下而得以取信，

---

① 刘笑敢：《老子古今》，中国社会科学出版社2006年版，第584页。

或者以谦卑而得以见容。

大国不因过分的欲望兼并小国，

小国也不要因过分的欲求

而终将沦为大国的附庸。

如此，大国想取信于小国，

小国欲见容于大国都能实现。

大国的姿态谦下是问题的关键。

评　析

一、本章之第一段，从注家们的注释和译文来看，对它的解读存在着重大差异。因此，以如何解读为是，似有必要加以讨论，故在此谈谈自己的浅见。

在笔者看来，注家们的解读之所以存在重大分歧，原因大概有二：一是所据版本不同，因而断句不同，释义及译文当然也就不同；二是是孤立地就句解句，还是联系《老子》的其它章节之有关论述或老子的整个思想体系来解读，其注释和译文也会产生明显的差异。

先说第一点。本章第一小句，王弼本、河上公本为"大国者下流"，帛书乙本多一"也"字，为"大国者下流也。"对王弼本此句的"者"字，高亨认为应读为"着"，释为"住"或"居"。这样，"者"字在此因为具有实际意义而不能予以断句。如"下流"可释为"下游"，那么此句应译为："大国居于下游。"而帛书就不同了，因为句尾有表示判断或解释的语气词"也"字，那么此句中的"者"字显然就只能起停顿的作用而没有实质性意义了，所以此句只能断为"大国者，下流也"，若作直译，当为"大国是下游"。王弼本在"大国者下流"句后紧接的是"天下之交，天下之牝"，显然这是两个独立的小句；帛书为"天下之牝，天下之交也"，因其句尾有表示判断或解释的语气词"也"字，所以这只能是其义不可分割的一句话，即"天下之交"是对"天下之牝"的阐释。但是，"天下之牝"怎么能用"天下之交"来解释呢？从注家的译文来看，似乎都难以讲得通，有的则含糊其词地回避了。依笔者之见，如采用王弼本，就不存在这样的难题了（何为《老子》之祖本，方家尚无定见，故在此暂且不论）；而且"天下之交"在"天下之牝"句之先，文理逻辑也较为通顺，因为这样一来，其前可乘"下流"，其后又能紧接"牝常以静胜牡"句。"牝常以静胜牡"是一个独立的句子，诸本无异文。下句王弼本为"以静为下"，帛书甲本作"为其静也，故宜为下。"（乙本句尾多一"也"字。）二者相比，似以甲本之句为佳，因为它强调的是"牝"（"其"字是它的代词）正因为具有"静"的特性，"故宜为下"，所以主体是"牝"；而王弼本的"以静为下"，"为下"的主体则是"静"了，其义不甚明了，所以此句应从帛书甲本作"为其静也，故宜为下"。

再说第二点。对《老子》的具体字句不宜于作孤立的解读，而应联系本章之上下句之义，还应联系《老子》其它章节中相关字句之义及老子的整个思想体系来解读。比如对"天下之交"句的解读，现代注家中有的译为："天下水流交汇之地"（尹振环），有的译为："天下交汇的地方"（陈鼓应），有的译为"天下的交汇"（张松如）。说"天下水流交汇之地"，只是对"下流"的解释，是"天下之交"现象层面的意义；后两种译文，则仅限于字面的解释，故亦显不足。古代注家中，河上公注曰："天下士民之所交会"，王弼注曰："天下所归会也"，吴澄注曰："犹江海善下而为众水之交会也"，范应元注曰："天下之所交会。"从河上公、王弼及范应元的注文看，他们皆似认为"天下"是指"天下人"，但他们并未与水流之交汇联系起来；吴澄的注文则对"天下"之含义的揭示仍停于"众水"的层面。笔者以为"天下之交"应同时适合这二个层面之义：就"水"而言，是指"江海"，以释上句之"下流"；但更深的含义则是"天下人"之交会。联系三十五章之"执大象，天下往"句，这里的"天下之交"，当为"天下人归往之处"。不过这里的"归往"主要是说甘居于"下流"的大国，是天下人心系向往的地方。兼顾此二义，此句似应译为："它应像江海之于川谷，成为天下人的归往之处。"句中之所以加一"应"字，是因为这是老子对"大国"所寄托的期望，并非大国自然如此也。

再如对"为其静也，故宜为下"句的解读。这句话若直译，当为："正因为它静啊，所以宜处于下位。"现代注家中有的译为："因为它的沉静呀，所以情愿表示谦下"（张松如）；有的译为："正因为它静，所以处于卑下的地位"（古棣）；有的译为："因为它沉静，所以大国宜于谦下。"（尹振环）第三种译文对"故宜为下"释出了"大国"，似乎扯得远了点，对之姑且不论，仅就前两种译文而言，虽然皆比较忠实于原文，但译文似也难以理解：为什么因为它"静"或"沉静"，就应当处于"卑下的地位"或"谦下"呢？笔者联系二十八章，方知"为下"并非坏事。此章说："知其雄，守其雌，为天下溪。为天下溪，常德不离，复归于婴儿。""知其荣，守其辱，为天下谷。为天下谷，常德乃足，复归于朴。"这里的"守其雌"的"雌"，正与本章说的"牝"同义。也就是说,"牝"的特性是与"天下溪"联系在一起的,而"天下溪"与"天下谷"又是一致的,因而只要"守雌"或为"牝",就能使"常德不离","常德乃足",就可以"复归于朴",从而"同于道"。"牝"的根本特性是"静",是"柔";而"谷",虚也,静也,下也。四十一章说"上德若谷,广德若不足",因此只要"牝"保有和发扬其柔静的特性,就可以达至"上德"亦即"道"的境界,所以"为下"反而是"上德"即"道"的表现或途径,因而并非由此就降低了自己的地位。鉴于此,笔者对此句译作:"正因为它具有柔静的特性啊,所以应当像'上德'一样居于下方。""下方"不若"下位",但为了使其与上句之"雄强"谐韵,故为之。

二、在这一章中,老子集中阐述了他关于如何处理诸侯国之间的关系特别是大国与小国的关系的思想和主张,用现代语言说,就是关于外交思想和外交方针问题。能否正确理解老子在本章中所阐发的思想和主张,关键在于两点:一是能否做到将本章的思想内容包括具体字句与老子的思想体系联系起来,而不是割裂开来;二是对其中的"不过欲"三字应予以解读。后者尤其是正确解读本章第二段的关键。

先说第一点。概言之,老子的思想体系是"道法自然",主张守道归朴,依道而行,在政治上他主张"以道莅天下","以正治国",通过"挫锐"、"解纷"、"和光"、"同尘"而达"玄同",也就是实现世界大同。就国际(诸侯国之间)关系而言,他的大前提是"以道莅天下",这一大前提又是与"以正治国"的内政方针密切相关的,如果不"以正治国",那么"以道莅天下"就无法实现。在国际关系上,他主张各国友好共处,反对恃强凌弱、搞霸权主义。直接的佐证是"以道佐人主者,不以兵强天下"(三十章),"虽有甲兵,无所陈之"(八十章),"万物归焉而不为主"(三十四章);他把"自伐"、"自矜"等看作"余食赘行"(二十四章),并坚信"将欲取天下而为之,吾见其不得已"(二十九章)。他对大小国之间的兼并战争是深恶痛绝的。从其"小国寡民"章中所透析出来的思想,他主张各国独立自主,互不侵扰,各自相安无事。从本章看,他基于大国恃强而任意欺凌和兼并小国,也就是实际上"为上"的事实,而主张"大者宜为下",也就是要以平等的甚至谦下的姿态去对待小国。但是,有的注家却以为无论大国、小国取"谦下"的姿态,都不过是一种权谋或策略,其目的还是为了"吃掉"对方。请看下面高亨的一段译文:"大国以谦卑的策略对待小国,则取得小国;小国用谦卑的策略对待大国,则战胜大国。要之,或者谦卑以取得小国,或者谦卑以取得大国。"大国小国在相互征伐、兼并过程中,是否在实际上以谦卑的言辞或姿态作为阴谋或策略那是另一回事。问题是，在这一章中，老子并不是在写历史，而是旨在阐明自己关于处理诸侯国之间关系的思想和主张。如果说上述译文的文义无误，岂不是说老子在这里为他们相互进行的征战和兼并而出谋划策吗？

再说第二点。对"大国不过欲兼畜人，小国不过欲入事人"中的"不过欲"之义应如何解读。从笔者读到的比较有代表性的几种注译本的译文看，虽字句不尽相同，但释义并无区别，他们分别译为："不过是想"、"不过要求"、"不过希望"、"无非是想"等等。对整句的翻译，试举例如下：

1. "所以做大国的，不过是想兼并领导别人；做小国的，不过是想进身顺从别人。"（《老子校读》）

2. "大国不过是想兼并对方，小国不过是想去事奉对方。"（《老子注译》）

3. "大国无非是想兼有或支配小国，小国无非是想依附大国。"（《帛书老子释析》）

4. "大国不过要求领导小国，小国不过要求奉承大国。"（《老子新译》）

从这几则译文看，似乎老子以为无论兼并也好，还是事奉、奉承或依附也好，本身都是无可厚非的，甚至是理所当然的，只要做到"为下"或"谦卑"就符合要求了。也就是说，当侵略者也好，当附庸国或亡国奴也好，都无所谓，只要在姿态上"处下"（事实上兼并者对被兼并者不可能真正"处下"，兼并者若"处下"也不过是"黄鼠狼给鸡拜年"而已）就可以了。再说，古今中外究竟有几个小国的国君和他的臣民会甘愿奴颜婢膝地去"事奉对方"或"进身顺从别人"呢？当年勾践在夫差面前之所以不惜忍受一切屈辱（暗藏杀机暂且不说），难道不是因为他当时已沦为"亡国之君"了吗？倘若他仍然坐在越国君王的宝座上，他会那么干吗？再说，将"小国不过欲入事人"译为"做小国的，不过是想进身顺从别人"，其潜台词只能是唯恐"进身顺从别人"而不可得，如果得到了，就是实现了自己多年的夙愿。这难道是老子笔下一个国君应有的态度和取向吗？

这里的问题似乎出在对"不过欲"的解读上。愚以为"不过欲"应释为"不要以过分的欲望"，或"不要因欲求过分而……"。译文则为："大国不要因过分的欲望而去兼并小国，小国也不要因过分的欲求而终将沦为大国的附庸。"

人们对第一句的译文也许不会产生多大疑义，而对第二句可能会提出这样的问题：小国对大国有过分的欲求与"终将沦为大国的附庸"之间有什么关系呢？答曰：有的。这是因为，小国在与大国的交往中，大国既然能以谦下的姿态去对待小国，为了显示自己的大国风范，给予小国一些援助是常有的事。但是，在这种情况下，小国如果欲求过多、过高，大国也许会暂时满足它的这种要求，但久而久之，小国则可能会因其债务过重而不得不依附于大国；如果大国以某种施舍为诱饵，而小国又不能识破，那么沦为大国的附庸而根本丧失自己的主权和独立地位，就更是在劫难逃了。作大国的附庸国或殖民地，当然是最地道、也最无奈的"入事人"。老子在本章中讲的是国际关系，亦即主权国家（虽然是诸侯国）之间的平等互利关系，因而任何一国"入事"于另一国都不是老子所希望的。但是，历史的经验值得注意。所以笔者以为老子说这两句话，意在告诫小国的君王切不可因自己过分的欲求而在大国面前失去应有的尊严，进而失去自己国家的独立和主权，到头来只能充任"入事"大国的可悲角色啊！

　　老子在要求双方都"为下"的同时，也深知这对于小国来说不成问题，关键在于大国能否做到。所以最后结论是"大者宜为下"。

　　笔者之所以对"不过欲"三字之义作如此解读，所依据的也是老子对"欲"的一贯态度。在《老子》一书中，涉及"欲"字的文句很多，比如："不见可欲，使民心不乱"，"不欲以静，天下将自正"，"罪莫大于甚欲"等等。从中可以看出老子对反自然的"私欲"是持否定态度的，他甚至认为，"甚欲"是最大的罪过，是一切祸乱的根源，而"甚欲"显然就是"过欲"之义。当然，他的这种观点是否正确，他的"不过欲"以及大国小国都"为下"的主张能否行得通，那又另当别论了。

　　三、老子在本章中提出了守柔谦下、和平共处的国际关系的准则。这里所说的"国"当然指的是诸侯国或邦国。当时所说的"天下"其范围是现在的全中国，它在名义上虽然是由周天子统治着，而在实际上各个诸侯国都有军队，都是某种程度上的主权国家。各个诸侯国之间的关系比较紧张，侵略性的兼并战争不断发生，搞得天下大乱，民不聊生。老子讲的"师之所处，荆棘生焉；大军之后，必有凶年"（三十章）、"天下无道，戎马生于郊"（四十六章）和"田甚芜，仓甚虚"（五十三章）就是指的这种情形。严重的，比如吴国对外连年征战，搞得"敝于兵，暴骨于野"；宋都被楚军围困长达九个月，闹到"易子而食之，析骨而炊之"（《左传·襄公八年》，《左传·襄公二十年》）的地步；至于大国对小国的欺凌、兼并和残酷掠夺，就更是家常便饭了。在这种情况下，如何为人民的生产生活创造一个和平安定的社会环境，是一个迫切的问题，这当是老子提出这一国际关系准则的背景。有的注家说："这里老子讲的大国领导小国，小国奉承大国，是希望小国大国维持春秋时期的情况不要改变。他希望社会永远停留在分散割据状态。这是和历史的发展方向背道而驰的，是对抗新的变革的。"① 这种说法似乎不符合老子的思想实际。老子并不主张"大国领导小国，小国奉承大国"，而是主张大国小国都要守柔谦下，大国犹应如此，这主要是针对大国恃强凌弱，搞强权政治讲的。用现在的话说就是大国不要搞霸权主义，小国也不要奴颜婢膝，大国小国应和平共处。老子也并非"希望社会永远停留在分散割据状态"。他提出的根本方略是"执大象，天下往"（三十五章），就是通过侯王依道治国，作出典范，使天下人自愿归往。这样一来，那些真正"执大象"的国家就会逐渐强大，而与此背道而驰的诸侯国必将逐步衰落、消亡，从而既避免了兼并战争给人民造成的深重灾难，又能逐步消除"分散割据状态"。从后来的历史实际看，老子的思想并未实现，但他提出的这一处理国际关系的准则并未过时。

从指导思想上说，本章强调强者须柔弱，上者须能下，方为知"道"，因为"弱者道之用"也。魏源说："《老子》之书，上之可以明道，中之可以治身，推之可以治人。其言常通于是三者。"② "推道明人"是《老子》的基本逻辑。本章所讲的就是以道所体现的柔弱谦下的原则处理诸侯国之间的关系。

---

① 任继愈：《老子新译》，上海古籍出版社 1985 年版，第 191 页。

② 魏源：《老子本义》。

六十七章

　　大道废，有仁义；智慧出，有大伪；六亲不和，有孝慈；国家昏乱，有忠臣。

（通行本第十八章）

注　释

　　此文王弼本、河上公本如是，傅奕本作"大道废，焉有仁义；智慧出，焉有大伪；六亲不和，有孝慈；国家昏乱，有贞臣"。简本为"大道废，安有仁义；六亲不和，安有孝慈；邦家昏乱，安有正臣。"帛书甲本为"故大道废，案有仁义；知快出，案有大伪；六亲不和，案有畜兹（孝慈）；邦家昏乱，案有贞臣。"帛书乙本为"故大道废，安有仁义；知慧出，安有〔大伪〕；六亲不和，安又孝慈；国家昏乱，安有贞臣。"简本与其它各本的最显著的区别是少"智慧出，（安）有大伪"句。"安"、"焉"在此是乃、于是的意思；"案"是"安"的通假字，因此与王弼本的文意基本一致，故校定文从王弼本。对本章的解读，见【辨析】。

译　文

大道废弛了，
于是有了仁义；
智慧产生了，
于是有了"大伪"；
亲属之间不和睦，

才有了孝慈的规范；

国家陷入昏乱，

忠勇的将相才会出现。

辨　析

对本章的解读，注家们意见不一，余以为老子在这里是对历史事实的陈述，从字面上似乎看不出他对其的评论，当然老子是希望侯王们能依道治国，大"道"能重新通行于天下。老子及庄子都认为，在上古公有制社会里，"大道"通行于天下，人与自然、人与人以及个人的身心都处于一种自然和谐状态，没有也不可能有私有观念，更没有剥削和压迫，因而人们不懂得、也不需要"仁义"之类的伦理规范来调节。《庄子·天地》对上古的所谓"至德之世"作了这样的描述："上如标枝，民如野鹿。端正而不知以为义，相爱而不知以为仁，实而不知以为忠，当而不知以为信，蠢动而相使不以为赐。"

《庄子》讲的就是"大道"未"废"时的社会情景。自从进入私有制的所谓"文明社会"之后，那种原始的自然和谐状态渐渐荡然无存，私有观念根深蒂固，剥削压迫的社会现象和社会制度产生了。为了在伦理层面上调节人与人之间的关系，于是提出了"仁义"之类的道德规范，这就是"大道废，有仁义"的情形。"智慧出，有大伪"也是讲的历史事实。在老子时代，"伪"字有二义，一是人为的意思（如《荀子·性恶》："人之性恶，其善者伪也。"），二是诡诈的意思。在上古原始社会，人们还处于蒙昧时期，还谈不到有什么智慧，所以不可能有大的作为（只能茹毛饮血、刀耕火种）；那时的人们因为缺乏智慧，所以也缺乏"捣鬼"之术，因而"有大伪"是"智慧出"之后的现象。当然，"智慧出"也是一把双刃剑，既可以干有利于人民和社会的好事，但也有干坏事的心计了。老子之所以说"六亲不和，有孝慈；国家昏乱，有忠臣"，是针对当时臣弑君，子弑父，弟弑兄，父子兄弟互相残杀和"陪臣"僭越、违逆的大量事实而发的。正因为"六亲不和"，所以才显出"孝慈"来，也有倡导"孝慈"的必要，如果世间都是父慈子孝、兄友弟恭，倒是无所谓孝慈不孝慈了，也就无须用"孝慈"的伦理观念加以规范了。同样，正因为"国家昏乱"，所以才显出"忠臣"来，如果社会安定和谐，没有臣欺主之事；内外没有战争，也无须上战场为主子拼杀，就显不出"忠"和"不忠"了,也就无需用"忠"的伦理观念加以规范了。奚侗对此解释得好,他说:"六亲和顺,则孝慈之名不立;言孝慈,六亲已不和矣。国家治平,则贞臣之行不彰;言贞臣,国家已昏乱矣。"①

我们知道,在阶级社会里,"仁义"等行为规范具有局限性和虚伪性。儒家是极力倡导仁义的,说是"仁者爱人",但同时又讲"仁者,人也,亲亲为大。"(《礼记·中庸》)"仁之实,事亲是也。"(《孟子·离娄上》)"亲亲,仁也。"(《孟子·告子下》)"尧舜之仁,不遍爱人,急亲贤也。"(《孟子·尽心》)这是说爱是有远近、差等的。墨子提倡"兼爱",主张同等地爱一切人,这在有阶级存在的社会里也只能是一句空话。还应看到,仁义之类的冠冕堂皇的词语往往被一些不仁不义的人所利用,成为他们借以欺世盗名的遮羞布。对这种现象,《庄子·胠箧》用犀利的语言作了无情的揭露和讽刺,说:

> 田成子一旦杀齐君而盗其国,所盗者岂独其国邪?并与其圣知之法而盗之。故田成子有乎盗贼之名,而身处尧舜之安;小国不敢非,大国不敢诛,十二世有齐国,则是不乃窃齐国,并与其圣知之法以守其盗贼之身乎?为之斗斛以量之,则并与斗斛而窃之;为之权衡以称之,则并与权衡而窃之;为之符玺以信之,则并与符玺而窃之;为之仁义以矫之,则并与仁义而窃之。何以知其然邪?彼窃钩者诛,窃国者为诸侯,诸侯之门仁义存焉,则是非窃仁义圣知邪?

老子可能看到类似的情况并进行理论反思。在他看来,只有持守道所体现出来的"自然"、"无为"、"柔弱"、"不争"等原则,才能做到"以正治国,以奇用兵,以无事取天下",才能真正使人民"自化"、"自正"、"自富"、"自朴"(五十七章),才能使"天下往",国家也才能实现"安、平、泰"(三十五章),如此则"六亲不和"、"国家昏乱"等社会弊端都会自然化解,根本无需倡导什么"仁义"、"孝慈"、"忠臣"了,因为站在道的立场上是"蠢万物而不为义,泽及万世而不为仁"(《庄子·大宗师》)的,而如果只是用"仁义"、"孝慈"、"忠臣"之类的道德范畴来规范人们的行为,不过是治标不治本的权宜之计而已。显然,老子开出的救世药方在阶级社会里带有空想的性质。

---

① 奚侗:《老子集解》。

　　但是，由此就说老子是开历史倒车，企图把"文明社会"拉回到原始社会去，也是不正确的，正如任继愈所说的："所谓仁义、智慧、孝慈、忠臣，老子认为这是病态社会中的反常现象。在合理的社会中不会产生这些所谓道德。"① 而所谓"文明社会"（是相对于野蛮的原始社会而言的，是指进入私有制之后的社会），实际上是"病态社会"，而非"合理的社会"。老子认为"合理的社会"是大道畅行、"天下为公"的社会，而且老子对充满阶级对立和社会矛盾的"文明社会"并非故意回避而是正视的，所以他在五十六章提出了"挫其锐，解其纷，和其光，同其尘"和"不可得而亲，不可得而疏；不可得而利，不可得而害；不可得而贵，不可得而贱"的政治主张。

　　陈鼓应说："通行本十八章在'安有仁义'与'六亲不和'文中，衍出'智慧出，有大伪'两句，导致'仁义'与'大伪'对称，从而产生对仁义贬抑的解释，也带来对后一句肯定孝慈行为不一致的解说。郭店简本无'智慧出，有大伪'，从整章结构上看较为确当——整章三个对等句，和十九章正相一致。"② 但是，如果将"智慧出，有大伪"也看作对历史事实的陈述，那么就似乎不存在这个问题了，而且"大伪"也不一定解释为大的诡诈行为。至于说郭店简本无"智能出，有大伪"，其它古本皆有，即为"衍出"，恐怕也难说，因为郭店简本所提供的毕竟是孤证。

---

　　① 任继愈：《老子新译》，上海古籍出版社 1985 年版，第 98 页。
　　② 陈鼓应：《道家的人文精神》，《道家文化研究》第二十二辑，三联书店 2007 年版，第 97 页。

六十八章

民之饥，以其上食税之多，是以饥①；

民之不治，以其上之有为，是以不治②；

民之轻死，以其上求生生之厚，是以轻死③。

夫唯无以生为者，是贤于贵生也④。

（通行本第七十五章）

注　释

①民之饥，以其上食税之多，是以饥：王弼本、河上公本如此，傅奕本作"民之饥者，以其上食税之多也，是以饥"；帛书甲乙本均为"人之饥也，以其取食税之多，是以饥。"帛书的文字少一个"上"字，致使义理不通，因为"食税之多"怎么能成为"饥"的原因呢？

此文的意思是说：人民之所以忍饥挨饿，是因为在上位者吞食的赋税过多，因此遭受饥饿。

②民之不治，以其上之有为，是以不治：王弼本此文前后的两"不"字作"难"，为"民之难治，以其上之有为，是以难治"。帛书甲、乙本皆为"百姓之不治也，以其上之有以为也，是以不治"。为统一体例，现以王弼本为基础，采用帛书"不治"的表述作为校定文。"民之不治"与下文的"民之轻死"也相呼应，相吻合，因为民众只有在"不治"的情况下，才会"轻死"铤而走险。

高明对坚持帛书的"不治"的表述作了一番考证和论述。他说，帛书甲、乙本"百姓之不治也"与"是以不治"，今本两句皆作"难治"。"不治"与"难治"词义不同，"不治"谓不可治也，"难治"谓可治而不好治也。第三章云："使夫知者不敢，弗为而已，则无不治矣。"（引者按：此文王弼本为"使夫知者不敢为也。为无为，则无不治。"）此又从反面进而阐述为而不治之道理。从而可见，此文当从帛书甲、乙本作"不治"为是，非如今本作"难治"也。再就河上公于此经所作注文云："民之不可治者，以其君上多欲好有为也。"足证河上公本经文原亦作"不治"，"难治"乃后人所改。河上本首句注文作"民之不可治者"，严遵本末句作"是以不治"，皆反映出《老子》旧文之痕迹，足证帛书甲、乙本经文不误，保存了《老子》原文面目。①

河上公注曰："民之不可治，以其君上多欲，好有为也。是以其民上有为，情伪难治。"

王弼注曰："言民之所以僻，治之所以乱，皆由上，不由其下也。民从上也。"

句谓：人民之所以无法统治，是因为在上位者恣意妄为，所以无法统治。

③民之轻死，以其上求生生之厚，是以轻死：傅奕本、杜道坚本如是。王弼本为"民之轻死，以其求生之厚，是以轻死"，帛书甲本作"民之轻死，以其求生之厚也，是以轻死"，乙本作"民之轻死也，以其求生之厚也，是以轻死"。校定文从傅奕本，理由见【辨析】。劳健解"求生生之厚"说："此章'生'字，又皆如生聚之'生'。旧说或解如生死、生命之'生'，非也。'求生生之厚'即求为富庶之义。"（《老子古本考》）句谓：人民之所以敢于铤而走险，是因为统治者穷奢极欲，所以敢于铤而走险。

④夫唯无以生为者，是贤于贵生也：傅奕本、范应元本等古本基本如是，唯"为"字后多一"贵"字。王弼本无"也"字，帛书无"于"字和"也"字。校定文从傅奕本，理由见【辨析】。句谓：只有不以益生为务者，远胜于那些只顾贵生厚养的人啊！

人民之所以忍饥挨饿，
是因为在上位者吞食赋税过多，

---

① 参见高明：《帛书老子校注》，中华书局 1998 年版，第 194 页。

因此遭受饥饿；
人民之所以无法统治，
是因为在上位者恣意妄为，
所以无法统治；
人民之所以敢于铤而走险，
是因为在上位者穷奢极欲，
因此敢于铤而走险。
只有不以奢侈益生为务者，
远胜于那些只顾贵生厚养的人！

辨　析

　　本章老子基于对遭受残酷剥削和压迫的人民的深切同情和支持，对无道的统治者提出了严正抗议和警告，并要求统治者减轻人民的负担，给人民一条生路。他关于"民之饥"、"民之不治"、"民之轻死"的根本原因在于"其上"的思想是很深刻的。

　　关于对本章文字的校诂。本章首句王弼本及大多数古本为"民之饥，以其上食税之多，是以饥。"帛书甲乙本均为"人之饥也，以其取食税之多，是以饥。""人"应作"民"，因为那些统治者和剥削者虽然也是人，但是不会"饥"的；下句显然是脱"上"字，因为只有在"上"者才有可能征税和食税。许抗生据帛书将此句译为"人们所以饥饿，就在于收税食税的太多，因此饥饿。"译文中的"的"字很关键，但属于增字解经。否则，这句话只能译为："人之所以饥饿，是因为他们食税太多了，因此饥饿。"这显然是讲不通的。

　　当时各邦国或诸侯国的税率通行的是什一税，亦有实行什二税的，如鲁国（鲁哀公说："二，吾犹不足，如之何其彻也？"）。上缴给地主的地租又占收获量的一半以上（通行的是十分之六）。鲁昭公三年，晏婴说到齐国的社会情况："民三其力，二入于公，而衣食其一。公聚朽蠹，而三老冻馁。"（《左传·昭公三年》）就是说，人民上缴的租税占到收获量的三分之二，而留下供衣食之用的只占三分之一。政府和地主横征暴敛，人民啼饥号寒。当时农业技术简陋，单位面积产量低下，租税又如此重，还要服徭役，人民不堪重负，加之战乱频仍，田园荒芜，在这种情况下，人民怎能不"饥"呢？

所以，老子说的"民之饥，以其上食税之多，是以饥"反映了当时的社会实际情况。

第二句"民之不治，以其上之有为，是以不治。""民之不治"当指人民被逼而抗捐税，逃徭役，发泄不满，揭竿而起等。"上之有为"是指统治者不顾人民死活，对内横征暴敛，鱼肉百姓；对外攻城略地，杀人盈野。

第三句"民之轻死，以其上求生生之厚，是以轻死。"傅奕本、杜道坚本如是。"求生生之厚"即一味追求财货积聚的意思。此句王弼本为"民之轻死，以其求生之厚，是以轻死"，帛书甲本作"民之轻死，以其求生之厚也，是以轻死"，乙本作"民之轻死也，以其求生之厚也，是以轻死。"严灵峰说，王弼本此文"'上'字原阙，傅奕本、杜道坚本有'上'字。王注云：'言民之所以僻，治之所以乱，皆由上，不出其下也。民从上也。'依注并上二句例，当有其'上'字，因据傅本并注补正。"① 严灵峰之说是。范应元本此句虽然亦无"上"字，但注此句曰："民本不轻死，以其在上者嗜欲太厚，意欲自生其生……是以轻死。"从其注看，亦当有"上"字。许抗生据帛书将此句译为："人民所以看轻了死，就在于太看重了谋求生存的事，因此看轻死。"对此古棣批评说："这在情理上是说不过去的。民众'太看重了谋求生存的事'，不是恔恔以求生，追求生活得好么，怎么会'轻死'呢？"② 高亨据傅奕本注释此句说："君贵生则厚养，厚养则苛敛，苛敛则民苦，民苦则轻死。"人民之所以"轻死"，绝不会是因为追求丰厚的生活，而是被逼得活不下去了。况且这句话是与第一句即"民之饥，以其上食税之多，是以饥"相联系的：既然人民处于饥饿状态，还敢奢望"求生之厚"吗？鉴于此，此句故从傅奕本作为校定文。

本章从"民之饥"到"是以轻死"，说明老子是站在谁的立场上说话的呢？古棣认为老子是站在奴隶主贵族的立场上说话的。他说："这一章正是紧接七十四章，说'民之轻死'就是因为统治者收税太重，挥霍无度，使民们饿肚子，无法生活下去。联系起来看，很清楚，**老子是站在奴隶主贵族的立场上说话的**（按：黑体字为引者所标识）。老子比那些奴隶主当权派看得远一点，比较'开明'一点，看到逼得民众无法生活下去，他们就会铤而走险，奴隶主阶级统治就维持不下去，因而劝告那些当权派减轻剥削、缓和

①　转引自陈鼓应：《老子注译及评介》，中华书局 1984 年版，第 340 页。
②　古棣：《老子校诂》，吉林人民出版社 1998 年版，第 500 页

矛盾。"①

为此，古棣还批评詹剑峰关于老子代表农民反对封建剥削的观点。他说："对于封建地租这种新的生产关系，奴隶是愿意接受，并且欢迎的。当时的农民、解放了的奴隶，是不可能反对封建地租剥削方式的。"②

这种说法未必合理，因为只要是租税过重，逼得民众活不下去，无论这种剥削方式是奴隶制的还是封建制的，民众都会理所当然地、必然地加以反对。早于老子时代的周庙里的《金人铭》上说："强梁者不得其死，好胜者必遇其敌。盗憎主人，民怨其上。"显然，本章从"民之饥"到"是以轻死"讲的都是"民怨其上"的内容。而从"民怨其上"来看，老子也是站在"其上"的对立面即"民"的立场或被剥削被压迫民众之同情者的立场"怨其上"的，在五十三章更是直言不讳地辱骂"其上"为"盗夸"即强盗头子，所以老子不可能是站在奴隶主贵族立场上说话的。与老子形成鲜明对照的，是孔子的立场。孔子对"其上"是毕恭毕敬的，是强调"在邦无怨，在家无怨"（《论语·颜渊》）的，是提倡"贫而无怨"（《论语·宪问》）的。

本章末句"夫唯无以生为者，是贤于贵生也。"傅奕本、范应元本基本如是；范本并注曰："古本。"意谓他所据古本亦如此。王弼本无"也"字，帛书无"于"字和"也"字。"于"当有，因为后句与前句具有比较之义；有"也"字在语气上显得更好些。

对"夫唯无以生为者，是贤于贵生也"，马叙伦说："此二句乃五十章错简。《淮南子·精神训》以此连'生生之厚'，可证。"古棣说："马说很对。此二句与上文不相联属，移于五十章'以其上求生生之厚也'之下，却非常连贯。"古棣不仅这样说了，而且这样做了。此种说法和做法不当。这两句话是老子对上文分析后对身居上位的统治者所指出的一条对策，即统治者不可食税过多，不可恣意妄为，不可聚财无度，不可只顾自己求生生之厚，从而减轻人民的负担，给人民一条活路，使其不再为求生存铤而走险，这是一种比较高明而切实可行的办法。因此，如果无此二句反而义不完足。怎么能说"此二句与上文不相联属"呢？

---

① 古棣：《老子校诂》，吉林人民出版社 1998 年版，第 501 页。
② 同上书，第 502 页。

六十九章

出生入死①。生之徒，十有三；死之徒，十有三；而民之生生，动皆之死地，亦十有三②。夫何故？以其生生也③。

（通行本第五十章上）

说　明

之所以将通行本第五十章分为两章，是因为其上段即本章的内容是说，人民为了谋生，动辄不得不进入死地而死亡的，也占十分之三。这是什么缘故呢？因为他们要生存下去呀！这段话深刻地反映了当时严酷的社会现实，即统治者违"道"而实行"有为"政治的恶果。而其下段（"盖闻善执生者，陵行不遇兕虎，入军不被甲兵。兕无所投其角，虎无所措其爪，兵无所容其刃。夫何故？以其无死地焉"）讲的则是统治者如何依仗权势保护自己不受猛兽和兵戈之伤害，而"民"则与此无缘。故将其下段归入修身篇。

注　释

①出生入死：人从诞生为生，入于地（进入坟墓）为死。是说人皆有生有死，但情况不同。

②而民之生生，动皆之死地，亦十有三：帛书甲乙本基本如此，只"民"后无"之"字，"亦"作"之"，为"而民生生，动皆之死地，之十有三。"傅奕本、范应元本在"民"后有"之"字，作"而民之生生而动，动皆之死地，亦十有三。"《韩非子·解老》引《老子》作"民之生生而动，动之死地，之十有三。"为使文句更顺畅且不伤其意，以帛书作底本，参照傅

奕本、范应元本和《韩非子·解老》引文，在"民"后加"之"字，将后一"之"字改"亦"，全句校订为"而民之生生，动皆之死地，亦十有三。"此句王弼本、河上公本作"人之生，动之死地，亦十有三。"此后注家多从之。但王弼本与帛书在此处差别较大：第一，"人之生"中的"人"是泛指，而"民"则特指老百姓，被统治者；第二，"生"和"生生"不同。"生"指生命。"生生"，第一个"生"是动词，第二个"生"是名词，二词相连而为"求生"之意。帛书可能是古貌，故校定文从帛书。句谓：老百姓为了活命，而不得不进入死地的，也占十分之三。

　　刘笑敢说："这里值得注意的第一句第一字是帛书本和傅奕本皆作'民'，而王弼本、河上公本皆作'人'。据上引第七十五章'民之轻死也，以其求生之厚也'之文，似以作'民'为是。考《老子》中'人'与'民'的用法，与《论语》大体相同。杨伯峻指出，《论语》中'人'字多作一般意义的人，有时专指不包括'民'的士大夫以上的人，而'民'多指一般老百姓。《老子》中'民'多指普通百姓，与圣人等在上位之人对称，如'爱民治国'、'圣人处上而民不重'。'人'则多泛指各种人，如'善人'、'不善人'、'我愚人之心也'。将'民'改成'人'，其批评的对象则从'民'扩大到一般人。从思想诠释的角度来看，作'人'并无不妥，从文本校勘的角度来看，则以'民'为是。"①

　　③以其生生也：帛书甲本如此，乙本少"也"字。意为"这是因为他们要活下去呀！"王弼本、河上公本作"以其生生之厚"。后注家多据王弼本，释为"求生过度，奉养过厚"。

译　文

人皆有生有死。
能够享尽天年的，
有十分之三；
中途死亡的，有十分之三；
老百姓为了活命，
而不得不进入死地的，

---

　　①　刘笑敢：《老子古今》，中国社会科学出版社 2006 年版，第 497—498 页。

也占十分之三。

为什么不得不进入死地？

因为他们为了活下去！

辨　析

本章深刻地反映了当时严酷的社会现实，即统治者违反"道"的自然无为原则而实行"有为"政治所造成的恶果。这可以与七十五章的论述相印证。而王弼本等古本此段的文字是："人之生，动之于死地，亦十有三。夫何故？以其生生之厚。"这就成了因患"富贵病"而早死的亦占十分之三了。不要说在两千多年前战乱频仍、广大人民饥寒交迫的春秋末期，就是在社会经济有了很大发展、人民生活水平有了很大提高的今天，因为患"富贵病"而早死的能够占到死亡总数的十分之三吗？即使在大城市能达到这个比例，那么还有占人口多数的广大农村呢？此外，如果按王弼本此段文字的理解，那么按正常的思路，下文就应着重讲如何才能防止"生生之厚"，但下文却没有这样去讲。这是否证明王弼本等古本的文字有误呢？

七十章

使我介然有知①，行于大道，唯施是畏②。

大道甚夷，而人好径③。朝甚除④，田甚芜，仓甚虚；服文彩，带利剑，厌饮食，财货有余，是谓盗夸⑤。非道也哉！

（通行本第五十三章）

注 释

①使我介然有知：王弼本如是。介然，微小也。句谓：倘若我稍有些知识。

严遵《道德指归》为"使我絜然有知"，释此句云："负达抱通，提聪絜明"，注引经文作"絜然有知，行于大道者，唯施是畏也"，可证严遵本正文"介然"作"絜然"，此与帛书甲本同，但其正文后人改作"介然"。高明说："'絜'、'介'，古同为见纽月部字，读音相同，今本'介'乃'絜'之借字，此当从甲本。"①"絜"字虽有多种涵义，但无一种合于此句，故校定文仍从王弼本作"介然"。

②唯施是畏：韩非《解老》："施也者，邪道也"。王念孙曰："'施'读为'迤'。迤，邪也。言行于大道之中，唯惧其入于邪道也。下文云'大道甚夷，而人好径'。河上公注：'径，邪不正也。'是其证矣。《说文》：'迤，邪行也。'……《淮南子·要略篇》：'接径直施。'高注曰：'施，邪也。'是'施'与'迤'通。"（《读书杂志·老子杂志》）句谓：唯一担心的是走上邪路。

---

① 高明：《帛书老子校注》，中华书局 1996 年版，第 80 页。

③大道甚夷，而人好径：后句王弼本等古本作"而民好径"；帛书乙本为"民甚好解（懈）"（甲本缺损）；景龙碑、龙兴观碑（无名氏《道德真经次解》）、李约本为"而人好径"。奚侗说："'人'指人主言。各本皆误作'民'，与下文谊不相属。盖古籍往往'人'、'民'互用，以其可两通。此'人'字属君言，自不能借'民'为之，兹改正。"（《老子集解》）奚说是，校定文据景龙碑、龙兴观碑等古本改。夷，平易；径，羊肠小道。如《史记·高祖本纪》："高祖被酒，夜径泽中，令一人行前。"句谓：大道非常平直，而人主却好走羊肠小道。这里喻指统治者心术不正。

④朝甚除：马叙伦说："'朝甚除'，除借为污，犹杇之作涂也。诸家以除治解之，非是。"（《老子校诂》）高亨说："除，读为涂。《广雅》：'涂，污也。'（《文选·西都赋》李善注引）。"这样解释，此句与"田甚芜"、"仓甚虚"文义贯通。"朝甚除"是说。朝政污浊、腐败。

⑤盗夸：盗，强盗也；夸，大也。《广雅·释诂》："夸，大也。"盗夸，谓盗之大者，可释为强盗头子。

译 文

如果我稍有些知识，
行进在大道上，
唯一担心的是走上邪路。
大道非常平直，
而人主却好走小路。
朝政是多么腐败啊，
致使田园非常荒芜，
粮仓空空荡荡；
统治者却身着华贵的服装，
佩戴着锋利的宝剑，
吃厌了精美的饮食，
财货又堆积如山：
这就叫做强盗头子！
何等的"无道"啊！

辨　析

老子说："大道甚夷，而人好径。"大道的本义是平坦之途，比喻整体自然和谐、个体自由舒畅的社会理想，而"径"则指小路、曲径、险径，比喻正途之外的方法和途径。"而人好径"是说背"道"而驰的人主的行为。老子在本章中表现了对遭受残酷剥削和压迫的劳动人民的深切同情，对无道的压迫者和剥削者的极为愤慨。老子揭示的是当时的社会实际情况。某些诸侯国的有关情况是：

齐国："征敛无度，宫室日更，淫乐不违。内宠之妾，肆夺于市；外宠之臣，僭令于鄙。私欲养求，不给则应。民苦病，夫妇皆诅。"（《左传·齐景公》）晏子说："民三其力，二入于公，而衣食其一。公聚朽蠹，而三老冻馁。国之诸市，屦贱踊贵，民人痛疾。"（《左传·昭公三年》）

楚国："民之羸馁，日日已甚矣，四境盈垒，道殣相望。"楚灵王"为章华之台，国民罢焉，财用尽焉，年谷败焉，百官烦焉，举国留之，数年乃成。"（《国语·楚语》）

吴国：夫差"好罢民力以成私好，一夕之宿，台榭陂城必成，六畜玩好必从。"

晋国："铜鞮之宫数里"，又"筑虒祁之宫"，"今宫室崇侈，民力凋尽，怨仇并作，莫保其性命。"（《左传·昭公八年》）"道殣相望，而女富益尤，民闻公命，如逃寇仇。"（《左传·昭公三年》。）

秦国："秦伯之弟针出奔晋……造舟于河，十里舍车。"（《左传·昭公元年》）

郑国："郑伯有耆酒，为窟室而夜饮酒，击钟焉，朝至未已。"（《左传·襄公三十年》）

鲁国：有若向鲁国统治者提出实行什一税制的建议（"盍彻乎？"）时，鲁哀公居然表示："二吾犹不足，如之何其彻也？"（《论语·颜渊》）由此可见统治者榨取民脂民膏、穷奢无度和劳动人民道殣相望、饥寒交迫的情况。从"民逃公命，如逃寇仇"可见当时阶级对立之一斑。在这种情况下，老子骂无道的统治者为"强盗头子"，难道还算过分吗？

任继愈先生把"是谓盗夸"译为"这就叫做强盗头子！"古棣批评说：

这在口气上、精神上，跟老子原义，跟韩非所解是有很大距离的；

从文字上说，"盗夸"也不能译作"强盗头子"。细案全章，联系老子整个思想体系（特别是有关政治的各章），"是谓盗夸"乃是对贵族们"恨铁不成钢"之词，译作你们这种行动"等于提倡做强盗"，才符合老子的精神。①

笔者"细案全章"，想了大半天，也没有"案"出"'是谓盗夸'乃是对贵族们'恨铁不成钢'之词"来；又"联系老子整个思想体系（特别是有关政治的各章）"，也终于没有解出"'是谓盗夸'"为什么就是"对贵族们'恨铁不成钢'之词"？但有一个问题倒是想通了，就是绝不能把"是谓盗夸"译为"等于提倡做强盗"，因为无论从什么意义上说，这样翻译都是词不达意的。古棣之所以这样解读，说到底，就是因为他有一种思维定式，即老子是一个没落奴隶主阶级的代表，因此老子说的一切话肯定都是站在没落奴隶主阶级的立场上、为没落奴隶主阶级说话的，他怎么会骂自己至尊至贵的首领为"强盗头子"呢？

此外，对本章文意，吕惠卿和李嘉谟以"道"为主线释之。吕惠卿曰："舍道而由径，则亡本而徇末。譬夫人以食为本，而食必出于田。田治而仓实，仓实而食足。食足而财丰，财丰而廷治。是知其本之所自出也。今不行大道则已，不得其本而徒驰骛于其末，其与饰庭除而空仓畤，恣衣食而侈货财者，奚以异哉！"②

李嘉谟释之曰："行于大道则荡然广大，心逸日休，故甚夷也。争于小径，则矜智欺人，心劳日拙，故成于盗也。世人不知此，廷甚除治，其外饰者则备矣。然田甚芜而心不治，仓甚虚而行不修，方且盛服佩以炫人，侈货财而无用，去道何其远哉！"③ 吕惠卿和李嘉谟对本章文意的上述解说可供参考。

本章是老子集中揭露和批判剥削压迫制度的重要篇章。任继愈对老子论证剥削制度不合理的思想和做法给予了高度的评价。他说："反剥削反压迫的斗争是历史前进的骨架；反剥削、反压迫的思想是古代民主思想的灵魂。在工人阶级出现以前，许多反映农民小私有者的愿望的思想家只能停留在空想的阶段。只有工人阶级取得政权后，农民在工人阶级的领导下，才能真正

---

① 古棣：《老子校诂》，吉林人民出版社 1998 年版，第 448—449 页。
② 《四部要籍注疏丛刊·老子》，中华书局 1998 年版，第 1468 页。
③ 同上。

免于剥削和压迫。老子是中国哲学史上系统地论证剥削制度不合理的第一个思想家。他的反剥削的积极意义应给予应有的重视，尽管他的方案是错的。"①

　　在1983年出版的《中国哲学发展史》（先秦卷）中，任继愈又指出："老子是中国哲学史上抨击剥削制度不合理并有较为系统的言论的第一个思想家。他的意义重大，尽管他的方案是错的，它对后来的进步思想家、空想的社会改革家有着深远的影响。"② 任继愈之评可谓不易之论。

①　胡道静：《十家论老》，上海人民出版社2006年版，第273页。
②　《中国哲学发展史·先秦卷》，人民出版社1983年版，第253页。

七十一章

民不畏死，奈何以死惧之①？

若使民常畏死，而为奇者，吾将执而杀之，孰敢？

若使民常畏死，则常有司杀者②。夫代司杀者杀，是谓代大匠斫③。夫代大匠斫者，希有不伤其手者矣④！

（通行本第七十四章）

注　释

①民不畏死，奈何以死惧之：王弼本、河上公本如是。句谓：人民根本就不怕死，为何要用死来恫吓他们呢？傅奕本此句作"民常不畏死，如之何其以死惧之"，帛书乙本作"若民恒且不畏死，若何以杀惧之也？"（甲本残）

②若使民常畏死，则常有司杀者。夫代司杀者杀，是谓代大匠斫：此文河上公本为"常有司杀者。夫代司杀者杀，是谓代大匠斫"，无前一句；王弼本为"常有司杀者杀。夫代司杀者杀，是谓代大匠斫"，亦无前一句，但第一句多了一个"杀"字；帛书为"若民恒且必畏死，则恒有司杀者。夫代司杀者杀，是代大匠斫"。校定文取各家之长而校订之。

句谓：如果使人们总是害怕死，就应当常设专管刑杀的机构。如果代替专管刑杀的机构行施刑杀，则无异于替代高明的木匠砍木头。对此文的校勘及对文义的解读，见【辨析】。

高明说：

就本章经文分析，全文当如帛书作"若民恒且不畏死，奈何以杀惧之也？若民恒且畏死，而为奇者吾得而杀之，夫孰敢矣。若民恒且必畏死，则恒有司杀者"。"不畏死"、"畏死"之"畏"字，皆可训"惧"，即所谓不惧怕死和惧怕死。民"不畏死"，指官府刑罚酷苛而民不聊生，因生不若死，所以死而不惧，故曰"奈何以杀惧之"。民"畏死"，指教民以道，安居乐生，倘有诡异乱群者，以法执而杀之，故谓"夫孰敢矣"。但是，"不畏死"之"畏"字与前两个"畏"字意义不同，乃谓犯罪当死之义。如《礼记·檀弓》："死而不吊者三：畏、厌、溺。"杜佑《通典》卷八十三自注引王肃说："犯法狱死谓之'畏'。"即本文"必畏死""畏"字本义。"若民恒且必畏死，则恒有司杀者"，谓民有犯罪以律必死者，则常有有司（引者按："有司"当为"司杀者"）治之。甲、乙本经文"不畏死"、"畏死"与"必畏死"三层意义条理分明，足证《老子》原本当如帛书有"必畏死"一句，世传今本将此句脱漏，使上下经文脱节，晦涩难解，显必有误，均当据帛书甲、乙本补正①。

高明对帛书此段的校诂很有道理，校定文当从帛书，但考虑到通行本已流传一千多年，为学界和读者所熟悉，故遵照可动可不动者不动的校勘原则，所以校定文只取其"若民恒且必畏死，则恒有司杀者"，并参照通行本校订为"若使民常畏死，则常有司杀者"。

　　③夫代大匠斫者，希有不伤其手者矣：奚侗注曰："人君不能以道治天下，而以刑戮代天之威，犹拙工代大匠斫也"，"'代大匠斫'，则方园不得其理，以喻刑戮不依法律，严刑峻法，使民生不若死。民既死而无畏，人君必祸及己身，故老子曰：'则希有不伤其手矣'。"（《老子集解》）

　　在后一分句中，"希"为"稀"的假借字；王弼本、通行的河上公本、帛书甲乙本皆无"者"字。朱谦之在校释此句时说："'其手'，御注、王弼作'其手矣'，河上公作'其手者矣'。"② 二者比较，河上公本多一"者"字（引者按：朱谦之在《老子校释》的《本书所据版本书目》中开列了河上公注本的多种版本。朱谦之对此句的校释所据河上公的何种版本，不详）。审其文义，应当有"者"字。这一整句话的意思当是说：在"代大匠斫者"之中，"不伤其手"的人是很少的。此句中的"的人"或"的"（可省"人"，不能省"的"）即是"者"的代称；若无"者"字，此句就成了："在'代大匠斫者'之中，少有'不伤其手'啊。"显然，其上下分句的所指是不对应

---

① 高明：《帛书老子校注》，中华书局 1996 年版，第 191 页。
② 朱谦之：《老子校释》，中华书局 1984 年版，第 292 页。

的。鉴于此，校定文根据朱谦之所据的河上公本增"者"字。

此外，"矣"字在古今汉语中主要有两种涵义，一是表示行为结束的"了"，二是感叹词，如"啊"。上文中的"矣"字当取第二义。置入文中，这一整句的意思是说：而代替高明的木匠砍木头的，少有不伤及自己手的人啊！

译　文

人民根本就不怕死，
为何要用死来恫吓他们呢？
如果要使人们真的怕死，
那就把那些作奸犯科者抓来杀掉，
谁还敢以身试法呢？
如果要使人们总是害怕死，
就应当常设专管刑杀的机构。
如果取代这样的机构实施刑杀，
则无异于替代高明的木匠砍木头。
而代替高明的木匠砍木头的，
少有不伤及自己手的人啊！

辨　析

本章河上公本和帛书的文字与王弼本多有差异。作为一重要参照系的河上公本和帛书，其价值不容低估，所以校定文以王弼本为底本，对河上公本和帛书的合理的文句应吸收之。对本章河上公本和帛书的文字之可吸收者的确定，又与对本章主旨的理解密切相关。而对本章主旨的解读，注家们的分歧较大。一种意见认为本章是老子站在正义的立场上，寄于对人民的极大同情，以比较含蓄的笔法，对当时斧钺威禁，肆意杀人，迫使人民不得不走向死途的残暴的统治者提出的严正抗议和警告；另一种意见认为本章是研究如何有效地实施刑杀的，即讲的是法制问题。余以为在肯定前一种意见的同时，也应充分重视后一种意见。这是因为：第一，从本章的文句看，也可以作出后一种解读；第二，前一种解读所表述的思想在《老子》的其它章节中已不少见，此章似可不必重复；第三，在治国思想中，法制思想也是很重要的，而且有现实意义，如果在释译中不予涉及，老子这一可贵的思想观点就有可能被埋没了，岂不可惜？鉴于此，笔者对本章文句的校诂和思想内容的解读侧重于后一种意见。

本章首句王弼本为"民不畏死，奈何以死惧之？"此句帛书为"若民恒且不畏死，奈何以杀惧之？"虽然也有注家谈到帛书此句的某些合理因素，但鉴于前者是一句掷地有声、流传千古的名言，似不宜改动。余认为"民不畏死"中的"民"字，当指作为整体的人民，人民的总体在残暴的统治者面前，岂能怕杀、怕死？人民中的优秀分子就更是如此。

毛泽东在痛斥美帝国主义及其走狗蒋介石反动派屠杀人民的反动罪行、号召人民勇于战胜困难时引用了老子的这句话。他说：

中国人民死都不怕，还怕困难吗？老子说过："民不畏死，奈何以死惧之。"美帝国主义及其走狗蒋介石反动派，对于我们，不但"以死惧之"，而且实行叫我们死。闻一多等人之外，还在过去的三年内，用美国的卡宾枪、机关枪、迫击炮、火箭炮、榴弹炮、坦克和飞机炸弹，杀死了数百万中国人。现在这种情况已近尾声了，他们打了败仗了，不是他们杀过来而是我们杀过去了，他们快要完蛋了。……过去三年的一关也闯过了，难道不能克服现在这点困难吗？没有美国就不能活命吗？"[①]

由此也可以看出，老子说这句话根本就不是站在"没落奴隶主"的立场上而是站在受压迫的劳动人民的立场上的，是对"无道"的统治者和压迫者的严正抗议。

本章第三句即"若使民常畏死"中的"民"字，当指一部分人，他们属于怕死的一类，而且在先秦"民"多是"人们"的意思，在此当指民众中的作奸犯科者，所以笔者译为"人们"，而不译为"人民"，否则与第一句的文义相抵牾。

本章第二段首句王弼本为"常有司杀者杀"，河上公本为"常有司杀者"，无"杀"字；帛书作"则恒有司杀者"，其后也无"杀"字，其前尚有

---

① 《毛泽东选集》第 4 卷，人民出版社 1991 年版，第 1496 页。

一句为"若民恒且必畏死",是说:如果要使人们总是必然怕死(这里的"民"或"人们"当指触犯刑律者),就应常设专管刑杀的机构。当时的情况是,有些诸侯国没有专司刑杀的机构,有些诸侯国虽然有,但也多无独立的司法权,听任侯王及王公贵族斧钺威禁,据私怨私意杀人。因此老子此说具有较强的针对性。就法制思想而言,河上公本和帛书的表述比较科学,可取。故校定文以河上公本和帛书的文句为基础,又能与通行本的文字风格相统一,笔者将此文校定为"若使民常畏死,则常有司杀者。夫代司杀者杀,是谓代大匠斫。"这样一来,下文的"大斧斫者"指的就是专司刑杀的机构,而不是"天之威"(古今都有些注家将"司杀者"、"大匠"释为"天",将"代大匠斫"释为"代天杀")了。由此也可证明老子的"无为"与法制并非抵牾,而是兼容的。

七十二章

民不畏威，则大威将至矣^①！

无狎其所居，无厌其所生^②。夫唯不厌，是以不厌^③。

是以圣人自知不自见，自爱不自贵^④。故去彼取此。

（通行本第七十二章）

注　释

①民不畏威，则大威将至矣：帛书乙本基本如是，唯"民"后有"之"字，甲本残缺。王弼本作"民不畏威，则大威至"，并注曰："威不能复制民，民不能堪其威，则上下大溃矣"。河上公本、傅奕本作"民不畏威，则大威至矣"。

高明说："今本虽句型多异，但皆无'将'字。按'威'与'大威'，等级之别。言民不畏威，则大威将要临至。从经义分析，原文当有'将'字为是。王弼注云：'离其清静，行其躁欲，弃其谦后，任其威权，则物扰而民僻，威不能复制民，民不能堪其威，则上下大溃矣，天诛将至。''天诛将至'即经文'大威将至'。可见王本原亦有'将'字，当从帛书为是。"^①

几种版本比较，帛书乙本前后句的因果关系更为明显，故校定文从帛书乙本，只删"之"字。

句谓：人民到了不畏惧统治者的威压之时，统治者的灭顶之灾就要降临了！解读详见【辨析】。

②无狎其所居，无厌其所生：王弼本、傅奕本如是。句谓：不要逼得人

---

① 　高明：《帛书老子校注》，中华书局 1996 年版，第 181 页。

民居无定所，不要使人民生计窘迫。狎，假借为"狭"。河上公本、景龙碑等古本作"狭"。奚侗说："'狭'即《说文》'陕'字，'隘'也。'隘'有'迫'谊义。"（《老子集解》）狎，帛书作"闸"。厌，《说文》："笮也。"马叙伦训"厌"为压迫。"厌其所生"，即压迫得人民无法生存。

③夫唯不厌，是以不厌：此句诸本无异文。高亨说："上'厌'字即上文'无厌其所生'之厌。下'厌'字乃六十六章'天下乐推而不厌'之厌。言夫唯君不厌迫其民，是以民不厌恶其君也。"[1]

句谓：只有（统治者）不压榨人民，人民才不会厌恶统治者。

④是以圣人自知不自见，自爱不自贵，故去彼取此：王弼本、河上公本如是；帛书句中皆有"而"字，作"是以圣人自知而不自见也，自爱而不自贵也，故去彼而取此"。见，音"现"。

句谓：所以圣人有自知之明而不自我表现，但求自爱而不自显高贵，所以取其前者而摈弃后者。

王元泽注曰："自见则矜成，自贵则贱物。此所以自狭其居，自厌其生，亦以狭民之居，厌民之生也。自知则明乎性而不为妄，自爱则保其身而不为非。夫然则岂至于干天之威也。"[2]

译　文

到了人民不畏惧统治者的威压之时，
统治者的灭顶之灾定将不期而至！
所以——
不要逼得人民居无定所，
不要搞得人民衣食无着。
只有不压榨人民，
人民才不会厌恶统治者。
所以——
圣人有自知之明，而不自我标榜；
有自爱之心，而不自我显扬。

---

① 高亨：《老子正诂》，开明书店 1943 年版，第 142 页。
② 《四书要籍注疏丛刊·老子》，中华书局 1998 年版，第 1332 页。

因此，要取其前者而摈弃后者。

辨 析

　　在对本章文义的解读中，注家们的分歧主要集中在对王弼本"民不畏威，则大威至"的理解上。大体有以下三种意见：一是以高亨为代表，将"大威至"的"至"字先是读为"止"，后读为"窒"，将此文译为："人民不怕统治者的威力，则统治者的威力就行不通了"；二是以尹振环为代表，将"则大畏将至矣"（帛书）释为"更大的恐怖将要到来"，将此文译为："人民到了不害怕统治者的威权时，则更大的威压（按：此是指统治者的）即将来临"；三是大多数注家的意见，认为"大威至"是指人民对统治者的反抗，即旨在推翻统治者的暴乱就要到来。下面分别谈谈笔者的浅见。

　　先说第一种意见。高亨在早年写的《老子正诂》中，对《说文》、金文、甲骨文中"至"字的字形作了一番考证，结论是："'至'原有'止'义。"说："至者，碍止之义，言民不畏威，则君之威权碍止而不通行也。"古棣盛赞高亨训"至"为"碍止"，说"有古文字的充分根据"。"碍止"是"止"的引申。高亨是将"大威至"的"至"字训为"止"的。但是，在老子时代，"止"是一个常用词，仅在《老子》中就五见，即十五章"飘兮若无止"，三十二章"名亦既有，夫亦将知止，知止可以不殆"，三十五章"乐与饵，过客止"，四十四章"知止不殆，可以长久。"既然如此，老子在这里为什么不直接用"止"的本字呢？况且也不涉及谐韵的问题，何劳后人耗神费力地去"训"呢？到了20世纪80年代，高亨在其新著《老子注译》中又将此"至"字训为"窒"。他说："至，读为窒，为庢。《说文》：'窒，塞也。''庢，碍止也。'皆行不通之意。"由此他将"民不畏威，则大威至"译为："人民不怕统治者的威力，则统治者的威力就行不通了。"对其解读，张松如批评说："依高解，读'至'作'窒'，语译可作'当人民不害怕威权之时，最大的威权也就不灵了。'这两句义重意复，未若旧解之圆通近情也。"孙以楷也批评说："高氏所解，仔细推敲，于义理未安。'民不畏威'，指老百姓不畏惧威压，不畏惧威压并不等于'大威'就被窒碍。实际上，'大威'指对统治者的大的威胁，亦即大的祸乱。前一句中的'威'，指统治者对人民的'威迫'，后一句的'大威'则是指人民造反对统治者的威胁。"① 需要补充的是，从高亨对这两句话的解读看，似乎看不到人民用暴力反抗统治者的影子，但他对"夫唯不厌，是以不厌"却译为："只有统治者不用威力压迫人民，所以人民就不用暴力来压迫统治者。"他对此文译得准确与否姑且不论，但由此可见他有人民用暴力反抗统治者的思想。令人不解的是，高亨为什么没有将这一思想运用于解读"则大威至"呢？

再说第二种意见。尹振环说："当人民发展到藐视统治阶级的权威时，统治阶级必定报以更大的、更严厉、更恐怖的威压。历史也一再证明了这一点。也许那更大的威压与恐怖能将人民的藐视平息下去，获得一时的平静；也许会酿成更大的祸乱。但是，老子究竟是为统治者出谋献策，还是在总结历史经验呢？看来，两者兼而有之。从后面诸章的文字看，老子主要是告诫统治者，最好是不要造成'民不畏威'的局势。如若事已至此，那就不能心慈手软——'大威至'。"②

从这段文字可以看出尹振环把"大威至"的"威"字的涵义混同于"民不畏威"的"威"字了，再就是他认为老子是一个站在统治阶级的立场上为统治者张目的人。事实上，"民不畏威"的"威"字是指统治者对人民的威压，而"则大威至"的"威"字当指人民对统治者的极大威胁和显示出的巨大威力，它主要表现为暴乱、起义等。这是老子运用的同字异义的修辞方法，"夫唯不厌，是以不厌"亦是如此，虽然是同一个"厌"字，前者训为"压"，而后者则是"厌恶"的"厌"。尹振环之解与本章修辞方法不合。照尹振环之解并将此文译为："人民到了不害怕统治者的威权时，则更大的威压即将来临！"就成了对人民提出的严重警告了。但七十四章的首句则是"民不畏死，奈何以死惧之？"显然是站在人民的立场上对统治者发出的严正警告，二者怎样吻合起来呢？更为重要的是，从全书看，老子通过对圣人的盛赞，表达了自己的心声、愿望和追求；在老子看来，圣人的言行无疑是矫正社会的尺度和准绳。据统计，在通行本《老子》81章中，"圣人"一词凡27见，涉及23章，凡是遇到重要是非问题，老子总是让圣人站出来现身说法，以矫正视听。我们从圣人的言行中看到了什么呢？难道他不是一个站在人民的立场上而是站在统治者的立场上为无道的统治者摇旗呐喊和出谋献策的人吗？

① 孙以楷：《老子通论》，安徽大学出版社2004年版，第556页。
② 尹振环：《帛书老子释析》，贵州人民出版社1998年版，第209—210页。

　　最后谈谈古今多数注家的看法。对"民不畏威，则大威至"，王弼注曰："威不能复制民，民不能堪其威，则上下大溃矣。""大溃"就是天下大乱，统治者有可能被推翻。陈柱说："民孰不乐生而畏死，然压制之力愈强，则反抗之力愈猛，此专制政体之下，所以多暴也。"（《老学八篇》）张默生说："专制政府用威权压制人民，人民到了不能忍受的时候，便不惜轻死作乱。"（《老子章句新释》）人类自进入"文明社会"以来，历代统治者总是迷信手中的威权，以为它是万能的法宝，视人民为任意驱使和盘剥的牛马，他们怎么也不明白人民一要生存、二要发展、三有思想的道理，怎么也不懂得"压迫愈甚，反抗愈烈"的规律，这是由他们的阶级本性和统治地位所决定的，这也就决定了他们终将被人民所推翻、终将覆灭的历史命运。人民反抗反动统治者的斗争也是残酷的、曲折的。毛泽东指出："捣乱，失败，再捣乱，再失败，直至灭亡——这就是帝国主义和世界上一切反动派对待人民事业的逻辑，他们决不会违背这个逻辑的。……斗争，失败，再斗争，再失败，再斗争，直至胜利——这就是人民的逻辑，他们也是决不会违背这个逻辑的。"[1]

　　2500多年前的老子总结历史经验，揭示出"民不畏威，则大威将至矣"的社会发展的必然规律并向统治者提出严正警告，是难能可贵的。

---

[1]　《毛泽东选集》第4卷，人民出版社1991年版，第1486—1487页。

七十三章

其政闷闷，其民淳淳①；其政察察，其民缺缺②。

祸兮，福之所倚；福兮，祸之所伏③。孰知其极？其无正邪④？正复为奇，善复为妖。人之迷，其日固久⑤。

是以圣人方而不割⑥，廉而不刿⑦，直而不肆⑧，光而不耀⑨。

（通行本第五十八章）

注　释

①其政闷闷，其民淳淳：王弼本如是；帛书乙本（甲本残缺）为"其正闵闵，其民屯屯"。应取"其政闷闷"，以与其下句"其政察察"对文。二十章"俗人察察，我独闷闷"，亦"闷闷"对"察察"。"其政闷闷，其民淳淳"，是说国家的政治宽柔，人民就浑厚纯朴。

②其政察察，其民缺缺：王弼本、河上公本、傅奕本如是，帛书作"其政察察，其邦缺缺"。关于"缺缺"的释义，现代注家多从高亨《老子正诂》中的说法：缺，借为"狯"。《说文》："狯，狡狯也。"狯狯，狡诈也。

句谓：国家的政令法律过分繁苛，人民就会狡黠。

③祸兮，福之所倚；福兮，祸之所伏：此文讲了祸福这两个对立面的相互依存、相互渗透，其中的确没有讲对立面相互转化及其条件问题，此后人们往往引用"塞翁失马"的故事亦即用纯粹的偶然性来说明祸福转化的问题（这个寓言故事的开头就说："夫祸福之转而相生，其变难见也。"），是不确的。韩非子对老子此文的诠释，就发挥个人的主观能动性上较好地分析了祸

福相互转化的条件。他说："人有祸则心畏恐。心畏恐则行端直，行端直则思虑熟。思虑熟则得事理；行端直则无祸害，无祸害则尽天年；得事理则必成功，尽天年则全而寿；必成功则富与贵；全寿富贵之谓福。而福本于有祸，故曰：'祸兮，福之所倚。'

人有福则富贵至，富贵至则衣食美；衣食美则骄心生，骄心生则行邪僻而动弃理；行邪僻则身死夭，动弃理则无成功。夫内有死夭之难，而外无成功之名者，大祸也。而祸本生于有福，故曰：'福兮，祸之所伏。'"（《韩非子·解老》）

当然，仅从发挥个人主观能动性上去分析祸福相互转化的条件是不够的，因为还有其他的条件，比如社会历史性，而后者有时更为重要，所以韩非本人虽然充分地发挥了主观能动性，但仍然未能避免杀身之祸。

④孰知其极？其无正邪：王弼本、河上公本"正"后无"邪"字，现代注家多从之，并将其释译为陈述句。范应元说："无正，犹言不定也。"朱谦之说："'其无正'，'正'读为'定'，言其无定也。《玉篇》：'正，长也，定也'。此作'定'解。言祸福倚伏，孰知其极？其无定，即莫知其所归也。"陈鼓应将"其无正"译为："它们并没有一个定准！"

但是，高明说："邢玄、庆阳、磻溪、楼正、邵、司马、苏志等诸本'正'后有'邪'字，作'孰知其极？其无正邪，正复为奇，善复为妖'；易玄、彭耜、焦竑三本与之全同，唯'妖'字作'祅'，稍异"。[1] 另，傅奕本"邪"作"衺"。"衺"为"邪"的古体字，此可证傅奕本所据项羽妾墓中《老子》本之古貌。校定文据以上古本在"其无正"后补"邪"字。"邪"为语气词，表示疑问或反诘。如：《史记·魏其武安侯列传》："天下方有急，王孙（按：窦婴字）宁可以让邪？"《资治通鉴·汉桓帝建和元年》："义之所动，岂知性命，何为以死相惧邪？"这样一来，此句就应视为一个反诘句。

此外，"其无正邪"的"其"字通反诘副词"岂"，应读为"岂"。《广韵》："其，岂也。""其"、岂乃一声之转。如《尚书·盘庚（上）》："若火之燎于原，不可乡（向）迩，其犹可扑灭？"《论语·泰伯》："才难，不其然乎？"《论语·子路》："人其舍诸？"《庄子·齐物论》："人之生也，固若是芒乎？其我独芒而人亦有不芒者乎？"《庄子·逍遥游》："天之苍苍，其正色邪？其远而无所至极邪？"《国语·周语（中）》："其敢自爱也？"韦昭注："岂敢自爱而不服乎？"皆其例。

---

① 高明：《帛书老子校注》，中华书局1996年版，第111页。

"孰知其极"的"极"字应作何解？张岱年先生针对学界关于老子只讲转化而不讲转化的条件的观点，说："老子讲转化，也未尝不讲转化的条件"，这里的"'极'字正是表示转化的条件"。[①]"极"是极限、界限或度的意思，事物的发展一旦达到了它的极限，就会向它的对立面转化，因而"极"或极限可视为对立面转化的条件。比如，在一个大气压的条件下，液态的水一旦达到摄氏100度，就会转化为水蒸气。相反，在一个大气压的条件下，液态的水一旦达到摄氏0度，就会转化为固态的冰。在这里，在一个大气压的条件下，摄氏100度就是水由液态转化为气态、摄氏0度就是水由液态转化为固态的"极"或极限。祸与福亦是如此：祸一旦达到了它的极限，就会转化为福；同样，福一旦达到了它的极限，就会转化为祸。后来的成语"物极必反"的"极"与"孰知其极"的"极"字是同义的。

句谓："谁知它们的极限啊？难道这里就没有一个准绳？"意思是说，还是有一个准则或准绳的。老子不同于庄子，他不是一个相对主义者，怎能认为"祸兮，福之所倚；福兮，祸之所伏"及其相互转化（"正复为奇，善复为妖"）就没有一个准则呢？因此，此句作为一个反诘句，应是符合老子思想的，故疑《老子》祖本句尾有"邪"字。

顺便指出，冯友兰据王弼本"其无正"，批评老子说："老子认为对立面既然互相转化，因此就很难确定那一方面是正，那一方面是负。这样的'其无正'的思想，就为相对主义开了一个大门。后来庄子即由此落入相对主义。"[②] 现在据《老子》的多种古本将此句校订为反诘句"其无正邪？"冯友兰的批评就可存疑了。

⑤人之迷，其日固久：是说世俗之人往往把祸福截然对立起来看待，而不知道它们之间相互渗透、彼此相通、在一定条件下还可以互易其位的道理，这就是他们的迷惑之所在。这种"迷"已经存在很久了。

⑥是以圣人方而不割：王弼本、河上公本、傅奕本如是；帛书乙本（甲本缺失）此句无"圣人"二字。"圣人"二字当有，因为以下几句讲的是圣人亦即圣明的君王为政的特点。"方而不割"，意谓虽然是方正之物，但并不割伤人；以下几句都是以物为喻说明圣人为政的特点的。吴澄注曰："'方'如物之方，四隅有棱，其棱皆如刀刃之能伤害人，故曰'割'。人之方者，无旋转，其遇事触物，必有所伤害。圣人则不割。"（《道德真经注》）句谓：

---

① 见《学术月刊》1989年第6期。
② 冯友兰：《中国哲学史新编》第272页

圣人为政虽然如同方正之物，但却不割伤人。

⑦廉而不刿：有棱角之物而不刺伤人。《广雅·释言》："廉，棱也。"张松如说："'廉而不刿'，此古语也，亦见《荀子·不苟篇》，杨倞注：'廉，棱也。《说文》云：刿，利伤也。但有廉隅，不至于刃伤也'。"

⑧直而不泄：此句王弼本、河上公本、傅奕本为"直而不肆"，帛书乙本为"直而不绁"。校定文据古棣之说校订之。古棣说：

> "直而不泄"，传世各本作"直而不肆"，帛书乙本作"直而不绁"（甲本缺文），帛书整理小组注释说："绁、肆音近通假。"伪河上公注："肆，申也。圣人虽直，曲己从人，不自申己也。"王弼注："以直异物，令去其僻，而不以激拂于物也。所谓大直若屈也。"近人多从伪河上公注、王弼注，于义大体可通，但不贴切。而且作"肆"于韵不谐，"肆"入脂部，"割"、"刿"、"耀"入月部，两者不能押韵。其上两句，"方而不割，廉而不刿"，皆以物喻，以固体物有角有棱但不刺伤人为喻；其下句，"光而不耀"也是以物喻；夹在当中的一句，也应是以物为喻，作"直而不自申"、"大直若屈"云云则不伦不类。帛书的"绁"字提供了探索的线索。愚以为"绁"为"泄"字之误，此句当作"直而不泄"，以水为喻。"泄"同泻，水往下直注曰"泻"，如"一泻千里"，古代瀑布曰"泄"，亦水往下流直注之意。曲水流缓，直水流急。老子以水为喻，圣人处事如直水之直，但不泄，不像瀑布之类那样往下直注。以俗语"心直口快"比之，"直而不泄"，就是"心直而不口快"。"直而不泄"比喻人的行为亦有心直而不口快之意。如此，方与前两句和后一句，意义相应，句法一律。"泄"入月部，亦与"割"、"刿"、"耀"押韵。①

句谓：如由上而下的直注之水但却并不倾泻。

⑨光而不耀：如同明亮的光但不刺眼。吴澄注曰："光者不能韬晦，炫耀其行，以暴己之长。圣人则不耀。"

---

① 古棣：《老子校诂》，吉林人民出版社 1998 年版，第 209—210 页。

译 文

国家的政治宽柔，民众就会淳厚；

国家的政令繁苛，民众就会狡黠。

灾祸啊，福祉依之而生，

福祉啊，灾祸潜伏其中。

谁知它们的极限啊？

难道这里就没有一个准绳？

正反过来变为邪啊，善反过来转为恶。

人们陷于迷惑啊，已经由来已久。

所以圣人为政的基本原则是：

虽然如同方正之物，

但却不割害人民。

虽然如同有棱角之物，

然而并不刺伤人民。

虽然如水由上而下直注，

然而却不像奔腾倾泻的瀑布。

虽然如同明亮的光线，

但却并不刺人民的双眼。

辨 析

对"是以圣人方而不割，廉而不刿，直而不泄，光而不耀"，古今注家多从圣人的性格特点上加以分析、诠释和翻译。但是，这一章主要讲的是为政之道，讲事物的辩证法也是为了引导人们对其政治辩证法的理解，所以似不宜于仅从圣人的性格特点上加以解读。这一段话老子是以物为喻，但所阐述的却是为政的基本指导原则。政治，特别是作为其集中表现的国家机器，它的主要特征可以说是"方"、"廉"、"直"、"光"。要利用国家机器维护统治阶级的利益，也不可能不是这样。这是因为：在阶级社会里，奴隶主阶级和奴隶阶级、地主阶级和农民阶级、资产阶级和无产阶级的根本利益是对立的，其阶级矛盾是不可调和的。奴隶主阶级、地主阶级和资产阶级的国家机器都是分别用以维护他们对奴隶阶级、农民阶级和无产阶级的政治压迫和经济剥削的。正因为如此，所以王弼对"其政闷闷"的注释（"言善治政者，无形，无名，无事，无政可举，闷闷然，卒至于大治"）是不准确的。但是对国家政权包括国家机器（政府、军队、警察、法院、监狱等）的运用，应当适度，不能使广大人民身感压迫和剥削过严、太重，以至于日子过不下去；与此相反，统治者如能从长计议，也应为人民的生产生活创造一个和平安定宽松的社会环境。所以虽然"方"、"廉"、"直"、"光"，但最好是"不割"、"不刿"、"不泄"、"不耀"，就是对政治的和军事的锋芒需作适当钝化和遮掩，也就是三十六章中所讲的"国之利器不可以示人"，国家机器的运用要适度，不可滥用，不能以此威压人民，否则就难以避免人民的"大威至"。但绝对"不割"、"不刿"、"不泄"、"不耀"是根本不可能的，如能做到"不甚割"、"不甚刿"、"不甚泄"、"不甚耀"就不错了，老子可能也正是这样主张的。有的注家释为"不割人"、"不伤人"等等，怕也不是老子之本意，因为在七十四章中他就明确指出"而为奇者，吾将执而杀之"，所以倘能做到不滥杀就很不错了。总之，余认为老子这一段话讲的是为政之道，其中包含着丰富的政治辩证法思想，强调为政者要善于把握施政的"度"，这在一定程度上阐述了他关于原则性与灵活性相统一、刚与柔相结合的政治思想。

关于此段话与本章上文之关系，似可作如下分析：这一段话讲的是依道治国的指导方针和政治策略，充满了政治的辩证法。而政治的辩证法是由老子关于上述之祸与福的辩证法引申出来的。为政的目标当然首先是避祸就福，并防止福祉向祸患的转化，那么老子为其确定的指导原则或政治策略就是"方而不割，廉而不刿，直而不泄，光而不耀。"这一指导原则或政治策略体现了"其政闷闷"的目标和要求。所谓"其政闷闷"主要体现在对其臣民"不割"、"不刿"、"不泄"、"不耀"上，但既然是国家政权和国家机器，又不可能不是"方"、"廉"、"直"、"光"的，只是要把握好"度"的问题，已如上述。这是此段话与本章之上文的关系和联系。

如果从思维方式上看，那么"方而不割，廉而不刿，直而不泄，光而不耀"所采用的则是"A而不 A′"（取庞朴说）的形式，即用"不割"、"不刿"、"不泄"、"不耀"分别泄"方"、"廉"、"直"、"光"之过，勿使其走向极端。这种思维方式与《礼记·中庸》所说的"执其两端，用其中于民"亦即"中庸之道"是相通的。从老子所说的"是以圣人去甚，去奢，去泰"（二十九章）以及"致虚极，守中笃"（十六章，简本）和"多言数穷，不如守中"（五章）来看，也印证了这一点。因此，儒道两家并非在任何问题上都是势若水火的。至于儒家的"执其两端，用其中于民"的思维方式是否受老子有关论述的启发而在理论上概括出来的呢，则有待考证。

此外，陈鼓应说："本章各段落的文义极不一贯，显然有错简的情形，前人依通行本文句的秩序强自作解，其实是不通的。"于是他将上述的一段话调至"祸兮，福之所依"之前，而"祸兮，福之所倚"的一段作为最后之独立段落。这种看法和调整意见颇值得商榷。余以为本章原文之三段的次序是逻辑严谨、文义通畅的，已如上述。如果照陈先生的做法，就将"祸兮，福之所倚"的一段孤立起来了，以至于使人们不知道老子为何发这些议论，同时又使得"是以"一段即关于政治辩证法的论述缺少了祸福转化关系之一般辩证法的依据，故似不妥。

述　评

对老子说的"祸兮，福之所倚；福兮，祸之所伏。孰知其极？其无正邪？正复为奇，善复为妖"，许多学者据此指出老子的辩证法不讲条件，带有循环论的色彩，这种批评是对的，指出这一点也是必要的。因为事实上，无论祸转化为福，还是福转化为祸，都是在一定条件下实现的，没有一定的条件则不可能发生这种转化。但是，其下句"孰知其极？其（读"岂"，见注⑥）无正邪？"如果译成白话文，就是："谁知它们的究竟？难道就没有准则了吗？"意思是说，还是有准则的。老子不同于庄子，他不是一个相对主义者，怎能认为"祸兮，福之所倚；福兮，祸之所伏"及其相互转化（"正复为奇，善复为妖"）就没有准则呢？这里的"正"或准则是不是指祸福转化的条件呢？看来有待探讨。再说，从全章来看，似乎老子也不是全然不讲条件的。比如，就拿"其政闷闷，其民淳淳；其政察察，其民缺缺"来说，在笔者看来，"其政闷闷"就是"其民淳淳"的条件，或由"其民缺缺"转化为"其民淳淳"的条件；"其政察察"就是"其民缺缺"的条件；或由"其民淳淳"转化为"其民缺缺"的条件——当然老子是不希望"其政察察"的。进一步说，老子可能认为"其政闷闷"是福，"其政察察"是祸，要使祸转化为福，就必须从"其政察察"变为"其政闷闷"。再比如，为什么老子强调为政要"方而不割，廉而不刿，直而不肆，光而不耀"？这是强调要掌握好"度"，防止给国家、人民和统治者带来祸殃。从这种意义上看，坚持这种施政原则也是防止由国泰民安转化为国祸民殃的条件，或者由国祸民殃的局面转化为国泰民安的重要条件。又如，二十二章"不自见故明，不自是故彰，不自伐故有功，不自矜故长"。这里，"不自见"是"明"的重要条件，"不自是"是"彰"的重要条件，"不自伐"是"有功"的重要条件，"不自矜"是"长"的重要条件，二十四章又从反面讲了它们的条件。再如，三十章"物壮则老"，"物壮"是"老"的重要条件，这也就是"物盛必衰"的道理。如此等等，不一而足。

当然，老子没有从理论上概括出"对立面的转化必须有一定的条件"或"对立面只能在一定条件才能转化"。之所以如此，其愿因可能有两点，一是老子写的是哲理诗，而不是教科书；二是在老子的时代，抽象思维能力还未达到相应的水平，以至于未能概括出对立面的相互转化必须具有一定的条件这样的哲学原理。显然，我们不应苛求于古人。

对立面的转化，特别是从坏的方面向好的方面转化，比如从失败转化为胜利，最重要的条件是要以正确的战略、策略和战术进行斗争。而《老子》基本上是不讲斗争的。比如"柔弱胜刚强"，柔弱怎样才能胜刚强？最重要的条件就是柔弱的一方一定要斗争，不斗争何以胜过刚强的一方？因此，老子的辩证法特别是对立统一规律，着重讲矛盾的同一性，基本不讲矛盾的斗争性，这是它的根本缺陷。我们说《老子》基本不讲矛盾的斗争性，就是说，它不是绝对不讲矛盾的斗争性。如四十二章讲的"万物负阴而抱阳，冲气以为和"中的"冲气"就可以理解为经过一定的斗争才能达到和谐；三十六章讲的"将欲歙之，必固（姑）张之；将欲弱之，必固（姑）强之；将欲废之，必固（姑）兴之；将欲取之，必固（姑）与之"。这是讲斗争策略的。讲斗争策略，当然是以斗争为前提的。

由于认识不到对立面相互转化的条件性，可能导致相对主义、循环论和宿命论，可能导致人们在事物变化中显得无能为力或缩手缩脚，缺乏勇于积极进取的精神，妨碍了人们正确地发挥自觉的能动性，所以充分认识对立面相互转化的条件性是非常重要的。

七十四章

　　将欲歙之，必固（姑）张之①；将欲弱之，必固（姑）强之；将欲废之，必固（姑）兴之；将欲取之，必固（姑）与之。是谓微明②。

　　柔弱胜刚强③。鱼不可脱于渊，国之利器不可以示人④。

（通行本第三十六章）

注　释

　　①将欲歙之，必固（姑）张之：王弼本如是，傅奕本、顾欢本、范应元本"歙"作"翕"，范注曰："翕，敛也，合也，聚也。王弼同古本"。可见王弼本原亦作"翕"，后传抄中改作"歙"。《说文》："歙，缩鼻也"，亦有敛义。王弼本"固"字，帛书作"古"，景龙碑作"故"。但是，马叙伦说："'固'读为姑且之'姑'，《韩非子·说林上》引《周书》曰：'将欲败之，必姑辅之；将欲取之，必姑予之。'是其证。下同。"①

　　其实，在古代典籍中，"固"通姑且的"姑"字，不乏其例。如：《庄子·天下》："请欲固置五升之饭足矣。"《列子·力命》："汝奚辱北宫文子之深乎？固且言之。"《战国·齐策（三）》："苏秦曰：'臣之来也，固不敢言人事也。固且以鬼事见君。'"《汉书·卫青传》："上曰：'我非忘诸校尉功也，今固且图之。'"上引"固且"显然即"姑且"。《续资治通鉴》宋孝宗淳熙十二年："将欲南之，必固北之。"其中的"固"字显然亦为"姑"之借字。

　　古棣说："详其文义，亦当作姑且解"。（《老子校诂》）尹振环同其说，

---

　　① 马叙伦：《老子校诂》，载《四书要籍注疏丛刊·老子》，中华书局1998年版，第1654页。

并举《说文》"姑……古声",认为帛书之"古"字乃"姑"之假借字。(《帛书老子释析》)

笔者审全章文义,从马叙伦及古棣、尹振环之说,即认为"固"为姑且的"姑"字之假借,下同。详见【辨析】一。鉴于通行本为"固",所以校定文将"姑"字用括号标出。

②是谓微明:各本如是。韩非《喻老》曰:"起事于无形,而要大功于天下,是谓微明。"范应元说:"微明,几虽幽微,而事已显明也。"高延第说:"首八句即祸福盛衰倚伏之几,天地自然之运,似幽实明。'微明'谓微而明也。"(《老子证义》)高亨说:"微明,微妙而又明通。"(《老子注译》)刘笑敢说:"这里歙、弱、废、夺都是行为的目的,可以看作是正;张、强、兴、与都是与目的看起来相反的行动,故称为反。以柔弱胜刚强就要先从反面迂回入手,不能径情直遂。这种道理隐而不显,不易为人所知,所以是'微';但这种道理又是得到事实不断证实的,因而是'明'。"①

句谓:这叫做不露声色的明智。

③柔弱胜刚强:河上公本、王弼本如是。张松如说:"傅、范及宋徽宗、邵若愚、林希逸、彭耜诸本为'柔之胜刚,弱之胜强。'按:'之'字,义犹则也。《经传释词》,古'之'、'则'通用。"②

句谓:柔弱要胜过(优于)刚强。

陈鼓应先生说:"老子'柔弱'的主张,主要是针对于'逞强'的作为而提出的。逞强者必然刚愎自用,自以为是,也就是老子所说的自矜、自伐、自是、自见、自彰。世间的纷争多半是由这种心理状态和行为样态所产生的,在这种情况下,老子提出'柔弱'的主张。并提出'处下'、'不争'的观念。"③

"柔弱胜刚强"的思想是有其思想来源的。《淮南子·缪称训》曰:"老子学(于)商容,见舌而知守柔矣。"刘向《说苑·敬慎》称"商容"为"常枞"。(按:商容,《文子·上德篇》作"常枞"。疑商、常,容、枞,并声近通用字。)该书记载,某次常枞病重,老聃前往探望,常枞张开掉光了牙齿的嘴巴给他看。常枞问:"舌头在吗?"老聃答:"在。"常枞问:"牙齿呢?"老聃答:"不在了。"常枞问:"知道为什么吗?"老聃答:"舌头安在,

① 刘笑敢:《老子古今》,中国社会科学出版社 2006 年版,第 377—378 页。

② 张松如:《老子校读》,吉林人民出版社 1981 年版,第 216 页。

③ 陈鼓应:《老子今注今译》,商务印书馆 2003 年版,第 61 页。

因为柔软；牙齿脱落，因为刚强。"常枞说："明白这个，就懂得了天下的一切道理，我再没有需要嘱咐你的话了。"（以上是译文）因此，老聃青年时代就从他的老师常枞那里学到了"柔弱胜刚强"的道理。又，《列子·黄帝》引《粥子》："粥子（按：即粥熊，周文王的老师）曰：'欲刚，必以柔守之；欲强，必以弱保之。积于柔必刚，积于弱必强。观其所积，以知祸福之乡。强胜不若己，至于若己者刚（折）；柔胜出于己者，其力不可量。'"①

④国之利器，不可以示人：对"国之利器"，河上公认为是"权道"，韩非认为是"赏罚"，范应元认为是"圣、智、仁、义、巧利"，高亨认为是"政权，或军事力量"；古棣认为是国家机器，即君王的权势，权柄。笔者联系本章上下文，认为老子此处讲的"国之利器"主要是指君王的权谋，亦包括国家机器。君王的权谋是国家的最高机密，应深藏不露，绝对"不可以示人"；而国家机器，特别是军队、警察、法院、监狱等"不可以示人"，主要是说不可滥用，用之要十分慎重、得当。"示人"意为向人们展示，彰显，炫耀。不靠这些"利器"而能治理好国家，应是最高、最理想的境界，这是老子所希望的。但是，只要有国家（按照马克思主义的观点，"国家"是阶级压迫和统治的工具）存在，"国之利器"是不可能绝对"不示人"的，倘能做到不滥用就不错了。

译 文

要想使其收敛，必先暂且使之扩张；
要想使其削弱，必先暂且使之加强；
要想使之废弃，必先暂且使其兴起；
要想最终夺取它，必先暂且对其施与。
这叫做不露声色的明智。
柔弱要胜过刚强。
鱼不可脱离深水，
国家机器不可滥用和张扬。

---

① 《列子集释》卷二，中华书局 1979 年版，第 82—83 页。

辨　析

　　关于本章前八个分句讲的究竟是什么道理，历代注家的看法差别很大。概而言之，一种意见可称为"自然说"，认为是讲的自然法则。

　　如董思靖曰："夫张极必歙，与甚必夺，理之必然。所谓'必固'云者，犹言物之将歙，必是本来已张，然后歙者随之。此消息盈虚相因之理也。其机虽甚微隐而理实明者。"（《道德真经集解》）

　　范应元曰："张之、强之、兴之、与之之时，已有歙之、弱之、废之、取之之几，伏在其中矣。几虽幽微，而事已显明也。故曰：'是谓微明。'或者以此数句为权谋之术，非也。圣人见造化消息盈虚之运，乃知常胜之道，是柔弱也。盖物之于壮则老矣。"（《老子道德经古本集注》）

　　释德清曰："此言物势之自然，而人不能察，天下之物，势极必反。……天时人事，物理自然。第人所遇而不测识，故曰微明。"（《老子道德经解》）

　　王道曰："将欲云者，将然之辞也；必固云者，已然之辞也。造化有消息盈虚之运，人事有吉凶倚伏之理，故物之将欲如彼者，必其已尝如此者也。将然者虽未形，已然者则可见，能据其已然，而逆睹其将然，则虽若幽隐，而实至明白矣。故曰是谓微明。"（《老子亿》）

　　高延第曰："首八句即福祸盛衰倚伏之几，天地自然之运，似幽实明。'微明'，谓微而显也。"（《老子证义》。）

　　高亨说："此诸句言天道也。或据此斥老子为阴谋家，非也。老子戒人勿以张为久，勿以强为可恃，勿以举为可喜，勿以与为可贪耳。故下文曰：'柔弱胜刚强'也。"[①]

　　陈鼓应说："本章第一段乃是老子对于事态发展的一个分析，亦即是老子'物极必反'、'势强必弱'观念的一种说明。不幸这段文字普遍被误解为含有阴谋的思想，而韩非是造成这种曲解的第一大罪人，后来的注释家也很少能把这段话解释得清楚。"[②]

　　第二种意见最早是韩非提出的"权谋说"，他为此列举了许多历史典故用以说明之。比如《韩非子·喻老》云："越王入宦于吴，而观之伐齐以弊吴。吴兵既胜齐人于艾陵，张之于江、济，强之于黄池，故可制于五湖。故

　　①　高亨：《老子正诂》，开明书店1943年版，第81页。
　　②　陈鼓应：《老子注译及评介》，中华书局1984年版，第207页。

曰:'将欲翕之,必固张之;将欲弱之,必固强之。'晋献公将欲袭虞,遗之于璧马;知伯将袭仇由,遗之以广车。故曰:'将欲取之,必固与之。'起事于无形,而要大功于天下,是谓微明。处小弱而重自卑,谓损弱胜强也。"

《吕氏春秋》引《诗经》:"《诗》曰:'将欲毁之,必重累之;将欲踣之,必高举之。'"(《吕氏春秋·恃君览·行论》)

蒋锡昌说:"本章自'将欲歙之'以下,言人君控制臣下之术;自'鱼不可脱于渊'以下,言人君控制臣下之权。二者兼相为用,皆人君治国之要道,亦无为之先决条件也。"[1]

近年来也有学者认为老子在这里是讲权谋之术,如尹振环说:

> 有人对"术"反感,甚至恨之入骨,这是可以理解的。但是,养鸡种花、春播秋种尚有其"术",而用权之频、之要,关乎所有人的利益以及国家、民族兴亡盛衰,还有什么能比得上它?如此大事,为什么不能有其术、其艺、其学、其策、其究、其监、其防呢?当然其前提必须是:以百姓之心为心,无私无欲。……所谓老子"控制臣下之权"即"集权"的话,不过是此章的最后两句话,但它却是一字千钧的要论。权道运行机制务必绝对保密,千万不可小视了它。[2]

笔者比较倾向于第二种意见,但与之不尽相同。本章的中心是讲为政之道,主要是阐述政治军事谋略的,其中蕴含着丰富的辩证法思想,但这里讲的是政治辩证法,是讲利用"物极必反"规律的行动方针的,而不是讲的"物势之自然"。所谓利用"物极必反"规律,是说要想促使事物向对立面转化,就必须使其走向极端;而要想防止向对立面转化,就必须避免使其走向极端。显然,老子在这里是利用"物极必反"的规律或原理,为人们提供的一种战胜对手、保护自己的富有智慧的策略。

我们看到,在前四个整句中,每一句都有一个"欲"字。显然,此"欲"字是"要想"或"想要"的意思。谁要想、谁能想?众所周知,植物和一切人造之物,以及山川河流、日月星辰等自然物是不会"想"的,在动物界中,高级动物的活动也是靠其本能,即使是最接近人类的黑猩猩也不过只有思维之萌芽,从根本上说,它们是不会"想"的,因而它们不会改造世

[1] 蒋锡昌:《老子校诂》,商务印书馆1937年版,第240页
[2] 尹振环:《帛书老子释析》,贵州人民出版社1998年版,第392—393页。

界。那么真正能做到"要想"（"欲"）的，只能是人。既然是"欲"，作为治国而言，政治谋略包括君王的权谋当然十分重要，比如军事上经常运用的"欲擒故纵"、"声东击西"、"诱敌深入"，以及《孙子兵法》上讲的："兵者，诡道也。故能而示之不能，用而示之不用，近而示之远，远而示之近。利而诱之，乱而取之，实而备之，强而避之，怒而挠之，卑而骄之，佚而劳之，亲而离之。攻其不备，出其不意"（《孙子兵法·计篇》）等谋略，在这里的表现是很明显的。其次，既然上句有"欲"，那么下句的"姑"就十分确当，而不应是"固"，这已考证。姑，姑且、暂且之义，也是政治军事谋略的常用词汇。如果讲的是纯自然规律，"将欲歙之，必固张之；将欲弱之，必固强之，"还可讲得通的话，那么"将欲废之，必固兴之；将欲取之，必固与之"则难以讲通了，因为"废"、"兴"、"取"、"与"完全是人的自觉能动性的表现。如果讲的是自然规律，前四句就应干脆写作"张则歙，强则弱"，岂不更简练？况且，在同一自然段中，老子不可能一会儿讲自然规律，一会儿讲社会政治斗争问题。第三，还应从本章的结论中观其主旨。这一章的结论是两句话，一是"柔弱胜刚强"，一是"国之利器不可以示人"（"鱼不可脱于渊"是为了阐明下句之理而打的比方）。"姑"字后的"张之"、"强之"、"与之"、"予之"等手段所呈现的是柔弱性，这种柔弱性当然是权宜之计，根本目的则是使对方"歙之"、"弱之"、"废之"、"取之"。显然，在这种谋略实施之前，其"刚强"性是属于对方的。"柔弱胜刚强"是老子所揭示的自然界和人类社会的规律性的东西。但在社会领域，这一规律是要通过人的实践活动主要是社会政治斗争来实现的，所需要的，不仅要敢于斗争，而且要善于斗争，如不深谙和娴熟地运用政治的、军事的谋略能行吗？

政治军事谋略或策略不是"道"，而是"术"，不是价值准则，而是手段，是工具，是智能，它既可为革命的阶级和进步势力所用，亦可为反动阶级及其政治势力所用，因而是中性的，不带有善恶褒贬之义，正如魏源所说的："盖予夺翕张之术，圣人以除暴销恶，而小人亦借之以行其私。"（《老子本义》）不过，它为革命阶级和进步势力用之于对付敌对势力的情况下，则只能称其为政治军事谋略或策略，而不应称之为阴谋权术。

当然，老子在这里提出的这些政治军事谋略或策略只能适用于对付敌对势力，而不应当用于对付自己人，不能用来对付人民。对待自己人，对待人民，应当光明正大，因为从根本上说来这里没有不可告人的东西，当然工作的策略方法还是应当讲究的。这些政治军事谋略或策略的运用是常事，而且是必要的。事实上，历代的人民革命战争和民族解放战争特别是中国近现代的人民革命战争和民族解放战争就往往将其作为克敌制胜的重要思想武器，而历代的统治者和反动势力往往站在人民的对立面，亦用这些策略原则作为对付人民特别是农民起义和人民革命战争的阴谋权术，同时用这些策略原则作为对付统治阶级内部自己的政敌的工具。从这些历史事实中亦可看出，这里讲的不是什么自然法则，而是政治谋略，是夺取政权、巩固政权和维护统治阶级及其政治集团的利益所不可或缺的东西。

在这里，笔者想强调一点（这一点往往为持"权谋说"的学者所忽略），就是运用政治军事谋略或策略是否违反"道法自然"的原则？回答是否定的。因为是否遵循"道法自然"，不在于是否运用政治军事谋略或策略，而在于这种政治军事谋略或策略的运用是否遵循政治、军事斗争的固有的规律，是否真正从敌、我、友的具体情况（包括动态过程）出发。"道法自然"所昭示我们的，就是要因循事物的自然本性而"治"之，或曰"能辅万物之自然而弗能为"，用现代语言说就是要按客观规律办事，按辩证法办事。也只有这样，才能最终战而胜之或取而代之，从而达到"柔弱胜刚强"的目的。否则，"柔弱胜刚强"云云，乃空话耳。不仅如此，如果根本不讲政治上和军事上的战略策略（战术，方法），再好的原则，譬如依道治国，也不能落到实处，而只能成为空话。

顺便指出，从这里也可看出那种认为老子讲对立面的转化根本不讲条件的观点是不当的。比如，古棣说："老子辩证法的根本缺陷还表现在'柔弱胜刚强'这一命题中。从《老子》书我们知道，老子这一命题是一个绝对化的命题，即：一切弱者一定都无条件的要战胜强者。"[1] 但是，在谈到本章的内容时，他却说："老子对'将欲……必固……'的权术，是完全肯定的，是站在可能实行这种权术的人的立场上说话的。在'是谓微明'之后，老子接着说：'柔弱胜刚强'。由此可知，老子的贵柔是包含着'将欲……必固……'这种权术的。他所以把这种权术也归之于'柔'，大概是同正面相撞、硬碰硬对比而言的。"[2] 这岂不是承认老子说的"柔弱胜刚强"需要包括运用"将欲……必固……"之类的权术在内的条件吗？怎么能说老子认为"一切弱者一定都无条件的要战胜强者"呢？

"国之利器不可以示人"可能有两层含义：一是这句话的本义，即国家的政权不可滥用，不可随意昭示于人；二是指前面讲的"权谋之术"，在未

[1] 古棣：《老子通论》，吉林人民出版社1991年版，第445页。
[2] 同上书，第453—454页。

实施之前及实施的某些环节上属于国家机密，当然也是"不可以示人"的。韩非认为"国之利器"是指君王的"赏罚"。"赏罚"乃公开之举，有什么不可以彰显于人的呢？范应元认为是指仁、义等，且不说老子对其持基本否定的态度，单说君王如果真的行仁、义，他惟恐臣民不知道，必然大肆宣扬，怎会"不可以示人"呢？

高亨说："示，借为赐。"那么"国之利器不可以示人"即是说，国君的生杀予夺大权不可以赐予别人，谨防被人篡夺，这也是有道理的，而且在这方面有着惨重的历史教训。例如，宋国的宰相司城子罕曾对宋君说："杀戮刑罚，民之所怨也，臣请当之。"宋君谓之"善"，子罕从而轻易地从宋君那里得到了刑戮杀罚之权。但这样一来，"国人皆知杀戮之专，制在子罕也。大臣亲之，百姓畏之。居不至期年，子罕遂劫宋君而专其政。"（《淮南子·道应训》）晋厉公失重权于六卿而被弑，从此六卿专政，公室衰微。齐简公亦是因失权于田成子而被弑，并从而结束了姜氏对齐国的统治的。鲁国的国君失政权于季氏，就是由季友被封为上卿，季文子又被命为执政，一步步发展起来的，最后是三桓把鲁昭公驱逐出国，七年后昭公客死于他国。可能正是基于上述的历史教训，史墨说："是以为君，慎器与名（按：这里说的'器'指'国之利器'；'名'指名份。名份也是一种可藉以团聚人众、扩大势力的无形的权力），不可以假人。"（《左传·昭公三十二年》）孔子也说："唯名与器，不可以假人，君之所司也。……若以假人，与人政也。政亡，则国家从之，弗可止也已。"（《左传·成公二年》）又说："政不在大夫"，要防止"陪臣执国命"。（《论语·季氏》）孔子的这些论述与他周游列国十四年的所见、所闻、所思是分不开的。如果"国之利器不可以示人"的"示"字可诠释为"赐"或"假"（借），那么老子的这句话可能也是对这些历史教训的深刻总结。

述 评

在本章中，老子提出"柔弱胜刚强"的思想观点。不过，它在本章中似乎是一个孤立的短句，看不出它与前后文有什么必然的联系。如果强为解说，那么其上段可视为柔弱者所采取的政治军事谋略；不过也不尽然，因为强大的一方亦往往运用这样的政治军事谋略。其后段（"鱼不可脱于渊，国之利器不可以示人。"）可以视为"柔弱胜刚强"的条件，即要使"柔弱胜刚强"，就必须做到"国之利器不可以示人"；相反，如果将国之利器轻易"示人"，柔弱的一方就不能胜过强大的一方；不过也不尽然，因为强大的一方也是不能将国之利器轻易"示人"的，否则也难免使自己走向反面。总之，对这一句话与上下文的联系如果作强解，是比较困难的。不过，"柔弱胜刚强"是老子的一个根深蒂固的重要思想观点，因为除本章外，他至少还在三章中作了论述：四十三章说："天下之至柔，驰骋于天下之至坚"；七十六章说："故坚强者死之徒，柔弱者生之徒"；七十八章说："弱之胜强，柔之胜刚，天下莫不知，莫能行。"

我们应当如何评价老子的这一思想观点呢？首先应当看到它是一个极为深刻的思想观点，因为它在某种程度上揭示了事物发展的必然规律。一般人只看到"刚强胜柔弱"的大量现象，不太懂得"柔弱胜刚强"的规律性。我们知道，老子曾以水、人、草木为例来说明"柔弱胜刚强"的道理（见七十六章、七十八章），因为这是人所共知的，故比较容易理解。"狂风吹不断柳丝，齿落而舌长存"的道理也不难理解。但是，对于社会领域里的阶级斗争、民族斗争等等中的"柔弱胜刚强"的道理就不是人人都知晓的了，然而这一方面也有大量的历史事实足以说明问题。就先秦而言，汤之于葛，太王之于狄人，都是用柔道取胜。楚庄王不能奈何那肉袒出迎的郑伯，也是这个道理。老子时代的小国，如宋国、郑国，处于列强之间，全靠柔道取胜。（胡适：《中国哲学史大纲·卷上》第三篇）又如，李自成领导的农民起义军，起初不过几百人，但很快发展壮大，最后打下北京，推翻了貌似强大的明王朝；洪秀全领导的农民起义军，起初亦是不过几百人，但很快发展壮大，打下半壁河山，建立了太平天国，如果内部能团结一致，众志成城，而且采取正确的战略策略，推翻貌似强大的清王朝当无问题。又比如中国共产党领导的人民革命军队，起初人数也不多，但因有马克思主义的指导，在军事上和政治上采取正确的战略策略，由小到大，由弱到强，最后夺取全国政权，建立了新中国，开辟了中国历史的新纪元。在这个过程中，既有反对国内阶级敌人的人民革命战争，又有反抗外部侵略者的民族解放战争。这是在社会领域里"柔弱胜刚强"的典型事例。

"柔弱胜刚强"似乎还有更深一层的涵义，就是总体上是柔弱的有前途的事物，如果在某一时期或某一方面呈现了"刚强"的特点，或犯了"刚强"的错误（这可以说是"柔弱中的'刚强'"），必将遭受严重挫折甚至暂时失败。七十六章说："兵强则不胜。"（有的注家校订为"兵强则灭"并以此翻译）对这句话，有的译为："军队强大了就不能取胜"（张松如）；有的译为："兵强了就要被消灭"（古棣）；也有的译为："军队强大了就会破灭"
（任继愈）。这些译文都似为望文生义，显然是不合乎情理的。原来，"强"
字通"僵"，僵化也。比如：《灵枢经》："舌本强，病则呕。"《黄帝内经素
问·至真要大论》："诸燥狂越，皆属于火。诸暴强直，皆属于风。"高世栻
注曰："诸一时卒暴，筋强而直，屈伸不能。"又：《医宗全鉴·运气要诀·
运气为病歌》："诸暴强直风所因。"《世说新语·文学》："殷仲堪云：'三日
不读《道德经》，便觉舌本间强。'"老子在七十六章说的"人之生也柔弱，
其死也坚强"中的"强"字，显然也是"僵"的意思，而不是"强大"之
谓。故"兵强则不胜"的意思是说，即使是柔弱的有前途的军队，若在战略
战术上僵化了，也会遭受严重的挫折或暂时的失败。我国第二次国内革命战
争时期在第五次反"围剿"中，就是因为丢弃了毛泽东为我军制定的机动灵
活的战略战术（如战略的持久战和战役战斗的速决战；分兵以发动群众，集
中以应付敌人；以退为进，诱敌深入；游击战和带游击性的运动战；强敌追
击，用盘旋式的打圈子战法；集中优势兵力，对敌各个击破等等），采取了
完全错误的战略战术（如战略的速决战和战役战斗的持久战；固定的作战线
和绝对的集中指挥；全线出击，两个拳头打人；御敌于国门之外；短促突
击；反对打游击战和带游击性的运动战，而执意与强敌打"拼消耗"的阵地
战等等①）而导致遭受严重挫折的重大史例。也许有人会说笔者是将老子现
代化了，老子难道懂军事吗？但从老子关于军事谋略特别是从他所主张的
"以奇用兵"（五十七章）来看，老子对军事理论大概不比我们这些学者们懂
的少。总之，如果看不到这一点，否认老子"柔弱胜刚强"这一思想观点的
深刻性，是不对的，起码是片面的。

　　另一方面，我们也必须看到"柔弱胜刚强"这一论断的条件性和局限
性。就其条件性来说，"柔弱"的一方只能在一定条件下才有可能"胜刚
强"。还是以第二次国内革命战争为例，在第五次反"围剿"之前，由于我
党我军在军事上和政治上采取了正确的战略策略，人民革命军队和其它革命
力量迅速发展壮大，在某种程度上证明了"柔弱胜刚强"；但是，后来军事
上和政治上的战略策略发生了重大失误，结果革命力量遭到了严重挫折，在
某种程度上又显示了"刚强胜柔弱"；在遵义会议之后，由于纠正了军事上
和政治上的错误路线，在中国共产党和毛泽东的正确领导下，最后取得革命

---

　　① 以上引自《关于若干历史问题的决议》，《毛泽东选集》第 3 卷，人民出版社
1991 年版，第 983—984 页。

的完全胜利，又说明了"柔弱胜刚强"是颠扑不破的真理。它的条件性还在于，"柔弱胜刚强"是新生事物发展的必然规律，尽管道路可能是曲折的，但前途一定是光明的；如果是反动的、腐朽的、垂死的事物，不要说是"柔弱"（往往只弱不"柔"，其实是衰弱）的，即使是貌似强大，也不过是"纸老虎"而已，因而是不可能"胜刚强"的。但不能说老子就没有认识到这一点。这从老子的相关论述中可以得到证明。比如，老子说："人之生也柔弱，其死也坚强；草木之生也柔脆，其死也枯槁。故坚强者死之徒，柔弱者生之徒。"（七十六章）这是说明有生命力者是"柔弱"的，无生命力者是"坚强"的；老子盛赞"赤子"和"婴儿"，说赤子是"骨弱筋柔而握固"，富有生命的活力，而与此相反，"物壮则老"（五十五章），又说"专气致柔，能如婴儿乎？"（十章）以致在人性复归上提出"常德不离，复归于婴儿。"（二十八章）从这些对"柔弱"称赞的文字中可以看出老子说的"胜刚强"的都是真正具有旺盛生命力的新生事物。

"柔弱胜刚强"的相对性和局限性在于，其反命题"刚强胜柔弱"也存在。

有些注家或学者以它的反命题也存在为由来批评"柔弱胜刚强"的论断，这种做法所表明的思想算不上多么深刻，因为作为大思想家的老子大概不会不知道它的反命题也是存在的，但他却不提它的反命题，更不予以论证，而依然强调和论证"柔弱胜刚强"的道理，自然有他思想的深刻性在。有些注家或学者站在时代的高度，以马克思主义的观点分析问题，批评老子没有看到"柔弱胜刚强"的条件性包括它只适用于新生事物而不适用于腐朽的、垂死的事物，也没有看到掌握了事物客观规律后可以从一个胜利走向新的胜利。[①] 这无疑是正确的，指出这一点也是必要的。老子之所以未能看到和指出这一点，说明他的确有着明显的阶级局限性和历史局限性。但是，我们似乎亦应看到，老子并非没有发现新生事物具有强大的生命力，这从他高度赞赏"赤子"，说赤子"骨弱筋柔而握固，未知牝牡之合而朘作，精之至也；终日号而不嗄，和之至也"（五十五章）足以看出；我们从他说的"物壮则老，谓之不道，不道早已"（同上）中也可以看出他认为腐朽的或衰老的事物无论多么貌似强大，都不能逃脱必然灭亡的历史命运。在笔者看来，我们也不宜对老子"柔弱胜刚强"不讲条件性说得那么绝对，批得那么过分，因为"柔弱胜刚强"这一命题本身就包含着条件性：它说明只有"柔

---

① 参照任继愈：《老子新译》，上海古籍出版社 1985 年版，第 51 页。

弱"的事物才能从必然性和规律性上"胜刚强",虽然它的反命题也存在,但不具有必然性和规律性,这是为历史所反复证明了的。从另一方面说,《老子》是哲理诗,而不是学术论文,因而道理不可能讲得那么充分,分析得不可能那么全面,逻辑也不可能那么严密。

鉴于上述,我们应主要从老子的哲学观点和精辟论断中细心体会和汲取它所包含的智慧,不宜苛求于古人。

至于有的学者脱离老子所说的"柔弱"和"刚强"的具体涵义,把老子贵柔尚弱的思想说成是怯懦、"不敢斗争"、"害怕斗争"、"消灭人的斗志"①等,这样的评价并不符合老子"柔弱胜刚强"这一命题的本义,那就不待论辩的了。

---

① 冯友兰:《中国哲学史新编》1983年修订本第二册,人民出版社1984年版。

七十五章

其安易持，其未兆易谋；其脆易判①，其微易散。为之于其未有，治之于其未乱②。

合抱之木，生于毫末；九层之台，起于累土③；千里之行，始于足下④。

（通行本第六十四章上）

说　明

之所以将通行本第六十四章分为两章，是因为其上半部分即本章的内容与其下半部分（"为者败之，执者失之。是以圣人无为故无败，无执故无失。民之从事，常于几成而败之。临事之纪：慎终如始，则无败事。是以圣人欲不欲，不贵难得之货；学不学，复众人之所过；圣人能辅万物之自然而弗能为也。"）的内容并不相属，早有学者疑其并非一章。如奚侗说："（开头的）四句与上下文谊不相属，此节二十九章中文……。"（《老子集解》）

古棣说："从'其安易持'到'始于足下'是一个逻辑严密的、完整的思想，自应成为独立的一章。原文，此下还有一段：'为者败之，执者失之。是以圣人无为故无败，无执故无失。民之从事，常于几成而败之。慎终如始，则无败事。'显然与上文不相联属。这一段是二十九章之错简，移于二十九章'为者败之，执者失之'之后，若合符节。再下之，还有一段'是以圣人欲不欲，不贵难得之货；学不学，复众人之所过；以辅万物之自然而不敢为'，与'为者败之'段无法联属，与'其安易持'段也无法联属。它也是错简，移于二十九章'是以圣人去甚、去太、去奢'之后，则若何符节。"① 古棣关于"从'其安易持'到'始于足下'是一个逻辑严密的、完整的思想，自应成为独立的一章"的看法是对的（因为今验之郭店简本，相当于通行本六十四章上下两段的内容根本就不在一处．而且其下段即本章的内容重出于其甲本和丙本之中），而其余的一些话则并不符合实际情况，而且将老子的某些文句移来移去，也谈不到什么"若合符节"。今从简本将通行本六十四章分为两章，将其上段归入修身篇。

注 释

①其脆易判：傅奕本如是，王弼本"判"作"泮"。范应元注曰："判，分也。王弼、司马公同古本。"可见今王弼本作"泮"乃后人所改。马瑞辰《传笺通释》："'泮'即'判'之假借。"

②为之于其未有，治之于其未乱：简本如是。帛书此句残损，河上公本、王弼本等古本在两句中间皆无"其"字，不当，因"未有"、"未乱"皆无主语，故校定文从简本。另，敦煌六朝写本残卷也有"其"字。

对于此两句及其以上的文句所表现的思想，是有所承的。如《金人铭》曰："荧荧不灭，炎炎奈何；涓涓不雍，终为江河；绵绵不绝，将成网罗；毫末不扎（假为拔），将折斧柯。诚能慎之，福之根也。"

③起于累土：王弼本等古本如是。帛书乙本"累"作"虆"。"虆"，土筐也。此字亦作"蔂"，盖转写误为"累"。

④千里之行，始于足下：王弼本及世传本如是；帛书为"百仞之高，始于足下"，似不确，否则成为登山。

译 文

政治局势稳定时，比较易于控制；

事变发生之前，对策便于从容筹划；

脆弱的东西，容易破裂；

---

① 古棣：《老子校诂》，吉林人民出版社 1998 年版，第 239 页。

微小的事件，易于使之消散；

做事情，要善于未雨绸缪、防微杜渐；

为政者，需治之于社会动乱发生之前。

合抱的大树，生于细微之萌芽；

九层的高台，垒之于筐筐的泥土；

千里之行啊，必须起步于脚下。

述　评

老子在本章中讲了自然和社会的辩证法，特别是揭示了事物从量变到质变的规律性，即一切事物都是由微末而逐步变为巨大的，所以对于新生的有利的事物应从小抓起，为其成长壮大创造良好的环境和条件；对于有害的事物特别是社会动乱，一定要"治之于其未乱"。从治国的角度说，这是深刻的历史经验之总结。尹振环说：

> 乱，不是指一般的事故（尽管它也适用于一般事故），而是指国家的祸乱。如宫廷之乱，朝政之乱，武人之乱、仁人智人之乱、民萌之乱以及敌国策划之乱，等等。这一切要在国家稳定时、祸乱尚未形成前或者祸乱尚处于脆弱之时，设法消除，防患于未然，治之于未乱。用《尚书·五子之歌》的话说："怨岂在明？不见是图。"即人们的怨恨难道在明显的时候才去考虑吗？应该在没有形成之前加以考虑和解决。用严遵的话说："未疾之人易为医，未危之国易为持，萌芽之患易为治。如此，安危在己不在彼。"①

对于有可能发生的社会政治性祸乱，应见微知著，未雨绸缪，尽力消灭在萌芽状态之中。这当然是重要的，但这还属于治标的办法。其实，更为重要的，是要分析可能性的动乱发生的深层原因，着力于治本，即采取有力措施，从源头抓起，釜底抽薪，尽力消除此种动乱产生的土壤和条件。否则，社会动乱就必然发生，只是时间问题，而且可能此起彼伏，此伏彼起，防不胜防，抓不胜抓，永无宁日。这对于治国者来说，尤其是要深思的问题。

---

① 尹振环：《帛书老子释析》，贵州人民出版社 1998 年版，第 159 页。

　　王弼在《老子指略》中也讲到防患于未然的问题，他把这种办法称之为"崇本息末"。他说："夫邪之兴也，岂邪者之所为乎？淫之所起也，岂淫者之所造乎？故闲（防）邪在乎存诚，不在善察；息淫在乎去华，不在滋章；绝盗在乎去欲，不在严刑；止讼存乎不尚，不在善听（按：指善于断狱）。故不攻其为也，使其无心于为也；不害其欲也，使其无心于欲也。谋之于未兆，为之于未始，如斯而已矣。"

七十六章

　　夫兵者，不祥之器^①。物或恶之，故有道者不处^②。

　　君子居则贵左，用兵则贵右^③。兵者，不祥之器，非君子之器。不得已而用之，铦袭为上^④。胜而不美。若美之，是乐杀人也。夫乐杀人者，则不可得志于天下矣。

　　故吉事尚左，丧事尚右；偏将军居左，上将军居右，言以丧礼处之。杀人之众，以悲哀莅之^⑤；战胜，则以丧礼处之。

（通行本第三十一章）

```
注　释
```

　　①夫兵者，不祥之器：帛书甲本、乙本后有"也"字。王弼本、河上公本作"夫佳兵者，不祥之器"。郑良树说："帛书《老子》作'夫兵者，不祥之器'，根本就没有'佳'字；大概古本《老子》一本作'夫兵者'，一本作'佳兵者'，'夫'与'佳'皆虚字助词（佳，今作'唯'），其后'佳'改作'佳'，钞者乃合为'夫佳兵者'，于是，这句话纠缠了千多年还无法讲得清楚。从帛书的立场来看，这个'佳'字是多余的文字。"（《竹简帛书论文集》）

　　刘殿爵说："'佳兵'不成文义，所以王念孙据《老子》文例订正'佳'字为'唯'字。但'夫唯'是承上文词，不应出现于章首，所以令人怀疑章中文句失次，现在帛书本作：'夫兵者，不祥之器也（甲本'也'字残缺），物或恶之（乙本'恶'作'亚'，'之'字残缺）'。'兵'上只有'夫'字，可见今本之所以出现问题，是因为'夫'字下衍一字所致。"①

"夫兵者，不祥之器"的思想由来已久。《左传·隐公四年》："夫兵，犹火也，弗戢，将自焚也。"《左传·襄公十七年》："韩宣子曰：'兵，民之残也，财用之蠹，小国之大灾也。'"《国语·越语下》："兵者，凶器也；争者，事之未也。阴谋逆德，好用凶器，……不利。"

《淮南子·道应训》记述李克分析吴王夫差因为穷兵黩武而导致国家的灭亡："魏武侯问于李克曰：'吴之所以亡者何也？'李克对曰：'数战而数胜。'武侯曰：'数战数胜，国之福，其独以亡，何故也？'对曰：'数战则民罢，数胜则主憍，以憍主使罢民，而国不亡者，天下鲜矣。憍则恣，恣则极物；罢则怨，怨则极虑。上下俱极，吴之亡犹晚矣！夫差之所以自刎于干遂也。'"

②物或恶之，故有道者不处：王弼本、河上公本、傅奕本如是。帛书甲本作"物或恶之，故有欲者弗居"，乙本残损。此句与帛书甲乙本二十四章的经文相同。"物或恶之，故有欲者弗居"疑为《老子》的古貌，由此可见老子似乎并不一般地反对"有欲"，并非简单地宣扬"无欲"。

高明说，帛书"欲"字在此假借为"裕"，"有欲者"当作"有裕者"。"裕"字与"道"不仅义同，古音也同。此可备一说。

③君子居则贵左，用兵则贵右：王弼本、河上公本如是，傅奕本文前有"是以"二字。古时人们认为左为阳、右为阴，阳生而阴杀。本章所说的"贵左"、"贵右"、"尚左"、"尚右"、"居左"、"居右"都是古时的礼仪，总的意思是把用兵及其结果置于下位。

④不得已而用之，铦袭为上：帛书甲本如是，帛书乙本"铦袭"作"铦憵"，简本作"铦绕"，整理小组之《释文》皆读为"恬淡"，王弼本为"恬淡"。校定文从帛书甲本。句谓：在迫不得已用兵之时，最好是以精锐的军队乘敌不备实施突然袭击。此句校定文从帛书甲本的理由和对此句的解读，详见【辨析】。

⑤以悲哀莅之：河上公本、傅奕本、道藏王弼本作"以悲哀泣之"，今王弼本作"以哀悲泣之"。"以悲哀泣之"或"以哀悲泣之"皆前后词义重复，疑非《老子》旧貌。明代朱得之《老子通义》说，"泣"应改为"莅"，并注曰："以悲哀临之"。显然是有道理的。

裘锡圭说，与今本"泣"字相当之字，帛书本作"立"，简文作"位"，整理者都读为"莅",无疑是正确的。罗运贤早在 1928 年印行的《老子余义》中,就认为此章"泣"字当为"莅"之讹,可谓卓识。①

鉴于上,校定文从帛书、简本和朱得之注本作"以悲哀莅之"。这句话的意思是说:应以悲痛的心情凭吊战死者。

译 文

用兵打仗是不吉祥的事情啊。
人们都厌恶它,
所以有道者不轻易采用它。
君子居家时以左方为贵,
用兵时则以右方为贵。
用兵打仗是不吉利的事情,
并非君子所乐意干的事情。
所以在迫不得已用兵之时,
最好的办法是以精锐之师,
乘敌不备实施突然袭击,
以尽快结束战事。
打了胜仗,也不应加以美化。
若赞美它,就是以杀人为乐。
若以杀人为乐,
那就不可能使天下归心啦。
吉祥之事以左为上,凶丧之事以右为上。
因此,起辅助作用的偏将军位于左方,
主杀的上将军则居于右方,
这意味着以丧礼安排军仪啊!
战争中杀人如麻,
应以悲痛的心情凭吊死者。
即使打了胜仗,也应以丧礼对待它。

① 裘锡圭:《郭店老子简初探》,《道家文化研究》第十七辑,第 53 页。

辨 析

关于对"不得已而用之，铦袭为上"的辨析和解读。此句王弼本、河上公本、傅奕本作"不得已而用之，恬淡为上"。"不得已而用之"的涵义比较明显，是"在迫不得已用兵之时"的意思。《文子》将用兵区分为五种情况，说："用兵者五：有义兵、有应兵、有忿兵、有贪兵、有骄兵。诛暴救弱，谓之义；敌来加己不得已而用之，谓之应；争小故不胜其心，谓之忿；利人土地，欲人财货，谓之贪；恃其国家之大，矜其人民之众，欲见贤于敌国者，谓之骄。"（《文子·道德篇》）

显然，老子这里讲的"不得已而用之"，主要是指"应兵"，即"敌来加己不得已而用之"的兵力，当然也不排除"诛暴救弱"的"义兵"。虽然老子在总体上是主张反战的，但并不反对正义战争特别是保家卫国的反侵略战争。

"铦袭为上"，帛书甲本如是。铦，锋利也，利器也。《广雅·释诂二》："铦，利也。"《正字通·金部》："铦，刃利也。"如《吕氏春秋·论威》："虽有险阻要塞，铦兵利械，心无敢据，意无敢处。"《论衡·超奇》："足不强则迹不远，锋不铦则割不深。"刘昼《新论·适才》："棠谿之剑，天下之铦也。"后句的"铦"字意为"锐利的武器"。"袭"，掩袭也，出其不意、攻其不备也。如《管子·君臣下》："狡妇袭主之请而资游慝也。"《集校》引李国祥曰："袭，揜袭也。"揜，掩也。即"袭"有掩袭之义。《战国策·魏策四》："夫专诸之刺王僚也，彗星袭月。"这句话讲得很形象，说用兵犹如"彗星袭月"，以迅雷不及掩耳之势袭击敌人，迅速结束战斗。《左传·庄公二十九年》："凡师，有钟鼓曰伐，无曰侵，轻曰袭。"因此，"袭"有以轻装对敌突然袭击之义。

总之，"铦袭"是以锐利的武器（武装起来的军队）乘敌不备对敌实施突然袭击之义。"铦袭为上"的意思是说，以精锐之师乘敌不备对敌实施突然袭击是为上策，或者说，最好是以精锐的军队乘敌不备对敌实施突然袭击。这种释义与老子"以奇用兵"（五十七章）的思想是相吻合的。

李先耕对"铦袭为上"是这样注释的：

> 恬淡，帛书甲本作"铦袭"，其解有三：一是以锐利（之兵）攻袭敌人；二是收敛起兵器的锋芒；三是说铦袭，言其锐也，此说似与字书

证据不足。按：《礼记·少仪》："剑则启椟盖袭之。"注云即合之也，实用掩藏之训，故可释为武力还是（以）收藏为上。这与通行本恬淡无为，可谓异曲同工。楚简本此二字疑也当读作"铦袭"。或疑为"恬淡"，亦通。①

总之，李先耕将"铦袭为上"释为"武力还是（以）收藏为上。"就是说，在敌人大军压境或已经对我攻城略地之时，亦即我要对自己的军队"不得已而用之"的时候，自己的"武力还是（以）收藏为上"。这岂不等于说老子主张在敌人的大举进攻面前束手待毙或举手投降吗？作这种解读，显然是不合情理的。

帛书"铦袭为上"，王弼本等作"恬淡为上"。"恬淡"是什么意思呢？恬淡者，安静闲适也，淡泊寡欲也。对"恬淡为上"，高亨译为"以存心平静、淡薄为最好"，陈鼓应译为："最好要淡然处之"，许抗生译为："以恬淡无为为上"。老子不会不知道，战争是你死我活、非胜即败的，特别是保家卫国的反侵略战争，关系国家和人民的生死存亡，怎么能"淡然处之"呢？在敌人的大举进攻面前，"国家兴亡，匹夫有责"，老子岂能主张人们只顾自己"安静闲适"？再说，"用兵"怎样才算"淡然处之"呢？是对国家和人民的生死存亡置若罔闻呢，还是不把"用兵"这种"国之大事，存亡之道"（《孙子兵法》）当作一回事呢？国家和人民的生死存亡姑且不论，"用兵"的情况如何，将直接关系到成千上万将士的生命，岂能"以恬淡为上"呢？

其实，早在20世纪40年代，劳健就对"恬淡"这两个字提出了质疑。他说，诸本异同，自古分歧，循其音义，皆不可通。今考二字乃"铦锐"之讹，谓兵器但取铦锐，无用华饰也。并说：用兵而言恬淡，虽强为之辞，终不成理。②劳健以为"恬淡"之"恬"当作"铦"，已为帛书和简本所证实，可见劳健的卓识与功力。所以王弼本等古本作"恬淡为上"与老子的思想是相抵牾的，《老子》祖本不可能如此，故校定文从帛书甲本作"铦袭为上"。

从老子的战争观看，老子是主张正义战争，反对侵略战争的，所以他说："吾不敢为主而为客"（六十九章），"以道佐人主者，不以兵强天下"，"善者果而已，不以取强"（三十章），"不得已而用之，铦袭为上。"（三十一章）更为可贵的是，在战争问题上，老子表现了深厚的人道主义精神。本

---

① 李先耕：《老子今析》，中国社会科学出版社2002年版，第145页。
② 劳健：《老子古本考》，（台北）艺文印书馆1941年版，上40B。

来，"战争是政治的继续"，因而战争要以达到某种既定的政治目的为依归。在战争中，杀人、死人是难免的，但战争决不能以杀人为目的，更不能以杀人为乐。由此我们联想到，残暴的日本帝国主义发动的侵华战争，对我实行"三光政策"，在"南京大屠杀"中，他们以屠戮手无寸铁的平民为乐，并在杀人数量上进行比赛。这是何等的惨无人道、惨绝人寰啊！老子说，在不得已而用兵即进行正义战争之时，亦应"善者果而已"（三十章），"胜而不美。若美之，是乐杀人也。夫乐杀人者，则不可得志于天下矣"，"杀人之众，以悲哀莅之；战胜，则以丧礼处之。"（三十一章）其人道主义的悲悯情怀跃然纸上，令人肃然起敬，感慨万千。正如陈鼓应先生说的，老子"这话对于尚武者的心理状态与行为样态，真是一语道破"，"这是人道主义的呼声。"

　　人道主义是人类文明的重要尺度。中华民族是热爱和平的民族，人道主义是中华民族的优良传统。老子关于人道主义的论述开了我国人道主义论的先河，到战国时期又有了《司马法》和《尉缭子》，丰富和发展了老子人道主义的理论。《司马法》说，在战争中应做到："无毁土功，无燔墙屋，无伐林木，无取六畜、禾黍、器械。见其老幼，奉归无伤；虽遇壮者，不校无敌。敌若伤之，医药归之。"《尉缭子》曰："凡兵不攻无过之城，不杀无罪之人。夫杀人之父兄，利人之财货，臣妾人之子女，此皆盗也。故兵者所以诛暴乱、禁不义也。兵之所加者，农不离其田业，贾不离其肆宅，士大夫不离其官府。"（《武经七书》）到了共产党领导的革命战争时期，人道主义精神得到进一步发扬光大。

七十七章

以道佐人主者，不以兵强于天下①。其事好还②：师之所处，荆棘生焉；大军之后，必有凶年③。

故善者果而已，不以取强④。果而勿矜，果而勿伐，果而弗骄，果而不得已。是谓果而勿强。

物壮则老，是谓不道。不道早已⑤。

（通行本第三十章）

注 释

①以道佐人主者，不以兵强于天下：王弼本无"于"字，但其注文曰："以道佐人主，尚不可以兵强于天下，况人主躬于道者乎？"可见王弼本原有"于"字。简本"强"后有"于"字，以有"于"字为是。故校定文从简本加"于"字。

句谓：用道的原则辅佐君王的，不会以武力而逞强于天下。

简本无"者"字，但在"强"字后有"于"字，在"不"字后有"欲"字，作"以道佐人主，不欲以兵强于天下。"

在老子时代，"以兵强于天下"的现象相当普遍，诸侯国之间刀兵相加，烽烟四起，兼并战争连年不断，所以孟子说："春秋无义战。"（《孟子·离娄上》）司马迁也说："春秋之中，弑君三十六，亡国五十二，诸侯奔走不得保其社稷者，不可胜数。"（《史记·太史公自序》）老子说的"以道佐人主者，以兵强于天下"，就是针对这种现象而言的。

②其事好还：是说用兵这件事，反自为祸，必定会得报应的。"好"字在此不是形容词，而是副词，意为"必然会"，因此"好还"并非得到"好

报"之义。简本此句在"物壮则老"句前。

③大军之后，必有凶年：王弼本、河上公本、傅奕本如是，帛书及景龙、敦煌、道藏龙兴碑本皆无此二句。"军"在此是战、战争的意思。句谓：大战之后，必将遭逢灾年。

④故善者果而已，不敢以取强：此句河上公本作"善者果而已，不敢以取强"，前无"故"字。以有"故"字为佳，因与其上段具有因果关系。傅奕本、范应元本有"故"字，作"故善者果而已矣，不敢以取强焉"；王弼本"者"作"有"，为"善有果而已，不敢以取强"，但王弼注曰："果，犹济也，言善用师者，趣以济难而已矣，不以兵力取强于天下也"，由此可知王弼本"有"原作"者"字，亦为"善者果而已"。帛书作"善者果而已矣，毋以取强焉。"综合以上诸本，校定文作"故善者果而已，不敢以取强"。

司马光注曰："果，犹成也，大抵禁暴除乱，不过事济且成则止。"王安石注曰："果者，胜之辞。"高亨说："《尔雅·释诂》：'果，胜也。''果而已'犹胜而止。"

句谓：所以善意用兵的人，胜利一旦取得，就此罢兵不战，不敢以武力逞强。解读详见【辨析】一。

⑤物壮则老，是谓不道，不道早已：高亨说："则，当读为贼。则字从'刀'、从'贝'，即用刀毁贝，乃古贼字，害也。一说，则，就也，壮了就老，乃是规律。而下文云：'是谓不道'，可知此句之上，应有省文，省去相反之义。魏源《老子本义》：'物壮则老，此天道也。而违之者，是不道矣，宜其暴兴者必早亡已也。'"[①]　"不道早已"是说不合于道的就必然早灭亡。对此文的辨析和解读，详见【辨析】二。

译　文

用道体现的原则辅佐君王的，
不会以武力逞强于天下。
以武力逞强于天下，其事必还：
军旅所过之处，田间荆棘长满；
大战结束之后，必将遭逢灾年。

---

① 高亨：《老子注译》，河南人民出版社1980年版，第73页。

所以善意用兵的人，

胜利一旦取得，就此罢兵不战，

决不以武力恃能逞强。

胜利而不自夸，

胜利而不炫耀，

胜利亦不自满，

胜利是因不得已的应战。

这就叫做胜利而不逞强。

事物强壮了必将衰老。

恃武力妄自逞强，

就叫做不合于道。

凡不合于道的，

必将加速灭亡！

辨　析

一、关于对"善者果而已"的辨析和解读。现代注家对这句话，有的译为："善于用兵的人，战胜便罢休了"（高亨）；有的译为"善于用兵的人，取得胜利就要适可而止"（尹振环）；有的译为"善于用兵的人，能制胜就算了。"（张松如）笔者所见译文，皆将"善者"释为"善于用兵的人"。问题是，"善于用兵的人"是否都是一旦取得胜利就罢休，而不再"以兵强于天下"了呢？难道在穷兵黩武的军队中就没有"善于用兵的人"吗？联系上下文来看，这里的"善者"，当指"不以兵强于天下"者和"不得已"而用兵者，亦即为了保家卫国而迫不得已进行反侵略战争的人。这种战争是正义的，其出发点当然亦是善意的。所以此句之"善者"当释为"善意用兵的人。"一个是"善意"，一个是"善于"，虽一字之差，但含义有别。这句话当译为："善意用兵的人，胜利一旦取得，就此罢兵不战。"

二、关于对"物壮则老，是谓不道，不道早已"的辨析和解读。对此文，现代注家有的译为："事物壮盛了就会走向衰老，这就叫做不遵循道；不遵循道，就会快速死亡"（张松如）；有的译作："事物壮大了，必然走向衰老，这就不合乎道。不合乎道，必然很快死亡。"（任继愈）这两则译文皆属直译，应当说译文是忠实于原文之字面意义的。但是，"物壮则老"是不可抗拒的自然规律，它怎么就不合乎"法自然"的道呢？这是一悖论。鉴于此，高亨作了两种解释（见注释⑤）：一是说"则"字当读作"贼"，害也。如此，"物壮则老"可译作"强壮的戕害老弱的。"如果孤立地看，此句译文与下句的"是谓不道"之义当然可以契合。但是，此文在本章中却不是孤立的，而应是全章之理论总结，因而"则"字不宜作如是解。高亨所作的第二种解释是"此句之上（引者按：似应为'此句与下句之间'）应有省文，省去相反之义。"解读和译文宜取此说。为了使得"省文"不过于显山露水，又能与全章之讲战争和抨击"以兵强于天下"者的思想吻合起来，故将"省文"以"恃武力妄自逞强"句代之。这样一来，此文就可译为："事物强壮了必将衰老。恃武力而妄自逞强，就叫做不合于道。凡不合于道的，必然加速灭亡。"

七十八章

天下有道，却走马以粪①；天下无道，戎马生于郊②。

（通行本四十六章上）

说　明

　　之所以将通行本第四十六章分为两章，原因有三：一是此章之内容在帛书中即为两章，因为中间有一明显的分章记号（·）；二是在简本中只有其下段（"罪莫厚乎甚欲，咎莫憯乎欲得，祸莫大乎不知足。故知足之为足，此恒足矣。"）而无其上段即本章之内容，可见其下段的内容具有独立性；三是因为四十六章的上段与下段的内容之间不能构成必然的因果关系：其上段是讲战争观的，而战争的原因是复杂的，不好一律归咎于"甚欲"。比如抵抗外敌入侵的卫国战争，反抗民族压迫、争取民族独立的民族解放战争，反抗阶级压迫、争取人民解放的武装起义和革命战争，就不能说是起因于"甚欲"或"不知足"了。对于这一点，老子当不会不知，这可以六十九章、七十五章之论述及七十二章说的"民不畏威，则大威至矣"为证；而且老子说的"不得已而用之"（三十章）的用兵，亦属此类战争。鉴于此，故将其分为两章。根据内容所是，其上段独立为本章，其下段归于修身篇。详见本章之【辨析】。

注　释

　　①天下有道，却走马以粪：天下有道，是指君王依道治国，社会政治局面祥和，人民安居乐业。却，退回也。如《史记·田敬仲完世家》："不如听

之以退秦兵，不听则秦兵不却。"走马，战马也。在古汉语中，"走"的首义是跑，疾行。如《韩非子·五蠹》："兔走触株，折颈而死。"有些注家将"却"字释为驱使，将"走马"释为运载的马，不确。粪，这里泛指农事。句谓：大"道"之行于天下，战马退役用于耕稼。

②天下无道，戎马生于郊：天下无道，是指君王违道而行，穷兵黩武。戎马，服役的战马。句谓：大"道"被弃置一旁，战马生驹于荒郊沙场。

对本章之文意，《韩非子·解老》作了如下的解说：

> 有道之君，外无怨仇于邻敌，而内有德泽于人民。夫外无怨仇于邻敌者，其遇诸侯也有礼义；内有德泽于人民者，其治人事也务本。遇诸侯有礼义则役希起，治民事务本则淫奢止。凡马之所以大用者，外供甲兵，而内给淫奢也。今有道之君，外希用甲兵，而内禁淫奢。上不事马于战斗逐北，而民不以马远通淫物，所积力唯田畴，积力于田畴必且粪灌，故曰："天下有道，却走马以粪。"

> 人君者无道，则内暴虐其民，而外侵欺其邻国。内暴虐则民产绝，外侵欺则兵数起。民产绝则畜生少，兵数起则士卒尽。畜生少则戎马乏，士卒尽则军危殆。戎马乏则将马（按："将"当作"牸"，牸马为初生的马驹）出，军危殆则近臣役（指君王左右的近臣都操兵器御敌）。马者，军之大用；郊者，言其近也。今所以给军之具于牸马近臣，故曰："天下无道，戎马生于郊。"

对本章之文意，蒋锡昌说："此言人主有道，则兵革不兴，故却还走马以农夫，使服耕载之役；人主无道，戎马悉被征发入阵，故驹犊生于战地之郊也。"[①]

《盐铁论·未通篇》对"天下有道"和"天下无道"的社会情况作了生动的写照："闻往者未伐胡越之时，徭赋省而民富足，温衣饱食，藏新食陈，布帛充用，牛马成群，农夫以马耕载，而民莫不骑乘。当此之时，却走马以粪。其后师旅数发，戎马不足，牸牝入阵，故驹犊生于战地，六畜不育于家，五谷不殖于野，民不足于糟糠。"

---

① 蒋锡昌：《老子校诂》，商务印书馆 1937 年版，第 295 页。

大"道"之行于天下，
战马退役用于耕稼；
大"道"被弃置一旁，
战马生驹于荒郊沙场。

辨　析

　　关于通行本第四十六章的上下两部分是否可以根据主题的不同分为两章的问题。刘笑敢说："本章上半部分直接反战，下半部分讲欲望问题。二者表面关系不大，但深层思考就会发现战争都是由欲望支配的，这是反战与欲望两个主题的内容被编到同一章的深层原因。王淮说：无论就任何观点言，在人类之社会中战争永远是一种文化现象之病态，老子首先诊断病理，认为病因在于为政者主观心理之'多欲'、'不知足'与'欲得'。是故釜底抽薪之道，厥为消灭一切可能的战争的动机。而老子的处方，则为'知足常足'。知足是一种'智慧'，同时也是一种'德性'之涵养。① 的确，任何战争的驱动力都是欲望，群体的欲望或野心家的欲望，征服的欲望或占有的欲望，权利的欲望或领土的欲望，青史留名的欲望或荣华富贵的欲望。……所以，即使动机、欲望是可以理解的，战争也是应该尽可能避免的。如果我们承认正义的原则可以靠战争来推行，有哪一个战争狂人没有发动战争的'正义'和'神圣'的理由呢？总之，老子希望通过节制欲望来减少战争与冲突的思想至今仍然是值得我们深思与回味的。"②

　　诚如刘笑敢所说，通行本第四十六章的上下两个部分，上半部分讲反战问题，下半部分讲欲望问题，这是两个性质不同的主题。《老子》的祖本是否将这两段话紧相连接，现已不可考，或许是这两段话当初根本就不在一处，而是由于错简，后人根据自己的理解将其编在一起的，也未可知。但是，老子讲过："兵者，不祥之器，非君子之器，不得已而用之，铦袭为

① 王淮：《老子探义》，台湾商务印书馆 1972 年版，第 188 页。
② 刘笑敢：《老子古今》，中国社会科学出版社 2006 年版，第 469—470 页。

上。"（三十一章，帛书甲本）可见老子不是一般的反战者或和平主义者，
"不得已而用之"大抵是指正义的防御性的战争。也就是说，对于这种性质
的战争，老子是并不反对的。老子还说过："民不畏死，奈何以死惧之？"
（七十四章）"民不畏威，则大威至矣！"（七十二章）这些话表现了老子对被
压迫者反抗暴政的同情的态度。而被压迫者反抗暴政所表现出的"大威至
矣"，恐怕就包括暴动或农民起义在内，而暴动或农民起义也是战争的一种
形式。毫无疑问，这种性质的战争是正义的。

　　刘笑敢说："任何战争的驱动力都是欲望，群体的欲望或野心家的欲望，
征服的欲望或占有的欲望，权利的欲望或领土的欲望，青史留名的欲望或荣
华富贵的欲望。"上述的人民暴动或农民起义姑且不论，仅就近代以来的中
国，就发生过反抗英国殖民主义者的鸦片战争，反抗日本侵略者的甲午战
争，反抗反动军阀的北伐战争，反抗日本侵略者的抗日战争，反抗国民党反
动统治的土地革命战争和人民解放战争。这些战争的驱动力是刘笑敢所说的
哪一种"欲望"呢？恐怕皆不在其列。如果说这些战争的驱动力也是"欲
望"，那么它就是中国人民争取民族独立和人民解放的"欲望"。而这种欲望
恐怕不在老子要"知止"的"欲望"的名册之内，不在"祸莫大于不知足"
之内，也不在"故知足之为足，常足矣"（四十六章）之内。因此，余以为
通行本第四十六章上下两部分的思想内容不能构成必然的因果关系，还是以
分为两章为好。

述　评

　　本章在帛书中即为独立的一章，老子可能考虑到下文之"罪莫大于甚
欲"云云，与战争与否不一定具有必然联系，因为战争的原因是很复杂的，
战争也包括反侵略的自卫战争和解民于倒悬的反暴政的战争，所以不可一概
归咎于人主的"甚欲"。本章虽然只寥寥数语，但"一叶知秋"，它反映了和
平时期和战争时期截然相反的两种社会情况，并深刻地揭示了人民能否在安
定祥和的社会环境中生产和生活，与天下是否有"道"的必然联系。在老子
所处的春秋时期，"天下无道"，诸侯国之间的战争越打越频繁，越打越残
酷，战争规模也越来越大，而饱受战乱之苦的是广大民众。《孙子兵法·用
间》曰："凡兴师十万，出征千里，百姓之费，公家之养，日费千金。内外
骚动，怠于道路，不得操事者，七十万众。相守数年，以争一日之胜。"由

此可见一斑。而在"天下有道"的情况下，国内和平安定，人民丰衣足食，即使遭遇外敌入侵，全国上下也会众志成城，加上采取"以奇用兵"（五十七章）和"铦袭为上"（三十一章）的战略战术，就有可能较快地打败入侵者，早日结束战争。"天下无道"，则穷兵黩武，战争不息，人民怨声载道，国内动乱迭起，势必永无宁日。

七十九章

　　古之善为士者不武，善战者不怒①，善胜敌者弗与②，善用人者为之下。

　　是谓不争之德，是谓用人③，是谓配天，古之极④。

（通行本第六十八章）

注　释

　　①古之善为士者不武，善战者不怒："古之"二字，傅奕本、范应元本有，其它各本皆无。有"古之"二字，其下至"善用人者为之下"，当是老子托古之言，其与本章末句"古之极"也能更好地吻合起来，此与"古之善为道者"（十五章、六十五章）的句法一律。鉴于上，校定文从傅奕本补"古之"二字。"士"，武士也，指军队的将帅。王弼注曰："士，卒之帅也。"高明说："此所谓'士'者，乃谓国君及其所属官卿而握有军权者，泛指精于战略战术的守道之士。"①

　　关于"善为士者不武，善战者不怒"，《孙子兵法·火攻篇》云："主不可以怒而兴师，将不可以愠而致战；合于利而动，不合于利而止"。

　　②善胜敌者弗与：帛书甲、乙本如是，王弼本、河上公本弗作"不"，为"善胜敌者不与"。刘笑敢说："前两句的'不武'、'不怒'，都是个人主动的感情和行为，'武'、'怒'不一定需要明确的对象。第三句帛书本作'弗与'，意思即'不与之'，意味着'与'字后面有一个省略的宾语'之'，在这里就指'敌'。'善胜敌者弗与'，意思是善于胜利（引者按：利当为

---

　　①　高明：《帛书老子校注》，中华书局1996年版，第166页。

"敌")的将军根本不需要与敌人正面接触对垒。后来的传世本将'弗'改为'不',这第三句'不与之'带有宾语的意思就消失了,'不与'变成了和'不武'、'不怒'同样的句式。但'不与'没有宾语则句意不通,于是傅奕本等后来版本的编者就将'不与'改作了'不争','不争'不需要宾语,和前两句意思一致。"① 据刘笑敢的校勘,校定文此句从帛书作"善胜敌者弗与"。

这句话的意思是说:善于胜敌的将军无需与敌人正面交锋。解读详见【述评】。

③是谓用人:帛书甲乙本如是,王弼本、河上公本、傅奕本作"是谓用人之力"。

高明说:"帛书甲、乙本皆无'之力'二字,作'是谓不争之德,是谓用人,是谓配天,古之极也'。则'人'、'天'为韵,'德'、'极'为韵,前后皆为韵读。今本中间多出'之力'二字,格局全非。再从前后经文分析,前文曾言'善胜敌者不与,善用人者为之下',故此言'是谓不争之德,是谓用人'。前后均无'之力',文例相合。从而可见帛书甲、乙本无'之力'二字为是,今本有此二字乃为后人所增,或因古注文羼入。"② 此处帛书作"用人"是一般的用人、待人之道,但世传本作"用人之力"则意义狭窄,变成了仅借用别人之力,又会产生用计谋利用别人的歧义,故不如帛书的表述为佳。兹据高明校勘,校定文从帛书作"是谓用人"。

④是谓配天,古之极:王弼本如是。傅奕本、范应元、帛书乙本句后尚有"也"字。"配",匹敌,相当。《庄子·天道》:"故曰帝王之德配天地。""配天",与天同德也。《礼记·中庸》:"博厚配地,高明配天。""古之极",是说这是自古以来智慧与力量的极致或古人的最高境界。

译 文

古代善于作将帅的,不逞勇武;
善于指挥作战的,不被敌人激怒;
善于胜敌的,不与敌正面交锋;

① 刘笑敢:《老子古今》,中国社会科学出版社 2006 年版,第 660 页。
② 高明:《帛书老子校注》,中华书局 1996 年版,第 168 页。

善于利用他人的，

态度谦下，虚怀若谷。

这就叫做具有不争的美德，

这就叫做用人之道；

这可谓与天同德啊，

它是古人的最高尺度！

述　评

　　本章老子主要是讲军事辩证法和军事伦理，并指出军事斗争不是最终目的，最高统治者应追求更高的目标和境界——"配天"，即与天同德。我们知道，作为军事将领，最容易犯的错误就是逞强好斗，耀武扬威，就是易于被敌人所激怒，就是总想与敌决战，就是对下盛气凌人、不可一世，而老子在此则强调"善为士者不武，善战者不怒，善胜敌者弗与，善用人者为之下"，是很有针对性的，也是军事斗争和政治经验的深刻总结。就拿"善胜敌者弗与"来说，此句意谓善于应对敌人的，应力避与敌作正面交锋。《孙子兵法》云："是故百战百胜，非善之善者也；不战而屈人之兵，善之善者也。故上兵伐谋，其次伐交，其次伐兵，其下攻城；攻城之法，为不得已。……故善用兵者，屈人之兵，而非战也；拔人之城，而非攻也；毁人之国，而非久也。必以全争于天下，故兵不顿，而利可全，此谋攻之法也。"（《孙子兵法·谋攻篇》）

　　"善胜敌者弗与"的策略原则也为我国革命战争正反两个方面的历史经验所证明。比如在第二次国内革命战争时期，在敌我力量悬殊的情况下，毛泽东坚持以游击战为主、但不放弃有利条件下的游击性的运动战的作战方针，使我军和革命根据地有了很大发展，但左倾机会主义者则主张与敌主力正面交锋，打阵地战，攻打大城市，结果使革命力量遭受极为惨重的损失。后来在毛泽东战略思想的指导下，一直到解放战争的中期，由于我军缺乏攻坚力量，所以在战略上一直力避与敌主力决战，不打阵地战，不攻打敌人坚固设防的大城市，这可以说是相对的"弗与"；我军又十分重视做敌人的策反工作，策动敌军起义，仅解放战争时期我军就成功地策动了敌军的多次起义，如傅作义北京起义，吴化文的济南起义，程潜的长沙起义，龙云的昆明起义，以及新疆、西藏的和平解放等，就更是"弗与"了。《孙子兵法·谋攻篇》说的"不战而屈人之兵",就是最好的"弗与"。老子虽然没有当过军事将领,但他所讲的军事辩证法和军事伦理却是令人称道的。他之所以如此,与他得道并能运用于总结历史经验是密切相关的。

八十章

　　用兵者有言曰①："吾不敢为主而为客②，不敢进寸而退尺。"是谓行无行③，攘无臂④，执无兵⑤，扔无敌⑥。

　　祸莫大于轻敌⑦，轻敌几丧吾宝⑧

　　故抗兵相若，哀者胜矣⑨！

（通行本第六十九章）

注　释

　　①用兵者有言曰："者"字，范应元本有、各本皆无，作"用兵有言"。古棣说："无'者'字，作'用兵有言'，句子不完整，不合语法，'用兵'本身不能有言，故据范应元本补'者'字。通行本各本无'曰'字，傅奕本、帛书甲本和乙本皆有。有'曰'字于义为长。'用兵者有言'之言，即'一言以蔽之'之言，不作'说'解，故宜有'曰'字。"① 古棣之说是，故校定文从范应元补"者"字，据帛书和傅奕本补"曰"字。

　　②吾不敢为主而为客：此句中的"主"即主动进攻的一方，"客"为防御和应战的一方。句谓：我不敢主动向敌军发动进攻，而只能采取战略防御之守势。

　　③行无行："行"读 hang（音杭），指军队的行列、阵势。王弼注曰："行谓行陈也。""陈"为古"阵"字。有注家释为"行动"，似不确。

　　④攘无臂：攘臂是作怒而奋臂的意思。当指作军事动员之后，将士们的一种表现，表示要决一死战。高亨释"攘臂"为"缠好臂上的衣袖，是战士

---

　　① 　古棣：《老子校诂》，吉林人民出版社 1998 年版，第 600 页。

的束装"，似不确。

⑤执无兵：兵，兵器也。执，拿着。此句是说若无兵器可执。

王弼本、河上公本"执无兵"句在"扔无敌"句后，而傅奕本、帛书甲乙本则与此相反。陶绍学说："'执无兵'句应在'扔无敌'句上。王弼注曰'犹行无行，攘无臂，执无兵，扔无敌也'，是王弼本同此。"① 马叙伦说："陶说是。行、兵、臂、敌，相间为韵。"② 帛书的出土，证明陶绍学、马叙伦之说正确。楼宇烈云："据马说，则'行无行'意为，欲行阵相对而无阵可行。'攘无臂'意为，欲援臂相斗而无臂可援。'执无兵'意为，欲执兵相战而无兵可执。'扔无敌'意为，欲就敌相争而无敌可就。此均为说明，由于'谦退'、'不敢为物先'，因而使得他人欲战、欲斗、欲用兵、欲为敌而都找不到对立之一方。"③ 据以上诸说，加之帛书甲乙本之证，通行本句序颠倒，应依帛书正之，故校定文从帛书和傅奕本作"是谓行无行，攘无臂，执无兵，扔无敌。"

⑥扔无敌：王弼本如是。扔，因就也。扔敌，即就敌，指临战或先遣部队开始与敌交手。有注家释"扔"为"捉"。帛书甲、乙本此句均为"乃无敌矣。"扔无敌，意为无敌可就，找不到敌人。

⑦祸莫大于轻敌：王弼本、河上公本如是，但王弼本注曰："言吾哀慈谦退，非欲以取强、无敌于天下也。不得已而卒至于无敌，斯乃吾之所以为大祸也。"从其注看，似原文作"祸莫大于无敌"。傅奕本、帛书"轻敌"作"无敌"。但从文义看，以及与下文"轻敌几丧吾宝"的联系看，此句应为"祸莫大于轻敌"。

⑧轻敌几丧吾宝：对"吾宝"，注家多释为老子讲的"三宝"即慈、俭（检）、不敢为天下先。亦有注家释作"国家的土地、人民、主权"。《吕氏春秋·先己篇》："凡事之本，必先治身，啬其大宝，用其新，弃其陈，腠理遂通。"高诱注曰："啬，爱也，大宝，身也"，即训"宝"为"身"。如此，则"我宝"即我之身体。笔者以为"我宝"在此当指"我军"。"轻敌几丧我宝"是说我如果轻敌，就会使我军几尽丧失，甚至全军覆没。

⑨哀者胜矣：蒋锡昌说："《说文》：'哀，闵也。'闵者，即第六十七章'慈'也。此言两方举兵相当，其结果必慈者胜。第六十七章'慈，以战则

---

① 转引自马叙伦《老子校诂》，古籍出版社1957年版，第182页。
② 同上。
③ 楼宇烈：《王弼集校释》，中华书局1980年版，第174页。

胜'也。"① 哀，可译为悲哀，怜悯，引申为悲愤。是说悲愤的一方定能取得胜利。

译　文

兵家曾经这样讲过：
"我不敢主动发动战争啊，
而宁肯应战防御；
不敢进攻一寸啊，
而宁肯暂退一尺"。
这就是说：
我军早已严阵以待，
而示之以军阵尚未摆开；
将士们士气高昂，
而示之以麻痹松懈；
早已秣马厉兵，
而示之以缺枪少械；
我主力暂避与敌决战，
而示之以攻打找不到对敌。
祸患莫大于轻敌啊，
轻敌可能招致我军几尽丧失。
所以，势均力敌的两军交战，
悲愤的一方定会获得胜利！

辨　析

一、这一章是老子阐述其战争观和军事思想的重要篇章。但对老子在这一章中究竟表现了怎样的战争观和军事思想，注家们的看法却存在较大分歧，其中比较有代表性的是两家。一是高亨。他认为"用兵者"讲的"我不

---

① 蒋锡昌：《老子校诂》，商务印书馆 1937 年版，第 420 页。

敢为主而为客，不敢进寸而退尺"是说"王侯能这样'守柔'，国家就将没有战争。"他将"是谓行无行，攘无臂，执无兵，扔无敌"译为："这就是说，在军事行动中，可以没有行伍，不用严阵（如李广）；可以不用缠起衣袖，露出胳膊，表现出武打的架势；手里可以不拿兵器，可以不战而胜；要捉的敌人，可能根本没有了。"于是他总结说："这就是'柔弱胜刚强'的道理。"二是尹振环。他说："此章与其说是反战的，不如说是备战的"。"老子引用兵家的经验总结，与其设想无敌，不如设想有敌；与其设想主动，不如作被动的准备；与其设想胜利，不如作失败的打算。"他将上段话译为："这就叫做能行动而做不能行动的打算，能抵御而做不能抵御的安排，拿着武器要作没拿武器的设想，这样就能战胜一切敌人！"总起来说，高亨认为这里集中表现了老子在战争问题上主张"守柔"、"不争"的思想，在战争中应完全采取被动守势的"战法"；尹振环则认为这里集中表现了老子在战争问题上主张备战的思想，并说老子的"不争是手段，随时做好'争'的准备，才能'不争'。"

下面再引几位著名学者对这一段话的译文（因为笔者对其多有批评，故在此隐去作者及其著作的名字）：

A."这就是说，没有阵势可以摆，没有胳臂可以举，没有敌人可以对，没有兵器可以执。"

B."这就叫做：行进没有行列，高扬没有手臂，执持没有兵器，攻打没有对敌。"

C."这就可以做到所谓无出师之路可行，无臂膀可振，无兵器可执，无敌人可引出来攻击。"

从这三则译文的描述来看，"我"军根本就不像是一支军队，而是一群没有头脑、不堪一击的乌合之众。

这里有两个问题颇为令人不解：其一，老子这里讲的"行无行，攘无臂，执无兵，扔无敌"是不是就像上述译文所解读的那样是一群无头脑、不堪一击的乌合之众？这段话与"用兵者"的那两句话之间为什么用"是谓"二字连接起来？其二，如果就是这样的一群不堪一击的乌合之众，后来怎样变为与强大敌军"相若"即势均力敌的军队了呢？而且从"哀者胜"来看，似乎"我军"最后战胜了敌军。这是怎么一回事呢？要回答这两个方面的问题，似乎只有两种答案：一是老子用词不当，不应当用"是谓"而应用"是因为"。这恐怕说不过去。二是对那段话应作与上述几种译文不同的释译。

余以为要想弄清老子在本章中所阐述的战争观和军事思想，首先应搞清楚他所引的兵家的那两句话是什么意思，以及他为什么要引这两句话。第一，既然是"用兵者"，当然就是战争的指挥者，作战是将领及其军队的天职，打胜仗是他们的希望和责任，也就是说，他们不会是绝对的反战派，也不会是投降派；第二，既然不投降，要打仗，就必然要研究和决定对敌作战的战略战术。

从"不敢为主而为客，不敢进寸而退尺"来看，首先是较之敌方，自己的军事力量较弱，"不敢"（不一定是"不想"，因为作为自卫性的正义战争，即使"想"，也无可厚非）主动地向敌人发动进攻，所以只能"为客"而处于战略守势。但是，无论是在战略上还是在战役战斗上，兵家都是力争自己的主动地位（"为主"）的，因为这是打胜仗的一个重要条件，只是因为自己的军力太弱而"不敢"而已。但是，力求扭转战略被动地位，无疑是将帅们的斗争目标。作为兵家或军事家，"不敢进寸而退尺"决不是因为信守什么"不争"，而是不得已而为之。否则，如果总是敌进一寸，我退一尺，敌进十公里，我退百公里，再大的国土，能有几步好退呢？这岂不等于不战而降吗？有哪一位君王或臣民需要这样的"用兵者"呢？一般说来，在军事上"后发制人"的谋略就是先退后进，但退是为了进，退是手段，进是目的，消灭敌人、打赢战争是最终目的。否则，"柔弱"何以能"胜刚强"呢？因此，从出自"用兵者"之口的这两句话看，在强敌大举进犯面前，他的"为客"、"退尺"是不得已的，也是暂时的，他一定会考虑如何才能扭转战略被动局面而让敌人变而"为客"、"退尺"。从本章最后讲的"抗兵相若"来看，"我方"已经摆脱了战略被动，由守势和防御而进入战略相持阶段了。至于我方是如何使战略态势发生根本好转的，本章则没有明确讲。

在援引了"兵家"的话后，紧接下文是："是谓行无行，攘无臂，执无兵，扔无敌。"直译出来就是上引 B 种译文。概言之，这段译文表明我军就是一群不成行列、没有兵器、没有士气、打仗又找不着敌人的乌合之众。如果真的如此，那还打什么仗呢？就是这样的一群不堪一击的乌合之众，还说什么在强敌大举进攻面前"可以不战而胜；要捉的敌人，可能根本没有了"，岂非梦呓？所以，此种译文于情于理皆不通。

余以为老子这里讲的"行无行，攘无臂，执无兵，扔无敌"是展示给敌人的一种假像，目的是迷惑敌军，而实际情况则与此恰恰相反。"行无行"是说我军早已严阵以待，而示之军阵尚未摆开；"攘无臂"是说将士们士气高昂，而示之以极为麻痹松懈；"执无兵"是说我军早已秣马厉兵，而示之以缺枪少械；"扔无敌"是说我军主力暂避决战，而示之以攻打找不到对敌。

　　这就是说，"我"军在许多方面是用假像来迷惑敌人，这是"用兵者"常用的计谋。《孙子兵法·计篇》云："兵者，诡道也。故能而示之不能，用而示之不用。近而示之远，远而示之近。"《孙子兵法·行军篇》云："无约而请和者，谋也；奔走而陈兵车者，期也；半进半退，诱也。"《揭子兵经·阴篇》曰："阴者，幻而不测之道。有用阳而人不测其阳，则阳而阴矣；有用阴而人不测其阴，则阴而阳矣。善用兵者，或假阳以行阴，或运阴以济阳。总不外出奇握机，用袭用伏，而人卒受其制。讵谓阴谋之不可以夺神哉？"

　　不可忘记，老子是主张"以奇用兵"（五十七章）的，这个"奇"字包含着丰富的思想内容，主要是对敌要"出其不意，攻其不备"，从而出奇制胜，打败敌人。弱势军队尤应以奇用兵。只有这样，才能使敌军不断遭受挫折，使"我"军能积小胜为大胜，逐步扭转战略被动格局，与敌"相若"，最后取得战争胜利。余以为，对这几句话作如是解读，一是可以与老子"以奇用兵"的思想统一起来，二是可以与"用兵者有言"所包含的战略守势及应采取的军事策略统一起来，否则是讲不通的。

　　有注家说，老子是主张"守柔"、"不争"的，若侯王能"守柔"，能按"用兵者"之言去做，"国家就将没有战争"。事实上，"没有"的只能是自己主动挑起的战争；而在敌军大举进犯面前，除了英勇抗击、打败敌人之外，"国家就将没有战争"的出路只能有一条，就是放下武器，与敌方签定丧权辱国条约，以苟延残喘于一时。其实，老子的"反战"所反对的只是非正义战争，并非反对一切战争，他对用兵打仗明明主张"不得已而用之，铦袭为上"（三十一章），这就既讲了自卫原则，又讲了战术思想；他在本章又说战争一经开始，"祸莫大于轻敌"（"轻敌"，帛书作"无敌"。敌军大举进犯，自己却视而不见，这比"轻敌"当然更危险）。显然，"不轻敌"的前提是打仗而非步步退让，举手投降。"守柔"只是手段，"胜刚"才是目的。总之，在笔者看来，老子并不因"贵柔"、"不争"而绝对反战，他所引的"用兵者"之言也不是亡国之论，而是实行"以退为进"的积极防御战略，根本目的是打败侵略者，卫国保家。

　　二、在《道德经》（《老子》）中专门论述战争和军事问题的是以上五章，此外，在五十七章中有"以奇用兵"的句子。于是，在古今学者中都有视《老子》为兵书的看法。如王真在《道德经论兵要义述》中说《老子》"深衷微旨，未尝有一章不属意于兵也。"江瑔《读子卮言》曰："老子之言曰：'将欲歙之，必固张之；将欲夺之，必固与之。'此即兵家饵敌之策也。又曰

'知其雄，守其雌'，此即兵家知己知彼、百战百胜之道也……大抵道家之术最坚忍而阴鸷，兵家即师其术以用兵。"① 现代学者唐尧亦说："下篇《德经》是直接论述军事战略战术并通过总结战争规律而引申出社会历史观和人生观的。其上篇《道经》则是对其兵略兵法思想给予理论上的概括并提高到宇宙观和世界观上给予论证。"②

以上的说法一言以蔽之，《老子》乃是一部兵书。应当说，《老子》中不乏关于战争和军事问题的独到见解和精辟论断，它对后世的影响也不可低估，但不能说《老子》就是一部兵书。否则必有以偏概全之嫌。对此，李泽厚批驳说：

> 这种说法略嫌过头。《汉书·艺文志》上说："道家者流，盖出于史官，历记成败、存亡、祸福、古今之道，然后知秉要执本，清虚自守，卑弱以自持，此君人南面之术也。"所以，似乎只能说，《老子》辩证法保存、吸收和发展了兵家的许多观念，而不能说，《老子》书的全部内容或主要论点就是讲军事斗争的。应如上述《艺文志》所指出，作为道家代表的《老子》与记录、思索、总结历史上的"成败、存亡、祸福、古今之道"相关。这个"道"不仅是军事，而更是政治。《老子》一书是对当时纷纷扰扰的军事政治斗争，和在这些频繁斗争中大量氏族邦国灭亡倾覆的历史经验的思考和概括。③

李泽厚的看法是允当的，也是比较深刻的。不过，李泽厚在论述这个问题时说老子是继承和发展了《孙子兵法》的思想，则不确，笔者在本书五十八章中对此已作了辨析。

刘笑敢说：

> 《老子》中有十章提到了有关兵、战的话题，然而，这只是非常表面的现象。实际上，这些有关兵、战的话题表达的是一种和平主义的立场和反战的思想。我们怎样能将一部反战的书说成是用兵之道或兵书

---

① 转引自胡哲敷《老庄哲学》第160页。

② 唐尧：《老子兵略概述》，《中国哲学史文集》，吉林人民出版社1980年版，第32页。

③ 李泽厚：《中国古代思想史论》，天津社会科学院出版社2003年版，第77页。

呢？《老子》中的辩证观念与《孙子兵法》是相通的，但是《孙子兵法》显然是在讲用兵之道，用兵之法，而《老子》显然是在讲"为无为，事无事"，在讲"百姓皆谓我自然"，与用兵之道相去甚远。①

---

① 刘笑敢：《老子古今》，中国社会科学出版社 2006 年版，第 338—339 页。

八十一章

宠辱若惊①，贵大患若身②。

何谓"宠辱若惊"？宠为下③。得之若惊，失之若惊，是谓宠辱若惊。

何谓"贵大患若身"？吾所以有大患者，为吾有身；及我无身，吾有何患④？

故贵为身于为天下，若可托天下；爱以身为天下，若可寄天下⑤。

（通行本第十三章）

注 释

①宠辱若惊：得宠与受辱好像都使人受惊，得宠使人惊喜，受辱使人惊恐。

对"宠辱若惊"，苏辙注曰："古之达人，惊宠如惊辱，知宠之为辱先也；贵身如贵大患，知身之为患本也。是以迁宠而辱不及，忘身而患不至。所谓'宠辱'非两物也。辱生于宠而世不悟，以宠为上而以辱为下者皆是也。若知辱生于宠，则宠固为下矣。故古之达人得宠若惊，失宠若惊，未尝安宠而惊辱也。"（《老子解》）

②贵大患若身：重视国家和人民遭遇的深重祸患，犹如此种祸患降临于自身。对此句，有的注家译为："把大忧大患看得象生命一样宝贵"；有的译为："重视大患好象重视身体一样"；有的译为："重视身体好象重视大患一样"；有的译为："看重祸患好像看重身体"，皆望文生义耳。解读详见【辨析】一。

③宠为下：得宠的，自己实际上已居于下位。对此句，释德清注曰：

"'宠为下',谓宠乃下贱之事也。譬如僻幸之人,君爱之以为宠,虽厄酒脔肉必赐之。非此不见其为宠。彼无宠者,则傲然而立。以此较之,虽宠实乃辱之甚也。岂非下邪?故曰'宠为下'。"(《老子道德经解》)对此句解读见【辨析】二。

④吾所以有大患者,为吾有身;及我无身,吾有何患:对此文,陈鼓应、白奚先生作了很好的解说,故抄录之。他们说:"人生之所以有许多麻烦和祸患,乃是由于有身体,有生命,如果没有这个身体,没有这个生命,消除了内与外、物与身的对立,外物无所加焉,患又从何而来呢?这的确是一种最彻底的方法。然而老子所谓'无身'、'无私'并非不要生命,它只是一种对待生命的独特的态度。这种态度乃是对天地之自然的效法,那就是'不自生'、'无以生为'、'外其身',不以生为意,恬淡处之。老子指出,这样做反而会收到'存身'、'长生'、'成其私'的效果,反而能很好地保全和护养生命。因而,'外其身'、'无私'乃是'存身'、'成其私'的有效手段。这确实是高超的辩证法,是'无为而无不为'的绝好运用"。①

⑤贵以身为天下,若可寄天下;爱以身为天下,若可托天下:王弼本如是;河上公本作"贵以身为天下者,则可寄于天下;爱以身为天下者,乃可以托于天下";帛书作"贵为身于为天下,若可以托天下矣;爱以身为天下,女可以寄天下"。

校定文从王弼本。两"若"字可训为"乃",说详《词诠》卷五。"贵以身为天下"是说以"以身为天下"为重;"爱以身为天下"的"爱"字是惠爱、仁爱的意思。如《韩非子·内储说上》:"爱多者,则法不立;威寡者,则下侵上";《汉书·叙传》:"没世遗爱,民有余思。""爱以身为天下"是说以"以身为天下"为仁爱。

此文的意思是说:重视以自身为天下的人,就可以把治理天下的重任寄托于他;甘愿用自身为天下的人,就应当将治理天下的重任托付于他。解说详见【辨析】三。

得宠使人惊喜,受辱使人惊恐。

---

① 陈鼓应、白奚:《老子评传》,南京大学出版社2001年版,第250—251页。

重视国家和人民遭遇的大祸患，

犹如祸患殃及自身。

什么叫做"宠辱若惊"？

得宠者居于下位。

得宠惊喜若狂，失宠惊恐万状，

这就叫做"宠辱若惊"。

什么叫"贵大患若身"？

我之所以认为自己有深重的祸患，

是因为我把国家和人民的祸患视为自己遭难；

如果我把国家和人民的祸患置之度外，

那么我还有什么祸殃可言？

故重视以自身为天下的人，

就可以把治理天下的重任寄托于他；

甘愿用自身为天下的人，

就应当将治理天下的重任交付于他。

辨　析

一、关于"贵大患若身"的解读。《老子》中的道理，首先是讲给侯王们听的，所以这里所说的"大患"，当指天下之大患，即国家和人民遭遇的深重灾难。老子作为出发点的基本理念是："受国之垢，是谓社稷主；受国不祥，是谓天下王"（七十八章），即君王应不惧临危受命，勇于力挽国难，并将私利置之脑后，而"以百姓之心为心"（四十九章）。但侯王们则根本没有这种思想境界，而往往把自身遭遇的祸患看得重于一切。基于这种现实，老子对他们提出了"贵大患若身"的希望和要求，即重视国家和人民遭遇的重大灾难就像祸患降临到自己头上、危及身家性命一样。如能达到这种境界，他们也不会在国家和人民遭遇大患之时，将自己置之度外了。对此文若作如此解读，似乎有利于同下文的"故贵以身为天下，若可托天下；爱以身为天下，若可寄天下"较好地吻合起来。

二、关于对"宠为下"的解读。人们通常认为"宠为上，辱为下"，河上公本正是这样改的。老子讲的"宠为下"，可谓警世之言，令人振聋发聩。其实，这也不难理解。因为得宠者之所以得宠，首先是因为"宠"的授予者在。得宠者在"授宠者"面前，难道不是居于下位吗？况且届时往往以处于下位为荣。众所周知，李莲英在慈禧太后那里可谓最受宠的人了，难道他在主子面前不总是以"奴才"（"下"）为荣吗？从这种意义上讲，以"宠为下"是人格独立、人人平等理念的题中应有之义。深一层讲，宠与辱是相互依存、相互渗透、相互转化的，"宠"中潜伏着"辱"的因素。如果得"宠"者忘乎所以，欲壑难填，"辱"乃即将临头矣。所以老子告诫："咎莫憯于欲得，祸莫大于不知足"（四十六章），"富贵而骄，自遗其咎"（九章），劝导那些得"宠"而身居高位的统治者要认识到"故物或损之而益，或益之而损"（四十二章）、"名亦既有，夫亦将知止，知止所以不殆"（三十二章）和"知足不辱，知止不殆，可以长久"（四十四章）的道理，以免由"宠"转化为"辱"。事实上，在历史上"因嫌纱帽小，致使锁枷扛"（《红楼梦》句），甚至招致杀身之祸的事例难道还少吗？从这种意义上说，"宠为下"乃是对历史教训的深刻总结，其中包含着丰富的人生经验和政治智慧。从老子批评"得之若惊，失之若惊"的现象来看，老子主张的是"宠辱不惊"，即冷眼视之，慎重处之。

三、关于"贵以身为天下，若可寄天下；爱以身为天下，若可托天下"的解读。

对此文，冯友兰诠释说："'贵以身为天下'者，即以身为贵于天下，即'不以天下大利，易胫之一毛'，'轻物重生'之义也。"① 张松如译为："所以看重自身胜过天下，就可以寄以天下；爱护自身胜过天下，就可以托以天下。"② 古棣译为："所以把自己看得比天下还贵重的人，就可以把天下托付给他；把自己看得比天下还可爱的人，就可以把天下付托给他。"③ 任继愈译为："只有把天下看轻、把自己看重的人，才可以把天下的重任担当起来；只有把天下看轻、爱自己胜过爱天下的人，才可以把天下的重任交付给他。"④

对这段话如此释译，似乎老子主张只能把治理天下的重任交付给那些置天下人之利害和国家命运于不顾的极端利己主义者了。这样诠释，是否符合老子的思想和主张呢？现尝试分析之：

① 冯友兰：《中国哲学史》，商务印书馆1934年版，第177页。
② 张松如：《老子校读》，吉林人民出版社1981年版，第73页。
③ 古棣：《老子校诂》，吉林人民出版社1998年版，第688页。
④ 任继愈：《老子新译》，上海古籍出版社1985年版，第87—88页。

老子说："天长地久。天地所以能长且久者，以其不自生，故能长生。是以圣人后其身而身先，外其身而身存。非以其无私邪？故能成其私。"（七章）天地"不自生"就是不为自己而生存，而是为天下万物和万民而生存，这表现了天地的无私精神。显然，老子对这种无私精神是称颂的。其次，圣人的"后其身"、"外其身"，"非以其无私邪"，可见也是一种无私的行为。

老子说："上善若水。水善利万物而不争，处众人之所恶，故几于道。"（八章）老子把"善利万物而不争"视为"上善"，可见他对这种无私的品格是高度赞扬的。既然赞扬这种品格，就意味着对其反面行为的否定。

老子说："是以圣人自知不自见，自爱不自贵。故去彼取此。"（七十二章）这是说，圣人只是自爱而已，却"不自贵"，即不把自己看得比别人高贵。这与三十九章所说的"贵必以贱为本，高必以下为基"联系起来看，老子认为在上者应以民为本。而既然不把自己看得比民高贵，要以民为本，这表现的同样是一种无私的精神品格。

更为重要的是，老子一再盛赞道的"生而不有，为而不恃，长而不宰"的特性，称其为"玄德"（五十一章）；老子还盛赞圣人的"生而不有，为而不恃，功成而弗居"（二章）的无私品格。这只能说明认为老子具有"拔一毛而利天下而不为"（杨朱）思想的看法，与老子的实际思想和主张完全是南辕北辙的。

让我们再看看唐代的陆希声对这段话是怎样注释的吧！他说："唯能贵用其身为天下，爱用其身为天下者，是贵爱天下，非贵爱其身也。夫如此则得失不在己，忧患不为身，似可以大位寄托之，犹不敢使为之生，而况据而有之哉，此大道之行，公天下之意也。"（《道德真经传》）陆希声对这段话的释义深得老子之利他主义的要旨，有利于我们对老子这段话的正确理解。

老子说的"贵以身为天下，若可寄天下；爱以身为天下，若可托天下"，包含两个思想观点：一是要求最高统治者以天下为己任，"以百姓之心为心"，贵天下人之所贵，爱天下人之所爱，这表现了老子的民本主义思想；二是主张只有"贵以身为天下"、"爱以身为天下"的人，才可以把江山社稷治理的重任寄托于他。是谁"寄托于他"呢？当然是天下的黎民百姓。怎样"寄托于他"呢？这里隐含着人民推举君王的意旨。若结合六十六章说的"圣人处上而民不重，处前而民不害，是以天下乐推而不厌"来解读，那么由人民推举君王的意旨则是非常明显的了。这表现了老子的民主主义思想。老子的这两种思想虽然都带有原始的和空想的性质，但在 2500 多年前他就能有这种思想是很了不起的，值得称道的。因此，我们对老子的民本主义和民主主义思想不可漠然视之，更不应因其有些空想的成分而鄙薄嘲讽之，而应像马克思和恩格斯对待 18 世纪空想社会主义者那样，以历史主义的态度和方法给予恰当的历史地位。

八十二章

江海之所以能为百谷王者^①，以其善下之，故能为百谷王。

是以圣人之在民上也，必以其言下之；其在民前也，必以其身后之^②。故圣人处上而民不重，处前而民不害。是以天下乐推而不厌。非以其不争与？以其不争，故天下莫能与之争^③。

（通行本第六十六章）

注　释

①江海之所以能为百谷王者："百谷王者"，百川的归往之处。谷，《说文》："泉出通川为谷"。"王"，天下所归往也。者，在此是处所的意思。句谓：江海之所以能成为百川汇集之处。详见【辨析】。

②是以圣人之在民上也，必以其言下之；其在民前也，必以其身后之：此文是以简本为基础，并吸收帛书和传世本的合理成分修订的。

此文简本为"圣人之在民前也，以身后之；其在民上也，以言下之。"帛书作"是以圣人之欲上民也，必以其言下之；其欲先民也，必以其身后之。"王弼本作"圣人欲上民，必以言下之；欲先民，必以身后之。"

刘笑敢对此文之简本与其他各本最重要的区别以及简本表述的合理性作了分析。他说："竹简本与帛书本及以后各本最不同的是自始至终没有'欲'字。用'欲'字则是条件句，没有'欲'字则是描述和判断，文义有所不同。竹简本作'圣人之在民前也，以身后之；其在民上也，以言下之'，似乎是对既有的事实作描述和分析。帛书本和传世本反复用'欲'，是一种条件假设句，强调圣人行为的条件：要上民，就要以言下之；要先民，就要以身后之。联系下段来看，竹简本始终是描述圣人的事实表现，逻辑上是一致的；帛书本和传世本则是这一段讲条件，下面则是对圣人表现的事实的歌颂，逻辑上稍嫌不一致。推敲起来，圣人既然称之为圣人，应该是已经在民之上、民之先，不应该再假定圣人希望（欲）在上、在先而应该如何。"①刘笑敢的分析非常中肯。鉴于上，校定文以简本为基础，简本表述不尽完善之处，据帛书和传世本作了矫正和补充。

句谓：所以圣人身为人民的首领，必定对人民谦下；领导人民而走在前头，必定将自己的利益置于其后。

老子的这一思想是有所承传的。《金人铭》曰："盗憎主人，民怨其上。君子知天下之不可上也，故下之；知众人之不可先也，故后之。温恭慎德，使人慕之；执雌守下，人莫踰之。"

③非以其不争与？以其不争，故天下莫能与之争：这是古棣"采各家之长"而校订的句子。王弼本无"非以其不争与？"句；帛书甲本为"非以其无争与？故天下莫能与争"，乙本同甲本，惟"非"作"不"。古棣说："第一句显然是带有疑问性的语句——当然是作者故作'疑问'之辞，以足文章气势"，又说，"与"字即"欤"，上古字少，故借"与"为之。既然如此，那么下一句就不应紧接"故天下莫能与之争"才妥贴。盖传抄中，一本嫌其重复，删"非以其不争与"，只剩后两句；另一本亦嫌其重复，删第二句，成了"非以其不争与？故天下莫能与之争。"他又说："《老子》文固然简练，但有些地方为突出某一思想，或为了文章气势，又是不嫌重复的。这种例子很多，如文章开头，在'江海之所以能为百谷王者，以其善下之'之后，还跟一句'故能为百谷王'，便是一例。"②古棣的分析和校订是有道理的，故校定文从帛书而增"非以其不争与？"

句谓：这难道不是因为圣人具有不争之德吗？正因为他自己不争（个人名利），所以天下没有谁有能力与之竞争。

江海之所以能成为百川汇集之处，

---

① 刘笑敢：《老子古今》，中国社会科学出版社2006年版，第643页。
② 古棣：《老子校诂》，吉林人民出版社1998年版，第476—477页。

是因为它善于处于百川的下方，
因此能使百川向自己归往。
所以圣人身为人民的首领啊，
必定对人民谦下；
领导人民而走在前头，
必定将自己的利益置于其后。
所以圣人处于统治地位时，
人民的负担并不觉得沉重；
他在前面领导人民时，
人民并不感到有什么妨碍。
所以天下人不厌弃而乐于拥戴。
这不是因为圣人具有不争的美德吗？
正因为他自己不争（个人名利），
所以天下没有谁有能力与之竞争。

辨　析

　　对"江海之所以能为百谷王者，以其善下之，故能为百谷王"的解读。从一些注译本的译文看，似有不当之处。现试举几例，稍作分析：

　　"江海所以能够成为百谷的王，是因为它们能够处在百谷的下面，所以成为百谷的王。"（《老子注译》）

　　"江海所以能成为一切小河流的领袖，由于它善于处在一切小河流的下游，所以能做一切小河流的领袖。"（《老子新译》）

　　"江海所以能够成为百川之王的道理，乃是由于它善于处在下游呀，所以能够成为百川之王。"（《老子校读》）

　　"江海之所以能够成为百川之王，是因为它处于百川的下游，所以它能够成为百川之王。"（《帛书老子释析》）

　　从上面几则译文看，共同性的问题有两个，一是皆把"百谷王"解读为"百谷之王"（尽管用词稍有区别），二是对第一句即"江海之所以能为百谷王者"中的"者"字没有译出来（第四则译文译为"道理"，并不准确）。这样一来，就产生了一个问题，即这个"者"字是不是用之于停顿的虚词呢？但从它与"能为"相搭配来看，不应是一个虚词，只能是一个名词；再说，

《老子》之文是哲理诗，如果没有这个可有可无的虚词，前后句岂不是能很好地谐韵吗？而且，如果"百谷王"即是一名词，"者"字岂不是完全多余的吗？《说文》："王，天下所归往也。"王通"往"。朱骏声《说文通训定声·壮部》："王，段（假）借为'往'。"如《诗经·大雅·板》："昊天曰（有）明，及尔出王。昊天曰（有）旦，及尔游衍。"毛传："王，往也。"郑玄笺："与女（汝）出入往来。"疏："以'王'与'出'共文，故为'往'也。"可见，"百谷王"的"王"字并非君王之"王"，而是"归往"之义，而"归往"是一个动词，它表现为一个过程。"者"字在此是"处所"或"地方"的意思。

再说，对此文之末句即"故能为百谷王"，注家多释译为"所以能成为百谷之王"。之所以如此释译，除了未取"王"字之"归往"的涵义外，主要是取"为"字之"成为"或"担任"、"充当"的义项了。但是，"为"字还有"使"的涵义，如：《左传·昭公二十年》："今君疾病，为诸侯忧。"又如阮籍《咏怀》之三十九："忠为百世荣，义使令名彰。"此诗句中的"为"与"使"互文见义。故"为"可释为"使"。据首句，也只能作这种释译，才符合文意。这样一来，"故能为百谷王"应释译为"所以能使百川（向自己）归往"。根据以上的解读，余以为此文应译为："江海之所以能成为百川汇集之处，是因为它善于处在百川的下游，因此能使百川归往。"这段话的寓意是，只有"执大象"即执守道而能"处下"，才能使"天下往"（三十五章），亦即使得天下人归往，而不是做什么"天下王"。再说，做"百谷川之王"之类，也不符合老子的一贯思想，因为老子一再强调道及体道的圣人是"万物作焉而不辞"（辞者，司也）（二章）、"万物恃之以生而不辞"和"万物归焉而不为主"（三十四章）的。"万物归焉而不为主"就是万物归往于自己而自己并不做它们的主宰，亦即不当它们的"王"。

对本章要突出的主题思想，魏源《老子本义》释之曰："惟下乃大，老氏宗旨也。天下归往之谓'王'。百川归会之谓'海'。人知王之至尊，而不知所以尊者，由其至大，所以能成其大者，由其能下而无不容也。……《金人铭》云：'君子知天下之不可上也，故下之；知众人之不可先也，故后之。'扬雄所谓'自下者，人高之；自后者，人先之。'董思靖所谓'德下之则位上矣，德后之则身先矣。'苏子由所谓'有道者未尝欲上人、先人也。但既下之、后之，则其道不得不上且先耳。'皆得老氏之意耳。"[①]

――――――――――

① 《四部要籍注疏丛刊·老子》，中华书局 1998 年版，第 1481 页。

八十三章

圣人常无心，以百姓之心为心①。

善者，吾善之；不善者，吾亦善之：德善。信者，吾信之；不信者，吾亦信之：德信②。

圣人之在天下也，歙歙焉③，为天下浑其心。百姓皆属耳目④，圣人皆孩之⑤。

（通行本第四十九章）

注　释

①圣人常无心，以百姓之心为心："圣人常无心"，帛书乙本常作"恒"，为"圣人恒无心"（甲本残缺）；景龙碑、敦煌乙、顾欢本作"圣人无心"。王弼本、河上公本、傅奕本作"圣人无常心"。

高明引河上公注文（"圣人重改更，贵因循，若自无心"）后说："可见河上公原本亦作'圣人恒无心'，当与帛书乙本同。可以肯定地说，王弼本以下今本作'圣人无常心'者皆误。……河上公注所谓'重改更，贵因循'，是指人主不师心自用，亦无主观模式或人为规范。客观体察百姓之需求和心意，因势利导，即所谓'以百姓之心为心'也。正如太史公所讲，道家'其为术也，因阴阳之大顺，采儒墨之善，摄名法之要，与时迁移，应物变化，立俗施事，无所不宜。指约而易操，事少而功多。'"① 高说是，故此句之校定文从帛书乙本作"圣人常（恒）无心"。"以百姓之心为心"，帛书如是，世传本缺"之"字。

---

① 高明：《帛书老子校注》，中华书局 1996 年版，第 58—59 页。

“圣人无常心”与“圣人常无心”之义差异较大，后者于义为长。“圣人常无心”与“以百姓之心为心”之间没有任何游移不定之可能；而“圣人无常心”是否能始终“以百姓之心为心”，实难确定；再说，“圣人无常心”仍然是有心，这样圣人能否真正“以百姓之心为心”，也应存疑。况且河上公本虽然亦作“圣人无常心”，但从其注看，应是“圣人常无心”，疑正文为后人误改。据此，校定文从帛书乙本作“圣人常无心”。

“以百姓之心为心”，帛书如是，世传本缺“之”字，校定文从帛书。

句谓：圣明的君王总是不坚持主观己见，把百姓的见解和意愿作为自己的见解和意愿。

②善者，吾善之；不善者，吾亦善之，德善。信者，吾信之；不信者，吾亦信之，德信：王弼本、河上公本如是；帛书甲乙本残损严重，两本相互补充，文为“善者善之，不善者亦善【之，得】善也；信者信之，不信者亦信之，德信也。”

对“德善”及下文的“德信”，现代注家多将“德”释为得到之“得”。但在《老子》全书中“得”字凡28见，涉及9章，尤其是三十九章“得”字凡七见，五十六章凡六见，都是“得到”之义，在那些地方为什么都未假借为“德”，而偏偏在此章中该用“得”字之处皆假借为“德”字呢？所以本章出现的两个“德”字当为本字。老子推崇“德”，而“善”、“信”又是“德”的重要体现，所以可将“德善”释为“这是德在‘善’上的充分体现”，将“德信”释为“这是德在‘信’上的充分体现”。

从“善者，吾善之；不善者，吾亦善之”，并联系六十二章“人之不善，何弃之有”，可以看出老子的博大胸怀和政治睿智。对“不善者”，老子开出的“药方”是诚心感化和群众性自我教育（“我好静而民自正”），而并非依靠“法令滋彰”施加压力，这里蕴含着原始的民主精神。

对此文，刘笑敢说：“帛书本与诸本最大不同是各句都不用‘吾’字，作‘善者善之，不善者亦善之，得善也；信者信之，不信者亦信之，得信也’。一字之差，文义和语气全然不同。帛书本的句式有更多的对读者告诫的意味，较为有力；而传世本仅是圣人对自己的原则的陈述。笔者认为应取帛书本，一来更接近古本原貌，二来句式有力，内容也就更为明确。”① 此说不无道理，但这段文字的以上和以下段落讲的皆是圣人的思想和行为，故这段文字亦当是讲圣人的思想和行为，不可能忽而插上一段“对读者告诫”

---

① 刘笑敢：《老子古今》，中国社会科学出版社2006年版，第488页。

的文字，故文中当有几个"吾"字。

刘笑敢说，老子"为什么主张对百姓不分善与不善、信与不信而一视同仁呢？笔者以为，这是因为他的最高原则是'道法自然'。这一原则希望万物中的个体都能自然而然地发展自己的潜能，希望群体之间能有和谐的关系，而宇宙万物的整体状态也能体现自然而然的秩序与和谐。为了实现这种'道法自然'的原则，必然要承认和坚持这样一个派生的原则，这就是自然的和谐、自然的秩序高于严辨是非、惩恶扬善的原则。……严辨是非不应该是最高的原则，一旦把一种是非标准当作最高原则，必定会造成社会动荡，造成一部分人对另一部分人的压迫和歧视。更不要说在很多情况下是非标准是不可能清晰的"。①

对传世本"善者吾善之，不善者吾亦善之"和"信者吾信之，不信者吾亦信之"，苏辙释之曰："如使善善而弃不善，信信而弃不信，岂所谓"常善救人，故无弃人"哉？天下善恶信伪，方各自是以相非，圣人悯悯然犹之。故浑其善恶信伪而皆以一待之。彼注其耳目以观圣人之予夺，而吾一遇以婴儿。于善无所喜，于恶无所疾，夫是以善者不矜，恶者不愠，而释然皆化其争矣。"（《老子解》）

③歙歙焉：歙，《说文》："歙，缩鼻也。"即吸气，引申为吸收、吸纳、采纳。

④百姓皆属耳目：帛书甲本基本如此，只句末尚有一"焉"字；今王弼本无此句，但其《注》中有"百姓皆注其耳目焉，吾皆孩之而已"的句子，可见王弼本原有"百姓皆注其耳目"；河上公本、傅奕本、范应元本为"百姓皆注其耳目"。顺前文之义，校定文从帛书甲本，删"焉"字。句谓：把百姓当作自己了解他们的意愿和主张的耳目。

⑤圣人皆孩之：王弼本注中有"皆孩之"，纪昀曰："案'孩'，《释文》云：'王弼作咳。'据注文仍宜作'孩'。"帛书甲本只剩"圣人皆"三字，后残二字，乙本缺文。傅奕本、范应元本作"圣人皆咳之"；严遵本作"圣人皆骇之"，疑"咳"、"骇"乃"孩"之讹；邓琦本作"圣人皆孩也。"校定文从现代注家们的注本，作"圣人皆孩之。"句谓：圣明的君王把百姓都视为自己的孩子。

译 文

圣人总是不坚持主观己见，
把百姓的见解和意愿
作为自己的见解和意愿。
善良的人，我善待他；
不善良的人，我也善待他：
这是德在"善"上的体现。
讲求诚信的人，我信任他；
缺乏诚信的人，
我也以诚信对待他：
这是德在"信"上的体现。
圣人君临天下，
总是注重吸纳百姓的意见，
为了天下人而扬弃主观己见。
把百姓当作自己了解他们的耳目，
圣人把百姓视为自己的孩子一般。

辨 析

老子所说的"圣人"不是人们通常所说的"高道"，而是依道治国的理想的君王，因为只有他们才谈得上自己的"心"与"百姓之心"的关系问题，此其一。

其二，既然是圣人，那么无私欲、私心应是题中应有之义，故无需特别指明。所以第一句"圣人常无心"的"心"，当不是指私心、私欲，而是指圣人对一些问题的主观己见。圣人既然要治国、要为政（"之在天下"），当然不可能没有自己的意见，而且这种意见还往往变为"圣旨"，化为国家的政策、法令等。问题是，圣人的意见是从哪里来的？以什么作为判断是非的标准？从全文看，圣人的正确意见主要是来自百姓的，是以百姓之是非为是非的。圣人当然也会产生一些与百姓意愿相左的看法，问题是圣人对自己的这种主观己见是否坚持。看来是不坚持的，因为他是以"百姓之心为心"

的，所以第一句"圣人常无心"似应译为："圣明的君王常常不坚持主观己见"。

其三，对"百姓之心"的"心"字应如何释义。按"其二"的逻辑，这里的"心"应释为意见、见解之类，应当说这是"心"的首义，因为紧接下文就是百姓们对"善者"、"不善者"、"信者"、"不信者"的判断，以及圣人的看法和态度。顺便指出，注家们对这几句话往往直译，那就看不出百姓们的"心"了。不能说前面只有一个判断放在那里，下面的论述与"百姓之心"就没有关系了（至于注家们对"百姓皆注其耳目"的解读恰当与否，容后辨析）。百姓的"心"除"意见"之外，还应当包括他们的意愿、要求、利益等等，因此这里的"心"译为"意愿"可能包容性更大一些，"意愿"也比"意见"的含义更深，更广一些。但考虑到紧接着下文是对"善"、"不善"等等的看法，实际是百姓的见解，因此笔者将"百姓之心"译为"百姓的见解和意愿"。

其四，既然圣人常常不坚持主观己见（"圣人常无心"），而总是以百姓的见解和意愿作为自己的见解和意愿（"以百姓之心为心"），那么圣人是何以知道或获得百姓们的见解和意愿的呢？从古至今，多数注家因为对下文"圣人之在天下，歙歙焉，为天下浑其心，百姓皆注其耳目，圣人皆孩之"这一段话的解读不当，所以对此问题亦无法作出令人信服的回答。试举对这段话的几种译文分析之：

"道家圣人为政于天下，将用浑和的态度，使天下人的心，都浑浑沌沌，无知无识。百姓都在倾注耳目，追求知识，而道家圣人都掩塞他们的耳目，务使他们无知无欲，保持原有的善良诚实。"①

"有道的人在位，收敛自己的意欲，使人心思化归于浑朴，百姓都专注他们自己的耳目，有道的人使他们都回复到婴儿般（真纯）的状态。"②

"圣人啊，他心存天下谨谨慎慎，身为天下浑浑沌沌。百姓们都专注于耳聪目明，圣人却一律看他们做孩童。"③

"圣人面对天下，为了天下小心翼翼地连自己的情感都不清楚了，百姓们都只管照自己的所见所闻行事，圣人把他们都当作孩子看待（而不加指

①　高亨：《老子注译》，河南人民出版社1980年版，第110页。

②　陈鼓应：《老子注译及评介》，中华书局1984年版，第255页。

③　张松如：《老子校读》，吉林人民出版社1981年版，第282页。

责）。"①

从以上几种译文看，对这段话的诠释大同小异，总之是圣人不仅要使自己"浑沌"起来，而且要使本来耳聪目明或追求知识想变得耳聪目明的百姓们也浑沌起来，使他们重新回到无知无欲的婴儿状态。既然圣人浑沌了，百姓们也浑沌如婴儿了，也就是说，既不知道"百姓之心"为何物了，连想知道百姓之心的圣人的"心"也浑浑然了，那么试问："以百姓之心为心"这一至今仍熠熠生辉的理念或原则又从何谈起呢？岂不成为一句空话了吗？

当然，作为思想家的老子不会如此，他一定会在这一章中对此问题作出较好的回答。否则，整章内容岂不是与"圣人常无心，以百姓之心为心"的中心论点不仅无关而且相左了吗？

河上公当初就将"百姓皆注其耳目"注释为"百姓皆用其耳目为圣人视听也"。而帛书甲本一出土，这句话原来是"百姓皆属耳目。""属"者，属于也。属于谁的？从上下文观之，当然是属于圣人的。也就是说，百姓的见解和意愿即"百姓之心"都是圣人从自己的"耳目"即百姓那里获知的。这样一来，"歙歙焉"就不应解释为"浑浑沌沌"，而应解释为"圣人之在天下"即当政时注重吸纳百姓的见解和意愿所表现出的一种状态。紧接下文是"为天下浑其心"，是说圣人在专注于吸纳百姓的见解和意愿时，为了天下（"天下"可释为"天下人"）而将自己的主观见解先"浑"起来，亦即使之变得模糊、不明确、不"自见"（"不见者故明"），其中也包括对自己某些看法的扬弃。

就全文看，百姓们的见解和意愿，圣人是怎么得到的呢？首先是百姓们对社会上人们普遍关注的价值观念——"善者"、"不善者"（如现在小孩子看电影、电视剧，往往首先提出的问题就是：他是好人还是坏人？）和"信者"、"不信者"作了回答。然后是对更多、更复杂、层次更深的问题和意见，就要注重倾听百姓们是怎么讲的了。为此，圣人自觉地将自己的主观己见先"浑"起来，并且能正确地对待老百姓（其中肯定包括"不善者"、"不信者"），把他们统统视为自己的孩子，亦即后世所谓"爱民如子"，而不是使他们都变成"无知无识"的婴儿！余以为作如此解读，或许比较有利于理解本章的文义，有利于揭示"圣人常无心，以百姓之心为心"的思想内涵。

或许有人会说，照你这种解释是将古人的思想现代化了，难道老子会有这种眼界吗？但是，同样古老的《尚书》，在其《大禹谟》篇中说："稽于

---

① 郭世铭：《〈老子〉究竟说什么》，华文出版社1999年版，第222页。

众，舍己从人。"就是说考察众人的意见，舍弃己见而服从众人的意见。《酒诰》篇说："人无水监，当于民监。"是说"人"（人主）不只是用水（"以水为镜"）来观照自己，而更重要的是要在民意中察看自己的行为及其效果。可见圣明的君王之做法与老子的观点和主张是一致的。如此博学深思的老子难道不会从古代典籍中汲取一些有益的思想吗？

我们从老子说的"圣人常无心，以百姓之心为心"中可以看到圣人或依道治国的理想的君王一心为天下的优秀品格，公正无私的作风，一切由民心民意裁决的决策方式和以民为本的思想。这些品格和思想至今仍有现实意义。

在此还需辨明一种看法，即本章中"百姓"的涵义问题。余英时断言："百姓在古代只是指百官而已。"并认为老子说的圣人"以百姓之心为心"，只不过是听听那些政治上有地位和直接起作用的"百官"们的意见罢了。古棣在《老子校诂》中对"百姓"一词考证说：

　　"百姓"，上古指奴隶主贵族。中国古代的奴隶主贵族皆由原始社会末期的氏族贵族衍化而来，一直保存着极其严格的血族和亲亲传统（一直不能产生工商业奴隶主，所以也没有像古希腊那样的梭伦变法），各个氏族都有自己的姓（《说文》："女生为姓"），"百姓"即一百个氏族的贵族们。"百"言其多，并非恰恰一百个。……唐人孔颖达《正义》释为"百官"。《诗经·天保》："群黎百姓"；东汉郑玄《笺》："百姓，百官族姓也。"所以也可训为"百官"，因为各级贵族都是官，并且是"世卿世禄"，祖上作什么官，儿孙照样作什么官。而从来没有把"百姓"解释为"平民百姓"的。①

在《老子通论》中，他又进一步申明说：

　　"百姓"即是贵族，古代贵族才有姓，劳动人民是无姓的，"百姓"即一百个贵族家族，"百"言其多，并非恰恰"一百"之数；古代又是世卿世禄，所以"百姓"也就是"百官"。随着春秋到战国末的社会大变动，劳动人民才有了姓。这时打破了血缘关系的传统，有的以官职为姓，有的以地为姓，有的以职业为姓……。这时，"百姓"一词才成了

---

① 　古棣：《老子校诂》，吉林人民出版社 1998 年版，第 504 页。

无官职的人们的通称，其中包括无官职的地主、大工商业者；这时也还不是后世与劳动人民作同义词用的"老百姓"。①

基于此种理解，古棣将"圣人常无心，以百姓之心为心"译为："圣人没有固定不变的意志，他以贵族（注：指氏族奴隶主贵族）的意志为自己的意志。"

事实果真如此吗？也许在西周及其之前，"百姓"是指"百官"，但到春秋末期是否仍指"百官"而没有庶民或"平民百姓"的涵义呢？情况并非如此。试举几例以证之。一、《论语·颜渊》："哀公问于有若曰：'年饥，用不足，如之何？'有若对之曰：'盍彻乎？'曰：'二，吾犹不足，如之何其彻也？'对曰：'百姓足，君孰与不足？百姓不足，君孰与足？'"朱熹注曰："民富，而君不至独贫；民贫，则君不能独富。有若深言君民一体之意，以止公之厚敛，为人上者所宜深念也。"（《四书章句集注》）可见朱熹是以"民"即"平民百姓"释解"百姓"的。显然，从其文义来看，也只能作如此解释。二、《论语·子路》："子路问君子。子曰：'修己以敬。'曰：'如斯而已乎？'曰：'修己以安人。'曰：'如斯而已乎？'曰：'修己以安百姓。修己以安百姓，尧舜其犹病诸！'"朱熹注曰："……人者，对己而言。百姓，则尽乎人矣。尧舜犹病，言不可以有加于此。以抑子路，使反求诸近也。盖圣人之心无穷，世虽极治，然岂能必知四海之内，果无一物不得其所哉？故尧舜犹以安百姓为病。"（《四书章句集注》）首先，朱熹释"百姓"为"尽乎人矣"，就是说，百姓是为数最多的人。这显然是指"平民百姓"或"老百姓"，而不可能是指"百官"。其次，从其文义来看，说"修己以安百姓，尧舜其犹病诸！"意思是说，百姓何止成千上万，情况又各自不同，连尧舜这样的圣君也难以使每一个人都能安居乐业。如果这里是指"百官"，还会是如此吗？三、在《论语》中，"百官"直称"百官"，不假以"百姓"。如《宪问》："君薨，百官总己以听于冢宰三年。"可见这里说的"百姓"指的也是"平民百姓"。以上三例皆出于《论语》，孔子与老子是同代人。此外，据说孔子弟子三千，贤者七十二，他们都有自己的姓，难道他们也都是贵族出身吗？由此可见，关于"百姓在古代只是指百官而已"和在战国之前"从来没有把'百姓'解释为'平民百姓'的"之类的说法是没有根据的。古棣之所以对老子所说的"百姓"作这种解读以及相关文句的翻译，是与他关于老子是没落奴隶主阶级的代表的观点密切相关的。

---

①　古棣：《老子通论》，吉林人民出版社1991年版，第534页。

八十四章

天下莫柔弱于水，而攻坚强者莫之能胜①，以其无以易之也②。

柔之胜刚，弱之胜强，天下莫不知，莫能行③。

是以圣人云："受国之垢④，是谓社稷主；受国之不祥⑤，是谓天下王。"⑥正言若反⑦。

（通行本第七十八章）

注　释

①天下莫柔弱于水，而攻坚强者莫之能胜：是说，天下万物没有比水更柔弱的，但攻坚克强之力却没有任何东西能超过它。河上公注曰："园中则园，方中则方，拥之则止，决之则行。水能怀山襄岭，磨铁消钢，莫能胜水而成功也，夫攻坚强者无以易于水。"

②以其无以易之也：帛书甲、乙本及傅奕本等如是，王弼本作"其无以易之"。"以其"二字乃《老子》惯用之语，故可能为古貌，故校定文从帛书和傅奕本。

古棣认为此句大概是读者所作的旁注而混入正文的。他说："第一个语法句与第二个语法句紧密相联，就诗的艺术手段言，即《诗经》的六义之一的'比'，即比喻。如《周南·关雎》：'关关雎鸠，在河之洲。窈窕淑女，君子好逑'，即以关关鸣叫的雎鸠为喻，引出人间恋爱的'窈窕淑女，君子好逑'之情；'天下柔弱莫过于水……'句与'弱之胜强'句，与之类似，其间不容插进任何语句。在两者之间插入'其无以易之'一句，于诗不韵，于义亦不类。这大概是读者对'天下柔弱莫过于水，而攻坚，莫之能先'所作的旁注，言其为至理、不可更易，后来混入了正文。"① 古棣的分析有一定的道理，但各古本皆如此，故仅为合理的猜测，也许会为今后考古新发现所证实，今可备一说。

③柔之胜刚，弱之胜强，天下莫不知，莫能行："柔之胜刚，弱之胜强"为傅奕本的句序，王弼本、河上公本句序与此相反。而"柔之胜刚，弱之胜强"正是老子"柔弱胜刚强"（三十六章）句的展开，故校定文从傅奕本的句序。

"天下莫不知，莫能行"是说知易行难也。蒋锡昌释云："按：此言水之道，柔弱可胜刚强，天下莫不知，然竟莫能行也。七十章'天下莫能知，莫能行'，则指圣人之道而言，故文字与此稍异。盖圣人之道，知难行难，而水之道，则知易行难也。"②

句谓：对于柔能胜刚、弱能胜强的道理，天下没有什么人不知道，但没有谁能真正实践它。

④受国之垢：王弼本如是。国，帛书甲本作"邦"，下同；乙本作"国"。垢，责难也。句谓：承受国人的责难。

⑤受国之不祥："之"字，今本多无，帛书及傅奕本、范应元本有。前后两"之"字皆作定语，所以有"之"字为佳，故校定文从之。句谓：能勇于承担国家祸患之责任。

⑥是谓天下王：帛书、河上公本、傅奕本如是；王弼本"谓"作"为"。对这一句话，蒋锡昌说："此言人君唯处谦下，守俭啬，甘损少，能受天下人之所恶者，而后方能清净无为，以道化民。如此，乃可真谓'社稷王'，或谓之'天下王'也。"③

关于"受国之垢，是谓社稷主；受国之不祥，是谓天下王"的观点是有其思想渊源的。《尚书·盘庚》："邦之臧，惟汝众；邦之不臧，惟予一人有佚罪。"《尚书·汤浩》："其尔万方有罪，在予一人；予一人有罪，无以尔万方。"这是说，古代的明王圣君遇国家有难常引咎自责，主动承担全部罪责，而决不推诿。另据《左传·宣公十五年》记载，宋人使乐婴齐告急于晋，晋侯欲救之。伯宗曰："不可。古人有言曰：'虽鞭之长，不及马腹。'……谚曰：'高下在心，川泽纳污，山薮藏疾，瑾瑜匿瑕。'国君含垢，天之道也。

①　古棣：《老子校诂》，吉林人民出版社1998年版，第176页。
②　蒋锡昌：《老子校诂》，商务印书馆1937年版，第454页。
③　同上书，第456页。

君其待之。"乃止。

这是把君王"受国之垢"提到"天之道"的高度。

⑦"正言若反":意思是说,正面的思想观点好象反话一样。

高延第说:"此语并发明上下篇玄言之旨。凡篇中所谓'曲则全,枉则直,洼则盈,敝则新',柔弱胜强坚,不益生则久生,无为则有为,不争莫与争,知不言,言不知,损而益,益而损,言相反而理相成,皆正言若反也。"(《老子证义》)

张岱年说:"若反之言,乃为正言。此亦对待之合一。"(《中国哲学大纲》)

对"正言若反",陈鼓应、白奚说:"这里的'反'字意味着既是又不是,是正与反、肯定与否定的统一。由于事先容纳了反面的成分,看上去像是反面,实际上又不是,这种正反结合的正面才是高级的、完满的、真正的、长久的正面,才能立于不败之地。其中的道理,七十一章说得极为明白:'夫唯病病,是以不病。'"①

对此句的解读,详见后文的【解说】。

译 文

天下万物中没有比水更为柔弱的啦,
但攻坚克强之力没有谁能超过它。
这是因为它的柔弱本性不会改变呀!
对于柔能胜刚、弱能胜强的道理啊,
似乎天下没有什么人不知道,
但没有谁能真正实践它。
所以圣人说过这样的话:
"能甘于承受国人责难的,
才配做国家的君主;
能勇于承担国家祸患责任的,
才配做天下的君王。"
正面的话好像反语一样。

---

① 陈鼓应、白奚:《老子评传》,南京大学出版社 2001 年版,第 203—204 页。

解　说

本章末句为"正言若反。"这句话的意思是说，那些高深玄妙之理，合"道"之说，本为"正言"，但因其皆为超世俗之论，故为某些持守传统观念和一心追逐名利的浅薄之人不理解，以为是反话，其实这些"正言"只是"若反"而已。难怪老子慨叹"吾言甚易知，甚易行。而天下莫能知，莫能行。言有宗，事有君。夫唯无知，是以不我知。知我者希，则我者贵。"（七十章）一些注家征引蒋锡昌对此句的释义，以为权威之说。蒋说："'正言'即指上文'受国之垢'四句而言，谓以上所云，乃圣人正言，以世人不知，若为反言也。"其实，蒋锡昌的解释只是看到"正言若反"与其前四句之间的联系，而没有看到它与整章内容的联系，更没有看到它与全书和老子思想体系之间的联系。事实上，不仅本章如此，而且《老子》全书讲的道理本来皆为"正言"，然而在传统和世俗看来，则大体上皆属"反言"，所以老子用了一个"若"字以概括之。"正言若反"是一个思想深邃的哲学命题。

其实，正与反是相对而言的。若站在"正"的立场上，视"反"为"反"，而站在"反"的立场上，则视"正"为"反"。《老子》所言，在总体上皆是反传统、反世俗的，所以在传统和世俗看来皆是"反言"，就不足为奇了。比如，本章老子讲的"柔之胜刚"，"弱之胜强"，即为反传统、反世俗之论。因为世俗之人皆知"刚胜柔"、"强胜弱"的现象和道理，并认为这是千古不易之论，所以对"强"和"刚"及与此密切相关的个人名利，则极力追求，趋之若鹜，而对"柔胜刚"、"弱胜强"的道理即使略有所知，也以为只是个别事例，或认为"远水不解近渴"，自然也就"莫能行"了。又如宠与辱，世俗对"宠"往往梦寐以求，所以得"宠"则惊喜万分，手舞足蹈，不能自己，而若"失宠"或受辱，则惊恐万状，失魂落魄，如丧考妣，而老子则直言"宠为下"（十三章），可谓晴天惊雷、振聋发聩之论！但在世俗看来，肯定认为此是一派胡言，甚至连河上公这样的哲学家对这一警世之言也不理解，所以径改为"宠为上"，使之流为世俗之说，一钱不值。老子之所以说"宠为下"，是因为受宠者大多对其"上"俯首帖耳，顶礼膜拜，甘居其下，自己的独立人格则丧失殆尽，岂非"宠为下"乎？也正是在这种意义上，"宠为下"的确是"正言"，但又"若反"。"若反"也只是"若反"而已，并非真的是"反"，因为它实为千真万确的"正言"。

"正言若反"之命题具有深刻的哲学涵义：

其一，事物的反面，往往是世俗所不易知、不易见、不易行者，因为光明易见，深幽难识；表面易知，本质难寻。

其二、事物皆是对立面的统一，即皆有正反两个方面。世俗往往急功近利，择其一而追求不已，并视之为"正"，而对其另一方面则以为"反"，以为"非"，或浅薄无知，或视而不见，或惟恐避之不及，长此以往必然从众而形成顺向思维。老子则取其"反"，即从反面着眼，反向着手，以反彰正，以补救世俗之缺失。与世俗相比，老子所取乃反向思维。古今中外的思想史、科技史、政治史、教育史证明，此种思维方式为实现理论创新、知识创新、科技创新、制度创新、体制创新所必需。

其三、老子取"反"、守"反"，并非对"正"视而不见或置之不顾，而是在深知其"正"的基础上的取其"反"、守其"反"，二十八章"知其雄，守其雌"、"知其白，守其黑"、"知其荣，守其辱"是为证，所以老子坚持的实际上是对事物的结构、特性、本质和发展变化规律的全面把握，而不是顾此失彼，浅尝辄止。

其四，事物均有其现象和本质两个方面，而现象往往与其所反映的本质不同，假象是也。老子因为明道而具有对事物本质的卓绝的洞察力，而为那些满足于事物之现象认识的世俗之人误以为老子之言是"反言"，其实为"正言"也，只是"若反"而已。

其五，"反者道之动，弱者道之用"（四十章），"物极必反"，老子所以守"反"取"若"，是建立在确信道的运行规律和"物极必反"是事物发展的必然趋势的基础之上的。

张岱年先生认为"正言若反"是包含反面于自身的正面，他从方法论上将此形象地比喻为注射预防针、提高自身免疫能力的方法，即通过对否定方面的肯定来实现对自身的肯定。老子的这种方法能够有效地防止事物向反面的转化。

总之，"正言若反"的涵义微妙玄通，精辟卓绝，可以说是超凡脱俗之言，警世济世之论。我辈不可不察、不思、不践行也。

八十五章

　　太上，不知有之①；其次，亲之誉之②；其次，畏之；其下③，侮之。信不足焉，有不信焉④。

　　犹兮⑤，其贵言。功成事遂⑥，百姓皆曰："我自然"⑦。

（通行本第十七章）

注　释

　　①太上，不知有之：此句，简本、帛书及王弼本等古本作"太上，下知有之"。朱谦之说："《礼记·曲礼》：'太上贵德，其次务施报。'郑注：'太上，帝皇之世，其民施而不惟报。'《老子》所云，正指太古至治之极，以道在宥天下，而未尝治之，民相忘于无为，不知有其上也"。① 吴澄本作"太上，不知有之"，并释之曰："民不知有上也。"邓锜本、朱元璋《御注》、焦竑本、周如砥本、潘观本、王夫之本亦作"太上，不知有之"。"太上，不知有之"，是说老百姓不知或感觉不到"太上"的存在。故"下"作"不"于义为长。本章最后一句"百姓皆曰：'我自然。'"，也可证此句当为"太上，不知有之。"故校定文从吴澄等本作"太上，不知有之"。句谓：最好的君王，广大民众甚至不知道他的存在。

　　②"亲之誉之"，简本、帛书作"亲誉之"；王弼本为"亲而誉之"；傅奕本、范应元本为"其次亲之，其次誉之。"马叙伦说："陆希声作：'其次，亲之誉之'，纪昀曰：'河上公本及各本并作亲之誉之'。……宋河上公本作'亲之誉之'。"② 校定文从陆希声本及宋河上公本作"亲之誉之"。

---

　　① 朱谦之：《老子校释》，中华书局 1984 年版，第 69 页。

　　② 《四部要籍注疏丛刊·老子》，中华书局 1998 年版，第 1615 页。

③其下，侮之：帛书甲乙本如是，王弼本、河上公本、傅奕本其下作"其次"。校定文从帛书作"其下"，一是避免多次重复"其次"，二是突出此为最后、最坏的情况。

④信不足焉，有不信焉：王弼本如是，简本作"信不足，安有不信"，帛书、傅奕本等古本无此句。句谓：统治者如果对人民缺乏诚信，就绝不会得到人民的信任。

⑤犹兮：河上公本如是；简本作"犹乎"，帛书作"犹呵"，王弼本作"悠兮"。悠，悠闲也；犹，犹豫也。后者义长。故校定文从河上公本作"犹兮"。

⑥功成事遂，百姓皆曰："我自然"：简本为"成事遂功，而百姓曰：'我自然也。'"范应元说："'曰'字，严遵同古本。"可见范应元所见古本为"曰"字。王弼本作"功成事遂，百姓皆谓：'我自然。'"两种版本的主要区别是前者为"曰"，无"皆"字，后者为"谓"，有"皆"字。"曰"与"谓"虽为同义词，但"谓"字尚有评论、议论等义，但这里则无此意，故校定文据简本取"曰"字；据王弼本取"皆"字。对这句话，王弼注曰："自然，其端兆不可得而见也，其意趣不可得而睹也。无物可以易其言，言必有应，故曰'悠兮其贵言'也。居无为之事，行不言之教，不以形立物，故功成事遂，而百姓不知其所以然也。"

"自然"在此是自己成就自己的意思。"犹兮，其贵言"与"圣人无为"义同，"我自然"与"我自化"、"我自富"同义，此句正与五十七章的"我无为，而民自化，……我无事，而民自富"相呼应。

句谓：（人民成就了自己的功业，）老百姓都说："这本来就是我们自己干成的呀！"

译　文

最理想的最高统治者，
人民甚至不知道他的存在；
次一等的，人们亲近他、赞颂他；
再次一等的，人民对他惧怕；
最下一等的，遭到人民的侮骂。
统治者如果对民众缺乏诚信，

就绝不会得到民众的信任！

慎重而三思啊，从不轻易发号施令。

在"太上"自然无为的治理下，

广大民众成就了自己的功业，

百姓们都说：

"这本来就是我们自己干成的呀！"

述　评

本章通过广大民众对不同价值等级的最高统治者的态度和评价，强调治国者只有遵循道的自然无为的原则，才能出现"功成事遂，百姓皆曰：'我自然'"的理想社会政治局面。"太上，不知有之"，意谓最好的君王，老百姓甚至感觉不到他的存在。如上古《击壤歌》曰："日出而作，日入而息，凿井而饮，耕田而食，帝力何有于我哉！"就是说的这种情况。在现今信息时代，老百姓对最高领导者已经不可能"不知有之"了；但是也有这种情况，就是虽然实际上是在古代圣贤或革命导师的思想指导和品格影响下工作与生活，但却并不感觉他们的存在。比如毛泽东的有些论文、邓小平的某些讲话虽然也是运用马克思主义的立场、观点和方法写成的，但里面却连一条马克思、恩格斯、列宁的语录都未引用，可见他们当时未必总是想到革命导师们是怎么讲的，就是说，毛泽东在写这些论文、邓小平在作这些谈话时，对这些革命导师（"太上"）很可能处于"不知有之"的思想状态或境界。又比如，毛泽东逝世三十多年了，邓小平离开我们也十多年了，但是我们现在的一些政治家、理论家和学者仍在运用毛泽东思想和邓小平理论观察、分析和处理问题，或写理论文章，或著书立说之时，不是也经常并不感觉到他们的存在吗？这也可以说是"太上，不知有之"吧！

在老子看来，陶醉于臣民的拥戴和山呼万岁，不是精神境界最高的君王或领袖，他们只属于"其次"的"亲之誉之"的类型。而圣人或圣明的君王（"太上"）总是依道治国的，即依照道所体现的自然无为的原则处理政务，主要是为广大民众的生产和生活创造一个和平、安定、宽松、和谐的社会政治环境，而对老百姓日常的生产生活则任其自然，不加干预，或对他们实施某些必要的指导和辅助，相信他们会"自化"、"自正"、"自富"、"自朴"（五十七章），圣人则总是坚持"处'无为'之事，行'不言'之教"和"生而不有，为而不峙，功成而弗居"（二章）的，对自己的文治武功从不炫耀，也从不居功，这体现了"玄德"（五十一章）的品格，所以老百姓甚至感觉不到他的存在，即使自己"功成事遂"，对圣人也无须感恩戴德，因为在老百姓看来，最高统治者或领袖人物就应该是这样的呀！这的确是"太上"的君王和理想的社会啊！

陆希声诠释本章文意曰："太古有德之君，无为无迹，故下民知有其上而已，谓：'帝力何有于我哉！'德既下衰，仁义为治，天下被其仁，故亲之；怀其义，故誉之；及仁义不足以治其心，则以刑法为政，故其下畏之；及刑法不足以制其意，则以权谲为事，故众庶侮之。此皆由诚信递降，故渐有不信。……道德既隐，仁义乃彰；仁义不行，刑法斯作。而犹尊尚末术谓之道德可乎哉！圣人则不然，执古御今，斫雕为朴，功成而不执，事遂而无为，有法无法，因时为业，使百姓咸遂其性，皆曰我自然而然，则亲、誉、畏、侮之心皆不生于世矣。"[①]

焦竑《老子翼》引苏辙注曰："太上以道在宥天下，而未尝治之，民不知其所以然，故亦知有之而已。其次以仁义治天下，其德可怀，其功可见，故民得而亲誉之；其名虽美，而厚薄自是始矣。又其次以政齐民，民非不畏也，然力之所不及，则侮之矣。吾诚自信，则以道御天下足矣；唯不自信，而加以仁义，重以刑政，而民始不信。圣人自信有余其于言也，犹然贵之不轻出诸口，而民信之矣。及其功成事遂，则民日迁善远罪，而不自知也。"

孙以楷对本章的主旨作了较好的评述。他说：

　　本章提出了对世道或社会管理者（统治者）评价的途径与原则。老子认为评价的途径在于民意、民情。这应该是人类最早提出通过民意民情来判断一个社会及其最高管理者好坏的主张。但是这种民意测验的标准却与现代的标准大大不同。现代以民意赞同的越多越好，而老子却认为最好的社会及其管理者却是老百姓只知其存在而对他们毫无感谢歌颂的意思。应该说两千多年前老子所表达的官民意识才是最现代的，甚至是超现代的意识。官民之间应当是一种平等关系。官的职责是管理、服务，民则是各尽其职、各尽其力，一切都是自然而然地进行。民做好了，是其作为自然之子的自然行为；官做好了，也是如此。民只知有这么一些官而已，又何须称颂？又何须视之如亲人？在上者要求民亲之颂

---

①　陆希声：《道德真经传》。

之，在下之人愿意亲之颂之，这本身就因为上下之间有距离，有了"信不足"。因为上下之间有"信不足"，在上之人希望在下之人亲近他、赞颂他，在下之人也以"亲之誉之"，表明自己对在上之人的依附。这一切都是不自然的。①

为广大民众"不知有之"，又能使百姓功成事遂而"皆曰我自然"的君王或领袖是属于"太上"的。"不知有之"的领导，在领导科学上属于典型的"隐性领导"。在这种类型的领导中，"领导者提供服务，提供环境，提供条件，被领导者感觉不到被管理、被引导、被带领、被影响，然而早已有之的领导作用却已施加到了自己身上。隐性领导的作用就像一个'场'的作用，它是无形的，然而却是非常有效的。""隐性领导"的一个重要特点是主要依靠非权力因素来施加影响，来达到领导的目的。因此，隐性领导非常重视充分发挥情景领导的作用，非常重视充分发挥法律制度领导的作用，非常重视充分发挥组织领导的作用，非常重视充分发挥文化领导的作用，非常重视充分发挥领导者人格魅力的作用。②

老子说："反者道之动，弱者道之用"（四十章），又说："圣人能辅万物之自然而弗能为"（六十四章）。可见，在治国问题上，老子是推崇柔弱无为的方式方法的，因而与现代领导科学倡导的"隐性领导"是一致的。老子旨在促使广大民众实现"自化"、"自正"、"自富"、"自朴"，也就是自己解放自己，自己成就自己。显然，只要国家尚存，只要治国理政，就不能仅靠柔性的非权力因素，而必须辅之以刚性的权力因素。但是，仅靠刚性的权力因素，甚至过分迷信刚性权力手段的作用，而不高度重视柔性的非权力因素作用的发挥，也是难以奏效的。

---

①　孙以楷：《老子通论》，安徽大学出版社 2004 年版，第 339 页。
②　参见刘伟《新领导观》，北京大学出版社 2009 年版，第 118—120 页。

八十六章

执大象，天下往^①。往而不害^②，安平泰^③。

乐与饵，过客止。"道"之出言^④，淡乎其无味，视之不足见，听之不足闻，用之不可既^⑤。

（通行本第三十五章）

注 释

①执大象，天下往：大象，指大"道"。河上公注曰："象，道也。"执大象，是说按照道的自然无为的特性来治国。天下往，是说在侯王"执大象"即依道治国的情况下，天下四面八方的人民就会心系向往，纷纷来归化。

②往而不害：注家多释为"归往者不互相伤害。"也有注家释为"执大象"者不伤害归往者，如蒋锡昌说："万民归往，圣人而莫有害之，于是圣人平泰不殆也。"但审其义，"往而不害"的"害"字应是妨碍、干预的意思。"害"字有"妨碍"的义涵，如《孟子·万章上》："故说诗者，不以文害辞，不以辞害志。""往而不害"，是说"执大象"者对归往的人民的正常生产和生活不加干预，不予主宰，任其自然。这与道的自然无为的特性是一致的。

③安平泰：傅奕本、河上公本等古本如是。帛书和大多数注本"泰"作"太"。大多数注家据王引之《经传释词》将"安"字释译为"于是"或"就"。这里的"安"当是就其社会政治局面而言的，"平"是就其人际关系而言的，"泰"是就其人民生活状况而言的，因此这句话的意思是说：社会安定，人们平等，生活宽裕。

④"道"之出言：今王弼本"言"作"口"。河上公古本、《老子想尔

注》本、傅奕本、范应元本皆作"言"，范并注曰："'出言'，王弼同古本。"
可见王弼本原作"言"。帛书甲本、乙本亦皆作"道之出言"。应作"言"，
"出言"与"视之不足见"亦谐韵。句谓：道的特点应这样表述。

张岱年说："道是本无名的，谓之为道，不过强为之而已。出言谓离言
说，道实在言语界之外；以言语形容道，实难得恰切。所以老子论道，总喜
用'似'、'若'、'或'等字，即是'强为之容'之意。"① 可备一说。

⑤视之不足见，听之不足闻，用之不可既：据高明考证，景福、楼古、
磻溪、楼正、河上、傅、顾、范、彭、徽、邵、司马、苏、吴、志、焦诸本
皆如是。帛书甲乙本同，只是各句后多一"也"字；简本末句作"而不可既
也"，无"用之"二字；王弼本后句"可"作"足"，为"视之不足见，听之
不足闻，用之不足既"。

"不足"是"不得"的意思，用之于对道的描述，"视之不足见，听之不
足闻"是得体的，但说"用之不足既"即"用之不得穷尽"，则有辞不达意
之感，不若"用之不可既"即"用之不可穷尽"的表述得当。这种表述与第
四章的"道冲，而用之或不盈"亦相一致。

裘锡圭说："简文末句与他本（包括帛书本）一个重要的不同之处，即
开头无'用之'二字，而有'而'字。这也许合乎《老子》原貌。'不可既'
指道之内蕴不可穷尽，似乎不必专从'用'的角度来说这一点。"②

译　文

（侯王）执守大道，依道治邦，
四面八方的人民就会纷纷来归往。
对他们的生产生活又不加干预，
于是社会安定，公民平等，生活富裕。
音乐和美食能够吸引过客止步。
而道的特点也可这样表述：
它清淡得没有什么味道，
看不见它的踪迹，

① 张岱年：《中国哲学大纲》，江苏教育出版社 2005 年版，第 48 页。
② 裘锡圭：《郭店老子简初探》，《道家文化研究》第十七辑，第 53 页。

听不到它的声音，

它的功用却不可穷尽。

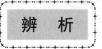

在本章中，老子希望侯王能执守"大象"，依道治国，说只要坚持依道治国，就会吸引天下四面八方的人民纷纷来归往、归化；又因为是实行无为而治，对人民正常的生产生活不加干预，不予主宰，这样一来，必然会出现社会安定，人际关系平等，人民生活富裕的局面。

本章老子还描述了道的特点，说它"淡乎其无味，视之不足见，听之不足闻，用之不可既。"有的注家说，这段话与上段话文义不相属。余以为还是有关系的，因为道的作用不可穷尽，它当然可以用于治国理政，而上段话就是讲依道治国的。

对于什么是道，孙以楷说："其实道就是自然。自然是极平淡无味的，自然又是极其丰富多彩的，而且自然的丰富多彩又存在于它的平淡无味之中。人们天天生活在自然中，习以为常，很难发现它的丰富多彩，只觉得平淡无奇。人们生活于自然中却又像视而不见，听而不闻，但自然确实是人们取之不尽、用之不竭的富源。只有当自然遭到破坏时，人们才可能有所醒悟，才能体悟自然的伟大，才有可能认识到那些一向被认为很有价值的东西——一切人为的创造，只不过如同音乐、美食一样，虽然可以满足人的物欲，但却是暂时的，只有自然之道才是无限的、永恒的。"[①]

笔者读了这一大段话，如坠浓雾山中，不知所向。孙以楷说："道就是自然"，"自然"又是什么呢？从他说的"人们天天生活在自然中，习以为常，很难发现它的丰富多彩，只觉得平淡无奇"来看，"自然"是指自然界或大自然；而人们天天生活在这样的自然中，怎么会"很难发现它的丰富多彩"呢？如果"自然"是指自然界，而"道就是自然"，那么道岂不就是自然界？如果道就是自然界，那么道怎么会"视之不足见，听之不足闻"呢？作为形而上的道又有什么"丰富多彩"可言？为了搞清楚孙先生说的"道就是自然"的涵义，笔者反复读了他的《老子通论》中"老子的哲学思想"的有关论述，其中有这样一段话："（道）无形而实有，是形而上的本质存在，

① 孙以楷：《老子通论》，安徽大学出版社2004年版，第411—412页。

'无'与'有'的统一是客观世界本来的、初始的存在状态，这就是自然，道在本质上是自然的，老子称之为'道法自然'。"①

这里有几个问题：

一、说"'无'与'有'的统一是客观世界本来的、初始的存在状态，这就是自然"，那么现在的客观世界早已不是其"初始的存在状态"了，那么还有没有"自然"呢？如果"自然"没有了，那么作为"就是自然"的道还有没有呢？

二、既然道是"无形而实有，是形而上的本质存在"，而"客观世界本来的、初始的存在状态"无疑是形而下的。一个是形而上的，一个是形而下的，二者怎能混为一谈而且相等呢？

三、"道在本质上是自然的"与"道就是自然"是什么关系呢？

四、说"道在本质上是自然的，老子称之为'道法自然'"，这两句话是什么关系？难道老子说的"道法自然"就是"道在本质上是自然的"之义？

再说，前面孙以楷说："只有当自然遭到破坏时，人们才可能有所醒悟，才能体悟自然的伟大"，如果"道就是自然"，难道"道"也会"遭到破坏"吗？试问：人们用什么方法能够破坏道呢？这些问题使人困惑莫解。

前面多次说过，余以为老子作为哲学范畴的"道"是既超越又内在于天地万物及社会人生的形而上的存在本体和价值本体，它根本就不是某种物质实体（包括"客观世界本来的、初始的存在状态"），更不是自然界，而是形而上的、无形的存在。道不是物质实体，那么它是不是实有的呢？当然是实有的。不过，作为道的实有，主要是就其是天地万物的共相，作为矛盾法则或对立统一规律而言的，而事物的矛盾法则或对立统一规律却是普遍存在的，永恒存在的，而不是虚构的，它的存在是不以人们的主观意志为转移的。正因为作为矛盾法则或对立统一规律的道是形而上的、无形的存在，所以它是"淡乎其无味，视之不足见，听之不足闻"的；正因为道是矛盾法则或对立统一规律，可以转化为人们观察、分析和解决问题的方法，可以用之于治国理政，可以用之于指导人们日常的工作、生产、经营、生活、学习等等，直至千秋万代，所以它又是"用之不可既"的。

_____

① 孙以楷：《老子通论》，安徽大学出版社 2004 年版，第 250 页。

八十七章

小国寡民①。

使有十百人之器而不用②，使民重死而不远徙③。虽有舟
舆，无所乘之；虽有甲兵，无所陈之④。使民复结绳而用之。

至治之极：**民各**⑤甘其食，美其服，安其居，乐其俗⑥。
邻国相望，鸡犬之声相闻，民至老死不相往来。

（通行本第八十章）

注 释

①小国寡民：王弼本等古本如是，唯帛书甲本"国"作"邦"，是谓
"小邦寡民"。而"小邦"有可能是《老子》的古貌，否则邻国就不能"相
望"了。"邦"字说的是分封的家族和地域相结合的政治实体。一个邦君就
是一个族长或大家长。"一个邦往往就是以一个大邑为中心，包有一定范围
的田土。""一个邑就应当是一个居民的聚落。"① 因此，"邦"似乎不宜称之
为"国"，即使是在小邦国林立的春秋时期，也没有"邻国相望，鸡犬之声
相闻"的诸侯国。事实上，老子在这里所称的"小国"，不过是高度自治的
村社而已。因此，"小国"只能视为老子的文学夸张，而并非写实。

蒋锡昌说，本章乃老子自言其理想国之治绩也。盖老子治国，以无为为
惟一政策，以人人能"甘其食，美其服，安其居，乐其俗"为最后之目的。
其政策固消极，其目的则积极。曰"甘其食"，曰"美其服"，曰"安其居"，
曰"乐其俗"。此四事者，吾人初视之，若甚平常，而毫无奇异高深之可言。

---

① 赵伯雄：《周代国家形态研究》，湖南教育出版社 1990 年版，第 751 页。

然时无论古今，地无论东西，凡属贤明之君主，有名之政治家，其日夜所劳心焦思而欲求之者，孰不为此四者乎？①

刘笑敢说，"小邦寡民"只是《老子》中偶尔提到的一种说法，并非一个重要的思想概念或理论术语。因此，我们没有必要将它当作认真的"理想国"之类的设计和构想。"本章有引起全文的三句最重要的话，这就是'使有什伯之器而不用'，'使民重死而不远徙'，'使民复结绳而用之'。这三句话中的三个'使'字都有假使的意味，可见本章的内容既不是对既有事实的描述，也不是正式提出一个成熟的思想方案。从原文的语气上看，本章只是提出一种假设的可能，所表达的不过是作者对现实的一种不满和愿望，并非一个明确的蓝图或方案。因此，我们不应该将'小邦寡民'当作一个重要的概念、术语或命题来定义或评价。"②

②使有十百人之器而不用：王弼本为"使有什伯之器而不用"；帛书甲本为"使十百人之器毋用"；乙本为"使有十百人之器而勿用"；河上公本为"使有什佰人之器而不用"；傅奕本、范应元本皆作"使民有什佰之器而不用。"校定文以帛书乙本为基础，采他本"不"字易"勿"字。

长期以来，许多注家对通行本中"什伯之器"究竟指称何物而存有争议。张松如说："《一切经音义》：'什，众也，杂也，会数之名也，资生之物为之什物。'又《史记·五帝本纪索隐》：'什器，什，数也'盖人家常用之器非一，故以十为数，犹今云什物也。'若此，什伯即十百，即众多，亦即各式各样云云。"（《老子校读》）严灵峰也认为，"什伯之器"就是各式各样云云。而余樾说："'什伯之器'，乃兵器也。《后汉书·宣秉传》注曰'军法五人为伍，二五为什，则共器物。'其兼言'伯'者，古军法以百人为佰。……是其证也。'什佰'皆士卒部曲之名。"（《诸子平议·老子平议》）

古棣说，古文中表示倍数常常不用倍字，而直接用基数来表示。如《孙子兵法·谋政》："十则围之，五则攻之，倍则分之，少则能逃之，不若则能避之。""十则围之"，即十倍于敌人的兵力则包围之；"五则攻之"，即五倍于敌人的兵力则攻之。又如《商君书·更法》："利不百，不变法；功不十，不易器。""利不百"即利不到百倍；"功不十"即功效不到十倍。准此解"十百人之器"为：十倍、百倍于人之器，即用上新式工具一人可抵十人、百人之功。这是有语法根据的。帛书甲乙本皆作"十百"，即汉初人知道老

① 蒋锡昌：《老子校诂》，商务印书馆1937年版，第464—467页。
② 刘笑敢：《老子古今》，中国社会科学出版社2006年版，第751—752页。

子这里的"什伯"即"十百"。"十百"不能解作"军旅什伍"(《礼记·祭义篇》),不能解作"四卒成伍曰佰"(《周书·武顺篇》)。俞樾解为"兵器"之说,当然是无根据的了。① 古棣之说可信度较高,故释译文从其说。

句谓:即使有十倍百倍于人工的器具,也派不上用场。

为什么这样说呢? 这是因为在这样一个"小国寡民"的社会里,简单的器具即可满足生产的需要,无须成倍地提高生产效率。而且在老子看来,这种"十百人之器"属于应当鄙弃的"奇物",而"奇物"足以损害人类纯朴的自然本性,故弃置不用。庄子借江阴丈人之口,表达了这一思想。他说:"有机械者必有机事,有机事者必有机心。机心存于心中,则纯白不备;纯白不备,则神生不定;神生不定者,道之所不载也。吾非不知,羞而不为也。"(《庄子·天地》)

③使民重死而不远徙:王弼本等古本如是,但帛书甲、乙本皆为"使民重死而远徙",其义似乎相反。但是,高明对此给予了比较合理的解说。他说,老子"不仅反对民之'远徙',也同样反对'不远徙',主张使民安居而不徙。故而'远徙'之'远'字,非作远近解的副词,而是作'疏'、'离'解的动词。"② 他为此还举例对"远"字作了训诂。

句谓:使人民重视生命而避免流动。

④虽有甲兵,无所陈之:陈,音 zhen,指军队作战时所列之阵势。后作"阵",列阵。如《史记·吴太伯世家》:"楚亦发兵拒吴,夹水陈。"这里指军队作战时摆列的阵势。"甲兵",这里是指军队装备好。句谓:"虽然有装备良好的军队,但无用武之地。"这是因为没有战争,无须列兵布阵,不是说武器无处存放。

⑤至治之极:民各:这六个字不见帛书和王弼本等古本,但傅奕本、范应元本有。另,《史记·货殖列传》引《老子》中有"至治之极"四字。笔者认为,本章中"甘其食,美其服,安其居,乐其俗",是该邦国人民物质文化生活的状况,是其"治"("国泰民安")的充分表现("之极")。再就是有"民各"二字,使"甘其食"等四句的主体更为明确,更为周延。故校定文从傅奕本。

⑥甘其食,美其服,安其居,乐其俗:对这几句话,有些注家译释为:以其(自己的)所食为甘,以其所穿为美,以其所住为安,以其习惯为乐。

---

① 古棣:《老子校诂》,吉林人民出版社 1991 年版,第 582—583 页。
② 高明:《帛书老子校注》,中华书局 1996 年版,第 152 页。

这样一来，人民的生活水平就没有一个客观标准了。就如谚语说的"饿了吃糠甜如蜜，饱了吃蜜不觉甜"。如此，秕糠岂不也成了民之美食？蒋锡昌则以低标准诠释之，说："'甘其食'，言食不必有五味，苟饱即甘也。'美其服'，言服不必文彩，苟暖即美也。'安其居'，言居不必大厦，苟蔽风雨即安也。'乐其俗'，言俗不必奢华，苟能淳朴即乐也。"（《老子校诂》）

笔者认为，这里的几个"其"字为语助词，无义，只起音节的调节作用。如《易·小畜初九》："复自道，何其咎？"《诗经·君子于役》："曷其有佸？"其中的"其"字即皆为语助词。"甘其食"就是"甘食"，即香甜的食品或美食；"美其服"，就是"美服"，即美好的衣服，如此等等。当然，由于当时的生产力水平低下，所谓"甘食"、"美服"等等，无法与现代相比拟。

译 文

国土狭小，人口稀少。
即使有十倍百倍于人工的器具，
也只好弃置荒郊；
使人民重视生命而不迁徙；
虽有车船，但也无处可去；
虽有装备精良的军队，却无用武之地；
让人民重新回到结绳记事的年代去！
人民生活的情况是，
大家各自考虑这样的问题：
怎样把食品做得更好吃，
如何使衣着更美丽，
怎样使居住更安适，
如何使习俗更乐意。
邻国可以相互看得见，
鸡鸣狗吠也能听得到。
与邻国的人民啊，
直到老死也无须打交道。

辨　析

　　老子在本章中所表述的思想，是遭受论者们非议和批判最多的，说老子主张"回到远古蒙昧时期"者有之，说老子主张"恢复早期奴隶制"者有之，说老子"反对当时的广土众民政策"者有之，说老子"反对物质文明和精神文明"者有之，如此等等，不一而足。所有这些批判集中到一点，就是认为"小国寡民"是老子的社会政治主张和政治理想；究其原因，主要是脱离了当时的社会历史背景和老子的思想体系，孤立地看待和分析本章的个别文句。

　　应当如何看待和评价老子"小国寡民"的思想？

　　第一，应当看到老子这一思想产生的社会历史背景。当时的情况是，诸侯国之间的兼并战争此起彼伏，连年不断，弄得生灵涂炭，民不聊生。老子描述这种情况是"师之所处，荆棘生焉；大军之后，必有凶年"（三十章），由此老子希冀有一个"虽有甲兵，无所陈之"的和平环境；由于连年征战，人民困苦不堪，加之统治者横征暴敛，人民的生活更加难以为继；同时期或稍早的《诗经·硕鼠》，反映老百姓在遭受残酷的剥削压迫下，希望能"适彼乐土"，呼唤着"乐土乐土，爰得我所"，"乐国乐国，爰得我直"，"乐郊乐郊，谁之永号"，寄托着老百姓企盼有公正的待遇，丰足的衣食，安定的住所，快乐的家园。在这种情况下，老子认为理想的国度和社会应是"民各甘其食，美其服，安其居，乐其俗"的。这不恰恰反映了时代的要求和人民的期望吗？有的论者说老子"反对物质文明和精神文明"，试问：如果真正达到了人人甘食、美服、安居、乐俗的水平，算不算"物质文明和精神文明"呢？事隔2500多年后的今天，我们还把"全面建设小康社会"作为奋斗目标，还在搞"扶贫工程"和"安居工程"（不是批评），这说明了什么呢？有的论者认为老子主张"回到远古蒙昧时期"。众所周知，远古蒙昧时期是一个食不果腹、衣不蔽体、茹毛饮血的时代。试问：在那样的时代有"国"吗？有"十百人之器"吗？有"舟舆"吗？有"甲兵"吗？有文字吗？（"复结绳而用之"说明并非没有文字，而是有而不用）能够使得"民各甘其食，美其服，安其居，乐其俗"吗？因此，老子在本章中的许多描述蕴涵着他对人民疾苦的深切同情和关怀，蕴涵着他对文明异化的反思和批判，体现了他对和平社会环境和人民丰衣足食的向往。文中的许多描述表现了老子对自然质朴的人性和自由自得、恬淡无欲的人生境界的追求。

最遭学者们非议的莫过于文中的"使有十百人之器而不用,虽有舟舆,无所乘之"和"使民复结绳而用之",认为这是反对人类文明,开历史的倒车。对这应当如何看?一方面,应看到在这样一个"邻国相望,鸡犬之声相闻,民至老死不相往来"的国度里,实际上是在一个自治村社里,所有这些先进的东西都派不上用场,包括人们的思想交流,由于无需发布文告,也无需书信来往,文字是多余的,所以要"使民复结绳而用之"。另一方面,正如刘笑敢所说的,是"老子看到了文明发展过程中出现的新情况和新问题,揭示了文明演化进步中的二律背反,或正反相生、祸福相依的事实,这是相当深刻的观察和思考。他提醒人们,任何好的或正面的事物发展到极端都会走向反面,主张在事物走向反面之前就充分考虑到反面的情况。老子是中国历史上第一个尖锐地提出这一问题的思想家,我们不应轻率地诬之为反对科技进步或开倒车。"①

第二、再看老子的政治理想。有的论者说老子"反对当时的广土众民政策"。试问:什么叫"广土众民政策"?是谁制定的这种政策?所谓"广土众民政策",不过是诸侯们通过穷兵黩武,兼并弱小邦国而扩大自己的地盘而已!老子并非主张天下长期处于分裂割据的状态,如果说老子也有一个"广土众民政策"的话,那就是通过"执大象,天下往"(三十五章)而实现之。这是一条可以避免兼并战争,避免生灵涂炭、民生疾苦的代价最小、功利最大的"和平过渡"的道路。 老子并不是一个不关心天下大事的人。据统计,《老子》一书中的"天下"一词凡61见,遍及29章之多。老子也并非不主张大国众民,《老子》中"大国"一词亦多见,"治大国,若烹小鲜"(六十章)就是流传千古的格言,至今熠熠生辉。由此说明老子最为关注的是大国,是天下的政治前途,是天下苍生的命运。问题是通过什么途径实现大国众民?大国与小国应如何相处?从六十一章看,老子主张"大国以下小国",大国与小国互不侵扰,和平共处。

第三,"小国寡民"并非老子的政治理想。老子的政治理想是"太上"(十七章)之世,是天下"安、平、泰"(三十五章),是君王对公民一视同仁,"不可得而亲,不可得而疏;不可得而利,不可得而害;不可得而贵,不可得而贱"(五十六章),是在君王依道治国、实行"无为而治"的情况下,人民都能"自化","自正","自富","自朴"(五十七章)。

"小国寡民"所体现的不过是老子的某种精神诉求。因为在这样的国度

---

① 刘笑敢:《老子古今》,中国社会科学出版社2006年版,第755—756页。

里，没有来自外部的侵略、压迫、强制和干预；没有来自内部的经济剥削和政治压迫，而且没有动乱，没有残酷的竞争，没有尔虞我诈，没有贪污盗窃，人口稀疏，林木葱郁，个个安居乐业，人人友好相处，所呈现的是一片安宁祥和的社会环境和优美的自然环境，这不是人凭其自然本性所向往的吗？因而老子的这种精神诉求与人的自然本性是相吻合的。所以胡孚琛说："随着世界范围的人口恶性膨胀和老龄社会的到来，人们将重新评价'小国寡民'的思想。"① 诚如是说哉！

　　不过，话又说回来，老子在本章中毕竟对"小国寡民"的情况作了一番描述，表现了他的社会历史观，我们从中可以看出他的历史局限性。比如他说，在"小国寡民"的国度里，虽然"使有十百人之器而不用……虽有舟舆，无所乘之；使民复结绳而用之"，虽然小到"邻国相望，鸡犬之声相闻"的程度，虽然"民至老死不相往来"，但仍然可以达到"民各甘其食，美其服，安其居，乐其俗"的生活水平。事实上，这是根本不可能的。照老子的描述，这是一个极为封闭落后的国度，社会生产力必然极为低下，又没有科学文化，怎能使得"民各甘其食，美其服，安其居，乐其俗"呢？从中可以看出老子的思想具有乌托邦的色彩。

---

① 胡孚琛：《道学通论》，社会科学文献出版社 2009 年版，第 83 页。

八十八章

信言不美，美言不信。

善者不辩，辩者不善①。

知者不博，博者不知②。

善者不多，多者不善③。

圣人不积。既以为人，己愈有；既以与人，己愈多。

天之道，利而不害；圣人之道，为而不争④。

（通行本第八十一章）

注　释

①信言不美，美言不信。善者不辩，辩者不善：王弼本、河上公本、傅奕本、范应元本、苏辙本如是。范应元注此文曰："信实之言多朴直，故不美；甘美之言多华饰，故不信。嘉善之言止于理，故不辩；辩口利辞乱于理，故不善。"① 苏辙注曰："信则为实而已，故不必美；美则为观而已，故不必信。以善为主，则不求辩；以辩为主，则未必善也。"②

有的学者批评老子此言偏颇，绝对化。其实，老子认为真正的美是"同于道"的淳朴之美、内秀之美，而在世俗世界中由于"大道废"，盛行的多是矫饰，因而其形式美是不真实的。

②知者不博，博者不知：从多家注本看，皆认为知者是专家，王弼即注曰"极在一也。"与此相对应的"博者"，多认为是指知识博杂不精的人，或

---

① 《四部要籍注疏丛刊·老子》，中华书局1998年版，第661页。

② 同上。

"杂家"。高亨说:"知者,由于专一,故不广博。博者,所接触者广,故不能专工深知。""知者"当指悟道得道,很有思想、善于统摄和驾驭知识、善于思想创新的人,即西方所说的"智者"或思想家。"博者"当指未得道,知识博杂不精,缺乏创新能力的人。详见【述评】的后半部分。

③善者不多,多者不善:帛书乙本如是,甲本残损。在帛书中,这两句话在"知者不博,博者不知"句后,属第三组语句。传世本亦是三组语句,但无"善者不多,多者不善"句,与此相应的,王弼本、河上公本为"善者不辩,辩者不善",傅奕本、范应元本为"善言不辩,辩言不善"。

高明说:"今本误在'善者不辩,辩者不善'一句。从经义分析,原讲三层意义:一为'信言不美',二为'知者不博',三为'善者不多'。今本文次颠倒,经义重迭。前言'信言不美,美言不信',后又言'善言不辩'或'善者不辩',前后经义重复,其中必有讹误。帛书甲、乙本同作'善者不多,多者不善',正与下文'圣人无积,既以为人己愈有,既已与人,己愈多',文义联属,足证今本有误。"[①]

高明之说是有道理的,故校定文从帛书增"善者不多,多者不善";但似不必删"善者不辩,辩者不善",一是因为此语与"信言不美,美言不信"的涵义并非完全重复,二是因为此语已经流传一千多年,已为传世之言。

老子在本章中所说的善者、辩者、知者、博者、善者、不善者,以及讲信言的、不讲信言的,当不是指黎民百姓,而是指帝王将相及其帮闲文人。"善者不多,多者不善"是说帝王将相及其帮闲文人中淳朴善良的不多,多数人并不善良淳朴;或许是指事物,是说凡事若一味追求多多益善,一定会转化为事情的反面。

就前一种解说,尹振环引证了古代文献中的一些论述:

古文《尚书·大禹谟》:"人心惟危,道心惟微。"

今文《尚书·无逸》中对殷商的三十三位君王作了评价,说其中只有中宗、高宗、祖甲这三位君王能恭谨地治理政事,"能保惠于庶民",而且享国年限长。而其余三十位君王多属"生则逸","惟耽乐是从"之辈。

《庄子·胠箧》:"天下之善人少,而不善人多。"《庄子·徐无鬼》:"捐仁义者寡,利仁义者众。"

《管子·侈靡》:"贤者少,不肖者众。"

《墨子·法仪》:"天下之父母者众,而仁者寡";"天下之为学者众,而

---

① 高明:《帛书老子校注》,中华书局1996年版,第156页。

仁者寡";"天下之为君者众,而仁者寡。"

《尹文子·大道上》:"今天地之间,不肖者实众,仁贤者实寡。"

《论语·述而》:"子曰:'善人,我不得见之矣;得见有恒者,斯可矣。'"这是孔子周游列国了解了七十多位国王后发出的感慨。[1]

由此可见,老子之所以说"善者不多,多者不善",一是有大量的历史事实为根据,二是旨在告诫帝王将相及其帮闲文人要有自知之明,其中多数人远未达到善者的标准,因此需要净化心灵,提高精神境界,超脱名利,为而不争。

就第二种解说,刘笑敢作了下列诠释:

"善者不多,多者不善",说明好的事物并非多多益善,无限多的好事一定会转化为不善。这最后两句尤其切中了现代社会发展中的弊病。……目前在后发达国家最常见的现象就是一味追求物质财富的增长,把教育、道德和环境等问题作为未来的课题或装饰性课题,或者仅仅重视表面的数量化的成绩,如升学率、博士数量、研究经费等,结果造成物质生活条件不断改善,精神生活却趋于浮躁和粗浅的局面。面对这种情况,老子的以反彰正和以反求正的方法提示我们,不应该一味"以正求正"地追求经济指标的增长。要真正改善人类的生活环境和生活条件,还要有人的素质的培养和教育、道德的提高,环境的保护和改进。这些相对于短期的经济目标来说似乎是"反",但"反"可以"求正"、"彰正",在教育、道德、环境等方面的努力不仅可以保证经济的稳定发展,而且应该是经济发展的最终目的。离开了人的全面发展和提高,离开了人类生存环境的改善,物质、金钱自身的目的在哪里?所以一方面是经济建设和物质生活的改善,一方面是教育、道德、环境等方面的素质的提高,这两方面实际上是互为因果,互为手段和目的的。这也是一种正反互转、互彰的关系。

总之,我们既不能因为现代化所带来的问题而放弃发展经济的努力,也不应该为了现代物质文明而不顾一切已经出现或可以预见的各种问题。**我们需要的是不断地在这两者之间寻找平衡,摆脱两极化的思想方法,寻求自然、平衡、稳定的发展之路。**(黑体字为引者所标)在这方面,老子的辩证法,老子关于文明发展的反思,仍然可以是我们的智

---

① 尹振环:《帛书老子释析》,贵州人民出版社 1998 年版,第 184—185 页。

慧的一种资源。①

刘笑敢先生所讲的道理，与科学发展观和构建社会主义和谐社会的思想是有某些共同之处的。

④圣人之道，为而不争：世传本皆如是；帛书甲本残毁，乙本无"圣"字，作"人之道，为而不争"，在其它古本中，唯有赵孟頫本同帛书乙本，作"人之道，为而不争"。

高明说："帛书甲本此文皆残毁，乙本完好。与今本勘校，主要差异为：帛书'人之道'，世传本中除孟頫本与帛书相同外，其它多同王本作'圣人之道，为而不争'。朱谦之云：'赵本作人之道，无圣字，人与天对，文胜，然非老子本谊。'岂不知老子所谓'为而不争'，正是指'人之道'言，'圣人之道'乃是无为不争，如第二章'是以圣人居无为之事'，第二十章'众人皆有以，我独顽似鄙'。'有以'即有志有为，'似鄙'乃无为无欲。足证《老子》原作'人之道'，帛书不误，今本'圣'字乃为浅人所增。"②

高明之校勘虽辨，但正如朱谦之所言，并"非老子本谊"，因为老子在第七十七章说："天之道，损有余而补不足。人之道则不然，损不足以奉有余"，即"人之道"与"天之道"所奉行的原则完全相反。如果这里是"人之道，为而不争"，则显然与七十七章所言相抵牾，易于造成困惑、误解或混乱。至于高明说的"老子所谓'为而不争'，正是指'人之道'言，'圣人之道'乃是无为不争"，那是他似乎把"无为"理解为纯然"不为"了，而事实上"无为"并非不为，只是似无而实有之为而已。老子认为只有体道并依道而行的圣人才能上窥视"天之道"，下效法"天之道"，并通过"为而不争"和"以辅万物之自然"，促使"人之道"与"天之道"相合，以实现人间自然的秩序与和谐。"圣人之道"是本根之道和天之道所体现的价值取向和行为原则的人格化的代表。因此，"为而不争"只能是体道行道的圣人的行为原则和行为轨迹，而不可能是世俗的"人之道"所遵循的原则。

---

① 刘笑敢：《老子古今》，中国社会科学出版社 2006 年版，第 761—763 页。
② 高明：《帛书老子校注》，中华书局 1996 年版，第 158 页。

译　文

真实可信的言语，
并非悦耳动听。
巧言花语的许诺，
不可信以为真。
淳朴善良者不巧辩，
巧辩之人往往不善。
富有智慧的知识不一定广博，
知识广博的不一定富有智慧。
凡事一味追求多多益善，
一定会走向事情的反面。
圣人不积聚自己的财富。
他愈是为了别人，
自己反而愈加富有；
愈是将财物给予别人，
自己得到的反而愈多。
"天之道"对万物利而无害；
圣人的法则是只知做事，
绝不与人争名利。

辨　析

本章是《老子》之末章。对本章的章旨，在古代注家中，焦竑作了较好的阐述，值得参考。他说："《老子》之为书，使人得以受而味焉，则近乎美；穷万物之理而无不至，则近乎辩；察万事之变而无不该，则近乎博。然不知其有信而不美，善而不辩，知而不博者存。何也？则以五千言所言，皆不积之道耳。不积者，心无所住之谓也。夫积而不积，则言而无言矣。言而无言，故非不为人也，而未尝分己之有；非不予人也，而未尝损己之多。斯何恶于辩且博哉？苟非不积之道，而第执其意见以与天下争，则多言数穷者流，非天道也。天之道，利而不害；圣人之道，为而不争。学者于此而刓心焉，老氏之书亦思过半矣。"①

本章需要讨论的，主要有以下两个问题：

一、本章中比较难解的文句似乎是"圣人无积，既以为人己愈有，既以与人己愈多。"对此文可直释为："圣人是不积聚财富的，他越是帮助别人，自己反而更加富有；愈是尽力给予别人，自己得到的反而愈多。"注家们的译文与此大同小异。但这似乎是一个颇感困惑的问题。既然圣人不积累财富，他把自己原有的财富也都尽量地给予了别人——这种给予肯定是无偿奉送——为什么他会更加富有呢？有人可能会说这是被施予者们按"滴水之恩，涌泉相报"的原则还报的结果。但一个大前提是"圣人无积"或不积的，那么圣人得到这财物之后又会立即无偿地给予别人了，他手中岂不还是空空如也吗？笔者推想，圣人当然可以是帝王将相等权势很大的人物（这些人中的圣人绝无仅有，甚至根本就没有，道家的圣人仅是一种理想的存在，姑且不论），在那个时代他们几乎都是富有者，所以有着把自己积累的财富拿出来送人（如果他们早就是圣人的话，手中肯定早就没有积蓄了）的物质基础的；在圣人的社会成分中，似乎更多的是"为学者"，就是像老子、孔子、孟子、庄子、荀子这一类人物，但这些人往往收入菲薄，何以尽量地给予别人呢？他们真正拥有的是什么？是精神财富包括他们的人格力量、智慧、文化知识等等。而信息、智慧、知识是无损耗的。不仅不损耗，而且在"授业"、"解惑"的过程中，由于教学相长规律的作用，以及在这个过程中不懈地学习、实践而得以丰富，因此在世界上只有精神财富才会愈舍愈多、愈用愈有。如作这种释义，本章字面上所产生的悖论或思想纽结当可予以破解。但是，老子的这些道理主要是讲给侯王和士大夫们听的，而不是对学者们讲的。因为只有那些达官贵人虽然"财货有余"，但一毛不拨，并且还极力搜括民脂民膏。因此，这里讲的"积"，还是指的"财货"而非精神文化产品，但作为还报的"愈多"、"愈有"的东西却并不限于物质财富，可能还包括弥足珍贵的东西，如"民心"、"权位"等。事实上，圣人的确是"既以为人"和"既以与人"的，因为圣人总是"生而不有，为而不恃，功成而弗居"（二章）的；那么圣人是否因此就"己愈有"、"己愈多"了呢？圣人由此赢得了天下万民的衷心拥戴，这是无价的啊！因此，"圣人无积，既以为人己愈有，既以与人己愈多"所反映的是一个事实。老子之所以这样讲，可

---

① 焦竑：《老子翼》，载《四书要籍注疏丛刊·老子》，中华书局 1998 年版，第 1343—1344 页。

能旨在以此劝诫侯王之类的统治者要把眼光放得远一些，不要只顾自己贪欲货利，也不要贪天之功、据为己有，要将多余的财富尽量去接济那些"不足"者。这样做，自己得到的肯定会更多，因为这有利于"天下归心"，也有利于自己权位的巩固，而这是金钱买不到的呀！

《战国策·冯谖客孟尝君》中记载的史实很能说明问题：冯谖受孟尝君田文之命到他的封地薛去收债。临行前，冯谖向孟尝君请示说："债毕收，以何市而反？"孟尝君说："视吾家所寡有者（市之）。"冯谖认为孟尝君什么都不缺，惟一缺乏的是封地的民心。于是冯谖到孟尝君的封地后，向孟尝君的所有债务人索要债券，合债券后，便假托孟尝君之命，免收其债，并当众将券契付之一炬，以之为孟尝君收买人心，换取信义。回到齐都临淄，他向孟尝君禀报说："君家所寡者义耳。……今君有区区之薛，不拊爱其子民，因而贾利之；臣窃矫君命，以债赐诸民，因烧其券，民称万岁，乃臣所以为君市义也。"后来，孟尝君被齐王免职，他只好到自己的封地去，结果受到薛地百姓的热烈欢迎和拥戴。孟尝君田文为此非常感激冯谖，说："先生所为文市义者，乃今日见之矣。"这是一个"既以为人己愈有，既以与人己愈多"的典型史例，当然，孟尝君并非圣人，其主意及其实施也是他的门客冯谖之所为。

二、"天之道，利而不害；圣人之道，为而不争"，是《道德经》的总结论，其中"不争"在全书中是最后一次出现。据统计，在《老子》中，"不争"共出现 8 次，分布在七章之中，其中第八章出现 2 次；与之涵义近似的还有"知足"、"知止"、"不敢为天下先"、"无为"等，它们在《老子》中亦是频频出现，所以老子"不争"的思想给人的印象很深，《老子》的现代注译家和学者几乎无一例外地对老子的此一思想进行批判。比如，著名学者任继愈先生说：

> 老子不代表先进的、有发展前途的阶级，所以老子的辩证法表现为退守、知足、维持现状、安于现状、号召不争。这些思想的传播与我国长期落后，不无关系。鲁迅对于毒害广大人民几千年之久的一切腐朽思想曾进行过猛烈抨击，他对旧中国灾难深重的中华民族，'哀其不幸'，'怒其不争'（《摩罗诗力说》）。而首先系统地宣扬不争哲学的合理性，并讲出一套'不争'的具体理论的，恰恰是老子。①

---

① 任继愈：《老子新译》，上海古籍出版社 1985 年版，第 57 页。

　　"哀其不幸"和"怒其不争"出自鲁迅的《摩罗诗力说》，其原文是："故怀抱不平，突突上发，则倨傲纵逸，不恤人言，破坏复仇，无所顾忌，而义侠之性，亦即伏此烈火之中，重独立而爱自繇（自由），苟奴隶立其前，必哀悲而疾视，哀悲所以哀其不幸，疾视所以怒其不争，此诗人所为援希腊之独立，而终死于其军中者也。盖裴伦（拜伦）者，自繇主义之人耳，尝有言曰，若为自由故，不必战于宗邦，则当为战于他国。"①

　　《摩罗诗力说》是任继愈对其出处的自注。但笔者从其原文看，"哀其不幸"、"怒其不争"是鲁迅在评述英国著名浪漫主义诗人、讽刺长诗《唐璜》的作者拜伦的相关思想和行为时说的。引证者或老子的批判者用之以鲁迅对旧中国灾难深重的中华民族的深切同情和因其"不争"〔权且作不奋起抗争理解〕而愤慨的态度，似带有移花接木的意味。引证者虽然没有指明这一点，但这种做法似亦无可厚非，因为它并没有违背鲁迅在这个问题上的基本思想和态度，所以笔者姑且按老子批判者的意思加以评论）从"怒其不争"可以看出，鲁迅对"不争"的思想和行为是嫉恶如仇、怒不可遏的。联系一千多年来中国人民所遭遇的内忧外患，特别是从鸦片战争到新中国成立前的一百余年中广大人民群众乃至整个中华民族之所以遭受内外敌人的欺凌，根本原因在于统治者主张对外"不争"，甚至签订丧权辱国的条约，但与广大人民群众长期不觉悟，未能众志成城、奋起抗争（当然，从另一个角度说，中国的近现代史也是一个在先进分子和先进政党领导下中国人民奋起抗争并最后取得胜利的历史）亦不无关系。但是，鲁迅虽然说过"怒其不争"，但他似乎从未讲过"不争"的思想来源（《摩罗诗力说》中所说的"怒其不争"，更与老子无关），但引证者却将鲁迅说的"怒其不争"与《老子》中关于"不争"的论述联系起来，认为老子是"不争"思想的始作俑者，甚至将老子哲学作为"不争哲学"批判之。在这种情况下，对《老子》中"不争"的思想内涵认真加以探讨，就是十分必要的了。

　　列宁指出："马克思主义最本质的、马克思主义的活的灵魂：具体地分析具体的情况。"② 因此，对老子所说的"不争"也应作具体分析，看他是在什么情况下讲的，对谁讲的，针对什么问题讲的，而不能抽象地进行分析和批判，更不能望文生义，想当然地乱发议论。如前所说，"不争"在《老

---

① 《鲁迅全集》第1卷，人民文学出版社1981年版，第80页。
② 《列宁选集》第4卷，人民出版社1996年版，第290页。

子》中共出现 8 次，分布在 7 章之中，其中第八章出现 2 次。现在就按《老子》通行本的章次逐一作简要分析。

第三章："不上贤，使民不争"。帛书甲乙本、景龙碑本、敦煌本、遂州碑本及《淮南子》所引如是；王弼本等古本"上"作"尚"。河上公注曰："贤，谓世俗之贤，离道行权，去质为文也。不尚者，不贵之以禄，不尊之以官也。"《淮南子·齐俗训》释曰："故老子曰'不上贤'者，言不致鱼于木，沉鸟于渊。""使民不争"的"民"字，遂州碑作"人"，这或许是《老子》的古貌，因为普通民众是根本不可能被"尊之以官"、"贵之以禄"的。根据以上的注释，"不上贤，使民不争"的意思是说，不要把"离道行权，去质为文"的世俗贤人（指那些背"道"而行，只懂仁义礼乐的人）推到高位上去，以免使那些世俗贤人争名逐位。这里体现了老子主张依道治国的思想。即使不强调这一层意思，"争"与"不争"也只是涉及统治阶级内部是否鼓励争名逐位的问题，这与鲁迅口诛笔伐的"不争"恐怕相去甚远。

第八章（1）："水善利万物而不争。"这里"不争"的前提是"善利万物"。显然，老子是以水为喻（水不仅"善利万物"，而且总是往低处流，因而从来不与他物争高位），要人们特别是侯王等统治者学习"水"的高尚品质，不与人争位、不与民争利。因而这里说的"不争"是值得褒扬的。

（2）："夫唯不争，故无尤。"在此句之上，有"居善地，心善渊，予善仁，言善信，政善治，事善能，动善时"一段话。显然，这段文字是对"上善"涵义的具体揭示。"上善"之人是绝不会与人争名、与民争利的。因而"夫唯不争，故无尤"意思是说，正因为"上善"之人具有这种"不争"的美德，所以没有过失，不积怨咎。这也是老子为侯王等统治者提供仿效的楷模的。这种意义上的"不争"显然也不应受到责难。

二十二章："夫唯不争，故天下莫能与之争。"这里的"不争"是在什么前提和基础上讲的呢？在这句话之前是"是以圣人执'一'以为天下式。不自是故明；不自见故彰；不自伐故有功；不自矜故长。"显然，它是在"不自是"、"不自见"、"不自伐"、"不自矜"的基础上讲的，那么谁最具有这些优秀品格呢？是"执'一'以为天下式"的圣人。具有这些优秀品格的人，显然是不会与人争名、与民争利的，故"不争"。因而这里的"不争"是一种高风亮节而值得发扬的行为。正因为有这种"不争"的品格和行为，所以天下人没有谁能与其争得高位。这当然只能在社会风气极为理想的情况下方有可能。老子这些话也是用以劝导侯王等统治者的。

六十六章："以其不争，故天下莫能与之争。"这又是在什么情况下讲的呢？我们看到，在此句话的前面是："是以圣人之在民上也，必以其言下之；之在民前也，必以其身后之。故圣人处上而民不重，处前而民不害。是以天下乐推而不厌。"这里是说，圣人总是谦虚自守，而又努力减轻人民的负担，对人民的正常生产和生活不加干预，所以"天下乐推而不厌"。显然，这里的"不争"是说圣人无意于去争君位，但因自己的思想和行为深得民心，人民群众自然就乐意将其推举上去。显然，这种"不争"也是值得称道的。

六十八章："是谓不争之德"。其上是："古之善为士者，不武；善战者，不怒；善胜敌者，不与。""古之善为士者，不武"是说，古代善于作军队将帅的，不妄逞勇武；"善战者，不怒"是说，善于指挥作战的，不被敌人所激怒；"善胜敌者，不与"是说，善于克敌制胜的，力避与敌正面交锋（即力求"不战而胜"）。可见，这里的"不争"是在"不逞勇武"、"不被敌人激怒"、"力避与敌正面交锋"的意义上讲的。显然，如果反对这种"不争"，是正中敌人下怀的不明智的、愚蠢的行为。可见，这种情况下的"不争"是明智的，"争"反而是鲁莽的。

七十三章："天之道，不争而善胜。""天之道"指自然界运行的根本规律。这句话的意思是说，自然界的法则啊，虽然不作争斗，却善于取得胜利。显然，这是一种拟人化的写法，因为在老子看来，作为自然规律的"天道"，它的运行不是有意识、有目的的行为，而是自然而然地进行的。因此，这里说的"不争"，不是反对人类社会中为推进生产发展和社会进步而进行的生产斗争、阶级斗争、思想斗争、社会政治斗争等等。

八十一章："圣人之道，为而不争。"这里将"为"和"不争"区别开来了。这里的"为"指的是什么呢？联系上文，"为"是指"圣人无积，既以为人"和"既以与人"。"既以为人"是说一切为了他人，"既以与人"是说将自己的一切无私地给予他人。如果联系《老子》全书，关于圣人总是"以百姓之心为心"，只知无私奉献、不求回报的论述就多了，在此无需一一列举。圣人正是在这种意义上"不争"的。应当说，"为"就包含着"斗争"的意思，包括与天斗，与地斗，与人斗，但圣人的这种"斗"，都是为了无私奉献于他人特别是人民。所以他"不争"的是个人的名利地位。显然，这种"不争"是值得提倡的。

综上所述，老子所说的"不争"皆不是指不与自然界斗，不与阶级敌人斗，不与民族敌人斗，不与邪恶势力斗，不与腐朽思想斗等等。老子所说的"不争"，除了第三章讲的防止和反对世俗贤人争名位和七十三章讲的"天之道不争"之外，皆是指在名利地位面前，要谦下，发扬高风格，不与人争名，不与民争利，相反还应当将自己的一切无私奉献于他人特别是人民。试问：老子讲的此种意义上的"不争"，难道还会使鲁迅深恶痛绝、怒不可遏吗？即使是第三章意在防止和反对世俗贤人争名位的"不上贤"和"天之道"的"不争"，鲁迅大抵也是不会反对的。

从以上所引证和分析的《老子》关于"不争"的思想和论述来看，"不争"主要反映的是作为"道"的化身的圣人的情况，也反映了老子对侯王等统治者的希望和要求，因而还限于上层或统治阶级内部。那么对于受压迫和剥削的广大劳动人民，老子是否主张他们"不争"呢？非也。对此，《老子》也有某些相关的论述可以左证。比如五十三章说："大道甚夷，而人好径。朝甚除，田甚芜，仓甚虚；服文采，带利剑，厌饮食，财货有余，是谓盗夸。非道也哉！"这是对"无道"的侯王等统治者和剥削者丑恶嘴脸和反动实质的痛快淋漓的揭露和批判。这就等于告诉受压迫受剥削的广大劳动人民，别看他们满口"仁义道德"，文质彬彬，道貌岸然，身上似乎有一层神圣的光环，其实他们是一群对你们强取豪夺、嗜血成性的强盗头子！七十五章说："民之饥，以其上食税之多，是以饥；民之不治，以其上之有为，是以不治；民之轻死，以其上求生之厚，是以轻死。"这是对广大劳动人民遭受剥削压迫原因的深刻揭示，是对忍无可忍、奋起反抗的劳动人民的深切理解和同情。七十二章说："民不畏威，则大威至矣！"七十四章说："民不畏死，奈何以死惧之？"这是对反动统治者的严正警告，亦是对敢于铤而走险的劳动人民的同情和支持。

从以上的论述中不可能得出老子要受压迫剥削的广大劳动人民"不争"的结论，相反却可看出他对敢于斗争、奋起反抗的劳动人民的比较正确的立场和态度；我们从老子对劳动人民遭受剥削压迫原因的深刻揭示中，以及对侯王等统治者和剥削者丑恶嘴脸和反动实质的无情揭露中，似乎也可以依稀看出他对忍气吞声、缺乏反抗精神的劳动人民带有启发觉悟的意旨。可以想象，鲁迅也绝不会把老子的这些思想归之于他所深恶痛绝的"不争"之中。

陈鼓应先生说："在现实社会中，没有一个角落不是在为着私自的利益而争嚷不休的，老子深有所感，所以他要人'利万物而不争'（八章），'为而不争'（八十一章）。老子的'不争'，并不是一种自我放弃，并不是对于一切事、一切人的放弃，也不是逃离社会或遁入山林。他的'不争'的观念，乃是为了消除人类社会不平的争端而提出的。他仍要人去'为'，而且所'为'要能'利万物'。'为'是顺着自然的情状去发挥人类的努力，而人类努力所得来的成果，却不必擅据为己有。这种为他人服务（利万物'）而不与人争夺功名的精神，也可说是一种伟大的道德行为。老子所说的'功成而弗居'（二章），'功成名遂身退'（九章），都是这种'不争'思想的引申。由此推知老子'谦退'、'居后'的观念都蕴涵在这种'不争'的思想里面，主要的目的乃在于消弭人类的占用冲动。"①

与"不争"的涵义近似的，还有"知足"、"知止"、"不敢为天下先"、"无为"等。老子关于它们的思想和论述，也是倍受某些学者责难的物件，有的还将其与"不争"联系起来加以批判。据统计，在《老子》中，"知足"凡4见，分布于3章中；"知止"凡3见，分布于2章中；"不敢为天下先"凡2见，皆在六十七章中；"无为"凡12见，分布于10章中。在这里，我们也不妨对此作一简要分析。

（一）"知足"

三十三章："知足者富。"这不是一个孤立的短句。其前是"胜人者有力；自胜者强"，其后是"强行者有志，不失其所者久，死而不亡者寿。"老子这里所说的"富"，含物质和精神两方面。是否"富"，既有客观标准，又有主观感受，而且二者都有相对性。比如，在今天，一个亿万富翁在一般人看来无疑是很"富"的了，而他也许认为自己并不富有，因为与世界首富相比，亿元财富实在微不足道。在这种意义上说，如果自己不知足，永远也不会感到富。所以"知足者富"是有一定道理的。老子这样说，是否要人们不求进取呢？如果情况果真如此，他为什么还称许"胜人者"、"自胜者"、"强行者"、"不失其所者"和"死而不亡者"呢？就拿"死而不亡者"来说，什么样的人才够格呢？余以为老子说的"死而不亡者"是指那些能为历史留下高尚道德、卓越功勋或旷世思想学说等，从而能长久活在后人心中的人，亦即名垂青史的人。要做一个这样的人谈何容易！只能终生殚精竭虑，奋斗不止，永远不"知足"，方有可能实现。所以老子这里说的"知足"不是满足现状、不求进取的意思。

四十四章："故知足不辱，知止不殆，可以长久。"此文的前一句是"甚爱必大费，厚藏必多亡。"什么样的人"甚爱"即爱财如命呢？什么样的人才能"厚藏"即囤积财物呢？只能是帝王将相、贪官污吏、奴隶主、新兴地主、商人等。这些人不管人民的死活，敲骨吸髓，横征暴敛，欲壑难填，到头来必然逼得人民铤而走险，把他们打倒，再踏上一只脚。他们的下场不仅将受"辱"，甚至会人头落地。所以老子在此劝诫他们，指出："知足不辱，

①　陈鼓应：《老子今注今译》，商务印书馆2003年版，第61—62页。

知止不殆，可以长久。"

四十六章："罪莫大于甚欲，咎莫憯乎欲得，祸莫大于不知足。故知足之为足，常足矣！"这里出现了两个"知足"。本章共分两段，其上段为"天下有道，却走马以粪；天下无道，戎马生于郊。"两段连起来看，其下段当是对侵伐战争原因的揭示，就是说，之所以连年攻城略地，战祸不断，弄得田园荒芜，民不聊生，主要是因为"无道"的侯王等统治者"甚欲"和"不知足"。所以这里说的"故知足之为足，常足矣"，是用以劝诫侯王等统治者的。

从以上两章来看，老子要他们"知足"的是那些统治者和剥削者。老子有没有让广大劳动人民也"知足"呢？没有。在《道德经》中找不到任何根据。相反，老子对当时遭受残酷剥削和压迫、饥寒交迫的人民大众寄予极大的同情，并反映了他们的呼声、愿望和要求。在第三章他要求统治者对劳动人民要"实其腹"、"强其骨"；在七十二章他要求统治者对人民"无狎其所居，无厌其所生"；在八十章他把"**民各**甘其食，美其服，安其居，乐其俗"作为治国的理想目标。这哪里有老子要广大劳动人民"知足"的影子呢？

（二）"知止"

三十二章："始制有名。名亦既有，夫亦将知止，知止可以不殆。"联系本章的前段，此文的意思是说，当初建立了分封制，你们（侯王等）都有了名分。名分既然有了，就应知道适可而止。知道适可而止，就不会招致灭顶之灾。从而可以看出，老子这里是要侯王等统治者"知止"。

四十四章："故知足不辱，知止不殆，可以长久。"对此句前面已作了分析。"知止"与"知足"义近，"知足"而后"知止"。"知止不殆，可以长久"意思是说，只要知道适可而止，就不会遭遇什么危险。这样一来，才能使自己的宝座和身体安然无恙。

从以上两章的分析中，可以看出老子这里要他们"知止"的是侯王等统治者，而不是广大劳动人民。在老子看来，倍受剥削和压迫的劳动人民劳苦一生，终不得温饱，有什么"知止"可言呢？

（三）"不敢为天下先"

六十七章说："我有三宝，持而宝之：一曰慈，二曰检，三曰不敢为天下先。慈，故能勇；检，故能广；不敢为天下先，故能为成器长。""成器长"中的"成器"是什么意思？成器，大器也，神器也。"神器"在先秦指江山社稷或国家政权。因而"能为成器长"就是可以成为天下之长，即帝王。联系第七章的"是以圣人后其身而身先，外其身而身存"和六十六章的

"是以圣人之在民上也，必以其言下之；之在民前也，必以其身后之。是以圣人处上而民不重，处前而民不害。是以天下乐推而不厌"（简本）来解读，"不敢为天下先"绝非保守退缩之义，而是只知无私奉献，不与人争名、与民争利，见名利就让的意思。这样做，必然得到天下人的真诚拥戴，反而能够成为天下王。

从此句在本章的具体语境来看，其前句是"慈，故能勇；检，故能广。""慈，故能勇"的意思是说，对人民慈爱，就会"勇"。何谓"勇"？奋不顾身，勇往直前也。中国共产党所领导的革命军队就是因为对人民无比热爱，所以才能"下定决心，不怕牺牲，排除万难，去争取胜利"（毛泽东语），这就表现了"勇往直前"的精神和品格。既然老子肯定和颂扬这种"奋不顾身，勇往直前"的品格和行为，他怎么会将"不敢为天下先"赋予"保守退缩"的涵义呢？

与"不敢为天下先"的涵义相近的，还有七十三章的"勇于敢则杀，勇于不敢则活。"有些注家对此亦作了不当的诠释。有的译为："敢干是死亡的道路，不敢干是生存的道路。"有的说："老子是在提倡听天由命的活命哲学。"按常理讲，"不敢"就是不敢，如果事事处处"不敢"，胆小鬼就是了，为什么老子还在"不敢"之前冠之以"勇于"二字呢？可见这句话另有深意。联系本章的具体语境，"勇于敢则杀，勇于不敢则活"应释译为："敢于违背客观规律而蛮干的，必定会遭到客观规律的惩罚；勇于排除干扰，决不逆客观规律而行的，生存和发展的希望必定会增加。"因而这句话根本就没有胆小怕事，保守退缩，提倡听天由命的活命哲学的涵义。

（四）"无为"

在以上所列举的概念和命题中，"无为"在《老子》中是出现频率最多的一个范畴。这也是《老子》中最重要的范畴之一，故而笔者对其涵义做过专门探讨。概而言之，余认为作为老子政治哲学范畴的"无为"，绝不是无所作为之意，而是指人的这样一种行为原则和行为方式，即按照因循事物特别是人的自然本性和总的发展趋势的基本要求，以客观公正的态度，以道所体现的柔弱的特点和方式加以辅助、引导或变革，使其向着既有利于客观事物又有利于实践主体的方向发展。详见附录五《说"无为"》，故在此不再作评析。

综上分析，笔者认为老子的"不争"并没有反对斗争特别是反对为了推进生产发展和社会进步而进行的生产斗争、阶级斗争、思想斗争、社会政治斗争等的涵义；把老子的"不争"说成是反对斗争特别是反对人民群众反抗压迫者和剥削者的斗争，是对老子思想的严重误解。这种误解由来已久，影响很大，这可能主要是由历代特别是近现代的某些《老子》注家对老子的这一思想未经详考，望文生义的不当诠释和宣传造成的。其实，在先秦包括秦汉，"争"字似无近现代"斗争"的涵义。

据笔者的初步研究，在秦汉及其之前，"争"字主要有以下几种涵义：一是争夺。如《孟子·离娄上》："争地以战，杀人盈野。"《汉书·高帝纪上》："必欲争天下，非信无可与计事者。"二是竞争。如《史记·高祖本纪》："上问左右，左右争欲击之。"《后汉书·刘盆子传》："百姓争还长安，市里且满。"三是争论，争辩。如《战国策·赵策三》："鄂侯争之急，辨之急。"此"辨"通"辩"；《后汉书·刘玄传》："朱鲔争之，以为高祖约，非刘氏不往。"以上三种涵义延续至今。四是规劝，后作"诤"。近现代意义上的"斗争"，在秦汉及其之前是用"斗"字。如《战国策·秦策三》："攻人主之所爱，与乐死者斗，故十攻而弗能胜也。"《荀子·荣辱》："斗者，忘其身者也，忘其亲者也，忘其君者也。""斗"字的这种涵义亦延续至今，不过常以"斗争"而代之。在今天，我们经常把"斗"和"斗争"用于不同的事物和不同的场合，一般来说，前者不如后者显得庄重，所以我们说"阶级斗争"而不说"阶级斗"；相反，说"鸡斗"而不说"鸡斗争"。

再者，从鲁迅说的"怒其不争"中的"不争"的具体语境（"无所顾忌，而义侠之性，亦即伏此烈火之中，重独立而爱自繇〔自由〕，苟奴隶立其前，必哀悲而疾视，哀悲所以哀其不幸，疾视所以怒其不争。"）来看，他似乎也不是在"反对斗争"的意义上讲的。这是因为：括号中所引的"无所顾忌，而义侠之性，亦即伏此烈火之中，重独立而爱自繇〔自由〕"，是鲁迅对拜伦毅然到异国他邦奋不顾身地去参加希腊争取自由独立的战争的英雄行为的高度赞扬；"苟奴隶立其前，必哀悲而疾视，哀悲所以哀其不幸，疾视所以怒其不争"说的是，假若奴隶站在拜伦的面前，拜伦一定会既为他们沦为奴隶的不幸遭遇而哀怜，又为他们安于现状、不去争取自由而愤懑。根据以上对"怒其不争"中的"不争"的具体语境的初步分析，似乎可以得出这样的结论：鲁迅这里说的"不争"，是在"不去争取"或"不去力争"的意义上说的，而不是在主张"不斗争"或"反对斗争"的意义上讲的。因此，引证者在"不斗争"或"反对斗争"的意义上批判老子"不争"的思想观点，可以说是对老子此一思想的误解。

由对老子关于"不争"思想的误解和不当诠释，进而将老子哲学归结为"不争哲学"，这就似乎走得更远了。在笔者看来，老子哲学既不是"不争哲学"，也不是"斗争哲学"。我们知道，"道"是老子哲学的最高范畴，道论是老子哲学思想体系的核心。而在笔者看来，"道"的实质是矛盾法则或对立统一规律（本书多处论述，在此不予展开）；老子说："道生一，一生二，二生三，三生万物。万物负阴而抱阳，冲气以为和。"（四十二章）这里的"道"尚是它的初始状态，而道所"生"的"一"、"二"、"三"是道在形而上范围内的延伸，是道的逐步展开，故在总体上仍属于"道"。"冲气以为和"的"冲气"并非是一种"气"，而是对事物矛盾对立面之间相互激荡、相互斗争的形象化的表述，因而"冲气以为和"是对立面经过相互激荡、相互斗争而达到对立面的统一、协调与和谐。老子所追求的是矛盾尚未分化的状态和对立面经过相互激荡、相互斗争而达到对立面的统一、协调与和谐的状态。前者从老子对"赤子"（婴儿）"精之至"、"和之至"（五十五章）的赞赏有加可以得到证明；后者从老子将"挫其锐，解其纷，和其光，同其尘"称为"玄同"（五十六章）可以得到证明。总之，老子是主张对立面的和谐与统一的。应当声明，笔者并不赞成将老子哲学归结为什么哲学，因为老子哲学就是老子哲学，硬是归结为什么哲学总有片面性，在这方面是有教训的，如在特殊时期将马克思主义哲学归结为"斗争哲学"，由此所引发的争论至今未能平息。如果非要将老子哲学归结为什么哲学不可的话，鉴于上述之论证，毋宁将其称为"和谐哲学"。

述　评

本章是通行本《老子》的最后一章（帛书此章居中）。苏辙说："凡此皆老子之所以为书，与其所以为道之大略也。故于终篇复言之。"苏所言极是。所以，对本章的文句和章旨应从"为道之大略"上加以解读。"天之道，利而不害；圣人之道，为而不争"，是本章最后的文句，也是全书的总结论。《道德经》的核心思想是"道法自然"，基本理路是推天道以明人事，全书可以说都是在倡扬"天之道"和"圣人之道"，批判"损不足而奉有余"的"人之道"即统治阶级之道。圣人是道或"天之道"的化身和践行者，所以能做到"为而不争"。

"推道明人"或推天道以明人事，是老子所创立的一种思维方式。这种思维方式实际上是把天地人视为一个整体，认为它们所遵循的法则或规律是相同的。这种思维方式对后来的黄老道家乃至儒、阴阳、法、释（佛）各家都有着重要影响，对中华民族世代子民思维方式的影响亦不可低估。就天地社会人生是一个有内在联系的整体、都遵循大"道"即对立统一法则而言，是可以"推"的；但就天地社会人生都有着各自的特殊法则或规律来说，又是不可以"推"的，老子似乎没有看到这一点，这说明他思想的局限性。不过，老子针对当时"人事"中的弊端，对"天道"的特性有所选择，如说"天之道，损有余而补不足"（七十七章），"天之道，不争而善胜，不言而善应，不召而自来，繟然而善谋。天网恢恢，疏而不失"（七十三章），"天之道，利而不害"（八十一章），这又是老子的智慧之所在。在这种意义上，老子"推天道以明人事"的思想方法又无可厚非。

本章说的"圣人之道，为而不争"与十章、五十一章说的"玄德"是一致的；六十五章讲"此两者，亦稽式。常知稽式，是谓'玄德'。"这里说的"此两者"，是指"以智治国，国之贼；不以智治国，国之福。"从字面上看，它与十章、五十一章说的"玄德"不同，但"不以智治国"就是要依道治国，实行"无为而治"，也就是要"为而不恃，长而不宰，为而不争"，因而实际上是一致的。而且"圣人之道"、"玄德"与三十八章说的"上德"也是一致的，因为"上德无为而无以为"，而"无为而无以为"就是要以无为的方式去为，就是要心无私图地去为，亦就是"为而不争"。由此可见，"圣人之道，为而不争"的结论带有综合性。《老子》全书说道论德，道是其出发点和根本依据，而德的"无为而无以为"或"为而不争"是全书的着重点，"无为而治"是其落脚点。余以为，老子的"无为而治"有双重涵义，一是要以无为的方式治国，也就是"为无为"，二是认为只要以无为的方式治国，就可以实现天下大治。这是老子对君王等统治者的希望，也是他对国家前途的期望。

在本章中老子提出了一些对立统一的概念，有的讲得有些绝对化，比如他说："信言不美，美言不信。善者不辩，辩者不善。"老子对社会上某些矛盾对立的现象，看到它们的现象与实际内容的不一致，表明他的思想是深刻的，但把这种不一致绝对化，就必然陷入片面性和形而上学，因为确有某些事物（包括一部分"信言"、"美言"、"辩者"、"善者"等）的表面现象与其实际内容是统一的，相符合的。指出这一点是必要的，但我们也不能苛求于老子，正如孙以楷所说的："要知道老子这是在写格言体的韵文，不是写论述文，只要从一个方面给人们警示即可，不一定要面面俱到。实际上，只要不存在偏见，谁读了'善者不辩，辩者不善'，也不会在体悟到其中深刻含义时，会错误地以为凡善者都不辩，凡辩才都不是好东西。"①

---

① 孙以楷：《老子通论》安徽大学出版社 2004 年版，第 599 页。

在这里想就老子说的"知者不博，博者不知"谈谈自己的浅见。

愚以为老子说的"知者不博，博者不知"，不是一般地讲"博"与"专"的关系问题。"知者不博"的"知"字有双重涵义，一是"知"的本字，"知"者，知"道"也，从而"知者"是指体道、得道之人；二是知读为"智"，智慧也，从而"知者"是指得道而成为"智者"即思想家的人。"博者"在此当指知识博杂而未得道的学问家。老子说："圣人抱'一'为天下式"（二十二章），庄子说："《记》曰：'通于一而万事毕'。"（《庄子·天地》。按：陆德明《经典释文》认为《记》乃老子书，但已佚）他们所说的"一"就是道。笔者在本书中已多处讲过，老子所说的"道"，是既超越又内在于天地万物及社会人生的形而上的存在本体和价值本体，它的实质是矛盾法则或对立统一规律。一言一蔽之，道实际上是事物的辩证法。因此，问题的关键在于是否真正得"道"。若真正得了道，在观察、分析和解决问题时，就能高屋建瓴，势如破竹；若没有得"道"，在一大堆问题面前，犹如身居庐山之中，"横看成岭侧成峰"，却"不识庐山真面目。"

在笔者看来，知识和智能不是一回事。智慧是指对问题能迅速、灵活、正确地理解和解决的能力，它突出的表现是准确的判断和发明、创造与创新的能力，它主要表现为一种"悟性"，知识是比较死的东西，而智慧则可以统摄和驾驭知识。比如这里有堆积如山、一应俱全的建筑材料。对于一个完全没有智慧的人来说，他对此只能望洋兴叹，一筹莫展；对于一个有一点智慧的人来说，他会想到用来搭建鸡窝，一个用不完，他可以搭一百个，反正他只会搭鸡窝；对于一个智慧稍高的人来说，他会用来建平房，可以建一排排的平房，他也只会建平房；但对于高智商的建筑工程师而言，同样利用这些建筑材料，他可以设计和建造高耸入云的大楼或风格新颖的别墅。在缺乏智慧或悟性的人的头脑中，知识似乎是杂乱无章的；而在很有智慧的人的头脑中，知识可能是井然有序的，而且在其智慧的控制下，这些知识可以像"魔方"一样变化多端，随机结合，灵活运用，对于自己缺乏的知识，也会有的放矢地去抓来，抓来后立即编入智能控制的知识方阵。与此相反，有的人虽然饱读书刊，学富五车，但缺乏统摄和驾驭这些知识的智能，写的东西难免泛泛而谈，缺乏新意，没有创造性。智慧的实质是善于进行创造性思维。增进智慧的关键在于悟道、得道、用道。当然，如果没有相当的经验和知识的积累，光想悟道、得道、用道，也是徒劳无益的。

尾　声

中国的传统文化，主要为儒、释、道也。道与儒、释（佛）何异？魏源在《老子本义·论〈老子〉四》中对作为道家之首要经典的《老子》与儒家、释家的主要区别作了简要的诠释。他说：

> 《老子》与儒合乎？曰：否，否。天地之道，一阳一阴；而圣人之道，恒以扶阳抑阴为事。其学无欲则刚，是以乾道纯阳，刚健中正，而后足以纲维三才，主张皇极。老子主柔宾刚，而取牝、取雌、取母、取水之善下，其体用皆出于阴。阴之道虽柔，而其机则杀。故学之而善者则清净慈祥，不善者则深刻坚忍，而兵谋权术宗之。虽非其本真，而亦势所必至也。
>
> 《老子》与佛合乎？曰：否，否。窈冥恍惚中有精有物，即所谓"雌"与"母"。在佛家谓之玩弄光景，不离识神，未得归于真寂海。何则"老"明生而"释"明死也，"老"用世而"佛"出世也？"老"，中国上古之道；而"佛"，六合以外之教也。故近禅者，惟列御寇氏，而老子固与禅不相入也。宋以来禅悦之士类多援老入佛。《经》云："民不畏威，大威至矣！"苏子由乃谓："人苟于死生得丧之妄见，坦然无所怖畏，则我性中光明广大之大威，赫然见于前矣。"何异指鹿为马，种黍生稗！尊老诬老，援佛谤佛。合之两伤，何如离之两美乎？[①]

应当说，魏源关于道家与儒家、释（佛）家之主要区别的界定是比较准确的，但他反对"援老入佛"的主张则是不当的。这是因为：如果当初不是"援老入佛"，特别是通过阐发玄学而接引佛学，来自印度的佛学和佛教就不

---

① 魏源：《老子本义》，载《四部要籍注疏丛刊·老子》，中华书局1998年版，第1421—1422页。

能在中国生根，就没有中国禅宗的创立，佛学就不会成为中国传统文化的有机组成部分；同样，如果不是援老入儒，援儒入道，就不会有儒道互补，而若没有儒道互补，没有援佛入儒，就不会有宋明理学的产生，中华民族的传统文化就不会形成蔚为大观的气象和局面。由此看来，儒、释、道的互补与结合，不是三"伤"，而是三"美"，就中华民族传统文化而言，则合之以"大美"矣。

附　录

附录一　古籍述评老子及道家……………………………………（673）

附录二　《〈道德经〉新编》及其论证（导言部分）…………………（679）

附录三　《〈道德经〉新编》之修订…………………………………（683）

附录四　老子"道"的定义及实质之我见……………………………（710）

附录五　析老子的"无为"……………………………………………（722）

附录六　老子思想三论………………………………………………（733）

附录七　读《老子》感言………………………………………………（750）

附录八　郭店楚墓简本《老子》甲乙丙三组释文……………………（760）

附录九　帛书《老子》甲乙本释文……………………………………（767）

附录十　傅奕《道德经古本篇》………………………………………（788）

附录十一　河上公本《老子》…………………………………………（804）

附录十二　《道德经》（《老子》）通行本……………………………（820）

附录十三　校定文……………………………………………………（836）

附录十四　通行本与新编本章次对照………………………………（853）

附录十五　参考书目…………………………………………………（856）

附录一

古籍述评老子及道家

一、《史记·老子韩非列传》

老子者，楚苦县厉乡曲仁里人也，姓李氏，名耳，字聃①，周守藏室之史也。

孔子适周，将问礼于老子。老子曰："子所言者，其人与骨皆已朽矣，独其言在耳。且君子得其时则驾，不得其时则蓬累而行。吾闻之，良贾深藏若虚，君子盛德，容貌若愚。去子之骄气与多欲，态色与淫志，是皆无益于子之身。吾所以告子，若是而已。"

孔子去，谓弟子曰："鸟，吾知其能飞；鱼，吾知其能游；兽，吾知其能走。走者可以为罔；游者可以为纶；飞者可以为矰。至于龙吾不能知，其乘风云而上天。吾今日见老子，其犹龙邪！"

老子修道德，其学以自隐无名为务。居周久之，见周之衰，乃遂去。至关，关令尹喜曰："子将隐矣，强为我著书。"于是老子乃著书上下篇，言道德之意五千余言而去，莫知其所终。

或曰：老莱子亦楚人也，著书十五篇，言道家之用，与孔子同时云。

盖老子百有六十余岁，或言二百余岁，以其修道而养寿也。

自孔子死之后百二十九年，而史记周太史儋见秦献公曰："始秦与周合，合五百岁而离，离七十岁而霸王者出焉。"或曰儋即老子，或曰非也，世莫

---

① 据高亨考证，在春秋 240 年间有姓老而无姓李者，老聃或当姓老（《老子正诂》前记）。陈鼓应说："在先秦典籍中没有提到'李耳'，李耳或由'老聃'两字转出亦未可知。'耳'和'聃'字义相应。'老'和'李'古音同，'李'姓或由'老'姓转出，如荀卿转为孙卿。"（陈鼓应：《老子今注今译》，商务印书馆 2003 年版，第 8 页。）如此，"老子"之"老"为其姓，"子"乃尊称，如孔子、孟子、庄子、荀子等。

知其然否。老子，隐君子也。

老子之子名宗，宗为魏将，封于段干。宗子注，注子宫，宫玄孙假。假仕于汉孝文帝，而假之子解为胶西王卬太傅，因家于齐焉。

世之学老子者则绌儒学，儒学亦绌老子。"道不同不相为谋"，岂谓是邪？李耳无为自化，清静自正。

……

太史公曰："老子所贵道，虚无，因应变化于无为，故著书辞称微妙难识。庄子散道德，放论，要亦归之自然。申子卑卑，施之于名实。韩子引绳墨，切事情，明是非，其极惨礉少恩。皆原于道德之意，而老子深远矣。"

二、司马谈《论六家要旨》

道家使人精神专一，动合无形，赡足万物。其为术也，因阴阳之大顺，采儒墨之善，撮名法之要，与时迁移，应物变化，立俗施事，无所不宜，指约而易操，事少而功多。儒者则不然。以为人主天下之仪表也，主倡而臣合，主先而臣随。如此则主劳而臣逸。至于大道之要，去健羡，绌聪明，释此而任术。夫神大用则竭，形大劳则敝。形神骚动，欲与天地长久，非所闻也。

夫阴阳、四时、八位、十二度、二十四节各有教令，顺之者昌，逆之者不死则亡，未必然也，故曰"使人拘而多畏"。夫春生夏长，秋收冬藏，此天道之大经也，弗顺则无以为天下纲纪，故曰"四时之大顺，不可失也"。

……

道家无为，又曰无不为，其实易行，其辞难知。其术以虚无为本，以因循为用。无成势，无常形，故能究万物之情。不为物先，不为物后，故能为万物主。有法无法，因时为业；有度无度，因物与合（兴舍）。故曰："圣人不朽（巧），时变是守。虚者道之常也，因者君之纲"① 也。群臣并至，使各自明也。其实中其声者谓之端，实不中其声者谓之窾。窾言不听，奸乃不生，贤不肖自分，白黑乃形。在所欲用耳，何事不成。乃合大道，混混冥冥，光耀天下，复反无名。凡人所生者神也，所托者形也。神大用则竭，形大劳则敝，形神离则死。死者不可复生，离者不可复反，故圣人重之。由是

---

① 此出《鬼谷子》，作者引之以成其章，故称"故曰"也。

观之，神者生之本也，形者生之具也。不先定其神【形】，而曰"我有以治天下"，何由哉？①

三、《汉书·艺文志》

道家者流，盖出于史官，历记成败、存亡、祸福、古今之道，然后知秉要执本，清虚以自守，卑弱以自持，此君人南面之术也。合于尧之克让，《易》之嗛嗛，一嗛而四益。（这里讲的道家亦是黄老道家）

四、《史记·孔子世家》

鲁南宫敬叔言鲁君曰："请与孔子适周。"鲁君与之一乘车、两马、一竖子俱，适周问礼，盖见老子云。辞去，而老子送之曰："吾闻富贵者送人以财，仁人者送人以言。吾不能富贵，窃仁人之号，送子以言，曰：'聪明深察而近于死者，好议人者也。博辩广大危其身者，发人之恶者也。为人子者毋以有己，为人臣者毋以有己。'"孔子自周反于鲁，弟子稍进益焉。

五、《史记·仲尼弟子列传》

孔子之所严事者，于周则老子，于卫则蘧伯玉，于齐晏平仲，于楚老莱子，于郑子产，于鲁孟公绰。

六、《孔子家语·五帝》

季康子问于孔子曰："旧闻五帝之名而不知其实，请问何谓五帝？"孔子曰："昔丘也闻诸老聃曰：天有五行，水、火、木、金、土，分时化育，以

---

① 此文载《史记·太史公自序》，中华书局2005年版，第2486—2488页。司马谈这里讲的道家当指黄老道家或黄老之学。

成万物，其神谓之五帝。"

七、《孔子家语·执辔》

子夏问于孔子曰："商闻易之生人及万物、鸟兽昆虫，各有奇耦，气分不同，而凡人莫知其情，唯达德者给原其本焉。天一、地二、人三。……故人十月而生，……其余各从其类矣。鸟、鱼生阴而属于阳，故皆卵生。……是以至阴主牝，至阳主牡矣。敢问其然乎？"孔子曰："然，吾昔闻诸老聃亦如汝之言。"

八、《庄子·天运》

孔子行年五十有一而不闻道，乃南之沛见老聃。老聃曰："子来乎？吾闻子，北方之贤者也，子亦得道乎？"孔子曰："未得也。"老子曰："子恶乎求之哉？"曰："吾求之于度数，五年而未得也。"老子曰："子又恶乎求之哉？"曰："吾求之于阴阳，十有二年而未得。"

老子曰："然。使道而可献，则人莫不献之于其君；使道而可进，则人莫不进之于其亲；使道而可以告人，则人莫不告其兄弟；使道而可以与人，则人莫不与其子孙。然而不可者，无它也，中无主而不止，外无正而不行。由中出者，不受于外，圣人不出；由外入者，无主于中，圣人不隐。名，公器也，不可多取。仁义，先王之蘧庐也，止可以一宿而不可久处，觏而多责。"……

孔子见老聃而语仁义。……

孔子见老聃归，三日不谈。弟子问曰："夫子见老聃，亦将何规哉？"孔子曰："吾乃今于是乎见龙！龙，合而成体，散而成章，乘云气而养乎阴阳。予口张而不能嗋，予又何规老聃哉！"

九、《庄子·天运》

孔子五十有一，南之沛而问道于老子，求之于度数，求之于阴阳。

十、《庄子·天下》

以本为精，以物为粗，以有积为不足，澹然独与神明居①。古之道术有在于是者。关尹、老聃闻其风而说之。建之以常无、有，主之以太一，以濡弱谦下为表，以空虚不毁万物为实。

关尹曰："在己无居，形物自著。其动若水，其静若镜，其应若响。芴乎若亡，寂乎若清。同焉者和，得焉者失。未尝先人而常随人。"

老聃曰："知其雄，守其雌，为天下谿；知其白，守其辱，为天下谷。"人皆取先，己独取后，曰："受天下之垢"。人皆取实，己独取虚，无藏也故有余，岿然而有余；其行身也，徐而不费，无为也而笑巧；人皆求福，己独曲全，曰："苟免于咎。"以深为根，以约为纪，曰："坚则毁矣，锐则挫矣。"常宽于物，不削于人，可谓至极。关尹、老聃乎！古之博大真人哉！

十一、《说苑·敬慎》

常摐有疾，老子往问焉，曰："先生疾甚矣，无遗教可以语诸弟子者乎？"常摐曰："子虽不问，吾将语子。"常摐曰："过故乡而下车，子知之乎？"老子曰："过故乡而下车，非谓其不忘故耶？"常摐曰："嘻，是已。"常摐曰："过乔木而趋，子知之乎？"老子曰："过乔木而趋，非谓敬老耶？"常摐曰："嘻，是已。"张其口而示老子曰："吾舌存乎？"老子曰："然。""吾齿存乎？"老子曰："亡。"常摐曰："子知之乎？"老子曰："夫舌之存也，岂非以其柔耶？齿之亡也，岂非以其刚耶？"常摐曰："嘻，是已。天下之事已尽矣，无以复语子哉！"

---

①　对此文，钱基博先生解释曰："夫'以本为精'，则'应于化'矣！'以物为粗'，则'解于物'矣。'应于化而解于物'，则尽'芒乎昧乎'之道，而能以'不足'用其'有积'，'澹然独与神明居'矣！"（商务印书馆《万有文库》，1930年版。）

十二、《吕氏春秋·至公》

荆人有遗弓者，而不肯索，曰："荆人遗之，荆人得之，又何索焉？"孔子闻之曰："去其'荆'而可矣。"老聃闻之曰："去其'人'而可矣。"故老聃则至公矣。天地大矣，生而弗子，成而弗有，万物皆被其泽、得其利，而莫知其所由始。

十三、葛洪《抱朴子内篇·明目》

道者儒之本也，儒者道之末也。

十四、朱元璋《御注道德经》

朕虽菲材，惟知斯经乃万物之至根，王者之上师，臣民之极宝。

十五、爱新觉罗·福临《御注道德经》

《老子》五千言，上可以通于妙，下可以通于徼，以之求道则道得，以之治国则国治，以之修身则心安。其言常通于此三者。

十六、魏源《老子本义》

盖《老子》之书，上之可以明道，中之可以治身，推之可以治人。其言常通于是三者。

圣人，经世之书；而《老子》，救世之书也。

附录二

《〈道德经〉新编》及其论证
（导言部分）

　　老子的《道德经》(《老子》)，是我国传统文化的重要源头，是中国思想史上一座彪炳千秋的丰碑，是源远流长的中华民族文化及民族精神的重要组成部分。两千多年来，它深刻地影响着一代又一代中华儿女的思想心理和社会生活。全面正确地把握《道德经》的思想内涵，是深刻理解中华文化源流和民族精神的关键之一。站在时代的高度，以宏观视野和战略眼光重新反思和研究考证《道德经》，对于全面正确地把握它的思想内涵，显扬其本真意义和时代价值，对于在新的时代条件下建设中国特色社会主义文化，具有重要意义。

　　《道德经》博大精深，是一个思想宝库；语言简练精美，是一部哲理诗。但是，毋庸讳言，从其思想内容和内在逻辑的视角看，《道德经》通行本（王弼本）的章次排列有些无序，比如：其上篇"道经"中多有论述当属下篇"德经"之内容（如第 3、8、9、13、17、18、19、27、28、29、30、31、33 章），而在"德经"中则多有论述当属"道经"之内容（如第 39、40、42、47、52、77 章）；马王堆帛书亦如此，只是其上篇为"德经"，下篇为"道经"，篇序有别而已。又以前三章为例：第一章是从总体上论道，第二章讲事物矛盾着的两方面之对立统一关系，第三章则讲社会政治问题，内容差距很大，前后几无联系。这给读者全面把握老子思想脉络带来不少困难。

　　之所以造成这种状况，首先可能与中国古书的形成方式不无关系。中国早期的一些重要思想，起初多口头相传，然后才记录下来，形成文字。这些文字材料的次序，往往不像后人那么严格、讲究。即是说，中国早期书籍的章节次序，本来就有一定的随意性。至于《道德经》是否属于此种情况，有赖于其祖本之考古新发现。不过，根据《史记·老子韩非列传》的记载，《道德经》是在老子行将出关之前被关令尹喜临时"逼"出来的，也就是说，它不是老子的从容之作，而是急就章。可以想见，老子当时很可能是想到哪里就写到哪里，不可能把他几十年所思考的心得和道理在上下五千言中布局合理，一气呵成而又逻辑严密，层层展开，无懈可击。

另一方面，古书在流传过程中，原来的章节次序很容易发生错乱。这是因为，在发明纸以前，古人最重要的书写材料是竹简。而用来编连竹简的线绳则容易断开，因而古书在流传过程中发生散乱错简的事是常有的，孔子读《易》时就曾"韦编三绝"。我们知道，经过秦火之祸，先秦典籍遭到严重破坏，现存先秦古书多是经汉代学者的整理才得以流传下来的。可以想见，汉代学者所面对的往往是一堆杂乱失序的材料，其中大部分是业已散乱的竹简。事实证明，尽管他们悉心释读和编连，也难免发生误读和错简。例如今本《礼记·缁衣》的第一章在郭店楚简《缁衣》中不存在，而含有"缁衣"字样的第二章为郭店简本之首章，这充分说明经汉代人整理的今本第一章确系错简。汉代以后，对先秦古籍进行重编的学者不乏其人。在宋代，程、朱曾经对《大学》进行重编，这部《大学》重编本此后成为通行本。近年来，在史料考证的基础上，金景芳先生重编《周易·系辞》，郭沂先生重编《大学》、《中庸》，都是很有意义的工作。

《道德经》的原貌现在已不得而知。但就其通行本（王弼本）之规模而言，马王堆帛书本是迄今发现的最早版本，而这个本子（包括甲、乙两种）除分为德经、道经之外，是不分章节的。通行本两篇八十一章之划分乃西汉后人之所为。据刘歆《七略》说，其父刘向在整理这部名著时，"定著二篇八十一章。上经三十四章，下经四十七章"。其后王弼也将之分为八十一章，区别为道经三十七章，德经四十四章。这种划分章节的方式是否合理，有很大的讨论余地。唐代陈景元《道德真经藏室纂微篇》说："道经居先，德经次之。上下二卷，法两仪之生育；八十一章，像太阳之极数。是以上经明道以法天，下经明德以法地。天数奇，故上经三十有七章；地数偶，故下经四十有四章。"如陈说与编者意图相符，则这种划分具有鲜明的数字崇拜色彩，自然有其不合理之处。或许正因如此，并非所有学者都遵信这种划分方式，如严遵本七十二章，孔颖达本六十四章，吴澄本六十八章等。不过应当指出的是，各本尽管分章不同，但章次基本没有打破。

总而言之，《道德经》通行本问世一千七百多年来，相关注释本和研究性著作虽然汗牛充栋，不胜枚举，但鲜有学者对其整篇的内在逻辑作出深度分析，也未见有人在此基础上对它的章节次序作出重新编排。为了给《道德经》的研读者更好地把握这一著作提供某种参考，笔者不揣冒昧，以王弼本为基础，参照郭店楚墓竹简本和马王堆帛书本，并吸收历代《老子》校诂学者的合理见解，对其个别字句加以斟酌的基础上，根据这一光辉著作的思想内容及其内在联系，对《道德经》通行本的章次试作一重新编排，以此作为《道德经》之新编本。

就新编本的根据而言，迄今发现的《老子》（《道德经》）古本本身就存在着重大差别。比如郭店楚墓竹简本与通行本乃至马王堆帛书本的差别就很大。郭店楚墓竹简本释文根据竹简形制的不同，将《老子》竹简分为甲、乙、丙三组。其中甲组包括五个拼连组，乙组包括三个拼连组，丙组包括四个拼连组。按郭沂先生的意见，甲组分为上下两篇，上篇七章，为第一篇，着重讨论守道归朴的根据；下篇十四章，为第二篇，着重讨论守道归朴及其效果；乙组为第三篇，从治国、修身两个方面探讨守道归朴的途径；丙组为第四篇，进一步探讨政治问题。显然，这也构成了一种思想理论体系。对郭店楚墓竹简本《老子》究竟是《老子》的足本（或祖本）还是《老子》的一个节选本，尽管学术界有不同看法，但否定它是迄今发现的《老子》的最早的一个版本的意见，是根据不足的。就是说，在不能断定何为《老子》祖本的情况下，对《老子》进行新编也提供了一种根据。

以时代的视野，并站在人类思想发展史的高度重新考证并从解释学的视角来研读《道德经》，是一种文化再造、推陈出新的学术行为。这首先是一种研究视野、研究方法的现代转换。纵向观之，中国古代思想史、文化史就是一部通过不断地注经、解经而向前发展的历史。由重新释义而推陈出新，已成为中国文化创新发展的常规形态之一。然而，囿于历史观和方法论视野的局限，对于旧文本的解读通常有两种极为对立的态度和方法：一是旧学方法，即在旧文本编撰框架内按照旧文本结构来解读，因而往往难以解读出文本的时代意义；二是全盘否定，彻底批判之，"五四"至"文革"时期均有名士作如是说。问题的关键在于，应当用超越旧学的"文本结构"之重构法作为新解的基础，这是一种方法论上的革新。笔者认为，文本结构是文本意义的直接存在方式。文本结构的变革直接影响着文本意义的内涵和彼此关联，甚至于其意义本身。因此，文本结构的研究，应当是意义解读的首要前提。一个具有时代性意义的文本必定需要有与之相适应的文本结构。新编本就是基于章句校诂和历史考证，力图根据文本的本真意义和时代性要求，对《道德经》通行本的文本结构作合理重建的尝试。

　　《道德经》新编本共分为四篇，各篇的名称及主题如下：一、道论篇，主要阐述道的实有性，道的作用特点，道的基本特点和运行轨迹，道的本原和本体论意义，以及如何认识和把握道等问题；二、德论篇，主要论述德及其与道的关系，实践道和德、依道而行的基本原则；三、修身篇，主要论述道、德之于修身和处世；四、治国篇，主要论述道、德之于治国爱民，以及道、德之于战争观和军事策略。笔者又依据各篇之内容，将其分为几个层次，并注意揭示它们之间的内在逻辑。本文除对通行本各章次重新编排并重新分篇外，主要是对其篇章作如是编排的理由作简要申述。为了帮助读者理解和把握老子哲学及政治思想的理论价值和现实意义，文中对《道德经》中的思想"亮点"或精华，也作了某些扼要点评。

（文章全文连载于《文史哲》杂志 2003 年第 1—2 期，
约 36000 字。此文为文章的导言部分，收入时略有补充）

附录三

《〈道德经〉新编》之修订

2003 年,《文史哲》杂志第 1—2 期连载了拙作《〈道德经〉新编及其论证》一文。在那篇文章的末尾,我曾这样说:"本文是笔者在初步研究的基础上对《道德经》的章次所做的重编及对老子某些思想观点的扼要点评,不一定妥当","究竟以如何分章和重编为好,还需做进一步研究。"此后两年多来,笔者对《道德经》(《老子》)又作了一些研究,觉得将其分为四篇还是可以的,但原先有些章次的排列不当,不利于揭示《道德经》思想的内在逻辑关系,有的观点也欠妥,因而作此文对某些章次做出调整,不妥的观点予以改正,兼及对《老子》研究中某些似乎已是定见的观点的辨析。不当之处,仍祈方家及读者指正。

一、道论篇

"道"是老子哲学的最高范畴,道论是《道德经》和老子哲学体系的首要的理论基础,因为德论以及修身论、治国论都是建立在道论基础上的,亦是由此出发的。道论篇主要回答了道的实有性,道的作用特点,道的基本特点和运行轨迹,道与宇宙生成之关系,以及如何认识和把握"道"等问题。

(一)作为哲学范畴的"道"的提出,道的实有性和道的作用特点

在第一章中,老子提出了作为哲学范畴和《道德经》之逻辑起点的"道"及其同质异名的"无"及"有"的概念,并指出道是"天地之始",

"万物之母"。因此在老子看来，在道那里实现了逻辑的与历史的统一。

在第二十一章中，老子对道的实有性作了揭示和描绘。谓道"其中有象"，"其中有物"，"其中有精"，而且"其精甚真，其中有信"。这说明"道"是实有的，并不像有的论者说的道及其特点是老子"虚拟的"，"预设的"。它虽然叫做"无"，但不是空无所有，而是有着实质性内容的（所以又叫做"有"），这个内容就是天地万物的存在本体和价值本体，就是宇宙万物的总法则、总规律，而这是不依人们的意志为转移的，至于叫什么名字并不重要，而且老子也说"吾不知其名，强字之曰'道'"。

关于道的作用特点，第四章说："道冲，而用之或不盈。"就是说，道是"虚"的（盈则虚尽），道的作用是不可穷竭的。在此章中，老子谓道是"万物之宗"，并说"吾不知谁之子，象帝之先"。老子是中国历史上第一个向传统有神论的天命观开战的哲学家。而有的论者将"象帝之先"释译为"好像是上帝的祖先，是它产生了上帝"，并说可见"老子没有否认上帝"。这种说法似是而非，因为如果老子真的如此认为，那么在道与万物之间就应当有上帝的位置，而从他的宇宙生成图式即"道生一，一生二，二生三，三生万物"来看，我们却根本看不到上帝的影子，可见老子并未给上帝及天命论留下任何存在的余地。

第五章说："天地之间，其犹橐籥乎？虚而不屈，动而愈出"。"虚而不屈，动而愈出"实际上是形容"虚"性的道具有源源不断的生命力和创造力。值得注意的是，上面的这段话在简本中是独立的一章，其上既无关于"天地不仁"的一段话，其下亦无"多言数穷，不如守中"之文句。

第六章又说，作为"天地之根"的道，它"绵绵若存，用之不勤"。"用之不勤"是用之不竭之义。

（二）道的基本特点和运行规律

第十四章对"道"的性状作了描述。说它"视之不见"，"听之不闻"，"搏之不得"，"其上不皦，其下不昧"，"迎之不见其首，随之不见其后"。它似乎有"状"，但又"无状"；虽然有"象"，但又不是物之象，而是"无物之象"，因此"是谓惚恍"。所以，就其性状而言，"道"具有形而上的性质和特点。笔者认为，老子所说的作为哲学范畴的"道"，既不是某种物质性实体，也不是绝对精神或纯粹的逻辑思维形式，而是既超越又内在于一切形下之物及社会人生的存在本体和价值本体，它的实质是矛盾法则或对立统一规律，对立面的协调和谐或转化是其落脚点，在价值观上道是超凡脱俗的精神境界。（论述详见拙作《老子"道"的定义及实质之我见》，《哲学研究》2005 年第 4 期）

第六十七章第一段说："天下皆谓我：'道大，似不肖'。夫唯大，故似不肖；若肖，久矣其细也夫。"意思是说，天下人都对我说："（你说）道大，似乎不像（那么回事）"。正因为它大，所以不像（是大的）；如果像的话，那么它早就渺小了。

为什么天下人都认识不到道大呢？一是因为道是"视之不见"、"听之不闻"、"搏之不得"的。在世人看来，既然连看都看不到，说它大又怎能令人置信呢？二是因为世人对老子说的"万物归焉而不为主，可名为大"（三十四章）这句话不理解，因为在他们看来，主宰者之为大，万物之主为最大，而"万物归焉而不为主"的道怎么能为"大"呢？

有的论者把"不肖"释为"不美"或"不善"，恐不妥，因为老子从未讲过道美不美、善不善的问题；有的论者将"不肖"释为"不像任何具体的东西"，似亦不当，因为"任何具体的东西"为论者之妄加。

笔者之所以将此段独立成章，因为它是揭示"大"是道的一个特征的，而下文是讲"吾有三宝"的，上下文之文义不相属。

第三十七章指出："道常无为而无不为。"就是说，"无为"是道的重要特点。但"无为"并非"不为"，而是以"无为"的原则和方式去"为"，亦即顺应事物自身的特性和规律去"为"。"道常无为而无不为"是老子"无为"政治主张的形而上的根据，而"无为"的主张主要是为了消解统治者的专权和滥权，为人民实现自为、自化争得充分的活动空间。应当指出，这里的"无为"与"无不为"的关系，并非像有些论者所说的是手段与目的的关系或因果关系。"无不为"是说"道"按照"法自然"的原则而无不作为，即因顺万物之自然而无所不为，所以它与"无为"讲的实际上是一回事。司马谈《论六家要旨》也说："道家无为，又曰无不为……其术以虚无为本，以因循为用。"文中"侯王若能守之，万物将自化"，是说侯王若能坚持道的这种特性和行为原则，人民（这里的"万物"指的是"民"或普通百姓）必将从繁苛法令的束缚中解放出来而自我化育。

第二十五章在道论中是具有综合性的章节。在这一章中，老子不仅重申道是混成之"物"，是"先天地生"的，而且强调"道法自然"。就是说，以"自然"为法则是道的根本特性。"自然"的本义是自己的样态或自己如此，它与后起的大自然或自然界之涵义不同。"道法自然"不仅是指道以"自己如此"为法则，即"自本自根"，从而排除了在道之上的造物主和人格神观念，而且指道以顺应而不是违反天地万物及社会人生的自然特性和发展趋势为法则。正因为道是"法自然"的，所以它是"无为"的。此章还比较集中地揭示了道的运行规律，谓道是"独立而不改，周行而不殆"的，又说"大曰逝，逝曰远，远曰反"。"逝"、"远"、"反"，亦是道的运行轨迹，它与"周行而不殆"是一致的。应当指出，在本章中老子还把人与道、天、地并列，视为"域中"的四大之一，从而空前地突出了人在宇宙中的地位。与有神论的天命论不同，他把"天"还原为自然的天；人虽然只是"万物"中的一种或一部分，但他在"四大"中却不提"万物"，可见老子把人视为超出于万物之上的具有独立品格的一类；老子虽然把道视为宇宙的本原和本体，但他强调悟道是为了明人，可见人始终是老子关注的中心。正因为如此，所以老子既不是"以神为本"，也不是"以物为本"，而是以人为本的。而且老子强调人"法道"，最终"法自然"，从而深刻地揭示了人追求形上学及自立自化的本性。

第三十四章说："大道氾兮，其可左右。"是说"道"就像到处泛滥的江河湖水一样，无处不在。这也是讲道的运动轨迹。又说它"衣养万物而不为主，可名于小；万物归焉而不为主，可名为大"。意思是说，万物虽然是道所"生"的，但道却对其不加主宰。因此，因任万物之自然本性而不予以主宰，亦是道的重要特点之一。

在第四十章之上段，老子指出："反者，道之动；弱者，道之用"。这里的"反"字，简本为"返"（"返"并不通"反"，二者皆为本字），无往则无"返"，因此"反者，道之动"，亦是说循环往复是道的运动轨迹。"反者，道之动"的另一涵义是对立面是道运动的原因和动力。"弱者，道之用"，"弱"既是道的作用特点，亦是"法道"的人的行为特点，又是作为行为方式的"无为"的重要体现。笔者之所以将第四十章分为两章，是因为其上段讲的是"道"的运动规律和作用特点，而下段则讲的是万物来源于道的问题。在帛书中此章之下段即"天下万物生于有，有生于无"，是与四十二章首句的"道生一，一生二，二生三，三生万物"紧相连接的，中间没有插入"上士闻道"的第四十一章，亦说明了它们之间的紧密联系。

第七十三章说："天之道，不争而善胜，不言而善应，不召而自来，坦然而善谋。"这是说，道既有"不争"的特性，又有自然无为之特性。

综上可见，道的主要特点是"独立而不改"（"独立"是说"道"是惟一的，没有与之对立之物；"不改"是说"道"的形态、性质具有永恒性），"恍惚"无形迹，大，"法自然"，无为，不争；其运动规律是在天地万物之间和之中循环往复地运行，无所不在。

（三）道与宇宙生成之关系

第四十章下段说："天下万物生于有，有生于无。"这个"无"指的是道。可见在老子看来，道为天地万物之宗。

第四十二章上段说："道生一，一生二，二生三，三生万物。万物负阴而抱阳，冲气以为和。"在笔者看来，这里所说的"道"，是作为"无极"或"无"的道体。道体可以说是道的最初的形态，它在总体上是一种无差别境界。这里所说的"一"是道体之虚义转化的"太极"；"二"是太极所生的"两翼"即纯粹形态的阴和阳；"三"是指纯阴纯阳及其相互交感的矛盾统一关系。因此，道体依次递"生"的"一"、"二"、"三"，都是道体在形而上范围内的延伸，所以总体上仍属于作为形上本体的道。正是这种形上本体的道"生"了包括天地在内的万物。"冲气以为和"是说对立面之间经过冲突、激荡、交感而达到协调与和谐，因而它是对矛盾着的两方面何以达到统一的内部机制的揭示。"万物负阴而抱阳，冲气以为和"，可以说是中国哲学对矛盾法则或对立统一规律的最经典、最精辟的表述。从本章上段的这些论述中我们可以看出，对立面的斗争、统一与和谐是道的本质性特点，或者说矛盾法则或对立统一规律是道的实质；矛盾法则是包括社会人生在内的天地万物的形而上的最本质的共相。此说详见拙作《老子"道"的定义及实质之我见》（《哲学研究》2005年第4期）。在帛书中，第四十章与四十二章是紧相连接的，说明老子是分别从逆向和顺向两个方面揭示了道"生"天地万物的历史过程。可见老子是创立中国哲学宇宙论的鼻祖。不过在笔者看来，这里的"生"并非"母生子"之义，而是在为天地万物提供内在的根本依据的意义上讲的。详见上述之拙作。

此外，第一章说："无，名天地之始；有，名万物之母"；第四章说："渊兮，似万物之宗"；五十一章说："道生之，德畜之，物形之，势成之"，也都是讲道与天地万物（宇宙）生成之关系的。

在第十一章中，老子以车、器、室三个例子，说明了依托于"有"的"无"的作用，提出了"有之以为利，无之以为用"的观点。这里是讲有与无的哲学概念在人类实践领域中的应用和具体化，因而与作为道之次生异名的“无”与“有”不能混为一谈。

（四）如何认识和把握“道”

　　第十六章提出了“致虚极，守中笃”（郭店楚墓竹简本《老子》）的要求。老子认为，要认识和把握“道”，或者说要体道、悟道，就必须排除一切来自客观的（外部因素）和主观的（主要是私欲妄念）的干扰，把“致虚”和“守中”的功夫做到极致的境地。“守静笃”不若简本的“守中笃”，因为老子要持守和追求的是对立面分化之前的状态及对立面经过激荡走向和谐统一的状态，这其实是一种“中”的状态。“多言数穷，不如守中”（四章）亦说明了这一点。况且“致虚极”必然是以“守静笃”为前提的，因而“致虚极”中已内在地包含了“守静笃”的内容。

　　第十章指出：“搏气致柔，能如婴儿乎？涤除玄览，能无疵乎？”意思是说，结聚精气，以致柔顺，能否做到如同婴儿那样的呢？洗刷内心的用以深观远照的镜子，能否做到使其一尘不染呢？这是说，要真正地体悟“道”，真正地洞察万物的本质，就必须聚精会神，就必须摒弃一切私心杂念和社会的主观成见。“玄览”亦可释为“览玄”，即用心观照玄妙的道体。

　　第四十八章说：“为学者日益，为道者日损。损之又损，以至于无为。无为而无不为。”这里说的“损之又损”，虽然包括如有些论者所说的对私欲和主观成见之“损”，但在笔者看来，它主要是指对感性具体及其法则之“损”，对相对抽象之“损”，以至于“损”到“玄之又玄”（一章）的绝对抽象的高度，即“道”的高度。因此，“损之又损”的过程，是修道者在头脑中不断实施抽象的过程，是抽象了再抽象的过程。也正因为如此，所以才能“以至于”达到对道及其“无为”特性的把握和践行，才能进至“无为而无不为”的境界。

　　第四十七章说：“不出户，知天下；不窥牖，见天道。”对此章之内容，多为论者指责为唯心论的认识论。但在笔者看来，老子在这里不是在阐释他的一般认识论思想，而主要是讲如何体悟“道”（包括“天道”）。而在老子看来，要体悟“道”，主要是靠“致虚极，守中笃”基础上的直觉或顿悟。既然如此，即使“出户”，“窥牖”，“其出弥远”，走遍天下，亦似乎无助于认识和把握“玄之又玄”的“道”。当然，这种直觉或顿悟也不是凭空产生的，而是在对具体不断抽象的过程中所发生的认识上的突发性的飞跃。顺便指出，作为奇特的思维方式的直觉或顿悟之发明和运用，是老子对人类思维科学的一大贡献，现已越来越引起国内外科学家的关注和研究，因为近现代科学技术上的许多重大发现和发明与此种思维方式密切相关。

第五十二章说："塞其兑，闭其门，终身不勤；开其兑，济其事，终身不救。见小曰明，守柔曰强。用其光，复归其明，无遗身殃，是为袭常。"这里讲的仍是对道的体悟和把握。是说只有塞住嗜欲的孔窍，关闭嗜欲的门户，才能使自己的"心"真正达到极端虚静的境地，才能体悟"道"。"见小曰明"的"小"，似不是大小的"小"，而是三十四章所说的"衣养万物而不为主，可名于小"的"小"，亦即"道"。"用其光，复归其明，无遗身殃"，是说要用若明若暗的道的中和之光"观"道及照认一切，然后反归其明"道"而守之，便能在人生和处事中因袭常道，如此则"无遗身殃"。

二、德论篇

"德"在《道德经》和老子哲学体系中是仅次于"道"的重要哲学范畴。正如"道"不是伦理道德的"道"一样，"德"在本质上亦不是伦理道德的"德"；正如老子没有给"道"下一个明确的定义一样，他亦没有对"德"的规定性作出集中的概括，这可能与中国古代哲学不太讲究概念的明晰性和确定性有关。但从"孔德之容，惟道是从"（二十一章）这句话来看，"德"发挥作用的方式和方向是以"道"的自然无为等特性为准绳的。因此，"德"可以说是天地万物特别是"圣人"和百姓得之于道所形成的自然无为特性及其对这种特性的实践。老子在德论篇中多方面揭示和描绘了"德"的特性，并回答了应如何修德，以及修德有成的标志和样态等问题。

（一）"德"的特性

在第三十八章中，老子把"德"分为上德和下德，讲了德与道的关系，以及与仁、义、礼的关系。上德与下德皆"无为"，即根本特性与道一致。但上德是"无以为"的，亦即无私的，而下德则是"有以为"的，老子以此区分"德"之上与下。文中所谓"失道而后德"，是讲的"道"

向具有实践意义的"德"的虚义转化（"德"可以说是道与社会实践的中介，因而当属于"实践理性"之范畴），并非"道"真的失去了；而仁、义、礼则皆属"有为"的范畴，所以在它们那里不仅"失"了道，而且"失"了德。

第四十一章说："上德若谷，广德若不足，建德若偷。"依高亨之见，文中的"大白若辱，质真若渝，大方无隅"也是讲"德"的，因而此章的主要内容讲的是"德"，而且主要是讲的"上德"之特点。正因为上德所显现出来的特征是"若谷"、"若不足"、"若偷"、"若辱"等，所以与道之"若昧"、"若退"、"若纇"之特点是一致的，因此为那些只看现象不识本质的"中士"所困惑，"下士"所嘲笑。老子在这里用了几个"若"字，其目的似是要人们透过现象认清"德"的宝贵本质。

第五十一章说："道生之，德畜之。"是说天地万物为道所"生"之后，要用"德"使其成长发育。"德畜之"令人不解，因为"德"并非行为主体，何以对万物"畜之"？笔者认为，这里是说得道而"惟道是从"的侯王（"圣人"）用道所体现的自然无为的原则和行为方式来导引、辅助和化育万物（实指"万民"），这样一来，"万物"（万民）就会免于繁苛法令的束缚而实现自为、自化、自富、自朴，所以"万物莫不尊道而贵德"。老子在本章中还提出了"玄德"的概念，并指出"玄德"是指对万物"生而不有，为而不恃，长而不宰"。可见"玄德"是最无私，最高尚，并因任万物之"自然"而同于道的"德"。第六十五章中重出了"玄德"的概念，二者的涵义是否一致呢？那里说"以智治国，国之贼；不以智治国，国之福。知此两者，亦稽式。常知稽式，是谓'玄德'"。因为"以智治国"是违反自然无为和无私的原则的，而"不以智治国"是顺任万物之自然而实行无私无为而治的，所以它与本章中所讲的"玄德"的涵义是一致的。

第八章说："上善若水。水善利万物而不争，处众人之所恶，故几于道。"接着讲了"上善"的七个方面的表现。这七个方面皆为实践的层面，属于作为道之体现的"德"的范畴，因而"上善"当是指的"上德"。与道一样，德亦具有"不争"自身名利的品格。

（二）应如何修德

在第二十八章中，老子提出了"常德"的概念。"常德"在帛书中为

"恒德"。老子说，要使"常德不离"，就要做到"知其雄，守其雌，为天下谿"；要使"常德不忒"，就要做到"知其白，守其黑，为天下式"；要使"常德乃足"，就要做到"知其荣，守其辱，为天下谷"。这里讲的是修德并使德永驻而必须坚持的原则。应当指出，老子并非要人们盲目地"守其雌"、"守其黑"、"守其辱"，而是要人们在深知其对立面（"雄"、"白"、"荣"）的情况下，自觉地、清醒地去持守。这里表现了老子关于在对立面的统一中把握对立面及其重点的思想，从中可以看出老子认识论的辩证法。在老子看来，人们之所以必须守"雌"、守"黑"、守"辱"，是因为它们体现了道的自然、无为、不争之特性，因而也符合"常道"之要求。

第五十四章首先讲了要建树事业和世代保持事业都在于修德，然后讲如何使德逐步达至广被天下。如此则应从个人自觉地修德做起，说"修之于身，其德乃真"，由此逐步使全家、全乡、全邦、全天下的人都修德。这样一来，"德"就会惠及全天下了。不仅如此，而且还应采取"以身观身，以家观家，以乡观乡，以邦观邦，以天下观天下"的方法，察知修德、行德的要求逐步落实的情况。顺便指出，老子思想本是经世致用之学，他关于个人修德逐步达至广被天下的论述，很可能是儒家修、齐、治、平的"内圣外王"之道的思想源头。而且"内圣外王"之道的概念是在《庄子》天下篇中首先提出来的，由此可见道家对儒家的深刻影响。

综上所述，道为德之体，德为道之用。老子之所以提出"德"这个哲学范畴，主要是为了使"道"所体现的原则走下形而上的圣坛而进入社会实践的层面，为人们特别是侯王提出一种用以修身和治国理政的指导原则和行为规范；与儒家的伦理规范惟周礼之马首是瞻不同，道家的"德"是"由乎道"并"惟道是从"的，亦即以道的自然无为的特性和行为原则为依归的；上德（"无为而无以为"）和玄德（"生而不有，为而不恃，长而不宰"）是最高的德，是判断人们特别是侯王是否真的得道、是否依道而行的最高标准。

（三）修德有成者的标志和样态

第五十五章讲了修德有成的标志和样态。"含德之厚者，比于赤子"，是说修德有成、几近"德"之化身的人，就像初生的婴儿那样浑朴、纯真、柔和。"德"所体现的品格是"精之至"、"和之至"。这说明德的本质特征之一是"和"，而且是"和之至"，即极端淳和，极为和谐。修德有成者的另一个重要特征是"精之至"，即精力、生命力、创造力极为充沛，这体现了道之"虚而不屈，动而愈出"以及"用之不可既"的特点。"精之至"来自"和之至"。"赤子"之所以"精之至"，是因为作为新生事物，他的机体内部及其与外部的关系都极为协调，极为和谐，所以有旺盛的生命力。显然这里所说的"和"，是"万物负阴而抱阳，冲气以为和"（四十二章）的"和"，是充满生机活力的"和"，而非一潭死水似的"和"。通行本"知和曰常"，义不可通，故据简本和帛书删"知"字。

三、修身篇

修身篇所阐述的主要是道、德之于修身亦即关于修道的道理。对于修道而言，道论篇、德论篇是其理论基础，老子是希望侯王等统治者能依照道、德所体现的特性和原则来修身，并能像"圣人"那样依道而行，以道治国平天下。

（一）为什么要依道修身

第三十九章上段（第一、二自然段）分别从正反两个方面讲了"得一"即"得道"对于天地万物保持其自然特性的极端重要性，特别是指出"侯王得'一'以为天下正"，而"侯王无以正，将恐蹶"。就是说，侯王能否通过修身而得"道"，是关系其统治地位能否巩固，亦是关系国家兴亡的大事。之所以将第三十九章分为两章，其上段内容已如上述，而其下段即末段是讲侯王应以"贵以贱为本，高以下为基"的原则修身的，二者文义并不相属，所以使其独立成章。

第三十二章说："道常无名。朴虽小，天下莫能臣。侯王若能守之，万物将自宾"。就是说，侯王若能守"道"，万民都会自愿归服，就像万川之水归入江海一样。文中"始制有名，名亦既有，夫亦将知止。知止所以不殆"中的"名"指的是什么？"知止"应止于何处？笔者认为，这里的"名"既不是指具体事物之名，也不是指的制度之名，而是"道"之名，它是相对于首句"道常无名"而言的；"知止"是说要止于对道的实质及自然无为特性的正确理解和运用。只有如此，才能"不殆"。

第六十二章说："道者，万物之奥。善人之宝，不善人之所保。"就是说，道是善人的法宝，亦是不善之人可以改恶从善的重要保障。在老子看来，统治者只要依道而治国理政，就可以使不善之人转化为善人。所以在"立天子，置三公"之时，与其"拱璧以先驷马，不如坐进此道"。意思是说，与其摆这些不切实际的花架子，还不如在修道、行道上切切实实地前进一步。

第二十三章先以"飘风"、"骤雨"为喻说明实施暴政绝不会长久，只有修道才有出路，进而提出了"从事于道者同于道，德者同于德"的观点。这里所说的"从事于道者"是指修道者，而修道者应当"同于道"，即按照道的特性和所体现的原则来行事。

（二）依道修身的内容

第十九章说，如果只是"绝智弃辩"、"绝伪弃虑"、"绝巧弃利"（简本如是，通行本为"绝圣弃智"、"绝仁弃义"、"绝巧弃利"）还不足以"为文"，即不足以作为行为的法则，而正确的做法是要以"见素抱朴，少私而寡欲"为归属。就是说，"见素抱朴，少私而寡欲"应是修道者的基本守则。通行本在"少私而寡欲"句下尚有"绝学无忧"四字。王弼本此句则在下一章；简本此章无此句，而简本的此句在相当于通行本第四十八章的"无为而无不为"句下，但"绝学无忧"句后无文（通行本尚有"取天下常以无事。及其有事，不足以取天下"）。值得注意的是，简本此章首句为"为学者日益，为道者日损"，这与"绝学无忧"若合符节；而且在简本中，与此句紧相连接的下章是通行本的第二十章。显然，王弼本将"绝学无忧"放入二十章并作为首句，似与此章之文义不符。因此，依郭沂先生考证之见，"绝学无忧"句不应在第十九章之末或第二十章之首，而应在四十八章之中。通行本及帛书之所以造成这种情况，疑为错简所致。

"见素抱朴"，抱朴即抱"道"，亦即要按照道的自然无为的特性和原则来修身。以下八章都是讲要以"无为"为目标而修身的。

第二章首先讲了美与恶（丑）、善与不善（恶）等八对矛盾关系，点明它们是相辅相成的，然后说："是以圣人处'无为'之事，行不言之教。"前者讲八对矛盾，这与依道修身有无关系呢？依笔者之见，老子的"道"，就其包括自身的发展及其形而上范围内之延伸而言，它的实质是矛盾法则或对立统一规律（详见《老子"道"的定义及实质之我见》），因而正确认识对立面之间的相辅相成的关系，亦是以道修身的内容之一。另一方面，既然矛盾着的两方面是相辅相成的，而且这种对立统一关系是必然的，永恒的（"恒也"），所以人们就应当因任事物之自然本性而"为"，即"处'无为'之事，行不言之教"。况且"无为"与"有为"、"言教"与"身教"也是对立统一的。

在第六十三章中，老子为修道者、治国者提出了"为无为，事无事，味无味"的原则要求。"为无为"是说要以"无为"的原则和方式去"为"；"事无事"是说要以不惹是生非、不扰民的原则做事；"味无味"，是说要嗅到一般人所嗅不到的"气味"，这与六十四章所说的"为之于未有，治之于未乱"涵义相同。

第六十四章下段点明了是"无为"还是"有为"，这是关系事业成败的大事，指出："为之者败之，执之者失之。是以圣人无为，故无败；无执，故无失"，又说"是故圣人能辅万物之自然而弗敢为也"〔简本〕。笔者认为，老子这里说的"为之者"、"执之者"主要是指那些视人民为愚氓和草芥而把持权柄、专擅民命的独夫民贼。"辅万物之自然而弗敢为"这句话极为深刻地揭示了老子"无为"的思想内涵，非常准确地界定了在"万物之自然"既包括人类社会在内的一切事物依其内在矛盾和内在规律而自然存在和自然发展面前人们发挥作用的范围和方式。就是说，在"万物之自然"面前，人们既不应袖手旁观、无所作为，也不能越俎代庖、肆意妄为，而必须在顺应事物的固有特性、遵循事物自身发展规律的前提下发挥作用。这种作用集中地表现为"辅"，即通过对其正面发展的积极辅助和对其负面因素的适度遏制，因势而利导之。只有这样，才能为事物特别是人民留下自我发展变化或自为、自化的充分空间，其结果必然是大有作为的。显然，这里的"弗敢为"的"为"，是指根本违逆事物的自然特性和发展规律的胡作非为、恣意妄为。需要说明的是，六十四章下段在简本中是独立的一章，而且重见于其甲本和丙本。据此，"新编本"使其独立成章。

第四十三章说："天下之至柔，驰骋于天下之至坚。无有入于无间，吾是以知'无为'之有益。"这是说，坚持"无为"的原则和方式，于己、于人、于国都是有益的。从文中亦可看出，柔弱的方式属于"无为"之范畴。

第四十五章指出，修道之人，其言论行为的目标和实质是"大成"、"大盈"、"大直"、"大巧"、"大辩"、"大赢"，虽然其外部特征看似相反；并说"躁胜寒，静胜热，知清静以为天下正"。对此王弼注曰："躁罢然后胜寒，静无为以胜热，以此推之，则清静为天下正也。静则全物之真，躁则犯物之性，故惟清静乃得如上诸大也。"是说坚持清静无为的原则，就可以实现"大成"、"大盈"等等，亦就可以做天下君王。

第二十六章批评了"以身轻天下"的"万乘之主"，强调"重为轻根，静为躁君"。是说持重是制约轻率的根本，清静无为是遏制浮躁的主宰。如果轻率浮躁，不仅会失去根本，而且会失去王位。

第七十六章以"人之生"和"草木之生"为例，说明了持守柔弱的好处，得出了"坚强者死之徒，柔弱者生之徒"的结论。柔弱属于道之无为的范畴，"弱者道之用"（四十章）是为证。因此，修道者要以柔弱、无为为用。

"少私而寡欲"亦是修道的基本守则之一，这主要是针对侯王等统治者的私心过重、贪得无厌、穷奢极欲而言的。以下五章集中讲了修身者应遵从这一原则要求。

第七章首先以天地为喻，说天地"以其不自生，故能长生"。"不自生"即不为自己而生，不自私。然后又说："圣人后其身而身先，外其身而身存。非以其无私邪？故能成其私。"这样讲，似乎老子是在肯定"私"。在笔者看来，老子可能这样想：如果对侯王等统治者一味进行"生而弗有，为而弗恃，功成而弗居"（二章）的说教，他们肯定听不进去，更难以做到，所以不如站在他们的角度，似乎为他们着想，说只有无私才能成就自己的"私"。不过他们如果真的做到了"后其身"、"外其身"，这本身不就是"无私"或"少私"了吗？

第四十六章下段说："罪莫大于甚欲，咎莫憯于欲得，祸莫大于不知足。故知足之为足，常足矣。"这里从反面讲了应当知足而"寡欲"的好处。此章之首句"罪莫大于甚欲"，为通行本所无，但这句话很重要，也说得很恰当。这里并没有一般地否定"欲"，而只是否定"甚欲"，即穷奢极欲。不"甚欲"亦即"寡欲"。

笔者之所以将通行本第四十六章分为两章，其原因有二：一是此章之内容在帛书中即为两章，因为中间有明显的分章记号（圆点）；而在简本中则只有下段而无上段（"天下有道，却走马以粪；天下无道，戎马生于郊"）之内容。值得注意的是，简本此章之首句为"罪莫厚乎甚欲"，而帛书此句为"罪莫大于可欲"。笔者认为，"甚欲"比"可欲"用词恰当，因为"可欲"不应算作有"罪"，更非"罪莫大于"此；"厚乎"与"大于"义同，为使其与下两句表述一律，故校定为"大于"。此段意义明确，意思完整，独立成章当无问题。分章的另一个原因是此章的上段与下段不能构成必然的因果关系，因为上段是讲战争观的，而战争的原因是复杂的，不好一律归咎于"甚欲"。比如抵抗外敌入侵的卫国战争，反抗民族压迫、争取民族独立的民族解放战争，反抗阶级压迫、争取人民解放的武装起义和革命战争，就不能说是起因于"甚欲"或"不知足"了。对于这一点，老子当不会不知，这可以第六十九章、七十五章之论述及七十二章说的"民不畏威，则大畏至"为证；而且老子说的"果而不得已"（三十章）的用兵，大抵亦属此类战争。鉴于此，故将其分为两章。根据内容所是，其下段放入本篇，上段归于治国篇之战争观。

第十二章揭露了统治者纵情声色犬马，追求感官强烈刺激，心旌放荡不羁的极大危害性，对他们提出了"为腹不为目"的希望和要求。

第四十四章一开始就以提问的方式启发人们认清争名逐利同自身生命价值相比，哪个更根本更可贵的问题，从而得出一味地争名逐利是本末倒置的行为，最后得出了"知足不辱，知止不殆，可以长久"的结论。显然这也是劝诫统治者们要"少私寡欲"。

第九章讲了做事要把握好"度"，适可而止才不至于走向反面而"自遗其咎"的道理。对文中的"功遂身退"句，应联系"生而弗有，为而弗恃，功成而弗居"（二章）的论述来解读。老子在这里并非主张功成就应"退隐"，而是要勇于走出事功的小圈子，再建新功。只有这样，才符合"天之道"，因为它总是"损有余而补不足"的。有些论者联系老子最后做了"隐君子"和《史记》说道家"以自隐无名为务"来诠释"功遂身退，天之道"，笔者认为是不当的。因为第一，老子原为周守藏室之史，但由于王子朝兵败而携带守藏室中的书籍文献南逃楚国，老子为此而失业，所以做"隐君子"是不得已的；第二，"天之道"是"损有余以补不足"的，而这是一项永远未竟的事业，这与功成退隐岂不矛盾？第三，老子一再倡扬"为而不争"，"功成而弗居"，以及"玄同"、"玄德"的理想，这与有了一些成绩就"退隐"，能相一致吗？第四，联系上句即"富贵而骄，自遗其咎"就更清楚了，因为这里是说即使功高爵重而富贵荣华也不应骄傲，否则就会咎由自取。而在名誉地位面前不骄傲，就是还要按"有道者"的要求而建新功、立新劳。

以下十章又从不同角度多方面地阐述了依道修身的相关内容。

第六十七章说："我有三宝，持而宝之：一曰慈，二曰检，三曰不敢为天下先"，然后从正反两方面说明了修道者必须以这三者为宝而坚持之。这

"三宝"体现了"道"之柔弱、不争和"朴"的特性。老子还特别强调"慈"这种温柔的感情中蕴含着巨大力量。事实上，济危扶困、见义勇为、爱国主义等等，就多出于对国家和人民的"慈"，它的确能使人"勇"，的确能"以战则胜，以守则固"。

第二十七章提出"善行无辙迹"等"五善"。这"五善"是依"道性"而"法自然"的体现。又提出"常善救人"，"常善救物"，使世上无被遗弃之人，并使物尽其用。"救人"、"救物"既是一种善举德行，又顺人之性而教化之、救助之，顺物之性而充分利用之，因而也是依"道"修身、依道而行的表现。

第二十四章说，人们如果直接去追求自己的目的，并极力张扬自己，效果往往会适得其反。正确的态度是要按照"道"所体现的原则要求而因任自然，同时要谦虚，因为"自见"、"自是"、"自伐"、"自矜"都是违反道性的，"故有道者不处"。

在第二十二章中，老子提出了"抱一为天下式"的观点，这应是修道者的根本宗旨；还阐述了他的贵柔、贵谦虚、贵不争三项主张。值得注意的是，讲同样的道理，二十四章是从正面讲，二十二章则是从反面讲。比如二十四章说："自见者，不明；自是者，不彰；自伐者，无功；自矜者，不长"，二十二章则反过来说："不自见，故明；不自是，故彰；不自伐，故有功；不自矜，故长"。而在帛书中，二十四章与二十二章正是紧相连接的，中间没有通行本之第二十三章的内容，这非常顺理成章，所以帛书的这种章序疑为古貌。

第三十三章集中讲了人生哲理，说："知人者智，自知者明；胜人者有力，自胜者强"，这里是对立的两方面都讲，但重点是强调"自知"、"自胜"，此为"知其雄，守其雌"的另一种表述。后文的"不失其所者久，死而不亡者寿"，是说不失去自己赖以寄托的理想并不懈追求者，定会青春永驻；死后尚能长期活在人们心中甚至名垂青史者，就如同延长了自己的寿命。这是中华民族历来提倡的人生观和价值观，而不是在"宣扬精神胜利法"。对这两句话作如此诠释，是否与老子讲的"名与身孰亲？身与货孰多？"（四十四章）的思想相矛盾呢？笔者认为，前者所肯定的是崇高的精神境界，后者所否定的是死命追逐个人名利，因而其思想观点是一致的。

第三十九章下段提出了"贵以贱为本，高以下为基"的观点，老子告诫侯王等统治者要认清这一道理，从而按照道之"虚"和柔弱的特性，谦虚自守，真正把"民"、"百姓"看作自己和国家赖以生存的"本"和"基"。这似可看作中国历史上"民贵君轻"和"以民为本"思想的最初表现形态。之所以将三十九章分为两章，其理由见本篇首章之评述。

第四十二章下段说："人之所恶，唯'孤'、'寡'、'不谷'，而王公以自称"，这说明了"物或损之而益"的道理。这是说，侯王等统治者应当真正像自称的"孤、寡、不谷"那样谦虚谨慎，而不是口惠而心不至。只有这样，才能真正于己、于国皆有益。"强梁者不得其死"句，是对那些色厉内荏、骄横逞强的侯王的抨击，以此劝侯王以此为戒。文中"物或损之而益，或益之而损"，意思是说对自己有所损的做法，可能反而对自己大为有益；以为对自己有所增益的做法，可能反而害了自己。或者意在损害对方的行为，有时反而增益了对方；意在增益对方的行为，在有些情况下反而损害了对方。这说明相反者可以相成，相生者可以相胜。人们往往只想到、只看到自己行为的正面效应，而忽视其可能带来的反面结果，其结果可能是事与愿违，搬起石头砸了自己的脚。而老子的这句话则包含着丰富的辩证智慧，表明老子对社会人生经验的深刻的洞察力。之所以将第四十二章分为两章，是因为此章之上段讲的是道的基本原理，是老子关于宇宙论的思想，而下段则是讲侯王修身的道理，因而上下段的内容并不相属。为此，高亨、陈柱、严灵峰等疑此章下段是三十九章中文字之错简，主张移回或删除，陈鼓应之校订文就将这段话删去了。但帛书此章亦有下段，而且此章下段之文字与三十九章下段的文字亦多有差异，特别是"物或损之而益，或益之而损"这一深刻的经验总结不见于三十九章下段，所以错简之说似根据不足，故仍保留之。鉴于此，笔者将四十二章之上段归入道论篇，下段归入本篇。

第五十章下段讲的"善执生者"（帛书）是指侯王等统治者，因为只有他们才有条件、亦似更有必要保护自己不受猛兽和刀枪的伤害。虽然《孙子兵法》上说"投之亡地而后存，陷入死地而后生"，但那是对士卒和下级军官说的。相反，对侯王、执政者就绝不能"投之亡地"、"陷入死地"，绝不能拿生命去冒险了。这与第二十六章讲的"奈何万乘之主而以身轻天下"义同。因而这与是否"善于养生"无关。难怪有的注译家将头两句译为"善于养生的人，陵行就不会遇到犀牛老虎，打起仗来也受不到武器的伤害"，难以令人理解了。笔者之所以将第五十章分为两章，并将第五十章之上段归入治国篇，其理由见治国篇第一部分。

第七十七章讲了"天之道"和"人之道"的根本区别。说"天之道，损有余而补不足；人之道则不然，损不足而奉有余。"显然，这里讲的"人之道"是指私有制社会中的统治阶级之道，而不是劳动人民之道。老子善于推天道以明人事，他在此鲜明地指出："孰能有余以奉天下？唯有道者。"顺便指出，如果说老子也是主张"天人合一"的话，那么它与后世的"天人合一论"不尽相同。程颐说："道未始有天人之别，但在天则为天道，在地则为地道，在人则为人道"（《程氏遗书》），程颢更认为："天人本无二，不必言合。"（同上）而老子并不认为天与人、天道与人道是自然"合一"的，他主张必须以"天道"改造"人道"，从而使"人道"符合于"天道"。而这惟有替天行道的"道者"才能当此重任。显然，老子是希望侯王等统治者能诚心修道而成为效法"天之道"的"道者"，从而"损有余而补不足"。当然这在阶级社会里也只能是一种善良的愿望和不切实际的幻想。

第七十九章说："和大怨，必有余怨。报怨以德，安可以为善？"这是说怨仇宜解不宜结，等结下怨仇再去"和"，再去以德相报，往往效果不好。根本的办法是"执左契而不责于人"，乐善好施，根本不与人民结怨。此章中的"报怨以德"四字，原在通行本之六十三章中，为"大小多少，报怨以德"。严灵峰等认为与上下文谊均不相应。简本此句为"大小多易之，必多难"，而无"报怨以德"句。据严灵峰等注家的意见将此句移至第七十九章的此处。如此则文从字顺。

第七十一章阐明了人应当如何对待自己的缺点和错误的问题，这几句话讲得极为辩证，极为深刻，特别是"夫唯病病，是为不病"。这句话承上，其本义是：正因为他把"不知知"视为毛病，所以才不容易犯这种毛病。但亦可以做抽象的解读，即正因为能把缺点（毛病、错误、问题）真正当作缺点（毛病、错误、问题），所以也就不会重犯这种缺点（错误、毛病等）。相反，如果不能正视和深刻认识自己的错误和缺点，而是文过饰非，反倒容易重犯同类性质的缺点或错误。

（三）依道修身有成者的样态

以道修身有成者即"得道者"，是指体悟到"道"的自然、无为、柔弱、对立统一等特性并能践行者。老子讲的"圣人"或"善为道者"指的就是这种人。

第十五章对"古之善为道者"独特的精神风貌和人格品行作了揭示和

描绘。说这种人"惟妙玄通，深不可识"。他的品格是持重谨慎，心怀畏惧，对人恭敬，顺潮流而动，天性淳朴，虚怀若谷的。文中"孰能浊以静之徐清？孰能安以动之徐生？"这两句话富有深意，意思是说谁能使混浊动乱的局面安静下来，让它慢慢变得清明？谁能让已陷入沉寂的局面活动起来，使其渐渐焕发生机？这里实际上讲的是社会政治生活领域的事。是谁有这种本领呢？显然还是"善为道者"。前两句的关键词是"静"和"动"，它是一对矛盾。老子之所以主张"静"，一是因为道的初始状态或出发点就是"静"的；二是因为"静"当中蕴含着巨大的生机和动能，它是走向生机勃发的根基；三是因为当时处于战乱频仍的社会状态。但他所主张的"静"并非沉寂和死水一潭，而是"徐清"即有序与和谐。我们更应看到，在老子哲学中，"静"态并非"道"及其所"生"化的宇宙万物运动之终点。恰恰相反，道是"独立而不改，周行而不殆"的，即由静到动，由动而静，又由静复动，静动相因相绪，永无止息的，从而宇宙万物在总体上亦是生生不已的。有些论者因"周行而不殆"而断定老子是否定发展的循环论者。对此笔者不敢苟同。这里很重要的一点是应看到老子所主张的落脚点或归宿是什么？从上两句话可以看出，其落脚点是动极后的"徐清"和静极后的"徐生"。显然，这里的"徐清"，是大乱后的大治，是社会的和谐与有序；这里的"徐生"，是使沉寂僵化的社会局面重新焕发生机与活力，而这都包含着质变和发展，怎么能说是循环论呢？本章之末句为"夫唯不盈，故能蔽而新成"。"蔽而新成"，王弼本为"蔽不新成"，恐有误，因为第二十二章"敝则新"句可证。对此易顺鼎说："疑当作'故能蔽而新成'。'蔽'者，'敝'之借字；'不'者，'而'之误字也。'蔽'与'新'对。"故据改。从"蔽而新成"亦能进一步证明老子所主张或追求的究竟是什么了。

在第二十章中，老子以第一人称的写法，以自嘲的方式揭示和描绘了依道修身有成者或得道者的样态。说自己"如婴儿之未孩"，是"独若遗"，是"愚人之心"，是"昏昏"、"沌沌"、"闷闷"的样子，是"顽且鄙"的等等，这显然是得道者在俗人眼中的形象。最后揭示了这种人与"众人"、"俗人"最根本的区别是"贵食母"，即体道悟道，依道而行。其实，文中的"我"的这些特征正是表现了道的淳朴、不争，顺应万物之自然而为的特性。而"贵食母"即以持守和践行"道"所体现的品格为"贵"，正是最值得称道的。

在第七十章中，老子扼腕叹息，无不遗憾地说，他所讲的这些关于

"道"和"德"的道理及修道的内容和方法"甚易知，甚易行，而天下莫能知，莫能行。知我者希，则我者贵。""则我者贵"是说真正以"道"为自己言行之准则者，才是可贵的啊！尽管众人对道的特点和修道那么不理解，那么鄙视，但他仍坚信自己如同圣人一样，会始终"贵食母"，"被褐怀玉"的。

四、治国篇

《道德经》主要是写给侯王等统治者们看的，而治国是他们的根本任务和神圣责任。老子希望他们依道修身的根本目的，是要依照"道"所体现的自然、无为等原则来治国，因此治国篇是《道德经》的最终落脚点或归宿。治国篇主要探讨和回答了关于治国的基本原则，治国的策略思想和策略原则，战争观和军事思想，治国者应有的素质，以及国家治理的理想目标等问题。

（一）治国的基本原则

第六十章说："以道莅天下，其鬼不神。"这是说用"道"所体现的原则来治国平天下，就没有任何邪恶势力能够发挥作用。因此，此章提出了依道治国的总原则。对这句话的解读，应联系第三十七章之思想内容。是章说"道常无为而无不为。侯王若能守之，万物将自化。化而欲作，吾将镇之以无名之朴。镇之以无名之朴，夫将不欲。不欲以静，天下将自定。"这里说的"无名之朴"即道。老子认为，用道来震慑那些"化而欲作"的邪恶势力，就会攻无不克，天下也就太平了。本章中还提出了"治大国，若烹小鲜"的观点。是说要治理大国，需要遵循"为无为，事无事"的原则，政策要保持相对稳定，不可朝令夕改，生事扰民，要切忌大折腾，乱翻腾。历史经验证明，这一思想极为深刻，至今仍有现实意义。

第五十七章提出了"以正治国，以奇用兵，以无事取天下"的治国的根本原则。这一根本原则，集中体现了老子"无为而治"的思想。这里的"正"即"道"。这里的"取天下"不是用武力夺天下，而是取信于天下，使天下人归心，归服，与"执大象，天下往"（三十五章）义同。

第二十九章指出："将欲取天下而为之，吾见其不得已。天下，神器也。

不可为也，不可执也。为者败之，执者失之。"这就否定了以"有为"治国平天下的做法，从而进一步肯定了"无为而治"的原则。韩非释"无为而治"曰："所谓无为，私志不得入公道，嗜欲不得枉正术，循理而举事，因资而立功，权自然之势，而曲故不得容者。"可见，政治上的无为，就是统治者要无私、无执，要顺应人民的自然本性而治国理政。

第六十五章指出："以智治国，国之贼；不以智治国，国之福。此两者，亦稽式。常知稽式，是谓玄德。"以智治国，即以"有为"治国；不以智治国，即以道之"无为"治国。老子在此是希望侯王们权衡两种治国方式的利弊得失，并把"不以智治国"即以依道治国提升到了"玄德"的高度。

第三章提出"不尚贤"等主张，这是"不以智治国"原则的体现，亦即要依道治国，应当实行"不尚贤"等政策。

在第五十六章中老子提出了"玄同"的概念。"玄同"是同于道的一种理想境界。他针对社会人事纷争不已和不公正、不公平的严峻现实，提出了"挫其锐，解其纷，和其光，同其尘"的政治主张，并认为"玄同"的理想境界是要通过这种主张的实施才能达到的。从中可以看出。老子并未否定对立面的斗争，因为"挫"、"解"、"和"、"同"，都是斗争行为，都是解决矛盾的方式，当然他强调的重点是对立面的统一与和谐；从中亦可以看出老子一贯坚持以道治国的主旨，治国的理想目标是"玄同"。"玄同"的原则用于治国，就是要侯王对其治下的臣民一视同仁，"故不可得而亲，不可得而疏；不可得而利，不可得而害；不可得而贵，不可得而贱"。这样一来，就会"为天下贵"。显然，这在阶级社会中也只能是一种空想，是根本做不到的。

第五十九章强调"治人、事天，莫若啬。"啬，农事也（王弼释为"农夫"），节俭也（《韩非子·解老》："少费谓之啬"）。这句话的意思是说，在治理国家、遵奉天道的一切举措之中，没有比重农、节俭更为重要的了。在一个生产力不发达的农业国家里，侯王等统治者要把国家治理好，就必须重视农业生产，坚持"以农为本"，而且重视节俭，决不能铺张浪费，更不能穷奢极欲。这是显而易见的道理。事实上，"以农为本"是黄帝以来中国几千年的传统，"节俭"是中国人的传统美德。但释"啬"为珍惜精力，敛藏神形而不用，认为此章讲的是养生之道，几成古今论者之定见。笔者认为，作为忧国忧民的思想家的老子，面对连年战乱，"田甚芜，仓甚虚"，民不聊生、食不果腹的情况，不可能置重农、节俭于不顾，而把养生之道提到可以使国家"深根固柢"的高度。况且"深根固柢"之上句为"有国之母，可以长久"，意为有了国之根本，就可以长治久安。显然，在当时的社会条件下，国之根本只能是农业，而不可能是教饱食终日的人"养生"。

要治国，作为侯王还必须处理好与其他诸侯国的关系。老子在六十一章中指出，在处理国家之间关系的问题上，无论大国小国都应采取"为下"的原则，大国尤应如此。这符合老子"贵柔"、"守雌"、"弱者道之用"及反战主和的思想。而且只有这样，才能使各国之间相修为睦，和平共处。但有的论者把"为下"的原则诠释为妄图吞并对方的一种谋略；也有些论者把文中的"大国不过欲兼畜人，小国不过欲入事人"解读为："做大国的，不过是想兼并和领导别人；做小国的，不过是想进身而事奉别人"。做大国的，固然以兼并和领导别国为"欲"；但做小国的，恐怕没有以"进身而事奉别人"为"欲"的，恐怕它们都会以独立自强，并在羽毛丰满之时，实施对外扩张、实现广土众民为"欲"。因此，对"不过欲"做如此释译，恐有违于老子的思想和主张。

老子还多方面揭示了国家之所以治理不好，经常出乱子，其根本原因是"大道废"，侯王"有为"，亦即违反了依道治国的根本原则和要求，从而从反面说明了必须坚持依道治国的原则。

第十八章说，在"大道废"的情况下，臣民的淳朴本性必然丧失，社会陷于思想混乱、伦理失常的状态。在这种情况下，统治者只好制定仁义、孝慈、忠臣之类的道德规范以约束之。事实上，这也并非上策，甚至会产生"异化"而走向它的反面。庄子就曾尖锐地指出，统治者"为之仁义而矫之，则并与仁义而窃之。何以知其然邪？彼窃钩者诛，窃国者为诸侯，诸侯之门而仁义存焉，则是非窃仁义圣知邪？"（《庄子·胠箧》）

第七十五章指出："民之饥，以其上食税之多，是以饥；民之难治，以其上之有为，是以难治；民之轻死，以其上求生之厚，是以轻死。"这表明在老子看来，人民之所以饥寒交迫，社会之所以动荡不安，国家之所以难以治理，根本原因在于"其上"即统治者，而不在于"民"。应当说这种看法还是相当尖锐、深刻的。

第五十章上段说，人皆有生有死，"而民生生，动皆之死地，亦十有三。夫何故？以其生生也"（帛书）。意思是说，人民为了谋生，动辄不得不进入死地而死亡的，也占十分之三。这是什么缘故呢？因为他们要生存下去呀！这段话深刻地反映了当时严酷的社会现实，即统治者违"道"而实行"有为"政治的恶果。这可以与第七十五章的论述相印证。而通行本此段文字是："人之生，动之于死地，亦十有三。夫何故？以其生生之厚。"这就成了在总人口中因患"富贵病"而早死的亦占十分之三了。如果是这样的话，那么按正常的思路，下文就应着重讲如何才能防止"生生之厚"，但没有这样去讲。而且按当时国民的生活水平，因患"富贵病"而早死的能占到十分之三吗？这是否证明通行本有误呢？鉴于"盖闻善执生者"讲的是统治者如何依仗权势保护自己不受猛兽和兵戈之伤害，而"民"则与此无缘，所以决定将此章分为两章，将下段作为另章而纳入"修身篇"。文中"善执生者"，帛书如是，意为善于保护自己身体的人；通行本为"善摄生者"，意为善于保养身体的人。详本章之文义，据帛书改"摄"为"执"。

在第五十三章中，老子说："大道甚夷，而人好径。朝甚除，田甚芜，仓甚虚"等等，这些都是因为"人好径"，即统治者不走正道，而走歪门邪道的结果。

在第七十四章中，老子抨击了统治者实行暴政滥杀的政策，是"代司杀者杀"，致使"民不畏死"。既然"民不畏死"，就必将铤而走险，国家陷入政治动乱。

第七十二章说，由于统治者的"有为"政治，逼得人民流离颠沛，居无定所，生活无着，轻死冒险，所以老子呼吁侯王们对民要"无狎其所居，无厌其所生"，并警告统治者："民不畏威，则大威至。"

（二）治国的策略思想和策略原则

第五十八章说："其政闷闷，其民淳淳；其政察察，其民缺缺。"就是说为政应当体现道之浑朴的特性，而且行政则要把握好"度"，即"方而不割，廉而不刿，直而不泄，光而不耀"，而不要走极端，否则就会"正复为奇，善复为妖"。

第三十六章提出了治国的策略，即"将欲歙之，必姑〔固〕张之；将欲弱之，必姑〔固〕强之；将欲废之，必姑〔固〕兴之；将欲夺之，必姑〔固〕与之"，并强调"国之利器，不可以示人"。后句是说，国家机器特别是军事力量，对外不可耀武扬威，恃强凌弱；对内亦不可滥用，以免自"伤其手"（七十四章）。这都体现了"无为而治"的原则要求。联系下段，此句还有强调君王的权谋机制务必绝对保密，千万不可昭示于人之意。文中的

"姑",王弼本皆为"固",帛书作"古"。马叙伦说:"固读为姑且之姑",并举《韩非子·说林》所引《周书》为证。尹振环说,《说文》:"姑,古声。"帛书之"古"字乃"姑"之假借字。详其文义,从马、尹之说,"固"作"姑"。鉴于通行本为"固",所以将原字用方括号标出。

对于此章特别其前八句之文义的诠释,历来就有两种截然相反的观点,一是"自然说",认为这里讲的是自然法则;二是"权谋说",认为这里讲的是治国策略或"君人南面之术"。笔者倾向于后一种看法,因为:第一,前八句中有四个"欲"字,而且有"废之"、"兴之"、"夺之"、"与之"等词语,显然这只能是人的行为。第二,前八句与其下的"柔弱胜刚强。鱼不可脱于渊,国之利器不可以示人"是一体的,而前八句话所体现的正是"柔弱"之术;而且也只有将前八句话释为"权谋"或"君人南面之术",才能与"鱼不可脱于渊,国之利器不可以示人"的主张合理地联系起来。第三,不能认为讲治国策略或"君人南面之术"就是"阴谋家"的勾当,从而为老子所不齿,因为道学是寓术于道的学问,"无为而治"并非不治,而且老子不会不知道要治国就不能只讲基本原则而不讲"术",因为在一定意义上,原则是要靠"术"来实现的。这里的关键在于治国的基本原则是否符合依道治国的要求,采用的权谋策略是否有利于依道治国基本原则的落实,而这些从老子的论述看,显然是不成问题的。

第六十四章上段说,对于有可能发生的社会政治动乱,统治者要善于见微知著,未雨绸缪,"为之于未有,治之于未乱"。老子提出的这种策略原则,对于治国者至今仍有重要的现实意义。至于为什么将此章分为两章,理由已在"修身篇"中申述。

(三) 战争观与军事思想

《孙子兵法》云:"兵者,国之大事,死生之地,存亡之道,不可不察也。"老子是深察这种国之大事的,《道德经》中多处讲战争和军事问题,以至于有的论者认为《老子》为兵书。毫无疑问,战争是政治的继续,老子的战争观和军事思想当属治国的范畴。《〈道德经〉新编及其论证》一文已将《道德经》的第三十一章、三十章、四十六章上段、六十八章和六十九章纳入这一题目之下,此次的章次调整对这一部分未作变动,但为统一题例,下面略作论述。

在第三十一章中,老子集中阐述了自己的战争观和军事思想。说"夫兵者，不祥之器，物或恶之，故有道者不处"，又说："兵者，不祥之器，非君子之器，不得已而用之，铦袭为上"。可见，老子在总体上是反战的，但对"不得已"而用兵的正义战争他并不反对。不过即使对于这种战争，他也主张"胜而不美"，因为在他看来，"美之者，是乐杀人。夫乐杀人者，则不可得志于天下矣"。文中"铦袭为上"，帛书甲本如是；简本为"铦纊为上"；通行本则为"恬淡为上"。老子当不会不知道，战争总是你死我活，非胜即败的，即使是正义战争，也是以战胜敌人为目的的，因而似不存在是否以"恬淡为上"的问题。据尹振环考证，"铦袭为上"意为用锐利的兵器，以轻装对敌实施突然袭击为最好。此说可取。

　　在第三十章中，老子进一步阐明了自己对战争的态度，说"以道佐人主者，不以兵强天下"。之所以如此，主要是因为"师之所处，荆棘生焉；大军之后，必有凶年"，即战争会对社会经济造成严重破坏，对人民生活带来深重灾难。所以即使"不得已"而战，亦应"善者果而已，不以取强"。文中"物壮则老，是谓不道。不道早已"这句话颇令人费解，因为"物壮则老"是不可抗拒的自然规律，老子也说："坚强者死之徒。是以兵强则不胜，木强则兵"（七十六章），它怎么就不合乎"法自然"的道呢？所以，对这句话作直译是不当的。对此高亨作了两种解释，一是说"则"字当读为"贼"，将"物壮则老"译为"强壮的戕害老弱的。"如果孤立地看，此句译文与下句的"是谓不道"之义当然可以贯通。但是，这句话却不是孤立的，而应是全章之理论总结，因而"则"字不宜作如是解。高亨所作的第二种解释是"此句之上（似应为'此句与下句之间'——引者注）应有省文，省去相反之义。"笔者的解读和译文基本取其第二种解释。为了使"省文"与全章之讲战争和抨击"以兵强于天下"者的思想吻合起来，故将"省文"以"恃武力妄自逞强"句代之。这样，全句可译为"事物强壮了必将衰老。恃武力妄自逞强，就叫作不合于道。凡不合于道的，必将加速灭亡"。

　　四十六章上段说："天下有道，却走马以粪；天下无道，戎马生于郊。"老子认为非正义战争是"天下无道"的结果；倘"天下有道"，战时的马匹就会退役而用于农业生产。这也看出他对战争的态度。之所以将四十六章分为两章，理由已在修身篇中论述。

　　第六十八章是讲军事思想的，说："善为士者不武；善战者不怒；善胜敌者不与；善用人者为之下。"《孙子兵法》云："主不可怒而兴师，将不可愠而致战，合于利而动，不合于利而止"，又说"是故百战百胜，非善之善也;不战而屈人之兵,善之善也"。战争需要依靠广大官兵和人民群众,因此统治者在使用他们时态度要谦卑,故需"为之下"。由此可见,老子虽然没有作为将帅指挥过战争,但他的军事思想却是值得称道的。

第六十九章讲的是关于反侵略的防御战争的军事思想。文中"用兵者有言'吾不敢为主而为客,不敢进寸而退尺'",是防御战争的战略战术。疑为老子假托"用兵者有言"而实际上是他自己的思想和主张。对文中的"行无行,攘无臂,执无兵,扔无敌",论者们在解读上颇多歧义,有些注家甚至诠释为毫无战斗力的一群乌合之众。笔者认为,这里是老子在讲"以奇用兵",即用假象迷惑敌人,以求战机。这与《孙子兵法》中讲的"兵者,诡道也。故能而示之不能,用而示之不用,近而示之远,远而示之近"的论述是一致的。不然的话,何以从开始时的敌强我弱,而不得不采取"不敢进寸而退尺"战略指导原则的战争态势发展到后来的"抗兵相若"即势均力敌了呢?文中"祸莫大于轻敌"的思想亦是极为精辟的。

此外,第五十七章讲的"以正治国,以奇用兵,以无事取天下"中的"以奇用兵"的思想亦是为历代军事家们所称道。综上所述,笔者认为有些论者从消极无为的角度去解读老子的战争观和军事思想是不当的,不可取的。

(四) 治国者应有的素质

在第十三章中,老子提出了"贵为以身为天下,若可寄天下;爱以身为天下,若可托天下"(简本)的君王应有的标准。也就是说,贤明的君王应当是"贵为以身为天下"、"爱以身为天下"的,亦即以天下为己任的人。老子在此发挥的是"以天下为公"的利他主义的要旨。而有些注译家却把它诠释为"轻天下"而只"贵自己"、"爱自己"。这显然是不当的,因为人民怎能"寄天下"、"托天下"于这种极端利己主义者呢?

在第六十六章中,老子说,圣人"之在民上也,以其言下之;之在民前也,以其身后之"(简本),即君王应摆正自己与人民的关系,而不是骑在人民头上作威作福。这两句话,王弼本为"欲上民,必以言下之;欲先民,必以身后之"。如此则"言下之"、"身后之"就成了一种权术。那么何来"处上而民不重;处前而民不害"?何来"天下乐推而不厌"呢?难道"天下"人都是愚不可及的吗?故从简本。顺便指出,本章首句"江海之所以能为百谷王者,以其善下之,故能为百谷王",其中的"王"字不是称王称霸的"王",而是归往的意思,而且"者"字不可少,它是处所之义。所以这句话似可译为"江海之所以能成为百川汇集之处,是因为江海善于处在它们的下游,因此能使百川向着自己归往"。而许多注译家置"者"字于不顾,"王"字释其本义,将"百谷王者"译为"百谷(川)之王",恐不当。

在第四十九章中,老子提出"圣人常无心,以百姓之心为心"的原则,即一切要以百姓们的愿望和利益为出发点,而不挟带任何个人的私利和要求。老子提出的这一思想原则至今仍闪烁着时代的光辉,值得我们称道和深思。

在国家一旦蒙受耻辱和遭遇灾难之时,君王应代国家和人民予以承受,并勇于承担起应有的责任。这就是第七十八章中说的:"受国之垢,是为社稷生;受国不祥,是为天下王。"

(五) 国家治理的理想目标

在第十七章中,老子把统治者分为四等,最理想的是"太上,不知有之"。由于"太上"实行无为而治,结果是"功成事遂,百姓皆曰:'我自然'",即"帝力于我何有哉"之意。

在第三十五章中,老子说,由于侯王"执大象",结果是"天下往",即天下人归心、归顺;又由于是无为而治,所以实行"往而不害"的政策,亦即对于归往的人民之言行不予妨碍,如此国家就会实现"安平泰"的社会政治局面。

在第八十章中,老子认为理想的国度和社会应是"虽有甲兵,无所陈之"的和平环境,在物质生活和精神生活方面达到"民各甘其食,美其服,安其居,乐其俗"的水平。有些论者认为此章表明老子主张复古倒退到原始社会去,对此笔者不敢苟同。试问在原始氏族社会里有"国"吗?有"十百人之器"吗?有"舟舆"吗?有"甲兵"吗?民能"各甘其食,美其服,安其居,乐其俗"吗?实际上,"小国寡民"亦并非老子的政治理想,而仅仅是他对和平宁静环境的一种精神诉求,他的政治理想是"执大象,天下往",是像"烹小鲜"那样"治大国"。

第八十一章是《道德经》的末章。其中的"天之道,利而不害;圣人之道,为而不争"可以说是全书的总结论。《道德经》的核心思想是"道法自然",基本理路是推道明人,全书可以说都是在倡扬"天之道"和"圣人之道"，批判"损不足而奉有余"的"人之道"即统治阶级之道。"圣人"是道或"天之道"的化身和践行者，所以能做到"为而不争"。

以上"新编本"共分为八十八章。

（此文原载《文史哲》杂志 2006 年第 2 期）

附录四

老子"道"的定义及实质之我见

"道"是老子哲学的最高范畴,也是老子整个思想体系的基础、核心和逻辑起点,因此对道的规定性及实质的把握,成为更好地理解老子乃至道家思想、批判地继承这一珍贵思想遗产的关键环节。但是,老子虽然对道的特点、性质和功能进行了诸多描述,然而未能从总体上对道作出一个明确的定义。韩非以降至清末的两千多年中,我国研老学者众多,论著如林,但亦皆未对道的规定性作出集中的概括,这可能与中国哲学不太讲究概念的明晰性和确定性有关。近代西方哲学传入我国后,可能受其影响和启迪,自胡适以来的许多学者开始从定义或实质的角度探讨《老子》中这个最为重要的概念,于是出现了多种意见。这些意见或定义可以概括为四种类型:一是原理或实体的定义和解说,而认为道是实体的又有物质性实体和精神性实体之分;二是综合性解说,这种解说往往并列道的若干意义或以一种意义为主同时介绍其他意义,如陈鼓应先生就把道分为实存意义的道、规律性的道和生活准则的道①;三是境界形态说,此说认为《老子》中对道所含有的客观性、实体性的描述只不过是老子的一种"姿态",拆除了这种姿态,老子所说的道只是一种主观体悟的产物,因而道只能是境界形态的道;四是贯通性定义,即道的定义贯通存在界与价值界。袁保新的定义是:"道为价值世界的形而上基础。"刘笑敢充分肯定此种类型定义的思路,进而提出了自己的定义,即"道是关于一切存在的统一性的概念,是关于贯穿在宇宙、世界、社会、人生中的总根源和总根据的一种解释"②。

---

① 陈鼓应:《老子注译及评介》,中华书局 1984 年版,第 2—13 页。

② 刘笑敢:《老子之道:关于世界之统一性的解释》,《道家文化研究》第 15 辑,第 85—90 页。

应当说这几种类型的定义皆持之有故，言之有理。但比较而言，第四类的定义所体现的原则和方法似更有利于对"道"作出一个概括而全面的界定，故似更为可取。在笔者看来，刘笑敢下的定义虽具有涵盖性和贯通性，但在定义中似缺乏对道的形而上特质的认定，亦缺乏对统一性、总根源、总根据之深层原因的揭示，而且道是否为世界的总根源（宇宙本原）亦有待商榷。故而笔者认为老子所说的"道"是既超越又内在于天地万物及社会人生的形而上的存在本体和价值本体，它的实质是矛盾法则或对立统一规律。此外，对立面的协调、和谐或转化是其落脚点，自然无为是道的根本特性，在价值观上道是超凡脱俗的精神境界。笔者以此权且为老子"道"的定义。

一

"道"不是物质性实体，而是一种形而上的客观存在。"形而上者谓之道，形而下者谓之器"（《周易·系辞上》）。无论是道家之"道"，还是儒家之"道"，都是在形而上即超越于具体事物之上的意义上讲的（不过作为儒家经典之一的《周易》的这种说法不是来自孔孟，而是源于老庄）。认为道是物质性实体的，主要是根据《老子》中有"有物混成"、"道之为物"，以及"其中有象"、"其中有物"、"其中有精，其精甚真，其中有信"等文句[1]。但是，"物"并不等于物质性的实体，因为我们通常把"产物"区分为物质产物和精神产物，（比如毛泽东思想，它最初的定义就是"马克思列宁主义的普遍真理与中国革命的具体实践相结合的产物"）"物"只是表明它的客观性或实有性，而一切具有客观性实际内容的非物质性实体也是"物"，况且在郭店楚墓简本《老子》中"有物混成"的"物"字，据著名学者裘锡圭先生识别应为"状"；而且老子在讲到道之"象"时，说它是"无物之象"，又说"道""其中有物"，这似乎意味着道中还有一部分或大部分"非物"。所以，《老子》的上述文句似不好作为道是某种物质性实体的有力证据。更为重要的是，没有任何一种物质性实体与道的主要特性和功能相契合。比如，有哪一种物质实体是"独立而不改，周行而

---

[1]　鉴于行内学者对《老子》及其章句都很熟悉，故文中所引《老子》的文句，容不加注释。

不殆"的呢？有哪一种物质实体是"用之不可既"的呢？有哪一种物质实体可以"为天下式"，能"以御今之有"呢？显然这都是不可能的，因为凡是物质性实体都是由其他物质转化而来的，都是历史性范畴，因而不可能是"独立"（独一无二）的，也不可能是永存的、不变的，更不可能"用之不可既"。再者，如果说道是某种物质实体，从而成为天地万物的内在的根本依据，那么此种物质性实体的内在的根本依据或最终的动因又是什么呢？显然这也是难以回答的。

而如果指认道是形而上的实体，情况就不同了，《老子》中所讲的道的特点、性质和功能就都可以与之相吻合：因为它是形而上的实体，在形态上是观念性的，因而可以超越时空之局限，即时间上可以无始无终，空间上可以无所不在，故可以"独立而不改，周行而不殆"，也符合"大道氾兮，其可左右"的特点；虽然在形式上是观念形态的，但它作为宇宙本体即作为天地万物的普遍的永恒的内在根基，是具有客观实际内容的，是实有是理，故可以说它"其中有精，其精甚真，其中有信"；正因为它是形而上的实体，又是永恒存在的，所以它在性质上是"虚"的，具有无限的包容性、可能性和创造性，因而在功能上可以"用之不可既"，如此等等。庄子说，道是"可传而不可受，可得而不可见"①的。之所以"可传"、"可得"，因为它有客观性的实际内容；之所以"不可见"、"不可受"，因为它是形而上的，无形无象的，必须经过亲自体悟而非别人说说就"可得"的。总之，"道"不可能是某种物质性实体，也不是纯粹的逻辑思维形式，而只能是不以人们的主观意志为转移的形而上的非物质性实体。

二

与西方哲学的本体论不尽相同，中国哲学所讲的本体或本根，即天地万物形成和发展变化的根本依据，一般具有普遍性、永恒性、超越性和内在性，作为老子哲学本体的"道"尤为典型。

首先，道具有超越性。道是老子对天地万物及社会人生实施多层次抽象的产物，是最终的也是最高的抽象。首先他从天地万物的现象层面抽象出它

---

① 《庄子·大宗师》。

们的具体特点、本质和规律，从而超越现象而进入具体本质，然后从天地万物的具体本质概括出它们的共同本质和一般规律，"万物负阴而抱阳，冲气以为和"就是对天地万物一般规律的概括。不仅如此，老子还说："天下万物生于有，有生于无"。在笔者看来，这里的"有"是"纯有"，它是对"万有"的抽象和超越，然后又抽象到"无"，"无"是对"有"的超越，达至"无"才是道体。对于道体而言，"纯有"是它在形而上范围内的显现或展开。依老子哲学之抽象和超越的逻辑，作为几个大领域各自根本性依据的天之道、地之道、人之道，其加和并不等于"道"；反过来说，道是对天之道、地之道和人之道的超越，是从它们之中抽象出来的。因此老子的道是天、地、人"三才"的共同之道。

其次，道具有内在性。就是说，道是内在于天地万物及社会人生之中的。但内在并非与物混同，并非"道物不二"。道的内在性的根本理论根据是"一般寓于个别之中"，因此道的超越性根源于道的内在性。不过在老子看来，道的内在性似乎是道对万物的恩赐，或者说万物之所以皆有道的特性，似乎是道从外部注入的。这从"道生之，德畜之，物形之，势成之，是以万物莫不尊道而贵德"，以及"大曰逝，逝曰远，远曰反"等可得以证明。

第三，道具有普遍性。就是说，无论就其超越性还是内在性而言，它的涵盖性都是无限的，并非局限于一部分事物或事物之一部分，而是涉及天地万物及其发展过程之始终的。

第四，道具有永恒性。老子说他所说的道是"常道"，是"恒道"（帛书），是永远"独立不改"、"周行不殆"的道，是作为天地万物之内在的根本依据而永恒存在的道。道作为天地万物的共同本质和一般规律，它没有也绝不会因某一或某类事物的消亡而消失，况且某些具体事物的消亡不过是向另一些事物的转化而已。

总之，道的超越性表明了它的形而上的性质，道的内在性表明了它的实存性，道的普遍性和永恒性决定了它是天地万物的根本依据、宇宙之本体，因此老子的道论是一种形而上的本体论。

三

老子对天地万物之形上本体的追溯总是与他对社会人生的价值思考结合

起来的，而且社会人生问题始终是老子关注的中心。老子之所以追溯形上本体，从根本上说是基于对社会人生特别是天下苍生之命运的悲悯、体恤和终极关怀，因此老子的道是融形上本体与价值本体为一体的，道亦是超凡脱俗的精神境界。老子哲学不仅是存在哲学或自然哲学，而且更是生命哲学、人生哲学、社会政治哲学和价值哲学。

"自然"和"无为"是老子哲学的重要范畴，更是其社会人生论或价值论的中心范畴。对于老子所说的"自然"并非指称自然界或大自然（据考证，其转义为"自然界"始于战国），这在学术界已基本形成共识。"自然"可释为自己如此，本来如此，理应如此，势当如此，其中"势当如此"是就其现状之由来和发展趋势而言的，故亦应是"自然"的题中应有之义。从字源上说，自然是"自"与"然"的复合词，而"自"即自己，"然"，《广雅·释诂》解为"成"，二者相合为"自成"。这种解释亦颇得其要。问题是"自成"的主体是什么，或者说老子强调的是谁自己成就自己。据统计，"自然"一词在《老子》中共出现五次，其中四次即第十七、二十三、五十一、六十四章中的"自然"，都是讲的万物或百姓之"自然"，强调的是要排除人为的干扰，特别是要排除侯王等统治者的强制，而使万物尤其是百姓得以自治、自成。这从第五十八章中出现的与"自然"近义的"自化"、"自正"、"自富"、"自朴"的主词皆为"民"的事实中亦可得以佐证。有所不同的是第二十五章中的"道法自然"，对这句话，陈鼓应译为"道纯任自然"，表明"纯任自然"是道的基本特性。这就是说，万物和百姓之"自然"，以及圣人"以辅万物之自然"，皆源于道，或者说道的自然本性为万物、百姓之"自然"以及圣人因其自然本性而辅之，提供了形而上的价值本体之依据。

与"自然"密切相关的是"无为"。"无为"的"无"，在帛书及通行本中是其繁体字"無"。对于"無"字，据庞朴先生考证，在上古与人们试图和不可感知的神灵相交通的乐舞密切相关，因而这个"無"不等于没有，只是无形无象、不可感知而已。所以"無"是"似无而实有"的意思。因而"无为"就其本义来说，是实有而似无的行为。老子创立这个概念，旨在强调人们应以柔弱的方式，顺应万物之自然本性而为，要像圣人那样"辅万物之自然而弗敢为"，即在尊重和维护万物自然本性的前提下，对万物之化育予以促进、辅佐和引导，而不是包办代替或喧宾夺主。这种作用的特点犹如春雨之"随风潜入夜，润物细无声"。老子说："太上，不知有之"，"功成事遂，百姓皆曰我自然"，也是说的这种行为方式及其良好效果。"自然"是事物发展变化的内因,"无为"是促进事物发展变化的外因。"无为"是对"有为"(如"民之难治,以其上之有为,是以难治")的反动。老子所说的"有为"是指侯王等统治者对民、百姓的强行所为,横加干涉,是根本违背道之"自然"原则的恣意妄为。"无为"是一种指导思想、行为原则和行为方式。在《老子》中,"无为"主要是圣人的行为原则和方式,目的是为民、百姓、万物之"自然"的实现提供一种宽松和谐的社会环境和条件,所以"圣人云:我无为而民自化"。老子说:"道常无为而无不为","弱者,道之用"。可见道的行为方式和发挥作用的特点为人的"无为"提供了形上价值本体之依据。

老子的社会人生论或价值观的一个显著特点,是把对形上价值本体的探求与对现实社会的批判结合起来,与人的价值目标、理想人格、理想社会的向往和追求结合起来。首先,老子依据"道"所体现的和谐、平等、自然、无为的特点和原则,对"无道"的社会现实和"无道"的侯王等统治者进行了无情抨击和严厉批判。其次,对体道、悟道、依道而行的圣人的崇高品格和行为倍加称赞,说他们"万物作焉而弗辞,生而弗有,为而弗恃,功成而弗居","之在民上也,以其言下之;之在民前也,以其身后之","常善救人","常善救物","以百姓之心为心",而这些高尚的品行皆因其"执大象","贵食母","抱一为天下式",依据于"道"的"生而不有,为而不恃,长而不宰"的"玄德"之性。最后,老子在第十七、三十五和八十章中描述了他的理想社会之境界,说这样的社会和国度是"安平太"的,是百姓对其"太上""不知有之"而自己却能"自然"的,是"民各甘其食,美其服,安其居,乐其俗"(傅奕本、范应元本)的。这样的社会理想的形上根据仍然是"道",是道的"玄同"境界。在老子看来,这种"玄同"的境界是通过"挫其锐,解其纷"而达到的。"玄同"境界的主要特点是"和其光,同其尘"。"和其光",就是要使"不耀"的中和之光普照天下;"同其尘",就是要使"尘世"即现实社会达到无亲疏、无利害、无贵贱之分,实际上是要实现皆亲、皆利、皆贵的社会理想和美好境界。

总之,老子把体现和谐美好原则的"道"作为社会人生的价值源头和价值尺度,把"同于道"视为最高价值。他关于社会人生问题的一切论述,他提出的核心价值、行为原则和行为方式,他对社会现实的批判,以及对价值目标、理想人格和理想社会的追求,所依据的都是作为形上本体的道,或者说"道"是既超越又内在于社会人生的价值本体。

四

作为形而上的存在本体和价值本体的道，何以能成为天地万物及社会人生得以形成和发展变化的内在的根本依据呢？对此老子已初步认识到这是由矛盾法则或对立统一规律决定的。也就是说，在老子看来，就其实质而言，道是矛盾法则或对立统一规律。显然，老子并未作出如此明确的概括和使用这一哲学术语，这是从我们今天对此解读的角度看的，是就其实际内容而言的。

老子是怎样揭示和描述矛盾法则或对立统一规律是道的实质的呢？在笔者看来，他的基本理路可能经历了这样几个阶段或层次：

第一，老子首先发现的是事物之现象层面的一些矛盾，经过初步的抽象和概括，他提出了一系列相依相待的矛盾关系。这些矛盾关系几乎遍布《老子》的每一章，而较多的是第二、二十二、二十八、三十六、四十五、五十八章。这些矛盾关系涉及自然界、人类社会、个体人生及精神世界各个领域，而且他已初步认识到矛盾双方都是相互对立、相互依存、相互渗透和在一定条件下相互转化的。

第二，在此基础上，老子作了进一步的抽象和概括，即扬弃和超越了事物内部之具体的矛盾或矛盾的特殊形态，概括出了共同本质和一般规律，得出了"万物负阴而抱阳，冲气以为和"的结论。在笔者看来，这里的阴、阳并非指的作为物质性实体的"阴气"、"阳气"，而是指称一切事物内部所共同具有的矛盾着的两个方面；这里的"冲气以为和"也不是什么"和气"的产生，而是说对立面之间经过冲突、激荡、交感而达至和谐，（这里的"气"是对立面相互激荡时所显现的境象）因而它是对矛盾着的两方面何以达到统一之内部机制的揭示。

第三，"万物负阴而抱阳，冲气以为和"本来已是对事物矛盾法则的概括，但老子似乎还要在"道"那里找到它的形而上的根据。（当然，如不这样做，亦无以建立他的道本体论）老子说："道生一，一生二，二生三，三生万物"，学者们通常将此释为宇宙生成论的图式。但我们如果从其逆向看，似亦可从中发现老子探寻事物矛盾关系之形上根据的抽象思维过程。在笔者看来，这里所说的"道"是作为"无极"（此概念出现于第二十八章）或"无"的道体；这里的"一"是道体之虚义转化的"太极"

（关于无极与太极的关系，周敦颐和朱熹都有所论述①）；"二"是指太极所生的"两翼"即纯粹形态的阴与阳；"三"是指纯阴纯阳及其相互交感和矛盾统一的关系。因此，道体依次递"生"的"一""二""三"，都是道体在形而上范围内的延伸，所以总体上仍属于形上本体的道。如此说来，事物内部共同性的矛盾关系的形上根据是什么呢？这就是太极所"生"（归根结底是道所"生"）的纯阴纯阳及其相互关系，这是矛盾法则之形而上的根本依据。

第四，既然纯阴纯阳及其相互关系归根结底为道体所"生"，那么能否进而在道体中找到它的依据呢？从《老子》看，道体是浑然一体的，是"玄同"境界，因此道体中的本质的差异、对立和矛盾尚处于潜在状态，因而似乎并不存在矛盾。但是作为道体的形而上范围之延伸的纯阴纯阳及其相互关系理应以萌芽的形式存于道体之中。在笔者看来，如果一定要从道体中追溯矛盾的萌芽，（实际上这个"芽"尚未破土）那么可以说它是"无"与"有"的矛盾。不过这里的"有"并不是"天下万物生于有"的"有"，因为这个"有"是作为"万有"之抽象的"大有"，这个"大有"就是道所"生"的"一"、"二"、"三"之总和。而道体中的"有"是潜在于"无"之中的"有"，是"无"中之"有"。

综上所述，笔者认为老子对形而上之矛盾法则或对立统一规律的探寻，经历了从事物之现象层面的矛盾关系一直到道体之潜在矛盾关系的逐步扬弃、蒸发和超越的过程，这是一个多层抽象思维的探讨过程。反过来看，从道之体到它依次所"生"的"一"、"二"、"三"，大体经历了三个发展阶段：一是道体此在阶段，是时内部的矛盾是隐形的，因而总体上呈现的是无差别境界，是混沌的和谐状态；二是它由"一""生"出"二"后，对立面开始显现并进入相互冲突、激荡的明朗化阶段；三是它由"二""生"出"三"之后，对立面经过交感激荡而进入相互协调、和谐的阶段。这是道及其实质的矛盾法则在形而上范围内逐步展开的过程，是矛盾由隐到显，又由冲突到和谐的过程，也是从混沌的和谐中经矛盾冲突而

---

①　周敦颐说："无极而太极"，"阴阳，一太极也。太极本无极也。"（《太极图说》）朱熹说："不言无极，则太极同于一物，而不足为万物之根；不言太极，则无极论为空寂，而不能为万化之根"。（《答陆子静》，《朱文公文集》卷36）这说明在朱熹看来，无极与太极是相互依存的，二者虽同为宇宙之本体，但有"万化之根"与"万物之根"的区别，也说明无极比太极层次更高。

达至明晰化的新的和谐和统一的过程，因而也是一个否定之否定的过程。

有些学者认为"道"是老子通过直觉或顿悟而发现的，根本没有理性思维的参与，笔者对此不甚赞同。老子对道的体悟和把握，是与其对自然现象、社会现象和个体人生现象的分析密切结合的，里面不可能没有包括一系列抽象和推理的理性思维。

道的实质是矛盾法则，还可以从"反者，道之动"得以佐证。这句话的意思是说相互依存、相互渗透、相反相成的矛盾的对立面各自向着相反的方向转化，是道的运动轨迹。这从"祸兮福之所倚，福兮祸之所伏。孰知其极，岂无正耶？正复为奇，善复为妖"，以及《淮南子》关于塞翁失马的生动事例对它的阐述中可以得以理解。

矛盾法则或对立统一规律何以成为道的实质呢？这主要是因为矛盾法则或对立统一规律内在于天地万物及社会人生之中，万物之所以形成和发展变化，其根本依据只能是矛盾法则或对立统一规律，因为没有矛盾就没有事物，就没有世界，就没有事物得以存在和发展变化的真正动因。老子说："道常无为而无不为。侯王若能守之，万物将自化。"为什么在没有外在强力干扰（持守"无为"）的情况下，"万物将自化"呢？就是因为"道在物中"，正是这种内在的矛盾、内在的强大动力即"道"使得天地万物必然地"自化"，即自我化育、自我发展变化的。老子还说："孰能浊以静之徐清？孰能安以动之徐生？保此道者不欲盈。夫唯不盈，故能蔽而新成。"是什么力量能使事物由"浊"变"清"，由"安"经"动"而变得生机勃勃呢？是什么力量能使事物"蔽而新成"呢？只能是内在于物中的"道"。只要"保此道"，就能必然地实现上述之效果。这也证明道就是内在于万物中的矛盾法则。作为形上本体及价值本体的道，之所以能够贯通形上与形下、存在与价值、理想与现实而为宇宙统一性之主导，根本原因也在于它的实质是矛盾法则。因此，作为道的实质的矛盾法则是统领一切形上和形下之物的纲，是贯穿形上与形下、存在与价值、理想与现实的一条红线。为什么"执大象"就会"天下往"？为什么"执古之道"就能够"以御今之有？"原因就在于此。

陈鼓应先生在讲老子"道"的三种涵义时虽然说过其中之一是"规律性的道"，但他在具体论述时说对立转化的规律是客观事物自身的运动规律，说循环运动或返本复初是道的运行规律，因而他没有说"道"即是规律，更没有说"道"的实质是矛盾法则或对立统一规律，因而与笔者之见是不尽相同的。

当然，我们说道的实质是矛盾法则或对立统一规律，是就道何以成为天地万物及社会人生的内在的根本依据而言的，是就纷纭复杂、千差万别的宇宙何以成为一个统一的整体而言的，而并不是说老子的"道"只是干巴巴、冷冰冰的一条普遍规律。事实上，道是包括矛盾法则及其所统领的天之道、地之道和社会人生之道的，而天地之道是其自然观或宇宙观，社会人生之道是其人生观、价值观和社会政治观，道体及其所体现的是自然和谐的无限美好的境界，而且老子还赋予天地万物以生命精神的特质，而这种生命精神又是本于"自然"的，因此道的内涵是极为丰富的，思想是非常深邃的。

五

或问，老子的道既是宇宙本体又是天地万物的本原，为什么在道的此一定义中却只见本体、不见"本原"呢？这并非笔者的疏忽，而是依愚之见，老子是在提供内在的根本依据的意义上、从而是在本体的意义上讲天地万物之本原问题的。"无，名天地之始；有，名万物之母"。"无"和"有"都是指称道的。这里的"之始"、"之母"不是说道是天地万物的"老祖宗"或"亲生母"，而是说道是天地万物的形而上的根本依据。道之形而上的性质，亦可以从"此两者同出而异名，同谓之玄，玄之又玄，众妙之门"的文句中得以证明，其中"玄之又玄"是说作为形上本体的道是抽象了又抽象之后获得或发现的。在笔者看来，"道生一，一生二，二生三，三生万物"中的几个"生"字，都是在提供内在的根本依据的意义上讲的，如"道生一"是说作为无极的道是太极的内在的根本依据，以此类推。因而老子是在形上本体的意义上解释宇宙本原问题的。老子的这个看似宇宙生成论的图式，是从道向以天地万物和社会人生为最终目标的自上而下逐步落实的过程。

有些论者认为老子的道是物质性实体，并依此去解释"道生一，一生二，二生三，三生万物"的宇宙生化过程，特别是在现代物理学的场论科学家发现了无形无象且能生化各种基本粒子的"基态量子场"①之后，国内外有些坚持这一观点的学者为之欢欣鼓舞，以为这为他们的观点提供了有力的佐证。但在笔者看来，把道说成是物质性实体又是宇宙的本原，在理论上可能会带来一些困难：第一，如果作为宇宙本原的道是一种物质，无论它是一种什么样的物质，是星云也罢，是"奇点"也罢，是"基态量子场"也罢，它一旦生化或转化为其他物质形态，而自身必会即行消失，那么它何以作为"常道"而永恒存在，何以"独立而不改，周行而不殆"呢？更何况两千多年前的老子没有也不可能看到或预见到与道的某些特点类似的"基态量子场"之类，因为在他那个时代，凡形下之物都是有形有象而能为人的感官所感知的。第二，如果说老子确认道是宇宙本原，那么这同一个道就既是本体又是本原。这样一来，以历史的尺度看，无论何种物质实体都是"短命鬼"。（老子就说过"天地尚不能久，而况于人乎？"至于基本粒子的寿命就更是短得可怜）怎能作为天地万物的永恒的根本依据呢？更何况无法作为社会人生的价值本体了。第三，老子说的"三生万物"中的"万物"是包括天地在内的一切形下之物的总称，这从《老子》通行本第一章中"无，名天地之始"，帛书为"无，名万物之始"，下句与通行本相同，即可得以佐证。可见这里的"三"并非只是"言其多"的意思。这也就是说在"三"之前，还没有"生"出任何形下之物，那么与"三"尚隔几个层次的道体怎么就会是物质实体呢？因此亦难以讲得通。总之，在笔者看来，老子是把道作为天地万物及社会人生的形而上的存在本体及价值本体的，他在实际上并没有真正回答宇宙起源或天地万物之本原的问题。李泽厚先生也说："所谓'有物混成，先天地生'，'惚兮恍兮，其中有象；恍兮惚兮，其中有物'等等，也只是强调'道'对'象'、'物'、'天地'的优先地位。而这种所谓优先，并不一定是时间性的，《老子》并未有意于讲宇宙发生论（这正是先秦《老子》与汉代《淮南子》的差别所在）。"②鉴于此，在关于老子"道"的此一定义中，

---

① 董光璧先生说："现代场论中的'真空'是处于基态的量子场。""按照量子场论，各种粒子都是真空的激发态，现实世界的一切都是由真空激发形成的。""量子基态是一切激发态的自然背景。'有'与'无'的关系在量子场中，就是粒子和真空的关系，激发态和基态的关系。……在这里我们看到了老子'道'的幽灵。粒子（激发态）产生自真空（基态），犹如'有生于无'。粒子和真空同属于量子场这一基本存在，一如'有'和'无'两者'同出而异名'"。董光璧：《当代新道家》，华夏出版社1991年版，第87页。

② 李泽厚：《中国古代思想史论》，天津社会科学院出版社2003年版，第85页。

对于本原问题暂且存而不论。

结束语

"大化流行，生生不息"是中国哲学特别是老子哲学的基本精神。大化者，道也；生生不息者，天地万物及社会人生之性状也。天地万物社会人生在总体上之所以是生生不息的，根本原因就在于"大道汜兮，其可左右"，就在于"道在物中"，就在于"万物负阴而抱阳，冲气以为和"，一句话，就在于大化流行。老子的"道"所体现的，是"浊以静之徐清"，是"安以动之徐生"，是"蔽而新成"，总之是自强不息、日日以新、和谐美好的宇宙生命精神和人生价值理念。

（此文原载《哲学研究》2005 年第 4 期。发表时
略有删节，现在的文字为文章的原稿）

附录五

析老子的"无为"

"无为"是《老子》中的一个重要概念，是老子政治哲学的核心范畴，也是老子政治哲学的总原则。"无为"在历史上曾被作出不同的解释并有着不同的时代意义。就总体而言，除庄子将"无为"释为安命处顺、无心事任，因而具有明显的消极被动性外，后人大多在对此概念的解释中表现出较强的时代创造性，在政治实践上也成为"无为而治"的理论根据。但是，有些现代学者仍就其字面意义释为"不为"或"无所作为"。对"无为"之涵义的理解，关系到能否正确把握老子的政治哲学思想，所以有必要加以讨论。

"无为"的"无"字，在《老子》所有古本中皆是它的繁体字"無"。就字源学的意义上说，据庞朴先生考证，它在上古与人们试图和不可感知的神灵相交通的乐舞密切相关，因而"無"不等于没有，只是无形无象、不可感知而已。所以"無"是"似无实有"的意思。他说：

> 文化人类学的众多调查材料证明，舞蹈为原人生活的一个必要部分，它的作用绝不止于我们今天所谓的娱乐，而且还是狩猎、采植和战斗等谋生行为的内容之一。……其目的都在于同某种"看不见的，不知住在什么地方"的有关神灵交通，以博得它们的好感，保证自己行动成功。这也就是说，舞是用以同"無"打交道的手段。这个"無"，不等于没有，只是无形无象，永远看不见，摸不着而已。也正因此，它倒不受时空条件限制，全无窒碍，无时不有，无处不在。更加上它被想象成事事物物的主宰者，因而它不仅不等于没有，简直成了统治万有的大有。这样一种无形而大有的对象，难以描摹，只得以同它打交道的动作

来表示。①

庞朴先生在《道家辩证法论纲》中又指出：

"无"字被选定为道家的哲学范畴，有其深远的思想渊源。在甲骨文中，"無"（无）字是一个舞蹈者的形象，……"無"和"舞"本是一个字。……舞蹈是侍奉神灵的一种动作。而神灵是看不到摸不着的，……人们通常在舞蹈时想象其存在，并只有利用舞蹈的模拟动作或者叫舞蹈语言去与之交谈。……以舞蹈事神的工作，慢慢分工到一些专门家身上，他们是"巫"。这些"能事无形以舞降神"的"巫"，在原始人看来，他们与事神的"舞"以及舞所事的"無"（无），也是混沌一体的，于是也以那同一个图形来表示。……这些巫心目中的"無"（无），不仅不是虚空或没有，而是主宰万物、支配一切的神圣的"有"。这样的"無"（无），正是后来道家思想的源头。

由此可见，就其本义而言，"无为"并非不为或无所作为，而是一种"似无而实有"的行为。

在《老子》中，"无为"分为道"无为"与人"无为"两种。老子说："道常无为而无不为。"（三十七章）按老子的说法，天地万物皆为道所生化（五十一章："道生之，德畜之"），从这种意义上说，道是"无不为"的。道是无意识、无目的的，它生化万物是在为其提供内在的根本依据的意义上说的，而且道并非游离于万物之外，而是内在于万物之中的，因此道的这种"无不为"并非表现为外在的力量，而是在万物内部发挥作用的，所以是不露痕迹的，表现出来的倒是天地万物的自为、自化、自成，因而道看似是无所作为的。

人的"无为"则不同。作为认识主体和实践主体的人，他的一切行为都是有意识、有目的的，他对事物的作用表现为一种外在的力量，所以人之"无为"不可能完全是无形无象的。人对事物的"为"，基本有两种情况或类型：一是因循事物的自然本性及其发展趋势而因势利导，一是根本违逆事物的自然本性及其发展趋势而强行所为、妄自作为。显然，老子是

---

①　庞朴：《说"无"》，《当代学者自选文库·庞朴卷》，安徽教育出版社1999年版，第352—353页。

主张前者的，用他的话说叫做"以辅万物之自然而弗敢为"（六十四章）。既然是因循事物的自然本性及其发展趋势而因势利导，外因又是通过内因发挥作用的，那么被作用的事物自然也就主要表现为自为、自化、自成，而人的这种行为或作用也就程度不同地具有"似无而实有"即无为的特点，特别是从其结果看，人的行为目的和意志被对象化了，变成了"人化自然"。而"人化自然"，比如农作物，包括人栽培的花草树木，就其在它们身上已难以看出人的作为的痕迹而言，它们与天然的植物并无本质的区别。

　　老子说："为学日益，为道日损，损之又损，以至于无为。无为而无不为。"（四十八章）此段话郭店简本为"学者日益，为道者日员，员之或（又）员，以至亡（无）为也。亡（无）为而亡（无）不为。"邓各泉先生将后者释译为："学习的人天天增益，从事道术的人天天增益，增益又增益，可以达到无为。无为则无所不为。"① 从这里也可以看出"无为"本身并非目的，而只是达到"无不为"的手段。从而亦可以看出那种仅就其字面意义将"无为"释为"不为"或"无所作为"的做法是不当的。

　　人对事物的作为都是以自己的价值观为依据的，其中一个重要的方面是"利"，所以通常称之为"因势利导"。但是，人的价值观还有另外的方面，如善和美。其中的"善"又可称作"义"。《诗经·大雅·文王》："宣昭义问，有虞殷自天。"毛传："义，善也。"郑笺："宣，遍也。"这两句诗的意思是说，布明其善誉于天下，又度中道于天也。义与利不同，我国古代的志士仁人更重视"义"，所以孔子说："不义而富且贵，于我如浮云。"（《孟子·尽心下》）因此，同样是因循事物的自然本性及其发展趋势而为，亦有因势利导与"因势义导"之区别，如思想政治教育，恐怕主要是因势义导，因而不可一律称之为"因势利导"，这似乎也是应当辨明的。

　　在《道德经》中，老子对"无为"的涵义未作直接而明确的揭示，老子的后学对老子的"无为"思想作了创造性的诠释。比如其弟子文子在《文子·自然篇》中引用老子的话（疑为托老子言），对"无为"作了这样的解释："老子曰：'所谓无为者，非谓其引之不来，推之不去，迫而不应，感而不动，坚滞不流，卷握而不散。谓其私志不入于公道，嗜欲不枉正术，循理而举事，因资而立功，推自然之势，曲故（按：巧诈也）不得容，事成而身

　　① 邓各泉：《郭店楚简〈老子〉释读》，湖南人民出版社 2005 年版，第 263 页。

不伐，功立而名不有。……夏渎冬陂，因高为山，因下为池，非吾所为也.'"① 这是说，"无为"并非"迫而不应，感而不动"。在人的作为之中，凡遵循事物的规律，依凭事物的资质，顺应事物（含人）的自然本性和发展趋势，并且其行为公正无私者，皆属于"无为"。庄子说：

> 人的"无为"是"游心于淡，合气于漠，顺物自然而无容私焉"。
> （《庄子·应帝王》）

这里所说的"顺物自然而无容私"，就是既要顺应事物的自然本性和发展趋势而为，又要超越狭隘的功利目的，摆脱功利私欲的束缚，保有一种平淡超脱的心态。

《庄子·庚桑楚》曰：

> 彻志之勃，解心之谬，去德之累，达道之塞。贵、富、显、严、名、利六者，勃志也。容、动、色、理、气、意六者，谬心也。恶、欲、喜、怒、哀、乐六者，累德也。去、就、取、与、知、能六者，塞道也。此四六者不荡胸中则正，正则静，静则明，明则虚，虚则无为而无不为也。道者，德之钦也；生者，德之光也；性者，生之质也。性之动，谓之为，为之伪，谓之失。

从中可以看出，庄子和《庄子·庚桑楚》的作者所理解的"无为"就是无主观妄作之为，无私心私欲之为。所谓"私心"主要是指私欲之心，逞强争竞之心，好大喜功之心。老子说的"圣人常无心"（四十九章）的"心"，大抵就是指的这种"心"。这一点也是很重要的，因为如果不能超脱狭隘的功利目的、功利欲和个人成见，就难以做到因循事物的自然本性及其发展趋势而为，甚至难以认识和把握事物的自然本性及其发展趋势。在今天亦是如此，比如有的领导干部在有些问题上之所以不能做到实事求是，其中一个重要的原因恐怕就是考虑到其结果与个人的或单位的或部门的或地区的利益相抵触。

老子"无为"之"无"，还蕴涵着对某种"有为"的否定，即否定那种依恃、虚伪、巧智、造作、刻意雕琢等背离人性本真的行为。

---

① 《文子疏义》卷八，中华书局 2000 年版，第 368—369 页。

　　总之，作为老子政治哲学范畴的"无为"，是指人们的一种指导思想、行为原则和行为方式。他把这种行为方式也叫做"为无为"（六十三章），即以无为的方式去"为"。而以无为的方式去"为"是合于道的，所以《淮南子·原道训》说："无为为之而合于道，无为言之而通乎德。"作为行为方式的"无为"有三个要点：一是要因循事物的自然本性及其发展趋势而为，要做到这一点，则必须以正确地认识和把握该事物的自然本性及其发展趋势为前提（比如人的自然本性是：一是淳朴，二是要生存，三是图发展，四是有思想、不愿受奴役，这是必须认识、不可违逆的）；二是要"以辅万物之自然而不敢为"，即按照因循事物的自然本性和总的发展趋势的基本要求，以道所体现的柔弱的方式加以辅助或引导，使其向着有利于事物和实践主体的方向发展；三是在这个过程中要出以公心，超越狭隘的功利目的，摆脱功利欲的束缚，并尽力涤除个人的主观成见，以客观公正的态度去作为。因此，如果给"无为"下一个定义的话，似乎可以这样讲：作为老子政治哲学范畴的"无为"，绝不是无所作为之意，而是指人的这样一种行为原则和行为方式，即按照因循事物特别是人的自然本性和发展趋势的基本要求，以客观公正的态度，以道所体现的柔弱的特点和方式加以辅助、引导或变革，使其向着既有利于客观事物又有利于实践主体的方向发展。在"无为"原则下的一切作为，都应按照"道法自然"的原则要求，不强行，不偏私，义所当为，理所应为，如行云流水，雁过长空，瓜熟蒂落，水到渠成。

　　李泽厚先生说："所谓'无为'乃是一种'君道'：君主必须'无为'才能'无不为'，表面不管，实际却无所不管。否则，如果不是'无为'，而是'有以为'，统治者不是处'无'，而是占'有'，那就被局限，就不可能总揽全局了。因为任何'有'，尽管如何广大，总是有限定的、能穷尽的和暂时的，它只能是局部。只有'无'、'虚'、'道'，表面上似乎只是某种空洞的逻辑否定或混沌整体，实际上却恰恰优胜于、超越于任何'有'、'实'、'器'。因为它才是全体、根源、真理、存在。而这就正是君主所应处的无上位置，所应有的优越态度，所应采取的统治方略。正如《韩非子·解老》所阐释：'凡德者，以无为集，以无欲成，以不思安，以不用固。为之欲之，则德无舍，德无舍则不全。'"①

　　事实的确如此。在现代社会里，对于执政党来说，思想上政治上的路

---

　　① 李泽厚：《中国古代思想史论》，天津社会科学院出版社 2003 年版，第 81 页。

线正确与否是决定一切的。路线是个纲，其余都是目，纲举才能目张。路线是管战略全局的，但它又是高度抽象的，不可感知的，形而上的，可以说是"无"，它是超越于任何"有"（"目"）的。最高领导者或统治者事业成功的关键在于正确地制定和抓住路线这个纲，抓住了这个"无"，就能统领一切的"有"（"目"），否则就会挂一漏万。当然，这个"无"又是植根于、来源于万有的，所以它又内在于、包含于万有于其中。

刘笑敢先生从社会管理的角度对老子的"无为"作了诠释。他说："如果我们把无为作为实现社会自然、和平、稳定发展的手段，那么无为便可以重新定义或解释为'实有似无的社会管理行为'。具体来说，就是通过最少的、必要的、有效的法律制度和管理程序把社会的干涉行为减少到最低限度，从而实现社会的自然和谐与个人自由的协调发展。"①

应当看到，老子当初提出"无为"概念，主要针对的是侯王等统治者的"有为"。当时的情况是：列国争城掠地，贵族骄奢淫逸，苛政猛于虎，法令多如牛毛，人民怨声载道，暴动彼伏此起，这些都是统治者的"有为"所致。所以老子说："民之饥，以其上食税之多，是以饥；民之难治，以其上之有为，是以难治；民之轻死，以其上求生之厚，是以轻死。"（七十五章）可见老子在此所说的"有为"（在《老子》书中，"有为"只此一见），与我们今天所理解的"有所作为"根本不同，它是指统治者从自己和本阶级的私利出发，根本违逆人民的利益、愿望和要求，倚仗武力和权势的强行所为，恣意妄为。老子提出"无为"的概念，旨在告诫侯王等统治者不要违逆人民的利益、愿望和要求而强行所为和恣意妄为，期望他们能够效法道的无为和圣人的"以辅万物之自然而弗敢为"，从而为人民的自主、自化、自成即人民和社会自治的实现创造良好的社会环境和条件。因为在老子看来，"我（按：指贤明的君王）无为而民自化，我好静而民自正，我无事而民自富，我无欲而民自朴。"（五十七章）这里说的圣人的"好静"、"无事"、"无欲"也是"无为"的意思，突出强调了不强行干预事变的自然进程。

胡适在其《中国哲学史》中也曾论及老子反对"有为"政治而主张"无为"政治的背景和动机，强调自由放任主义，反对政府干涉政策。他说："老子反对有为的政治，主张无为无事的政治，是对当时政治的反动。凡是主张无为的政治哲学，都是干涉政策的反动。因为政府用干涉政策，却又没

---

① 刘笑敢：《老子古今》，中国社会科学出版社 2006 年版，第 562 页。

干涉的本领，越干涉越弄糟了，故挑起一种反动，主张放任无为。欧洲 18 世纪的经济学者、政治学者，多主张放任主义，正因为当时的政府实在太腐败无能，不配干涉人民的活动。老子的无为主义，依我来看，也是因为当时政府不配有为，偏要有为；不配干涉，偏要干涉，所以弄得'天下多忌讳，而民弥贫；民多利器，国家滋昏；法令滋彰，盗贼多有。'"

应当说历代有些注家对老子的"无为"作了较好的诠释，比如《文子》说：

> 所谓无为者，不先物为也；无治者，不易自然也；无不治者，因物之相然也。（《文子·道原》）

《淮南子·修务训》说：

> 若吾所谓无为者，私志不得入公道，嗜欲不得枉正术，循理而举事，因资而立功，权自然之势，而曲故不得容者。事成而身弗伐，功立而名弗有。非谓其感而不应，攻而不动者。若夫以火熯井，以淮灌山，此用己而背自然，故谓之有为。若夫水之用舟，沙之用鸠，泥之用輴，山之用蔂，夏渎而冬陂，因高为山，因下为池，此非吾所谓为之。

引文"若夫"后的句子意思是说，如果试图用火来烤干井水，把淮河引到山上去，就是不顾事物的客观情势，背离事物的自然本性，只凭自己的主观欲望而任意作为，这就叫做"有为"。相反，如果是"水之用舟"之类的作为，则不属于所谓的"有为"。

当代大儒牟宗三说："道家讲'无为而治'，这是一个很高的智慧。有人说：'无为而不治。'那你这个无为，不是道家的无为。你这个无为是在睡觉。无为而治，这当然是最高的智慧，它背后有很多原理把它支撑起来。"[1]

应当指出，历代也有些注家对"无为"存在诸多误解和不正确的诠释。《淮南子·修务训》曾引述对老子的"无为"之涵义的一种误解，即认为"无为者，寂然无声，漠然不动，引之不来，推之不往，如此者，乃得道之像。"王充认为道家的"无为"是抹煞人的主观能动性，是"蔽于天而不知人"。魏晋时期的郭象有所谓"性分说"，认为凡合于自己的"性分"（主要

---

[1]　牟宗三：《中国哲学十九讲》，（台北）学生书局 1983 年版，第 145 页。

指其才智和社会地位）的一切行为，皆属于"无为"；凡超出于自己"性分"的一切行为，则皆属于"有为"。（《庄子注》）直到近现代，仍有少数注家将老子的"无为"诠释为"无所作为"，认为老子提出"无为"表明他在社会历史观上是消极无为、不思进取、反对任何变革的，说老子"希望社会不要有任何作为，人们不要有欲望，天下自然会稳定"。

事实绝非如此。我们知道，老子笔下的圣人是道的化身，是圣明的君王，他们是"处无为之事，行不言之教"的，但圣人却是"万物作焉而不辞，生而不有，为而不恃，功成而弗居"的。（二章）如果说无为就是"无所作为"，那么何以又说"生而不有，为而不恃"，又何谈"功成"呢？而且老子把"生而不有，为而不恃，长而不宰"的行为视为"玄德"（五十一章）即最高的德行。可见，老子所说的"无为"绝非"不要有任何作为"，而是为了使人们能够因循事物的自然本性及其发展趋势更好地"为"，而且也只有如此，才能大有作为。与此相反，如果出于一己的私利或个人意志，根本违逆事物的自然本性及其发展趋势而强行所为或妄自作为即"有为"，那么一定会事倍功半，甚至遭到严重挫折或失败。所以老子告诫我们："为者败之，执者失之。是以圣人无为故无败，无执故无失。"（六十四章）

关于老子"无为"思想的现代意义，董光璧先生说："他的那种提倡人的行为要取法'道'的自然性和自发性的'无为'观，是对那种'妄为'的对抗。这种'无为'的呼吁，对于种种权威的干扰犹如釜底抽薪。这不仅要求那些自认为是他人命运的裁定者，有资格对别人的理想专断的人的罢手，而且要求那些自以为掌握了绝对真理而摆出一副权威架势的'布道'癖给别人思想自由。"①

与"无为"相联系的是对"无为而治"涵义的解读。从现有文献看，"无为而治"的命题是孔子首先提出来的（对此，张岱年先生说："按'无为'观念是老子首先提出的，孔子赞扬舜的无为，当是由老子的无为论而引起的。孔子未必见过'上下篇'，但是与闻老子的言论，这是孔老同时的重要证据。"②）。他说："无为而治者其舜也与？夫何为哉？恭己正南面而已矣。"③ 对孔子的这段话，朱熹注曰："无为而治者，圣人德盛而民化，不待

---

①　董光璧：《道家思想的现代性和世界意义》，《道家文化研究》第一辑，第72页。
②　张岱年：《论老子在哲学史上的地位》，《道家文化研究》第一辑，第75页。
③　《论语·卫灵公》。

其有所作为也。独称舜者,绍尧之后,而又得人以任众职,故尤不见其有为之迹也。恭己者,圣人敬德之容。既无作为,则人之所见如此而已。"① 从朱熹的这段释文看,孔子说的舜帝的"无为而治"并非像有些人所理解的那样,只是端坐在帝王的宝座上而无所事事。第一,舜首先是"绍尧",即承继了尧帝治国的优良传统;第二,舜是"得人以任众职",即知人善任,依靠禹、皋陶、益稷等贤臣治国,《尚书》就记载了他们君臣共同讨论国是的事迹;第三,"德盛而民化",即舜帝以自己的盛德感化人民,人民对其衷心拥戴。对于一个帝王来说,这三条是很重要的。从这三条看,"无为而治"是以无为的方式治国,只是无需帝王事必躬亲而已。事实上,舜帝也是忠于职守,兢兢业业的。《淮南子·修务训》的作者在历数神农、尧、舜、禹、汤的政绩之后说:"此五圣者,天下之盛主,劳形尽虑,为民兴利除害而不懈。……且夫圣人者,不耻身之贱而愧道之不行,不忧命之短而忧百姓之穷。"《庄子·天下篇》引述了墨子称道大禹治水身显士卒、励精图治的史迹:"昔禹之湮洪水,决江河而通四夷九州也,名川三百,支川三千,小者无数。禹亲自操橐耜而九杂天下之川,腓无胈,胫无毛,沐甚雨,栉疾风,置万国。禹,大圣也,而形劳天下也如此。"由此可见,包括舜在内的古代圣王的"无为而治"根本就不是无所作为,而是在为民兴利除害和治理安邦上是鞠躬尽瘁的,堪称励精图治的典范。

　　"无为而治"的命题虽然不是老子提出来的,但是老子关于治国的思想主旨却充分体现了"无为而治"的原则,最能说明问题的是他提出的"治大国若烹小鲜"的思想论断。对此一思想论断,苏子由解释说:

　　　　烹小鲜者不可扰,治大国者不可烦,烦则人劳,扰则鱼烂。圣人无为,使人各安其自然,外无所烦,内无所畏,则物莫能侵,虽鬼无所用其神矣。②

老子的意思是说,为政者既不可用仁义礼智和严刑峻法约束和压制人民,亦不可事无巨细,每事必问,陷入事务主义的人为歧途之中,否则人民将无所适从,国家将越治越乱。

　　值得注意的是,宋徽宗虽然长期疏于政事,甚至最后搞得国将不国,不

---

① 朱熹:《四书章句集注》。
② 转引自焦竑:《老子翼》。

是一个好帝王，但他对"无为"和"无为而治"却作了较好的诠释（也许是他人捉刀代笔）。他说：

> 圣人之治，岂弃人绝物，而恝然自立于无事之地哉？为出于无为而已。万物之变在形而下，圣人体道，立乎万物之上，总一而成，理而治之。物有作也，顺之以观其复。物有生也，因之以致其成，岂有不治者哉？故上治则日月星辰得其序，下治则鸟兽草木遂其性。[①]

意思是说，帝王不是不为，只是这种"为"是以无为的方式表现出来的，亦即"出于无为而已"。帝王居于万民之上，因而能够总揽全局，整合众人之所为，因势利导，辅助其成功。

魏源释"无为治天下"曰：

> 其无为治天下，非治之而不治，乃不治以治之也。功惟不居，故不去；名惟不争，故莫争；图难于易，故终无难；不贵难得之货，而非弃有用于地也；兵不得已用之，未尝不用兵也；去甚、去奢、去泰，非并常事去之也；"治大国，若烹小鲜"，但不伤之，即所保全之也；以退为进，以胜为不美，以无用为用，孰谓无为不足治天下乎？[②]

有些注家对"无为而治"却作了不正确的诠释，认为帝王的"无为"就是高高在上，无需"治事"，而大臣们则不能"无为"，必须"有为"，帝王是以"无为"用臣的"有为"。以北宋注家为例，王安石说："圣人用其道，未尝勤于力也，而皆出于自然。盖圣人以无为用天下之有为，以有余用天下之不足也。"（《道德真经藏室纂微篇》）王安石之子王雱说："君尊臣卑，各有常分。君以无为而任道，臣以有为而治事。道之为事，相去远矣。"（《道德真经集注》）吕惠卿说："人主者，无为者也。佐人主者，有为者也。……臣以有为事上，君以无为畜下。"（《道德真经传》）江澂说："君任道，臣任事。任道者无为而尊，故用天下；任事者有为而累，故为天下用。上下之分，不易之道也。惟分各有常而不易，故典狱则有司杀，运斤则有大斧，君何为哉，恭己正南面而已。"（《道德真经疏义》）其

---

① 《宋徽宗御解道德真经》。
② 魏源：《老子本义·论〈老子〉三》。

实这种看法是不当的，因为"无为"作为一种行为方式，无论君王还是臣僚乃至庶民，都是可以而且应当运用的，并无上下尊卑之分，只是行为的具体内容和层次不同而已。

"无为而治"作为施政的指导思想，在中国的几个历史时期特别是在西汉的文帝、景帝时代曾形成了史称"文景之治"的繁荣昌盛的局面。《汉书》对此作了这样的记载：

> 汉兴，扫除烦苛，与民休息。至于孝文，加之以恭俭，孝景遵业，五六十载之间，至于移风易俗，黎民醇厚。周云成康，汉言文景，美矣！（《汉书·景帝纪》）

> 天下既定，民亡盖臧，自天子不能具醇驷，而将相或承牛车。……至武帝之初七十年间，国家亡事，非遇水旱，则民人给家足，都鄙廪庾尽满，而府库余财。京师之钱累百巨万，贯朽而不可校。太仓之粟陈陈相因，充溢露积于外，腐败不可食。众庶街巷有马，阡陌之间成群，乘牸牝者摈不得会聚。①

> 　　（此文原题目为《说"无为"》，载《云梦学刊》2007
> 年第 2 期，收入时略有补充和修改）

---

① 　班固：《汉书·食货志第四上》。

附录六

老子思想三论

对于老子及道家的学说来说，什么是最重要的呢？"道"是最重要的，因为"道"是老子及道家哲学的最高范畴，道论是老子哲学思想体系的基础、核心和逻辑起点。在这种情况下，对道的规定性和实质的把握，就必然成为正确理解老子及道家哲学思想的关键性环节。因此，讲老子哲学思想，首先就应当对"道"有个基本的说法。但是，古今中外的学者对"道"的认识和概括，仁者见仁，智者见智，众说纷纭，莫衷一是，其中一个重要原因是老子未能对"道"下一个明确的定义。虽然如此，我们应当看到，老子对道的样态、性质、特点、运行规律等还是作了诸多揭示和描述的。概而言之：一是说"无，名天地之始；有，名万物之母"（一章，以下凡引《老子》，皆只注章次），"道"是"先天地生"的，"可以为天地母"（二十五章），就是说，道是宇宙万物的本原；二是说"天下万物生于有，有生于无"（四十章），这里的"无"是指道在空间上的无限性和时间上的永恒性，故可作为哲学上的终极本体，"有"说的是道的实有性，具有无限性的"有"，故能统摄万有；这是说"道"是实有的，但又是无限的，而作为终极本体的东西也必须是无限的，而不能是有限的；又说："道冲，而用之或不盈。渊兮，似万物之宗"（四章），这也是说"道"是天地万物的终极本体；三是说"道"是"惟恍惟惚"的，但"其中有象"，"其中有物"，"其中有精，其精甚真，其中有信"（二十一章），就是说，道虽然恍惚不定，但它是具有实质性内容的客观存在，而绝不是虚无，也不仅仅是一种"境界"；四是说"道"是"视之不见"、"听之不闻"、"搏之不得"（十四章）的，即道是不可感知的，具有形而上的特质；五是说"道"是"独立而不改，周行而不殆"（二十五章）的，又说"大道泛兮，其可左右"（三十四章），这是说道是绝然独立、不生不化、不偏不滞、通乎一切、普及一切的；六是说"道"是"万物之奥"（六十二章），即道在物中，而且是天地万物及社会人生的"玄机"之

所在；七是说"道常无为而无不为"（三十七章），即道的作用方式是似无而
实有的，但它的功能却是无比广大的；八是说"道生之，德畜之，长之育
之，亭之毒之，养之覆之。生而不有，为而不恃，长而不宰，是谓'玄德'"
（五十一章），这是说"道"在价值观上是善的。道的定义应当同时涵盖以上
八个方面的性质和特点，缺一不可，否则就是不周延的，有缺陷的。

　　经过长期的研究，我对老子作为哲学范畴的"道"尝试性地下了这样一
个定义，以就教于学界同仁："道"是天地万物的本原，更是既超越又内在
于天 地万物及社会人生的形而上的存在本体和价值本体，它的实质是宇宙
万物最本质的共相，集中表现为矛盾法则或对立统一规律。这是笔者为老子
之道尝试性地下的一个定义。与此相关，还应补充说明的是：对立面的协
调、和谐或转化是道的内在功能和落脚点，自然无为是道的根本特性，真善
美的统一是道在价值观上的体现。

一、老子的道本体论及其方法论意义

（一）老子是中国哲学本体论的创始人

　　对于哲学思想体系来说，本体论的建构是很重要的，因为它是全部问题
的形而上的根本依据。那么，在中国古代哲学史上，是谁开创了本体论的先
河呢？是老子。老子是中国哲学本体论的开创者。但对这个问题的认识是有
一个过程的。

　　曾经在一个很长的历史时期内，国内外哲学界普遍认为本体论起源于古
希腊哲学，兴盛于欧洲，而中国哲学从来就没有本体论。是汤用彤先生率先
指出，中国哲学至魏晋时代方将两汉以生成论与构成论为主流的宇宙论转到
本体论方向，这就是王弼提出的"以无为本"的本体论。汤先生这一观点影
响很大。后来有些学者认为，既然王弼的"以无为本"是在注释《老子》
"天下万物生于有，有生于无"（四十章）时提出的，那么老子就应是最早创
立本体论的哲学家。但是，"天下万物生于有，有生于无"历来被认为属于
宇宙生成论的命题，而要把它说成是本体论的命题就必须做出有说服力的论
证（王弼当年没有作出论证，后来也似乎未见论证者）。对于这个命题，我
觉得似乎可以作这样的论证：既然"天下万物生于有，有生于无"可以视为
宇宙生成论的命题，那么就等于说天下万物是由"有"所生的，而"有"是

由"无"生的。其实，这是一个假命题，因为世界上有的只是千差万别的具体事物，"有"只是对这些具体事物的抽象，因而"有"并非现实的存在，它何以能生万物呢？就像"水果"是由桃、梨、苹果、桔子等等抽象出来的，但不能说桃、梨、苹果、桔子等等是由"水果"产生的一样。再说，"有生于无"也只能在"有无相生"的意义上来理解，否则就只能是有违常识的"无中生有"了，而"有无相生"的本质涵义是对立面的相互依存，而并非有与无的相互产生。由此可以证明，"天下万物生于有，有生于无"作为宇宙生成论的命题是不能成立的。但是，逻辑判断与事实判断不同，如果说没有"无"就没有"有"，没有"有"就没有天下万物，虽然与事实不符，但在逻辑上是可以成立的。这样一来，"有"就可以视为天下万物借以产生、存在、发展和消亡的形而上的根本依据，"无"就成了"有"借以存在的形而上的根本依据，从而归根结底成了天下万物借以产生、存在、发展、变化和消亡的形而上的根本依据。而所谓形而上的根本依据就是本体。这样一来，"天下万物生于有，有生于无"与其说是一个宇宙生成论的命题，不如说是一个本体论的命题了。

说老子是中国哲学本体论的创始者，还有两个更为重要的理由：一是先秦其他学派如儒家、墨家、法家、兵家等关注的主要是社会伦理及政治问题，他们的论著虽富有实践理性精神，但明显欠缺形上学的思考，因而没有也不可能创立玄妙的本体论；二是《老子》中还有一些关于道本体的更为直接的论述，比如第四章的"道冲，而用之或不盈，渊兮似万物之宗"，即道为万物之宗、万物之本（宗，本也，如"万变不离其宗"）；三十四章的"大道泛兮，其可左右，万物恃之以生而不辞"，其中"万物恃之以生"即道为万物生存的依据；三十九章的"昔之得'一'者：天得'一'以清，地得'一'以宁"等等，得"一"即得"道"，此章从正反两个方面讲了是否得道是关系天地万物生死存亡和侯王前途命运的大问题；还有五十二章的"既得其母，以知其子。既知其子，复守其母，没身不殆"——这里的"母"指道，"子"指万物，是说万物特别是人只有复归于道，才能终生没有危险，即认为道是万物特别是人的庇护神。这些都充分说明老子是中国哲学本体论的创始人。由此亦证明，中国哲学本体论的创立绝不晚于古希腊。

（二）老子道本体论的现代诠释

就世界范围来看，哲学本体论的发展是有一个过程的，其间大体经历了这样几个阶段：客体至上论——主体至上论——"主—客"两极论——主体际论——交往实践观及其"主体——中介客体——主体"模式论。东西方的古代哲学大体都可归之于客体至上论，而交往实践观则是哲学本体论的最新发展。

既然东西方的古代哲学大体都可归之于客体至上论，那么老子的道本体论是否也应归入"客体至上论"呢？如果只看表面现象，就是这样，但若深入分析，情况并非如此。比如，老子说："故道大，天大，地大，人亦大。域中有四大，而人居其一焉。人法地，地法天，天法道，道法自然"（二十五章）。从这段话来看，老子把人列为宇宙中的四大之一，与天地齐名，根本没有上帝和其他神灵的位置，已是空前地提升人的地位了，但从"四大"的排列次序看，道是老大，人终究居于末位，所以似乎仍可视为客体至上论。可是，既然是"道法自然"，既然人归根结底要法道，从而也要"法自然"；而所谓"法自然"，就是以"自己如此"为法则，那么人不仰赖于任何外在权威而以"自己如此"为法则，这无疑是对人的主体性的空前高扬，因而老子的道本体论并非客体至上论。

那么，老子的道本体论与作为哲学本体论最新发展的交往实践观及其基本模式有无历史性的联系呢？是有的。我们知道，对于较为复杂的哲学思想来说，是可以而且应当结合新的实际作多角度、多层次诠释的，对于老子哲学这样博大精深的思想体系而言就更应如此。比如对"道生一，一生二，二生三，三生万物"（四十二章）这一命题，既可按其顺向作宇宙生成论的诠释，又可按其逆向作本体论的一般诠释，还可从主客体关系的角度作本体论的特殊诠释。就后者，似可诠释为："道生一"之"一"指主客体尚未分化、混而为一的阶段或状态；"一生二"之"二"指主客体已经分化，主体可以作用于客体的阶段，不过此时的主体尚未分化，因而还是抽象的而不是具体的、只包括自己不包括"他者"的；"二生三"之"三"是指一分为二的主体和它们借以发生相互作用的客体，这种客体因为处于两主体之间，因此称为中介客体。这样一来，在作为本体的"道"中就有了"主体——中介客体——主体"的基本模式。不过，因为这一模式是蕴含在作为存在本体的道中的（"道"及其依次所"生"的一、二、三皆可视为作为初始状态的道在形而上范围内的延伸，因而在总体上仍然属于道的范畴，这从"三生万物"等同于"道生万物"可得以证明），所以它是形而上的，而非实体性的。

那么，蕴含于道本体中的"主体——中介客体——主体"的基本模式与存在于道外的交往实践观的基本模式（此模式是老子治国论的基本图式即

"体道悟道的明王圣君——作为治国的主要依据和杠杆的道——广大民众"的抽象表达形式）是什么关系呢？可以这样说，前者是后者在形上学领域的聚焦点，后者是前者在形而下范围内的展开和在社会实践活动中运用的范式。我们知道，老子哲学是一个庞大的思想体系，作为其最重要组成部分的社会历史观特别是治国论犹如一片原始森林，作为社会历史领域普适性最强的交往实践观的基本模式的"主体——中介客体——主体"，就好比这片原始森林中最高大的树木，而蕴含于道本体中的"主体——中介客体——主体"的形而上的基本模式就是这种参天大树借以出生和长成的种子。这种参天大树的全部基因和信息都包含在当初的树种之中了。交往实践观的基本模式与老子道本体中所蕴含的"主体——中介客体——主体"模式的关系，如果作一形象比喻的话，可以这样说：当今交往实践观的基本模式，是当初蕴含于老子道本体中的"火种"在穿越了2500多年的时间隧道之后，在新的时代所燃起的新的火焰。

（三）老子道本体论的主要特点和历史地位

老子道本体论最大的特点是什么呢？是凸显和强调"无"的地位和作用。毫无疑问，作为本体的道是"有"与"无"的统一，其中的"有"是指道具有作为本体的实质性内容，这是题中应有之义，而且"无"亦有"似无而实有"的涵义，因而对于"有"可不特别提及；而作为天地万物包括社会人生借以产生、存在、发展、变化和消亡的根本依据的东西，必须具有无限的包容性和无限的能量，所以老子称之为"无"。而这里所说的"无"，具有两个最重要的涵义：一是否定性，就是要剥离道本体可能存在的一切具体的规定性，亦即要彻底否定道本体的有限性，以便实现其对终极存在的体认。在这个意义上说，否定性是道本体的本质特性，或者说道本体具有否定性的本质。二是具有空间上的无限性，时间上的永恒性，以及形而上的超越性。只有具备以上两种内涵，道本体才能具有无限的包容性、无限的能量和无限的生命力，才能胜任天地万物存在本体之使命。

正如我国著名哲学家任继愈先生纵观世界哲学发展史，高瞻远瞩地指出的，老子"在中国哲学史上第一次提出作为万物之本的负概念——'无'的范畴，这表明人类认识前进的重要里程碑。"年轻学者朱晓鹏在评述老子的道本体时也说："能够认识到存在本体的否定性本质并用否定性的方法来描述这种存在本体，是人类认识发展史上的重要里程碑，它标志着人类已经能够从无限性、普遍性的抽象思维高度来把握存在本体。"

（四）老子道本体论的方法论意义

老子的道本体所具有的否定性、无限性、永恒性、超越性及其所体现的思想方法有什么价值呢？它对于拓展人们的思维空间、培育人们的博大胸怀、增强人们的辩证思维能力，对于深入研究宇观世界以及宏观世界和微观世界，都具有重要的启迪作用。现在，仅以道本体所具有的否定性本质所转化的否定性方法为例作一说明：否定性方法的创立之所以在人类认识发展史上具有划时代的意义，主要是因为它所表达的否定性认识在内涵上比一般的肯定性认识要深刻得多、丰富得多、灵活得多，它实际上是事物发展中矛盾转化的对立统一规律的集中体现。许多重要科学定律的界定方式就是采取否定式的，如宇宙基本原理的表述就是：没有任何一个点是宇宙的中心；在东方宗教和哲学中，对作为至上者的终极实在也主要是从否定性方面而不是从肯定性方面来描述和领悟的，如印度教教义对"梵"的描述就是这样的，它说："梵没有开始，也没有终结，至高无上，既超越是，又超越非"。道本体所具有的无限性、超越性的特点，也启示我们要学会以一种博大的胸怀、开放的心态和超越的精神追求去看待和处理现实中的各种矛盾和得失，特别是人与人的关系和个人与社会的关系问题。诸如此类，可以说皆是对老子道本体所体现的原则和方法的体认与运用。

本体论的建构对于哲学体系来说也是非常重要的。这是因为：哲学，由于其特殊的思想使命，需要它能够成为对于整个世界（自然界、人类社会及人的认识领域）作出高度抽象和根本性阐述的逻辑一贯的思想体系。正因此，这样的思想体系就需要一个基础，即出发点、归宿点和一以贯之的逻辑中心，这就是本体，它的理论形态就是本体论，而本体论是哲学上的一种追本溯源式的意向性追求。老子之所以建构和推崇形上本体的道及其自然无为的本质特性，旨在为社会人生的合理的存在方式提供形而上的根本依据。本体及本体论是哲学的命脉。自亚里士多德以来，作为本体及本体论的形而上学被称为"第一哲学"，可见它在西方传统哲学中的地位（但在西方传统哲学中本体是与现象完全割裂的，因此西方现代哲学要"解构"本体论）。对于一种哲学而言，如果没有本体论的建构，就缺乏形上学的思维，就无法超越经验事实和实践理性，就没有一个统摄整个哲学体系的东西，因而就难以做到高屋建瓴地论述问题。从一定意义上说，本体论是哲学的灵魂，一种缺少本体论建构的哲学，就像是一座没有神像的寺庙。

二、老子"和"的思想与和谐实现的途径

"和"或"和谐"（在老子时代只有单音词"和"，尚无复音词"和谐"）是我国传统文化的基本理念和价值取向，也是中华民族不懈追求的理想境界。我们看到，先秦儒家、墨家和法家的学说均以社会生活为论述的聚焦点，其中的和谐思想重在构建人与人的理想化关系，其意蕴基本局限于社会关系的论域。老子及道家的和谐思想则在论域上作了进一步拓展，在人与人关系的和谐之外，又多论及人的身心和谐及人与自然的和谐，构成了社会和谐的三个完整层次。"和"或和谐是老子哲学追求的最终价值和最高境界（一般认为最高境界是与道合一，但道又是最高的和谐体，因而从归根结底的意义上说，老子哲学追求的最高境界是"和"或和谐），在这种意义上可以说老子哲学是和谐哲学。

（一）老子认为，和谐是天地万物的常态，不和谐是暂时的；社会人生以及人与自然关系的不和谐主要是人的不当行为造成的，从历史长河看，这种现象也是暂时的；世界上存在两种状态的"和"，应维护好，处理好

老子说："和曰常（郭店简本和帛书皆如此，通行本在和字前有"知"字。有"和"字其义不甚明确，故取简帛），知常曰明。"（五十五章）意思是说，"和"是天地万物的常态，能认识和谐是天地万物常态的，就是明达事理。老子认为，"和"是道的本质性表现，与此相反的阴阳完全对立的状态，不是道的从而亦不是事物的常态。所以他说："飘飞不终朝，骤雨不终日"（二十三章）；"天无以清将恐裂，地无以宁将恐废"（三十九章）。因此，在老子看来，晴朗是天空的常态，宁静是大地的常态。电闪雷鸣、暴风骤雨、大地震、火山喷发、海啸等等，不是天地的常态，而是暂时的自然现象。

关于"和"是天地万物常态的论断，已为天体史、地球史、生物史所证明。在人类出现之前，特别是在冰河期之前，地球上的物种和生态是平衡的、和谐的，而冰河期不是气候的常态。人类社会中人与人关系的不"和"，

以及人类与自然界关系的不"和"，在老子看来皆非人类社会的常态，这主要是由于人的不当行为造成的。这一点在今天看得更清楚。

老子说："天之道，其犹张弓与？高者抑之，下者举之；有余者损之，不足者补之。天之道，损有余而补不足。人之道则不然，损不足而奉有余。孰能有余以奉天下？唯有道者。"（七十九章）这是说，自然界的规律是趋向平衡和谐的，而进入私有制社会以来，人类社会在总体上是不和谐的，这是因为"损不足而奉有余"的人为原则大行其道。但是，从总的发展趋势来看，不和谐不仅不是天地万物的常态，而且也不是人类社会的常态，因为从整个人类历史长河来看，私有制社会的存在不过是一个小插曲。当然，和谐并非死水一潭。

老子说："道生一，一生二，二生三，三生万物。万物负阴而抱阳，冲气以为和"（四十二章）。在这个基本图式中包含着两种状态的"和"：一是"道"（这个"道"是道的初始状态，其依次所生的一、二、三，皆是初始状态的"道"在形而上范围内的延伸）及其所生的"一"阶段的"和"，这种"和"是尚未分化的混沌状态的"和"或原始的同一状态的"和"；二是在"二生三"之后，"冲气以为和"的"和"，这是对立面经过交感激荡后所实现的和谐状态。老子的和谐论对这两种状态的"和"作了区分，具有重要意义。

"和曰常，知常曰明"是说知道上述两种状态的"和"是事物的常态，从而尽力维持第一种"和"，在阴阳完全对立的情况下，努力促成第二种"和"的实现（包括实现对立面的转化）的人，才是明智的。五十五章说的"精之至"、"和之至"的含德之厚的赤子，二十八章说的"复归于婴儿"，就是要人们力图保持或复归于道的未分化的"和之至"的状态，原始的同一状态，亦即所谓返本复初。在不可能做到返本复初的情况下，也要努力促成第二种"和"，以实现新的和谐，而不应听任事物长期处于矛盾尖锐对立的状态。显然，老子对"和"的这种区分具有重要的学术价值和实践意义。

（二）老子深刻地揭示了天地万物包括社会人生和谐的内在机制。和谐是一个对立统一的概念，是矛盾双方相互关系的特殊形态。没有对立面的"冲气"（涌摇交荡）与"磨合"，就不能实现和谐

对"万物负阴而抱阳，冲气以为和"这一命题，长期以来一些学者作了

不当的诠释：将这里说的"阴"、"阳"诠释为阴气和阳气，把"万物负阴而抱阳"释为"万物背负着阴气而怀抱着阳气"，把"冲气以为和"的"和"字解释为"和气"，还有的学者将这里的"冲气"也说成是一种气。

其实，"万物负阴而抱阳"是说天地万物及社会人生都包含着阴与阳两个相互依存、相互渗透的对立面，概莫能外。阴与阳的对立统一乃是一切事物的固有属性，以为有阴而无阳或有阳而无阴，就如同以为有上而无下或有下而无上一样，是不能成立的。"冲气以为和"中的"冲气"，并不是一种叫做"冲气"的气体，而是指统一物内部对立面之间的相互排斥、相互斗争、涌摇激荡、对立统一的机制，"冲气"不过是对此种机制的形象化表述；"以为和"的"和"也不是什么"和气"，而是说对立面的涌摇激荡或斗争作为一种机制作用于事物而达到了对立面之间的某种程度的协调、平衡、和谐、融合。矛盾双方相互排斥、相互作用使事物实现了某种和谐，即"冲气以为和"。"冲"是涌动、激荡的意思，可以引申为冲突、对立，表征矛盾的不平衡和对立状态，它是事物实现和谐的内在动力。

总之，老子这里所讲的"和"是一个对立统一的概念，它是以"负阴而抱阳"即差异、矛盾或事物的对立面的共同存在为前提（阴阳从不单独呈现），以"冲气"即对立面之间的相互排斥、相互斗争、涌摇激荡为基础、关键环节、必要条件和内在动力的"和"。没有差异、矛盾、对立和必要的斗争，就没有对立面的统一与和谐，也没有对立面的转化。因此，和谐不是无矛盾，而是矛盾双方相互关系的特殊形态。不能把矛盾双方斗争比较缓和、统一体相对平衡的状态叫做和谐，更不能把矛盾双方共处于统一体中的状态称为和谐，因为前者只能叫作稳定，而后者可能连稳定都没有达到。只有矛盾双方不仅相对稳定地处在统一体之中，而且一方的发展有助于另一方的发展，即"相辅相成"、"共生共荣"、"互利双赢"的状态，才是哲学意义上的和谐。

（三）老子认为天地万物和谐的根本原因是"得道"，因此实现社会和谐的根本途径就是"以道莅天下"、"执大象"，按照道所体现的自然无为原则办事

因为道是独立无偶的，所以老子有时称道为"一"。他说："昔之得'一'者：天得一以清，地得一以宁，神得一以灵，谷得一以盈，万物得一

以生，侯王得一以为天下贞"（三十九章），亦即得"一"而和谐；如果不得"一"，情况就会完全相反。因此，为了实现社会和谐，就必须高举道的旗帜，所以老子说："以道莅天下，其鬼不神"（六十章）；"执大象，天下往。往而不害，安、平、泰"（三十五章）。意思是说，只要以道君临天下，牛鬼蛇神就不能作祟；只要执守大"道"，依道治国，四面八方的民众就会纷纷来归往，统治者对归往的民众又不强制和干预，于是社会安定，公民平等，生活富裕，也就是社会和谐。

为什么说"以道莅天下"，就会"其鬼不神"呢？为什么说"执大象"，就会"天下往"，就会"安、平、泰"呢？就是因为真正依"道"而行了。说起来，"道"似乎神乎其神，但揭开其神秘的面纱，如前所述，它的实质就是矛盾法则，因而所谓"法道"，所谓"依道而行"，也就是我们常说的按辩证法办事。不过稍有不同的是，老子特别强调遵循道所体现的自然无为原则。自然无为原则要求必须顺应事物（特别是人）的自然本性及其发展趋势而为，而对于社会而言，就是要为民众创造良好的社会政治环境（和平、稳定、公平、正义等），提供充分的自由发展空间，这显然有利于和谐社会的实现。

老子说："夫天下，神器也。不可为也，不可执也。为者败之，执者失之。"（二十九章）意思是说，天下人是神圣的啊！对他们不可强行所为，也不能硬性控制。强行所为的，必然失败；硬性控制的，必将失去。究竟是视人民为"神器"，"以百姓之心为心"（四十九章），一切顺应民心民意呢？还是视百姓如草芥，对其强力宰制，颐指气使，为所欲为？这是治国者的根本立场和态度问题。显然，前者有利于促进社会和谐，后者只能勉强维持社会的暂时稳定。

老子说："天之道，损有余而补不足。人之道则不然，损不足以奉有余。孰能有余以奉天下？唯有道者。"（七十七章）要促进社会和谐，就必须在保证经济效益的同时，在制度层面建立"损有余而补不足"的公正合理的利益分配机制，确保普通民众的生存权与发展权。积极倡导"为而不争"（八十一章）的社会风尚，倘若大部分社会成员能做到"为而不争"，人与人的关系自然能够趋向和谐。

如果说保持人与人关系的和谐是和谐社会大厦的主体，那么每个社会成员的身心和谐则是这个大厦的坚实基础。没有社会个体身心的和谐，和谐社会只能是海市蜃楼。为此，老子对个人身心和谐问题也多有论及。

针对人们追名逐利致使心为物役、身心分裂的情况，老子反问："名与身孰亲？身与货孰多？得与亡孰病？"意思是说，名位与生命相比，哪个更为可爱？生命与财货相比，哪个更加重要？得到名利与丧失生命，哪个更令人担忧？老子的回答是："是故甚爱必大费；厚藏必多亡（简本如是，通行本为"多藏必厚亡"）。知足不辱，知止不殆，可以长久。"（四十四章）心为物役、理为欲惑，古已有之，于今为烈。鉴于人们身心分裂的情况，老子反诘："载营魄抱一，能无离乎？"（十章）即在名利地位面前，能否做到灵魂"不出窍"呢？现在的人们也应当据此作一反思，真正把个人的名利地位（不是为崇高的事业而献身）视为身外之物，保持平和恬淡的心态，否则要保持自己身心的和谐也难。

人与自然的和谐是人类社会和谐的外部环境和物质基础，也是社会和谐的生命线，因为没有人与自然的和谐，人类就会失去生存的根基。人们真正认识到这个问题的重要性和迫切性不过半个世纪，但在 2500 多年前老子就在道的高度把天地万物社会人生视为不可分割的有机统一体，人与天地万物同根同源，休戚与共，并说："人法地，地法天，天法道，道法自然。"（二十五章）把天、地作为人类效法的对象，并把自然物质视为生灵，强调要"常善救物，故无弃物"（二十七章）；老子还把"俭"视为"三宝"之一，提倡节欲尚俭的生活方式，强调人要"见素抱朴，少私而寡欲"（十九章），要"去甚、去奢、去泰"（二十九章），即是说人类不应对自然资源肆意践踏和过分掠夺去满足自己奢华的生活。老子的这些思想对于我们今天保护自然环境、维护生态平衡，建设现代生态文明，仍然具有重大的现实意义。

三、老子的自然无为思想与依道治国

"自然"和"无为"在老子哲学中是仅次于道和德的重要范畴。"自然"是老子所推崇和追求的最高价值，"无为"是这种价值得以实现的行为原则和行为方式。在自然无为的基础上，老子提出了依道治国的政治理念和治国方略。

（一）老子关于自然的思想

"自然"这一概念是老子最早提出的，但他所说的自然并无近现代所谓自然界或大自然的涵义。从古文字学看，自然是自己如此，从来如此（引申为通常如此，势当如此），自成（自己成就自己）的意思，以及与"人为"相对立的自然而然、自然天成、事物的天然本性等涵义。天地万物本来如此、自己如此、自然而然地存在和发展着，后人在释译西方同义词语时就借用老子关于自然的观念，称其为"自然界"或"大自然"。但不能由此而将老子的"自然"说成是自然界或大自然，正如羊吃草，但不能把吃草者皆视为羊一样。事实上，在先秦并没有自然界或大自然的概念，与之相当者是天地或天地万物。

要准确地把握老子所说的自然的主要涵义，应当考察一下他在有关章节中是在什么意义上使用这一概念的。在《老子》中，"自然"一词共出现五次，分别见于十七章、二十三章、二十五章、五十一章和六十四章。现在一一考辨之。十七章："犹兮，其贵言。功成事遂，百姓皆曰：'我自然'。"显然，"犹兮，其贵言"的行为主体是"太上"即实行无为而治的最理想的君王；"功成事遂"的行为主体是百姓。是说百姓在对"太上""不知有之"的情况下，自己"功成事遂"的。"百姓皆曰：'我自然'"即百姓们都说"这是我（们）自己做成功的"。因此，这里的自然是"自成"的意思。如果这里的自然是指自然界，那么"我自然"就是"我自然界"，两个名词叠加，显然于语法于义理皆不通。二十三章："希言，自然。"意思是说，统治者少发一些声教政令，是合于自然的，亦即有利于人民自己成就自己。二十五章"道法自然"中的"自然"是否也是"自成"的意思呢？是的。这是因为：道是"独立而不改"（二十五章）的，就是说，道是绝然独立，"自本自根，自古以固存"（《庄子·大宗师》）的。道是最高的实体，而"自然"则是最高的实体所体现的最高的价值或原则。道不依赖于任何外力，也没有任何外力可以左右它，完全是自己成就自己的。这是道的最重要的特性之一。"道法自然"的意思是说道以自己的样态为依归，或以自己的存在为依据，以自己的内因决定了自身的存在及样态，亦即以自成为法则；就道对万物而言，"道法自然"是指道顺应万物的发展变化而不加干涉，以听任万物依其本性而自生、自长、自化、自成为法则，亦即任凭万物按照"自己那样"而存在和发展变化。五十一章："道之尊，德之贵，夫莫之爵而常自然。"是说，"道"之所以受尊崇，"德"之所以受尊贵，就在于它对万物不干涉，任凭万物顺任其自然本性而发展，亦即让万物自己成就自己。六十四章："圣人能辅万物之自然而弗能为也。"（简本）是说，理想的统治者总是顺应万物的自然本性和本然状态而给予辅助，以促其发展。

由此可见，老子所说的"自然"是表征宇宙万物的本性和本然状态的范畴，它所强调的是人与物依据自身的性质和规律而存在和发展变化，亦即不受外在人为因素的无端干预和宰制而独立自主，率性而为（自由），自己成就自己。其实，自然之"自成"的涵义与自然的其它涵义也多是相通的，因为自然是事物总体状态的和谐。老子是以个人的自由以及在此基础上的社会和谐为最高价值，以自然而然的和谐为理想的社会状态。

老子最为关注的是人的本性的保持和万民的命运，他以人生命的本真状态与合理的生存状态为"自然"，以对人生命本真状态与合理生存状态的无端干涉和任意宰制为"反自然"。老子之所以提出自然范畴，是因为他看到当时"反自然"的行为大行其道，而广大民众活得太不"自然"了。老子之所以特别凸显自然之"自成"的涵义，一是因为对于万民来说，自然而然莫过于自己成就自己，"自成"的梦想成真之日，就是"民自化"、"民自富"（五十七章）实现之时；二是因为从"自成"的过程和结果来看，它是自然的诸多涵义的基础与核心，比如只有在自成的情况下和过程中，才有真正的自然而然的心态和状态；三是因为万民"自成"的最大障碍是侯王等统治者的胡作非为和任意妄为，老子凸显自然之"自成"的涵义，也是对他们这种反自然的做法的更为深刻的揭露。

我们所处的时代与老子时代有许多重要的不同，今天人们"自然"的状况与老子时代已不可同日而语，但不能由此就说"自然"对当今的人们和社会已经成为陈腐的观念了。因为一般说来，自然的程度越高，付出的代价越小，发展前途越大，因而人类的一切行为都应该尽可能地提高自然的程度，况且与"自然"相联系的个人的独立、自由、自主、自成，群体自治与社会和谐的完全实现，还有一个很长的过程，许多人在衣食无忧的情况下感到活得"不自然"就是一个明证。

（二）老子关于无为的思想

"无为"是老子政治哲学的核心范畴。无为在《老子》中共12见，出现于十章中。无为的主体是体道悟道的圣人或其相当者共11见，无为的主体是"道"的有一处，即三十七章的"道常无为而无不为"。人的"无为"与道之"无为"的根本区别是有无主观的意志和目的。也就是说，人之"无为"是一种有意志、有目的的行为，它是人的自觉能动性的一种表现，而道之"无为"则是一种无意志无目的的行为。我们可以将道的无为视为圣人无为的形而上的根据。从"道常无为而无不为"可以看出，无为是道的本质特性。老子说的"无为"大体有以下几种涵义：

第一、无为是"似无而实有"的行为。据庞朴先生考证，"無"（无）字在上古和与神灵相交通的"舞"是同一个字，具有"似无而实有"的涵义，那么"无为"就是一种似无而实有的行为。似无而实有的行为是指那些已经发生并产生了一定的影响，但不为人所感知或很少被人意识到其存在和作用的行为。这种行为大体有两种类型：一是事物本身有自组织的功能，因而主体无需直接作用于客体，只需为其自然的发展提供必要的环境和条件即可；二是事物自身没有自组织的功能（非生物基本如此），在这种情况下，主体需要因循事物的自然本性或特性，以道所体现的柔弱的方式加以适当的改造，使其发生某种合目的的变革。因为老子哲学主要是政治哲学，因此前一种类型是老子的旨趣之所在。《老子》六十四章说的"能辅万物之自然而弗能为"（郭店简本）集中体现了这一思想。这里说的"万物"当指万民或广大人民群众。

第二、无为是对某些"反自然"的行为的规避和反动。这种行为主要是指：统治者违逆民众的自然本性，利用国家机器对民众实施的直接的控制和粗暴的干预；《庄子·至乐》中讲的鲁国国君对海鸟饲之以山珍海味、琼浆玉液，听之以《九韶》仙乐的故事，《庄子·应帝王》中讲的北海之帝倏和南海之帝忽为中央之帝混沌开凿七窍的寓言，以及对动植物强行遏制或促其狂长之类的做法，皆是"反自然"的行为，其结果必然事与愿违。此外，无为也是对某些世俗的社会行为如争名夺利、急功近利、争强好胜的限制和否定。

第三、无为是无私志私欲之为，无主观妄作之为。老子在讲到无为时，总是强调要出以公心，"生而不有，为而不恃，功成而弗居"（二章），"生而不有，为而不恃，长而不宰"（十章），"少私而寡欲"（十九章）等；他所说的"为学日益，为道日损。损之又损，以至于无为"（四十八章）的"损"主要是指要损私志私欲。他还强调要力戒主观妄作，指出："知常曰明。不知常，妄作，凶"（十六章）。

第四、无为是有所为有所不为。无为首先要正确区分当为和不当为，当为者为，不当为者不为。高明的领导不是管束型、包办型的领导，不是事无巨细、日理万机的领导，而是有所为、有所不为的领导。

任继愈先生说："老子的'无为'不是一无所为，而是用'无'的原则去'为'。所以能做到有若无，实若虚，以退为进，以守为攻，以屈为伸，以弱为强，以不争为争，从而丰富了中国古代辩证法思想，建立了中国古代辩证法贵柔的体系，与儒家易传尚刚健体系并峙。"

针对西方某些汉学家对"无为"的误解和误译，英国著名学者李约瑟博士指出："所有的翻译家和评注家都把'为'字原原本本地译成'行动'action，于是道家最大的口号'无为'就变成了'没有行动'，我相信大部分的汉学家在这一点上都错了。无为在最初原始科学的道家思想中，是指'避免反自然的行动'，即避免拂逆事物之天性，凡不合适的事不强而行之，势必失败的事不勉强去做，而应委婉以导之或因势而成之。"

因此，如果给无为下一个定义的话，似乎可以这样讲：作为老子政治哲学范畴的无为，决不是无所作为之意，而是指人的这样一种行为原则和行为方式：按照因循事物特别是人的自然本性及发展趋势的基本要求，以客观公正的态度，以道所体现的柔弱的特点和方式加以辅助、引导或变革，或者并不直接作用于客体，只是为其自然的发展变化提供良好的环境和条件。这种行为方式的主要特点是似无而实有。无为既是对以上行为方式的充分肯定，也是对"反自然"的行为方式的限制和消解。在无为原则下的一切作为，都应按照"道法自然"的原则要求，不强行，不偏私，义所当为，理所应为，如行云流水，雁过长空，瓜熟蒂落，水到渠成。

总之，老子提出的"自然"主要是对人民及社会而言的，"无为"则主要是对统治者或治国者而言的。老子著书立说的最大动机和目的就在于发挥"自然无为"的思想，落实"自然无为"的理念，他的形上学也主要是基因于"自然无为"的思想、落实"自然无为"的理念而创设的。也就是说，老子是希望人民在获得自由的基础上能够实现自化、自成、自富、自朴，社会能够实现自然的安定与和谐，治国者能够顺应人民的自然本性和愿望要求而给予柔弱的辅助，而对人民正常的生产和生活不加干预和强制。

（三）无为而治与依道治国

老子提出的无为而治就是依照道所体现的自然无为的原则和无为的行为方式治国平天下。它是一种高度的政治智慧，也是一种治国方略。它的基本理念就是要把握好政府行为的性质和程度，尽量减损不适当、不必要的政府干预，政府的主要职能是为民众自化自成与社会自然和谐的实现创造良好的社会政治环境和条件。这种治国方略也就是依道治国。

老子的无为而治或依道治国方略有以下几个要点：一是把道作为治国的理论依据和指导思想：老子说要"以道莅天下"（六十章），要"以正治国"

（五十七章），要"执大象"（三十五章），要"执'一'以为天下式"（二十二章）；二是以人为本，"以百姓之心为心"：说要"常善救人，故无弃人"（二十七章），"善者，吾善之；不善者，吾亦善之"（四十九章），"人之不善，何弃之有"（六十二章），"圣人常无心，以百姓之心为心"；三是客观公正，一视同仁：对社会上存在的不公正不平等现象，老子主张要"挫其锐，解其纷，和其光，同其尘"，对人要一视同仁。"不可得而亲，不可得而疏；不可得而利，不可得而害；不可得而贵，不可得而贱"（五十六章），要像"天之道"那样"损有余而补不足"，要"有余以奉天下"（七十七章）；四是要保持国家法规的稳定性，避免大折腾：说"治大国，若烹小鲜"（六十章）；五是严格遵循自然无为的原则：说"道常无为而无不为，侯王若能守之，万物将自化"（三十七章），"是以圣人云：我无为而民自化，我好静而民自正，我无事而民自富，我无欲而民自朴"（五十七章），"是以圣人方而不割，廉而不列，直而不泄，光而不耀"（五十八章）。这几个要点集中体现在老子的一句话上，这就是六十四章的"能辅万物之自然而弗能为"（郭店楚墓简本如是，通行本为"以辅万物之自然而不敢为"）。联系上下文，可知此句中的"万物"主要是指万民即广大民众，句中的"为"字有两个涵义：一是根本违逆广大民众的自然本性及愿望要求而强行宰制，二是对万民不是引导和辅助，而是包办代替。这句话的意思是说，只能依据广大民众的自然本性及愿望要求加以引导和辅助，不能反其道而横加干涉或越俎代庖。

综合分析老子关于依道治国的思想，可知老子的依道治国与儒家的以德治国和法家的以法治国具有显着的区别：一是层次不同，依道治国所涉及的是国家发展的方向和全局性问题，而以德治国和以法治国所涉及的则是国家治理的具体问题，因而依道治国可以决定或影响以德治国和以法治国的方向和性质；二是目标和目的不同，儒家的以德治国和法家的以法治国是在国家基本制度的既定框架内，使广大民众循规蹈矩，从而使政权巩固，社会安定，而老子的依道治国则是要突破国家奴役制度的既定框架，使广大民众摆脱被任意宰制的地位，实现个人的自由、独立和社会的相对自治；三是由此体现出来的治国方法不同，儒家的以德治国和法家的以法治国是以统治者为中心的自上而下的有为性治理，而老子的依道治国则是强调以民众为中心、政府只起辅助作用的无为性治理，政府的作用是积极创造条件让老百姓自化、自正、自富、自朴——虽然这在当时只能是幻想，但我们不应采取"那般庸人"的轻蔑态度，漠然视之或因其不成熟而嘲讽之，而应像恩格斯当年对待18世纪空想社会主义者那样，看到老子"处处突破幻想的外壳而显露出来的天才的思想萌芽和天才的思想"。

　　老子的依道治国与儒家的以德治国和法家的以法治国虽然有原则的不同，但我们不能由此认为老子反对以德治国和以法治国。相反，我们从其强调以道修身（五十四章）和对那些"化而欲作"者"镇之以无名之朴"（三十七章）来看，他是赞同以德治国的；从其强调"恒有司杀者"和对那些"为奇者，吾得执而杀之"（七十四章，帛书）来看，老子也是赞同依法治国的。不过，他的以德治国和以法治国方略是依据于"道"的，是与依道治国方略有机结合的。

　　依道治国的方略在汉初和唐初取得了显着的成效，出现了史称"文景之治"和"贞观之治"的国泰民安局面。不过，汉初、唐初的"依道治国"只是在轻徭薄赋、休养生息、精兵简政等方面采取了某些措施而已，因而其历史局限性是很明显的，与老子的依道治国所需要的政治基础和确定的目标相距甚远，用严复的话来说，就是"貌袭而取之耳"。这并不奇怪，因为在剥削阶级专政的国体特别是封建君主专制的政体的框架内是不可能真正实施老子依道治国方略的。

　　老子关于无为而治的理念，是中华民族弥足珍贵历史文化遗产，他由此提出的依道治国是独具中国特色的治国方略。对老子无为而治的理念和依道治国的方略，我们应当批判地汲取其思想精华，结合新的时代特点加以诠释，使其成为富有时代精神的政治理念和治国方略。

　　以上从三个方面对老子的哲学和政治思想作了简要介绍与分析，从中足见老子思想是博大精深的，它的现代价值也不容低估。"人类文明轴心时代"的发现者、德国著名哲学家雅斯贝尔斯说："人类一直靠轴心时代所产生的思考和创造的一切而生存，每一次新的飞跃都回顾这一时期，并被它重新燃起火焰。"老子思想是"轴心时代"燃起的一支不灭的火炬，它必将继续照亮人类文明前进的道路。

附录七

读《老子》感言

1. 老子是中华民族历史上第一位影响深远的思想巨人。老子不仅是伟大的思想家和伟大的哲学家，而且是富有智慧的政治理论家和军事理论家。老子不是为等级奴役制度辩护、为统治集团当"牧师"的圣人，而是一个猛烈抨击"无道"者，苦心劝诫统治者，深切同情劳动者，努力探索救世之路的"古之博大真人"（庄子语）。

2.《老子》是智慧之书，《老子》是修身之书，《老子》是治国之书，《老子》是济世之书。

3. 对《老子》之词语和章句的解读，不应孤立地看某词某句，更不应望文生义，随意诠释，而应密切联系是词此句与其邻词邻句的关系、邻词邻句的涵义、此章主旨、其他章节中的有关论述、全书（篇）的思想主题、作者的思想体系以及写作的历史背景作具体的考察和分析。否则，望文生义地解读，信马由缰地发挥，既有损于学者个人的形象，也贻误于缺乏研究的读者。

4. 老子所说的"道"，是宇宙之道，是思想之道，是养生之道，是修身之道，是治国之道，是治军之道。

5. 在世人的心目中，上帝的神通最为广大；在老子看来，道的神通超过上帝，无与伦比；作为方法论的道，取之不尽，用之不竭。道何以有这么大的神通呢？一是因为道似乎是上帝的祖先（"象帝之先"），二是因为道是无限的，道的实质是矛盾法则或对立统一规律，它内在于一切事物之中，贯穿于一切事物发展过程的始终，并决定着此一事物向彼一事物的转化。

6. 老子说："天下万物生于有，有生于无。"其中的"有"是对宇宙中现实的以及以往的和未来的的一切事物的抽象（这种抽象仅仅是对一切形下之物之存在这一特性的肯定），而"无"又是对这种"有"的抽象。而这种对"有"的抽象之所以叫作"无"，主要是因为它内在地包含了作为对宇宙中现实的以及以往的和未来的的一切事物之抽象的"有"，而"有"又内在地包含了宇宙中现实的以及以往的和未来的的一切事物，因而这个"无"具有无限性，而"无"亦主要是在无限的意义上讲的，绝非一无所有之义。也正因为"无"和"有"是在这样的至高无上的层次上所作的抽象，所以"无"才能作为"有"的内在的根本的依据，才能作为天地万物包括社会人生的存在本体（当然，"无"只是道的代称而已）。老子在"有"的基础上概括出了"无"这一负概念，并作为自己哲学的最根本的范畴，其卓绝的抽象思维能力令人叹为观止。任继愈先生称之为"中国哲学史上第一座里程碑"，可谓不易之论。

7. 老子作为哲学范畴的"道"，是宇宙万物的本原，更是既超越又内在于宇宙万物及社会人生的形而上的存在本体和价值本体，它的实质是宇宙万物最本质的共相，集中表现为矛盾法则或对立统一规律①。这是笔者为老子之道尝试性地下的一个定义。与此相关，还应补充说明的是：对立面的协调、和谐或转化是道的功能和落脚点，自然无为是道的根本特性，真善美的统一是道在价值观上的集中体现。对"道"的体悟，主要是对道的无限性和永恒性，对对立面的相互作用、统一和谐及转化的机制、自然无为的本质特性、超凡脱俗的精神境界和以自然天成为美的体悟。学界有所谓"道物不二"，"道为一切存在之大全"的说法，这种看法似乎混淆了形而上与形而下的界限，是不确的。

道是老子哲学的最高范畴，社会人生问题（含它的最终状态）是老子关注的中心，"推道明人"（以形上本体的道推论形而下的社会人生，以便为后者的合理与理想的存在样式奠定形而上的终极依据）和"内圣外王"（从以道修身到依道治国，而不同于孔孟的以仁义礼智信修身和以仁义礼制治国平天下）是老子重要的思维方式，也是老子哲学思想体系的基本逻辑。道论、德论、修身论、治国论是构成老子哲学思想体系的基本内容，自然无为是贯穿老子哲学思想体系的一条主线。老子的整个思想体系可以说是以形而上的道为根本依据，以自然无为为纲纪，以依道修身为中介，以治国安民为归宿

---

① 对立统一规律之所以可以作为道的实质，是因为它具有三个方面的功能：一是事物发展变化的动力机制，是生命创造力的源泉，创发力的动因，故为其"本根"；二是其内在的统一性可使事物中的各个要素实现协调与自然的和谐或融合；三是能导致事物的革故鼎新。正因为对立统一规律具有以上三个方面的功能，所以能作为道的实质，从而能够作为天地万物及社会人生的形而上的存在本体和价值本体。

的理论大厦。

老子这种把对人的生命价值的追问和对人类合理生存方式的探求与整个宇宙及其终极本体联系起来，以形上之学作为观照和反思社会政治和人生问题之最深邃的视角和最根本的依据，这充分展示了老子社会人生论之天人一体的宏伟景象，在中国哲学史上开创了从形而上到形而下、从宇宙本体到社会人生的理论思路，影响深远。这是同时期诸子们的思想学说（多就事论事、就人论人，就现实关怀现实，或以尧舜禹周公旦作为观照社会现实的一面镜子）所无可企及的。

自然是老子哲学的中心价值，无为是实现这种价值的行为原则，自然无为是贯穿《老子》之道论、德论、修身论和治国论诸篇的一条主线。

8. 老子所说的"不争"，主要是指不与人争名位，不与民争利益；并没有反对斗争特别是反对为了推进生产发展和社会进步而进行的生产斗争、阶级斗争、思想斗争、社会政治斗争等的涵义。因此，把老子的"不争"说成是反对斗争特别是"站在没落奴隶主立场上"反对人民群众反抗压迫者和剥削者的斗争，甚至把老子哲学说成是"不争哲学"，是对老子思想的严重误解。

老子哲学既不是"不争哲学"，也不是"斗争哲学"。"道"是老子哲学的最高范畴，道论是老子哲学思想体系的核心。老子所追求的是对立面尚未分化的状态及对立面经过激荡和斗争而达到协调与和谐的状态；社会人生最理想的状态是"精之至"（充满生机活力）与"和之至"（极为和谐）。鉴于此，如果一定要将老子哲学归结为什么哲学的话，毋宁称之为"和谐哲学"。

9. 道家的"内圣外王"与儒家的"修齐治平"形似而实异。前者的核心是道，是"无为而治"；后者的核心是仁，是"克己复礼"。

10. 世界上"无限"的东西只有两种：形而下者是宇宙，形而上者是大"道"。"宇宙大爆炸"之类的学说不能证明宇宙是有限的，更不能证明道是有限的。

11. 是否追问形而上的东西，是否自觉地以形而上的东西作为自己的存在本体和价值本体，是衡量一个国家和民族文化品位高低的重要尺度。

12. 惟有终极追求能够照亮人，惟有超越精神能够提升人，惟有远大理想能够鼓舞人，惟有高尚道德能够完善人。

13. 人生的意义在于有为之奋斗的东西；人生的动力来源于为之奋斗的东西。为之奋斗的东西越高尚，前进的动力就越大，人生也就越有意义。

14. 人与物的关系不能本末倒置，物质欲望不应成为人们心灵的上帝。

15. 与人争名位者无德，与民争利益者有罪。

16. 全心全意为人民服务是中国共产党的根本宗旨，"以百姓之心为心"应是党的领导干部的基本品质。

17. 在大功告成之后，不可躺在功劳簿上"待价而沽"，而应毫不流连地走出所成事功的小圈子，义无反顾地为国家和人民付新劳，立新功，鞠躬尽瘁，死而后已。（——对"功遂身退"的新解和现代诠释）

18. 世界上真正无价的东西，除了情义，惟有智能。对于治国者来说，智慧尤为重要。最高统治（领导）集团智慧的高低，关系国家和执政党的前途和命运。

19. 知识是钢筋水泥，智能是建筑设计师；知识是战士，智能是司令。缺乏知识的智能是光杆司令，缺乏智能的知识是乌合之众。

20. 刀剑越磨越快，知识越用越多。在世界上，越用越多的东西似乎只有一种，那就是知识。为什么说知识越用越多呢？这是因为：在运用既有的知识分析和思考问题的过程中会衍生出新的知识；在将知识传授给他人的过程中，由于教学相长原则的作用，也会从对方获取某些自己未有的知识；知识只有在运用的过程中方能发现某种欠缺，而在弥补这种欠缺的同时自然也会得到某些新的知识。

21. 词典里最重要的三个词：意志，学习，深思。坚韧不拔的意志，坚持不懈的学习，标新立异的深思，是建造事业成功金字塔的三块基石。

22. 退休生活三要素：广阔的胸怀，乐观的生活，执着的追求。

23. 对于违逆事物的客观规律而言，"勇于不敢"者大有作为，"勇于敢"者一事无成。

24. 革命和建设的道路不像长安街那样笔直，"曲则全"是革命建设事业发展和一切新生事物成长的基本轨迹。凡是不想走曲折道路的人，到头来必定要走更大的弯路，甚至会在走这种弯路的过程中遭遇灭顶之灾。

25. "玄览"、顿悟或直觉是最富有创造性的思维方式，它在老子"悟"道以及科学发现、技术发明和理论创新中有着巨大的作用。但是，"玄览"或直觉不是吉林博物馆里的陨石雨，亦不是安徽黄山上的"飞来石"。

26. 任何重大的科学发现、技术发明和重要理论的创立都不是仅靠直觉"悟"出来的，而是敏锐的直觉与丰富的实践经验、深厚的知识积累、非凡的想象力和逻辑思维能力的有机统一。

27. 无政府主义当它仅限于"主义"之时，虽然可以高谈阔论，虽然也能炮制鸿篇巨制，然而一旦付诸实施，这个社会就一天也别想维持下去。

28. 老子是中国思想史上第一位发现并批判文明异化及人性异化的思想家。对异化了的文明和异化了的人性，必须用哲学理性予以批判，用物质力量加以摧毁，否则将贻害无穷。（马克思指出："批判的武器当然不能代替武器的批判，物质力量只能用物质力量来摧毁"。《马克思恩格斯选集》第一卷，第9页。）

29. 老子说：圣人"以辅万物之自然而弗敢为也"（六十四章）。这里说的"万物"主要是指"万民"即人民群众。这里说的"自然"是指人民群众的自然本性。那么，人民群众的自然本性是什么呢？综合老子的有关论述，可以看出老子认为人民群众的自然本性包括以下四点：一是淳朴，二是要生存，三是图发展，四是有思想，包括信念、意志、愿望、追求等等。老子说："含德之厚，比于赤子"，并说赤子是"精之至"、"和之至"的（五十五章）。婴儿的性格没有受过社会污染，保持了道赋予的最原始的状态，因而是最淳朴、最能体现人的自然本性的。人应当尽量地保持这种淳朴本性；如果因为受到种种社会污染而不幸失去了，就应该尽力恢复它。在人民群众衣食无着、朝不保夕的情况下，首先是图生存，就是要继续活下去，他们必然为此而进行不懈的斗争。在生存或温饱已不成问题的情况下，人民群众还要图发展，即争取自己的物质生活和精神生活包括教育水平能有显着的提高。人民群众图发展的自然本性是无止境的，这种"无止境"也并非坏事，因为它是社会发展的重要动力。人民群众又都是有思想即有信念、有意志、有愿望、有追求的，具体情况虽然千差万别，但在不同于牛马、不愿被任意欺凌，任意驱使，追求自由平等这一点上却是共同的。人民群众的这些自然本性，任凭三皇五帝、天娘老子使尽浑身解数，对它都是无可奈何的。即使是奴隶社会的奴隶或服刑期间的罪犯，他们虽然形同牛马，但其自然本性一条也没有被消灭，而且也是消灭不了的，只是缺乏实现的条件而已。

所谓"以辅万物之自然弗敢为也"，就是要尊重并因循人民群众的自然本性而给予积极的引导和辅助，以促使他们能自我化育，自己成就自己，而不能违逆人民群众的自然本性而胡作非为。否则，必然遭到人民群众的厌弃和反抗，并且必将被历史所淘汰。

30. 历代的统治者所谓"得民心"还是"失民心"，主要表现在是尊重人民群众的自然本性，努力创造条件辅助他们实现自己的相关愿望和要求呢，还是无视人民群众的自然本性，置他们的切身利益与合理要求于不顾，而只管自己及其特殊阶层的吃喝玩乐呢？——这就是问题的实质。

31. 思想政治工作的核心问题，是使人民群众真正认识到要他们做的事情，是与他们的眼前利益和长远利益密切相关的。否则就只能是空头的、无效的，甚至是令人反感、适得其反的"思想政治工作"。

32. 老子说，"自知者明"，"自胜者强"。就对待民族文化的态度而言，在国家和民族强盛的时候，往往缺乏自知之明，看不到自己文化的弱点和不足，容易滋长夜郎自大、惟我独尊的文化霸权主义；而在自己国家和民族比较衰落的时候，同样缺乏自知之明，看不到民族文化的特色和潜在优势，没有"自胜"的信心和勇气，容易产生自惭形秽、主张全盘他化的民族虚无主义。这都违背了老子揭示的法则，都是要不得的。

33. **先进文化应当是指**：对人类社会实践具有正确导向功能，对人的全面发展具有教化功能，对民族凝聚力具有增强的功能，对后进文化具有改造和引导功能，对反动腐朽文化具有抵制和批判功能，对异质文化中的优秀成分具有吸收与融合功能，对自己民族文化的历史局限性具有自我批判和自我超越功能，而且具有与时俱进、发展创新品格的文化。先进文化是人类文明进步的结晶，是人类文明进步的重要标志。**文化是否先进，关键在于是否从根本上反映先进生产力的发展要求，促进社会生产力的解放和发展，能否有力地体现最广大人民的愿望、意志和根本利益的要求，能否不断地满足最广大人民日益增长的精神文化需求。**

34. **先进文化的前进方向当指**：全面深刻地反映本国经济和社会发展对思想文化的基本要求，能够为此而及时提供必要的思想指导、精神动力和智力支持；具有面向世界的开阔视野和战略眼光，积极借鉴、吸收和融合世界各民族和人类所创造的一切优秀文化成果，有力地应对全球性问题对文化的挑战；站在历史的制高点上，善于洞察时代发展的趋势对文化的要求，不断自觉地超越自身文化发展的既有界限，深刻揭示更高层次的潜在的发展萌芽，大力推进文化的创新发展。显然，以马克思主义为指导的中国特色的社会主义文化所代表的方向，就是当代中国先进文化的前进方向。

35. **人道主义是人类文明的重要标志**。在中国传统文化中，历来有明显的重人伦轻自然、重群体轻个体的倾向，只强调个人的义务和道德人格，而不重视个人的自由、平等权利和个性解放。几千年来的封建专制制度也以扼杀人的自由、平等甚至基本的生存权利为突出特征，因而在本质上是反人道主义的。老子则始终把人的问题作为自己哲学的内在主题，老子哲学对人的问题的探讨渗透了追求自由平等、个性解放和社会自治，反对人性异化和封建专制的原始人道主义精神。老子从"道法自然"的总原则出发，推崇人和社会的自然状态，批判异化了的文明对人性的戕害和对人的束缚，希望君王

"能辅万物之自然"，实行"无为而治"，为广大民众实现自为、自化即自由、平等、个性解放和社会自治创造良好的社会环境和条件，这集中体现了老子对人道主义的精神诉求——虽然这种人道主义是原始的、带有空想的性质。老子还强调要"常善救人，故无弃人"（二十七章），说"人之不善，何弃之有"（六十二章），认为在战争中应"胜而不美。而美之者，是乐杀人"，"杀人之众，以悲哀泣之；战胜，以丧礼处之"（三十一章），这也表明老子具有显明的人道主义精神和浓厚的人道主义悲悯情怀。老子关于人道主义的论述是中国人道主义论的先声。

36. 对老子所说的"为无为，事无事，味无味"（六十三章），根据其可能具有的涵义，似可从政治角度诠释为：要以顺应民心民意而不生事扰民的方式施政，对政治性事件要见微知著、未雨绸缪，要以敏锐的政治嗅觉测闻世人尚未察觉到的政治性"气味"。显然，老子的这一思想在今天仍有不容忽视的现实意义，对于治国来说仍具有极为重要的借鉴作用。

37. "以正治国，以奇用兵，以无事取天下"，是依道治国的根本原则。"以正治国"是说要依照道及其所体现的公正、无私、自然、无为等特性和原则治理国家；"以奇用兵"是说在"不得已"而用兵之时，要以"出其不意，攻其不备"的战略战术，出奇制胜，打败敌人；"以无事取天下"并非"以无所作为夺取天下"或"以无所事事取得天下"，而是说要以无为（"以辅万物之自然"）的原则和不生事扰民的方式取信于天下人，凝聚天下人。

38. 老子所说的"无为"，决非无所事事、无所作为之意，而是指人的这样一种行为原则和行为方式：按照因循事物特别是人的自然本性和总的发展趋势的基本要求，以客观公正的态度，以道所体现的柔弱的特点和方式加以辅助、引导或变革，使其向着既有利于客观事物又有利于实践主体的方向发展。老子这种基于"万物（万民）之自然"的"无为而治"的思想和主张旨在为臣民积极性、主动性和创造性的充分发挥提供广阔的空间。历史经验证明，此种行为原则和方式用于治国安民则成效显著，用于企事业管理则事半功倍。

39. 老子具有显明的以人为本的思想或人本主义思想。老子及其道家在先秦诸子中无疑是以倡扬宇宙大道为其显著特征的，但老子之所以将道作为天地万物和社会人生的形而上的存在本体和价值本体，其根本目的是为了为（形而下的）人找到一个形而上的根本依据，是为了实现他的"推道明人"的基本逻辑思路找到一块基石。因而人是老子哲学的根本宗旨和论述的核心问题，是老子思考问题（而不是构建体系）的出发点和落脚点，老子哲学实质上是以人为本的人类学或人学。老子说："故道大，天大，地大，人亦大。域中有四大，人居其一焉。"（二十五章）老子把人与天、地、道并举，视为宇宙中的四大之一，如此看重人的价值，这在中国历史上是前所未有的。而且在这里既没有上帝（神）的位置，又没有除天地之外其他物的位置（天地不过是人赖以生存和活动的空间），这是对传统的以神为本（上帝是人的精神世界的主宰，欧洲的中世纪仍是如此）和以物为本（物质财富、物欲、名利等等成为支配人们思想行为的最高价值目标）的世界观的反动和批判。老子说："罪莫大于甚欲，咎莫憯于欲得，祸莫大于不知足。"老子并不是一个禁欲主义者，他并不反对生存真实需求的物质欲望，他所反对的只是超出生存真实需求的"甚欲"和"不知足"。老子又说："名与身孰亲？身与货孰多？得与亡孰病？甚爱必大费，厚藏必多亡。故知足不辱，知止不殆，可以长久。"（四十四章）这里老子把功名利禄和物质财富与人的生命相比，标明人的生命是最可宝贵的，最重要的，绝不能本末倒置，为了占有更多的物而活着，把物质欲望当作自己精神世界的主宰。他告诫人在物质财富、物欲、名利面前，应当"知足"、"知止"，否则就可能招致身败名裂甚至生命不保。老子的这些以人为本的思想，在文明开始发生异化的当时特别是在文明严重异化、物欲横流的现时代，无疑具有重大的历史价值和现实意义。

老子思想的可贵之处还在于，他所强调的"以人为本"是相对于"以神为本"和"以物（物质财富，物欲，名利等等）为本"而言的，并非赞同人类中心主义，把"物"（天地万物）置于无关紧要的地位，甚至可以肆意地掠夺和毁坏大自然。相反，老子对天地万物充满了特有的敬重之情，他认为包括人在内的天地万物都为道所"生"，因此从宇宙本原本体的终极意义上看，它们是同根同性、生而平等的，并无高低贵贱之分。所以老子强调人不仅要"法道"，而且要"法地地"，"法天天"（二十五章），即人要效法地之无私载，效法天之无私覆，并且强调人不仅要善待他人，"常善救人"，而且要善待自然，"常善救物"，使得世界上"无弃物"，认为只有如此，才"是谓袭明"。（二十七章）显然，老子的这些思想是对危害性极大、极为荒谬的人类中心主义和以大自然为敌、极尽掠夺破坏之能事的行为的断然否定和有力批判。

40. 老子具有明显的以民为本的思想或民本主义思想。其集中表现是"贵必以贱为本，高必以下为基"（三十九章）。在当时及整个阶级社会里，统治者总是为"贵"、为"高"，而被统治者特别是广大劳动人民总是为"贱"、为"下"。老子认为正是被统治者特别是广大劳动人民是社会的根本、社会的基础之所在。所谓"强本固基"就应当重视劳动人民的历史作用。这里的两个"必"字很重要，它是告诫侯王等统治者必须具有这种认识，从而视广大劳动人民为国家和社会的根基。在两千多年前就提出这种思想观点是很了不起的。

恩格斯在评论18世纪空想社会主义者的思想时指出："使我们感到高兴的，倒是处处突破幻想的外壳而显露出来的天才的思想萌芽和天才的思想，而这些却是那般庸人所看不见的。"（《社会主义从空想到科学的发展》，载《马克思恩格斯选集》第3卷，第724—725页。）老子具有鲜明而丰富的民本主义和民主主义思想，这是很可宝贵的，对后世的影响也很深远。我们对老子的民本主义和民主主义思想，也不应采取"那般庸人"的轻蔑态度，漠然视之或因其不成熟而嘲讽之，而应像恩格斯当年对待空想社会主义者那样，看到老子"处处突破幻想的外壳而显露出来的天才的思想萌芽和天才的思想"。

41. "治大国，若烹小鲜"是一个内含丰富、思想深刻的治国理念。任何一个国家的基本国情都有相对稳定性，不可能瞬息万变，由此决定了治国方略即执政党的各项方针、政策和国家的一切法律、法令、规章制度也必须具有相对稳定性，而不能朝令夕改，否则后患无穷。方针、政策、法令、法律等等朝三暮四，朝令夕改，其后果之严重性，已为古今中外许多深刻的历史教训所证明。决策缺乏前瞻性，政策缺乏稳定性，是执政党和中央政府对治理对象的特性及发展变化的规律缺乏正确理解和深刻把握的证明。当然，如果是为了满足统治阶级或统治阶级中某一阶层的某种利益要求而有意改变政策、法令，则另当别论。

42. "万物负阴而抱阳，冲气以为和"是老子哲学的重要命题，个人和社会的和谐达到"精之至"、"和之至"，是老子所追求的最高境界。

和谐的前提和基础是相关诸要素的相辅相成，互利双赢。在社会领域里，相辅相成、互利双赢的相关诸要素往往是以潜在的形式存在的，虽有"现实的可能性"（毛泽东的哲学用语，以区别于现实性和根本无现实性的可能性），但并非现实的显现的存在。因此，社会的和谐是使相辅相成、互利双赢的诸要素经过不断地"磨合"（这说明其中还有某些非本质的不和谐因素），由潜在变为显在、由现实的可能性变为现实性的过程和结果，更是不断地削弱和消除对抗性的不和谐因素的过程和结果。

43. 善待自然就是善待自己，毁坏自然就是自掘坟墓。

44. 在一切和谐之中，人与自然的和谐、人与人的和谐是基础，个人的自我和谐是根本。个人的物质追求与精神向往必须协调，不能失衡。只顾物质追求，无视精神向往，是文明的自我异化，人将不成其为人。

45. 老子强调人民群众要排除一切来自外部的强制和干扰，实现"自化"、"自正"、"自富"、"自朴"，亦即自我化育，自我端正，自我富裕，自我消除文明异化、返朴归真。老子所说的"自然"并非指自然界或大自然，而是"自成"即自己成就自己的意思。作为个人，应当具有独立不倚、卓尔不群的人格修养。"自化"、"自正"、"自富"、"自朴"、"自成"体现了独立自主、不依靠任何外力的原则。它哲学基础是"道"，因为道的实质是矛盾法则或对立统一规律，而道是内在于天地万物及社会人生之中的。在老子看来，圣人（指最理想的统治者或领导者）是"以辅万物之自然而不敢为"的，亦即顺应民心民意引导和辅助人民群众自己成就自己，而不敢违逆民心民意而胡作非为。

46. 国家和国家机器是历史的产物，而一切历史的产物都不可能永恒存在。人类社会未来发展的总趋势——国家机器将不是愈来愈强化，而是越来越弱化，因而老子说的统治者对人民的一切言行只起引导和辅助作用而不强行干预（"圣人能辅万物之自然而弗能为也"），公民"自化"、"自成"、"自正"、"自富"、"自朴"和全社会公民自治的时代一定会到来！

（此文原载《云梦学刊》2008 年第 2 期，收录时略有补充）

附录八

郭店楚墓简本《老子》甲乙丙三组释文

【按语】一九九三年十月在湖北省荆门市郭店一号战国楚墓中发掘出《老子》的三组竹简，竹简整理小组分别命为甲、乙、丙三组或三本，并注了释文。从墓葬形制及器物特征判断，郭店楚墓具有战国中期偏晚的特点，其下葬年代当在公元前四世纪中期至三世纪初。从出土刻有"东宫之不（杯）"的耳杯看，墓主人极有可能是东宫太子之师，因为其随葬器物品种繁多，数量也较大，在埋葬制度上僭越周制，也可说明墓主人的特殊地位。

郭店楚简《老子》是迄今为止所发现的年代最早的《老子》传本，此本应在马王堆汉墓帛书《老子》之先。此为大多数学者的观点，但亦有例外。如刘学智在其《儒道哲学阐释》中的《郭店楚简〈老子〉杂议》举证说明简本早于帛书的看法"尚不一定能成立"。郭店楚简《老子》涉及通行本（王弼本）《老子》八十一章中三十一章的内容，文字数量约为后者的三分之一。对于郭店楚简《老子》究竟是《老子》的摘抄本（节选本）还是一个最为原始的完整的传本，学术界也有不同看法，因为根据不足，尚难定论。毫无疑问，郭店楚简《老子》有许多表述胜过通行本和帛书，应当高度重视、认真研究，但也不应因此就低估通行本及帛书本的历史价值，因为影响中国文化和哲学思想近两千年的是《老子》的诸通行本特别是王弼本。

为了便于读者与通行本《老子》（王弼本）对照阅读和研究，本附录将郭店简本按内容所是，标注了它们在《老子》通行本中的章节；对竹简整理小组的《释文》，个别地方有所改动。

比如，竹简整理小组《释文》对图版甲十三至十四简中的一段文字即"夫亦牺（将）智々（知）足以束（静）万勿（物）牺（将）自定"校释和断句为"夫亦牺（将）智（知）足，智（知）以束（静），万勿（物）牺

（将）自定。"问题是图版中的"夫亦牺（将）智"的"智"字下面有一明显的重复标记，因此应是两个"智"字。（可以引为佐证的是：图版甲十九至二十简中的"始制有名，名亦既有"中的两个"名"字在图版中用的是一个字，但此字下面有一重复标记；其下"夫亦将智止，智止所以不殆"中的两个"智止"，在图版中用的是一个，但此二字下面均有一个重复标记。对这两处的重复标记，竹简整理小组可能因为顺其文意，倒是识别出来了。）这样一来，此文当断句为"夫亦牺（将）智。智（知）足以束（静?），万勿（物）牺（将）自定。""夫亦牺（将）智"的"智"当为本字，而不应断为"知"的借字。连上句，其意思是说，只要"镇之以无名之朴"，即用道来感化和教育那些"化而欲作"的人，他们就会明白事理，包括应当"无欲"，从而自我约束。这样一来，他们就会"知足"，就会"自定"。如此则文从字顺，亦无增字减字之嫌。如按竹简整理小组的释文和断句，虽然文意勉强可通，但"夫亦牺（将）智々（知）足，智（知）以束（静?）"中的后一个"智（知）"字，并不见于图版，而对前一个"智"字后面的重复标记则未加解释或未引起应有的注意。

尹振环先生说，《释文》"智（知）足以束（静）"中的"束"字，"《释文》为'束'。查图版，看来非'束'，而是'束'。《释文》注'束'为'静'，不当，形、音、义相差都很大。'束'当为本字，束缚、约束也。"尹说可取，据之改。

甲组释文

十九章　 （绝）智（知）弃卞（辩），民利百怀（倍）。 （绝）攷（巧）弃利， （盗）测（贼）亡又（有）。 （绝）僞（伪）弃虑（虑），民复季（孝）子（慈）。三言以为叟（辨）不足，或命（令）之或虖（乎）豆（属）：视索（素）保仆（朴），少厶（私）须（寡）欲。

六十六章　江海（海）所以为百浴（谷）王，以其能为百浴（谷）下，是以能为百浴（谷）王。圣人之才（在）民前也，以身后之；其才（在）民上也，以言下之。其才（在）民上也，民弗厚也；其才（在）民前也，民弗害也。天下乐进而弗詀（厌）。以其不静（争）也，古（故）天下莫能与之静（争）。

四十六章中下　皋（罪）莫厚虖（乎）甚欲，咎末金（憯）虖（乎）谷

（欲）得，化（祸）莫大虖（乎）不智（知）足。智（知）足之为足，此互（恒）足矣。

三十章上中　以衍（道）差（佐）人宝（主）者，不谷（欲）以兵强于天下。善者果而已，不以取强。果而弗愛（伐），果而弗乔（骄），果而弗矜（矜），是胃（谓）果而不强。其事好。

十五章　长古之善为士者，必非（微）溺玄达，深不可志（识），是以为之颂（容）：夜（豫）虖（乎）奴（若）冬涉川，猷（犹）虖（乎）其奴（若）愄（畏）四娶（邻），敢（严）虖（乎）其奴（若）客，觀（涣）虖（乎）其奴（若）怿（释），屯虖（乎）其奴（若）朴，坉（沌）虖（乎）其奴（若）浊。竺（孰）能浊以朿（静）者，牺（将）舍（徐）清。竺（孰）能庀以迬（往）者，牺（将）舍（徐）生。保此衍（道）者不谷（欲）端（尚）呈（盈）。

六十四章下　为之者败之，执之者远之。是以圣人亡为古（故）亡败；亡执古（故）亡遗（失）。临事之纪，誓（慎）冬（终）女（如）门（始），此亡败事矣。圣人谷（欲）不谷（欲），不贵难得之货；孚（教）不孚（教），复众之所坐（过）。是古（故）圣人能尃（辅）万勿（物）之自朕（然）而弗能为。

三十七章　衍（道）互（恒）亡为也，侯王能守之，而万勿（物）牺（将）自愇（化）。愇（化）而雜（欲）复（作），牺（将）贞（镇）之以亡名之樷（朴），夫亦牺（将）智（知）。智（知）足以朿，万勿（物）牺（将）自定。

六十三章　为亡为，事亡事，未（味）亡未（味）。大少（小）之，多惕必多戁（难）。是以圣人猷（犹）戁（难）之，古（故）终亡戁（难）。

二章　天下皆智（知）敚（美）之为敚（美）也，亚（恶）已；皆智（知）善，此其不善已。又（有）亡之相生也，戁（难）惕（易）之相成也，长耑（短）之相型（形）也，高下之相湼（盈）也，音圣（声）之相和也，先后之相墮（随）也。是以圣人居亡（无）为之事，行不言之孚（教）。万勿（物）侵（作）而弗訂（始）也，为而弗志（恃）也，成而弗居。天（夫）唯弗居也，是以弗去也。

三十二章　道互（恒）亡名，仆（朴）。唯（虽）妻（微？棲），天陸（地）弗敢臣。侯王女（如）能兽（守）之，万勿（物）牺（将）自寅（宾）。天陸（地）相合也，以逾（俞）甘零（露）。民，莫之命（令）天（而）自均安。訂（始）折（制）又（有）名。名亦既又（有），夫亦牺

（将）智（知）止，智（知）止所以不訂（殆）。卑（譬）道之才（在）天下也，猷（犹）少（小）欲（谷）之与江洢（海）。

二十五章　又（有）䴢（状）蟲（混）成，先天陞（地）生。敓纆（穆），蜀（独）立不亥（改），可以为天下母。未智（知）其名，孚（字）之曰道，虘（吾）（强）为之名曰大。大曰潶（逝），潶（逝）曰連（远），連（远）曰反。天大，地大，道大，王亦大。国中又（有）四大安，王凥（居）一安。人法陞（地）陞（地）法天天法道道法自肰（然）。

五章中　天陞（地）之刅（间），其猷（犹）囿（橐）䈞（籥）与？虚而不屈，踵（动）而愈出。

十六章上　至虚，互（恒）也；兽（守）中，䈞（笃）也。万勿（物）方复（作），居以须（待）复也。天道员员，各复其堇（根）。

六十四章上　其安也，易采也。其未菜（兆）也，易悔（谋）也。其霝（脆）也，易畔（判）也。其几也，易後（散）也。为之于其亡又（有）也，絧（治）之于其未乱。合 □□□□□【末】。九成之台甲□□□□□□□□足下。

五十六章　智（知）之者弗言，言之者弗智（知）。閟（闭）其㙂（兑），賽（塞）其门。和其光，逈（同）其斬（尘），剒（挫）其纕（锐），解其纷，是胃（谓）玄同。古（故）不可得天（而）新（亲），亦不可得而疋（疏）；不可得而利，亦不可得而害；不可得而贵，亦可不可得而戋（贱）。古（故）为天下贵。

五十七章　以正之（治）邦，以戠（奇）甬（用）兵，以亡事取天下。虘（吾）可（何）以智（知）其肰（然）也？夫天［下］多期（忌）韋（讳），而民尔（弥）畔（叛）。民多利器，而邦慈（滋）昏。人多智（知），天（而）戠（奇）勿（物）慈（滋）记（起）。法勿（物）慈（滋）章（彰），覝（盗）惻（贼）多又（有）。是以圣人之言曰：我无事而民自福（富）。我亡为，而民自蟲（化）。我好青（静）而民自正。我谷（欲）不谷（欲），而民自朴。

五十五章　酓（含）慐（德）之厚者，比于赤子。蟲（蜂）䖝蟲它（蛇）弗蠚（螫），攫鸟猷（猛）兽弗扣，骨溺（弱）堇（筋）秌（柔）而捉固。未智（知）牝戊（牡）之合然惹（怒），精之至也。终日虒（乎）而不憂（忧），和之至也。和曰㑷｛棠（常）｝，智（知）和曰明。賹（益）生曰羕□（祥），心叟（使）燹（气）曰弻（强）。勿（物）壬（壮）则老，是胃（谓）不道。

四十四章　名与身箸（孰）新（亲）？身与货箸（孰）多？賞（得）与貢（亡）箸（孰）疠（病）？甚悉（爱）必大費（费），厚（厚）贆（藏）必多貢（亡）。古（故）智（知）足不辱，智（知）止不怠（殆），可以长旧（久）。

四十章　返也者，道僮（动）也。溺（弱）也者，道之甬（用）也。天下之勿（物）生于又（有），生于亡。

九章　枈（持）而涅（盈）之，不不若已。湍（揣）而群之，不可长保也。金玉涅（盈）室，莫能兽（守）也。贵、福（富）、乔（骄），自遗咎也。攻（功）述（遂）身退，天之道也。

乙组释文

五十九章　給（治）人，事天，莫若嗇。夫唯嗇，是以暴（早），是以暴（早）备（服），是胃（谓）……不＝克＝则莫智（知）其亙『亟（极）』，莫智（知）其亙『亟（极）』，可以又（有）郮（国）。又（有）郮（国）之母，可以长……，长生旧（久）视之道也。

四十八章上　学者日益，为道者日员（损）。员（损）之或员（损），以至亡为也。亡为而亡不为。监（绝）学亡惪（忧）。

二十章上　唯与可（呵），相去几可（何）？兇（美）与亚（恶），相去可（何）若？人之所褪（畏），亦不可以不褪（畏）。

十三章　人憃（宠）辱若缨（惊），贵大患若身。可（何）胃（谓）憃（宠）辱？憃（宠）为下也。得之若缨（惊），遟（失）之若缨（惊），是胃（谓）憃（宠）辱缨（惊）。□□□□□若身？虐（吾）所以又（有）大患者，为虐（吾）又（有）身，返（及）虐（吾）亡身，或【可】（何）□□□□□□为天下，若可以氏（托）天下矣。悉（爱）以身为天下，若可以迖（寄）天下矣。

四十一章　上士昏（闻）道，董（勤）能行于其中。中士昏（闻）道，若昏（闻）若亡。下士昏（闻）道，大芙（笑）之。弗大芙（笑），不足以为道矣。是以建言又（有）之：明道女（如）孛（曹），迟（夷）道□□□道若退。上惪（德）女（如）浴（谷），大白女（如）辱，尘（广）惪（德）女（如）不足，建惪（德）女（如）□□贞（真）女（如）愉。大方亡禺（隅），大器曼成，大音祇圣（声），天象亡茎（形），……

五十二章　閟（闭）其门，赛（塞）其逸（兑），终身不酓。启其逸（兑），赛（塞）其事，终身不逨（救）。

四十五章　大成若夬（缺），其甬（用）不弊（敝）。大涅（盈）若中（盅），其甬（用）不穷（穷）。大攷（巧）若仙（拙），大成若诎，大植（直）若屈。杲（燥）剩（胜）苍（沧），青（清）剩（胜）然（热），清清（静）为天下定。

五十四章　善建者不拔，善休者不兑（脱）。子孙以其祭祀不屯。攸（修）之身，其惪（德）乃贞（真）。攸（修）之豪（家），其惪（德）又（有）舍（余）。攸（修）之向（乡），其惪（德）乃长。攸（修）之邦，其惪（德）乃奉（丰）。攸（修）之天【下】□□□□□□豪（家），以向（乡）观向（乡），以邦观邦，以天下观天下。虗（吾）可（何）以智（知）天□□□□。

丙组释文

十七章　大上，下智（知）又（有）之；其即（次），新（亲）誉之；其既『即（次）』，惧（畏）之；其即（次），癹（侮）之。信不足，安（有）不信。猷（犹）虖（乎）其贵言也。成事述（遂）礩（功），而百眚（姓）曰我自肰（然）也。

十八章　古（故）大道發（废），安又（有）悬（仁）义。六新（亲）不和，安又（有）孝孹（慈）。邦豪（家）緍（昏）□，【安】又（有）正臣。

三十五章　执大象，天下往。往而不害，安坪（平）大。乐与饵，悆（过）客止。古（故）道□□□，淡可（呵）其无味也。视之不足见，圣（听）之不足酙（闻），而不可既也。

三十一章中下　君子居则贵左，甬（用）兵则贵右。古（故）曰：兵者□□□□□□得已而甬（用）之，铦纞为上。弗媺（美）也。敐（美）之，是乐杀人。夫乐□□□以得志于天下。古（故）吉事上左，丧事上右。是以卞（偏）牆（将）军居左，上牆（将）军居右。言以丧丰（礼）居之也。古（故）□□□，则以惀（哀）悲位（莅）之；战剩（胜）则以丧豊（礼）居之。

六十四章下　为之者败之，执之者遊（失）之。圣人无为，古（故）无败也；无执，古（故）□□□。斳（慎）终若訂（始），则无败事喜（矣）。人之败也，互（恒）于其叝（且）成也败之。是以□人欲不欲，不贵雜（难）得之货；学不学，复众之所逃（过）。是以能楠（辅）塼（万）勿（物）之自肰（然），而弗能为。

附：邓求柏《内圣外王之道：〈郭简·老子〉的主题》之引言

　　《郭店楚墓竹简·老子》（以下简称"《郭简·老子》"或"简本"）收存了郭店楚墓竹简 71 支的图版和释文，共计 1749 字，分为甲、乙、丙三组。甲组存简 39 支，释文 1087 字，缺 15 字，损 1 字，共计 1103 字；乙组存简 18 支，释文 385 字，缺 46 字，损 3 字，空 2 字，共计 446 字；丙组存简 14 支，释文 267 字，缺 19 字，损 2 字，共计 288 字；《郭简·老子》甲、乙、丙三组释文的总和（即 1749 字）占传世王弼本《老子》5683 字的 30.78%，占长沙马王堆三号汉墓出土的帛书《老子》乙本 5467 字的 31.99%。共包括王弼本 32 章的内容，有些章仅有部分内容。其中甲组包括王弼本的共 19 章，乙组包括王弼本的共 8 章，丙组包括王弼本的共 5 章。（原载《哲学研究》2004 年第 1 期）

　　按：以上计算疑有误，按以上释文及缺、损、空字计算，乙组共计应为 436 字，甲乙丙三组共计应为 1827 字。如此，《郭简·老子》甲、乙、丙三组释文的总和（即 1827 字）应占传世王弼本《老子》5683 字的 32.15%，占长沙马王堆三号汉墓出土的帛书《老子》乙本 5467 字的 33.42%。因此，粗略统计，就字数而言，郭店楚墓简本《老子》分别占马王堆汉墓帛书《老子》和传世王弼本《老子》的三分之一。

附录九

帛书《老子》甲乙本释文

　　一九七三年十二月，湖南长沙马王堆三号汉墓中出土了一批具有历史价值的古代帛书。其中的《老子》有两种写本，现在分别称为甲、乙本。甲本字近篆体，根据书中不避汉高祖刘邦讳，推算抄写的年代，最晚在汉高祖时代，约公元前二〇六年到公元前一九五年间。乙本字为隶体，根据书中避刘邦讳，不避惠帝刘盈讳，抄写年代略晚，当在惠帝或吕后时期，约公元前一九四年至公元前一八〇年间。这两种写本，距今已两千多年，是目前所见到的（按：与王弼本内容基本一致的）《老子》书的最古本子。

　　《老子》甲、乙本释文，为马王堆汉墓帛书整理小组整理（在《马王堆汉墓帛书老子》内，一九七四年文物出版社出版线装本，一九七六年出版排印本）。兹将排印本释文附录于此，俾便研究者参考。

　　本书所附释文分了段，个别标点及文字与原书稍有不同。

　　原书释文凡例如下：

　　一、帛书《老子》皆分两篇，乙本篇尾标有《德》、《道》篇题。甲本用圆点作分章符号，但已残缺，无法复原。为了保存帛书的真实性，本书释文在篇前补加《德经》、《道经》篇题。

　　二、为了便于阅读，释文加标点并作简要注释（按：注释部分本附录删去）。释文不严格按帛书字体，……一般多用通行字排印。

　　三、帛书中的异体字、假借字，在释文中随文注明，外加（）标志。帛书中抹去及未写全的废字，释文用〇代替。原有夺字和衍字，释文不作增删。帛书中的错字，随文注出正字，用〈〉表示。

　　四、帛书残缺部分，按所缺字数据它本补足，首先用甲乙两本互补，两本俱残或彼此字数有出入时，选用传世诸本补入。这主要是便利读者阅读，并不是恢复帛书原貌。补文以【】标出。

　　【说明】以上基本采用了陈鼓应先生《老子今注今译》（中华书局 1984

年版）书中对转载《老子甲乙本释文》所作的说明。对《老子今注今译》所附的《释文》，凡是与帛书残卷不一致之处，本附录据帛书残卷并参照高明先生《帛书老子校注》的相关文字予以改正。为了便于读者与《老子》通行本（王弼本）对照阅读或研究，在这个附录中标出帛书相关内容在《老子》通行本中的章节。因为缺字太多，所以不予分段。此文中的个别标点和文字，与《释文》原书及《老子今注今译》的附录稍有差异。在断句上，凡是校诂学者存有重大争议的，文中不加标点或删去原有标点。

老子甲本释文

德　经

三十八章　【上德不德，是以有德。下德不失德，是以无】德。上德无【为，而】无以为也。上仁为之，【而无】以为也。上义为之而有以为也。上礼【为之而莫之应也，则】攘臂而乃（扔）之。故失道而后德，失德而后仁，失仁而后义，【失义而后礼。夫礼者，忠信之薄也，】而乱之首也。【前识者，】道之华也，而愚之首也。是以大丈夫居其厚而不居其泊（薄），居其实不居其华。故去皮（彼）取此。

三十九章　昔之得一者：天得一以清，地得【一】以宁，神得一以霝（灵），浴（谷）得一以盈，侯【王得一】而以为【天下】正。其致之也：胃（谓）天毋已清将恐【裂】，胃（谓）地毋【已宁】将恐【发】，胃（谓）神毋已霝（灵）【将】恐歇，胃（谓）浴（谷）毋已盈将恐渴（竭），胃（谓）侯王毋已贵【以高将恐蹶】。故必贵而以贱为本，必高矣而以下为基。夫是以侯王自胃（谓）【孤】寡、不𥝤（榖），此其【贱之本与，非也？】故致数与无与。是故不欲【禄禄】若玉，硌【硌若石】。

四十一章　【上士闻道，堇（勤）能行之。中士闻道，若存若亡。下士闻道，大笑之。弗笑，不足以为道。是以建言有之曰：明道如费（昧），进道如退，夷道如类。上德如浴（谷），大白如辱，广德如不足。建德如偷，质真如渝，大方无禺（隅），大器晚成，大音希声，大象无形，道褒无名。夫唯】道，善【始且善成】。

四十章　【反也者，】道之动也。弱也者，道之用也。天【下之物生于有，有生于无】。

四十二章　【道生一，一生二，二生三，三生万物。万物负阴而抱阳，】中气以为和。天下之所恶，唯孤、寡、不秉（穀），而王公以自名也。勿（物）或敗（损）之【而益，益】之而敗（损）。故人【之所】教，夕（亦）议而教人。故强良（梁）者不得死！我【将】以为学父。

四十三章　天下之至柔，【驰】骋于天下之致（至）坚。无有人于无间。五（吾）是以知无为【之有】益也。不【言之】教，无为之益，【天】下希能及之矣。

四十四章　名与身孰亲？身与货孰多？得与亡孰病？甚【爱必大费，多藏必厚】亡。故知足不辱，知止不殆，可以长久。

四十五章　大成若缺，其（"其"字为异体字"亓"，下同）用不弊（敝）。大盈若盅（冲），其用不窮（穷）。大直如诎（屈），大巧如拙，大赢如炳（絀）。趮（躁）胜寒，靓（静）胜炅（热），请（清）靓（静）可以为天下正。

四十六章　天下有【道，却】走马以粪。天下无道，戎马生于郊。罪莫大于可欲，䄛（祸）莫大于不知足，咎莫憯于欲得。【故知足之足，】恒足矣。

四十七章　不出于户，以知天下。不规（窥）于牖，以知天道。其出也弥远，其【知弥少。是以圣人不行而知，不见而名，弗】为而【成】。

四十八章　【为学者日益，为道者日损。损之又损，以至于无为，无为而无不为。将欲】取天下也，恒【无事；及其有事也，不足以取天下矣】。

四十九章　【圣人恒无心，】□以百【姓】之心为【心】。善者善之，不善者亦善【之，德善也。信者信之，不信者亦信之，德】信也。【圣人】之在天下，愒愒（歙歙）焉，为天下浑心。百姓皆属耳目焉，圣人【皆咳之】。

五十章　【出】生，【入死。生之徒十】有【三，死之】徒十有三，而民生生，动皆之死地之十有三。夫何故也？以其生生也。盖【闻善】执生者，陵行不【辟】矢（兕）虎，入军不被甲兵。矢（兕）无所槌（揣）其角，虎无所昔（措）其蚤（爪），兵无所容【其刃。夫】何故也？以其无死地焉。

五十一章　道生之而德畜之，物刑（形）之而器成之。是以万物尊道而贵【德。道】之尊，德之贵也，夫莫之时（爵），而恒自然也。道生之，畜之，长之，遂（育）之，亭【之，□之，养之，覆之。生而】弗有也，为而弗寺（恃）也，长而弗宰也，此之谓玄德。

五十二章　天下有始，以为天下母。愿（既）得其（按："其"字为异

体字"亓"，下同）母，以知其【子】；复守其母，没身不殆。塞其閟（兑），
闭其门，济其事，终身不堇（勤）。启其閟（兑），济其事，终身【不救。
见】小曰【明】，守柔曰强。用其光，复归其明，毋道〈遗〉身央【殃】，是
胃（谓）袭常。

五十三章　使我挈（絜）有知，【行于】大道，唯【施是畏。大道】甚
夷，民甚好僻（径）。朝甚除，田甚芜，仓甚虚。服文采，带利【剑，厌饮】
食【资财有余，是谓盗夸。非道也哉】！

五十四章　善建【者不】拔，【善抱者不脱】，子孙以祭祀【不绝。修之
身，其德乃真。修之家，其德有】余。修之【乡，其德乃长。修之邦，其德
乃丰。修之天下，其德乃溥】。以身【观】身，以家观家，以乡观乡，以邦
观邦，以天【下观天下。吾何以知天下之然哉？以此】。

五十五章　【含德】之厚【者】，比于赤子。逢（蜂）𧏾（虿）虺（虺）
地（蛇）弗螫，攫鸟猛兽弗搏。骨弱筋柔而握固，未知牝牡【之合而朘怒】，
精【之】至也。终日〈日〉号不嚘（嗄），和之至也。和曰常，知和曰明，
益生曰祥，心使气曰强。【物壮】即老，胃（谓）之不道。不道【早已】。

五十六章　【知者】弗言，言者弗知。塞其闷（兑），闭其【门。和】
其光，同其塦（尘），坐（挫）其閟（锐），解其纷，是胃（谓）玄同。故不
可得而亲，亦不可得而疏；不可得而利，亦不可得而害；不可【得】而贵，
亦不可得而浅（贱）。故为天下贵。

五十七章　以正之（治）邦，以畸（奇）用兵，以无事取天下。吾何
【以知其然】也哉？夫天下【多忌】讳，而民弥贫。民多利器，而邦家兹
（滋）昏。人多知（智），而何（奇）物兹（滋）【起。法物滋章，而】盗贼
【多有。是以圣人之言曰：】"我无为也，而民自化；我好静，而民自正；我
无事，民【自富；我欲不欲，而民自朴】。"

五十八章　【其政闵闵，其民屯屯。】其正（政）察察，其邦（民）夬
夬（缺缺）。䄏（祸），福之所倚；福，祸之所伏。【孰知其极？其无正也？
正复为奇，善复为妖。人之迷也，其日固久矣。是以方而不割，廉而不刺，
直而不绁，光而不曜】。

五十九章　【治人，事天，莫若啬。夫惟啬，是以早服。早服是谓重积
德。重积德则不克，无不克则莫知其极。莫知其极，】可以有国。有国之母，
可以长久。是胃（谓）深椹（根）固氐（柢），【长生久视之】道也。

六十章　【治大国若烹小鲜。以道莅】天下，其鬼不神，非其鬼不神
也；其神不伤人也，非其神不伤人也，圣人亦弗伤【也。夫两】不相【伤，

故】德交归焉。

六十一章　大邦者，下流也。天下之牝，天下之郊（交）也。牝恒以靓（静）胜牡。为其靓（静）【也，故】宜为下。大邦【以】下小【邦】，则取小邦。小邦以下大邦，则取于大邦。故或下以取，或下而取。【故】大邦者不过欲兼畜人，小邦者不过欲入事人。夫皆得其欲，【大者宜】为下。

六十二章　【道】者，万物之注也。善人之蕹（宝）也，不善人之所蕹（保）也。美言可以市尊行可以贺（加）人。人之不善也，何【弃之】有？故立天子，置三卿，虽有共之璧以先四（驷）马，不善〈若〉坐而进此。古之所以贵此者何也？不胃（谓）【求以】得，有罪以免舆（与）？故为天下贵。

六十三章　为无为，事无事，味无未（味）。大小多少，报怨以德。图难乎【其易也，为大乎其细也。】天下之难作于易，天下之大作于细。是以圣人冬（终）不为大，故能【成其大。夫轻诺者必寡信，多易】必多难。是【以圣】人犹难之，故冬（终）于无难。

六十四章　其安也，易持也。【其未兆也，易谋也。其脆也，易判也。其微也，易散也。为之于其未有，治之于其未乱也。合抱之木，生于】毫末。九成之台，作于蠃（蔂）土。百仁（仞）之高，台（始）于足【下。为之者败之，执之者失之。圣人无为】也，【故】无败【也】；无执也，故无失也。民之从事也，恒于其成事而败之。故慎终若始，则【无败事矣。是以圣人】欲不欲，而不贵难得之腾（货）；学不学，而复众人之所过；能辅万物之自【然，而】弗敢为。

六十五章　故曰：为道者非以明民也，将以愚之也。民之难【治也，以其】知（智）也。故以知（智）知（治）邦，邦之贼也；以不知（智）知（治）邦，【邦之】德也。恒知此两者，亦稽式也。恒知稽式，此胃（谓）玄德。玄德深矣，远矣，与物【反】矣，乃至大顺。

六十六章　【江】海所以能为百浴（谷）王者，以其善下之，是以能为百浴（谷）王。是以圣人之欲上民也，必以其言下之；欲先【民也】，必以其身后之。故居前而民弗害也，居上而民弗重也。天下乐隼（推）而弗猒（厌）也，非以其无诤（争）与？故【天下莫能与】诤（争）。

八十章　小邦募（寡）民。使十百人之器毋用，使民重死而（按：此处疑夺一"不"字）远送〈徙〉。有车周（舟）无所乘之，有甲兵无所陈【之。使民复结绳而】用之。甘其食，美其服，乐其俗，安其居。䣛（邻）邦相望〈望〉，鸡狗之声相闻，民至【老死不相往来】。

八十一章　【信言不美，美言】不【信。知】者不博，【博】者不知。善【者不多，多】者不善。圣人无【积，既】以为【人，己愈有；既以予人矣，己愈多。故天之道，利而不害；人之道，为而弗争】。

六十七章　【天下皆谓我大，大而不肖。】夫唯【大，】故不宵（肖）。若宵（肖），细久矣。我恒有三葆（宝），之一曰兹（慈），二曰检，【三曰不敢为天下先。夫慈，故能勇；检，】故能广；不敢为天下先，故能为成事长。今舍其兹（慈），且勇；舍其后，且先；则必死矣。夫兹（慈），【以战】则胜，以守则固。天将建之，女（如）以兹（慈）垣之。

六十八章　善为士者不武，善战者不怒，善胜敌者弗【与】，善用人者为之下。【是】胃（谓）不净（争）之德，是胃（谓）用人，是胃（谓）天，古之极也。

六十九章　用兵有言曰："吾不敢为主而为客，吾不进寸而芮（退）尺。"是胃（谓）行无行，襄（攘）无臂，执无兵，乃（扔）无敌矣。旤（祸）莫于〈大〉于无适（敌），无适（敌）斤（近）亡吾吾葆（宝）矣。故称兵相若，则哀者胜矣。

七十章　吾言甚易知也，甚易行也；而人莫之能知也，而莫之能行也。言有君，事有宗。其唯无知也，是以不【我知。知我者希，则】我贵矣。是以圣人被褐而裹（怀）玉。

七十一章　知不知，尚矣；不知不知，病矣。是以圣人之不病，以其【病病，是以不病】。

七十二章　【民之不】畏畏（威），则【大威将至】矣。母（毋）闸（狭）其所居，毋猒（厌）其所生。夫唯弗猒（厌），是【以不猒（厌）。是以圣人自知而不自见也，自爱】而不自贵也。故去被【彼】取此。

七十三章　勇于敢者【则杀，勇】于不敢者则栝（活）。【此两者或利或害，天之所恶，孰知其故？天之道，不战而善胜，】不言而善应，不召而自来，弹（坦）而善谋。【天网恢恢，疏而不失】。

七十四章　【若民恒且不畏死，】奈何以杀惢（惧）之也？若民恒是〈畏〉死，则而为者，吾将得而杀之，夫孰敢矣！若民【恒且】必畏死，则恒有司杀者。夫伐〈代〉司杀者杀，是伐（代）大匠斲也。夫伐〈代〉大匠斲者，则【希】不伤其手矣。

七十五章　人之饥也，以其取食逿（税）之多也，是以饥。百姓之不治也，以其上有以为【也】，是以不治。民之至（轻）死，以其求生之厚也，是以至（轻）死。夫唯无以生为者，是贤贵生。

七十六章　人之生也柔弱，其死也苣（筋）仞（肕）贤（坚）强。万物草木之生也柔脆，其死也椁（枯）藁（槁）。故曰：坚强者，死之徒也；柔弱微细，生之徒也。兵强则不胜，木强则恒（烘）。强大居下，柔弱微细居上。

七十七章　天下【之道，犹张弓】者也，高者印（抑）之，下者举之；有余者敗（损）之，不足者补之。故天之道，敗（损）有【余而补不足；人之道则】不然，敗（损）【不足以】奉有余。孰能有余而有以取奉于天者乎？【惟有道者乎。是以圣人为而弗有，成功而弗居也。若此其不欲】见贤也。

七十八章　天下莫柔【弱于水，而攻】坚强者莫之能【先】也，以其无【以】易【之也。柔之胜刚，弱之】胜强，天【下莫不知也，而莫能】行也。故圣人之言云，曰："受邦之詢（垢），是胃（谓）社稷之主；受邦之不祥，是胃（谓）天下之王。"【正言】若反。

七十九章　和大怨，必有余怨，焉可以为善？是以圣右介（契）而不以责于人。故有德司介（契），（无）德司篱（彻）。夫天道无亲，恒与善人。

道　经

一章　道，可道也，非恒道也；名，可名也，非恒名也。无名万物之始也；有名万物之母也。【故】恒无欲也，以观其眇（妙）；恒有欲也，以观其所噭（徼）。两者同出，异名同胃（谓），玄之有（又）玄，众眇（妙）之【门】。

二章　天下皆知美为美，恶已；皆知善，訾（斯）不善矣。有无之相生也，难易之相成也，长短之相刑（形）也，高下之相盈也，意〈音〉声之相和也，先后之相隋（随）：恒也。是以声（圣）人居无为之事，行【不言之教。万物作而弗始】也，为而弗志（恃）也，成功而弗居也。夫唯（按：此处疑夺一"弗"字）居，是以弗去。

三章　不上贤，【使民不争。不贵难得之货，使】民不为【盗】。不【见可欲，使】民不爪（乱）。是以声（圣）人之【治也：虚其心，实其腹，弱其志，】强其骨。恒使民无知无欲也。使【夫知不敢，弗为而已，则无不治矣。】

四章　【道冲，而用之有（又）弗】盈也。潇（渊）呵，始（似）万物之宗。铧（挫）其（锐），解其纷，和其光，同【其尘。湛呵，始（似）】或存。吾不知【其谁之】子也，象帝之先。

五章　天地不仁，以万物为刍狗；声（圣）人不仁，以百省（姓）【为刍】狗。天地【之间，其】犹橐籥与？虚而不湢（屈），踵（动）而俞（愈）出。多闻数穷，不若守于中。

六章　浴（谷）神【不】死，是胃（谓）玄牝。玄牝之门，是胃（谓）【天】地之根。绵绵呵若存，用之不堇（勤）。

七章　天长地久。天地之所以能【长】且久者，以其不自生也，故能长生。是以声（圣）人芮（退）其身而身先，外其身而身存。不以其无【私】舆（与）？故能成其私。

八章　上善治（似）水。水善利万物而有静。居众之所恶，故几于道矣。居善地，心善瀟〈渊〉，予善信，正（政）善治，事善能，踵（动）善时。夫唯不静（争），故无尤。

九章　揬（殖）而盈之，不【若其已。揣而】兑（锐）□之。【不】可常葆（保）之也。金玉盈室，莫之守也。贵富而驕（骄），自遗咎也。功述（遂）身芮（退），天【之道也】。

十章　【戴营魄抱一，能毋离乎？抟气致柔，】能婴儿乎？修（涤）除玄蓝（览），能毋疵乎？【爱民治国，能毋以智乎？天门启阖，能无雌乎？明白四达，能毋以知乎？】生之畜之，生而弗【有，长而弗宰，是谓玄】德。

十一章　卅（三十）【辐同一毂，当】其无，【有车】之用【也】。燃（埏）埴为器，当其无，有埴器【之用也。凿户牖】，当其无，有【室之】用也。故有之以为利，无之以为用。

十二章　五色使人目明〈盲〉，驰骋田腊（猎）使人【心发狂】，难得之賮（货），使人之行方（妨），五味使人之口啍（爽），五音使人之耳聋。是以声（圣）人之治也，为腹不【为目】。故去罢（彼）耳〈取〉此。

十三章　龙（宠）辱若惊，贵大梡（患）若身。苛（何）胃（谓）龙（宠）辱若惊？龙（宠）之为下。得之若惊，失【之】若惊，是胃（谓）龙（宠）辱若惊。何胃（谓）贵大梡（患）若身？吾所以有大梡（患）者，为吾有身也。及吾无身，有何梡（患）？故贵为身于为天下，若可以迁（托）天下矣；爱以身为天下，女（如）何以寄天下。

十四章　视之而弗见，名之曰鐶（“微”）；听之而弗闻，名之曰“希”；搢之而弗得，名之曰“夷”。三者不可至（致）计（诘），故圂（混）【而为一】。一者，其上不攸（皦），其下不忽（昧）。寻寻呵不可名也，复归于无物。是胃（谓）无状之状，无物之【象。是谓忽恍。随而不见其后，迎】而不见其首。执今之道，以御今之有。以知古始，是胃（谓）【道纪】。

十五章　【古之善为道者，微妙玄达】，深不可志（识）。夫唯不可志（识），故强为之容，曰：

与（豫）呵其若冬【涉水；犹呵其若】畏四【邻；严】呵其若客；涣呵其若凌（凌）泽（释）；圳（敦）呵其若楃（朴）；湷（混）【呵其若浊；湉（旷）呵其】若浴（谷）。浊而情（静）之余（徐）清，女（安）以重（动）之余（徐）生。葆（保）此道不欲盈。夫唯不欲【盈，是以能敝而不】成。

十六章　至（致）虚，极也；守情（静），表也。万物旁作，吾以观其复也。天物云云，各复归于其【根。归根曰静】。情（静），是胃（谓）复命。复命，常也。知常，明也。不知常，市（妄），市（妄）作，凶。知常容，容乃公，公乃王，王乃天，天乃道，【道乃久，】汲（没）身不怠（殆）。

十七章　大上，下知有之；其次，亲誉之；其次畏之；其下，母（侮）之。信不足，案有不信。【犹呵】，其贵言也。成功遂事，而百省（姓）胃（谓）我自然。

十八章　故大道废，案有仁义。知（智）快（慧）出，案有大伪。六亲不和，案有畜（孝）兹（慈）。邦家闉（昏）乱，案有贞臣。

十九章　绝声（圣）弃知（智），民利百负（倍）。绝仁弃义，民复畜（孝）兹（慈）。绝巧弃利，盗贼无有。此三言也，以为文未足。故令之有所属：见素抱【朴，少私而寡欲】。

二十章　【绝学无忧】。唯与诃，其相去几何？美与恶，其相去何若？人之【所畏】，亦不【可以不畏。呵，其未央哉】！众人配（熙）配（熙），若乡（飨）于大牢，而春登台。我泊焉未佻（兆），若【婴儿未咳】。累呵，如【无所归。众人】皆有余，我独遗。我禺（愚）人之心也，惷惷呵。鬻（俗）【人昭昭，我独若】闉（昏）呵。鬻（俗）人蔡蔡（察察），我独闷闷（闷闷）呵。忽呵，其若【海】，望（恍）呵其若无所止。【众人皆有以，我独顽】以悝（俚）。吾欲独异于人，而贵食母。

二十一章　孔德之容，唯道是从。道之物，唯望（恍）唯忽。【忽呵恍】呵，中有象呵。望（恍）呵忽呵，中有物呵。灈（幽）呵鸣（冥）呵，中有请（精）吔（呵）。其请（精）甚真，其中【有信】。自今及古，其名不去，以顺众仪（父）。吾何以知众仪（父）之然？以此。

二十二章　炊（企）者不立，自视（是）不章，（自）见者不明，自伐者无功，自矜者不长。其在道，曰："稌（余）食赘行。"物或恶之，故有欲者【弗】居。

二十四章　曲则金（全），枉则定（正），洼则盈，敝则新，少则得，多则惑。是以声（圣）人执一以为天下牧。不【自】视（是）故明，不自见故章，不自伐故有功，弗矜故能长。夫唯不争，故莫能与之争。古【之所谓曲全者，岂】语才（哉）？诚金（全）归之。

二十三章　希言自然。飘风不冬（终）朝，暴雨不冬（终）日。孰为此？天地【而弗能久，又况于人乎】？故从事而道者同于道，德者同于德，者〈失〉者同于失。同于【德者】，道亦德之。同于【失】者，道亦失之。

二十五章　有物昆（混）成，先天地生。绣（寂）呵缪（寥）呵，独立【而不改】，可以为天地母。吾未知其名，字之曰道。吾强为之名曰大。大曰筮（逝），筮（逝）曰【远，远曰反。道大，】天大，地大，王亦大。国中有四大，而王居一焉。人法地【地】法【天】天法【道道】法【自然】。

二十六章　【重】为至（轻）根，清（静）为趮（躁）君。是以君子众（终）日行，不蘺（离）其甾（辎）重。唯（虽）有环官（观），燕处【则昭】若。若何万乘之王而以身至（轻）于天下？至（轻）则失本，躁则失君。

二十七章　善行者无剹（辙）迹，【善】言者无瑕适（谪），善数者不以梼（筹）筴（策）。善闭者无阓（关）籥（钥）而不可启也，善结者【无绳】约而不可解也。是以声（圣）人恒善怵（救）人，而无弃人，物无弃财（材），是胃（谓）恾（袭）明。故善【人，善人】之师；不善人，善人之齎（资）也。不贵其师，不爱其齎（资），唯（虽）知（智）乎大眯（迷）。是胃（谓）眇（妙）要。

二十八章　知其雄，守其雌，为天下溪。为天下溪，恒德不鸡〈离〉。恒德不鸡〈离〉，复归婴儿。知其日（荣），守其辱，为天下浴（谷）。为天下浴（谷），恒德乃【足】。恒德乃【足，复归于朴】。知其【白】，守其黑，为天下式。为天下式，恒德不贰（忒）。恒德不贰（忒），复归于无极。樫（朴）散【则为器。圣】人用则为官长，夫大制无割。

二十九章　将欲取天下而为之，吾见其弗【得已。天下，神】器也，非可为者也。为者败之，执者失之。物或行或随，或炅（热）或【吹，或强或羸】，或杯（培）或撱（堕）。是以声（圣）人去甚，去大（泰），去楮（奢）。

三十章　以道佐人主，不以兵强【于】天下。【其事好还。师之】所居，楚杕（棘）生之。善者果而已矣，毋以取强焉。果而毋騜（骄），果而勿矜，果而【勿伐】，果而毋得已居，是胃（谓）【果】而不强。物壮而老，是胃

（谓）之不道。不道蚤（早）已。

　　三十一章　夫兵者，不祥之器【也】。物或恶之，故有欲者弗居。君子居则贵左，用兵则贵右。故兵者，非君子之器也。【兵者】不祥之器也，不得已而用之，铦袭为上。勿美也。若美之，是乐杀人也。夫乐杀人，不可以得志于天下矣。是以吉事上左，丧事上右；是以便（偏）将军居左，上将军居右；言以丧礼居之也。杀人众，以悲依（哀）立（莅）之；战胜，以丧礼处之。

　　三十二章　道恒无名，楃（朴）。唯（虽）【小，而天下弗敢臣。侯】王若能守之。万物将自宾。天地相谷〈合〉，以俞（雨）甘洛（露）。民莫之【令，而自均】焉。始制有【名。名亦既】有，夫【亦将知止，知止】所以不【殆】。俾（譬）道之在【天下也，犹小】浴（谷）之与江海也。

　　三十三章　知人者，知（智）也。自知【者，明也。胜人】者，有力也。自胜者，【强也。知足者，富】也。强行者，有志也。不失其所者，久也。死不忘（亡）者，寿也。

　　三十四章　道【氾呵，其可左右也。成功】遂事而弗名有也。万物归焉而弗为主，则恒无欲也，可名于小。万物归焉【而弗】为主，可名于大。是【以】声（圣）人之能成大也，以其不为大也，故能成大。

　　三十五章　执大象，【天下】往。往而不害，安平太。乐与饵，过格（客）止。故道之出言也，曰：谈（淡）呵其无味也。【视之】不足见也；听之不足闻也；用之不可既也。

　　三十六章　将欲拾（擒）之，必古（固）张之；将欲弱之，【必固】强之；将欲去之，必古（固）与之；将欲夺之，必古（固）予之。是胃（谓）微明。𢇇（柔）弱胜强。鱼不【可】脱于潚（渊），邦利器不可以视（示）人。

　　三十七章　道恒无名。侯王若守之，万物将自愿（化）。愿（化）而欲【作，吾将镇之以无】名之楃（朴）。【镇之以】无名之楃（朴），夫将不辱（欲）。不辱（欲）以情（静），天地将自正。

老子乙本释文

德　经

　　三十八章　上德不德，是以有德。下德不失德，是以无德。上德无为而无以为也。上仁为之而无以为也。上德（按：应为"义"）为之而有以为也。上礼为之而莫之应也，则攘臂而乃（扔）之。故失道而句（后）德，失德而句（后）仁，失仁而句（后）义，失义而句（后）礼。夫礼者，忠信之泊（薄）也，而乱之首也。前识者，道之华也，而愚之首也。是以大丈夫居【其厚而不】居其泊（薄），居其实而不居其华。故去罢（彼）而取此。

三十九章　昔得一者：天得一以清，地得一以宁，神得一以霝（灵），浴（谷）得一盈，侯王得一以为天下正。其至也：胃（谓）天毋已清将恐莲（裂），地毋已宁将恐发，神毋【已灵将】恐歇，谷毋已【盈】将渴（竭），侯王毋已贵以高将恐欮（蹶）。故必贵以贱为本，必高矣而以下为基。夫是以侯王自胃（谓）孤、寡、不橐（穀），此其贱之本与，非也？故至（致）数舆无舆。是故不欲禄禄若玉，硌硌若石。

四十一章　上【士闻】道，堇（勤）能行之。中士闻道，若存若亡。下士闻道，大笑之。弗笑，【不足】以为道。是以建言有之曰：明道如费（昧），进道如退，夷道如类。上德如浴（谷），大白如辱，广德如不足，建德如【偷，】质【真如渝】，大方无禺（隅）。大器免（晚）成，大音希声，天〈大〉象无刑（形），道褒无名。夫唯道，善始且善成。

四十章　反也者，道之动也。【弱也】者，道之用也。天下之物生于有，有【生】于无。

四十二章　道生一，一生二，二生三，三生【万物。万物负阴而抱阳，冲气】以为和。人之所亚（恶），【唯孤、】寡、不橐（穀），而王公以自【称也。物或益之而】云（损），云（损）之而益。【人之所教，亦议（我）而教人。强梁者不得其死！】（吾）将以【为学】父。

四十三章　天下之至【柔】，驰骋乎（于）天下【之至坚。无有入于】无间。吾是以【知无为之有益】也。不【言之教，无为之益，天下希能及之】矣。

四十四章　名与【身孰亲？身与货孰多？得与亡孰病？是故甚爱必大费，多藏必厚亡。故知足不辱，知止不殆，可以长久。】

四十五章　【大成如缺，其用不敝。大】盈如冲，其【用不穷。大直如诎，大】巧如拙，【大赢如】绌。趮（躁）胜（胜）寒，【静胜热。清静可以为天下正。】

四十六章　【天下有】道，却走马【以】粪。无道，戎马生于郊。罪莫大可欲，祸【莫大于不知足，咎莫憯于欲得。故知足之足，恒】足矣。

四十七章　不出于户，以知天下。不窥（窥）于【牖，以】知天道。其出筮（弥）远者，其知筮（弥）【少。是以圣人不行而知，不见】而名，弗为而成。

四十八章　为学者日益，闻道者日云（损），云（损）之有（又）云（损），以至于无【为，无为而无不为】。取天下，恒无事。及其有事也，【不】足以取天【下】。

四十九章　【圣】人恒无心，以百省（姓）之心为心。善【者善之，不善者亦善之，德】善也。信者信之，不信者亦信之，德信也。圣人之在天下也，欨（歙）欨（歙）焉；【为天下浑心。百生（姓）】皆注其【耳目焉，圣人皆孩之】。

五十章　【出】生入死。生之【徒十又（有）三，死】之徒十又（有）三，而民生生，僮（动）皆之死地之十又（有）三。【夫】何故也？以其生生。盖闻善执生者，陵行不辟（避）累（兕）虎，入军不被兵革（甲）。累（兕）无【所揣其角，虎无所措】其蚤（爪），兵【无所容其刃。夫何故】也？以其无【死地焉】。

五十一章　道生之，德畜之，物刑（形）之，而器成之。是以万物尊道而贵德。道之尊也，德之贵也，夫莫之爵也，而恒自然也。道生之，畜之，【长之，育】之，亭之，毒之，养之，复（覆）【之。生而弗有，为而弗恃，长而】弗宰，是胃（谓）玄德。

五十二章　天下有始，以为天下母。既得其母，以知其子，既〇知其子，复守其母，没身不怡（殆）。塞其闷，闭其门，冬（终）身不堇（勤）。启其闷，齐（济）其【事，终身】不棘（救）。见小曰明，守【柔曰】强。用【其光，复归其明，无】遗身央（殃）。是胃（谓）【袭】常。

五十三章　使我介有知，行于大道，唯他（施）是畏。大道甚夷，民甚好（径）。朝甚除，田甚芜，仓甚虚；服文采，带利剑，猒（厌）食而齎（资）财【有余，是谓盗】杅（竽）。非【道也哉】！

五十四章　善建者【不拔，善抱者不脱，】子孙以祭祀不绝。修之身，其德乃真。修之家，其德有余。修之乡，其德乃长。修之国，其德乃夆（丰）。修之天下，其德乃博（溥）。以身观身，以家观【家，以国观】国，以天下观天下。【吾何以知】天下之然兹（哉）？以【此】。

五十五章　含德之厚者，比于赤子。蜂（蜂）疠（虿）虫（虺）蛇弗赫（螫），据（攫）鸟孟（猛）兽弗捕（搏）。骨筋弱柔而握固，未知牝牡之会而朘怒，精之至也。冬（终）日号而不嚘，和【之至也。知和曰】常，知常曰明，益生【曰】祥，心使气曰强。物【壮】则老，胃（谓）之不道。不道蚤（早）已。

五十六章　知者弗言，言者弗知。塞其挽，闭其门。和其光，同其尘，锉（挫）其兑（锐）而解其纷，是胃（谓）玄同。故不可得而亲也，亦【不可得】而【疏；不可得】而利，【亦不可】得而害；不可得而贵，亦不可得而贱。故为天下贵。

五十七章　以正之（治）国，以畸（奇）用兵，以无事取天下。吾何以知其然也才（哉）？夫天下多忌讳，而民弥贫；民多利器，【而国家滋】昏；【人多知巧，而奇物滋起；法】物兹（滋）章（彰），而盗贼【多有】。是以【圣】人之言曰："我无为而民自化，我好静而民自正，我无事而民自富，我欲不欲而民自朴。"

五十八章　其正（政）闵（闷）闵（闷），其民屯屯（淳淳）。其正（政）察察，其【民缺缺。祸，福之所倚；福，祸之】所伏。孰知其极？【其】无正也？正【复为奇】，善复为【妖。人】之迷（迷）也，其日固久矣。是以方而不割，兼（廉）而不刺，直而不绁，光而不眺（耀）。

五十九章　治人，事天，莫若啬。夫唯啬，是以蚤（早）服。蚤（早）服是胃（谓）重积【德】；重积【德则无不克；无不克则】莫知其【极】；莫知其【极，可以】有国；有国之母，可【以长久】。是胃（谓）【深】根固氐（柢），长生久视之道也。

六十章　治大国若亨（烹）小鲜。以道立（莅）天下，其鬼不神，非其鬼不神也；其神不伤人也，非其神不伤人也，【圣人亦】弗伤也。夫两【不】相伤，故德交归焉。

六十一章　大国【者，下流也。天下之】牝也，天下之交也。牝恒以静朕（胜）牡。为其静也，故宜为下也。故大国以下【小】国，则取小国；小国以下大国，则取于大国。故或下【以取，或】下而取。故大国者，不【过】欲并畜人；小国，不过欲入事人。夫【皆得】其欲，则大者宜为下。

六十二章　道者，万物之注（主）也。善人之蕰（宝）也，不善人之所蕰（保）也。美言可以市尊行可以贺（加）人。人之不善，何【弃之有？故】立天子，置三乡〈卿〉，虽有【拱之】璧以先四（驷）马，不若坐而进此。古【之所以贵此道者何也？】不胃（谓）求以得，有罪以免与？故为天下贵。

六十三章　为无为，【事无事，味无味。大小多少，报怨以德。图难乎其易也，为大】乎其细也。天下之【难作于】易，天下之大【作于细。是以圣人终不为大，故能成大。】夫轻若（诺）【必寡】信，多易必多难。是以耴

（圣）人【犹难】之，故【终于无难】。

六十四章　【其安也，易持也；其未兆也，易谋也；其脆也，易判也；其微也，易散也。为之于其未有也；治之于其未乱也。合抱之】木，作于毫末；九成之台，作于蔂土；百千（仞）之高，始于足下。为之者败之，执者失之。是以耴（圣）人无为【也，故无败也；无执也，故无失也。】民之从事也，恒于其（几）成而败之。故曰："慎冬（终）若始，则无败事矣。"是以耴（圣）人欲不欲，而不贵难得之货；学不学，复众人之所过；能辅万物之自然而弗敢为。

六十五章　古之为道者，非以明【民也，将以愚】之也。夫民之难治也，以其知（智）也。故以知（智）知（治）国，国之贼也；以不知（智）知（治）国，国之德也。恒知此两者，亦稽式也。恒知稽式，是胃（谓）玄德。玄德深矣、远矣，【与】物反也，乃至大顺。

六十六章　江海所以能为百浴（谷）【王者，以】其【善】下之也，是以能为百浴（谷）王。是以耴（圣）人之欲上民也，必以其言下之；其欲先民也，必以其身后之。故居上而民弗重也，居前而民弗害。天下皆乐谁（推）而弗猒（厌）也。不以其无争与？故【天】下莫能与争。

八十章　小国寡民。使有十百人器而勿用，使民重死而（此处疑夺一"不"字）远徙。又（有）周（舟）车无所乘之；有甲兵无所陈之。使民复结绳而用之。甘其食，美其服，乐其俗，安其居。叟（邻）国相望，鸡犬之【声相】闻，民至老死不相往来。

八十一章　信言不美，美言不信；知者不博，博者不知；善者不多，多者不善。耴（圣）人无积，既以为人，己俞（愈）有；既以予人矣，己俞（愈）多。故天之道，利而不害；人之道，为而弗争。

六十七章　天下【皆】胃（谓）我大，大而不宵（肖）。夫唯不宵（肖），故能大。若宵（肖），久矣其细也夫。我恒有三琛（宝），市（持）而琛（宝）之。一曰兹（慈），二曰检，三曰不敢为天下先。夫兹（慈），故能勇；检，敢（故）能广；不敢为天下先，故能为成器长。今舍其兹（慈），且勇；舍其检，且广；舍其后，且先；则死矣。夫兹（慈），以单（战）则朕（胜），以守则固。天将建之，女（如）以兹（慈）垣之。

六十八章　故（古）善为士者不武，善单（战）者不怒，善朕（胜）敌者弗与，善用人者为之下。是胃（谓）不争【之】德，是胃（谓）用人，是胃（谓）肥（配）天，古之极也。

六十九章　用兵又（有）言曰："吾不敢为主而为客，不敢进寸而退尺。"是胃（谓）行无行，攘无臂，执无兵，乃（扔）无敌。祸莫大于无敌，无敌近○亡吾琛（宝）矣。故抗兵相若，而依（哀）者朕（胜）【矣】。

七十章　吾言易知也，易行也。而天下莫之能知也，莫之能行也。夫言又（有）宗，事又（有）君。夫唯无知也，是以不我知。知者希，则我贵矣。是以耴（圣）人被褐而裹（怀）玉。

七十一章　知不知，尚矣；不知知，病矣。是以耴（圣）人之不【病】也，以其病病也，是以不病。

七十二章　民之不畏畏（威），则大畏（威）将至矣。毋佣（狎）其所居，毋猒（厌）其所生。夫唯弗猒（厌），是以不猒（厌）。是以耴（圣）人自知而不自见也，自爱而不自贵也。故去罢（彼）而取此。

七十三章　勇于敢则杀，勇于不敢则栝（活）。【此】两者或利或害。天之所亚（恶），孰知其故？天之道，不单（战）而善朕（胜），不言而善应，弗召而自来，单（坦）而善谋。天罔（网）祾祾（恢恢），疏而不失。

七十四章　若民恒且○不畏死，若何以杀矔（惧）之也？使民恒且畏死，而为畸（奇）者，【吾】得而杀之，夫孰敢矣？若民恒且必畏死，则恒又（有）司杀者。夫代司杀者杀，是代大匠斲。夫代大匠斲，则希不伤其手。

七十五章　人之饥也，以其取食逓（税）之多，是以饥；百生（姓）之不治也，以其上之有以为也，【是】以不治；民之轻死也，以其求生之厚也，是以轻死。夫唯无以生为者，是贤贵生。

七十六章　人之生也柔弱，其死也脂（筋）信（肕）坚强。万【物草】木之生也柔梓（脆），其死也槈（枯）槁。故曰：坚强，死之徒也；柔弱，生之徒也。【是】以兵强则不朕（胜），木强则兢（烘）。故强大居下，柔弱居上。

七十七章　天之道，酉（犹）张弓也。高者印（抑）之，下者举之；有余者云（损）之，不足者【补之。故天之道，】云（损）有余而益不足；人之道，云（损）不足而奉又（有）余。夫孰能又（有）余而【有以取】奉于天者，唯又（有）道者乎。是以耴（圣）人为而弗又（有），成功而弗居也。若此其不欲见贤也。

七十八章　天下莫柔弱于水，【而攻坚强者莫之能胜，】以其无以易之也。水（柔）之朕（胜）刚也，弱之朕（胜）强也，天下莫弗知也，而【莫之能行】也。是故耴（圣）人言云，曰："受国之詢（垢），是胃（谓）社稷之主；受国之不祥，是胃（谓）天下之王。"正言若反。

七十九章　禾（和）大【怨，必有余怨。安可以】为善？是以耶（圣）人执左芥（契），而不以责于人。故又（有）德司芥（契），无德司算（彻）。【夫天道无亲，常与善人。】

《德》三千卅一。

道　经

一章　道，可道也，【非恒道也；名，可名也，非】恒名也。无名万物之始也；有名万物之母也。故恒无欲也，【以观其妙；】恒又（有）欲也，以观其所噭（徼）。两者同出，异名同胃（谓），玄之又玄，众眇（妙）之门。

二章　天下皆知美之为美，亚（恶）已；皆知善，斯不善矣。【有无之相】生也，难易之相成也，长短之相刑（形）也．高下之相盈也，音声之相和也，先后之相隋（随）：恒也。是以耶（圣）人居无为之事，行不言之教。万物昔（作）而弗始，为而弗侍（恃）也，成功而弗居也。夫唯弗居，是以弗去。

三章　不上贤，使民不争。不贵难得之货，使民不为盗。不见可欲，使民不乱（乱）。是以耶（圣）人之治也，虚其心，实其腹；弱其志，强其骨。恒使民无知无欲也。使夫知（智）不敢，弗为而已，则无不治矣。

四章　道冲，而用之有（又）弗盈也。渊呵，怡（似）万物之宗。锉（挫）其兑（锐），解其芬（纷），和其光，同其尘。湛呵，怡（似）或存。吾不知其谁之子也，象帝之先。

五章　天地不仁，以万物为刍狗；耶（圣）人不仁，【以】百姓为刍狗。天地之间，其猷（犹）橐籥舆（与）？虚而不漏（屈），动而俞（愈）出。多闻数穷，不若守于中。

六章　浴（谷）神不死，是胃（谓）玄牝。玄牝之门，是胃（谓）天地之根。绵绵呵其若存，用之不堇（勤）。

七章　天长地久。天地之所以能长且久者，以其不自生也，故能长生。是以耶（圣）人退其身而身先，外其身而身先，外其身而身存。不以其无私舆（与）？故能成其私。

八章　上善如水。水善利万物而有争（静）。居众人之所亚（恶），故几于道矣。居善地，心善渊，予善天，言善信，正（政）善治，事善能，动善时。夫唯不争，故无尤。

九章　揾（殖）而盈之，不若其已。掊（揣）而兑（锐）之，不可长葆

（保）也。金玉【盈】室，莫之能守也。贵富而骄，自遗咎也。功遂身退，天之道也。

十章　戴营袙（魄）抱一，能毋离乎？槫（抟）气至（致）柔，能婴儿乎？脩（涤）除玄蓝（览），能毋有疵乎？爱民栝（治）国，能毋以知（智）乎？天门启阖，能为雌乎？明白四达，能毋以知乎？生之畜之，生而弗有，长而弗宰也，是胃（谓）玄德。

十一章　卅（三十）福（辐）同一毂，当其无，有车之用也；墣（埏）埴而为器，当其无，有埴器之用也；凿户牖，当其无，有室之用也。故有之以为利，无之以为用。

十二章　五色使人目盲，驰骋田腊（猎）使人心发狂，难得之货○使人之行仿（妨），五味使人之口爽，五音使人之耳【聋】。是以耴（圣）人之治也，为腹而不为目。故去彼而取此。

十三章　弄（宠）辱若惊，贵大患若身。何胃（谓）弄（宠）辱若惊？弄（宠）之为下也。得之若惊，失之若惊，是胃（谓）弄（宠）辱若惊。何胃（谓）贵大患若身？吾所以有大患者，为吾有身也。及吾无身，有何患？故贵为身于为天下，若可以橐（托）天下【矣】；爱以身为天下，女（如）可以寄天下矣。

十四章　视之而弗见，【命（名）】之曰"微"；听之而弗闻，命（名）之曰"希"；○捪（搏）之而弗得，命（名）之曰"夷"。三者不可至（致）计（诘），故緄〈混〉而为一。一者，其上不谬（皦），其下不忽（昧）。寻寻呵不可命（名）也，复归于无物。是胃（谓）无状之状，无物之象。是胃（谓）沕（忽）望（恍）。隋（随）而不见其后，迎而不见其首。执今之道，以御今之有。以知古始，是胃（谓）道纪。

十五章　古之善为道者，微眇（妙）玄达，深不可志（识）。夫唯不可志（识），故强为之容，曰：与（豫）呵其若冬涉水，猷（犹）呵其若畏四毲（邻），严呵其若客，涣呵其若凌（凌）泽（释），沌呵其若朴，湷呵其若浊，漰（旷）呵其若浴（谷）。浊而静之徐清，女〈安〉以重（动）之徐生。葆（保）此道【不】欲盈，是以能獘（敝）而不成。

十六章　至（致）虚，极也；守静，督（笃）也。万物旁（并）作，吾以观其复也。天物祘祘（云云），各复归于其根。曰静。静，是胃（谓）复命。复命，常也；知常，明也；不知常，芒（妄）。芒（妄）作，凶。知常容，容乃公，公乃王，【王乃】天，天乃道，道乃【久】。没身不殆。

十七章　太上，下知又（有）【之；其次】，亲誉之；其次，畏之；其下，母（侮）之。信不足，安有不信。猷（犹）呵其贵言也。成功遂事，而百姓胃（谓）我自然。

十八章 故大道废，安有仁义。知（智）慧出，安有【大伪】。六亲不和，安又（有）孝兹（慈）。国家閵（昏）乱，安有贞臣。

十九章 绝耵（圣）弃知，而民利百倍。绝仁弃义，而民复孝兹（慈）。绝巧弃利，盗贼无有。此三言也，以为文未足。故令之有所属：见素抱朴，少私而寡欲。

二十章 绝学无忧。唯与呵，其相去几何？美与亚（恶），其相去何若？人之所畏，亦不可以不畏人。朢（恍）呵，其未央才（哉）！众人熙熙（熙熙），若乡（飨）于大牢，而春登台。我博（泊）焉未挑（兆），若婴儿未咳。累呵，怡（似）无所归。众人皆又（有）余。我愚人之心也，湷湷（沌沌）呵。鬻（俗）人昭昭，我独若閵（昏）呵。鬻（俗）人察察，我独闽闽呵。沕（忽）呵，其若海。朢（恍）呵，若无所止。众人皆有以，我独閛（顽）以鄙。吾欲独异于人，而贵食母。

二十一章 孔德之容，唯道是从。道之物，唯朢（恍）唯沕（忽）。沕（忽）呵朢（恍）呵，中又（有）象呵。朢（恍）呵沕（忽）呵，中有物呵。幼（窈）呵冥呵，其中有请（精）呵。其请（精）甚真，其中有信。自今及古，其名不去，以顺众父。吾何以知众父之然也？以此。

二十二章 炊（企）者不立，自视（是）者不章（彰），自见者不明，自伐者无功，自矜者不长。其在道也，曰："粽（余）食赘行"。物或亚（恶）之，故有欲者弗居。

二十四章 曲则全，汪（枉）则正，洼则盈，敝（敝）则新，少则得，多则惑。是以耵（圣）人执一以为天下牧。不自视（是）故章（彰），不自见也故明，不自伐故有功，弗矜故能长。夫唯不争，故莫能与之争。古之所胃（谓）曲全者，几（岂）语才（哉）？诚全归之。

二十三章 希言自然。剽（飘）风不冬（终）朝，暴雨不冬（终）日。孰为此？天地而弗能久，有（又）兄（况）于人乎？故从事而道者同于道，德者同于德，失者同于失。同于德者，道亦德之。同于失者，道亦失之。

二十五章 有物昆（混）成，先天地生。绣（寂）瀱（寥）呵，独立而不孩（改），可以为天地母。吾未知其名也，字之曰"道"。吾强为之名曰"大"。大曰筮（逝），筮（逝）曰远，远曰反。道大，天大，地大，王亦大。国中有四大，而王居一焉。人法地地法天天法道道法自然。

二十六章 重为轻根，静为趮（躁）君。是以君子冬（终）日行，不远其䌛（辎）重。虽有环官（观），燕处则昭若。若何万乘之王而以身轻于天下？轻则失本，趮（躁）则失君。

二十七章　善行者无达（辙）迹，善言者无瑕适（谪），善数者不用檮（筹）筭（策），善○闭者无关蘥（钥）而不可启也，善结者无缳约而不可解也。是以耵（圣）人恒善悡（救）人，而无弃人，物无弃财（材），是胃（谓）曳（袭）明。故善人，善人之师；不善人，善人之资也。不贵其师，不爱其资，虽知（智）乎大迷。是胃（谓）眇（妙）要。

二十八章　知其雄，守其雌，为天下鸡（溪）。为天下鸡（溪），恒德不离。恒德不离，复【归于婴儿。知】其白，守其辱，为天下○浴（谷）。为天下浴（谷），恒德乃足。恒德乃足，复归于朴。知其白，守其黑，为天下式。为天下式，恒德不贷（忒）。恒德不贷（忒），复归于无极。朴散则为器。耵（圣）人用则为官长，夫大制无割。

二十九章　将欲取【天下而为之，吾见其弗】得已。夫天下，神器也。非可为者也。为之者败之，执之者失之。○物或行或隋（随），或热（嘘）或砒（吹），或陪（培）或堕。是以耵（圣）人去甚，去大（泰），去诸（奢）。

三十章　以道佐人主，不以兵强于天下。其【事好还。师之所处，荆】棘生之。善者果而已矣，毋以取强焉。果而毋骄，果而勿矜，果【而毋】伐，果而毋得已居。是胃（谓）果而（此处疑夺一"勿"字）强。物壮而老，胃（谓）之不道。不道蚤（早）已。

三十一章　夫兵者，不祥之器也。物或亚（恶）【之，故有欲者弗居。君】子居则贵左，用兵则贵右。故兵者，非君子之器。兵者，不祥【之】器也。不得已而用之，铦憪为上。勿美也。若美之，是乐杀人也。夫乐杀人，不可以得志于天下矣。是以吉事【尚左，丧事尚右】；是以偏将军居左，而上将军居右，言以丧礼居之也。杀【人众，以悲哀】立（莅）【之；战】朕（胜），而以丧礼处之。

三十二章　道恒无名朴。唯（虽）小，而天下弗敢臣。侯王若能守之，万物将自宾。天地相合，以俞（雨）甘洛（露）。【民莫之】令而自均焉。始制有名。名亦既有，夫亦将知止。知止所以不殆。卑（譬）【道之】在天下也，猷（犹）小浴（谷）之与江海也。

三十三章　知人者，知（智）也；自知，明也；朕（胜）人者，有力也；自朕（胜）者，强也；知足者，富也；强行者，有志也；不失其所者，久也；死而不忘者，寿也。

三十四章　道汜（氾）呵，其可左右也。成功遂【事而】弗名有也。万物归焉而弗为主，则恒无欲也，可名于小；万物归焉而弗为主，可命（名）于大。是以耵（圣）人之能成大也，以其不为大也，故能成大。

三十五章　执大象，天下往。往而不害，安平太。乐与【饵】，过格（客）止。故道之出言也，曰："淡呵，其无味也。视之不足见也，听之不足闻也，用之不可既也。"

三十六章　将欲擒（翕）之，必古（固）张之；将欲弱之，必古（固）〇强之；将欲去之，必古（固）与之；将欲夺之，必古（固）予【之】。是胃（谓）微明。柔弱朕（胜）强。鱼不可说（脱）于渊，国利器不可以示人。

三十七章　道恒无名。侯王若能守之，万物将自化。化而欲作，吾将阗（镇）之无名之朴。阗（镇）之以无名之朴，夫将不辱（欲）。不辱（欲）以静，天地将自正。

《道》二千四百廿六。

附录十

傅奕《道德经古本篇》

【按语】学界通常所说的傅奕本《老子》，是指傅奕的《道德经古本篇》。此本是唐初的傅奕主要是根据项羽妾墓出土的《老子》竹简抄本（齐武平五年即公元574年，徐州彭城人开项羽妾冢得之）校订的。古棣先生说："傅奕本虽然还不可能完全是项羽妾墓出土本之旧观，但不失其为校订《老子》的一个重要古本。对傅奕本，历来未被校老者所重视，现在应该重视起来了，应把它放在与帛书同等水平上，与其他古本比勘，进行分析。"① 项羽妾墓中的《老子》简本可能早于马王堆汉墓中的帛书《老子》，因此应当充分重视傅奕本的历史价值。与帛书《老子》不同，傅奕本是"道经"在前，"德经"在后，与王弼本一致。原书无标点符号，此文是笔者按照通行本（《王弼本》，见附录十二）的体例加以断句和分段的。

道经古本篇上

唐太史令傅奕校定

一 章

道，可道，非常道；名，可名，非常名。

无名天地之始；有名万物之母。

故常无欲以观其妙；常有欲以观其徼。

此两者，同出而异名。同谓之玄，玄之又玄，众妙之门。

二 章

天下皆知美之为美，斯恶已；皆知善之为善，斯不善已。

---

① 古棣：《老子校诂》，吉林人民出版社1998年版，第3页。

故有无之相生，难易之相成，长短之相形，高下之相倾，音声之相和，前后之相随。

是以圣人处无为之事，行不言之教，万物作而不为始。生而不有，为而不恃，功成不处。夫惟不处，是以不去。

三　章

不尚贤，使民不争；不贵难得之货，使民不为盗；不见可欲，使民心不乱。

是以圣人之治也：虚其心，实其腹，弱其志，强其骨；常使民无知无欲，使夫知者不敢为。为无为，则无不为矣。

四　章

道盅而用之又不满。渊兮，似万物之宗。挫其锐，解其纷，和其光，同其尘。湛兮，似或存。吾不知谁之子，象帝之先。

五　章

天地不仁，以万物为刍狗；圣人不仁，以百姓为刍狗。

天地之间，其犹橐籥乎？虚而不诎，动而俞出。

多言数穷，不如守中。

六　章

谷神不死，是谓玄牝。玄牝之门，是谓天地之根。绵绵若存，用之不勤。

七　章

天长地久。天地所以能长且久者，以其不自生，故能长生。

是以圣人后其身而身先，外其身而而身存。不以其无私邪？故能成其私。

八　章

上善若水。水善利万物而不争，居众人之所恶，故几于道矣。

居善地，心善渊，与善人，言善信，政善治，事善能，动善时。夫惟不争，故无尤矣。

九　章

持而盈之，不如其已；

敁（揣）而梲之，不可长保；

金玉满室，莫之能守；

富贵而骄，自遗其咎。

成名功遂身退，天之道。

十　章

载营魄裹（抱）一，能无离乎？

专气致柔，能如婴儿乎？

涤除玄览，能无疵乎？

爱民治国，能无以知乎？

天门开阖，能为雌乎？

明白四达，能无以为乎？

生之畜之，生而不有，为而不恃，长而不宰，是谓玄德。

十 一 章

三十辐共一毂，当其无，有车之用。

埏埴以为器，当其无，有器之用。

凿户牖以为室，当其无，有室之用。

故有之以为利，无之以为用。

十 二 章

五色令人目盲；五音令人耳聋；五味令人口爽；驰骋田猎，令人心发狂；难得之货，令人行妨。

是以圣人为腹不为目，故去彼取此。

十 三 章

宠辱若惊，贵大患若身。何谓宠辱若惊？宠为下。得之若惊，失之若惊，是谓宠辱若惊。何谓贵大患若身？吾所以有大患者，为吾有身。苟吾无身，吾有何患乎？

故贵以身为天下者，则可以托天下矣；爱以身为天下者，则可以寄天下矣。

十 四 章

视之不见，名曰"夷"；听之不闻，名曰"希"；搏之不得，名曰"微"。此三者不可致诘，故混而为一。一者，其上之不皦，其下之不昧。绳绳兮不可名，复归于无物。是谓无状之状，无物之象，是谓芴芒。迎之不见其首，随之不见其后。

执古之道，可以御今之有。能知古始，是谓道纪。

十 五 章

古之善为道者，微妙玄通，深不可识。夫惟不可识，故强为之容曰：

豫兮，若冬涉川；犹兮，若畏四邻；俨若客；涣若冰将释；敦兮，其若朴；旷兮，其若谷；混兮，其若浊。

孰能浊以澄靖之而徐清？孰能安以久动之而徐生？

保此道者不欲盈。夫惟不盈，是以能敝而不成。

十 六 章

致虚极，守靖笃。万物并作，吾以观其复。

凡物芸芸（云云），各归其根。归根曰靖，靖曰复命。复命曰常，知常曰明。不知常，妄作，凶。

知常容，容乃公，公乃王，王乃天，天乃道，道乃久，没身不殆。

十 七 章

太上，下知有之；其次，亲之；其次，誉之；其次，畏之；其次，侮之。故信不足焉，有不信。

犹兮其贵言哉！功成事遂，百姓皆曰："我自然。"

十 八 章

大道废焉，有仁义；智慧出焉，有大伪；六亲不和，有孝慈；国家昏乱，有贞臣。

十 九 章

绝圣弃知，民利百倍；绝仁弃义，民复孝慈；绝巧弃利，盗贼无有。

此三者以为文而未足也。故令有所属：见素袌（抱）朴，少私寡欲。

二 十 章

绝学无忧。唯之与阿，相去几何？美之与恶，相去何若？人之所畏，不可不畏。

荒兮，其未央。众人熙熙，若享太牢，若春登台。

我独魄兮，其未兆；若婴儿之未咳；儡儡兮，其不足，以无所归；众人皆有余，我独若遗。我愚人之心也哉！沌沌兮！

俗人皆昭昭，我独若昏；俗人皆詧詧，我独若闵闵；淡兮其若海；飘兮似无所止。众人皆有以，我独顽且图。

吾独欲异于人，而贵食母。

二十一章

孔德之容，惟道是从。

道之为物，惟芒惟芴。芴兮芒兮，其中有象；芒兮芴兮，其中有物；幽兮冥兮，其中有精；其精甚真，其中有信。

自今及古，其名不去，以阅众甫。吾奚以知众甫之然哉？以此。

二十二章

曲则全，枉则正，洼则盈，敝则新，少则得，多则惑。

圣人袌（抱）一以为天下式。不自见，故明；不自是，故彰；不自伐，故有功；不自矜，故长。

夫惟不争，故天下莫能与之争。古之所谓"曲则全"者，岂虚言也哉？诚全而归之。

二十三章

稀言，自然。

故飘风不崇朝，骤雨不崇日。孰为此者？天地也。天地尚不能久，而况于人乎？故从事于道者，道者同于道；从事于得者，得者同于得；从事于失者，失者同于失。〔同〕于道者，道亦得之；〔同〕于得者，得亦得之；〔同〕于失者，失亦得之。

信不足焉，有不信。

二十四章

企者不立，跨者不行，自见者不明，自是者不彰，自伐者无功，自矜者不长。

其在道也，曰余食赘行。物或恶之，故有道者不处也。

二十五章

有物混成，先天地生。寂兮寞兮，独立而不改，周行而不殆，可以为天下母。吾不知其名，故彊字之曰"道"，彊为之名曰"大"。大曰逝，逝曰远，远曰返。道大，天大，地大，人亦大。域中有四大，而王处其一尊。

人法地地法天天法道道法自然。

二十六章

重为轻根，靖为躁君。

是以君子终日行不离其辎重。虽有荣观，宴处超然。如之何万乘之主而以身轻天下？

轻则失本，躁则失君。

二十七章

善行者无彻迹；善言者无瑕谪；善数者无筹策；善闭者无关键而不可开；善结者无绳约而不可解。

是以圣人常善救人，故人无弃人；常善救物，故物无弃物。是谓袭明。

故善人者，不善人之师；不善人者，善人之资。不贵其师，不爱其资，虽知大迷，此谓要妙。

二十八章

知其雄，守其雌，为天下谿。为天下谿，常德不离，复归于婴儿。

知其白，守其黑，为天下式。为天下式，常德不忒，复归于无极。

知其荣，守其辱，为天下谷。为天下谷，常德乃足，复归于朴。

朴散则为器。圣人用之，则为官长。大制无割。

二十九章

将欲取天下而为之者，吾见其不得已。夫天下神器，不可为也。为者败之，执者失之。

凡物或行或随，或嘘或吹，或彊或剉，或培或堕。

是以圣人去甚，去奢，去泰。

三 十 章

以道佐人主者，不以兵彊天下。其事好还。师之所处，荆棘生焉；大军之后，必有凶年。

故善者果而已矣，不敢以取彊焉。果而勿矜，果而勿伐，果而勿骄，果而不得已，是果而勿彊。

物壮则老，是谓非道。非道早已。

三十一章

夫美兵者，不祥之器，物或恶之，故有道者不处。

是以君子居则贵左，用兵则贵右。兵者不祥之器，非君子之器，不得已而用之，以恬惔为上。故不美也。若美，必乐之。乐之者，是乐杀人也。夫乐人（按：疑此"人"字为衍字）杀人者，不可以得志于天下矣。

故吉事尚左，凶事尚右。是以偏将军处左，上将军处右。言居上势，则以丧礼处之；杀人众多，则以悲哀泣之；战胜者，则以丧礼处之。

三十二章

道常无名，朴。虽小，天下莫能臣。王侯若能守，万物将自宾。

天地相合，以降甘露。民莫之令而自均焉。

始制有名。名亦既有，夫亦将知止，知止所以不殆。

譬道之在天下，犹川谷之与江海也。

三十三章

知人者智也，自知者明也，胜人者有力也，自胜者彊也，知足者富也，彊行者有志也，不失其所者久也，死而不亡者寿也。

三十四章

大道汜汜兮，其可左右。万物恃之以生而不辞，功成而不居。衣被万物而不为主，故常无欲，可名于小矣；万物归之而不知主，可名于大矣。是以圣人能成其大也，以其终不自大，故能成其大。

三十五章

执大象者，天下往。往而不害，安平泰。

乐与饵，过客止。道之出言，淡兮其无味，视之不足见，听之不足闻，用之不可既。

三十六章

将欲翕之，必固张之；将欲弱之，必固彊之；将欲废之，必固兴之；将欲夺之，必固与之。是谓微明。

柔之胜刚，弱之胜彊。鱼不可侻（脱）于渊，邦之利器不可以示人。

三十七章

道常无为而无不为。王侯若能守，万物将自化。化而欲作，吾将镇之以无名之朴。无名之朴，夫亦将不欲。不欲以靖，天下将自正。

德经古本篇下

唐太史令傅奕校定

三十八章

上德不德，是以有德。下德不失德，是以无德。

上德无为而无不为，下德为之而无以为。

上仁为之而无以为，上义为之而有以为。

上礼为之而莫之应，则攘臂而仍之。

故失道而后德，失德而后仁，失仁而后义，失义而后礼。

夫礼者，忠信之薄而乱之首也。

前识者，道之华，而愚之始也。是以大丈夫处其厚，不处其薄；处其实，不处其华。故去彼取此。

三十九章

昔之得"一"者：天得一以清，地得一以宁，神得一以灵，谷得一以盈，万物得一以生，王侯得一以为天下贞。

其致之一也：天无以清将恐裂，地无以宁将恐发，神无以灵将恐歇，谷无以盈将恐竭，万物无以生将恐灭，王侯无以为贞而贵高将恐蹶。

故贵以贱为本，高以下为基。是以王侯自谓孤、寡、不穀。是其以贱为本也。非软？故致数誉无誉。不欲碌碌若玉，落落若石。

四 十 章

反者道之动，弱者道之用。

天下之物生于有，有生于无。

四十一章

上士闻道，而勤行之；中士闻道，若存若亡；下士闻道，而大笑之。不笑，不足以为道。故《建言》有之曰：

"明道若昧；夷道若类；进道若退；上德若谷；大白若黥；广德若不足；建德若媮；质真若输。"

大方无隅；大器晚成；大音稀声；大象无形；道隐无名。

夫惟道，善贷且成。

四十二章

道生一，一生二，二生三，三生万物。万物负阴而裹（抱）阳，冲气以为和。

人之所恶，惟孤、寡、不穀，而王侯以自称也。故物或损之而益，或益之而损。人之所以教我，亦我之所以教人。彊梁者不得其死！吾将以为学父。

四十三章

天下之至柔，驰聘天下之至坚。出于无有，入于无间。吾是以知无为之有益也。不言之教，无为之益，天下稀及之矣。

四十四章

名与身孰亲？

身与货孰多？

得与亡孰病？

是故甚爱必大费，多藏必厚亡。

知足不辱，知止不殆，可以长久。

四十五章

大成若缺，其用不敝；大满若盅，其用不穷。

大直若诎，大巧若拙，大辩若讷。

躁胜寒，靖胜热，知清靖以为天下正。

四十六章

天下有道，却走马以播；天下无道，戎马生于郊。

罪莫大于可欲，祸莫大于不知足，咎莫憯于欲得。故知足之足，常足矣。

四十七章

不出户，可以知天下；不窥牖，可以知天道。其出弥远，其知弥尟。

是以圣人不行而知，不见而名，不为而成。

四十八章

为学者日益，为道者日损。损之又损之，以至于无为。无为则无不为。

将欲取天下者，常以无事，及其有事，又不足以取天下矣。

四十九章

圣人无常心，以百姓心为心。

善者，吾善之；不善者，吾亦善之；得善矣。

信者，吾信之；不信者，吾亦信之；得信矣。

圣人之在天下，歙歙焉，为天下浑浑焉。百姓皆注其耳目，圣人皆咳之。

五 十 章

出生入死。生之徒，十有三；死之徒，十有三；而民之生生而动，动皆之死地，亦十有三。夫何故？以其生生之厚也。

盖闻善摄生者，陆行不遇兕虎，入军不被甲兵。兕无所投其角，虎无所措其爪，兵无所容其刃。夫何故也？以其无死地焉。

五十一章

道生之，德畜之，物形之，势成之。是以万物莫不尊道而贵德。

道之尊，德之贵，夫莫之爵而常自然。

故道生之，德畜之，长之育之，亭之毒之，盖之覆之。

生而不有，为而不恃，长而不宰，是谓"玄德"。

五十二章

天下有始，可以为天下母。既得其母，以知其子；既知其子，复守其母，没身不殆。

塞其兑，闭其门，终身不勤。开其兑，济其事，终身不救。

见小曰明，守柔曰彊。用其光，复归其明，无遗身殃，是谓袭常。

五十三章

使我介然有知，行于大道，惟施是畏。

大道甚夷，而民好径。朝甚除，田甚芜，仓甚虚；服文采，带利剑，猒（厌）饮食，货财有余，是谓"盗夸"。盗夸，非道也哉！

五十四章

善建者不拔，善袌（抱）者不脱，子孙祭祀不辍。

修之身，其德乃真；修之家，其德乃余；修之乡，其德乃长；修之邦，其德乃丰；修之天下，其德乃溥。

故以身观身，以家观家，以乡观乡，以邦观邦，以天下观天下。吾奚以知天下之然哉？以此。

五十五章

含德之厚者，比之于赤子也。蜂虿不螫，猛兽不据，攫鸟不搏。骨弱筋柔而握固，未知牝牡之合而朘作，精之至也。终日号而嗌不嗄，和之至也。

知和曰常，知常曰明，益生曰祥，心使气则彊。物壮则老，谓之不道，不道早已。

五十六章

知者不言也，言者不知也。

塞其兑，闭其门。挫其锐，解其纷，和其光，同其尘，是谓玄同。不可得而亲，亦不可得而疏；不可得而利，亦不可得而害；不可得而贵，亦不可得而贱。故为天下贵。

五十七章

以政治国，以奇用兵，以无事取天下。

吾奚以知天下其然哉？以此：夫天下多忌讳，而民弥贫；民多利器，国家滋昏；民多知慧，而衰（邪）事滋起；法令滋章，盗贼多有。

故圣人云："我无为，而民自化；我好靖，而民自正；我无事，而民自富；我无欲，而民自朴。"

五十八章

其政闵闵，其民偆偆；其政督督（察察），其民缺缺。

祸兮，福之所倚；福兮，祸之所伏。孰知其极？其无正衰（邪）？正复为奇，善复为祺（妖）。人之迷也，其日固久矣。

是以圣人方而不割，廉而不刿，直而不肆，光而不耀。

五十九章

治人，事天，莫若啬。

夫惟啬，是以早服；早服谓之重积德；重积德则无不克；无不克则莫知其极；莫知其极，可以有国；有国之母，可以长久。是谓深根固柢，长生久视之道。

六 十 章

治大国，若烹小鲜。

以道莅天下者，其鬼不神，非其鬼不神。其神不伤人，非其神不伤人，圣人亦不伤人。夫两不相伤，故德交归焉。

六十一章

大国者，天下之下流。天下之交，天下之牝。牝常以靖胜牡。以其靖，故为下也。

故大国以下小国，则取于小国；小国以下大国，则取于大国。或下以取，或下而取。大国不过欲兼畜人，小国不过欲入事人。两者各得其所欲，故大者宜为下。

六十二章

道者，万物之奥也。善人之所宝，不善人之所保。

美言可以于市尊言可以加于人。人之不善，何弃之有？故立天子，置三公，虽有拱璧以先驷马，不如进此道也。

古之所以贵此道者何也？不曰求以得，有罪以免邪？故为天下贵。

六十三章

为无为，事无事，味无味。

大小多少，报怨以德。图难乎于其易，为大乎于其细。天下之难事，必作于易；天下之大事，必作于细。是以圣人终不为大，故能成其大。

夫轻诺者必寡信，多易者必多难。是以圣人犹难之，故终无难矣。

六十四章

其安易持，其未兆易谋，其脆易判，其微易散。为之乎其未有，治之乎其未乱。

合襄（抱）之木，生于豪末；九成之台，起于累土；千里之行，始于足下。

为者败之，执者失之。是以圣人无为故无败；无执故无失。

民之从事，常于其几成而败之。慎终如始，则无败事矣。

是以圣人欲不欲，不贵难得之货；学不学，以复众人之所过。以辅万物之自然而不敢为也。

六十五章

古之善为道者，非以明民，将以愚之。

民之难治，以其多知也。故以知治国，国之贼也；不以知治国，国之福也。常知此两者亦稽式也。不（按："不"当为"能"）知稽式，是谓玄德。玄德深矣，远矣，与物反矣，乃复至于大顺。

六十六章

江海所以能为百谷王者，以其善下之也，故能为百谷王。

是以圣人欲上民，必以其言下之；欲先民，必以其身后之。是以圣人处之上而民弗重，处之前而民不害也。是以天下乐推而不猒（厌）。不（按：此字疑为衍文）以其不争，故天下莫能与之争。

六十七章

天下皆谓吾大，似不肖。夫惟大，故似不肖。若肖，久矣其细也夫。

吾有三宝，持而宝之。一曰慈，二曰俭，三曰不敢为天下先。

入慈，故能勇；俭，故能广；不敢为天下先，故能成器长。

今舍其慈，且勇；舍其俭，且广；舍其后，且先。是谓入死门。

夫慈，以陈则正，以守则固。天将救之，以慈卫之。

六十八章

古之善为士者，不武也；善战者，不怒；善胜敌者，不争；善用人者，为之下。是谓不争之德，是谓用人之力。是谓配天，古之极也。

六十九章

用兵有言曰："吾不敢为主而为客，不敢进寸而退尺。"是谓行无行，攘无臂，执无兵，仍无敌。

祸莫大于无敌，无敌则几亡吾宝。

故抗兵相若，则哀者胜矣。

七 十 章

吾言甚易知，甚易行。而人莫之能知，莫之能行。

言不宗，事有主。夫惟无知，是以不吾知也。

知我者稀，则我贵矣。是以圣人被褐而怀玉。

七十一章

知不知，尚矣；不知知，病矣。夫惟病病，是以不病。圣人之不病，以其病病，是以不吾病。

七十二章

民不畏威，则大威至矣。

无狎其所居，无猒（厌）其所生。夫惟无猒（厌），是以无猒（厌）。

是以圣人自知而不自见，自爱而不自贵。故去彼取此。

七十三章

勇于敢则杀，勇于不敢则活。此两者，或利或害。天之所恶，孰知其故？是以圣人犹难之。

天之道，不争而善胜，不言而善应，不召而自来，默然而善谋。天网恢恢，疏而不失。

七十四章

民常不畏死，如之何其以死惧之？若使民常畏死，而为奇者，吾得而杀之，孰敢也？

常有司杀者杀。而代司杀者杀，是代大匠斲。夫代大匠斲者，稀不自伤其手矣。

七十五章

民之饥者，以其上食税之多也，是以饥；

民之难治者，以其上之有为也，是以难治；

民之轻死者，以其上求生生之厚也，是以轻死。

夫惟无以生为贵者，是贤于贵生也。

七十六章

人之生也柔弱，其死也坚彊；草木之生也柔脆，其死也枯槁。

故坚彊者死之徒也；柔弱者生之徒也。

是以兵彊者则不胜，木彊则共。

故坚彊处下，柔弱处上。

七十七章

天之道，其犹张弓者欤？高者抑之，下者举之；有余者损之，不足者补之。

天之道，损有余而补不足。人之道则不然，损不足以奉有余。

孰能损有余而奉不足于天下者，其惟道者乎！

是以圣人为而不恃，功成而不居，其不欲见贤邪。

七十八章

天下莫柔弱于水，而攻坚彊者莫之能先，以其无以易之也。

柔之胜刚，弱之胜彊，天下莫不知，而莫之能行。

故圣人之言云："受国之垢，是谓社稷之主；受国之不祥，是谓天下之王。"正言若反也。

七十九章

和大怨，必有余怨。安可以为善？

是以圣人执左契，而不责于人。故有德司契，无德司彻。

天道无亲，常与善人。

八　十　章

小国寡民。使民有什伯之器而不用也；使民重死而不远徙。虽有舟舆，无所乘之；虽有甲兵，无所陈之。使民复结绳而用之。

至治之极：民各甘其食，美其服，安其俗，乐其业。邻国相望，鸡犬之声相闻，使民至老死不相与往来。

八十一章

信言不美，美言不信；

善言不辩，辩言不善；

知者不博，博者不知。

圣人无积，既以为人己愈有；既以与人己愈多。

天之道，利而不害；圣人之道，为而不争。

（此文原件取自《四部要籍注疏丛刊·老子》之
《道德经古本篇》，中华书局 1998 年版。异体字的释文为本书作者所标示）

附录十一

河上公本《老子》

【按语】河上公本《老子》指河上公《老子章句》。此版本取自《老子道德经河上公章句》（中华书局 1993 年版，王卡点校。王卡在"凡例"中说："添补之字加方括号 ［］作为识别"）。其中第九章、第四十五章、第五十五章中疑有错字，兹据《四部要籍注疏丛刊·老子》（中华书局 1998 年版）中的河上公《老子道德经》注本改正，用"（）"标识之。

老子道经河上公章句卷一

体道第一

道可道，非常道。名可名，非常名。

无名，天地之始；有名，万物之母。

故常无欲，以观其妙。常有欲，以观其徼。

此两者，同出而异名。同谓之玄。玄之又玄，众妙之门。

养身第二

天下皆知美之为美，斯恶已；皆知善之为善，斯不善已。

故有无相生，难易相成，长短相形，高下相倾，音声相和，前后相随。

是以圣人处无为之事，行不言之教。万物作焉而不辞。生而不有，为而不恃，功成而弗居。夫惟弗居，是以不去。

安民第三

不尚贤，使民不争；不贵难得之货，使民不为盗；不见可欲，使心不乱。

是以圣人〔之〕治，虚其心，实其腹，弱其志，强其骨，常使民无知无欲，使夫智者不敢为也。为无为，则无不治。

无源第四

道冲而用之，或不盈。渊乎似万物之宗。挫其锐，解其纷，和其光，同其尘，湛兮似若存。吾不知谁之子，象帝之先。

虚用第五

天地不仁，以万物为刍狗；圣人不仁，以百姓为刍狗。
天地之间，其犹橐籥乎？虚而不屈，动而愈出。
多言数穷，不如守中。

成象第六

谷神不死，是谓玄牝。玄牝之门，是谓天地根。绵绵若存，用之不勤。

韬光第七

天长地久，天地所以能长且久者，以其不自生，故能长生。
是以圣人后其身，而身先；外其身，而身存。非以其无私耶？故能成其私。

易性第八

上善若水。水善利万物而不争，处众人之所恶，故几于道。
居善地，心善渊，与善仁，言善信，正善治，事善能，动善时。夫唯不争，故无尤。

运夷第九

持而盈之，不知（如）其已；
揣而棁之，不可长保。
金玉满堂，莫之能守；
富贵而骄，自遗其咎。
功成、名遂、身退，天之道。

能为第十

载营魄。抱一，能无离，

专气致柔，能婴儿。

涤除玄览，能无疵。

爱民治国，能无为。

天门开阖，能为雌。

明白四达，能无知。

生之、畜之。生而不有，为而不恃，长而不宰，是谓玄德。

无用第十一

三十辐共一毂，当其无，有车之用；

埏埴以为器，当其无，有器之用；

凿户牖以为室，当其无，有室之用。

故有之以为利，无之以为用。

检欲第十二

五色令人目盲，五音令人耳聋，五味令人口爽，驰骋田猎，令人心发狂，难得之货，令人行妨。

是以圣人为腹，不为目。故去彼取此。

猒耻第十三

宠辱若惊，贵大患若身。何谓宠辱？〔宠为上〕，辱为下。得之若惊，失之若惊，是谓宠辱若惊。

何谓贵大患若身？吾所以有大患者，为吾有身。及吾无身，吾有何患？

故贵以身为天下者，则可寄于天下，爱以身为天下者，乃可以讬于天下。

赞玄第十四

视之不见名曰夷，听之不闻名曰希，搏之不得名曰微。此三者不可致诘，故混而为一。其上不皦，其下不昧。绳绳不可名，复归于无物。是谓无状之状，无物之象。是谓忽恍。迎之不见其首，随之不见其后，执古之道，以御今之有，以知古始，是谓道纪。

显德第十五

古之善为士者，微妙玄通，深不可识。夫唯不可识，故强为之容。

与兮若冬涉川，犹兮若畏四隣，俨兮其若客，涣兮若冰之将释，敦兮其若朴，旷兮其若谷，浑兮其若浊。

孰能浊以〔止〕静之，徐清？孰能安以久动之，徐生？

保此道者，不欲盈。夫唯不盈，故能蔽不新成。

归根第十六

致虚极，守静笃，万物并作，吾以观其复。

夫物芸芸，各复归其根。归根曰静。是谓复命。复命曰常。知常曰明。不知常，妄作，凶。

知常容。容乃公。公乃王。王乃天。天乃道。道乃久。没身不殆。

老子道经河上公章句卷二

淳风第十七

太上，下知有之。其次亲之誉之。其次畏之。其次侮之。信不足焉，〔有不信焉〕。

犹兮其贵言。功成事遂，百姓皆谓我自然。

俗薄第十八

大道废，有仁义；慧智出，有大伪；六亲不和，有孝慈；国家昏乱，有忠臣。

还淳第十九

绝圣弃智，民利百倍；绝仁弃义，民复孝慈；绝巧弃利，盗贼无有。此三者，以为文不足。故令有所属。见素抱朴，少私寡欲。

异俗第二十

绝学，无忧。唯之与阿，相去几何？善之与恶，相去何若？人之所畏，不可不畏。

荒兮其未央哉。众人熙熙，如享太牢，如春登台，我独怕兮其未兆，如婴儿之未孩，乘乘兮若无所归。众人皆有余，而我独若遗，我愚人之心也哉，沌沌兮。

俗人昭昭，我独若昏，俗人察察，我独闷闷。忽兮若海。漂兮若无所止。众人皆有以，而我独顽似鄙，我独异于人，而贵食母。

虚心第二十一

孔德之容，唯道是从。

道之为物，唯恍唯惚。惚兮恍兮，其中有象；恍兮惚兮，其中有物，窈兮冥兮，其中有精，其精甚真，其中有信。

自古及今，其名不去，以阅众甫。吾何以知众甫之然哉？以此。

益谦第二十二

曲则全，枉则直，洼则盈，蔽则新，少则得，多则惑。

是以圣人抱一为天下式。不自见，故明；不自是，故彰；不自伐，故有功；不自矜，故长。

夫唯不争，故天下莫能与之争。古之所谓曲则全者，岂虚言哉？诚全而归之。

虚无第二十三

希言自然。

飘风不终朝，骤雨不终日。孰为此者？天地。天地尚不能久，而况于人乎？

故从事于道者，道者同于道，德者同于德，失者同于失。同于道者，道亦乐得之；同于德者，德亦乐得之；同于失者，失亦乐失之。信不足焉，有不信焉。

苦恩第二十四

跂者不立，跨者不行，自见者不明，自是者不彰，自伐者无功，自矜者不长。其于道也，曰余食赘行。物或恶之，故有道者不处也。

象元第二十五

有物混成，先天地生。寂兮寥兮，独立而不改，周行而不殆，可以为天下母。吾不知其名，字之曰道。强为之名曰大。大曰逝，逝曰远，远曰反，故道大，天大，地大，王亦大。域中有四大，而王居其一焉。

人法地，地法天，天法道，道法自然。

重德第二十六

重为轻根，静为躁君。

是以圣人终日行，不离辎重。虽有荣观、燕处，超然。奈何万乘之主，而以身轻天下？轻则失臣，躁则失君。

巧用第二十七

善行无辙迹，善言无瑕谪，善计不用筹策，善闭无关楗而不可开，善结无绳约而不可解。

是以圣人常善救人，故无弃人；常善救物，故无弃物，是谓袭明。

故善人者，不善人之师；不善人者，善人之资。不贵其师，不爱其资，虽智大迷。是谓要妙。

反朴第二十八

知其雄，守其雌，为天下溪。为天下溪，常德不离。复归于婴儿。

知其白，守其黑，为天下式。为天下式，常德不忒。复归于无极。

知其荣，知其辱，为天下谷。为天下谷，常德乃足，复归于朴。

朴散则为器。圣人用之则为官长，故大制不割。

无为第二十九

将欲取天下，而为之，吾见其不得已。天下神器，不可为也。为者败之，执者失之。

故物或行或随，或呴或吹，或强或羸，或载或堕。

是以圣人去甚，去奢，去泰。

俭武第三十

以道佐人主者，不以兵强天下，其事好还，师之所处，荆棘生焉。大军之后，必有凶年。

善者果而已，不敢以取强。果而勿矜，果而勿伐，果而勿骄，果而不得已，果而勿强。

物壮则老，是谓不道，不道早已。

偃武第三十一

夫佳兵〔者〕，不祥之器。物或恶之，故有道者不处。

君子居则贵左，用兵则贵右。兵者，不祥之器，非君子之器，不得已而用之。恬惔为上。胜而不美，而美之者，是乐杀人。夫乐杀人者，则不可以得志于天下矣。

吉事尚左，凶事尚右。偏将军居左，上将军居右，言以丧礼处之。杀人众多，以哀悲泣之。战胜，以丧礼处之。

圣德第三十二

道常无名，朴虽小，天下不敢臣。侯王若能守之，万物将自宾。

天地相合，以降甘露，民莫之令而自均。

始制有名。名亦既有，天亦将知之。知之，所以不殆。

譬道之在天下，犹川谷之与江海。

辩德第三十三

知人者智，自知者明。

胜人者有力，自胜者强。

知足者富。

强行者有志。

不失其所者久。

死而不亡者寿。

任成第三十四

大道氾兮，其可左右。万物恃之而生，而不辞。功成〔而〕不名有。爱养万物而不为主。常无欲，可名于小。万物归焉而不为主，可名为大。是以圣人终不为大，故能成其大。

仁德第三十五

执大象，天下往。往而不害，安平太。

乐与饵，过客止。道之出口，淡乎其无味。视之不足见，听之不足闻，用之不可既。

微明第三十六

将欲噏之，必固张之；将欲弱之，必固强之；将欲废之，必固兴之；将欲夺之，必固与之，是谓微明。

柔弱胜刚强。鱼不可脱于渊。国之利器，不可以示人。

为政第三十七

道常无为，而无不为。侯王若能守〔之〕，万物将自化。化而欲作，吾将镇之以无名之朴。无名之朴，亦将不欲，不欲以静，天下将自定。

老子德经河上公章句卷三

论德第三十八

上德不德，是以有德；下德不失德，是以无德。

上德无为，而无以为；下德为之，而有以为。上仁为之，而无以为；上义为之，而有以为。上礼为之，而莫之应，则攘臂而仍之。

故失道而后德，失德而后仁，失仁而后义，失义而后礼。

夫礼者，忠信之薄，而乱之首。

前识者，道之华，而愚之始。是以大丈夫处其厚，不处其薄；处其实，不处其华，故去彼取此。

法本第三十九

昔之得一者：天得一以清，地得一以宁，神得一以灵，谷得一以盈，万物得一以生，侯王得一以为天下正。

其致之，天无以清将恐裂，地无以宁将恐发，神无以灵将恐歇，谷无以盈将恐竭，万物无以生将恐灭，侯王无以贵高将恐蹶。

故贵〔必〕以贱为本，高必以下为基。是以侯王自称孤寡不榖，此非以贱为本耶？非乎！故致数车无车，不欲琭琭如玉，落落如石。

去用第四十

反者道之动；弱者道之用。

天下万物生於有，有生於无。

同异第四十一

上士闻道，勤而行之；中士闻道，若存若亡；下士闻道，大笑之，不笑不足以为道。故建言有之：

明道若昧，进道若退，夷道若类，上德若谷，大白若辱，广德若不足，建德若揄，质真若渝，大方无隅，大器晚成，大音希声，大象无形，道隐无名。

夫唯道善贷且成。

道化第四十二

道生一，一生二，二生三，三生万物。万物负阴而抱阳，冲气以为和。

人之所恶，唯孤寡不榖，而王公以为称。故物或损之而益，或益之而损。人之所教，我亦教之。强梁者，不得其死。吾将以为教父。

徧用第四十三

天下之至柔，驰聘天下之至坚。无有入〔于〕无间。吾是以知无为之有益。

不言之教，无为之益，天下希及之。

立戒第四十四

名与身孰亲？身与货孰多？得与亡孰病？

甚爱必大费；多藏必厚亡。

知足不辱，知止不殆，可以长久。

洪德第四十五

大成若缺，其用不弊；大盈若冲，其用不穷。

大直若屈，大巧若拙，大辩若讷。

躁胜寒，静则（胜）热，清静为天下正。

俭欲第四十六

天下有道，却走马以粪；天下无道，戎马生於郊。

罪莫大于可欲。祸莫大於不知足，咎莫大於欲得。故知足之足，常足〔矣〕。

鉴远第四十七

不出户〔以〕知天下，不窥牖〔以〕见天道，其出弥远，其知弥少。
是以圣人不行而知，不见而名，不为而成。

忘知第四十八

为学日益，为道日损。损之又损〔之〕，以至于无为，无为而无不为。
取天下常以无事，及其有事，不足以取天下。

任德第四十九

圣人无常心，以百姓心为心。
善者吾善之，不善者吾亦善之，德善；信者吾信之，不信者，吾亦信
之，德信。
圣人在天下怵怵，为天下浑其心。百姓皆注其耳目，圣人皆孩之。

贵生第五十

出生入死。生之徒十有三，死之徒十有三，人之生，动之死地十有三。
夫何故？以其求生之厚。
盖闻善摄生者，陆行不遇兕虎，入军不被甲兵，兕无〔所〕投其角，虎
无所措〔其〕爪，兵无所容其刃。夫何故？以其无死地。

养德第五十一

道生之，德畜之，物形之，势成之。是以万物莫不尊道而贵德。
道之尊，德之贵，夫莫之命而常自然。
故道生之，德畜之，长之育之，成之熟之，养之覆之。生而不有，为而
不恃，长而不宰，是谓玄德。

归元第五十二

天下有始，以为天下母。既得其母，复知其子；既知其子，复守其母，
没身不殆。
塞其兑，闭其门，终身不勤。开其兑，济其事，终身不救。
见小曰明，守柔曰强。用其光，复归其明。无遗身殃，是为习常。

益证第五十三

使我介然有知，行于大道。唯施是畏。

大道甚夷，而民好径。朝甚除，田甚芜，仓甚虚，服文綵，带利剑，厌饮食，财货有余，是谓盗夸。〔盗夸〕，非道〔也〕哉！

修观第五十四

善建者不拔，善抱者不脱，子孙祭祀不辍。

修之于身，其德乃真；修之于家，其德乃余；修之于乡，其德乃长；修之于国，其德乃丰；修之于天下，其德乃普。

故以身观身，以家观家，以乡观乡，以国观国，以天下观天下。〔吾〕何以知天下之然哉？以此。

玄符第五十五

含德之厚，比于赤子。毒虫不螫，猛兽不据，攫鸟不搏。骨弱筋柔而握固。未知牝牡之合而峻作，精之至也。终日号而不哑，和之至也。

知和曰常，知常曰明，益生曰祥，心使气曰强。物壮则（将）老，谓之不道。不道早已。

玄德第五十六

知者不言，言者不知。

塞其兑，闭其门，挫其锐，解其纷，和其光，同其尘，是谓玄同。

故不可得而亲，亦不可得而疏；不可得而利，亦不可得而害；不可得而贵，亦不可得而贱，故为天下贵。

淳风第五十七

以正治国，以奇用兵，以无事取天下。

吾何以知其然哉？以此。天下多忌讳而民弥贫。民多利器，国家滋昏。人多技巧，奇物滋起。法物滋彰，盗贼多有。

故圣人云：我无为而民自化，我好静而民自正，我无事而民自富，我无欲而民自朴。〔我无情而民自清〕。

顺化第五十八

其政闷闷，其民醇醇；其政察察，其民缺缺。祸兮福之所倚，福兮祸之所伏。孰知其极，其无正，正复为奇，善复为祅。人之迷，其日固久。

是以圣人方而不割，廉而不害，直而不肆，光而不曜。

守道第五十九

治人，事天，莫若啬。

夫唯啬，是谓早服；早服谓之重积德。重积德则无不尅，无不尅则莫知其极，莫知其极〔则〕可以有国。有国之母，可以长久。是谓深根固蒂，长生久视之道。

老子德经河上公章句卷四

居位第六十

治大国若烹小鲜。

以道莅天下，其鬼不神。非其鬼不神；其神不伤人。非其神不伤人，圣人亦不伤〔人〕。夫两不相伤，故德交归焉。

谦德第六十一

大国者下流，天下之交，天下之牝。牝常以静胜牡，以静为下。

故大国以下小国，则取小国；小国以下大国，则取大国。或下以取，或下而取。大国不过欲兼畜人，小国不过欲入事人。夫两者各得其所欲，大者宜为下。

为道第六十二

道者万物之奥，善人之宝，不善人之所保。

美言可以市，尊行可以加人。人之不善，何弃之有。故立天子，置三公，虽有拱璧以先驷马，不如坐进此道。

古之所以贵此道者，何不日以求得？有罪以免耶，故为天下贵。

恩始第六十三

为无为，事无事，味无味。

大小多少。报怨以德。图难于其易，为大于其细。天下难事必作于易，天下大事必作于细。是以圣人终不为大，故能成其大。

夫轻诺必寡信，多易必多难。是以圣人犹难之，故终无难。

守微第六十四

其安易持，其未兆易谋，其脆易破，其微易散。为之于未有，治之于未乱。

合抱之木，生于毫末；九层之台，起于累土；千里之行，始于足下。

为者败之，执者失之。圣人无为故无败，无执故无失。

民之从事，常于几成而败之，慎终如始，则无败事。

是以圣人欲不欲，不贵难得之货；学不学，复众人之所过，以辅万物之自然，而不敢为。

淳德第六十五

古之善为道者，非以明民，将以愚之。民之难治，以其智多。以智治国，国之贼；不以智治国，国之福。

知此两者亦楷式。常知楷式，是谓玄德。玄德深矣，远矣，与物反矣。乃至大顺。

后己第六十六

江海所以能为百谷王者，以其善下之，故能为百谷王。

是以圣人欲上民，必以〔其〕言下之；欲先民，必以〔其〕身后之。是以圣人处上而民不重，处前而民不害，是以天下乐推而不厌。以其不争，故天下莫能与之争。

三宝第六十七

天下皆谓我大，似不肖。夫唯大，故似不肖。若肖久矣。其细〔也夫〕。

我有三宝，持而保之：一曰慈，二曰俭，三曰不敢为天下先。

慈故能勇，俭故能广，不敢为天下先，故能成器长。今舍〔其〕慈且勇，舍〔其〕俭且广，舍〔其〕后且先，死矣，夫慈，以战则胜，以守则固。天将救之，以慈卫之。

配天第六十八

善为士者不武，善战者不怒，善胜敌者不与，善用人者为下。是谓不争之德，是谓用人之力，是谓配天，古之极。

玄用第六十九

用兵有言：吾不敢为主，而为客；不敢进寸，而退尺。是谓行无行，攘无臂，仍无敌，执无兵。

祸莫大于轻敌，轻敌几丧吾宝。

故抗兵相加，哀者胜矣。

知难第七十

吾言甚易知，甚易行。天下莫能知，莫能行。

言有宗，事有君。夫惟无知，是以不我知。

知我者希，则我者贵。是以圣人被褐怀玉。

知病第七十一

知不知上，不知知病。夫唯病病，是以不病。圣人不病，以其病病，是以不病。

爱己第七十二

民不畏威，〔则〕大威至矣。

无狭其所居，无厌其所生。夫惟不厌，是以不厌。

是以圣人自知不自见，自爱不自贵，故去彼取此。

任为第七十三

勇於敢则杀，勇於不敢则活。此两者，或利或害。天之所恶，孰知其故？是以圣人犹难之。

天之道，不争而善胜，不言而善应，不召而自来，繟然而善谋。天网恢恢，疎而不失。

制惑第七十四

民不畏死，奈何以死惧之？

若使民常畏死，而为奇者，吾得执而杀之，孰敢？

常有司杀者。夫代司杀者，是谓代大匠斲。夫代大匠斲者，希有不伤手矣。

贪损第七十五

民之饥，以其上食税之多，是以饥。

民之难治，以其上有为，是以难治。

民之轻死，以其求生之厚，是以轻死。

夫唯无以生为者，是贤于贵生。

戒强第七十六

人之生也柔弱，其死也坚强。万物草木之生也柔脆，其死也枯槁。

故坚强者死之徒，柔弱者生之徒。

是以兵强则不胜，木强则共。强大处下，柔弱处上。

天道第七十七

天之道，其犹张弓乎？高者抑之，下者举之，有余者损之，不足者益之。

天之道损有余而补不足，人之道则不然，损不足以奉有余。

孰能有余以奉天下？唯有道者。

是以圣人为而不恃，功成而不处，其不欲见贤。

任信第七十八

天下柔弱莫过于水，而攻坚强者莫之能胜，其无以易之。

弱之胜强，柔之胜刚，天下莫不知，莫能行，故圣人云：受国之垢，是谓社稷主；受国之不祥，是谓天下王。正言若反。

任契第七十九

和大怨，必有余怨，安可以为善。

是以圣人执左契，而不责于人。有德司契，无德司彻。

天道无亲，常与善人。

独立第八十

小国寡民，使〔民〕有什伯，人之器而不用。使民重死，而不远徙。虽有舟舆，无所乘之；虽有甲兵，无所陈之，使人复结绳而用之。

甘其食，美其服，安其居，乐其俗。邻国相望，鸡狗之声相闻，民至老〔死〕不相往来。

显质第八十一

信言不美，美言不信。

善者不辩，辩者不善。

知者不博，博者不知。

圣人不积。既以为人，己愈有；既以与人，己愈多。

天之道，利而不害。圣人之道，为而不争。

附录十二

《道德经》(《老子》)通行本

【按语】学界通常所说的《道德经》(《老子》) 通行本是指王弼《老子道德经注》(此文据武英殿聚珍版丛书；此次抄录，删去了其中的注文和文中的按语) 中的经文，亦即所谓王弼本或王本、今本。原文无标点符号。此文中的断句及分段，取于近现代校诂学者的共识。对通行本中的个别句子 (如一章的"无名天地之始有名万物之母故常无欲以观其妙常有欲以观其徼"等)，究竟以如何断句为好，历代校诂学者存在很大分歧。鉴于此，凡是这样的句子，在此文中仍保留原貌或求同存异。(如上例，学者们对断为"无名天地之始；有名万物之母。故常无欲以观其妙；常有欲以观其徼"，意见则是一致的。) 至于笔者对这类句子的断句，可参看本书相应章节《老子》的经文及附录三的《校定文》。

老子道德经上篇

一 章

道，可道，非常道；名，可名，非常名。

无名天地之始；有名万物之母。

故常无欲以观其妙；常有欲以观其徼。

此两者，同出而异名，同谓之玄。玄之又玄，众妙之门。

二 章

天下皆知美之为美，斯恶已；皆知善之为善，斯不善已。

故有无相生，难易相成，长短相较，高下相倾，音声相和，前后相随。

是以圣人处无为之事，行不言之教；万物作焉而不辞，生而不有，为而不恃，功成而弗居。夫唯弗居，是以不去。

三 章

不尚贤，使民不争；不贵难得之货，使民不为盗；不见可欲，使民心不乱。

是以圣人之治：虚其心，实其腹，弱其志，强其骨。常使民无知无欲，使夫智者不敢为也。为无为，则无不治。

四 章

道冲，而用之或不盈。渊兮，似万物之宗。挫其锐，解其纷，和其光，同其尘。湛兮，似或存。吾不知谁之子，象帝之先。

五 章

天地不仁，以万物为刍狗；圣人不仁，以百姓为刍狗。

天地之间，其犹橐籥乎？虚而不屈，动而愈出。

多言数穷，不如守中。

六 章

谷神不死，是谓玄牝。玄牝之门，是谓天地根。绵绵若存，用之不勤。

七 章

天长地久。天地所以能长且久者，以其不自生，故能长生。

是以圣人后其身而身先，外其身而身存。非以其无私耶？故能成其私。

八 章

上善若水。水善利万物而不争，处众人之所恶，故几于道。

居善地，心善渊，与善仁，言善信，正善治，事善能，动善时。夫唯不争，故无尤。

九 章

持而盈之，不如其已；

揣而梲之，不可长保。

金玉满堂，莫之能守；

富贵而骄，自遗其咎。

功遂身退，天之道。

十　章

载营魄抱一，能无离乎？
专气致柔，能婴儿乎？
涤除玄览，能无疵乎？
爱民治国，能无知乎？
天门开阖，能无雌乎？
明白四达，能无为乎？
生之畜之。生而不有，为而不恃，长而不宰，是谓玄德。

十 一 章

三十辐共一毂，当其无，有车之用。
埏埴以为器，当其无，有器之用。
凿户牖以为室，当其无，有室之用。
故有之以为利，无之以为用。

十 二 章

五色令人目盲；五音令人耳聋；五味令人口爽；驰骋畋猎，令人心发狂；难得之货，令人行妨。
是以圣人为腹不为目，故去彼取此。

十 三 章

宠辱若惊，贵大患若身。何谓宠辱若惊？宠为下，得之若惊，失之若惊，是谓宠辱若惊。
何谓贵大患若身？吾所以有大患者，为吾有身，及吾无身，吾有何患？
故贵以身为天下，若可寄天下；爱以身为天下，若可讬天下。

十 四 章

视之不见，名曰“夷”；听之不闻，名曰“希”；搏之不得，名曰“微”。此三者不可致诘，故混而为一。其上不皦，其下不昧。绳绳不可名，复归于无物。是谓无状之状，无物之象。是谓惚恍。迎之不见其首，随之不见其后。

执古之道，以御今之有。能知古始，是谓道纪。

十 五 章

古之善为士者，微妙玄通，深不可识。夫唯不可识，故强为之容：

豫焉，若冬涉川；犹兮，若畏四邻；俨兮，其若客；涣兮，若冰之将释；敦兮，其若朴；旷兮，其若谷；混兮，其若浊；

孰能浊以静之徐清？孰能安以久动之徐生？

保此道者不欲盈。夫唯不盈，故能蔽不新成。

十 六 章

致虚极，守静笃。万物并作，吾以观复。

夫物芸芸，各复归其根。归根曰静，是谓复命。复命曰常，知常曰明。不知常，妄作，凶。

知常容，容乃公，公乃王，王乃天，天乃道，道乃久。没身不殆。

十 七 章

太上，下知有之；其次，亲而誉之；其次，畏之；其次，侮之。信不足焉，有不信焉。

悠兮其贵言。功成事遂，百姓皆谓："我自然。"

十 八 章

大道废，有仁义；慧智出，有大伪；六亲不和，有孝慈；国家昏乱，有忠臣。

十 九 章

绝圣弃智，民利百倍；绝仁弃义，民复孝慈；绝巧弃利，盗贼无有。此三者以为文，不足。故令有所属：见素抱朴，少私寡欲。

二 十 章

绝学无忧。唯之与阿，相去几何？美之与恶，相去若何？人之所畏，不可不畏。

荒兮，其未央哉！众人熙熙，如享太牢，如春登台。

我独泊兮，其未兆，如婴儿之未孩。儽儽兮，若无所归。众人皆有余，而我独若遗。我愚人之心也哉！沌沌兮！

俗人昭昭，我独昏昏；俗人察察，我独闷闷。澹兮其若海，飂兮若无止。众人皆有以，而我独顽似鄙。

我独异于人，而贵食母。

二十一章

孔德之容，惟道是从。

道之为物，惟恍惟惚。惚兮恍兮，其中有象；恍兮惚兮，其中有物；窈兮冥兮，其中有精；其精甚真，其中有信。

自古及今，其名不去，以阅众甫。吾何以知众甫之状哉？以此。

二十二章

曲则全，枉则直，洼则盈，敝则新，少则得，多则惑。

是以圣人抱一为天下式。不自见，故明；不自是，故彰；不自伐，故有功；有自矜，故长。

夫唯不争，故天下莫能与之争。古之所谓"曲则全"者，岂虚言哉？诚全归之。

二十三章

希言自然。

故飘风不终朝，骤雨不终日。孰为此者？天地。天地尚不能久，而况于人乎？

故从事于道者，道者同于道，德者同于德，失者同于失。同于道者，道亦乐得之；同于德者，德亦乐得之；同于失者，失亦乐得之。信不足焉，有不信焉！

二十四章

企者不立，跨者不行。自见者不明，自是者不彰，自伐者无功，自矜者不长。

其在道也，曰余食赘行。物或恶之，故有道者不处。

二十五章

有物混成，先天地生。寂兮寥兮，独立不改，周行而不殆，可以为天下母。吾不知其名，字之曰"道"，强为之名曰"大"。大曰逝，逝曰远，远曰反。

故道大，天大，地大，王亦大。域中有四大，而王居其一焉。

人法地地法天天法道道法自然。

二十六章

重为轻根，静为躁君。

是以圣人终日行，不离辎重。虽有荣观，燕处超然。奈何万乘之主而以身轻天下？轻则失本，躁则失君。

二十七章

善行无辙迹；善言无瑕谪；善数不用筹策；善闭无关楗而不可开；善结无绳约而不可解。

是以圣人常善救人，故无弃人；常善救物，故无弃物。是谓袭明。

故善人者，不善人之师；不善人者，善人之资。不贵其师，不爱其资，虽智大迷，是谓要妙。

二十八章

知其雄，守其雌，为天下谿。为天下谿。常德不离，复归于婴儿。

知其白，守其黑，为天下式。为天下式，常德不忒，复归于无极。

知其荣，知其辱，为天下谷。为天下谷，常德乃足，复归于朴。

朴散则为器。圣人用之，则为官长。故大制不割。

二十九章

将欲取天下而为之，吾见其不得已。天下神器，不可为也。为者败之，执者失之。

故物或行或随；或嘘或吹；或强或羸；或挫或堕。

是以圣人去甚，去奢，去泰。

三 十 章

以道佐人主者，不以兵强天下。其事好还。师之所处，荆棘生焉；大军之后，必有凶年。

善有果而已，不敢以取强。果而勿矜，果而勿伐，果而勿骄，果而不得已，果而勿强。

物壮则老，是谓不道。不道早已。

三十一章

夫佳兵者，不祥之器。物或恶之，故有道者不处。

君子居则贵左，用兵则贵右。兵者不祥之器，非君子之器。不得已而用之，恬淡为上。胜而不美，而美之者，是乐杀人。夫乐杀人者，则不可以得志于天下矣。

吉事尚左，凶事尚右。偏将军居左，上将军居右，言以丧礼处之。杀人之众，以哀悲泣之；战胜，以丧礼处之。

三十二章

道常无名，朴。虽小，天下莫能臣也。侯王若能守之，万物将自宾。

天地相合，以降甘露。民，莫之令而自均。

始制有名。名亦既有，夫亦将知止。知止可以不殆。

譬道之在天下，犹川谷之于江海。

三十三章

知人者智，自知者明。

胜人者有力，自胜者强。

知足者富。

强行者有志。

不失其所者久。

死而不亡者寿。

三十四章

大道氾兮，其可左右。万物恃之而生而不辞，功成不名有。衣养万物而不为主，常无欲，可名于小；万物归焉而不为主，可名为大。以其终不自为大，故能成其大。

三十五章

执大象，天下往。往而不害，安平太。

乐与饵，过客止。道之出口，淡乎其无味。视之不足见，听之不足闻，用之不足既。

三十六章

将欲歙之，必固张之；将欲弱之，必固强之；将欲废之，必固兴之；将欲夺之，必固与之。是谓微明。

柔弱胜刚强。鱼不可脱于渊，国之利器不可以示人。

三十七章

道常无为而无不为。侯王若能守之，万物将自化。化而欲作，吾将镇之以无名之朴。无名之朴，夫亦将无欲。不欲以静，天下将自定。

老子道德经下篇

三十八章

上德不德，是以有德；下德不失德，是以无德。

上德无为而无以为；下德为之而有以为；上仁为之而无以为；上义为之而有以为；上礼为之而莫之应，则攘臂而扔之。

故失道而后德，失德而后仁，失仁而后义，失义而后礼。

夫礼者，忠信之薄，而乱之首。

前识者，道之华，而愚之始。是以大丈夫处其厚，不居其薄；处其实，不居其华。故去彼取此。

三十九章

昔之得"一"者：天得一以清；地得一以宁；神得一以灵；谷得一以盈；万物得一以生；侯王得一以为天下贞。

其致之：天无以清，将恐裂；地无以宁，将恐发；神无以灵，将恐歇；谷无以盈，将恐竭；万物无以生，将恐灭；侯王无以贵高，将恐蹶。

故贵以贱为本，高以下为基。是以侯王自称孤、寡、不穀。此非以贱为本邪？非乎？故致数舆无舆。不欲琭琭如玉，珞珞如石。

四　十　章

反者道之动；弱者道之用。

天下万物生於有，有生於无。

四十一章

上士闻道，勤而行之；中士闻道，若存若亡；下士闻道，大笑之。不笑，不足以为道。故《建言》有之：

"明道若昧；进道若退；夷道若纇；上德若谷；大白若辱；广德若不足；建德若偷；质真若渝。"

大方无隅；大器晚成；大音希声；大象无形；道隐无名。

夫唯道，善贷且成。

四十二章

道生一，一生二，二生三，三生万物。万物负阴而抱阳，冲气以为和。

人之所恶，唯孤、寡、不穀，而王公以为称。故物或损之而益，或益之而损。人之所教，我亦教之。强梁者不得其死！吾将以为教父。

四十三章

天下之至柔，驰聘天下之至坚。无有入无间。吾是以知无为之有益。

不言之教，无为之益，天下希及之。

四十四章

名与身孰亲？身与货孰多？得与亡孰病？

是故甚爱必大费；多藏必厚亡。

知足不辱，知止不殆，可以长久。

四十五章

大成若缺，其用不弊。大盈若冲，其用不穷。

大直若屈，大巧若拙，大辩若讷。

躁胜寒，静胜热。清静为天下正。

四十六章

天下有道，却走马以粪。天下无道，戎马生於郊。

祸莫大于不知足，咎莫大于欲得。故知足之足，常足矣。

四十七章

不出户，知天下；不闚牖，见天道。其出弥远，其知弥少。
是以圣人不行而知，不见而名，不为而成。

四十八章

为学者日益，为道日者损。损之又损，以至于无为。无为而无不为。
取天下常以无事。及其有事，不足以取天下。

四十九章

圣人无常心，以百姓心为心。
善者，吾善之；不善者，吾亦善之：德善。
信者，吾信之；不信者，吾亦信之：德信。
圣人在天下，歙歙，为天下浑其心，圣人皆孩之。

五十章

出生入死。生之徒，十有三；死之徒，十有三；人之生，动之死地，亦十有三。夫何故？以其生生之厚。
盖闻善摄生者，陆行不遇兕虎，入军不被甲兵。兕无所投其角，虎无所措其爪，兵无所容其刃。夫何故？以其无死地也。

五十一章

道生之，德畜之，物形之，势成之。是以万物莫不尊道而贵德。
道之尊，德之贵，夫莫之命而常自然。
故道生之，德畜之；长之育之；亭之毒之；养之覆之。生而不有，为而不恃，长而不宰，是谓“玄德”。

五十二章

天下有始，以为天下母。既得其母，以知其子；既知其子，复守其母，没身不殆。
塞其兑，闭其门，终身不勤。开其兑，济其事，终身不救。
见小曰明，守柔曰强。用其光，复归其明，无遗身殃，是为习常。

五十三章

使我介然有知，行于大道，唯施是畏。

大道甚夷，而民好径。朝甚除，田甚芜，仓甚虚；服文绫，带利剑，厌饮食，财货有余，是谓盗夸。非道也哉！

五十四章

善建者不拔，善抱者不脱，子孙以祭祀不辍。

修之於身，其德乃真；修之於家，其德乃余；修之於乡，其德乃长；修之於国，其德乃丰；修之於天下，其德乃普。

故以身观身，以家观家，以乡观乡，以国观国，以天下观天下。吾何以知天下然哉？以此。

五十五章

含德之厚，比于赤子。蜂虿虺蛇不螫，猛兽不据，攫鸟不搏。骨弱筋柔而握固，未知牝牡之合而全作，精之至也。终日号而不嗄，和之至也。

知和曰常，知常曰明；益生曰祥，心使气曰强。物壮则老，谓之不道。不道早已。

五十六章

知者不言，言者不知。

塞其兑，闭其门。挫其锐，解其分，和其光，同其尘，是谓玄同。

故不可得而亲，不可得而疏；不可得而利，不可得而害；不可得而贵，不可得而贱。故为天下贵。

五十七章

以正治国，以奇用兵，以无事取天下。

吾何以知其然哉？以此：天下多忌讳，而民弥贫；民多利器，国家滋昏；人多伎巧，奇物滋起；法令滋彰，盗贼多有。

故圣人云："我无为，而民自化；我好静，而民自正；我无事，而民自富；我无欲，而民自朴。"

五十八章

其政闷闷，其民淳淳；其政察察，其民缺缺。祸兮，福之所倚；福兮，祸之所伏。孰知其极？其无正？正复为奇，善复为妖。人之迷，其日固久。

是以圣人方而不割，廉而不刿，直而不肆，光而不耀。

五十九章

治人，事天，莫若啬。

夫唯啬，是谓早服；早服谓之重积德；重积德则无不克；无不克则莫知其极；莫知其极，可以有国；有国之母，可以长久。是谓深根固柢，长生久视之道。

六 十 章

治大国，若烹小鲜。

以道莅天下，其鬼不神。非其鬼不神，其神不伤人；非其神不伤人，圣人亦不伤人。夫两不相伤，故德交归焉。

六十一章

大国者下流，天下之交，天下之牝。牝常以静胜牡，以静为下。

故大国以下小国，则取小国；小国以下大国，则取大国。故或下以取，或下而取。大国不过欲兼畜人，小国不过欲入事人。夫两者各得其所欲，大者宜为下。

六十二章

道者，万物之奥。善人之宝，不善人之所保。

美言可以市尊行可以加人。人之不善，何弃之有？故立天子，置三公，虽有拱璧以先驷马，不如坐进此道。

古之所以贵此道者何？不曰：以求得，有罪以免邪？故为天下贵。

六十三章

为无为，事无事，味无味。

大小多少，报怨以德。图难於其易，为大於其细。天下难事，必作於易；天下大事，必作於细。是以圣人终不为大，故能成其大夫轻诺必寡信，多易必多难。是以圣人犹难之，故终无难矣。

六十四章

其安易持，其未兆易谋。其脆易泮，其微易散。为之於未有，治之於未乱。

合抱之木，生於毫末；九层之台，起於累土；千里之行，始於足下。

为者败之，执者失之。是以圣人无为故无败，无执故无失。

民之从事，常於几成而败之。慎终如始，则无败事。

是以圣人欲不欲，不贵难得之货；学不学，复众人之所过；以辅万物之自然而不敢为。

六十五章

古之善为道者，非以明民，将以愚之。民之难治，以其智多。故以智治国，国之贼；不以智治国，国之福。

知此两者，亦稽式。常知稽式，是谓玄德。玄德深矣，远矣，与物反矣，然后乃至大顺。

六十六章

江海所以能为百谷王者，以其善下之，故能为百谷王。

是以欲上民，必以言下之；欲先民，必以身后之。是以圣人处上而民不重，处前而民不害。是以天下乐推而不厌。以其不争，故天下莫能与之争。

六十七章

天下皆谓我："道大，似不肖。"夫唯大，故似不肖。若肖，久矣其细也夫！

我有三宝，持而保之：一曰慈，二曰俭，三曰不敢为天下先。

慈，故能勇；俭，故能广；不敢为天下先，故能成器长。今舍慈且勇，舍俭且广，舍後且先；死矣！

夫慈，以战则胜，以守则固。天将救之，以慈卫之。

六十八章

善为士者，不武；善战者，不怒；善胜敌者，不与；善用人者，为之下。是谓不争之德，是谓用人之力，是谓配天，古之极。

六十九章

用兵有言："吾不敢为主，而为客；不敢进寸，而退尺。"是谓行无行，攘无臂，扔无敌，执无兵。

祸莫大於轻敌，轻敌几丧吾宝。

故抗兵相加，哀者胜矣。

七 十 章

吾言甚易知，甚易行。天下莫能知，莫能行。

言有宗，事有君。夫唯无知，是以不我知。

知我者希，则我者贵。是以圣人被褐怀玉。

七十一章

知不知，上；不知知，病。夫唯病病，是以不病。圣人不病，以其病病，是以不病。

七十二章

民不畏威，则大威至。

无狎其所居，无厌其所生。夫唯不厌，是以不厌。

是以圣人自知不自见，自爱不自贵。故去彼取此。

七十三章

勇於敢则杀，勇於不敢则活。此两者，或利或害。天之所恶，孰知其故？是以圣人犹难之。

天之道，不争而善胜，不言而善应，不召而自来，繟然而善谋。天网恢恢，疏而不失。

七十四章

民不畏死，奈何以死惧之？

若使民常畏死，而为奇者，吾得执而杀之，孰敢？

常有司杀者杀。夫代司杀者杀，是谓代大匠斫。夫代大匠斫者，希有不伤其手矣。

七十五章

民之饥，以其上食税之多，是以饥；

民之难治，以其上之有为，是以难治；

民之轻死，以其求生之厚，是以轻死。

夫唯无以生为者，是贤於贵生。

七十六章

人之生也柔弱，其死也坚强；万物草木之生也柔脆，其死也枯槁。

故坚强者死之徒，柔弱者生之徒。

是以兵强则不胜，木强则兵。强大处下，柔弱处上。

七十七章

天之道，其犹张弓与？高者抑之，下者举之；有余者损之，不足者补之。

天之道，损有余而补不足。人之道则不然，损不足以奉有余。

孰能有余以奉天下？唯有道者。

是以圣人为而不恃，功成而不处，其不欲见贤。

七十八章

天下莫柔弱於水，而攻坚强者莫之能胜，其无以易之。

弱之胜强，柔之胜刚，天下莫不知，莫能行。

是以圣人云："受国之垢，是谓社稷主；受国不祥，是为天下王。"正言若反。

七十九章

和大怨，必有余怨，安可以为善？

是以圣人执左契，而不责於人。有德司契，无德司彻。

天道无亲，常与善人。

八 十 章

小国寡民。使有什伯之器而不用；使民重死而不远徙。虽有舟舆，无所乘之；虽有甲兵，无所陈之。使人复结绳而用之。

甘其食，美其服，安其居，乐其俗。邻国相望，鸡犬之声相闻，民至老死不相往来。

八十一章

信言不美，美言不信。

善者不辩，辩者不善。

知者不博，博者不知。

圣人不积，既以为人己愈有，既以与人己愈多。

天之道，利而不害；圣人之道，为而不争。

（此文取自《四部要籍注疏丛刊·老子》中的王弼《老子道德经注》的经文；《四部要籍注疏丛刊·老子》，中华书局1998年版。）

附录十三

校 定 文

【按语】 由于种种历史性的原因，《道德经》（《老子》）中错简、衍文、脱字及误字不少，今以作为通行本的王弼本（《老子道德经注》）为底本（诚如钱钟书先生在《管锥篇》中所言："王弼注本《老子》词气畅舒，文理最胜，行世亦最广。"），参照郭店战国楚墓竹简本《老子》（简称简本）、马王堆汉墓帛书《老子》（含甲、乙本，简称帛书）、傅奕本（《道德经古本篇》）等古本，并汲取历代校诂学者可取的见解，对《道德经》作了重新校订。下面为笔者根据《老子道德经新编》的章次对《道德经》各章文字校订的全文，括号内为通行本之章序。

一、道论篇

一章（一章）

道，可道，非常道；
名，可名，非常名。
无，名天地之始；有，名万物之母。
故常无，欲以观其妙；常有，欲以观其徼。
此两者，同出而异名，同谓之玄。
玄之又玄，众妙之门。

二章（二十一章）

孔德之容，惟道是从。
道之为物，惟恍惟惚。惚兮恍兮，其中有象；恍兮惚兮，其中有物；窈兮冥兮，其中有精；其精甚真，其中有信。

自今及古，其名不去，以阅众父。吾何以知众父之状哉？以此。

三章（四章）

道冲，而用之又不盈。渊兮！始万物之宗；湛兮！始或存。吾不知谁之子，象帝之先。

四章（五章）

天地不仁，以万物为刍狗；圣人不仁，以百姓为刍狗。

天地之间，其犹橐籥乎！虚而不屈，动而愈出。

多言数穷，不如守中。

五章（六章）

谷神不死，是谓玄牝。玄牝之门，是谓天地根。绵绵若存，用之不勤。

六章（十四章）

视之不见，名曰"幾"；听之不闻，名曰"希"；搏之不得，名曰"微"。此三者不可致诘，故混而为一。其上不皦，其下不昧，绳绳兮不可名，复归于无物。是谓无状之状，无物之象，是谓惚恍。迎之不见其首，随之不见其后。

执古之道，以御今之有。以知古始，是谓道纪。

七章（六十七章上）

天下皆谓我："道大，似不肖。"夫唯大，故似不肖。若肖，久矣其细也夫。

八章（三十七章）

道常无为而无不为。侯王若能守之，万物将自化。

化而欲作，将镇之以无名之朴。镇之以无名之朴，夫将不欲。不欲以静，天下将自定。

九章（二十五章）

有物混成，先天地生。寂兮寥兮，独立而不改，周行而不殆，可以为天地母。吾不知其名，故强字之曰"道"，强为之名曰"大"。大曰逝，逝曰远，远曰反。

故道大，天大，地大，人亦大。域中有四大，人居其一焉。

人法地地，法天天，法道。道法自然。

十章（三十四章）

大道汜兮，其可左右。

万物恃之以生而不辞，功成而不有。衣被万物而不为主，可名于小；万物归焉而不知主，可名于大。以其终不自为大，故能成其大。

十一章（四十章上）

反者，道之动；弱者，道之用。

十二章（四十章下）

天下万物生于有，有生于无。

十三章（四十二章上）

道生一，一生二，二生三，三生万物。

万物负阴而抱阳，冲气以为和。

十四章（七十三章）

勇于敢则杀，勇于不敢则活。此两者，或利或害。天之所恶，孰知其故？

天之道，不争而善胜，不言而善应，不召而自来，坦然而善谋。天网恢恢，疏而不失。

十五章（十一章）

三十辐共一毂，当其无，有车之用；

埏埴以为器，当其无，有器之用；

凿户牖以为室，当其无，有室之用。

故有之以为利，无之以为用。

十六章（十六章）

致虚极，守中笃。万物方作，吾以观其复。

天物云云，各归其根。归根曰静，静曰复命。复命曰常，知常曰明。不知常，妄作，凶。知常容，容乃公，公乃王，王乃天，天乃道，道乃久，没身不殆。

十七章（十章）

载营魄抱一，能无离乎？

抟气致柔，能如婴儿乎？

涤除玄鉴，能无疵乎？

爱民治国，能无为乎？

天门开阖，能为雌乎？

明白四达，能无知乎？

生之畜之，生而不有，为而不恃，长而不宰：是谓玄德。

十八章（四十八章）

为学日益，为道日损，损之又损，以至于无为。无为而无不为。绝学无忧。

取天下常以无事。及其有事，不足以取天下。

十九章（四十七章）

不出于户，可以知天下；不窥于牖，可以知天道。其出弥远，其知弥少。

是以圣人不行而知，不见而明，不为而成。

二十章（五十二章）

天下有始，以为天下母。既得其母，以知其子；既知其子，复守其母，没身不殆。

塞其兑，闭其门，终身不勤；开其兑，济其事，终身不救。

见小曰明，守柔曰强。用其光，复归其明，无遗身殃：是谓袭常。

二、德论篇

二十一章（三十八章）

上德不德，是以有德；下德不失德，是以无德。

上德无为而无以为，下德无为而有以为。

上仁为之而无以为，上义为之而有以为。

上礼为之而莫之应，则攘臂而扔之。

故失道而后德，失德而后仁，失仁而后义，失义而后礼。

夫礼者，忠信之薄，而乱之首。

前识者，道之华，而愚之始。是以大丈夫处其厚，不居其薄；处其实，不居其华。故去彼取此。

二十二章（四十一章）

上士闻道，仅能行之；中士闻道，若存若亡；下士闻道，大笑之。弗大笑，不足以为道。

故《建言》有之曰："明道若昧，进道若退，夷道若纇；上德若谷，大白若辱（黥），广德若不足，建德若偷，质真若渝。"

大方无隅，大器晚成，大音希声，大象无形，道隐无名。夫唯道，善始且善成。

二十三章（五十一章）

道生之，德畜之，物形之，势成之。是以万物莫不尊道而贵德。道之尊，德之贵，夫莫之爵而常自然。

故道生之，德畜之，长之育之，亭之毒之，养之覆之。生而不有，为而不恃，长而不宰，是谓"玄德"。

二十四章（八章）

上善若水。水善利万物而不争，处众人之所恶，故几于道。

居善地，心善渊，与善仁，言善信，政善治，事善能，动善时。夫唯不争，故无尤。

二十五章（二十八章）

知其雄，守其雌，为天下溪。为天下溪，常德不离，复归于婴儿。
知其白，守其黑，为天下式。为天下式，常德不忒，复归于无极。
知其荣，守其辱，为天下谷。为天下谷，常德乃足，复归于朴。
朴散则为器。圣人用之，则为官长，故大制不割。

二十六章（四十五章）

大成若缺，其用不弊。大盈若盅，其用不穷。
大直若屈，大巧若拙，大辩若讷。
躁胜寒，静胜热。知清静，以为天下正。

二十七章（五十四章）

善建者不拔，善抱者不脱，子孙以其祭祀不辍。
修之于身，其德乃真；修之于家，其德有余；修之于乡，其德乃长；修之于邦，其德乃丰；修之于天下，其德乃普。
故以家观家，以乡观乡，以邦观邦，以天下观天下。吾何以知天下之然哉？以此。

二十八章（五十五章）

含德之厚者，比于赤子。毒虫不螫，猛兽不据，攫鸟不搏。骨弱筋柔而握固，未知牝牡之合而朘作，精之至也；终日号而不嗄，和之至也。
和曰常，知和曰明。益生曰祥，心使气曰强，物壮则老，谓之不道。不道早已。

三、修身篇

二十九章（三十九章上）

昔之得"一"者：天得一以清，地得一以宁，神得一以灵，谷得一以盈，万物得一以生，侯王得一以为天下正。
其致之也：谓天无以清，将恐裂；地无以宁，将恐发；神无以灵，将恐歇；谷无以盈，将恐竭；万物无以生，将恐灭；侯王无以贵高，将恐蹶。

三十章（三十二章）

道常无名，朴。虽小，而天下莫能臣。侯王若能守之，万物将自宾。

天地相合，以降甘露。民，莫之命而自均。

始制有名。名亦既有，夫亦将知止，知止所以不殆。

譬"道"之在天下，犹川谷之于江海也。

三十一章（六十二章）

道者，万物之奥。善人之宝，不善人之所保。

美言可以市尊，尊行可以加人。人之不善，何弃之有？故立天子，置三公，虽有拱璧以先驷马，不如坐进此道。

古之所以贵此道者，何也？不曰求以得，有罪以免邪？故为天下贵。

三十二章（二十三章）

希言，自然。

飘风不终朝，骤雨不终日。孰为此者？天地。天地尚弗能久，而况于人乎！

故从事于道者，同于道；德者，同于德；失者，同于失。

同于德者，道亦德之；同于失者，道亦失之。

信不足焉，有不信焉。

三十三章（十九章）

绝智弃辩，民利百倍；绝巧弃利，盗贼无有；绝伪弃虑，民复季子。

此三者以为文，不足。

或令之有所属：见素抱朴，少私而寡欲。

三十四章（二章）

天下皆知美之为美，斯恶已；皆知善之为善，斯不善已。

故有无相生，难易相成，长短相形，高下相倾，音声相和，先后相随：恒也。

是以圣人处无为之事，行不言之教，万物作焉而不辞，生而不有，为而不恃，功成而弗居。夫唯弗居，是以不去。

三十五章（四十三章）

天下之至柔，驰骋于天下之至坚。无有入于无间。吾是以知无为之有益也。不言之教，无为之益，天下希能及之。

三十六章（二十六章）

重为轻根，静为躁君。

是以圣人终日行，不离辎重。虽有荣观，燕处超然。奈何万乘之王而以身轻天下？

轻则失根，躁则失君。

三十七章（七十六章）

人之生也柔弱，其死也坚强；草木之生也柔弱，其死也枯槁。

故坚强者死之徒，柔弱者生之徒。

是以兵强则不胜，木强则兵。

强大处下，柔弱处上。

三十八章（七章）

天长地久。天地所以能长且久者，以其不自生，故能长生。

是以圣人后其身而身先，外其身而身存。非以其无私邪？故能成其私。

三十九章（四十六章下）

罪莫大于甚欲，咎莫憯于欲得，祸莫大于不知足。

知足之为足，常足矣！

四十章（十二章）

五色令人目盲；五音令人耳聋；五味令人口爽；驰骋田猎，令人心发狂；难得之货，令人行妨。

是以圣人之治也，为腹不为目。故去彼取此。

四十一章（四十四章）

名与身孰亲？身与货孰多？得与亡孰病？

甚爱必大费，厚藏必多亡。

故知足不辱，知止不殆，可以长久。

四十二章（九章）

持而盈之，不如其已；揣而锐之，不可长保；金玉满堂，莫之能守；富贵而骄，自遗其咎。

功遂身退，天之道也。

四十三章（六十七章下）

吾有三宝，持而宝之：一曰慈，二曰检，三曰不敢为天下先。慈，故能勇；检，故能广；不敢为天下先，故能为成器长。今舍其慈，且勇；舍其检，且广；舍其后，且先。则必死矣！

夫慈，以战则胜，以守则固。天将建之，以慈卫之。

四十四章（二十七章）

善行，无辙迹；善言，无瑕谪；善数，不用筹策；善闭，无关楗而不可开；善结，无绳约而不可解。

是以圣人常善救人，故无弃人；常善救物，故无弃物。是谓袭明。

故善人者，善人之师；不善人者，善人之资。不贵其师，不爱其资，虽智大迷，是谓要妙。

四十五章（二十四章）

企者不立，跨者不行。自见者不明，自是者不彰，自伐者无功，自矜者不长。

其在道也，曰："余食赘形！"物或恶之，故有道者不处。

四十六章（二十二章）

曲则全，枉则正，洼则盈，敝则新，少则得，多则惑。是以圣人执"一"以为天下式。

不自见故明；不自是故彰；不自伐故有功；不自矜故长。夫唯不争，故天下莫能与之争。

古之所谓"曲则全"者，岂虚言哉！诚全而归之。

四十七章（三十三章）

知人者智，自知者明。
胜人者有力，自胜者强。
知足者富，强行者有志。
不失其所者久，死而不亡者寿。

四十八章（三十九章下）

贵必以贱为本，高必以下为基。是以侯王自称孤、寡、不穀，此非以贱为本邪？非乎？故致数誉无誉。是故不欲球球如玉，落落如石。

四十九章（四十二章下）

人之所恶，唯孤、寡、不穀，而王公以为称。故物或损之而益，或益之而损。故人之所教，我亦教之："强梁者不得其死！"吾将以为教父。

五十章（五十章下）

盖闻善执生者，陵行不遇兕虎，入军不被甲兵。兕无所投其角，虎无所措其爪，兵无所容其刃。夫何故？以其无死地焉。

五十一章（七十七章）

天之道，其犹张弓欤？高者抑之，下者举之；有余者损之，不足者补之。
天之道，损有余而补不足。人之道则不然，损不足以奉有余。
孰能有余以奉天下？唯有道者。
是以圣人为而不恃，功成而不处。若此，其不欲见贤也。

五十二章（七十九章）

和大怨，必有余怨；报怨以德，安可以为善？
是以圣人执左契，而不责于人。故有德司契，无德司彻。
天道无亲，常与善人。

五十三章（七十一章）

知不知，上矣；不知知，病矣！圣人之不病，以其病病。夫唯病病，是以不病。

五十四章（十五章）

古之善为道者，微妙玄通，深不可识。夫唯不可识，故强为之容：

豫兮若冬涉川；犹兮若畏四邻；俨兮其若客；涣兮其若凌释；敦兮其若朴；浑兮其若浊；旷兮其若谷；澹兮其若海；飂兮若无止。

孰能浊以静之徐清？孰能安以动之徐生？

保此道者不欲盈。夫唯不盈，故能蔽而新成。

五十五章（二十章）

唯之与诃，相去几何？美之与恶，相去若何？人之所畏，亦不可不畏？

荒兮，其未央哉！众人熙熙，如享太牢，如春登台。

我独泊兮其未兆，如婴儿之未孩；傫傫兮，若无所归。众人皆有余，而我独若遗。我愚人之心也哉！沌沌兮！

俗人昭昭，我独昏昏；俗人察察，我独闷闷。忽兮，其若海；恍兮，若无止。众人皆有以，而我独顽且鄙。我欲独异于人，而贵食母。

五十六章（七十章）

吾言甚易知，甚易行。而天下莫能知，莫能行。

言有宗，事有君。夫唯无知，是以不我知。

知我者希，则我者贵。是以圣人被褐而怀玉。

四、治国篇

五十七章（六十章）

治大国，若烹小鲜。

以"道"莅天下，其鬼不神。非其鬼不神，其神不伤人；非其神不伤人，圣人亦不伤人。夫两不相伤，故德交归焉。

五十八章（五十七章）

以正治国，以奇用兵，以无事取天下。

吾何以知其然哉？夫天下多忌讳，而民弥叛；民多利器，国家滋昏；人多伎巧，奇物滋起；法物滋彰，盗贼多有。

故圣人云："我无为而民自化，我好静而民自正，我无事而民自富，我无欲而民自朴。"

五十九章（二十九章）

将欲取天下而为之，吾见其弗得已！夫天下，神器也。不可为也，不可执也；为者败之，执者失之。

夫物或行或随，或嘘或吹，或强或羸，或载或堕。

是以圣人去甚，去奢，去泰。

六十章（六十五章）

古之善为道者，非以明民，将以愚之。

民之难治，以其智之。故以智治国，国之贼；不以智治国，国之福。

此两者，亦稽式。常知稽式，是谓玄德。玄德深矣，远矣，与物反矣，然后乃至大顺。

六十一章（六十三章）

为无为，事无事，味无味。

大，小之。多惕必多难。图难于其易，为大于其细。天下难事，必作于易；天下大事，必作于细。是以圣人终不为大，故能成其大。

夫轻诺必寡信，多易必多难。是以圣人犹难之，故终无难矣。

六十二章（六十四章下）

为者败之，执者失之。是以圣人无为故无败，无执故无失。

民之从事，常于几成而败之。临事之纪，慎终如始，则无败事。

圣人欲不欲，不贵难得之货；学不学，复众人之所过。是故圣人能辅万物之自然，而弗能为也。

六十三章（三章）

不上贤，使民不争；不贵难得之货，使民不为盗；不见可欲，使民心不乱。

是以圣人之治也：虚其心，实其腹，弱其志，强其骨；常使民无知无欲；使夫智者不敢为也。为无为，则无不治。

六十四章（五十六章）

知者不言，言者不知。

塞其兑，闭其门。挫其锐，解其纷，和其光，同其尘：是谓玄同。

故不可得而亲，不可得而疏；不可得而利，不可得而害；不可得而贵，不可得而贱。故为天下贵。

六十五章（五十九章）

治人，事天，莫若啬。

夫唯啬，是以早服。早服谓之重积德；重积德，则无不克；无不克，则莫知其极；莫知其极，可以有国；有国之母，可以长久。是谓深根固柢、长生久视之道也。

六十六章（六十一章）

大国者下流，天下之交，天下之牝也。牝常以静胜牡。为其静也，故宜为下。

大国以下小国，则取小国；小国以下大国，则取于大国。故或下以取，或下而取。

大国不过欲兼畜人，小国不过欲入事人。夫两者各得其所欲，大者宜为下。

六十七章（十八章）

大道废，有仁义；智慧出，有大伪；六亲不和，有孝慈；国家昏乱，有忠臣。

六十八章（七十五章）

民之饥，以其上食税之多，是以饥；

民之不治，以其上之有为，是以不治；

民之轻死，以其上求生生之厚，是以轻死。

夫唯无以生为者，是贤于贵生也。

六十九章（五十章上）

出生入死。生之徒，十有三；死之徒，十有三；而民之生生，动皆之死地，亦十有三。夫何故？以其生生也。

七十章（五十三章）

使我介然有知，行于大道，唯施是畏。

大道甚夷，而人好径。朝甚除，田甚芜，仓甚虚；服文彩，带利剑，厌饮食，财货有余，是谓盗夸。非道也哉！

七十一章（七十四章）

民不畏死，奈何以死惧之？

若使民常畏死，而为奇者，吾得执而杀之，孰敢？

若使民常畏死，则常有司杀者。夫代司杀者杀，是谓代大匠斫。夫代大匠斫者，希有不伤其手者矣！

七十二章（七十二章）

民不畏威，则大威将至矣！

无狎其所居，无厌其所生。夫唯不厌，是以不厌。

是以圣人自知不自见，自爱不自贵。故去彼取此。

七十三章（五十八章）

其政闷闷，其民淳淳；其政察察，其民缺缺。

祸兮，福之所倚；福兮，祸之所伏。孰知其极？其无正邪？正复为奇，善复为妖。人之迷，其日固久。

是以圣人方而不割，廉而不刿，直而不肆，光而不耀。

七十四章（三十六章）

将欲歙之，必固（姑）张之；将欲弱之，必固（姑）强之；将欲废之，必固（姑）兴之；将欲取之，必固（姑）与之。是谓微明。

柔弱胜刚强。鱼不可脱于渊，国之利器不可以示人。

七十五章（六十四章上）

其安易持，其未兆易谋；其脆易判，其微易散。为之于其未有，治之于其未乱。

合抱之木，生于毫末；九层之台，作于累土；千里之行，始于足下。

七十六章（三十一章）

夫兵者，不祥之器。物或恶之，故有道者不处。

君子居则贵左，用兵则贵右。兵者，不祥之器，非君子之器。不得已而用之，铦袭为上。胜而不美。若美之，是乐杀人也。夫乐杀人者，则不可得志于天下矣。

故吉事尚左，丧事尚右；偏将军居左，上将军居右，言以丧礼处之。杀人之众，则以悲哀莅之；战胜，则以丧礼处之。

七十七章（三十章）

以道佐人主者，不以兵强于天下。其事好还：师之所处，荆棘生焉；大军之后，必有凶年。

故善者果而已，不以取强。果而勿伐，果而弗骄，果而弗矜，果而不得已。是谓果而勿强。

物壮则老，是谓不道。不道早已。

七十八章（四十六章上）

天下有道，却走马以粪；天下无道，戎马生于郊。

七十九章（六十八章）

古之善为士者不武，善战者不怒，善胜敌者弗与，善用人者为之下。

是谓不争之德，是谓用人，是谓配天，古之极。

八十章（六十九章）

用兵者有言曰："吾不敢为主而为客，不敢进寸而退尺。"是谓行无行，攘无臂，执无兵，扔无敌。

祸莫大于轻敌，轻敌几丧吾宝。

故抗兵相若，哀者胜矣！

八十一章（十三章）

宠辱若惊，贵大患若身。

何谓"宠辱若惊"？宠为下。得之若惊，失之若惊，是谓宠辱若惊。

何谓"贵大患若身"？吾所以有大患者，为吾有身；及我无身，吾有何患？

故贵以身为天下，若可寄天下；爱以身为天下，若可托天下。

八十二章（六十六章）

江海之所以能为百谷王者，以其善下之，故能为百谷王。

是以圣人之在民上也，必以其言下之；其在民前也，必以其身后之。故圣人处上而民不重，处前而民不害，是以天下乐推而不厌。非以其不争与？以其不争，故天下莫能与之争。

八十三章（四十九章）

圣人常无心，以百姓之心为心。

善者，吾善之；不善者，吾亦善之：德善。

信者，吾信之；不信者，吾亦信之：德信。

圣人之在天下也，歙歙焉，为天下浑其心。百姓皆属耳目，圣人皆孩之。

八十四章（七十八章）

天下莫柔弱于水，而攻坚强者莫之能胜，以其无以易之也。

柔之胜刚，弱之胜强，天下莫不知，莫能行。

是以圣人云：“受国之垢，是谓社稷主；受国之不祥，是谓天下王。”正言若反。

八十五章（十七章）

太上，不知有之；其次，亲之誉之；其次，畏之；其下，侮之。信不足焉，有不信焉。

犹兮，其贵言。功成事遂，而百姓皆曰：“我自然”。

八十六章（三十五章）

执大象，天下往。往而不害，安平泰。

乐与饵，过客止。“道”之出言，淡乎其无味，视之不足见，听之不足闻，用之不可既。

八十七章（八十章）

小国寡民。

使有十百人之器而不用，使民重死而不远徙。虽有舟舆，无所乘之；虽有甲兵，无所陈之。使民复结绳而用之。

至治之极：民各甘其食，美其服，安其居，乐其俗。邻国相望，鸡犬之声相闻，民至老死不相往来。

八十八章（八十一章）

信言不美，美言不信。

善者不辩，辩者不善。

知者不博，博者不知。

善者不多，多者不善。

圣人不积。既以为人，己愈有；既以与人，己愈多。

天之道，利而不害；圣人之道，为而不争。

附录十四

通行本与新编本章次对照

为了便于读者按照老子《道德经》通行本的章次查询《道德经》新编本的所在章节，现将通行本对新编本的章次对照列下：

通行本第一章：新编本一章

通行本第二章：新编本三十四章

通行本第三章：新编本六十三章

通行本第四章：新编本三章

通行本第五章：新编本四章

通行本第六章：新编本五章

通行本第七章：新编本三十八章

通行本第八章：新编本二十四章

通行本第九章：新编本四十二章

通行本第十章：新编本十七章

通行本第十一章：新编本十五章

通行本第十二章：新编本四十章

通行本第十三章：新编本八十一章

通行本第十四章：新编本六章

通行本第十五章：新编本五十四章

通行本第十六章：新编本十六章

通行本第十七章：新编本八十五章

通行本第十八章：新编本六十七章

通行本第十九章：新编本三十三章

通行本第二十章：新编本五十五章

通行本第二十一章：新编本二章

通行本第二十二章：新编本四十六章

通行本第二十三章：新编本三十二章

通行本第二十四章：新编本四十五章

通行本第二十五章：新编本九章

通行本第二十六章：新编本三十六章

通行本第二十七章：新编本四十四章

通行本第二十八章：新编本二十五章

通行本第二十九章：新编本五十九章

通行本第三十章：新编本七十七章

通行本第三十一章：新编本七十六章

通行本第三十二章：新编本三十章

通行本第三十三章：新编本四十七章

通行本第三十四章：新编本十章

通行本第三十五章：新编本八十六章

通行本第三十六章：新编本七十四章

通行本第三十七章：新编本八章

通行本第三十八章：新编本二十一章

通行本第三十九章上：新编本二十九章

通行本第三十九章下：新编本四十八章

通行本第四十章上：新编本十一章

通行本第四十章下：新编本十二章

通行本第四十一章：新编本二十二章

通行本第四十二章上：新编本十三章

通行本第四十二章下：新编本四十九章

通行本第四十三章：新编本三十五章

通行本第四十四章：新编本四十一章

通行本第四十五章：新编本二十六章

通行本第四十六章上：新编本七十八章

通行本第四十六章下：新编本三十九章

通行本第四十七章：新编本十九章

通行本第四十八章：新编本十八章

通行本第四十九章：新编本八十三章

通行本第五十章上：新编本六十九章

通行本第五十章下：新编本五十章

通行本第五十一章：新编本二十三章

通行本第五十二章：新编本二十章

通行本第五十三章：新编本七十章

通行本第五十四章：新编本二十七章

通行本第五十五章：新编本二十八章

通行本第五十六章：新编本六十四章

通行本第五十七章：新编本五十八章

通行本第五十八章：新编本七十三章

通行本第五十九章：新编本六十五章

通行本第六十章：新编本五十七章

通行本第六十一章：新编本六十六章

通行本第六十二章：新编本三十一章

通行本第六十三章：新编本六十一章

通行本第六十四章上：新编本七十五章

通行本第六十四章下：新编本六十二章

通行本第六十五章：新编本六十章

通行本第六十六章：新编本八十二章

通行本第六十七章上：新编本七章

通行本第六十七章下：新编本四十三章

通行本第六十八章：新编本七十九章

通行本第六十九章：新编本八十章

通行本第七十章：新编本五十六章

通行本第七十一章：新编本五十三章

通行本第七十二章：新编本七十二章

通行本第七十三章：新编本十四章

通行本第七十四章：新编本七十一章

通行本第七十五章：新编本六十八章

通行本第七十六章：新编本三十七章

通行本第七十七章：新编本五十一章

通行本第七十八章：新编本八十四章

通行本第七十九章：新编本五十二章

通行本第八十章：新编本八十七章

通行本第八十一章：新编本八十八章

附录十五

参考书目

一

《老子》，郭店楚墓竹简《老子》，马王堆汉墓帛书《老子》甲、乙本，司马迁：《史记·老子韩非列传》，司马谈：《论六家要旨》，《周易》，《尚书》，帛书《黄帝四经》，《庄子》，《管子》，《文子》，《列子》，《吕氏春秋》，《淮南子》，《论语》，《孟子》，《荀子》，《孙子兵法》，《史记》，《十三经注疏》等。

二

王弼《老子道德经注》、《老子指略》，韩非子《解老》、《喻老》，傅奕《道德经古本篇》，成玄英《道德经义疏》，李约《老子道德真经新注》，苏辙《老子解》，范应元《老子道德经古本集注》，吴澄《道德真经注》，薛蕙《老子集解》，焦竑《老子翼》，王夫之《老子衍》，魏源《老子本义》，易顺鼎《读老札记》，刘师培《老子斠补》，杨树达《老子古义》，马叙伦《老子校诂》，奚侗《老子集解》，俞樾《诸子平议》，劳健《老子古本考》等。

三

《四部要籍注疏丛刊·老子》（全二册），中华书局1998年版。

河上公：《老子道德经河上公章句》，王卡点校，中华书局1993年版。

严遵：《老子指归》，王德有点校，中华书局 1994 年版。

朱谦之：《老子校释》，中华书局 1984 年版。

高明：《帛书老子校注》，中华书局 1996 年版。

梁启超：《老子哲学》，载《饮冰室专集》第 35 卷，上海中华书局 1936 年版。

蒋锡昌：《老子校诂》，商务印书馆 1937 年版。

高亨：《老子正诂》，开明书店 1943 年版。

高亨：《重订老子正诂》，古籍出版社 1956 年版。

高亨：《老子注译》，河南人民出版社 1980 年版。

任继愈：《老子新译》，上海古籍出版社 1985 年版。

张松如：《老子校读》，吉林人民出版社 1981 年版。

詹剑峰：《老子其人其书及其道论》，湖北人民出版社 1982 年版。

陈鼓应：《老子注译及评介》，中华书局 1984 年版。

陈鼓应：《老子今注今译》，商务印书馆 2003 年版。

陈鼓应：《庄子今注今译》，中华书局 1983 年版。

陈鼓应：《老庄新论》，香港中华书局 1991 年版。

陈鼓应：《黄帝四经今注今译》，商务印书馆 2007 年版。

陈鼓应、白奚：《老子评传》，南京大学出版社 2001 年版。

古棣：《老子校诂》，吉林人民出版社 1998 年版，1999 年第二次印刷。

古棣：《老子通论》，吉林人民出版社 1991 年版。

刘笑敢：《老子古今》，中国社会科学出版社 2006 年版。

朱晓鹏：《老子哲学研究》，商务印书馆 2009 年版。

朱晓鹏：《道家哲学精神及其价值境域》，中国社会科学出版社 2007 年版。

郭沂：《郭店竹简与先秦学术思想》，上海教育出版社 2001 年版。

尹振环：《帛书老子释析》，贵州人民出版社 1998 年版。

尹振环：《楚简老子研究》，中华书局 2001 年版。

［苏联］杨兴顺：《中国古代哲学家老子及其学说》，科学出版社 1957 年版。

徐梵澄：《老子臆解》，中华书局 1988 年版。

南怀瑾：《老子他说》，复旦大学出版社 2002 年版。

南怀瑾：《南怀瑾讲演录》，上海人民出版社 2007 年版。

车载：《论老子》，上海人民出版社 1959 年版。

王淮：《老子探义》，台湾商务印书馆 1972 年版。

许抗生：《帛书老子注译与研究》，浙江人民出版社 1982 年版。

卢育三：《老子释义》，天津古籍出版社 1987 年版。

李水海：《老子楚语考论》，陕西人民出版社 1990 年版。

李先耕：《老子今析》，中国社会科学出版社 2002 年版。

严敏：《〈老子〉辨析及启示》，巴蜀书社 2003 年版。

郭世铭：《〈老子〉究竟说什么》，华文出版社 1999 年版。

孙以楷：《老子通论》，安徽大学出版社 2004 年版。

兰喜并：《老子解读》，中华书局 2005 年版。

〔美〕秦维聪：《李耳道德经补正》，中州古籍出版社 1987 年版。

〔菲〕陈永栽：《老子章句解读》，上海古籍出版社 2001 年版。

张金光：《老子的人生艺术》，济南出版社 1996 年版。

马恒君：《老子正宗》，华夏出版社 2006 年版。

文选德：《〈道德经〉诠释》，湖南人民出版社 2003 年版。

赵又春：《我读〈老子〉》，岳麓书社 2006 年版。

张松辉：《老子研究》，人民出版社 2006 年版。

曾宪年：《老子领导思想研究》，湖南师范大学出版社 2005 年版。

杨润根：《发现老子》，华夏出版社 2003 年版。

赵庙祥：《老子哲学研究》，陕西人民出版社 2004 年版。

高定彝：《老子道德经研究》，北京广播学院出版社 1999 年版。

李尔重：《〈老子〉研究新编》，华中科技大学出版社 2003 年版。

胡孚琛、吕锡琛：《老学通论》，社会科学文献出版社 2003 年版。

吕锡琛：《道家与民族性格》，湖南大学出版社 1998 年版。

吕锡琛：《道家道教与中国古代政治》，湖南人民出版社 2002 年版。

杨鸿儒：《重读老子》，四川人民出版社 1997 年版。

任法融：《道德经释义》，三秦出版社 1991 年版。

胡道静：《十家论老》，上海人民出版社 2006 年版。

唐明邦：《论道崇真集》，华中师范大学出版社 2006 年版。

〔韩〕李顺连：《道论》，华中师范大学出版社 2003 年版。

东方桥：《读老子的方法学》，上海书店出版社 2007 年版。

郑开：《道家形而上学研究》，宗教文化出版社 2003 年版。

宁镇疆：《〈老子〉早期传本结构及其流变研究》，学林出版社 2006
年版。

刘坤生：《老子解读》，上海古籍出版社 2004 年版。

萧兵、叶舒宪：《老子的文化解读》，湖北人民出版社 1994 年版。

邓各泉：《郭店楚简〈老子〉释译》，湖南人民出版社 2005 年版。

余光明：《黄帝四经与黄老思想》，黑龙江人民出版社 1989 年版。

王泽应：《道家伦理道德精粹》，湖南大学出版社 1999 年版。

张松如、邵汉明：《道家哲学智慧》，吉林人民出版社 1997 年版。

涂宗流：《郭店楚简平议》，国际炎黄文化出版社 2002 年版。

丁原明：《黄老学论纲》，山东大学出版社 1997 年版。

张舜徽：《周秦道论发微》，中华书局 1982 年版。

陈广忠：《中国道家新论》，黄山书社 2001 年版。

熊铁基：《中国老学史》，福建人民出版社 1995 年版。

黄钊主编：《道家思想史纲》，湖南师范大学出版社 1991 年版。

杨胜良：《道家与中国思想史论》，厦门大学出版社 2002 年版。

楼宇烈：《王弼集校释》，中华书局 1980 年版。

汤用彤：《魏晋玄学论稿》，《汤用彤学术论文集》，中华书局 1983 年版。

刘学智：《儒道哲学阐释》，中华书局 2002 年版。

孙熙国：《先秦哲学的意蕴》，华夏出版社 2006 年版。

庞朴：《当代学者自选文库·庞朴卷》，安徽教育出版社 1999 年版。

庞朴：《文化一隅》，中州古籍出版社 2005 年版。

庞朴：《浅说一分为三》，新华出版社 2004 年版。

庞朴：《稂秀集——中国文化与哲学论集》，上海人民出版社 1988 年版。

陈鼓应主编：《道家文化研究》，生活·读书·新知三联书店 1992—2007 年版，共二十二辑。

安继民等：《老庄思想合论》，河南大学出版社 2001 年版。

孙以楷主编：《道家与中国哲学》（先秦卷、汉代卷），人民出版社 2004 年版。

李泽厚：《中国古代思想史论》，天津社会科学院出版社 2003 年版。

易杰雄：《哲学、文化与社会》，河北教育出版社 2004 年版。

王世明：《孔子伦理思想发微》，齐鲁书社 2004 年版。

王世明：《论语微言》，甘肃文化出版社 2005 年版。

陈荣捷：《朱学论集》，（台北）学生书局 1988 年版。

［美］孙隆基：《中国文化的深层结构》，广西师范大学出版社 2004 年版。

任继愈：《中国哲学发展史》（先秦卷），人民出版社 1983 年版。

方克立：《中国哲学史上的知行观》，人民出版社 1982 年版。

方克立：《方克立文集》，上海辞书出版社 2005 年版。

冯友兰：《中国哲学史》，（上海）商务印书馆 1934 年版。

冯友兰：《中国哲学简史》，新世界出版社 2004 年版。

胡寄窗：《中国经济思想史》（上），上海人民出版社 1962 年版。

张岱年：《中国哲学发微》，山西人民出版社 1981 年版。

张岱年：《中国古典哲学概念范畴要论》，中国社会科学出版社 1989
年版。

张岱年：《中国哲学大纲》，江苏教育出版社 2005 年版。

张岱年、方克立主编：《中国文化概论》，北京师范大学出版社 1994
年版。

郭齐勇：《中国古典哲学名著选读》，人民出版社 2005 年版。

［美］陈荣捷：《中国哲学文献选编》，江苏教育出版社 2006 年版。

《中国哲学史资料简编》，中华书局 1962 年版。

中华孔子学会组编：《国学通览》，群众出版社 1996 年版。

王晓毅：《国学举要·道卷》，湖北教育出版社 2002 年版。

蒙培元：《国学举要·儒卷》，湖北教育出版社 2002 年版。

洪修平：《国学举要·佛卷》，湖北教育出版社 2002 年版。

黄颂杰：《西方哲学名著提要》，江西人民出版社 2002 年版。

四

《马克思恩格斯选集》，人民出版社 1995 年版。

《列宁选集》，人民出版社 1996 年版。

《毛泽东选集》，人民出版社 1991 年版。

朱熹：《四书章句集注》，中华书局 1983 年版。

周振甫：《周易译注》，中华书局 1991 年版。

（清）焦循：《孟子正义》，中华书局 1987 年版。

黎翔凤：《管子校注》，中华书局 2004 年版。

王明：《抱朴子内篇校释》，中华书局 1985 年版。

（清）马瑞辰：《毛诗传笺通释》，中华书局 1989 年版。

何宁：《淮南子集释》，中华书局 1998 年版。

王利器：《文子疏义》，中华书局 2000 年版。

李书有：《儒学源流》，中国青年出版社 1998 年版。

工具书，略。

此外，在研究和写作过程中还参阅了许多有关的学术论文，因数量庞大，难以一一列出，故从略。

后　记

　　关于新编《道德经》（《老子》）的缘由，在本书的"导言"中已作了阐述。在此谈谈拙著《老子道德经新编》的撰写过程及力图体现的几个特点。鉴于"导言"中所讲的原因，余从 2001 年 10 月开始，对《道德经》的文本结构作重新建构的尝试，至 2002 年 5 月写出一篇三万多字的文章，名曰《〈道德经〉新编及其论证》（其导言部分见本书附录二），文章的修改稿曾分别送请著名学者庞朴先生、张立文先生及郭沂先生指正，得到他们的热情鼓励和支持。庞朴先生在评语中说："老子《道德经》是我国道家学派的首要经典，也是我们中华文化的基本柱石。它以哲理诗的形式，叙说了宇宙大化的发展规律，规划了社会历史的理想面貌，指示了人际交往的行为守则，两千多年来，一直是中国文化传统的不可或缺的重要部分。遗憾的是，由于成书和流传方面的种种原因所致，《道德经》一书在篇章的编连方面，多有颠倒错落之处，给把握全书的思想脉络带来一定的困难。董京泉同志有鉴于此，在透彻理解原书哲理和文采的基础上，将通行本的八十一章改分为八十四章（按：这是当时的情况，后来改分为八十八章），分别归属于道论、德论、修身、治国四篇，原来章节，各按内容所是，依逻辑重新排列，大大有利于研读和检索，其于古籍整理，功莫大焉。"著名国学专家、中国人民大学孔子研究院院长张立文先生在信中说："大作论证之精粹，见解之独到，工夫之扎实，确具有开拓之功和很高的理论价值。"中国社会科学院研究员、时任韩国汉城大学教授、博士生导师的郭沂先生在信中说："由于您的特殊阅历和学术训练，您对《老子》的许多见解，是为一般学者所不及的。在《老子》研究史上，不管从形式上看，还是从内容上看，您的新编都有划时代的意义。"此文于次年即 2003 年在《文史哲》杂志第 1—2 期上连载。在此基础上，我即着手《老子道德经新编》书稿的写作。在对《道德经》深入研究和书稿写作的过程中，又觉得《〈道德经〉新编及其论证》将《道德经》分为四篇（即道论篇、德论篇、修身篇、治国篇）还是可以的，但有的章次排列不当，不利于揭示《道德经》思想的内在逻辑关系，有的观点也欠妥，因而决定再写一篇文章对少数章次做出重新调整，不妥的观点予以改正，进一步加强篇章之间内在逻辑联系的阐述，并对《老子》研究中某些似乎已成定见的观点加以辨析。于是在 2005 年 2 月写出《〈道德经〉新编之修订》（见附录三），此文约二万七千字，2006 年在《文史哲》杂志第 2 期上全文发表。此文成为《老子道德经新编》（书稿）的基本框架，在书稿的写作过程中对原有章次又作了个别调整。

　　《老子道德经新编》的写作过程，也是对老子及道家思想深入研究的过程，特别是《道德经》的某些重要范畴和命题，如"道"、"德"、"自然"、"无为"、"道法自然"等等，尤其需要作深入研究。于是，笔者在 2004 年写出一篇近万字的学术论文，名曰《老子"道"的定义及实质之我见》（见附录四），次年在《哲学研究》第 4 期上发表，后为中国人民大学报刊复印资料《中国哲学》转载。此外，还写了一篇五千多字的文章，名曰《说"无为"》（收入时改名为《析老子的"无为"》，见附录五），发表在《云梦学刊》（湖南）2007 年第 2 期上。在书稿修改的过程中，由对《老子》某些重要思想的钩沉而引发了一些思考，遂将其整理提炼为 40 多条"感言"，曰《读〈老子〉感言》，发表在《云梦学刊》2008 年第 2 期上（见附录六）。

　　为了把《老子道德经新编》书稿写好，我认真研读了能搜集到的关于《老子》的各种版本、注译本和研究性论著百余种（见附录十四：《参考书目》）。对有代表性的、影响较大的注本和研究性论著，如王弼的《老子道德经注》和《老子指略》，严遵的《老子指归》，河上公的《老子道德经河上公章句》，韩非子的《解老》、《喻老》，何宁的《淮南子集释》，魏源的《老子本义》，杨树达的《老子古义》，马叙伦的《老子校诂》，高亨的《老子正诂》和《老子注译》，蒋锡昌的《老子校诂》，朱谦之的《老子校释》，高明的《帛书老子校注》，任继愈的《老子新译》，张松如的《老子校读》，陈鼓应的《老子注译及评介》和《老子今注今译》，古棣的《老子校诂》和《老子通论》，尹振环的《帛书老子释析》和《楚简老子辨析》，车载的《论老子》，詹剑峰的《老子其人其书及其道论》，孙以楷的《老子通论》，胡孚琛和吕锡琛的《道学通论》，刘笑敢的《老子古今》，郭沂的《郭店竹简与先秦学术思想》，以及陈鼓应主编的《道家文化研究》和人大报刊复印资料《中国哲学》上的许多相关学术论文等，我都是逐字逐句地反复研读，随手圈点并作笔记，对其中的不同观点加以反复比较、研究，同时酝酿自己的独立见解。在此对上述论著的作者致以深切的谢意。

　　奉献给读者的这部拙著，在写作过程中力求体现以下几个特点：

　　第一，打破《老子》通行本的章节次序，按内容所是和内在逻辑，作文本重构。新编本分为四篇，即道论篇、德论篇、修身篇和治国篇。《道德经》通行本共八十一章。因为其中有七章的上下两段内容似不相属，故新编本将其一分为二，归属于不同的篇中。这样一来，新编本共八十八章，与通行本相重合的只有首章、末章、第十六章和第七十二章，后两章的次序相同纯属巧合。在八十八章中，道论篇20章，德论篇7章，修身篇29章，治国篇32章，从中也可以看出老子哲学主要是政治哲学的特点。在《老子》中，论述"德"的基本原理的章数少一些，这可能是因为"孔德之容，惟道是从"（二十一章）的缘故。

　　新编本之所以从作为天地万物及社会人生的存在本体和价值本体的道及道论开始，一是依据《老子》的通行本（何为《老子》的祖本，根据现有的史料还难以考证清楚）的基本逻辑，二是依据马克思在《〈政治经济学批判〉导言》中所说的叙述的方法与研究的方法不同，简要地说，研究的方法是从具体到抽象，而叙述的方法则是从抽象到（理性的）具体。新编本所体现的当然是叙述的方法，因而其逻辑是从最抽象的道开始，逐步上升，道在各方面各领域的展开，最后形成道的理性具体。

　　我感到，对《老子》文本的重构及其在此基础上的研究，可能是对历代注家囿于对原有文本章句的训诂和诠释的一个突破，这似乎有利于从整体上系统地把握老子的思想脉络、理论体系和时代价值，亦有利于从宏观上看待和钩沉《老子》某些词语和章句深刻的思想内涵及其现实意义。

　　应当说明的是，古今都有几种注本对《老子》冠以章名。其做法基本有二：一是取该章的头两个字作为章名，如严遵的《老子指归》是也；二是根据自己对章旨的理解，以该章的主旨命名，如河上公的《老子道德经河上公章句》是也。余以为取头两个字作为章名，意义不大；以章旨命名固然可取，但难度较大，因为《老子》中的许多章具有综合性，并非讲的一个内容，何谓该章的主旨不是很明确。在这种情况下，如果概括不当，反而会弄巧成拙，对读者产生误导，得不偿失。鉴于此，拙著一律不冠以章名。

　　第二，每一章都设置了【辨析】栏目，并有较为丰富的内容。这是所见《老子》注本所没有的。设置这一栏目的目的，旨在站在时代的高度，以马克思主义为指导，以宏观视野和战略眼光，结合评析古今注家们提出的相关观点，比较深入地发掘《老子》某些词语和章句中所蕴含的思想精粹；密切联系历史经验和社会现实问题，力求通过对老子某些思想观点的创造性的解释，比较充分地阐述《老子》的时代价值和现实意义。各章的"辨析"力求较好地体现这一初衷。据初步统计，在这部拙著中，"辨析"（连同"述评"）的文字在四千字以上的有二十篇，其中十四篇在五千字以上，最长的三篇（新编本第十四章、二十一章和八十八章）前两篇近万字，末篇一万四千多字。

此外，在有些章节中还增设了【述评】的栏目，增强了对老子及其注家思想评论的色彩。

应当说明的是，除《老子》的研究性论著外，对于被征引的《老子》注译本或校诂本中的话，因为考虑到其章节次序与《老子》通行本一致，很容易查到，为避免书稿的"注"太多，所以对于所引的无关紧要的句子未注明出处。

第三，对《老子》字句的校订及提出的所有观点都建立在严格校勘、训诂的基础之上。我认为，对历史典籍，学者引申触类，六通四辟，固然无所不可，但考其本旨，应义有所归，即必须以其本真义（本来涵义）为基础，不能将其本真义与其引申义和发展演变义混为一谈，更不能本末倒置，望文生义，想当然地乱发议论。因此，对古代典籍文句严谨准确的校勘和训诂应是学者的基本功，也是一个硬功夫。如果不在校勘、训诂上下苦工夫，校理出一个《老子》的定本，对那些有争议的章句做出确切无疑的解释，那么对于《老子》书的时代性，对老子哲学的本质等的论定，就不可能避免主观主义，尽管分析得头头是道，也可能与《老子》的本真义南辕北辙。为此，从2001 年以来我研读了大量先秦古籍（包括出土文献）特别是历代道家的主要著作，对儒家、法家、墨家、名家的经典亦多有涉猎。我认为，对《老子》的章句和老子思想观点的诠释，固然需要对先秦诸子的著述比较熟悉，从而有利于弄清老子思想与他们的关联，有利于正确评价老子思想的历史地位和作用，但应首先坚持"以老解老"（《老子》研究中提出的问题，首先要从《老子》中找答案）的原则，因此对《老子》必须精读，并能融会贯通，词句信手拈来。

对《老子》之词语和章句的解读，不应孤立地看某词某句，更不应望文生义，随意诠释，而应密切联系该词此句与其邻词邻句的关系、邻词邻句的涵义、此章主旨、其他章节中的有关论述、全书（篇）的思想主题、作者的思想体系以及写作的历史背景等作具体的考察和分析。

我在对《老子》章句和重要字、词的校诂及提出自己的看法时，对所查到的古籍以及近现代文献，择其要者，皆一一征引，异本勘合，择善而取，独立思考，标新立异，务使自己的观点既要有所突破，又有坚实可靠的文献依据。

第四，译文力求押韵，琅琅上口。《道德经》（《老子》）不仅博大精深，是一座思想宝库，而且语言简练精美，是一部哲理诗。其中有些高度凝练、琅琅上口的格言警句，历代传颂，人们大都耳熟能详。这也是《老子》所以流传千古的重要原因。其中有些语句虽然在现代人看来并不押韵，但几乎皆合于古韵（此是就通行本而言的，《老子》之祖本究竟为何，现在尚不得而知。但从帛书和简本来看，诚如刘笑敢先生所说，《老子》有诗之特点，却并非篇篇是诗，多数是亦诗亦文，诗文相间①）。

我国古代乃至近代的《老子》注本皆无白话译文，现当代虽然出了一批注译本，但这些注译本几乎都把《老子》的章句译成了散文，因而无以体现其哲理诗的风貌。在我所见的几十种注译本中，惟有张松如先生（学者兼诗人，《解放军进行曲》的词作者公木）《老子校读》中的译文基本押韵，这是很可贵的；如果说有什么缺点的话，就是有些地方译得似乎不很准确。我认为，如能使《老子》的译文既合于本义又能比较切合现代汉语的韵律，对于我国青少年更好地学习和领会《老子》的思想内涵，继承和发扬这一弥足珍贵的文化遗产，未必不是一件好事。鉴于此，笔者虽然自知文学功底浅陋，但欲就此作一大胆尝试，所以在《老子》章句的翻译上也颇费心思，力求在准确释义的前提下，使译文尽量做到琅琅上口，但决不削足适履，因词害义。

第五，提出一些富有新意的比较重要的观点。哲学社会科学研究的基本任务应是探索未知，设计未来，基本要求应是不断推进理论创新。在《老子》研究和《老子道德经新编》书稿写作的过程中，笔者关注和致力的重点就是提出富有新意的比较重要的观点。杜甫作诗追求"语不惊人死不休"，学习诗圣杜甫的这种精神，我给自己立下的规矩是：无论写到哪一章，如果提不出自己的独立见解，就决不写下一章。因此，在《老子道德经新编》八十八章中，每一章都有自己的独立看法（有些章还不止一个），当然层次不尽相同。这些见解主要体现在各章的【辨析】之中。

对于文中具体的句子，考虑到后面有译文，所以在【注释】中一般不加解释。【注释】主要是说明应当说明的一些有关问题，以及古今注家对此句的解读，以帮助读者对此句意义的理解。

---

① 刘笑敢：《老子古今》，中国社会科学出版社 2006 年版，第 420 页。

　　为了便于读者对《老子》的不同版本作比较阅读和研究，兹将郭店简本、马王堆帛书甲乙本、河上公本、通行本（王弼本）、傅奕本和笔者勘校的"校定文"（前面皆作了简要的说明）以及通行本与新编本章次对照作为"附录"置于书后；为了便于读者比较具体地了解笔者的思想观点，故将此前发表的几篇文章和后来写的《读〈老子〉感言》亦作为附录放在书后，供参考。

　　在开始进入本课题研究时，曾得到中国社会科学院哲学研究所研究员郭沂先生、时任四川大学宗教研究所博士生导师的姜生先生和时任苏州大学哲学系教授、博士生导师的任平先生的热情鼓励和支持，在此对这三位年轻的学者表示衷心的感谢。

　　《老子道德经新编》是国家社会科学基金后期资助项目，此前也得到北京市社会科学基金的资助。在此，对项目的评审专家、鉴定专家和有关领导同志的亲切指导和热情支持，表示衷心的感谢。

　　在拙著出版的过程中得到中国社会科学出版社的同志特别是总编辑赵剑英、编辑室主任黄燕生的大力支持，在此致以深切的谢意。

　　国学大师、中国社会科学院名誉学部委员、联合国教科文组织《人类科学文化发展史》国际编委会中国代表庞朴先生在审阅了笔者提供的鉴定结项申请报告和部分书稿后欣然为拙著题词，曰："钩深探玄"；庞先生 2007 年 6 月 19 日在给笔者的信中说："《道德经》玄之又玄，素称难解，得阁下重构文本，奥义因之洞开，快何如之。"（均见影印件）庞朴先生还欣然为拙著题写了书名。这既是先生对晚生的极大鼓励，亦是对我这个《老子》初探者的有力鞭策。

　　著名学者、北京大学教授、《帛书老子校注》的作者高明先生在审阅了拙著书稿全文后评论道："董京泉同志撰写的《老子道德经新编》，不久即将付梓，它是目前研究《老子道德经》的最新著作，其所命名该书为《新编》，乃突显其异于世传通行本的特点。通行本的道、德二经，章次编排互有参差，《新编》依据经文内容进行了重构，分编为《道论篇》、《德论篇》、《修身篇》与《治国篇》，改二经为四篇；同时对个别章节也作了调整，改八十一章为八十八章。《新编》各章经文，不拘泥于某一传本，根据校订，选其优者，择善而从。该书在重构的基础上，对经文进行了考释和译文。值得称道的是，每章译文之后均设置《辨析》一文，作者以其逻辑思辨的能力和追求真理的精神，针对古今各家有关《老子》注释的不同意见，逐一作了正误、是非的评述，对各种观点予以平和细致的分析，举优弃劣，褒贬分明，而且对许多难以解决的问题，提出自己的独到见解。我有幸通读了《老子道德经新编》附印稿本，感到系统了解老子哲学的理论体系和现实价值，颇受启迪，得益良多。书中参校之细，堪察之精，十分难得，应予称赞。"

　　著名学者、中国社会科学院学部委员、中国哲学史学会会长方克立先生在审阅了拙著书稿全文后欣然作了序言，对拙著给予充分肯定，对书中的不足之处也提出了中肯的批评，这对我既是热情鼓励也是有力鞭策，使我备受鼓舞和教益。我一定不辜负庞先生、高先生和方先生的期望和要求，在国学研究的道路上继续努力。

　　方先生在为拙著所作的《序》中对老子哲学作了高度概括，曰："尊道贵德、内圣外王。""尊道贵德"的提法出自《老子》通行本第五十一章，语曰："是以万物莫不尊道而贵德。道之尊，德之贵，夫莫之命而常自然。""内圣外王"的提法出于《庄子·天下篇》，是其作者在批评"天下大乱，圣贤不明，道德不一，天下多得一察焉以自好"的社会现象时提出的。我认为"尊道贵德、内圣外王"八个大字是对老子哲学思想实质的深刻揭示，是老子《道德经》的总纲。"内圣外王"的提法比修身、治国具有更高的概括性和更强的穿透力，也更符合道家的话语系统，故新编本除"道论篇"、"德论篇"外，若设"内圣篇"和"外王篇"或许更为合理；但，一是考虑到《老子》通行本第五十四章有"修之于身"、"修之于邦"等的论述，在其他章节中也多出现"治国"的字样，而且依道治国是《道德经》的重要落脚点，二是考虑到"修身、齐家、治国、平天下"虽为儒家话语，但业已成为中国传统文化的习惯表述，故拙著仍权且设之以"修身篇"和"治国篇"。

　　鉴于《老子》的许多现代注译本和研究性论著对老子哲学思想和政治思想中的缺点错误已作了充分或过分的批判，而对《老子》中的思想精华则似乎钩沉和阐发不足，所以我在写作《老子道德经新编》的过程中主要致力于对老子哲学思想和政治思想之精华的钩沉和阐发，以及在这方面的辨析，而对老子的历史局限性和阶级局限性以及在哲学观点和政治思想上所表现出的缺点和错误则分析批判不够。方先生在序言中指出："作者总体上还是同情地理解多而对老子思想中所包含的内在矛盾揭示不够，或者说批判地超越的眼光还有些不足。"方先生的批评十分准确和中肯。我已遵照这一批评意见对书稿的相关论述作了某些斟酌、修改和补充。

　　还有一个问题在此作一说明，就是拙著对所涉及的作者及其论著中的观点，无论是赞同的还是不赞同而提出商榷性批评的，一般都指名道姓并注明出处。古棣先生说："有些论文和书籍节引或用自己的语言概述别人的观点而加以批评，既不指名道姓，也不注明出处。我认为，这种做法，既是不尊重读者，也是不尊重作者。被批评的作者的原文是怎样的，读者无法查对，因而也就无法独立思考。这无异强迫读者跟着自己走。被批评的作者呢，看批评者所批评的观点，似乎是自己的，又似乎不是自己的，因而也无从答辩。我认为这是很不好的。"① 古棣之说很有道理（他自己也是这么做的），故从之。学术批评不同于政治批判。笔者认为，一切严肃的、以追求真理为己任的学者，都是赞同学术争鸣的，也会欢迎对自己不当观点的批评。刀剑越磨越亮，真理愈辩愈明。在学术问题上，只要态度平和，说理充分，指名道姓的批评不仅无害，反而更有利于学术气氛的活跃，更有利于推进理论创新和人文社会科学的发展。对于笔者在书中作了商榷性批评的学者的观点，欢迎被批评者写信或发电子邮件（网址见照片下的"作者简介"）或公开发表文章进行反批评，余将虚心领会，也一定会从中得到启发和教益。

　　古人有"十年磨一剑"的说法②。前面说过，我深入研读《老子》始于2001年6月，但在退休之前的整整两年里，虽然节假日、双休日以及其他业余时间都搭上了，但用于《老子》研究和书稿写作的时间和精力毕竟有限；从退休至今五年来，我每天用于《老子》研究和本书写作的时间十多个小时。如此折算起来，拙著也可以说是"十年磨一剑"了，可惜我的这把"剑"磨得还不够锋利。由于自己长期从事党的思想理论和哲学社会科学研究的行政性组织管理工作，难以潜心做学问，所以较之资深的专家学者，余可谓才疏学浅，孤陋寡闻，拙著中的纰漏和错误在所难免，恳请方家和广大读者批评指正。

作者
2008 年 6 月于北京

---

　　① 古棣：《老子通论》，吉林人民出版社 1991 年版，序一，第 6—7 页。
　　② 语出自贾岛诗《剑客》："十年磨一剑，霜刃未曾试。今日把示君，谁有不平事？"后人多将"十年磨一剑"比喻精品力作非一日之功。

再版后记

拙著《老子道德经新编》是 2008 年 10 月由中国社会科学出版社出版的。

出版以来，学界和读者作出了积极的反应，例如当代老学研究的大家陈鼓应先生于 2009 年 7 月 10 日致作者的信说："谢谢您寄来大作《老子道德经新编》。……大作系统化地掌握了老子哲学的理论体系，您以'推道明人'的思维方式及其'内圣外王'的社会理想，明确而清晰地解读老子。拜读之后，我十分欣赏您的慧见。辩证思想方法的训练，是我的弱点，看到您灵活地运用这种思想方法来解析老学，感到颇有新意和独到之处。全书详尽地整理历代的相关研究资料，足见您对老学研究的用心。但文中列举太多他人的意见，容易减弱您自己的见解，这是我的一点小小的意见。"

老子研究的另一著名学者、巨著《老子古今》的作者刘笑敢先生于 2009 年 6 月 24 日给作者的信说："感谢惠寄大作《老子道德经新编》。……翻阅大作，颇感欣慰，感到这是内地近年来所出研究老子的最好的一本书。这样说不是客气、客套，而是真情实感。首先，我欣赏你对学术探讨的真诚态度。大作所引书可能是同类书中最多最详尽的，更为可贵的是你对所引的他人的著作都有认真的分析讨论，而且对老权威、新学者，以及像古棣这样经历复杂的学者，你都能心平气和地征引、分析和讨论。这种态度在当今学术界浮躁的氛围中就更难能可贵。我看到有些人的论文和论著主要引自己的著作，或者只引外国人或老权威的著作，而且并无认真的阅读和讨论。我对这种现象很不满意，所以看到你这样认真有诚意的作者就很欣赏。与此相关，我欣赏你的另一点是有见解而不武断。你对老子之'道'、其'自然'、'无为'等重要概念和其他理论要点，都有详尽认真的辨析，在辨析中往往先征引成书成说，然后分析比较，逐步提出自己的看法，如第八章关于'无为'的分析、关于'万物'之意义的辨析，关于'镇'字意义的辨析，都充分体现了这种基本的、但却是唯一正确的研究态度。相比之下，一些列入国家重点项目的著作只是说别人都不对，只有自己的观点对，却不解释为什么别人的不对，为什么自己的观点就对。比如有人断言老子之'自然'就是大自然，就是'天崩地裂、日食月食'等等，完全不理会学术界的共识，令人感叹与无奈。最后，我也很欣赏你对现实的关切，能够比较合理地将老子思想与中国的现实问题结合起来讨论。如对于'勇于敢'和'勇于不敢'的分析比较有说服力，至于《感言》中说到'与人争名位者无德，与民争利益者有罪'，老子所说'以百姓之心为心'应是党的领导干部的基本品质，都是精辟之论，亦可见先生的赤诚之心。人文学之研究之标准，似乎难以确定，很难说某种观点一定对，但这绝不能引出各种随意的解说都各有价值的观点，而认真严肃的讨论是辨别是非高下、雅俗深浅的唯一途径，望先生沿此方向取得更大成就。"刘笑敢先生还告诉作者，已将《老子道德经新编》列入他所带博士研究生的必读书目。

许多读者对拙著也作出积极评价。例如在卓越购书网上看到一名读者对拙著说了这样一段话："这部著作可以说是能买到的最详尽最有说服力的《道德经》解读，不过尚不能作为阅读《道德经》的入门读物。建议先读×××的，再读此书，定会有不时拍案之举。"这位读者还给拙著打了五个星号。

以上所举对拙著的积极评价，皆是对作者的热情鼓励和有力鞭策。

拙著出版以来，学界陆续发表了一些关于老子研究的论著，笔者对老子思想也作了较为深入的研究。在研究过程中，感到原版中某些字句需要斟酌或修改，某些内容需要充实。因此，近年来笔者致力于对原版本文句的斟酌、修改及内容的充实工作，拙著的整体水平似乎有所提高。这样一来，就似有必要再版了，故出版了此修订本。对拙著的修订版，需要说明的主要有以下几点：

一、对章次作了个别调整。将河上公题为"洪德"（刘笑敢认为此章内容可概括为"盛德若却"）的通行本第四十五章由修身篇调至德论篇（为新编本第二十六章）。这样一来，德论篇就由 7 章变为 8 章，修身篇由 29 章变为 28 章。

二、拙著在对《老子》章次重编的基础上，着力于对其思想的钩沉、文句的校勘、涵义的辨析、概念和命题的阐发及现代的运用；各章经文（以及书后附的校定文）中凡有异于王弼本之处，在相关的"注释"或"辨析"中都作了充分论证，而且皆有文本（主要是马王堆汉墓帛书本和郭店楚墓竹简本）之根据。修订版在以上诸方面都有所增强，并在深入研究的基础上又提出了一些新观点。

三、对当代最有影响的老学研究大家高亨、张岱年、陈鼓应、任继愈、刘笑敢等的重要观点及其论证增加了引述，旨在帮助读者加深对老子思想观点的理解——虽然其中也有个别商榷的文字。

四、在本书的行文中，凡是只有作者及对其著作的引证而没有相关的夹注和脚注者，主要涉及以下几位作者的著作：高亨的《老子注译》，河南人民出版社 1980 年版；任继愈的《老子新译》，上海古籍出版社 1985 年版；张松如的《老子校读》，吉林人民出版社 1981 年版；陈鼓应的《老子注译及评介》，中华书局 1984 年版；陈鼓应的《老子今注今译》，商务印书馆 2003 年版；古棣的《老子校诂》，吉林人民出版社 1991 年版，1999 年第二次印刷；尹振环的《帛书老子释析》，贵州人民出版社 1998 年版。对这几本著作的许多引证之所以没有做夹注或脚注，是因为这几本书皆是《老子》的注译本，流行比较广、一般读者比较熟悉，如需查对是很容易的。这样做，也是为了节约篇幅。

五、将近年来撰写的长篇学术论文《老子思想三论》也纳入附录之中，是为附录六。附录七《读〈老子〉感言》是本书主要观点的汇集，此次修订略有斟酌和充实。

六、对《老子》的考据、训诂和校勘是对其章句义理阐发的前提和基础，而义理的阐发是写作的主要目的。在这次修订中，因为对其章句的校诂和义理的阐发都有所增强，故文字量有所增加。

七、对拙著的再版，中国社会科学出版社社长赵剑英、编务室主任黄燕生和责任编辑广之同志给予热情支持，在此致以深切的谢意。

对拙著的新版本，亦诚望方家及广大读者批评指正。

作者

2011 年 9 月于北京